토머스 제퍼슨

THOMAS JEFFERSON

토머스 제퍼슨

GREAT HARMONY 009

THOMAS JEFFERSON

미국 민주주의의 토대를 세운 건국의 아버지

존 미첨 지음

원희래, 유영분 옮김

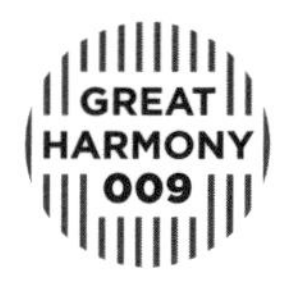

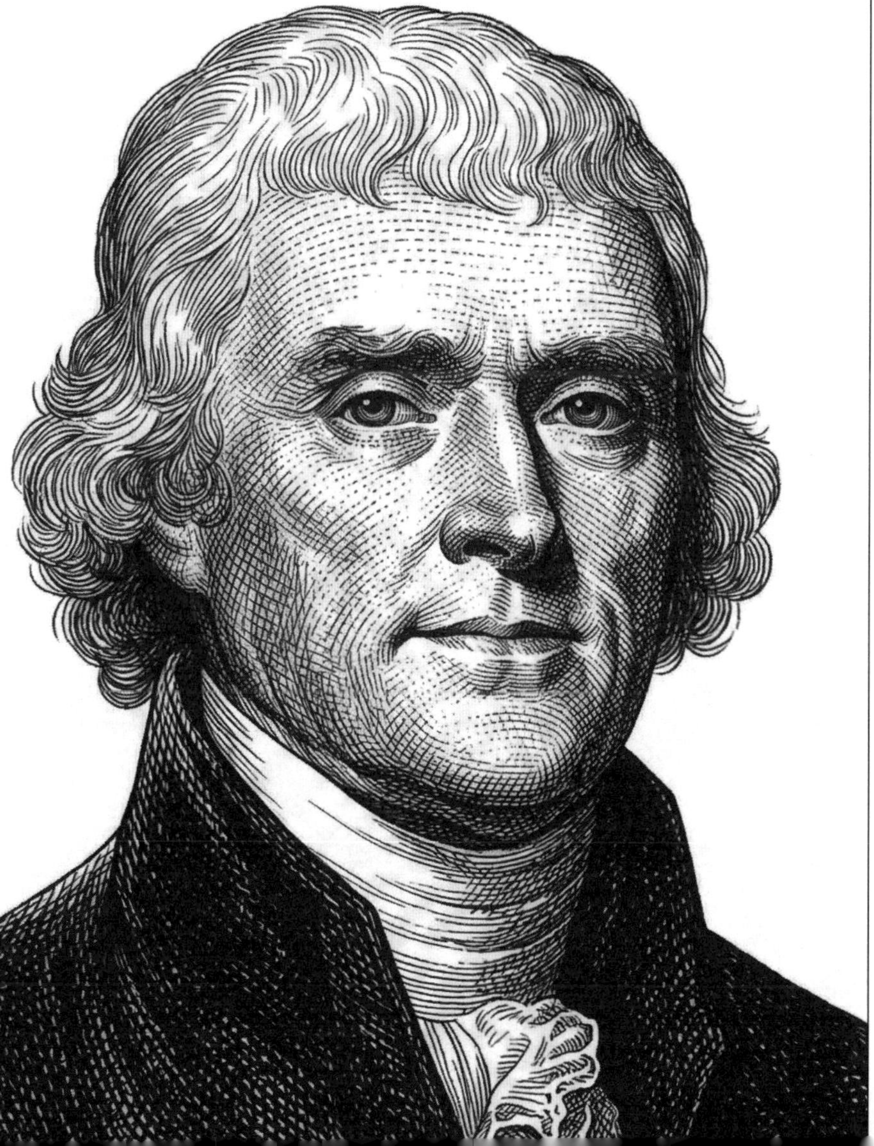

21세기북스

허버트 웬츠에게

그리고, 언제나처럼, 메리, 매기, 샘, 키스에게

"초기 대통령들의 초상화는 몇 번의 과감한 붓놀림으로 완성할 수 있지만, 토머스 제퍼슨은 예외다. 그의 초상화는 섬세한 연필로 선을 하나하나 그려야 했고, 얼마나 닮았는지는 변덕스럽고 불확실한 반투명한 그림자가 어른거리는 미묘한 변화에 달려 있었다."

—헨리 애덤스,《토머스 제퍼슨 행정부 기간의 미국 역사
History of the United States of America During the Administrations of Thomas Jefferson》

"개인적으로 이처럼 뛰어난 인재와 지식의 집합체가 백악관에 모인 적이 없었다고 생각합니다. 물론 토머스 제퍼슨이 혼자 저녁을 먹던 때는 예외지만요."

—존 F. 케네디 대통령, 현존하는 노벨상 수상자들을
기리는 1962년 저녁 만찬회 연설 중

차례

본문에 부쳐

토머스 제퍼슨은 후세에 방대한 양의 편지와 문서들을 남겼습니다. 저는 특히 프린스턴 대학 출판부에서 발간하고, 줄리언 P. 보이드가 초판을 편집한 《토머스 제퍼슨 전집The Papers of Thomas Jefferson》에서 큰 도움을 얻었습니다. 또한 현재 전집의 편찬을 맡고 있는 편집진, 특히 바버라 B. 오버그 편집장에게, 추후 발간될 후속 시리즈를 위해 수집한 미공개 서한 원고를 공유해주서서 깊이 감사드립니다. 프린스턴판의 목표는 '최대한 정확한 내용을 제시하고 제퍼슨 특유의 문체적 특징을 최대한 보존하는 것'이었으며, 그 목표는 지금도 변함없습니다. 다만 현대 독자들의 이해와 가독성을 높이기 위해 저는 제퍼슨과 동시대 인물들의 인용문 중 상당 부분을 제 나름대로 표준화했습니다. 예를 들어, 제퍼슨이 자주 쓴 it's를 its로, recieve를 receive로 별도의 언급 없이 수정했고, 대부분의 축약형과 약어를 원형으로 풀어 썼고, 대문자 사용 역시 일반적으로 통용되는 표기 관행을 따랐습니다.

프롤로그: 세계 최고의 희망

1801년 겨울, 워싱턴 D.C.

토머스 제퍼슨은 날이 밝을 무렵 잠에서 깼다. 군살 없이 탄탄하고 유연한 체격을 지닌 그는 워싱턴 D.C. 캐피톨 힐에 있는 콘래드 앤 맥먼 하숙집Conrad and McMunn's boardinghouse의 자신의 방에서 이불을 걷어내고, 길고 늘씬한 다리를 침대 밖으로 내밀어 차가운 물이 담긴 대야에 발을 담갔다. 건강에 좋다고 평생 믿어온 습관이었다. 버지니아주 블루리지산맥 남서쪽 인근에 자리한 몬티셀로 대농장에서는 제퍼슨이 잠드는 우묵한 공간 옆 바닥에 매일 아침 금속 양동이를 두어 홈이 파일 정도였다.

1800년에서 1801년으로 넘어가는 워싱턴의 겨울, 키 190센티미터의 토머스 제퍼슨은 곧 쉰여덟 살이 될 참이었다. 젊은 시절 불그스레하던 머리카락은 이제 옅은 갈색과 흰머리가 뒤섞여 있었고, 햇빛에 민감해 늘 주근깨로 덮여 있던 피부에는 조금씩 주름이 자리 잡고 있었다. 꿰뚫을 듯 날카롭지만 속을 알기 어려운 두 눈은 보는 이에 따라 푸른색, 적갈색 혹은 갈색으로 묘사되곤 했다. 치아는 여전히 튼튼했다.

1801년 2월 초순, 띄엄띄엄 흩어져 있는 건물 사이의 거리는 진흙탕으로 뒤덮이고 수도는 몇 주째 혼란에 빠져 있었다. 차기 대통령직의 향방은 불확실했고 헌법의 안정성마저 흔들리는 가운데, 제퍼슨은 미완성 상태의 국회의사당 건물에서 불과 200걸음 떨어진 곳에 위치한, 말 60필을 수용할 수 있는 마구간을 갖춘 콘래드 앤 맥먼의 신축 하숙집에 앉아 고요한 번민 a quiet agony에 빠져 있었다.

찬물에 발을 담근 채 제퍼슨은 깊은 생각에 잠겼다. 재선을 노리는 현직 대통령 존 애덤스를 상대로 치열한 선거전을 벌인 끝에 일반 투표에서 승리했지만, 선거인단 투표에서는 뉴욕 출신의 매력적이고 카리스마 넘치지만 다소 변덕스러운 에런 버와 동률을 기록했다. 에런 버는 제퍼슨의 부통령 후보였다. 1800년 당시에는 규정상 대통령과 부통령을 따로 투표하지 않았기 때문에, 이번 선거는 애덤스에서 제퍼슨으로 평화로운 정권 이양을 기대했던 정치계에 헌법적 위기를 불러왔다.

불안에 시달리던 제퍼슨은 장녀에게 이렇게 편지를 보냈다. "나는 달갑지 않은 일로 지쳐 있단다. 내 주변을 둘러싼 적과 첩자들은 내 입술에서 나오는 말 한마디, 펜촉 끝에서 나오는 글귀 하나까지 꼬투리 잡아 왜곡하거나, 사실이 없을 때는 조작까지 하더구나." 자신의 운명이 타인의 손에 달려 있다는 현실은 제퍼슨에게는 가장 받아들이기 힘든 일이었다. 기다림, 속삭임, **불확실성**에 진저리를 쳤다. 하지만 토머스 제퍼슨이 할 수 있는 일은 없었다. 기다릴 뿐이었다.

당시 대통령 선거는 '모든 대화의 주제'였다고 제퍼슨은 회상했다. 애덤스와 표 차이도 크지 않았고, 제퍼슨과 버는 선거인단 투표에서 동률을 이뤄 선거는 하원으로 넘어갔다. 누구도 결과를 예측할 수 없는 상황이었다. 선거는 순식간에 새로운 국면으로 접어들었고, 하원의 16개 주 대표단은 각각 한 표씩 행사하게 되었다. 어느 쪽이든 9표를 얻는 사람이 차기 대통령이 되는 구조였다. 2월 둘째 주, 《워싱턴 페더럴리스트The Washington Federalist》지는 이렇게 보도했다. "현 위기는 중대하다…!" 정치를 '재미이자 명예, 이익'으로 여긴다고 인정한 버가 허튼소리를 늘어놓는 연방당 의원들의 도움으로 동료 공화당원인 제퍼슨을 제치고 대통령이 될 수 있을까? 아니면 제퍼슨의 정적들이 임시 대통령을 선출해 제퍼슨과 공화당의 정권 장악을 막으려 들까?

밀실 공포에 가까운 워싱턴의 분위기 속에서는 어느 쪽이든 가능한 일처럼 보였다. 단순한 정치인의 이미지를 넘어서 스스로 철학자의 모습으로 연출하기를 좋아했던 제퍼슨은 대통령직 확보를 위한 싸움에 휘말린 동시에 연방당의 군주주의 경향에서 공화국을 지켜내기 위해 고군분투하고 있었다. 1776년, 젊은 시절 그는 미국의 자유라는 실험에 전부를 걸었지만, 4반세기가 지난 지금, 그가 알고 사랑하는 나라가 오래가지 못할 수도 있다는 사실을 깨닫고 있었다. 1800년 선거 캠페인 기간 중 애국주의자이자 외과 의사였던 벤저민 러시는 제퍼슨에게 이런 말을 했다. "한 의원이 대영제국과의 분리를 한탄하며 미국이 다시 지배받기를 진심으로 바란다고 하더군요."

이러한 생각을 접한 제퍼슨은 두려움에 떨었고, 자신이 1776년 미국 '독립선언문Declaration of Independence'에 담아낸 원칙들을 지켜야 할 의무가 있다고 고백했다. 유권자 대다수의 선택을 받더라도 정작 대통령직을 놓친다면, 그동안 미국인들은 도대체 무엇을 위해 싸워온 것인지 알 수 없게 된다. 국운이 달린 중대한 기로였다. 매사추세츠 출신의 오랜 혁명 동지 엘브리지 게리는 이렇게 말했다. "제퍼슨의 정적들이 국민 사이의 분열을 의도적으로 조장하고, 자극하고, 부추겨 내전의 불씨로 키우고 있습니다."

국무장관이자 이제 막 대법원장으로 지명된 존 마셜이 대통령으로 임명되어 제퍼슨의 취임을 막을 수도 있다는 소문이 돌고 있었다. 버지니아 주지사 제임스 먼로는 이렇게 말했다. "연방이 무너진다면, 그것이 계기가 될 것이오." 그는 '극단적인 사태가 발생한다면 무장을 할 준비가 된' 2만 2천 명이 펜실베이니아주에서 대기 중이라는 소식을 전해 들었다.

제퍼슨이 혐오하던 무질서는 이제 그가 총애하던 화합을 위협하고 있었다.

워싱턴을 덮친 눈보라가 그칠 무렵, 제퍼슨은 하원의 36번째 무기명 투표에서 가까스로 승리하며 미국의 제3대 대통령에 올랐다. 마침내 막을 올린 '제퍼슨의 시대'는 미국 역사상 유례없는 정치적 성취였다. 조지 워싱턴, 존 애덤스, 알렉산더 해밀턴은 몬티셀로의 철학자 제퍼슨보다 더 현명하고 실용적인 인물로 묘사된다. 그러나 권력을 쟁취하고 유지한 성과만 놓고 보면, 토머스 제퍼슨은 공화국의 초반 50년 동안 가장 성공적인 정치인이었다. 1800년부터 1840년 사이 40년 중 36년 동안, 제퍼슨 본인과 그의 지지자를 자처한 제임스 매디슨, 제임스 먼로, 앤드루 잭슨, 마틴 밴 뷰런이 대통령직을 역임했다. 이 기간 내, 단 한 번의 예외는 존 퀸시 애덤스의 단임뿐이었다. 비공식적이고 거의 언급되지 않은 제퍼슨주의 왕조는 미국 역사상 유례없는 정치적 연속성을 보여준다.

제퍼슨은 미국 민주주의 정치의 생존과 성공이라는 확고한 비전과 강력한 목표를 세웠다. 그는 교육받고 계몽된 다수의 의지가 우선해야 한다고 믿었지만, 반대자들은 광범위한 대중이 자치를 감당하기에 부족하다며 국민을 신뢰하지 않았다. 그러나 제퍼슨은 그런 대중이야말로 자유의 구원이자 국가의 영혼이며, 공화정의 희망이라고 확신했다.

제퍼슨은 이러한 목적을 이루기 위해 권력을 추구하고, 획득하고, 행사했다. 권력이란 세상을 자신의 의지대로 굴복시키고, 현실을 자신의 형상대로 재구성하는 힘이다. 세상의 위대한 리더는 몽상가도, 독재자도 아니다. 제퍼슨 같은 지도자는 국가적인 열망을 명확하게 표현할 줄 알고, 영향력을 행사하는 구조를 꿰뚫으며, 필요할 때는 독단적인 신조를 버릴 줄 아는 인물이다. 제퍼슨은 사상을 조직하고, 사람들을 움직이며 이상주의와 실용주의 사이의 적절한 균형을 잡을 줄 아는 특별한 능력을 지녔다. 제퍼슨은 비전을 실현하기 위해서 타협하고 즉흥적으로 대응했다. 덕분에 그는 역사적으로 규정하기 어려운 인물이 되었지만, 국가의 안전을 책임지던 현실 세계에서는 창의적인 융통성을 바탕으로 변혁적인 지도자가 되었다.

미국은 언제나 이상과 현실, 고결한 목표와 불가피한 타협 사이에서 갈등해왔다. 제퍼슨 역시 마찬가지였다. 그의 머릿속과 마음속에서도 미국 사회와 마찬가지였다. 즉 완벽함은 선과, 지성은 본능과 충돌했다. 미국과 제퍼슨에게 이 갈등은 과거에도, 지금도 끝나지 않은 전쟁이다. 제퍼슨의 이야기가 깊은 울림을 주는 이유 중 하나는 혼란스럽고 복잡한 세상에서 국가의 위대함을 이루려는 지도자의 투쟁을 구현한 영원한 인간 드라마를 상징하기 때문이다.

제퍼슨은 전임 대통령 워싱턴과 애덤스보다도 인간성의 가능성을 믿었다. 원대한 꿈을 꾸는 것만큼 그 꿈을 현실화하기 위해서는 역사조차 자신의 목적에 맞게 굽힐 수 있는, 강인하고 능숙한 지도자가 필요하다는 사실도 잘 알고 있었다. 한 마디로 철학자는 사유하고, 정치가는 계략을 부린다. 제퍼슨의 천재성은 철학자이자 정치가라는 두 역할을 동시에 해낼 수 있다는 데 있었다. 이것이 바로 권력의 기술이다.

아내, 책, 농장, 훌륭한 와인, 건축, 호메로스, 승마, 역사, 프랑스, 버지니아주, 소비, 최신 아이디어와 통찰력은 전부 제퍼슨이 사랑한 것들이다. 그는 미국과 미국인을 믿었다. 1801년 첫 대통령 취임 연설에서 미국을 '세계 최고의 희망'이라고 역설했다. 제퍼슨은 미국인들이 마음만 먹으면 사실상 무엇이든 이룰 수 있다고 확신했다. 1814년에는 이렇게 말했다. "미국인은 할 수 있는 것이라면, 반드시 해낼 것이다."

"주인님은 정말 당당한 분이었습니다. 제가 본 사람 중에 그렇게 등이 꼿꼿하고, 키가 크고, 어깨가 딱 벌어진 사람은 없었어요. 정말 균형 잡힌 체격이었죠. 반듯한 몸, 긴 얼굴에는 높은 콧대까지." 몬티셀로 대농장의 노예였던 아이작 그레인저 제퍼슨은 이렇게 회상했다. "명마 같은 분입죠. 군살이 없어요. 그분의 표정은 늘 온화하고 상냥했습니다." 농장의 감독관이었던 에드먼드 베이컨 역시 제퍼슨을 이렇게 묘사했다.

크고 위압적인 체격으로 잠깐 존경을 살 수는 있지만 애정까지 얻을 수는 없다. 지나치게 친숙한 인물은 일시적인 호감을 얻을지 몰라도 존경을 이끌지는 못한다. 제퍼슨은 군중 속에서 위협적이지 않으면서도 존재감을 드러내는, 보기 드문 지도자였다. 그의 품위 있는 태도는 머릿속 생각을 행동으로 옮겨, 세상을 있는 그대로가 아니라 마땅히 그래야 한다고 믿는 모습으로 변화시키는 드문 기회를 실현했다.

철학자이자 과학자, 자연주의자이자 역사학자였던 제퍼슨은 철저한 계몽주의자로 늘 지식을 향한 탐구심에 사로잡혀 있었다. 그는 사소한 것까지 각별한 애정을 가졌다. 매일 기온을 기록하고, 지출 내역을 적기 위해 상아 장정의 작은 수첩을 주머니에 넣고 다녔다. 말을 빠르고 거칠게 몰았으며 태양을 '전능한 의사'라 부르며 숭배했다. 습관적으로 자주 걷고, 건강하고, 활기찼다. 독주는 마시지 않았지만, 와인을 사랑해 하루에 서너 잔씩 즐겨 마셨다. 흡연은 하지 않았다. 지지자들에게 하바나산 시가를 선물로 받은 뒤에는 친구들에게 나눠 주기도 했다.

발명과 연구에 싫증을 내는 법이 없었다. 몬티셀로 대농장에 식기 운반용 소형 승강기와 자동문 장치 같은 설계를 직접 고안했다. 제퍼슨은 고고학, 고생물학, 천문학, 식물학, 기상학에도 깊은 조예가 있었다. 한번은 신약 성서에서 초자연적이거나 비현실적이라고 판단한 구절들을 빼고, 남은 구절들을 자신이 정한 순서대로 배열해 자신만의 복음서를 만들기도 했다. 그는 음악에서 자양분을 얻었고 정원 가꾸기에서 즐거움을 찾았다. 또한 아름다운 것들을 사고 짓는 일에도 열정을 쏟았다. 몬티셀로의 저택을 팔라디오 양식으로 직접 설계했고, 프랑스 남부 도시 님에서 본 고대 신전에서 영감을 받아 로마풍의 버지니아주 의사당을 구상했다. 파스타의 열렬한 애호가였고, 프랑스식 아이스크림 조리법을 직접 베껴둘 정도로 정성을 들였으며, 샐러드드레싱 하나를 고르는 일에도 기꺼이 애썼다. 양치기견을 여러 마리 기르기도 했는데, 특히 아꼈던 두 마리의 이름은 베르제르와 그리즐이었다. 제퍼슨은 라틴어, 그리스어, 프랑스어, 이탈리아어, 스페인어를 자유롭게 구사했다.

이 외에도 인간의 본성에 깊은 관심을 가졌고, 사람들의 행동을 이끄는 동기를 예리하게 관찰했다. 타인의 삶에서 벌어지는 세세한 사건들을 알아가는 데에도 흥미를 느꼈다. 루이 14세 시대 프랑스 사회의 전반적인 풍경을 생생하게 전하는 세비네 후작 부인의 편지 모음집을 감탄하며 읽었고, 스탈 남작 부인이 쓴 낭만적인 피카레스크 소설《코린느 혹은 이탈리아 Corinne, or Italy》도 즐겨 읽었다. 몬티셀로 저택에 있는 서재에는 '왕들의 책'이라고 따로 분류해 모아둔 컬렉션이 있었는데, 이를 본 한 손님은 '제왕적인 스캔들'이라 표현했다. 컬렉션에는 프로이센의 왕녀이자 프리드리히 대왕의 여동생인 바이로이트 공주가 집필한《바이로이트 공주의 회고록 Mémoires de la Princesse de Bareith》, 다이아몬드 목걸이 사건과 마리 앙투아네트와 관련된 스캔들의 핵심 인물인 라 모트 백작 부인이 쓴《라 모트 백작 부인의 회고록 Les Mémoires de la Comtesse de la Motte》이 있다. 또한 영국 육군 총사령관이었으나 정부가 장교직을 돈 받고 팔게 방조한 혐의로 책임지고 사임해야 했던 요크 공작의 재판 기록도 포함되어 있었다. 손님은 훗날 이렇게 회고했다. "제퍼슨은 그런 이야기를 꺼낼 때마다 평소 보여주던 엄숙한 태도와는 달리 묘한 만족감을 드러냈다."

이런 일도 있었다. 작은 시골 여관에 묵던 한 나그네가 '소박하게 차려입은 겸손한 여행가'의 정체를 모른 채 대화를 나누게 되었다고 한다. 두 사람은 여러 주제를 넘나들며 이야기를 나누었는데 나그네는 이 여행가가 '모든 주제에 정통하다'라고 느꼈다. 나중에 '궁금증으로 가득해진' 나그네가 여관 사장에게 이 비범한 사내의 정체를 물었다. "법에 관해 이야기할 때는 변호사인가 싶었고, 약에 관해 이야기할 때는 의사 같았고, 신학을 이야기할 때는 성직자라 확신했소."

여관 주인은 덤덤하게 대답했다. "이런, 손님께서 대지주님을 알고 있다고 생각했네요."

헌신적인 친구들에게 제퍼슨은 살면서 만난 가장 위대한 인물이었다. 위압적으로 보이지 않고도 위엄이 있었고, 과시하지 않고도 빛났고, 지나치게 들러붙지 않고도 승리하는 르네상스적인 사람이었다.

반면 목소리 큰 수많은 정적에게 그는 무신론자이자 광신도였고, 선동가이자 몽상가였으며, 위대한 국가의 통치를 맡기기에 신뢰할 수 없는 감성적인 친불파에 지나지 않았다. 제퍼슨의 과제는 이러한 적대적인 시선을 바꾸기 위해 할 수 있는 모든 노력을 기울이는 것이었다. 그는 애정과 인정을 갈망했다.

제퍼슨은 감정과 정치 조율에 능했으며, 비판에 민감했다. 그리고 평판에 집착했고, 미국에 헌신했다. 몬티셀로 대농장 너머의 세계에 강한 호기심을 가졌고, 끊임없이 일에 몰두했다. 그의 말을 빌리자면 '수 세기에 걸쳐 인간의 정신이 왕과 성직자, 귀족들에게 예속되어 온 끝에 이성을 기준으로 바로 서는 모습을 보고 싶어서' 몰두했다고 한다.

제퍼슨은 농장주, 변호사, 입법자, 주지사, 외교관, 국무장관, 부통령, 대통령으로 살아오며 자신의 삶을 통제하고 타인의 삶과 운명에 영향력을 행사하고자 일생을 바쳤다. 그에게 정치는 의욕을 꺾는 장애물이 아니라 전부를 가능하게 만드는 과업이었다.

자신의 아버지로부터 깊은 영향을 받은 제퍼슨은 오랫동안 가장 역할을 자처하면서 그에 따르는 책임감의 무게를 기꺼이 감내했다. 개인의 자유라는 이상, 루이지애나 매입Louisiana Purchase, 루이스와 클라크 원정대the Lewis and Clark expedition, 미국 서부 개척American West을 이끈 창시자였다. 또한 신생 공화국에서 기성세력의 권력과 영향력을 견제하기 위한 최초의 민주주의 운동을 이끌었다. 무엇보다 가장 주목할 업적은 그가 미국적 진보라는 개념을 제시했다는 점이다. 즉, 미국의 미래는 과거와 현재보다 더 나아질 수 있다는 정신을 고무시켰다. 이후 미국의 위대한 정치인들은 모두 '미국의 가장 찬란한 시간은 아직 오지 않았다'라는 제퍼슨식 비전을 내세워 성공을 거뒀다.

제퍼슨의 삶이 오늘날에도 여전히 매혹적으로 다가오는 것은 극단적인 당파 싸움과 경제적 불확실성, 외부의 위협에 맞서 견뎌냈을 뿐만 아니라, 많은 경우 이를 극복할 수단을 찾아냈기 때문이다. 제퍼슨의 정치적 리더십은 우리에게 많은 교훈을 남긴다. 밝은 미래를 향한 희망을 품되, 현실에서 실현할 수 있는 이상을 추구하며, 정치적 유연성과 역량을 겸비한 대통령의 전형을 보여준다.

제퍼슨은 흔히 미국의 설계자이자 건국이념의 저자로 알려져 왔다. 미국이 어떤 나라가 될 수 있는지 제시한 인물이긴 하지만, 반면 현실과 동떨어진 몽상가로 여겨지기도 했다. 그러나 제퍼슨은 일단 본인이 한 말이 기록되고 사상이 퍼지고 나면 절대 멈추지 않았다. 그는 건설가이자 투사였다. 대통령 재임 기간에 이런 말을 했다. "이론적으로 순수한 것보다 실현할 수 있는 것이 종종 우선돼야 하며, 실현할 수 있는 것은 통치받는 사람들의 습관에 크게 좌우된다."

제퍼슨은 가장 위대한 대의를 위해 싸웠지만, 박해받는 이들과 노예들을 위한 정의를 실현하는 데 실패했다. 수많은 논쟁과 분열, 연구와 학술 토론에도 불구하고 토머스 제퍼슨에 대해 단 한 가지 확실하게 말할 수 있다면, 1743년에 태어나 1826년 세상을 떠날 때까지 열정, 오만과 편견, 사랑, 야망, 희망과 두려움에 흔들리는, 여타 모든 인간들과 다르지 않은 숨 쉬는 인간이었다는 사실이다. 이 책에서 내가 추구하는 목표는 바로 그 필멸하는 인간 제퍼슨, 즉, 정치권력을 좇고, 새로운 시대의 인권 개념을 정의하고,

과학과 철학의 경계를 확장하는 지평을 탐구하고, 여인을 사랑하고, 노예를 소유하고, 한 국가의 기틀을 다지는 데 기여했던 인간 제퍼슨을 되살려내는 것이다.

제퍼슨은 우리 시대가 아니라 18세기에서 19세기의 역사적 현실 속에 존재한 자기 시대의 인물이다. 따라서 반드시 맥락에서 이해해야 한다. 물론 제퍼슨이 한 무수히 많은 고민은 보편적인 성격을 띤다. 그의 삶은 시대를 초월해 지속적이고 중요한 의미를 지닌다.

세상 사람 모두는 아닐지라도 대부분은 제퍼슨을 매력적이고 총명하고 친절한 인물로 받아들였다. 틈만 나면 눈앞에 있는 사람에게 호감을 사기 위해 끊임없이 애썼고, 여성과 남성 모두에게 다정하게 다가갔다. 어느 날 손주들에게 이렇게 말했다. "모든 사람에게 사랑받는다는 건 정말 멋진 일이란다. 사랑받기 위해서는 누구와도 다투거나 화를 내지 않아야 하지." 직접 마주 앉아 논쟁하기를 꺼렸고, 대화의 날카로운 부분을 자연스럽게 넘기는 방법을 선호해 어떤 사람들은 제퍼슨의 침묵을 동의로 착각하지만, 실제로는 갈등을 피하려는 수법이었다. 호감을 사려는 제퍼슨의 이러한 집착 때문에 그의 과묵함을 이중적인 태도로 오해하는 사람들은 대가를 치러야 했다.

특히 여성들은 제퍼슨에게 열광했다. 공화당 계열 신문인 워싱턴의《내셔널 인텔리전서National Intelligencer》의 발행인 새뮤얼 해리슨 스미스를 방문했을 때, 제퍼슨은 응접실로 안내받아 작가이자 안주인이었던 스미스의 아내 마거릿과 잠시 단둘이 대화하게 되었다. 연방주의자 가문에서 태어난 스미스 부인은 처음에는 그가 제퍼슨이라는 사실을 알아차리지 못한 채 방문객의 '점잖고 과묵한 태도에 다소 주눅이 들었다'라고 회고했다. 그러나 마거릿이 느낀 그 '차가운 인상'은 곧 사라졌다. 낯선 방문객에게 자리를 권했고, 이내 그는 '편안하고 느긋한 자세를 취한 채 무심하게 탁자에 팔을 없고, 마거릿 쪽으로 몸을 돌려 자애로운 표정과 여성적일 정도로 부드럽고 온화한 태도와 말투로 질문을 건넸다.' 제퍼슨은 사교계의 아침 방문 예법에도 능했다. 마거릿은 회상했다. "평범하고 흔한 일상 주제로 대화를 시작했지만, 어느새 정신을 차리고 보니 좀 더 개인적이고 흥미로운 이야기로 이끌려 가고 있었어요."

방문객이 풍기는 매력은 실로 대단했다. 이유를 알 수 없지만 스미스 부인은 자신도 모르게 말할 생각조차 없던 이야기까지 털어놓고 있었다. "그의 태도와 표정, 목소리에는 제 마음을 단박에 열게 하는 무언가가 있었어요." 오히려 그가 대화를 주도하며 보통은 주인이 주도하는 사교계 규칙을 완전히 뒤바꿔놓았다. 스미스 부인은 이렇게 회고했다. "저는 우리가 살고 있는 집과 당시의 생활 여건에서 좋은 점, 싫은 점들을 스스럼없이 털어놓고 있었어요. 그 사람이 누군지도 모르면서 제가 꾸밈없이 털어놓는 사소한 이야기들을 진심으로 경청하는 모습에 완전히 마음을 놓아버렸죠. 정말이지 그의 표정과 태도는 어찌나 다정하고, 사근사근하던지. 원래 제 친구가 아니라는 사실조차 잊어버릴 정도였죠."

그때쯤 응접실 문이 열리고 스미스가 들어왔다. 방문객이 '제퍼슨 씨'라는 사실을 깨닫게 된 스미스 부인은 놀람과 당혹감에 휩싸였다. "두 뺨이 달아오르고 심장이 두근거렸어요. 그때부터 그분이 떠나시기 전까지 한 마디도 입을 뗄 수가 없게 되었어요." 마거릿은 이미지와 실제 인물의 간극에 충격을 받았다. '이분이 악명 높고 폭력적인 민주당원이자, 저속한 선동가이자, 뻔뻔스러운 무신론자이자, 난봉꾼이라고 연방주의자들이 맹렬히 비난하던 제퍼슨이라고? 저토록 온화하고, 태도는 품위 있고, 부드럽고 나직한 목소리에, 얼굴에는 자애와 총명이 어려 있는 이 사람이 정말로 … 그 과격한 당의 지도자요, 사회 질서를 어지럽히는 자이자, 모든 계급과 질서의 적이란 말인가!' 응접실을 나서면서 제퍼슨은 '우리는 친구입니다'라는 말을 굳이 꺼내지 않아도 느낄 수 있을 정도로 부부에게 다정한 악수를 청했다.

제퍼슨의 감각적 욕망은 예술의 아름다움이나 음악의 힘, 장엄한 풍경에만 국한되지 않았다. 훗날 아내가 될 사람을 만나기 전, 두 명의 여성에게 구애했고, 결혼 후에는 10년이 넘도록 행복한 가정을 꾸렸다. 그러나 아내의 죽음은 그를 무감각한 상태로 몰아넣었다. 그는 깊은 슬픔에 빠져 몬티셀로 대농장의 숲을 헤매며 자살까지 고민했다.

임종을 맞은 아내에게 다시는 다른 사람과 결혼하지 않겠다고 맹세했고, 그 약속을 끝까지 지켰다. 그러나 아름답지만, 기혼이었던 마리아 코즈웨이와 불륜 관계에 빠지기도 했다. 결국, 사별한 아내의 이복 여동생이자 몬티셀로 저택에서 제퍼슨의 개인 공간을 돌보던 노예 샐리 헤밍스와 수십 년에 걸친 관계를 유지했다. 두 사람 사이에서 여섯 명의 아이가 태어났지만, 네 명만 생존했다. 이 관계의 실질적 성격을 두고 200년 넘게 논란이 이어져 왔다. 사랑이었을까? 권력이었을까? 둘 다였다면, 그중 얼마나 애정이었고, 얼마나 강요였을까? 제퍼슨과 샐리 헤밍스의 관계는 1787년경부터 제퍼슨이 사망한 1826년까지 거의 40년 가까이 지속되었다.

미국의 건국 신화를 17세기의 제임스타운과 플리머스, 그리고 18세기의 독립혁명이라는 이야기들로 구분하더라도, 이러한 신화들은 그 힘이 너무 강한 나머지 미국의 역사가 실제로 어떻게 전개되었는지 있는 그대로 상상하기 어렵게 할 정도다. 무려 250년에 가까운 관성 탓에, 우리는 역사를 마치 불가피한 일련의 사건들이 필연적으로 확정된 결말로 이어진 이야기처럼 받아들이는 경향이 있다. 하지만 '미국'이라는 실험은 예정된 궤도를 따라 흘러간 적이 없었다. 사악한 대영제국과 고결한 미국인들의 대결이라는 식으로 역사를 정형화하면 영국을 희화할 뿐만 아니라, 제퍼슨과 그의 동시대 인물들이 타협과 반란을 두고 직면했던 복잡한 현실을 지나치게 단순화하는 것이며 이는 양측 모두에게 왜곡이다.

어쨌거나 대부분의 미국인은 영국계였고, 독립혁명 이전 수십 년 동안 미국 문화는 군주제를 존경하고 심지어 찬양하기도 했다. 제퍼슨의 조상들과 그의 세대 사람들의 삶은 대영제국의 일원이라는 정체성을 중심으로 구성되어 있었다. 많은 미국인에게 독립혁명 시기에 등장한 조지 3세를 향한 증오는 일반적인 감정이 아니라 예외적인 현상이었다.

제퍼슨이 활동하던 시대는 모든 것이 불확실했다. 그는 미국의 적들이 도처에 존재한다고 **느꼈다**. 가장 커다란 적은 영국이었는데 이는 단지 독립전쟁 기간에만 해당하지 않았다. 흔히 독립전쟁을 1775년 렉싱턴-콩코드 전투Lexington and Concord에서 시작해 1781년 요크타운 전투Yorktown에서 영국의 패배로 끝난 무장 투쟁으로 기억한다. 그러나 제퍼슨을 이해하기 위해서는 1764년부터 시작해, 1815년 겐트 조약The Treaty of Ghent과 뉴올리언스 전투로 1812년 전쟁The War of 1812이 종결되기까지 이어진, 미국 사회에 스며든 영국의 영향력에 맞선 장기적인 투쟁으로 보는 것이 더 명확할 것이다.

제퍼슨이 세상을 바라본 방식, 혹은 적어도 그가 암묵적으로 체감했던 방식으로 본다면, 그는 50년에 걸친 전쟁 속에 살았고, 통치했다. 전쟁은 때로는 뜨겁고 때로는 차가웠지만, 언제나 진행 중이었다. 전쟁은 다양한 형태를 띠었다. 1775년부터 1783년까지, 그리고 다시 1812년부터 1815년까지는 전통적인 무력 충돌 양상이었다. 왕당파나 영국과 동맹을 맺은 인디언들과의 대리전도 벌어졌다. 상업적 제재와 그에 대한 반격도 있었다. 독립혁명 이후에도 영국이 반환하지 않은 서부 군사 기지나 캐나다의 노바스코샤에서 포착된 영국군 움직임이 미국 내 정치 간섭으로 이어질 수 있다는 두려움이 만연했다. 뉴잉글랜드주와 뉴욕주에서는 분리주의 정서가 확산했다. 미국 사회와 정부 내부에서 감지되는 군주제 성향은 공포를 자아냈다.

국내·외 정치에서 일어나는 모든 사건은 현재 진행 중이던 영국과의 갈등이라는 프리즘을 통해 해석되었다. 프랑스와의 전쟁이 벌어진다면 영국과 잠재적으로 동맹을 맺자는 논의조차 영국에게 호의를 갖고 있기 때문이 아니라 철저하게 계산한 국가적 이익에 따른 것이었다. 제퍼슨은 '어머니의 나라'였던 영국을 신뢰하지 않았고, 귀족제, 세습 통치, 종신 회의, 상비군, 대규모 해군력, 중앙집중식 금융 체제 같은 군주제의 잔재에 매력을 느끼는 미국인들 또한 경계했다. 그러한 경향을 조금이라도 감지하면 혁명과 헌법제정회의의 성과가 무너질 수 있다는 두려움에 본능적으로 반응했다. 미국 북쪽에 인접한 영국 관리들과 병력, 강력한 영국 해군의 존재는 이러한 불안을 더욱 증폭시켰다.

제퍼슨은 혁명전쟁이 끝난 1783년 '파리조약Treaty of Paris'부터 1809년 대통령직에서 물러날 때까지 그런 가능성에 피해망상을 품고 있었을까? 아마도 그럴 것이다. 그가 음모론에 사로잡혀 있었던 걸까? 그렇다. 하지만 때로는 편집증적인 사람에게도 실제로 적이 존재하고, 음모론은 실현되지 않았을 때만 우스운 것이다. 제퍼슨이 두려워했던 군주제 회귀는 사실상 영국의 영향력 복원과 미국 고유의 자치 실험의 종말을 의미하는 일종의 은유였다. 이런 두려움은 조지 워싱턴조차 터무니없는 상상이라고 일축했다. 그러나 혁명이 벌어지고, 첩보 활동이 난무하고, 미국 공화국도 지금까지 존재했던 다른 모든 공화국처럼 비참한 최후를 맞게 될지 모른다는 현실적인 우려가 팽배했던 시대 분위기를 감안했을 때, 영국을 영원한 적으로 인식한 제퍼슨의 시각은 그리 놀라운 일이 아니라 오히려 그를 이해하는 데 핵심적인 단서다. 그는 자신이 끝없는 전쟁 속에 살고 있다고 믿었다. 따라서 제퍼슨이 어떤 사람이었고 어떤 삶을 살았는지 이해하려면, 우리가 알고 있는 역사의 결말이 아니라 그가 당시 세상을 어떻게 보았는지를 먼저 이해해야 한다.

제퍼슨에게 미국은 안전한 곳이 아니었다. 혁명전쟁의 군사적 승리는 반세기에 걸친 훨씬 거대한 전쟁에서 단지 하나의 전투가 끝났을 뿐이었다. 알렉산더 해밀턴의 재정 프로그램에서부터 존 애덤스가 드러낸 군주제 성향, 자신의 대통령직을 위협하는 뉴잉글랜드주의 노골적인 적대감에 이르기까지, 정치적 현실을 언제나 민주주의 공화정을 위협하는 영국의 그림자라는 관점에서 바라보았다. 오늘날 돌이켜 보면 영국에 대한 제퍼슨의 두려움은 다소 지나쳤을지도 모르지만, 같은 시기를 함께 겪은 이들 중에도 분명 그런 평가를 한 사람들이 있었다. 제퍼슨이 품은 두려움은 그에게 분명한 현실이었다.

제퍼슨은 위대함에 굶주렸고, 그의 시대는 그를 위한 극적인 무대를 제공했다. 그리고 그는 단 한 번도 그 무대를 떠나지 않았다. 1803년, 제퍼슨은 윌리엄 앤 메리William and Mary 대학 시절 동문이자, 혁명 동지였던 존 페이지에게 편지를 보냈다. 당시 페이지는 버지니아 주지사였고, 제퍼슨은 미국 대통령이었다. "우리는 본디 학문과 평온을 사랑하는 기질을 지녔지만, 시대가 우리에게 선택의 자유를 앗아 갔소. 하지만, 그 시대는 정의로운 정부의 씨앗을 새로운 세계에 심어, 인류 역사상 경이로운 시대를 창조해낼 것이오. 그러니 그 시대에 발을 들인 자라면 누구든 각자의 열망을 내려놓고, 당대의 과업에 온몸을 내던지는 것이 마땅한 일이었소."

몬티셀로 저택에서 은퇴를 맞이한 제퍼슨은 지난 수년을 되돌아보며 전쟁과 투쟁, 위협으로 점철된 자신의 사명을 다했음을 깨달았다. "내가 세상에 첫발을 디뎠을 당시, 조국은 누구도 외면할 수 없는 처지에 있었소. 모든 정직한 사람은 스스로 어떤 역할을 해야 한다고 책임감을 느꼈고, 각자의 능력껏 행동에 나섰지요." 달리 선택의 여지가 없었다. 제퍼슨은 독립혁명이란 '조국을 위해 항복할 것인가, 칼을 들 것인가 사이에서 내려야 했던 대담하고도 불확실한 선택'에 지나지 않았다고 말한 적 있다. 제퍼슨이라는 인물을 이해하는 여정의 출발점은 콘래드 앤 맥먼의 하숙집도, 대통령 관저도, 심지어 제퍼슨이 사랑한 산 위의 저택도 아니다. 몬티셀로 저택 이전에 버지니아 남서쪽 산악 지대 숲속에 또 다른 집이 있었다. 토머스 제퍼슨을 진정으로 이해하고자 한다면 그곳에서 여정을 시작해야 한다. 제임스강의 지류인 리배나강 유역의, 지금은 사라진 '섀드웰'이라는 농장에서.

제1부

후계자

출생부터 1774년 봄까지

"버지니아 사람들의 공적, 정치적 인품은 사적 인격과 일치한다.
거만하고, 예민할 정도로 자유에 집착하고, 구속을 견디지 못하고,
어떠한 상위 권력의 통제를 받는다는 생각조차 견디지 못한다."
—1759년에서 1760까지 미국 중부 식민지를 방문한
  영국인 여행가 앤드류 버나비

1장 행운아

> "신체적으로 건강한 사람이야말로 정신적으로도 강하고 자유로운 사람이다."
>
> —토머스 제퍼슨의 아버지 피터 제퍼슨

피터 제퍼슨은 사람들의 눈에 띄는 인물이었다. 위엄 있고, 부유하고, 인망이 두터운 농부였던 그는 뛰어난 체력과 황무지에서도 굴하지 않는 강인한 인내력으로 유명했다. 또한 훗날 버지니아의 알버말 카운티가 되는 지역 안팎에 광대한 토지를 소유하고 수십 명의 노예를 거느렸다. 알버말 카운티의 리배나강을 따라 농장을 짓고, 아내 제인이 세례를 받았던 런던 교구의 이름을 따서 그곳을 섀드웰이라 불렀다.

18세기 전반은 젊고 부유한 버지니아 백인 남성에게 짜릿한 시대였다. 돈을 벌고, 땅을 차지하고, 담배를 재배해 팔 수 있었다. 대서양 중부의 황무지에는 야망 넘치는 남성들이 넘쳐났다. 이들은 대담함과 추진력을 무기로 농장을 개척하고, 저택을 세우고, 토지와 노예를 사들여 부를 쌓아갔다.

측량 기사이자 농장주로 번창하던 피터 제퍼슨은 1743년 4월 13일 장

남 토머스 제퍼슨을 얻었다. 토머스는 어릴 적부터 아버지가 많은 이들의 존경을 받는 인물이라는 사실을 알고 있었다.

용감하기로 이름난 피터 제퍼슨은 승마와 사냥에 능했다. 토머스는 아버지를 이렇게 회상했다. "명령을 받은 노예 세 명이 아무리 힘을 써도 꿈쩍하지 않던 나무 창고를 아버지는 혼자서 무너뜨린 일이 있었습니다." 또 다른 일화에 따르면 피터는 각각 무게가 약 453킬로그램에 달하는, 담배로 가득 찬 통 2개를 혼자 일으켜 세웠다고 한다. 신화처럼 들리지만, 여전히 놀라운 이야기다.

아버지의 위상은 아버지를 지극히 이상화하며 감성적인 시선으로 기억하는 토머스에게 큰 의미를 지녔다. 그는 이렇게 썼다. "아버지 집안의 역사에 따르면 우리의 선조는 웨일스, 그중에서도 영국에서 가장 높은 산인 스노우든 근처에서 이 땅으로 건너왔다고 전해진다." 스노우든Snowdon, 현대 표기과의 연관성은 제퍼슨 가문의 구세계 기원을 설명하며, 세대를 거쳐 전해져 내려오는 유일한 단서였다. 부계 가문의 고대적 뿌리는 모두 안개 속으로 사라졌고, 단 한 가지 사실만이 전해졌다. 제퍼슨 가문은 높고 고결한 땅에서 유래했다. 태생에서 비롯된 고귀함은 아닐지라도 강인함에서 비롯된 고귀함이었다.

토머스 제퍼슨은 그야말로 아버지를 빼닮은 아들이었다. 그는 권력을 행사할 줄 아는 인물로 성장했다. 아버지의 모범과 명시적인 가르침을 통해, 타인의 존중을 받는 위대한 존재가 되기 위해서는 권위와 책임에 익숙해져야 한다는 점을 배웠다. 재능 있는 학생이자 열정적인 독서가였던 토머스 제퍼슨은 학구적이면서 실용적이었고, 분석적이면서 상황 판단에 능했다.

토머스는 인내와 임기응변의 중요성을 어린 시절부터 몸으로 익혔다. 아버지의 방식이었다. 열 살 무렵, 그는 달랑 총 한 자루를 들고 혼자 숲속으로 보내졌다. 야생에서 혼자 살아남을 수 있다는 증거를 들고 집으로 들어오라는 임무였고, 하나의 시험이자 기대였다.

시험의 시작은 순탄하지 않았다. 어린 토머스는 아무것도 사냥하지 못했고, 스스로 입증할 성과도 없었다. 숲은 그에게 적대적이었다. 소년을 둘러싼 울창한 나무와 뒤엉킨 덤불, 바위와 강까지 모든 존재가 두렵고 답답하게 느껴졌다.

그는 포기하거나 굴복하지 않았다. 끝까지 견뎌냈고, 마침내 운명이 그에게 미소 지었다. 가문에 전해 내려오는 이야기에 따르면 '울타리에 갇힌 야생 칠면조 한 마리를 발견한 토머스는 가터벨트로 칠면조를 나무에 묶고 총으로 쏘아 마침내 사냥에 성공한 뒤, 의기양양하게 집으로 갖고 돌아왔다'라고 한다.

숲속에서 치른 시련은 토머스 제퍼슨 인생의 많은 부분을 예고했다. 장애물에 부딪힐 때마다 앞으로 나아가는 법을 배웠고, 뜻밖의 기회가 찾아오면 최대한 활용할 줄 알았다. 승리의 기쁨을 즐길 줄 아는 사람이기도 했다.

토머스는 부모님과 스승, 멘토들로부터 신사란 가족과 이웃, 지역 사회, 식민지 그리고 국왕에게 봉사할 의무가 있다고 배웠다. 당시 버지니아주에서 장남으로 자란 이는 자연스럽게 리더가 되고, 다른 이들의 추종을 기대하며 성장했다. 토머스 제퍼슨은 타인의 운명을 주도하는 일이 세상에서 가장 당연한 일이라는 자신감을 가진 채 성년이 되었으며, 태생부터 명령하기 위해 태어난 사람이었다. 그 외의 삶은 그의 상상에조차 없었다.

제퍼슨 가문은 1612년에 영국에서 버지니아주로 이주했으며, 신세계에서 빠르게 번영과 존경을 쌓았다. 1619년, 제임스타운에서 소집된 의회에 제퍼슨 가문의 한 사람이 대표로 이름을 올렸다. 토머스 제퍼슨의 증조부는 대농장주였는데 찰스 시티 카운티의 치안판사 딸과 결혼했고, 요크타운 일대의 토지에 투기했다. 1698년경 사망하면서 토지, 노예, 가구, 가축을 유산으로 남겼다. 그의 아들, 즉 제퍼슨 대통령의 조부는 경주마를 소유하고, 헨리코 카운티에서 보안관이자 치안판사로 봉직하면서 식민지 사회에서 더욱 높은 지위로 올라섰다. 집안을 잘 꾸려 아들 피터 제퍼슨에게 은식기와 상당한 가구를 물려주었다. 그는 민병대 대위로 복무하며, 버지니아의 거물 윌리엄 버드 2세 대령을 초대해 로스트비프와 페르시코 와인으로 만찬을 베풀기도 했다.

1708년 체스터필드 카운티에서 태어난 피터 제퍼슨은 선조들이 이룬 기반 위에 자신의 삶을 세웠다. 윌리엄 앤 메리 대학의 수학 교수 조슈아 프라이와 함께 최초의 버지니아 공식 지도를 제작했고, 버지니아와 노스캐롤라이나의 경계선을 측정했는데 그의 학문적 배경을 감안할 때 더욱 놀라운 성과였다. 토머스 제퍼슨은 이렇게 회고했다. "아버지는 정규 교육을 거의 받지 못하셨지만, 강한 정신력과 건전한 판단력, 지식을 갈망하는 열의로 많은 책을 읽으며 성장하셨다." 독학으로 성장한 피터 제퍼슨은 민병대 대령, 교구 위원, 버지니아 하원의원으로 거듭났다.

버지니아와 노스캐롤라이나의 경계선을 확정 짓기 위한 원정에 나섰을 때, 피터 제퍼슨은 개척지의 영웅다운 면모를 보여주었다. 블루리지산맥을 넘어가는 여정에서 동료들과 함께 '낮에는 야생 동물들의 공격을 물리치고, 밤에는 안전을 위해 나무 위에서 겨우 쪽잠을 청해야 했다'라고 한 가족 연대기 기록자가 전했다.

식량은 떨어지고, 탈진해서 기절하는 인원도 나오면서 원정대는 흔들렸지만, 피터 제퍼슨만은 예외였다. 임무를 마칠 때까지 동물의 날고기 혹은 '목숨을 부지할 수 있다면 무엇이든지'를 먹으며 어떻게든 생존했다.

토머스 제퍼슨은 자라면서 아버지의 이미지를 강인한 사람, 다른 사람들은 하지 못하는 일을 해내고, 초인적인 의지와 육체로 세상을 변화시키는 인물로 기억했다. 열네 살에 아버지가 세상을 떠나기 전까지 이는 단순한 이미지가 아니라 현실 그 자체였다. 측량사는 새로운 세상을 정의하고, 탐험가는 미지의 세계를 정복하며, 지도 제작자는 무형의 공간에 형태를 부여한다. 피터 제퍼슨은 세 가지 역할을 모두 수행했고, 아들의 상상 속에서 중심적인 인물로 자리 잡았다. 아들은 아버지의 강인함을 경외하며 평생 아버지의 무용담을 되풀이했다. 토머스 제퍼슨의 증손녀는 이렇게 말했다. "자식 된 자로서 자부심과 존경심을 담아, 고조할아버지의 고귀한 성품에 대해 지칠 줄 모르고 이야기하셨습니다." 아버지는 타인의 삶을 개척한 사람이었고, 아들은 그들의 삶에서 같은 역할을 해내고자 했다.

피터 제퍼슨은 버지니아 최고 명문가의 딸과 혼인하며, 사회적 입지를 더욱 굳혔다. 1739년, 농장주이자 선장이었던 아이샵 랜돌프의 딸, 제인 랜돌프와 결혼했다. 1721년 런던에서 태어난 제인은 구칠랜드 카운티에 있는 담장으로 둘러싸인 정원을 갖춘 던지니스 대저택에서 성장했다.

랜돌프 가문의 식민지 시절 기원은 1642년 영국에서 이주한 헨리 랜돌프로 거슬러 올라간다. 그는 버지니아주 하원 의장의 딸과 결혼하고, 헨리코 카운티에서 하원 서기로 일하면서 식민지 사회에서 입지를 다졌다. 1669년, 고향인 영국으로 돌아가 어린 조카 윌리엄 랜돌프에게 버지니아로 이주할 것을 권유한 것처럼 보인다.

토머스 제퍼슨의 증조부인 윌리엄 랜돌프는 정확한 시점은 불분명하지만, 1669년에서 1674년 사이에 신대륙으로 건너왔다. 헨리코 카운티 서기관이었던 삼촌의 자리를 이어받은 뒤, 꾸준히 광대한 토지를 확보하며 빠르게 기반을 다졌다. 당시 영국 총독이었던 윌리엄 버클리 경과의 유대를 바탕으로 선박 무역, 담배 재배, 노예무역으로 큰 부를 축적했다.

윌리엄 랜돌프는 제임스강의 터키 섬에 자리한 본가로 명성을 얻었으며, 그곳은 '호화로운 저택'으로 불렸다. 아내 메리 아이샵 랜돌프는 버뮤다 헌드래드Bermuda Hundred라는 농장주의 딸로 두 사람은 결혼 후 열 명의 자녀를 두었고 그중 아홉 명이 성인이 될 때까지 살아남았다. 1779년에서 1780년 사이에 버지니아를 방문했던 영국인 여행가 토머스 앤버리는 랜돌프 가문을 이렇게 기록했다. "가문의 구성원이 너무 많아서 스코틀랜드 씨족처럼 거주지 이름으로 서로를 구분해야 할 정도였씨." 랜돌프 가문을 연구한 역사가 조너선 대니얼스에 따르면 채스워스Chatsworth의 윌리엄, 터커호Tuckahoe의 토머스, 윌리엄스버그 태즈웰 홀Tazewell Hall의 존 경, 컬스 넥Curles Neck의 리처드, 롱필드Longfield의 헨리, 브레모Bremo의 에드워드, 그리고 던지니스의 제퍼슨의 아이샴(제퍼슨의 외조부) 등으로 불렸다고 한다.

제퍼슨의 할아버지는 선장이자 상인으로 신대륙과 구대륙을 오가며 활동했다. 1717년경에는 '아름다운 여성상'이라고 묘사된 영국 여성 제인 로저스와 결혼했다. 부부는 런던과 버지니아의 구칠랜드 카운티에 있는 던지니스 영지를 오가며 살았다.

1737년, 한 상인은 제퍼슨의 외가를 '매우 품위 있고, 세련된 옷차림의 사람들'이라 평했다. 제퍼슨의 어머니 제인 랜돌프도 이 집안의 딸로 자신의 영국 혈통에 강한 자부심을 품었다. 제인은 '스코틀랜드의 강력한 귀족 가문인 머리 백작가의 후손으로, 이 가문은 영국과 스코틀랜드의 여러 저명한 귀족 가문들과 혈연 혹은 혼인 관계로 연결되어 있으며, 심지어 왕실과도 인연이 있었다'라는 말이 전해진다.

제임스강 남쪽 리치먼드 인근에 조지 왕조 양식의 아름다운 대저택 웨스트오버Westover를 지은 윌리엄 버드 2세의 가문은 제퍼슨 가문보다 더 큰 재부를 누렸다. 그가 1711년 2월에 남긴 어느 평범한 하루의 일기는 토머스 제퍼슨이 태어나기 전 수십 년 전 버지니아 상류층의 일상을 엿볼 수 있게 해준다.

나는 아침 6시에 일어나 히브리어 성경 두 장을 읽고, 루키아노스의 작품에서 그리스어로 된 구절을 조금 읽었다. 기도를 드린 후, 아침 식사로 데운 우유를 마셨다. 운동 삼아 춤 연습을 한 후에 벽돌집으로 가서 일꾼들이 널빤지를 쌓는 모습을 살펴보았으나 모두 일을 게을리하고 있어 호되게 꾸짖되, 매질은 하지 않았다. 날씨는 춥고, 북동풍이 불었다. 영국으로 편지 한 통을 쓴 후, 정오까지 영어로 된 책을 읽는데 던 씨 부부가 찾아왔다. 점심으로 삶은 소고기를 먹었다. 오후에는 던 씨와 당구를 치고, 농장 주변을 함께 한 바퀴 돌며 내 사업 전반을 살펴봤다. 밤에는 빵과 치즈로 가볍게 요기했다.

대서양에 가까운 해안 지대든, 블루리지산맥의 울창한 숲이 우거진 언덕이든, 제퍼슨이 태어난 버지니아는 가장 운 좋은 아들들에게 특권적인 삶을 약속하는 곳이었다.

버지니아와 메릴랜드를 여행하던 한 영국인 탐험가는 이렇게 회고했다. "이 너그러운 정착지의 젊은이들은 북쪽에 사는 이웃들보다 훨씬 더 안락하고 온화한 분위기에서 응석받이로 자라고 있었습니다." 아이들은 음악 교육을 받았고, 미뉴에트와 '컨트리댄스'라고 불리던 사교춤까지 익혔다. 한 가정교사는 알버말에서 동쪽으로 약 160킬로미터 떨어진 카터 가문의 영지, 노미니 홀Nomini Hall에서 열리던 댄스 수업을 이렇게 묘사했다. "젊은 버지니아의 청년들이 춤추는 장면은 정말이지 감탄이 나올 정도로 아름다웠습니다. 잘 차려입은 수많은 젊은이가 훌륭한 음악에 맞춰 자연스럽게 움직이며 완벽한 조화를 이뤘지요."

토머스 제퍼슨도 그런 젊은이 중 한 명이었다. 부유하고, 교양을 갖추고, 세련된 가문에서 장남으로 자랐다. 제퍼슨 가문은 은식기로 식사하고, 우아하게 춤을 추고, 늘 손님을 맞이하곤 했다.

그의 아버지 피터 제퍼슨은 저택 1층에 있는 4개의 방 중 하나에 있는 서재에서 체리 나무 책상에 앉아 일했다. 그 서재에는 셰익스피어와 조너선 스위프트, 조지프 애디슨, 폴 드 라팡-투아라의 《영국사History of England》 같은 다양한 책들이 꽂혀 있었다. 토머스 제퍼슨은 "어린 시절 나는 역사책과 여행기를 열정적으로 즐겨 읽었습니다."라고 회고했다. 특히 인상 깊었던 책으로 조지 앤슨의 《세계 일주 항해기Voyage Round the World》와 존 오길비의 《아메리카America》를 꼽았다. 이 책들은 소년 제퍼슨에게 더 넓은 세계로 나아가는 문학적 항로를 열어주었다. 제퍼슨의 한 손자는 이렇게 전했다. "조부께서는 어릴 적 놀다가 싫증이 났을 때 책을 펼치고 처음으로 기쁨을 느낀 그 순간부터, 한 번도 멍하니 앉아 무의미하게 시간을 흘려보낸 적이 없다고 하셨습니다."

버지니아에 사는 부유한 백인들에게 세상은 즐거움으로 가득했다. "아버지께는 각별한 벗이 한 분 계셨습니다. 그 집에 가서서 저녁을 함께하고 하룻밤 묵은 뒤, 다음 날 식사를 하시고 저녁 무렵에 섀드웰로 돌아오셨죠." 제퍼슨은 이렇게 회고했다. "그러고 나면 친구분이 하루나 이틀 지난 후 섀드웰을 찾아오셨고 똑같이 머무르셨습니다. 이런 일이 매주 반복됐으니, 일주일에 나흘을 함께 지낸 셈이지요." 훌륭한 음식이 차고 넘쳤고, 술은 독하면서 기운을 돋웠고, 사람들은 유쾌하고 다정했다.

제퍼슨이 떠올린 생애 최초의 기억은 한 노예가 모는 말 위에 조심스럽게 베개에 눕혀진 채 긴 여행을 떠났던 순간으로, 자유를 갖지 못한 이가 어린 백인 주인을 극진히 돌보고 있는 모습이었다. 당시 제퍼슨은 두세 살 무렵이었다. 가족은 섀드웰에서 80킬로미터 떨어진 랜돌프 가문의 영지인 터커호로 향하고 있었다. 제인 랜돌프 제퍼슨의 사촌이자 터커호의 주인인 윌리엄 랜돌프가 막 세상을 떠난 참이었다. 홀아비였던 윌리엄 랜돌프는 자신이 '친애하고 신뢰하는 친구' 피터 제퍼슨에게 유언을 남겼다. 자신이 세상을 떠나면 터커호로 와서 남은 세 자녀를 돌봐달라고 부탁했고, 피터 제퍼슨은 그 부탁을 기꺼이 받아들였다. 윌리엄 랜돌프와 피터 제퍼슨은 막역한 사이였다. 언젠가 피터 제퍼슨이 랜돌프에게 훗날 섀드웰이 들어설 약 162만 제곱미터의 땅을 매입하기도 했는데, 그 대가는 놀랍게도 '헨리 웨더번 선술집의 가장 큰 럼 펀치 한 그릇'이었다.

　　제퍼슨 가족은 윌리엄 랜돌프가 사망한 해부터 7년 동안 터커호에 머물렀고, 두세 살 무렵 그곳에 온 토머스는 떠날 무렵 아홉이나 열 살이 되어 있었다.

　　피터 제퍼슨은 랜돌프의 유산으로 생활비를 지원받으며 영지를 훌륭하게 관리했다. 그 시간 동안 죽은 친구의 유언을 성실히 이행했다. 동시에 자신의 알버말 농지에서는 개간 작업이 진행되고 있었다. 이 시기는 피터 제퍼슨이 여러 차례 탐험을 떠났던 시기였다. 자주 집을 비웠고 그동안 아내 제인과 두 집안이 터커호에서 함께 생활했다.

　　성인이 된 토머스 제퍼슨이 개인적인 대립을 꺼리는 성향의 뿌리는 부분적으로 터커호에서 큰 대가족의 일원으로 보낸 시절에 있을지도 모른다. 토머스 제퍼슨은 피터와 제인 부부의 장남이었지만, 남의 집에서 중요한 성장기를 보냈다. 토머스보다 두 살 많았던 토머스 만 랜돌프는 터커호 영지의 상속자였다. 아이들이 어렸을 때 이런 신분 차이가 실제로 드러났는지 알 수 없지만, 토머스 제퍼슨은 어린 시절 어떤 대가를 치르더라도 갈등을 피하려는 태도로 보냈다. 터커호에서 보낸 시간이 직접 대면하는 인간관계에서 논쟁보다 화합을 선호하는 길로 그를 이끌었을 가능성이 있다.

　　게다가 토머스 제퍼슨은 어린 시절을 보내던 터커호에서 처음으로 노예제 사회인 버지니아의 복잡한 현실을 자각하게 되었다. 수십 년 후《버지니아주에 관한 기록Notes on the State of Virginia》에서 이렇게 서술했다. "주인과 노예 사이의 모든 교류는 거칠고 격렬한 감정의 연속이며, 한쪽의 끝없는 폭정, 다른 쪽의 굴욕적인 복종을 거듭한다. 아이들이 이것을 보고 따라 하고 배운다. 인간은 모방하는 존재이기 때문이다. 부모가 고함을 지르면 아이는 그것을 보고 분노의 표정을 익힌다. 그리고 어린 노예들 앞에서 똑같은 태도로 자신의 가장 추악한 감정을 거리낌 없이 드러낸다. 그 때문에 매일 폭정을 보고, 배우고, 흉내 내며 자란 아이는 그 자체로 혐오스러운 성격을 지니게 된다."

터커호는 어린 시절의 또 다른 사소한 사건의 배경이기도 했다. 학교가 끝나기를 간절히 바란 토머스 제퍼슨은 슬쩍 자리를 빠져나가 숨은 뒤 주기도문을 반복해서 외우며 수업이 빨리 끝나기를 기도했지만, 기도는 이뤄지지 않았다. 훗날 그는 정통 기독교가 말하는 바가 모두 사실은 아닐 수도 있다고 생각하게 되었다.

1752년, 제퍼슨 가족은 섀드웰로 돌아왔다. 5년 뒤인 1757년, 피터 제퍼슨이 향년 마흔아홉에 사망했다. 당시 열네 살이던 토머스가 비록 실제로 가장이 된 것은 아니었지만, 집안의 가장 역할을 맡게 되었다. 그는 이 갑작스러운 변화를 좋은 기억으로 여기지 않았다. 훗날 손자에게 이렇게 편지를 썼다. "불과 열네 살의 나이로 모든 책임과 결정을 오롯이 스스로 감당해야 했고, 조언을 해주거나 이끌어 줄 친척도, 친구도 없었단다."

더 이상 아버지의 1층 서재에서 함께 지도를 들여다보거나, 용감한 탐험 이야기를 듣고, 측량 도구들을 어설프게 만지작거리고, 셰익스피어나 《스펙테이터The Spectator》에 대해 논의하던 저녁 시간은 없었다. 그 시절은 이제 기억 속에만 존재했다. 토머스의 앞에 떠오른 아버지의 모습은 영감을 주는 동시에 벅찬 두려움을 안겨주는 존재가 되었다.

토머스의 어머니인 제인 랜돌프 제퍼슨이 섀드웰을 실질적으로 운영하게 되었다. 전설적인 인물인 남편 피터 제퍼슨만큼이나 장남에게 큰 영향을 끼쳤지만, 다소 미묘한 방식들이었다.

겉으로 보기에는 제인이 모든 일을 마음대로 움직이는 듯했다. 제인은 글을 읽고 쓸 줄 알았고, 사교적이었으며 고급 식기와 잘 만든 가구, 세련된 옷처럼 기품 있는 물건들을 좋아했다. 사별하고 자녀를 잃는 고통을 견뎌내면서도 끝까지 중심을 잃지 않고 삶을 이끌었으며, 사랑하는 사람들의 삶과 주위 세계에 깊이 몰두하며 살아갔다.

따라서 장남 토머스가 그토록 흔들림 없는 강인한 귀족으로 성장한 사실은 놀라운 일이 아니다. 집안의 비극에 맞선 용맹과 자기 영지에서 자기 사람들에게 둘러싸여 자신 뜻대로 살아가려는 단호한 의지는 삶의 풍파를 헤쳐 나가는 법을 몸소 보여준 어머니에게서 배운 결과일 것이다.

남편의 죽음 후, 제인 제퍼슨은 섀드웰의 주인이 되었다. 당시 서른일곱이었고, 여덟 자녀의 어머니였다. 장녀인 제인은 열일곱, 토머스는 열넷이었고, 가장 어린 쌍둥이는 두 살이었다. 한 고손녀가 전한 집안 대대로 내려오는 이야기에 따르면, '제퍼슨 부인은 명확하고 강한 이해력을 지닌 여성'이었다. 자녀들을 돌보는 동시에 노예 66명과 훗날 몬티셀로가 될 약 40만 평을 포함해 1,112만 평에 달하는 섀드웰 영지를 관리해야 했으니, 실제로 그렇지 않고서는 불가능했을 것이다. 섀드웰에서 전해진 집안 성경 기록을 보면 제인 제퍼슨이 꼼꼼하게 기록하는 사람이었음을 알 수 있는데, 이 습관은 아들 토머스에게도 이어졌다.

제퍼슨 가문에는 죽음, 화재, 가족의 비극이 끊이지 않았다. 제인의 여덟 자녀 중 한 명인 토머스의 여동생 엘리자베스에게는 장애가 있던 것으로 보인다. 제퍼슨은 언젠가 이렇게 기록했다. "우리 인생의 여정에서 가장 행운아조차 종종 큰 재앙과 불행을 만나 고통을 겪게 된다. 이러한 재앙과 불행의 공격에 맞서기 위해 마음을 굳건히 하는 것은 삶의 주요 과제이자 노력이 되어야 한다."

제인 제퍼슨은 가족과 고용인, 노예를 모두 책임지는 위치에 있으면서 자연스레 뛰어난 전략 감각을 키워갔다. 한 고손녀는 이렇게 회고했다. "그분은 당대 다른 버지니아 상류층 여성들 못지않게 교육을 잘 받았고, 지적이고, 사교적인 분이었어요. 탁월한 살림 솜씨를 지닌 훌륭한 주부였고, 상냥하고 다정한 성품에 쾌활한 기질을 타고났고, 유머 감각까지 갖추셨지요. 특히 편지쓰기를 좋아해 글을 술술 잘 쓰셨어요."

제인은 자신의 사회적 위치를 의심해본 적 없는 가문 출신으로, 남편 피터 제퍼슨은 생전에도 자주 집을 비우면서 터커호와 섀드웰의 운영을 그녀에게 맡기곤 했다. 1770년 섀드웰이 화재로 전소된 뒤에도 그곳을 떠나지 않고 직접 재건에 나섰다는 사실에서 제인이 얼마나 강인한 여성이었는지를 엿볼 수 있다. 섀드웰은 그녀의 세계였고, 그녀는 그 세계를 본인의 뜻대로 빚어가려 했다. 마치 훗날 몬티셀로가 아들 토머스의 세계가 되었던 것처럼.

토머스 제퍼슨은 일흔일곱 살에 쓴 자전적 회고록에서 어머니를 아버지와의 관계 안에서만 간략히 언급했다. "피터 제퍼슨은 1708년 2월 29일에 태어나 1739년, 열아홉 살이었던 제인 랜돌프와 혼인했습니다. 제인은 구칠랜드의 던지니스에 정착한 랜돌프 가문의 일곱 아들 중 한 명인 아이샴 랜돌프의 딸이었습니다." 아버지의 측량과 지도 제작 활동을 서술한 뒤, 다음과 같이 덧붙였다. "아버지는 1757년 8월 17일에 세상을 떠났고, 어머니는 1776년 사망할 때까지 과부로서 여섯 딸과 두 아들을 키우셨고, 나는 그중 장남이었습니다."

제퍼슨 부인이 세상을 떠나고 몇 달 후, 영국에 있는 랜돌프 가문의 친척에게 짧은 부고 편지 한 통과 장례식을 집전한 성직자에게 지불한 비용 기록을 제외하면, 제인 제퍼슨은 아들 토머스 제퍼슨의 생애를 담은 현존 문서에서 거의 언급되지 않는다.

두 사람 사이에 오갔던 편지들은 1770년 섀드웰 화재로 소실되었고, 이후 주고받은 서신 역시 제퍼슨이 스스로 없앤 것으로 보인다. 이러한 공백 탓에, 여러 전기 작가들은 모자 관계가 소원했을 가능성을 제기해왔다. 그러나 제퍼슨은 아버지가 세상을 떠난 후 어머니만 남은 19년 동안, 성인이 된 이후에도 오랜 기간 어머니와 가까운 곳에 거주했다. 제퍼슨 부인이 사망한 해는 1776년, 토머스 제퍼슨이 서른세 살의 나이로 《미국 독립선언서Declaration of Independence》를 집필하던 해였다. 그는 학창 시절과 변호사로 일하기 시작한 초창기에도 섀드웰을 거처로 삼았다. 학교에 다니던 시절 섀드웰에 머문 것은 자연스러운 일이었지만, 대학을 졸업한 젊은 변호사가

'어머니의 집'이라고 부르던 곳을 근거지로 삼았다는 사실은 두 사람 사이가 돌이킬 수 없을 만큼 멀어지지 않았음을 시사한다. 어쩌면 애초에 적대적인 관계가 아니었을지도 모른다. 그는 1770년 11월, 섀드웰 화재로 가족의 거처가 바뀌기 전까지도 자신이 '작은 산'이라 부르던 몬티셀로로 이사하지 않았다. 화재 후 재건한 섀드웰 저택은 이전보다 훨씬 작아질 예정이었다.

어쨌든 제퍼슨은 여성들과의 교류를 즐겼다. 형제자매 중 가장 가까웠던 이는 어머니와 이름이 같은 장녀 제인이었다. 그녀는 피터와 제인 제퍼슨 부부의 첫째로 1740년 태어났다. 어릴 적 토머스의 '집에 있을 때 늘 붙어 지내는 동반자이자, 청춘의 모든 고민과 감정들을 털어놓는 속 깊은 친구'였다.

두 사람은 숲속을 걷는 일과 음악을 향한 열정을 함께 나눴다. 제인은 남동생을 위해 찬송가를 불러주었고, 함께 시편을 부르기도 했다. "겨울밤이면 가족 벽난로 곁에서, 여름의 은은한 황혼 무렵에는 리배나 강가의 숲속에서, 토머스의 바이올린 반주에 맞춰 울려 퍼지던 두 사람의 노랫소리가 들리곤 했다." 제퍼슨은 누나에게 최고의 찬사를 아끼지 않았다. "누이는 지적인 면에서 늘 나와 완전히 대등한 사람이었습니다."

아홉 살이 되었을 때, 토머스 제퍼슨은 구칠랜드 카운티 터커호 근처 세이트 제임스 노섬 교구의 윌리엄 더글러스 목사에게 보내져 고전 문학과 프랑스어를 배우기 시작했다. 매년 여름을 제외하고 5년 동안 그곳에 머물렀다. 훗날 성인이 된 토머스 제퍼슨은 더글러스 목사를 이렇게 회고했다. "라틴어는 피상적으로 아는 수준이었고, 그리스어는 그보다 더 서툴렀지만, 두 언어의 기초를 바탕으로 내게 프랑스어를 가르쳤습니다."

시간이 흘러 토머스 제퍼슨은 제임스 모리 목사의 집에서 하숙하게 되었다. 그는 모리 목사를 '정확한 고전학자'라고 평가했다. 모리 목사는 제퍼슨에게 고전 교육의 기초를 탄탄히 다져주었고, 삶에 질서를 부여하는 감각도 심어주었다. 제퍼슨은 공부뿐 아니라 놀이에서도 그 시절을 따뜻하게 회상했다. 훗날 목사의 아들에게 보낸 편지에서 이렇게 썼다. "우리가 다시 만날 수 있다면 남은 시간 동안 젊은 날의 무용담과 사냥 이야기를 나누며, 기억 속에서라도 잠시나마 젊음의 섬광을 느낄 수 있을 겁니다."

모리 목사의 학교에서 제퍼슨이 행복했던 이유 중 하나는 또래 친구인 대브니 카와 나눈 우정 덕분이었다. 카는 토머스 제퍼슨의 청년 시절의 가장 중심적인 인물이 되었다. 제퍼슨과 같은 해인 1743년에 태어났으며 루이자 카운티 출신이었다. 두 사람은 문학과 배움, 고향 버지니아의 풍경에 대한 깊은 애정을 함께 나눴다. 새드웰에 있을 때면 읽던 책들을 들고 훗날 '몬티셀로'라고 부르게 될 산의 숲을 함께 올랐다. 산 정상 근처에 있는 참나무 아래에 이르면, 가져온 책을 펴고 많은 이야기를 나누곤 했다. 제퍼슨에게 대브니 카는 더없이 소중한 친구였고, 두 사람의 정신은 서로의 곁에서 자유롭게 날아올랐다. 훗날 제퍼슨은 회고했다. "그만큼 따뜻한 인성, 관용, 온화함, 말과 행동의 유쾌함을 지닌 사람은 없었습니다." 젊은 시절의 우정이 그렇듯, 두 사람 사이에는 강렬함과 진지함이 있었다. 서로의 삶에 깊이 연결되어 있고, 함께한 시간은 마치 성스러운 것처럼 여겨졌다. 두 사람은 진지하게 약속했다. 누구든 먼저 세상을 떠나게 되면 남은 이가 그들이 가장 사랑하던 참나무 아래에 친구를 묻기로.

학교에서 제임스 모리 목사는 제퍼슨이 고대 문학, 역사, 철학에 몰두할 수 있도록 이끌어주었다. 1762년 발표한 《교육에 관한 논문Dissertation on Education》에서 목사는 고전 교육이 모든 이에게 필요한 것은 아니지만, 제퍼슨 같은 젊은이라면 예외라고 썼다. "고대 그리스와 이탈리아에서 쓰였던 언어들을 익히는 일은 신학이나 의학, 법학에서 명성을 얻고자 하는 이들에게 반드시, 절대적으로 필요합니다." 이어서, 그리스어와 라틴어는 '출신의 특권이나 조국의 부름, 군주의 선택에 따라 사회에서 요직을 맡게 될 사람에게도 필수적인 자질'이라고 덧붙였다.

제퍼슨은 자신이 받은 교육뿐 아니라 교육이라는 가치 자체를 매우 소중하게 여겼다. 만약 선택하라고 한다면, 아버지가 그에게 남겨주신 유산보다 마련해주신 고전 교육을 택하겠다고 말한 적 있다.

토머스 제퍼슨은 열일곱 살이 되던 1759년에서 1760년 사이의 겨울 방학 동안 어머니의 사촌인 피터 랜돌프가 소유한 채스워스 저택을 방문했다. 이곳은 가문 대대로 내려오던 터키 아일랜드 농장 근처, 제임스강 유역에 자리하고 있었다. 채스워스 저택에 머무는 동안 피터 랜돌프는 제퍼슨에게 윌리엄스버그에 있는 윌리엄 앤 메리 대학교 입학을 권유했다. 이는 모리 목사에게 받은 고전 교육 이후, 나아갈 수 있는 가장 현명한 다음 단계였다. 제퍼슨은 이렇게 기록했다. "대학에 가면 더 폭넓은 인간관계를 맺을 수 있고, 훗날 제게 도움이 될 것입니다. 게다가 여기서처럼 대학에서도 그리스어와 라틴어 공부를 계속할 수 있고, 수학도 배울 수 있습니다."

윌리엄 앤 메리 대학교의 입학 기준은 까다롭지 않았다. 대학 규정에 따르면 입학생은 '라틴어와 그리스어에서 충분한 진전을 이뤘는지'를 기준으로 평가되었고, '공부에 멍청하거나 게으른 자는 선발되어서는 안 된다'라고 명시되어 있었다.

제퍼슨은 어느 쪽에도 해당하지 않았다. 그리하여 1760년, 알버말 카운티를 떠나 윌리엄스버그로 향했다. 버지니아의 수도였던 이 도시는 버지니아 하원 의사당, 극장, 선술집 그리고 제퍼슨의 인생을 영원히 바꾸게 될 인물들이 모여 있는 곳이었다.

2장 내 인생의 운명을 바꾼 것

"계몽이란, 인간이 자초한 미성숙 상태에서 벗어나는 것이다. 이 계몽을 위해 필요한 것은 오직 하나, 자유뿐이다. 여기서 말하는 자유란, 어떤 자유보다 무해한, 즉 모든 사안에 대해 이성을 공적으로 사용할 수 있는 자유이다."

—임마누엘 칸트, 《계몽이란 무엇인가?》

"내가 전할 수 있는 가장 반가운 소식은 윌리엄스버그가 점점 활기를 띠고, 한층 세련된 도시로 변모해가고 있다는 것이네."

—페이턴 랜돌프

식민지 시대의 수도였던 윌리엄스버그는 제퍼슨에게 더없이 잘 맞는 도시였다. 최신 서적들이 지적인 분위기를 북돋우고 있었고, 버지니아에서 가장 매력적인 숙녀들과 저명한 인사들이 어우러지는 활기찬 사교계가 있었다. 윌리엄 스몰 교수, 변호사 조지 위스, 왕실 총독 프랜시스 포쿼, 정치가 페이턴 랜돌프가 있었고, 이들은 모두 제퍼슨의 삶에 결정적인 영향을 미친 인물들이었다. 도시에는 활기찬 오락거리로 넘쳐났다. 제퍼슨은 경마에 돈을 걸고, 여우 사냥을 즐기고, 수다를 떨고, 연애를 하고, 춤을 추며 사교계에 어울렸다. 그러나 그 무엇보다 윌리엄스버그에는 제퍼슨을 사로잡는 하나의 사회적 기풍이 존재했다. 정치라는 드라마와 화려함이었다.

제퍼슨에게 윌리엄스버그는 거대한 세계였고, 윌리엄 앤 메리 대학교는 버지니아 사회에서 중요한 중심축이었다. 조지 워싱턴이 이 대학에서 측량 자격증을 취득했고, 동문으로는 훗날 연방 대법원장이 된 존 마셜, 대통령이 된 제임스 먼로를 비롯하여 버지니아 주지사로 재직한 인물만 17명에 달했다. 하지만 도시 한편에는 암울한 식민지의 현실을 일깨워주는 장면도 존재했다. 1760년대 중반 윌리엄스버그를 방문한 한 프랑스인 여행가는 도둑질을 저질렀다는 이유로 '흑인 노예 세 명이 교수형을 당한' 광경을 목격했다고 기록했다.

제퍼슨은 열일곱 살에 윌리엄 앤 메리 대학교에 입학해 열아홉 살까지 재학했다. 이후 5년간 법학을 공부하며 윌리엄스버그를 오갔다. 윌리엄스버그는 제퍼슨에게 새드웰 못지않게 깊고 지속적인 영향을 준 도시였다. 이후 수십 년 동안 위기의 순간에도, 평온한 날에도, 제퍼슨은 눈을 감고 마음속으로 이곳을 떠올리며 젊은 시절 배운 정치 교훈과 사상적 탐구 속에서 길을 찾았다.

대학 생활의 중심은 렌 빌딩Wren Building으로 1760년 당시, 지붕에 작은 돔을 얹은 다락이 딸린 3층짜리 벽돌 건물이었다. 지난 30년 동안 예배당과 지하 납골당도 추가되었다. 렌 빌딩에서 듀크 오브 글로스터 거리Duke of Gloucester Street를 따라 동쪽으로 세 블록을 가면, 왼편에 브루턴 교구 교회Bruton Parish Church가 나오고, 이어서 팰리스 그린Palace Green을 지나면 총독 관저Governor's Palace에 이르게 되었다. 거리를 더 따라가면 벽돌로 지어진 의사당이 있었고, 의사당 안에는 버지니아 하원House of Burgesses과 주의회General Court가 자리했다. 제퍼슨이 살던 시절의 버지니아에서 공권력이 집중된 구역은 채 1제곱킬로미터도 안 되는 규모였고, 어느 건물이든 걸어서 몇 분 안에 닿을 수 있었다. 도시가 공무로 북적일 때면 거리 곳곳에 보이는 마차를 타고 훨씬 더 빠르게 도착할 수 있었다. 제퍼슨은 누구보다 이 모든 것을 사랑했다.

그에게 대학 생활은 책을 읽고, 뜻이 맞는 사람들과 어울리고, 마치 더 풍요롭고 밝은 세계에서 온 사람처럼 느껴지는 교수들과 교류하는 것이었다. 제퍼슨은 훗날 윌리엄스버그를 '미국 역사상 가장 훌륭한 예절과 도덕을 갖춘 학교'라고 평가했다.

다소 과장됐지만 진심 어린 결론에 이르도록 제퍼슨을 이끌어 준 사람은 윌리엄스버그에 계몽주의 세계관을 전파한 스코틀랜드 출신의 평신도 교수 윌리엄 스몰 박사였다. 제퍼슨이 스몰 교수를 만난 것은 순전히 우연이었다. 스몰이 윌리엄 앤 메리 대학에 재직한 기간은 단 6년, 1758년부터 1764년까지였고, 제퍼슨의 재학 시기와 정확히 겹쳤다. 제퍼슨은 그를 깊이 존경했으며 이렇게 회고했다. "스코틀랜드 출신 윌리엄 스몰 박사님이 당시 수학 교수로 계셨다는 것은 내게 대단한 행운이었고, 아마 내 인생의 운명을 결정지은 계기였을 겁니다. 박사님은 실용 과학 전반에 깊은 조예가 있었고, 탁월한 전달 능력을 지녔으며, 품위 있고 신사다운 태도를 갖췄고, 넓고 진보적인 시야를 가진 분이셨습니다."

스몰은 1734년 스코틀랜드에서 태어났고 제퍼슨보다 열 살 많을 뿐이었지만, 대학의 수학 교수로 재직하는 동시에 도덕 철학의 임시 교수직도 맡았다. 한 동시대 인물은 스몰 교수가 '공손하고 교양 있는 신사'였다고 묘사했다. 그는 대학 내 마련된 방 2개에서 생활했다. 그 숙소는 '결코 우아하다고 할 수 없었다. 스몰과 동료 교수들은 숙소의 첫인상을 다소 불쾌하게 기억했지만, 나중에는 그 소박한 모습에 매우 만족했다'라고 전해진다.

내부 장식보다 의복에 더 신경을 쓴 것 같다. 교수진은 '국왕의 생일날 총독 관저에서 열리는 행사에 참석하기 위해서 경의를 표하는 모든 영국 신사가 입는' 실크 소재의 '멋진 예복 한 벌'을 갖추도록 요구받았다.

스몰 교수는 윤리학, 수사학, 미학, 자연 철학을 비롯해 오늘날 우리가 과학이라고 부르는 분야와 수학을 지도했다. 오전에는 강의하고, 오후에는 세미나 형태의 수업을 열어 학생들과 학습 자료를 토론했다. 베이컨, 로크, 뉴턴, 애덤 스미스, 스코틀랜드 계몽주의 철학자들의 사상에 정통했던 스몰은 제퍼슨에게 새로운 지성 시대를 바라보는 핵심 통찰력을 소개했다. 즉, 계시나 무비판적인 전통, 미신이 아니라 이성이 인간사에서 중심적 역할을 해야 한다고 했다.

스몰 교수의 영향을 받아 제퍼슨은 임마누엘 칸트가 1784년에 제시한 시대정신 정의에 공감하게 되었다. 칸트는 이렇게 썼다. "계몽은 인간이 자초한 미성숙 상태에서 벗어나는 것이다. 미성숙이란 타인의 안내 없이 스스로 이성을 사용할 수 없는 상태이다. 이러한 미성숙은 이해력이 부족해서가 아니라, 타인의 도움 없이 이성을 사용하려는 결단력과 용기가 부족하기에 생긴다."

이것이 윌리엄 앤 메리 대학에서 스몰 교수가 제자들에게 전한 메시지였다. 제퍼슨은 이에 매료되었고, 훗날 스몰을 회상하며 최고의 찬사를 보냈다. "교수님은 내게 아버지 같은 존재였습니다."

제퍼슨은 동이 틀 무렵 일어나 새벽 2시까지 책을 읽으며 하루 15시간 공부했다고 전해진다. 윌리엄스버그에서는 땅거미가 질 때쯤 마을에서 약 1.6킬로미터 떨어진 바위까지 달리며 운동했고, 새드웰에서는 작은 카누를 직접 저어 리배나강을 건넌 뒤, 훗날 몬티셀로라고 부를 산에 오르곤 했다. 제퍼슨에게 게으름은 죄악이었다. 그는 딸에게 이렇게 말했다. "인간의 행복을 좀먹는 모든 병폐 중에서, 나태만큼 소리 없이 치명적으로 갉아먹는 것은 없단다." 공부에 쏟는 시간은 절대 헛되지 않았다. 제퍼슨은 말했다. "지식은 실로 바람직하고 사랑스러운 소유다."

아버지처럼 승마와 산책의 미덕을 믿었고, 건강한 몸이 건강한 정신을 만든다고 생각했다. "하루에 적어도 두 시간은 운동에 할애해야 하며, 날씨는 크게 개의치 않아야 합니다." 실제로 제퍼슨은 비 내리고 추운 날씨일수록 더 좋다고 믿었다. "아프지 않은 사람은 젖는다고 해도 해를 입지 않습니다. 그저 찬물 목욕과 같을 뿐이죠. 찬물에 목욕한다고 감기에 걸리는 사람은 없습니다. 짐승들이 건강한 이유는 온갖 날씨에 노출되기 때문이죠. 사람 중에서도 가장 건강한 이들은 자연에 가장 많이 노출된 이들입니다."

장래 변호사를 꿈꾸는 이들에게는 오전에는 법률 공부에 집중하되, 다양성 추구도 중요하다고 말했다. "공부하고 빈 시간 중 운동에 적절한 시간을 할당한 후, 남은 시간을 세 부분으로 나눠야 합니다. 가장 많은 시간을 역사 공부에, 그다음으로 철학과 시에 할애하세요."

제퍼슨은 늘 질문을 던졌다. 후손 중 한 명은 '기술자든 과학자이든 가리지 않고, 수레바퀴 구조부터 멸종 동물의 해부학까지 가능한 많은 것을 배우셨다'라고 회상했다. 그런 뒤 집으로 돌아와 들은 내용을 꼼꼼히 기록했다. 제퍼슨은 머지않아 '걸어 다니는 백과사전'으로 불리게 되었다.

제퍼슨은 일하는 만큼 열정적으로 놀 줄 아는 사람이었다. 19세기 전기 작가 헨리 랜들이 '다소 과시적인 생활 방식, 특히 훌륭한 말을 구매하는데 지나쳤다'라고 표현한 것처럼 첫해에 너무 많은 돈을 쓴 것을 걱정한 제퍼슨은 청구서 전부를 자신 몫의 유산에서 차감해달라고 후견인에게 편지를 보냈다. 후견인은 걱정하기보다 오히려 재미있어하며 이 제안을 거절했다. 말년에 제퍼슨은 이렇게 회상했다. "나는 자주 경마꾼, 카드 도박꾼, 여우 사냥꾼, 과학자, 전문직 종사자들과 어울리는 자리에 있었습니다. 여우가 죽는 순간의 열광, 좋아하는 말이 승리했을 때의 기쁨, 법정에서 펼친 설득력 있는 논쟁… 그럴 때마다 자문하곤 했습니다. 나는 이들 중 어떤 명성을 선택해야 하는가? 경마 선수의 명성인가? 여우 사냥꾼의 명성인가? 웅변가의 명성인가? 아니면 조국의 권리를 대변하는 정직한 변호사의 명성인가?"

사실 이것들은 서로 배타적이지 않았고, 제퍼슨도 그 점을 잘 알고 있었다. 윌리엄스버그에서 보낸 시절은 지식의 추구와 즐거움의 추구가 공존할 수 있음을 보여준다. 윌리엄스버그의 인기 장소였던 롤리 선술집Raleigh Tavern에 걸려 있던 표어가 이 부분을 정확하게 드러낸다. "즐거움은 지혜와 풍요로운 삶의 자식이다."

제퍼슨이 가장 소중히 여겼던 두 요소, 품위와 대화를 기준으로 잘 사는 기술을 가장 깊이 있게 배운 곳은 롤리 선술집이 아니라 총독 관저였다.

버지니아 식민지의 왕실 총독 프랜시스 포퀴는 윌리엄 스몰, 그리고 버지니아 최고의 법률가 중 한 명인 조지 위스와 함께 자주 모임을 열었다. 포퀴의 공식 직함은 부총독이었지만, 명목상의 총독이 그에게 실질적인 업무를 위임한 상태였다. 토머스 제퍼슨은 그가 '포퀴의 친밀한 식탁'이라 부른 이 모임의 네 번째 자리를 차지했다. 모임에는 저녁 식사와 대화, 음악이 어우러졌다. 모임의 연장자들은 제퍼슨의 바이올린 사랑을 북돋아 주었고, 포퀴는 그를 총독 관저에서 열리는 음악 모임에도 초대해 함께 연주하기도 했다.

1703년에 태어난 포퀴는 제퍼슨의 아버지 피터 제퍼슨과 비슷한 연배로 그의 아버지가 살아계셨더라면 다섯 살 정도 많았다. 그는 과학을 사랑하고, 미식을 즐기고, 음악에 조예가 깊고, 카드 게임에도 열정적인 인물이었다.

포퀴는 딱딱한 철학자 타입이 아니었다. 세속적이면서 약간 방탕한 기질을 풍겼다. 그가 신세계에서 총독직을 맡게 된 배경에는 이런 이야기가 전해진다. 세계 일주로 유명한 영국 해군 제독 앤슨 경에게 카드 게임 한판으로 전 재산을 하룻밤에 잃은 뒤 제독의 총애를 받아 관직에 오르게 되었다는 것이다. 이 이야기에 다소 과장이 섞였을지는 모르나 널리 회자되었다는 사실에서 알 수 있듯이, 제퍼슨이 감수성 예민한 시기에 마주한 이 인물은 쾌락과 권력, 지식을 모두 추구한 삶의 모델이었다.

포퀴의 아버지는 위그노 출신의 의사로 영국 조폐국에서 아이작 뉴턴 경과 함께 근무했으며 이후 잉글랜드 은행의 이사로 임명되었다. 포퀴 역시 과학에 관심이 많아 왕립학회Royal Society의 회원이자 동시에 남해 회사South Sea Company 이사직을 맡아 활동하면서 사상의 세계와 현실 권력 양쪽에 관여했는데, 이는 젊은 제퍼슨에게 강한 인상을 남겼을지도 모른다.

포퀴는 매우 활력 넘치는 인물이었다. 1758년, 버지니아에 도착한 지 몇 주 지나지 않아 7월에 이례적인 우박을 동반한 폭풍이 발생했다. 우박은 총독 관저 북쪽에 있는 창문들을 산산조각 냈다. 포퀴는 이 현상에 매료되어 과학 보고서를 작성해 친형에게 보냈고, 포퀴의 형은 이 보고서를 런던의 왕립학회에 제출했다.

1726년, 버지니아의 엘리자베스 시티 카운티에서 태어난 조지 위스는 법률가이자 저명한 정치인이었다. 제퍼슨의 묘사에 따르면 매부리코에 '중간 정도 키의 균형 잡히고 단단한 체격'을 지닌 인물로, 지혜롭고 지적 탐구심이 왕성했다. 스몰 교수보다 오랜 기간 제퍼슨 곁에 있었던 덕분에, 사고에 더 직접적인 영향을 미쳤을 가능성이 크다. 그는 제퍼슨에게 5년에 걸쳐 법률을 비롯한 다른 과목들을 가르쳤는데, 당시로서는 이례적으로 긴 수업 기간이었다. 그는 윌리엄스버그 중심부의 브루턴 교구 교회 인근에 거주했다. 제퍼슨은 훗날 그를 두고 이렇게 회상했다. "위스 씨는 내 젊은 시절 줄곧 신뢰하고 존경하는 멘토였고, 평생에 걸쳐 가장 다정한 친구였다."

조지 위스는 대략 1765년부터 1772년까지 제퍼슨과 가장 많은 시간을 보낸 인물로 자유의 정신뿐 아니라 사치의 미학도 가르친 스승이었다. 값비싼 취향을 지녔던 그는 런던에 주문을 넣어 아내를 위한 새틴 망토와 자신이 입을 벨벳 바지와 검은색 실크 스타킹을 구매했다. 또한 부부가 함께 쓸 용도로 '우아한 테이블과 티 찻잔 세트, 같은 디자인으로 크기만 다른 그릇 여러 개, 디캔터와 음료용 유리잔, 디저트용 멋진 유리 식기 세트, 중간 크기의 접시 4개와 조금 그보다 작은 접시 6개, 잘 만들어진 멋진 고급 마차 1대'도 주문했다. 위스 부부는 손님 접대를 즐겼고, 제퍼슨은 감탄하며 이렇게 기록했다. "위스 부인은 드라이한 마데이라 와인에 아주 진한 말름지 와인 10퍼센트를 섞어 훌륭한 와인을 만드신다."

제퍼슨은 위스와 함께한 시절, 중요하다고 생각한 구절들을 옮겨 적는 문학 공책에 에우리피데스의 말을 인용했다. "믿음직한 친구보다 더 나은 것은 없으니, 부도 군주의 권세도 그에 미치지 못하도다. 수의 많음이 어찌 고귀한 벗 하나와 견줄 수 있으랴."

1767년, 제퍼슨은 조지 위스의 소개로 주 상급법원에서 법정 실무를 시작하며 법조인의 길에 들어섰다. 이후 1774년 혁명의 소용돌이가 그를 정치와 외교의 세계로 이끌기 전까지, 그는 오롯이 법률에 몰두했다.

제퍼슨의 삶을 가까이서 지켜본 사람들은 종종 총독 관저의 고풍스럽고 천장 높은 방들을 누비던 총명한 인물들과의 만남을 회고하곤 했다. 헨리 랜달은 이렇게 적었다. "그들과의 교류에서 얻은 지적 성장은 차치하더라도, 제퍼슨이 평생 지녔던 세련된 태도는 포퀴 총독이 주변에 모았던 우아한 인사들과의 일상적인 교류 덕분이었다고 전해진다."

제퍼슨은 그 시절의 분위기와 교류의 본질을 평생 되살리고자 했다. 몬티셀로 저택에 있는 원형 다이닝 테이블이나 파리의 살롱에서, 필라델피아와 뉴욕의 하숙집과 여관에서, 그리고 마침내 워싱턴 D.C.의 대통령 관저에 이르기까지, 그는 과학과 예술의 최신 담론을 즐겼으며, 대서양 양편에서 세상을 움직이던 매력적인 여성들, 정치인들, 실무가들과 나누는 대화를 사랑했다.

제퍼슨은 이런 엘리트 모임에 사촌인 페이턴 랜돌프도 데려왔다. 그는 버지니아의 법무장관이자 하원 의장이었으며 대륙 회의의 초대 의장이기도 했다. 1721년에 태어난 랜돌프는 위엄과 친화력을 겸비한 인물이었다. 코네티컷 출신의 사일러스 딘은 그를 처음 만난 뒤 이렇게 묘사했다. "페이턴 랜돌프는 상냥하면서도 당당하고 위엄 있는 태도를 지녔으며, 크지만 균형 잡힌 체격을 갖췄습니다. 높은 명성을 떠나 외모만으로도 사람들의 존경과 신뢰를 끌어내는 사람이었습니다."

스몰, 위스, 포쿼, 페이턴 랜돌프는 제퍼슨이 타인을 평가하는 기준이 되었다. 이들은 매력적인 교류를 즐기고, 지적인 삶에 헌신하고, 공공선을 위한 정치적 책무를 책임감 있게 수행하는 모습을 대표했다. 제퍼슨은 손자에게 이렇게 말했다. "유혹과 어려움에 부딪힐 때면 내가 스몰 교수라면, 위스 씨라면, 페이턴 랜돌프라면 이런 상황에서 어떻게 행동할지 자문하곤 했단다. 어떻게 해야 그들의 인정을 받을 수 있을 것인가 말이다."

제퍼슨은 언제나 경험과 모범에 따라 행동했다. 그는 현실 세계에서 살아가는, 자신이 존경하고 사랑했던 인물들이 이런 상황에서 어떤 선택을 할지 늘 고민했다. 제퍼슨의 말처럼 '매우 높은 지위'를 얻은 인물들이었고, 제퍼슨은 그러한 명성과 위신에 다가가고, 나아가 능가하고자 하는 '끊임없는 열망'을 품었다.

제퍼슨은 이러한 위신을 추구하면서 자신이 속한 사회적, 문화적 흐름에서 절대 자신을 고립시키지 않았다. 윌리엄스버그를 벗어나 휴가를 보낼 때면 버지니아 특유의 환대 의례에 적극 참여하여 때로는 섀드웰에서 손님들을 접대했고, 친구들의 농장을 방문하곤 했다.

하노버 카운티에 있는 너새니얼 댄드리지 대령의 농장을 찾았던 어느 겨울, 제퍼슨은 루이자 카운티에 살고 있던 청년 패트릭 헨리를 만났다. 그는 그 만남을 이렇게 회상했다. "우리는 대략 2주 정도 지역 특유의 계절 축제와 흥겨운 모임에서 함께 시간을 보냈습니다. 헨리의 태도에는 그가 자주 드나들던 사회의 거친 분위기가 배어 있었죠. 그는 바이올린 연주와 춤, 익살스러운 농담에 열정을 쏟았는데, 특히 익살 떠는 능력이 뛰어나 누구에게나 호감을 샀습니다."

제퍼슨은 삶을 사회적 맥락에서 이해했으며, 자신의 정체성이 주변 세계와 긴밀히 연결되어 있다고 믿었다. 노예가 늘 곁에 시중을 들었고, 가족, 이웃, 방문객들과 언제나 함께 있었다. 그는 딸에게 이렇게 썼다. "나는 우리의 행복을 위해서라도 세상과 계속 어울리고, 세상의 흐름에 발맞춰 살아가야 한다고 확신한단다."

그는 진정한 의미에서 정치인이었다. 타인과 어울렸고, 공동체 생활에 적극적으로 참여했고, 그 '무엇'이든 간에 언제나 그 중심에 서 있는 것을 즐겼다. 윌리엄 앤 메리 대학의 비밀 결사인 플랫 햇 클럽FHC의 일원이었다. 이 모임은 제퍼슨의 표현대로 '아무 유익한 목적도 없었다.'

분주한 농장 생활조차도 윌리엄스버그의 매력 앞에서는 빛을 잃었다. 수도를 떠나 있을 때면 자신이 놓친 소식이 무엇일지 늘 궁금해했다. 대학 시절 친구 존 페이지에게 이렇게 편지를 썼다. "도시든 시골이든, 혹시라도 내가 아는 사람들 사이에 누군가의 사망, 구혼, 결혼 등 새로운 소식이 있다면 꼭 알려주게."

1760년대 초반, 제퍼슨은 글로스터 카운티 출신으로 동급생이었던 루이스 버웰 주니어의 여동생 리베카 루이스 버웰에게 한동안 열정적이었지만 결실 없는 사랑에 빠져 있었다. 제퍼슨이 보낸 연서들은 스무 살이 채 되지 않은 젊은이에게서 기대할 수 있는 모습 그대로였다. 과장되고 조급하며, 지나치게 진지하고 멜로드라마처럼 극단적이었다. 그는 유머와 자기 풍자를 시도했지만, 대부분 성공하지 못했다. 이 일화는 특히 제퍼슨이 거절이나 혼란, 비판에 얼마나 민감하게 반응하는 사람이었는지를 보여주는 점에서 흥미롭다.

구애는 시작부터 순조롭지 않았다. 심지어 쥐와 비마저 방해하려는 듯했다. 1762년 크리스마스이브, 제퍼슨은 구칠랜드 카운티에 있는 처남의 페어필즈 저택에서 지갑, 가터, 시계를 놔둔 채 평소처럼 잠자리에 들었다. 시계 안에는 그가 애정을 품었던 리베카 버웰의 모습을 그린 작은 그림이 들어 있었는데, 제퍼슨이 그녀를 떠올릴 수 있는 유일한 소지품이었던 것으로 보인다.

크리스마스 아침, 잠에서 깬 제퍼슨은 밤사이 쥐들이 방에 들어와 지갑과 가터를 갉아 먹었으며, 불과 몇 센티미터 거리에서 머리맡을 돌아다녔다는 사실을 알게 되었다. 게다가 밤새 내린 비가 지붕을 뚫고 스며들어 시계를 흠뻑 적셔버렸고, 그 안에 있던 사랑하는 리베카의 그림도 망가져버렸다. 상사병에 빠져 있던 제퍼슨에게 이 사건은 마치 끔찍하고 불길한 징조처럼 느껴졌다.

이 시기 제퍼슨은 자신을 욥에게 비유하며 자문했다. "이 세상에 행복이란 게 존재할까?" 그의 대답은 단호했다. "없다." 약 한 달 뒤인 1763년 1월, 섀드웰에서 대학 친구 존 페이지에게 보낸 편지에서도 여전히 우울한 심정을 드러낸다. "여기서는 모든 일이 매일 똑같이 반복되는 것처럼 느껴진다네. 우리는 일어나 아침, 점심, 저녁을 먹고 다시 잠자리에 들고, 다음 날도 똑같은 일을 되풀이하지. 어제와 오늘은 두 알의 완두콩처럼 똑같다네."

제퍼슨은 늘 일정한 통제권을 원했고, 비밀을 공유하는 즐거움을 소중히 여겼다. 그는 페이지와 연애 소식, 무도회, 연인들의 교묘한 술수를 공유하며 이렇게 썼다. "우리 둘이서만 알아볼 수 있고, 다른 이들은 전혀 이해하지 못할 비밀스러운 의사소통 방법을 하나 마련해야 하네."

해가 지나면서 리베카에 대한 감정은 더욱 깊어졌다. 그리고 9개월 후인 1763년 10월 6일 목요일, 제퍼슨은 마침내 마음을 고백하기로 결심했다. 그날 저녁, 윌리엄스버그의 롤리 선술집에 있는 아폴로 홀에서 밝은 조명 아래 연회와 무도회가 열릴 예정이었다.

우아한 무도회장에서 제퍼슨은 마침내 자신의 순간이 왔다고 믿었다. 다음 날 그는 이렇게 적었다. "많은 말을 준비해두었다. 내 마음속에 떠오른 생각들을 내가 아는 한 가장 감동적인 말로 다듬었고, 제법 그럴듯하게 고백할 수 있으리라 기대했다." 그는 쾌활한 사람들에 둘러싸여 리베카와 춤을 추고 있었다. 모든 게 완벽해 보였다.

그러나 입을 열자 전부 무너져 내렸다. "오, 맙소사!" 그는 나중에 이렇게 적었다. "드디어 기회가 왔을 때, 겨우 몇 마디를 횡설수설 내뱉었고, 평소와는 다른 긴 침묵 사이 드러난 건 내 당혹감뿐이었다!"

굴욕감은 극에 달했다. 하지만 그는 완전히 포기하지 않았고, 한 번 더 자신의 마음을 '조금 더 자유롭고 솔직하게' 털어놓으려 시도했다. 당시 영국 여행을 계획하고 있었지만(실제로 실현되지는 않았다), 리베카가 자신을 받아준다면 여행 계획을 접고 그녀 곁에 머물 각오도 있었다.

1764년 1월, 제퍼슨은 리베카에게 분명한 의사를 전하되 헌신을 약속하지는 않았다는 이야기를 친구 존 페이지에게 털어놓았고, 그 결과 일정한 존엄성과 통제력을 유지할 수 있었다. "나는 확답을 요구하는 질문을 하지 않았지만, 언젠가는 반드시 그 질문을 하게 될 것이라고만 전했네." 끝내 두 사람 사이에 더 이상의 질문도, 어떠한 진지한 대화도 없었다. 끝내 뜻을 이루지 못한 제퍼슨은 물러났다. 리베카에게 거절당한 뒤, 훗날 스트레스를 받을 때마다 반복되는 고질병의 첫 증세를 겪게 되었다. 지속적이고 극심한 두통이었다.

3월의 어느 늦은 밤, 친구에게 보낸 편지에서 스스로 '지독하게 게으른' 사람이라고 묘사하며, 리베카와 결혼하겠다는 '계획'이 완전히 수포가 되었다고 털어놨다. 그녀가 1764년 5월에 요크타운 출신의 부유한 재클린 앰블러와 결혼할 예정이었기 때문이다.

그리고 이어지는 내용에서 제퍼슨은 매춘 혹은 여성 노예나 하인 계급 여성과의 성적 관계를 암시하는 듯한 말을 남겼다. 어느 쪽인지 확실하지 않지만, 이 두 가지가 가능성이 높아 보인다. "독신 생활에는 크고 많은 위안이 있는데, 자네가 결혼을 권유한 이유 중 어느 것도 윌리엄스버그에 사는 주민들, 특히 젊은이에게 아무런 영향을 미치지 못한다네. 사도 바울은 불타느니 차라리 결혼하는 편이 낫다고 했을 뿐이네. 그러나 훗날 섭리가 어떤 사람들에게는 결혼 말고도 그 불을 끌 다른 수단을 마련해줄 것임을 알았더라면, 그 역시 그 방법을 열성적으로 권했을 걸세."

제퍼슨은 자정 무렵 이 편지를 쓰고 있었다. 촛불은 거의 다 타들어가고 있었고, 그의 하인 주피터는 잠든 상태였다. 제퍼슨은 두통에 시달리는 중이었다. 어쩌면 깊은 밤이라는 시간대가 주는 친밀함 때문에 이토록 솔직해질 수 있었을지 모른다. 혹은 그저 헛된 자만심에서 나온 허세였을 수도 있다. 그런 그가 '섭리'가 자신과 같은 남성들에게 성적 욕망을 해소할 '수단'을 주었다고 말한 데에는 나름의 이유가 있었고, 실제로 그 수단을 이용한 것으로 보인다. 한 가지는 분명했다. 제퍼슨은 이루지 못한 사랑의 미련을 떨쳐내야 했다. 다행히도 그는 관심사가 매우 넓은 사람이었고, 스승들과 멘토들이 키워준 지적 호기심 덕분에 실연의 아픔은 서서히 희미해져 갔다.

3장 혁명의 뿌리

"우리는 본국에 복종해야 한다는 습관적인 믿음 속에서, 사고의 범위를 좁은 틀 안에 가두고 있었다."

—토머스 제퍼슨

토머스 제퍼슨에게 정치는 삶 그 자체였다. 정치는 그가 숨 쉬는 공기와도 같았다. 한번은 자신의 메모에 이렇게 적었다. "우리의 적들보다 더 오래 살기를." 같은 페이지에는 노예 주피터를 위한 여름옷과 자신이 입을 진홍색 조끼용 옷감을 런던에 주문했다고 기록했는데, 거기에는 이런 격언도 함께 남겼다. "자유 없이는 삶도 없다."

1760년대에서 1770년대 초반 사이 제퍼슨의 발자취를 따라가다 보면, 미국 혁명이 어떻게 형성되었고 왜 발생했는지 분명히 알 수 있다. 자유란 무엇이며, 대의 정치는 어떤 형태여야 하는가 같은 근본적인 질문들이 제퍼슨의 젊은 시절 내내 미국 사회를 사로잡고 있었다. 당시 런던은 미국 식민지의 전권을 쥐고 있었다. 영국 항해법British Navigation Acts이 무역과 운송을 철저히 통제했고, 필라델피아의 상인들이나 알버말 카운티의 농부들은 정치적 목소리를 낼 수 없는 경제 체제에 종속되어 있었다. 영국에서 파견된 왕실 총독들은 버지니아 하원의원과 같은 식민지 의회를 소집할 수 있었지만, 동시에 언제든 법안에 거부권을 행사하거나 의회 자체를 자의적으로 해산할 권한도 갖고 있었다. 영국 의회에는 북아메리카 식민지에서 직접 선출한 대표가 단 한 명도 없었다.

제퍼슨이 나이를 먹으며 성장하던 시기, 이와 같은 문제들은 점차 더 폭넓고 중요한 쟁점으로 떠오르게 된다. 1754년, 제퍼슨이 아직 열두 살이 되기 전, 뉴욕 올버니에서 열린 회의에서 식민지 대표들은 '올버니 연합 계획Albany Plan of Union'이라는 제안을 내놓았다. 왕실 총독 아래 상당한 자치권을 갖는 통합 식민지 체제를 구축하려는 시도였다. 벤저민 프랭클린의 주도로 작성되었지만, 이 제안은 식민지 주민들에게는 지나치게 권위적으로 보였고, 반대로 영국 측에게는 너무 민주적으로 보였기 때문에 결국 무산되었다.

제퍼슨이 열네 살이었을 때, 아버지에게 토이라스의 영주 폴 드 라팽이 쓴 《영국사History of England》를 물려받았다. 18세기와 19세기 미국의 역사와 17세기 영국의 정치사는 깊이 얽혀 있었기 때문에 미국 혁명의 뿌리를 이해하는 데 도움을 주는 책이었다.

당시 식민지인들은 영국 본토의 주변부에 속한 브리튼인이라는 정체성을 지니고 있었으며, 대부분 영국사를 숙지하고 있었다. 그들에게 정치란 국왕과 궁정 귀족들의 권력 남용으로부터 개인의 자유를 지키기 위한 끊임없는 투쟁으로 인식되었다.

영국의 정치가이자 작가였던 헨리 세인트 존 볼링브룩 자작과 마찬가지로, 제퍼슨은 역사를 '실제 사례로 가르치는 철학'이라고 여겼다. 그러므로 역사는 대단히 중요했다. 역사는 언제든지, 어느 세대에서든지 반복될 수 있기 때문이다. 그리고 만약 그 역사가 다시 폭정의 형태로 재현된다면, 어떤 희생을 치르더라도 맞서 싸워야 한다고 믿었다.

　　1723년에 처음 출간된 라팽의 저서는, 영국의 역사란 곧 왕권과 민중의 권력 투쟁이라는 관점을 제시했다. 그리고 그 역사는, 미국 식민지인들처럼 영국계 민족에게도 그대로 적용되는 이야기였다. 휘그당은 의회와 민중의 편에, 토리당은 국왕의 편에 더 가까운 정치세력이었다. 제퍼슨은 이러한 정치적 구도를 진지하게 받아들였고, 훗날 모든 사회는 이처럼 양분되는 경향이 있다고 주장했다.

　　영국 시민혁명English Civil War, 왕정복고Restoration, 명예혁명Glorious Revolution과 같은 격동의 사건들은 미국 식민지인들의 정치관과 세계관을 형성했다. 라팽이나 볼링브룩 자작 같은 이들의 저서에서는 역사가 궁극적인 권력을 둘러싼 소수와 다수 간의 투쟁으로 묘사되었다. 17세기 영국에서 귀족들을 포함한 국민은 스튜어트 왕조의 절대주의적 경향에 저항했고, 오랜 혼란을 불러왔다. 찰스 1세가 처형되고, 올리버 크롬웰 치하에서 공화정이 수립되었으며, 이후 스튜어트 왕조가 복귀하면서 정치적, 종교적 갈등이 더욱 심화했다. 결국 1688년 명예혁명으로 오렌지 공 윌리엄 3세와 그의 아내 메리가 공동 군주로 즉위하게 되었다. 이들은 왕위에 오르면서 영국 국민과 의회의 권리를 보장하는 영국 권리 장전English Declaration of Rights을 수용하는 조건을 받아들였다. 1689년부터 1701까지 이어진 일련의 헌정적 합의를 통해 영국은 권력의 균형 속에서 질서를 확립하고 자유를 보장하는 체제를 갖추게 되었다.

　　제퍼슨이 살던 시기의 미국인들은 지난 세기 동안 영국 본토를 뒤흔든 간헐적인 폭정의 맥락에서 삶을 바라보는 분위기 속에 살았다. 안정은 오직 행정부(영국에서는 군주제)가 상원과 하원으로 구성된 양원 입법부에 견제받는 혼합 정부 체제에서만 가능하다고 여겨졌다. 독립적인 사법부도 중요한 역할을 했다. 당시 미국인들이 바라는 역사는 균형 잡힌 헌정 체제였다. 그리고 그들이 전쟁도 불사할 각오를 한 대상은 공정하고 대표성을 갖췄다고 판단하지 않은 정부의 역사였다.

출생과 교육 덕분에 제퍼슨은 자연스럽게 미국의 독립운동을 지지하는 성향을 지니게 되었다. 아버지 피터 제퍼슨의 서재에 라팽이 쓴 여러 권의 《영국사》 시리즈가 꽂혀 있었다는 사실에 비추어 보아, 토머스 제퍼슨이 훗날 대서양 세계의 중심 사상으로 이끌 세계관은 이미 제퍼슨 가문에 뿌리내리고 있었다는 사실을 알 수 있다. 초기 제퍼슨 전기 작가인 헨리 랜들은 피터 제퍼슨이 '확고한 휘그당 지지자였으며, 민주주의라는 말을 당시 폭넓고 대중적인 의미로 해석했을 때, 특정한 민주주의적 신념을 고수했으며 이는 아들에게도 전해졌다'라고 기록했다.

호기심이 많던 토머스 제퍼슨은 이 문제를 다른 사람들보다 더 깊이 탐구했다. 타키투스의 《게르마니아Germania》를 읽은 뒤, 영국이 본디 자유를 사랑하는 색슨족의 땅이었으나 훗날 윌리엄 1세 정복왕의 군주제와 봉건적 세력의 지배를 받았다는 이론의 신봉자가 되었다. 이 관점에 따르면 미국인들은 개인의 자유를 중시하는 색슨 전통을 계승한 후손들이며, 그 전통은 오랜 세월 억압받아 왔다.

제퍼슨과 동료 미국 혁명가들이 1775년 전쟁과 1776년 독립선언으로 이어지는 입장을 취한 이유는 부분적으로 자신들 또한 영국인의 일원으로 여기면서도, 영국 사회가 쌓아온 자유와 권리의 교훈에서 비롯된 혜택을 온전히 누리지 못한다고 느꼈기 때문이다. 1764년 과세 반대 운동에서 1774년 혁명 직전까지 이어진 10년 동안, 제퍼슨과 뜻을 같이하는 미국인들은 명예혁명 이후 영국인들이 쟁취한 개인의 자유와 정치적 대표권이 축소되는 것을 경계했다. 런던에서 제기되는 모든 제안, 과세 계획, 제국 권위의 징후들은 17세기 영국 내전과 왕정복고 시기의 폭정을 떠올리게 했고, 이는 미국인들에게 깊은 두려움을 불러일으켰다.

과세와 대표권을 둘러싼 논쟁은 사실상 자유와 통제에 관한 문제였으며, 7년 전쟁Seven Years' War 또는 제국 대전쟁Great War for the Empire으로도 불리는 프렌치-인디언 전쟁French and Indian War의 종식으로 새로운 국면을 맞았다.

무력 충돌은 1759년 아브라함 평원에서 끝났지만, 프랑스와 인디언 동맹, 영국과 미국 식민지인들 사이의 전투는 결국 구세계와 신세계 간에 재정과 권력을 둘러싼 긴장 상태로 이어졌다.

제국을 유지하기 위해서 막대한 비용이 필요했고, 7년 전쟁 이후 런던이 통제하게 된 제국의 범위는 대단히 광범위했다. 간단히 말해, 런던은 재정 확보가 절실했고, 미국 식민지들이 대영제국 유지 비용을 더 많이 부담해야 한다고 판단했다. 약 1만 명의 영국군이 북미에 주둔하게 되었는데 영국 군인은 언제나 상시적 위협의 상징이었다. 군대는 자유를 수호하고 보호할 수 있지만, 동시에 정복하고 억압하는 도구가 될 수도 있기 때문이다.

이제 제국 당국은 미국인들의 삶과 재산에 더 깊숙이 개입하기 시작했고, 미국인들은 이러한 권력의 행사에 경계심을 품으며 전제 정치의 도래를 두려워했다. 프렌치-인디언 전쟁 전까지 런던은 애팔래치아산맥 너머의 서부 지역 영토를 엄격하게 통제하지 않았다. 그러나 전쟁과 오하이오 밸리 인디언 부족들의 반란 이후, 런던에서는 국왕이 서부 토지의 향방을 결정할 권한을 부여했고, 그 지역에서 자유롭게 토지 투기를 해오던 버지니아 사람들의 강한 반감을 샀다. 전쟁 전까지 런던은 무역을 규제하는 항해법을 비교적 관대하게 시행했지만, 전쟁 이후에는 '수색 영장writs of assistance'을 본격적으로 사용해 식민지 선박을 수색하는 등 강경한 조처를 했다. 이는 특히 보스턴 시민들의 격렬한 분노를 불러일으켰다.

남부와 서부는 토지와 인디언 문제로 분노했고, 북동부는 수색 영장 제도에 불안을 느꼈다. 더군다나 1764년 '설탕법Sugar Act'이라 불리는 법안이 엄격한 집행 규정까지 포함하면서 식민지 전역에 분노가 확산했다. 비록 이 법안이 당밀의 세율을 실제로 낮췄지만, 젊은 시절 제퍼슨이 즐겨 마시던 마데이라 와인을 포함해 여러 품목에 세금을 부과했다. 또한, 설탕법은

7년 전쟁 이후 새로운 원칙과 선례를 세우려는 시도이기도 했다. 법률 문구에 따르면, '폐하의 아메리카 식민지에서 재정 확보를 위한 정당하고 필수적인 조치'였다.

1763년부터 1765년까지 영국 총리를 지낸 휘그당 소속 조지 그렌빌은 1764년 3월 9일 금요일, 하원에서 설탕법과 함께 식민지에 인지세를 부과할 계획을 발표했다. 인지세는 신문, 카드놀이용 카드 등 종이로 된 각종 문서와 물품에 부과되는 세금이었다. 그렌빌 총리는 하원에서 '영국 의회가 대영제국의 모든 영토에서 세금을 부과하고 징수할 수 있는 권한과 주권이 어떠한 이의제기 없이 인정받기를 바란다'라고 밝혔다.

그러나 이 권한에 이의가 제기되었고, 앞으로도 계속해서 제기될 터였다. 당시 미국인들은 매사추세츠 출신 변호사 제임스 오티스가 쓴 《영국 식민지인의 권리 주장과 입증Rights of the British Colonies Asserted and Proved》을 탐독 중이었다. 이 책은 1776년에 출간되어 미국 독립의 당위성을 강력하게 주장한 토머스 페인의 《상식Common Sense》보다 앞서 나온 선구적인 저작이었다.

1764년 가을, 오티스의 사상은 식민지 전역에 널리 퍼졌고, 그 무렵 윌리엄스버그에서는 조지 위스가 과세제도에 항의하는 탄원서를 영국 하원에 제출하기 위해 초안을 작성하고 있었다. 그러나 그의 표현은 일부 하원 의원들에게 지나치게 강경하거나 심지어 반역적이라고 평가받았다. 훗날 혁명으로 이어지게 될 쟁점들을 놓고 제퍼슨이 가장 가까이서 따르고 우상화했던 인물인 위스가 확고한 입장을 지니고 있었음을 보여준다.

당시 반영국 입장의 핵심은 1764년 버지니아가 국왕과 의회에 보낸 결의문에 요약되어 있다. 결의문에는 다음과 같은 내용이 명시되어 있었다. "국민은 자신들의 동의 없이, 혹은 법적으로 자신들을 대표하도록 임명된 자들에 의해 부과되지 않은 어떠한 세금에도 복종해서는 아니 된다." 그러나 결의문은 런던에서 아무런 영향력을 발휘하지 못했다. 영국 의회는 결의안을 아예 심의하지 않았고, 결국 1765년 3월 22일 금요일 인지세법Stamp Act이 통과되었다.

제퍼슨은 뒤이어 벌어진 극적인 사건으로 첫 번째 깊은 정치적 통찰을 얻게 되었다. 버지니아에서 인지세법 대응책을 논의하는 과정에는 감정적인 웅변, 제국과의 긴장, 세대 간 갈등, 교묘한 입법적 속임수 등 모두 뒤섞여 있었다. 그 속에는 중요한 원칙들이 걸려 있었고, 현실에 적용하기 위한 아이디어를 다듬고 발전시키는 중이었다. 동시에 본능적인 정치적 계산과 인간적인 이해타산도 엮여 있었다. 제퍼슨이 평생 고민하게 될 갈등을 시험하는 완벽한 실험장이었다.

버지니아 하원의 상당수 의원은 영국 의회의 권력 주장을 단호히 저지해야 한다고 생각했다. 그러나 휘그당이 해석한 식민지와 개인의 권리를 미국인들이 어디까지 밀어붙여야 할 것인가? 1765년 당시만 해도, 심지어 패트릭 헨리와 같은 인물에게조차도 대영제국과의 전면적인 무력 충돌은 아직 현실에서 먼 이야기였다. 제퍼슨은 그해 5월 30일 목요일, 하원에서 연설하는 헨리의 모습을 지켜보았다.

버지니아 하원의 봄 회기는 이미 막바지에 접어든 상태였다. 의원들은 대부분 윌리엄스버그를 떠나 고향으로 돌아간 상태였다. 제퍼슨은 자신이 '아직 학생 신분'이었지만, 당시 상황을 지켜보기 위해 자리에 남아 있었다고 회상했다. 모두 7개의 반인지세법 결의안이 논의 중이었는데 회의장에서는 독학한 변호사이자 사람을 끌어당기는 매력을 지닌 패트릭 헨리가 가장 과감한 결의안을 밀어붙이고 있었다. 제퍼슨은 그를 네이선 댄드리지의 집에서 처음 만났다고 기억했다.

제퍼슨은 하원 문간에 서서 헨리의 연설을 경탄하며 들었다. 제퍼슨이 '실로 위대하다'라고 느낀 헨리의 웅변 내용이다. "타르퀴니우스와 카이사르에게는 브루투스가 있었고, 찰스 1세에게는 크롬웰이 있었듯이, 머지않아 조국을 위해 맞서 싸울 훌륭한 미국인이 등장할 것임을 믿어 의심치 않습니다." 당시 이 논쟁을 기록한 유일한 동시대 인물의 증언에 따른 것이다. 제퍼슨은 연설에 정신없이 빠져들었고, 훗날 이렇게 회상했다. "헨리는 마치 호메로스가 글을 쓰듯이 연설했다."

당시 제퍼슨과 함께 회의를 지켜보고 있던 한 프랑스 여행가의 기록에 따르면 헨리가 브루투스와 크롬웰을 언급하자 하원 의장이 '반역을 말했다'라고 일갈했다고 한다.

이에 헨리는 한발 물러났다. 현장에 있던 여행가는 헨리의 발언을 이렇게 기록했다. "저는 기꺼이 용서를 구할 것이며, 조지 3세 폐하에 대한 충성심을 마지막 한 방울의 피까지 바쳐 증명할 준비가 되어 있습니다." 그러나 자신이 한 발언은 오로지 죽어가는 조국의 자유를 위한 관심에서 비롯한 것이며, 그것만이 자신의 진심이라고 덧붙였다.

헨리의 격렬한 연설이 끝나자, 분열된 하원은 결의안 심의에 들어갔다. 제퍼슨은 그날 본회의장에서 벌어진 격론을 '말 그대로 피 튀기는 싸움이었다'라고 회상했다. 당시의 심의 기록은 거의 남아 있지 않지만, 헨리가 제출한 것으로 보이는 '다섯 번째 결의안'이 논란의 중심에 있었던 것으로 추정된다.

그러므로 다음과 같이 결의한다. 식민지의 총회는 식민지 주민들에게 세금과 부과금을 부과할 수 있는 유일하고 배타적인 권리와 권한을 지니며 앞서 언급한 총회가 아닌 다른 어떠한 개인이나 집단에 그러한 권한을 부여하려는 모든 시도는 영국과 미국 양국의 자유를 명백히 위협하는 것이다.

페이턴 랜돌프와 같은 인사들은 좀 더 온건한 어조를 원했지만, 단 한 표 차이인 20대 19로 강경한 표현이 채택되었다. 표결이 끝난 뒤 랜돌프는 이렇게 말했다. "신께 맹세컨대, 그 한 표를 얻기 위해서라면 500기니라도 냈을 거요." 결의안에 반대하는 표가 하나만 더 나왔더라면 동률이 되었을 것이고, 그 경우 존 로빈슨 하원 의장이 반대표를 던져 결의안은 부결되었을 것이다.

그러나 그렇게 흘러가지 않았다. 급진파가 승리했다. 런던에 반기를 든 입장을 공식 기록으로 남기는 일 자체는 중도파 의원들에게 그렇게까지 충격적인 일은 아니었다. 더 큰 충격은 자신들이 주도권을 잃었다는 사실이었다. 패트릭 헨리는 기득권 세력에 정면으로 도전했고, 성공했다.

윌리엄스버그에 밤이 찾아왔고, 헨리는 승리감에 휩싸인 채 수도를 떠났다. 그는 승리했다고 믿었다. 적어도 그 순간에는.

다음 날 아침이 밝아왔다. 1765년 5월 31일 금요일, 제퍼슨은 하원으로 돌아가고 싶어 몸이 근질거릴 정도였다. 전날 벌어진 치열한 공방에 흠뻑 빠져들어 이른 아침부터 회의장에 도착했다. 그곳에는 이미 랜돌프 가문의 또 다른 사촌인 피터 랜돌프가 먼저 나와 있었다. 피터는 하원 회의 개회 종이 울리기 전까지 지도부가 '다섯 번째 결의안'을 철회하고 헨리의 승리를 무효화해 주도권을 되찾는 일을 정당화할 만한 선례를 하원 기록에서 찾는 중이었다.

그리하여 제퍼슨은 전날 결정을 뒤집으려는 시도를 눈앞에서 직접 목격하게 되었다. 약 한 시간 후, 하원은 이 문제를 다시 다뤘고, 전날의 결정을 번복했다. 헨리가 자리를 비운 틈을 반대파가 놓치지 않고 활용한 것이다. 5월 31일 자 하원 회의록에는 인지세법 관련 내용이 기록되지 않았지만, 프랜시스 포쿼 총독은 영국 통상위원회Board of Trade에 보낸 보고서에서 다음과 같이 보고했다. "하원 내에서 약간의 변화가 있었고(아마도 헨리의 부재를 의미), 결의안 전체를 회의록에서 삭제하려는 시도가 있었습니다. 그중에서 가장 문제가 된다고 여겨졌던 다섯 번째 결의안은 실제로 삭제되었습니다."

그날 제퍼슨이 얻은 교훈은 무엇이었을까? 훗날 위대한 민주주의자이자 자유의 대변인, 엘리트 권위에 맞선 투사로 평가받게 될 그에게 정치적 교훈은 분명했다. 정치적 투쟁에서 물러서지 말 것. 승리를 위해 쓸 수 있는 모든 수단을 아끼지 말 것. 스물두 번째 생일을 맞은 지 불과 여섯 주 만에, 제퍼슨은 권력의 복잡한 본질을 배우는 입문 강의를 받은 셈이었다. 목요일에는 자유의 영광을 고무시키는 호메로스적 웅변에 사로잡혔고, 의회가 버지니아와 자매 식민지들에 어떠한 통제권이라도 행사하도록 허용하는 것은 '미국의 자유를 파괴하는 것'이라는 주장을 가슴 깊이 새겼다.

금요일에는 전날 패배한 세력이 끈기와 기회를 재빠르게 포착하여 이날의 승자로 탈바꿈하는 과정을 지켜보았다. 헨리의 반대자들은 포기하지 않았다. 그의 부재를 기회로 삼아 경계심을 유지하며, 자신들의 행동에 정당성을 부여할 수 있는 선례를 찾아 나섰다. 중요한 것은 원하는 목적을 이루기 위해 도달할 수단, 이 경우에는 입법 절차를 숙지하고 통달하는 능력이었다. 훗날 제퍼슨이 예기치 못한 정치적 국면을 포착해 자신에게 유리한 방향을 전환할 수 있었던 순간마다, 그는 전술적 능력의 가치를 새삼 되새기곤 했다. 그리고 그 모든 교훈은 5월 말 윌리엄스버그에서의 사건에 담겨 있었다.

포퀴 총독도 변화의 조짐을 감지했다. 1765년 6월 4일 화요일, 총독은 국왕 조지 3세의 생일을 기념하는 연례 무도회를 주최했다. 예년 같으면 윌리엄스버그에서 가장 성대하게 열리는 행사였겠지만, 올해는 분위기가 달랐다. 익명의 프랑스인 여행가는 이렇게 기록했다. "참석자가 많을 거라 기대하고 참석했습니다. 하지만 12명 남짓뿐이어서 실망하고 말았죠. 저녁 식사가 시작되기 전에 자리를 떴습니다."

인지세법을 둘러싼 논쟁이 한창이던 시기, 제퍼슨이 평생 소중한 기억으로 간직하게 될 첫 번째 중요한 공적 행위는 자연 세계를 자신의 목적에 맞도록 유연하게 조율하려는 정교한 시도였다. 그는 이를 위해 자신의 이성과 조용한 설득의 기술을 활용했다.

당시 리배나강은 알버말 농부들이 수확한 농작물을 배에 실어 시장으로 운반하기에는 항행이 어려운 상태였다. 제퍼슨은 직접 카누에 올라타서 강물을 따라 탐사하면서 해결 방안을 모색했다.

훗날 친구 마거릿 베이어드 스미스가 '야성적이면서 낭만적인 강'이라고 묘사한 리배나강을 따라 노를 저어 가던 제퍼슨은 밀턴 폭포 아래에 있는 암석들을 제거하면 리배나강을 자신과 이웃 농민들의 농산물을 실어 나를 수 있는 중요한 수로로 바꿀 가능성을 발견했다. 그는 이 프로젝트를 추진하기 위해 사비를 모았고, 개별 투자자들을 설득해 자금 조달에 성공했다. 1765년 10월, 식민지 의회는 제퍼슨의 '칭찬할 만하고 유익한' 노력에 찬사를 보내며 '제임스 강의 대폭포, 치카호미니 강과 제임스 강의 북쪽 지류의 정비 작업'을 공식적으로 승인했다.

제퍼슨은 몹시 기뻤다. 아버지가 살아생전 추구한 전통을 이어가고 있었고, 절대 사소하지 않은 방식으로 황야에 질서를 세웠으며, 그 노력이 인정받고 존중받는 경험을 했다.

제퍼슨에게 1765년 월리엄스버그에서 벌어진 인지세법 논쟁과 리배나강 정비 작업부터 1776년 필라델피아에서 독립선언서가 채택되기까지의 11년은 지적으로, 정치적으로, 정서적으로 꾸준히 성숙해가는 시간이었다. 대부분의 미국인들과 마찬가지로 제퍼슨도 처음부터 혁명가는 아니었다. 충성스러운 영국 신민에서 독립을 주도하는 반역자로 탈바꿈하는 그의 여정은 그가 철학과 역사를 바탕으로 대중의 감정을 움직이는 감성적 호소의 힘을 잘 이해한 이상주의자이자 현실주의자였다는 사실을 보여준다.

제퍼슨이 배우고 있던 리더십이란 복잡한 문제를 단순하고 명료한 메시지로 풀어내어, 대중의 마음과 이성에 동시에 호소하는 능력이었다. 1766년, 제퍼슨은 메릴랜드 출신의 출판업자 윌리엄 린드를 윌리엄스버그로 데려오는 데 힘을 보태, 조지프 로일, 존 딕슨, 알렉산더 퍼디가 운영하던 기존 신문에 맞설 《버지니아 관보Virginia Gazette》를 창간하도록 했다. 제퍼슨은 이렇게 회상했다. "혁명 논쟁이 시작되기 전까지 신문사는 하나뿐이었고, 그 신문은 정부의 모든 업무를 다뤘지만, 여론 경쟁자가 없었기에 총독에게 불쾌한 내용은 절대 실리지 않았다."

제퍼슨은 사람들을 결집하는 방법에 깊은 관심을 가졌다. 책뿐만 아니라 윌리엄스버그와 알버말 카운티에서도 정치적 기술을 익혀 나갔다. 스스로 형편없는 연설가라고 생각했기 때문에 패트릭 헨리처럼 뛰어난 웅변가를 동경했다. 윌리엄스버그로 오가는 길목에 자리한 섀드웰은 여러 계층과 신분의 여행자들에게 열려 있었고, 그중에는 1762년 대서양을 건너 조지 3세를 알현했던 체로키 인디언 주장 온타세테도 포함되어 있었다. 제퍼슨은 이렇게 회상했다. "달빛이 찬란하게 빛나고 있었습니다. 그는 마치 항해 중 자신의 안위와 자신이 없는 동안 남겨진 부족의 안녕을 달에 빌고 있는 것 같았습니다. 울려 퍼지는 목소리, 또렷한 발음, 생생한 몸짓, 여러 개의 모닥불 곁에 모여 앉아 있던 부족민들의 장엄한 침묵으로 그의 말을 하나도 알아듣지 못했지만, 제게 경외감과 존경심을 안겨주었습니다."

말하기 능력에서는 자신이 그런 인물들과는 도저히 경쟁할 수 없다는 사실을 잘 알고 있었다. 이 깨달음을 바탕으로 제퍼슨은 사람들에게 영향력을 끼칠 수 있는 다른 수단을 갈고닦았다. 그는 토론 기관의 관행을 연구했고, 우아하면서 신념에 찬 문체를 익혔으며, 무엇보다 혁명의 시대에 중요한 빠른 글쓰기 능력을 갖췄다.

제퍼슨은 소통하는 섬세한 기술에 몰두했다. 무엇보다도 사람들이 가장 소중히 여기는 것을 존중하며 그들의 비전과 견해에 귀 기울이는 배려하는 청중이 되는 법을 익혔다. 정치인들은 흔히 말을 지나치게 많이 하고 경청을 소홀히 하여 자신을 곤경에 빠뜨리기도 한다. 많은 경우, 친구를 얻는 가장 확실한 방법은 내가 옳다고 설득할 게 아니라 상대의 고민에 관심을 보이는 것이다. 누구나 자신이 하는 말이 흥미롭고, 통찰력 있고, 어쩌면 시대를 바꾸는 획기적인 이야기라고 믿고 싶어 한다. 가장 뛰어난 정치인은 만나는 모든 이에게 그들이야말로 '지구상에서 가장 특별한 사람 중 한 명'이라는 인상을 심어준다. 아비가일 애덤스가 제퍼슨을 그렇게 묘사했듯이.

제퍼슨의 손자는 할아버지의 대인 관계 전술을 이렇게 전했다. "그분의 대화 능력은 탁월해서 언제나 노동자나, 정비공, 아니면 다른 누구든 대화 상대가 가장 친근하게 느낄 만한 주제로 대화를 이끌어가셨습니다."

이러한 습관에는 단순한 정보 수집 이상의 목적이 있었다. 헨리 랜들은 제퍼슨을 식사 자리에 자주 초대하던 '구식 버지니아 상류층의 매우 지적이고 품위 있는 부인'에 관한 일화를 전한다. 랜달이 말하길 그 부인은 이렇게 자랑했다고 한다. "제퍼슨 씨는 제가 대접한 가장 훌륭한 요리를 어떻게 만들고 조리했는지 꼼꼼하게 물어보곤 했습니다." 부인은 어느 정도 제퍼슨의 매력에서 비롯된 아첨일 수 있다고 의심하면서도, 제퍼슨의 경청하는 모습에는 분명한 진심이 담겨 있다고 확신했다. "그가 절반쯤은 나를 기쁘게 하려고 그랬다는 걸 알아요." 그녀는 이렇게 인정하며 덧붙였다. "그렇지만, 제퍼슨 씨는 보는 눈이 있는 사람이라 일단 알아둘 가치가 있다고 판단한 건 절대 허투루 넘기지 않죠." 부인과의 대화를 포함해 수많은 사람과 사람과의 만남에서 제퍼슨은 자신이 무엇을 하고 있는지 분명히 알고 있었다.

1765년 가을은 제퍼슨에게 몹시 들뜬 시기였다. 그해 7월, 여동생 마사가 제퍼슨의 친구 대브니 카와 결혼했다. 제퍼슨은 크게 기뻐했다. 동생 부부는 구칠랜드 카운티의 스프링 포리스트에 살림을 차렸는데 제퍼슨이 윌리엄스버그를 오가는 길목에 신혼집이 있었다.

젊고 총명하며 윌리엄스버그의 스승들에게 사랑과 존중을 받고, 버지니아 상류층 사회에서 인기를 끌던 시기에 리베카 버웰과의 실연 아픔도 차차 희미해지면서 제퍼슨은 세상은 매우 행복한 곳이라고 생각했다.

바로 그 무렵, 1765년 10월 1일 화요일, 누이 제인이 세상을 떠났다. 그녀의 죽음은 마치 아버지의 죽음과 버웰과의 실패한 사랑처럼 인생이 얼마나 덧없고 깨지기 쉬운 것인지를 다시 일깨워주었다.

제인을 깊이 사랑했던 만큼 슬픔은 1765년 가을을 지나 새해로 넘어가도록 깊게 남았다. 제퍼슨의 비통함은 가문에 전해 내려오는 이야기 속에서도 오랫동안 기억되었다. 증손녀는 이렇게 기록했다. "제인 같은 누이의 상실은 회복할 수 없는 아픔이었을 겁니다."

애도와 전원의 고요한 미덕에 깊은 관심을 보였던 영국 시인 윌리엄 셴스톤의 시에서 영향을 받아, 제퍼슨은 제인을 위해 라틴어로 묘비명을 지었고, 그 내용은 다음과 같다.

아, 조안나여, 가장 훌륭한 소녀여.
아, 한창 생기 넘치던 때에 우리 곁을 떠난 이여.
그대 위의 흙이 가볍기를.
영원히, 영원히 안녕.

1766년 3월의 마지막 주, 제인이 세상을 떠난 지 거의 여섯 달이 흘렀을 무렵, 제퍼슨은 꽃과 채소가 싹을 틔우고 시드는 식물의 생을 기록하는 정원 일지를 쓰기 시작했다. 그는 봄을 간절히 기다렸다.

1766년 3월 30일 일요일, 그는 이렇게 기록했다. "보랏빛 히아신스가 피어나기 시작했다." 4월 6일에는 이렇게 남겼다. "수선화와 퍼쿤의 꽃봉오리가 벌어졌다." 퍼쿤 혹은 혈근초라 불리는 이 식물은 오래가지 못했고. 일주일 뒤, 그의 생일날 이렇게 기록했다. "혈근초 꽃이 떨어졌다."

제인을 잃은 제퍼슨의 슬픔은 여전히 가시지 않았다. 그는 고향에 머물고 싶은 마음과 더 넓은 세상으로 나아가려는 욕구 사이에서 갈등했다. 어느 정도 시간이 흐른 뒤, 그는 북쪽으로 떠나는 여행을 계획했다. 버지니아 밖으로 처음 떠난 이 여행은 훗날 그의 삶을 암시하는 단서들을 품고 있었다. 즉, 불안을 감추는 침착한 태도와 정치계에 진출하려는 욕망이었다. 1766년 봄, 질병을 예방하고 통제하는 데에 늘 관심 있었던 제퍼슨은 여행 길의 첫 목적지로 필라델피아에 들러 윌리엄 쉬펜 주니어 박사를 찾아 천연두 예방 접종을 받았다. 이후 뉴욕으로 향한 그는, 훗날 독립전쟁에서 함께 싸우게 될 매사추세츠 출신의 엘브리지 게리와 같은 하숙집에 머물렀다. 미국 상류층 사회의 긴밀한 인간관계를 보여주는 한 단면이었다.

위험천만한 여행이었다. 첫날부터 말이 두 번이나 그를 떨어뜨리고 도망쳐버려 '목이 부러질 뻔한 위험'을 겪었다. 둘째 날에는 폭우가 쏟아졌지만, 피할 곳조차 찾을 수 없었다. 셋째 날에는 개울을 걸어 건너다가 예상보다 깊은 수심 탓에 거의 휩쓸릴 뻔했다. 무엇보다 난생처음 '한 번도 본 적 없는 얼굴들'에 둘러싸여 홀로 있었다.

아나폴리스에 들른 제퍼슨은 그곳을 '매우 아름답다'라고 느꼈고, 집들이 윌리엄스버그보다 오히려 낫다고 생각했다. 또한 자연스럽게 메릴랜드 식민지 의회에 관심을 두고 상세하게 묘사했다. 의사당은 그의 기대에 못 미쳤고 의원들 또한 마찬가지였다. 메릴랜드 의원들의 외모나 태도, 진지함에서 별다른 인상을 받지 못했다.

동료 식민지 사람들에게 다소 거만한 태도를 보였던 제퍼슨은 존 페이지에게 이렇게 썼다. "의사당에 다가가는데 마치 버지니아의 농장주들이 공청회에서 떠들어대는 것처럼 몹시 시끄럽게 소란을 피우는 소리가 들려 놀랐네." 의장의 가발은 누렇게 변색해 있어 '의장답지 못한 모습'이었다고 평가했다. 제퍼슨이 메릴랜드 의회를 세세히 관찰하고 기록한 방식은 권력의 작동 방식을 깊이 탐구하려는 의도를 드러낸다. 윌리엄스버그 출신으로서 이웃 식민지의 인상을 기록하는 일은 자연스러웠다. 한편 그때의 시대정신은 격동적이었다. 그는 편지에 이렇게 썼다. "인지세법 폐지를 기념하는 이곳의 환희를 전하고 싶지만, 자네는 내 편지가 도착하기도 전에 아마 인쇄물로 소식을 먼저 접하게 될 걸세."

런던 의회는 인지세법을 철회했지만, 식민지에 '어떤 경우에도' 과세할 권한을 주장하는 선언법Declaratory Act을 통과시켰다. 제퍼슨에게 인지세법 논쟁은 버지니아 하원의 로비에서 시작되었다. 그리고 그 끝을 여행길에서 맞이했다. 그 순간, 처음으로 미국의 역사와 대의가 윌리엄스버그나 버지니아를 넘어서는 더 큰 차원임을 온몸으로 실감했다. 미국이라는 국가를 어떻게 인식하게 되었는가에 관해 메릴랜드 해안에서 축하 행사가 분명 어떤 영향을 미쳤을 것이다.

1767년 제퍼슨은 조지 위스 밑에서 공부한 끝에 버지니아 총 법원 변호사 자격을 취득했다. 섀드웰에서 어머니와 함께 살았지만, 자주 여행을 다녔다. 사건들 때문에 스톤턴에서 윈체스터까지 여러 법원을 오갔다. 여동생 마사는 6월 초에 보낸 편지에서, 심은 지 71일 만에 카네이션이 꽃을 피웠다고 알렸다. 정원과 농장을 향한 그의 관심은 단순한 장식 목적뿐 아니라 실용적인 목적도 있었다. 1767년 11월 말, 겨울밤 동안 말들에게 먹일 건초의 양을 얼마나 비축해야 하는지 계산하기도 했다.

당대 사람들은 제퍼슨을 똑똑하고, 열정적이며 지적 호기심이 넘치는 변호사로 기억했다. 그의 변호 업무는 다양했다. 한 사건은 위스키 한 병과 셔츠 도난 사건이었고, 또 다른 사건은 한 남자가 '기혼자인 프레임이 엘리자베스 버킨과 침대에 있는 것을 봤다'라고 중상모략해 프레임이 그를 고소한 일이었다.

제퍼슨은 친구들에게 사랑받았고, 의뢰인들에게 좋은 평가를 받았으며, 선배들에게 존중받았다. 다른 남자들이 좋게 생각하고 신뢰할 수 있다고 믿었던 인물이었다. 단, 그의 절친한 친구가 곧 깨닫게 될 일이지만, 젊고 아름다운 아내의 등장으로 문제가 발생한다.

4장 유혹과 시련

"나는 그들이 제기한 혐의 중 하나만큼은 유죄를 인정할 수밖에 없다는 점을 당신도 알게 될 겁니다. 젊고 미혼이던 시절, 한 아름다운 숙녀에게 구애했었지요."

—1805년, 엘리자베스 무어 워커에 대한 자신의 마음을 인정하며 쓴 제퍼슨의 편지 중에서

"자연법에 따르면 모든 인간은 천부적으로 자유롭게 태어나며, 자신의 신체에 대한 고유한 권리를 지닌 채 이 세상에 태어납니다. 이 권리에는 자기 의지에 따라 몸을 움직이고 사용하는 자유가 포함되죠."

—1770년 하우웰 노예 소송에서 제퍼슨의 주장 중

간통이었을 수도 있었지만, 제퍼슨은 사랑에 깊이 빠져 있었고, 그 순간에는 그것이 진짜 사랑이라고 믿었기에 전혀 개의치 않았다. 매력적이고 강한 남성미를 지닌 데다 영향력과 카리스마 넘치는 그는 한번 원하는 것

이 생기면 좀처럼 포기하지 않았다.

그가 원한 건 엘리자베스 워커였다. 그녀는 제퍼슨이 평생 알아온 친구 존 워커의 아내였다. 두 사람의 인연은 오랜 세월에 걸쳐 깊게 맺어져 있었다. 제퍼슨의 아버지 피터 제퍼슨은 워커의 부친을 자신의 유언 집행인 중 한 명으로 지명했을 정도였다. 캐슬 힐의 토머스 워커 박사는 어린 시절 제퍼슨을 돌봐준 인물 중 한 명이었다. 토머스 제퍼슨과 존 워커는 제임스 모리의 학교에서 함께 기숙 생활을 하다가 윌리엄 앤 메리 대학에 진학했고, 이후 비슷한 길을 걸었다. "우리는 예전부터 사립학교에서 함께 자랐고, 대학에 가서 그 우정은 더욱 깊어졌습니다." 존 워커는 제퍼슨과의 우정을 회상하며 말했다. "우리는 서로를 사랑했습니다. 적어도 저는 진심이었죠."

엘리자베스 무어, 흔히 벳시라는 애칭으로 불린 그녀는 왕립 총독의 손녀이자 킹 윌리엄 카운티의 타이드워터 지역에 자리 잡은 첼시 농장 주인, 버나드 무어의 딸이었다. 벳시의 두 오빠는 제퍼슨, 그리고 미래의 남편이 될 존 워커와 함께 윌리엄 앤 메리 대학에 다녔다. 1764년 1월, 제퍼슨이 여전히 리베카 버웰을 잊지 못해 우울감에 잠겨 있던 무렵, 그는 친구의 약혼 소식을 전해 들었다. "잭 워커가 벳시 무어와 약혼했다네." 제퍼슨은 윌리엄스버그에서 존 페이지에게 편지를 썼다. "그는 이 기쁜 소식을 친구들 모두가 알게 되길 바라고 있더군."

편지에는 묘한 아이러니가 담겨 있고, 어쩌면 질투심도 느껴진다. 리베카에게 거절당한 상처가 채 아물지 않은 제퍼슨은 다른 남자의 사랑 이야기를 축하할 마음의 여유가 없었다. 그의 우울함은 말마저 없는 상황으로 더욱 깊어졌다. 말들을 '시골로' 보낸 탓에 고립된 기분이었다. "지금은 말 한번 타고 바람이라도 쐴 여유조차 없어졌네." 존 페이지에게 보내는 이 편지의 발신지를 데빌스버그Devilsburg라 적었는데, 자신이 바라던 신부를 얻지 못한 윌리엄스버그를 향한 제퍼슨 특유의 냉소적 표현이었다. 세상은 암울하게만 느껴졌다. 심지어 그는 친구 존 워커조차 한동안 아름다운 신부와의 결혼을 미뤄야 할 것이라고 여겼다. "내가 듣기로는 올해나 내년쯤까지는 결혼이 어렵다더군."

그러나 제퍼슨의 예상은 빗나갔다. 1764년 6월 첫째 주, 불과 다섯 달도 채 지나지 않아 벳시 무어와 존 워커는 벳시의 고향인 첼시 저택에서 결혼식을 올렸다. 제퍼슨은 결혼식에 참석했다. 존 워커의 회고에 따르면 '내 마음에 드는 친구'이자 신랑 들러리로 그 자리를 함께했다. 1768년까지 워커 부부는 갓 태어난 딸과 함께 섀드웰에서 불과 약 8킬로미터 정도 떨어진 벨부아 저택에 살고 있었다. 제퍼슨과 마찬가지로, 존 워커 역시 버지니아 정계에서 두각을 드러내는 젊은 정치인이었다. 얼마 지나지 않아 워커는 인디언과의 협상을 위해 뉴욕 스탠윅스 요새로 향하는 사절단에 합류하기로 했다.

뉴욕으로 떠나기에 앞서 작성한 유언장에서 존 워커는 '절친한 친구이자 이웃인 제퍼슨 씨를 유언 집행인들 가운데 최우선'으로 지명했다. 워커가 속한 사절단은 초여름 뉴욕을 향해 떠났다.

당시 제퍼슨은 막 스물다섯이 되었고, 벳시 워커는 그보다 두 살 어린 스물세 살이었다. 1768년의 따뜻한 계절 동안, 제퍼슨은 여러 차례 벨부아 저택을 방문했고, 그때마다 종종 벳시와 단둘이 시간을 보내게 되었다. 그는 오랜 친구의 아내를 사랑하게 된 듯했다.

제퍼슨이 감수한 위험을 떠올려 보면, 그가 느낀 감정은 틀림없이 단순한 설렘을 넘어선 격렬한 열정이었다. 어린 아내 벳시는 그의 접근을 거절했지만, 제퍼슨은 물러서지 않았다. 그녀는 제퍼슨의 구애를 남편에게 직접 알리지는 않았으나, 불안을 간접적인 방식으로 드러냈다. 존 워커의 회고에 따르면, 아내는 제퍼슨이 자신의 유언 집행인으로 지정된 이유를 의아하게 여겼다고 한다. "그 사람을 어째서 그토록 믿는지 이해할 수 없어요."

그 후 몇 년 동안 제퍼슨은 조용히 구애를 이어갔다. 워커 부부가 섀드웰을 방문했을 때, 벳시의 드레스 소맷동에 쪽지를 몰래 넣으며 다시 '애정 어린 접촉'을 시도했다. 존 워커의 회고에 따르면 그 쪽지에는 '무차별적인 사랑은 결백한 것임을 설득하려는 내용'이 담겨 있었다.

어쩌면, 아폴로 홀에서 리베카 버웰에게 굴욕을 당한 그날부터 제퍼슨은 스스로 말보다 글로 감정을 더 잘 표현한다는 사실을 자각하고 있었는지도 모른다. 워커 부인에게 보낸 편지는 단순한 연애편지가 아니라, 그녀의 마음을 바꾸기 위해 논리를 앞세운 설득의 글이었다. 그러나 그 시도는 실패로 돌아갔다. 워커 부인은 '편지를 보자마자 단번에 갈기갈기 찢어 버렸다'라고 말했다.

시간이 흐른 뒤, 두 사람이 공통으로 알던 친구이자 사냥꾼으로 유명한 존 콜의 농장에서 열린 하우스 파티에서 다시 벳시와 단둘이 시간을 보낼 기회를 엿보고 있었다. 어느 저녁, 여성들이 방으로 들어간 틈을 타 제퍼슨은 마침내 기회를 포착했다. 존 워커는 훗날 이렇게 기억했다. "제퍼슨은 아픈 척 두통을 호소했고, 내가 있던 신사들 사이에서 자리를 떴습니다."

슬쩍 빠져나간 제퍼슨은 벳시의 방으로 향했다. 존 워커의 말에 따르면, 그때 벳시는 '막 잠자리에 들려던 참이었거나 이미 침대에 누워 있었다.' 제퍼슨은 또다시 거절당했다. "아내는 분노에 찬 경고로 그를 물리쳤고, 그는 도망치듯 자리를 떠났습니다."

수십 년이 지난 후, 제퍼슨은 이 사건을 인정했다. 친구가 수년 동안 아내에게 집요하게 구애했다는 사실을 워커도 알게 되었고, 두 사람이 정치적으로 결별한 뒤에야 세상에 드러나게 되었다. 제퍼슨은 그 일이 부적절한 행동이었다고 시인했다.

워커 부인과의 관계에서 좌절을 겪은 제퍼슨은 1768년 가을 윌리엄스버그에서 펼쳐진 연극과 정치의 화려한 가을 속에서 위안 삼았다. 몇 해 전, 장로교 목사 새뮤얼 데이비스가 버지니아의 연극 사랑을 비판하며 '연극과 소설을 성스러운 예수의 역사보다 더 많이 읽는 세상'이라고 탄식한 바 있었다. 그해 봄, 윌리엄스버그에서는 조지프 애디슨의 《드러머Drummer》, 셰익스피어의 《베니스의 상인Merchant of Venice》, 존 게이의 《거지의 오페라Beggar's Opera》, 토머스 오트웨이의 《보존된 베니스Venice Preserved》와 《고아The Orphan》 같은 작품들이 무대에 올랐다. 가을이 되자 제퍼슨은 윌리엄 벌링이 이끄는 버지니아 희극단의 공연은 물론, 존 홈의 《더글러스Douglas》, 헨리 캐리의 풍자극 《정직한 요크셔 사람The Honest Yorkshireman》을 관람했다. 한편, 제퍼슨은 예술의 후원자로서의 면모도 드러냈다. 이탈리아 출신 음악가 프랜시스 알베르티를 윌리엄스버그에서 알버말로 데려와 직접 바이올린을 배우기 시작했다.

1768년 3월, 프랜시스 포쿼가 총독 관저에서 숨을 거두자 위스와 제퍼슨이 속한 인맥의 중심은 가장 강력한 후원자를 잃었다. 포쿼는 유언장에서 자신의 사후, 노예들이 매각되어야 한다는 현실에 유감을 표했으며 당시로서는 이례적으로 성인 노예 12명에게는 새 주인을 스스로 선택할 권한을 부여했다. 또한 여성 노예들이 자녀들과 떨어지지 않도록 조건을 명시했다. 계몽주의자다운 면모는 죽음의 순간까지 이어졌다. 만약 사망 원인이 불확실할 경우, 시신을 부검해도 좋다고 밝히며, 유언장에 이렇게 적었다. "나는 살아 있을 때보다 죽음으로 인류에게 더 유익한 존재가 되기를 소망합니다."

닷새 뒤, 포쿼는 위스의 집에서 멀지 않은 브루턴 교구 교회의 북쪽 통로에 안장되었다. 그의 죽음은 제퍼슨과 위스, 총독 관저의 큰 홀에서 포쿼의 환대를 누리며 제퍼슨의 바이올린 연주를 즐기던 여러 지인에게는 한 시대의 종언을 의미했다. 동시에 그것은 온건한 식민지 통치의 시대가 끝났음을 알리는 사건이기도 했다. 훗날 제퍼슨은 포쿼를 '그 직책을 맡았던 인물 가운데 가장 유능한 인물'로 기억했다.

포쿼의 뒤를 이은 인물은 제4대 보테투르 남작 노번 버클리로 대중에게는 보테투르 경이라 불렸다. 남작은 사람들에게 호감을 얻는 총독이 되기로 결심했고, 실제로 그렇게 행동했다. 어느 날 저녁, 제퍼슨의 친구의 집 안사람들이 윌리엄스버그 자택의 계단에 앉아 노래를 부르고 있었는데, 지나가던 사람이 이렇게 외쳤다. "정말 아름답군요! 제발 계속 부르시오. 안 그러면 당장 집으로 돌아가버릴 테니까요!" 그 목소리의 주인공은 보테투르 경이었고, 기쁜 마음으로 그 자리에 합류했다.

그러나 즐거운 분위기는 오래가지 못했다. 《버지니아 관보》가 포쿼의 사망 소식을 전하면서 펜실베이니아 출신의 존 디킨슨의 연재물 《농부의 편지Farmer's Letters》의 아홉 번째 글도 함께 실었다. 디킨슨은 이렇게 주장했다. "만약 런던이 미국인의 우려를 무시한다면, 다음 단계로 나아갑시다. 우리가 지금껏 대영제국에 제공해온 모든 이익을 거두는 겁니다. 우리 모두 하나의 정신으로, 하나의 대의를 위해 연대합시다."

포쿼의 죽음은 하나의 세계가 저물고, 또 다른 세계가 태동하던 시기를 상징하고 있었다.

제퍼슨은 벨부아 저택에서 혼란을 일으키고, 윌리엄스버그에서는 세련된 도시 생활을 누리던 시기에, 어머니의 저택에서 약 3킬로미터, 말로 30분도 채 걸리지 않는 거리에 자신만의 새 저택을 짓기 시작했다. 그는 집에 몬티셀로Monticello, 이탈리아어로 '작은 산'을 뜻하는 이름을 붙였다. 1767년 8월 3일 월요일, 제퍼슨은 자신의 토지에 체리 나무를 접목했다고 기록했다. 이 듬해 1768년 5월 15일 일요일에는, 산의 북동쪽 끝 정상에 있는 약 760제곱미터 정사각형 부지를 크리스마스까지 평탄하게 고르는 조건으로 계약을 맺었다. 대가는 밀 180부셸(약 5,400리터)과 옥수수 24부셸(약 720리터)이었고, 이 중 12부셸(약 360리터)은 수확 후에 지급하기로 했다. 만약 단단한 암반을 파내야 할 경우를 대비해, 제퍼슨은 자신의 정원 기록 노트에

‘그 부분은 공정한 제삼자에게 판단을 맡기자’라고 적었다. 제퍼슨이 이른 바 ‘단단한 암반’의 존재를 언급한 것은, 그것이 극복 불가능한 장애물이라서가 아니라, 어떤 어려움이 있더라도 뜻한 바를 반드시 실현하겠다는 결의를 보여주는 대목이다. 그는 이미 그곳에 집을 짓기로 결심했으며, 반드시 그렇게 하리라는 태도였다.

1768년 12월 15일 목요일 자《버지니아 관보》는 토머스 제퍼슨이 알버말 카운티 대표로 식민지 하원의원House of Burgesses에 선출되었다고 보도했다. 당시 제퍼슨의 나이는 스물다섯이었다.

제퍼슨은 존 워커의 아버지이자 벳시 워커의 시아버지인 토머스 워커 박사와 함께 의정 활동을 하게 되었다. 그 당시 선거운동은 주로 투표권을 가진 지주들에게 술과 케이크를 대접하는 것이 전부였다. 이후 41년 동안 제퍼슨은 거의 한순간도 공직에서 멀어진 적이 없었다. 공식 직함이 없을 때조차 그는 언제나 시대의 논쟁과 권력 다툼의 한복판에 있었다.

인지세법 논쟁과 폐지 이후, 영국 의회는 1767년부터 새로운 조세법인 ‘타운센드법’을 통과시켰다. 당시 재무장관이던 찰스 타운센드의 이름을 딴 법으로, 식민지에 각종 세금과 관세를 부과하는 법안이었다. 매사추세츠가 반대 운동의 선봉에 섰다. 1768년 2월, 매사추세츠 의회는 항의 서한을 채택하고, 다른 식민지들도 이에 동참할 것을 촉구했다. 이러한 정치적 긴장 속에서, 1769년 5월 8일 월요일, 제퍼슨은 처음으로 버지니아 하원의 의원 자격으로 의사당에 착석했다.

윌리엄스버그에는 묘한 긴장감이 감돌았다. 영국 런던 정부는 보테투르 총독에게, 만일 버지니아 하원이 매사추세츠처럼 타운센드법에 반대하는 결의를 채택한다면 즉시 의회를 해산하라는 명령을 내려 보냈다. 그러고 며칠 지나지 않아 총독이 그 명령을 실행해야 할 순간이 도래했다.

버지니아 하원이 실제로 매사추세츠를 지지하는 결의안을 통과시킨 것이다. 1769년 5월 17일 수요일 정오, 보테투르 총독은 의원들을 대회의실로 소집했다. 그리고 의원들에게 이렇게 말했다. "여러분의 결의안을 들었소. 그 결과가 나쁠 것 같아 염려스럽소. 여러분은 내게 의회 해산의 의무를 지웠고, 이에 따라 버지니아 의회는 이 순간 해산되었음을 알리오."

제퍼슨이 처음 의회에 참석한 지 고작 열흘도 되지 않은 시점이었다. 그의 정치 경력은 시작부터 갈등과 위기로 가득 차 있었고, 동시에 영국 정부가 아닌 식민지인들이 스스로 삶을 통제하려는 창조적 저항의 모색으로 채워졌다.

제퍼슨은 동료 의원들과 함께 대회의실을 나와, 롤리 선술집에 있는 아폴로 홀로 자리를 옮겼다. 한때 리베카 버웰 앞에서 말문이 막혔던, 바로 그 장소였다. 2층 여관 정문 위에는 월터 롤리 경의 납 흉상이 걸려 있었다. 하원 의사록에 따르면 의원들은 '이 고난의 상황 속에서 식민지의 진정한 본질적인 이익을 지키기 위해 취해야 할 조치'를 논의하기 위해 모였다. 다음 날까지 버지니아 의원들은 하나의 방침을 정했다. 영국산 물품은 일절 수입하지도, 소비하지도 않겠다는 결의였다.

첫 회기를 마치고 윌리엄스버그를 떠날 무렵, 제퍼슨은 이미 저항과 권력의 정치에 깊이 발을 담그고 있었다.

1770년 2월 1일 목요일, 제퍼슨은 평소처럼 집안의 가장으로서 어머니를 모시고 이웃을 방문하던 중, 날벼락 같은 소식을 들었다. "섀드웰이 불탔습니다."

제퍼슨은 충격에 휩싸였다. 비보를 전한 노예에게 그가 가장 먼저 던진 질문은 바로 '내 서재는?'이었다. 책들은 모두 불탔다고 노예가 대답하며 덧붙였다. "그렇지만, 주인님의 바이올린은 무사합니다!"

사물에 깊은 애정을 품었던 제퍼슨에게 잿더미와 연기, 폐허로 남은 섀드웰은 분노와 절망을 안겨주었다. 그는 호기심 많은 정신의 실체적 표출로서 평생 수집가로 살았다. 불은 인간이 통제할 수 없는 것이 수없이 많음을 일깨워 주었다. 제퍼슨은 거의 10년 동안 법학을 공부하고 실무에 몸담아 왔지만, 법은 비록 한계가 있더라도 인간이 세상에 질서를 부여하고 일정한 통제력을 행사할 수 있다는 믿음 위에 세워진 것이었다. 새드웰의 전소는 그런 믿음이 얼마나 덧없는지 보여주는 사건이었다.

거의 전부가 사라졌다. 제퍼슨이 추산한 불타버린 책값만 해도 200파운드(한화로는 약 6천만 원에서 1억 원 사이로 추정—옮긴이)에 달했지만, 돈 자체는 큰 문제가 아니었다. 친구 존 페이지에게 보낸 편지에 이렇게 적었다. "차라리 돈이 탔더라면… 그런 일로는 한숨조차 쉬지 않았을 텐데!"

진정한 고통은 책이 아니라, 앞으로의 재판을 위해 준비해두었던 법률 서류와 기록의 상실이었다. 그것 없이는 그는 더 이상 맡은 일을 완전히 해낼 수 없었다. 제퍼슨은 절망감에 사로잡혀 화재 소식을 급히 이곳저곳에 알리며, 조언과 위로를 간절히 구했다. 심지어 동네를 완전히 떠나야겠다는 생각까지 했을 정도였다. 자신의 터전에 깊은 애착을 가진 사람에게는 놀라울 정도로 파격적인 고민이었다.

제퍼슨이 느낀 상실의 깊이는, 불에 타버린 노트들을 떠올리며 인용한 문학 작품의 한 구절을 통해 더욱 선명하게 드러난다. 그는 이제는 잿더미가 된 아버지의 서재에서 처음 읽었던 셰익스피어의 비극《템페스트》속, 프로스페로의 암울한 연설을 떠올렸다.

우리의 향연은 이제 끝났소.
내가 말했듯, 이 배우들은 모두 정령들이었고
공기 속으로, 더없이 희박한 공기 속으로 사라졌소.
이 환상이 아무런 실체 없이 사라진 것처럼,
구름에 덮인 탑들도, 화려한 궁전들도,
장엄한 신전들도, 이 거대한 지구 자체도,

그 안의 존재들도 모두
이 실체 없는 연극처럼 자취 없이 사라질 것이오.
우리는 꿈으로 빚어진 존재들이며,
우리의 짧은 생은 잠으로 마무리되리다.

젊은 학자이자 정치가를 꿈꾸던 제퍼슨에게 그것은 하나의 시험대였다. 따뜻한 벽난로 앞에서 한 손에 와인잔을 기울이며 비극을 읽고, 정신의 문제와 사물의 본질을 철학적으로 탐구하는 일은 어렵지 않았다. 하지만 자신이 깊이 고민한 생각을 실제 감정에 적용해 마음을 다스리는 일은 전혀 다른 차원의 과제였다. 토머스 제퍼슨은 그 어려운 일을 해낼 수 있는 사람이었다. 그의 머리와 가슴은 서로 닿아 있는 영역이었고, 그 경계는 활짝 열려 있었다. 많은 철학자가 추상적인 세계에 머무르며 허상과 이념만을 논한다. 그러나 세상을 전체로 꿰뚫어 보는 독자이자 사상가는 드물다. 제퍼슨은 섀드웰의 잿더미 속에서 바로 그것을 해낸 사람이었다.

그는 미래를 향해 눈을 돌렸고, 제퍼슨에게 미래는 곧 몬티셀로였다. 산 정상은 이미 고르게 정리되었고, 남동쪽 비탈에는 배, 사과, 천도복숭아, 석류, 무화과 등이 자라는 과수원이 조성되었다. 조지 위스는 제자에게 이렇게 편지를 썼다. "자네는 참으로 품위 있게 불운을 감내하고 있군. 자네가 이 시련을 이겨낼 거라는 걸 확신한다네. 그리고 이 경험이 언젠가 자네에게 여러모로 도움이 될 거라고 보네." 그리고 베르길리우스의 서사시 중 한 구절을 덧붙였다. '인내하라, 그리고 앞으로 다가올 좋은 날을 위해 너희 자신을 지켜라Durate, et vosmet rebus servate secundis'

다음은 1769년, 토머스 제퍼슨이 《버지니아 관보》에 게재한 도망 노예 광고의 전문이다.

알버말 카운티에서 거주하는 본인의 소유지에서 도망친 노예를 찾습니다. 이름은 샌디이며, 혼혈로 나이는 약 35세입니다. 키는 다소 작고, 몸집은 뚱뚱한 편이며, 피부색은 밝습니다. 본업은 제화공으로, 왼손을 주로 사용하며 거친 목수 일을 할 줄 알고 말을 다루는 솜씨도 조금 있습니다. 술을 매우 즐겨 마시며, 취하면 무례하고 난폭해지며, 말투는 거칠고 욕설이 심하고, 행동은 교활하고 사기꾼 같습니다.

상처 자국이 많은 백마 한 마리를 훔쳐서 달아났고, 이 말을 팔려고 할 것으로 보입니다. 또한 구두 수선 도구들도 챙겨 갔으니 그 분야에서 일거리를 구하려 할 가능성이 있습니다. 이 노예를 알버말의 본인에게 잡아서 데려오는 사람에게는 다음과 같이 사례금을 지급합니다. 알버말 카운티 내에서 붙잡았을 경우 40실링, 버지니아 내 다른 지역에서 붙잡았을 경우 4파운드, 다른 식민지에서 붙잡았을 경우 10파운드를 지급합니다.

—토머스 제퍼슨

역사학자 루시아 스탠턴의 연구에 따르면, 이 무렵부터 생을 마칠 때까지 토머스 제퍼슨은 600명 이상의 노예를 소유했다. 그중 150명은 부친과 장인에게 상속받았고, 약 20명은 직접 매입한 노예였다. 나머지는 대부분 제퍼슨의 소유지에서 태어나 자연스럽게 노예가 된 이들이었다. 1774년부터 1826년까지, 언제나 약 200명 안팎의 노예를 소유하고 있었고, 그 수는 165명에서 225명 사이를 오갔다. 제퍼슨은 외교관, 조지 워싱턴 정부의 내각 구성원, 부통령, 대통령으로 활동했고, 은퇴 후 몬티셀로에서 미국의 원로로 살아가는 동안에도 그는 모든 시기에 걸쳐 노예를 소유한 계급의 이익을 대표하는 인물이었다.

그러나 정치 경력 초창기에 이후 수십 년 동안 보인 소극적인 태도에 비해 노예제 개혁에 더 적극적인 의지를 드러냈다. 제퍼슨은 이렇게 회고했다. "1769년, 버지니아 하원에서 한 차례 노예 해방을 허용할 수 있게 해달라는 제안을 올렸지만 거부당했다." 제퍼슨의 회고에서 핵심이 되는 두 단어는 '허용'과 '해방'이다. 그는 노예 해방 자체를 추진하지 않았고, 해방을 '허용해달라'고 요청했을 뿐이다. 이는 90년 뒤 에이브러햄 링컨이 선언한 전면적 해방과는 근본적으로 결이 다른 접근이었다.

제퍼슨에게 이것은 권한의 문제였다. 1769년 첫 입법 회기에서 노예 해방 통제권을 버지니아 상급 사법기관에서 노예 소유주 개인에게 이전하려는 법안을 기안했다. 이 법안은 버지니아 내 노예 소유주가 자기 노예를 일방적으로 해방할 수 있는 권한을 부여하려는 의도였다.

제퍼슨은 마음속으로 당시 법률상 총독과 평의회가 노예 해방 요청을 심사하며 '공로 있는 봉사'를 정의하는 기준 역시 지주가 아닌 판사들에게 달린 현실에서, 자신과 같은 지주들이 그 영향력에서 벗어난 버지니아 사회를 그려 보았다. 그는 사촌인 리처드 블랜드에게 해당 법안을 주도해달라고 요청했다. 그러나 하원의 반응은 빠르고도 단호했다. 제퍼슨은 훗날 이렇게 회고했다. "블랜드는 가장 무례하고 모욕적인 대우를 받았다."

그로부터 얼마 지나지 않아, 제퍼슨은 새뮤얼 하웰 대 웨이드 네덜란드 Samuel Howell v. Wade Netherland 사건의 변론을 맡게 되었다. 이 사건의 쟁점은 당시 농장주 계급이 끊임없이 집착하던 문제였다. 혼혈 노예의 자손들은 어느 정도까지 종속 상태로 묶여 있어야 하는가? 제퍼슨은 자신의 의뢰인 새뮤얼 하웰이 백인 여성과 흑인 남성 사이에서 태어난 손자로서 버지니아 법률상 서른한 살까지 노예 신분을 유지해야 했지만, 본래 자유인의 삶을 찾아야 한다고 주장했다. 이 재판에서 제퍼슨은 자연법에 기반을 둔 논리를 펼쳤고 다음과 같이 변론했다.

"모든 사람은 자기 자신에 대한 권리를 갖고 세상에 태어난다. 그리고 자유 의지에 따라 자신의 몸을 사용할 권리가 있다. 이른바 '개인의 자유'라 불리는 것이며, 인간이 생존을 영위하기 위해 창조주로부터 부여받는 것이다." 그러나 그는 패소했다.

제퍼슨은 입법자이자 공인의 삶을 살아가며 여러 순간, 노예제 사회의 종말로 이어질 수도 있었던 말이나 행동을 보이곤 했다. 하웰 사건의 변론문은 그가 언젠가 노예제 종말을 가능성으로 염두에 두고 있었음을 보여준다. 그러나 제퍼슨에게 노예 해방은 어디까지나 미래 세대가 실현할 과제였을 뿐, 본인의 살아 있는 동안 현실이 되리라고 믿지 않았다. 대중의 지지를 절실히 바랐던 젊은 정치인이자 변호사로서 제퍼슨은 블랜드 법안에 대한 하원의 거센 반발과, 하웰 재판에서의 판결에 분명 깊은 인상을 받았을 것이다. 노예제에 대한 진보적인 시도를 반복하다가 좌절을 경험한 제퍼슨은 결국 보다 전통적이고 온건한 입장으로 물러나고 말았다.

새드웰 저택 화재의 불안, 재판 업무의 피로, 도망친 노예를 뒤쫓는 고된 일상에서 벗어나기 위해, 제퍼슨은 익숙한 도피처인 연애 감정의 농담과 유희로 물러났다. 친구이자 동급생인 존 페이지의 아내에게 보낸 편지의 한 구절에서 그는 이렇게 썼다. "로즈웰에서 마지막으로 머물렀을 때 보냈던 철학적인 저녁들을 떠올리면 늘 기분이 좋습니다. 저는 예전부터 딱딱한 철학도 좋아했지만, 루비 빛깔 입술에서 흘러나오는 철학이라면 거부할 수 없는 매력이 있지요." 사랑에 빠진 친구의 이야기를 적으며 이렇게 말하기도 했다. "부인, 저는 그 친구에게 사랑에 빠지지 말라고 충고할 생각은 없습니다. 오히려 저는 이 열정의 지지자가 되었으니까요. 왜냐하면 저 또한 하늘에 맞은 듯한 감정에 휩싸였거든요." coelo tactus는 라틴어로 '하늘로부터 감명을 받은' 또는 '벼락 맞은 듯'이라는 뜻이다.

즉, 제퍼슨 자신도 사랑에 빠지고 말았다.

5장 욕망과 부정의 세계

"결혼 생활에서 가장 우선으로 삼아야 할 목표는 조화다."

—토머스 제퍼슨

문제의 여성은 부유한 과부였다. 재주가 많고 지적인 그녀는, 집안에 전해 내려오는 이야기에 따르면 '나긋나긋하고 우아한 몸매'를 지녔다고 한다. 마사 웨일스 스켈턴은 1748년 버지니아 찰스시티 카운티에 있는 포리스트 농장에서 태어났고, 제퍼슨보다 다섯 살 어린 나이였다.

친한 친구들은 그녀를 패티라고 불렀다. 그녀는 아름답고 음악적 재능과 독서에 능한 인물이었다. 제퍼슨은 그녀를 열렬히 사랑했다. 패티는 외모 또한 단연 돋보였다. 헨리 랜들은 패티의 자손들을 인터뷰한 뒤 이렇게 묘사했다. "패티의 피부는 화사했고, 크고 표현력 짙은 눈동자는 헤이즐넛 빛이었다. 풍성한 머릿결은 고운 적갈색 빛을 띠었다." 당대 사람들은 그녀를 '현명하고 다정한 사람'으로 평가했다. 패티와 토머스는 문학적 관심사를 공유하고 폭넓은 주제로 대화를 나누었다. 한 친척은 두 사람이 '지식과 기쁨을 나누기에 가장 잘 어울리는 부부'라고 평했다. 패티는 자녀들과 조카들에게 전통적으로 '지식의 기초'라 불리는 교육을 가르쳤다고 전해지며, 이는 교육에 대한 그녀의 관심이 제퍼슨과 닮았음을 보여준다.

제퍼슨은 패티에게서 가장 마음이 통하는 동반자의 모습을 발견했다. 그녀는 그의 언어를 이해하는 사람이었다. 함께 보내는 밤은 음악과 와인, 대화, 모든 주제를 아우르는 끝없는 대화로 가득했다. 서로의 삶을 완전히 공유하는 듯했다. 심지어 제퍼슨은 패티에게 정치 이야기까지도 속내를 털어놓았다. 한 손녀는 패티가 제퍼슨에게 '열정적인 애착'을 가졌고, '숭고한 존경심'을 품고 있었다고 회상했다. 제퍼슨 역시 남편으로서 '전반적으로 존경할 만한 행동을 보였고, 세세한 부분에서도 매력적이었다'라고 전해진다.

어느 날 제퍼슨의 관대함이 어떤 이에게는 인정받지 못한다고 패티가 불만을 토로한 적이 있었다. 그때 패티 여사는 이렇게 말했다고 전해진다. "그이가 늘 그렇습니다. 워낙 마음이 착해서 다른 사람들이 얼마나 나쁠 수 있는지 이해하지 못하죠."

패티는 똑똑하고 고집이 센 성격으로, 자신이 원하는 대로 하는 것을 좋아했다. 훈육에도 엄격한 편이었다. 어느 날, 그녀가 큰딸 팻시에게 어린 시절 저지른 일을 다시 상기시키자, 제퍼슨은 조용히 아내를 타일렀다. "여보, 어린아이가 저지른 잘못은 한번 벌을 주었으면 잊어야 해요." 팻시는 그때의 일을 떠올리며 '아버지가 따뜻하게 편을 들어주셔서 마음이 벅차올랐다'라고 회상했다.

패티는 조용히 물러나는 성격이 아니었다. 자기 생각이 뚜렷했고, 때로는 단호하고 신랄하기도 했다. 손녀 엘렌 랜돌프 쿨리지는 이렇게 회고했다. "우리 할머니는 활달한 성격이었고, 때때로 신랄하게 보일 때도 있었지만, 할아버지와의 관계에서는 지극한 애정으로 그러한 기질이 완전히 억제되곤 했어요."

하지만 항상 그렇지만은 않았던 듯하다. 제퍼슨이 딸에게 남긴 조언은 아마도 결혼 생활에서 얻은 경험에서 비롯된 것이리라. "동반자가 어떤 문제에 대해 너와 다른 시각을 가지고 있다면, 그 의견을 존중하며 조용히 두는 편이 훨씬 낫단다. 사소한 일이라면 굳이 바로잡을 필요가 없고, 중요한 문제라 해도 당장은 넘기고 나중에 분위기가 부드러워지고 난 후 서로 양보할 수 있는 때를 기다려 함께 다시 이야기하는 것이 좋다."

한편 패티는 걱정이 많고 불안해하기 쉬운 남편의 마음을 다독이고 진정시키는 데 능했다. 토머스 제퍼슨의 감정적 긴장을 풀어주는 일은 절대 쉽지 않은 일이었다. 그는 매우 예민한 사람이었다. 언뜻 보기에 그런 사람이 변덕스럽고 비판이 끊이지 않는 정치 세계에 끌렸다는 점이 모순처럼 보일 수도 있다. 그러나 제퍼슨의 내면과 외면 사이의 괴리는 시대를 초월해 정치인들에게 자주 발견되는 패턴이었다. 야망은 행동과 인정에 대한 갈망을 낳고, 칭찬을 갈망하는 사람일수록 비판에 더욱 민감하기 마련이다. 그런 제퍼슨을 달래줄 수 있었던 사람은 아내 패티뿐이었다.

패티 웨일스 제퍼슨은 버지니아에서 크게 성공한 남자의 딸로 태어났다. 그녀의 아버지 존 웨일스는 영국 랭커스터의 가난하고 평범한 집안에서 태어났지만, 미국으로 건너와 변호사와 채권 추심인, 노예상, 농장주로 일하며 부를 쌓았다. 그의 첫 번째 부인이었던 마사 에페스는 버뮤다 헌드레드 농장의 주인이었던 프랜시스 에페스의 딸이었다. 두 사람은 1746년에 결혼했고, 1748년 가을에 딸 마사를 낳았다(애칭은 패티였다). 아이는 살아남았지만, 어머니는 출산 직후 세상을 떠났다. 이후 존 웨일스는 두 번 더 재혼하여 딸 넷을 더 낳았지만, 그중 셋만 살아남았다.

패티 웨일스는 불안정한 가정에서 성장했다. 친어머니의 얼굴을 한 번도 본 적 없었다. 두 명의 계모 역시 차례로 사라졌다. 아버지의 아내들과의 관계는 그다지 행복하지 않았기에 자신의 아이들에게만큼은 계모라는 존재를 경험하게 하고 싶지 않았다. 패티는 임종을 앞두고 제퍼슨에게서 절대

재혼하지 않겠다는 약속을 받아냈다고 전해진다. 어머니의 죽음과 끊임없이 바뀌는 집안 식구들 속에서 패티는 어린 시절부터 세상이 얼마나 불안정하고 변덕스러운 곳인지 체감하며 자랐다.

한편, 패티의 아버지는 부분적으로 타인의 불안정한 삶에 생계를 의존하고 있었다. 영국 무역회사 패럴 앤 존스Farrell and Jones의 '대리인'으로서 채권 추심 업무를 맡았는데, 이 사실은 제퍼슨이 자서전에서 장인을 언급할 때 의도적으로 생략한 부분이기도 하다. "장인어른은 매우 부지런하고, 시간을 잘 지키고, 실무 능력이 뛰어난 덕분에 많은 사건을 맡은 변호사였습니다." 제퍼슨은 장인을 이렇게 묘사했다. "법률 전문성보다는 성실함과 실용적 능력에 힘입은 결과였습니다. 유쾌하고 유머러스한 분이라, 어느 모임에서든 환영받는 분이었지요."

이 묘사에는 제퍼슨 특유의 약간 깔보는 듯한 태도와 함께 불안감도 엿보인다. 학식과 법률적 전문성이 훨씬 뛰어났던 제퍼슨의 눈에는, 웨일스의 성공이 본질적으로 실무적 감각과 성실함에 기반을 둔 것으로 보였다. 특히 '어디서나 환영받는 사람'이라는 표현은 흥미롭다. 누군가가 사교계에서 환영받았다고 굳이 강조한 이유는 어쩌면 그 사람이 소외되었거나 배제되었을 가능성을 암시한다. 결국 제퍼슨의 의도와는 달리, 이 표현은 웨일스가 당시 식민지 사회에서 과연 얼마나 사회적으로 인정을 받았는가 되묻게 한다.

제퍼슨이 활동하던 상류층 사회에서 존 웨일스의 사회적 지위는 위태로울 수밖에 없었다. 당시 대지주들이 두려워하던 두 가지 중 한 가지를 상징하는 인물이었기 때문이다. 대지주들에게 최악의 공포는 노예 반란이었고, 그에 못지않은 두려움은 막대한 빚을 갚아야 하는 상황이었다. 웨일스가 나타나기만 해도 불안해졌고, 많은 이들이 그의 채무 독촉을 피하려 갖은 방법을 동원한 것으로 보인다.

1767년 1월 1일 목요일 자《버지니아 관보》에 실린 풍자시에서 존 웨일스를 '교양 없는 자'라며 조롱했다. 이 표현은 윌리엄스버그에서 벌어진 논란 많은 살인 재판과 관련된 것이었다. 웨일스는 피고 측 변호인으로 재판에 참여했지만, 진술서에서 거짓말을 했다는 비난을 받았다. 패티의 아버지는 예컨대 랜돌프 가문의 인물들처럼 확고한 사회적 기반을 가진 사람이 아니었던 만큼 제퍼슨이 그녀와 결혼을 결심한 데에는 계산보다 사랑이 더 큰 동기로 작용했음을 시사한다.

제퍼슨은 1768년 초부터 웨일스를 대신해 법률 업무를 맡기 시작했다. 그보다 2년 전인 1766년 11월, 막 열여덟 살이 된 패티는 배서스트 스켈턴과 결혼했다. 이듬해 아들 존을 낳았지만 1768년 9월 남편이 먼저 세상을 떠났고, 아들마저 1771년 여름에 사망했다.

남편과 아들을 잃은 패티 스켈턴은 아버지의 집인 포플러 포리스트로 돌아왔다. 매력적인 과부였던 그녀의 곁에는 구혼자들이 끊이지 않았다. 고인이 된 스켈턴의 자리를 대신하고자 하는 이들이 그녀 주변을 맴돌았다.

패티 웨일스 스켈턴은 그 자체로 제퍼슨 같은 남자에게 매우 매력적인 여인이었다. 제퍼슨보다 나이는 어렸지만, 삶의 풍파는 그보다 훨씬 많이 겪은 사람이었다. 그녀의 태도에는 가벼움이라고는 없었고, 요염한 여인과는 거리가 멀었다. 그녀는 리베카 버웰보다는 벳시 워커에 더 가까운 인물이었으며, 어머니와 남편, 아들을 잃은 여인으로서, 복잡한 가정을 어떻게 운영해야 하는지 누구보다 잘 알고 있었다.

버지니아 농장 사회의 가정생활이 복잡했던 이유 중 하나는 패티도 익히 알고 있듯이 백인 가족과 노예 가족이 혈연과 성, 지배의 문제로 얽혀 있다는 점이었다. 이 사실은 대개 암묵적으로 작동했다.

포플러 포리스트에도 이러한 문제가 만연했다. 1735년경, 영국 출신의 무역선 선장인 백인 남성 헤밍스가 아프리카 출신 여성과 관계를 맺어 딸을 낳았다. 아이는 엘리자베스, 또는 베티라 불렸다. 이 이야기는 헤밍스 선장과 아프리카 여성의 증손자인 메디슨 헤밍스의 증언에서 비롯되었다. 모녀는 결국 버뮤다 헌드레드 농장의 소유주였던 에페스 가문의 노예가 되었다. 존 웨일스는 바로 이 가문 출신의 마사 에페스를 첫 번째 아내로 맞이했다. 웨일스가 마사 에페스와 결혼한 해인 1746년경, 열한 살 정도였던 엘리자베스 헤밍스는 포플러 포리스트로 옮겨졌고, 열여덟 살부터 여러 아이를 낳기 시작했다.

한편 존 웨일스는 세 아내보다 더 오래 살았다. 매디슨 헤밍스의 회고에 따르면 1761년 2월 세 번째 부인이 사망하자, 스물여섯 살이 된 엘리자베스 헤밍스는 '홀아비가 된 웨일스의 첩'이 되었다. 1762년부터 두 사람 사이에서 다섯 명의 아이가 태어났고, 로버트, 제임스, 테니아, 크리타, 피터라고 이름을 붙였다. 1773년에는 여섯 번째 아이 사라가 태어났는데, 나중에 아이는 샐리라는 이름으로 더 잘 알려지게 된다.

이러한 관계는 노예제 사회에서는 그다지 특별한 일이 아니었다. 19세기 사우스캐롤라이나 출신의 메리 보이킨 체스넛은 18세기나 지금이나 다르지 않은 백인 여성들의 위선을 꼬집으며 이렇게 썼다. "어느 부인이든 남의 집 흑인 혼혈 아이들의 아버지가 누구인지는 다 알죠. 하지만 자기 집 아이들에 대해서는, 마치 하늘에서 뚝 떨어진 줄 아는 듯 행동하곤 해요."

욕망과 부정이 공존하는 세계였다. 인종의 경계를 넘는 성관계, 즉 '주인'과 '소유물' 간의 성적 관계는 노예제 사회 전반에 걸쳐 만연했지만, 노골적으로 언급되거나 드러나는 일은 거의 없었다. 피와 애정, 침묵이 뒤얽힌 기묘한 관계망은 1770년, 제퍼슨이 패티에게 구혼하기 위해 포플러 포리스트를 찾았을 무렵에도 이미 그곳을 감돌고 있었다. 그리고 결국 그 얽힘은 시간이 지나면서 몬티셀로에도 스며들게 된다.

제퍼슨은 과부 스켈턴 부인의 마음을 얻을 수 있을지 확신할 수 없었다. 그래서 더욱 열렬히 구애에 나섰을지도 모른다. 1771년 초, 제퍼슨은 전력을 다해 그녀에게 다가가고 있었다. 그는 윌리엄스버그에 사는 조지 위스의 가까운 지인, 나이가 지긋한 드러먼드 부인에게 편지를 보내 패티를 '낭만적이고 시적으로' 묘사했고 이에 드러먼드 부인은 그녀는 전해지지 않는 제퍼슨의 '밀턴풍'의 시구를 칭찬하면서 이렇게 답했다. "패티를 그렇게 아름답게 묘사할 수 있는 사람은 당신 말고 아무도 없을 거예요." 그리고 패티의 마음이 '이미 다른 사람에게 있는지는' 자신도 모르겠다고 덧붙였다.

어떻게 패티를 사로잡아야 하는 걸까? 음악과 책은 좋은 수단이었다. 집안에 전해 내려오는 이야기에서, 제퍼슨과 패티는 운명처럼 이어질 사이였다. 한번은 포플러 포리스트에 제퍼슨의 경쟁자 두 명이 찾아왔는데, 패티와 제퍼슨이 함께 연주하고 노래 부르는 소리를 듣게 되었다. 두 사람은 그 모습만으로도 이미 정해진 결과를 깨달았고, 자신들의 방문을 알리지도 않고 돌아갔다고 전해진다.

음악은 언제나 제퍼슨의 든든한 조력자였다. 노래를 부르거나 바이올린과 피아노를 연주하는 일은 단순한 오락이나 무료한 시간을 달래는 수단 그 이상이었다. 음악은 한 사람의 영혼을 들여다볼 수 있는 창이었다. 남자든 여자든 마찬가지로. 제퍼슨은 셰익스피어의 《베니스의 상인》에서 다음과 같은 구절을 자신의 문학 공책에 옮겨 적었다.

자기 안에 음악이 없는 자,

달콤한 음악의 협화음에 감동을 못 느끼는 자는,

반역, 술수, 그리고 약탈에나 어울릴 자들이죠.

그런 자의 영혼의 동작은 밤처럼 멍해요.

그리고 취향은 지옥 문지기 에레보스처럼 어둡죠.

그런 자를 믿지 말아요.

제퍼슨은 인간의 본질을 이루는 핵심적인 주제들을 깊이 사유했고, 그 끝에는 언제나 정치라는 본질적인 질문이 자리하고 있었다. "사회적 동물인 인간은, 욕망과 갈등이 가득한 이 세상에서 어떻게 이웃들과 평화롭고 자애롭게 살아갈 수 있는가?" 단순한 해답은 없었다. 충돌하는 요소들을 조화롭게 엮어내려는 지속적인 노력만이 있을 뿐이었다. 그리고 이 평생에 걸친 싸움에서 한 남자가 내릴 수 있는 가장 중대한 결정은 어쩌면 '누구와 결혼할 것인가'였을 것이다. 제퍼슨에게는 음악을 향한 열정과 음악으로 대변되는 섬세함, 초월, 상상력과 감성 그리고 육체의 피와 삶 등 전부를 공감할 수 있는 여성이 필요했다. 패티 웨일스 스켈턴이 바로 그런 여성이었다.

제퍼슨은 그녀를 반드시 아내로 맞이하고, 그녀에게 세상에서 가장 좋은 것을 주기로 결심했다. 그는 짧게나마 유럽에 뿌리를 둔 자신의 귀족 혈통에 관심을 보이기도 했다. 영국에 있는 대리인 토머스 애덤스에게 이렇게 편지를 썼다. "가문의 문장이 있다고 들은 적은 있습니다만, 그 근거가 무엇인지는 모르겠습니다. 어쩌면 애초에 존재하지 않을 수도 있겠지요. 그렇다면, 당신의 도움을 받아 하나 구매하고 싶습니다. 소설가 로런스 스턴의 말에 따르면, 가문의 문장coat of arms이란 것도 외투coat만큼이나 싸게 살 수 있다고 하더군요." 제퍼슨은 평소 어머니 쪽 가문에 대해 무심한 태도를 일부러 취하곤 했고, 소설가 스턴이 문장학을 깎아내린 발언까지 인용하며 스스로 의뢰를 해놓고도 조롱하는 듯한 농담으로 넘겼다. 그러나 어쨌든 그 질문은 최소한의 호기심이 반영된 것이었다.

그러나 제퍼슨은 신부를 위해 더 값진 선물을 사주는 일에 관심을 기울였다. 독일 함부르크에서 클라비코드를 주문하면서 이렇게 말했다. "함부르크산이 더 좋고, 훨씬 저렴하다." 하지만 곧, 피아노포르테에 반해 클라비코드 주문을 취소해버렸다. "피아노에 매혹당했소." 그는 영국의 대리인에게 이렇게 말했다. 이 악기야말로 값진 선물이었고, 가능한 빨리 받기를 원했다. "케이스는 베니어판이 아닌 고급 마호가니 통원목으로 해주시오. 음역은 더블 G부터 높은 F까지, 여분의 줄도 넉넉히 넣고, 마감은 정교하고 고급스럽게, 이 악기를 받을 숙녀에게 어울릴 수준이어야 합니다." 그는 또 흰색 실크 면 스타킹 여섯 켤레와 매우 특정한 조건을 갖춘 우산 하나도 요청했다. "우산은 크고, 황동 살이며 녹색 실크로 덮인 깔끔한 마감이어야 합니다." 하지만 가장 중요한 것은 악기였다. 그는 피아노가 10월까지 도착하기를 간절히 바랐다. 제시간에 도착한다면, 결혼식에 딱 맞을 것이었다.

토머스 제퍼슨과 마사 웨일스 스켈턴은 1772년 1월 1일에 결혼식을 올렸다. 제퍼슨은 스물여덟, 마사가 스물세 살이었다.

겨울날의 수요일이었다. 결혼식은 한겨울 수요일, 신부의 아버지 집에서 열린 성공회 의식으로 진행되었고, 윌리엄 쿠츠 목사가 집례를 맡았다. 축하 행사는 며칠 동안 이어졌다. 제퍼슨은 목사에게 5파운드를 지불했고, 샐리 헤밍스의 어머니인 엘리자베스 헤밍스에게 팁을 주었다. 엘리자베스에 관한 기록이 제퍼슨의 장부에 등장하는 첫 사례였다. 1월 2일 자《버지니아 관보》는 이렇게 전했다. "알버말을 대표하는 의원 중 한 사람인 토머스 제퍼슨 씨와 고 배서스트 스켈턴 씨의 미망인 마사 스켈턴 부인 간 혼인."

스켈턴과의 연결고리는 제퍼슨에게 별다른 의미가 없었다. 그는 두 사람의 새로운 삶에 대한 상상에 사로잡혀 결혼을 준비하면서 무의식적으로 패티의 전남편을 머릿속에서 지워버린 듯했다. 1771년 12월 30일 자로 작성된 혼인 허가서 신청서에서 제퍼슨은 패티를 실수로 '미혼녀'라고 표기했다. 이후 문서에는 다른 이의 필체로 '과부'라고 정정되어 있다.

그러나 패티의 과부였다는 사실은 단순한 부수적 정보가 아니었다. 제퍼슨보다 나이는 어렸지만, 결혼 생활의 기쁨과 요구에 대해서는 더 많이 경험했다. 이러한 경험은 새로운 인생의 출발점에서 그녀에게 더 큰 자신감을 심어줬을 것이다.

1772년 겨울, 눈이 내리던 첫 몇 주 동안 제퍼슨은 그 어느 때보다도 만족스러워 보였다. 이후 몇 년간 패티가 여러 차례 임신했다는 기록은, 부부 사이의 강한 육체적 열정을 뒷받침한다. 그해 9월 27일 일요일 새벽 1시, 결혼 8개월 반 만에 팻시라는 별명으로 더 자주 불린 첫째 딸 마사가 태어났다.

결혼식을 마친 제퍼슨 부부는 며칠간 포플러 포리스트에 머물다가 몬티셀로로 향했다. 그러나 점점 심해지는 눈보라 때문에 길은 보이지 않았고, 새드웰과 몬티셀로에 가까워질 무렵, 사륜마차는 더 이상 나아갈 수 없을 정도로 눈이 쌓였다. 결국 제퍼슨과 패티는 말을 타고 숲과 바람, 눈, 얼음을 뚫고 계속 전진했다. 해가 지고 어둠이 짙어졌지만, 그들은 멈추지 않았다.

해 질 무렵, 제퍼슨 일행은 산 높이 약 867피트(약 264미터)에 달하는 산을 고되게 오르기 시작했다. 몬티셀로로 이어지는 오솔길은 얼음과 눈으로 무거워진 나뭇가지들로 뒤덮여 있었다. 그들은 어쩌면 그 가지들을 헤쳐나가며 길을 냈을지도 모른다.

마침내 그들은 외딴 산꼭대기에 이르렀지만 춥고, 삭막했고 예기치 않은 상황에 맞닥뜨렸다. 집 안엔 불도 꺼져 있었고, 노예들도 없었다. 싸늘하고 텅 빈 집이었다. 큰딸 팻시는 이렇게 전했다. "그토록 힘든 여정 끝에 도달한 집이 얼마나 끔찍하게 쓸쓸했는지 두 분 모두 자주 이야기하셨어요."

하지만 그날 밤, 제퍼슨 부부는 조금 남은 와인 한 병을 발견했다. 가족 내에서 전해지는 이야기에 따르면 집 안은 '노래와 환희, 웃음'으로 가득 찼다고 전해진다. 일주일쯤 지난 후, 그들은 구칠랜드 카운티의 제임스 강과 버드만을 따라 있는 엘크 힐 농장으로 거처를 옮겼다. 이곳은 패티가 사별한 첫 번째 남편과 함께 살았던 곳으로 그녀 소유의 농장이었다. 제퍼슨 부부는 이 저택과 토지를 적극적으로 활용했으며, 전성기의 엘크 힐 농장은 약 669에이커, 즉 약 2.7제곱킬로미터에 달했다.

그들이 여가 시간에 특히 관심을 가졌던 주제 중 하나는 제임스 맥퍼슨이 번역한 오시안 시집이었다. 맥퍼슨은 이 시들을 3세기의 전설 속 켈

트족 음유시인 오시안의 작품이라고 소개했지만, 실제로는 그가 직접 지은 시를 고대 시가인 양 포장한 거였다.

1773년, 제퍼슨은 이렇게 말했다. "마음속의 섬세하고 숭고한 감정이 인간의 손으로 이토록 정교하게 빚어진 적은 한 번도 없었습니다. 나는 이 북방의 거친 음유시인을 인류 역사상 가장 위대한 시인이라 여긴다는 사실을 부끄러워하지 않습니다."

몬티셀로는 종종 세상에서 멀리 벗어난 제퍼슨의 은신처로 여겨졌다. 스스로 그렇게 묘사하곤 했다. 언덕 위 저택은 상상의 보루였으며, 저택 주인이 피신처일 뿐만 아니라 자신의 세력을 모아 위대한 전투를 준비할 수 있는 요새였다. 제퍼슨은 오시안의 시에서 자신이 꿈꾸는 세계의 시적 원형을 발견했을지도 모른다. 자신의 문학 공책에 높이와 권력, 명성과 모험을 논하는 구절을 필사했다.

높은 바위에서 흘러내린 두 줄기의 검은 시냇물이 평지에서 만나 뒤섞이며 포효하듯, 전투 속에서 로클린과 이니스페일이 거칠고 어두운 기세로 충돌한다. 우두머리는 우두머리와, 전사는 전사와 맞붙어 칼을 휘두르고, 강철이 강철을 치며 쨍그랑 울린다. 머리에 쓴 투구가 갈라지고, 피가 분수처럼 뿜어 나와 사방에 연기를 피운다. 윤나는 주목 활의 줄이 떨리고, 창은 하늘을 가로질러 날아간다. 창들은 마치 폭풍우 몰아치는 밤하늘을 황금빛으로 감싸는 빛의 고리처럼 떨어진다. 거센 파도가 몰아칠 때의 바닷소리처럼, 하늘 끝에서 울려 퍼지는 마지막 천둥소리처럼, 전투의 소음 또한 그러했다. 많은 영웅이 쓰러졌고, 용사들의 피가 넓게 흘러넘쳤다.

패티 제퍼슨은 살림을 정갈하게 꾸려나가는 데 각별한 정성을 기울였다. 남편의 사적인 일상이 원활히 유지되도록 고기, 달걀, 버터, 과일 등의 신선한 식재료를 빠짐없이 챙겼고, 맥주와 비누 제조도 세심히 감독했다. 손이 많이 가는 정교한 요리를 준비할 때는 부엌을 직접 진두지휘했다. 몬티셀로에서 제퍼슨 가족과 함께 살았던 노예 아이작 그레인저 제퍼슨은 훗날 이렇게 회상했다. "제퍼슨 부인은 요리책을 들고 부엌으로 들어오셔서, 제 어머니에게 케이크나 타르트 같은 음식을 어떻게 만드는지 조리법을 낭독해주시곤 했습니다."

몬티셀로를 방문한 어느 독일인 장교는 제퍼슨 부부를 매력적이고 따뜻한 사람들로 기억했다. 제퍼슨의 '방대하고 잘 분류된 서재'에 감탄했고 몬티셀로 건축 자체를 높이 평가했으며 '고귀한 건축 정신'을 지닌 주인이라 칭송했다. 또한 제퍼슨이 응접실 천장에 설치할 풍속과 풍향을 추적하는 나침반을 직접 설계하고 있다는 사실에도 깊은 인상을 받았다.

부부가 함께하는 모습이 아마도 가장 강한 인상을 남긴 모양이었다. 독일인 방문객은 이렇게 말했다. "모든 버지니아 사람이 음악을 사랑하지만, 제퍼슨 씨는 특히 더 열정적이었습니다. 저택에는 우아한 하프시코드 피아노 한 대와 바이올린 여러 대가 있었죠. 제퍼슨 씨는 바이올린 연주에 능하고, 제퍼슨 부인은 피아노를 솜씨 있게 연주하는데, 정말이지 모든 면에서 호감 가고, 지적이고, 교양 있는 숙녀였습니다."

이것은 아이디어와 발명, 음악이 어우러진 조화롭고 따뜻한 삶의 초상이었다. 제퍼슨이 오랫동안 꿈꿔온 삶, 그의 아버지가 일구고 어머니가 지켜온 삶, 그리고 이제는 자신이 선택한 이 작은 산 위에서 가족에게 선물하고 있는 삶이었다.

1773년 5월 16일 일요일, 제퍼슨에게 깊은 개인적 상실이 찾아왔다. 친구이자 매제였던 대브니 카가 '담즙열'로 세상을 떠난 것이다. 여동생 마사는 여섯 아이를 홀로 키워야 하는 처지가 되었다.

제퍼슨은 본능적으로 아버지와도 같은 태도를 보였다. 청년 시절을 함께 보낸 소중한 친구를 잃은 슬픔을 딛고, 여동생 가족에게 안정을 찾아주기 위해 자신이 할 수 있는 모든 일을 다 했다. 그들에게 질서를 찾아주고 안식처가 되어주며 사랑을 나눴다. 제퍼슨의 슬픔은 누이 제인의 죽음을 겪었을 때보다도 훨씬 컸던 듯하다. 그는 몬티셀로에 친구를 묻으며, 묘비에 새길 문구를 한동안 정하지 못한 채 종이에 무덤 계획을 스케치하며 고심했다.

나의 친구 대브니 카의 무덤에 새길 문구

애도하는 그대여, 하늘의 모든 은총을

넘치도록 받은, 온화하고 매력적인 성품의 사람이여

더 부드러운 연민도, 빛나는 진실도 없었다.

한결같이 선을 행하고, 칭송을 구하지도 피하지도 않았다.

수줍은 재능이 그의 곁에서 외면당한 일은 없었고,

슬픔으로 흐려진 눈에서 눈물을 닦아주었으며

다정한 손길로 미소 짓는 법을 가르쳤네.

　　　　　—데이비드 맬릿의 시 《사색의 여정the Excursion》 중

친구의 무덤 아래 나무에 못질할 구리판에 다음과 같은 글을 새기도록 보냈다.

그대의 무덤엔 여전히 피어나는 꽃들이 장식되고

푸른 잔디는 그대의 가슴 위에 가볍게 드리우리라.

새벽은 그곳에 가장 이른 눈물을 흘리고,

해마다 첫 장미는 그곳에서 가장 먼저 피어나리라.

천사들은 은빛 날개를 펼쳐

이제 그대 유해로 성스러워진 땅을 감싸리라.

비석 상단에는 다음과 같이 새겼다.

루이자 카운티 출신의 존과 제인 카의 아들
대브니 카, 이곳에 잠들다.
1744년 __월 출생,
1765년 피터와 제인 제퍼슨의 딸 마사 제퍼슨과 혼인,
1773년 5월 16일 샬러츠빌에서 세상을 떠났고,
어린 자녀 여섯을 남겼다.
그의 미덕과 사려 깊음, 학식, 우정을 기리며,
살아 있는 사람 중 그를 가장 사랑했던 토머스 제퍼슨이 이 비석을 바
친다.

제퍼슨이 친구의 죽음을 받아들이려고 애쓰는 동안, 패티는 아버지의
죽음을 애도하고 있었다. 1773년 5월 28일 금요일, 존 웨일스는 막대한 부
채만 남기고 세상을 떠났다. 패티 제퍼슨은 아버지의 죽음 이후, 주저 없이
엘리자베스 헤밍스와 자신의 이복형제, 자매들을 포플러 포리스트에서 몬
티셀로로 데려왔다.

아버지와 엘리자베스 헤밍스의 관계, 그들의 자녀들에 대해 실제로 어
떤 감정을 품고 있었는지 알 수 없다. 하지만 한 가지는 분명하다. 패티가
살고 있는 시대의 제약 속에서도 아버지의 죽음 이후 헤밍스 가족을 보호
하기로 선택했고, 그들을 남편과 아이와 함께 살아가는 자신의 가정 안으
로 들여 보살폈다.

헤밍스 가족은 그리하여 제퍼슨 가문과 몬티셀로 저택에 영원히 얽히
게 되었다. 엘리자베스 헤밍스의 아들 로버트는 제퍼슨에게 밥이라는 별명
으로 불리며, 1780년대에 제퍼슨이 프랑스로 떠나기 전까지 제퍼슨의 몸종
주피터를 대신해 곁을 지켰다. 엘리자베스의 또 다른 아들 제임스 헤밍스

는 제퍼슨과 함께 파리에 머물며 요리사로 일했고, 존 헤밍스(종종 헴밍스로 표기됨)는 뛰어난 목공장이자 가구 제작자로 성장해 제퍼슨이 설계한 가구와 실내 몰딩, 사륜마차 란도를 제작했다.

이제 제퍼슨은 자신과 아내 쪽의 세 가족을 책임지게 되었다. 먼저 아내 패티와 갓난쟁이 딸이 있었고, 여동생과 조카들이 있었다. 마지막으로 아무도 공개적으로 연결고리를 인정하지 않지만, 장인어른의 첩인 엘리자베스 헤밍스와 아내의 이복형제, 자매들이 있었다. 그중에는 샐리 헤밍스도 포함되어 있었다.

토머스 제퍼슨, 이 남자는 이 복잡다단한 세계의 중심에 서 있었다. 몬티셀로의 주인이자 버지니아 하원의원, 저명한 변호사였다. 더 나아가 세계 최강의 제국에 맞서 무장 반란을 일으킨 혁명 국가의 중심 지도자이자 결정적인 목소리가 되려 하고 있었다.

제2부

혁명가

1774년 봄부터 1776년 여름까지

"미국인들은 우리가 그들을 억압하려 한다는 사실을
깨달았거나 그렇게 믿고 있다. 우리는 그들이 반란을
일으키려 한다는 점을 깨달았거나 그렇게 생각한다.
우리는 나아갈 줄 모르고, 그들은 물러날 줄 모른다."
—영국 정치인 에드먼드 버크

6장 전기충격을 받은 듯이

몬티셀로에서의 1774년은 여러모로 기이한 시기였다. 1774년 2월 21일 월요일 이른 오후, 버지니아 역사상 최초로 기록된 지진이 알버말 카운티를 강타했다. 혼란스러운 와중에, 정신적 장애가 있다고 알려진, 토머스 제퍼슨의 여동생 엘리자베스가 섀드웰에서 사라졌다. 그리고 3일 만에 리배나강에 빠져 익사한 채 발견되었다.

5월 첫째 주 중순에는 봄날 분 눈 폭풍이 블루리지산맥을 온통 흰 눈으로 뒤덮었다. 다음 날에는 심한 서리가 내려 '거의 모든 식물'이 얼어 죽었다. 제퍼슨은 나뭇잎, 포도덩굴, 밀과 호밀, 옥수수, 상당량의 담배가 모두 죽었다고 기록했다. 그는 정원 일지에 이렇게 기록했다. "이번 서리는 미국 전역과 인근 식민지에 똑같이 파괴적이었다." 몬티셀로에 과일나무의 절반만이 살아남았다.

제퍼슨의 몬티셀로에 기쁜 소식도 있었다. 1774년 4월 3일, 패티 제퍼슨이 둘째 딸을 출산했다. 아기는 제퍼슨의 어머니 그리고 고인이 된 누이의 이름을 따 제인이라고 불렸다. 이로써 패티는 19개월 사이 두 번의 출산을 겪으며, 27개월의 결혼 생활 동안 약 9개월 정도를 제외하고 내내 임신 상태였다. 당시는 상류층이더라도 출산은 위험한 일로, 산모와 아이 모두 생명을 잃을 위험이 컸다. 제퍼슨은 이 점을 뼈저리게 깨달았다. 부부 사이에서 태어난 여섯 자녀 중 두 명이 유아기나 어린 시절에 세상을 떠났다.

제퍼슨은 말할 것도 없이 열렬한 사랑꾼이자 사려 깊은 남편이며 아버지였다. 그의 비망록에는 갓난아이에게 수유를 돕는 유리관breast pipes 구매 기록도 남아 있다.

그러나 정치적 의무가 언제나 그를 불렀다. 버지니아 하원 의회는 1774년 봄, 윌리엄스버그에서 회의를 열 예정이었다. 논의할 사안이 많았고, 제퍼슨은 반드시 참석해야 했다.

아내와 이제 막 걸음마를 시작한 어린 팻시와 갓 태어난 제인을 두고 제퍼슨은 영국과의 대치가 임박한 윌리엄스버그에 도착했다.

이 시기는 수년간의 위기였고, 앞으로도 계속될 터였다. 1769년 5월 처음 하원에 입성한 이후 제퍼슨은 다양한 정도로 심각한 영국과의 갈등 속에서 활동했다. 하나의 패턴이 자리 잡았다. 영국 의회는 미국 식민지로부터 세수를 확대하기 위해 새로운 세금을 부과했다. 보스턴, 아나폴리스, 필라델피아, 윌리엄스버그 등 각 식민지 수도에서는 시기마다 차이는 있으나 저항이 이어졌다. 신대륙의 왕실 정부와 영국 당국은 점점 더 반항적이고, 지나치고, 배은망덕하게 보이는 식민지 주민들에게 인내심을 잃어갔다.

타운센드법Townshend Acts에서 차에 부과된 과세에 항의해 벌어진 보스턴 차 사건Boston Tea Party까지 런던은 통제권을 강화하려 애썼다. 미국 식민지 주민들은 다양한 방식으로 맞섰다. 수입 거부 조약을 체결해 영국산 상품의 미국 시장 진입을 막았고, 영국에서 재판받게 될 미국인들의 체포 가능성에 이의를 제기하기도 했다. 식민지 안에서 교신을 위해 응답 위원회도 있었다.

버지니아에서 토머스 제퍼슨은 일종의 비극적인 정체를 감지했다. 독립은 하나의 가능성이었지만 확실한 수단은 아니었다. 예를 들어, 1772년 5월 말에 조지 위스는 여전히 최소한 현상 유지를 고수했다. 런던에 서신을 보내 '하원 의사당 서기가 입는 예복 중 이전에 입던 것보다 나은 것'을 주문하면서 이전 예복은 실로 보기 흉했다고 덧붙였다. 위스의 역설적인 표현에도 불구하고, 그는 공화주의적 단순함을 추구하는 새 세상을 상상하지 못했다.

제퍼슨의 장인 존 웨일스가 1772년 10월 윌리엄스버그에서 쓴 한마디는 당시 많은 식민지 주민의 정서를 드러냈다. "노예 판매가 더디게 진행되어 우리가 언제 내려갈 수 있을지 확실하지는 않지만, 반란 무리가 마을을 떠나기 전에는 도착할 수 있겠소." '반란 무리'는 아직도 그저 스쳐 지나가듯 언급되는 말에 불과했다.

저항은 한 가지 수단이었지만, 반역은 완전히 다른 문제였다. 제퍼슨과 같은 계층의 버지니아인 중에는 혁명 대신 런던에 충성을 택한 이들도 있었다. 태즈웰 홀의 사촌 존 랜돌프는 국왕에게 충성을 바친 '토리당The Tory' 존 랜돌프로 유명했으며 혁명적 분위기가 무르익자 영국으로 돌아갔다. 당시 미국 식민지 백인의 약 20퍼센트가 영국 편에 섰다. 한편 제퍼슨은 자신의 비망록에 이렇게 적었다. "Non solum nobis, sed patriae." 우리를 위한 것이 아니라, 조국을 위하여.

상류층에게 혁명은 가장 현명한 경제적 선택이었다. 런던은 이미 서부의 탐나는 토지에 대한 토지 소유권을 막아 자본을 가진 자나 자본을 빌릴 수 있는 자만이 땅을 얻을 수 있도록 제한했다. 버지니아의 공공 재정은 엉망이었다. 식민지가 7년 전쟁Seven Years' War 기간에 발행한 지폐를 보증할 방법이 없어 지폐를 소유한 사람들은 대부분 반감을 느꼈다. 게다가 농장주들이 영국의 채권자들에게 진 빚은 무시할 수 없는 개인적 문제였다. 제퍼슨의 말에 따르면 이러한 빚은 이제 '아버지에서 아들로, 여러 세대에 거쳐 세습되어 농장주들은 런던의 특정 상점 가문에 종속된 일종의 재산과 다름없었다.' 버지니아 주민들은 영국 상인들에게 미국 식민지 전체 채무의 거의 절반에 해당하는 최소 230만 파운드의 빚을 지고 있었다. 1774년 5월, 제퍼슨과 패트릭 헨리는 이러한 빚의 상환을 일시 중단할 것을 제안했다.

몇 주 전, 제퍼슨은 개인적으로 위험한 재정 결정을 내렸다. 1773년, 존 웨일스가 사망하며 3만 파운드 상당의 재산을 남겼으나, 많은 부채가 있었다. 게다가 가장 큰 채권자인 영국 브리스틀의 패럴 앤 존스사에 1만 1천 파운드의 빚을 지고 있었다. 1774년 1월, 제퍼슨과 웨일스의 다른 두 사위는 공동으로 소유한 재산을 분할하자고 결정했다. 이 선택이 운명적인 결과를 낳았다. 웨일스의 부채 중 제퍼슨이 분담한 몫은 그의 개인 자산을 넘어섰다.

식민지인들이 반란을 결심한 데는 단순한 경제적 이유뿐 아니라 그 이상의 복합적 걱정이 작용했다. 버지니아에서 반란의 추진력은 부유한 계층에서 나왔으며, 중산층과 하층민은 제퍼슨과 같은 엘리트 계급의 뒤를 따르는 데 시간이 걸렸다. 부자들의 혁명이었고, 제퍼슨 또한 부유했다. 철학적 혁명이었고, 제퍼슨은 철학적 사고를 지닌 인물이었다.

경제적 이해관계와 이념적 신념이 맞물리면서, 부유하고 교육받은 버지니아 사람들은 런던과 성공적으로 결별할 수 있다면 훨씬 더 명확하고, 설득력 있고, 매력적인 미래를 기대할 수 있다고 믿었다.

제퍼슨의 정치적 상상 속에서, 자유를 침해할 수 있는 모든 움직임은 그렇게 받아들여졌다. 세금, 영국군 주둔, 무역 규제, 서부 영토의 처리, 인디언 부족과의 관계 등 다양한 문제들이 런던의 권력 남용으로 여겨졌고, 제퍼슨과 동료들은 그러한 권력이 당연히 자신들에게, 혹은 적어도 자신들이 훨씬 더 큰 역할을 하는 헌법 체제에서는 자신들에게 속한다고 믿었다. 절대 군주주의는 언제나 한 걸음 앞에 있었고, 예속은 임박한 현실이었다. 미국인들의 생각은 틀리지 않았다. 그들이 알고, 경험한 역사는 광범위한 대중보다 국왕과 그의 지지자들에게 유리하게 작용했기 때문이다.

버지니아인으로서 그리고 하원의원으로서 제퍼슨은 왕권 강화가 점점 심해지는 것을 예리하게 감지하고 있었다. 1729년 이전까지 버지니아의 왕실 총독은 식민지 입법부의 법률을 중단시킨 적이 없었다. 이후 1764년까지 35년 동안, 총독들이 개입한 건수는 60건이 채 안 되어, 연평균 2회 미만이었다. 그러나 1764년부터 1773년 사이 9년 동안에는 75건의 법률 중단이 있었으며, 꾸준히 그리고 몹시 답답할 정도로 증가하여 버지니아 의회 내 가장 강력한 권력을 가진 이들, 즉 하원의원들은 점점 더 자주 압박을 실감하게 되었다.

1774년 5월 19일 목요일, 버지니아 신문들은 일제히 보스턴 항만법Boston Port Act이 발표되었음을 알렸다. 영국 의회가 제정한 법으로 지난 12월에 발생한 보스턴 차 사건으로 동인도 회사가 입은 손실을 배상할 때까지 보스턴 항을 폐쇄하는 내용을 담고 있었다.

이 법안은 1774년의 무관용법Intolerable Acts이라 불리는 일련의 법안 중 하나로 제퍼슨과 주변 핵심 인물들을 크게 분노하게 했다. 제퍼슨은 자신이 속한 하원의원들과 함께 '매사추세츠와 연대하여 단호하고 명확한 견해를 취해야 한다'라고 동의했다.

패트릭 헨리, 리처드 헨리 리를 포함한 네다섯 명의 의원들은 의회와 입법부의 선례를 모아놓은 도서관인 주의회 의사당의 대회의실에 모였다. 도서관에는 영국 내전 당시 군주제에 반대했던 역사학자 존 러시워스가 편집한 문서들도 포함되어 있었다. 제퍼슨은 이렇게 회상했다. "우리는 최근 사건들에 무감각해진 국민을 깨우쳐야 한다는 절박한 필요성을 절감했고, 전 국민이 함께하는 금식과 기도가 그들의 관심을 환기하고 경각심을 불러일으키는 가장 효과적인 방법일 것이라 믿었다."

1774년 5월 24일 화요일에 지정된 금식과 기도의 날 결의안The Day of Fasting and Prayer은 1774년 5월의 이례적인 한파부터 1776년 6월과 7월에 이르기까지 계속된 혁명 정치의 일련의 교훈 중 하나였다. 이 기간 제퍼슨은 미국인들의 마음을 움직이고 이끌 기회를 여러 차례 맞았다. 인지세 논쟁 당시, 더 경험이 풍부한 의원들이 패트릭 헨리의 견해에 맞서 그들의 의지를 관철하는 방식을 지켜보며 실용적인 정치술을 익혔다. 이제 제퍼슨은 윌리엄스버그의 의사당에서 벗어나 더 광범위한 시골 지역으로, 단순한 법률 제정의 절차에서 대중 운동의 지도력으로 시선을 돌렸다. 금식과 기도 결의안을 채택하고 홍보하는 과정에서 그의 역할은 추종자들의 감정을 동원하는 일이 얼마나 중요한지를 깨닫기 시작했음을 분명히 보여준다.

제퍼슨에게 종교적 기반을 갖춘 혁명적 호소를 세우는 일은 신앙심의 발로라기보다 정치적 계산에 따른 유리한 선택이었다. 만군의 여호와가 식민지 미국에 개입할 것이라는 신학적 믿음이 있었다기보다는 정치의 본질을 잘 이해하고 있었다. 제퍼슨은 전통적인 기독교인은 아니었지만, 영적인 언어가 지닌 힘의 진가를 알고 있었다. 신앙의 언어로 반영국 정서를 표현하는 것은 단순한 저항을 넘어서 수사적 전장에서 강력한 무기가 되었다. 겉으로는 단지 하느님 앞에서 겸손히 머리를 조아리는 행위처럼 보였지만, 실제로는 광범위한 신앙 기반 대중을 대상으로 정부에 저항하라는 간접적인 메시지를 담고 있었다.

제퍼슨과 동료들은 러시워드가 편집한 청교도 시대의 '혁명적 선례들'을 '뒤졌다.' 제퍼슨의 회고에 따르면, 1774년 5월 23일 월요일에 그들은 '결의안을 하나 짜냈다.' 결의안은 버지니아 주민들에게 '시민전쟁의 악마들'로부터 구제를 청하는 기도를 촉구했다.

한편 하원에서는 모든 영국산 제품의 전면적인 불매 운동에 참여하고, 대륙 회의 개최를 위한 지지 여부를 놓고 논의가 이어지고 있었다. 북부 식민지에서 날아온 격렬한 메시지들과 도시 전반에 흐르는 불안의 분위기에서 윌리엄스버그의 식민지 지도자들은 결정적인 위험을 감지했다. 심판의 날이 멀지 않았을 수도 있다.

제퍼슨이 5월에 윌리엄스버그로 떠났다가 7월에 알버말 카운티로 돌아오는 사이, 몬티셀로의 체리들은 탐스럽게 익어 있었다. 그는 집에서 중요한 일을 처리하기 위해 돌아왔다. 유권자들에게 보내는 편지에서 제퍼슨과 존 워커는 단식 및 기도의 날을 공표하면서 이렇게 썼다. "자매 식민지에 대한 적대적인 침략으로 영국령 아메리카 전역에 닥친 위협에 대응합시다." 편지의 어조는 전투적이고 엄숙했으며, 하원의 결의안을 반복하듯 '시민전쟁'의 가능성을 경고했다.

이 전략을 실천에 옮기기 위해 제퍼슨은 오랜 친구인 찰스 클레이 목사를 찾았다. 클레이 목사는 그해 초 익사한 제퍼슨의 여동생 엘리자베스를 장례 지낸 성직자였다. 그는 하드웨어강 인근, 성 안나 교구의 '새로운 교회'에서 설교를 맡았다. 이 장소는 일반적으로 '교구 주민들에게 가장 중심적인 곳'으로 여겨졌기에 가장 널리 영향력을 미칠 수 있도록 신중하게 선택되었다.

카운티마다 다른 날에 예배를 진행했다. 1774년 7월 23일 토요일에는 성 안나에서 열렸다. 제퍼슨은 그날의 분위기와 인간적인 감정 고양에 깊은 인상을 받고 이렇게 적었다. "보통 사람들의 얼굴에는 불안과 긴장감이 역력했으며, 버지니아 전역에서 열린 예배는 그 자리에 있는 모든 이를 자극해 자리에서 일어서 일치단결하도록 전기에 감전된 듯한 효과를 불러일으켰다."

사흘 뒤, 알버말 카운티의 토지 소유 유권자들이 샬러츠빌의 법원 청사에 모여 제퍼슨과 워커를 8월에 윌리엄스버그에서 열리는 특별 회의의 대표로 선출했다. 동시에 제퍼슨의 보스턴 항구법을 비난하는 알버말 카운티 자유 보유자 결의안Resolutions of the Freeholders of Albemarle County을 채택했다. 결의안은 '인류의 공민권'을 언급하며 이렇게 약속했다. "언제든 동료 신민들과 함께할 것입니다. 때와 장소를 가리지 않고 누구든지 침해하는 자들로부터 동포들의 헌법적인 권리를 되찾고 지켜내기 위해서 신이 우리에게 주신 모든 힘을 행사할 준비가 되어 있습니다." 결의안은 영국산 수입품의 즉각적인 불매를 촉구했으며, 동시에 1775년 10월 1일, 즉 약 15개월 후까지 식민지의 불만이 해결되지 않는다면 미국의 대영국 수출도 즉각 중단할 것이라고 경고했다.

1774년 여름, 몬티셀로에 머무르던 제퍼슨은 신선한 오이와 양상추를 즐기며, 9월 5일 필라델피아에서 열릴 제1차 대륙 회의에 참석할 대표들에게 보낼 지시서를 급히 작성했다. 제퍼슨이 여름 중순부터 작업한 첫 본격적인 정치 문서로《영국령 아메리카의 권리 개요A Summary View of the Rights of British America》라는 제목이 붙었다. 이 문서에는 약 6천 700개에 달하는 단어가 담겼는데 미국의 대의를 보편적인 인권 문제로 승화시켰고 신대륙의 자유 주장을 구대륙의 휘그 전통과 연결했다.

그는 조지 3세에게 한 번 더 상기시키기 위해 작성했다고 말했다.

우리의 조상들은 미국으로 이주해 오기 전, 유럽의 영국령에서 자유로운 시민으로 살고 있었습니다. 자연이 모든 인간에게 부여한 권리를 갖고, 선택이 아닌 우연히 태어난 나라를 떠날 자유를 누렸습니다. 그들의 색슨족 조상들 역시 같은 자연법에 따라 북유럽의 고향 숲과 황야를 떠나 인구가 적었던 브리튼 섬에 자리를 잡고, 그 나라의 오랜 자랑이자 보호막이 되어온 법률 체계를 세웠습니다.

제퍼슨은 정치와 통치의 본질을 논하는 단락으로 글을 마무리했다.

아첨은 두려워하는 자들이나 하는 것이니, 미국인들의 방식이 아닙니다. 값싼 칭찬은 탐욕스러운 자들에게는 어울릴지 몰라도, 인류의 권리를 주장하는 이들에게는 어울리지 않습니다. 폐하, 마음을 여시고 자유로운 사고를 품으시길 바랍니다. 조지 3세의 이름이 역사책에 오점으로 남지 않기를 바랍니다. 정치의 모든 기술은 곧 정직함이라는 단 하나의 원칙에서 나옵니다. 오직 자신의 의무를 다하려 노력한다면, 설사 실패하더라도 인류는 당신의 진심을 알아줄 것입니다. 더 이상 제국에 속한 한 지역의 권리를 다른 지역의 지나친 탐욕에 희생시키지 마십시오. 모두에게 평등하고 공정한 권리를 나눠 주십시오. 이것이야말로 폐하께서 맡은 자리입니다. 잘 균형 잡힌 제국을 위한 저울을 쥔 자리입니다.

그리고 조건부 충성을 밝히는 동시에 강력한 자치권 주장을 덧붙였다. "우리는 대영제국에서 분리되기를 바라지 않고, 우리에게 이득이 된다고 생각하지도 않습니다. 그러나 우리 고유 영토 내에서 우리의 재산이 우리 자신이 아닌 이 세상의 어떤 권력에 의해 과세당하거나 규제되는 일은 절대 용납할 수 없습니다. 신은 인간에게 생명과 자유를 동시에 부여했습니다. 힘으로 그것들을 파괴할 수는 있겠지만, 둘을 갈라놓을 수는 없습니다."

제퍼슨은 이 문서를 원래 직접 윌리엄스버그로 가져갈 계획이었다. 그러나 길을 가던 중 심한 이질에 걸려 몸을 제대로 가눌 수 없게 되었다. 대신 노예이자 수행원이었던 주피터에게 문서 두 부를 들려 보냈다. 한 부는 페이턴 랜돌프, 다른 한 부는 패트릭 헨리에게 전하도록 한 것이다. 제퍼슨이 전하려던 글은 이제 다른 이의 손에 들려 떠나갔고 그는 다시 몬티셀로로 돌아왔다.

주피터 덕분에 문서는 무사히 윌리엄스버그에 도착했고, 북잉글랜드 거리에서 인쇄소를 운영하던 윌리엄 린드의 미망인 클레멘티나 린드의 도움으로 세상에 알릴 수 있었다. 그녀는 제퍼슨의 글을 인쇄해 식민지 전역은 물론, 런던에도 유포시켰다.

버지니아 하원의원들은 페이턴 랜돌프의 저택에 모였을 때, 제퍼슨의 글이 낭독되자 박수가 터져 나왔다. 린드 부인은 글의 영향력을 널리 퍼뜨리기 위해 윌리엄스버그에 있는 루드웰-바라다이스 하우스에 있는 신문사에서 손으로 돌리는 인쇄기를 사용해 이 문서를 활자로 찍어냈다. 인쇄소는 서문에서 이렇게 밝혔다. "저자의 동의를 받지는 않았지만, 우리는 감히 그의 생각을 대중에게 전하기로 했습니다. 이 중대한 사안에 깊이 관련된 국민이라면, 그들 가운데 가장 뛰어나고 현명한 인물이 어떤 생각을 했는지 알 권리가 분명히 있기 때문입니다." 린드 부인 혹은 또 다른 편집자는 소책자 서두에 키케로의 문장을 인용했다. "최고 통치자의 가장 본질적인 의무는 자신이 공동체 전체를 위한 봉사자임을 자각하고, 공동체의 존엄을 지키며, 국민에게 정당하게 권리를 배분하는 일이다. 그는 자신에게 맡겨진 막중한 신뢰를 저버리지 않아야 하기 때문이다."

1774년 8월 6일 토요일, 조지 워싱턴은 이 문서를 '제퍼슨 씨의 권리 장전'이라고 부르며 사본 여러 부를 3실링 9펜스에 구매했다. 피터 제퍼슨의 후견인 중 한 명인 토머스 워커는 자신의 사본을 민병대 대령이자 식민지 의회 의원이었던 윌리엄 프레스턴에게 빌려주면서 '동봉된 글을 꼭 읽어'보라고 권유했고, '사본이 하나뿐이니 잘 보관해주기를 바란다'라고 전했다.

《권리에 관한 개요》는 당시로서는 너무 급진적인 메시지였다. 마음속으로는 독립과 전쟁의 가능성을 떠올릴 수 있어도, 혁명의 사상적 정당성 탐구와 실질적 무장 사이의 괴리는 컸다. 제퍼슨은 나중에 이렇게 회고했다. "당시에는 더 온건한 주장을 택했고, 나는 그게 현명한 선택이었다고 본다. 내가 제안한 도약은 당시 시민들이 감당하기에 너무 멀고 컸기 때문이다. 당시 버지니아 사회에는 '속도의 차이'가 있었고, 앞서가는 이들과 뒤처지는 이들을 함께 끌고 가기 위해서는 '신중함'이 필요했다."

그럼에도 이 문서를 통해 제퍼슨은 독립운동의 선두 진영에 올라서게 된다. 런던에서는 그가 국사법Bill of Attainder에 이름이 올랐다는 소문까지 돌았다. 그가 반역죄, 즉 사형에 해당하는 중범죄로 기소될 수도 있었다는 의미였다.

금식과 기도 날 결의안, 알버말 결의, 그리고 《권리에 관한 개요》에서 제퍼슨은 단순히 불만을 제기하는 정의감뿐만 아니라 대중의 운명에 대한 감각에 호소했다. 그는 웅변에서 구체성과 보편성을 효과적으로 사용하는 동시에 영국의 잘못에 대한 구체적인 고발을 제기했지만, 그중 일부 내용은 당시의 독자나 청자들에게도 이해하기 어려웠다. 게다가 현시점의 투쟁을 자유라는 장구한 역사 속에서 잊을 수 없는 장면으로 묘사했다. 그 과정에서 제퍼슨은 국민의 당면한 요구를 귀 기울여 들었다. 동시에 일상을 신화적 의미로 고양하는 더 큰 서사에 자신들이 참여하고 있다는 감각을 불어넣는 정치적 수사 기술의 리더십을 익혔다. 모습을 보여주면서 수사학적 정치 리더십의 기술을 체득했다.

그의 자각적인 삶의 궤적은 곧 지식의 축적, 사고의 확장, 그리고 자유와 법, 인간다운 삶에 대한 사상의 형성이었다. 그는 윌리엄 스몰, 조지 위스에게 배우고, 대브니 카, 존 페이지 같은 동료들과 함께하며, 세습된 권리가 아니라 이성이 인간 사회를 지배해야 한다는 신념을 갖게 되었다. 그는 폭정은 누가 저지르든 폭정일 뿐이며, 그것이 왕이든 사제든 다를 바 없다는 것을 이해했다.

또한 그는 자신뿐 아니라 어린 자녀들을 포함한 가족 전체의 삶을 걸고 있다는 사실을 알고 있었다. 제퍼슨은 자신의 공책에 알렉산더 포프가 번역한 호메로스의 다음 시구를 적어놓았다.

죽음은 가장 두려운 것이나, 누구나 겪어야 할 운명.
하지만 조국을 위해 죽는 일은 축복이라네.
용감한 이는 비록 전쟁터에서 쓰러질지라도,
그의 나라는 안전해지고, 자식들은 자유롭게 되지.
그는 모든 감사할 줄 아는 국가에 빚을 남기고,
그의 용감한 친구들은 그의 죽음을 자랑스러워하며,
그의 아내는 존경받고, 그의 후손들은 번영할 것이며,
머나먼 후세까지도 그의 행적을 기리리라.

토머스 제퍼슨이 대서양 너머의 세계에 《권리에 관한 개요》를 내놓았을 당시, 미국의 독립선언은 아직 23개월이나 남아 있었다. 그러나 이 문서가 널리 퍼지면서 그의 명성은 날로 높아졌다. 존 애덤스는 이 문서를 두고 '매우 잘 쓰인 공문서'라고 평가하며 '구성 능력이 탁월하다'라고 평가했다.

제퍼슨은 사고의 힘과 신념의 형성 덕분에, 1774년 여름과 가을에 마치 산꼭대기에서 세상의 본질을 꿰뚫어 보고, 목격한 진실을 동포들에게 전하는 일종의 예언자 같은 존재가 되었다. 《권리에 관한 개요》는 신념에서 비롯된 용기의 표현이자 신념을 찾고 있던 사람들에게 건넨 선언이었다.

1774년이 끝나가면서 서른한 살의 제퍼슨은 남편, 아버지, 변호사, 농장주, 하원의원, 철학자의 역할에서 더 나아가 정치적 기술 면에서 한 단계 도약했다. 《권리에 관한 개요》와 그가 작성한 여러 저작은 대중의 감정을 반영하면서도 한발 앞서 그들을 이끌어가는 능력을 보여주었다. 그는 미래에 대한 비전을 제시함과 동시에, 멀게만 느껴졌던 꿈을 현실로 가져올 수 있는 구체적 감각을 대중에게 심어주었다.

7장 평화는 없다

"식민지들이 이 나라에 복종할지, 아니면 독립할지는 이제 무력
으로 결판날 것이다."

—조지 3세, 미국 식민지를 두고

몬티셀로의 복숭아나무가 꽃을 피우고 있었다. 1775년 3월 초, 토머스
제퍼슨은 리치먼드로 떠날 준비를 하고 있었다. 그곳에서는 혁명 지도자들
이 모이는 버지니아 총회Virginia Convention가 열릴 예정이었다. 장소는 언덕
위에 자리한 목조 성공회 교회인 세인트 존 교회St. John's였다. 이 교회는 리
치먼드에서 가장 큰 건물이었지만, 빈틈없이 공간을 활용해야 했다. 조직
위원회는 대표자 약 100명이 봄비로 진창이 된 길을 헤치며 세인트 존 교
회로 올 것이라 예상했다. 회의 의장은 재단을 가르는 성찬대 난간 뒤에 앉
았고, 대표들은 교회 신도 좌석을 가득 메웠다. 열성적인 일반 참관인들이
남은 자리를 채웠다. 매일 몰려드는 인파는 교회 바깥 묘지 담장 안에 서
서 열린 창문 너머로 회의 내용을 들었다.

총회는 숨 가쁘게 진행되었고, 제퍼슨이 맡은 역할도 광범위했다. 버지

"

니아의 혁명 지도자들은 전쟁 발발 가능성을 염두에 두고, 군사 준비, 조세, 무역 정책 등 중요한 결정을 내려야 했다. 한편, 식민지 내 영국 당국은 제퍼슨과 그의 동료들을 향해 점점 더 강경한 견해를 취하고 있었다.

버지니아의 왕실 총독인 4대 던모어 백작 존 머리는 강경하고 완고한 성격의 스코틀랜드 출신으로 보테투르의 뒤를 이어 버지니아의 왕실 총독을 역임했고, 버지니아인들이 영국에서 무기나 화약을 수입하지 못하도록 했다. 런던 정부 또한 미국에 도착하는 모든 군수품을 압수하라고 명령했으며, 왕실 당국이 제2차 대륙 회의를 위한 선거 자체를 막아야 한다고 지시했다. 양측 모두 물러설 기색은 전혀 없었다.

세인트 존 교회에서 제퍼슨은 주어진 일이 무엇이든 온 힘을 다해 임했다. 그는 이상을 내세우기보다 현실적이고 단호한 사람이었다. 이 시점에서는 말보다 행동이 필요하다고 믿었다.

1775년 3월 23일 목요일. 봄기운이 완연해 교회의 모든 창문이 활짝 열린 날, 패트릭 헨리는 버지니아가 민병대를 '방위 태세로 전환해야 한다'라고 강력히 촉구했다. 그는 교회 동쪽 통로의 47번째 줄 앞에 서서 눈부신 연설을 시작했다. "신사라면 '평화 그리고 평화'라고 외치고 싶겠지만, 이곳에 평화 따위는 없습니다. 전쟁은 이미 시작되었습니다!" 연설이 절정으로 치달으면서 헨리는 거의 울부짖었다. "다른 이들이 어떤 길을 택할지 저는 모르겠습니다. 하지만, 제게 자유 아니면 죽음뿐입니다!"

제퍼슨에게 헨리는 일종의 마술사 같은 존재였다. 훗날 그는 이렇게 회상했다. "헨리의 웅변은 특이했습니다. 사실 웅변이라 부를 수 있을지조차 의문이 들 정도였죠. 상상조차 할 수 없을 만큼 강렬하고 숭고했기 때문입니다. 그의 연설이 끝난 뒤에는 그가 무슨 말을 했는지 설명하기 어려웠지만, 듣는 동안에는 언제나 정확히 핵심을 찌르는 것처럼 느껴졌습니다."

이후 식민지 방어 계획을 실제로 수립하는 일은 제퍼슨이 포함된 위원회에 맡겨졌다. 위원회는 다음과 같은 결의문을 채택했다.

> 기병 부대는 장교를 제외하고 각 부대당 30명으로 구성한다. 각 기병은 튼튼한 말 한 필, 굴레와 안장, 권총과 권총집, 카빈총 또는 다른 짧은 화승총, 탄약통, 베는 칼 또는 도끼, 화약 1파운드와 탄환 최소 4파운드를 갖추어야 한다. 또한, 말이 총성에 놀라지 않도록 훈련을 시키고, 기병을 위한 군사 훈련에 익숙해지도록 최선을 다해야 한다.

한편 식민지 내부에는 균열의 조짐도 감지되었다. 뉴욕은 5월로 예정된 제2차 대륙 회의에 대표를 파견하는 안건에 반대표를 던졌다는 소문이 돌았다. 이에 제퍼슨은 자문했다. "뉴욕이 연합을 이탈한 것인가?"

무기, 민병대, 결속이 주요 화두가 된 가운데, 제퍼슨은 리치먼드에서 방위라는 대의에 몰두했다. 위원회 활동과 회의장을 잠시 벗어난 그는 리치먼드에서 소소한 여유도 즐기려 했다. 영허즈번드 부인의 선술집에서 술을 마시고, 경쟁 업소인 건의 식당에서 저녁 식사를 하고, 오길비 부인에게 자신의 서재에 소장할 책 장식용 모슬린 천도 구입했다. 그러나 다음 정치적 행보는 이미 예정되어 있었다. 1775년 3월 27일 월요일, 제퍼슨은 제2차 대륙 회의의 대의원으로 선출되었다.

첫 번째 대륙 회의는 보스턴 항구법과 소위 강제법Coercive Acts이라 불리는 일련의 법안들에 대응하기 위해 소집되었다. 1774년 9월부터 10월까지 열린 회의는 제퍼슨이 《권리에 관한 개요》를 집필한 직후 잠시 아팠던 시기에 이루어졌다. 당시 회의에서는 영국 정부에 맞서는 불만 사항을 명문화한 목록을 발표하고, 영국 상품에 대한 지속적인 불매 운동과 이행을 촉구했다. 상황이 지속된다면 다시 회합하기로 결의했다.

그리고 다시 만날 필요가 생겼다. 1774년 가을, 전쟁의 위협은 점점 현실로 다가오고 있었다. 뉴잉글랜드에서는 영국군이 식민지 민병대에 대비해 화약고와 대포를 장악했고, 가까운 시일 내 유혈사태가 벌어질 것을 우려해 런던에 추가 병력을 요청했다. 런던 정부의 대응은 단호했다. 제1차 대륙 회의에서 제기한 항의에도 불구하고, 북미 주둔 영국군 사령관 토머스 게이지 장군에게 명확한 지침이 내려졌다. "무력에는 무력으로 맞서야 한다."

협상의 여지는 없었다. 전쟁은 피할 수 없었다. 이제 제2차 대륙 회의는 제1차 회의보다 훨씬 더 막중한 과제를 떠맡게 되었다. 바로 무장 혁명에 나선 신생 국가를 이끄는 일이었다.

리치먼드에서 민병대 편성을 준비하던 제퍼슨이 속한 위원회는 군사력 대비에 실패할 경우, '침공이나 반란이 발생한다면 버지니아는 명백한 위험에 처하게 될 것'이라고 결의했다. 외부의 침략이든, 내부의 반란이든 두 가지 위협 모두가 1775년 4월 셋째 주 이후 훨씬 현실적으로 느껴졌다.

1775년 4월 19일 수요일, 매사추세츠에서의 렉싱턴과 콩코드에서 영국군과 아메리카 식민지 민병대가 충돌했다. 그날 하루 동안, 약 26킬로미터에 걸쳐 움직이며 벌어진 전선에서 총격전이 이어졌고, 영국군 273명과 식민지군 95명의 사상자가 발생했다. 전투의 정확한 전개 순서는 불분명했지만, 피로 물든 그날의 의미만큼은 분명했다. 제퍼슨은 소식을 듣고 이렇게 썼다. "화해를 바라는 마지막 희망이 사라졌다." 그리고 덧붙였다. "복수의 광기가 모든 계층의 사람들을 집어삼킨 듯하다."

화가 존 싱글턴 코플리는 이복형제에게 보낸 편지에서 이렇게 말했다. "이제 아메리카에서 시민전쟁의 불길이 타오르기 시작했네. 나는 그 불길이 인류 역사 어느 시대, 어느 나라의 내전 못지않게 격렬한 사태로 번질 거라고 확신하네."

버지니아에서는 상류층 백인들이 실제든 소문이든 끊이지 않는 노예들의 폭력에 대응하고 있었고, 던모어 경이 윌리엄스버그의 화약 보급품을 압수한 사건에 직면해 있었다. 4월 중순 알버말 근처 체스터필드 카운티에서는 백인들이 '노예들의 폭동을 우려해 불안에 떨고 있었다.' 노섬벌랜드 카운티에서는 노예 두 명이 '짚단을 장대 끝에 묶어' 민병대 장교의 집에 불을 지르는 사건도 발생했다. 이런 상황에서 던모어는 '내 적의 적은 내 친구'라는 논리에 따라 행동했다. 백인들이 늘 두려워하던 노예들은 버지니아에서 영국의 자연스러운 동맹이 되었다.

1775년 4월 20일 목요일에서 21일 금요일로 넘어가던 밤, 영국 해병대는 윌리엄스버그의 공공 화약고에서 절반 정도 찬 화약통(약 79리터) 15개를 꺼내 HMS 매들렌호로 옮겼다. 이로써 버지니아 주민들은 사실상 무장 해제되었다. 분노한 식민지 주민들은 주지사 관저 앞에 몰려들었고, 어떤 일이 벌어지든 맞설 각오가 되어 있었다.

관저에서 던모어는 자신은 단지 '노예들의 반란에 대비해 화약을 옮겼을 뿐'이라고 주장했지만, 왕실 총독은 분노와 경멸을 숨기지 않았다. 훗날 몰려든 군중을 두고 '국왕 폐하의 정부 권위에 가해질 수 있는 심각한 모욕 중 하나'라고 표현했다. 그는 특히 윌리엄스버그에 민병대가 주둔한 사실에 격분했다. 그는 '식민지 주민들이 내 집에서 얼마 떨어지지 않은 곳에 자치 민병대를 배치해놓고, 마치 그 총구 아래에서 나와 협상하는 듯한 태도를 보였다'라고 지적했다. 이틀 뒤, 던모어는 그 민병대 지휘관 두 명을 체포했다. 그리고 그때가 바로, 그가 본격적으로 반격에 나선 순간이었다.

1775년 4월 22일 토요일, 던모어는 만약 왕실 권위에 또다시 '모욕이나 위협'이 가해질 경우, '살아계신 하느님을 걸고' 노예들에게 자유를 선언하고 윌리엄스버그 도시 전체를 '잿더미로 만들어버릴 것'이라고 경고했다.

이렇게 신속한 반응은 예측할 수 있는 부분이었다. 펜실베이니아의 한 식민지인은 해외에 있는 친구에게 이렇게 편지를 보냈다. "지옥조차 우리 소유의 노예를 해방하려는 계획보다 더 사악한 것을 토해내지 못했을 걸세."

노예제를 지지하던 식민지 주민들은 이 사건을 계기로 전쟁 준비를 시작하거나, 이미 시작한 무장 준비에 박차를 가했다. 제퍼슨도 그들 중 한 사람이었다.

제퍼슨은 대륙 위기를 해결할 정치적 사고에 깊이 몰두했다. 1775년 5월 7일 일요일, 영국에 있는 옛 스승 윌리엄 스몰에게 보낸 편지에서 한순간 글을 멈추고 이렇게 토로했다. "하지만 맙소사, 제가 지금 무슨 이야기를 하고 있었던 거죠? 조국의 고통에 온 마음이 사로잡혀 있어서, 세 문장도 채 넘기지 못한 채 또다시 정치 이야기로 빠져들고 말았습니다."

그러면서도 그는 편지를 이어갔다. "이번 주 내로 국왕의 군대와 보스턴에 있는 우리의 형제들 사이에 상당한 규모의 충돌이 벌어졌다는 불행한 소식을 들었습니다." 피가 흐른 이상, 평화로운 해결 가능성은 이제 사라진 듯했다. 윌리엄 스몰은 제퍼슨의 편지가 도착하기도 전에 영국 버밍엄에서 세상을 떠났다.

던모어의 화약을 압수 사건과 노예 해방에 관한 발언은 제퍼슨이 살던 지역 사회에 큰 불씨를 지폈다. 알버말 카운티의 민병대는 다음과 같은 성명을 발표했다. "던모어가 화약을 빼앗고, 전쟁의 깃발을 올리며 흑인들을 불러 모으겠다고 위협한 것에 대해 반드시 책임을 묻고자 한다."

제퍼슨에게 던모어는 보편적 진실이 특정한 형태로 드러난 존재였다. 영국은 고집을 굽히지 않았고, 미국인들에게 최소한의 존중조차 보이려 하지 않았다. 식민지들이 대담해질수록, 영국은 거칠고 무례해졌다. 제퍼슨은 사소한 무시에도 늘 민감하게 반응했고, 존중과 경쟁, 애정과 경외심이 서로 얽히고, 시시각각 달라지는 인간관계의 복잡한 '화학작용'을 꿰뚫어 보는 사람이었다. 그는 이러한 미묘한 변화를 정치의 세계에서도, 개인적인 삶 속에서도 감지할 수 있는 탁월한 감수성을 지니고 있었다.

그는 영국인의 접근 방식을 이렇게 날카롭게 분석했다. "인간 본성에 대한 약간의 이해와 그 일상적인 작동 원리에 주의를 기울였더라면, 이곳 사람들의 심리 상태가 거만한 태도에 겁을 먹기보다는 도리어 자극받을 가능성이 더 크다는 사실을 예견할 수 있었을 것이다."

제퍼슨의 정치적 수업은 1775년 6월, 윌리엄스버그에서 열린 버지니아 의회의 활발한 회기 동안 계속되었다. 의회는 런던에서 보내온 화해 제안을 검토하는 중이었다. 그 와중에 식민지인 세 명이 윌리엄스버그 화약고에 침입하려다, 손을 대면 발사되도록 설치된 산탄총에 부상을 입는 사건이 벌어졌다. 던모어 경은 상황이 매우 불안정하고, 자신의 신변 또한 위태롭다고 판단해, 가족과 함께 윌리엄스버그를 떠나 HMS 포위호로 피신하였다.

1775년 6월 10일경, 제퍼슨은 버지니아를 대표해 런던의 화해 제안에 공식적인 답변을 보냈다. 당시 왕실 총독의 피신, 화약고 소규모 접전, 노예 반란에 대한 공포 등으로 분위기가 격앙된 시점이었지만, 제퍼슨은 침착한 어조로 견해를 밝혔다. "제안을 면밀하게 검토했습니다. 화해를 추진할 수 있도록 여러 관점에서 살펴봤지만, 고심 끝에 아쉽고도 실망스러운 결론을 내렸습니다. 이 제안은 억압의 형태만 바꿨을 뿐, 그 무게를 덜어주지는 못합니다."

그러나 버지니아 내 다른 이들은 그렇게 단호하지 않았다. 제퍼슨의 회고에 따르면, 로버트 카트 니컬러스와 스태퍼드 카운티 출신의 변호사 제임스 머서는 제퍼슨이나 더 중요하게 여기는 페이턴 랜돌프보다 훨씬 더 화해 가능성에 열린 태도를 보였다. 랜돌프는 당시 버지니아가 더 강경하고 혁명적인 노선을 취해야 한다고 믿고 있었다.

이 시점에서 제퍼슨이 페이턴 랜돌프에게 일정한 정치적 신뢰를 얻고 있었음을 보여주는 단서가 있다. 랜돌프는 하원의 답장 초안 작성을 제퍼슨에게 맡기려 했는데, '시대의 흐름에 아직 완전히 부응하지 못한' 니컬러스가 답장 작성을 맡을까 우려했기 때문이다. 제퍼슨이 초안을 작성하면서, 랜돌프는 니컬러스가 처음부터 문서를 썼을 경우보다 훨씬 더 많은 영향력을 행사할 수 있게 되었다.

그렇지만, 여전히 논쟁은 이어졌다. 보스턴 차 사건 이후에도, 심지어 렉싱턴과 콩코드 전투 이후에도, 던모어의 화약 압수와 노예 무장 발언 이후에도, 영국으로부터 완전한 독립은 제퍼슨이나 그의 동시대 사람들에게 치열한 논쟁거리였다.

이 시기 제퍼슨의 삶에서 의견이 나뉘는 것은 일상이었다. 그는 확신이 아닌 갈등 속에서 정치적으로 성장했다. 그의 눈에 국정 운영이란 언제나 강한 신념들의 충돌이었다. 사람들의 생각이 일치하여 막힘없이 나아가 위대한 결론에 도달하는 일은 그가 꿈꾸는 이상일 수는 있어도, 현실은 전혀 달랐고, 제퍼슨이 가장 깊이 몰두했던 것은 언제나 그런 현실 그 자체였다.

랜돌프는 제퍼슨이 작성한 초안을 의회에서 통과시키는 데 성공했다. 제퍼슨은 이렇게 회상했다. "니컬러스와 머서가 오래도록 의심하고 주저하며, 여기저기서 찬물을 끼얹는 바람에 초안이 다소 힘을 잃었지만, 결국 통과되었다." 제퍼슨과 랜돌프에게 핵심은 식민지들 사이의 단결이었다.

식민지들의 단결은 제퍼슨의 마음을 사로잡고 있었다. 마침내 전국적인 무대에 자신의 자리를 잡기 위해 나설 준비가 되어 있었다. 1775년 6월 11일 일요일, 제퍼슨은 2차 대륙 회의에 참석하기 위해 필라델피아로 출발했다. 더 큰 세상이 그를 부르고 있었다.

8장 유명 인사 제퍼슨 씨

"우리가 인간처럼 사고할 수 있다는 사실을 적들이 알아차렸으니, 이제 우리도 인간처럼 싸울 수 있다는 것을 보여주자."

—토머스 제퍼슨, 1775년 7월 5일

"현 위기는 워낙 위험하고 불확실성이 크기 때문에, 이곳에서는 의견이 분분합니다."

—토머스 제퍼슨, 1775년 필라델피아에서

제퍼슨은 필라델피아 3번가와 4번가 사이 체스트넛 거리에 숙소를 잡았고, 펜실베이니아 주의회 의사당(훗날 '독립기념관'으로 불리는 곳)에서 열리는 대륙 회의의 분위기 속으로 자연스럽게 녹아들었다. 그는 버지니아로 군사 상황을 설명하는 편지를 썼고, 벤저민 프랭클린이 작성한《연합 규약 및 영구적 연합Articles of Confederation and Perpetual Union》을 검토했으며,《대륙 방위를 위한 재정 및 군사 예산Financial and Military Estimates for Continental Defense》을 기록했다.

어쩌면 이미 오래전부터 순간, 이 임무를 위해 준비해왔는지도 모른다. 10년 전, 윌리엄스버그의 하원 의회 로비에 처음 서서 패트릭 헨리의 연설에 넋을 잃고 귀 기울이던 그날부터, 포쿼의 총독 관저에서 음악과 사상으로 빛나던 밤들이나 위스의 저택에서 법과 역사에 몰두하던 보낸 황금 같은 시절, 롤리 선술집에서 페이턴 랜돌프를 정치적 스승으로 삼아 관찰하고 배웠던 그 모든 시간이 이 순간을 위한 준비였다. 제퍼슨의 방식은 분명했다. 원로에게 존경을 표하고, 동료들과는 우호적 관계를 다지며, 펜과 지성을 무기로 삼아 논쟁을 이끄는 것. 그는 더 이상 윌리엄스버그나 리치먼드에 있지 않았지만, 필라델피아에서도 마치 집에 온 듯한 편안함을 느꼈다.

버지니아에서는 모든 사람을 알고 있었고, 모든 상황을 꿰뚫고 있었다. 하지만 필라델피아에서는 의회 회의장 안팎에서, 도시를 거닐며 새로운 생각, 새로운 사람들, 새로운 힘과 마주쳤다.

영국 성공회 성직자 윌리엄 스미스는 필라델피아 시민들을 이렇게 묘사했다. "세상의 여러 지역에서 모여든 사람들이기에, 언어, 풍습, 감정 모든 면에서 서로 다릅니다." 또 다른 성직자인 제이콥 두셰는 말했다. "델라웨어의 강가에서 일하는 가장 가난한 노동자조차 신사나 학자 못지않게 종교와 정치적 문제에서 개인의 생각을 말할 자유로운 권리가 있다고 생각합니다. 모든 이가 언젠가는 자기보다 부유한 이웃과 동등한 위치에 설 수 있으리라 믿기 때문이지요."

제퍼슨은 필라델피아에서 전쟁과 전쟁 소문이 몰아치는 회오리 한가운데로 휘말려 들어갔다. 1775년 6월 15일 목요일, 매사추세츠의 존 애덤스는 버지니아의 조지 워싱턴을 대륙군의 총사령관으로 임명하자고 제안했고, 의회는 이를 승인했다. 이틀 뒤, 보스턴에서 벙커힐 전투가 벌어졌다.

패트릭 헨리가 지난 3월 어느 날, 필라델피아 남쪽으로 400킬로미터 떨어진 세인트 제임스 교회 신도 좌석에 서서 주장했던 내용이 현실이 되었다. 평화는 없었다.

　제퍼슨의 필라델피아 도착은 대표단 사이에서 화제가 되었다. 로드아일랜드 대표 새뮤얼 와드는 그를 처음 보고 이렇게 기록했다. "그 유명한 버지니아인 제퍼슨 씨는 매우 분별 있고, 활기차고, 멋진 인물로 보였습니다. 지난여름에 쓴 소책자 《권리에 관한 개요》만 봐도 그가 그런 사람임이 분명하지요." 그해 말, 존 애덤스는 동료 대표의 말을 인용해 이렇게 썼다. "제퍼슨은 지금까지 본 사람 중 가장 뛰어난 '먼지떨이'입니다. 불어, 이탈리아어, 스페인어를 배웠고, 이제 독일어까지 배우고 싶어 하더군요."

　제퍼슨과 애덤스는 외형도, 성격도 닮은 구석이 없었다. 애덤스가 제퍼슨보다 나이는 여덟 살 많고, 키는 12센티미터가 더 작았고, 제퍼슨이 전형적인 버지니아 사람이라면, 애덤스는 철저한 뉴잉글랜드 사람이었다. 애덤스는 할 말을 못 참고 감정 표현에 솔직했지만, 제퍼슨은 감정을 다스리는 데 능숙했다. 그렇지만 두 남자, 그리고 시간이 흘러 애덤스의 훌륭한 아내 아비가일까지 미국 역사상 가장 위대하고도 복잡한 동맹을 만들어 나가게 된다.

　1735년 매사추세츠 브레인트리에서 태어난 존 애덤스는 농부이자 공직자였던 아버지 밑에서 자랐다. 피터 제퍼슨이 토머스에게 그랬듯, 존 애덤스 시니어는 아들에게 큰 영향력을 끼쳤다. 애덤스는 하버드에서 공부했고, 한때 교회 목사를 고려했으나 포기하고 미국 혁명 전야의 혼란기 보스턴에서 변호사로 두각을 나타내게 되었다.

　1775년부터 첫 번째 워싱턴 행정부가 정치적 입장의 차이로 멀어지기 전까지 애덤스와 제퍼슨은 오랜 시간 함께 어울렸다. 특히 유럽에서 외교관으로 함께 보낸 때는 두 사람의 우정을 깊게 만든 시기였다. 1790년대와 19세기 초반 10여 년 동안, 나라의 방향성을 둘러싼 견해차는 극명했고, 의견 충돌이 심각해져 두 사람의 관계는 한동안 냉랭해졌다. 그러나 정계에서 은퇴한 후에는 필라델피아 시절에 형성된 우정을 회복했다. 1812년 2월, 혁명 동지 벤저민 러시는 애덤스에게 편지를 보내 이렇게 썼다. "당신과 제퍼슨은 마치 미국 혁명의 북극과 남극 같았어요. 어떤 사람은 말로, 어떤 사람은 글로, 또 어떤 사람은 싸움으로 혁명을 알리고 이끌어갔지만, 당신과 제퍼슨 씨는 우리 모두를 대신해 '생각'을 해준 사람들이었죠."

제퍼슨이 전장 가까이에 있고, 특히 존 애덤스를 비롯한 북부 식민지 대표들과 새롭게 관계를 맺게 되면서 그는 뉴잉글랜드에 대해 강한 존경심을 갖게 되었다. 용맹에 대해 글로 읽는 것과, 실제로 피를 흘리는 전쟁 소식을 가족과 이웃이 실시간으로 접하고 있는 사람들 사이에서 살아가는 것은 전혀 다른 차원의 경험이었다. 전쟁의 정신이 제퍼슨의 삶을 둘러싸고 있었다.

그가 필라델피아에 도착한 지 일주일 만에, 대륙 회의는 캐나다 침공을 승인했다. 이 극적인 결정은 제퍼슨의 정치적, 군사적 상상 속에서 캐나다를 확고한 존재로 각인시키는 계기가 되었다. 1763년 프렌치-인디언 전쟁 이후, 영국은 이전에 '뉴 프랑스'로 알려졌던 캐나다의 넓은 지역을 점령하고 있었다. 미국 식민지 군의 1775년 침공 당시, 몬트리올은 항복했지만, 퀘벡은 계속 저항했다. 영토 전체를 정복하는 데 실패하면서 캐나다는 결국 영국의 손에 남게 되었고, 전쟁을 피해 탈출한 왕당파들의 피난처가 되었다. 전쟁 이후에도 캐나다는 영국이 신생 미국을 다시 장악하기 위한 재침공의 발판이 될 수 있다는 불안한 인식이 미국인들 사이에 뿌리내렸다.

1775년, 필라델피아에서 제퍼슨은 전염처럼 퍼지는 용기를 목격했다. 7월에 그는 이렇게 썼다. "이제 우리가 전력을 다한다면, 대영제국의 총력에 맞설 수 있다는 사실을 아무도 의심하지 않는다." 사람들은 낙관적인 기대에 차 있었지만, 제퍼슨은 고결한 이성에 사로잡혀 있었고, 미국인들이 활력과 덕성을 발휘할 수 있다고 믿었다.

이 무렵, 제퍼슨은《펜실베이니아의 한 농부가 보낸 편지》의 저자 존 디킨슨과 필라델피아를 벗어나 저먼타운 로드에 있는 디킨슨의 페어힐 저택에서 몇 주 동안 함께 시간을 보내며 논의했다. 그 결과물이 바로 1775년 7월 6일 목요일, 의회에서 채택된《무장 저항의 원인과 필요성 선언서 Declaration of the Causes and Necessity for taking up Arms》였다.

다음 날, 제퍼슨은 조용히 의회를 빠져나와 페리를 타고 스쿨킬강 건너 우드랜드로 향했다. 그곳에는 식물학자 윌리엄 해밀턴의 저택이 있었다. 해밀턴은 제퍼슨과 조경 예술에 대한 열정을 공유하고 있었다. 여름날, 우드랜드를 거닐며 제퍼슨은 아마도 자연 세계와 인간이 조화를 이루는 이상적인 창조의 비전에 깊이 몰입했을 것이다. 또한 스쿨킬강 폭포로 소풍을 떠나 저녁 식사를 하기도 했다.

이러한 자연으로 떠난 짧은 외출은 정치와 전쟁에서 벗어난 반가운 휴식이었다. 1775년 7월 8일 토요일, 디킨슨과 제퍼슨이 작성한《무장 저항 선언서》를 발표한 뒤, 대륙 회의는 마지막으로 조지 3세에게 평화의 손길을 내밀었다. 런던으로《올리브 가지 청원서 Olive Branch Petition》를 보낸 것이다.

그러나, 아무 응답도 돌아오지 않았다.

제퍼슨은 좀처럼 다수 앞에서 발언하지 않았다. 대신 자신만의 방식으로 영향력을 행사하는 쪽을 선호했다. 정치와 역사의 깊은 식견을 갖춘 존 애덤스조차도, 제퍼슨이 토론 중에 입을 다무는 태도에서 막대한 이점을 얻고 있다고 평가했다. 애덤스는 자신이 읽어온 책들과 직접 겪은 경험을 토대로 다음과 같은 교훈을 얻었다고 말했다. "공개회의에서 웅변을 잘한다고 해서 반드시 명예나 출세로 이어지는 것은 아닙니다. 오히려 그런 말은 매우 신중하게, 아주 드물게, 절제된 방식으로 사용될 때만 효과가 있지요." 애덤스는 제퍼슨을 조지 워싱턴, 벤저민 프랭클린과 같은 부류로 분류했다. 이들 모두 공적인 장소에서 장황하게 말하는 것을 꺼리는 인물들이었다. 그는 이렇게 덧붙였다. "연설가가 자진해서든, 다른 이들의 권유든 국정 운영에 깊이 관여하게 되면, 매일 자신의 조치를 정당화하고 반대자들의 이의에 대응하게 됩니다. 그러면 그는 대중에게 지나치게 익숙해지고, 결국은 적을 만들 수밖에 없게 되지요."

공문서를 작성하거나, 의회 회의장이나 규모가 큰 위원회와 같은 공개적인 공간이 아닌 비공식적인 자리에서 조용히 협상하는 방식은 정치인이 뜻을 펼치면서도 반감을 사지 않을 방법이었다. 애덤스는 이렇게도 말했다. "논리나 웅변, 재치, 빈정거림, 재담, 풍자에서 지는 것을 견디는 사람은 거의 없습니다. 그리고 이런 것들은 공적인 토론에서 쉽게 나타나기 마련이지요. 이런 식으로 수년이 흐르다 보면, 어떤 사람은 결국 나라 전체에 적을 갖게 되거나, 최소한 예전의 논쟁에서 상처를 입은 사람들에게 몰래 욕을 먹고, 깎아내림을 당하게 됩니다."

1775년 대혼란 속에서 제퍼슨은 사색적이면서도 실용적이고, 자신감에 차 있으면서도 현실적이었다. 그는 이렇게 말했다. "이 갈등이 얼마나 오래 지속되고, 얼마나 확대될지는 섭리의 비밀이라 생각합니다. 하지만 우리는 최악의 사태에 대비해야 하며, 인간의 예견이 가능한 한 그럴듯한 위협에는 대비할 수 있어야 합니다." 그는 '재능과 기개를 갖춘 몇몇 신사들'을 워싱턴 장군 휘하로 보내, 전쟁의 '필수 기술'을 익히도록 해야 할지도 모른다고 제안했다.

앞날은 알 수 없는 일이었지만, 전쟁의 정치적 언어는 지금까지 이룬 성과를 찬양하고, 다가올 암흑의 순간을 위한 희망을 제시해야 했다. 제퍼슨은 이러한 복합적인 정치적 수사와 어휘를 점점 익혀가고 있었다. 그는 버지니아가 '군사적 역량 부족'을 겪고 있다는 사실을 명확히 인식하고 있었으며, 이러한 기술이야말로 '이 약탈의 시대에 공공의 안전을 위해 유일하게 의존할 수 있는 수단'이라 보았다. 제퍼슨이 사용한 '약탈'이라는 단어는 법률가였던 그의 정체성이 반영된 표현이었다. 이는 원래 재산을 폭력적으로 강탈하는 행위를 가리키는 고대 법률 용어로, 재산을 가진 사람이라면 누구나 이 전쟁에 직접적인 이해관계를 갖게 된다는 점을 강조하는 수사적 장치였다.

1775년 8월 1일 화요일, 제퍼슨은 3번가에 있는 로버트 벨의 서점에 들러 제임스 버그의 《정치 논고Political Disquisitions》를 한 권 구매한 후, 버지니아로 돌아가기 위해 필라델피아를 떠났다. 귀향길에 그는 델라웨어의 뉴 캐슬에 있는 클레이 부인의 여관에서 하룻밤을 보내고, 이후 체스터 타운과 아나폴리스, 포트 로열을 거쳐 고향 몬티셀로로 향했다.

제퍼슨이 아내와 주고받은 편지들이 단 한 통도 남아 있지 않은 이유는, 아마도 사생활을 지키기 위해 그가 직접 모두 없애버렸기 때문일 것이다. 그렇기에 그들이 떨어져 있을 때 어떤 어조로 서로에게 말을 건넸는지는 오직 추측만 할 수 있을 뿐이다. 하지만, 제퍼슨이 평생 가족과 친구들에게 써온 편지들을 보면, 그가 아내 패티에게 쓴 편지 또한 비슷한 정서와 언어로 가득했을 것이라고 짐작할 수 있다. 제퍼슨과 같은 시대를 살았던 테오도릭 블랜드 주니어가 전쟁 중에 아내에게 보낸 편지는 그 좋은 예다. 블랜드는 버지니아 출신으로 의사이자 정치인, 혁명가였고, 그의 아내 역시 마사라는 이름을 가지고 있었다. 그는 1777년 뉴저지 전선에서 아내에게 이렇게 썼다 "제발 사랑하는 마사, 편지를 쓸 때는 당신 이야기만 해주세요. 다른 얘기를 하려거든, 제발 그 소중한 당신 이야기를 충분히 하고 나서 해줘요. 다 쓰고 나서야 다른 이야기로 넘어가주세요. 당신이 언제 잠자리에 드는지, 언제 일어나는지, 아침·점심·저녁은 몇 시에 먹는지, 누굴 만났는지, 무엇이든 말해줘요. 하지만 제발, 당신의 건강을 알 수 없게 하지 말아요. 그건 못 견디겠어요. 걱정 마요… 그래요, '당신은 다시, 사랑과 애정이 넘치는 당신 남편의 입맞춤을 느끼게 될 거예요.' 하늘이 이렇게 서로 사랑하는 두 사람을 이렇게 빨리 떼어놓으려 하진 않을 거예요. 설령 그런 일이 일어난다 해도, 우리가 천국에서 다시 만날 때는 얼마나 감격스럽겠어요."

제퍼슨은 패티와 함께 몬티셀로에서 자신이 꿈꾸던 결혼 생활과 삶을 일구어 나갔다. 음악과 춤은 그 삶을 이루는 필수 요소였다.

그는 늘 콧노래를 흥얼거렸고, 에올리언 하프를 주문했으며, 새 바이올린을 5파운드에 구입했다. 기억 속에서는 누이 제인이 노래를 부르던 목소리가 또렷이 들려왔고, 현재에는 피아노포르테나 하프시코드를 연주하는 패티 곁에 앉아 조용히 음악을 감상할 수 있었다.

노예였던 아이작 그레인저 제퍼슨은 패티를 이렇게 회상했다. "제퍼슨 부인은 작고, 참 아름다운 분이셨어요." 패티도 바쁜 나날을 보냈다. 아이를 낳고 기르는 일은 물론, 남편이 집을 비운 동안 농장을 책임지고 운영했다. 그녀의 가계부를 보면 매일 오리, 칠면조, 수퇘지, 양, 새끼 양의 도축을 직접 감독했고, 가사 노예들까지 관리했음을 알 수 있다.

'첫 번째 몬티셀로'는 이후 제퍼슨이 허물고 1790년대에 다시 지은 두 번째 집인데 최종 버전보다 작았지만, 여전히 웅장했다. 한 방문객은 이를 두고 '최근에 지어진 최신 이탈리아 양식의 집'이라며, '건물 주변으로 콜로네이드가 둘러 있고, 프리즈에는 신화에서 영감을 얻은 조각들로 아름답게 장식돼 있었다'라고 기록했다. 제퍼슨은 체스판과 체스 말들, 주사위 놀이 테이블, 굴절 망원경, 베네치아 블라인드 8개, 스코치 양탄자 등을 들여놓았다. 그는 기대감을 품고 훌륭한 물건들을 늘 찾아다녔고, 언제나 책을 사들였다. 어느 방문객은 '첫 번째 몬티셀로 저택에는 방대한 양의 잘 선별된 책들로 채운 서재가 있었다'라고 감탄했다.

방문객이 '우아한 건물'이라 표현했던 몬티셀로 저택은 제퍼슨의 폭넓은 정신세계를 가장 뚜렷하게 드러내는 표현이기도 했다. 책, 언어, 음악, 사교, 예술, 건축까지 그는 끊임없이 배우고, 실험하며, 경험하고, 맛보며 삶을 살았다. 그는 섀드웰과 윌리엄스버그에 있는 총독 관저에서 세상은 넓고, 인간은 그것에 영향을 미치고 형성할 수 있다는 교육을 받아왔다.

제퍼슨의 건축 감각은 제임스 깁스가 쓴 《건축 각 부분의 제도 규칙Rules for Drawing the Several Parts of Architecture》과 안드레아 팔라디오의 《건축론The Architecture of A. Palladio》 등에서 영향을 받았다. 식당 벽의 도장 색상을 고민했고, 한나 글라세의 《요리의 예술The Art of Cookery Made Plain and Easy》 한 부를 주문했으며, 옷장을 하나 보내달라고 요청했다.

제퍼슨은 친구 존 페이지를 포함한 버지니아인들이 창립한 단체인 '실용적 지식 증진을 위한 철학 학회Philosophical Society for the Advancement of Useful Knowledge'에 가입했는데 그가 1780년에 회원으로 선출된 미국 철학회American Philosophical Society를 모델로 한 학회였다. 1772년, 제임스 매클러그가 《인간 담즙에 대한 실험Experiments upon the Human Bile》이라는 책을 출간했을 때, 제퍼슨은 망설임 없이 책을 구매했다. 매클러그는 이후 독립전쟁 동안 버지니아 병원의 총책임자가 되었다.

제퍼슨의 원예에 대한 열정은 친척인 존 랜돌프의 전통을 따르는 것이었다. 랜돌프는 윌리엄스버그의 사우스잉글랜드 거리에 있는 99에이커(약 12만 평) 규모의 아름다운 저택인 태즈웰 홀에 거주했으며, 버지니아 법무장관을 지낸 인물이다. 왕당파였던 그는 버지니아 최고의 바이올린을 소유하고 있었고, 제퍼슨은 이를 오래도록 부러워했다. 그는 또한 《버지니아 시민의 원예론A Treatise on Gardening by a Citizen of Virginia》이라는 책을 집필하기도 했다. 필립 밀러, 버나드 맥마흔, 토머스 휘틀리의 저작들 또한 제퍼슨의 조경 미학에 영향을 주었다. 그 핵심은 자연 그대로인 듯 보이지만 철저히 계산되고 통제된 야생성의 환상을 창조하는 것이었다.

1775년 여름, 제퍼슨은 정원 가꾸기와는 다른 이유로 왕당파 사촌 존 랜돌프를 떠올리고 있었다. 그해 8월에 보낸 편지에서 제퍼슨은 부드럽게 포문을 열며 랜돌프의 영국행을 아쉽게 생각한다는 마음을 전하면서 오랫동안 그의 바이올린을 부러워했다는 이야기도 덧붙였다.

그런 다음, 제퍼슨은 편지의 본론으로 들어갔다. 그는 랜돌프를 식민지의 대의를 위한 자산으로 끌어들이고자 했다. 제퍼슨이 보기에 영국인은 식민지 측 입장을 두 가지 근본적인 오해 속에서 바라보고 있었다.

첫 번째는, 이 불만이 '소수의 파벌'에 국한되었으며, 대다수 대중은 공감하지 않는다는 생각이었다. 여기서 제퍼슨은 현실을 자신의 목적에 맞게 조형하고 있었다. 독립운동은 지배 계층에게만 국한된 것은 아니었지만, 아직은 사회의 여러 계층으로 서서히 확산하는 중이었다.

두 번째는 감정적인 오해였다. 그는 이렇게 말했다. "그들은 우리가 겁쟁이라 무장 병력 앞에 순순히 항복할 거라고 멋대로 생각하고 있어요." 그리고 조심스러운 자부심을 담아 덧붙였다. "과거와 미래의 전쟁 수행이 그들이 옳았는지 아니면 착각하고 있었는지를 분명히 보여줄 겁니다." 다시 말해서, 제퍼슨이 바랐던 것은 식민지인들이 광범위하고 단결된 용기 있는 집단이며, 더 많은 존중을 받을 자격이 있다는 점을 존 랜돌프가 전달해 주는 것이었다.

그는 철저히 정치적인 관점에서 사고하고 있었다. 식민지가 분열되고 겁이 많다고 여겨진다면, 영국은 협상할 이유를 찾지 못할 것이다. 신세계의 나약함은 구세계의 경멸을 낳을 뿐이었다.

제퍼슨은 편지 초안에 흥미로운 위협의 말을 썼다가 지워버렸다. 만약 영국이 해안 지역의 식민지를 군사적으로 장악하게 된다면 또 다른 선택지도 있다고 그는 암시했다. 어쩌면 가장 강건한 버지니아 사람들이 '산 너머'로 이주할지도 모른다는 생각이었다. 즉, 미국의 대의에 헌신한 식민지인들이 대륙 내부로 들어가 새로운 거점을 마련하는 극단적인 시나리오에 대한 논의에 제퍼슨이 일부 관여하고 있었다는 사실을 시사한다.

이 대목은 제퍼슨의 기록 가운데, 서부를 자유의 원천이자 새롭게 거듭날 수 있는 무대로 상상한 초기 사례 중 하나다. 1775년의 위기에서 나온 이 구체적인 제안은 그가 단순한 이상주의자에 머물지 않고, 반란의 실제적 결과를 진지하게 고민했으며, 상황이 최악으로 치달을 경우까지 고려하고 있었음을 말해준다.

그러나 랜돌프에게 보내는 편지를 분노로 마무리하고 싶지 않았다. 만약 그렇게 하면 영국으로 떠나는 친척을 통해 런던의 유력 인사들에게 메시지를 전달하려는 목적이 무색해질 것이었다. 그래서 제퍼슨은 따뜻한 말로 편지를 끝맺었다. "제 고전 문헌들과 의회 서적 컬렉션은 제가 원하는 만큼 충분하지 않습니다. 이제 당신은 문학과 서적의 본고장으로 떠나시는 만큼, 가지고 계신 책 일부를 이곳에 남기시고 그곳에서 더 나은 판본으로 다시 장만하실 생각도 있으실지 모르겠습니다. 만약 그렇다면 당신이 믿고 이 일을 맡길 수 있다고 생각하는 누구라도 좋으니, 그 사람을 통해 저는 기꺼이 그 거래에 응하겠습니다."

행간의 의미는 이랬다. "우리는 정치적으로 반대편에 서 있을지는 몰라도, 교양을 갖췄고 공통된 취향을 나누는 사이입니다." 제퍼슨의 노련한 한 수였다. 바이올린 이야기로 문을 열고, 책 이야기로 마무리한 이 편지는 그 사이에 담긴 정치적 주장들을 자연스럽고 사적인 대화의 일부처럼 보이게 했다.

존 랜돌프는 그런 의도를 정확히 읽어냈다. 1775년 8월 31일, 그는 제퍼슨에게 이렇게 답장을 썼다. "우리가 정치적으로는 의견이 다를 수 있어도, 사적으로는 예전처럼 서로 존중하며 지낼 이유가 충분하지요. 혹 우리 사이에 어색함이 생긴다 해도, 제가 먼저 그런 태도를 보이지는 않을 겁니다. 우리는 서로 정반대의 길을 향하고 있는 듯하지만, 누구의 길이 성공할지는 결국 시간이 말해주겠지요."

제퍼슨의 편지는 존 랜돌프를 거쳐, 다트머스 제2대 백작이자 영국 식민지 담당 국무장관인 윌리엄 레그에게 전달되어 목적을 달성했다. 그는 자신이 원했던 대로, 제국의 심장부인 런던에 자신의 견해를 직접 전하는 데 성공했다.

제퍼슨은 그해 9월, 대부분을 몬티셀로에서 가족과 함께 보냈다. 그러나 그 시간은 비극으로 얼룩졌다. 겨우 한 살 반이던 첫째 딸 제인이 세상을 떠난 것이다. 딸을 잃은 후부터 집을 떠나 있는 동안 아내 패티와, 이제 유일하게 살아남은 자식인 어린 팻시에게 보내는 편지들에는 강박적일 정도의 걱정과 애정이 묻어났다.

하지만 그가 느끼는 공적 의무감은 매우 무거웠다. 1775년 9월 25일 월요일, 제퍼슨은 필라델피아에서 열리는 대륙 회의에 참석하기 위해 몬티셀로를 떠났다.

체스트넛 거리에서 다시 숙소를 정하고, 의정 활동에 복귀했지만, 마음은 온통 아내 패티와 몬티셀로에 가 있었다. 정치 문제까지도 아내에게 털어놓을 만큼 깊이 의지했고, 군사 상황에 대해서도 편지를 써 보냈다. 그러나 그해 필라델피아의 가을, 집에서는 아무런 소식이 오지 않았다. 패티가 앓고 있었기 때문이다.

10월 31일 화요일이 되자, 그의 걱정은 더 깊어졌다. "이곳으로 오고 나서부터 매주 하루는 온전히 편지만 쓰고 있다네." 친구 존 페이지에게 보낸 편지에서 그는 이렇게 말했다. "그런데도 그 누구에서 편지 한 줄 받아 보지 못하고 있다네." 여덟 밤이 지나자, 절박함은 더욱 짙어졌다. 그는 처남에게 편지를 보냈다. "집을 떠난 이후로 버지니아에서 누구도 내게 소식을 보내지 않고 있을뿐더러 우리 집안 소식을 알 수가 없네. 지금 내가 겪는 이 불안감은 견디기 힘들 정도야. 혹시 무슨 일이 벌어진 거라면 제발 내게 알려주게."

제퍼슨의 개인적인 불안은 정치적인 우려로도 이어졌다. 런던탑에서 대포가 출발했고, 아일랜드에서는 병력 2천 명을 파병했으며 프리깃함들은 중부 식민지로 향하고 있다는 보고가 들어왔다. 표적은 바로 버지니아였다.

더 구체적으로는 버지니아의 대농장 소유주들이었다. 제퍼슨은 이렇게 전했다. "해군 병력은 던모어 경의 간청에 따라 파병되었고, 강가에 있는 모든 농장을 초토화하려는 계획입니다."

기운을 북돋아 줄 일은 없었다. 1775년 10월 22일 일요일, 필라델피아의 와인 판매상 헨리 힐은 록스버러의 시골 저택으로 제퍼슨을 초대해 저녁을 대접했다. 폭풍 같은 정세 속에서 잠시나마 쉴 수 있는 시간이었다. 그 자리에는 제퍼슨이 존경해 마지않던 페이턴 랜돌프를 포함하여 마음이 통하는 사람들이 모였다.

그러나 오후 4시 무렵 페이턴 랜돌프가 뇌졸중으로 쓰러졌고 (제퍼슨은 '중풍'이라고 했다) 약 다섯 시간가량 버티다가 밤 9시에 힐의 저택에서 숨을 거두었다.

그 순간 제퍼슨에게는 자신이 평생 보아왔고 언젠가는 이끌고자 했던 한 시대와 세계의 상징이 가장 위험한 시점에 사라진 것이었다. 페이턴 랜돌프는 버지니아 하원 의회에서부터 롤리 선술집, 세인트 존 교회, 펜실베이니아 의사당에 이르기까지, 버지니아를 대표하는 인물이었고 그 중심에 서 있었다. 제퍼슨은 언제나 그의 본보기를 가슴에 품었다. 제퍼슨에게 랜돌프는 신념과 온화함을 겸비해 정치라는 전장에서 살아남고 번영할 수 있었던 인물이었다. 제퍼슨은 그를 '우리들의 가장 훌륭한 의장'이라 부르며 진심으로 존경했다.

페이턴 랜돌프는 세상을 떠났고, 패티 제퍼슨은 병들어 있었으며 딸하나는 이미 숨을 거두었다. 제퍼슨은 삶의 모든 방향에서 시련에 몰려 있었다. 그런 가운데 1775년 10월 말, 버지니아 노퍽 근처 햄프턴에서 영국군은 함선에서 무장 병력을 상륙시켜 마을을 불태우려 했다. 던모어 경은 전략적으로 중대한 요충지인 노퍽을 장악하고 있었고, 이는 영국군에게 중요한 발판을 제공했다. 북부에서는 베네딕트 아널드와 리처드 몽고메리가 이끄는 식민지 군이 캐나다 원정을 감행하고 있었다. 한편 버지니아에서는 던모어가 하원 의회를 해산한 후, 그 공백을 대신하던 버지니아 협의회Virgina Convention가 안전 위원회Committee of Safety라는 민간 통제 기구를 구성해 군사 문제를 감시하고 있었다.

제퍼슨이 사랑하는 모든 게 위협받고 있었다. 그가 독립선언서를 작성하기 직전 11개월 동안, 가족사에서 패티의 병환 외에는 아무것도 확실하지 않았고, 정치적으로는 오직 영국과의 갈등만이 분명했다.

필라델피아에 머무는 동안, 제퍼슨은 자신의 가장 가까운 친구들이 보내온 보고서들을 읽으면서 버지니아에서 벌어지는 강대국 군세의 약탈 행위를 차례차례 접했다. 존 페이지는 그에게 이렇게 썼다. "우리에게 마을은 중요치 않네. 집이 무너진다고 해도 한숨조차 내쉴 일은 없을 걸세." 다섯 해 전, 섀드웰 화재 뒤 제퍼슨이 페이지에게 했던 말을 무의식적으로 되풀이한 것이었다. "난 오래전에 내 집을 잃은 셈 치고 살아가고 있다네."

펜실베이니아 의사당에 있는 제퍼슨의 정치 동료들도 각자의 주에서 벌어지는 상황에 비슷한 두려움을 안고 있었다. 하지만 제퍼슨이 필라델피아에서 고통받은 인간적인 면은 종종 간과되고, 그가 작성한 정치 문서들의 연구에 더 많은 관심이 쏠리곤 한다. 개인적인 고통과 철학적 성찰은 밀접하게 연결되어 있다. 1775년에 겪은 긴장과 갈등이 1776년 여름의 제퍼슨을 만들었다. 그는 악화하는 던모어와의 관계, 버지니아에서 벌어진 유혈사태와 두려움을 읽으며 다가올 전쟁을 단단히 준비하고 있었다.

1775년 11월 7일은 미국 독립혁명사 중 대중의 기억 속에서 잊힌 날짜지만, 그해 가을 화요일에 버지니아에서 일어난 사건들은 이듬해 필라델피아에서 독립선언서가 채택되는 데 결정적인 영향을 끼쳤다.

노퍽에 있는 함선 격납고에서 던모어 경은 계엄령을 선포하고, 혁명군에 맞서 무기를 든 노예나 계약노동자들에게 자유를 약속하며 백인 버지니아 사회 전체에 정면으로 도발했다. 겁에 질린 버지니아 사람들과 비슷한 상황에 공감한 다른 식민지의 백인들은 노예들이 주인에게 반기를 드는 최악의 악몽이 현실로 다가오는 순간을 마주해야 했다. 던모어의 선언은 이전, 독립에 미지근한 태도를 보였던 이들 중 상당수를 혁명 진영으로 밀어 넣었다.

제퍼슨은 즉시 가족들을 떠올렸다. 만약 던모어가 노예나 계약노동자들의 무장을 독려하는 데 성공한다면, 몬티셀로도 안전하지 않을 터였다. 제퍼슨은 폭력이 발생할 경우, 패티와 가족들이 탈출해 안전할 것으로 예상되는 지역에서 재회할 계획을 세웠다. 11월에 처남에게 편지를 보냈다. "패티에게 편지를 보내 던모어 경의 위협에서 멀리 떨어진 곳에서 안전하게 있으라고 했네."

제퍼슨이 가족들을 위한 비상 대책을 마련하는 동안, 던모어의 계엄령 소식은 동부 해안을 따라 급속히 퍼졌다. 11월 말, 존 페이지는 버지니아에서 분노와 절박한 마음으로 제퍼슨에게 편지를 보냈다. "제발 우리에게 무기와 탄약을 구해주게." 페이지는 영국군을 두려워했지만, '흑인들의 반란'을 더 무서워했다.

또 다른 두려움도 있었다. 버지니아의 상류층이 오랫동안 소유해온 토지와 재산이 영국군의 손에 넘어갈 것이라는 위기감이었다. 1775년 말, 버지니아 정치인 로버트 카터 니컬러스는 제퍼슨에게 이렇게 전했다. "몇몇 악당들과 외국인들 모두가 우리의 좋은 땅과 멋진 저택들을 노리고 있습니다." 그리고 1775년 11월 25일 이렇게 덧붙였다. "나라에 지금처럼 지혜를 발휘해야 할 때는 없었습니다. 시간을 낭비할 겨를도 없군요."

회의가 막바지에 접어들자, 제퍼슨은 '의회에 계류 중인 미완료 안건을 정리하는 위원회'의 일원으로 임명되었다. 화폐 발행, 인디언 문제, 소금 생산에 이르기까지 27건의 안건이 여전히 미처리 상태임을 확인했다. 그가 맡은 또 다른 업무는, 휴회 기간에 국가 기능을 대행할 위원회 구성안 설계에 참여하는 일이었다.

이 작업은 제퍼슨이 지금까지 의회가 수행해온 역할을 분석하고, 그중에서 어떤 기능이 진정으로 핵심인지 파악해야 하는 정치적 학습 과정이었다. 1775년 12월 15일 자 초안에서 의회가 지속해서 수행해야 할 19가지 핵심 임무를 목록으로 작성했다. 다음과 같은 항목들이 있었다. '해상과 육상에서 대륙군에 보급을 제공하는 일', '적의 상황과 계획에 대한 정보를 수집하는 일', '요새와 요충지를 방어, 보존하고 적이 새로운 거점을 확보하지 못하도록 하는 일'. 이처럼 실질적인 군사 문제에 초점을 둔 내용은 수개월 동안 제퍼슨이 주로 관심을 둔 주제와도 일치했다.

그는 이제 가족까지도 위태로울 수 있는 상황에서, 미국이 절대 약하지 않다는 점을 보여주려 했다. 캐나다 원정 중 미국 장교 이선 앨런이 포로로 잡혀, 영국으로 이송되어 '하위 반역죄로 처벌받을 예정'이라는 소식에 대응해, 제퍼슨은 의회를 위한 선언문 초안에서 영국군 포로들이 이선 앨런에게 일어난 일에 책임을 지게 될 것이라고 밝혔다. "피에는 피로 보복해야 하는 상황을 개탄하며, 그런 보복은 오직 잔혹 행위를 막기 위한 마지막 수단으로만 쓰이길 바랍니다." 동시에 필요하다면 어떤 대가든 치를 각오가 되어 있다는 뜻도 분명히 밝혔다.

결국, 의회는 조지 워싱턴에게 결정을 일임했지만, 제퍼슨의 거친 초안은 그가 세상을 얼마나 냉정하게 보고 있는지 보여주는 증거로 남았다.

제퍼슨은 1775년 12월 28일 목요일 필라델피아를 떠나 이듬해 1월 중순에 몬티셀로에 도착했다. 그가 다시 산에 올라왔을 때, 세상은 새로운 해를 맞이했다.

겉보기에 평온한 일상이 이어졌다. 1770년산 마데이라 와인 한 통을 열었고, 아내를 필라델피아로 데려가 천연두 예방 접종을 맞힐 계획을 세우기 시작했다. 그러나 다가오는 위기의식을 막아낼 수는 없었다. 1776년 2월 4일 일요일, 그는 《상식Common Sense》이라는 제목의 새로운 소책자 한 권을 전달받았다. '미국의 대의는 많은 면에서 인류 전체의 대의이기도 하다.' 토머스 페인의 문장은 강력했고, 제퍼슨은 그 말에 전적으로 동의했다.

9장 인류의 역사

"신의 이름으로 당장 식민지의 독립을 선언하게. 그래야 우리가 파멸을 면할 수 있네."

—1776년 봄, 존 페이지가 토머스 제퍼슨에게 보낸 편지에서

"종소리는 온종일, 거의 밤새도록 울려 퍼졌다. 심지어 종을 울리는 이들조차 멈추지 않았다."

—1776년, 필라델피아 독립선언문에 발표 당시를 묘사한 존 애덤스의 기록

1776년 3월 31일 일요일 아침 7시경, 제퍼슨의 어머니 제인이 갑작스러운 뇌졸중으로 쓰러졌고, 한 시간이 채 지나지 않아 쉰다섯 살의 나이로 숨을 거두었다.

제퍼슨은 찰스 클레이 목사에게 장례를 부탁했다. 그는 어머니를 몬티셀로에 묻었는데 자신이 신성하게 여기는 땅, 사랑하는 이들이 잠든 곳이었다. 제퍼슨은 그렇게 어머니를 자신의 집, 자신의 일부로 영원히 남게 했다.

어머니의 죽음은 그를 깊이 흔들어 놓았다. 이미 그는 혁명과 새로운 정부 수립이라는 막대한 정치적 과업에 몰두하고 있었지만, 동시에 한 인간으로서 겪을 수 있는 가장 깊은 상실을 맞닥뜨렸다. 부모는 자식에게 보호와 위안, 사랑의 존재이지만, 때론 불안과 두려움, 짜증의 원인이 되기도 한다. 그래서 그들의 죽음은 상실이자 해방이기도 하다.

두 가지 상반된 감정은 시간이 흐르면서 바뀔 수도 있지만, 변하지 않는 진실이 하나 있다. 부모가 떠나면, 남은 자식은 나이와 상관없이 시간의 흐름과 더불어 무거워지는 책임을 스스로 짊어지게 된다는 점이다. 사람들로 북적이는 삶, 역사의 중심에 선 인물이었지만, 어머니가 세상을 떠난 그날, 제퍼슨은 누구보다도 외로웠다.

묘지를 떠나며, 그는 어머니를 마음속에 품은 채 돌아섰다. 제퍼슨은 감정적으로 큰 고통을 겪을 때면 종종 '주기적인 두통'이라 부르는 심한 편두통에 시달렸다. 그 통증은 너무도 극심해 그는 '책을 읽거나, 글을 쓰거나, 심지어 생각하는 것조차 피해야 했다'라고 말할 정도였다. 1776년 이전, 마지막으로 알려진 발병은 리베카 버웰에게 실연당한 뒤였다. 어머니가 세상을 떠나자, 그의 뇌 속을 흐르는 피와 신경은 오직 고통만 쏟아냈다. 그 상실의 충격은 감당하기 힘들 정도였고, 두통은 좀처럼 가시지 않았다.

그 시기, 제퍼슨은 두통과 슬픔, 그리고 식민지의 미래에 대한 불확실성 속에서 하루하루를 버텼다. 농장 일에 몰두하려 애썼고, 엘리자베스 헤밍스가 아들 존을 낳을 때는 산파를 고용하기도 했다. 또한 몬티셀로 밖의 일에도 참여하며, 버지니아의 화약 구매를 위한 자금을 모으고, 보스턴 빈민 구호를 위해 힘을 보탰다.

5월 7일 화요일, 그는 몬티셀로를 떠나 7일 후 필라델피아에 도착했다. 아내 패티는 버지니아에 남았다. 제퍼슨은 동료 정치인 토머스 넬슨 주니어에게 이렇게 말했다. "이번에도 지난가을처럼 마음이 불편하고 불안하네. 아내가 함께 오지 못했거든." 5월 23일, 그는 필라델피아 7번가와 마켓

거리 교차로 남서쪽 코너에 있는 벽돌공 제이콥 그래프 주니어 소유의 3층
짜리 집에 숙소를 정했다.

돌아온 뒤, 처음에는 동료 의원들과 어울리기 힘들었다. 그는 장례와
상심으로 인해 정세의 흐름을 놓친 상태였고, 다른 이들은 이미 논의에 한
창이었다.

그러나 머지않아, 그는 모든 일의 중심으로 들어서게 된다.

1776년 6월 첫째 주가 끝날 무렵, 버지니아 출신의 리처드 헨리 리
는 결의안을 제출했다. "연합 식민지는 영국 국왕에 더 이상 충성하지 않
고, 대영제국과의 모든 정치적 관계는 완전히 단절되었고, 또 단절되어야
한다."

마침내 결정의 순간이 다가왔다. 다음 날부터 독립을 둘러싼 본격적인
논의가 시작되었다.

그러나 의회의 주요 관심사는 인간의 권리나 미국 정치의 형태가 아니
었다. 역사의 나팔 소리가 울리고 있었지만, 아직은 먼 곳에서 들려오는 듯
했다. 필라델피아에 있는 펜실베이니아주 의사당을 가득 채운 소란은 오히
려 철저히 현실적인 국내 정치와 외교에 관한 것이었다.

몇몇 대표들은 성급한 독립선언이 펜실베이니아, 메릴랜드, 델라웨어,
뉴욕 등 중부 식민지 중 일부, 아니면 전부가 미국의 대의에서 이탈할 수도
있다고 주장했다. 만약 내부 분열이 일어난다면, 제퍼슨이 경고했듯 '외국
세력은 우리의 편에 서기를 꺼리거나, 설령 협력한다 해도 우리를 그들의
손아귀에 넣은 만큼 훨씬 가혹하고 불리한 조건을 요구하게 될 것'이었다.

존 애덤스, 리처드 헨리 리, 조지 위스를 포함한 몇몇 대표들은 독립선
언의 당위성을 조목조목 제시했다. 그들은 먼저 이렇게 강조했다. "누구도
영국과의 결별이라는 정책이나 그 권리에 반대한 적은 없습니다. 영국과 다
시 관계를 맺을 수 있다고 생각한 이도 없었죠. 다만 지금 당장 선언하는

것에 대해 이견이 있었을 뿐입니다."

타협안도 제안되었다. 제퍼슨은 이렇게 말했다. "뉴욕, 뉴저지, 펜실베이니아, 델라웨어, 메릴랜드, 사우스캐롤라이나는 '모국의 줄기에서 떨어져 나올 만큼 준비가 되지 않았습니다.' 그들을 위해 잠시 기다려주는 것이 가장 신중한 결정이라고 판단했습니다."

하지만 시간을 너무 끌 수는 없었다. 표결은 3주 뒤, 7월 1일로 연기되었다. 그사이 선언문 작성, 신생 정부의 구조 구상, 외교 동맹 협상 지침 마련을 위해 위원회들이 구성되었다. 제퍼슨은 이를 '지체를 최소화하려는 조치'라고 설명했다.

이제 문제는, 단 3주도 남지 않은 상황에서 누가 독립선언문을 써야 할 것인가였다.

존 애덤스는 제퍼슨이 선언문을 작성해야 한다고 생각했다. 이 판단은 2년 전, 조용한 자리에서 나눈 한 대화에서 비롯된 것이었다. 1774년, 제1차 대륙 회의를 앞두고 벤저민 러시와 몇몇 대표들은 필라델피아 외곽에서 매사추세츠 대표단을 만났다. 도심에서 약 9킬로미터 떨어진 프랭크퍼트의 한 여관, 조용한 개인실에서 차를 마시며 러시와 동료들은 실용적인 조언을 건넸다. 그 자리에서 나온 핵심은 이랬다. "우리는 모두 독립을 염두에 두고 있다는 의심을 받고 있습니다. 매사추세츠는 다른 식민지들보다 한발 앞서 있다는 인상도 있죠."

이제 절대 '독립'이라는 말을 입에 올려선 안 됩니다. 의회든, 사적인 대화든 그 뜻을 암시하거나 넌지시 언급하는 일도 있어선 안 됩니다. 만약 그러다간 모든 걸 망치게 될 겁니다. 지금 '독립'이라는 개념은 펜실베이니아를 비롯한 중부와 남부 모든 주에서 인지세법만큼이나 민심을 잃고 있습니다. 감히 그 말을 입에 올리는 사람은 아무도 없습니다. 게다가 당신은 지금 고통받는 주를 대표하고 있지 않습니까. 보스턴과 매사추세츠는 철권통치 아래 놓여 있습니다. 영국의 함대와 군대는 식민지를 억누르고 있고, 당신은 정부 측 인사들과 그 지지자들에게도 눈엣가시로 여겨지고 있습니다. 오랜 시간 박해받아 왔고, 감정은 상했고, 분노는 격해졌지요. 사람들은 당신을 지나치게 열정적이고, 급진적이며, 비현실적인 낙관론자라고 봅니다. 그러니 무엇보다 신중해야 합니다. 먼저 과감한 제안을 해서도 안 되고, 앞장서려는 인상도 주어선 안 됩니다. 연합에서 인구가 가장 많은 주가 어디인지 잘 아시지 않습니까. 버지니아입니다. 그들은 자신들의 오랜 전통을 지닌 버지니아에 자부심이 강하며, 주도권은 자신들이 가져야 마땅하다고 믿고 있습니다. 그리고 중부와 남부의 다른 주들도 그 주장을 받아들이는 쪽으로 기울어 있습니다.

애덤스는 그 조언의 직설적인 태도를 높이 평가했다. "그건 솔직한 충고였습니다. 그리고 솔직히 말해, 그 안에 담긴 지혜와 상식이 너무도 커서 내 마음에 깊이 각인됐습니다. 내 동료들 모두에게도 마찬가지였지요."

2년 후, 1776년 초여름 제퍼슨과 다시 만났을 때, 애덤스는 자신이 '프랭크퍼트 조언'이라고 부르는 회담을 염두에 두고 있었다. (지역명은 정확하게 프랑크퍼트였다) 한 서신에서 누군가 왜 그렇게 젊은 제퍼슨에게 중책을 맡겼는지를 묻자, 애덤스는 이렇게 답했다.

당신은 왜 제퍼슨처럼 젊은 사람이 독립선언서 초안을 작성하는 위원회에서 수석을 맡았는지 궁금해하시네요. 답은 이렇습니다. 바로 '프랭크퍼트 조언' 때문이지요. 버지니아를 모든 일의 선두에 세워야 한다는 조언이었습니다. 그때 위원회 3개가 동시에 구성됐습니다. 하나는 독립선언서를 위한 위원회, 또 하나는 연합 규약을 작성하는 위원회, 마지막 하나는 프랑스에 제안할 조약 초안을 준비하는 위원회였습니다. 리처드 헨리 리는 연합 규약 위원회에 선출되었고, 같은 사람이 두 가지 위원회에 중복 참여하는 일은 바람직하지 않다고 판단했습니다. 제퍼슨은 1775년 6월 의회에 합류했으며, 이미 문학적 식견, 과학적 소양, 뛰어난 문장력으로 명성이 자자했지요. 그의 글은 사람들 사이에서 돌려 읽히며, 특히 표현의 절묘함과 개성이 돋보인다고 평가받았습니다. 비록 본회의에서는 과묵한 편이었지만, 위원회 활동이나 사석에서는 지체 없고, 솔직하며, 명확하고 단호한 태도를 보였습니다. 새뮤얼 애덤스보다도 더 그랬다고 생각합니다. 그래서 저는 이번 일에 제퍼슨에게 표를 던졌고, 다른 사람들도 그에게 표를 주도록 온 힘을 다했습니다. 제 기억으로 그는 상대 후보보다 단 한 표 더 받아 위원회 수석이 되었고, 제가 다음 순위였지요. 위원회는 모여 주제를 논의한 뒤, 그와 제가 초안을 작성하기로 했습니다. 아마 우리가 위원 명단에서 1순위와 2순위였기 때문이겠지요.

이후 애덤스는 제퍼슨과 나눴던 대화를 이렇게 회상했다. 당시 제퍼슨은 초안을 애덤스가 직접 쓰는 게 좋겠다고 제안했다.

"나는 안 하겠소." 애덤스가 단호히 말했다.

"직접 하셔야 합니다."

"아니."

"왜요? 당신이 맡아야 합니다."

"안 할 것이오."

"그 이유가 뭡니까?"

"이유야 충분하지."

"그러니까, 이유가 도대체 뭡니까?"

"첫째, 당신은 버지니아 사람이지. 독립선언 같은 중대한 문서는 버지니아 출신이 앞장서야 하오. 둘째, 나는 사람들이 싫어하고, 의심하고, 인기

없는 인물이지만, 당신은 정반대요. 셋째, 당신이 글을 나보다 열 배는 더
잘 쓰지 않소."

"좋습니다. 그렇다면 최선을 다해 써보겠습니다."

"아주 좋소. 다 쓰면 같이 만나서 검토하도록 하지요."

제퍼슨은 독립선언서를 작성하며 시적인 울림과 산문적인 설득력을
동시에 담아내야 했다. 더 큰 대의에 대한 공감을 이끄는 한편, 영국을 강
력한 언어로 고발해야 했기 때문이다. 그는 이렇게 말했다. "이 선언은 이전
에 없던 새로운 원칙이나 주장들을 찾아내려는 것이 아닙니다. 다만 이 문
제에 대한 상식을 인류 앞에 제시하려 한 것입니다. 사람들이 수긍할 수밖
에 없도록 분명하고 단호한 언어로 표현함으로써, 우리가 독립이라는 길을
선택할 수밖에 없었던 정당한 이유를 밝히고자 했습니다."

제이콥 그라프의 집에 머무르며, 그는 한방에서 잠을 자고, 계단 건너
편의 응접실에서 글을 썼다. 무엇을 써야 할지, 어떻게 써야 할지 그는 이미
잘 알고 있었다. 독립이라는 목표와 그것을 위한 수단에 대해 오랜 시간 깊
이 생각해온 결과였다. 자신이 직접 설계한 작은 나무 책상에 앉아 작성한
선언서는 그의 성격과 신념에서 자연스럽게 흘러나온 결과물이었다. 제퍼
슨은 훗날 이렇게 기록했다. "이 글은 어떤 특정한 기록을 모방하지도 않았
고, 원칙이나 감정을 독창적으로 보이게 하려는 의도도 없었습니다. 다만
미국인의 정신을 표현하고, 그 표현에 그 시대가 요구하는 적절한 어조와
정신을 담고자 했습니다."

전쟁에 대한 불안이 고조되고, 입법 활동이 분주하게 이어지던 시기였
다. 그 가운데서도 제퍼슨의 머릿속에는 선언문의 문장들이 하나둘 떠올
랐다. 그는 계몽주의 사상을 바탕으로, 인간 개개인의 존엄성과 주체성을
강조했으며, 자치는 자연의 이치 그 자체라고 주장했다.

인류의 역사에서 한 민족이 다른 민족과 맺어온 정치적 유대를 끊고, 자연법과 신의 법이 그들에게 부여한 권리에 따라 지구상의 여러 권력 사이에서 독립적이고 평등한 지위를 차지해야 할 불가피한 상황에 이르렀을 때, 인류 전체의 여론에 최소한의 존중을 보이며, 그들이 분리를 결심하게 된 이유를 밝혀 마땅하다.

우리는 다음에 나열하는 진리를 자명하다고 본다. 모든 인간은 평등하게 태어났으며, 창조주로부터 양도할 수 없는 권리를 부여받았고 거기에는 생명과 자유, 행복을 추구할 권리가 포함되어 있다. 이러한 권리를 보호하기 위해 인간은 정부를 수립하고, 정부는 피통치자의 동의를 받아 정당한 권력을 부여받는다. 만일 어떠한 형태든 이 목적을 해치게 될 경우, 국민은 정부를 대체하거나 폐지하고 자신들의 안전과 행복을 잘 보장할 수 있다고 판단되는 원칙을 바탕으로 새로운 정부를 세울 권리를 가진다.

제퍼슨은 글을 쓸 때 탁월한 편집자를 곁에 두고 있었다. '자명한self-evident'이라는 표현은 벤저민 프랭클린의 손질이었다. 그의 초안은 철학적 틀 위에 세워진 정치적 작업이었다. 특정한 순간에, 특정한 목적을 위해, 그리고 다층적인 독자층, 독립에 회의적인 식민지 주민들, 무기를 든 병사들, 그리고 세계 무대에서의 잠재적 동맹국들을 염두에 두고 작성된 문서였다.

1776년 여름 동안 제퍼슨은 집필과 의회 업무를 오가며 부지런히 일했다. 하루 중 일부는 글을 쓰는 데 할애했고, 나머지는 의회 업무에 매진했다. 의회는 선언서를 '각 식민지의 의회, 회의체, 위원회, 안전 위원회, 대륙군의 지휘관들에게 전달하고 각 주와 군대의 전열에서 낭독할 것'을 명령했다. 이 문서는 특히 독립에 대한 여론이 갈라져 있던 지역의 주민들뿐 아니라, 미국의 대의를 위해 싸우고 있는 병사들을 위한 것이기도 했다. 이러한 맥락에서 제퍼슨은 조지 3세 국왕을 고발하는 조항을 장황하게 늘어놓았다. 그중 일부는 당시 사람들조차 잘 모를 만큼 생소한 항목들도 있었다.

제퍼슨에게 영향을 준 사상가들은 매우 다양했다. 존 로크, 몽테스키외, 스코틀랜드 계몽주의 철학자들의 사상이 그 밑바탕에 있었고, 제임스 윌슨의 소책자 《영국 의회 권한의 본질과 범위에 대한 고찰Considerations on the Nature and Extent of the Authority of the British Parliament》과 조지 메이슨이 버지니아 헌법을 위해 작성한 《권리 선언문Declaration of Rights》도 그의 사유에 깊은 자취를 남겼다.

제퍼슨은 프랭클린과 애덤스에게도 초안을 보여주며 의견을 구했다. 통풍과 종기로 숙소에 머물고 있던 프랭클린에게 보낸 쪽지에서 그는 이렇게 적었다. "동봉한 문서는 위원회에서 검토한 후, 약간의 수정을 거쳐 승인받았습니다. 프랭클린 박사께서 이 문서를 읽어보시고, 더 넓은 시각에서 수정이 필요하다면 제안해주실 수 있으실는지요?"

제퍼슨은 자제하지 않고 영국과 조지 3세를 공격했다. 그중에서도 노예무역을 비난하는 대목은 유난히 격렬했다. 그는 버지니아에서 반노예제 입법을 시도했다가 법원과 버지니아 하원 의회에서 모두 좌절한 바 있었지만, 이번에는 대륙 회의를 통해 미국 내 공적 기관이 노예제에 대해 보다 진보적인 입장을 택하도록 이끌고자 했다.

그러나 이번에도 결과는 다르지 않았다. 애덤스는 훗날 그 문단을 오래도록 기억했다.

이에 따라 우리는 만나 함께 문서를 꼼꼼히 읽고 검토했다. 나는 그 고상한 문체와 웅변적인 수사에 감탄하지 않을 수 없었다. 특히 흑인 노예제도를 다룬 부분은 인상적이었다. 물론 남부 출신 의원들이 절대로 통과시키지 않으리라는 사실은 알고 있었지만, 나는 그 대목을 결코 반대할 생각이 없었다.

우리는 문서를 위원회에 제출했다. 당시 모두가 다급한 상황이었다. 의회는 조바심을 내고 있었고, 문서는 제퍼슨의 필체로 작성된 초안 그대로 보고되었던 것으로 기억한다. 의회는 예상대로 약 4분의 1가량을 삭제했지만, 정작 가장 뛰어난 부분들이 지워졌고, 문제의 소지가 있는 대목들은 오히려 그대로 남았다.

1776년 6월 28일 금요일, 독립선언서가 의회에 제출되었고, 7월 1일 월요일에 논의가 시작되었다. 애덤스의 회고에 따르면, 선언서의 상당 부분이 삭제되면서 제퍼슨을 불쾌하게 했다. 제퍼슨은 이렇게 말했다. "여전히 많은 이의 마음속에 아직도 협상으로 관계를 유지할 만한 영국 친구들이 있다고 믿는 멍청한 생각이 존재했습니다. 이런 이유로 영국 국민을 비판하는 대목들은 그들의 기분을 상하게 할까 염려되어 삭제되었습니다."

노예제를 규탄하는 구절도 삭제되었다. 제퍼슨은 회고록에서 이렇게 밝혔다. "아프리카 주민들을 노예로 삼는 행위를 비난하는 조항 역시 삭제되었습니다. 사우스캐롤라이나와 조지아를 의식한 조치였지요. 이 두 주는 노예 수입을 억제하려는 시도조차 한 적이 없었고, 오히려 노예무역의 지속을 바라고 있었습니다. 북부의 형제들 역시 이러한 비판에 조금은 민감하게 반응했던 것으로 보입니다. 비록 그들 자신은 노예를 거의 보유하지 않았지만, 다른 지역으로 노예를 운반하는 데에는 꽤 깊이 관여해왔기 때문이지요." 제퍼슨은 노예제 문제에 다시 도전했으나, 또 한 번 물러나야 했다. 이제는 이길 수 있는 싸움만 벌인다는 정치적 본능이 더욱 확고해졌다.

그는 많은 이들 앞에서 자신의 문서가 수정되는 상황을 참기 어려워했다. 펜실베이니아주 의사당에 앉아, 의원들이 하나둘 나서서 이 구절은 빼자, 저 문장은 고치자며 의견을 쏟아내는 모습을 들으며 제퍼슨은 거의 몸서리를 쳤다. 통풍을 앓던 프랭클린은 병세를 어느 정도 이겨내고 회의에 참석했는데, 제퍼슨이 눈에 띄게 괴로워하는 모습을 보고는 젊은 동료를 달래려 애썼다. 제퍼슨에게는 회의장에서 나오는 모든 비판이 마치 문서가 아니라 자신을 향한 공격처럼 느껴졌기 때문이다. 프랭클린은 그에게 이렇게 말했다. "나는 공적인 단체에서 검토받는 문서의 초안 작성을 될 수 있으면 피한다는 원칙을 세웠다네." 그러나 이러한 불편함에도 제퍼슨은 초안을 작성한 자로서 제퍼슨은 막대한 영향력을 발휘했다 많은 부분이 수정되었지만, 선언서의 핵심에는 여전히 그의 목소리가 담겨 있었다. 그는 이 문서의 표현을 신성시했다. 제퍼슨은 훗날 독립선언서를 집필했던 책상을 이렇게 설명했다. "정치에도 종교처럼 미신이 있습니다. 시간이 흐르며 그 미신이 힘을 얻고, 언젠가는 이 유물이 우리의 독립 대헌장Great Charter of Independence이 탄생한 장소라는 이유만으로 상상할 수 없는 가치를 지니게 될지도 모릅니다."

1776년 7월 2일 화요일, 대표단은 결의안을 채택했다. 이틀 뒤인 목요일, 한낮 기온이 약 24도였던 기분 좋은 여름날 대표단은 선언서를 비준했다. (제퍼슨은 이날 여성용 장갑 7켤레와 온도계를 구매했다고 일기에 남겼다) 밤사이, 필라델피아의 인쇄업자 존 던랩은 비준된 선언서를 대형 포스터 형식으로 인쇄해 첫 판본을 만들었고, 7월 6일, 벤저민 타운이 발행하는《펜실베이니아 이브닝 포스트the Pennsylvania Evening Post》1면에 선언서 전문이 실렸다.

7월 8일 월요일, 필라델피아주 의사당 앞에서 드디어 독립 소식이 공식적으로 발표되었다. 군중들은 환호하며 외쳤다. "북아메리카의 자유 국가를 신께서 축복하기를!"

그러나 그 시기는 극도로 긴장된 상황이었다. 대표자들은 자신들이 사실상 반역의 길을 택했다는 사실을 누구보다도 잘 알고 있었다. 그래서 무거운 분위기 속에서도, 그들은 순간순간 소소하고 씁쓸한 유머로 긴장을 풀곤 했다. 제퍼슨은 훗날 그 무렵을 이렇게 회상했다 "주 의사당 인근의 마구간에서 날아든 등에 벌레들이 윙윙거리며 날아다녔고, 제임스 파턴의 말처럼, '명예로운 의원들의 비단 스타킹을 신은 다리'를 성가시게 했다. 의원들은 손수건을 들고 힘껏 파리를 쫓아냈지만, 파리는 점점 더 성가시게 굴었고, 더 이상 참을 수 없을 정도가 되어 중대한 결정을 서둘러 마무리 지었다."

제퍼슨이 특히 좋아하던 농담 하나가 있다. 버지니아 출신의 덩치 큰 벤저민 해리슨과 매사추세츠의 마른 엘브리지 게리 사이에서 오간 말이었다. "게리, 교수형당할 날이 오면 내가 유리하겠어. 자넨 내가 죽고도 한참 동안 허공에서 반 시간은 다리를 버둥거릴 테니까!"

세월이 흐른 뒤, 독립선언서의 의미와 진정한 공로를 둘러싼 논쟁이 이어졌다. 존 애덤스는 제퍼슨이 독립선언서의 저자로서 누리는 명성에 질투심을 느끼며, 그 문서는 '연극 같은 쇼일 뿐, 실질적인 정치 문서가 아니다'라고 불평했다. 1811년 애덤스는 이렇게 말했다. "그 무대 효과는 죄다 제퍼슨이 챙겨버렸지. 그러니 그 영광도 전부 그의 몫이 된 거야."

그러나 제퍼슨의 문장이 담고 있던 혁명적 성격은 처음부터 분명했다. 그는 펜 하나로 인류의 통치에 대한 새로운 원칙을 명확히 밝혔다. 바로 '모든 인간은 평범하게 태어났다'라는 대전제였다. 물론 제퍼슨이 염두에 둔 모든 인간이란 주로 백인 남성, 특히 재산을 소유한 사람들이었다. 그러나 영국의 철학자 제러미 벤담도 필라델피아에서 채택된 선언서의 중요성을 인지하고, 런던에서 비판의 목소리를 냈다. 모든 인간이 '생명, 자유, 행복 추구'라는 신이 부여한 자연권을 가진다는 생각을 조롱하며 이렇게 말했다. "이건 터무니없는 공상일 뿐이다." 미국의 정치사상을 한때 뉴잉글랜드에서 일었던 마녀사냥 광풍에나 어울리는 집단적 열광으로 비유했다.

"'모든 인간은 동등하게 태어났다'라고 그들은 말하죠." 벤담은 이렇게 썼다. "이건 참으로 새로운 발견입니다. 이제야 우리는, 막 태어난 아기가 부모와 똑같은 자연적 권리를 지니고, 치안판사와 동등한 정치적 권한을 갖고 태어난다는 사실을 배우게 되었군요."

제퍼슨은 이 선언문이 자신이 쓴 작품이라는 데 강한 자부심을 느꼈다. 그 감정은 그 시대에도 분명히 드러났다. 그는 자신의 원본 초안을 친구들에게 보내며 이렇게 썼다. "수정한 자들 덕에 더 나아졌는지, 아니면 오히려 못해졌는지 한번 판단해보시게." 그의 친구 존 페이지는 제퍼슨에게 찬사를 보내며 그를 위로했다. 그리고 조심스럽게, 독립이라는 사건 자체가 펜실베이니아주 의사당에 모인 불평만 많은 편집자들보다 훨씬 더 큰 의미를 지닌다는 점을 일깨웠다. "나는 당신의 선언문에 매우 만족하오." 페이지는 말했다. "신이 미합중국을 지켜주시길. 빠른 자가 경주에서 이기는 게 아니며, 강한 자가 전투에서 승리하는 것만도 아님을 알고 있소. 당신도 천사가 회오리바람을 타고 지나며, 이 모든 소용돌이를 이끌고 있다고 생각하지 않소?"

10장 의무의 부름

"자네가 오기를 간절히 바란다네. 나는 집으로 돌아가야 할 신
성한 의무가 있다네."

—1776년, 토머스 제퍼슨이 리처드 헨리 리에게 보낸 편지

"폭군에 대한 반역은 곧 신에 대한 복종이다."

—제퍼슨이 제안한 미국의 국시

1776년, 제퍼슨이 필라델피아에서 조국의 대의를 위해 일하는 동안,
아내 패티는 참담한 유산을 겪었다. 그가 《독립선언서》를 집필하던 바로
그 시기, 제퍼슨은 마음 편히 지낼 수 없었다. 아내가 직접 쓴 편지를 애타
게 기다리며 하루하루를 불안으로 보냈다. 그해 7월, 제퍼슨은 처남에게
이렇게 썼다. "패티가 회복 중이라는 소식을 좀 더 확실하게 들을 수 있었
으면 좋겠네. 앞선 두 차례 우편에서도 그녀 소식은 없었고, 이번에도 직접
쓴 편지는 도착하지 않았네."

소식이 없다는 것은 그에게 가장 큰 고통이었다. 제퍼슨은 늘 최악의

상황을 두려워했다. 1772년 두 사람이 맺은 결혼은 누구나 부러워할 만한 관계였다. 패티 제퍼슨은 따뜻하고 현명한 아내였다. 그녀의 손녀는 훗날 이렇게 회상했다. "할머니는 고모할머니들에게 사랑받았어요. (시가와의 관계가 얼마나 미묘하고 어려운지는 우리 모두 잘 알지요) 가족 전체는 물론, 이웃들과도 사이가 매우 좋으셨어요. 할머니는 탁월한 감각과 가정적인 미덕으로 할아버지의 존경을 받았고, 재치 있고 생기 넘치며 품격 있는 모습으로 할아버지의 사랑과 감탄을 한 몸에 받으셨죠."

제퍼슨은 필라델피아에 머무는 것이 자신의 책임이라는 사실을 알고 있었고, 정치의 길로 점점 더 깊숙이 끌려 들어가고 있다는 사실도 느꼈다. 물론 아내와 가족이 있는 집을 늘 그리워했다.

1776년 여름, 우리가 필라델피아의 제퍼슨을 떠올릴 때면, 계몽주의 사상에 물든 날카로운 지성과 깃펜을 든 철학자의 모습을 그리게 된다. 하지만 독립선언서 초안의 작성은 그 격동의 시기에 제퍼슨이 수행한 수많은 일 가운데 단 하나에 불과했다. 밀려드는 군사 보고서, 전시 보급품 문제, 내부 반역에 대한 정보와 소문에서 국가 안보의 핵심, 음모의 위험성, 여론 관리의 지속적인 필요성에 눈뜨게 되었다.

그는 일에 지쳐만 갔다. 당시의 정치 상황은 음모를 꾸미는 왕당파들과 변경 지역을 공격하는 인디언들로 의심과 공포가 가득했다. 아무것도, 아무것도, 누구도 믿을 수 없었다.

책략과 첩보의 시기였다. 6월 말, 대륙군 내부에서 조지 워싱턴을 제거하고 미국 대의에서 이탈하려는 왕당파 음모가 뉴욕에서 거론되었고, 뉴욕 시장도 모의에 연루되었다는 소문이 퍼졌다. 워싱턴의 근위병 가운데 한 명은 사형을 선고받았다. 한편 영국군은 병력을 집결시키고 있었다.

우울하고 지친 제퍼슨에게 좀처럼 반가운 소식이 들려오지 않았다. 그는 7월, 리처드 헨리 리에게 이렇게 썼다. "우리 병력은 놀라울 정도로 느리게 충원되고 있소. 이 일이 어떻게 끝날지는 하느님만이 아실 것이오."

　당시의 상황을 고려하면, 선언서를 작성한다는 것은 곧 반역죄에 해당했고, 진행 중이던 군사 작전들도 그다지 성과를 내지 못하고 있었다. 미국 내 분위기에는 긴장감이 팽배해 있었다. 대륙 회의 재선 과정에서 자신이 버지니아 출신 현역 의원 중 최저 득표를 했다는 사실을 알게 되자, 제퍼슨은 고향에서 비난받고 정치적 입지가 흔들리고 있다고 생각했다. 제퍼슨은 이렇게 토로했다. "고향에서 수백 킬로미터 떨어진 이곳에서, 아무런 방어도 할 수 없는 채 은밀한 공격에 노출되어 있다는 건 참으로 고통스러운 일입니다."

　제퍼슨은 자신이 직접 쓴 글이 자신의 진심을 입증해줄 것이라 믿었다. "혹시 저에 대한 의심이 생겼다면, 제가 최근에 작성하라는 지시를 받은 '선언서 등'이라는 문서를 통해 제 정치적 신념이 조국에 전달될 것입니다."

　버지니아 사람들은 체로키족과 벌인 전투에서 큰 불만을 품고 있었다. 원주민을 바라보는 제퍼슨의 시각은 동시대의 다른 백인들보다는 다소 복합적이고 미묘했지만, 그 차이는 크지 않았다. 그는 인디언들의 언어와 문화에 매료되어 미대륙의 원주민들에 대해 진지한 관심을 두고, 유물과 정보를 수집하곤 했다. 인디언을 고귀한 민족이라 여겼지만, 본질적으로 제퍼슨 역시 백인 지주들과 같은 신념을 공유하고 있었다. 즉, 인디언의 땅은 결국 백인의 소유가 될 것이며, 인디언들 또한 백인의 문명을 받아들여야 한다고 믿었다.

　영국이나 다른 유럽 열강과 동맹을 맺은 부족들은 미국 독립운동에 대한 직접적인 위협으로 간주했다. 1776년 8월, 남부 지역에서 체로키족의 공격이 있었다는 소식을 들은 제퍼슨은 격분했다. 그는 이렇게 썼다. "그

불한당들을 굴복시키는 가장 빠른 방법은 전쟁을 그들의 영토 깊숙이 밀고 들어가는 것이오. 하지만 나는 거기서 멈추지 않을 것이오. 미시시피강 동쪽에 단 한 명의 체로키족이라도 남아있다면, 나는 끝까지 그들을 추격할 것이오." 제퍼슨의 말은 한 민족의 미래를 암시하는 반응이었다.

1776년 여름, 제퍼슨은 통치라는 고된 과업을 준비하며 시간을 보냈다. 그는 한편으로는 버지니아 헌법의 초안을 작성했고, 또 다른 한편으로는 연방정부의 구성과 그가 '연합 규약'이라 불렀던 문서의 내용을 둘러싼 의회의 논의를 면밀하게 주시했다.

그는 의회의 절차 규칙을 마련하는 작업에도 참여했다. 그가 제안한 조항들은 질서에 대한 갈망과 외면상 품격을 중시하는 태도를 잘 보여준다. 예를 들어 다음과 같은 규칙들이 있었다. "회의 중에는 의회의 허가 없이 인쇄물을 읽어서는 안 된다.", "회의장에 입장하거나 자리를 이동할 때, 의장과 발언 중인 의원 사이를 지나쳐서는 안 된다.", "하원이 개회 중일 때, 다른 의원과 대화하거나 속삭여 발언 중인 의원의 토론을 방해해서는 안 된다."

제퍼슨은 품격 있는 태도가 중요한 정치적 덕목이라고 믿었고, 그가 설파한 원칙들을 스스로 실천하려 애썼다. 그와 존 애덤스는 한때 의회에서 기도의 날을 제정하자는 제안을 두고 의견이 엇갈린 적이 있었다. 제퍼슨은 버지니아에서 종교적 감정에 호소하는 공공 행위가 긍정적 영향을 미치는 것을 목격했지만, 점점 더 빈번해지는 정치적 종교 호소에는 점차 불편함을 느끼고 있었다. 수년 후, 벤저민 러시는 당시를 이렇게 회고하며 애덤스에게 말했다. "당신은 일어나 그 제안을 지지하며, 제퍼슨 씨가 기독교에 반대하는 듯한 견해를 밝힌 일을 두고 자신이 깊이 존경하고 수많은 사안에서 뜻을 같이하는 신사로부터 그런 말을 듣게 되어 유감이라 말했지요. 그러면서 당신이 아는 한, 건전한 이성과 진정한 천재성을 지닌 인물이 기독교의 적이었던 유일한 사례라고 했습니다. 그리고 당신은 그를 불쾌하게 했을지도 모른다고 생각했지만, 그는 곧 회의장을 가로질러 당신 옆자리에 앉으며 오히려 그렇지 않다는 점을 명확히 보여주었습니다."

이때 제퍼슨은 한 가지 변치 않는 진리를 깨달았다. 정치는 만화경처럼 끊임없이 변하는 것이며, 아침의 적이 오후에는 친구가 될 수도 있다는 사실이다.

패티의 건강은 여전히 심각한 우려 사항이었다. 제퍼슨은 필라델피아를 떠나 버지니아로 돌아가 그녀의 곁을 지키고자 했다. 그는 리처드 헨리 리에게 다음과 같은 편지를 보냈다. "아내의 건강이 심각하다는 소식을 매번 편지로 접하니, 약속한 날 그녀를 찾아가지 않는 일은 차마 있을 수 없습니다. 다음 날 11일에 이곳을 떠날 예정이라고 약속했습니다." 제퍼슨은 편지를 마친 뒤, 리에게 자신을 대신해 의정 활동을 맡아달라고 간곡히 부탁하는 추신을 덧붙였다.

안타깝지만, 제퍼슨은 버지니아의 정족수를 채우기 위해 필라델피아에 머물러야 했다. 그는 몹시 괴로워했다. 8월, 그는 존 페이지에게 이렇게 전했다. "아내의 건강이 좋지 않은 상황임에도, 나는 부득이하게 출발을 연기해야만 하네."

제퍼슨과 그의 동료들은 미국의 독립 투쟁이 지닌 역사적 중대성을 누구보다 잘 인식하고 있었다. 필라델피아에서 제퍼슨이 맡은 임무 중 하나는 신생 국가의 인장을 디자인하는 일이었다. 그는 벤저민 프랭클린, 존 애덤스와 함께 이 작업에 참여했다.

프랭클린이 홍해가 갈라지는 성경의 장면을 제안하자, 제퍼슨은 다음과 같은 구상을 내놓았다. "머리에 왕관을 쓰고 손에 칼을 든 파라오가 개방형 전차를 타고 홍해를 건너 이스라엘 백성을 추격합니다. 구름 속 불기

등에서 쏟아지는 광채는 신의 현존과 명령을 상징하고, 해안에 선 모세가 손을 바다 위로 뻗자, 바다가 파라오를 집어삼킵니다. 표어는 이렇습니다. '폭군에 대한 반역은 신에 대한 복종이다.'" 건국자들은 자신들을 모세에, 조지 3세를 파라오에, 그리고 미국인들을 속박에서 벗어나 자유를 향해 나아가는 이스라엘 백성으로 비유했다.

그러나 실상 영국이 식민지에 요구한 것들은 반드시 부당하거나 과도하다고만은 할 수 없었다. 국경 방어에는 막대한 비용이 들었고, 미국 식민지는 상당한 부를 축적하고 있었다. 에드먼드 버크는 런던에서 '가상 대표제'라는 논리를 펼쳤다. 이는 비록 일부 식민지 주민이 하원의원을 직접 선출하지는 못하더라도, 왕과 의회가 제국 전체의 관리자로서 그들을 대리할 정당성을 갖는다는 주장이었다.

그렇다면 왜 식민지 주민들은 무장까지 감행하며, 자신과 가족의 생명을 위험에 빠뜨리는 극단적 선택을 했을까? 하나의 답으로는 부족하다. 영국 내전이 남긴 지적, 정치적 유산은 하나의 등불이자 경고였다. 존 로크를 비롯한 사상가들은 훗날 자유주의 전통으로 불리는 이념적 토대를 확립했다. 이는 시민 생활, 경제 활동, 종교적 신념의 영역에서 개인의 자유를 강조하는 통찰과 신념의 집합이었다. 또한, 공화주의의 고전적 정신은 미덕, 조화, 균형, 부패에 대한 두려움을 핵심으로 하며, 마키아벨리와 다른 철학자들이 고대 공화국의 이상을 보존하려 했던 르네상스 시대의 피렌체에서 비롯되어 앵글로-아메리카 세계에 전해졌다. 18세기 중엽의 종교적 각성, 즉 제1차 대각성 운동First Great Awakening의 부흥도 중요한 역할을 했다. 이 시기 설교들은 개인의 영혼과 신과의 관계에 중심을 두었으며, 이 운동은 본질적으로 개신교 특성을 띠었다. 수많은 분파에도 불구하고, 개신교는 성직자나 제도보다는 모든 신자의 직접적인 신앙 체험을 강조했다. 여기에 자본주의의 약속과 그 이면의 불만 또한 작용했다. 미국은 방대한 천연자원과 왕성한 경제 에너지를 지닌 땅이었지만, 제퍼슨을 포함한 식민지

주민들은 영국 상인과 금융기관에 끊임없이 빚을 지고 있었다.

후대의 역사 해석자들은 이 가운데 하나를 미국 혁명의 기원으로 단정을 지으려 했지만, 가장 설득력 있는 설명은 이들 모두가 하나의 흐름을 이루었다는 관점이다. 로크의 자연주의, 르네상스를 통해 유입된 고전적 공화주의, 제1차 대각성 운동의 개인주의 신앙, 자본주의의 기회와 그로 인한 채무, 그리고 이에 얽힌 영국 상인과 은행에 대한 반감이 미국 혁명이라는 거대한 격류를 이루는 여러 지류였다.

런던과의 영구적 결별은 결코 예정된 절차가 아니었기에, 독립선언을 둘러싼 논쟁은 더욱 깊은 의미를 지닐 수밖에 없었다. 수년 동안 식민지 주민들은 국왕 체제가 반미적 성향의 사악한 장관들 손에 좌우되고 있다고 믿었다. 1750년대부터 1776년까지는 어떻게든 국왕이 사태를 바로 잡아 줄 것이라는 희망이 끈질기게 이어졌다. 예를 들어, 제퍼슨이 1774년 《권리에 관한 개요》에서 조지 3세에게 여전히 존경과 경의를 담은 어조를 유지했다는 사실은 그가 이런 가능성을 얼마나 신뢰했는지 보여준다. 반대로 독립선언문에서 드러난 격렬한 반군주주의적 표현들은 제퍼슨이 국왕에게 느낀 배신감과 실망이 얼마나 깊었는지를 여실히 보여준다.

1776년 대륙 회의에서의 활동으로 제퍼슨은 정치의 방식과 수단에 정통한 인물로 거듭났다. 그는 선언문을 통해 원칙을 언어로 구체화하고, 이상을 정책의 형태로 제시했다. 동시에, 전쟁과 신생 정부의 운영이라는 현실 속에서 살아가며 그 이상을 시험받기도 했다. 정치란 이상과 원칙, 그리고 현실과 정책을 최대한 조화롭게 일치시키는 일이다. 그리고 서른셋의 제퍼슨은 자신이 그 작업을 좋아한다는 사실을 깨달았다. 더 나아가, 그는 그것에 능하다는 것도 알게 되었다.

1776년 초가을, 제퍼슨이 필라델피아를 떠나 말을 타고 몬티셀로로 돌아가는 동안 나뭇잎들이 막 물들기 시작했다. 산꼭대기 자택에 돌아온 그는 마침내 아내와 어린 팻시와 함께할 수 있어 한숨 돌렸다. 팻시는 마침 9월 마지막 주에 네 번째 생일을 맞았다.

그러나 정작 정치의 중심지는 그곳이 아니었다. 필라델피아에서는 새로운 나라가 만들어지고 있었고, 윌리엄스버그에서는 버지니아의 새 정부를 구성하기 위한 논의가 한창이었다. 제퍼슨은 오랫동안 새로운 버지니아 질서를 수립할 수 있다는 기대에 들떠 있었다. 그는 한때 페이턴 랜돌프가 이끌고, 조지 위스가 주도했던 정부 설계의 한가운데에 자신이 서 있기를 갈망했다.

가족과 함께하는 기쁨과 책임 그리고 정치를 향한 사명과 흥분 사이에서 마음이 하루에도 몇 번씩 흔들렸다. '집으로 돌아가야 해, 아니, 의회에 참석해야 해, 집으로, 아니, 공직에…' 그의 마음은 줄타기처럼 요동쳤다. 패티의 건강은 여전히 위태로웠고, 잦은 임신은 상황을 악화했다.

한편, 윌리엄스버그에서는 버지니아의 재편이 진행 중이었고, 필라델피아에서는 국가의 틀이 세워지고 있었으며 그 외 모든 주에서 전쟁이 계속되고 있었다.

동시대인들은 제퍼슨이 꼭 필요한 인물이라고 여겼다. 버지니아의 변호사 에드먼드 펜들턴은 새 헌법이 막 태동하던 시기에 제퍼슨이 윌리엄스버그로 복귀하길 간절히 바랐다. 그는 이렇게 썼다. "아직 젊은 나이에 세상 기억에서 사라지고자 하는 그 생각을 떨쳐내고, 우리의 새 헌법을 가꾸는 데 당신의 재능을 발휘해주시길 바랍니다. 지나친 부분은 잘라내고, 필요한 부분은 북돋워주어야 할 텐데, 그것은 헌법의 벗들이 모두 힘을 모아야 가능한 일입니다." 버지니아는 제퍼슨이 필요했다.

제퍼슨은 윌리엄스버그에서 공직을 수행하면서도 가족들에게 신경을 쓸 수 있다고 판단했다. 제퍼슨 부부는 조지와 엘리자베스 위스의 제안을 받아들여 윌리엄스버그 그린에 있는 위스의 저택으로 이사했다. 필라델피아처럼 먼 거리에서는 불가능했던 가족 동반 체류가 이곳에서는 가능했다. 젊은 가족은 아름다운 벽돌 저택에 자리를 잡았다. 제퍼슨에게는 드물게 공적 삶과 사적 삶이 균형을 이루는 시간이 찾아왔다. 그는 일하지 않는 시간마다 패티, 팻시 모녀와 함께했다. 2층에서 함께 잠들었으며 1층에서는 손님을 맞이하고 정갈하게 꾸며진 대칭형 정원에서 평온한 시간을 보냈다.

모든 게 완벽해 보였다.

단, 잠시뿐이었다.

제3부

개혁가이자 주지사

1776년 말에서 1782년까지

"자유의 축복을 거두고자 하는 자는, 마땅히
그것을 지탱하는 고단함도 감내해야 한다."
—1777년 9월 11일, 토머스 페인

11장 자유를 향한 의제

"오직 오류만이 정부의 지원을 필요로 한다. 진실은 스스로 설
수 있다."

—종교의 자유에 관하여, 토머스 제퍼슨

제퍼슨은 윌리엄스버그에 머무른 지 얼마 지나지 않아, 또 하나의 중대한 결정을 내려야 했다. 의회는 프랑스와의 동맹을 성사하기 위해, 미국의 이익을 신뢰성 있게 대변할 인물들을 파리로 파견하고자 했다. 펜실베이니아 의사당에서 열린 회의에서 대표들은 이 임무를 펜실베이니아 출신의 벤저민 프랭클린, 코네티컷 출신의 사일러스 딘, 버지니아 출신의 토머스 제퍼슨에게 맡기기로 했다.

프랑스와의 동맹 없이는, 전력에서 현저히 열세인 미국이 전쟁에서 패할 가능성이 높았다. 영국은 그야말로 압도적인 강대국이었다. 게다가 러시아가 영국을 도와 병력을 파견할지도 모른다는 소문까지 돌면서 애국자들은 전세가 완전히 기울 것을 우려했다. 대륙 회의의 의장이었던 존 행콕은 제퍼슨이 프랑스로 가는 임무를 승낙할 것이라 단정하고 그에게 편지를 보

냈다. "당신에게 가장 편리한 승선 시기와 장소를 급사 편에 회신해주기 바랍니다." 급사는 윌리엄스버그에 머물고 있던 제퍼슨에게 도착했다. 그는 가족과 함께 시간을 보내며, 한편으로는 버지니아의 새 정부를 설계하는 일에 몰두하고 있었다. 제퍼슨은 급사에게 잠시 기다려달라고 요청한 뒤, 답장을 쓰기 시작했다.

그 순간부터 제퍼슨에게 3일간의 고뇌가 시작되었다. 그가 윌리엄스버그에 머무는 가장 큰 이점은 패티와 함께할 수 있다는 것이었다. 아내의 건강 상태를 고려할 때, 프랑스에 동행할 수는 없었다. 만약 혼자 파리로 떠난다면, 다시 가족과 떨어져 지내야 했다. 대서양을 건너면, 어쩌면 아내를 다시 볼 수 없게 될 수도 있는데 그런 선택을 어떻게 감히 할 수 있을까?

그러나 그는 이토록 위대한 시대적 과업이자 가장 큰 영예를 거절해야 할지도 모르는 상황에 놓여 있었다. 권력, 극적인 긴장감, 화려한 외교 무대가 바로 눈앞에 있었다. 전부를 경험하면서도 진지하고 중대한 공적 임무를 수행할 수 있었다. 오랫동안 상상 속에서 세계를 여행해왔지만, 이제 그 꿈을 현실로 실현할 기회가 주어졌다.

급사는 기다렸다. 제안은 거부하기 어려운 엄청난 유혹이었다. 제퍼슨은 자신이 선택받았다는 사실에 담긴 존경과 신뢰를 누구보다 잘 알고, 자랑스럽게 여겼다. 그는 후에 행콕에게 다음과 같이 답신을 보냈다. "의회로부터 이렇게 신뢰 어린 임명을 받고 무심하게 반응한다면, 그것은 제가 지극히 무감각하다는 뜻일 것입니다. 그들이 저를 얼마나 좋게 평가해주셨는지를 생각할 때, 제 감사의 말은 그에 비해 너무도 보잘것없는 보답입니다." 그는 결정을 내렸다가 번복하고, 또다시 바꾸기를 반복했다. "떠날 수 없다. 하지만… 어쩌면 가족을 데리고 갈 수는 있지 않을까?"

하지만 곧, 그는 패티의 건강을 떠올렸다. 그것은 불가능했다. 고통스럽고도 고독한 결정이었다.

그는 가족을 사랑했고, 버지니아를, 그리고 탄생하는 조국을 사랑했다. 제퍼슨은 혈연과 우정의 끈이 촘촘히 얽힌 세계에서 자라났다.

아버지의 서재에서 책을 읽으며 보내던 시간, 리배나 강변에서 누나 제인과 함께 노래하던 기억, 어머니 곁에서 농지 경영을 배우던 순간들이 그의 내면을 형성했다. 그는 가정을 귀하게 여겼고, 동시에 정치를 향한 열망도 품고 있었다.

1776년 가을, 프랑스에서는 두 가지 모두를 가질 수 없었지만 버지니아에서는 가능했다.

제퍼슨은 급사를 불러 편지를 건넸다. "제 개인의 안위나 사사로운 일이라면, 이렇게 중대한 임무를 망설일 이유는 전혀 없었습니다. 그러나 제 가족의 처지가 매우 특수하여 제가 떠날 수도, 가족을 데리고 갈 수도 없는 상황입니다. 부디, 미국의 대의를 위한 이처럼 영예롭고 중요한 임무를 제가 부득이하게 사양할 수 있도록 허락해주시기를 바랍니다."

제퍼슨은 독립선언서를 완성한 이후, 인간 본성에 대한 사유를 정치적 실천으로 옮기는 방법을 배우며 시간을 보냈다. 인지세법 위기 당시 제안했던 금식과 기도의 날 결의안처럼, 선언서 덕분에 언어가 리더십에서 얼마나 강력한 도구가 될 수 있는지를 체득했다. 무엇이 가능한지를 제시하고, 사람들이 그 비전을 함께하도록 영감을 불어넣는 일은 예나 지금이나 국가 지도자의 본질적인 역할이다. 그리고 그 못지않게 중요한 또 다른 능력은 입법의 장에서 자신의 의지를 관철하고, 정치인들을 설득해 공동의 대의에 동참하게 만드는 역량이었다.

1776년 10월, 제퍼슨이 버지니아의 자유를 위한 눈부신 입법 여정을 시작한다. 윌리엄스버그에서 아내 패티와 함께 지내며, 독립선언서에서 약속한 이상을 버지니아 주의회에서 실제 법안들로 구현하려는 싸움에 돌입했다.

제퍼슨에게 정치란 철학에서 출발하는 것이었지만, 선은 행동으로 실현될 수 있다고 믿었다. 그리고 이를 위해서는 다름이 아니라 권력을 쟁취해야 했다. 그는 윌리엄스버그에서 신중하고 점진적인 전략을 택했다. 먼저 소수의 법안을 제출하여, '개혁에 대한 전반적인 여론의 강도'를 시험해보았다. 그 결과, 입법자들이 실제로 새로운 질서에 관심이 있음을 확인할 수 있었고 확신에 차 본격적인 개혁 입법에 나섰다. 물론 언제나처럼, 자신의 기반을 확실히 다진 후에 움직였다.

윌리엄스버그 주의회 의원으로서, 그리고 버지니아 동료 정치인들과 끈질긴 협력과 설득으로 제퍼슨은 마침내 실질적인 변화를 실현할 수 있는 위치에 올랐다. 세상을 이전과는 전혀 다른 모습으로 재구성할 수 있는 자리에 서게 되었다.

1776년 가을, 윌리엄스버그에서 제퍼슨이 단행한 첫 번째 중대한 입법 개혁은 영속 보유권과 장자 상속제 철폐였다. 두 제도는 대지주들이 자신들의 재산을 오직 한 명의 상속인에게만 물려주도록 강제하는 오랜 관습으로, 제퍼슨의 표현을 빌리자면, '부의 영속을 법적으로 보장받는 특권 가문들을 탄생시켰고, 화려한 생활과 사치스러운 저택들로 구별되는 귀족 계급을 형성했다.' 제퍼슨도 이러한 제도의 혜택을 입었지만, 더 큰 공공의 이익을 위해 반드시 개혁이 필요하다고 확신했다.

그는 버지니아를 규율하던 모든 법률 체계를 하나도 빠짐없이 재검토했다. 그 결과, 다음과 같은 법안들이 마련되었다. 가장 가혹한 처벌을 폐지해 형사 사법 제도 개혁, 살인과 반역죄에만 사형을 적용하도록 제한하는 법, 백인 버지니아인들의 기회를 넓히기 위한 공교육 제도 도입, 외국에서 태어난 이들의 빠른 시민권 취득을 위한 귀화 절차 간소화 (제퍼슨은 2년 거주 요건 지지) 하는 내용이었다.

제퍼슨은 이러한 정치적 노력을 이어가던 중, 새롭게 부상한 정치 신인 한 명을 눈여겨보게 된다. 그는 버지니아 샬러츠빌에서 북동쪽으로 약 48킬로미터 떨어진 오렌지카운티 출신으로, 나이는 스물다섯이었고 제퍼슨보다 여덟 살이나 어렸다. 그는 왜소한 체구에 조용하고 신중한 태도를 지닌 인물이었다. 제퍼슨은 키가 크고, 화려한 언변으로 선언적인 발언을 즐겨 하던 인물이었다.

이 정치 신인은 제임스 매디슨이었다. 훗날 그는 토머스 제퍼슨에게 있어 가장 신뢰받고, 없어서는 안 될 조언자가 된다. 1751년 담배 농장을 운영하는 버지니아 상류층 가문에서 태어났으며, 학문을 위해 북쪽으로 향하여 뉴저지 대학(후일 프린스턴 대학)에 입학했다. 조용하고, 열정적이고, 지칠 줄 모르는 성격이었다. 제퍼슨은 이렇게 회상했다. "참을성 있는 자기 절제의 습관을 통해, 빛나고 분별력 있는 정신과 방대한 지식의 자원을 자유자재로 꺼내 쓸 수 있었고, 이후 그가 속한 어떤 회의체에서도 단연 돋보이는 존재가 되었다."

35년 후, 매디슨이 제퍼슨의 뒤를 이어 미국의 대통령이 되었을 때, 작가 워싱턴 어빙은 매디슨의 외모를 '쭈글쭈글하고 작은 애플 존'이라고 조롱했지만, 매디슨의 외모는 그의 정치적 힘을 반영하지 못했다. 키는 작았지만, 강력한 정치적 개성을 지닌 인물이었다. 제퍼슨은 매디슨을 이렇게 묘사했다. "한 번도 주제에서 벗어나 헛된 선동으로 흐르지 않았고, 언제나 주제를 바짝 붙들고서 순수하고 고전적이며 풍부한 언어로 논지를 펼쳤으며, 상대의 감정을 예의와 부드러운 말투로 달래는 사람이었다." 매디슨은 결국 국가적 위상에까지 올랐다. 그리고 충직하고 지혜로운 조언자로서, 제퍼슨의 정치 인생에서 가장 귀중한 조력자로 자리 잡았다.

두 사람이 처음으로 함께 쟁취한 전투는 버지니아에서 종교의 자유를 보장받기 위한 입법 투쟁이었다. 윌리엄 앤 메리 대학교에서 윌리엄 스몰 교수의 가르침을 받으며 제퍼슨은 전통적 기독교에 회의적이었던 계몽주의 사상가들의 글을 접하게 되었다. 매디슨 역시 양심의 자유가 인간 사회에 필수적이라는 제퍼슨의 신념에 깊이 공감했다. 제퍼슨은 결국 사도적 신앙은 미신적이며, 이성에 부합하지 않는다는 결론에 도달하게 되었다. 이는 그의 종교관 중에서도 가장 과감하고 급진적인 선언 중 하나였다.

그가 주의회에서 법률 개정 작업을 마친 뒤에 집필한 저서《버지니아 주에 대한 기록Notes on the State of Virginia》에서, 자신의 주가 보여준 종교의 자유에 대한 처참한 기록을 솔직하게 고발했다. 버지니아에서 갓난아이가 성공회에서 세례를 받지 않으면 그것은 범죄로 간주했고, 종교적 반대자들은 민간이나 군사 영역 모두에서 공직에 오를 수 없었으며, 부모가 정해진 교리를 고백하지 않으면, 아이들마저 부모 곁에서 떼어 놓였다. 당시 감옥에 갇힌 침례교 목사들이 철창 너머로 설교하는 소리를 매디슨이 들었다는 이야기도 전해진다. 이 시기 교회는 다른 어떤 정치권력 못지않게 부패하고 타락하기 쉬운 조직이었다. 1767년, 제퍼슨은 자신의 지역구인 알버말의 성 안나 교구에서 벌어진 사건에 관여하게 된다. 신자들이 목사 존 램지를 만취와 간통 시도 혐의로 해임하려 했다. '목사가 성찬식 포도주를 마시고 만취했다'라는 충격적인 혐의였다.

제퍼슨은 오랫동안 회의적인 종교관을 지녀왔지만, 주의회에서 종교 관련 법안을 추진한 동기는 신앙의 부재 때문이 아니라 자유에 대한 신념 때문이었다. 정치적 관점에서 제퍼슨은 국가가 공공자금으로 '성공회'라는 국교를 제도적으로 지원하고, 시민의 권리를 특정한 종교적 행위에 연계하는 것은 부당하고 어리석은 일이라고 보았다. 그는 이러한 체제를 '영적 폭정'이라 불렀다. 신학적 관점에서도 제퍼슨은 존 로크가 쓴 글을 보고 남긴 메모에서 '교회는 국가의 강제력에 의존해서는 안 된다'라는 기독교 전통에 동의했다. 로크의 사상을 요약하면서 이렇게 적었다. "우리의 구세주는 자신의 종교를 세속적 처벌이나 시민권 박탈을 통해 퍼뜨리려 하지 않으셨다. 만약 그렇게 하셨다면, 전능하신 그분께서는 능히 그렇게 할 수 있었을 것이다. 그러나 그분은 그렇게 하지 않으시고, 이성을 통해 영향력을 미치는 방식을 택하심으로써, 타인에게 신앙을 전하는 올바른 길을 몸소 보여 주신 것이다." 또한 다음과 같은 주석을 달았다.

> 반론: 종교는 국가의 지원 없이는 쇠퇴할 것이다.
> 답변: 지옥의 문조차 그것을 이기지 못하리라.

즉, 신이 유지되기 위해 인간 정부의 도움을 요청한다면, 곧 신의 권능 자체를 의심케 하는 모순이 발생한다.

1776년 가을, 버지니아 전역의 비국교도들이 영국 성공회 교회에 충성을 강요하는 법률에서 벗어나게 해달라고 의회에 청원서를 제출했다. 제퍼슨의 회고에 따르면 종교의 자유를 요구하는 외침은 그가 참여했던 논쟁 중 가장 치열했던 싸움으로 이어졌다. 에드먼드 펜들턴과 로버트 카터 니컬러스는 제퍼슨의 표현에 따르면 '정직한 사람들이었지만, 열렬한 국교도'였고, 영국 국교회 지지자들이었다. 결국 제퍼슨은 점진적인 입법 전략과 수년에 걸친 설득 작업을 거쳐, 1786년, 직접 작성한 《버지니아 종교 자유법》을 통과시키는 데 성공한다. 그는 이 법을 이렇게 설명했다. "이 법안의 보호 아래 유대인, 이방인, 그리스도인, 이슬람교도, 힌두교도, 모든 종파의 무신론자들까지도 포함하도록 의도했다."

노예제는 버지니아에서 종교 문제만큼이나 감정적이고 정치적으로 첨예한 쟁점이었다. 주의회에서 노예 해방 문제를 다루며 과거 버지니아 하원에서 노예제를 철폐하려다 실패했을 때 품게 된 비극적 인식을 다시 확인하게 되었다. 이 비관적인 관점은 그가 독립선언서 초안에 삽입했던 노예 무역 비판 조항이 대륙 회의에서 삭제되었을 때 더욱 확고해졌다.

법률 개정을 위한 입법 작업의 일환으로, 제퍼슨과 그의 동료들은 '특정 날짜 이후에 태어난 모든 노예는 자유인이 되며, 일정한 나이가 되면 이

주시킨다'라는 내용을 담은 수정안을 준비했다. 이주를 명시한 이유는, 자유로운 백인과 자유를 얻은 흑인이 평화롭게 공존하는 세상은 제퍼슨에게 상상조차 할 수 없는 일이었기 때문이다.

대통령 임기를 마치고 몬티셀로로 돌아간 뒤, 제퍼슨은 회고록에서 당시를 이렇게 기록했다. "당시 대중은 노예 해방과 이주라는 제안을 받아들이지 못하는 것처럼 보였는데 오늘날조차 여전히 받아들이지 못할 것이다." 이 문제를 대하는 제퍼슨의 시각은 암울했다. 의회에서 보낸 날들을 반추하면서 이렇게 썼다. "그렇지만 이를 받아들이고 견뎌야만 하는 날이 머지않았다. 아니면 더 최악의 상황이 벌어지게 될 것이다. 운명의 책에 이들이 자유롭게 될 운명이라는 사실보다 더 확실하게 기록될 사실은 없다. 그러나 두 인종이 동등하게 자유로운 상태로 하나의 정부 아래에서 함께 살아갈 수 없다는 사실도 명백하다. 본성, 습관, 사회적 인식이 이미 그들 사이에 지워지지 않는 경계선을 그어놓았기 때문이다."

제퍼슨은 노예제에 대한 대중의 의견을 바꾸는 데 실패했다. 그의 영향력은 제퍼슨을 배반했고, 미국을 외면했다.

1776년이 저물 무렵, '지상의 열강 중 하나로 독립된 미국'이 과연 존재할 수 있을지는 여전히 미지수였다. 이 표현은 제퍼슨이 독립선언문에서 썼던 문구이기도 하다. 1776년은 연초와 마찬가지로 불확실성과 위기 속에서 막을 내렸다.

델라웨어강 인근의 미군 진영에서 한 인사가 제퍼슨에게 보낸 전갈에는 이렇게 적혀 있었다. "적군은 마치 메뚜기 떼처럼 들끓고 있습니다."

조지 워싱턴의 군대는 할 수 있는 모든 일을 다 했지만, 군사적 상황은 절망적이었다. 그해 말, 워싱턴은 이렇게 토로했다. "이처럼 수많은 어려움에 빠져 있으면서도, 빠져나올 방법이 거의 없는 상황에 놓인 이는 나 이외에 없었을 것이다." 미국의 독립운동이 그 겨울을 버틸 수 있을지조차 불투명했다.

영국군의 내부 파괴를 우려하는 목소리는 끊이지 않았다. 리처드 헨리 리는 제퍼슨에게 독일군이 코네티컷주, 뉴욕주, 뉴저지주에 있는 친영세력을 지원하려는 정황이 포착되었다고 전했다. 리의 보고에 따르면 영국군 장교 존 버고인이 대부분 독일계 병사들로 이뤄진 군사 1만 명의 병력을 이끌고 버지니아와 메릴랜드를 침공할 계획을 세우고 있었다. "그리고 남부와 중부 식민지들을 군사 정부 통제하에 두려는 계획입니다."

윌리엄스버그에서 주의회의 회기가 마무리되면서 1777년 5월 28일 수요일 제퍼슨은 또다시 임신한 아내 패티와 가족을 데리고 몬티셀로에 돌아왔다. 패티는 아들을 출산했다.

그러나 그 아기는 겨우 17일 만에 세상을 떠났다. 부부가 이름을 지어주었는지는 알려지지 않았다. 슬픔을 견디며 서로에게 의지한 두 사람은 곧 다시 새 생명을 맞이할 준비를 했다. 1778년 8월 1일 새벽 1시 30분, 몬티셀로 자택에서 패티는 딸을 낳았다. 세례명은 메리였고, 가족들은 그녀를 애칭으로 '폴리'라고 불렀다. 이 아이는 맏딸 팻시를 제외하고, 토머스와 패티 제퍼슨 사이에서 성인이 될 때까지 살아남은 유일한 자녀가 되었다.

지병과 반복되는 임신에도 불구하고, 패티 제퍼슨은 놀라운 회복력을 보이며 몬티셀로의 일상을 꼼꼼히 기록으로 남겼다. 그녀의 수기 장부에는 집안 살림의 세부 사항이 적혀 있었고, 필체는 단정하면서도 힘이 넘쳤다. 장부에는 종종 그녀의 공상적인 기질과 풍부한 상상력을 보여주는 낙서도 보였다. 남편처럼 패티 역시 완벽주의 성향이 짙었다. 패티 제퍼슨이 필사한 음악책은 '한 점의 얼룩 없이 깨끗했다'라고 손녀딸은 회상했다. 그녀가 남긴 가정일과 관련된 메모들은 모아서 보면 '깔끔함, 질서정연함, 뛰어난 가정 운영 능력, 여성으로서의 단아한 소양'을 고스란히 드러낸다. 손녀딸은 계속해서 이야기했다. "할머니는 훌륭한 주부이자, 집안을 책임지는 뛰어난 안주인이었을 뿐 아니라, 우아하고 숙녀다운 태도와 다채로운 재능을 지닌 분이었습니다. 대화에 재치가 있었고, 음악에도 소질이 있었으며, 고상한 사교적 예절을 갖추고 있었고, 무엇보다도 할아버지의 친구들을 누구보다도 완벽하게 맞이하는 감각을 지니고 계셨습니다."

패티는 전쟁 지원 활동에도 적극적으로 참여했다. 마사 워싱턴이 군에 보낼 의복에 바느질하고, 군수품을 지원해달라는 요청을 보내자, 그녀는 제임스 매디슨의 어머니인 엘리너 콘웨이 매디슨까지 동참시키며 협력을 이끌었다. 패티는 편지에서 이렇게 적었다. "워싱턴 부인께서, 펜실베이니아의 자매들이 전해온 제안을 저에게 전달해주시는 영광을 주셨고, 메릴랜드에서도 이와 같은 고귀한 감정이 확산하고 있다는 사실을 알려주셨습니다. 부인의 편지로 이 뜻을 널리 알릴 정당한 권한을 부여받았기에, 저역시 기꺼이 이 일에 나서게 되었습니다. 이 제안에 담긴 숭고한 정신에 공감하며, 우리 여성 동포들에게도 그 뜻에 동참할 기회를 제공하는 것은 당연한 책무라 여깁니다."

혁명전쟁이 남부로 맹렬히 확산하려는 찰나, 병사들은 손에 넣을 수 있는 모든 게 절실했다. 볼티모어에 있던 토머스 넬슨은 상황을 낙관적으로 보려 했으나, 이내 비관으로 돌아섰다. 그는 1777년 1월, 제퍼슨에게 이렇게 편지를 보냈다. "제대로 된 정규군 하나만 갖출 수 있다면, 이 빌어먹을 침입자들을 대륙에서 곧 쓸어버릴 수 있을 텐데 말이오. 악마 같은 놈들은 그 욕망을 채우기 위해 젊은 여자들뿐 아니라 나이 든 여성들까지 건드리고 있소. 그들이 지나간 지역엔 이젠 처녀 한 명 남지 않는다오."

전쟁의 위협은 끊임없이 몰아쳤다. 1779년 5월, 한 소식통이 제퍼슨에게 이렇게 전했다. "꽤 믿을 만한 정보에 따르면, 상당한 병력이 곧 파병될 예정이랍니다. 5월 1일 자 뉴욕 신문에는 그 수를 8천 명이라 보도했지요. 그렇게 된다면 분명 격렬한 전역이 벌어질 것이며, 대체로 남부 주에 집중될 것으로 보입니다. 우리가 가장 취약한 지역이기도 하고, 만약 필요할 경우, 적군은 그곳에서 병력을 서인도 제도로 철수시키기도 수월할 테니까요."

영국이 미국의 반란을 진압하고 제국의 질서를 회복하기 위해 버지니아 침공과 핵심 전략으로 삼고 있다는 우려가 고조되던 가운데, 토머스 제퍼슨은 버지니아의 주지사로 선출되었다. 패트릭 헨리의 뒤를 이어 최고 행정 책임자가 된 것이다.

제퍼슨은 주지사직을 수락하면서 동포 시민들의 신뢰와 지지를 얼마나 중요하게 여기는지 분명히 밝혔다. "도덕적이고 자유로운 국가에서, 이성적인 사람들에게 가장 기쁘고 값진 보상은 동료 시민들의 인정을 받는 것입니다." 그리고 '자신의 가장 큰 고통'은 '미약한 노력이 조국이 그에게 품은 따뜻한 기대에 미치지 못할까 두려운 것'이라고 덧붙였다.

선거에서는 존 페이지와 제퍼슨이 맞붙었다. 1차 투표에서 제퍼슨은 55대 38표로 존 페이지를 앞섰고, 토머스 넬슨은 32표에 그쳤다. 토머스 제퍼슨과 존 페이지 사이의 결선 투표에서 제퍼슨은 67대 61표로 승리를 거두었다.

20년에 걸친 우정을 이어온 제퍼슨과 존 페이지는 주지사 선거 이후, 페이지가 표현한 것처럼 둘 중 누구도 '비열하고 저속한 감정'을 품지 않았다고 맹세하면서 편지를 주고받았다. 페이지는 선거 이후 제퍼슨을 아직 만나지 못했고, 잠시 윌리엄스버그를 떠날 예정이었기에 새로 선출된 주지사를 일부러 피하는 것이 아니라는 사실을 알리고자 했다. 1779년 6월 2일 수요일, 그는 제퍼슨에게 이렇게 전했다. "사람들이 내 행동을 곡해하지 않는다면, 굳이 이렇게 사과 편지를 보내지도 않았을 걸세. 하지만 그 점은 분명히 하고 싶소."

제퍼슨은 곧바로 답장을 보냈다. "자네와 내가 경쟁자로 서게 되었다는 사실이 무척 마음 아팠다네. 하지만 그건 우리 사이의 경쟁이 아니라,

각자의 지지자들이 만든 경쟁이었다는 점에서 위안을 얻었지. 그리고 득표 차이는 너무도 미미해서, 만약 우리 사이가 그런 감정에 흔들릴 사람이었다면, 자네에게 상처가 되거나 내게 기쁨이 되었을 정도도 아니었다고 생각하네."

제퍼슨은 미세한 표 차이를 언급하며 친구의 감정을 달래주려 했지만, 어떤 경쟁에서든 패배를 좋아하는 사람은 없다는 사실을 알고 있었다. 페이지가 '세상의 시선'을 언급했기 때문에 제퍼슨은 변함없는 우정을 강조하며 이렇게 말했다. "나는 자네를 너무 잘 알기 때문에, 어떤 행동에 대해서도 사과가 필요하다고 생각하지 않네. 그 점은 언제나 확신해주기 바라네. 그리고 세상의 평가는 그저 그들이 지옥에 가야 할 이유에 하나를 더 보탤 뿐이지."

두 사람이 아무리 절친했다고 하더라도, 경쟁은 결국 경쟁이었다. 한 사람은 이기고, 한 사람은 져야 했다. 제퍼슨은 만약 결과가 반대였다면 자신도 힘들었을 거라는 사실을 누구보다 잘 알았고, 그런 감정의 틈이 싫었기에, 그는 마지막으로 페이지에게 다정히 덧붙였다. "이번처럼 우리 사이에 의례적인 말을 주고받는 일은 처음이자 마지막이 되길 바라네. 그리고 페이지 부인이 수도에 와 있는 동안, 그녀의 존재가 패티에게는 아마도 가장 큰 위로가 될 걸세."

제퍼슨은 주지사직을 수행하며, 자신이 믿고 의지할 수 있는 사람들로 주변을 채우고 싶어 했다. 아이작 그레인저 제퍼슨은 당시 마차를 타고 윌리엄스버그로 향했던 일을 떠올린다. 그와 함께 제임스 헤밍스, 로버트 헤밍스, 마틴 헤밍스도 동행했다.

제퍼슨은 1779년 6월부터 1781년 6월까지 2년간 버지니아 주지사로 재임했다. 그는 자신이 가장 사랑하는 주의 운명을 책임지게 되었고, 그가 아끼던 모든 것의 미래가 위태로운 순간, 그 책임을 감당해나갔다.

12장 골칫거리 공직

"영국군은 분명히 또 한 차례 전투를 준비하고 있습니다. 아마 마지막 시도가 될 겁니다. 현재로서는 조지아와 사우스캐롤라이나, 그리고 그 일대의 변경 지역과 해안이 주된 목표로 보입니다."

—1779년, 리처드 헨리 리, 영국군의 군사 계획에 대해

"나는 우리 국민이 우리가 싸우고 있는 대의에 여전히 깊이 헌신하고 있으며, 영국을 혐오하는 감정이 흔들리지 않는다는 점에서 큰 확신을 얻었습니다."

—토머스 제퍼슨, 영국군의 군사 압박이 거세지던 중

"그들은 북을 울리며 줄지어 총독 관저로 행진했습니다. 끔찍한 광경이었죠. 마치 심판의 날이 온 것 같았습니다."

—아이작 그레인저 제퍼슨, 1781년 1월 영국군의 리치먼드 공격을 회상하며

윌리엄스버그에 있는 정교한 정원이 딸린 웅장한 총독 관저는 이제 제퍼슨의 관저가 되었다. 불과 스무 해 전만 해도, 그는 그곳에서 프랜시스 포쿼 총독의 손님으로 머물며, 식사를 함께하고, 대화를 나누고, 연주를 듣고, 음악을 함께 연주하며 그 자리에 있던 제퍼슨보다 훨씬 더 위대하고, 박식하고, 권세 있는 인물들에게 배움을 얻는 학생일 뿐이었다. 이제 서른여섯 살이 된 제퍼슨은 남편이자 아버지이며, 버지니아의 주지사이자 아메리카 합중국의 정치인이 되어 있었다.

제퍼슨은 주지사 시절 2년은 영국군의 침공 위협과 곧 닥친 현실에 휘말린 시간이었다. 그전까지 버지니아의 군사적 관심사는 어디까지나 간접적인 위협, 곧 인디언이나 노예 봉기의 가능성에 초점이 맞춰져 있었고, 영국군 본대의 직접적인 침공은 현실적인 우려가 아니었다. 던모어 총독 시절부터 1779년에서 1781년까지 전쟁은 존재했지만, 어딘가 비현실적이고, 이론적인 차원에서 느껴지는 일이었다.

그러나 제퍼슨이 주지사로 취임하기 직전, 상황은 완전히 바뀌었다. 영국군이 사바나를 점령하면서 조지아는 무너졌다. 다음 목표는 사우스캐롤라이나였다.

질서와 조화를 중시하고, 통제력을 중히 여기는 성격의 제퍼슨에게 닥친 위기는 그야말로 혼란과 무질서의 극치였다. 그는 이중 전선에서 싸워야 했다. 동쪽에는 영국 정규군이 있었고, 서쪽에서는 디트로이트를 거점으로 한 영국군과 그들의 인디언 동맹 세력이 위협을 가하고 있었다.

제퍼슨은 관저 복도를 거닐던 중 아내의 말소리와 아이들의 웃음소리를 들으면서 자신이 이 방들에서 배우고 식사하고 토론하던 학생 시절의 메아리를 들었다. 어느 기준으로 보더라도, 그는 빠르게 출세한 인물이었다. 1779년 초여름, 그는 버지니아 주지사직을 맡았고, 야심은 있었으나 맹목적이지는 않았다. 그에게 권력은 분명 중요했지만, 그것을 드러내는 대신 지적 호기심과 귀족적인 품위를 앞세워 자신의 야망을 감췄다.

제퍼슨 역시 많은 입법가들과 마찬가지로, 직접 집행 권한을 맡기 전까지는 행정 권력에 대해 이중적인 태도를 보였다. 그러나 전시 상황 속에서 주지사직을 수행하고 난 뒤, 그는 이 직책에 대해 처음 받아들였을 때와는 전혀 다른 시각을 갖게 되었고, 공직 수행에 따르는 대가에 대한 그의 인식 또한 더욱 예리해졌다. 그는 앞으로 '극도의 노동과 막대한 개인적 손실'의 세월이 닥칠 것이라 예견했다. 여기서 '손실'은 단순한 금전적 손해만을 의미하는 것이 아니었다. 선출로 이어진 지지와 찬사는 오래가지 않고 대부분의 이들이 취임할 때 가졌던 명성을 지닌 채 물러나는 경우는 드물다는 사실을 제퍼슨은 잘 알고 있었다.

그가 주지사로 선출된 직후, 필라델피아에서 한 인사가 조건부 축하 인사를 보냈다. "당신에게 축하를 보내진 않겠습니다. 다만 훌륭한 수장을 선택한 우리나라를 축하할 따름입니다. 이번 직책은 당신의 가정 계획을 뒤흔들 것이고, 전시 중에는 분명히 골치 아픈 자리가 될 것입니다." 그리고 실제로 주지사직은 제퍼슨에게 '골칫거리'가 되었다.

포로 관리에서 방어, 국경 지역의 치안 확보, 왕당파 반대 세력 진압에 이르기까지, 제퍼슨은 주지사로서 어렵지만, 때로는 가혹한 결정을 내릴 수 있는 유능한 인물임을 입증했다.

그중 하나가 바로 아일랜드 태생의 헨리 해밀턴, 디트로이트 요새의 영국군 사령관을 생포한 사건이었다. 해밀턴은 인디언들에게 백인 두피 하나당 현상금을 지급한 것으로 알려졌기 때문에 '머릿가죽 매입꾼 장군Hair Buyer General'이라는 별명까지 붙었다. 해밀턴은 영국 측의 강력한 항의에도 불구하고, 제퍼슨의 명령에 따라 족쇄를 찬 채로 억류되었다.

제퍼슨은 안보를 위해서라면 어떤 일이든 할 준비가 되어 있었으며, 이미 이런 일이 기록에 남아 있다. 1778년 5월, 그는 조사이아 필립스라는 인물을 대상으로 한 '사권 박탈법' 초안을 마련했다. 이 법안은 재판 없이,

의회의 결정만으로 개인에게 유죄를 선고하는 예외적인 입법 방식이었다. 필립스는 '살인, 방화, 농장 약탈, 기타 적대 행위'를 저지른 혐의로 기소되었고, 법안은 일정 기간 내에 자진 출두하지 않으면 자동으로 유죄가 선고되도록 했다.

이 법안은 전례 없는 권력 행사이자, 동시에 실용주의 정치가로서 제퍼슨의 일면을 보여주는 사례였다. 사실상 그것은 필립스에게 미국인들이 독립전쟁을 통해 얻고자 했던 기본권을 박탈하는 것이기도 했다. 그러나 제퍼슨에게는 독립선언서의 이상을 온전히 지키는 것보다, 당장 필립스 반란을 종식하는 실질적 조치가 더 중요했다.

1778년 6월, 보병 자원병 모집이 제대로 이뤄지지 않자, 제퍼슨은 의회에 이렇게 제안했다. "우리가 제공해야 할 보병의 상당수를 기병 전력으로 대체합시다. 이 방식은 아직 참전하지 않은 새로운 부류의 젊은이들에게 기회를 열어줄 수 있습니다. 제가 말하는 건, 게으르거나 교육 수준 때문에 보병 복무에 적합하지 않았던 이들입니다." 주지사로서 그는 버지니아 해군의 열악한 상태를 한탄하며 이렇게 말했다. "선박 건조 사업은 내가 우려했던 수준을 훨씬 넘어서까지 실패했습니다. 하지만 저는 우리가 실망하더라도 이 일을 밀고 나가야 한다고 생각합니다. 왜냐하면, 우리는 달리 우리 자신을 지킬 방법이 없기 때문입니다." 제퍼슨은 프레더릭스버그 동쪽의 버지니아 대포 부대를 직접 시찰하기도 했다.

제퍼슨은 서부를 반드시 지켜야 한다고 끝까지 주장했다. 그는 조지 로저스 클라크와 함께 영국의 디트로이트 요새를 공격하는 원정을 계획했다. 제퍼슨보다 열 살 아래였던 클라크는 키가 크고 모험심이 강한 버지니아 출신으로, 젊은 시절 측량학을 공부한 이력이 있었다. 그는 켄터키 개척의 선구자로, 영국의 지원을 받는 인디언들의 공격으로부터 서부 지역을 방어하는 데 핵심적인 역할을 했다. 클라크는 미시시피강에 있는 카스카스키아와, 세인트루이스와 루이빌의 거의 중간 지점에 있는 뱅상을 '머릿가죽 매입꾼' 해밀턴의 압박 속에서 점령하는 데 성공했다. 1778년에서 1779년 겨울, 북서부의 혹독한 기후 속에서 클라크가 벌인 작전은 일리노이 지역에서 미국의 영향력을 확립하는 데 결정적으로 기여했다. 그는 강인한 사람이었다. 수년 후, 사고로 다리에 심한 화상을 입고 다리 절단 수술을 받던 와중에도 진료실 창밖으로 켄터키 민병대의 행진을 지켜보며 군악대의 연주에 귀를 기울였다고 한다. 그리고 잔혹한 수술이 끝난 후에야 의사에게 물었다. "그래서, 잘라냈소?"

클라크는 제퍼슨이 필요로 했던 바로 그런 인물이었다. 정치의 세계에서 제퍼슨이 구상하고 싸워 온 비전을, 실전에서 과감하게 실행에 옮길 수 있는 지휘관.

그러나 결국, 조지 로저스 클라크의 디트로이트 원정은 지나치게 위험하다고 판단되었다. 제퍼슨은 워싱턴에게 이렇게 보고했다. "지금으로써는 인력 부족, 자금 부족, 식량 조달의 어려움으로 임무 실행이 어려운 상황입니다." 그는 이 결정을 아쉬워하며 전했다. (거의 25년이 지난 후에야, 제퍼슨은 클라크의 동생인 윌리엄 클라크와 메리웨더 루이스에게 태평양으로 나서는 탐험을 맡기게 된다.)

제퍼슨은 곧 클라크에게 또 다른 임무를 맡기게 되었다. 왕당파 진압이었다. 1780년 3월, 그는 클라크에게 이렇게 편지를 썼다. "남서부 변경 지역에서 불만을 품은 일부 왕당파 주민들 사이에서 반란이 일어날 조짐이 있습니다. 해당 지역에 즉시 지원을 보내주길 바랍니다. 이런 사태는 초기 단계에서 진압하지 않으면, 병력을 위험하게 분산시키는 결과를 초래할 수 있습니다." 제퍼슨에게 자비는 없었다.

조사이아 필립스, 헨리 해밀턴 때와 마찬가지로, 제퍼슨은 적에게 정면으로 싸움을 걸었다. 외교와 우아함, 관용도 필요한 순간이 있지만, 강철 같은 의지, 복수심, 힘 역시 결코 배제할 수 없는 무기였다. 토머스 제퍼슨은 자신에게 맡겨진 사람들을 지키기 위해 어떤 수단이든 쓸 줄 아는 사람이었다.

그해 겨울은, 누구나 기억할 만큼 매서웠다. 1779년이 저물고 1780년이 다가올 무렵, 강들은 얼어붙어 말과 마차가 제임스강과 포토맥강을 그대로 건너다닐 수 있을 정도였다.

그러나 봄이 오고 얼음이 녹자, 제퍼슨과 동료들은 버지니아의 수도를 윌리엄스버그에서 리치먼드로 옮기는 역사적인 결정을 내렸다. 더 깊은 내륙에 있는 리치먼드가 그나마 더 안전하다고 판단했다. 제퍼슨은 가족들을 데리고 리치먼드 쇼코 힐에 자리한 외삼촌 소유의 저택으로 이사했다. 당시 그는 자신이 움직이는 세상이 극도의 비상 상황 속에서 이뤄지고 있다는 사실을 누구보다 잘 알고 있었다.

1780년 5월 10일, 수요일, 찰스턴이 영국군에게 함락됐다. 제퍼슨은 사방이 적에 둘러싸였다는 사실을 뼈저리게 느끼고 있었다. 6월, 그는 이렇게 말했다. "북쪽에서 오하이오 정착지를 향한 대규모 공격이 예상되고, 남쪽 변경 지역은 인디언의 침략 위험에 노출되어 있습니다. 동시에, 동쪽에서는 카롤라이나에 주둔한 영국군이 침입할 수 있는 상황입니다."

그해 여름, 버지니아 남서부의 몽고메리 카운티에 있는 뉴리버 지역에서 또 다른 왕당파의 반란이 발생했고, 인디언들의 습격도 이어졌다. 1780년 6월 2일 금요일, 제퍼슨은 주지사로 연임에 성공했지만, 그를 기다리고 있던 건 끝없는 악재의 연속이었다.

8월 말, 콘월리스 경이 사우스캐롤라이나 캠든에서 미국의 호레이쇼 게이츠 장군과 버지니아, 메릴랜드, 델라웨어, 노스캐롤라이나의 민병대를 궤멸시켰다.

제퍼슨은 침통했다. 그는 '최근 우리 군대가 겪은 참패'를 언급하며, 적의 진격을 막기 위해 '즉각적이고 대규모 조치'를 마련해야 한다고 의회 협의회를 소집했다. 하지만 그는 제한적인 선택지를 이미 알고 있었다. "이 상황에 가장 효과적인 조치들은, 선택하기도 어렵고 실행하기는 더더욱 어렵습니다."

마침내, 가장 충격적인 사태가 벌어졌다. 1780년 12월 29일 금요일, 미국 장군에서 배신자로 돌아선 베네딕트 아널드가 영국군을 이끌고 버지니아를 공격했다. 그리고 이듬해 1781년 새해 첫날 아침, 영국군이 버지니아 곶 앞바다에 출현했다는 소식이 리치먼드에 도착했다.

당시 제퍼슨은 과장된 정보와 부정확한 보고가 난무하는 시대를 오래 겪어온 사람이었다. 그는 쉽게 경고를 믿지 않았다. 이미 1777년부터 반복된 침략설은 사람들 사이에 불만과 냉소를 불러왔고, 민병대 소집에 대한 반응도 갈수록 무관심해졌다. 제퍼슨은 1779년 12월에 이렇게 말했다. "적이 보이지 않는 상황에서 동원되면, 민병대는 환멸을 느낍니다."

그래서 1781년, 제퍼슨은 이틀 동안 민병대 소집을 거부했다. 한 전령이 리치먼드 언덕 위의 집에서 그를 찾아냈을 때, 제퍼슨은 침착하고 차분했지만, 너무 침착해서 오히려 이상하게 보일 정도였다.

며칠이 지나며, 침공은 실제 상황임이 분명해졌다. 그제야 제퍼슨은 제대로 명령을 내렸지만, 전열을 갖춰 저항하기에는 이미 늦어버렸다.

1781년 1월 5일 금요일, 영국군이 리치먼드로 진군하자, 제퍼슨의 노예였던 로버트 헤밍스와 제임스 헤밍스가 제퍼슨의 아내와 가족들을 수도 서쪽의 파인 크리크에 있는 그의 별장으로 급히 대피시켰다.

그날 오후 1시경, 영국군이 리치먼드에 도착해 전열을 갖춘 뒤, 포격을 시작했다. 포탄 한 발은 제퍼슨이 머물던 쇼코 힐 근처의 정육점 지붕을 날려버렸다. 아이작 그레인저 제퍼슨은 훗날 이렇게 회고했다. "10분도 채 되지 않아 리치먼드에는 백인 남자가 한 명도 보이지 않았습니다. 모두 리치먼드 북부 베이컨스 쿼터 브랜치에 있던 미군 진영으로 줄행랑쳤죠."

도시는 혼란에 휩싸였다. 아이작 그레인저 제퍼슨은 '영국군이 붉은 망토를 입고 행진하는 광경을 목격했다'라고 기억했다. 제퍼슨은 체포를 피하려고 관저를 떠나, 포위된 리치먼드 주변을 돌며 군수품을 확보하고, 미군 장교들과 접촉하려고 애썼다.

그가 그 자리를 피한 것은 정확한 판단이었다. 영국군은 그를 체포할 생각으로 수갑까지 챙겨 온 상태였다. 독립선언서의 저자는 영국군이 가장 붙잡고 싶어 하던 인물이었다.

그 시각, 한 영국군 장교가 쇼코 힐에 있는 제퍼슨의 집에 도착했다.

"제퍼슨은 어디 있나?" 그가 물었다.

"산으로 가셨습니다,"

노예였던 조지 그레인저(아이작의 아버지)가 주인을 지키기 위해 거짓말을 했다.

"집 열쇠는?"

조지는 열쇠를 건넸다.

"은식기는 어디 있지?"

"다 산으로 보냈습니다." 조지는 또다시 대답했다.

그러나 그것도 거짓이었다. 아이작은 이렇게 기억했다. "아버지는 집 안에 있던 은식기 전부를 침대 커버에 싸서 부엌 침대 밑에 숨겨뒀고, 결국 지켜냈어요."

베네딕트 아널드는 곧 해안 쪽으로 물러났다. 하지만, 그사이 영국군은 제퍼슨의 노예 중 상당수를 붙잡았는데, 그중에는 아이작 그레인저 제퍼슨도 포함되어 있었다.

리치먼드를 떠나며, 그들은 전쟁의 소리를 들었다. 아이작은 그 순간을 생생히 기억했다. "폭음 한 발이 들려왔죠. 지진이 일어난 줄 알았다니까요."

민병대를 좀 더 일찍 소집했더라면, 리치먼드의 방어는 달라졌을까? 1781년 초 침공으로부터 한 달 뒤, 제퍼슨은 리치먼드에서 이렇게 적었다. "진취적이고 강단 있는 인물들이 있었다면, 이곳을 오가던 길목에서 아널드를 사로잡을 수 있었을 것이다." 즉, 민병대가 제때 동원되었다면 군사적으로 실질적 가치가 있었을 것이라는 뜻이다. 제퍼슨은 정신적 강인함을 지닌 인물이었지만, 이번만큼은 상황 판단에 실패했다.

그는 정치인들이 흔히 저지르는 실수를 범했다. 민중을 이끌기보다, 그들을 따라간 것이다. 실제 전장에서 싸우는 버지니아 민병대원들 사이에는 제퍼슨이 상징하는 엘리트 계층에 대한 반감과 불신이 퍼져 있었다. 게다가 원래부터 버지니아 사회는 빠른 군사 동원에 적합하지 않았다. 전시 상황에서는 이런 조직적 취약성이 더욱 대두되었다. 1781년 3월, 제퍼슨은 막 버지니아에 도착한 프랑스 귀족 라파예트 후작에게 이렇게 털어놓았다. "온건한 법, 전쟁이나 즉각적인 복종에 익숙지 않은 국민, 군수품의 부족과 그것을 마련할 수단의 부재는 우리 명령을 종종 무력하게 만듭니다. 그래서 우리는 때로 시간을 끌 수밖에 없고, 한 방식으로 목적을 이루지 못하면 다른 길을 시도해야 합니다."

제퍼슨이 영국의 침공 이틀 동안 주저한 이유가 꼭 영국군에 대한 두려움 때문만은 아니었을지도 모른다. 그가 망설인 진짜 이유는 실제 위협인지 확신할 수 없는 상황에서 섣불리 민병대를 소집했다가 민심의 반발을 사게 될까 두려웠기 때문일 수 있다. 그러나 바로 그런 주저함 때문에, 제퍼슨은 민중을 결속시켜 전투태세로 이끌지 못한 것이다.

이때의 경험은 제퍼슨에게 고통스러운 교훈이 되었지만, 동시에 훗날 더 큰 책임을 맡게 되었을 때 결정적 자산이 되었다. 대담함과 결단력은 리더에게 필요한 덕목일 수 있다. 버지니아 침공 당시, 제퍼슨은 그 어느 것도 보여주지 못했지만, 그 실패를 통해 그는 기다림의 대가가 얼마나 치명적일 수 있는지를 몸소 배웠다. 물론 그 순간에는 훗날 대통령으로서 거두게 될 성공이 바로 1781년의 실패에서 비롯될 것이라고는 그 자신조차도 몰랐을 것이다.

13장 몬티셀로에 당도한 영국군

제퍼슨의 버지니아는 영국군의 공세 앞에서 위태롭게 흔들리고 있었다. 1781년 늦봄, 잔혹한 전술로 악명 높던 콘월리스 경과 배내스터 탈턴 중령은 드디어 버지니아로 향했다. 영국군의 진격에 겁을 먹은 주지사 제퍼슨과 버지니아 총회는 리치먼드를 떠나 샬러츠빌로 후퇴했지만, 그곳에서도 의회는 정족수를 채우기조차 어려운 상태였다.

이처럼 혼란한 시기, 제퍼슨 가족은 이미 익숙해진 비극을 또다시 맞이해야 했다. 그들의 세 번째 아이가 세상을 떠난 것이다. 1781년 4월 어느 아침 10시경, 생후 6개월도 안 된 루시 엘리자베스가 사망했다. 제퍼슨은 다음 날 국무회의 참석을 거절하고 아내 패티 곁에 머무르기로 했다. 그는 동료들에게 이렇게 전했다. "특별히 긴급한 안건도 없고, 부인의 상태가 이래서 혼자 두고 싶지 않습니다. 오늘은 참석하지 않겠습니다."

패티와 함께 한 이날은, 바쁜 공무에 시달리던 제퍼슨이 드물게 누린 가족과의 사적 교감이었다. 1781년 5월 28일 월요일, 제퍼슨은 사태가 중대 국면에 접어들었음을 직감했다. 영국군이 샬러츠빌을 향해 내륙으로 진격하고 있었고, 버지니아 전역에서는 민병대 징집을 둘러싼 폭동이 일어나고 있었다. 결국 그는 조지 워싱턴 장군에게 직접 원군을 요청하게 된다.

제퍼슨은 워싱턴에게 전갈을 보내 호소했다. "지금의 민병대로는 영국 정규군을 감당할 수 없습니다. 시민들은 이미 인간의 힘으로는 이길 수 없다는 체념에 빠졌습니다. 장군께서 이곳에 나타나시는 것만이, 구원의 희망을 되살릴 수 있습니다. 그래야만 사람들은 불가능하지 않은 어떤 일이든 감당해낼 것입니다."

이 편지는 5월 28일에 작성되었고, 제퍼슨은 며칠 뒤 주지사 임기가 끝나면 직에서 물러날 계획이었다. 워싱턴에게는 이렇게 썼다. "더 유능한 이에게 이 직책을 넘기겠다는 결심을 오래전부터 해왔기에, 이제 사적인 삶으로 돌아갈 준비가 되어 있습니다."

하지만 이처럼 절박한 비상 상황에서, 제퍼슨이 '공직의 고단함'이나 '정계 은퇴'를 입에 올린 것은 그다지 호의적인 평가를 받기 어려운 태도였다. 의회는 도망치는 중이었고 버지니아 전체는 위기에 처해 있었다. 이런 상황에서 그가 말을 타고 등장해 민병대를 규합하고 백성들을 독려하는 '영웅적 구세주'의 모습으로 거듭났다면 어땠을까 하는 아쉬움이 남는다.

하지만 제퍼슨은 말을 탄 구세주는 아니었다. 1781년 봄, 버지니아를 덮친 이 침공이 더욱 비극적이었던 이유는 아널드나 콘윌리스, 탈턴에 맞서 싸우는 영웅적인 애국 지도자가 끝내 등장하지 않았기 때문이다. 전쟁은 너무 광범위하게 퍼져 있었고, 상황은 너무 유동적이어서 누구도 완전히 통제할 수 없었다. 2년 동안 버지니아 국방을 위해 애써왔던 제퍼슨조차도 예외는 아니었다.

1781년 6월 2일 토요일, 가족 그리고 버지니아 하원과 상원 의장을 비롯한 손님들과 몬티셀로에서 시간을 보내고 있었다. 이들은 6월 4일 월요일에 샬러츠빌에서 열릴 예정인 입법 회의를 기다리며 제퍼슨의 환대를 받고 있었다. 그날 회의에서는 제퍼슨의 후임 주지사를 선출할 계획이었다.

제퍼슨은 동료들에게 정치적, 군사적 경험을 모두 갖춘 인물인 토머스 넬슨 주니어를 선출하라고 신중하게 조언했다. 제퍼슨은 이제 '민간 권력과 군사 권력을 한 사람의 손에 통합해야 할 시점'이라고 조언했다. 지난 2년간의 경험을 통해 그러한 조치가 '군사 작전을 훨씬 수월하게 만든다'라는 교훈을 얻었다.

콘월리스는 몬티셀로에 피신한 사람들이 알아채지 못하도록 탈턴에게 정부 인사들을 샬러츠빌까지 추격하라고 명령했다. 영국 기병대는 1781년 6월 3일 일요일, 루이자에 있는 쿠쿠 선술집Cuckoo Tavern을 빠르게 지나쳤다. 밤 9시에서 10시 사이, 늦은 시각이었다. 그 시각 루이자에는 193센티미터의 키에 몸무게는 약 100킬로그램에 달하는 거구의 버지니아 민병대원 잭 주엣이 있었다. 적군이 제퍼슨을 생포하러 가고 있다는 사실을 알아차린 그는 곧바로 말을 타고 약 64킬로미터의 밤길을 질주하는 대담한 작전에 나섰다.

주엣은 '7개 군 전체를 통틀어 가장 빠르고 발이 날랜 말'을 타고 황야를 뚫고 달려 나갔다. 숲과 능선을 가로지르며, 적군과 마주치지 않기 위해서 잘 알려진 도로들을 피하고 외진 길을 택했다. 어느 기록에 따르면, '그는 낮게 드리운 나뭇가지에 채찍질당하듯 얼굴을 심하게 긁혔고, 그때 생긴 상처는 평생 흉터로 남았다고 한다.' 한편 영국군은 밤 11시쯤 한 농장에서 행군을 멈추고, 약 세 시간 동안 휴식을 취했다. 덕분에 주엣은 약간의 시간을 벌 수 있었다. 탈턴은 그날 밤늦게 반군에게 향하던 보급 수송 행렬에 불을 지르기 위해 또 한 번 멈췄다.

주엣은 동트기 직전 몬티셀로에 도착해 제퍼슨에게 임박한 영국군의 급습을 알렸다. 제퍼슨은 차분하게 아침 식사를 준비하라 지시했다. 그리고 가족들을 피신시킬 마차를 부른 뒤, 몬티셀로에서 내려가 샬러츠빌로 돌아가는 의원들에게 작별 인사를 고했다. 패티와 두 자녀, 그리고 노예 두 명은 근처 농장으로 피신했다.

몬티셀로에는 제퍼슨 혼자 남게 되었다. 최소 인원으로 노예 두 명이 남아 약탈에 대비해 은식기를 숨기고 있었다. 그중 한 명이 마틴 헤밍스였다. 제퍼슨은 문서들을 지켜내려고 애썼다. "도망갈 준비를 하면서 손닿는 대로 종이들을 쑤셔 넣었다."

그리고 그가 보여준 행동에서 성격을 파악할 수 있다. 직접 상황을 확인해보기로 결심한 것이다. 통제하려는 본능과 행동에 나서려는 성향이 그를 몬티셀로에서 가까운 산봉우리, 몬탈토Montalto 또는 카터즈산Carters Mountain이라 부르는 곳으로 이끌었다. 제퍼슨은 챙겨 간 작은 망원경으로 샬러츠빌 방향을 바라봤지만, 별다른 움직임은 포착되지 않았다. 돌아가려던 순간, 땅에 떨어뜨린 지팡이 칼이 눈에 들어왔다.

몸을 숙여 그것을 주우며 일순 망설이다가, 다시 망원경을 눈에 갖다 댔다.

그리고 그때, 영국군이 시야에 들어왔다.

몬티셀로로 돌아온 제퍼슨은 가장 빠른 말인 캐릭터커스에 올라타 가족을 쫓아 출발했다. 그가 출발하고 불과 5분 뒤, 영국군이 들이닥쳤다. 한 병사가 총을 장전한 뒤, 마틴 헤밍스의 가슴에 총구를 겨누고 윽박질렀다. "제퍼슨이 어디에 있느냐. 불지 않으면 쏘겠다." 헤밍스가 응수했다. "그럼 쏴라."

그렇게 몬티셀로는 잠시 영국군에게 점령되었지만, 총성이 울리지도, 본격적인 약탈이 벌어지지도 않았다. 단 하나의 예외가 있었다. 병사들이 제퍼슨의 와인을 꺼내서 마셨다. 전해지는 바에 따르면, 조지 3세의 생일을 축하하며 건배를 올렸다고 한다. 그러나 콘월리스는 제퍼슨의 다른 농장들, 특히 엘크 힐Elk Hill에서는 한층 무자비하게 굴었는데 곡물창고와 농작물을 불태우고 노예들을 흩어지게 했다. 탈턴과 콘월리스가 침공하는 동안 제퍼슨의 농장에서 노예 23명이 탈출했고, 최소 15명이 요크타운이나 포츠머스의 영국군 진영에서 병으로 사망했다.

몬티셀로를 떠나 말을 달리던 제퍼슨은 도중에 패티와 아이들을 따라잡았고, 결국 가족의 영지인 베드퍼드 카운티 영지인 포플러 포리스트Poplar Forest로 피신했다. 가족은 무사했고, 제퍼슨도 안전했다. 그러나 그의 평판은 무사하지 못했다.

1781년 6월 12일 화요일, 버지니아 주의회는 스톤턴Staunton의 트리니티 교회에서 회의를 열고 있었다. 그 자리에서 깊은 밤을 뚫고 기병대보다 먼저 도착해 정부를 구한 잭 주엣의 용기를 기리며, 권총 한 쌍과 검 한 자루를 선물로 수여했다. 하지만 같은 날, 제퍼슨의 가슴을 후벼 파는 결의안도 통과되었다.

"결의한다. 다음 회기에서, 지난 12개월 동안 버지니아주 행정부의 행위를 조사할 것."

제퍼슨에게 이보다 더 참담한 일은 없었다. 그의 용기와 역량이 모두 재판대에 오른 셈이었다. 재임 중에 이러한 재앙이 벌어진 것만으로도 고통스러웠다. 비록 그는 스스로 인정하지 않았을지라도, 머릿속에서 계속해서 지난 일을 되짚었다. 두 차례의 침공과 주 정부가 샬러츠빌에서 스톤턴으로 쫓겨난 사태가 결국 자신에게 정치적 책임으로 돌아올 것임을 그는 알고 있었을 것이다. 그 정도의 비난은 견딜 수 있었을지도 모른다. 조지 워싱턴조차도 패배를 딛고 명성을 유지하지 않았던가. 그에게 필요한 것은 오직 시간이었다. 고요한 상태에서, 자신이 믿는 대의를 위해 앞으로 어떻게 봉사할지를 신중히 결정할 시간.

대신 그는 이제 자신의 과거를 두고 싸울 수밖에 없었다. 분노를 감추려 하지도 않았다. 신랄한 어조로 이렇게 썼다. "이번 결의가 단순히 막연한 기대로 내 평판을 흠집 내려는 것이 아니라면, 당신이 나의 어떤 '불행한 행위'를 문제 삼고자 하는지 구체적으로 알려주시길 부탁드립니다. 그게 무례한 일은 아니라고 생각합니다."

트리니티 교회에서 열린 동일 회기에서, 제퍼슨 개인의 책임을 묻는 조사 결의안 외에도 또 다른 논의가 벌어졌다. 그것은 이번 혼란이 제퍼슨이라는 인물의 실패가 아니라, 애초에 그에게 주어진 권한이 너무 약했기 때문이라고 주장했다. 일부 의원들은 이렇게 주장했다. "시민들의 생명과 재산을 자유롭게 처분할 수 있으면서도 책임을 묻지 않는 권력을 가진 '독재자'를 임명해야 할 시점입니다."

패트릭 헨리는 이러한 '독재자' 조치에 찬성하며, 행정 책임자가 어떤 이름으로 불리든 '무절제한 적의 공격에 맞서기 위해 그에 맞는 강력한 권한으로 무장해야 한다'라고 발언했다. 이 논의와 표결은 제퍼슨을 간접적으로 변호하는 측면이 있다. 당시 사태를 가까이서 지켜본 이들조차 문제의 핵심을 제도의 구조적 한계로 보았기 때문이다. 문제가 있었던 것은 주지사라는 직책이지, 주지사였던 제퍼슨 개인은 아니었다. (이 '독재자' 결의안은 아슬아슬하게 부결되었다.)

제퍼슨의 불운한 재임기를 다룬 많은 기록은, 이 두 가지 표결이 전하는 모순된 메시지를 실명히지 않는다. 첫 번째 조사 결의안은 제퍼슨 개인의 과오를 겨냥한 사실상의 기소였지만, 두 번째는 그의 후임자에게 더 강력한 권한을 부여하려는 시도로서, 독재 권한에 대한 논의는 제퍼슨에게 당시 상황에 맞는 충분한 권한이 주어지지 않았음을 인정하는 것이었다. 따라서 한편으로는 제퍼슨 개인의 실패를 비난하면서, 동시에 그 직책의 구조를 개혁하려 했다는 사실은 책임의 초점을 개인에서 제도로 옮기려는 시도였다고 볼 수 있다.

하지만 정치에서 논리가 중요한 역할을 하는 경우는 드물다. 제퍼슨의 정적들은 이 사건을 빌미로 그를 곤경에 빠뜨리려 했다. 결국 이 조사는 오래가지 않았다. 의회는 그를 비난하는 대신 공식적으로 칭찬하는 쪽으로 방향을 틀었지만, 이 사건은 제퍼슨의 마음속에 그리고 그의 정치 반대 세력의 기억 속에 오래도록 남았다. 의무를 소홀히 했다는 비난에 제퍼슨은 깊은 상처를 받았고, 그 혐의에 대해 '공식적으로 의심받을 만한 어떤 근거도 없다'라고 단언했다.

1781년 9월, 제퍼슨에게 다시 프랑스 특사로 임명될 기회가 왔다. 그가 주지사로 재임하던 시절이 잭 주엣이나 마틴 헤밍스를 제외하면 누구에게도 자랑할 만한 시기는 아니었지만, 정치적으로는 치명적인 실패가 아니었음을 보여주는 신호이기도 했다. 하지만 제퍼슨은 그 외교직을 정중히 거절했다. 그는 이렇게 말했다. "나는 이제 그런 성격의 모든 일에서 완전히 손을 뗐습니다. 내 농장과 가족, 책들 곁에서 다시는 떠날 일이 없으리라 생각합니다."

겉으로는 전원생활에 만족하며 세상과 거리를 두겠다는 태도였지만, 사실 그는 자신의 명예를 회복할 때까지는 정치의 무대를 떠나지 않겠다고 결심하고 있었다. 같은 해 9월, 제퍼슨은 이렇게 밝혔다. "공직에서 물러날 때, 내 평판이 실제로 받아야 할 비난 이상으로 훼손되지 않기를 바랍니다. 그런 바람 때문에 나는 다음 회기에는 다시 나설 수밖에 없으며, 어쩌면 의석을 받아들일 수도 있습니다. 하지만 나는 오직 하나의 목적을 가지고 나서는 것이며, 그 목적이 달성되면 즉시 물러날 것입니다." 그 후 제퍼슨은 약 1년 반 동안 공직에서 물러나 있었다. 그러나 그 시간 동안 그는 주지사 재임 시절에 대해 퍼진 소문과 비난으로 깊은 상처를 입었다. 그럼에도 그는 결코 세상과 완전히 등을 질 수는 없었다. 세상이 자신을 어떻게 평가하는지는 여전히 그에게 중요했다.

1781년 10월, 미국군은 요크타운에서 승리하며 사실상 전쟁을 끝냈다. 여전히 포로 상태였던 제퍼슨의 노예 중 한 명인 아이작 그레인저 제퍼슨은 그 전투를 직접 목격했다. 그는 훗날 이렇게 회상했다. "엄청난 포격과 연기가 몰아쳤고, 마치 하늘과 땅이 부딪히는 것 같았어요. 부상자들의 비명이 들렸고, 연기가 걷히자 땅에는 시신들이 여기저기 널려 있었죠." 전쟁은 끝났고, 겉보기에 토머스 제퍼슨도 승리자였다. 그의 대의명분은 정당함이 입증되었고, 결국 역사적으로 승리를 거두었다. 1782년, 프랑스의 샤스텔뤼 후작은 몬티셀로를 방문한 뒤, 제퍼슨에게 깊은 인상을 받았다. 후작은 이렇게 기록했다.

한 인물을 묘사해보겠습니다. 아직 마흔이 되지 않았고, 키가 크고, 온화하고 호감 가는 인상의 남자입니다. 그러나 그의 지성과 이해력은 우아한 외모를 능가할 정도입니다. 이 사람은 미국인으로, 한 번도 고국을 떠난 적이 없지만 음악가이며, 그림에도 능하고, 기하학자이자 천문학자, 자연철학자, 입법자이자 정치가입니다. 미국의 상원 의원으로 미국 독립을 이끈 그 유명한 대륙 회의에 2년간 참여했으며, 버지니아 주지사로서, 아널드, 필립스, 콘월리스의 침략 속에서도 어려운 직무를 수행했습니다. 철학자이자 자발적으로 세상과 공직에서 물러난 인물이며, 세상을 사랑하되, 자신이 인류에게 유익할 수 있다고 믿을 때만 그것을 가치 있게 여기는 사람입니다. 제퍼슨은 어떤 것도 외면하지 않았습니다. 그는 젊은 시절부터, 자신의 저택처럼 자기 정신도 높은 곳에 세워, 그곳에서 우주 전체를 조망하려 했던 것처럼 보였습니다.

　후작의 찬사야말로 제퍼슨이 사람들에게 보여주고 싶었던 자화상이었다. 그러나 그가 느끼는 현실은 달랐다. 미국이 독립전쟁에서 승리한 그 순간조차도, 그는 주지사 재임 말기의 논란과 비난에서 벗어나지 못했다. 그는 제임스 먼로에게 이렇게 고백했다. "입법부 조사의 가장 고통스러운 점은, 사람들이 단지 내 판단력이 부족했던 것이 아니라 '마음으로 나라를 배신한 사람'으로 기소된 죄인처럼 여길 수도 있다는 두려움이었습니다." 그리고 덧붙였다. "그 비난들은 내 영혼에 깊은 상처를 남겼으며, 그 상처는 아마도 만병을 치유하는 '무덤'에서나 치유될 것입니다."

　그는 또 하나의 소식을 전했다. "부인이 딸을 하나 더 낳았습니다." 그 아이의 이름은 루시 엘리자베스. 얼마 전 세상을 떠난, 아기의 언니 이름을 따라 지었다. 하지만 패티 제퍼슨은 더 이상 버틸 힘이 남지 않았다. 어떠한 회복의 여지도, 다시 일어설 체력도 남지 않았다. 제퍼슨은 말했다. "그녀는 그 이후로 줄곧, 그리고 지금도 매우 위독한 상태입니다."

14장 죽음 속에서 타오르다

"결국 제퍼슨 부인은 그 지독한 고통을 이겨내지 못하고, 마침내 그 고통에 몸을 맡기고 떠났습니다. 우리의 친구는 말할 수 없이 비통한 상태입니다."

—제퍼슨의 친구 에드먼드 랜돌프가 제임스 매디슨에게

패티는 겨우 서른셋이었지만, 이미 몸은 완전히 소진돼 있었다. 전쟁 중의 불안과 긴장, 그리고 몬티셀로에서의 피난까지 겹치며 그녀의 건강은 급격히 악화했다. 의학적으로는 정확하지 않지만, 당시 정황상 결핵을 앓았던 것으로 추정된다. 1782년 초여름, 패티는 더 이상 일어설 수 없을 만큼 쇠약해져 침대에 눕게 되었다.

제퍼슨은 아내 곁을 단 한 순간도 떠나지 않았다. 큰딸 팻시는 훗날 이렇게 회상했다. "아버지는 항상 어머니가 부르면 들을 수 있는 거리에 계셨어요. 하루도, 한 주도, 한 달도 곁을 떠난 적이 없었죠." 그는 아내의 병간호에도 적극적으로 나섰다. 약을 챙겨주고, 컵을 입에 대어주는 일까지 직접 돌보았다.

제퍼슨은 아내의 침대 곁, 혹은 그녀의 방과 문이 연결된 작은 방에서 밤낮으로 지켰다. 패티 역시 남편의 존재를 갈망했다. 가족의 전언에 따르면 이렇게 전해진다. "그녀의 눈은 늘 그를 따라 움직였고, 그의 목소리가 들릴 때면 다른 어떤 소리도 그녀의 귀에 닿지 못했습니다. 잠에서 깼을 때, 그 익숙한 모습이 곁에 없거나, 익숙한 눈빛이 그녀를 바라보지 않으면 잠시 당황하고 불안해했으며, 때로는 겁먹은 듯 보이기도 했습니다." 이 시기, 몬티셀로와 서로를 향한 애정만이 두 사람에게 유일한 현실이 되었다.

그래도 패티에게는 조금이나마 기운이 남아 있었고, 로런스 스턴의 《트리스트럼 섄디Tristrum Shandy》에서 문장 몇 줄을 필사할 수 있었다.

시간은 너무 빨리 흘러가요. 내가 쓰는 모든 글자는
삶이 내 펜을 얼마나 빠르게 따라가는지를 말해줘요.
우리의 날들과 시간은
다시는 돌아오지 않을
바람 부는 날의 구름처럼 머리 위로 흘러가고 있어요,
모든 게 점점 더 급박하게 다가오고 있어요-

그 문장을 다 쓰기 전에 그녀는 힘이 빠졌고, 제퍼슨이 조용히 남은 부분을 대신 이어 썼다.

그리고 매번
당신의 손에 작별 인사를 위해 입을 맞출 때마다,
그 이후의 모든 이별은
우리가 곧 맞이할 영원한 이별의 전주곡이에요!

스턴의 메시지는 비극적이다. 단지 슬프다는 차원을 넘어, 끊임없이 비극적이다. 인간 사이의 교감과 사랑조차, 그것만으로 충만한 경험이라기보다는 덧없고 순식간에 스쳐 지나가는 것으로 그려진다. 이는 냉혹하면서도 현실적인 인생관을 드러낸다.

제임스 먼로는 상황의 심각성을 깨닫고 제퍼슨이 느끼는 깊은 슬픔에 공감했다. "제퍼슨 부인의 건강 문제로 매우 마음이 아팠고, 하루하루 전해지는 소식이 그녀의 임종 소식은 아닐까 두려웠습니다." 먼로는 신에게 제퍼슨 부인의 회복을 빌었다. "하늘이 우리의 사랑스러운 친구를 다시 건강하게 해주셔서, 당신에게는 평생토록 그리워할 존재를, 자녀들에게는 어떤 상황 변화로도 대신할 수 없는 어머니를 돌려주시기를 바랍니다."

그러나 그 기도는 소용없었다. 1782년 9월 6일 금요일 정오 무렵, 패티 제퍼슨은 눈을 감았다. 몬티셀로의 전승에 따르면, 엘리자베스 헤밍스를 비롯한 '집안의 하인들'이 임종을 지키고 있었다. 수십 년 후에 농장을 관리하게 된 에드먼드 베이컨은 이렇게 전했다. "몬티셀로의 노예들이 제 아내에게 제퍼슨 부인이 죽어가던 순간 그녀의 침대 주변에 있었다고 말하곤 했습니다. 제퍼슨 씨는 부인 곁에 앉아 있었고, 부인께서 부군께 하고 싶은 말이 많았다고 하더군요."

생전에 시어머니가 그랬듯이, 패티도 마지막 순간까지 단호하고 기품 있었다. 아이들 이야기가 나오자, 그녀는 울음을 터뜨려 한동안 말을 잇지 못했다. 결국 손을 들어 남편에게 이렇게 말했다. "아이들에게 계모가 생길지도 모른다는 생각만으로는, 나는 편히 눈을 감을 수 없어요." 서른아홉의 혈기 왕성하고 매력적인 토머스 제퍼슨과 같은 사내에게 영원한 독신을 요구하는 건, 어쩌면 이기적인 임종 약속으로 비칠 수도 있다. 하지만 패티는 오로지 아이들의 행복만 생각했다. 딸들의 고모들이나, 오랜 시간 곁에서 함께한 엘리자베스 헤밍스 같은 여성들의 모성적 보살핌이면 낯선 여인을 새어머니로 들이지 않고도 충분하다고 믿었을 것이다. 그때, 큰딸 팻시는 아직 열 살이었고, 폴리는 네 살, 루시는 갓난아기였다. 토머스 제퍼슨은 부유했고, 세상에 이름이 알려진 인물이었으며, 매력적이었다. 그럼에도 그는 아내에게 다시는 결혼하지 않겠노라 약속했다. 죽어가는 아내를 위한 마지막 맹세였다.

그 약속의 순간, 그 자리에 있었던 사람들 중에는 아직 열 살도 되지 않았던 패티의 이복 여동생, 샐리 헤밍스도 있었다고 전해진다.

1782년 9월 6일 금요일 오전 11시 45분, 패티 제퍼슨은 세상을 떠났다. 마지막 순간, 제퍼슨의 여동생 마사 카가 아내의 침대 곁에서 비통해하는 제퍼슨을 간신히 달랬다. 딸 팻시의 회고에 따르면 당시 제퍼슨은 '의식이 없는 상태'였고, 마사가 겨우 서재까지 데려갔지만, 그 자리에서 혼절하고 말았다. 단순한 실신이 아니었다. 그는 너무 오랫동안 깨어나지 않아, 사람들은 그가 다시 일어나지 못할지도 모른다고 두려워했다.

마침내 정신을 차렸을 때, 제퍼슨은 슬픔으로 거의 알아들을 수 없는 말을 내뱉으며, 감정의 격랑에 휩싸여 있었다. 분노에 가까운 격정이 그를 집어삼켰던 것으로 보인다. 딸 팻시는 이렇게 썼다. "그 뒤에 벌어진 장면은 직접 보지 못했습니다." 그 장면은 그가 서재에서 의식을 되찾은 직후의 일이었을 것이다. "하지만 내가 밤중에 몰래 들어섰을 때 마주한 아버지의 감정 폭발은 지금도 감히 떠올릴 수조차 없습니다." (이 기록은 그녀가 그 일을 겪은 지 50년 후에 남긴 것이다.)

서재 한쪽에 간이침상이 마련되었지만, 제퍼슨은 방 안에 머물 수 없었다. 비탄에 빠진 그는 광기와도 같은 충동에 휩싸였다. 이후 팻시는 마치 이 세상에서 유일하게 남은 변하지 않는 존재가 아버지뿐이라는 듯, 그 곁을 단 한 순간도 떨어지지 않았다. 이미 많은 형제자매가 태어나자마자 세상을 떠났고, 이제는 어머니마저 사라진 것이다. 전시 정국 속에서 제퍼슨은 다정하면서도, 어쩔 수 없이 멀게 느껴지는 존재였을지 모른다. 그러나 그는 가족을 진심으로 사랑했고, 자신의 이상으로 삼기까지 했다. 비탄에

204

휩싸인 아버지를 묵묵히 지켜보며, 팻시는 놀라울 정도로 강인하고 성숙한 모습을 드러냈고, 제퍼슨은 딸의 모습에서 어머니와 제인 누이 그리고 아내 패티의 잔영을 보았을 것이다. 제퍼슨은 딸을 꼭 끌어안았고, 팻시도 아버지를 끌어안았다. 절망의 시간 속에서 시작된 부녀 사이의 따뜻한 연대는 이후 평생 이어졌다.

"아버지는 3주 동안 방을 떠나지 않으셨고, 나는 단 한 순간도 그 곁을 떠나지 않았습니다." 팻시는 회상했다. "밤낮을 가리지 않고 거의 쉬지 않고 방 안을 거니셨죠. 기력이 완전히 소진되었을 때만, 실신하셨을 때 들여놓은 간이침상에 잠시 누우셨습니다. 고모들도 몇 주 동안 내내 곁에 머물렀지만, 정확히 얼마나 그랬는지 기억나지 않습니다."

제퍼슨은 가만히 있을 수 없었다. "마침내 방을 나선 아버지는 말을 타고 나가셨습니다. 그날 이후 거의 매일 말을 타고 산속을 떠도셨습니다. 사람들이 다니지 않는 외진 길을 따라, 때로는 숲길로, 그저 말없이 헤매듯 돌아다니셨습니다. 그런 슬픔의 방랑에 나는 언제나 함께했던 유일한 동반자였습니다. 그 여정에서 아버지가 참지 못하고 터뜨린 수많은 슬픔의 폭발을 지켜본 건 나 혼자뿐이었습니다."

그 기억들은 잃어버린 몬티셀로의 풍경 속 몇몇 장소들을 시간조차 지워낼 수 없는 성소로 바꾸어 놓았다. 제퍼슨은 마치 끊임없이 움직이는 것만이 상실의 고통을 덜어줄 수 있다는 듯 스스로를 몰아붙였다. 1782년 9월 6일의 비극 이후, 제퍼슨이 쓴 초기 서한 중 한 통에서 그는 이렇게 고백했다. "당분간 이곳을 떠나, 필라델피아나 북쪽 어딘가로 여행을 떠나 세상과 거리를 두려 했었습니다."

제퍼슨이 미쳐간다는 소문이 파다했다. 에드먼드 랜돌프는 제임스 매디슨에게 이렇게 썼다. "나는 제퍼슨이 가정의 행복을 인생 최고의 선 중 하나로 여긴다는 건 알고 있었지만, 그의 슬픔이 너무 격렬해서 아이들 얼굴만 봐도 기절한다는 소문이 돌 정도일 줄은 상상도 못 했습니다."

그가 아내를 위해 남긴 묘비명은 호메로스의 대서사시《일리아드Iliad》한가운데서 가져왔다. 그리스어로 새겨졌기에, 오직 교양 있는 이들만이 그의 비문을 이해할 수 있었다. 제퍼슨이 선택한 그 시 구절을, 알렉산더 포프는 이렇게 번역했다.

비탄의 그림자가 드리운 저 아래 세계에서조차,
친구와 연인의 불꽃이 꺼져버린다 해도,
나의 사랑만은 성스럽게 남아 시들지 않으리.
죽음을 넘어 타오르며, 나의 영혼을 다시 살아 숨 쉬게 하리.

그의 마음속에서 패티와의 연결은 영원불멸했다. 심지어 죽은 자의 세계인 하데스의 관습마저 사랑을 가로막을 수 없을 것으로 느껴졌다. 그러나 이 순간에는 묘지의 한 구절만이 불가피한 진실을 담아낼 수 있었다.

마사 제퍼슨
1772년 1월 1일 토머스 제퍼슨과 혼인
1782년 9월 6일 죽음으로 그와 이별

한 달 정도 지나고 제퍼슨은 자살의 유혹을 조심스럽게 언급하기 시작했다. "이토록 참담한 삶은 너무 무거워 견딜 수 없을 지경입니다. 제가 지켜야 할 신성한 책임을 저버리는 불신의 죄가 두렵지 않았다면, 지금이라도 이 삶이 한순간이라도 지속되기를 바라지 않았을 것입니다." 제퍼슨의 세상은 패티와 함께 무너진 듯했다. 그는 처형 엘리자베스 에페스에게 편지를 보냈다. "위안과 행복을 위한 내 모든 계획이 단 하나의 사건으로 뒤집혔고, 앞으로 펼쳐질 삶은 단 한 줄기 희망조차 없이 암흑뿐입니다."

하지만 그는 팻시, 폴리, 루시를 위해 살아야 했다. 아이들에 대한 아버지로서 의무, 그리고 공동체의 일원으로서 이웃에 대한 책임이 있었다. "내가 느끼는 슬픔은 가슴 깊이 묻고, 당신과의 소통에서 그 우울함이 스며 나오지 않도록 하겠습니다." 그는 에페스 부인에게 이렇게 말했다. "제가 에핑턴을 방문한다는 말은 꺼내지 않겠습니다. 제가 다른 이들의 밝은 분위기를 해치지 않을 그런 표정을 지을 수 있을 때까지는 가지 않기로 약속드렸으니까요."

그는 아직 그럴 만한 상태가 아니었다. 할 수 있는 일이라곤 팻시와 함께 말을 타거나, 숲속을 헤매는 것뿐이었다.

제4부

좌절한 의원

1782년 말에서 1784년 중순까지

"나는 내부의 분열보다 더 두렵고, 더 현실적인 위협은 없다고
본다. 그리고 그 분열을 막을 수 있는 가장 유력한 방책은, 우리
모두를 하나로 묶는 결속의 끈을 더욱 굳건히 하는 데 있다."
—토머스 제퍼슨, 연합 규약 체제의 미국을 두고

15장 정계 복귀

> "주들은 연방 의회를 무시한 채 서로 전쟁을 벌이게 될 겁니다.
> 어떤 주는 프랑스에, 또 다른 주는 영국에 원조를 요청할 것이
> 고, 결국 유럽의 전쟁들이 모두 우리의 문 앞까지 들이닥칠 겁
> 니다."
>
> —토머스 제퍼슨, 중앙 정부의 약화를 우려하며

토머스 제퍼슨은 이제 마흔을 바라보는 나이였지만, 지금까지 실패를 겪어본 적이 없었다. 귀하게 자란 아들이자 영특한 학생이었고, 스물다섯에는 버지니아주 하원의원, 서른하나에는 《권리에 대한 개요》의 저자, 서른셋에 미국 독립선언서의 기초자, 서른여섯에는 버지니아 주지사가 되었다. 토머스 제퍼슨은 공적 성공과 대중적 찬사를 당연하게 여겨온 인물이었다. 그의 삶은 언제나 하나의 성취에서 또 다른 성취로, 영광에서 더 큰 영광으로 나아가는 연속이었다.

이제는 아니었다. 사랑하는 아내를 잃었다. 버지니아를 침공한 베네딕트 아널드와 찰스 콘월리스의 공격에 버지니아 행정부는 사실상 실패

나 다름없는 평가를 받았다. 세부적인 정황은 중요하지 않았다. 대중은 제퍼슨의 리더십이 부족하고 무기력했다고 여겼다. 제퍼슨은 이 사실을 견딜 수 없었지만, 그렇다고 해서 사실이 아니게 되는 것은 아니었다.

시인 단테는 제퍼슨과 비슷한 나이에 스스로 '어두운 숲길을' 방황하고 있음을 깨달았다고 고백했다. 제퍼슨도 최근에 벌어진 쓰라린 경험과 화해해야 했다. 자신이 더 이상 오점 하나 없는 대중적 인기 정치인이 아니라는 현실을 받아들이는 법을 배워야 했다. 작은 불행이나 실수 없이 위대한 인생은 없다고 스스로 납득을 하지 못했더라면 다시 정치의 무대로 돌아갈 수 없었을 것이다.

세상 앞에 다시 서기 위해 준비하면서 명성의 위험성을 곰곰이 생각하던 제퍼슨은, 전쟁 동안 찬란한 승리를 거두었지만 비판에 직면한 조지 로저스 클라크에게 편지를 보냈다. "당신에게 적이 있다는 사실은 전혀 놀라운 일이 아닙니다. 스스로 뛰어난 존재가 된 이상 그것은 필연입니다."

이 말은 클라크뿐 아니라, 그 글을 쓴 자기 자신에게도 고스란히 적용되는 이야기였다. 제퍼슨은 이렇게 이어 썼다. "만약 악의에서 벗어나고자 했다면, 조용히 정해진 업무의 경계를 넘지 말았어야 합니다. 하지만 그 선을 넘어, 당신의 이름이 후대에 영광스럽게 남을 만한 일을 감행했다면, 당신은 스스로를 악의와 질투의 화살이 꽂히는 과녁으로 만든 셈입니다. 그런 화살은, 공직 안팎 어디에나 널려 있으니까요."

찬사는 고통이라는 대가를 동반한다. 주지사직 이후, 제퍼슨은 이 사실을 그 어느 때보다 깊이 깨달았다. 과거를 뒤로 하고 밀고 나아가는 것이 유일한 길이라는 사실을 알았다. 다른 길은 없다. 그러지 않고 영원히 물러나 버린다면, 실패의 흔적을 덮을 만큼 더 크고 의미 있는 흔적을 남길 기회마저도 사라져 버린다. 정치적 삶에서 역경은 피할 수 없는 본질이며, 그 삶의 진정한 시험은 역경이 지나간 뒤 어떤 길을 택하느냐에 달려 있다는 것을 알고 있다.

1781년에서 1782년 사이에 겪은 영국군의 침공과 능력에 쏟아진 비난, 아내의 죽음까지 개인적, 정치적 고통은 덜 강한 사람이라면 분노와 쓰라림으로 세상의 부당함을 원망하며 자기 땅으로 돌아가 숨어버리게 했을 것이다.

제퍼슨은 달랐다. 후퇴가 아니라, 전진을 택했다.

패티 제퍼슨의 사망 소식이 필라델피아에 전해지자, 의회에 있는 제퍼슨의 동료들은 전후 질서를 바로 세우기 위한 업무로 프랑스에서 열리는 파리 평화 조약에 참석해달라고 요청했다.

제퍼슨은 주저 없이 이를 수락했다. 그는 훗날 이렇게 회고한다. "두 달 전, 나는 내 인생에서 가장 소중한 동반자를 잃었습니다. 서로의 사랑이 변함없던 지난 10년 동안, 나는 그녀와 함께 단 한 번의 흐린 날조차 없는 행복 속에서 살았습니다. 공공의 이익과 내 마음 상태를 고려해 제안해주신 장소의 변화를 받아들이려고 합니다."

1782년 11월 26일 화요일은 제퍼슨의 삶에서 전환점이 된 날이다.

제퍼슨은 제임스강 근처 폴링 크리크에 있는 혁명 동지 아치볼드 캐리의 농장 앰프틸Ampthill을 방문 중이었고, 그곳에서 가족들의 천연두 예방 접종을 감독하고 있었다. 이 시기에 비로소 다시 편지를 쓰기 시작했고, 지난 3개월간의 자신을 감싸고 있던 깊은 슬픔의 경계 너머의 세상과 다시 연결되기 시작했다.

프랑스 특사 임명을 수락하는 편지 초안에서 제퍼슨은 이렇게 썼다. "나는 나의 임무를 성실하게 수행할 것이며, 미국 전체 주들의 이익을 공정하게 고려하겠습니다." 이처럼 그는 자신의 시야가 국가적, 국제적 차원으로 확장되었음을 강조했다. 어쩌면 자신의 정치 경력에서 가장 불행했던 챕터를 넘기고자 하는 시도였을지도 모른다. 어쨌든 그는 이 임무를 시작하고 싶어 안달이 나 있었다. "나는 떠날 준비를 하는 데 단 1초도 지체하지 않을 것입니다."

제퍼슨은 샤스텔뤼 후작에게 보낸 편지에서, 그해 가을의 참담했던 사건들을 다시 떠올렸다. 답장이 늦어진 이유를 설명하며 이렇게 말했다. "이제야 저를 세상과 단절된 사람처럼 만들었던 정신적 마비 상태에서 조금씩 벗어나고 있습니다. 아내의 죽음이 슬픔의 원인이었고, 정신적 마비는 곧 제가 세상에서 죽은 존재였다는 증거이기도 했습니다."

제퍼슨은 어린 두 딸, 폴리와 루시를 사별한 아내의 친척 프랜시스와 엘리자베스 에페스 부부에게 맡겼다. 장녀 팻시는 아버지의 새 부임지인 파리로 동행하게 되었다. 1782년 12월 15일 일요일, 제퍼슨은 몬티셀로에서 《버지니아 관보》에 공지를 실었다. "나의 모든 개인적 사안은 체스터필드의 처남 프랜시스 에페스, 그리고 알버말 카운티의 친구 니컬러스 루이스에게 위임했습니다." 그로부터 나흘 뒤, 제퍼슨은 딸 팻시와 함께 집을 떠났다. 언제 돌아올 수 있을지 기약이 없었다.

제퍼슨은 멀리 떨어질수록 좋다는 생각에 어서 떠나고 싶었지만, 영국군도, 날씨도 도와주지 않았다. 볼티모어에서 프랑스 공사와 함께 소형 구축함 로물루스호를 타고 출항할 예정이었다. 그러나 배는 볼티모어 몇 킬로미터 남쪽에서 강이 얼어붙는 바람에 발이 묶이고 말았다. 결국 제퍼슨은 필라델피아에 머물며, 6년 전에 떠났던 국가 정치 무대에 다시 적응하기 시작했다. 그는 딸과 함께 필라델피아 5번가와 마켓 거리에 있는 메리 하우스 여사의 숙소에 방을 잡고 머물렀다.

하우스 부인의 하숙집은 제퍼슨에게 두 가지를 제공했다. 제임스 매디슨 같은 매력적인 정치적 인물들과의 교류뿐 아니라 누이 제인과의 우정 이후 오랫동안 필요로 해왔던 이해심 깊은 따뜻한 여성과의 정서적 유대였다. 그 인물은 하숙집 주인의 딸, 엘리자 하우스 트리스트였다. 엘리자는 이후 제퍼슨 인생에서 지속적인 위로와 지지를 보내는 친구로 자리를 잡는다.

하우스 부인의 하숙집에서 제퍼슨은 열다섯 살 캐서린 '키티' 플로이드에게 푹 빠진 서른두 살 메디슨의 로맨스 드라마 조력자로 나서기도 했다. 키티는 뉴욕주 하원의원 윌리엄 플로이드의 아름다운 딸로 근엄하기로 이름난 메디슨의 마음을 단박에 사로잡았다. 제퍼슨은 이 풋풋한 로맨스를 둘러싸고 하숙집 식구들이 벌이는 '농담과 희롱'에 웃으며 동참했다.

한편, 제퍼슨은 단순한 사교를 넘어서 정치적 재진입을 준비하며 대륙회의의 장관 찰스 톰슨이 쓴《비밀 외교 저널Secret Journal of Foreign Affairs》을 정독했고, 의회와 프랑스의 벤저민 프랭클린, 스페인의 존 제이, 네덜란드의 존 애덤스 사이에 오간 외교 서신들을 면밀하게 분석했다. 외국에 파견된 사질단들에게 주어진 지침, 그리고 빈, 러시아, 프로이센, 토스카나로 파견된 외교사절 임명 과정도 검토했다. 또한 메디슨이 집필한《버몬트와 영토 분쟁이 의회 정치에 미친 영향에 관한 고찰Observations Relating to the Influence of Vermont and the Territorial Claims on the Politics of Congress》이라는 논문을 읽고, 미시시피강 동쪽 영토를 둘러싼 스페인-미국 간의 분쟁 관련 문서들도 살펴봤다.

타인이 세상을 바라보는 방식을 누구보다 잘 알고 있었던 제퍼슨은 대다수가 자기중심적으로 세상을 본다는 사실 또한 깊이 이해하고 있었다. 그래서 당시 유럽에서 외교관으로 활동 중이던 존 제이에게 조심스럽게 편지를 보냈다. "좀 더 일찍 합류했더라도 위원회의 역량을 더하지 못했을 것이며, 이렇게 마지막 순간에 합류하는 처지에서 그저 폐를 끼치지 않기만을 바랄 뿐입니다." 이 겸손한 문장은 새 외교관의 늦은 합류를 두고 혹시나 있을 수 있는 질투나 불편함을 미리 방지하려는 의도였다. 제퍼슨은 자신을 둘러싼 사람들과의 관계를 정교하게 다듬고 관리하고 있었다.

윗사람에게도 마찬가지였다. 조지 워싱턴에게도 정중한 편지 한 통을 보냈다. 당시 워싱턴이 국가적 영웅으로서 차지하고 있던 위상은 누구도 부인할 수 없었다. 제퍼슨은 독립전쟁 시기에도 그와 극히 우호적인 관계를 유지했었다. 그리고 이제 평화가 다가오고 있는 시점, 그는 워싱턴에게 인간적 호감을 사고, 정치적 동맹이 될 가능성을 열어두려 했다. 제퍼슨은 워싱턴에게 다음과 같이 자신의 존경을 전했다. "장군께서 우리를 위해 감내하신 모든 고통, 그리고 이루신 모든 성과에 대해, 제 개인적인 경의를 바칩니다."

그러나 제퍼슨의 외교 임무는 시작도 하기 전에 끝나 버렸다. 제이와 프랑스에 있던 미국 대표단이 영국과 맺을 '파리조약Treaty of Paris' 초안을 체결했으며 해당 문서는 공식적으로 혁명전쟁을 공식적으로 끝내는 조약으로서 미국 의회의 비준을 받기 위해 본국으로 이송 중이었다.

제퍼슨은 아쉬워하면서도 평범한 시민 신분으로 버지니아에 돌아왔지만, 정치적 열망은 여전했다. 그는 한 번 더 정치 무대에 서기를 바라는 마음으로 제임스 매디슨에게 편지를 보냈다. "만약 우리가 가끔 이야기했던 그 부름이 나에게 온다면, 나는 기꺼이 다시 국가 무대로 돌아갈 것입니다."

그리고 그 부름은 곧 찾아왔다. 1783년 6월 6일 금요일, 제퍼슨은 의회 의원으로 선출되었다. 에드먼드 랜돌프는 매디슨에게 이 소식을 간단명료하게 전했다. "제퍼슨 씨의 동의로 그를 대표단의 수장으로 선출했습니다."

제퍼슨이 공직에서 물러나 있던 기간은 한 달도 되지 않았다.

제퍼슨이 선출된 의회는 국가 정부의 유일한 기구였다. '연합 규약 Articles of Confederation'에 따라 설립된 이 의회는 본질적으로 매우 취약한 구조였다. 행정부나 사법부는 따로 존재하지 않았고, 오직 의회만 있었다. 각 주는 최소 두 명의 의원이 있어야 대표될 수 있었고, 대부분의 중요한 사안에는 13개 주 중 9개 주의 동의가 필요했기에 정부의 효율성을 크게 떨어뜨렸다. 설령 정족수가 충족되고 합의에 도달하더라도 의회에는 실질적인 권한이 거의 없었다. 세금을 부과할 수도, 국가 무역을 규제할 수도, 군대를 창설할 수도 없었지만, 전쟁을 선포할 권한은 있었다. 법을 강제할 수 있는 수단도 존재하지 않았고, 각 주는 사실상 독립된 주권 국가처럼 운영되었다. 따라서 국가 정부는 신생 미국을 강화할 수 있는 일관된 외교 정책이나 통상 정책을 만드는 데 매우 취약했다.

1783년은 1774년과 흡사했다. 해가 지기 전의 어스름한 시기처럼, 중대한 질문들에는 선명한 답이 없었다. 1774년의 쟁점은 전쟁이었다. 1783년의 쟁점은 평화, 더 자세히는 미국인들이 갈등에서 벗어나 주권을 갖고 스스로 지배할 수 있을 것인가였다.

1775년 벤지민 프랭클린이 제안한 연합 규약으로 시작해서 제퍼슨은 국가 수준에서 통치의 현실 가능성을 고민해왔다. 그는 프랭클린의 제안을 검토하는 위원회로 참여했으며, 1783년에는 의회 휴회 기간 중 정부의 '눈에 보이는 수반'을 마련하기 위한 위원회에 임명되었다. 그 결과 '주 대표 위원회Committee of the States'가 구성되었지만, 제퍼슨은 중앙집권적 통제를 강화하자는 견해를 지속해서 옹호했다.

하지만 이 위원회는 실패했다. 제퍼슨은 훗날 이렇게 회고했다. "당시에는 두세 명의 개인적인 기질 탓으로 여겨졌지만, 현명한 이들은 그것이 인간 본성에 기인한다고 생각했다." 이후 제퍼슨은 전시 버지니아 통치 경험과 1780년대 중반의 국가 체제 붕괴로 단일하지만, 책임 있는 행정부 체제의 신봉자가 되었다. 역사적으로도 이를 부정하는 사례는 없었다. 그는 미국의 대통령제에 대해 이렇게 말했다. "여러 조언자가 함께하되, 최종 결정을 내리는 단일한 판결자를 두는 것이 지혜와 실용성을 가장 잘 조화시킨 체제라고 믿습니다."

1783년 연합 의회의 상황을 심사숙고하던 제퍼슨은 그야말로 무정부 상태로 이어질까 우려했다. 독립전쟁이 끝난 지금, 이제는 주와 주 사이, 지역과 지역 사이에 서로 등을 돌리고, 싸우지 않으리라는 보장이 있는가?

중앙집권적이고, 국가적이며, 구속력을 지닌 힘만이 그 해답이었다. 제퍼슨과 그의 동시대인들이 해야 할 일은 분명했다. 그들은 '연합의 유대를 강화하고, 현재의 취약함이 초래할 잔혹한 재앙을 막기 위해 힘을 모아야 했다.'

이는 1780년대 동안 계속될 문제였다. "제가 오랜 시간 고민할수록 매일매일 연합정부의 건설이 근본적으로 잘못되었다는 확신을 갖게 되었습니다. 1786년 존 제이는 제퍼슨에게 이렇게 썼다. "입법, 사법, 행정 권력을 같은 집단에 집중시키는 조치는 현명하지 않습니다. 더욱이 날마다 그 집단의 구성원이 바뀐다면 말입니다." 같은 해, 제퍼슨은 제임스 먼로에게 이렇게 말했다. "연합정부가 송곳니를 드러내기 전엔, 국고가 채워질 일은 없습니다. 주들은 회초리를 봐야 하고, 아마도 몇몇은 그 매를 실제로 맞아야 할 겁니다."

강력한 연방이 없이는, 제퍼슨은 최악의 사태가 일어날 것이라고 예상했다.

이 문제는 단지 정치학이나 법률의 영역에 국한되지 않았다. 신생 국가의 존속 가능성은 국민에게 달려 있었다. 이 핵심적인 질문은 1782년에 간결하고도 정확하게 제기되었다. "그렇다면 미국인이란 누구인가, 이 새로운 사람들은?" J. 헥터 세인트 존 드 크레브쾨르는《한 미국 농부로부터 온 편지들Letters from an American Farmer》에서 이렇게 물었다.

제퍼슨은 전국적인 시각보다는 지역적인 관심에서 출발했지만, 이 질문에 수년간 답하려 애썼다. 1780년, 프랑스 공사관의 비서였던 바르베-마르부아 후작은 제퍼슨에게 버지니아에 관한 일련의 질문을 보냈다. 그 답변으로 탄생한 결과물이 제퍼슨의 가장 중요한 문필 작업,《버지니아주에 대한 기록Notes on the State of Virginia》이었다. 몇 년 뒤 파리에서 출간된 이 책은 마르부아가 보낸 구체적인 질문들에 답하는 형식으로 구성되어 있다.

예를 들어 "버지니아주의 경계와 한계를 정확히 설명하시오." 또는 "그 주에서 통용되는 특유의 관습이나 생활양식은 무엇인가?" 같은 질문들이다. 이 책은 정확하면서도 다채롭고, 형식을 갖추면서도 대화체의 문체를 취하고 있다.

제퍼슨이 고향에 품은 자부심은 곳곳에서 드러난다. 그는 버지니아의 자연미를 찬미하는 열정적인 묘사로 글을 채웠다. 동시에, 혁명기의 정치 운영이 얼마나 복잡하고 어려운 일인지도 냉정히 인식하고 있었다. 버지니아 정부는 여러 요소가 섞인 독특한 체제였다. 그는 이렇게 표현했다. "이 정부는 영국 헌법의 가장 자유로운 원칙들과 자연권, 자연 이성에서 비롯된 원칙들이 결합한 체제다. 이런 원칙들과 가장 대립하는 것이 바로 전제군주의 논리다."

그리고 제퍼슨은 점차 깨닫게 된다. 버지니아에서 경험한 진실은 더 넓은 미국 전체에도 적용된다는 사실을. 국가 정부와 주정부, 주정부와 국민 사이, 즉 삶의 다양한 요소들이 충돌하는 이 지점에서 절제된 권력의 균형을 찾으려는 노력은 여전히 끝나지 않은 과제였다.

어느 비 오는 날 저녁, 오렌지카운티로 돌아가는 길에 제임스 매디슨은 같은 버지니아 출신인 조지 메이슨에게 당시의 주요 쟁점들에 대한 의견을 조심스럽게 물어보았다. 그 대화에서 매디슨은 단 하나의 분명한 '이단적 견해'를 발견했다. '메이슨이 연합을 유지해야 할 필요성이나, 유지하기 위한 적절한 수단에 대해 너무도 무심하다'라고 매디슨은 제퍼슨에게 전했다.

이 시기 매디슨은 《펜실베이니아 저널 또는 주간 광고지》에 익명으로 두 편의 글을 기고하여, 강력한 중앙 정부의 필요성을 열정적으로 호소했다. 하지만 메이슨의 태도가 보여주듯, 그의 주장은 당시 널리 공감을 얻지 못했다.

개인적인 문제도 매디슨을 괴롭혔다. 키티 플로이드가 약혼을 파기하고 그를 떠난 것이다. 친구의 상심을 걱정한 제퍼슨은 곧바로 따뜻하고 공감 어린 편지를 보냈다. "그 일이 어떤 이유에서 일어났든, 진심으로 안타깝게 생각하오. 이토록 내 예상과 어긋난 일도 드물었소. 그 예상은 내가 상황을 잘 알고 있다는 확신에서 비롯된 것이었지요. 하지만, 모든 기계 중에서 우리의 감정 기계만큼 복잡하고 설명하기 어려운 것도 없소."

제퍼슨의 위로는 단순한 동정이 아닌, 깊은 공감에서 비롯된 것으로 그는 슬픔이 어떤 것인지 이해했다. 실망을 철학적으로 받아들이려 했고, 가슴 아픈 상실과 절망 속에서도 자신의 감정 기계를 억지로라도 움직이며 꿋꿋하게 앞으로 나아가려 했다. 그는 매디슨도 그렇게 해낼 것이라 믿었다.

한편, 제퍼슨에게는 정보만큼 중요한 것은 없었다. 전국 의회에 선출된 지 10일 뒤, 그는 리치먼드의 버지니아 주의회 의원에게 정국에 대한 세세한 정보를 계속 보내달라고 요청했다. 1783년 6월 17일 화요일, 제퍼슨은 이렇게 적었다. "의회 관련 소식은 흥미로운데도 거의 듣지를 못하오. 지금까지 무슨 일을 했는가? 지금 무슨 일을 하고 있는가? 지도자들의 움직임은? 그들은 누구인가? 상원과 하원의 분위기는 어떤가? 등등."

언제나 그렇듯, 정보는 곧 권력이었다.

16장 존경을 얻기 위한 투쟁

외교적 행정 체계, 외국과의 조약, 국내 행정 체계, 국내 평화를
위한 무기고 및 군사 거점 설치, 서부 영토, 인디언 문제, 재정
문제.

—토머스 제퍼슨, 전쟁 이후 미국이 직면한 과제를 정리하며

의회는 사실상 권력이 거의 없었을 뿐 아니라, 머물 장소조차 없는 처지였다. 필라델피아에 있던 의회는 1783년 말에 아나폴리스로 이전할 예정이었지만, 그해 6월 셋째 주에 대륙군 병사 300명의 급여 지급을 요구하며 반란을 일으켜 의사당을 습격했다. 펜실베이니아주 정부는 이 사태에 개입하기를 거부했고, 이에 의회는 필라델피아를 떠나 뉴저지 프린스턴으로 피신했다.

즉, 국가 정부가 자기 국민에게 쫓기는 상황이었다.

이처럼 민감한 시기에 겉으로 드러나는 모습은 매우 중요했다. 제임스 매디슨은 '이처럼 중요한 주의 대중이 혁명이나 연방정부에 반감을 품고 있다는 인상을 해외에 주지 않기 위해' 일부 의원들이 신체적 위험을 감수하

고서라도 필라델피아로 돌아가려는 강한 의지를 보였다고 전했다.

그러나 의회는 1783년 11월에 아나폴리스로 이전할 때까지 계속 프린스턴에 머물렀다. 제퍼슨은 가을에 자신이 의회로 복귀할 즈음 — 그 장소가 어디가 될지 확실치 않았지만, 의회가 필라델피아에 머문다면 어떤 크기든 좋으니 하우스 부인 댁에 방 하나를 — 매디슨이 미리 잡아주기를 요청했다. 또, 의회가 어디에 있든 상관없이 딸 팻시는 필라델피아에 머물게 할 계획이었기 때문에, 팻시의 교육을 위해 트리스트 부인에게 조언을 구했다.

제퍼슨은 1783년 10월 16일 목요일 몬티셀로를 떠났다. 필라델피아를 거쳐서 프린스턴에 도착한 그는 11월 4일, 의회에 참석했다. 하지만 그의 체류는 극히 짧았다. 제퍼슨이 도착한 바로 그날 저녁, 의회는 아나폴리스로 이전을 결정했다. 프린스턴은 열악한 시설에 숙소도 부족했다. 매디슨은 프린스턴을 이렇게 혹평했다. "공적 업무를 제대로 처리할 수도 없고, 의원들이 최소한의 체면을 유지하며 지낼 숙소조차 없으며, 의회와 연관된 사람들에게는 그 어떤 편의도 제공되지 않는 시골 마을일 뿐이다."

질서를 이루기 위해서는 권위가 필요했다. 그리고 그것은, 각 주가 갖기를 원하면서도, 의회가 절실히 필요로 하던 것이었다. 제퍼슨은 무조건적인 연방주의자도, 극단적인 주권 옹호론자도 아니었다. 그런 분류들이 이미 생겨나고 있던 시점이었지만, 그는 다양한 이해관계를 가진 국가에서 권력을 어떻게 배분해야 하는지를 고민하고 있었다.

1783년부터 1784년까지 그가 구상한 연합 의회의 역할은 그가 버지니아 주지사직을 마친 뒤 세운 정치적 신념과 일치했다. 권한을 맡은 자는 명확하게, 그리고 확실하게 통제권을 가져야 한다는 것. 제퍼슨은 이렇게 썼다. "연합 의회에 소집된 미국은 전체 연방의 주권을 대표한다. 그러므로 의회라는 집단은 물론, 의회 의장 개인 또한 모든 상황에서 그 어떤 기관이나 개인보다 우선해야 한다." 그 말이 설령 단순히 단지 의전상의 서열을 의미한 것이라고 해도 제퍼슨이 전달하고자 했던 의도는 분명했다. 의회가 실질적인 권위를 갖기 위해서는, 마땅한 위상을 부여받아야 했다.

제퍼슨이 보기에 아나폴리스는 승전국의 수도치고는 지나치게 조용했다. 그는 1783년 12월, 매디슨에게 편지를 보내 이렇게 썼다. "의회가 소집되어야 했던 날로부터 벌써 보름이 지났지만, 단지 6개 주만 모였네." 의회가 공식적으로 개회하고 업무를 시작하려면 최소 9개 주의 대표가 필요했다. "오늘 로드아일랜드주가 올지도 모른다는 희망은 있네만, 나머지 2개 주가 언제 도착할지는 다음 지진이 언제 일어날지 계산하는 것만큼이나 알 수가 없네." 유럽에 있던 프랭클린, 애덤스, 제이 등 외교 사절단도 사태를 심각하게 보고 있었다. 제퍼슨은 전했다. "필라델피아에서 발생한 폭동으로 의회가 철수하면서 유럽에 좋지 않은 인상을 남겼고, 우리의 연합체가 과연 안정적인 체제인지, 또 그 끝이 어떻게 귀결될지 주목하고 있습니다."

당장 해결해야 할 과제는 막중했다. 혁명전쟁을 종결짓고, 미국을 정식 독립 국가로 인정하는 파리조약을 비준해야 했기 때문이다. 1783년 12월 13일 토요일, 제퍼슨은 조약을 검토할 위원회에 임명되었다.

조약은 총 10개 조항으로 이루어져 있었고, 그중에는 미국에 넓은 영토를 인정하는 조항과, 영국이 압수했던 재산(노예 포함)을 돌려주겠다는 약속도 포함되어 있었다. 특히 중요한 조항은 제10조, 즉 절차에 관한 규정이었다. 조약은 서명 일자에서 6개월 이내에 미국 의회의 비준을 받아야 했고, 서명은 이미 1783년 9월 3일 파리에서 이루어졌다.

제퍼슨이 속한 위원회는 조약 비준을 추진했지만, 정족수 부족으로 아무런 결정을 내릴 수 없었다. 정족수가 채워지지 않으면 비준도 없다. 제퍼슨은 이런 무력감에 분노했다.

골칫거리 가득한 크리스마스이브였다. 제퍼슨은 몸도 좋지 않았고, 걱정으로 가득했다. 1783년 12월 24일 수요일, 버지니아의 한 지인에게 이렇게 편지를 보냈다. "현재의 위태로운 상황에 극도로 불안한 마음뿐입니다." 조약 비준 후 파리로 돌려보내기까지 남은 시간은 고작 두 달 남짓이었다. "지금 할 수 있는 말이라곤, 아직 가능성이 남아 있다는 것뿐이네." 그는 영국이 조약 비준 지연을 빌미로 내용 수정을 강요해올 가능성을 우려하고 있었다.

1784년 새해가 밝았지만, 제퍼슨은 우울하고 병든 상태였다. 그는 매디슨에게 이렇게 전했다. "이곳에 와서 줄곧 건강이 좋지 못했고, 상황은 나아지기는커녕 점점 더 악화하고 있습니다."

의회가 조속히 비준하지 않으면, 미국은 국제 사회에서 망신당하고, 독립국으로서의 신뢰도에도 타격을 입을 상황이었다. 그러나 정족수를 무시하고 조약을 비준한다면, 연방정부가 권한을 남용했다는 비판에 직면할 수도 있었다.

제퍼슨은 의회가 월권했다는 비난을 받지 않으면서 국가의 국제적 평판을 지키기 위해서 타협점을 찾고자 했다. 그는 법률가다운 치밀함으로, 과거에 의회가 이미 진행했던 표결의 법적 효력을 이번 최종 조약에까지 확대 적용하는 방식으로 동의안을 작성했다. 그렇게 위기를 넘길 법적 장치가 마련되었다. 다행히도, 결국 코네티컷과 뉴저지 대표들이 늦게나마 도착했고, 9개 주가 정족수를 충족하면서 조약은 공식적으로 비준되었다.

잠시나마 이 체제가 미국 독립을 확정하는 조약 비준이라는 중대한 일을 해냈다. 제퍼슨은 이 소식을 공식적으로 선포하기 위한 문서를 작성했다. 그는 선포문에서 '모든 주의 선량한 시민들'에게 호소했다. "이제 모든 시민이, 각자의 양심이라는 가장 확실한 길잡이에 따라, 조약의 조항을 존중하고 이를 이행해주기를 바란다. 이 조약은 모든 선량한 시민을 대표하여, 연방의 권위 아래 체결된 것이다. 이 연방의 결속은 우리를 하나의 독립된 민족으로 묶어주며, 세계 각국이 이를 인식하고 공인하였다."

해야 할 일은 여전히 많았다. 제퍼슨은 이렇게 생각했다. "우리가 하나의 통합된 국가로서 무역 정책에 단결하여 행동할 수 있다는 것이 확실하다면, 영국은 광범위한 양보를 할 것이다. 하지만 지금 상황으로선, 영국은 우리에게 보복당할까 두려워하지도 않는다."

하지만 수개월간 이어졌던 불안과 긴장이 해소되자, 제퍼슨의 기분은 확실히 나아졌다. 건강도 회복세였다. 딸 팻시에게 이렇게 말했다. "지금까지는 간신히 의사당 건물에 나가 의무를 다할 수 있었을 뿐이고, 그 외에는 외출도 할 수 없었단다. 하지만 비준 다음 날엔 훨씬 좋아졌지." 독립선언서를 썼던 그가, 이제는 평화를 선언했다. 단순한 지역들의 집합이 아닌, 하나의 국가로서의 정체성을 다시 확립했다.

요새 점령 문제를 다루는 조약의 조항은, 제퍼슨이 오랫동안 관심을 가져온 미국 서부의 미래를 다시 수면 위로 끌어올렸다. 그의 관심은 낭만적이면서도 과학적이고, 동시에 실용적인 집착에 가까웠다. 제퍼슨은 끝없이 펼쳐진 숲의 이미지를 사랑했다. 그런 상상 속에서 그는 마치 태초의 자유를 누리는 고대 색슨족처럼 자신을 그리곤 했다. 또 그는 '매머드의 다양한 뼈, 이빨, 엄니' 등 자연 표본에도 깊이 매료되어 있었다. 신대륙의 동식물은 구대륙보다 열등하다고 주장했던 프랑스 자연학자 뷔퐁 백작의 말은 늘 제퍼슨의 마음을 떠나지 않았다. 1784년, 그는 뷔퐁에게 보여주기 위해 '유난히 큰 표범 가죽'을 필라델피아에서 구매하기도 했다.

게다가 제퍼슨은 애국자이자 정치인이었기에 전쟁 중이나 혁명전쟁 중에도 그랬듯, 미국의 통제가 미치지 못하는 서부 변경 지역이 언제든 외세의 위협에 노출될 수 있다는 점을 우려했다. 1783년 12월, 그는 아나폴리스에서 조지 로저스 클라크 장군에게 이렇게 썼다. "영국에서는 미시시피에서 캘리포니아까지의 지역을 탐험하겠다며 상당한 금액을 모금하고 있더군요. 표면적으로는 지식을 증진하기 위한 탐사라고 하지만, 저는 그들이 이 지역을 식민지화하려는 속내를 가지고 있다고 봅니다. 우리 중 일부는 그 지역을 우리가 먼저 탐사해보자는 이야기를 나누고 있습니다만, 아직은 미약한 움직임입니다." 하지만 문제는 자금이었다. "과연 우리에게 그런 자금을 모을 만큼의 기백이 있는지 의문입니다. 그런 탐사대를 당신이 이끌어보는 건 어떻겠습니까?"

제퍼슨은 미국의 역사를 '인류의 흐름'에서 바라보았고 자신이 참여하고 있는 실험이 얼마나 거대한 규모의 시도인지 자각하고 있었다. 1783년 12월 초, 제퍼슨은 기계식 복사기를 구매하기 위해 엘리자 하우스 트리스트의 오빠이자 필라델피아의 상인인 새뮤얼 하우스에게 문의를 보냈다. 그는 언젠가 이야기들이 전해지고, 역사가 직조되는 그 순간이 오면, 자신의 역할이 그 시대를 살아간 중요한 인물로 기록되기를 바랐다. 그는 이미 독립선언서 초안을 처음 세상에 보낼 때부터 이런 의식을 지니고 있었다. 이제는 더 나아가, 자신이 세계사의 거대한 무대 위에서 살아가는 이 순간들을, 매일매일, 심지어 매시간 단위로 기록해 남기려 준비하고 있었다.

17장 잃어버린 도시와 인생 조언

"제퍼슨 주지사는 매우 천진한 동식물 연구가이자 철학자로, 과
학적이고 박식하며 모든 면에서 훌륭한 인물이다."

—예일 대학교 총장 에즈라 스타일스

필라델피아에서 사람들의 관심은 온통 기구 이야기뿐이었다. 1784년
3월, 제퍼슨의 친구 프랜시스 홉킨슨은 그에게 이렇게 썼다. "의회가 아나
폴리스로 떠나면서 우리가 깊은 상실감에 빠져, 그들의 투정 하나하나에
한숨으로 반응할 줄 알았겠지만, 현실은 전혀 달랐습니다. 지금은 의회의
이름조차 잊힌 지 오래예요. 그 '존경할 만한 기관'을 언급하는 사람 한 명
이 있다면, 풍선 이야기를 꺼내는 사람은 100명쯤 됩니다."

그 무렵 파리에서는 거대한 열기구 실험이 한창이었다. 1783년 11월에
있었던 유인 비행 성공을 비롯해 다양한 비행 실험 소식이 빠르게 퍼졌다.
제퍼슨은 인간이 하늘을 통제할 수 있게 된, 이 혁명적인 잠재력을 감지했
다. "이 풍선들에 대해 어떻게 생각하십니까? 이제 정말 심각하게 받아들
여야 할 단계에 접어든 것 같습니다." 보고에 따르면 사람들은 고도 914미

터에서 9킬로미터를 20분 만에 비행했다고 한다. 제퍼슨은 농담조로 말했지만, 그 안에는 놀라운 예견이 담겨 있었다. "이런 발견은 위에서 덮을 수 없는 요새를 무력화시키고, 함대를 파괴하며, 그 외에도 많은 것들을 바꿔 놓을 수 있습니다. 프랑스인들은 이제 레이스나 와인을 관세 없이 영국으로 '날려 보낼' 수 있게 되었군요. 영국의 관세 법령 전체는 항구로 상품이 반입된다는 전제 위에 세워졌는데, 이젠 모두 수정돼야 할 겁니다. 내륙 국가들도 해양 국가가 될 수 있죠. 아니, 이제 교역이 공중에서 이뤄질 테니, 차라리 '공중 국가'라고 불러야 할지도 모르겠군요. 하지만 농담은 제쳐두고, 이 발견은 실질적으로 유용한 방향으로 발전할 수 있다고 봅니다." 10년 후, 제퍼슨은 필라델피아에서 미국 최초로 유인 열기구 비행을 직접 목격하게 된다.

제퍼슨의 친구인 홉킨슨은 변호사이자, 작가이며 독립선언문에 서명한 인물로 정치와 과학 사이에서 재치 있는 연결점을 발견하곤 했다. 그는 풍선과 정치인을 이렇게 비교했다. "제 생각에 크게 성공한 정치인은 풍선과 같습니다. 인화성 기체로 가득하고, 바람 부는 대로 이리저리 휩쓸리며, 그와 함께 하늘로 올라탄 이들은 거품이 터지는 순간, 가벼움의 원리로 떠올랐던 그 자리에서 추락할 위험을 감수해야 합니다."

제퍼슨의 과학적 호기심은 절대 식지 않았다. 하루는 제임스 매디슨이 흥미로운 해외 소식을 전했다. "시베리아에서 한때 번성했던 지하도시가 발견됐다고 합니다. 도시 안에는 무려 약 60미터 길이의 금목걸이를 두른 기마상이 있었고, 그 정교한 세공은 놀라웠습니다. 러시아 여제가 뷔퐁에게 1.8미터 분량의 견본을 보내자, 그는 이렇게 평가했습니다. '이 정도의 세공 기술은 파리의 그 어떤 장인도 흉내 낼 수 없다.'"

또 다른 친구, 제퍼슨의 친척이자 윌리엄 앤 메리 대학교 총장이었던 제임스 매디슨 목사는 이런 말을 했다. "영국 놈들이 내 온도계랑 기압계를 훔쳐 갔다네." 그러면서 그는 새로 출간된 과학 서적들, 혜성 관측 결과에 대해 편지를 보내왔다. "지난 금요일 저녁, 자네도 하늘에 나타난 혜성을 보았겠지? 그 경로를 추적해보고, 결과를 보내주겠네."

J. 헥터 세인트 존 드 크레브쾨르도 제퍼슨에게 기이한 과학적 탐구로 연락하곤 했다. 프랑스에서 돌고 있는 '버지니아나 캐롤라이나의 외진 정착지 중에서 감자를 증류하여 브랜디를 만든다'라는 소문이 진짜인지 묻기도 했다. 그는 이렇게 썼다. "귀하의 이름이 과학과 예술에 대한 광범위한 지식과 감각으로 잘 알려져 있고, 저 또한 존경하는 마음으로 질문드립니다."

제퍼슨은 실험을 두려워하지 않았다. 그는 뷔퐁의 열 이론을 탐구하며 식물학 실험에도 몰두했다. 그는 이런 말을 남겼다. "새로운 식물을 들여오거나 전파하려는 실험에서 100종 중 단 하나라도 유용하고 성공적인 식물이 나온다면, 실패한 99종의 값어치는 그 하나로도 충분히 보상된다고 늘 생각하고 있습니다."

제퍼슨은 바르베-마르부아 후작에게 감사의 편지를 보내 필라델피아에서 딸 팻시를 위한 프랑스어 교사를 구해준 일과 그녀의 독서에 관한 조언을 해준 것에 대해 고마움을 전했다. 그는 딸에게 알랭 르네 르사주가 쓴 프랑스 피카레스크 소설 《질 블라스*Gil Blas*》와 세르반테스의 《돈키호테 *Don Quixote*》를 건넸다고 전했다. "내가 아는 한 이 장르에서 최고 수준의 책 중 하나란다." 제퍼슨이 선택한 책들에는 지적 모험에 대한 애정이 담겨 있었고, 그는 그 열정을 딸과 나누고 싶어 했다.

제퍼슨은 자상한 아버지였지만, 때로는 엄격하기도 했다. 그는 딸에게 보내는 편지에서 이렇게 썼다. "내가 너를 위해 고용한 가정교사들에게서 얻게 될 학문적 성취는 네가 내 사랑에 걸맞은 사람이 되게 해줄 것이다. 그리고 그것이 내 사랑을 더 키우진 않더라도, 적어도 줄어들지 않도록 막아줄 것이다." 그는 팻시를 돌보는 사람으로 프랜시스 홉킨슨의 어머니인 토머스 홉킨슨 부인을 지정하면서 사랑했지만 고인이 된 아내에게 주었던 권한을 홉킨슨 부인에게 부여했다.

> 너를 집으로 맞아들이고 보호해주며, 모든 공부와 과제를 빠짐없이 수행하도록 살피며, 네가 경험이 부족하여 잘못되거나 어리석은 길에서 쉬이 빠지지 않고 벗어나도록 훈계하는 일을 맡아준 그 훌륭한 부인을 생각해보렴. 그분을 너의 어머니처럼 여기고, 지금 네가 의지할 수 있는 유일한 사람이라고 생각해야 한다. 그분이 너에게 실망하거나 불만을 품는다면 너는 크게 불행해질 거다. 만약 경솔한 행동으로 그런 상황과 맞닥뜨리게 된다면, 그녀의 호의를 되찾기 위해 어떤 양보도 지나치다고 여기지 말아야 한다.

이렇듯, 제퍼슨이 그녀의 어머니 자리에 세운 여성의 사랑은 딸의 행실과 노력에 따라 주어지는 조건부였다. 그는 자신이 어떤 일이든 열정과 노력을 쏟는 만큼 딸이 정해진 공부에 집중하길 기대했다. 그는 이렇게 말했다.

> 네 하루를 나누는 데 내가 바람직하다고 생각하는 방식은 다음과 같다.

> 아침 8시에서 10시: 음악 연주
> 오전 10시에서 1시: 하루는 춤 연습, 다른 날은 그림 그리기
> 오후 1시에서 2시: 춤 연습을 한 날에는 그림을 그리고, 다음 날에는 서신을 보내기
> 오후 3시에서 4시: 프랑스어 연습
> 오후 4시에서 5시: 스스로 음악 연주 연습

제퍼슨의 교육적 관심은 딸 팻시에만 국한되지 않았다. 1783년 12월, 그는 여동생 마사와 그녀의 남편 대브니 사이에서 태어난 조카 피터 카에게 편지를 썼다. "이제 너도 자신의 시간을 어떻게 쓰느냐가 앞으로의 인생에 얼마나 큰 영향을 미칠지 알 만큼은 자랐단다. 그러니 단 한 순간도 허투루 보내지 않기를 바란다." 제퍼슨은 자신의 옛 스승 제임스 모리에게 조카의 교육을 맡겼다.

그는 피터 카에게 큰 기대를 품고 있었고, 그 기대는 그가 자신에게 품었던 이상과도 맞닿아 있었다. 제퍼슨은 카가 '학문과 영향력을 겸비한 인물'로 성장하길 바랐고, 훗날 '공적 무대'에 나설 준비를 갖추기를 기대했다. 그는 또한 스페인어 학습을 권하며 이렇게 조언했다. "앞으로 우리가 스페인과 맺게 될 관계를 생각할 때, 프랑스어 다음으로 가장 유용한 현대어는 바로 스페인어란다. 네가 공적 인물이 되었을 때 이 언어가 필요할 수도 있고, 그 언어를 구사할 수 있다는 사실이 다른 후보자들보다 네게 유리하게 작용할 수 있어."

후에 그는 조카에게 종교 문제에 대해서도 깊이 사고할 것을 당부했다. 무조건적인 수용이 아니라 이성적 숙고가 필요하다는 것이었다. "이성을 그 정당한 자리에 굳건히 앉히고, 모든 사실과 의견을 이성의 심판대에 올려야 한다. 신의 존재조차도 과감히 의심해보아야 한다. 왜냐하면 만일 신이 존재한다면, 맹목적 두려움에서 비롯된 경배보다, 이성이 바친 경외를 더 기꺼이 받아들이실 테니까."

제퍼슨은 질서와 통제, 애정을 갈망했다. 1784년 2월 아나폴리스에서 매디슨에게 편지를 보냈다. "먼로가 거의 내 땅과 맞닿은 곳에 땅을 사고 있네. 윌리엄 쇼트도 같은 계획을 하고 있지. 자네도 이 공동체에 들어온다면, 내가 뭔들 내어주지 않겠는가. 생각해보시게. 실현하는 데 필요한 건, 단지 그렇게 생각하는 마음뿐이네. 인생이 우리에게 기쁨을 주지 않는다면 아무런 가치도 없어. 그 기쁨들 가운데 가장 값진 것이 바로 '이성적인 교류'라네. 이성적인 교류는 우리의 정신을 계발하고, 성정을 부드럽게 하고, 기운을 북돋고, 건강에도 좋지."

세월이 흐르는 동안에도 제퍼슨은 변함없이 세심하고 따뜻한 친구였다. 어느 날 그는 조지 위스에게 이렇게 썼다. "우리가 각기 다른 삶의 길을 걷게 되어 자주 만나지는 못하지만, 당신과 관련된 사람을 만날 때마다 당신의 건강을 누구보다 간절하게 묻곤 합니다. 저는 당신과 함께 보낸 유쾌하고도 유익한 날들을 언제까지나 소중히 기억할 것이며, 제 인생에서 찾아온 수많은 좋은 일들 역시 당신 덕분이라 생각합니다." 1787년 말, 제퍼슨의 친구인 리치먼드 출신 알렉산더 도널드는 집에서 워너 루이스를 접대하던 중, 제퍼슨에게서 한 통의 편지를 받았다. 도널드는 제퍼슨에게 다음과 같이 썼다. "그 편지는 너무도 다정하고, 제 자부심을 몹시 고무시키는 내용이라, 그만 루이스에게 자랑삼아 보여주고 말았습니다. 그러자 그는 제 자부심에 더해 이렇게 말하더군요. '평생 만나 본 모든 사람 가운데, 제퍼슨이야말로 우정을 가장 진실하게 표현하는 사람이라 생각합니다.' 높은 지위에 있는 사람들 중에는 옛 친구들을 잊는 이들도 곧잘 있지만, 당신은 그렇지 않다는 걸 저는 잘 압니다. 사실, 저는 단 한 번도 당신이 그러리라 생각한 적조차 없습니다."

연합 의회는 제퍼슨이 통제할 수 없을 정도로 혼란스러웠고, 심지어 정족수조차 제대로 채우기 어려운 상황이었다. 1784년 2월, 그는 매디슨에게 이렇게 썼다. "각 주에 경고를 거듭 보냈지만, 아무런 효과가 없었습니다. 지금 우리의 가능성은 절망적인 상태에 빠진 것 같아 걱정됩니다."

의원들의 개인 지출에 대한 보상 문제도 발목을 잡고 있었다. "입법 사안 중에서도, 의원들이 겪는 재정적 고통은 반드시 주목받아야 합니다. 저는 이미 집을 떠난 지 넉 달이 되었고 그동안 1,200달러를 썼지만, 아직 단 한 푼도 받지 못했습니다." 몇몇 의원들은 보상금을 너무 늦게 받는 바람에 곤혹을 치르기도 했다. "그동안 우리 중 일부는 돈이 없어 마구간에 맡겨둔 말이 쫓겨나는 수모까지 겪었습니다. 정말 이건 더 이상 버틸 수 없는 상황입니다."

더욱 심각한 문제는, 당시 미국 내에서 왕정 복귀나 영국의 영향력 확대에 관한 소문이 끊이지 않았다는 점이었다. 이런 정황은 제퍼슨이 이후 수십 년간 정치적 신념을 정립하는 데 지속해서 영향을 미쳤다. 1784년 1월 말, 그는 보스턴의 한 인사로부터 경고의 편지를 받았다. 그 인물은 편지에서 이렇게 알렸다. "노바스코샤 정부 소속의 영국 국왕 신민들이 매사추세츠 영토를 침범하고 있습니다."

몇 주 후, 벤저민 프랭클린이 보낸 보고서를 읽은 제퍼슨은 조지 워싱턴에게 이렇게 경고했다.

이 보고서는 영국이 우리를 어떻게 바라보고 있는지를 보여줍니다. 프랭클린은, 비록 그들이 우리와 평화를 맺었지만, 우리를 받아들이지도, 우리를 잃은 사실을 수용하지도 못하고 있다고 말합니다. 그는 왕실 자손들이 많아 생계를 마련해야 하고, 그중 일부는 군사 교육을 받고 있다는 점, 영국 내에서는 미국이 내부적으로 분열되어 있고 사람들이 새 정부에 벌써 피로감을 느끼고 있다는 인식이 만연하다는 점, 유럽 대륙에서 영국이 미국을 다시 지배하려는 야망을 정당화할 수 있는 상황이 발생할 수도 있다는 가능성 등을 지적합니다. 그래서 그는 우리가 유럽에서 맺고 있는 우호 관계를 더욱 공고히 해야 한다는 교훈을 전합니다.

1784년 3월, 제퍼슨은 '정기적으로 발생하는 두통'에 시달리며 워싱턴에게 편지를 썼다. "의회의 기능이 마비되었다는 상황은 익히 들으셨겠죠. 결과적으로 일을 처리하려는 노력이 허사가 되면서 시간과 에너지만 낭비하고 있습니다."

그 와중에 영국은 미국 측에 독립전쟁 이전의 채무 변제를 끊임없이 독촉하고 있었다. 파리조약의 핵심 조항 중 적어도 두 가지가 여전히 해결되지 않은 채로 남았다. 하나는 서부 요새를 철수하겠다는 영국의 약속, 다른 하나는 생포하거나 탈출한 노예들을 반환하겠다는 약속이었다. 이 두 사안은 버지니아 주민들에게도 예민한 관심사였고, 양국은 이 문제로 수년간 긴장 상태를 이어갔다.

그는 서부에서 큰 꿈을 키웠고, 오하이오강과 포토맥강을 잇는 무역로를 제안했다.

"이 순간이야말로… 우리가 정말로 그 지역을 확보하고자 한다면, 반드시 붙잡아야 할 기회입니다. 전 세계가 상업 중심으로 재편되고 있습니다." 제퍼슨은 버지니아가 이 수로 프로젝트를 위해 특별 세금을 승인하도록 추진하고 있었지만, 조지 워싱턴에게는 이렇게 털어놓았다. "이런 제안에는 항상 가장 강력한 반대가 뒤따릅니다. 공공사업은 대개 부주의하게 운영되고, 돈만 낭비된다는 불신이죠."

이런 난관을 극복하기 위해 제퍼슨이 제안한 해법은 은퇴한 워싱턴을 다시 불러 프로젝트 총책임자로 세우는 것이었다. 워싱턴은 이 아이디어에 수십 년간 관심을 가져왔지만, 그의 답변은 매우 현실적이었다. 그는 이 계획의 타당성에 대해선 제퍼슨과 의견을 같이했지만 이렇게 말했다. "나는 대중이 이 계획을 지지할 거라고 기대하지 않소. 만연한 질투심과 시기심, 그리고 자금을 제대로 배분하기 어려운 현실 외에도, 내 생각엔 두 가지 더 어려운 장애물이 있소. 첫째는, 내가 우리 국민을 지나치게 부정적으로 보지 않은 것이라면, 이 정책이 지닌 현명한 비전을 그들이 제대로 이해하게 만드는 일이 거의 불가능하다는 것이고, 둘째는, 설령 이해를 시킨다 해도 그런 목적을 위해 국민에게 돈을 끌어내는 일은 더욱 어렵다는 점이오." 그러나 제퍼슨의 편지는 워싱턴의 관심을 다시 불러일으켰다. 그들의 구상은 포토맥강의 항로를 정비해, 육상 운송로를 통해 오하이오강과 연결하는 것이었다. 워싱턴은 민간 기업의 대표 자격으로 포토맥 수로 개선 사업을 직접 감독했지만, 체서피크-오하이오 운하C&O Canal가 실제로 완공되기까지는 수십 년이 더 걸렸다.

1784년 4월, 워싱턴은 '신시내티 협회Society of the Cincinnati' 문제로 제퍼슨에게 의견을 물으며, 그를 간접적으로 높이 평가했다. 이 협회는 워싱턴 휘하의 장교들로 구성된 단체로, 일부 사람들은 이것이 공화국을 위협할 수도 있는 신흥 귀족 계급의 출현이 될 것을 우려했다.

제퍼슨은 워싱턴이 자신에게 조언을 구한 것을 기쁘게 여겼다. "신시내티 협회 문제는 저에게도 매우 중요한 사안입니다. 당신이 그 협회와 관련되어 있다는 사실은 늘 저를 불안하게 했습니다. 저는 당신이 그 단체와는 분리된 입장에 서 계시길 원했습니다. 왜냐하면, 우리의 혁명을 대표하는 인물로서 당신의 이름이 후대에 전해질 때, 사소한 논쟁 때문에 그 명예가 조금이라도 훼손되어서는 안 되기 때문입니다."

자신의 명성이 위태로울 수 있다는 암시는 워싱턴의 관심을 끌 수 있는 가장 효과적인 방법이었다. 제퍼슨은 워싱턴의 선의와 명분을 전혀 의심하지 않는다고 말했다. "단 한 사람의 절제와 덕성 덕분에 (즉 당신 덕분에) 이번 혁명은 다른 많은 혁명처럼 자유를 세우려다 오히려 자유를 무너뜨리는 결말로 치닫지 않을 수 있었습니다." 하지만 그는 이렇게 덧붙였다. "당신 역시 불멸의 존재는 아니며, 이 협회의 지도자가 된 당신의 후계자나 그 후임자 중 누군가는 잘못된 방식으로 명예를 추구할 수도 있습니다." 제퍼슨은 의회도 자신의 견해에 동의하고 있다고 덧붙였다.

그는 이 협회에 두 가지 근거로 반대했다. 첫째, 인간의 정치적 본성상, 정기적으로 모이는 단체가 오랜 기간 평화롭게 유지되기란 어렵다고 주장했다. 제퍼슨은 이렇게 말했다. "친구 사이를 반목하게 하는 가장 확실한 방법은 대중의 시선 앞에서 논쟁하게 만드는 것이죠." 그는 둘째, 세습적 조직은 '인간의 자연적 평등'에 기반한 공화국의 정신과 양립할 수 없다는 점이었다.

워싱턴은 제퍼슨의 조언을 진지하게 받아들인 것으로 보인다. 그는 신시내티 협회에 명예 회원 자격 부여를 중단하라고 강하게 촉구했다. 제퍼슨은 이와 관련해 이렇게 쓴 적이 있다. "명예 회원 제도는 결국 재능 있는 자들, 고위직 인사들, 부유한 사람들까지 모두 이 협회로 끌어들일 수 있으며, 그렇게 된다면 이 협회가 결국 정부에 뿌리내리게 될지도 모릅니다."

제퍼슨은 국가 정부와 국가적 사업들을 폭넓고, 대담하게 바라보았다. "젊은 정치인들을 유럽에 보내야 최고의 효과를 낳는다고 생각하네." 그는 매디슨에게 말했다. "그들은 연합정부의 사안을 더 높은 관점에서 바라보게 되고, 연방의 중요성을 배우며, 돌아온 뒤에는 연방 차원의 조치를 지지하게 될 걸세."

1784년 3월 1일 월요일, 의회는 버지니아가 오하이오강의 북서쪽 영토를 연방정부에 양도하는 조치를 수락했다. 이는 수년간의 협상과 이해관계 충돌 끝에 이뤄진 결실이었다. 최종적인 양도로 버지니아는 북서부 영토에 대한 권리를 미국 연방정부에 넘겼으며, 그 땅이 양도된 후에는 이제 땅을 어떻게 사용할 것인가가 문제로 남았다.

이런 상황에서 늘 그렇듯, 제퍼슨은 이미 새로운 주를 창설하기 위한 계획을 구상하고 있었다. 그는 심지어 이름까지 정해두었다. 실바니아Sylvania, 케로네수스Cherronesus, 아세니시피아Assenisipia, 메트로포타미아Metropotamia, 일리노이아Illinoia, 미시가니아Michigania, 워싱턴Washington, 새러

토가Saratoga, 폴리포타미아Polypotamia, 펠리시피아Pelisipia 등이다. 1784년 영토 조례Ordinance of 1784는 중요한 의미를 지닌다. 조례에는 새로 형성될 주들이 정부를 어떻게 조직할지는 각 주가 스스로 정할 수 있도록 많은 재량을 부여했다. 하지만 다음 두 가지 원칙은 명확히 못 박았다. "각 주는 영원히 미합중국 연합의 일부로 남아야 하며, 각 주의 정부는 공화제 형태여야 한다."

제퍼슨이 지지한 1784년 조례안이 굉장히 중요했던 것은 새로운 영토 내에서 노예제 확장을 금지하는 조항이 포함되어 있었기 때문이다. 하지만 이 조항은 의회에서 단 한 표 차이로 부결되었다. 뉴저지에서 온 한 대표가 병으로 출석하지 못하면서 법안이 무산되었다. 이 아쉬운 결과를 두고 제퍼슨은 이렇게 적었다. "이렇게 우리는, 수백만 명의 아직 태어나지 않은 이들의 운명이 한 사람의 혀끝에 달려 있었고, 그 두려운 순간에 하늘은 침묵하고 있었다는 사실을 보았다."

법률가이자 입법자로서 입문했던 초기 시절, 노예제 폐지를 시도했던 제퍼슨은 이제 중년에 접어들면서 더 이상 이 문제를 밀어붙이다가 자신의 '유용성'을 잃는 위험을 감수하지 않기로 신중하게 결정했다. (훗날 일부 주장이 채택되어 1787년 북서부 조례를 통해 오하이오강 북쪽과 미시시피강 동쪽 지역에서 노예제가 금지되었다) 하지만 전반적으로 제퍼슨에게 공적 삶이란 타협과 상충하는 이해관계 사이에서 끊임없이 균형을 맞추는 노력이었다. 설령 노예제 폐지가, 그가 염두에 두었던 추방과 함께 이루어지더라도, 당시로서는 정치적으로 치명적인 선택이라고 인식하고 있었다. 그리고 그는, 아직 때가 오지 않았다고 믿는 대의를 위해 전부를 걸 생각은 없었다.

1784년 5월 7일 금요일은 제퍼슨에게 있어 길고 중대한 날이었다. 그는 오전부터 오후까지, 대륙 지폐Continental bills of credit에서부터 서부 영토의 통상 결의안, 신시내티 협회, 매디슨이 언급했던 시베리아의 잃어버린 도시, 그리고 딸 폴리와 에페스 가문, 카 가문과 관련된 가정사까지 다양한 주제를 놓고 열두 통이 넘는 편지와 문서를 작성했다.

오후 5시, 정기 우편이 아나폴리스를 떠난 직후, 연합 의회는 제퍼슨을 유럽 외교 사절단의 일원으로 임명했다. 그는 이제 프랭클린, 애덤스와 함께 새로운 국가를 위한 외교 동맹을 맺는 임무에 합류하게 되었다. 제퍼슨은 개인 비서로 파리에 동행하기를 바랐던 젊은 변호사이자 인척인 윌리엄 쇼트에게 급히 편지를 썼고, 프랑스식 요리사로 훈련시키기 위해 제임스 헤밍스도 부르도록 했다.

임명이 공식화된 다음 날, 제퍼슨은 매디슨에게 이렇게 썼다. "나는 이제 주들 사이의 다툼에서 벗어나, 갈등은 덜하겠지만 더 거대한 무대로 나가게 되었소." 그는 앞으로의 외교 활동에서도, 지금까지 자신의 공직 생활을 이끌어온 원칙들에 따라 행동할 것이라고 말했다. "여기서 그랬던 것처럼, 그곳에서도 나는 같은 길을 따를 것이오. 어떤 당파든 부당한 일을 하는 것이나, 불평등한 것을 요구하는 것이 결코 그들의 이익이 될 수는 없다는 것을 나는 확신하오."

한편, 그는 매디슨에게 국내의 정치 상황을 계속 알려달라고 부탁했다. "각 회기가 끝날 때마다, 국내 정책의 전반적인 흐름과 당파 또는 개인들의 정치적 움직임에 대해 알려주는 소식은 나에게 매우 흥미롭고 유익할 것이오." 그는 그런 소식이 없는 삶은 상상조차 할 수 없었다. 그것은 그에게 하루하루를 살아가게 하는 '일용할 양식'이었다.

매디슨을 향한 애정과 신뢰도는 깊어져만 갔고, 떠나면서 친애하는 친구에게 '애정 어린 유산'이라는 부탁을 남겼다. 조카 피터 카의 교육 문제였다. 고인이 된 피터의 아버지 대브니 카는 1784년의 제퍼슨에게도 청년 시절만큼이나 생생한 존재였다. 제퍼슨은 매디슨에게 이렇게 썼다. "그가 내 여동생의 아들이라는 사실만으로 부탁하는 건 아니오. 물론 여동생의 훌륭한 인품만으로도 내세울 수 있지만, 그보다는 그는 내 친구, 내가 알았던 가장 소중한 친구의 아들이기 때문이오. 만약 운명이 우리 삶을 바꿔놓았다면, 그는 내 자식들의 아버지가 되어주었을 사람이오." 당시 피터는 열네살이었는데 '라틴어를 거의 익혔고, 그리스어도 조금 읽을 줄 안다'라고 했다. 제퍼슨은 이렇게 덧붙였다. "나는 그가 열여섯 살까지 라틴어, 그리스어, 프랑스어, 이탈리아어, 앵글로 색슨어를 완전히 익히는 데 전념하길 바라오. 그 나이가 되면, 윌리엄스버그의 대학에 보내려 하오."

1784년 5월 11일 화요일, 버지니아 하원에 작별 인사를 담아 편지를 보냈다. 그는 자신의 핵심적인 정치적 우려, 즉 너무 허술한 연합체의 연약한 구조를 한 번 더 강조했다. 그는 이렇게 말했다. "나는 내 조국의 정당한 권리를 지키고, 조국의 행복과 안보가 걸린 연방의 결속을 다지는 일을 나의 가장 중요한 정치적 과제로 삼아 왔습니다." 이로써 그는 버지니아 대표로서 연합 의회에 몸담았던 6개월의 임무를 마무리했다. 그 시간 동안 그는 느슨한 결속과 허약한 중앙 권력이 어떤 대가를 치르게 되는지 직접 목격했다.

파리로 향한다는 전망은 제퍼슨에게 매혹적이면서도 두려운 일이었다. 윌리엄 쇼트는 제퍼슨에게 파리의 정치 문화에 관해 외모와 말의 미묘함이 무엇보다 중요하다고 조언했다. "파리의 어리석은 세상은 복종하지 않으면 안 되는 무시무시한 괴물입니다."

보스턴에서 배를 기다리는 동안, 제퍼슨은 북부 주들의 무역 상황을 조사하며 방대한 양의 정보를 기록했다. 그의 목표는 단 하나였다. "내 임무의 목적을 어느 정도라도 수행할 수 있을 만큼 배우는 것이다."

1784년 7월 4일 일요일 저녁, 제퍼슨은 의회 업무를 마무리했다. 그가 독립선언문을 작성한 지 8년이 흘렀고, 1776년 그 여름에 탄생한 국가는 여전히 존립 가능성에 대한 깊은 의심 속에 놓여 있었다.

1784년 7월 5일 월요일 새벽 4시, 제퍼슨은 딸 팻시와 노예 제임스 헤밍스를 데리고 세레스호에 올라 보스턴항을 떠났다. 신세계에서 구세계로 향하는 여정이었다.

제5부

세계의 무대에 선 남자

1785년에서 1789년까지

"그는 명예와 진실함으로 충만하며 조국을 깊이 사랑하지만,
지나치게 철학적이고 평온한 성징 닷에, 미국의 이익이 걸려
있지 않은 한 다른 나라를 미워하거나 사랑하는 일은 없다."
—미국의 프랑스 주재 공사 토머스 제퍼슨에
대한 기사 드 라 루제른의 평가

18장 유럽이라는 과시의 무대

"겁쟁이는 기개 높은 사람보다 더 자주 싸움에 휘말린다."

—토머스 제퍼슨

대서양 횡단 항해는 빠르고 대체로 쾌적했다. 팻시는 세레브호에서 함께한 '좋은 사람들과 훌륭한 음식'을 평생 기억했다. 제퍼슨 역시 이렇게 회상했다. "항해 내내 순풍이 불었고, 모래톱이나 암초를 피해야 할 경우를 제외하면 정해진 항로에서 한 번도 벗어나지 않았다."

파리에 도착하기도 전에 그는 이미 프랑스에 마음을 빼앗겼다. 유럽에서의 외교 임무는, 제퍼슨이 의회에서 시작했던 미국의 통합과 국가 권한 강화를 위한 전쟁의 또 다른 전장이었다. 그의 프랑스 체류기는 종종 혁명에 도취된 시기로 여겨진다. 군주제를 반대하던 세력들에 지나치게 호감을 보였고, 프랑스 혁명과 그 과격한 행위들까지도 과도하게 찬양했다는 비판을 받기도 한다. 그가 남긴 가장 급진적인 발언들 가운데 일부는, 수십 년간 이어진 정치, 외교, 철학적 여정을 무시한 채, 단편적으로 인용되며 평가절하되곤 한다. 대부분은 바로 이 시기에 나온 말들이다.

그러나 프랑스나 프랑스인들과 맺은 관계는 제퍼슨이 미국의 이익을 우선으로 두었던 정치적 행동이었다. 그는 프랑스를 통해 영국으로부터 받는 경제적 위협과 잠재적인 군사적 위협에 대응할 국제적 균형을 이루고자 했다. 루이 16세와 마리 앙투아네트의 구체제 시기부터 프랑스 혁명, 나폴레옹 시대에 이르기까지, 제퍼슨은 프랑스를 국제 무대에서 미국에 어떤 도움이 될 수 있는지를 기준으로 바라보았다.

제퍼슨은 에너지 대부분을 미국이 국제 사회에서 존중받을 수 있도록 하고, 미국 상업과 부의 확장을 위한 통상 조약 협상에 썼다. 그의 마음은 방황하고, 배회하고, 솟구쳤지만, 미국의 안보와 경제적 이익을 증진하려는 목표로 본업에는 언제나 집중했고, 냉철했다. 국가가 존중받기 위해서는 강인함과 일체감을 보여야 한다고 믿었고, 미국이 그런 나라가 되기를 원했다. 그래서 그는 국가적 힘을 외부에 투사하는 일에 신중했다. 아나폴리스에서 그러했듯 파리에서도 마찬가지로 미국의 힘을 결집하는 데 헌신했다.

대서양을 건너는 동안, 제퍼슨은 세레스호의 선장에게 토끼, 집토끼, 자고새를 버지니아에 있는 친구들에게 실어 보내달라고 부탁했다. 친구들에게 '사육해서 번식시키도록' 했으며, 동시에 스틸턴 치즈와 포터 맥주도 처남들에게 보내도록 주문했다.

19일 후, 세레브호는 프랑스 연안에서 제퍼슨이 '매우 흐린 날씨'라고 표현한 악천후와 만났다. 항해 막바지에 팻시가 열병에 걸리자, 제퍼슨은 와이트섬에 배를 멈추고 약 일주일 동안 머물며 딸의 회복을 기다렸다. 이후 제퍼슨 일행은 영국 해협을 건너 프랑스로 향했고, 1784년 7월 31일 토요일, 르 아브르Le Havre에 도착했다. 항구에서 수도 파리까지의 여정은 매우 황홀했다. 제퍼슨은 그 지역을 '이보다 더 비옥하고, 잘 경작되었으며, 우아하게 정비된 땅은 없다'라고 묘사했다. 그리고 8월 6일 금요일 파리에 도착했을 때, 제퍼슨 '세상에서 가장 유쾌한 나라'라고 믿은 프랑스와 평생 이어질 인연을 시작했다.

프랑스 체류 기간에, 제퍼슨은 미국 생산자들을 위한 고래 기름과 담배 관련 조약을 협상했다. 그는 한편으로 프랑스의 남태평양 원정대를 주의 깊게 관찰하며, 실제로는 태평양 연안에서 영향력을 넓히려는 움직임이 아닌지 경계했다. 1789년 프랑스 대혁명이 발발하자, 제퍼슨은 그 혼란이 미국에 기회가 되어 미국산 수출품, 특히 식량 수요가 증가하고, 생도밍그 St. Domingue, 오늘날 아이티가 미국 상인에게 개방되기를 바랐다. 무엇보다도 파리와의 관계를 유지하며 런던을 견제하는 데 힘썼다. 최신 유행의 패션과 거창한 언사가 가득한 도시에서도 제퍼슨은 자신의 핵심 임무가 제국들이 각축을 벌이는 세계 속에서 미국 공화국을 보호하고 그 존재를 알리는 일이라는 점을 잊지 않았다.

J. 헥터 세인트 존 드 크레브쾨르는 제퍼슨에게 가야 할 장소들을 조언했다. "프랭클린 박사에게 꼭 이야기해서, 당신을 라 로슈푸코 공작에게 소개해달라고 하십시오. 그는 공작 중에서도 진주 같은 인물이며, 훌륭한 인품을 지닌 동시에 아주 유능한 화학자입니다. 그의 저택은 재능 있고 지적인 사람들이 자주 모이는 사교의 중심지입니다." 또한 이탈리아 출신의 박식한 지식인 필립 마체이도 프랑스의 주요 인물들을 적은 수다스럽고 상세한 메모를 제퍼슨에게 전달해 도움을 주었다. 예를 들어 이런 정보도 주었다. "보귀용 공작은 미국인들의 감사를 받아 마땅한 인물입니다. 미국에 공작의 공로가 잘 알려져 있다는 점을 눈치챌 수 있도록 하십시오." 제퍼슨이 프랑스에서 사귀게 된 친구 중 한 명인 콩도르세 후작은 미국과 프랑스의 운명이 서로 깊이 얽혀 있다고 믿었다. 후작은 《미국 혁명이 유럽에 끼친 영향에 대하여De l'influence de la révolution de l'Amérique sur l'Europe》라는 소책자를 집필했고, 토머스 페인처럼 당시 시대의 가능성을 낙관적으로 바라보

고 있었다. 그는 이렇게 썼다. "모든 상황이 우리에게 말하고 있다. 우리는 인류 역사상 가장 위대한 혁명의 문턱에 서 있다. 계몽된 현 상태는 혁명으로 행복을 이룩할 수 있다고 보장한다."

제퍼슨이 처음으로 잡은 숙소는 리슐리외 거리rue de Richelieu에 있었고, 그다음 쁘띠오귀스탱 거리rue des Petits-Augustins에 있는 오를레앙 호텔Hôtel d'Orléans로 거처를 옮겼다. 그는 딸 팻시가 파리라는 도시는 물론 새로 입학한 판트몽 왕립수녀원Abbaye Royale de Panthemont에 어울리는, 적절하면서 유행하는 옷을 입도록 신경을 썼다. 10월 중순에 제퍼슨은 뀔-드-삭-테부Cul-de-Sac Taitbout에 있는 랑드롱 호텔Hôtel Lândron을 연 4천 리브르(은으로 약 33킬로그램 정도이며, 현재 가치로 수억 원에 이름―옮긴이)에 임차했다. 게다가 와인, 가구, 음악, 말, 리넨을 사느라 재정을 빠르게 소모했다. 제퍼슨은 먼로에게 이렇게 썼다. "가구, 의류, 마차 등 가정용 물품을 구매하느라 나는 내 월급을 미리 당겨서 써야 했다네. 이 돈을 다 갚을 수 없을 것이야. 의회에서 민감한 문제라는 걸 알기에, 이 부분은 최대한 신중하게 다뤄주시길 부탁하네. 재산을 잃는 한이 있더라도, 그들의 신뢰를 잃고 싶진 않으니."

그는 파리에서 미국의 동료 위원인 존 애덤스와 만났다. 애덤스의 아내 아비가일도 오뜨유에 있는 아름다운 집에서 남편과 함께 살기 위해 파리에 와 있었다. 아비가일은 제퍼슨을 매력적인 사람이라고 여겼다. 그녀는 이렇게 썼다. "남편의 동료 제퍼슨 씨는 훌륭한 남자입니다." 애덤스 부부의 딸 내비는 제퍼슨을 '매우 호감 가는 분'이라고 생각했으며, 제퍼슨은 그들의 아들 존 퀸시와 매우 가까워졌다. 훗날 존 애덤스는 그 시절을 회상하며 '그 아이는 마치 당신의 아들이나 다름없었지요'라고 말할 정도였다.

제퍼슨이 살고, 일했던 파리는 급격한 성장의 한가운데에 있었다. 파리는 '매일 확장하고 아름다워지고 있다'라고 표현됐다. 집들과 극장들, 농민 일반세 징수를 위한 농민총국의 장벽(파리로 들여오는 물품에 세금을 부과하기 위해 세운 일종의 세관용 성벽), 거의 50개에 달하는 신고전주의 양식의 세관 건물들로 가득했다. 1784년, 제퍼슨이 파리에 도착한 해에 팔레 루아얄Palais Royal이 문을 열었는데, 이곳은 도시형 쇼핑몰처럼 수많은 카페, 도박장, 서점 가판대, 밤이 되면 성매매 여성들까지 모여드는 활기찬 장소였다. 제퍼슨은 이 혼란스러운 축제 같은 분위기에 매료되었고, 팔레 루아얄을 '도시의 주요 명소 중 하나'로 꼽았다. 그는 고향인 리치먼드에도 이런 시장 공간이 있으면 좋겠다고 생각했다.

파리 전역을 돌아다니고, 이후에 황홀할 정도로 아름다운 프랑스 남부를 여행하면서, 제퍼슨은 이 '위대하고 훌륭한' 나라에서 배울 수 있는 건축, 예술, 연극, 음악, 문학, 음식, 와인, 사람들 전부를 흡수했다. 그는 훗날 자서전에서 이렇게 썼다. "어느 나라에 살고 싶은가?' 질문을 세계 여러 나라를 여행한 사람에게 던진다면, 첫 번째 대답은 아마도 자신이 태어난 나라일 것이다. 그렇다면, 두 번째로 고른다면? 물론, 프랑스. 언제나 프랑스일 것이다."

미국이 외교 및 통상 정책 면에서 유럽 열강들과 대등하게 경쟁할 수 있을 만큼 성숙한 국가라는 점을 분명히 하려 애쓰는 가운데, 제퍼슨은 지중해에서 어떤 위기에 직면했다. 그는 이 위기에 대응하기 위해서, 필요하다면 전쟁까지 불사하는 적극적인 주장을 하게 된다.

당시 바르바리 국가로 일컬어지던 모로코, 알제리, 튀니스, 트리폴리는 미국의 상업 활동에 위협이 되었다. 서방 국가들은 해적의 공격을 막아 주는 대가로 이 무슬림 무법 국가들에 조공을 바쳤다. 당시 출판된 《지리: 또는 세계에 대한 묘사Geography: Or, A Description of the World》이라는 책에는 이렇게 쓰여 있었다. "이 국가들은 기독교라는 이름에 품은 적대감과, 지중해에서 기독교 열강들을 상대로 벌이는 해적 행위로 유명하다. 수치스럽지만 조공을 바치지 않는 한, 어떤 기독교 국가도 그들의 공격을 피할 수 없다." 대다수의 유럽 국가가 안전한 항해를 위해 바르바리 국가들에 연공을 바쳐야 할 정도로 위험했다.

제퍼슨은 다른 나라들이 '평화를 사기 위해' 얼마를 내고 있는지 은밀히 조사하고 있었다. 그러나 그는 제임스 먼로에게 보낸 편지에서, 아무도 구체적인 금액을 알려주려 하지 않았다고 밝혔다. 다만 희미하게 드러난 정보들에 따르면, 그 금액은 매년 10만에서 30만 달러 사이로 상당한 액수였다는 것이다. 이어서 이렇게 설명했다. "우리 국민이 이런 돈을 낼 리는 없겠지요. 차라리 동등한 조건의 조약을 제안하는 것이 낫지 않겠습니까? 그들이 거부한다면, 전쟁을 마다할 이유가 있겠습니까? 우리가 독자적으로 무역을 개시한다면 해군력을 키워야 마땅합니다. 해군력을 증강한다면, 이보다 더 명예로운 계기, 이보다 약한 적이 또 있을까요?"

모로코 황제가 미국 선박을 나포한 사건 이후, 제퍼슨은 다시 한번 전쟁에 준하는 강경한 대응을 촉구했다. 그는 먼로에게 이렇게 전했다. "유럽 여러 나라가 우리를 경시하는 현재 분위기는 모욕적인 상황을 야기해 우리를 전쟁에 휘말리게 할 것입니다." 또한 그는 바르바리 국가들의 대미 적대감에 관한 보고서에 영국의 음모가 개입되어 있다고 보았다. "이 보고서들은 런던에서 조작된 것으로, 우리 선박에 높은 보험료를 요구하기 위한 명분을 만들기 위한 것이죠."

제퍼슨은 영국을 끊임없는 위협으로 간주하는 것으로 알려졌다. 루저른은 이렇게 썼다. "그는 미국의 행복과 번영을 위해서 영국과 거리를 두는 것이 원칙이라고 믿었으며, 결과적으로 특히 프랑스와 밀접한 관계를 맺어야 한다고 생각했다."

제퍼슨은 영국이 신문을 능숙하게 이용해 유럽의 여론전에서 미국을 능히 훼손한다며 우려를 표했고, 직접 해결에 나섰다. 네덜란드 간행물에 실린 일련의 글에서, 그는 가상의 프랑스 장교를 등장시켜 친미 논리를 펼쳤다. 제퍼슨은 그 장교의 입을 빌려 이렇게 썼다. "저는 미국의 대의가 정의롭다고 생각했기에 피를 흘리며 싸웠습니다. 그러나 고국에 돌아온 후, 친구들은 그토록 성공적이었던 전쟁의 씁쓸한 결말을 안타까워하며 위로를 전하더군요." 제퍼슨이 만든 가상의 프랑스인 장교는 의아해했다. 이렇게 좋은 사람들이 그토록 잘못된 정보를 알고 있는 이유가 뭘까?

이에 그는 스스로 답했다. "모든 사람이 영국 신문을 읽었기 때문이다. 유럽에 전해진 미국의 소식은 미국의 독립이 인정된 이후로 오로지 영국 신문들을 통해서였다." 그는 이렇게 말했다. "하지만 이 신문들은 두 가지 지배적인 동기에 따라 좌우되었다. 먼저, 미국을 해치려다 실패한 데서 비롯된 뿌리 깊은 증오였고, 다음으로 자국 주민들이 미국으로 이주해 섬이 텅 비게 될지도 모른다는 두려움 때문이었다."

이 기사는 1784년 12월, 두 차례에 걸쳐 《레이던 관보Leyden Gazette》에 게재되었다. 제퍼슨은 당대 언론의 작동 방식을 잘 이해하고 있었으며, 1784년에 쓴 이 기사는 상대가 사용하는 방식 그대로 여론전을 벌여, 유럽의 대중 인식을 바꾸려는 의도적인 계산을 담았다.

제퍼슨은 프랜시스 에페스에게 편지를 보내, 브랜디 몇 통을 보낼 예정이라고 알렸다. 에페스와 패티의 자매와 결혼한 처남 스킵위스를 위해 보낸 것이었다. 또 보르도에서 에페스를 위해 클라레 와인을 주문할 계획이라고도 했다. 제퍼슨 자신도 고향 음식이 그리웠다. "제임스 강에서 르 아브르로 가는 배가 있으면 몬티셀로 햄 한두 다스 보내주게."

1785년 1월, 에핑턴에서 비통한 소식이 도착했다. 제퍼슨의 두 살배기 딸 루시가 백일해로 세상을 떠난 것이다. 이 병의 증상은 '숨 막히는 경련성 기침이 발작적으로 이어지며, 보통 구토로 끝나고 전염성도 있다'라고 알려졌다. 에페스 가족도 딸을 잃었다. 엘리자베스 에페스는 이렇게 썼다. "이 슬픈 순간, 제 마음의 고통은 도저히 말로 다 표현할 수 없습니다. 지독히 불운한 백일해가 단 일주일 만에 당신의 딸과 나의 딸, 두 명의 사랑스러운 루시를 앗아 갔습니다. 우리 딸 루시가 먼저였습니다. 아이는 심한 경련에 시달렸고, 일주일을 버티다가 세상을 떠났습니다. 당신의 사랑스러운 천사는 일주일 동안 침대에 누워 있었지만, 발작은 없었고 의식도 또렷했지요. 죽기 몇 분 전, 제 이름을 부르며 물을 달라고 분명히 말했습니다. 이런 깊은 고통 속에서 삶을 견딘다는 것이 거의 불가능하게 느껴집니다.”

프랜시스 에페스는 제퍼슨에게 잔혹할 만큼 솔직하게 전했다. “두 아이 모두 엄청난 고통을 겪었습니다. 사실, 그 나이의 아이들이 겪는 고통 중 제가 본 것 중 가장 심했습니다. 약으로는 손쓸 수 없는 상태였습니다.” 제퍼슨의 깊은 슬픔은 그의 둘째 딸 폴리에게 보낸 작별 인사에서도 뚜렷하게 드러난다. “에페스 부인께 애정 어린 안부를 전해주겠니? 그녀가 나 대신 나의 사랑하는 폴리를 꼭 안아주기를. 아, 내가 직접 할 수 있다면 얼마나 좋을까!”

루시의 죽음으로 힘겨웠던 시기는 더 큰 비극이 되었다. 애덤스 부부의 딸 내비 애덤스는 자신의 일기장에 이렇게 썼다. “제퍼슨 씨는 감수성이 매우 풍부하고, 자녀에 대한 애정이 깊은 분입니다. 그분의 아내는 루시가 태어나고 얼마 지나지 않아 세상을 떠났고, 그 일로 제퍼슨 씨는 매우 우울해했습니다. 오랫동안 세상과 심지어 친구들과도 단절된 채 지냈기 때문에 이번 소식은 그분에게 큰 충격을 안겨주었습니다.”

겨울이 왔고, 제퍼슨은 파리의 축축한 날씨를 몹시 싫어했다. 1785년, 그는 이렇게 썼다. “드디어 자랑스러운 유럽의 무대에 섰다네! 하지만 이곳에서 일반적으로 인간의 운명은 참으로 비참하다는 현실을 절감하고 있네. 볼테르의 말이 끊임없이 떠오르지. ‘여기서는 누구나 망치이거나 모루일 수밖에 없다’라는 구절 말이야.” 제퍼슨은 프랑스를 사랑했지만, 외국에 머물면서 오히려 모국에 대한 애정을 더 깊이 느끼게 되었다. 그는 먼로에게 이렇게 썼다. “오, 신이시여! 내 동포들은 자신들이 어떤 소중한 축복을 누리고 있는지 너무나도 모릅니다. 그런 축복은 이 세상 그 어떤 다른 민족도 누리지 못하는 것이지요. 고백하건대, 나 역시 예전엔 전혀 몰랐습니다." 공화주의자 제퍼슨, 곧 정치 철학자 제퍼슨의 목소리였다. 언젠가 미국이 구세계의 수많은 나라들처럼 군주제와 성직 권위, 부패로 빠져들게 될지도 모른다는 생각에 강한 거부감을 느꼈다.

봄이 되어서야 비로소 마음이 회복되었다. 그리고 5월 초, 개인적으로 중대한 결정을 내리게 된다. 제퍼슨은 가족들을 한데 불러 모으고 싶었다. 최근 경험한 루시의 죽음으로 인한 상실감에서 벗어나기 위해 하루에 9~12킬로미터를 걸으며 마음을 다잡고 있었다. 루시를 잃은 지금, 막내딸 폴리를 프랑스로 데려와 큰딸 팻시와 함께 있게 하고 싶어 안달 난 상태였다. 1785년 5월, 그는 프랜시스 에페스에게 이렇게 썼다. "폴리를 꼭 데려와야겠소. 하지만 나는 그 아이가 바다를 건너려면 반드시 4월 1일부터 9월 사이, 그러니까 바다가 안정된 시기에만 배에 태우고 싶소. 그러니 지금 결정하면 충분한 시간이 있을 것이오. 혹시 버지니아에 아이를 데리고 올 만한 여자를 고용할 수 있겠소?"

미국과 영국의 관계는 좋지 않았고, 점점 더 악화하고 있었다. 애덤스 부부는 존이 주영국 미국 공사로 임명되면서 파리를 떠나 런던으로 거처를 옮겼다. 런던에 도착한 아비가일은 제퍼슨을 그리워했다. 1785년 6월, 그녀는 제퍼슨에게 이렇게 썼다. "나는 어딘가에서 이런 말을 읽은 적이 있어요. '파리를 떠나는 사람은 누구나 일정한 슬픔을 안고 떠난다.' 솔직히 말해, 저는 제 정원을 떠나기가 무척 싫었지요. 왜냐하면 그 정원을 대신할 만한 것을 다른 곳에서 찾을 수 있으리라 기대하지 않았기 때문이죠. 제가 떠나기 싫었던 또 다른 이유는, 제가 존경하는 친구와의 교류로 시간이 지날수록 더욱 깊어지는 즐거움과 친밀함을 기대했기 때문입니다. 그리고 제 남편이 자유롭고 솔직하게 마음 편히 교류할 수 있던 유일한 사람을 두고 떠나야 했기 때문이기도 하지요. 앞으로 남편이 머무는 곳에서는 다시 그런 친구를 만날 수 있으리라 기대할 수 없었으니까요."

제퍼슨은 한 영국인 지인에게 이렇게 썼다. "우리나라는 지금 귀국에 대한 격한 감정의 소용돌이에 빠져들고 있습니다. 아니, 어쩌면 그것은 귀국에서 전염된 것인지도 모르겠군요. 이 일이 어떻게 끝날지는 신만이 아십니다. 하지만 확실한 사실은 결국 한쪽 극단으로 치닫고 말 것이라는 겁니다. 서로를 그토록 사랑했던 이들 사이에는 중간이란 있을 수 없으니까요."

제퍼슨은 연인이나 가까운 친구 사이에서 그렇듯, 관계에는 때때로 중간 지점이 존재하지 않는다는 것을 느꼈다. 강렬한 감정, 혹은 한때의 뜨거운 감정이 있는 사이에는 그저 그런 사이, 적당한 친분 따위는 있을 수 없다. 그런 관계는 전부이거나, 아무것도 아닌 것뿐이다. 한번 식은 마음은 좀처럼 미지근한 온도로 되돌릴 수 없기 때문이다. 이런 경우, 인간의 본성은 그 불꽃을 예전처럼 다시 불태우려 하거나, 영원히 식어버린 채로 방치해버리기 마련이다. 미국과 영국의 관계도 결국 영원한 적대이거나 영원한 우정 중 하나를 선택할 수밖에 없을 것이다.

미국 내에서는 외국의 음모를 우려하는 목소리가 끊이지 않았다. 1785년 7월, 존 제이는 제퍼슨에게 이렇게 썼다. "완전히 신뢰할 수 있는 정보는 아니지만, 많은 이들이 믿고 있는 첩보에 따르면, 영국이 우리 영토 안쪽의 땅에 정착하도록 우리 국민을 유인하고 있다고 합니다. 식량, 농기구 등 생필품을 무상으로 제공하며, 자신들의 정부와 보호 아래에서 살도록 회유하고 있다는 것이죠."

사우스캐롤라이나 출신의 전직 외교관이자 대륙 회의 의원이었던 랄프 아이저드는 제퍼슨의 불안감을 확인시켜 주었다. 그는 이렇게 썼다. "영국이 해적 국가들을 부추겨 우리의 선박들을 공격하게 했다는 말이 있습니다. 만약 이 사실이 증명된다면, 저는 알제리가 아니라 영국과의 전쟁을

택하겠습니다." 하지만 그는 현실을 개탄했다. "슬픈 현실은, 우리가 누구와
도 전쟁을 벌일 만한 상황이 아니라는 겁니다. 현재의 재정 상태로는 공공
부채를 갚기에 부족해 보입니다. 그렇다면 전쟁을 수행할 자금은 어디서
구할 수 있겠습니까?"

아이저드는 미국 정치의 문제를 폭넓게 바라보았다. 그중 하나는 미국
정치인들이 통치의 기술을 제대로 익히지 못했다는 점이었다. 그는 이렇게
말했다. "우리 정부는 너무 민주주의에 치우치는 경향이 있습니다. 장인은
일을 익히기 위해 견습 기간이 필요하다고 생각합니다. 그렇지만, 우리 변
두리 지방 사람들은 정치인이 시인처럼 타고나는 것이라 믿고 있습니다."

정치에도 어느 정도 영감이 필요하지만, 아이저드와 제퍼슨이 알다시
피, 정치는 끊임없는 연습과 숙련이 필요한 기술이다. 윌리엄스버그에서 제
퍼슨이 배운 이 교훈은 지금 대서양 건너 먼 곳에서 그에게 큰 도움이 되
고 있었다.

19장 **철학의 세계**

제퍼슨은 프랑스에서 쇼핑을 즐겼다. 은식기와 도자기, 와인을 구매했고, '인광성'이라는 새롭게 발명된 성냥에 매료되어 3다스나 사들여 미국에 있는 친구에게 선물로 보내기도 했다. 오페라와 이탈리아 희극, 가끔은 튈르리 궁전Palais des Tuileries 안에 있는 살 데 마신 극장Salle des machines에서 열리는 음악 공연인 '콘서트 스피리튀엘Concert Spirituel'의 티켓도 구매했다(제퍼슨이 처음으로 본 헨델의 곡도 포함되어 있었다). 파리에 보낸 5년 동안 60점이 넘는 그림을 수집했고, 대부분 초상화 혹은 종교적 주제, 또는 서정적 장면을 그린 그림이었다. 특히 주목할 만한 소장품으로는 《탕자Prodigal Son》,《데모크리토스와 헤라클레이토스Democitus and Heraclitus》,《눈물 흘리는 성 베드로St. Peter Weeping》,《참회하는 막달라 마리아Magdalen Penitent》,《세례 요한의 머리를 들고 있는 헤로디아스Herodias Baering the Head of St. John the Baptist》 등이 있다.

오페라 극장에서 열린 가장무도회에 두 차례 참석했다. 이 무도회는 밤 11시에 시작해 아침 6시까지 이어졌다. 한번은 그와 존 애덤스의 사위 윌리엄 S. 스미스가 함께 참석했는데, 지나치게 대담한 한 여남작의 표적이 되기도 했다. 스미스는 '제퍼슨 씨가 가까스로 빠져나가자, 그녀는 나에게 발톱을 세우고 달려들었다'라고 회고했다. 매주 화요일, 그는 베르사유 궁전의 '대사들의 날Ambassadors' Day' 행사에 참석했고, 종종 딸 팻시가 재학 중인 판트몽 왕립 수녀원Abbaye Royale de Panthemont을 방문했다. 이 학교는 베르나르딘 수녀들이 운영했는데 제퍼슨은 버지니아에 있는 여동생에게 이렇게 썼다. "프랑스에서 최고의 교육기관이며, 최고의 교사들이 가르치는 곳이야."

제퍼슨은 파리 시민들과 체스를 두려 했으나, 실력이 그들에 한참 못 미쳤다. 파리에 도착했을 무렵 그는 팔레 루아얄에 있는 체스 클럽 '살롱 데 제크Salon des Échecs'의 회원으로 초대받았으나, 곧 체스 두기를 포기했다. 그의 손녀 중 한 명은 이렇게 회고했다. "할아버지께서는 파리에 도착하자마자 체스 클럽에 초대받아 참가했지만, 첫 경기에서 순식간에 대패하셨고, 그 후로 모든 경기를 포기하셨다고 말씀하셨어요." 제퍼슨은 패배를 달가워하는 사람이 아니었다.

그는 파리 지식인 사회가 제공하는 지적 즐거움에 몰두했다. 1785년 6월, 그는 생누아Sannois에 있는 우데토 백작 부인Comtesse d'Houdetot을 방문했다. 그는 그 방문이 '그녀를 둘러싼 문인들의 모임에 참여할 수 있는 길을 열어주기를 바란다'라고 했다. 그 자리에서 사람들은 나이팅게일의 노래를 들었다. 제퍼슨은 이렇게 말했다. "완벽한 소리였습니다. 하지만 주저 없이 말하건대, 미국에서는 삼류 새 정도로 평가받을 겁니다. 우리나라의 흉내지빠귀와 붉은 여치빛 지빠귀가 훨씬 우수하니까요."

제퍼슨은 유럽 문화와 정치에서 발견한 미덕과 악덕 사이의 긴장에 대해 복합적인 감정을 품고 있었다. 그는 유럽에서는 미국의 가치를 옹호하고, 미국에 돌아와서는 유럽의 성취를 전파하는 데 힘썼다. 이 두 세계를 오가며, 구세계의 뛰어난 부분을 신세계에 소개하고, 신세계의 이점을 구세계에 설명함으로써 그는 중재자이자 해석자의 역할을 자임했다. 정치권력에 대한 사상에서부터 롬바르디 포플러, 건축 양식, 파스타에 이르기까지, 제퍼슨은 대서양을 가로지르는 담론의 중심에서 언제나 자신의 조국을 위한 봉사라는 의식 아래 행동했다.

제퍼슨은 최고의 예술가들을 물색했다. 버지니아의 관리들은 제퍼슨과 프랭클린에게 신성한 임무를 맡겼다. 바로 리치먼드의 새 주 의사당에 세울 조지 워싱턴 동상을 의뢰하는 일이었다. 제퍼슨은 완벽한 조각가를 찾아냈다. 그는 장 앙투안 우동을 그 시대 최고의 조각가라 여겼다. 제퍼슨은 워싱턴에게 보낸 편지에서 이렇게 전했다. "우동은 직접 생전 모습을 보고 흉상을 제작하고자 미국에 오고 싶어 합니다."

제퍼슨은 무엇이든 배운 것은 반드시 행동으로 옮겼다. 1785년 8월, 그는 존 제이에게 다음과 같이 보고했다. "이곳에서는 머스킷총 제작 방식에 개량이 이루어졌는데, 의회가 알면 흥미로워할 만한 일일 수 있습니다. 모든 부품을 같은 규격으로 제작해, 한 총의 부품이 다른 총에도 호환되도록 만든 것입니다."

또한 조지 워싱턴에게는 이런 요청도 보냈다. "지난 전쟁 중 부슈넬이 수행한 잠수함 항해 실험에 대해 기억나는 대로 저에게 알려주시고, 군함을 파괴하는 데 그의 방식이 성공적이었다고 볼 수 있는 이유를 말씀해주십시오." 그는 향후 미국에서도 해병대 창설이 '관심을 가질 만한 사안이 될 수 있다'라는 판단에서 프랑스 해병대 관련 문서도 존 제이에게 전달했다.

그는 프랑스의 박식한 동물학자이자 백과전서 편찬자였던 뷔퐁 백작을 설득하려 애썼다. 뷔퐁은 미국의 동물들이 유럽보다 열등하다고 주장했기 때문이다. 이에 제퍼슨은 토착 사례로 반박할 증거를 마련하고자 아치볼드 캐리에게 사슴뿔을 구해달라고 부탁했다. 그는 맹인 학교를 찾아 그들의 교육 방식을 연구했고, 청각 및 언어장애 아동 교육에 관한 책도 소장하고 있었다. 프랑스의 저명한 정치인이자 식물학자인 말레르브와는 미국산 견과류와 베리류를 프랑스산 포도나무와 맞바꾸기도 했다. 또한 파리에 체류 중이던 미국 탐험가 존 레디어드를 전폭적으로 지원했다. 레디어드는 그를 '형제와 같은 존재'라 불렀다. 그는 시베리아에서 캄차카를 거쳐 북아메리카를 횡단해 대서양까지 도달하는 대규모 탐험을 계획하고 있었다.

제퍼슨의 역할은 독보적이었다. 1785년 4월, 윌리엄스버그에서 제임스 매디슨 목사는 그에게 다음과 같은 편지를 보냈다. "철학계에서 무슨 일이 벌어지고 있는지를 아는 것은 우리에게 매우 중요합니다. 하지만 그런 정보를 얻을 수 있는 수단은 거의 전적으로 당신에게 달려 있습니다." 당시 조국의 지식에 대한 갈망은 분명했다. 매디슨은 추신에서 이렇게 덧붙였다. "아베 로숑이 광학에서 새롭게 발견한 내용을 발표했습니까? 그 효과는 어떻게 생기는 건가요? 그 수정의 비중은 얼마인가요? 다른 암석 결정들과는 어떤 점이 다른가요?" 제퍼슨은 이런 질문에 답할 수 있다는 사실에 무척 기뻐했다.

그는 존과 아비가일 애덤스 부부를 위해 쇼핑하는 일도 즐겼다. 아비가일을 위해 미네르바, 디아나, 아폴로와 한 세트를 이루게 될 도자기 인형 마르스를 구매했다. "이건 런던 주재 미국 공사의 식탁 위에 놓기에 안성맞춤이라고 생각했지요. 그걸 보게 될 이들이 이렇게 깨달을 수 있도록 말이지요. 우리가 지혜Minerva를 인도자로 삼고, 노래Apollo와 사냥Diana을 최고의 기쁨으로 여기지만, 우리의 탄생 요람을 흔들고, 우리의 어린 제물을 받아주며, 우리의 권리를 수호하고 억울함을 복수해준 신, 곧 마르스Mars에게도 우리는 경배를 바친다는 것을." (이 도자기 인형들은 런던으로 향하는 배편에서 사고로 파손되었다) 애덤스 부부의 딸 아비가일 스미스의 부탁으로 코르셋을 보내기도 했다. 제퍼슨은 편지에서 3인칭 시점으로 이렇게 적었다. "그녀가 치수를 보내지 않으신 터라, 그 코르셋이 잘 맞기를 바랍니다. 만약 작다면, 잠시 보관해두셨다가 쓰셔도 됩니다. 이 세상에는 밀물도 있지만 썰물도 있는 법이니까요." 이에 대한 답례로 애덤스 부부는 제퍼슨의 영국식 양복 재단과 구두 제작을 챙겼다.

"마침내 지금 살고 있는 집보다 훨씬 더 마음에 드는 곳에 자리를 잡았습니다." 1785년 9월, 제퍼슨은 아비가일 애덤스에게 이렇게 소식을 전했다. 그가 이사한 곳은 샹젤리제 거리와 베리 거리 모퉁이에 자리한 랑작 호텔Hôtel de Langeac이었다. 1787년, 그는 니컬러스 루이스에게 쓴 편지에서 이렇게 적었다. "식탁에 올릴 인디언 옥수수를 우리 식으로 푸르게 수확해 먹으려 정원에 직접 심고 있소."

정원 가꾸기는 그에게 고향과의 정서적 연결고리가 되었다. "지금 내 나이에 새로운 생활 방식이나 풍속에 쉽게 적응하기는 어렵소. 화려한 이 도시의 즐거움보다는, 몬티셀로의 숲과 황야, 그리고 그곳의 자유를 더 좋아하는 내가 아마도 좀 야성적인 사람인가 보오."

그러나 제퍼슨은 결코 야만적인 사람은 아니었다. 1788년, 런던에서 법학을 공부하던 미국인 토머스 쉬펜은 파리에서 제퍼슨을 만난 후 이렇게 회고했다. "제퍼슨 씨는 방 안에서 가장 소박한 복장을 하고 있었고, 훈장이나 리본 같은 지위를 상징하는 어떤 장식도 없었습니다. 그렇지만, 그는 외교 사절단 중 가장 많은 존경과 관심을 받았지요. 심지어 왕실 신하들조차 그를 가장 주목하고 있었습니다."

공적 활동도 순조롭게 진행되었다. 1785년, 파리에서 라파예트는 메릴랜드의 의사이자 정치인인 제임스 맥헨리에게 이렇게 전했다. "제퍼슨은 모든 면에서 훌륭하고, 고결하며, 식견이 깊고, 총명한 사람입니다. 그를 아는 모든 이들이 그를 존경하고 사랑하지요." 2년 뒤 출간된 글에서, 이탈리아 백작 루이지 카스틸리오니는 제퍼슨을 이렇게 묘사했다. "제퍼슨 씨는 쉰 안팎의 마른 체형으로, 진지하고 겸손한 인상을 줍니다. 그의 비범한 재능은 첫 만남에서 즉시 드러나지 않지만, 자신이 잘 안다고 생각하는 주제를 이야기하다 보면, 그가 지닌 판단력과 깊은 탐구심이 곧 분명하게 드러납니다."

제퍼슨이 정치, 과학, 사회 등 여러 분야에서 세상을 흡수하고 해석하는 능력은 그가 프랑스에 머무는 동안 미국 친구에게 보낸 파리 생활의 풍자적 묘사에서도 잘 드러난다. 그는 파리의 '공허한 소란'을 생생히 그려냈다.

오전 11시, 마담의 하루가 시작된다. 하인이 커튼을 젖힌다. 베개에 기대 머리를 조금 손질한 뒤 아픈 지인들의 소식을 확인하고 건강한 이들의 쪽지를 읽는다. 지인들에게 편지를 몇 통 쓰고, 누군가의 방문도 받는다. 오전 중 너무 방문객이 많지 않으면, 팔레 루아얄 주변을 힘겹게 한 바퀴 돌 수도 있다. 하지만 서둘러야 한다. 미용사의 차례가 다가오기 때문이다. 그리고 그 차례란, 실로 위대한 이벤트다! 잘해야 저녁 식사가 반쯤 지나서야 마칠 수 있으니 말이다. 식후 소화가 조금 되면, 잠깐 거리로 나가 인사를 돌고, 이어서 극장으로 향한다. 공연이 끝나면 다시 친구 집 문턱을 들락거리며 시간을 보내고, 곧바로 저녁 식사를 하러 간다. 저녁을 먹고 나면 카드놀이를 하고, 이내 침대로 향한다. 다음 날 정오에 일어나, 방앗간의 말처럼 다시 똑같은 원을 돌기 시작한다. 그렇게 인생은 하루하루, 오직 현재의 쾌락만을 좇으며 흘러간다. 권태로움에서 도망치고, 늘 앞서 달아나는 행복을 뒤쫓으며. 그러다 죽음이나 파산 같은 일이 생기면, 그것은 그저 하룻밤의 화젯거리일 뿐이며, 다음 날 아침이면 완전히 잊힌다.

지금까지는 프랑스 문화에 대한 제퍼슨의 시각을 살펴보았다. 하지만 그는 정치적으로도 프랑스가 미국을 어떻게 바라볼지 깊이 걱정하고 있었다. 1786년 2월, 그는 매디슨에게 이렇게 편지를 썼다. "유럽의 정치 상황을 고려할 때, 외부 세계를 상대하기 위해서 우리는 반드시 하나의 국가로 단단히 결속된 모습을 보여야 할 필요가 있네. 그리고 국가의 품격이 존중받지 못하면, 모욕과 전쟁이 뒤따른다는 점을 늘 명심해야 하지." 이어 그는 별도로 이렇게 덧붙이기도 했다. "피칸 열매 100~200알 정도 보내줄 수 있겠는가? 이곳에서 내가 호의를 베풀고 싶은 몇몇 사람들에게 그 열매를 선물할 수 있다면 참 기쁠 것 같네."

한편 매디슨은 국내에서 제퍼슨과 공유하던 중앙 정부의 권력 강화에 대한 우려를 해결하기 위해 어느 정도 진전을 이루고 있었다. 통상 문제 해결을 위한 회의가 아나폴리스에서 열렸고, 그 회의는 1787년 필라델피아 헌법 제정 회의 소집으로 이어졌다. 진전은 느렸지만, 분명한 진보였다. 먼저, 각 주는 회의에 대표단을 파견하기로 합의해야 했고, 그 대표단들은 공통된 계획안을 마련해야 했으며, 마지막으로 그 계획은 다시 각 주에서 비준받아야 했다. 매디슨은 한때 이렇게 토로하기도 했다. "성공을 거의 포기할 지경입니다."

프랑스에 머무는 동안 제퍼슨은 개인과 국가의 관계에 대해 깊이 사유했다. 그러던 중, 이러한 문제들을 함께 토론할 수 있는 자극적인 대화 상대가 찾아왔다. 1787년 한여름, 토머스 페인이 제퍼슨을 만나기 위해 파리를 방문한 것이다.

페인은 코르셋을 만드는 장인의 아들로, 1737년 영국 노퍽주의 테트퍼드에서 태어났다. 그는 이념적 저항이 숨 쉬는 비전통적인 분위기 속에서 성장했다. 아버지는 퀘이커교도였고, 어머니는 성공회 신자인 변호사의 딸이었다. 젊은 시절 그는 성공회에서 세례를 받았지만, 때때로 퀘이커 모임에도 참석했다. 그의 저서 《상식》은 1776년 미국 사회를 뒤흔들며 50만 부 이상 판매되었다. 이후 그는 1791년에 군주제를 정면으로 비판한 《인간의 권리The Rights of Man》를, 1794년에서 1795년까지는 조직화한 종교를 날카롭게 공격한 《이성의 시대The Age of Reason》를 집필했다. 페인과 제퍼슨은 친구이자 오랜 서신 교류를 이어간 동지로, 새롭고 계몽된 세계에 대한 비전을 공유했다. 그러나 제퍼슨은, 비록 타협의 산물일지라도 현실적 진보를 이상주의적 꿈에 희생시켜서는 안 된다는 사실을 절대 잊지 않았다.

존 애덤스는 제퍼슨이 런던에 와 주기를 바랐다. 커다란 담뱃대, 터번, 뜨거운 커피가 함께한 트리폴리 대사와의 여러 차례의 회담을 거친 끝에 애덤스는 이 지중해 강국과의 외교적 협상 가능성이 열렸다고 판단했다. 외교적 해법 없이는 미국이라는 새로운 실험 자체가 위협받을 수 있다고 애덤스는 우려했다. "지금까지 이뤄낸 성과와 노력은 전부 허사가 될 것이네." 애덤스는 제퍼슨에게 이렇게 전하며 '서둘러 조처하지 않으면, 이 지역에서 수년간 전쟁이 지속될 수도 있다'라고 경고했다. 1786년 2월 21일 화요일 자 편지에서 애덤스는 제퍼슨에게 영국 방문을 요청했다.

제퍼슨은 기꺼이 제안을 받아들였다. 그는 딸 팻시에게 보내는 편지에서, 그녀의 편지가 도착하기도 전에 자신은 돌아올 것이라며 안심시켰다. "내가 돌아올 때까지 그림 선생님은 미뤄두자꾸나. 그동안 음악 실력이 많이 늘기를 기대한다. 네가 유쾌하고 유익한 일들에서 성장하는 모습을 지켜보는 것만큼 나에게 큰 기쁨은 없단다."

런던에 도착한 제퍼슨은 존 싱클레어 경이 주최한 만찬에서 영국 정부 여당 인사들과 함께했고, 스코틀랜드 출신의 클라크 장군 옆에 앉았다. 대화는 곧 미국 문제로 이어졌고, 장군은 이렇게 말했다. "만약 미국이 과거처럼 다시 받아달라고 영국 의회에 청원한다 해도, 아마 대다수는 이를 거부할 겁니다."

제퍼슨은 귀를 의심했다. "그는 매우 진지했지요. 자리에 있던 이들뿐 아니라, 어쩌면 이 나라 전체가 그렇게 생각하고 있을 수도 있습니다." 제퍼슨은 영국 정부가 국민을 아침 섞인 번영의 말로 달래며, 미국 없이도 오히려 더 잘살 수 있다고 믿게 만들고 있다고 보았다. "이들은 그걸 진심으로 믿고 있어요. 결국 인간은 무엇이든 믿게 마련이지요."

그러나 그는 당혹하거나 분노하지 않았다. 때로 분노는 당혹감의 또 다른 이름이지만, 제퍼슨은 내면에 어떤 소용돌이가 있든 겉으로는 평정심을 유지하는 능력을 오랜 경험 속에서 익힌 인물이었다. 그는 감정의 노예가 되지 않았다. 한 친구는 그에 대해 이렇게 평했다. "제퍼슨 씨만큼 인생의 불쾌한 일들을 잘 넘기는 신사를 본 적이 없습니다. 그는 세상과의 관계 속에서 일정한 불합리를 감수해야 한다는 사실을 냉정하게 받아들이는 사람이지요."

제퍼슨과 애덤스는 함께 조지 3세와 샬럿 왕비에게 인사를 올리기 위해 궁정을 방문했다. 그러나 두 사람은 '이보다 더 무례하고 냉담할 수는 없었다'라는 인상을 받았다. 물론 두 사람이 하노버 왕가가 다스리는 제국을 굴욕에 빠뜨린 장본인이었음을 생각하면, 왕실의 냉대는 그렇게 놀라운 일은 아니었다. 하지만 이 경험은 제퍼슨이 세습 권력에 대해 품고 있던 근본적인 불신을 다시금 확고히 해주는 계기가 되었다.

런던 체류 중 제퍼슨은 현지 언론에서 미국을 비방하는 기사들을 접하고 충격을 받았다. "인간 본성이 자행할 수 있는 모든 악행이 넘쳐납니다." 그는 아비가일 애덤스에게 이렇게 말했다. "암살, 자살, 절도, 강도, 그리고 그보다 더 끔찍한 건 사악한 중상모략이지요." 이어 그는 솔직한 고백을 덧붙였다. "제 성격과는 잘 맞지 않아요. 저는 어려움을 좋아하지 않습니다. 조용한 삶을 선호하고, 제 의무는 다하고 싶지만, 중상모략에는 민감하게 반응하는 편이라 그런 일이 반복된다면 직책을 내려놓게 될지도 모릅니다. 이성과 당신 같은 사람의 조언이 애덤스 씨를 그런 약점으로부터 지켜줄 것이라 믿습니다."

프랑스로 돌아가기 전, 제퍼슨과 애덤스는 며칠 동안 영국의 정원을 함께 둘러보며 여행했다. 인간의 상상력이 자연을 섬세하게 다듬은 풍경 속에서 두 사람은 따뜻하고 깊이 있는 시간을 나누었다. 그 여정은 단순한 시찰이 아닌, 각자가 꿈꾸던 새로운 세계에 대한 묵상과 우정을 확인하는 시간이기도 했다.

파리에 머무르던 제퍼슨은 딸 폴리를 버지니아에서 데려오는 문제로 초조함을 감추지 못했다. 프랜시스 에페스에게 보낸 편지에서 이렇게 털어 놓았다. "이 문제로 끝없는 걱정을 늘어놓을 수도 있었지만, 당신과 부인이 신중하기에 그럴 필요가 없어졌습니다. 사랑하는 폴리에게 제 키스를 전해 주세요. 그 아이 생각이 밤낮으로 제 머릿속을 떠나지 않습니다."

그러던 중, 폴리에게서 짧은 편지 한 통이 도착했다. "사랑하는 아빠, 저도 아빠랑 팻시 언니가 보고 싶어요. 그런데 아빠가 외삼촌 집으로 오서야만 해요."

제퍼슨은 어느새 일곱 살 아이와 작지만, 진지한 논쟁을 벌이고 있었다. "사랑하는 폴리야, 네가 너무 보고 싶어서 외삼촌과 외숙모에게 너를 파리로 보내달라고 부탁드렸단다." 그는 곧장 답장을 썼다. "네가 외삼촌과 사촌들을 떠나게 되어 얼마나 속상할지, 그리고 당연히 그렇게 느껴야 한다는 걸 나도 잘 알고 있단다. 하지만 팻시 언니와 나는 너 없이 살 수가 없어. 네가 이곳에 오면, 우리는 너에게 하프시코드 연주, 그림 그리기, 춤, 프랑스어 읽기와 말하기, 그리고 다른 친구들의 사랑을 받을 만한 여러 가지 것들을 가르쳐줄 거야. 하지만 그보다 더 중요한 건, 우리가 너를 얼마나 아끼고 사랑하는지 너 스스로 느끼게 될 거라는 거야. 그러면 이렇게 멀리 떨어져 있을 때보다 훨씬 더 우리를 사랑하게 될 거야."

제퍼슨은 힘든 순간에도 최근 받은 찰스 톰슨의 편지에서 드러난 낙관주의로 스스로 위안을 삼았다. "감히 말하건대, 이 세상에 미국인들보다 더 행복하고, 더 빠른 속도로 성장하는 민족은 없네. 인구는 늘어나고, 새 집들이 들어서며, 개간된 땅과 새로운 정착지가 생겨나고, 상상할 수 없을 만큼 빠른 속도로 공장들이 세워지고 있네."

이것이 바로 제퍼슨이 굳게 믿고 있던 미래였다.

20장 **그의 이성과 감성**

"우리는 불멸이 아니네, 친구여. 어찌 우리의 즐거움이 영원하리라 기대할 수 있겠는가? 가시 없는 장미 없듯, 순수한 즐거움 또한 없다네."

—토머스 제퍼슨

한 동시대인은 그녀를 이렇게 묘사했다. "금발에 나른한 매력을 지닌 영국계 이탈리아 여성으로, 우아하고 특히 음악에 뛰어난 재능을 갖춘 인물." 1759년 피렌체 근처에서 태어난 마리아 루이사 캐서린 세실리아 해드필드는 제퍼슨보다 열여섯 살 어린 여성으로, 이탈리아에서 인기 있던 여관을 운영하던 영국 상인의 딸이었다. 역사가 헬렌 듀프리 불록이 자세히 기록한 바에 따르면, 마리아는 돈과 예술, 종교적 열정이 가득한 환경에서 자랐지만, 자신이 천국으로 아이들을 데려간다고 믿으며 형제자매 네 명을 죽인 잔인한 간호사로부터 겨우 구출되었다. 그 간호사는 '사랑스러운 아가야, 네 형제들은 이미 천국으로 갔고 너도 곧 따를 것이다'라고 말했다고 전해진다. 수녀원에서 교육받은 마리아는 시각 예술과 종교 생활을 동시에 추구했는데, 1778년 피렌체 미술 아카데미 회원으로 선출되었고, 비지테이션 수도원에서 오르간 연주자로도 활동했다.

젊은 시절 런던에서 아름다운 마리아는 작가 제임스 보스웰, 화가 조슈아 레이놀즈 경과 안젤리카 카우프만, 수집가 찰스 타운리 같은 이들이 모인 화려한 사교계에 진입했다. 그녀는 괴짜지만 매력적인 세밀화가 리처드 코스웨이와 결혼했다. 한 평론가는 코스웨이를 '작고 단단한 체구지만 얼굴은 마치 원숭이를 닮았다'라고 묘사했다. 코스웨이는 야망 넘치고 화려했으며, 웨일스 왕세자의 후원을 받아 팰 몰의 우아한 사교계에서 중심에 섰다. 골동품 수집가 존 토머스 스미스는 그의 저택을 두고 이렇게 기록했다. "코스웨이는 새집을 마치 시인의 상상에서 튀어나온 마법 같은 장면처럼 화려하게 꾸몄다. 많은 방이 이전에 본 적 없는 신비로운 공간 같아 각 방의 그림이 남겨지지 않은 게 아쉬울 정도였다." 가구는 정교한 조각과 금박으로 장식되었고, 가장 값비싼 제노바산 벨벳으로 덮여 있었다. 상아로 만든 장식장과 사자와 독수리 발 모양의 모자이크 탁자도 있었다. 거북 껍질과 도금된 청동으로 만든 대형 뮤지컬 시계가 째깍거렸으며, '고풍스러운 일본산 병풍'이 페르시아 카펫 위에 놓여 있었다.

역사학자 윌리엄 하워드 애덤스는 코스웨이 부부를 둘러싼 사회 분위기에 대해 기록하며, 영국 문인 윌리엄 해즐릿이 '이 부부는 독특한 동업 관계로 멋지게 집을 꾸며 새 이웃들을 놀라게 했으며, 도시의 식사 자리에서 화젯거리의 중심이었다'라고 평한 점을 전했다. 작가이자 정치가 호레이스 월폴은 어느 파티에서 당시 남장을 하고 외교관 겸 스파이로 알려졌던 마드무아젤 라 슈발리에 데옹이 코스웨이 부부의 손님들에게 펜싱을 가르치는 모습을 목격하기도 했다. 제퍼슨은 코스웨이 부부의 친구이자, 에로틱한 삽화집 《열두 황제의 사생활 기념물Monuments de la vie privée des douze Césars》과 《로마 귀부인들의 비밀 의식 기념물Monuments du culte secret des dames romaines》의 삽화가 피에르 프랑수아 위그와도 알게 되었다.

1786년 늦여름 파리에서 위그와 코스웨이 부부는 예술가 존 트럼불과 만났고, 트럼불을 통해 미국 대사 제퍼슨과 인연을 맺었다.

제퍼슨은 무척 기분이 좋았다. 자신이 가장 즐기는 일을 하고 있었기 때문이었다. 그는 파리를 여유롭게 거닐며, 고상하면서도 실용적인 목표를 품고 유럽의 뛰어난 건축 혁신을 미국에 접목할 방안을 탐구하고 있었다. 제퍼슨은 트럼불과 함께 파리의 곡물 시장 '알 오 블레Halle aux Blés'의 돔을 설계한 건축가들을 찾아갔다. 건축가 자크-기욤 르그랑과 자크 몰리노는 나무 골조로 돔을 지어 군데군데 뚫어 유리를 끼웠다. 햇빛이 유리를 통과하며 산란하는 빛의 효과는 대단했다. 제퍼슨은 이를 '지구상에서 가장 훌륭한 건축물'이라 극찬하며 더 많은 것을 배우고자 했다. 이에 제퍼슨과 트럼불은 생플로랑탱 거리 6번지에 있는 르그랑과 몰리노의 집을 방문했고, 그곳에서 코스웨이 부부를 만났다.

마흔셋의 제퍼슨은 스물일곱의 마리아를 처음 만난 순간부터 매료되어 넋을 잃었다. 마리아는 육감적인 입술과 놀랄 만큼 선명한 보랏빛이 섞인 푸른 눈, 유행에 따라 손질한 금발 머리를 지니고 있었다. 제퍼슨은 마리아를 보자마자 매혹당한 것으로 보인다. 마치 그 눈에 빠져들어 한 달 가까이 숨도 쉬지 못하고 빠져나오지 못한 듯했다.

그는 다 제쳐두고 그녀와 함께하는 데 몰두했다. 그날 저녁, 그날 저녁 제퍼슨은 라 로슈푸코 공작 부인의 저녁 식사에 초대받았으나, '긴급한 외교 문서가 도착해 즉시 처리해야 한다'라는 다소 진부한 핑계로 공작 부인에게 불참을 알렸다. 그 자리에 있던 다른 사람들도 모두 그 거짓말에 동참했다. 제퍼슨은 이렇게 썼다. "모두 그날 정해진 약속이 있었지만, 함께 저녁 식사를 하기 위해 포기해버렸지요."

완벽에 가까운 날이었다. 마리아는 다양한 언어를 할 줄 알았지만, 영어는 서툴렀기에 제퍼슨은 그녀와 대화를 나누면서 이국적이고 매력적인 발음에 더욱 매료되었다. 제퍼슨과 코스웨이 부부, 트럼불은 생클루에서 함께 저녁을 먹고, 불꽃놀이를 감상하고, 작곡가이자 하피스트인 요한 바프티스트 크룸폴츠를 찾아갔다.

마침내 이별의 시간이 찾아왔다. 하지만 제퍼슨과 마리아에게 이 순간은 단지 매우 짧지만, 강렬한 드라마의 서막에 불과했다. 제퍼슨은 누가 봐도 사랑에 빠진 듯한 모든 징후를 보였다. 남편인 리처드 코스웨이가 이를 눈치챘는지는 확실치 않다. 설령 눈치를 챘다고 하더라도 신경 썼을지는 알기 어렵다. 더 깊은 것이었을지도 모르지만, 연정 어린 사랑의 장난은 코스웨이 부부가 살아가는 세계에서는 흔한 일이었고, 제퍼슨도 그런 세계와 전혀 무관하지 않았다. 손에 넣기 어려운 대상을 좇는 일은 과거에 벳시 워커와의 경험으로 잘 알고 있기도 했다. 제퍼슨은 이런 일에 익숙했다.

1786년 초가을, 제퍼슨은 처음으로 주변의 비난을 걱정하지 않고 로맨틱한 관계를 시작할 수 있었다. 하지만, 제임스 보즈웰의 말이 사실이라면, 마리아는 남자들을 '개처럼' 다루는 사람이었으며 이 점이 관계에서 가장 위험한 요소였다.

제퍼슨은 기꺼이 위험을 감수했다. 8월에서 9월로 흘러가는 동안 두 사람은 파리를 자신들의 세상으로 만들었다. 생제르맹St.-Germain에서 뉴이다리Pont de Neuilly까지, 센강 기슭 언덕에서 여러 섬세하고 한적한 정원들까지, 제퍼슨에게 '모든 순간이 형용할 수 없는 기분 좋은 날로 채워졌다.' 두 사람은 은신처 같은 장소들을 유난히 좋아했다. 바가텔Bagatelle은 왕의 동생 아르투아 백작이 지은 신고전주의 양식의 돔 형태 장식 건축물이었다. 데제르 드 레츠Désert de Retz는 프랑수아 라신 드 몽빌이 고대의 기둥을 본뜬 환상적인 건물 안에 숲으로 된 공간을 포함한 넓은 정원이었다. "저러한 기둥의 유적으로 떠오르는 생각은 얼마나 웅장한지!" 제퍼슨은 말했다. "그 나선형 계단도 정말 아름다웠다." 제퍼슨과 마리아는 둘만의 비밀스러운 세계 속에 있었다. "시간의 수레바퀴는 우리의 마차 바퀴보다도 더 빠르게 돌아갔지만, 저녁이 되어 하루를 되돌아보면, 우리는 얼마나 많은 행복을 지나왔던가!"

이 시기 제퍼슨의 오른쪽 손목이 탈구되었으나, 부상 경위를 구체적으로 밝히지 않았다. 1786년 10월 윌리엄 스미스에게 이렇게 말했다. "좋은 결과는 없고, 해만 입게 되는 그런 어리석은 행동 중 하나였소." 아마도 영웅 흉내를 내려 울타리를 넘으려다 벌어진 실수였을 것이다. 사건은 1786년 9월 11일 아나폴리스 회의가 개막된 후, 대표단들이 고향으로 돌아가고 며칠 뒤인 9월 18일 무렵 혹은 그 직전에 일어난 일이었다.

회복 중이던 제퍼슨에게 마리아는 이렇게 편지를 썼다. "그저 제 바람을 말씀드릴 뿐이에요. 저녁 식사 때 제가 시중을 들고, 식사 후에는 좋은 음악으로 통증을 덜어드리고 싶어요."

제퍼슨은 손목을 얼마나 다쳤는지 솔직하게 이야기했다. "밤새 극심한 고통으로 눈을 감을 수 없었소. 그렇기에 당신과 함께하는 매혹적인 동행의 자리를 포기하고 경과를 살펴보고자 불러놓은 외과 의사를 기다려야 해 무한한 유감입니다. 어제 포장도로 위를 달리다가 지나치게 흔들렸기 때문이기만을 바랍니다. 당신이 오늘 떠나지 않는다면 다시 당신을 볼 수 있는 기쁨이 있겠지요. 떠난다면, 어디로 가든 신의 가호가 함께하길 바랍니다. 오늘 떠나지 않는다면 꼭 알려주세요."

파리를 떠날 예정이었던 마리아는 서둘러 답장을 썼다.

당신께서 밤새 겪으신 고통이 제 탓임을 생각하니 정말, 정말 깊이 사과드려요… 당신은 여러 번 괜찮을 거라고 말씀하셨고, 저는 마음이 움직여 더 이상 말리지 않았습니다… 영국에서 다시 편지를 쓰겠습니다. 이토록 과분한 친절을 베풀어 주신 분께 무심할 수 없으니까요. 저는 겉치레로 아첨하지 않습니다. 그런 말은 당신께 어울리지 않으니까요. 다만 부디 저희가 당신의 친절에 깊이 감사하고 있음을 알아주시고, 함께 보낸 그 매혹적인 나날들을 무한한 기쁨으로 기억할 것임을, 그리고 다가오는 봄을 간절히 기다릴 것임을 알아주셨으면 합니다.

1786년 10월 9일 앤트워프에 있던 존 트럼불로부터 편지가 도착했다. "코스웨이 부부가 밤새 비를 맞으며 말을 달려 오늘 새벽 3시에 도착했습니다."

제퍼슨이 훗날 마리아에게 전한 바에 따르면, 작별 인사는 그의 '마지막 슬픈 의무'였다. 이로부터 며칠 뒤인 1786년 10월 12일, 그는 길고도 내밀한 편지를 남겼다. "벽난로 옆에 홀로 앉아 고독과 슬픔에 젖은 채 나의 머리와 가슴 사이에 다음과 같은 대화가 오갔습니다."라는 문장으로 시작되는 이 편지는 4천 단어가 넘어서 평범한 편지라기보다 한 편의 수필에 가까운 글이었다. 제퍼슨은 왼손으로 글을 써내려가며 인간 본성 전반에 대한 깊은 통찰을 보여주고, 특히 내면을 예리하게 관찰하는 모습을 드러냈다.

머리: 친구여, 꽤 지쳐 보이는데?

마음: 나는 이 세상에서 가장 비참한 존재야. 슬픔에 압도당했고, 내 육체의 모든 섬유가 감당할 수 있는 한계를 넘어서 팽팽하게 늘어나 있어. 이 모든 감정과 두려움에서 해방될 수만 있다면, 어떤 파국이라도 기꺼이 맞이하겠어.

머리: 이게 다 너의 열정과 성급함이 낳은 끝없는 결과 아니냐. 넌 늘 우리를 이런 곤경으로 끌고 들어가지. 스스로 어리석음을 인정하면서도, 넌 여전히 그것들을 끌어안고 소중히 여기지. 회개 없는 곳에 개혁은 있을 수 없어.

마음: 오, 친구여! 지금은 내 약점을 꾸짖을 때가 아니야. 슬픔에 찢겨 산산조각 나고 있어! 당신에게 상처를 치유할 연고가 있다면 내 상처

에 부어줘. 없다면 새로운 고통으로 내 상처를 더 헤집지 말아줘. 이 끔찍한 순간만큼은 나 좀 봐줘! 다른 때라면 당신의 충고를 인내심 있게 들을 수 있어.

머리: 오히려 너는 고통에 잠겨 있을 때보다, 승리에 취해 있을 때 내 충고를 지지리도 듣지 않더군. 네 어리석음으로 고통을 겪고 있을 때는 그나마 스스로 그 잘못을 인식할 가능성이 있겠지. 하지만 그 격렬한 감정이 지나가고 나면, 너는 그런 일이 다시는 일어나지 않을 거라고 착각해. 그러니 아무리 이 약이 쓰더라도, 그것을 복용하게 하는 게 내 임무야.

마음: 내가 또 그런 실수를 저지른다면, 하늘이 나를 저버려도 좋아!

머리: 나는 네가 왜 그렇게 쉽게 마음을 다 내어주는지를 깨닫게 해주고 싶었어. 곧 잃게 될 것을 향해 아무런 망설임 없이 애정을 쏟는 행위가 얼마나 경솔한 일인지 말이야. 그리고 그 상실이 닥쳤을 때, 얼마나 깊은 고통을 초래할지 말이야. 지난밤을 떠올려 봐. 너는 네 친구들이 오늘 파리를 떠날 걸 알고 있었지. 그 사실만으로도 넌 참을 수 없는 고통에 빠졌어. 밤새 침대 위에서 이리저리 뒤척였지. 잠도 못 자고, 쉴 틈도 없었어. 이런 끊임없는 괴로움에서 벗어나기 위해서라도 평화를 지키고 싶다면, 넌 어떤 감정적 선택을 하기 전에 반드시 미리 앞을 내다보는 법을 배워야 해. 이 세상의 모든 일은 결국 계산의 문제야. 그러니 신중하게 나아가. 저울을 손에 들고, 한쪽에는 어떤 대상이 줄 수 있는 즐거움을 놓고, 다른 쪽에는 그로 인해 따를 고통을 공정하게 올려봐. 어느 쪽이 더 무거운지 따져야 해. 누군가를 새로 알게 되는 건 가벼운 일이 아니야. 새로운 인연을 맺으려 할 때는, 그걸 사방에서 살펴봐야 해. 거기서 얻을 수 있는 이익은 무엇이고, 그 인연으로 네가 어떤 불편과 위험에 노출될지도 따져봐야지. 고통이 숨어 있을지 모른다는 걸 알기 전까지는 쾌락이라는 미끼를 덥석 물지 마. 인생의 기술이

란 결국 고통을 피하는 기술이야. 그리고 인생에서 최고의 항해사는 암초와 여울을 가장 잘 피해 가는 사람이야. 즐거움은 언제나 우리 앞에 있지만, 불행은 우리 옆에 있어. 우리가 행복을 좇는 사이, 우리는 불행에 붙잡힐 거야. 고통으로부터 자신을 지켜낼 수 있는 가장 효과적인 방법은 내면을 들여다보며 자기 안에서 충분히 행복을 찾는 거야. 친구가 죽거나, 떠난다면 우리는 마치 팔이나 다리를 잃은 듯한 고통을 느끼지. 친구가 병들면, 우리는 곁을 지키며 그의 고통을 함께 견뎌야 해. 친구가 재산을 잃으면, 우리도 함께 희생해야 해. 친구가 자식이나 부모, 배우자를 잃으면, 우리의 일처럼 슬퍼해야 하지.

마음: 하늘의 손길에 상처를 입은 사람과 함께 눈물을 흘리는 일보다 더 숭고한 기쁨은 없어! 병든 이의 머리맡을 지키며, 지루하고 고통스러운 시간을 달래주는 것! 불행으로 아무것도 남지 않은 사람과 빵한 조각을 나누는 것! 이 세상은 분명 고통으로 가득 차 있지. 그 무게를 덜어주기 위해선, 서로 나눠야만 해… 자연이 인간에게 같은 거처를 배정했을 때, 각자의 영역을 나누어 주었지. 네게는 과학의 영역을, 내게는 도덕의 영역을 맡겼어. 원을 네모로 바꾸거나, 혜성의 궤도를 계산하는 일 혹은 가장 튼튼한 아치 구조나 저항이 가장 적은 고체를 찾는 일은 네 몫이야. 자연은 내게 그런 것들을 이해할 능력을 주지 않았으니까. 마찬가지로, 자연은 너에게 동정심, 자비, 감사, 정의, 사랑, 우정 같은 감정들을 느낄 능력을 주지 않았어. 그래서 그것들을 통제할 자격도 없지. 그런 감정들은 오직 마음의 메커니즘에 맞춰 설계되어 있지. 도덕은 인간의 행복에 너무나 필수적인 것이어서, 불확실한 머리의 조합에 맡겨둘 수 없었어. 그래서 자연은 도덕의 기반을 과학이 아닌 감정 위에 세운 거야. 감정은 모두에게 주어진 것이고, 과학은 단 몇 명에게만 주어졌지. 왜냐하면 그만으로도 충분하니까. 네가 우리의 모든 행동을 지배할 권위를 주장하는 건 나도 알고 있어. 너

의 무거운 격언들과 원칙들에 대한 일말의 존중, 그리고 옳은 일을 하고자 하는 소망 때문에, 가끔은 나도 너의 충고에 따르려 했지만… 만약 우리의 조국이 부당함에 맞서 총칼 앞에 섰을 때, 그 결정을 내린 게 머리였다면 어땠을까? 지금쯤 우리는 하만처럼 높은 교수대에 매달려 있었겠지. 너는 그 당시 부와 숫자를 계산했지만, 우리는 그저 뜨거운 심장 박동으로 맞섰어. 열정을 무기 삼아, 부와 숫자에 맞서 싸웠고, 승산이 없던 상황에서 생존을 걸었으며, 결국 나라를 구했어. 동시에 이렇게 증명했지. 신의 뜻은 언제나 옳은 일을 행하고, 결과는 그에게 맡기는 것이라고. 요약하자면, 내 기억이 맞는다면 나는 너의 제안으로 좋은 일을 한 적은 한 번도 없고, 네가 개입하지 않았을 때 나쁜 짓을 한 적도 없어. 그러니 앞으로 내 영역에 끼어들지 않기를 바라. 종이에나 삼각형과 사각형을 마음껏 그리며 놀아. 어떻게 배열하고 조합할지 계산이나 하고. 우리 자신도 불멸이 아닌데, 어떻게 우리의 행복이 불멸이기를 바라겠어? 가시 없는 장미 없듯, 순수한 즐거움 또한 없지. 그것이 바로 우리의 존재에 부여된 법칙이지. 우리는 그것을 받아들여야 해.

그렇다면, 머리와 마음, 둘 중 누가 이겼을까? 제퍼슨은 마음에 마지막 발언권을 넘겼고, 그가 선사할 수 있는 최고의 찬사를 보냈다. 즉, 미국 혁명의 승리는 마음에 돌렸다.

편지의 수신자인 마리아 코스웨이는 어떻게 반응해야 할지 몰랐다. "당신의 편지를 꽤 오랫동안 읽어야 했어요. 한 단어, 한 문장 모두 곱씹어야 할 시간이 필요했고, 어쩌면 책 한 권을 쓸 수도 있을 것 같아요." 마리아가 보낸 답장은 곧 앞뒤가 맞지 않는 영어로 이어졌다. 두 사람은 이후에도 평생 우호적이고, 간헐적인 서신을 이어갔다.

제퍼슨의 편지는 서로 충돌하는 인간의 충동을 조화롭게 풀어보려는 가장 본격적인 문학적 시도를 대표한다. 그가 설정한 이성과 감정이라는 구도는 유용하지만, 지나치게 깔끔하다. 예를 들어, 마음은 애정이나 욕망, 혹은 그 둘의 복합적인 감정으로 움직일 수 있다. 그렇다면, 그가 마리아에게 느꼈던 감정은 영혼에서 비롯된 것일까, 육체적 충동에서 나온 것일까, 아니면 그 둘 다일까? 가장 가능성 있는 답은 둘 다였겠지만, 제퍼슨 자신조차도 모호했던 것처럼 보인다.

분명한 사실은 제퍼슨은 자신에 대한 인식이 뚜렷했고, 삶의 모순과 갈등이 완전히 해결되지 않은 채로 남았더라도 받아들일 준비가 되어 있었다. 인생의 위기를 맞이할 때 희망을 품되, 지나치지 않도록 상실, 실패, 실망, 죽음 같은 것들이 계속해서 발생할 것이라는 사실을 받아들이는 자세로 임했다. 그가 '머리'가 아닌 '마음'의 목소리로 말했듯, "가시 없는 장미 없듯, 순수한 즐거움은 없다. 이것이 우리의 존재에 부여된 법칙이며, 우리는 그것을 받아들여야 한다." 제퍼슨은 미래가 과거보다 더 나아질 수 있다고 믿었다. 하지만 동시에 삶이란 결국 친구들과 함께 더 크고 의미 있는 목표를 추구하는 과정에서 가장 충만하며, 진정 가치 있는 모든 일에는 반드시 고통이라는 대가가 따른다는 것을 알고 있었다.

21장 우리의 새 헌법이 마음에 드십니까?

"그러니 우리 국민의 정신을 소중히 여기고, 그들의 관심이 식지
않도록 하십시오. 잘못을 엄하게 꾸짖지 말고, 계몽을 통해 바로
잡아야 합니다."

—토머스 제퍼슨

빚더미에 앉은 프랑스는 중대한 시험대에 올랐다. 1780년대 중반, 미
국 혁명에 대한 지원 등으로 지출이 늘어나면서 루이 16세의 부르봉 왕정
은 장기적인 재정 위기에 빠져 있었다. 여기에 전국적인 기근과 소수 계층
에 부가 집중된 데 대한 민심의 분노가 더해져 위기는 더욱 심화했다. 제퍼
슨은 프랑스 서민들에게 만연한 빈곤에 큰 충격을 받았으며, 딸 팻시는 파
리에 처음 도착했을 때 마차를 에워싼 거지들의 모습을 평생 기억했다.

프랑스 왕실과 국민이 직면한 재정적, 정치적 위기는 막대했다. 세금
은 불공정하게 부과되고, 징수 방식도 제멋대로였다. 왕실의 사치와 전쟁
비용은 대부분 면세 혜택을 누리던 귀족과 성직자보다는 평민들에게 가
혹하게 전가되었다. 이는 국민의 불만과 긴장을 고조시켰다. 1786년 8월,

루이 16세의 재무장관 샤를 알렉상드르 드 칼론은 국왕에게 제출한 보고서에서 이렇게 밝혔다. "세금을 더 늘릴 수는 없고, 차입을 계속하면 파국이며, 단순한 지출 삭감만으로는 충분치 않습니다." 칼론의 권유로, 국왕은 150여 년 만에 명사회Assembly of Notables를 소집해 개혁안을 논의하고자 했다. 1787년 1월, 제퍼슨은 존 제이에게 보낸 편지에서 이렇게 전했다. "이회의는 당연히 국민의 모든 관심을 불러일으켰다네." 그러나 제퍼슨은 성급한 행동을 경계하는 인물이었다. 그는 이러한 중대한 문제들은 신중하고 능숙한 접근이 필요하다고 보았다.

"국민에게 익숙한 기존 습관 이상의 개혁을 시도하면 전부를 잃고, 결국 이루고자 했던 목표조차 무한히 지연될 수 있습니다." 제퍼슨은 1787년 3월, 한 친구에게 이렇게 편지를 썼다.

명사회는 성과 없이 끝났고, 라파예트 후작을 포함한 여러 인물이 삼부회États Généraux의 소집을 요구하기 시작했다. 삼부회는 귀족, 성직자, 평민으로 구성되어 중세에 창설된 자문기구로, 왕에게 조언하는 역할을 했지만, 마지막으로 열린 것은 1614년이었다.

대규모 개혁에 대한 기대감이 점점 커졌다. 삼부회 소집을 앞둔 고조된 분위기를 한 자유주의 성향 클럽의 회원은 이렇게 묘사했다. "우리는 마치 새로운 헌법을 만드는 일이 쉬운 일이며 자연스러운 과정인 것처럼 이야기했습니다." 그는 이어 말했다. "희망과 축제 분위기로 들뜬 나날 속에서 우리는, 자유의 초석을 놓고 궁정의 정신과 특권계층, 대규모 기득권 집단들, 그리고 낡은 관습이 거부해온 원칙들을 세우기도 전에 우리가 마주하게 될 장애물들에는 거의 시선을 두지 않았습니다."

프랑스가 권위주의적 국가 체제와 씨름하고 있을 때, 미국은 정반대의 문제에 직면해 있었다. 1786년 10월, 존 제이는 제퍼슨에게 이렇게 썼다. "우리 정부의 무능력은 날이 갈수록 점점 더 분명해지고 있습니다. 신용과 국고는 매우 심각한 상황이며, 국민의 지혜든 열정이든, 머지않아 어떤 변화를 일으킬 가능성이 큽니다."

문제는 그 변화의 원동력이 지혜일지, 아니면 열정일지였다. 뉴잉글랜드에서는 혁명전쟁 참전 용사 다니엘 셰이스가 이끄는 무리가 채무 구제책의 부재에 항의하며 봉기를 일으켰다. "방종의 기운이 매사추세츠에 퍼졌습니다," 존 제이는 다시 제퍼슨에게 이렇게 전했다.

1786년 11월, 존 애덤스는 제퍼슨을 안심시키려 했다. "최근 뉴잉글랜드에서 일어난 소란에 너무 놀라지 마십시오. 매사추세츠 의회가 부채를 해결하겠다는 열정에 치우친 나머지, 국민이 감당하기 어려운 과도한 세금을 부과한 것이 문제였습니다. 그러나 모든 일이 잘 해결될 것이며, 이번 혼란은 오히려 정부의 권위를 더욱 강화하는 계기가 될 것입니다."

제퍼슨은 안도하며 애덤스에게 답했다. "상식이 공정하게 작동하는 곳에서 일이 완전히 잘못될까 두려워할 필요는 없지요."

하지만 곧 불가피한 질문이 제기되었다. "영국이 이 혼란을 틈타 미국을 공격하거나 흔들려 하지 않을까?" 제이는 제퍼슨에게, 매사추세츠 반란 세력과 캐나다 내 몇몇 유력 인사들 사이에 모종의 공감대가 있을 수도 있다는 의혹을 전했다. 또한 그는 영국이 '해를 불러올 수 있는 생각'을 이용할 수 있다고 우려했다. "미국의 대서양 연안 지역과 서부 지역은 서로 다른 이해관계를 가지고 있으며, 서부의 성장이 오히려 연안 지역의 위축을 초래할 수 있다."

제퍼슨은 1783년에서 1784년 사이 아무런 실권도 없던 연방 의회의 의원이었지만, 미국에 있는 지인에게 보내는 편지로 자신의 견해가 고국에서 널리 공유되기를 기대하며 권위와 질서에 대해 한층 부드럽고 낙관적인 어조로 논하고 있었다. 프랑스에서의 경험으로 그의 정치관은 더욱 민주적인 색채를 띠게 되었다. 그가 파리로 떠나기 전 미국에서 품고 있던 것과는 달랐다. 제퍼슨은 이렇게 썼다.

우리 정부의 근본은 국민의 여론에 있으므로, 최우선 과제는 그 권리를 지키는 것입니다. 만약 정부 없는 신문과 신문 없는 정부 중 하나를 선택해야 한다면, 나는 주저 없이 후자를 택할 것입니다. 다만 모든 사람이 신문을 받을 수 있어야 하며, 읽을 수 있는 능력을 갖추어야 한다고 생각합니다. 국민의 잘못을 엄하게 꾸짖지 말고, 계몽을 통해 바로잡아야 합니다. 일단 국민이 공공 사안에 무관심해지면, 당신과 나, 의회와 집회, 판사와 통치자 모두가 늑대가 되어버릴 것입니다. 이는 개인적 예외를 떠나, 인간 본성의 법칙인 듯합니다. 그리고 인간이 자기 종족을 잡아먹는 유일한 동물이라는 사실을 경험으로 알 수 있습니다.

1787년 1월 30일 화요일, 매디슨에게 보낸 편지에서 정치에 대한 통찰과 통치자와 피통치자 양쪽의 본성에 대한 깊은 이해를 드러냈다.

그는 세 가지 유형의 사회가 있다고 말했다. 첫째, 정부가 없는 사회로 인디언들과 같은 사회다. 둘째, 모든 사람의 의지가 적당한 영향력을 갖는 사회, 셋째, 힘에 의존하는 사회로 대부분의 군주제 국가와 공화국의 여기에 속한다. 제퍼슨은 첫 번째 유형의 사회를 이상향으로 간주하는 것은 매력적이지만, '인구가 어느 정도 많은 곳에서는' 실현 불가능하다고 단언했다. 따라서 '정부 없이' 자유로운 사람들이 함께 사는 에덴의 낙원 같은 생각을 버렸다. 두 번째 형태야말로 사람들이 주의를 기울이고 신경 써야 할 대상이었다. "그 아래 놓인 인류의 대다수는 어느 정도의 소중한 자유와 행복을 누린다. 물론 그 안에도 문제점이 있는데, 그중 가장 큰 문제는 사회가 겪는 격동이다. 그러나 이를 군주제의 억압과 비교해보면, 그 문제는 아무것도 아니다."

그는 자유를 유지하는 데는 인내, 관용, 불굴의 용기가 필요하다고 강조했다. 공화국은 소심한 자들의 체제가 아니다. 제퍼슨은 매디슨에게 이렇게 말했다. "종종 일어나는 작은 반란은 오히려 좋은 것입니다. 정치 세계에서 그것은 자연계의 폭풍만큼이나 꼭 필요하지요."

1787년 2월 말, 제퍼슨은 파리를 떠나 홀로 프랑스 남부와 이탈리아 북부를 여행하는 여정에 올랐다. 그는 윌리엄 쇼트에게 이렇게 썼다. "건축, 그림, 조각, 골동품, 농업, 노동하는 빈민들의 생활이 여행하는 모든 순간을 가득 메웠습니다." 엑상프로방스에 이르러서는 시골 풍경의 아름다움, 뛰어난 음식, 와인의 즐거움 등에 넋을 잃었다. 그리고 쇼트에게 보내는 편지에 이렇게 덧붙였다. "나는 지금 곡식과 와인, 올리브유, 햇살의 땅에 있습니다. 인간이 하늘에 무엇을 더 바라겠소? 만일 내가 파리에서 죽는 일이 생긴다면, 제발 내 시신을 이곳으로 옮겨 햇볕 아래에 두어 주시오. 틀림없이 다시 살아날 수 있을 거요." 그는 로마 유적들, 오래된 다리들, 수도교들, 특히 님에 있는 1세기경에 지어진 로마 신전 '메종 카레La Maison Carrée'에 매료되었다. 이 신전은 훗날 그가 설계한 리치먼드 버지니아주 의사당의 모델이 되었다. 1787년 6월 10일 일요일, 그는 파리로 돌아왔다.

그가 돌아온 세상은 한층 밝아 보였다. 미국에서는 5월에 연방 헌법 제정 회의Constitutional Convention가 시작된 상태였다. 필라델피아에서 진행되는 논의를 최대한 면밀히 주시하던 제퍼슨은, 연방 의회에 각 주의 입법 행위 중 '국가적 사안'에 해당한다고 판단되는 경우 이를 거부할 수 있는 권한을 부여하자는 제안에 회의적이었다. 그는 인간 본성을 누구보다 잘 이해하고 있었고, 또한 그 인간 본성이 집합적으로 구현된 존재인 의회를 잘 알고 있었다. 그래서 연방 의회가 그 권한을 자제할 수 없을 것이며, 결국에는 모든 사안을 국가적 이익에 관련된 것으로 규정하면서 권력을 남용하게 될 것임을 예견했다.

1787년 6월 26일 화요일, 여덟 살 난 폴리 제퍼슨이 런던에 도착했다. 그녀는 아비가일 애덤스의 보살핌에 맡겨졌지만, 항해 내내 함께한 램지 선장과 헤어지길 원치 않았고, 램지 역시 샐리 헤밍스와 헤어지기 싫어했다. "당신은 아마 나이 많은 간호사가 폴리와 동행할 거라고 예상하셨겠지만, 그 여인은 병이 나서 함께 올 수 없었습니다. 대신 열다섯에서 열여섯 살 정도 되어 보이는 소녀가 따라왔습니다. 당신이 데리고 있는 하녀의 여동생이라고 하더군요." 아비가일 애덤스는 제퍼슨에게 이렇게 보고했다.

샐리 헤밍스의 모습을 담은 초상화는 남지 않지만, 기록에 따르면 1787년 여름, 폴리 제퍼슨과 함께 애덤스 부부의 런던 집에 도착한 열네 살의 샐리는 거의 백인처럼 보일 정도로 피부가 밝았고, 등에 닿는 긴 생머리를 지닌 매우 아름다운 소녀였다. 세월이 흐르며 그녀에게서 웨일스 가문, 다시 말해 제퍼슨의 아내 마사 웨일스 제퍼슨과의 혈연적 유사성이 더 분명해졌을 수도 있다. 즉, 샐리는 자신의 배다른 언니였던 제퍼슨의 아내와 외모상 일부 공통된 특징을 지녔을 가능성이 크다. 또한 당시 샐리는 신체적으로 성숙해 보였던 듯하다. 아비가일 애덤스는 그녀의 실제 나이보다 한두 살 많을 거라 추정했다.

우리는 또한 램지 선장이 샐리를 대서양 너머로 다시 데려가려 했다는 사실을 알고 있다. 그녀와 단지 대화를 나누기 위해 그랬던 것은 아닐 것이다. 이 모든 정황을 고려할 때, 1787년 여름 유럽에 도착한 샐리 헤밍스는 육체적으로 매력적인 존재로 비쳤을 가능성이 크다.

폴리는 명민한 아이라는 평가를 받았으며, 때때로 불편할 정도로 솔직한 성격을 드러내기도 했다. 그녀는 여행 내내 정을 쌓은 램지 선장과의 이별에 오열했고, 아비가일 애덤스는 그런 폴리를 달래기 위해 언니 팻시 이야기를 꺼냈다. "나는 그 아이에게 네 언니가 우는 걸 한 번도 못 봤다고 말했지요." 아비가일은 제퍼슨에게 쓴 편지에서 이렇게 말했다. "그러자 폴리는 '언니는 나이가 더 많으니까 잘 참을 수 있었죠. 게다가 아빠가 같이 있었잖아요'라고 대답하더군요. 나는 아이에게 당신의 초상화를 보여줬어요. 그랬더니 '그걸 어떻게 알아보겠어요, 아빠를 본 적도 없는데요'라고 하더군요."

아비가일은 제퍼슨에게 이렇게 조언했다. "직접 오셔서 아이를 데려가시는 것이 좋겠습니다. 가능하다면 팻시도 함께 오시지요. 그러면 여동생이 여행에 대한 부담을 조금은 덜 느끼게 될지도 모릅니다." 그날 밤이 되자, 아비가일은 안도하며 상황을 전했다. "미스 폴리는 … 눈물을 닦고 잠자리에 들었습니다."

하룻밤의 휴식이 어린 소녀에게 놀라운 효과를 가져왔다. 6월 27일 수요일, 아비가일은 이렇게 전했다. "어제 그렇게 비참하게 울던 아이가 오늘은 아주 만족스러워 보였습니다. 정말 사랑스러운 아이예요."

그러나 샐리에 대해서는 확신이 서지 않는 듯했다. 샐리는 아비가일을 당황하게 한 존재였다. "폴리와 함께 온 그 아이는 아직 어린애 같더군요. 램지 선장은 그 아이가 별로 도움이 안 될 것 같다고 하면서, 차라리 자기가 다시 데려가는 게 낫겠다는 생각을 내비쳤습니다. 하지만 이 부분은 당신이 직접 판단하셔야겠지요. 그 아이는 폴리를 잘 따르고, 성격도 온순해 보이긴 합니다."

1787년 7월 1일 일요일, 제퍼슨은 아비가일 애덤스에게 깊은 감사를 전하는 편지를 보내고, 프랑스인 집사 아드리안 프티를 런던으로 파견해 폴리와 샐리를 데려오게 했다. 그는 '3~4개월 동안 밀려 있던 업무가 한꺼번에 몰려왔다'라며, 직접 가지 못한 이유를 설명했다.

하지만, 폴리는 아버지가 런던으로 직접 오지 않았다는 사실에 큰 충격을 받았다. 그녀는 울음을 터뜨리며 '예전의 불안 상태로 돌아갔고', 아비가일에게 매달렸다. "아이 말이 이렇습니다. '나는 버지니아에 있는 친구들을 떠나 아빠를 만나러 대서양을 건넜는데, 아빠는 나를 데리러 직접 와주지도 않고, 서로 말도 통하지 않는 사람을 보냈어요.'" 아비가일은 제퍼슨에게 이 말을 전하며, 혹여 자기가 비판적으로 들릴까 봐 이렇게 덧붙였다. "아이의 말을 그대로 옮긴 겁니다."

1787년 7월 15일 일요일, 폴리 제퍼슨과 샐리 헤밍스는 파리에 도착했다. 제퍼슨은 이렇게 썼다. "그 아이는 언니에 대한 기억은 완전히 잊고 있었지만, 나를 보더니 뭔가 기억나는 듯한 반응을 보였습니다." 제퍼슨은 이렇게 썼다. 폴리는 런던에서 아비가일에게 보였던 것과는 정반대의 인상을 아버지에게 남겼다.

폴리가 무사히 도착하자, 제퍼슨은 어린 딸을 돌봐준 엘리자베스 에페스에게 감사 인사를 전했다. "아이가 읽고, 쓰고, 행동하는 태도를 보면 당신께 얼마나 은혜를 입었는지 알 수 있습니다. 그 아이가 표현하는 애정이 당신께 보답이 된다면, 그 마음이 이미 전달되었을 겁니다. 떨어져 있는 사람에게 이보다 더 진실한 애정을 보일 수는 없을 테니까요."

필라델피아에서 열리고 있는 헌법 제정 회의를 떠올리며, 제퍼슨은 존 애덤스에게 다정한 편지를 보냈다. "그야말로 반신반인들의 모임이네요."

'반신' 중 한 명인 제임스 매디슨은 걱정이 많았다. 그는 제퍼슨에게 이렇게 전했다. "이곳 회의 결과를 두고 전 국민적 불안은 이루 말할 수 없습니다." 버지니아는 특히 불안정했다. "사람들이 전반적으로 불만이 많다고 합니다." 매사추세츠만큼 상황이 나쁘지는 않았지만, 가뭄으로 옥수수 수확이 엉망이 되었고, '세금도 또 다른 불만의 원인'이었다. 감옥, 법원, 서기관 사무소 몇 곳이 '계획적으로 방화를 당했다.'

제퍼슨은 루이 16세의 궁정 가까이에서 시간을 보내며 미국이 세습 권력 쪽으로 방향을 틀 수도, 심지어 군주제를 도입할 수도 있다는 가능성에 더욱 두려워졌다.

공공연한 소문이 돌았다. 1787년 9월 14일 금요일, 시드니 경은 런던에서 도체스터 경에게 이렇게 편지를 보냈다. "미국이 하노버 왕가 출신의 군주를 초청하려 한다는 소문이 이곳에 돌고 있습니다. 만약 실제로 그런 요청이 이루어진다면, 이처럼 중대한 사안을 어떤 방식으로 다뤄야 할지 매우 신중하게 판단해야 할 것입니다." 알렉산더 해밀턴이 생각하기에, 만약 미국과 영국이 다시 결합하게 된다면 '가장 그럴듯한 형태는 현재 국왕의 아들 중 한 명을 군주로 세우고, 가족 조약family compact을 맺는 방식일 것'이라는 이야기도 돌았다.

도체스터 경은 군주제와 관련된 모든 시도가 실패로 끝났다고 보고했다. 1788년 런던에 보고서를 보내 다음과 같이 밝혔다. "해밀턴이 구상했다는, 외국 왕자를 왕위에 앉혀 군주제를 수립하려는 계획은 헌법 제정 회의의 유능한 몇몇 인사들의 지지를 받았지만 결국 좌절되었다."

헌법 제정 회의가 열렸던 해, 영국의 첩보원(조지 벡위드로 추정됨)은 미국 왕정주의의 초창기 움직임을 영국 외무장관에게 보고했다. "뉴햄프셔에서 조지아까지, 미국의 모든 신사들은 하나같이 현 정부를 무시하고, 무능함을 인정하고, 군주제로의 전환을 바라고 있습니다." 편지는 이렇게 이어졌다.

이들은 세 부류로 나뉩니다.

첫 번째 부류는, 뉴욕주의 헌법을 본떠 연방정부를 구상하고 있으며, 1년 임기의 행정부와 상원, 하원으로 구성된 체제를 제안하고 있습니다.

두 번째 부류는, 종신 군주와 3년마다 소집되는 양원제 의회를 지지하고 있습니다.

세 번째 부류는, 영국의 정치 체제와 최대한 유사한 형태의 세습 군주제를 수립하길 바라고 있습니다.

첫 번째 부류에 속하는 이들 중 상당수는 조지 워싱턴 장군을 지도자로 기대하고 있습니다.

두 번째와 세 번째 부류에 속하는 이들은 하노버 왕가로 눈을 돌려 국왕의 아들 중 한 명을 군주로 세우고자 합니다.

세 번째 부류가 가장 영향력이 크며, 미국 내에서 가장 유능한 인물 중 다수가 여기에 속합니다.

다른 정보원에 따르면, 미국의 유력 인사들 전반이 군주제 수립의 필요성을 강하게 느끼고 있으며, 현재의 정부 체제를 효율적이지도 않고 존중받지도 못한다고 판단한다는데, 다만 이들 사이에서도 의견이 갈립니다. 미국인 중에서 군주를 세울 것인지, 혹은 영국이나 프랑스에서 군주를 초청할 것인지를 두고 논쟁하는 겁니다.

왕정의 지배를 두려워했던 제퍼슨이었지만, 힘없이 존재하는 자유는 없었기 때문에 힘의 필요성에는 여전히 깊은 관심을 가졌다. 1787년, 제퍼슨은 네덜란드 연합공화국United Netherlands에서 벌어진 정치 위기를 주의 깊게 지켜보면서 이 사건이 미국에도 중요한 교훈이 될 수 있다고 보았다. 당시, 영국의 지지를 받은 총독과 프랑스가 지지한 애국당 사이에 권력 다툼이 있었고, 결국 프로이센의 프리드리히 빌헬름 2세가 애국당을 진압하며 총독 쪽이 승리했다. 이때 프랑스는 약속한 지원을 이행하지 않았다. 이에 대해 제퍼슨은 1787년 11월, 존 제이에게 이렇게 썼다. "도덕성, 명예, 이익, 약속이 있더라도, 어느 나라든 항상 모든 상황에서 믿을 만하다고 확신할 수 없다는 중요한 교훈을 우리는 얻었습니다."

제퍼슨 생각에 지구 위 강대국들 사이에서 한 나라가 당당히 서려면 반드시 스스로 설 수 있어야만 했다. 동맹은 언제나 불확실한 것이었다. 그래서 그는 '우리의 무기고가 무기로 가득 차기 전까지는, 우리는 절대 안전하지 않습니다'라고도 썼다.

필라델피아에서 열린 헌법 제정 회의가 막을 내린 다음 날, 조지 워싱턴은 헌법 초안 사본을 파리에 있는 제퍼슨에게 보냈다. 벤저민 프랭클린도 따로 사본을 보내오면서 헌법에 관한 편지들이 파리의 랑작 호텔에 머무는 제퍼슨에게 쇄도했다. 초안을 읽은 존 애덤스는 제퍼슨에게 이렇게 말했다. "이 헌법은 연방을 유지하고, 국민 간의 애정을 증진하고, 모두가 같은 방식으로 생각하도록 이끄는 데 아주 훌륭하게 설계된 것 같습니다."

그러면서 애덤스는 물었다. "권리 장전Declaration of Rights에 대해서는 어떻게 생각하십니까? 그런 것이 이 초안에 앞서 존재했어야 하지 않겠습니까?"

제퍼슨도 그렇게 믿었다. 헌법 초안을 처음 읽었을 때, 그는 강하게 반발했다. 그는 애덤스에게 이렇게 썼다. "우리의 새 헌법을 어떻게 보셨습니까? 저는 솔직히 말해서, 그런 회의에서 나온 제안임에도 불구하고 도저히 동의하기 힘든 내용들이 있어 당혹스럽습니다."

대통령직의 세부 사항은 제퍼슨에게 불안 요소였다. 그는 이렇게 말했다. "대통령은 4년마다 재선될 수 있고, 사실상 종신직이 될 수 있습니다. 이처럼 연임이 가능한 최고 행정관은, 이론과 경험으로 알 수 있듯이 결국 종신직이 됩니다. 한두 세대만 지나면 이 자리는 사실상 평생직으로 여겨질 것이고, 그때가 되면 그 자리를 둘러싼 음모와 뇌물, 무력, 심지어 외국의 개입까지도 뒤따르게 될 것입니다."

그는 마음에 들지 않는 헌법 조항들의 책임을 영국에 돌렸고, 영국 언론이 오랫동안 미국의 혼란을 과장해 보도한 탓을 했다. "세상은 결국 그 말을 믿게 되었고, 영국 국민도 믿게 되었으며, 정부 각료들조차 믿게 되었습니다. 그리고 더 놀라운 것은, 미국인들도 그것을 믿게 되었다는 겁니다." 제퍼슨은 이어서 이렇게 말했다.

13개 주가 독립한 지 11년이 지났습니다. 그동안 반란은 단 한 번, 매사추세츠에서 일어난 셰이스의 반란뿐입니다. 이를 따져 보면, 각 주당 150년에 한 번꼴로 반란이 일어난 셈입니다. 그런데 150년 동안 단 한 번도 반란 없이 존재한 나라가 과연 있었습니까? 통치자들이 국민이 여전히 저항의 정신을 간직하고 있다는 사실을 때때로 깨닫지 못한다면, 그 나라는 자유를 지킬 수 있을까요? 국민이 무기를 드는 것을 허용해야 합니다. 해결책은 사실을 바로 알게 하고, 용서하며, 그들을 진정시키는 데 있습니다. 한두 세기 동안 몇몇 생명이 희생된들 무슨 큰 문제겠습니까? 자유의 나무는 때때로 애국자와 폭군의 피로 새롭게 거름을 받아야 합니다. 그것이 바로 자유의 나무에 자연스러운 자양분입니다. 우리 헌법 제정 회의는 매사추세츠의 반란에 지나치게 영향을 받은 듯합니다.

제퍼슨은 스스로 과장된 어조였음을 인정했다. "전할 만한 사실이 마땅치 않다 보니, 괜히 논설조로 이야기가 길어졌습니다. 정보를 드릴 수 없다면, 그저 재미라도 드리는 것으로 만족해야겠지요."

1787년 12월 20일 목요일, 제퍼슨은 매디슨에게 헌법 초안 내용에 구체적인 의견을 보냈다. 행정부, 입법부, 사법부로 권력이 나뉜 점을 높이 평가했고, 연방정부가 주의회에 끊임없이 의존하지 않고도 스스로 자율성과 실질적인 권한을 가질 수 있게 된 점에 깊은 인상을 받았다. 또한, 입법부가 세금을 부과할 수 있는 권한을 가진 점 역시 긍정적으로 보았으며, 그 때문에 하원의원을 국민이 직접 선출하는 방식에 찬성한다고 밝혔다.

한편 '종교의 자유, 언론의 자유, 상비군으로부터의 보호, 독점 제한, 영구적이고 끊임없는 인신보호법의 효력, 배심 재판'을 보장하는 권리 선언(또는 권리 장전)이 누락된 점을 못마땅해했다.

제퍼슨은 이러한 조항들이 차후 수정헌법을 통해 보완되거나, 필요시 새 헌법 회의를 통해 논의될 수 있다는 점은 인정했다. 결국 그는 비준 과정의 결과를 수용할 준비가 되어 있었고, 매디슨에게 이렇게 전했다. "결국 제 원칙은 언제나 다수의 의지가 우선한다는 것입니다. 만약 국민이 헌법 초안의 모든 조항을 승인한다면, 저 역시 기꺼이 동의하겠습니다. 훗날, 이 체제가 잘못 작동한다고 판단하게 되면, 반드시 이를 고칠 것이라는 희망을 품고서 말입니다."

하지만 시간이 지날수록 그는 새 정부가 출범하기 전, 권리문제부터 해결되길 바라는 마음이 더 커졌다. 제퍼슨은 9개 주는 먼저 헌법을 비준하고, 나머지 4개 주는 개인의 권리를 보장하는 선언이 추가될 때까지 비준을 유보하자고 제안했다. 결국 제퍼슨은 헌법 초안에 동의하기로 결심했다. 그는 1788년 5월에 이렇게 썼다. "처음에는 확실히 상당히 거슬리는 결점들이 있었습니다. 하지만 우리는 완전함을 향해 한 걸음씩 나아가는 데 만족해야 합니다."

이 점진주의야말로 제퍼슨의 핵심적인 정치철학이었다. 그는 완벽을 추구하는 아름다운 글을 썼지만, 좋은 것은 분별해낼 줄 알았다. 완벽주의와 현실주의라는 두 가지 적을 동시에 만들지 않으려 했다.

제퍼슨은 헌법 비준 과정을 신중하고 열정적으로 지켜보았다. 각 주의 비준 회의에서 전해지는 소식을 기다리며, 투표 집계 결과를 꼼꼼히 기록했다. 1788년 5월, 그는 결과가 거의 확실하다고 믿었다. "9월쯤이면 뉴욕에서 대통령과 새 의회가 실제로 활동을 시작할 수도 있을 겁니다." 5월 15일 이렇게 말했다.

제퍼슨은 애초부터 대통령직의 중요성을 인식하고 있었다. 제임스 먼로는 제퍼슨에게 조지 워싱턴에 대해 이렇게 썼다. "워싱턴이 다시 공적인 무대에 나서게 되면서, 그가 걷게 될 길은 그 자신뿐만 아니라 우리 모두에게도 매우 중요한 문제가 되었습니다. 인간의 성품은 완전하지 않습니다. 그리고 인간 본성과 떼려야 뗄 수 없는 결점들이 존재한다는 것을 우리는 충분히 알고 있습니다. 만약 워싱턴 또한 그런 결점을 지니고 있다면, 미국 국민은 결국 길을 잃게 될지도 모릅니다."

한 사람에게 모든 게 달려 있었다.

1788년 4월, 유럽 여행을 마치고 파리로 돌아온 제퍼슨은 쌓여 있는 편지 더미에서 마리아 코스웨이의 필체를 언뜻 발견했다. 다른 편지들을 제쳐두고 바로 마리아의 편지를 읽고, 답장을 썼다.

그는 여행 중 꿈속에서 그녀를 보았다고 말했다. "하이델베르크에서는 당신이 그리웠어요. … 사실 나는 당신과 손잡고 정원을 거니는 상상을 했답니다. 이제 당신도 저처럼 애정이 넘치는 편지를 써주세요." 그리고 로런스 스턴의 《트리스트람 샌디Tristram Shandy》에 등장하는 코와 남근의 연관성을 농담으로 나눴다. 당시 유행하던 가벼운 연애 감정이 섞인 수법이었다.

유럽 여행길에서 샐리 헤밍스 역시 그의 상상 속에 등장했을지도 모른다고 추측하는 사람도 있었다. 뒤셀도르프에서, 제퍼슨은 1699년 작, 네덜란드 화가 아드리안 판 데르 베르프의 《하갈을 침소로 데려가는 아브라함》이라는 그림에 매혹되었다. 그는 그림을 이렇게 설명했다. "정말 황홀했어요. 차라리 내가 아브라함이었으면 좋겠다고 생각했을 정도입니다. 물론 내가 5~6천 년 전에 죽었어야 했겠지만 말이죠."

1788년 5월, 랑작 호텔에 머물던 제퍼슨은 친구에게 편지를 썼다. "파리는 이제 정치의 용광로가 되었다네. 온 세상이 정치로 미쳐가고 있어. 남자든, 여자든, 심지어 어린아이조차 정치 이야기만 한다네."

22장 파리에서의 조약

"그는 어머니를 버지니아로 데려가고 싶어 했지만, 어머니는 이를 사양하셨다."

—매디슨 헤밍스

1788년과 1789년은 제퍼슨의 공적, 사적 삶에서 사건들이 연쇄적으로 일어난 시기였다. 네덜란드에서는 복잡한 금융 협상이 진행되었고, 프랑스에서는 혁명의 소용돌이가 몰아쳤다. 그리고 랑작 호텔 안에는 샐리 헤밍스가 있었다.

노예제에 반대하는 법률과 루이 16세를 무너뜨린 혁명 등, 자유를 향한 프랑스의 열망은 제퍼슨의 정치적 신념뿐 아니라 가장 사적인 영역까지 시험대에 올렸다. 그는 자신의 철학적 신조가 지닌 모든 함의를 직면해야 했다.

이 격동의 시기, 제퍼슨은 이미 세상을 떠난 아내의 이복동생이자 노예였던 샐리 헤밍스와 성적인 관계를 맺기 시작한 것으로 보인다. 1787년 여름 폴리와 함께 파리에 도착한 이후 샐리는 10개월 동안 매달 12리브르 정도의 적은 급여를 받았다. 제퍼슨은 그녀를 위해 옷을 사주고, 천연두 예방 접종도 시켰다. 그녀의 오빠 제임스는 셰프로 훈련을 받았고, 샐리는 일정 기간 제퍼슨의 딸들이 다니는 수녀원에서 하녀로 일했을 가능성이 있다.

제퍼슨의 삶은 복잡다단했다. 정치적 업무는 시급했고, 파리의 지식인 사회와 사교계에서의 삶은 어지러울 정도로 바빴다. 그는 두 딸을 돌보며, 아직 여리고 불안정한 공화국의 앞날을 염려했고, 동시에 유부녀와의 연정에 빠져 있었다. 파리 외곽의 그늘진 교외에서 마차를 타고 은밀히 드나들며, 도시의 낭만적인 숲속을 거닐기도 했다. 베르사유에서부터 극장과 오페라에 이르기까지, 제퍼슨은 활기찬 삶을 살면서도 끊임없이 불안에 시달렸다. 언제든지 미국에서 안보, 안정, 국제적 위상에 관한 절망적인 소식이 들려올 수도 있었기 때문이다.

소용돌이치는 격랑의 중심부에, 제퍼슨의 명령에 복종해야 하는 한 젊고 아름다운 여성이 있었다. 어쩌면 그녀는 제퍼슨에게, 이미 세상을 떠난 그의 아내이자 자신의 이복언니인 패티를 떠올리게 했을지도 모른다. 제퍼슨과 샐리 헤밍스 사이에 어떤 감정이 오갔는지는 여전히 베일에 싸여 있다. 그는 그녀를 사랑했을 수도 있고, 그녀 또한 그를 사랑했을 수도 있다. 혹은 일부가 주장하듯, 그것은 강요되고 제도화된 성적 지배였을지도 모른다. 그녀는 그저 악랄한 제도 속에서 살아남기 위해 성적 의무를 감내했으며, 자녀들의 삶을 개선하기 위해 자신이 지닌 작은 영향력을 활용했을지도 모른다. 아니면 이 모든 해석이, 시기마다 번갈아가며 모두 사실이었을 수도 있다.

"섹스는 인간이 품는 가장 강력한 열정이다." 제퍼슨 자신도 한때 이렇게 말했다. 그리고 그는 원하는 것을 자제하는 사람이 아니었다. 한편, 제퍼슨의 외손자인 토머스 제퍼슨 랜돌프는 샐리 헤밍스를 이렇게 회상했다. "피부색이 밝고, 누가 봐도 아름다웠습니다." 이후 여러 해 동안, 그녀가 자녀를 임신했을 것으로 보이는 시기마다 제퍼슨은 몬티셀로에 머물고 있었다.

우리가 가진 얼마 안 되는 증거들로 샐리 헤밍스가 총명하고 용감한 여성으로 세상이 자신에게 허락한 얼마 안 되는 자원 속에서도, 할 수 있는 한 많은 것을 해냈다는 사실을 명확하게 알 수 있다.

그녀는 이 시기를 강한 의지와 생존 본능으로 나아갔고, 앞으로도 그렇게 살아가겠다는 의지를 품기 시작했다.

이 시점에서만큼은 원래 그녀를 억압하던 지리와 문화가 오히려 그녀 편에 있었기 때문이다. 프랑스에서는 노예가 스스로 자유를 신청할 수 있었고, 그 요청이 받아들여지면 주인이라도 이를 막을 수 없었다.

제퍼슨은 이 제도를 잘 알고 있었다. 미국 공사로서 그는 한때 노예를 소유하고 있던 동료에게 노예제도에 대해 조언한 적이 있었다. 게다가 샐리 헤밍스는 유럽에서 고립된 노예 소녀가 아니었다. 그녀의 오빠 제임스가 랑작 호텔에서 일하고 있었고, 그녀가 자유를 얻는 데 도움을 줄 수 있는 상황이었다.

샐리의 아들 매디슨 헤밍스가 나중에 전한 이야기로는, '제퍼슨 씨의 첩이 된' 샐리는 제퍼슨이 미국으로 돌아갈 준비를 할 때 임신 중이었다고 한다. 매디슨 헤밍스는 이렇게 말했다. "그는 어머니를 버지니아로 데려가고 싶어 했지만, 어머니는 사양하셨다."

'사양'은 거절의 의미였고, 제퍼슨은 자신의 절대적인 의지에 반하는 저항에 익숙하지 않았다. 특히 노예의 저항과 맞닥뜨리는 일은 더욱 그랬다. 평생 가능한 한 많은 세상의 변수들을 통제하는 데 집중되어 있었다. 그런데 여기, 자신의 첫째 딸과 거의 비슷한 나이의 한 소녀가, 노예였던 여성들이 백인 주인에게 성적으로 지배당하는 오래된 드라마에서 그러했듯 순종적인 역할을 거부하고 있었다.

"어머니는 이제 막 프랑스어를 잘 이해하기 시작했고, 프랑스에서는 자유였지만 버지니아로 돌아가면 다시 노예 신분으로 돌아가게 될 상황이었습니다." 매디슨 헤밍스는 이렇게 말했다. "그래서 제퍼슨 씨와 함께 돌아가기를 거부하셨죠."

특별한 순간이었다. 프랑스 국가 근간을 위협하던 부채를 놓고 유럽의 은행가들과 협상하던 토머스 제퍼슨은, 이제 자유를 쟁취할 수 있는 수단을 손에 쥔 임신한 노예 소녀와 협상을 벌이는 처지가 되었다. 본인이 아니라 노예 소녀가 상황을 주도하고 있었다. 초현실적이고, 상상조차 할 수 없으며, 심지어 우스꽝스럽게까지 보였을 것이다. 아마도 제퍼슨 인생에서 처음으로, 그가 중요하게 여기는 순간에 진정으로 약자의 위치에 서게 된 것이었다. 결국, 샐리 헤밍스를 버지니아로 데려올 수 있도록 설득하기 위해 양보했다. "어머니를 설득하기 위해 제퍼슨 씨는 특별한 특권을 약속했고, 어머니가 낳은 자녀들이 스물한 살이 되면 자유를 얻도록 엄숙히 서약했습니다." 매디슨 헤밍스는 전했다.

마침내 샐리 헤밍스가 동의했다. "제퍼슨 씨의 약속 덕분에, 어머니는 전적으로 그 약속을 믿고 그와 함께 버지니아로 돌아오셨다." 매디슨 헤밍스가 말했다. "두 사람이 도착한 지 얼마 되지 않아, 어머니는 아이를 낳았는데, 아이의 아버지는 토머스 제퍼슨이었고, 아기는 오래 살지 못했습니다. 그 후에도 어머니는 네 명의 아이를 더 낳았고, 제퍼슨 씨가 아이들의 아버지였죠. 베벌리, 해리엇, 나 매디슨, 에스턴까지 아들 세 명과 딸 한 명이었습니다."

제퍼슨은 파리에서 샐리에게 했던 약속을 지켰다. 매디슨 헤밍스는 이렇게 증언했다. "우리는 모두, 태어나기 전에 부모님이 맺은 조약에 따라 자유를 얻었습니다." 제퍼슨 인생에서 중요한 약속 중 하나였다.

프랑스 파리에서 명사회는 해산되고, 1789년 5월 소집된 삼부회États Généraux로 정국의 중심이 옮겨갔다. 1788년 7월, 제퍼슨은 한 지인에게 편지를 보내 이렇게 썼다. "이 나라의 내부 혼란에 관한 끔찍한 이야기들을 들으셨을 겁니다. 사태는 점점 더 커지고 있습니다만, 제가 접한 가장 신뢰할 만한 증언에 따르면 지금까지 단 한 명의 생명도 잃지 않았습니다." 그러나 이 같은 말을 오래 유지할 수는 없었다.

외교적으로는 미국이 유럽, 특히 프랑스에 진 빚을 갚지 못한 상황이 큰 문제였다. 이 부채는 프랑스 왕실 재정을 위기로 몰고 간 여러 요인 중 하나였고, 제퍼슨과 애덤스에게도 골칫거리였다. 1788년 초, 제퍼슨과 애덤스는 암스테르담에서 네덜란드 은행가들과 협상을 진행했다. 제퍼슨이 신경 쓰던 핵심 사안은 두 가지였다. 첫째, 독립전쟁 당시 미국을 도운 프랑스 장교들에게 지급해야 할 보상금을 마련하는 일, 둘째, 유럽에 있는 미국 외교 공관들의 운영비를 확보하는 일이었다. 두 사람은 이 두 목표를 모두 달성했다.

국가 안정성의 신뢰가 높아지면서, 유럽 시장에서 미국의 신용도 함께 상승했다. 개인적으로 막대한 부채를 지고 있던 제퍼슨은 과도한 차입이 가져오는 나약함을 절실히 알고 있었다. 그는 1788년 5월 워싱턴에게 보낸 편지에서 이렇게 썼다. "우리는 신용에 영향을 줄 수 있는 모든 일에 불안을 느낍니다. 제 바람은 최고의 신용을 유지하되, 그것을 거의 사용하지 않는 것입니다."

제퍼슨은 외교적 수완을 발휘해, 새 헌법에서 비준된 최초의 조약을 성사시켰다. 프랑스와 체결한 '영사 협약consular convention'은 양국 간 외교 관계를 규정하는 문서였다. 이 협약의 초안은 본래 1784년 벤저민 프랭클린이 협상했지만, 프랑스에 지나치게 유리하다는 이유로 미국 의회에서 거부된 바 있다. 제퍼슨은 다시 협상에 뛰어들며 다음과 같은 원칙을 내세웠다. "우리에게 무익한 조항을 모두 거절하기보다는, 불편하지 않은 조항을 모두 수용하자."

섬세한 임무를 수용하는 실용적인 방식이었다. 비준된 협약에 따라,

미국은 더 강력하고, 수준 높고, 세계 무대에서 존중받는 국가로 인식되었다. 제퍼슨은 임무를 훌륭하게 수행했다.

제퍼슨은 새 헌법에서 전개되는 미국 정치에 크게 흥미를 느꼈다. 워싱턴이 대통령이 될 것이라고 매디슨은 그에게 알려주며, 존 행콕과 존 애덤스가 부통령 후보로 가장 유력하게 거론되고 있다고 전했다. "제이나 녹스 장군이 두 사람보다 더 유력하다고 생각하지만, 아마도 두 분 다 지금의 자리에 머무르기를 원할 것입니다. 행콕과 애덤스 중 어느 쪽이 더 인기 있을지 알 수 없고, 또 어떤 후보들이 새롭게 떠오를지도 알 수 없습니다."

이러한 정치적 추측은 제퍼슨에게 매력적인 놀이처럼 다가왔다. 그는 1788년 8월 이렇게 적었다. "부통령이 누가 될지는 아직 확실하지 않습니다. 프랭클린 박사의 연세를 고려하면 그가 직무를 받아들일지 의문이지만, 누구도 그를 대체할 사람은 없을 겁니다. 제이, 애덤스, 행콕, 매디슨, 러틀리지 모두 투표 대상이 될 겁니다."

10월이 지나면서 정치적 수 싸움은 더욱 치열해졌다. 워싱턴이 버지니아 출신이라는 점을 고려할 때, 부통령 후보는 행콕과 애덤스 둘 사이에서 결정될 것이라고 매디슨은 보고했다. 그러나 두 후보 모두 그에게는 탐탁지 않았다. "행콕은 무능하고, 야심만만하며, 대중의 인기를 좇는 인물로 저열한 술수에 능합니다. 애덤스의 책에서 밝힌 정치 원칙들 때문에 많은 사람, 특히 남부 주들에서 반감을 사고 있습니다."

제퍼슨은 이 상황에 푹 빠져 지켜봤다. 그는 1788년 11월 이렇게 평했다. "애덤스와 행콕의 사이가 좋지 않습니다. 두 사람 모두 부통령 자리를 노리고 있죠."

군주제를 둘러싼 소문이 여전히 들려왔다. 워싱턴의 보좌관 데이비드 험프리스는 이렇게 제퍼슨에게 전했다. "왕정에 극도로 반대했던 사람들조차, 이 혼란을 해결할 수 있는 건 이제 왕밖에 없다고 상상하기 시작했습니다. 제가 직접 들은 대화 중에는 정말 놀라운 것들도 있었죠."

제퍼슨은 잠시라도 귀국하기를 원했다. 특히 조지 워싱턴과 개인적으로 접촉할 기회를 만들고 싶어 했다. 미국 정치의 현장에 직접 있는 것이 정치적으로도 유리했고, 특히 누군가 자신에 대해 등 뒤에서 논의하는 걸 그는 견디기 어려워했다. 그의 친구 프랜시스 홉킨슨은 1788년 12월 필라델피아에서 보낸 편지에서 이렇게 전했다. "그건 그렇고, 요즘 당신이 강경한 반연방주의자라는 얘기를 자주 듣고 있습니다. 그 말은 마치 전쟁 시절 왕당파로 불리는 것과 다를 바 없더군요."

홉킨슨이 이렇게 농담조로 말하자, 제퍼슨은 그 기회를 빌려 당파적 태도를 강하게 비판했다. 제퍼슨은 1789년 3월 홉킨슨에게 이렇게 답했다. "나는 연방주의자가 아닙니다. 왜냐하면 나는 종교든, 철학이든, 정치든, 혹은 내가 스스로 사고할 수 있는 모든 영역에서든 어떤 사람들의 집단적 신념에 내 생각 전체를 맡긴 적이 없기 때문입니다. 그런 식의 맹목적 집착은 자유롭고 도덕적인 인간으로서의 마지막 타락입니다. 만약 내가 어떤 당파에 속해야만 천국에 갈 수 있다면, 나는 차라리 가지 않겠습니다. 그러니 나는 연방주의자들의 당파에 속하지 않는다고 단언합니다. 하지만 나는 반연방주의자들의 당파와는 더욱 거리가 멉니다."

그는 자신의 정치적 신념을 다시 강조했다. "내 가장 큰 바람은 조용하지만 엄정하게 내 의무를 다하는 것입니다. 이목을 끄는 일을 피하고, 내 이름이 신문에 오르내리지 않게 하는 것이죠. 왜냐하면 근거 없는 비난일지라도 약간의 비판은 큰 칭찬에서 얻는 기쁨보다 훨씬 더 고통스럽기 때문입니다."

한편, 매디슨은 미국에서 존 애덤스가 대통령에게 거창한 칭호를 붙이려다 실패한 일을 비꼬며 전해왔다. "J. 애덤스는 직함에 매우 진지하게 매달렸습니다. 그가 제안한 칭호는 바로 '미합중국 대통령 폐하이자, 그 자유의 수호자'였죠. 만약 이 제안이 통과되었다면, 대통령은 매우 곤란한 처지에 놓였을 것이고, 우리 신생 정부에 깊은 상처를 남겼을 겁니다.”

제퍼슨은 애덤스의 제안을 듣고 이렇게 평가했다. “내가 평생 들어본 것 중 가장 터무니없는 이야기입니다. 이건 프랭클린 박사가 내 친구 애덤스에게 내린 평이 얼마나 정확한지를 또 한 번 증명해줍니다. ‘언제나 정직한 사람이지만, 때때로 위대하며, 가끔은 정말로 미친 사람이다.’”

프랑스의 겨울은 참혹할 만큼 추웠지만, 제퍼슨은 밝은 기운을 잃지 않았다. 그는 1789년 1월에 이렇게 썼다. “우리의 새 헌법은 내가 예상했던 것보다 훨씬 성공적이었습니다.”

프랑스에서도 비슷한 성공이 이뤄질지는 여전히 폭발적인 논쟁거리였다. 1788년에서 1789년 사이에 닥친 혹독한 겨울, 빵 부족, 전반적인 정치적 불안은 위험한 조합이었다. 1789년 5월 삼부회가 소집되었을 때, 파리에서 폭동이 발생해 약 100명이 목숨을 잃었다. 이후 반복적으로 나타나게 되는 패턴의 시작이기도 했던 이 사건을 제퍼슨은 가능한 한 온건하고 낙관적인 시선으로 해석했다. 그는 이 폭력이 더 큰 국가적 문제들과 무관한 일회성 사건이라 주장했다.

6월 첫째 주, 제퍼슨은 프랑스를 위한 권리 헌장 초안을 간략하게 작성해서 라파예트 후작에게 보냈다. 제퍼슨의 초안은 지극히 실용적이었다. 인간의 자유를 논하는 수사적 표현도, 언론의 자유와 같은 권리들을 조목조목 나열한 엄격한 선언도 없었다. 오히려 권력의 작동 방식과 절차에 관한 문서였다. 예를 들어, ‘법률은 삼부회만이 제정할 수 있으며 왕의 승인을 받아야 한다’라거나 ‘군은 민간 권력에 종속된다’와 같은 조항들이 있었다. 그는 당시의 격동적인 분위기에 휩쓸렸고, 정치적 가능성에 매료되어 서둘러 초안을 작성했다.

그리고 1789년 6월 17일 수요일, 좌절한 제3신분의 평민 대표들은 스스로 국민 의회National Assembly라고 선언하며, 사실상 훗날 프랑스 혁명이라 불리는 사건에 불씨를 붙였다. 수 세기에 걸친 왕권 절대주의와 민중 무력감에 대한 반발로 시작된 이 투쟁은, 공화정 시도, 국왕과 왕비의 처형, 공포 정치, 나폴레옹 보나파르트의 독재 제국 수립에 이르기까지 25년간 프랑스를 근대 국가로 이끌었다. 이 싸움은 프랑스만의 일이 아니었으며, 프랑스가 도움을 준 신생국 미국과 그 지도자들에게도 중대한 영향을 미쳤다. 미국 공사로 랑작 호텔에 거주하던 토머스 제퍼슨 역시 그 현장에 있었다.

파리의 소요는 제퍼슨에게도 직접적인 타격이었다. 그의 집은 세 차례나 도둑맞았다. 그는 루이 15세 광장에서 시민들과 독일 용병 기병대 사이에 벌어진 거리 전투를 지켜보았다. 전투는 시민들이 돌을 던지는 것으로 시작되었고, 용병들의 격렬한 총격으로 끝났다.

1789년 7월 14일 화요일 밤, 제퍼슨은 친구 코니 부인 집에 머무르고 있었다. 바스티유 습격 소식을 들은 그는 이튿날 이렇게 보고했다. "각료 교체로 촉발된 파리의 소요 사태, 바스티유 공격 중 시민들의 희생, 바스티유 총독과 부총독, 파리 시장 프레보 드 마르샹의 참수 사건은 왕에게 큰 충격을 주었다. 왕은 국민 의회를 찾아가 군대를 해산하겠다고 약속하며 개혁을 다짐하고, '짐의 국민에게 평화와 행복을 회복시켜 주겠다'라고 맹세했다."

다음에 어떤 일이 벌어질지는 여전히 불확실했다. "파리의 열기는 여전히 들끓었기에 왕의 맹세를 완전히 믿기 어려웠고, 시민계급은 아직 무장하고 조직을 강화하고 있습니다." 다음 날, 제퍼슨은 토머스 페인에게 이렇게 말했다. "미국에서도 여러 차례 위험한 전쟁을 목격했지만, 지난 5일간 파리에서 벌어진 광경만큼 위험한 장면은 본 적이 없습니다."

제퍼슨은 만연한 공포 속에서도 품위를 잃지 않았다. 마리아 코스웨이에게 보내는 편지에서 그는 이렇게 적었다. "이 혼란과 폭력의 한가운데서 목이 잘려 나가는 일이 너무나 유행이 되어, 아침마다 제 머리가 아직 어깨 위에 있는지 확인하지 않을 수 없습니다."

1789년 8월 25일 화요일 라파예트 후작은 제퍼슨에게 부탁했다. "내일 저녁 식사 약속이 있다면 미뤄주시겠습니까? 국민 의회 의원 중 여덟 명이 함께 모여 연대하는 것만이 완전한 붕괴와 내전을 막을 수 있는 유일한 방법인 것 같습니다." 다음 날, 국민 의회는 라파예트가 작성한 《인간과 시민의 권리 선언》을 채택했다. 프랑스 혁명의 핵심 문서는 미국의 독립선언서의 영향을 받았으며, 제퍼슨이 라파예트에게 초안 작성 과정에서 조언을 해주었다.

수요일 저녁, 랑작 호텔에서 4시부터 시작된 저녁 식사 자리는 10시까지 이어졌다. 제퍼슨은 회상하기를, 여섯 시간 동안 '정치적 의견 대립 속에서는 드물게 볼 수 있는 냉철함과 솔직함이 오갔고, 지나친 수사나 과장 없이 논리적이고 절제된 표현이 이어졌다. 이는 제논, 플라톤, 키케로가 전해준 고대의 위대한 대화와 어깨를 나란히 할 만한 진정한 가치가 있는 토론이었다'라고 말했다. 그날 식탁에서 국민 의회 의원들은 새 공화국의 기본 틀에 합의했고, '프랑스 헌법의 운명을 결정했다.'

혁명의 성공에 대한 기대감은 높아졌다. 라파예트는 조지 워싱턴에게 바스티유의 열쇠를 보낸 인물로, 루이 16세와 마리 앙투아네트를 보호하며 혁명이 나아가는 과정에서도 질서를 유지하려 했다. 팻시 제퍼슨은 친구들과 함께 파리의 거리가 내려다보이는 창가에 서서 아버지의 동료이자 친구인 라파예트가 호위하는 가운데, 왕과 왕비가 지나가는 모습을 지켜보았다. 먼저 왕실 마차가 지나갔고, 한 궁정 시종이 팻시에게 고개를 숙여 인사했다.

그다음 '수천 마리의 황소가 울부짖는 듯한 우레와 같은 함성'이 들려왔다. 라파예트를 향한 환호였다. "라파예트! 라파예트!" 군중이 외쳤고, 그는 창가에 서 있던 팻시를 알아보고 묵례를 보냈다. 그 존경의 표시를 그녀는 평생 잊지 않았다. 그녀는 혁명 초기의 상징인 삼색 코케이드 장식을 기념품으로 간직하며 평생 소중히 여겼다.

제퍼슨도 폭력과 폭력의 위협 속에서 낙관적인 태도를 잃지 않으려 했다. 그는 라파예트에게 이렇게 말했다. "지금까지 보아온 바로는 프랑스의 혁명이 꾸준한 속도로 진행되고 있습니다. 물론 때때로 어려움과 위험에 부딪히기도 하지만, 독재에서 자유로 전환하는 과정이 마치 '포근한 침대 위에서' 이루어질 것이라고 기대해서는 안 됩니다."

1789년 9월 초, 병을 앓고 있던 제퍼슨은 제임스 매디슨에게 긴 편지를 썼다. 그는 프랑스 혁명의 열기가 식지 않은 상태에서 편지를 작성했으며, 개인적인 견해가 유럽에서 벌어진 구체적인 사건들에서 비롯되었다고 밝혔다. "이런 자명한 전제에서 출발했소. '땅은 살아 있는 사람들의 사용권에 속한다.' 죽은 자는 땅에 대한 아무런 권리도, 권한도 없지요." 그는 조금 뒤에 이렇게 덧붙였다. "땅은 언제나 살아 있는 세대의 소유지요. 그들은 사용 기간 동안 땅과 산물들을 마음대로 다룰 수 있소. 사람은 자신에 대한 절대적인 주권을 가지므로, 자신의 삶을 스스로 통치할 권리가 있소. 따라서 어떤 헌법이든, 어떤 법률이든, 19년의 한 세대가 지나면 자연스럽게 효력이 끝나야 마땅하오."(제퍼슨이 정의한 한 세대의 기간)

이 말을 문자 그대로 받아들인다면, 이는 혼란을 부르는 처방과도 같다. 만약 선례에 의한 권위도, 재산을 규율하는 법도, 우리를 이끌 본보기조차 없다면 사회는 결국 힘 있는 자가 혼란을 틈타 권력을 쥐는 '자연 상태'로 퇴보할 것이다.

여기서 핵심적인 질문은, 제퍼슨이 후세에게 자신의 사유를 글자 그대로 따르기를 원했는지, 아니면 그가 자주 그러했듯이 변화의 시대 속에서 한 사색가로서 격동하는 사고의 흐름을 공유했을 뿐인지 판단하는 것이다. 가장 가능성이 높은 해석은 후자다. 제퍼슨은 과거를 무조건 보존하기보다 현재를 중시하는 태도를 오랫동안 견지했다. 그렇다고 해서 실제로 모든 법이 한 세대(19년)가 지나면 폐기되어야 한다고 진지하게 주장했던 것은 아니었다. 특히 1789년 당시, 제퍼슨이 염두에 두고 있던 세계는 그가 지난 5년간 살아온 곳, 즉 개인의 운명과 제도의 향방이 대부분 세습적 신분에 의해 결정되던 프랑스 사회였다. "'땅은 죽은 자가 아닌, 살아 있는 자의 것이다'라는 원칙은 어느 나라에서나 매우 폭넓게 적용될 수 있으며, 그중에서도 특히 프랑스에 가장 깊은 함의를 가진다."

1790년, 미국으로 돌아온 지 몇 달 되지 않아 제퍼슨은 찰스 클레이 목사에게 편지를 썼는데, 이때 그의 생각은 꽤 현실적이었다. 당시 클레이는 연방 하원의원직에 출마하려는 중이었고, 제퍼슨은 그에게 이렇게 썼다. "당신은 정치에 밝고 사람을 보는 안목도 뛰어난 분이니 잘 알고 있을 겁니다. 자유의 터전은 한 치 한 치 쟁취해나가는 것이라는 사실을요. 우리는 그때그때 얻을 수 있는 것을 확보하는 데 만족해야 하며, 아직 얻지 못한 것을 향해서는 끊임없이 밀고 나가야 합니다."

그렇다면 진짜 제퍼슨은 어느 쪽이었을까? 일정 시간이 지나면 모든 법이 소멸해야 한다고 주장했던 철학자인가, 아니면 '그때그때 가능한 만큼 확보하며, 나아갈 수 있을 때까지 나아가야 한다'라고 말했던 정치가인가?

아마도 상반된 견해를 보여준 제퍼슨은 모두 진짜였을 것이다. 그는 시대에 따라 다르게 생각했으며, 때로는 같은 시기에도 서로 다른 생각을 동시에 품고 있었다. 호기심 많고 지적으로 활발한 사람들에게 흔히 나타나는 인간적인 특징이기도 하다.

정치가로서 제퍼슨은 이러한 다양한 사유의 층위들 위를 넘나들 수 있었지만, 언제나 다시 산꼭대기에서 정치 무대로 내려와 불완전한 세상을 다스리는 임무에 착수했다. 그의 말처럼, 그는 '아직 얻지 못한 것을 향해 끊임없이 나아가는' 사람이었다. (프랑스에 있을 때 제퍼슨은 소총 제조 문제를 다시 언급했는데, 그가 여전히 현실에 발을 딛고 있다는 사실을 보여주는 단서였다.)

　매디슨은 제퍼슨의 열정적인 편지에 신중하게 답장을 썼다. 그는 종종 제퍼슨의 거칠고 날것 그대로인 사상을 받아들이는 역할을 맡곤 했다. 매디슨이 공화국에 기여한 수많은 일 가운데 하나는, 제퍼슨의 삶에서 중재자 역할을 하면서 때때로 제퍼슨이 본인을 해치지 않도록 보호한 일이었다. 이번 역시 그런 경우였고, 매디슨은 부드럽지만 솔직하고 회의적인 태도를 보였다. 그는 제퍼슨에게 이렇게 썼다. "철학적 입법 정신은 연방의 몇몇 지역에는 아직 도달하지 못했고, 이곳에서도 의회 안팎을 막론하고 전혀 유행하지 않고 있습니다. 게다가 우리가 사는 이 반구에서 철학이라는 매개를 통해 비로소 볼 수 있는 숭고한 진리들이, 보통 정치인의 눈에 맨눈으로도 보일 수 있으려면 지금보다 훨씬 더 계몽되어야 할 것입니다."

　매디슨은 '철학이라는 매개the medium of philosophy'를 언급하면서 제퍼슨이 유럽에서 인권의 혁명적 성격에 열광한 나머지, 그의 열정이 미국 정치의 현실과는 동떨어져 있었다고 말하고 있었다. 이는 타당한 지적이었고, 두 사람의 편지 왕래로 제퍼슨에게 매디슨이 얼마나 유용한 존재였는지 알 수 있다. 즉, 매디슨은 제퍼슨의 철학적 비상이 때때로 과할 때, 존중에 기반을 둔, 애정 어리고 신중한 균형추 같은 역할을 했다. 언제나 제퍼슨 곁에 있으면서 제퍼슨에게 정치의 한계, 정부의 불완전함, 인간 본성의 현실 등 그의 핵심 신념들을 능숙하게 일깨우는 존재였다.

　1789년 9월의 마지막 일요일, 토머스 제퍼슨은 두 딸과 샐리, 제임스 헤밍스를 데리고 파리를 떠났다. 르아브르와 코우스에서 제퍼슨은 다른 이들에게 강 너비를 재는 법을 가르치고, 폴리에게 스페인어를 가르쳤다. 또한 '이 근처를 돌아다니며 양치기 개 한 쌍을 구하려고' 나섰다. "우리는 목동을 찾아 생에 가장 맹렬한 폭풍우를 헤치고 절벽을 기어오르며 16킬로미터를 걸었다." 개를 구하지는 못했지만, 그 길에서 충격적인 장면을 마주쳤다. "돌아오는 길에 방금 스스로 목숨을 끊은 남자의 시신을 발견했다. 권총이 발 근처에 떨어져 있었고, 남자는 뒤로 쓰러진 채 미동도 하지 않았다. 총 한 발에 남자의 얼굴은 이마에서 턱까지 완전히 으깨져 분간할 수 없었고, 두개골 내부가 훤히 드러나 있었다." 폭풍이 지나가고 자살한 남자를 발견한 다음 날, 제퍼슨은 개 한 마리를 구입했다. '새끼를 밴 큰 암컷 양치기 개였다.' 그는 양치기 개를 '세상에서 가장 신중하고 지능적인 개'라고 생각했다.

곧 그들은 배에 올랐다. 승선 후에도 샐리 헤밍스는 제퍼슨 가족을 시중들었으며, 37년 뒤 그가 세상을 떠날 때까지 함께했다.

초대 국무장관

1789년에서 1792년까지

"우리는 함께 일하고 함께 고통을 겪어왔으며, 하늘은 우리의 투쟁에 보답으로 행복한 결말을 선사했습니다. 이제 남은 일은 오직 우리 자신에게 달려 있습니다. 오랫동안 인류에게 부정되었던 자기 통치의 축복을 평화와 화합 속에서 누리는 것입니다. 인간사를 돌보는 일에 인간 이성이 충분하다는 것을, 또 모든 사회의 자연법칙인 다수의 의지가 인권의 유일하고 확실한 수호자임을 모범적으로 보여주어야 합니다."

—토머스 제퍼슨이 국무장관으로 취임하기 하루 전날, 버지니아주 알버말 카운티 주민들에게 한 연설 내용 중

23장 뉴욕에서 맡게 된 새로운 직책

"일반적으로, 우리 같은 정부에서는 받기만 하는 것이 아니라 주는 것도 필요하다고 생각합니다."

—토머스 제퍼슨

공식 제안이 도착했을 때, 제퍼슨은 리치먼드 남서쪽 체스터필드 카운티의 애퍼매톡스강에 있는 에페스 가문의 에핑턴 저택에 있었다. 두 딸, 폴리와 팻시 그리고 샐리와 제임스 헤밍스를 데리고 '쾌청한 가을 날씨'에 접어들 무렵 클레르몽호에 승선해 1789년 11월 23일 월요일 오후 12시 45분에 버지니아주 노퍽항에 도착했다. 몬티셀로로 향하는 길은 서두르지 않았고, 잠시 에페스 저택에 들러 폴리가 사랑하는 이모부와 이모와 재회할 수 있도록 했다.

1789년 12월 11일 금요일 대통령으로부터 공식 제안이 도착했다. 제퍼슨이 파리에서 귀국할 즈음부터 신문에 오르내리던 직책이었다. '과연 제퍼슨은 국무장관이 될 것인가?'

제퍼슨은 워싱턴에게 결단을 내리지 못한 채 애매모호한 답장을 보냈다. 국무부가 외교는 물론 수많은 국내 문제를 책임지는 자리라고 생각했던 제퍼슨은 부담을 느꼈고, 그런 심정을 솔직히 밝혔다. "국민은 대체로 선의에서 비롯된 비판을 하지만, 때때로 잘못된 정보에 기반을 두거나 오도된 판단을 내리기도 합니다. 그럼에도 그들의 존재는 항상 무시할 수 없을 만큼 중요합니다. 그런 비판과 질책이 두렵습니다."

그는 익숙한 역설에 갇혀 있었다. 무대를 사랑하고 갈채를 갈망하면서도, 실패와 비난을 두려워했다. 시련과 비판이 몰려올 때마다 정계를 떠나고 싶다는 심정을 아름답고 능숙하게 표현하곤 했다. 하지만 공직에서 멀어지게 만드는 요소들이 동시에 그를 공직으로 이끄는 이유이기도 했다. 위대해지고자 하는 열망이 강했고, 그만큼 감정의 폭도 깊었다. 국민을 위해 봉사하고, 자신을 희생하고자 하는 의지는 누구보다 강렬했지만, 바로 그 국민으로부터 비난받을 때, 그는 누구보다 깊이 상처받았다.

제퍼슨처럼 '비판과 질책'을 두려워했던 사람이라면 정계에서 완전히 물러나, 사적이고 조용한 삶 속에서 남은 생을 보내는 편이 더 자연스러웠을지도 모른다. 하지만 제퍼슨에게 그런 후퇴는 자기 본성을 부정하는 일이었다. 그는 본질적으로 인간적이면서도 영웅적인 기질을 가진 사람이었고, 정치를 떠난다는 건 곧 자신을 부정하는 것이나 다름없었다. 제퍼슨은 단호한 정치계의 전사이자 쉽게 상처받는 영혼이었다. 언제나 그런 사람이었다.

워싱턴은 제퍼슨을 설득하는 실무적인 역할을 제임스 매디슨에게 맡겼다. 1789년 말, 매디슨은 몬티셀로를 찾아가 제퍼슨과 이야기를 나누며 그가 오해하고 있던 국무장관직의 역할을 바로잡았다. 국무장관은 모든 국내 사안을 총괄하는 자리가 아니라, 대통령의 외교 정책을 보좌하는 최고 자문역이라는 점을 설명했다. "이 사안을 두고 이야기하는 사람들은 누구도 예외 없이 당신이 수락하기를 간절히 바라고 있습니다. 저는 결국 그들의 기대가 실망으로 끝나지 않으리라 자신합니다."

폭넓은 지지를 받고 있다는 사실은 제퍼슨의 마음에 울림을 주었고, 워싱턴에게도 그를 설득하기 위한 오랜 노력이 가치 있는 일임을 확신시켜 주었다. 1월 중순 뉴욕에서 매디슨과 상의한 뒤, 워싱턴은 제퍼슨에게 편지를 보내, 프랑스로 돌아가 외교 업무를 다시 시작하는 것보다 내각으로 참여하는 편이 훨씬 중요하다는 점을 강하게 주장했다.

워싱턴은 제퍼슨에게 이렇게 말했다. "당신이 충분한 근거를 바탕으로 최종 결정을 내릴 수 있도록, 한 가지 덧붙일 필요가 있다고 생각하오. 당신의 최근 임명은 대중에게 매우 널리, 그리고 큰 만족을 주었소."

워싱턴은 이제 답을 원했다. 제퍼슨은 뉴욕으로 와서 직무를 시작하든, 프랑스로 돌아가든 결정을 내려야 했다.

어떻게 해야 할까? 제퍼슨은 파리를 사랑했고, 외교직을 맡으면서 흔치 않은 수준의 자율성을 보장받고 끊임없는 비판에서 보호받을 수 있었다. 그렇지만 미국 혁명의 성공에 평생을 바쳐왔고 이제 더 위대한 대의를 위한 가장 가치 있는 임무 수행을 할 수 있는 곳이 프랑스일지, 내각일지 결정해야 했다.

제퍼슨은 결국 워싱턴의 제안을 받아들였다. 그는 친구에게 보낸 편지에서 현실적인 정치 언어로 설명했다. "워싱턴의 편지들은 내가 자유롭게 결정할 수 있도록 여지를 남겨두었습니다. 하지만 나는 그가 내각 참여를 더 원한다는 느낌을 받았고, 특히 매디슨을 통해 그 선택이 더 바람직하다는 이야기를 들었습니다. 따라서 내가 프랑스로 돌아갔다면, 실망과 불쾌감을 안겨줄 위험이 있었고, 나는 어떤 직책도 그런 대가를 치를 만큼 가치 있다고 생각하지 않았습니다."

제퍼슨의 국무장관 재임 시절은 격동적이면서도 흥미진진한 시기였다. 그는 그 안에서 정치적 신념과 전략적 감각을 다듬었고, 이는 훗날 부통령직과 대통령직까지 이어졌다. 미국 역사상 최초의 내각이 만들어낸 정치적

드라마는 토머스 제퍼슨이라는 인물은 물론, 워싱턴 행정부 이후의 미국 전체에까지 깊은 영향을 미쳤다.

제퍼슨 가족이 버지니아로 돌아온 뒤, 열일곱 살이 된 팻시는 곧 사촌 지간인 토머스 만 랜돌프 주니어와 결혼하기로 결심했다. 그는 제퍼슨의 어린 시절 하숙 친구의 아들로, 당시 스물한 살이었다. 두 사람은 팻시가 아직 어릴 때 제퍼슨 가족이 터커호를 방문했던 당시 처음 만났다. 이후에도 1781년 영국군의 침공 시기와 1783년에 한 번 더 터커호를 방문하며 인연을 이어갔다. 검은 머리에 야망이 넘치고 훌륭한 교육을 받은 젊은 랜돌프는, 1789년 제퍼슨 일행이 노퍽에 도착하자마자 신속하게 움직였다. 제퍼슨은 프랑스에 있는 친구에게 보낸 편지에서 이렇게 썼다. "그의 재능, 성격, 인맥, 재산을 모두 고려했을 때 나의 첫 번째 선택이 될 만했지만… 나는 딸이 자신의 감정을 자유롭게 따를 수 있도록 개인적인 바람을 철저히 억눌렀습니다." 제퍼슨은 프랑스로 돌아가려던 출국 일정을 미루고, 팻시의 결혼 합의와 지참금 협상을 직접 챙겼다. 전부 완벽히 정리되길 바랐기 때문이다. 결혼식은 1790년 2월에 열렸다.

팻시가 미국에 도착하자마자, 충분히 알지 못했던 남성과 성급하게 결혼한 것은 다소 이례적인 일이다. 일부 역사학자들은 이 결혼이 어쩌면 아버지와 샐리 헤밍스의 관계를 인지한 반응이었을지도 모른다고 추측했다. 어쩌면 딸로서의 자리가 위협받고 있다는 감정을 느꼈을 가능성도 있다.

물론, 모든 상황이 그저 자연스럽게 흘러간 것일 수도 있다. 팻시는 결혼 적령기에 있었고, 랜돌프는 이상적인 배우자였으며, 무엇보다 그녀가 가장 사랑하고 존경하던 아버지를 떠올리게 하는 사람이었다. 랜돌프는 농업과 과학, 법률, 정치에 관심을 가진 인물로, 제퍼슨과 놀랍도록 유사한 면모를 지니고 있었다. 그런 그와 함께 새로운 삶의 장을 열자는 제안에 팻시는 망설이지 않았다. 제퍼슨이 호감을 느끼고, 아버지와 공통의 관심사를 나누는 사람이기도 했으니 말이다.

한편, 제퍼슨이 뉴욕으로 자리를 옮겼을 때, 샐리 헤밍스는 몬티셀로에 남았다. 그녀는 이후 수년에 걸쳐 제퍼슨의 사적인 방과 옷장을 정리하고 관리하는 일을 맡았고, 제퍼슨은 자신이 가장 아끼는 물건들을 그녀에게 믿고 맡길 만큼 깊은 신뢰를 보였다. 이 시기 그녀의 거처가 정확히 어디였는지는 알려지지 않았지만, 1790년대 중반 멀베리 로우라 불리는 주요 농장 도로를 따라 지어진 새 통나무 하인 숙소들 가운데 한 곳에서 지냈을 가능성이 크다. 몬티셀로의 역사학자들에 따르면 멀베리 로우에는 약 스무 채의 숙소, 작업장, 창고들이 늘어서 있었다. 또한 수십 명의 노예와 백인 자유노동자들이 이곳에서 일하고 거주했다. 제퍼슨이 대통령직에 오르기 전후로는, 샐리 헤밍스가 남쪽 테라스 윙에 머물렀던 것으로 추정된다. 이 공간은 1802년에서 1809년 사이에 새롭게 건축되었다.

제퍼슨의 뉴욕행 여정은 느리고 때때로 눈이 내리는 고단한 길이었지만, 마치 새로운 정치적 봄날이 찾아온 듯한 여정이었다. 런던에서는 리처드 프라이스라는 고령의 급진적 철학자가, 오랜 세월 미국 혁명을 지지해온 사람으로서 많은 이들의 기대를 대변했다. 워싱턴의 취임 시기에 프라이스는 제퍼슨에게 이렇게 썼다. "새 헌법 체제에서 미국 의회가 개원했다고 들었습니다. 새로 구성된 의회가 번영해나간다는 소식을 듣길 간절히 바라고 있습니다. 인생의 황혼기에 접어든 지금, 나는 특히 감사한 마음입니다. 인류가 발전하는 모습을 보고, 종교적 편협함이 거의 사라졌으며, 하층민들이 자기 권리를 인식하게 되었으며, 자유의 개념조차 잊은 듯 보였던 민족들이 이제는 자유를 갈망하는 모습을 보면서요."

뉴욕에서 제퍼슨은 '브로드웨이'라고 부르던 곳에서는 거처를 찾지 못하고, 대신 맨해튼 남부의 메이든 레인 57번지에 집을 임대했다. 그는 팻시에게 '별로 내키지 않는 집'이라고 전했다. 하지만 애덤스 부부처럼 오랜 친구들은 그의 귀환을 반겼다. 1790년 4월, 아비가일 애덤스는 편지에 이렇게 썼다. "제퍼슨 씨가 이곳에 와서, 사교 모임이 훨씬 활기를 띠게 되었어요." 그녀와 당시 부통령이었던 존 애덤스는 당시로서는 비교적 외진 지역이었던 리치먼드 힐에 자리를 잡았는데, 훗날, 이 지역은 그리니치빌리지로 알려지게 된다.

세계는 조용하지 않았다. 국내 문제와 국제 정세는 긴밀히 얽혀 있었고, 해외의 전쟁과 충돌은 미국 내의 정치와 일상생활에까지 영향을 미쳤다. 1790년대는 복잡하고 격동의 시기로 밝혀지게 된다. 세계는 절대 조용하지 않았다. 국내 문제와 국제 정세는 긴밀히 얽혀 있었고, 해외의 전쟁과 충돌은 미국 내의 정치와 일상생활에까지 영향을 미쳤다. 1790년대는 복잡하고 격동의 시기로 밝혀지게 된다. 1791년 늦여름, 신성로마제국 황제 레오폴트 2세(마리 앙투아네트의 오빠)는 프로이센의 프리드리히 빌헬름 2세와 함께 필니츠 선언을 발표하여 프랑스 왕실을 지지하고 나섰다. 이에 맞서 1792년 봄, 프랑스 혁명 정부는 오스트리아에 선전포고하며 전쟁의 포문을 열었다. 이로써 혁명 프랑스(후엔 나폴레옹의 프랑스)와 군주제 유럽 국가들 사이에 13년에 걸친 전쟁이 시작되었다. 1793년, 루이 16세와 마리 앙투아네트가 단두대에 올랐고, 1794년에는 공포정치가 시행되면서 프랑스 혁명의 폭력성은 극에 달했다. 이러한 극단적 변화는 결국 영국과 스페인까지 프랑스와의 전쟁으로 끌어들였다.

이렇듯 구세계의 갈등은 신세계인 미국에도 복잡한 문제를 야기했다. 1790년대가 끝나기 전까지 미국은 두 가지 위협을 동시에 마주했다. 하나는 프랑스와 전쟁 중인 영국과 충돌할 위험, 다른 하나는 영국과 전쟁 중인 프랑스와의 갈등이었다. 특히 1790년대 말, 프랑스와의 전쟁에 대한 우려로 시민의 자유를 강경하게 제한했던 일련의 조치들에서 제퍼슨은 국무장관, 야당 지도자, 그리고 부통령이라는 다양한 역할을 맡았다. 그는 조지 워싱턴과 존 애덤스의 정책에 정면으로 맞섰다.

그가 격동의 시기에 보인 행보는 주로 자유에 대한 헌신과 권력에 대한 추구에서 큰 영향을 받았다. 때때로 프랑스에 지나치게 우호적이라는 비판을 받기도 했지만, 그 이면에는 영국식 왕정 체제에 대한 뿌리 깊은 반감과 공포가 있었다. 프랑스 혁명에 대한 동정심은 곧 영국 왕정에 대한 반작용이기도 했다.

수많은 위기와 갈등에도 불구하고, 제퍼슨은 1790년대를 시작할 때와 마찬가지로 그 끝에서도 미국의 민주적 실험을 수호하고, 국가의 이익을 옹호하는 인물로 남았다.

1790년 3월 21일 일요일, 초대 국무장관이 초대 대통령을 공식적으로 처음 예방했다. 이날은 제퍼슨이 훗날 '매일 같이, 은밀하고도 따뜻한 관계'라고 표현한 두 사람의 4년에 걸친 협력의 서막이었다. 논의할 주제가 워낙 많아 첫 만남으로는 부족했고, 이들은 다음 날인 월요일(워싱턴이 화가 존 트럼불에게 초상화를 맡긴 날)과 화요일에도 연달아 얼굴을 맞댔다.

워싱턴과 제퍼슨은 이미 25년 가까운 인연을 이어오고 있었다. 버지니아의 식민 수도 윌리엄스버그에서 두 사람은 하원의원으로 함께 활동하며 의사당과 롤리 선술집을 오갔던 사이다.

워싱턴이 봄날 햇살 속에 마주 앉은 제퍼슨을 높이 평가한 데는 충분한 이유가 있었다. 여러 인물이 제퍼슨의 자질에 대해 찬사를 아끼지 않았다. 1788년 라파예트는 워싱턴에게 이렇게 전했다. "제퍼슨 씨의 능력, 덕성, 쾌활한 성품, 위대한 정치가로서의 자질, 열정적인 시민정신, 다정한 친구로서의 면모까지, 이 모든 점에서 그를 능가할 수 있는 사람은 없습니다." 프랑스에서 제퍼슨과 시간을 보낸 미국 상인 너새니얼 커팅도 이렇게 전했다. "제퍼슨 씨는 방대한 지식과 함께 신중한 판단력을 지닌 인물입니다. 그의 태도는 중후하면서도 다정함이 배어 있으며, 전반적인 역량은 어느 시대, 어느 나라에서도 자랑스러울 만한 것입니다." 몇 년 전 파리에서 존 애덤스는 전쟁부 장관 헨리 녹스에게 이렇게 말한 바 있다. "제 친구이자 동료인 제퍼슨 씨를 칭찬하는 말들은 과장이 아닙니다. 그의 능력이나 인품에 비하면 어떤 찬사도 부족하지요."

제퍼슨에게 워싱턴은 거대한 존재이자 다가가기 어려운 인물이었고, 그의 품위와 거리감은 그를 마치 살아 있는 신화처럼 보이게 만들었다. 훗날 제퍼슨은 워싱턴에 대해 이렇게 회고했다. "그는 두려움을 모르는 사람이었고, 개인적인 위험도 태연히 마주했습니다. 아마도 그의 성격에서 눈에 띄는 특징은 '신중함'이었을 겁니다. 모든 상황과 모든 요소를 철저히 따지기 전에는 절대 행동하지 않았고 조금이라도 의심스러우면 주저했지만, 일단 결심하면 어떤 장애물이 있어도 끝까지 밀고 나갔습니다."

다만 제퍼슨은 워싱턴의 지적 능력에는 덜 감명받았다. "그의 정신은 위대하고 강력했지만, 가장 뛰어난 수준은 아니었습니다. 통찰력은 있었지만, 뉴턴이나 베이컨, 혹은 로크와 같은 인물만큼 예리하지는 않았지요. 그러나 일단 파악한 범위 안에서는 그의 판단만큼 건전한 것은 없었습니다. 그의 사고 과정은 느렸고, 창의성이나 상상력의 도움을 받는 일은 없었지만, 결론만큼은 언제나 확실했습니다."

워싱턴에게는 감춰진 면모도 있었다. 제퍼슨은 이어서 이렇게 말했다. "그의 성격은 원체 급하고 자존심이 강했지만, 숙고와 결의로 그것을 철저히 통제하는 습관을 길렀습니다. 하지만 그 통제가 한번 무너지면, 그의 분노는 실로 무시무시했습니다." 즉, 워싱턴은 누구든 조심해서 대해야 할 인물이었다.

뉴욕에 도착한 직후, 제퍼슨은 간헐적으로 찾아오는 두통에 시달렸다. 그를 기다리고 있는 막중한 책무와 날카로운 시선들에 대한 불안감을 드러내는 신호였을 것이다. 지난 5년 동안 그는 미국 정치의 일상적인 논쟁과 긴박한 흐름에서 사실상 떨어져 있었다. 외국에서 외교관으로 지내는 동안 그는 행동가라기보다는 관찰자에 가까웠다. 그러나 새 정부의 최고위 내각 구성원이 된 지금, 그는 뉴욕 정치계의 집요하고 탐욕스러운 관심의 대상이 되었다.

새 환경에 적응하는 시간이 필요했기에 매디슨에게 노골적으로 의존하는 모습은 어찌 보면 애틋하기까지 했다. 매디슨에게 각 주가 연방 하원 및 상원과 어떻게 소통해야 할지를 두고 의견을 구하며 제퍼슨은 솔직하게 자신의 부족함을 인정했다. "당신의 생각을 말씀해주시게." 제퍼슨은 다음과 같이 썼다. "내가 지금 처한 상황을 더 잘 이해하게 될 때까지는 자네에게 폐를 끼칠 수밖에 없을 것 같네."

그러나 한 가지는 분명했다. 본인이 책임과 권한을 지닌 행정부의 일원이라는 점이다. 그는 1790년 4월 이렇게 썼다. "외국과의 사무 처리는 전적으로 행정부의 소관으로 해당 부서의 수장에게 속하는 것입니다. 단, 상원이 특별히 관여하도록 명시된 부분은 예외입니다. 그리고 예외 조항은 엄격하게 해석되어야 합니다."

제퍼슨은 뉴욕에 처음 도착해서 몇 주 동안 마흔일곱 번째 생일을 기념했다. 그는 세계적으로 가장 유명한 미국인 중 한 명이었지만, 파리에서 보낸 5년 동안 새롭게 국가 무대에 등장한 이들에게는 낯선 인물이기도 했다. 행정부에 비판적인 펜실베이니아 출신 상원 의원 윌리엄 매클레이는 제퍼슨의 첫인상에 놀라며 다소 실망스럽게 여겼다. "그는 산만하고 멍한 표정을 지었고, 내가 장관 혹은 외교관에게서 기대했던 단정하고 절도 있는 태도는 전혀 없었습니다. 나는 진중함을 기대했지만, 느슨한 몸가짐이 그를 감싸고 있는 듯했습니다. 그는 거의 쉬지 않고 말을 이어갔습니다. 그런데 그가 하는 말조차도 그의 태도와 다를 게 없었습니다. 느슨하고 산만했지만, 그가 가는 곳마다 정보가 흘날렸고, 때때로 반짝이는 통찰도 튀어나왔습니다."

시간이 지나며 제퍼슨을 다르게 보는 이들도 있었다. 신문 발행인 새뮤얼 해리슨 스미스는 그를 이렇게 묘사했다. "그는 당당하고 꼿꼿한 자세를 유지했고, 몸놀림은 유연하고 자연스러웠습니다. 특별히 우아하다고 하기도, 그렇다고 기품이 없다고 하기도 어려운 그런 모습이었고, 눈에 띄는 체력과 민첩함을 보여줬습니다."

영국인 여행자 존 버나드는 이렇게 적었다. "그의 지식은 세련되면서도 깊이가 있었고, 도덕적 문제처럼 무거운 주제는 물론, 유머나 상상력 같은 가벼운 주제까지도 자유롭게 아우를 수 있는 대화 능력이었습니다. 논리는 이보다 더 단순할 수 없었고, 묘사는 이보다 더 생생하고 날카로울 수 없었습니다. 추상적인 주제를 다룰 때는 마치 퀘이커 교도처럼 소박했지만, 일화라는 가장 매력적인 매개체로 인간 본성을 논하는 개인적인 견해를 전달할 때는 궁정 신사처럼 우아함과 재치를 뽐냈습니다."

제퍼슨은 인간관계를 바탕으로 한 정치를 신봉했다. 1791년 7월, 그는 헨리 녹스에게 이렇게 썼다. "저녁 시간이 다가오면, 때로는 비가 오고, 때로는 긴 산책을 하기엔 날씨가 너무 덥기도 하며, 때로는 업무 때문에 사무실에 좀 더 머물고 싶거나, 저녁 후 다시 돌아가야 할 때도 있습니다. 이럴 때는 시내에서 어떤 식으로든 저녁 식사를 해결하는 것이 더 나을 수 있습니다. 시내에서 저녁 식사를 할 수 있는 날이라면 언제든, 아무런 격식을 갖추지 않아도 괜찮으니 내가 집에서 저녁 식사를 하는지 확인한 뒤 함께 할 수 있다면, 더없이 기쁠 것입니다. 식사 시간은 오후 3시 15분부터 3시 45분 사이이며, 음식이 어떻든 간에 진심 어린 환대를 받게 되실 겁니다."

그는 자신을 정치적 존재로 인식하고 있었다. 《버지니아주에 대한 기록》에서의 반영국적 어조를 두고 어떤 이가 서신으로 의문을 제기하자, 제퍼슨은 그 발언이 독립전쟁 중에 쓰인 것이며, 전쟁 이후 영국이 미국과 건설적인 관계를 맺기 위해 한 일이 거의 없다고 지적했다. 1790년 11월, 그는 이렇게 말했다. "아마도 전쟁 이후 그들의 행동과 태도는, 우리 쪽에서 더 호의적인 감정을 불러일으키기엔 부족했을지도 모릅니다. 그래도 정치인으로서, 나는 그들에게 어떤 열정도, 호감도, 반감도 없습니다. 만약 그들이 상업적 탐욕을 누그러뜨리고 공정하게 우리와 타협하려는 태도를 보인다면, 그것은 우리에게 이익이 되기에 나도 기꺼이 응할 것입니다. 하지만 지금 상황에서 그런 태도를 보인다면, 내가 그들의 성정을 잘못 판단한 셈이겠지요.”

제퍼슨은 스스로 유쾌한 태도를 유지하려 애썼지만, 뉴욕의 정치적 분위기는 불편했다. 당시 뉴욕을 지배하고 있던 연방당 기류에 ‘놀라움과 굴욕’을 느꼈다고 회상했다.

저녁 모임에 참석할 때면, 그는 ‘대부분의 경우 공화주의 입장을 옹호하는 사람은 나 혼자였다’라고 느꼈다. 대통령을 둘러싼 제왕적 분위기와 유사한 공식 접견, 절하는 예법, 수많은 말이 끄는 거대한 마차는 제퍼슨을 불편하게 했다. 겉모습이 본질을 따르게 된다고 믿었기에, 형식이 군주제 색채를 띠기 시작하면 결국 실제 권력 구조도 전제적 방향으로 기울 수 있다고 우려했다.

존 페노가 뉴욕에서 발행하는 《미국 관보Gazette of the United States》는 제퍼슨의 결론을 뒷받침하는 또 하나의 증거였다. 존 애덤스는 이 신문에 ‘다빌라에 대한 담론Discourses on Davila’이라는 연재 칼럼을 익명으로 기고하며, 순수한 민주주의는 부자연스러운 체제라고 주장했다. “다만 한 가지 질문만 정중히 던져보겠습니다. 균형 잡힌 정부의 산물인 평등한 법이 구분이나 등급의 흔적 없이 어떠한 형태로든 존재하고, 받아들여질 수 있을까요? 우리의 친구인 프랑스 국민 의회가 모든 차별을 없앴다고 합니다. 그러나 사랑하는 동포들이여, 속지 마십시오. 불가능한 일은 실현될 수 없습니다. 그들이 모든 재산을 평등하게 나누었습니까? 모든 남성과 여성을 똑같이 현명하고, 세련되고, 아름답게 만들었습니까?”

제퍼슨은 계급적 구분, 심지어 세습적 구분조차도 인간 사회에 본래 내재해 있으며, 구세계뿐 아니라 신세계에서도 지배하게 될 수 있다는 애덤스의 주장을 우려한 나머지 국민 의회가 국민에게 보낸 연설문의 번역문을 존 페노에게 실어달라고 요청했다. "국민, 법, 국왕. 국민은 여러분 자신이며, 법 또한 여러분 자신입니다. 그것은 곧 여러분의 의지입니다. 국왕은 그 법의 수호자입니다."

또한 제퍼슨은 프랑스어로 발간되는, 공화주의 성향의 네덜란드 신문 《레이데 관보Gazette de Leide》에서 발췌한 번역본을 《미국 관보》에 싣도록 권유했다. 이는 연방당의 입장을 전하는 매체에 자신의 공화주의적 시각을 간접적으로 주입하려는 시도였다. 1790년 8월 초가 되자, 존 페노는 완전히 연방당 진영의 홍보 수단으로 전락했지만, 제퍼슨은 잠시나마 그 신문을 자신에게 유리하게 활용할 수 있었다.

제퍼슨이 벌이고 있던 것은 단순한 전술적 싸움만은 아니었다. 그는 더 근본적인 수준에서 사고하고 있었다. 1790년 4월, 한 프랑스 친구에게 그는 이렇게 썼다. "나는 인간에든 국가에든 단 하나의 윤리 체계만을 가지고 있습니다. 감사할 줄 알고, 어떤 상황에서도 모든 약속을 성실히 지키며, 솔직하고 관대하게 행동하는 태도는 결국 양측 모두의 이익에 도움이 될 뿐 아니라, 그들의 행복에도 기여한다고 확신합니다."

1790년 4월 마지막 주, 뉴욕에는 늦은 눈이 내렸다. 얼마 지나지 않아 워싱턴 대통령은 중병에 걸려, 주변에서는 그가 죽음을 맞이할지도 모른다는 말이 돌았다. 그러나 6월 초가 되자 대통령의 건강은 상당히 회복되어, 제퍼슨을 데리고 샌디훅 앞바다로 낚시 여행을 떠날 수 있을 정도가 되었다. 제퍼슨은 언제나처럼 현실적이고 낙관적인 태도로, 혹시 멀미하게 된다면 '남은 두통까지도 함께 날려버릴 수 있을 것'이라 기대했다.

낚시 여행에서 돌아온 어느 저녁, 제퍼슨은 워싱턴의 집 근처에서 알렉산더 해밀턴과 마주쳤다.

해밀턴은 1755년, 영국령 서인도 제도의 네비스섬에서 태어났고, 어린 시절 대부분을 세인트크로이에서 보냈다. 혼외 자식으로 태어난 그는, 프랑스 위그노 출신 어머니와 스코틀랜드 지주였던 아버지 사이에서 태어났다. 어머니는 그가 열세 살이 되던 해에 세상을 떠났다. 해밀턴은 스스로 공부하며 지식을 쌓아갔다. 불분명한 출신을 딛고 일어서려는 야망이 그를 이끌었다. 한동안 상점의 사무원으로 일하다가 해밀턴의 잠재력을 알아본 지역 후원자들의 재정적 도움으로 뉴욕으로 유학을 떠났고, 결국 킹스 칼리지(현재 컬럼비아 대학교)에 입학했다. 뛰어난 글 솜씨에 다작한 수필가였으며, 미국 독립전쟁 당시 워싱턴 장군의 핵심 보좌관으로 활약했다. 이후 뉴욕의 유력 가문인 슐러 가문과 혼인 관계를 맺었고, 헌법 제정 회의의 대표로도 활동했다. 그의 장인이자 상원 의원 필립 슐러는 '왕정주의의 오래된 기질을 유난히 좋아하는 사람'이라는 평가를 받기도 했다.

해밀턴은 강력한 중앙 정부를 지지했으며, 어느 정도는 영국의 금융 및 상업 시스템을 본보기로 삼고자 했다. 그는 합리적이고 일관된 공공질서 비전을 제시했고, 그것이 미국에 가장 적합한 길이라고 믿었다. 보통선거와 정기적인 선거에 기반한 공화주의 제도의 지속 가능성에 회의적이고, 역사와 인간 본성을 파악하고 있는 사람이라면 누구나 그렇듯 세상 어디에도 존재하지 않던 미국이라는 실험에 경계심을 품고 있었기 때문에 해밀턴은 구세계의 요소들을 미국의 정부 형태에 도입하는 데 제퍼슨보다 훨씬 더 개방적인 입장이었다. 해밀턴은 심지어 세습직, 혹은 최소한 종신직 대통령제나 상원 구성 가능성도 진지하게 검토했다.

헌법 제정 회의 연설에서 해밀턴은 '대중의 흐름에 저항할 수 있는' 미국판 군주의 탄생 가능성을 언급했다. 더 현실적인 차원에서 그는 영국과의 긴밀한 관계를 주장했는데, 당시의 국제 정세를 고려하면 곧 미국이 런던의 하위 세력으로 자리 잡는다는 뜻이기도 했다.

해밀턴의 견해는 제퍼슨과는 상당히 달랐고(전부는 아니었지만) 그중 일부는 워낙 강하게 표출되었다. 그 때문에, 제퍼슨은 점차 재무장관 해밀턴에게 반대하는 편에서 자신의 정치적 정체성을 정의해나가게 되었다. 예를 들어, 제퍼슨은 존중받고 효율적인 중앙 정부의 필요성을 오랫동안 믿고, 쟁취하기 위해 싸워 왔다. 하지만 프랑스에서 구체제를 직접 경험한 이후, 영국이 미국에 품고 있을 야심에 대한 불안감까지 더해지자, 워싱턴 대통령 주변에 점차 형성되고 있는 유사 군주제 문화에 깊은 불편함을 느끼게 되었다. 제퍼슨이 믿었던 것은 강력하면서도 공화주의적 원칙에 입각한 정부였다.

워싱턴 행정부가 운영되면서, 제퍼슨은 해밀턴을 공화주의자들이 가장 두려워하는 존재의 구현으로 보게 되었다. 즉, 임의적 권위를 위해 미국의 자유라는 대의를 기꺼이 희생할 수 있는 사람으로 여긴 것이다. 반면 해밀턴은 제퍼슨이 프랑스 혁명의 영향으로 미국이 쌓아온 모든 성과를 위험에 빠뜨릴 수 있는 인물이라고 생각했다. 해밀턴과 제퍼슨 모두 극단적이고 과열된 시각으로 바라보았지만, 당시 정치 현실을 반영한 것이었다. 해밀턴과 제퍼슨은 정치인이었다.

세월이 흐르고 감정이 누그러지자, 제퍼슨은 해밀턴의 흉상을 구해, 자신의 흉상과 마주 보도록 몬티셀로의 입구 홀에 배치했다. 전기 작가 헨리 랜달은 이렇게 전했다. "방문객들의 시선은 자연스레 제퍼슨과 해밀턴의 흉상에 오래 머물렀습니다. 두 흉상은 정문 양쪽의 거대한 받침대 위에 놓여 있었는데, 살아 있을 때의 제퍼슨은 종종 '삶에서도, 죽음에서도 대립한다'라고 말했습니다. 또한 흉상이 불러일으키는 관심을 지켜보며 사색에 잠긴 미소를 지었습니다."

1790년 뉴욕의 어느 날 밤, 제퍼슨은 재무장관 해밀턴이 '심각하고, 수척하며, 말로 표현할 수 없을 만큼 낙담한 모습'이었다고 기록했다. "옷차림조차 거칠고 흐트러져 있었다."

해밀턴이 그렇게 무너질 만한 이유가 있었다. 1790년 초에 발표한 공공 채무 보고서(연말에 후속 보고서도 나왔다)에서 해밀턴은 중앙 정부가 국가 채무를 책임지고, 모든 주의 부채를 인수하며, 국가 은행을 설립해야 한다는 등의 국가 금융 시스템을 주장했다. 연방정부의 재원은 수입품에 부과한 관세와 증류주에 부과하는 소비세로 조달할 계획이었다.

채무 상환은 기본적으로 연방정부가 연방 증권 보유자들에게 액면가 혹은 명목 가치를 지급하는 것을 의미했는데, 이 액면가는 증권을 처음 산 금액보다 높았고, 이에 따라 논란이 벌어졌다. 왜냐하면 투기꾼들이 증권의 초기 보유자들로부터 원래 가치보다 낮은 가격에 증권을 사들였기 때문이다. 대다수의 초기 보유자가 혁명 참전 용사였지만, 그들은 자신이 소유한 증서가 큰 가치를 가지게 된 사실을 몰랐기 때문에 정치적, 감정적 문제가 발생했다. (참전 용사들은 종종 대륙 지폐로 급여를 받았다) 매디슨은 제퍼슨에게 이렇게 말했다. "약삭빠른 투기꾼들이 연방의 내부와 외진 지역을 샅샅이 돌아다니며, 보유자들의 무지를 이용하고 있습니다."

이 같은 비판에도 해밀턴은 연방정부의 증권 매입안 통과에 성공했고, 그 결과 국가 금융 시스템의 중심에 연방정부를 배치하는 데 성공했다.

해밀턴 계획의 두 번째 축은 각 주의 채무를 연방정부가 인수하는 조치였고, 이에 따라 연방 기구의 입지가 더욱 공고해질 전망이었다. 모든 채무가 연방 차원에서 통합되면 이를 상환하기 위한 연방 세금 부과가 필수였다. 세금 부과 권한은 언제나 그랬듯 정부의 가장 근본적이자 막강한 권력 중 하나였다. (사실상 전쟁 수행 권한조차도 세금과 관련이 깊다. 전쟁에는 막대한 자금이 필요하니 말이다.)

그러나 채무 인수 제안이 나오자마자 국가는 즉시 양분되었다. 버지니아, 노스캐롤라이나, 조지아, 메릴랜드 등 4개 주는 이미 재정적으로 책임을 다해 대부분의 독립전쟁 채무를 상환한 상태였다. 반면 매사추세츠, 사우스캐롤라이나, 코네티컷 등 다른 주들은 상환하지 않은 상태였고, 마치 빚을 해밀턴에게 떠넘기듯 연방정부로 보내려 했다. 이에 재정적으로 책임감이 강했던 주들은 자신들이 연방 세금을 통해 다른 주들의 부실을 구제하게 될 것이라며 반발했다.

그리고 1790년 4월 12일 월요일, 제퍼슨이 뉴욕에 도착한 지 약 3주가 지난 시점에, 매디슨이 주도한 세력은 하원에서 각 주의 채무 연방 인수안을 3표 차로 부결시켰다. 해밀턴에게는 큰 패배였다.

그날 저녁, 워싱턴 대통령의 집 근처에서 제퍼슨이 만난 초췌하고 흐트러진 해밀턴은 동맹이 절실한 상태였다. 그는 제퍼슨에게 잠시 대화를 청했고, 두 사람은 대통령 집 앞 거리에서 이야기를 나누었다. 해밀턴은 각 주의 채무 인수 문제 해결에 도움을 요청하며 만약 해결책을 찾지 못한다면 '연방의 존속조차 위태로울 수 있다'라고 말했다.

제퍼슨 역시 상황의 중대함을 직감하고 있었다. 의회는 마치 마비된 듯했고, 그는 이렇게 말했다. "실제로 동부와 남부 의원들 사이에 극도의 불쾌감과 날 선 감정이 팽배했고, 의회 분위기는 심각한 격앙과 뿌리 깊은 적대감으로 가득했다."

제퍼슨은 국가적 단결을 위한 행동이 필요하다는 사실을 인정했다. 다른 버지니아인들과 달리, 그는 각 주의 채무 인수에 무작정 반대하지는 않았다. 다만, 반대파는 북부에 더 많은 재정 권력이 집중되는 것을 견제하려 했고, 따라서 무언가 대가를 원했다.

국가 수도의 이전 문제는 타협의 실마리를 제공할 수 있었다. 뉴욕은 이미 국가의 금융 중심지였고, 중부 및 남부 주들은 정치 수도가 더 남쪽으로 이전되기를 바라고 있었다. 필라델피아, 볼티모어, 포토맥 강변의 조지타운이 유력 후보지로 거론됐고, 뉴저지의 트렌턴이나 서스퀘해나강 유역도 논의되었다. 1790년 6월, 매디슨은 먼로에게 이렇게 편지를 썼다. "포토맥이 선택될 가능성은 적어 보이지만, 정세가 변덕스럽게 흘러가기 때문에 의외로 다시 유력하게 떠오를 여지도 있습니다."

해밀턴의 말을 경청하고 남부에서 올라온 편지들을 읽으며, 현안들을 하나하나 곰곰이 되짚어보던 제퍼슨은, 어쩌면, 정말 어쩌면, 타협의 여지가 존재할지도 모른다고 느꼈다.

제퍼슨이 보기에 지혜의 시작은 공개되지 않은 비공식 자리에서 핵심 인사들이 마주 앉는 데 있을 수 있었다. 그래서 저녁 만찬을 마련했다. 그는 이렇게 말했다. "생각이 건전하고 의도가 정직한 이들이라면, 설명과 상호 이해만으로도 함께 협력해나갈 방안을 마련하는 데 아무런 어려움이 없을 것입니다."

타협이 이뤄지지 않는다면, 그것은 곧 재앙이었다. 제퍼슨은 이렇게 썼다. "모두가 지금의 입장을 끝까지 고수한다면, 공공 채무 상환 법안은 통과되지 않을 것이며, 상환이 이뤄지지 않는다면 정부의 존속도 끝입니다."

저녁 만찬 자리에서 매디슨은 채무 인수 제안 반대를 완화하고, 의회의 결정에 맡기겠다고 동의했다. 해밀턴에게는 커다란 승리였다. 제퍼슨의 회고에 따르면, 이때 매디슨 혹은 해밀턴 중 한 사람이 이렇게 말했다고 한다. "이 방안은 남부 주들에겐 몹시 쓰라린 약이 될 것이니, 그들을 달랠 만한 조치가 필요합니다." 수도를 포토맥강 유역으로 이전하는 것을 의미했다.

결과적으로, 제퍼슨은 이 결말을 '이 사안이 갈 수 있는 방향 중 그나마 가장 덜 나쁜 결과'라고 생각했다. 그는 해밀턴식 상업 구상에서 비롯될 금융 투기를 누구보다 싫어했다. 제퍼슨은 이렇게 말했다. "자본도 없이 무역을 시도하는 자들에게는 온갖 제재가 가해져야 마땅합니다. 결국 그 피해는 소비자에게 돌아가며, 이들이 감당할 수 없이 쌓는 부채와 이어지는 파산은 우리나라에 짐과 수치만을 안깁니다."

그렇지만, 제퍼슨은 타협의 가치를 믿었다. 딸 팻시에게 모든 사람과 모든 일을 인내심 있게 대하라고 조언했다. "사랑하는 딸아, 세상의 모든 인간은 그 사람이 지닌 좋은 점을 기준으로 바라보아야 해. 우리 중 누구도, 단 한 사람도 완벽하지 않기 때문이지. 만약 우리가 결점 있는 사람은 사랑하지 않겠다고 한다면, 이 세상은 우리 사랑이 머무를 수 없는 황무지가 되고 말 거야." 제퍼슨은 1790년 7월에 이렇게 썼다. "우리가 할 수 있는 일이라곤, 친구들의 장점을 최대한 살펴 사랑하고 소중히 여기면서, 그들의 결점은 피하는 것뿐이야. 하지만 그 때문에 친구를 내치는 건, 단 몇 마디 평범한 구절이 있다는 이유로 악보 전체를 버리는 것만큼 어리석은 일이란다." 몬티셀로에서의 삶뿐만 아니라, 뉴욕 정계에서 살아가는 데에도 어울리는 훌륭한 인생의 조언이었다.

1790년 12월, 어떤 버지니아인은 주 하원의 공식적인 채무 인수 반대 성명과 관련해 제퍼슨에게 편지를 보냈다. "한쪽은 연방 의회가 위헌적인 행위를 했다고 비난하고, 양쪽 모두 그것이 부당한 행위라고 비판하고 있습니다."

그러거나 말거나, 제퍼슨은 자신이 이끌어낼 수 있었던 최선의 타협을 이뤘다. 그리고 적어도 그 순간만큼은, 미국은 이전보다 더 강해졌던 것도 분명했다.

24장 제퍼슨 씨는 지나치게 민주적입니다

"지금의 정부 체제는 사회의 목적을 달성하기에 적절한 구조가
아니라고 생각합니다. 아마도 시간이 지나면, 영국식 체제로 이
행하는 것이 바람직하다는 판단이 내려지게 될 것입니다."

—제퍼슨의 회고에 따른 알렉산더 해밀턴의 주장

1790년 3월 22일 월요일, 토머스 제퍼슨은 국무장관으로 공식 임명되
었다. 그리고 정확히 112일 후, 그는 미국이 전쟁에 휘말릴 가능성에 대한
첫 번째 공식 의견서를 워싱턴 대통령에게 제출했다. 평화로운 시기라고
할 수 없는 때였다. 이 시기에 그가 두통에 시달린 것도 무리가 아니다.

세계대전이 임박한 듯 보였다. 1789년 7월, 태평양 북서부에서 오랫동
안 강대국으로 군림해온 스페인은 밴쿠버섬 서해안의 외딴 만, 누트카 사
운드에서 영국 선박 두 척을 나포했다. 이 지역은 수익성 높은 모피 무역과
아시아와의 상업 노선에서 중요한 위치에 있었기에 스페인뿐 아니라 러시
아와 영국 역시 관심을 두고 있었다.

1778년, 영국 탐험가 제임스 쿡 선장은 이미 누트카에 상륙해 '킹 조

지 사운드'라는 이름을 붙였다. 그러나 스페인은 15세기 교황 알렉산데르 6세의 칙령에 근거해 해당 지역에서 자국의 영유권을 주장해왔다. 1789년 봄, 스페인 탐험가 에스테반 호세 마르티네스는 이 지역에 도착해 영국 선박 프린세스로열호와 아르고넛호, 그리고 두 선박의 선장과 선원들을 억류하며 통제권을 장악했다.

스페인의 공격 소식에 영국은 충격에 빠졌고, 스페인과의 전쟁 이야기가 불붙기 시작했다. 1790년 5월 초 어느 늦은 밤, 영국 의원들과 만찬을 마친 뒤 런던에서 제퍼슨에게 편지를 보낸 사우스캐롤라이나 출신의 변호사이자 정치인 존 러틀리지는 이렇게 전했다. "그토록 오만하고 불량스러운 인간들은 처음 봤습니다. 모두 전쟁을 원했고, 올드 잉글랜드와 브리티시 라이언(영국의 상징)에 대해 떠들어댔지요. 스페인 놈들을 한바탕 두들겨 패는 걸 우습게 여겼고, 지구상에서 가장 강력한 나라를 모욕한 대가로 스페인이 수백만 달러를 물어야 할 거라고 계산하기 시작했습니다."

영국의 들뜬 분위기와 달리, 미국은 불안에 휩싸였다. 제퍼슨은 전면전으로 번질 가능성을 걱정했다. 전쟁이 일어나면 영국은 캐나다에 주둔한 병력을 이용해 스페인 영토인 루이지애나와 플로리다를 점령하려 들 것이었다. 스페인의 동맹국인 프랑스 역시 전쟁에 휘말릴 가능성이 컸다. 전 세계의 바다에서 전투가 벌어질 수 있었다. 그리고 새 헌법 시행을 고작 1년 넘긴 미국은 그 한복판에 끼게 될 상황이었다. 제퍼슨은 '전쟁이 일어날 가능성이 매우 크다'라고 판단했다.

아마도 제퍼슨은 영국에게 포위되는 상황을 가장 두려워했을 것이다. 이런 우려에 부통령 애덤스도 동의했고, 전쟁부 장관 녹스 역시 영국이 플로리다와 미시시피를 장악하게 된다면 '중대하고 영구적인 해악'이 따를 것이라고 보았다.

전쟁 위험이 고조되던 상황에서, 미국은 외국군이 자국 영토를 통과할 수 있도록 허용할지 결정해야 했다. 제퍼슨은 그가 말하는 '중도적 방침'을 선호했다. 영국이 통과 요청을 해온다면 즉각적인 답변을 미루는 전략이었다. 그러나 만약 답변을 피할 수 없는 상황이라면, 영국군의 통과를 허용하는 편이 낫다고 보았다. 거절한다면 미국과 영국 사이에 전쟁이 발발할 가능성이 높았기 때문이다. 전쟁을 마다하지는 않았지만, 제퍼슨은 '전쟁은 온갖 변수가 가득한 것'이라며 가능하면 최대한 많은 선택지를 열어두는 것이 현명하다고 말했다. 이는 매우 실용적인 입장이었다.

한편, 누트카 사운드 사건과 동시에, 미국은 아서 세인트 클레어 북서준주의 총독이 이끄는 쇼니족과 마이애미족에 대항한 군사 작전을 계획하는 중이었다. 이와 관련해 중요한 문제가 제기되었다. 미국이 이 작전을 영국에 알려야 할까? 그러나 그렇게 할 경우, 미국 국경지대에서 미국을 괴롭히는 원주민들의 동맹국인 영국이 그 정보를 미리 흘릴 수 있다는 위험이 따랐다.

제퍼슨은 워싱턴에게 인디언 전쟁 작전을 비밀에 부쳐야 한다고 말했다. 그러나 대통령도, 국무장관도 알렉산더 해밀턴이 이미 영국 측에 정보를 제공했다는 사실을 알지 못했다. 해밀턴은 조지 벡위드라는 영국 사절에게 정보를 전달했는데, 벡위드는 과거 베네딕트 아널드를 미국 독립운동에서 이탈시키는 데 중요한 역할을 했던 인물이었다.

해밀턴과 벡위드의 관계는 당시 재무장관이자 연방정부 핵심 인사였던 해밀턴의 근본적인 정치적 성향과 행동 방식을 잘 보여준다. 1789년, 해밀턴은 비공식적으로 벡위드에게 다음과 같이 전했다. 워싱턴 정부는 런던과의 관계에 열려 있으니 영국 정부에 그렇게 알려달라는 것이었다. 해밀턴은 벡위드에게 이렇게 말했다. "나는 언제나 귀국과의 관계를, 다른 어떤 나라보다 더 선호해왔습니다. 우리는 영어로 사고하며, 편견과 성향 역시 비슷합니다." 이 말은 미국이 프랑스보다는 영국의 영향권에 들어가야 한다는 그의 분명한 의지를 보여주는 것이었다. 이는 제퍼슨이 지향하는 노선과는 정반대였다.

해밀턴은 벡위드에게 이렇게 덧붙였다. "만약 프랑스와 영국이 전쟁을 벌이게 된다면, 미국의 해군력은 귀국에 매우 중요하고, 결정적인 역할을 할 수도 있습니다. 이는 이 나라의 가장 계몽된 인사들이 공유하는 생각이기도 합니다."

하지만 해밀턴파가 잘 알고 있던 바와 같이, 이러한 견해는 제퍼슨의 생각과 거리가 멀었다. 코네티컷주의 상원 의원 윌리엄 새뮤얼 존슨은 벡위드에게 이렇게 말했다. "제퍼슨 씨는… 지금 우리에게 너무 민주주의적입니다."

친영국 성향의 미국 내 세력은 제퍼슨을 '현실감각 없는 몽상가'로 몰아가려 했다. 뉴저지주 상원 의원 윌리엄 패터슨은 벡위드에게 이렇게 말했다. "제퍼슨 씨는… 물론 어느 정도 교양은 갖춘 인물입니다. 하지만 그가 정부에 갖고 있는 견해는 존 로크, 앨저넌 시드니 등 이론가들의 정교한 사상에서 끌어낸 것이고, 그런 체계는 결코 현실에서 실현될 수 없습니다."

결국, 스페인은 한발 물러섰다. (한편, 인디언 원정 작전은 해밀턴의 정보 유출과는 무관한 이유로 실패했다) 제퍼슨과 당대 정치인들에게 누트카 사건은 중요한 전환점이었다. 그 규모가 전 지구적 갈등으로 비화할 수 있었다는 점, 매우 갑작스럽게 발생했다는 점, 그리고 신생 정부가 출범한 지 1년 남짓한 시기에 벌어졌다는 점 때문에 그 사건은 하나의 정신적 각성으로 작용했다. 이 사건 이후, 제퍼슨과 동시대인들의 인식 속에는 다음과 같은 생각이 깊이 자리 잡았다. '세계는 언제든 위기로 번질 수 있는 위험으로 가득 차 있고, 단 하나의 사건이 전 지구적 재앙을 촉발할 수 있다. 그리고 구세계, 특히 영국, 프랑스, 스페인은 여전히 미국의 평온과 안보를 위협하는 존재다.'

1790년, 미국의 수도는 뉴욕에서 필라델피아로 이전했다. 이는 다음 세기 초까지 새로운 연방 수도인 컬럼비아 특별구가 조성될 때까지의 임시 조치였다. 11월 초, 필라델피아로 가는 길에 제퍼슨과 매디슨은 버넌산에 들러 워싱턴 대통령과 하룻밤을 함께 보냈다. 제퍼슨은 워싱턴의 농장 운영 능력에 깊은 인상을 받았고, 그에게서 선물 받은 밀을 딸 팻시의 남편 토머스 만 랜돌프 주니어에게 보내 몬티셀로에서 재배하도록 했다. 제퍼슨은 사위에게 구체적인 지침도 덧붙였다. "정원에서 가장 기름진 땅이 좋을 것이며, 씨앗은 적절한 간격을 두고 구멍을 따로 파서 심는 것이 좋다."

필라델피아에 도착한 제퍼슨은 하이 거리 274번지, 토머스 리퍼 소유 4층 벽돌 주택을 임대했고, 자신과 워싱턴 대통령을 위해 와인을 주문한 뒤, 본격적으로 당시 정치 시즌의 열기와 분주함에 몰두했다.

제퍼슨은 다른 주제지만 긴밀하게 연관된 세 가지 이슈에서 미국이 특정 외세에 과도하게 의존하지 않으면서도, 존중받고 번영하며 평화로운 나라가 되도록 고군분투했다. 그가 맞닥뜨린 사안은 다음과 같았다. 영국 그리고 프랑스와의 외교 및 통상 관계 설정, 미국 선원 휴 퍼디의 영국 강제 징집 문제, 지중해 해적에 대한 무력 대응에 이르기까지, 제퍼슨은 자유무역, 상호 존중, 정의의 원칙을 지키고자 했다.

그러나 국가 은행 설립과 제퍼슨이 '증류주'라 부른 주류에 부과하는 소비세 문제에서는 해밀턴의 재정 정책이 우위를 점했다.

소비세는 큰 논란 없이 통과되었다. 정부가 부채를 정리하고 각 주의 채무를 인수한 이후, 새로운 재정 의무를 감당하기 위한 세입 확보가 필요했기 때문이다.

하지만 국가 은행 설립안은 연방정부의 권한 범위와 워싱턴 행정부 내 해밀턴과 제퍼슨의 영향력 등 더 깊은 정치적 대결로 번졌다. 해밀턴은 은행 자금을 연방 예금으로 조달하되, 일부는 민간 투자자에게도 혜택이 돌아가도록 운영하고자 했다.

이에 제퍼슨과 매디슨은 강하게 반대했다. 두 사람은 해밀턴의 정책이 정부 자금을 이용한 상업 거래를 통해 금융 투기꾼들이 부당한 이익을 챙길 것이라 우려했다.

워싱턴은 제퍼슨에게 법안의 헌법 적합성에 대한 견해를 직접 물었다. 제퍼슨은 엄격한 해석론을 근거로 답했다. 즉, 헌법에 명시적으로 언급되지 않은 권한은 연방정부가 아닌 각 주에 속한다는 의견이었다. 1791년 2월 제퍼슨은 이렇게 썼다. "헌법이 의회의 권한을 위해 명확히 그어둔 경계를 단 한 발짝이라도 넘는다면, 이제 그 권한은 정의 불가능한 무한한 영역으로 빠져들게 됩니다."

즉흥적이며 민족주의자인 제퍼슨은 이런 문제에 독단적이지 않았다. 그 시점에서 해밀턴의 비전이 우세한 상황에 항의하기 위한 유일한 수단으로 이해될 때, 그리고 해밀턴의 비전이 민주 공화정보다 절대주의를 더 조장할 수 있다고 본 제퍼슨의 해석을 고려할 때만, 그 주장이 제퍼슨의 전체적인 정치철학에서 일관성을 갖는다. 1791년에도 제퍼슨은 자신의 의견에 교조적이지 않았다. 그는 편지를 마무리하며 실용적인 조언을 덧붙였다. "찬반 의견이 대통령님의 판단과 대체로 균형을 이룬다면, 입법부의 지혜에 대한 정당한 존중이 자연스럽게 의원들의 의견 쪽으로 기울 것입니다."

해밀턴은 '헌법이 부여한 권한의 문자 그대로만 따를 경우, 정부의 모든 움직임이 즉시 멈춰버릴 것이다'라고 주장하며, 논리적으로 반박했다. 결국 해밀턴이 이겼지만, 간신히 승리했을 뿐이었다. 워싱턴은 매디슨에게 거부권 행사 메시지 초안을 작성하게 했지만, 그것은 실제로 발송되지 않았고 대통령은 헌법이 허용하는 최대한의 시간을 끌다가 마침내 법안에 서명했다. 그러나 이는 해밀턴에게는 분명한 승리였다.

윌리엄 매클레이는 이렇게 말했다. "의회는 이제부터 집에 돌아가도 좋다. 해밀턴 씨는 모든 권력을 쥐었으며, 시도하는 일마다 성공한다."

그때는 필라델피아에 봄이 찾아온 시기였다.

제퍼슨은 딸 폴리에게 보내는 편지에, 봄꽃이 피어나는 풍경을 이렇게 기록했다.

> 4월 5일. 살구꽃이 만개.
> 벚나무에 잎이 돋기 시작.
> 4월 9일. 복숭아꽃이 피다.
> 사과나무에 잎이 돋기 시작.
> 4월 11일. 벚꽃이 만개.

그러나 그의 마음속에서 해밀턴의 존재는 쉽게 사라지지 않았다. 제퍼슨은 제임스 먼로에게 이렇게 썼다. "만약 우리가 '빚이 많을수록 더 번영한다', '공적 부채는 기업 활동의 기반이 된다' 따위의 원칙을 바로잡지 못한다면, 우리는 망하고 말 것입니다."

그날, 제퍼슨은 또 다른 편지에서 딸 팻시에게 필라델피아의 최신 유행을 이야기했다. "트리스트 부인 말로는, 요즘 이곳에서 새로 유행하기 시작한 베일이 있는데, 꽤 호평받고 있다고 하더구나. 모자챙 위에 고정한 뒤, 목을 둘러 원하는 만큼 조이거나 느슨하게 조절할 수 있단다."

그리고 불과 일주일 후, 제퍼슨은 단 네 문장의 짧은 편지로 새로운 정치적 논란의 불씨를 지폈다. 그 편지는 형식적인 인사말을 포함해 총 네 문장이었고, 내용은 간결했지만, 그의 생애에서 이처럼 큰 파장을 불러일으킨 글은 드물었다. 매디슨은 제퍼슨에게 영국에서 막 출간된 토머스 페인의 《인권의 권리》 사본 1부를 빌려 전달했다. 책자의 소유자인 하원 서기 존 베클리는 제퍼슨에게 그것을 필라델피아 상인 조너선 B. 스미스에게 전달해달라고 부탁했다. 스미스의 형제인 새뮤얼 해리슨 스미스가 이 책을 미국에서 출판할 계획이었기 때문이다. 1791년 4월 26일, 제퍼슨은 책과 함께 짧은 메모를 동봉했다. 그는 3인칭 시점으로, 짧은 의견을 덧붙였다.

"이 책이 미국에서 재출간된다는 소식을 무척 기쁘게 생각하며, 마침내 우리 사회에 퍼지고 있는 정치적 이단들에 대해 공개적으로 반박하는 목소리가 나올 것이라는 점에 안도한다. 시민들이 다시 상식의 깃발 아래 결집할 것이라 확신한다." 여기서 말하는 '상식'은, 물론 1776년에 페인이 쓴 《상식》을 가리킨다.

며칠 뒤, 미국판으로 재출간된 《인권의 권리》를 펼쳐본 제퍼슨은 자신의 메모 내용이 그대로 인쇄되어 포함된 것을 발견했다. 메모의 함의는 분명했다. 제퍼슨은 단순히 페인의 후원자로 비칠 뿐만 아니라, 당시 미국 내부에 '이단적 사상'이 퍼지고 있다고 믿는 인물처럼 보이게 된 것이다. 따라서 국무장관 제퍼슨은 부통령 존 애덤스와 재무장관 알렉산더 해밀턴을 향해 정치적 공격을 선포한 듯한 인상을 주게 되었다.

제퍼슨은 상황이 확대되자, 워싱턴 대통령에게 다음과 같이 해명했다. "제가 언급하고자 했던 것은 페노가 발간하는 신문에 1년 넘게 아무 반론 없이 실려 왔던 '다빌라에 관한 담론'입니다. 그러나 제가 대중 앞에서 직접 반박하려 했던 건 아닙니다." 그는 매디슨에게도 이렇게 설명했다. "그저 너무 건조한 메모가 되지 않도록 약간의 감상을 보탰을 뿐이네."

그러나 제퍼슨은 해밀턴이 이 메모를 빌미로 자신을 향해 '정부에 반대하는 인물'이라는 프레임을 씌우려 한다고 믿었다. 제퍼슨은 강하게 반박하며 매디슨에게 이렇게 말했다. "그 발언은 정부의 적들, 다시 말해 정부를 군주제로 바꾸려는 자들을 겨냥한 것이었네." 또한 그는 해밀턴이 자신을 맹렬하게 공격하고 다닌다는 정황을 포착했다. "해밀턴이 이런 생각을 아무 거리낌 없이 말하고 다니고 있다고 생각할 만한 이유가 있습니다." 제퍼슨이 가장 참기 힘들어했던 것은 자신이 없는 자리에서 음해당하는 일이었다.

초기 미국 공화국의 대립적 전통을 제퍼슨과 해밀턴의 경쟁 구도로 요약하려는 경향에는 분명 일리가 있다. 당시 각 인물을 지지하던 이들에게도, 그리고 그 이후 오랜 세월 동안에도 상대를 단순한 이미지로 풍자하거나 극화하는 방식은 꽤 편리한 수단이었다. 해밀턴은 군주제를 꿈꾸는 교활한 친영국주의자, 제퍼슨은 과도한 민주주의 환상에 도취된 순진한 친프랑스 인물로 묘사되곤 했다. 하지만 이런 도식적인 이해는 불완전하다.

새로운 1790년대가 시작된 초입, 그리고 그 이후 간헐적으로, 제퍼슨은 해밀턴, 워싱턴, 심지어 애덤스와도 의견을 같이한 순간들이 있었다. 그는 단순한 이론가가 아닌, 현실 정치를 살아가는 정치가이자 외교관이었다. 무엇보다도, 효율적인 중앙 정부의 필요성을 믿는 인물이기도 했다. 버지니아 주지사로서의 경험, 연합 규약 시절 경험한 혼란으로 제퍼슨은 국가가 실제로 힘을 발휘할 수 있어야 한다는 점을 깨달았다.

하지만 제퍼슨이 절대 타협하지 않았던 근본적인 신념이 하나 있었다. 바로 1790년부터 죽을 때까지의 그의 정치 인생을 이끈 핵심 신념이었다. 그는 군주제나 독재를 두려워했다. 일반적으로 강력한 연방정부를 두려워하는 것과 다른 문제였지만, 사람들은 흔히 제퍼슨이 두 가지 개념을 같은 것으로 여겼다고 오해하곤 했다. 제퍼슨이 반대파를 지칭할 때 사용한 용어인 '전제주의자Monocrats'는 많은 것을 시사한다. 이 단어는 '한 사람에 의한 통치'를 의미한다.

제퍼슨은 어떤 형태로든 왕정의 부활 가능성을 우려했다. 1787년에 제정된 헌법으로 견제할 수 없는 막강한 권한을 지닌 대통령제든, 좀 더 노골적인 군주제 또는 독재 체제든 모두 경계의 대상이었다. 그렇다고 제퍼슨이 권력 자체를 부정한 인물은 아니었다. 오히려 그는 권력을 어떻게 축적하고, 어떻게 잘 써야 하는가를 고민하는, 정의롭고 균형감 있는 사상가였다. 이상주의에 젖은 순간에는 덕망 있는 자영농들이 조화롭게 살아가는 미국의 미래를 꿈꾸었고, 냉정한 현실감각 속에서는 자신이 설계한 미국이 결국 또 하나의 '소수가 다수를 지배하는 짧은 역사'로 전락할 수도 있다고 우려했다. 그는 매디슨에게 이런 말을 남기기도 했다. "우리는 왕정 체제에서 교육받았소. 그러니 우리 중 몇몇이 아직도 그 우상을 숭배하는 것도 놀라운 일은 아니오."

끊임없는 경계는 필수였다. 제퍼슨은 이렇게 말하기도 했다. "법원은 언제나 국민을 사랑하지. 늑대가 양을 사랑하듯이 말이야." 심지어 존 애덤스조차 이런 걱정에 공감했다. 그는 1787년 10월, 제퍼슨에게 편지를 썼다.

> 만약 앙굴렘 공작이나 부르고뉴 공작, 아니면 특히 프랑스의 왕세자가 당신의 아름답고 사랑스러운 딸 중 한 명과의 결혼을 청한다면, 조지아에서 뉴햄프셔까지 온 미국은 자부심과 허영심이 마치 날개라도 단 듯 기분 좋게 부풀어 올라, 평소 고수하던 모든 현명한 원칙들이 무너져 내릴 것입니다. 심지어 신중하기로 유명한 뉴잉글랜드의 공화주의자들조차, 겉으로는 태연한 척하겠지만, 속으로는 그 일을 두고 감사절이라도 지낼 판이겠지요. 만약 워싱턴 장군에게 딸이 있었다면 아마도 프랑스나 영국의 왕실 중 하나는, 아니 어쩌면 둘 다 앞다투어 청혼을 해왔을 것이고, 아들이 있었다면 유럽 왕실로부터 정중한 초대를 받고 구애를 받았을지도 모릅니다.

애덤스는 미국과 유럽 귀족 가문과의 혼인이 문제를 일으켜, 미국이 구세계의 실수와 나쁜 관습을 되풀이하게 될 것이라고 믿었다. "요컨대, 친애하는 친구여, 당신과 나는 평생을 바쳐 헌신해온 대의가, 다음 세대에는 우리가 지금은 이름조차 모르는 허영과 겉치레에 빠진 이들 때문에 물거품이 될지도 모른다네."

미국 서부에서 위협이 감지되었다. 1789년, 켄터키 출신의 제임스 윌킨슨은 이렇게 썼다. "서부 지역의 정치는 빠르게 위기 국면으로 치닫고 있으며, 곧 스페인이나 영국의 후원을 요청하는 상황으로 이어질 것이다." 한편, 런던의 궁전에서도 긴장이 감돌았다. "궁정에는 미국인을 향한 뿌리 깊은 반감이 자리 잡고 있어서, 전쟁이나 정부 동요 같은 큰 위험 없이 미국을 공격할 기회가 있다면, 군주의 심술을 달래기 위해서라도 영국은 적대 행위를 재개할 겁니다." 미국의 변호사 존 브라운 커팅이 1788년 8월 런던에서 제퍼슨에게 편지를 보냈다.

1793년 6월 나이아가라에서 영국군 장교이자 상부 캐나다 부총독인 존 그레이브스 심코와 나눈 대화를 보고한 미국군 참모 피어스 더피는 심코가 '국민이 예전만큼 워싱턴 장군을 지지하는지, 아니면 영국 정부를 선호할 것으로 생각하는지'를 물었다고 회상했다.

내각, 부통령, 대통령으로서의 제퍼슨을 이해하려면, 그가 국민을 향한 열정과 공화주의에 대한 신념을 가진 인물임을 기억해야 한다. 국내외에서 인간의 권리를 훼손하고, 성직자, 귀족, 군주의 통치를 부활시키려는, 눈에 보이거나 보이지 않는 여러 세력이 움직인다고 믿었다. 존 애덤스와 알렉산더 해밀턴, 영국, 금융 투기자들을 반대하는 이유는 이러한 근본적인 우려에서 비롯되었다.

제퍼슨은 앞뒤 시대의 주요 정치인들처럼, 거대한 비전에 헌신하면서도 상황에 맞게 통치했다. 그는 광범위한 공화주의 신조에 충실했고, 법 아래의 자유를 확고히 지지했으며, 정치적 동료와 국민의 지지를 받았다. 하지만 세부 사안에 대해서는 유연하게 대응했다.

누군가는 이를 위선이라 보았지만, 다른 이는 정치적 기민함이라 평가했다. 정치 지도자에게 핵심적인 전략 신념이 있다면, 전술적 유연성은 미덕일 수 있다. 그리고 제퍼슨은 공화주의를 옹호하면서도 정치적 유연함을 보여줬다. 알렉산더 해밀턴조차 수단을 두고는 날카롭게 대립했지만, 국가에 대한 제퍼슨의 헌신은 인정했다. 그는 1801년에 이렇게 말했다. "제퍼슨의 성격을 제대로 평가한다면, 내 생각에는 급진적 체제보다는 절충적 체제를 기대하는 것이 옳다."

이런 성숙한 성찰은 갈등 초기가 아닌 말기에 이르러서야 나타났다.

제퍼슨이 '독재자Monocrats'라 부른 이들과의 싸움은 흥미로웠다. '독재자들'은 제퍼슨을 필라델피아에 파리식 단두대가 세워져도 개의치 않을 자코뱅이라 여겼다. 두 세력은 무자비한 적이었지만, 때때로 협력했고, 가장 적대적인 순간에도 같은 내각에 있었으며, 같은 식탁에 앉아 긴밀한 미국 정치계를 공유했다. 전쟁은 종종 형제 사이에서 벌어진다. 제퍼슨과 연방당 사이 약 10년의 투쟁이 보여주듯, 가족 내 분열만큼 잔혹하고 혼란스러운 전투는 없다.

1790년과 1791년, 생도밍그섬(현재의 아이티)에서 노예들과 자유인 동맹들이 프랑스 제국의 지배자들에 맞서 반란을 일으켰다. 10년 넘게 이어진 유혈 전쟁 속에서, 프랑스 혁명의 약속에 깊은 영향을 받은 흑인 노예들은 '인권 선언'에 명시된 자유를 쟁취하기 위해 싸웠다.

노예를 소유한 미국인들에게 생도밍그의 반란은 미국에서도 노예들이 대규모로 봉기한다면 어떤 일이 일어날지 알려주는 전조처럼 보였다. 섬에서 수많은 백인이 탈출했고, 제퍼슨도 이들의 도피에 관심을 보였다. 그는 이렇게 썼다. "생도밍그의 난민들은 비록 그들이 귀족일지라도 인간의 동정심과 자선을 크게 불러일으킨다. 인간의 감정 앞에 이처럼 비극적인 장면이 펼쳐진 적은 없었다. … 나는 날이 갈수록 서인도 제도의 모든 섬이 결국 유색 인종의 손에 넘어가게 될 것이고 백인은 곧 완전히 추방당하게 될 것이라고 확신한다." 이 반란을 최선으로 활용하는 방법은, 경고로 받아들이는 것이었다. "우리 아이들, 그리고 어쩌면 우리 자신(포토맥강 남쪽의 사람들)이 반드시 겪게 될 이 유혈의 장면들을 예견하고, 막기 위한 노력을 시작해야 할 때다." 1790년대 내내, 노예를 소유한 미국인들은 생도밍그 섬의 사례가 언젠가 두려워하던 노예 전쟁으로 이어질 수 있으며, 그 과정에서 섬에서 온 난민들이 노골적으로 그 전쟁을 도울 수도 있다고 우려했다. 이러한 불안은 점점 더 커져서, 1802년 영국 외교관 에드워드 손턴은 런던에 이렇게 보고했다. "흑인 지도자들의 성공 소식이 전해질 때마다, 미국 내 흑인들 사이에서 더욱 대담해진 행동이 뒤따르고 있습니다."

세월이 흐르면서, 제퍼슨은 생도밍그가 미국 내 노예들을 위한 피난처가 될 수 있을지 궁금해했다. (그런 일은 일어나지 않았다) 국무장관으로서 생도밍그의 반란을 지켜보던 제퍼슨은, 투생 루베르튀르가 이끄는 흑인들의 승리가 신세계에서 프랑스에게 치명타를 입히고, 결국 파리는 아메리카 대륙 접경 지역에서 야망을 재고하게 될 것이라는 사실을 알지 못했다.

1791년, 워싱턴은 남부 주들을 순회하며 시간을 보냈다. 같은 해 5월 1일, 제퍼슨은 워싱턴에게 이렇게 편지를 썼다. "오늘은 말 그대로 파수꾼이 스스로 깨어 있고, 아무 이상 없음을 알리기 위해 외치는 것처럼 편지를 씁니다. 지난 일주일 동안은 국내, 국외에서 주목할 만한 소식이 거의 없었습니다."

한편, 제퍼슨과 매디슨도 직접 여행을 떠나기로 결심했다. 목적지는 뉴욕주와 뉴잉글랜드 일부 지역으로 연방당의 지지 기반이었고, 정치 정적들의 시선도 그들을 주시하고 있었다. 제퍼슨과 매디슨은 식물학 탐사를 위한 여행이라고 주장했으며, 제퍼슨은 실제로 헤시안 파리를 연구하는 데 관심이 있었다.

이 여행은 과학적인 목적뿐만 아니라 정치적인 목적이었다. 두 사람은 뉴욕시 비크먼 거리에 머물렀고, 짧은 체류 기간에 뉴욕 고등재판소 재판관 로버트 R. 리빙스턴, 에런 버, 작가 필립 프르노를 만났다. 제퍼슨과 매디슨은 프르노를 설득해, 해밀턴을 지지하는 《미국 관보》에 맞설 신문을 창간하려 했다. 프르노는 매디슨이 프린스턴 시절부터 알고 있던 인물로 처음에는 거절했지만 결국 제안을 받아들여, 1791년 10월 31일 《내셔널 관보National Gazette》 첫 호를 발행했다. 프르노는 국무부에서 번역가로 고용되어 급여를 받았고, 실질적으로 국무부의 지원을 받는 언론인이 되었다.

　프르노의 임명은 신생 공화당에게 중요한 전환점이었다. 신문 창간으로 제퍼슨은 사실상 야당 지도자의 역할을 맡았다. 시간이 흐르며 미 하원의 서기관 존 베클리가 연방당과의 투쟁에서 공화당의 가장 효과적인 전략가가 되어, 분산된 국민의 열정을 하나로 묶는 정치적 조직의 핵심 역할을 했다. 제퍼슨은 한때 이렇게 말한 바 있다. "지도자란, 흩어진 국민의 열정을 하나의 통합된 힘과 행동으로 이끌어야 한다." 이것이 바로 대중 정치의 본질이다.

　6월 중순 제퍼슨이 남쪽으로 돌아간 뒤에도 매디슨은 뉴욕에 남았다. 1791년 7월 제퍼슨에게 보낸 편지에서 그는 뉴욕의 분위기를 이렇게 전했다. "여기서는 새로운 이야기가 없어요. 사실 주식 투기 때문에 다른 모든 주제가 묻혔습니다. 커피하우스는 도박꾼들로 늘 북적입니다."

　제퍼슨은 필라델피아에 적응하느라 여전히 분주했다. 쉽지 않은 일이었다. 그의 소지품은 프랑스에서 필라델피아와 몬티셀로로 각각 보내지다 흩어져버렸다. 그는 폴리에게 이렇게 썼다. "전에 몬티셀로에 화장대 2개가 도착했다고 했지? 서랍 안에 상아 체스말 세트 2개가 들어 있었니? 이곳으로 온 짐 꾸러미 어디에서도 찾을 수가 없단다."

　1791년 8월 13일 토요일, 제퍼슨과 해밀턴은 애덤스와 다빌라를 둘러싼 정치적 소용돌이에 관해 사적으로 대화했다. 제퍼슨에 따르면 해밀턴은 영국식 정부 형태가 더 강력할 것이라 믿었으나, '우리가 이 실험을 시작한 이상, 내 기대와 상관없이 공정한 과정을 거쳐야 한다'라고 말했다고 한다.

　제퍼슨의 반대는 정치적인 이유에서였다. 그는 해밀턴의 정책들에 대해 '이 조치들이 추상적으로 옳든 그르든, 여론에 더 귀를 기울여야 한다'라고 말했다. 뉴욕에 있는 리빙스턴에게는 '당신 지역 사람들은 우리 정부의 행보에 대표들이 말하는 만큼 만족하고 있나요?'라고 물었다. 또한 '남부에는 거대한 불만이 쌓여가고 있다. 언제, 어떻게 폭발할지는 신만이 알

것이다'라며 걱정을 표했다.

그는 또한 입법부의 부패 문제도 우려했다. 입법자들이 해밀턴의 증권 및 은행 주식 체계와 재정적으로 얽혀 있다는 것이었다. 제퍼슨은 이런 경제적 연결이 명백한 뇌물은 아니라고 생각했지만, 의회와 재무부 사이에 유해한 협력 분위기를 조성한다고 보았다. 이런 미묘한 형태의 '부패'는 그를 괴롭혔는데, 그는 이것이 해밀턴과 동맹들이 정부의 전반적인 방향을 좌우하는 수단이라 생각했다. 그리고 '통제'는 제퍼슨이 가장 경계하는 것이었다.

25장 투계장에 들어선 두 수탉

"참으로 유감스러운 일이다. 우리가 사방에서 드러난 적들과 교활한 친구들에게 둘러싸여 있는 이때, 내부의 불화가 우리 내부를 갉아먹고 찢고 있다니."

—조지 워싱턴

저녁 식사가 끝난 뒤, 미국 정부의 고위 관리들이 함께 모여 와인을 마시고 있었다. 워싱턴 대통령은 버넌산에 머무르고 있었고, 제퍼슨에게 부통령 애덤스와 내각을 소집해 밀린 업무를 처리해달라고 부탁한 상태였다.

업무는 곧 마무리되었고, 대화는 자연스럽게 보다 일반적인 주제로 흘러갔다. 제퍼슨의 손님들은 모두 인상적인 인물들이었다. 저녁 식사 후 존 애덤스, 알렉산더 해밀턴, 헨리 녹스 전쟁부 장관, 에드먼드 랜돌프 법무부 장관이 국무장관의 관저에서 나눈 담화는 애덤스와 해밀턴 사이의 '의견 충돌'로 주도되었다.

주제는 영국의 정부 체제였다. 어른거리는 촛불을 받으며 애덤스는 이렇게 말했다. "그 결점들과 폐해들만 바로잡는다면, 인간이 고안한 가장 완벽한 헌법이 될 것입니다."

앞서서 유전적 권력이 유지되는 나라를 찬양하는 주장에 제퍼슨은 예상대로 경악했다.

그러자 해밀턴은 애덤스보다 한 걸음 더 나아갔다. 그는 이렇게 말했다. "영국 체제는 구성될 수 있는 가장 완벽한 정부 모델이며, 그 결점들을 바로잡으려 하면 오히려 실현 불가능한 정부가 될 것입니다." 제퍼슨이 듣기에, 해밀턴(그리고 어느 정도는 애덤스도)은 미국식 체제보다 영국식 체제를 더 신뢰하고 선호한다는 느낌이 들었다.

이런 인상은 저녁 식사 중 해밀턴이 던진 한 마디로 더욱 강해졌다. 제퍼슨은 자신의 방 벽에 프랜시스 베이컨, 존 로크, 아이작 뉴턴의 초상화를 걸어두었는데, 모두 계몽주의 시대의 인물들이었다. 해밀턴은 그 그림들을 가리키며 제퍼슨에게 누구냐고 물었다. 제퍼슨은 '세 사람은 내가 생각하는 인류 역사상 가장 위대한 인물들로 나만의 삼위일체'라고 설명했다.

그 말을 곱씹듯 잠시 침묵하던 해밀턴은 이내 입을 열었다.

"역사상 가장 위대한 인물은 율리우스 카이사르입니다."

그날 저녁이 끝나갈 무렵, 제퍼슨은 애덤스와 해밀턴의 차이를 되돌아보았다. "애덤스 씨는 정치가로서도, 인간으로서도 정직한 인물이었다. 해밀턴은 인간으로서 정직했지만, 정치가로서는 글쎄, 인간을 통치하려면 힘이나 부패가 필요하다고 믿고 있었다."

두 사람 모두 워싱턴 대통령 시절 제퍼슨의 정치적 동지는 아니었다. 그들은 제퍼슨이 불편해하고, 불안해하고, 심지어 위험하다고 여긴 성향과 세력을 대표했다.

1792년 2월 28일 화요일 이른 오후, 제퍼슨은 약속에 늦고 말았다. 그는 대통령이 일반인을 접견하는 오후 3시 이전에 워싱턴을 만나려 했으나, 여러 다른 일들 때문에 늦어졌다. 이번 만남은 제퍼슨에게 매우 중요했다.

그는 우편배달부의 주행 속도를 하루 약 80킬로미터에서 약 160킬로미터로, 2배로 늘려 우편 서비스를 개선하자고 주장할 예정이었다.

결국 늦게 도착한 제퍼슨은 서둘러 자신의 제안을 설명했다. 우편 업무는 해밀턴의 재무부가 아니라 자신의 국무부 소속이어야 한다고 주장했다. 그 이유는 '재무부가 이미 너무 강력한 영향력을 갖고 있어 행정부 전체 권한을 삼켜버릴 위험이 있다'라는 것이었다.

제퍼슨은 이것이 개인적 이익을 위한 일이 아니라고 강조했다. 그는 대통령 워싱턴이 재임하는 동안만 공직에 머무를 것이라 말했다. 그의 유일한 목적은 '공공의 이익을 위해 일을 안전한 기반 위에 올려놓는 것'이라고 대통령에게 설명했다.

워싱턴은 대답하기도 전에 오후 접견자를 맞으러 가야 했다. 그는 제퍼슨에게 다음 날 아침 식사 자리에 와 달라고 요청했다.

제퍼슨은 이를 수락했고, 다음 날 아침 두 사람은 우편 문제를 다시 논의했다. 이어 워싱턴은 전날 제퍼슨이 제기했던 더 넓은 주제로 말을 돌렸다. 워싱턴은 4년 후 대통령직을 떠날 계획이라고 밝혔다. 나이 때문이기도 했고("정말로 늙어가는 것을 느낍니다.") 권력을 탐하는 사람처럼 보일까 염려했기 때문이었다. ("만약 더 오래 계속한다면, 직무의 달콤함을 맛본 뒤 그걸 놓지 못하는 사람이라는 말을 들을 수도 있습니다.") 하지만 대통령은 내각 구성원들까지 연이어 물러나는 상황을 걱정하고 있었다. 그는 이렇게 우려를 전했다. "그렇게 되면 국민에게 심각한 충격을 주고, 위험한 결과를 불러올 수도 있다네."

제퍼슨은 신화 속 킨키나투스를 연상시키는 은근한 비유로 사용해 자신의 정치 경력을 시대가 불러낸 우연한 산물로 표현했다. "저는 공직에 들어가고자 하는 열망이 가장 적은 사람이었습니다. 전쟁이라는 위태로운 상황이 세상을 위협했고, 시민 각자의 가능한 봉사가 요구됐기에 버지니아 정부를 맡게 되었지요. 이후에도 두 번이나 외교 임명을 거절했고, 가정 내 상실 때문에 한동안 자리를 비웠다가 새로운 환경이 필요하다는 생각에 프랑스 임무를 수락했습니다."

늦겨울 아침, 워싱턴과 함께한 자리에서 연방주의자들의 영향력에 맞서 싸우는 데 몰두하는 한편 지쳐 있던 제퍼슨은 고귀한 직책을 내려놓지 말라고 은근히 권하는 대통령에게 묵묵히 동지애를 느꼈을지도 모른다.

잠시 두 버지니아 출신 혁명 세대의 인물들은 정상에 서서 걸어온 길을 돌아보며 편안한 시간을 보냈다. 그들이 서로 나눈 야망, 책임, 권력에 관한 이야기는 사실 자신들에게도 들려주던 이야기였다. 그들은 정파를 넘어서 정치적 소란과 거리를 두고 싶어 했다.

따뜻한 분위기 속에서 워싱턴은 자신의 두려움을 제퍼슨에게 털어놓았고, 제퍼슨은 솔직하게 화답했다. 워싱턴은 말했다. "정부는 국민의 전반적 호의로 출범했지만, 최근에는 예상보다 훨씬 심각한 불만 징후가 나타나고 있습니다. 행정에 큰 변화가 생긴다면 그 불만이 어디까지 커질지 알 수 없습니다."

제퍼슨은 이 기회를 놓치지 않고, 솔직하고 자세히 말했다. 불만의 '유일한 원천'은 해밀턴의 재무부라고 단언했다.

제퍼슨은 해밀턴이 '금과 은 대신 지폐를 마구 발행하여 투기를 조장하고, 다른 유용한 산업 부문은 소홀히 하고 있다'라고 비난했다. 그는 워싱턴에게 해밀턴파 입법자들이 '종이돈으로 자기들 주머니를 채우고 있다'라고 확신을 전했다.

그뿐만이 아니었다. 제퍼슨은 이렇게 말했다. "상대파가 지금까지 나온 어떤 제안보다 훨씬 강력한 주장, 정부 권한이 제한되는지 아니면 무제한으로 확장되는지를 결정짓는 중요한 제안을 내놓았고, 많은 사람의 관심이 그 제안에 쏠려 있습니다."

잠시 후 제퍼슨은 자리를 떴다.

제퍼슨의 회고에 따르면, 제퍼슨과 해밀턴은 당시 '매일 같이 내각에서 투계처럼 맞붙고 있었다.' 노련한 정치인이었던 제퍼슨은 해밀턴의 정치적 수완을 인정했고, 마지못해 감탄하기도 했다. 예를 들어, 해밀턴은 당시 공식 영국 공사였던 조지 해먼드와 관계를 신중하게 관리하고 있었다. 제퍼슨은 해밀턴이 해먼드의 속내를 언제나 정확히 알고 있는 것 같다고 느꼈다. 제퍼슨은 말했다. "둘 사이의 긴밀한 소통을 보여주는 증거로 나는 해밀턴이 우리의 모든 입장을 해먼드에게 전달한 대가로 영국 궁정의 입장도 전달받았다고 믿는다."

심지어 워싱턴조차도 제퍼슨에게는 공화주의적 약속을 저버릴 수 있다는 불신의 대상이었다. 한번은 하원이 조약에 명시된 예산을 승인할지 논의하는 자리에서 워싱턴이 참을성을 잃었다. 제퍼슨은 1792년 4월 이렇게 적었다. "워싱턴 대통령은 민주주의자들의 손에 너무 많은 권한이 넘어가는 것을 좋아하지 않는다고 말했다. 만약 하원의원들이 헌법이 요구하는 일을 하지 않는다면, 정부는 종말을 맞게 될 것이고, 그때는 정부가 또 다른 형태를 취해야 할 것이라고 했다."

제퍼슨의 눈에는 군주제의 이미지가 어른거렸다. 자신이 직접 써낸 미국 혁명의 수사들은 이제 그가 보기엔 공화국의 중심이라기보다 왕의 궁정처럼 변해가는 수도의 소란 속에서 점점 희미해지고 있는 듯했다.

1792년이 지나면서 제퍼슨은 공공 부채, 지폐 발행, 소비세, 의회의 부패 의혹 등이 궁극적인 배신으로 이어질 수 있다고 우려했다. 그는 워싱턴에게 이렇게 말했다. "이 모든 상황의 궁극적인 목적은 현재의 공화정 체제를 무너뜨리고, 영국 헌법을 모델로 한 군주제로 전환할 길을 닦는 데 있습니다." 제퍼슨은 해밀턴이 1787년 헌법 제정 당시 군주제에 가까운 체제를 지지했던 사실을 분명히 언급했다. "이런 구상이 헌법제정회의에서 논의된 것은 비밀이 아닙니다. 지지자들이 일부러 숨기지도 않았으니까요. 그때는 실현 불가능했지만, 지금도 그들은 목표를 포기하지 않고 이를 이루기 위해 모든 기반을 다지고 있습니다."

제퍼슨은 의회 의원들 역시 해밀턴의 재정 시스템에 기득권을 갖고 있다고 보았다. 그는 워싱턴에게 말했다. "이 시스템은 결국 장차 왕과 귀족, 평민 등 어떤 계급 구조를 만들든, 그것을 운용하는 자들이 원하는 어떤 형태든 구성할 도구가 될 것입니다." 제퍼슨이 말하는 '군주주의적 연방주의자들'의 목표는 '새 정부를 단지 군주제로 가는 디딤돌로 삼으려는 것'이었다.

제퍼슨은 연방주의자들의 지배에 반발해 남부가 연방을 탈퇴하는 파국적 가능성을 심각하게 염두에 두고 있었다. 그는 '연합이 둘 혹은 그 이상으로 쪼개지는 것보다 더 예측불허한 재앙은 상상하기 어렵다'라고 말하며, 만약 북부의 이해관계가 계속 우위를 점한다면 어떤 사태가 벌어질지 예측하기 어렵다고 덧붙였다.

이때 제퍼슨은 워싱턴의 역할이 매우 중요하다고 믿었다. "연합 전체의 신뢰는 대통령께 집중되어 있습니다. 북부와 남부가 대통령을 중심으로 단결할 수 있을 것입니다."

그리고 몇 년만 더 시간을 주면 상황이 좋아질 수도 있다고 말했다. "앞으로 한두 번의 의회 회기가 이 위기를 결정지을 것입니다. 각하께서 지금까지 인류의 복지를 위해 바친 수많은 세월에 한두 해만 더 보태주시길 간절히 바랍니다."

1792년 6월 7일 목요일, 제퍼슨은 워싱턴의 저녁 식사에 초대받았다. 그 자리에는 존 제이도 함께 있었다. 제퍼슨은 오후 늦게 자신과 제이가 '지혜롭고 정직한 인물을 공공 의사 결정에 이끄는 데 있어 세습과 선거 중 어느 쪽이 나은가'라는 주제로 논쟁했다고 회상했다. 제퍼슨은 민주주의를, 제이는 귀족제를 옹호했다.

워싱턴은 두 사람의 대화를 귀 기울여 들었다. "대통령이 그 대화에 주의를 기울이고 있는 걸 알고 불쾌하지 않았다. 이 논쟁은 내가 편지에서 언급한 상대 당파의 의도를 입증해줄 것이기 때문이다."

제퍼슨은 자신의 두려움을 라파예트에게도 털어놓았다. "주식 투기꾼들과 왕조 옹호자들이 우리 입법부로 너무 많이 들어왔습니다. 아니, 어쩌면 우리 입법부의 너무 많은 사람이 스스로 투기꾼과 왕조 옹호자가 되어버린 것일지도 모르죠."

워싱턴은 군주제 위협에 대해 불안해하는 제퍼슨을 다독였다. 제퍼슨은 1792년 7월 워싱턴이 이렇게 말했다고 기억했다. "그런 바람은 있을 수 있지만, 정부 형태를 군주제로 바꾸려는 명확한 의도는 없다고 나는 믿소." 그러나 제퍼슨의 불안이 완전히 해소될 만한 확신은 아니었다.

1792년 8월, 워싱턴은 제퍼슨과 해밀턴의 분열을 재차 걱정하며, 제퍼슨에게 이렇게 편지를 썼다.

이토록 불행하고 안타까운 일이 또 어디 있겠는가. 우리는 사방으로부터 공공연한 적들과 교활한 친구들에게 둘러싸여 있는데, 내부의 불화가 우리 조직의 심장을 갉아먹고, 찢고 있으니 말일세. 이렇게 나뉜 채 각자가 정책을 결정한 뒤에도 한 사람은 이쪽으로, 또 다른 사람은 저쪽으로 끌어당긴다면, 정책의 실용성을 제대로 시험해보기도 전에 전체 체계가 산산이 찢기고 말 것이야. 그렇게 되면 인류에게 한 번도 제시된 적 없었던 가장 아름답고도 희망찬 번영의 전망이 아마도 영원히 사라지고 말 것이네.

이 편지에 담긴 암묵적인 비판에 제퍼슨은 감정적으로 반응했다. 그는 길고 열정적인 답장을 통해 본인의 입장을 강하게 피력했다. 이때 외교적인 어조를 유지하긴 했지만 평소보다 훨씬 더 공격적인 태도를 보였다. 제퍼슨은 지적받는 것을 무엇보다 싫어했다. 이번에도 단호하고 강경하게 자신을 방어했다. "제가 개인적인 대화 속에서 재무장관의 체계에 전적으로 반대해왔다는 점을 인정하고, 공개적으로 밝힙니다. 그리고 이것은 단순한 이론적 견해 차이 때문이 아니었습니다."

제퍼슨은 여기서 워싱턴에게 정면으로 이의를 제기하고 있었다. 대통령이 '의견 차이는 실천을 통해 해결되어야 한다'라고 주장했지만, 제퍼슨은 그렇지 않다고 반박하고 있었다. 그와 해밀턴 사이에는 더 깊고 본질적인 갈등이 있다는 것이었다. 제퍼슨은 이렇게 말했다. "해밀턴의 체계는 자유에 반하는 원칙에서 출발했으며, 입법부 구성원들을 대상으로 자신이 총괄하는 재무부의 영향력을 행사하며 공화국을 약화하고 파괴하려는 목적을 지녔습니다."

내각 내 갈등은 이제 단순한 이념 차원을 넘어서 거의 서사시적인 전쟁 양상으로 번지고 있었다. 제퍼슨은 자신을 충직한 공복이자 희생자로, 해밀턴을 야망에 사로잡힌 권력자로 묘사했다. 그는 이렇게 주장했다. "해밀턴은 자신의 권한만으로 프랑스 및 영국 외교관들과 회담을 주도했고, 모든 협의 자리에서 항상 그들 중 한 사람과 나눴다는 대화를 자신에게 유리하게 해석해 조작된 보고서를 내놓았습니다."

마지막으로 제퍼슨은 정계를 떠난 이후에도 필요하다면 공개적으로 목소리를 낼 것임을 워싱턴에게 분명히 했다. "제가 은퇴한 이후에도, 필요하다면 신문 논쟁에 참여할 권리를 보유할 것입니다. 저는 은퇴 후의 삶이, 이 나라로부터 빵을 얻고, 숱한 영예를 누리고 결국 이 나라의 자유를 위협하는 음모의 역사로 얼룩진 자라는 중상모략으로 더럽혀지도록 두지 않을 것입니다."

1792년 10월 1일 이른 아침, 제퍼슨은 대통령과 포토맥강 근처의 버넌산에서 다시 독대했다. 워싱턴은 여전히 제퍼슨이 정부에 남아주기를 바라고 있었다. 제퍼슨은 훗날 이렇게 회상했다. "대통령께서는 내 의견이 행정부 내에서 견제 장치로 작용하는 것이 중요하다고 보셨습니다. 그렇게 함으로써 모든 사안이 적절한 경로 안에서 유지되고, 도를 넘는 일을 방지할 수 있다는 계산이었겠죠."

그러나 그날 두 사람은 군주제의 위협을 둘러싸고 또다시 의견이 엇갈렸다. 워싱턴은 이렇게 말했다. "군주제를 고려하는 생각을 품고 있지만, 주목할 만한 의견을 가진 인물은 미국 내에 열 명도 되지 않는다고 생각하오." 그러자 제퍼슨은 반박했다. "대통령께서 생각하시는 것보다 훨씬 더 많은 이들이 있습니다. 민중은 건전하지만, 분명 군주제를 염두에 두는 집단이 존재합니다. 재무장관도 그들 중 한 사람입니다. 저는 그가 이런 말을 하는 것을 직접 들은 적이 있습니다. '이 헌법은 한심할 정도로 애매모호하고 물에 우유 탄 듯 미약한 것이며, 지속 불가능하다. 다만 더 나은 체제로 나아가기 위한 '중간 단계'로서 가치가 있을 뿐이다'라고 말하더군요." 이야기는 곧 아침 식사가 시작되며 중단되었다.

워싱턴은 내각 내 핵심 인물들 사이의 충돌을 현실적이고 이성적인 관점에서 바라보았다. 그는 1792년 10월 18일 목요일, 제퍼슨에게 보낸 편지에서 이렇게 적었다. "솔직하고 진지하게 말씀드리자면, 나는 당신과 해밀턴 두 사람 모두의 견해가 순수하며, 선의에서 비롯된 것이라 믿습니다. 그리고 이 분쟁의 대상이 되는 정책들이 실제로 유익한지는 결국 경험만이 판단해줄 수 있을 것입니다." 국가 전체를 조망하는 대통령의 위치에서 워싱턴은 이 복잡한 논쟁을 균형 잡힌 시각에서 풀어가려 했다.

워싱턴은 이렇게 덧붙였다. "그렇다면 왜, 미국의 가장 훌륭한 시민들, 통찰력 있고, 오랜 시간 애국심을 증명해온 인물들이, 각자의 순수한 사고방식에 따라 이 논쟁적 사안들에 대해 서로 다른 의견을 고수하는 지금, 당신과 해밀턴 두 사람은 왜 조금의 여지도 없이 자신들의 입장만을 고수하려 드는 것입니까?"

제퍼슨과 해밀턴 사이의 갈등을 조율하는 한편, 워싱턴은 펜실베이니아 서부 지역에서 증류주에 부과된 소비세에 반대하는 반란 가능성에 촉각을 곤두세우고 있었다. 워싱턴은 제퍼슨에게 이렇게 말했다. "이 지역에서의 반발은 이제 너무 노골적이고, 폭력적이며, 심각한 수준에 이르렀소. 정부가 이런 위협을 더 이상 모른 척한다면, 권위는 무너지고, 행정부는 폭력 사태에 무관심했다는 비난을 피할 수 없을 것이오." 워싱턴은 특히 증류주에 부과된 세금에 대한 저항을 심각하게 받아들였고, 이에 해밀턴은 강경한 어조의 대통령 포고문 초안을 직접 작성했다. 하지만 워싱턴은 제퍼슨도 이 문제에 참여시키는 것이 중요하다고 보았고, 결국 국무장관의 서명을 포고문에 받아냈다. 비록 행정부 내부는 심각한 분열 상태였지만, 워싱턴은 겉으로나마 통합된 정부의 모습을 유지하려 했다.

제퍼슨이 군주제의 위협을 다소 과장했을 수는 있지만, 완전히 터무니없는 상상은 아니었다. 1792년 8월, 워싱턴이 소비세 포고문을 추진하던 시기, 캐나다 상부Upper Canada의 부총독 존 그레이브스 심코는 이렇게 썼다. "만약 미 의회가 브라운슈바이크 왕가의 왕자를 미래의 대통령 혹은 국왕으로 채택한다면, 영국과 미국 양국의 행복은 서로 얽히고 통합될 것이며, 모든 질투는 사라지고, 아마도 두 독립국 사이에서 형성될 수 있는 가장 견고한 애정이 굳게 다져질 것입니다." 그리고 이렇게 덧붙였다. "이는 영국이 주목할 만한 사안이며, 미국 내에서도 가장 온건하다고 평가되는 인물들 다수가 실제로 고려하고 있는 일입니다. 이 일이 일단 체계적으로 추진되기 시작한다면, 다양한 사건들이 이를 더욱 빠르게 현실로 만들 것입니다." 제퍼슨의 지지자들 또한 그의 두려움을 부추겼다. 한 인사는 어느 날 저녁 식사 자리에서 해밀턴이 이렇게 말했다고 한다. "군주제 이외의 어떠한 정부에도 안정도, 안보도 보장하지 않는다."

한편 해밀턴에게는 또 다른 위기가 닥쳐오고 있었다. 1792년 말, 해밀턴이 유부녀인 마리아 레이놀즈와 불륜관계를 맺었다는 사실이 폭로되었다. 그녀의 남편 제임스 레이놀즈는 해밀턴의 유혹에 공모했으며 해밀턴 자신의 표현에 따르면, 그 유혹은 그리 어려운 일이 아니었다. 이 부부는 해밀턴을 협박했고, 이 사건은 곧 금전적 비리 의혹까지 덧붙여져 퍼지기 시작했다. 결국 의회 대표단이 직접 조사에 착수했고, 해밀턴은 간통 혐의는 인정되었지만, 재정 부정행위는 없었다는 판단을 받았다.

1793년 초, 버지니아 출신 하원의원 윌리엄 브랜치 자일스는 해밀턴이 사생활 외의 문제에 대해 해명하도록 압박하기 위한 결의안들을 제출했다. 자일스는 해밀턴의 재무 운용 방침에 대한 구체적인 해명을 원했다.

연방주의자들은 이 결의안들을 제퍼슨을 비롯한 버지니아 공화파가 주도한 정치적 공격으로 간주했다. 결의안은 정치적으로 뜨거운 쟁점이 되었지만, 짧은 시간 내에 사그라들었다. 제퍼슨이 작성한 것으로 추정되는 한 초안은 다음과 같은 극적인 문장으로 끝맺고 있었다. "재무장관은 자신의 직무 수행에 있어 명백한 부정을 저질렀으며, 미합중국 대통령은 의회의 의견에 따라 그를 해임해야 한다." 하지만 자일스가 하원에 최종 제출한 결의안에는 해밀턴의 해임 요구가 포함되지 않았고, 그보다 완화된 표현의 결의안들조차 통과되지 못했다.

제퍼슨은 그에 대한 좌절감을 공개적으로 드러내지는 않았지만, 사적으로는 분명히 불만을 표시했다. 1793년 3월, 그는 자일스의 결의안에 대해 이렇게 적었다. "자일스와 몇몇 의원들은 이 결의안들이 너무나 명백하여, 하원이 이를 부결할 수는 없을 것이라고 순진하게 믿고 있었다." 하지만 제퍼슨처럼 하원을 더 잘 아는 사람들에게는 이 결과가 전혀 놀랍지 않았다. 그는 당시 하원이 다음과 같은 사람들로 구성되어 냉소적으로 묘사했다. "1. 은행 이사들, 2. 은행 주식 보유자들, 3. 주식 투기꾼들, 4. 맹목적인 신봉자들, 5. 결의안을 이해하지 못한 무지한 자들, 6. 결의안을 이해하고 동의는 했지만, 검토하기 귀찮거나 비판을 입에 올리기를 꺼린 게으르고 태평한 자들. 하원은 이런 자들로 이뤄져 있다."

비록 입법에서는 패배했지만, 제퍼슨은 이 사건이 공화주의 진영에 유리하게 작용할 수도 있다고 생각했다. 그는 말했다. "국민은 이번 일을 통해 자신들이 처한 위험의 정도를 알게 될 것이다." 적어도 그렇게 희망했다.

결국, 워싱턴은 대통령 재선에 동의했고 제퍼슨도 당분간은 내각에 남기로 결심했다. 언론의 집중 공격을 받던 제퍼슨은 자신이 마치 몰려나듯 물러났다고 사람들이 오해하는 것을 견딜 수 없었다. 그의 자존심은 그런 이미지를 절대 용납하지 않았다. 제퍼슨은 이렇게 말했다. "물을 어지럽힌 자들이 물러나기 전까지는 나는 내 자리를 지킬 것이다. 그들이 그 물을 잠잠하게 놔둘 때, 나는 항구로 들어가겠다."

1792년 가을, 프랑스에서의 폭력 사태는 점점 더 격화되었고, 1793년 9월에는 프랑스 혁명 세력이 자신들의 적으로 간주한 이들을 학살하겠다는 취지로 '공포정치'를 공식 선언하면서 상황은 역사적 전환점을 맞았다. 끝없이 이어지는 유혈사태는 미국 내 친영국 세력에게 새로운 정치적 동력을 제공했다.

프랑스 혁명에 대한 지지는 한때 미국 정치의 통합 요소였다. 존 마셜은 회상했다. "우리 모두 프랑스에 깊은 애착을 지녔으며, 저보다 더 강하게 느낀 사람을 보지 못했습니다. 저는 인간의 자유가 프랑스 혁명의 성공에 크게 달려 있다고 진심으로 믿었습니다." 일부 연방주의자들은 처음부터 우려를 표했지만, 당시에는 대체로 프랑스의 자유 투쟁이 미국 혁명의 연장선으로 여겨졌다. 하지만 1792년 가을 이후, 프랑스 혁명이 잔혹해지면서 미국 내 여론은 분열되기 시작했다. 특히 극단주의자들이 폭동과 숙청을 조장하고 라파예트를 국외로 몰아낸 데 이어, 1793년 1월 루이 16세를 단두대에 세우자 그 분열은 더욱 뚜렷해졌다.

제퍼슨의 반응은 복합적이었다. 단두대에서 친구들을 잃었고, 고국에서 쫓겨난 라파예트는 오스트리아와 프로이센에 붙잡혀 5년간 억류되었다. 그럼에도 제퍼슨은 이 혼란을 단순한 정치적 폭력이 아니라, 그 시대를 관통하는 공화주의와 절대주의의 대결이라는 더 큰 틀 속에서 이해하려 했다. 1793년 1월 3일 목요일, 그는 윌리엄 쇼트에게 이렇게 썼다.

> 이 싸움에서 수많은 죄인이 재판도 없이 희생되었고, 그들과 함께 몇몇 무고한 이들도 쓰러졌습니다. 저는 이들을 누구 못지않게 애도하며, 죽는 날까지 그 슬픔을 간직할 것입니다. 그들이 전쟁터에서 죽었다면 그랬을 것처럼 애통해합니다. 전 세계의 자유가 이 싸움의 결과에 달려 있었는데, 이렇게 적은 무고한 피로 그런 대가를 치른 적이 있었던가요? 저 또한 이 대의에 희생된 몇몇 순교자들로 깊은 상처를 받았지만, 만약 이 대의가 실패할 바에야 차라리 지구 절반이 황폐해지는 것을 택하겠습니다. 모든 나라에 아담과 이브 한 쌍만 남아 자유를 누리는 편이 지금보다 낫겠습니다. 제가 이렇게 제 생각을 털어놓는 것은, 이 의견이 우리 시민 100명 중 99명의 생각과 다르지 않기 때문입니다.

이 격렬한 표현은 프랑스가 여전히 미국 정치에서 차지하고 있는 상징적 위치를 반영한 것이기도 하다. 제퍼슨에게 프랑스 혁명의 지지는 공화주의자이자 자유의 친구임을 의미했고, 반대하거나 의구심을 품는 것은 군주주의자이자 자유의 배신자로 여겨졌다.

이는 당시 정치 분위기에 대한 과장된 해석은 아니었다. 1793년 1월 29일 화요일에도, 보스턴의 친프랑스 단체는 혁명 지지 집회를 계획하면서 다음과 같이 발표했다. "자유와 평등을 위한 우리의 동맹국 프랑스가 현재 벌이고 있는 영광스러운 투쟁의 성공을 축하하고자 하는 많은 시민이 소한 마리와 적절한 술을 준비하기로 합의했다."

1793년 2월, 워싱턴은 제퍼슨에게 새로운 제안을 건넸다. 1~2년 정도 파리로 돌아가 미국의 이익을 대표하는 역할을 하지 않겠냐는 요청이었다. 그러나 제퍼슨은 거절했다.

워싱턴은 다소 날카로운 어조로 응수했다. 그는 제퍼슨이 자신에게는 공직에 계속 남아달라 요구했으면서, 이제는 정작 자신은 같은 요청을 받아들이지 않는다고 지적했다.

제퍼슨은 약간의 아첨과 겸손을 섞되, 단호한 태도로 반박했다. "제 경우는 전혀 다릅니다. 각하는 미국 전역의 신뢰를 받는 유일한 분이시며, 그만큼 중요한 분은 없습니다. 따라서 각하의 봉사는 무엇보다도 중요합니다. 하지만 저는 자리를 떠나도 아무도 눈치채지 못할 것이고, 저를 대신할 만한 인물은 얼마든지 있습니다. 그렇기에 저는 자유롭다고 느낍니다."

물러나면서도 워싱턴은 침착하게 제퍼슨에게 '어떤 조처를 해야 할지 신중하게 생각해보라'고 요청했다. 그렇게 이 문제는 일단락되었다.

제퍼슨은 가장 인기 있고 영향력 있는 인물 워싱턴의 뜻을 거스르면서도, 본인의 입장을 관철했다. 그는 워싱턴을 높이 평가하면서도, 당시의 정세를 고려할 때 자신은 프랑스보다는 미국에서 더 크게 기여할 수 있다고 현실적인 이유를 내세웠다.

조지 워싱턴에게 반기를 드는 일은 절대 쉽지 않았지만, 제퍼슨은 아첨 없이 정중하고 실용적으로 의지를 표현해 워싱턴이 반격할 수 없도록 만들었다. 이 일화는 정치가로서 제퍼슨의 성격을 잘 보여준다. 허풍이나 과장이 없고, 부드러운 말투지만 자신의 의지를 확고히 관철하는 사람이었다.

26장 폭풍 같은 임기의 끝

> "당신의 상황을 안타깝게 생각하지만, 견디셔야 합니다. 사적인 사정이든 공적인 의무든, 모두가 몬티셀로에서 평온한 안식을 바라는 당신의 갈망을 다시 희생하기를 요구하고 있습니다."
>
> —제임스 매디슨이 토머스 제퍼슨에게

그 농장의 이름은 '비자르Bizarre'였다. 토머스 제퍼슨의 먼 친척 되는 리처드 랜돌프가 소유한 이 저택은 버지니아 커벌랜드 카운티의 아포매턱스 강가에 자리 잡고 있었고, 1792년부터 1793년까지 벌어진 잔혹하고 불쾌한 사건으로 심각한 추측과 스캔들의 중심지가 되었다. 이 일은 제퍼슨의 겉으로 드러나는 평정심마저 시험할 정도로 충격적이었다.

결혼하지 않은 앤 캐리 랜돌프는 토머스 만 랜돌프 주니어의 여동생이자, 제퍼슨의 딸 팻시의 시누이었다. 형부인 리처드 랜돌프가 앤을 임신시킨 것으로 보인다. 앤(낸시라는 애칭으로 불렸다)은 언니 부부와 함께 이웃 농장을 방문하던 중 아이를 낳았으며(혹은 유산했을 수도 있다), 아기는 죽은 채 바깥으로 옮겨졌다. 그러나 시신은 끝내 발견되지 않았다. 사건은 지나치게 기이하고 충격적이어서, 소문은 순식간에 퍼져 나갔고 결국 재판까지 이어졌다. 리처드 랜돌프는 존 마셜과 패트릭 헨리를 포함한 저명한 변호사들의 변호를 받았다.

버지니아에서 벌어진 이 폭력적인 사건을 보고 제퍼슨은 수도에서는 좀처럼 찾아볼 수 없는 조화의 가치를 다시금 되새겼다. 그는 곤경에 처한 친척 낸시에게 연민과 너그러움을 보이라며 딸 팻시에게 이렇게 썼다. "누군가에게 가장 절실한 순간, 본성에서 우러나오는 연민을 저버리지 마라. 다른 사람을 구하려 손을 내미는 걸 두려워하지 마라. 그로 인해 네가 흔들릴 걱정할 필요는 없다." 제퍼슨은 예의와 공감의 미덕을 믿었고, 이러한 미덕이 가장 불편하고 어렵게 느껴질 때야말로 가장 필요하다는 것을 잘 알고 있었다. 필라델피아에서 매 순간, 그런 조화의 가치를 시험받고 있었다.

워싱턴의 두 번째 취임식이 다가올 무렵, 미국이라는 국가 실험은 여전히 임시적인 느낌을 지우기 어려웠다. 대통령 취임식 절차를 논의하는 소규모 회의 중, 헨리 녹스는 불안한 감정을 참지 못하고 격하게 감정을 터뜨렸다. 제퍼슨은 이렇게 썼다. 회의 도중 녹스는 의전 절차를 고집하며 몹시 흥분해 이렇게 말했다. "지금의 정부 체제를 완전히 새로 바꾸지 않으면 10년도 채 못 가 산산조각이 날 것입니다. 지금 상태라면 구리 동전 한 닢의 가치도 없어요. 이 체제를 지탱하고 있는 건 성문 헌법이 아니라 대통령의 인격입니다."

또한, 뉴욕 출신의 로버트 R. 리빙스턴은 1792년에서 1793년 사이에 벌어진 정치적 공격 속에서 제퍼슨이 사임하지 않기를 바란다며 편지를 썼지만, 보내지는 않았다. 제퍼슨이 기억하기에 그는 이렇게 말했다. "외형상이라도 군대에서 내몰리는 듯한 인상을 주어선 안 됩니다. 더구나 첫 번째 공석이 생기면 바로 지휘관 자리를 맡게 될 가능성이 충분히 있는데 말입니다." 리빙스턴은 제퍼슨이 당시 워싱턴 내각에서 맡고 있던 역할을 '적의 진지에서 맡고 있는 자리'라고 표현하기도 했다.

해밀턴과 제퍼슨의 싸움은 끝날 줄 몰랐다. 1792년 9월, 해밀턴은 《미국 관보》에 이런 글을 실었다. "제퍼슨 씨는 조용하고, 겸손하며, 은둔하는 철학자이자 소박하고 단순하며, 야망 없는 공화주의자로 알려져 있습니다. 하지만 이제 그는 음모를 꾸미는 선동가, 야심 많고 소란스러운 경쟁자로 봐야 할 것입니다."

같은 해 말, 제퍼슨은 필라델피아 시내를 떠나 스쿨킬 강가의 집으로 이사했다. 그는 고향 소식에 목말라 있었다. 그는 가족에게 이렇게 썼다. "몬티셀로에 관한 일이라면 뭐든 다 써 보내주게. 그곳 일이라면 나는 뭐든지 관심 있으니. 어린 밤나무들은 잘 자라고 있나? 텃밭은 어떤가? 과일의 꽃은 잘 피었는지?"

몬티셀로를 떠올리면, 워싱턴, 애덤스, 해밀턴과 자주 엇박자가 났던 정치 생활의 긴장감에서 벗어나 위안을 얻을 수 있었다. 예를 들어 아주 사소한 일이긴 하나, 제퍼슨은 워싱턴 명의로 보내는 외교 서한의 초안을 작성하면서 '우리 공화국our republic'이라는 표현을 사용했다. '귀하의 전권 공사는 우리 공화국으로'와 같은 식이었다.

제퍼슨에 따르면, 워싱턴은 그에게 이렇게 말했다고 한다. "우리 정부는 확실히 공화정이긴 하지만, 우리는 아직 '우리 공화국' 같은 그런 식의 표현을 사용하진 않았소. 누군가 이 체제를 군주제로 바꾸고자 한다면, 분명 그건 극소수일 것이고, 미국에서 그 누구보다도 내가 가장 앞장서 반대할 것이오. 하지만 내가 정말 두려워하는 건 그게 아니오. 내 걱정은 다른 데 있지. 바로 무정부 상태가 들어설 위험이오."

워싱턴은 이 시기 전반적으로 기분이 좋지 않았다. 제퍼슨은 이렇게 회고했다. "녹스는 대통령의 심기를 건드리려는 듯 몇 가지 사소한 이야기를 들려줬지요. 이를테면, 킹 씨가 어떤 여성에게 들은 이야기라며, 그 여성이 한 신사에게 들은 말이 있었는데, 그 신사가 대통령을 '그들 중 누구 못지 않은 폭군'이라 부르며, '곧 그를 도시에서 쫓아낼 때가 올 것'이라고 말했다는 겁니다."

제퍼슨은 해밀턴파 인사들이 공화당의 이름을 빌려 워싱턴을 비난하는 글들을 과도하게 써서, 일부러 오해하게 만들고 있다고 의심했다. 대통령이 공화당을 적이라고 믿게 만들고, 워싱턴 대통령을 완전히 군주주의자 쪽으로 기울게 만들려는 의도였다.

워싱턴은 제퍼슨과 이야기를 나누다가 불쾌하게 여기던 프레노의 신문 기사 내용을 언급했다. 제퍼슨은 이렇게 기록했다. "대통령은 분명히 기분이 상해 있었고 격앙된 상태였다. 그는 프레노에게 어떤 식으로든 압박을 가하기를 바란 듯했다. 아마도 그를 내 부서의 번역관 자리에서 해임하라는 뜻이었을 것이다. 하지만 나는 그렇게 하지 않을 것이다. 프레노의 신문은 군주제로 질주하던 우리 헌법을 구해낸 것이다."

제퍼슨은 단호하게 버텼다. 의지의 싸움에서 그는 늘 그랬듯 국무장관으로서 한 치도 물러서지 않았다.

1793년 상반기, 구대륙의 전쟁은 다시금 미국 사회의 우려와 관심을 불러일으켰다. 루이 16세가 처형된 지 11일 뒤인 2월 1일, 프랑스 공화국은 영국에 전쟁을 선포했다. 조지 워싱턴 대통령은 즉각 미국의 중립을 선언하겠다는 확고한 결심을 밝혔다. 그러나 토머스 제퍼슨은 그 초안이 해밀턴의 관점을 반영하고 있으며, 영국에 편향된 내용이라고 비판했다.

중립 선언은 공화당 내에서도 행정부 권한의 남용 여부에 대한 논쟁을 촉발했다. 제임스 매디슨은 제퍼슨에게 편지를 보내 이렇게 지적했다. "전쟁과 평화에 관한 미국의 입장을 선언할 권한이 과연 헌법 어디에 행정부에 부여되어 있는가, 라는 의문이 제기되었습니다. 전쟁과 평화의 결정권은 본질적으로 입법부에 귀속되는 것이 원칙입니다."

워싱턴 대통령의 행보가 지나치게 군주적이라는 의문도 제기되었다.

제임스 먼로는 이 중립 선언이 '위헌적이며 부적절하다'라고 주장했다.

워싱턴은 이러한 비판에 민감하게 반응했다. 11월 열린 내각 회의에서 그는 과거 어떤 문서 초안에 '중립'이라는 단어를 사용한 바 있으며, 그 당시 누구도 이 용어에 반대하지 않았다고 강조했다. 그러나 저녁 식사 후에도 워싱턴은 기분이 좋지 않았던 듯하다. 제퍼슨은 다음과 같이 회상했다. "그날 질문과 답변이 어느 때보다 빠르고 격렬하게 오갔습니다. 내가 본 대통령의 언행 중 가장 감정적이고 격한 순간이었지요."

워싱턴은 통치 과정에서 반복되는 갈등과 논쟁에 지쳐 있었다. 1793년 11월, 내각 회의에서 대통령이 군사학교 설립을 제안할지 논의되었지만, 워싱턴은 반대했다. "좋은 일이긴 하지만, 분쟁과 불쾌감을 불러일으킬 수 있는 일은 피하고 싶소."

불편한 분위기와 긴장 상태는 프랑스 특사인 에드몽 샤를 주네의 방문 소식으로 더욱 고조되었다. 해밀턴은 주네를 공식적으로 맞이하거나 환영해야 할 필요성에 의문을 제기했고, 이에 제퍼슨은 '의심과 혼란이 오래도록 이어지는 복잡한 논의'가 이어졌다고 표현했다.

제퍼슨은 민중의 열렬한 환영이 프랑스를 향한 광범위한 지지를 보여주기를 기대했지만, 주네의 방문은 외교적 참사로 이어졌다. 그는 워싱턴을 노골적으로 모욕했고, 전반적으로 무례하고 불쾌한 언행으로 일관했다. 그러나 이는 단순한 성격의 문제가 아니었다. 주네는 워싱턴의 중립 선언을 무시한 채 사적으로 사략선을 조직하며 조약을 위반했다. 제퍼슨은 주네를 이렇게 평가했다. "성급하고 상상력만 풍부하며 판단력은 부족하고, 열정적이되 무례하고 품위조차 없소. 구두와 문서로 대통령에게 보낸 모든 표현에서 그 태도가 경솔하고 무례했습니다. 덕분에 내 입장이 매우 곤란해졌습니다." 주네는 심지어 제퍼슨에게, 영국과 스페인의 식민지에서 반란을 조장할 계획까지 털어놓았다. 제퍼슨은, 주네가 '국무장관 제퍼슨'이 아닌 '개인 제프'에게 한 말이었다며 이를 외부에 공개하지 않았다.

결국 해밀턴의 강력한 권고에 따라, 내각은 1793년 8월 프랑스 정부에 주네의 소환 요청을 결정했다. 제퍼슨은 이 결과를 회피할 수 없는 일이었다고 받아들였다. 이번 싸움은 해밀턴의 승리였다. 그는 매디슨에게 다음과 같이 편지를 보냈다. "공화당 세력이 주네를 버리지 않는다면, 그는 공화주의의 명분을 침몰시킬 것이오."

매디슨은 제퍼슨이 행정부 내에서 점차 인내심을 잃어가고 있음을 감지했지만, 그럼에도 자리를 지키라고 조언했다. 그러나 제퍼슨은 더 이상 오래된 친구의 충고에 따를 수 없었다. 1793년 6월, 그는 단호하게 썼다. "내 동포들에게 바칠 봉사는 이미 충분히, 그리고 성실히 마쳤소." 혁명과 전쟁, 그리고 위태로운 평화 속에서 25년을 공직에 몸담은 제퍼슨은 완전히 지쳐 있었다. "이제 내 혈관 속 피의 흐름조차 세상의 소란과 박자를 맞추지 않는다."

그리고 마치 울분을 토하듯, 그동안 자신을 괴롭혀 온 피로와 무력감을 털어놓았다. "아침부터 밤까지, 하루하루 계속되는 일에 지칠 대로 지쳤소. 그 일들이 다른 누구에게도 도움이 되지 않으며, 내게는 고통일 뿐이오. 나는 홀로, 공공의 자유와 번영을 체계적으로 훼손하려는 무리와 끝없는 싸움을 벌이고 있소. 내가 사랑하는 전부를 내던지고, 내가 혐오하는 것과 맞바꾸고 있소. 이 순간에도, 미래에 대한 희망도 없이 말이오."

싸움은 끝날 기미가 없었고, 승리는 점점 멀어져갔다. 제임스 먼로 역시 걱정을 덧붙였다. "우리를 갈기갈기 찢고 있는 저 악의적인 군주주의 파벌이, 미국을 파괴하고 있습니다."

이 무렵 제퍼슨은 알렉산더 해밀턴과 연방당의 루퍼스 킹, 윌리엄 스미스가 제퍼슨 세력이 정권을 잡게 될 경우를 대비해, 영국에 망명처를 마련해두었다는 소문을 들었다. 소식통은 이렇게 전했다. "그들이 직접 망명처를 확보했는지는 모르겠지만, 어쨌든 누군가 그들에게 보장해줬다고 합니다. 그래서 그들은 감히 정부 체제를 뒤엎으려는 책략을 계속하고 있고, 만일 실패하게 되면, 베네딕트 아널드처럼 영국에서 연금이나 보호를 받으며 물러날 수 있다고 확신하고 있다는 겁니다.”

이런 분위기 속에서, 연방당이 장악하던 뉴욕에서도 민심의 균열이 감지되었다. 노동자와 중산층, 그리고 다수의 이민자 세력이 주도한 ‘민주공화당 협회Democratic-Republican Societies’가 조직되었고, 빠르게 인기를 끌었다. 이들은 공화주의의 가치를 내세우며 귀족 정치의 위협을 경고하는 수사로 주목을 받았다. 이러한 흐름은 조지 워싱턴의 분노를 자극했다. 어느 날 내각 회의 중, 헨리 녹스가 대통령을 향한 민중의 비난을 암시하자, 워싱턴은 끝내 감정을 억누르지 못하고 폭발했다. 제퍼슨은 그 장면을 이렇게 회상했다. “대통령은 심하게 격노했고, 스스로 감정을 제어하지 못하는 상태였소. 그는 세상 누구도 자신이 정부에서 해온 일 중 단 하나라도 순수한 동기에서 벗어난 행위를 입증할 수 없다고 단언했소. 그리고 신께 맹세하듯 말했소. ‘차라리 지금 이 자리보다 무덤 속에 있는 게 낫다. 세상의 황제가 된다 해도, 내 농장에서 평범하게 사는 삶보다 좋을 수는 없다.’ 그럼에도 사람들은 자신이 왕이 되려 한다고 몰아세우고 있었소.”

그 순간 회의는 사실상 종료된 것이나 다름없었다.

제퍼슨은 이제 물러나고 싶었다. 더 큰 싸움에서 승산이 있는지를 가늠해보기 위해, 일시적이지만 전략적인 후퇴가 필요하다고 느꼈다. 하지만 조지 워싱턴 대통령은 그의 사임을 원하지 않았다. 결국 8월, 워싱턴은 스쿨킬 강가에 있는 제퍼슨의 집에 직접 찾아왔다.

대통령 역시 마음이 편치 않았다. 해밀턴 역시 사임 의사를 비쳤고, 워싱턴은 자신의 통제력이 약해지고 있다고 느꼈다. 워싱턴은 제퍼슨에게 다음 의회 회기 종료 때까지만이라도 자리를 지켜줄 수 있겠느냐고 물었지만, 제퍼슨은 정중히 거절했다. 그는 이렇게 말했다. “이곳에서의 제 처지는 특히 불편합니다. 사회적 예의라는 이름으로 늘 마주하게 되는 사람들은, 하나같이 제게 적의를 품고 있습니다. 부유한 귀족 계층, 영국과 밀접하게 연결된 상인들, 새로이 형성된 종이 자산 계층까지….”

워싱턴은 이렇게 답했다. “우리가 현재 상태로 이 헌법을 유지할 수 있다면, 그것은 참으로 훌륭한 헌법이오. 물론, 이를 군주제 형태로 바꾸려는 세력이 있다는 이야기는 들었소만 내 양심을 걸고 말할 수 있는 건, 그 누구보다도 그런 변화에 강하게 반대하는 사람이 바로 나라는 사실이오.”

제퍼슨은 진중하게 답했다. “미국에서 이성적인 사람이라면 누구도 대통령께서 군주제 성향이었다고 의심하지는 않습니다. 다만 문제는, 거의 매주 빠짐없이 군주제 성향의 세력으로부터 이런 말이 흘러나온다는 겁니다. ‘이 나라는 제대로 된 정부를 갖고 있지 않다. 우유에 물 탄 것처럼 무기력하다. 이 체제를 무너뜨리고, 더 강력한 정부를 세워야 한다’라는 식이죠.”

제퍼슨은 이 자리에서, 임시 국무장관을 임명한 뒤 그 인물을 재무부로 이동시키는 방안을 제안하기도 했다. 그러나 워싱턴은 탐탁지 않은 듯 반응했다. “사람이 일단 높은 자리에 오르면, 그보다 낮은 자리로 내려가려는 법이 없지요.”

1793년 늦여름, 필라델피아에 황열병이 퍼지기 시작했다. 제퍼슨은 이렇게 전했다. “이제 시내 대부분 지역에 퍼졌고, 전염성도 상당합니다. 처음엔 네 명 중 세 명이 사망했는데, 지금은 세 명 중 한 명 정도입니다. 두통과 메스꺼움으로 시작해 약간의 오한, 열, 흑색 구토와 설사를 겪고, 이틀에서 여드레 사이에 사망합니다.” 한 구직자는 이 끔찍한 상황 속에서도 기회를 찾으려 시도했다. 그는 이렇게 썼다. “최근 발발한 이 끔찍한 병으로 모든 계층과 직업군에서 많은 시민이 쓰러진 상황을 안타깝게 지켜보며, 공직 내에 일부 공석이 생겼을 수도 있겠다는 생각이 듭니다. 이에 감히 제 역량을 그 자리에 바치고자 합니다.”

한편 제퍼슨은 해밀턴에 대해 여전히 냉소적이었다. 그는 매디슨에게 이렇게 썼다. "해밀턴이 열병에 걸렸다고 하더군. 이틀 전 밤, 그의 집에 의사 두 명이 다녀갔다고 들었네. 가족들은 그가 위중하다고 생각하고, 본인도 과도하게 겁을 먹어 오히려 더 위험한 상태로 만드는 것 같소. 물에서도 겁이 많고, 말도 제대로 못 타며, 병이 나도 이처럼 겁을 먹는 사람이 전장에서는 용맹했다고 하니, 만약 그게 사실이라면 참 이상한 일이지."

제퍼슨 역시 도시를 떠나고 싶은 마음이 굴뚝같았지만, 공포에 휩싸인 듯한 모습은 보이고 싶지 않았다. "솔직히 말해, 이곳을 떠나고 싶소. 실제로 위험하다고 생각하니까. 하지만, 마치 공황에 빠진 사람처럼 보이는 건 싫소."

1793년 12월 31일, 제퍼슨은 워싱턴에게 공식적으로 사직서를 제출했고, 대통령은 이듬해 1794년 1월 1일 이를 수락했다.

워싱턴은 제퍼슨의 사임을 '진심으로 유감스럽다'라고 밝혔다. 그리고 두 사람이 중요하게 여겨온 '평판'의 관점에서 제퍼슨의 재임 기간을 높이 평가했다. "당신이 자리를 떠나기 전에, 꼭 말하고 싶었소. 당신의 정직성과 재능을 높이 평가해왔고, 내 생각은 오랜 경험으로 더욱 확고해졌지. 두 자질 모두 직무 수행 중에 유감없이 발휘되었소."

워싱턴은 진심 어린 축복으로 작별을 고했다. "당신이 은퇴한 이후에도, 진심으로 행복하길 기도하겠소." 필라델피아를 떠날 준비를 하며, 제퍼슨은 친구들과 지인들에게 다음과 같이 알렸다. "앞으로 저에게 편지나 물건을 보내실 일이 있다면, 가장 가까운 항구인 리치먼드로 보내주십시오."

제퍼슨이 은퇴 후 얼마 동안 은둔 생활을 할지는 꽤 많은 추측을 낳았다. 그가 영원히 정치에서 손을 뗄 것이라고 믿는 사람은 거의 없었다. 소식을 들은 한 혁명전쟁의 영웅은 제퍼슨의 은퇴가 오래가지 않을 것이라 내다봤다. 호레이쇼 게이츠는 뉴욕 로즈힐에서 제퍼슨에게 다음과 같이 편지를 보냈다. "당신은 지금 영광스럽게 공직에서 물러나고 있습니다. 하지만 대중의 감사가 언젠가 당신을 그 은둔지에서 다시 끌어낼지도 모르니, 다른 위인들처럼 약속을 깨야 하는 유혹에 빠지지 않으려면 성급한 맹세는 하지 마십시오." 존 애덤스는 한층 날카로웠다. 정치라는 식물이 그늘에서 얼마나 잘 자라는지, 참 놀라울 따름이라고 말이다. 그와 제퍼슨의 우정은 거의 20년이 넘었지만, 시대의 극심한 당파 싸움과 독설 속에서 무너져 버렸다. 1794년 1월 6일 월요일, 애덤스는 아내 아비가일에게 이렇게 썼다. "제퍼슨이 어제 떠났소. 말하자면, 나쁜 물건이 치워져서 속이 다 시원하군. 그에게 재능이 있다는 건 알고, 정직하다고 믿고는 있지만, 지금 그의 정신은 열정과 편견, 당파성에 완전히 중독돼 있소."

제퍼슨은 마치 자신의 은퇴가 영구적인 것처럼 말했다. 1794년 2월 3일 월요일, 그는 호레이쇼 게이츠에게 이렇게 답했다. "개인적인 일로 다른 곳에 갈 일은 전혀 없고, 정치적 이유로 떠나는 일도 없을 겁니다. 정치란 건 이론으로도, 실천으로도 한 번도 좋아한 적이 없습니다." 그는 이어서, 과거 정치에 발을 들이게 된 경위에 대해 이렇게 설명했다. "저는 본래 좋아하던 학문에서 양심의 부름을 받고, 조국의 정치적 위기와 당신도 깊이 관여하셨던 역사적 사건들 때문에 그 길로 들어서게 되었습니다." (라틴어 표현 'quorum pars magna fuisti'은 로마의 시인 베르길리우스의 《아이네이스》에서 인용된 표현으로, '그 사건들 속에서 당신도 큰 역할을 했지요'라는 의미이다.)

그리고 익숙한 항해 비유로 자신의 은퇴를 묘사하며 덧붙였다. "그런 폭풍 속에서는 모두 갑판 위로 올라야 했습니다. 하지만 이제는 고요함이 찾아왔고, 저는 기쁜 마음으로 바다를 사랑하는 이들에게 배를 맡깁니다. 저는 그저 육지에서 살아가는 사람일 뿐이고, 우연한 계기로 물 위에 나갔다가 이제 본래 자리로 돌아오는 기쁨을 누리고 있습니다. 그 여정에서 기억하고 싶은 건 오직 우정뿐입니다."

그러나 세상에서 자기 역할을 '자연의 이치'로 설명하는 사람이라면,

그 이치가 다시 요동칠 때, 다시금 세상으로 나설 수밖에 없다는 사실도
인정해야 한다. 폭풍은 언제나 돌아오기 마련이니까.

제7부

야당의 지도자

1793년에서 1800년까지

"인간 정신의 자유와 언론의 자유를 지키기 위해서 모든 이가
순교를 각오해야 한다. 우리가 원하는 대로 생각하고, 생각한
바를 말할 수 있는 한, 인류는 끊임없이 발전할 것이다."
—애덤스 행정부 시절 토머스 제퍼슨, 스스로가
'마녀의 통치reign of witches'라 부른 시대에

27장 몬티셀로에서 때를 기다리며

"나는 아침 일찍 식사하고 말에 올라 저녁 늦게까지, 그리고 종
종 해 질 때까지 말 위에서 지냅니다."

―토머스 제퍼슨

"몽테뉴가 이렇게 말했다지요. '무지란 인간이 머리를 기대 쉴 수 있
는 가장 부드러운 베개다.'" 1794년 2월, 제퍼슨은 몬티셀로에서 한 친구에
게 이렇게 썼다. "적어도 정치에 있어서는 그 말이 진실이라는 확신이 들었
기에, 그와 관련된 모든 일에서 스스로 멀어지려 하오." 필라델피아에서 집
으로 돌아온 지 몇 주 만에, 제퍼슨은 수도에서 벌어지는 정치가 대다수의
미국인에게 얼마나 먼일처럼 느껴지는지를 실감하게 된다. 그는 제임스 매
디슨에게 말했다. "필라델피아에 있을 때는, 거기서 벌어지는 일들이 이렇
게까지 잘 알려지지 않을 수 있다고 도무지 상상할 수 없었소. 이곳의 상
황만 보더라도… 국민은 정부를 지지하거나 반대할 수 있는 조건조차 갖추
지 못했고, 결과적으로 영향력을 행사할 수 있는 상태도 아니라오."

제퍼슨이 워싱턴 행정부에서 사임한 뒤부터 1796년 대선에서 존 애덤

스를 상대로 대통령 후보로 나서기까지 몬티셀로에 머문 시간은 약 2년에 불과했다. 그러나 이 시기는 제퍼슨다운 면모를 가장 잘 보여주는 시기이기도 했다. 그는 정치의 전면에 나서지는 않았지만, 조용히 멀리서 영향력을 행사하는 방식으로 공화당의 희망으로 남아 있었다. 당시 영국, 필라델피아, 펜실베이니아 서부, 그리고 전국의 민주공화당 협회들에서 벌어진 일들은 연방당을 더욱 전제적인, 군주주의에 가까운 세력으로 보이게 만들었다. 제퍼슨은 영웅이란 종종 멀리서 불려오는 법이라는 사실을 잘 알고 있었다. 결국 조지 워싱턴 자신도, 그리 오래되지 않은 과거에 그렇게 소환된 인물이 아니었던가. 미국인들은 한때 은퇴한 키 큰 버지니아인을 구원자로 불러냈었고, 이번에도 또다시 그럴지도 몰랐다.

1794년 4월, 여전히 부통령으로 재직 중이던 존 애덤스는 몬티셀로에 책 한 권과 함께 친근한 인사 편지를 보냈다. "봄의 아름다운 시작을 축하하며 편지를 보내오. 당신처럼 정치의 소란과 전쟁의 소문이 들리지 않는 농장에서 그 봄을 만끽할 수 있다면 얼마나 좋을까요." 제퍼슨은 감사를 표하며 이렇게 답장을 썼다. "이전에는 하루에 열 통, 열두 통씩 편지를 쓰는 업무가 당연했었지만, 이젠 농부처럼 비 오는 날까지 편지를 미루고, 그마저도 다른 일에 밀려 다시 미루기 일쑤입니다." 하지만 외교 정책 문제는 도저히 참지 못했다. "우리 국민은 대영제국의 모욕으로 신음하고 있습니다. 우리의 신념과 명예를 지키면서도 평화를 유지할 수 있는 어떤 방법이 나타나기를 바랍니다. 나는 전쟁이 어떤 것인지 이미 충분히 보았습니다. 그래서 다시는 그런 광경을 보고 싶지 않다는 것이 솔직한 심정입니다."

이는 흥미로운 지적이었다. 뉴욕과 필라델피아에 머무는 동안 제퍼슨은 혁명의 군사적 측면을 거의 언급하지 않았다. 그러나 알버말 카운티에 돌아온 뒤로, 영국군이 남긴 공포의 장면들과 약탈의 기억에 여전히 사로잡혀 있었을 것이다. 전쟁의 참혹함을 다시금 마주하자, 그는 외교 전선에서 분주히 뛰던 시절에 보지 못했던 새로운 시각으로 사태를 바라보게 되었다. 아널드, 콘월리스, 탈턴은 그의 기억 속에서 지워지지 않고 남아 있었다.

애덤스 또한 전쟁의 가능성을 혐오하며, 영국과의 평화를 바라는 제퍼슨의 염원에 공감을 보였다. 편지를 마치며 그는 이렇게 덧붙였다. "저 또한 당신처럼 '로마의 연기, 부, 그리고 소란Fumum et Opes Strepitumque Romae'에서 빨리 벗어나고 싶습니다."

두 사람이 바랐던 평화를 위협하는 가장 최근의 사태는 프랑스령 서인도제도와의 무역에 종사하던 미국 선박들을 상대로 영국 해군이 자행한 일련의 공격에서 비롯되었다. 영국과 프랑스가 전쟁에 돌입하자, 런던 정부는 비밀리에 국왕 칙령을 내렸고, 이는 본질적으로 프랑스에 큰 이익을 안겨주던 서인도제도발 무역을 차단하려는 조치였다. 게다가 미국 선박들이 대부분 서인도제도발 무역을 맡고 있었다. 이 밖에도, 미국인들은 영국의 불공정한 통상 정책, 지중해에서 바르바리 국가들의 해적들을 부추기는 행태, 국경지대에서 적대적인 인디언 부족들을 지원하는 일 등에도 우려를 품고 있었다. "그들의 왕국을 뿌리째 흔들 보복 조치를 반드시 취해야 한다." 한 공화당 신문은 강하게 주장했다.

전쟁을 촉구하는 압력에 맞서며, 조지 워싱턴은 존 제이를 런던으로 파견했다. 연합 의회 외교 담당 비서관을 지낸 그는 국가 최초의 연방대법원장이 되어 있었고, 이번 외교 임무는 제퍼슨이 '우리의 신념과 권리를 지키면서도 전쟁이라는 사태를 피할 수 있다면, 그 국면에서 벗어날 수 있기를' 바라며 지켜보던 일이었다. 그러나 순탄치 않을 임무였다. 1794년 4월, 제퍼슨은 먼로에게 이렇게 전했다. "이 지방에서 전쟁을 외치는 기세는 한층 거세졌습니다."

산꼭대기 몬티셀로에서, 제퍼슨은 가능한 한 자급자족하는 세상을 만들고자 했다. 1790년대 중반에 그는 집의 상당 부분을 허물고 더욱 웅장하게 짓겠다는 결정을 내렸다. 그리하여 초대 몬티셀로는 후세에 익숙한 몬티셀로로 모습을 바꾸었다. 저택은 끊임없는 건축과 수리 작업에 시달리고 있었다. "지금 우리는 벽돌 가마 속에서 살고 있네. 지금 내 집은 그보다 나을 게 없으니 말일세." 제퍼슨은 첫 집을 짓던 시절 조지 위스에게 이렇게 썼고, 그리고 수년이 지난 지금, 모든 일이 다시 시작되었다.

그가 원하던 집은 1809년, 대통령직에서 물러난 뒤에야 완성되었지만, 공사 중일 때만큼 제퍼슨이 행복해 보인 적은 드물었다. "그는 계획을 실현하는 데 시간이 오래 걸린다." 한 방문객이 말했다. 그러나 그리 통찰력 있는 평가는 아니었다. 제퍼슨은 1768년부터 이 산에서 작업을 시작해 40년 넘게 계속하고 있었기 때문이다. 제퍼슨 자신도 이렇게 인정했다. "건축은 나의 기쁨이며, 짓고 허무는 작업은 내가 가장 좋아하는 오락입니다."

몬티셀로의 건축이 수년에 걸쳐 진행되는 동안, 본채의 남동쪽 가장자리를 따라 뻗은 멀베리 로우는 필요에 맞게 확장되었다. 몬티셀로 역사학자들에 따르면, 제퍼슨은 새로운 노예 거주지, 훈연실, 낙농장, 대장간, 목공소, 세탁실, 톱질 구덩이 등을 추가했고, 1794년 4월에는 새로운 제조업도 시작했다. 바로 못 제조 공장이었는데, 그곳에서 노예 소년들이 하루에 1만 개에 달하는 못을 생산했다.

1796년에 몬티셀로를 방문한 한 프랑스인은 제퍼슨이 거대한 영지를 지휘하며 세세한 일까지 꿰뚫고 있는 모습에 깊은 인상을 받았다. "근처에 작은 마을 2개가 있지만, 어떤 도움도 기대할 수 없기에, 모든 물품은 그의 농장에서 자급자족한다. 그의 흑인 노예들은 가구장이, 목수, 석공, 벽돌공, 대장장이 등의 역할을 맡고 있다." 방문객은 이렇게 기록했다. "아이들은 못 공장에서 일했고, 젊은 흑인 여자 노예들과 나이 든 여자 노예들 모두가 나머지 사람들의 옷을 짓기 위해 실을 잣고 있었다." 1809년에 마무리된 대대적인 개조는 본채의 규모를 거의 두 배로 확장했고, 1770년대 초에 처음 구상했던 2개의 기역(ㄱ)자형 테라스는 아래층의 작업 공간과 생활 공간을 대부분 시야에서 가려주었다. 이곳으로 유제품 저장고, 훈연실, 세탁실이 옮겨졌고, 그 옆으로 부엌, 얼음 저장고, 저장실, 마차 보관소, 그리고 몇 채의 노예 숙소가 자리 잡았다.

집을 짓고 농장을 가꾸는 동안 때때로 류머티즘과 싸워야 했다. 그 고통은 제퍼슨이 '끊임없는 고문'이라 부를 만큼 심했다. 그럼에도 그는 가족과 함께하는 삶에서 기쁨을 찾았다. 1795년 초, 딸 팻시의 아들인 손자 토머스 제퍼슨 랜돌프를 이렇게 기록했다. "제퍼슨은 매우 건강하네. 손은 늘 얼음덩이처럼 차가운데, 따뜻하게 하려 하지도 않지. 이번 겨울 동안 신발을 한 시간도 신지 않았네. 신겨주면 금세 벗어버리지. 한 짝은 도토리 같은 걸 담는 데 써버리니 말일세. 이틀 전 우리는 제퍼슨과 앤에게 모카신을 신겼네. 부드러운 가죽으로 잘 맞게 만들어 끈으로 묶어주었더니, 이번에는 차마 벗어버리지 못하더군."

그는 총과 말을 사랑했고, 사냥과 낚시를 즐겼다. 그가 탄 말들은 대개 고귀한 이름을 지녔는데, 제퍼슨의 말이라고 처음으로 알려진 말 앨리크로커부터 구스타부스, 쿠쿨린, 더 제너럴, 앨프리드, 캐랙터커스, 에텔린다, 실버테일, 오라 무어, 페기 와핑턴, 잰가, 폴리 피첨, 그리고 마차를 끌던 말 로물루스와 레무스까지 다양했다. 그 밖에도 롤리, 타퀸, 캐스터, 디오메데, 브레모, 웰링턴, 테쿰세, 피스메이커, 그리고 제퍼슨이 1820년에 매입한 마지막 말, 더 이글도 있었다.

그는 집에서도, 여행지에서도 낚시를 즐겼다. 리배나강의 '옛 댐 아래'라 불리는 장소를 특히 좋아했고, 필라델피아에 머무를 때는 스쿨킬강에서 나들이를 즐겼으며, 1791년 제임스 매디슨과 함께 북부로 여행할 당시에는 애디론댁 산맥의 조지 호수에서 하루를 보내는 기쁨을 누렸다. "점박이 송어, 연어 송어, 농어, 그 밖의 물고기들이 풍성하여, 우리가 즐긴 다른 오락들에 물고기를 낚는 즐거움까지 더해졌단다." 제퍼슨은 팻시에게 이렇게 편지를 보내기도 했다.

제퍼슨은 조지 호수에서의 기쁨만큼이나 샹플랭 호수에서는 실망을 느꼈다. 샹플랭을 '훨씬 덜 유쾌한 물줄기'라 묘사하며, 이렇게 적었다. "혼탁하고, 거칠며, 사냥감도 거의 없다." 낚시에서든 인생에서든 싫어하던 것들이었다.

그는 총기를 가까이 두었고, 외출할 때면 무장을 하고 다녔다. 한번은 오렌지 법원 근처의 여관에 머물렀다가 상자에 총을 보관한 채로 잠가놓고 떠난 적이 있어 그 총을 찾기 위해 여관 주인에게 편지를 써야 했다. 제퍼슨에게 사냥은 최고의 운동이었다. 그는 종종 사냥을 권했지만, 가장 큰 위안이자 일상 활동은 말타기였다. 노예였던 아이작 그레인저 제퍼슨은 이렇게 회상했다. "주인님은 다람쥐랑 뇌조를 사냥하셨지요. 앉아 있는 뇌조는 쏘지 않으셨어요." 제퍼슨은 공정한 사냥꾼이었기에, 뇌조나 토끼를 쏘기 전엔 반드시 '몰이했다.' 또한 몬티셀로의 사슴 사육장 근처에서 사냥하려는 이들을 쫓아내곤 했다.

제퍼슨의 총기 수집품에는 '두 발 연속 사격이 가능한 쌍총'과 '50센티미터 길이의 총신을 가진 터키제 권총 세트'도 포함되어 있었다. 이렇게 말하기도 했다. "이 권총은 너무 정밀하게 만들어져서, 27미터 먼 거리에서도 다람쥐를 놓친 적이 없었네." 총기를 대하는 그 시대 미국인의 일반적인 태도와 다르지 않았다. 1822년, 그는 이렇게 적었다. "네발짐승의 침입으로부터 농장을 지키고, 두발짐승의 침략으로부터 조국을 지키고자 하는 모든 미국인은 총을 다룰 줄 알아야 하네." 그러고는 덧붙였다. "나는 총을 다루는 남성적인 운동, 그리고 건강한 운동을 진심으로 지지하는 편이네."

제임스 매디슨이 주도한 서신 교류 덕분에, 제퍼슨은 고립된 생활 속에서도 정치 및 외교 정세를 꾸준히 파악할 수 있었다. 연방주의자들과 공화주의자들 사이의 적대감은 언제나 반복되는 주제였다. 해밀턴 밑에서 재무부 차관보로 일했던 경제학자 텐치 콕스는 필라델피아에서 이렇게 썼다. "사람들 간의 감정싸움이 사회적 모임의 즐거움을 소모하거나, 아예 그러한 자리를 피하게 만드는 일들이 사석이나 식탁 위에서 벌어지고 있습니다." 그다음 주, 제임스 먼로는 다양한 정쟁을 자세히 전해왔다. 그 내용은 제퍼슨의 통상 보고서에 관련된 결의안 논쟁, 앨버트 갤러틴(펜실베이니아 출신 공화주의자)이 상원 의원 당선 시 미국 시민 자격 9년을 채우지 않았다는 이유로 제명당한 일, 의회가 구버너 모리스의 외교 서신 열람을 요구한 일, 인디언 조약 문제, 그리고 무엇보다도, 에드몽 샤를 주네의 참담한 외교사절 실패 이야기였다. 제퍼슨은 상대적으로 고립된 삶을 살고 있었지만, 세상 돌아가는 일의 세세한 소식은 끊이지 않았다.

1794년 3월, 매사추세츠 출신 연방주의자 하원의원 시어도어 세지윅은 1만 5천 명 규모의 신군대를 창설하고, 대통령에게 해상 교통을 통제할 수 있는 비상 권한을 부여하는 법안을 발의하였다. 먼로가 제퍼슨에게 전한 바에 따르면, '침공에 대비한 우리의 방비를 마련해야 한다는 생각에 기초한 것이며, 최근 대영국 관계의 불편한 흐름을 고려할 때 충분히 발생할 수 있는 상황이라는 주장'이었다. 공화주의자들 또한 대영국 문제에 대해 깊이 우려하고 있었지만, 동시에 연방주의자들의 계획을 의심하고 있었다. 군대 창설이 단지 첫걸음일 뿐이며, 애초에는 국방을 명분으로 창설된 군대가, 국가적 위기 상황에서 오히려 헌법을 침해하는 도구가 될 수 있다는 우려였다. 일반적으로 공화국은 군사 독재로 무너졌고, 군사 독재자는 군대 없이는 존재할 수 없었기 때문이었다. 먼로는 제퍼슨에게 이렇게 썼다. "이처럼 비범한 변화에는 반드시 중대한 목적이 따르기 마련입니다. 특정 지역에서만 군사를 징집하는 것도 아니고, 평시에는 일종의 민병대처럼 여겨질 수 있다고 하나, 실상 모든 면에서 정규군과 다를 바 없을 겁니다. 신설될 이 군대는 신시내티 기사단Order of the Cincinnati의 지휘하에 놓이게 될 예정입니다."

공화주의자들은 기회가 닿는 대로 반격했다. 귀화 법안의 일환으로, 윌리엄 브랜치 자일스는 새로운 미국 시민에게 자국에서 지녔던 세습 작위를 공식적으로 포기하도록 요구하는 조항을 제안했다. 제퍼슨 지지자들은 이로써 유럽 귀족 출신 이민자들이 미국에서 구세계 기풍을 재현하는 일을 막을 수 있기를 바랐다. 이에 맞서, 매사추세츠 출신 연방주의자 의원 새뮤얼 덱스터는 노예를 소유한 이민자들에게 인적 재산을 공개하게 하자고 맞불을 놓았다. 덱스터는 이렇게 응수했다. "당신네는 우리를 귀족이라며 대중 앞에 세우고 싶어 하오. 그렇다면 나는 보복으로, 당신네를 같은 대중 앞에 노예 상인으로 세우겠소." 자일스의 수정안은 통과되었고, 덱스터의 제안은 부결되었다. 이 두 사람의 충돌은 당시 미국 정치를 형성한 감정적 쟁점들을 선명하게 드러냈다. 세습 권력을 두려워하는 공화주의자들과 노예를 소유한 계급의 정치적 영향력을 불안해하는 연방주의자들.

연방주의자들에게 권력이 점점 집중되는 상황은 제퍼슨과 그의 동지들에게 줄곧 깊은 불안을 안겨주었다. 1794년 늦가을, 의회가 다시 열리자 조지 워싱턴 대통령의 국정 연설을 들으러 모인 의원들은 그 자리에서 서부 지역의 위스키 반란을 보는 대통령의 입장을 파악했고, 이어 민주공화당 협회들을 향해 가차 없는 비난을 퍼부었다.

서부에서 일어난 위스키 반란은 해밀턴의 주류세에 분노한 농민들의 반발에서 비롯되었다. 잇따른 사건들이 겹겹이 쌓인 끝에, 연방 세무관 존 네빌 장군의 저택인 바워 힐이 공격받았고, 시위대 지도자 제임스 맥팔레인은 총에 맞아 사망했다. 이에 정부는 알렉산더 해밀턴과 '기민한 기병 장군' 해리 리Light-Horse Harry Lee가 이끄는 대규모 병력을 조직해 서부 펜실베이니아로 파견했고, 워싱턴 대통령 자신도 한동안 직접 말을 타고 병력을 이끌었다. 반란은 곧 진압되었지만, 워싱턴은 이 사건을 민주공화당 협회들의 정치적 선동과 연결 지어 보았다. 1794년, 그는 위스키 반란과 협회들을 전부 강하게 비난했다.

그해 12월 중순, 제퍼슨은 윌리엄 브랜치 자일스에게 담담한 어조로 이렇게 썼다. "시민들이 자유롭게 모여 의견을 나누고, 이를 신문에 발표하는 일마저 제약하려는 시도가 이렇게 이른 시점에, 무려 한 세기나 앞서 우리에게 닥칠 줄은 예상하지 못했습니다."

행정부가 펜실베이니아 반란을 진압할 뿐만 아니라 평화로운 집회의 자유를 제한하려 한다고 본 제퍼슨은 매디슨에게 분명히 말했다. "민주당 단체들에 대한 비난은 우리가 독재Monocrats 무리에게서 수없이 많이 보아 온 대담한 행위 중 하나지요." 그렇다면, 위스키 반란이란 실제로 무엇이었나? 제퍼슨에게는 주목할 가치도 없는 일이었다. 그는 1794년 12월 매디슨에게 이렇게 편지를 보냈다. "분리 독립을 논의하기 위한 모임이 있었으나 논의하는 것 자체가 찬성을 의미하지는 않으며, 더군다나 그것이 실제 행동으로 이어졌다는 뜻도 아니지요."

제퍼슨은 민주주의가 본질적으로 감수해야 할 대가 중 하나가 바로 이런 극적인 사건이라는 사실을 잘 알고 있었다.

제퍼슨은 집에 있을 때도 철저한 통제 욕구를 드러냈다. 특히 말에 관한 사항이라면 매우 꼼꼼하고 까다로웠다. 젊었을 때는 말을 받을 때마다 흰색 캄브릭 손수건으로 말의 어깨를 닦았다. 먼지가 조금이라도 묻어 있으면 말을 다시 마구간으로 돌려보냈다. 완벽한 상태만이 허용되었다.

말은 제퍼슨에게 큰 기쁨의 원천이었지만, 자기 의지가 강한 동물은 좋아하지 않았다. 평정심을 유지하는 그조차도, 말 앞에서는 때때로 감정을 억누르지 못했다. 한 손자는 이렇게 말했다. "할아버지가 유일하게 성급함을 보일 때는 오직 말과 관련될 때였으며, 말이 조금이라도 반항하는 듯 보이면 두려움 없이 채찍을 휘둘러 뜻대로 길들였다."

제퍼슨 가문에는 제퍼슨이 크게 분노한 일화 두 가지가 전해 내려온다. 두 경우 모두 누군가 그에게 반박했을 때 벌어진 일이었다. 첫 번째 사건은 제퍼슨이 심부름을 시키려고 마차용 말을 데려오라고 노예에게 명령했으나, 그 말을 돌보던 노예 주피터가 두 차례나 거부했을 때였다. 분노한 제퍼슨은 이렇게 명령했다. "주피터에게 즉시 내게 오라고 전하라." 가족들에 전해진 이야기로는, 주피터에 대한 질책은 평범한 꾸중을 훨씬 넘었으며, 제퍼슨의 말투와 표정은 주피터는 물론 두려움에 질린 주변 사람들까지도 잊지 못할 만큼 강렬했다고 한다. 제퍼슨의 명령은 도전받거나, 의심받아서는 안 되었다. 절대.

가문의 역사에 남은 제퍼슨의 분노 두 번째 사건은 강을 건너던 중에 벌어졌다. 제퍼슨과 딸 팻시를 태운 배에서 두 명의 뱃사공이 서로 언성을 높이기 시작했다. 얼마 안 가 평화로운 순간이 깨졌고, 두 사람은 곧 폭력적으로 변할 기세였다. 이야기에 따르면, 제퍼슨은 '눈을 번뜩이며' 노를 집어 들었고, 싸움 소리보다 더 큰 목소리로 노를 머리 위로 휘두르며 단호하게 명령했다. "목숨을 걸고 노를 저어라, 그러지 않으면 둘 다 물에 빠뜨리겠다!"

강 한가운데에서 자신과 딸의 안전이 다른 이들의 다툼으로 위협받자, 제퍼슨은 상황을 장악하고 자신의 의지를 강하게 관철했다. 제퍼슨의 손녀는 이렇게 회상했다. "뱃사공들은 정말 목숨을 걸고 노를 저었다고 들었어요. 머리 위로 무거운 노를 휘두르며 강렬한 표정과 흥분한 모습으로 그 자리에 서 있던 키 크고 기묘한 인물을 쉽게 잊지 못했을 것입니다." 제퍼슨은 자신이 사랑하는 것이 위험에 처했을 때 진심 어린 감정을 드러냈다. 이번 경우에는 사랑하는 딸이었다.

그는 또한 조국을 깊이 사랑했으며, 조국 역시 점점 더 큰 위험에 처해 있다는 확신을 굳혀가고 있었다.

"만약 농부로서 나를 찾아온다면, 동료 수련자로서 와주시오. 나는 아직 배우는 중이니까. 정말 열심히 배우고 있지만, 이제는 너무 나이가 들어 새로운 기술을 배우기 참 힘들다오." 제퍼슨은 윌리엄 브랜치 자일스에게 편지를 썼다. 그는 옛 친구들과 함께 있는 것을 좋아했다. 또 다른 친구에게는 '그러니 오시오. 매일 수프와 와인을 나누며 젊은 시절 이야기와 지난날의 추억들을 함께 이야기합시다'라고 초대했다.

하지만 매디슨이 제퍼슨의 평화를 깨뜨렸다. 1795년 3월 매디슨이 제퍼슨에게 편지를 보냈다. "아무리 완고한 마음도 버틸 수 없는 진실들을 들을 각오를 해야 합니다." 매디슨에게 가장 중요한 진실은 하나였다. '토머스 제퍼슨은 미국 대통령 선거에 도전할 운명'.

제퍼슨은 이 문제를 곰곰이 생각해왔다고 털어놓았다. 자신이 워싱턴의 후임 자리를 노리고 있다는 정적들의 끊임없는 신문 보도 속 암시들에 떠밀려, 그는 매디슨에게 이렇게 말했다. "내 마음의 평안을 위해서라도 이 문제를 정면으로 마주하고, 스스로 검토할 필요가 있다고 느꼈소." 그리고 1795년 4월, 그는 결정을 내렸다. 대통령직에는 나서지 않겠다고. "젊은 시절엔 야심이 조금 있었지만, 이제는 다 사라졌소. 현재의 명예도 그리 중하게 여기지 않는데, 죽고 난 뒤의 이름값은 더더욱 관심이 없소." 물론, 이건 엄밀히 말해 사실이 아니었다. 그러나 제퍼슨은 그렇게 믿고 싶어 했다. 공인은 권력이나 자리를 탐하는 모습으로 비쳐서는 안 되었기에, 제퍼슨은 자신의 시대를 주도하려는 강한 의지를 자주 부인했다.

하지만 1795년 봄, 그가 평소보다 더욱 진지하게 부인했을 가능성이 크다. 그는 류머티즘으로 고생했고, 오랫동안 소홀했던 농사와 재정 문제에 몰두했으며, 손주들과 시간을 보내며 기뻐했다. 그리고 아마도 네 해 만에 처음으로 샐리 헤밍스와의 관계에 온전히 집중하고 있었을 것이다.

그가 매디슨과 몇몇 친구에게 쓴 '정계 완전 은퇴' 선언은 거짓말이 아니었다. 몬티셀로에서 그는 진정한 휴식과 안식을 찾고 있었다. 그러나 그 자신조차 완전히 깨닫지 못했지만, 그는 여전히 정치와 너무 밀접하게, 자연스럽고 무의식적으로 연결되어 있었다. 첫 정계 진출 후 거의 25년이 지난 이 시점에 정치란 제퍼슨에게 과학이나 음악, 몬티셀로와 다를 바 없는 삶의 일부였고, 공화국의 일에서 손을 떼는 것은 과학이나 책에서 관심을 하루아침에 끊는 것만큼 어려운 일이었다.

그는 정치와 세상일에서 완전히 벗어날 수 없었다. 그것은 그의 건강과 자아감, 삶의 균형을 위해 꼭 필요했다. 대통령이 된 후 딸 폴리에게 이렇게 썼다. "나는 우리가 세상과 계속 어울리며, 그 흐름을 따라가야만 행복할 수 있다고 확신한단다. 세상과의 자유로운 소통을 끊고 은둔한 사람은 결국 그에 따른 대가를 혹독히 치르게 되지. 오직 우리의 사회성을 끊임없이 자극해야지 피할 수 있단다. 내가 이 말을 할 수 있는 이유는 실제로 겪어봤기 때문이야. 1793년부터 1797년까지 나는 거의 집에 틀어박혀 지냈고, 나를 찾아온 사람 말고는 누구도 만나지 않았던 시기를 보냈단다. 결국 그 생활이 내 정신에 얼마나 나쁜 영향을 끼쳤는지를 뼈저리게 느꼈단다. 고립이 사회성을 잃게 하고, 사람들과 부딪힐 때마다 불편하고 불안한 상태로 이끈다는 걸 깨달았지. 그 시절 나는 세상과 단절된다는 것이 어떤 결과를 낳는지 충분히 체험했단다. 단절은 결국 사람을 반사회적이고 염세적인 상태로 몰고 가고, 거기 빠진 사람은 그 대가를 혹독히 치르게 되고 말아. 나는 그때 얻은 교훈을 절대 잊지 않을 거란다."

제퍼슨에게 정치는 단지 신념을 표현하고 공직을 맡으며 군주제 성향과 맞서 공화주의 가치를 옹호하는 행위가 아니었다. 비록 스스로는 때때로 그 사실을 인식하지 못했을지라도 정치는 그 자신의 일부였다.

1795년 6월, 제퍼슨은 필라델피아에서 활동하는 신문 편집자 벤저민 프랭클린 배치에게 이렇게 요청했다. "당신이 1794년에 발행한 신문을 한 세트만 보내주시오." 이에 매디슨은 '떠돌이 간행물'이라 표현한 자신의 소책자, 《정치적 관찰Political Observations》 사본을 함께 보냈고, 윌리엄 브랜치 자일스도 '의회가 겨울 활동을 시작하기 전에 당신을 찾아뵙겠다'라며 방문 의사를 알렸다. 가을에는 뉴욕 출신 에런 버가 몬티셀로를 방문했고, 연방주의자들은 두 사람이 다음 의회에서 공화당의 의제를 함께 계획하고 승인했다고 비난했다.

사실 제퍼슨과 버의 만남은 단 하루, 아주 짧은 방문에 불과했다. 그렇지만 이 짧은 만남은 앞으로 열두 해 동안 처음에는 동맹으로, 뒤이어 숙적으로 두 사람을 긴밀하게 연결하는 시작이었다.

에런 버는 1756년 뉴저지주 뉴어크에서 태어났다. 신학자이자 전도사이자 프린스턴 대학의 전신인 뉴저지 대학 총장이었던 조너선 에드워즈의 손자였다. 그의 아버지인 에런 버 시니어도 에드워즈의 딸 엘리자베스와 결혼했고, 자신 역시 뉴저지 대학 총장을 지내며 아들을 같은 대학에 보냈다.

젊은 에런 버는 잘생기고, 매력적이며, 모험심과 야망이 넘치는 인물이었다. 그는 독립전쟁 당시 장교로 복무했고, 변호사로 활동했으며, 그 시대 가장 매혹적인 정치인 중 한 사람이었다. 그는 영국 장교의 미망인 테오도시아 프레보스트와 결혼해, 아름다운 딸 테오도시아를 얻었다.

버는 뉴욕에서 공화당 정치를 설계한 핵심 인물로, 주의회 의원을 거쳐 주 법무 장관에 올랐고, 1791년에는 미국 상원 의원이 되었다. 선거 전략과 운영에 뛰어났던 그는 제퍼슨 진영에 없어서는 안 될 존재로 활약했으나, 제퍼슨의 시각에서 볼 때 두 사람의 이해는 1800년 대통령 선거에서 충돌하게 되었다.

하지만 이 모든 일은 아직 미래의 이야기였다. 당장 정치인들과 나라 전체가 직면한 가장 시급한 문제는 영국과의 전쟁 가능성이었다.

존 제이가 런던에 파견되어 벌인 외교 임무는 제퍼슨이 기대했던 결과를 가져오지 못했다. 아니, 오히려 정반대의 결과였다. 1795년 3월 7일 토요일, 워싱턴 대통령이 받은 이 조약은 영국 측에 너무 많은 것을 양보한 것으로 보였으며, 본질적으로는 해밀턴이 수년간 공들여 다져온 양국 간 경제 관계를 공식화한 것이었다.

정치권의 반응은 즉각적이었고, 워싱턴에게는 가혹했다. 분노한 군중은 존 제이의 인형을 불태웠고, 워싱턴 대통령 탄핵 이야기까지 공공연히 나왔다. 제퍼슨은 이 조약을 해밀턴식 문서라고 경멸했고, 대다수 국민도 그의 의견에 동조했다. 그는 1795년 8월, 사위 토머스 만 랜돌프에게 이렇게 전했다. "북부에서 남부까지, 이 어리석거나 부패한 산물은 전 국민에게 고루 저주받고 있습니다."

8월 중순에 발생한 홍수조차 '제이 조약Jay Treaty'을 둘러싼 논란의 중심에서 밀어내지 못했다. 제퍼슨은 이렇게 말했다. "이토록 전국적으로 분노가 터져 나온 일은 지금껏 어떤 사건에서도 본 적이 없소"

제퍼슨은 해밀턴을 '반공화주의 진영에서 실로 거대한 존재'라고 표현하며, 해밀턴이 결국 여론전에서 승기를 잡을까 우려했다. 그는 매디슨에게 조약을 비판하는 글을 써달라고 부탁하며, '처음의 강한 반응이 지나고 나면 사람들은 자연스럽게 무관심에 빠진다'라는 점을 염려했다.

그가 조약을 검토한 결과, 해밀턴은 제이를 통한 외교 수단으로 법률적 효과를 사실상 구현해낸 것으로 보였다. 제퍼슨은 매디슨에게 다음과 같이 썼다. "이보다 더 노골적인 당파적 술수는 없었소. 입법부의 한쪽에서 다수당 지위를 상실한 그 당파가, 조약이라는 명분 아래 다른 한쪽과 행정부의 힘을 빌려 일종의 법률을 만들어낸 것이오. 이는 상대 당이 자신들이 후원하는 영국과의 통상에 개입하지 못하도록 손발을 묶어버리려는 시도요."

그럼에도 조약은 가까스로 비준되었다. 워싱턴 대통령과 상원 의원 중 겨우 3분의 2를 넘긴 찬성자들은, 이 조약이 전쟁을 치르는 것보다 낫다고 판단했다.

하지만 이 조약은 또 다른 이례적인 난관을 만났다. 조약 이행을 위한 일부 예산 항목에 하원의 승인이 필요했다. 한편 워싱턴은 '거만한 폭군', '법과 헌법을 짓밟는 통치자'라는 혹독한 비난까지 받는 상황에 직면했다. 그런 가운데, 그는 1795년 12월 국정 연설을 위해 하원 회의장에 직접 나타났다.

그는 과거에는 훨씬 더 따뜻한 환대를 받던 인물이었다. 소책자 작가로 '피터 포큐파인'이라는 필명을 썼던 윌리엄 코벳은 이렇게 회고했다. "이번 회기 불과 몇 달 전까지만 해도, 가장 악의적인 선동가조차 공개적으로 그의 인격을 공격할 엄두를 내지 못했소. 그는 언제나 의회에 들어설 때 모든 이가 진심으로 환영할 것이라는 확신이 있었지요. 하지만 이번에는 아니었소. 그 앞에 앉아 있던 의원들은 그의 정책을 훼방 놓을 준비가 되어 있었고, 굴욕의 잔을 가득 채워 그에게 건네려 하고 있었소."

그럼에도 결국 하원은 마지못해 상원과 보조를 맞췄고, 마침내 1796년 5월 6일 금요일, 워싱턴은 제이 조약에 서명했다. 그로부터 사흘 뒤 매디슨은 제퍼슨에게 편지를 보내 이렇게 전했다. "뉴잉글랜드 주들은 하원에 맞서 봉기할 기세입니다. 그 지역에선 귀족주의, 친영주의, 상업주의 세력이 워낙 강성해서 공화주의는 완전히 압도당하고 말았습니다." 그날은 연방주의자들의 승리로 기록되었다.

하지만 그 외교적, 정치적 승리에는 대가가 따랐다. 연방주의자들의 제이 조약 승인으로 이제 막 태동하던 공화당 세력은 분명하고 강렬한 목표의식을 얻게 되었다. 그들은 이제 어디를 향해야 하는지, 누구와 맞서 싸워야 하는지를 분명히 알게 되었다.

제퍼슨은 이미 그 시점에서 정치 현실을 실용적인 관점으로 바라보고 있었다. 그는 과학자의 시선으로 주변 세계를 분석하듯, 1795년 10월 중순 이후 어느 시점에 정치 지형을 요약한 메모를 작성했다.

현재 미국 내에는 분명히 2개의 정당이 존재한다. 각 정당은 다음과 같은 부류의 사람들로 구성되어 있다.

반공화당에 속하는 사람들

첫째, 과거의 망명자와 토리당 출신들

둘째, 미국에 거주하며 상인 계층의 다수를 이루는 영국계 상인들

셋째, 영국 자본으로 무역을 하는 미국 상인들 (또 다른 큰 집단)

넷째, 은행과 국공채에 투자한 투기꾼 및 자산 보유자들

다섯째, (일부 예외를 제외한) 연방정부 관료들

여섯째, 원칙을 저버리고 자리만 탐하는 관직 지망자들 (다수이며 시끄러운 무리)

일곱째, 신경이 예민하고 소심한 사람들. 적극적이기보다는 수동적인 상태에 더 가까운 사람들

공화당 세력에 속하는 사람들

첫째, 미국 전역의 모든 토지 소유자

둘째, 토지 소유자는 아니지만 농업이나 수공업에 종사하는 노동자들

공화당 세력이 반공화당 세력보다 수적으로는 아마 500대 1에 이를 정도로 압도적일 것이다. 하지만 부의 격차는 그 정도까지는 아니며, 실상은 공화당 세력의 부가 반공화당의 부를 뒷받침하는 기반이 되기도 한다. 반공화당은 수적으로는 미미하지만, 몇 가지 특수한 조건들 덕분에 실체 이상의 힘과 세력을 가진 것처럼 보인다. 그들은 모두 도시 지역에 모여 살며, 언제든지 집단으로 행동에 나설 수 있다. 신문들의 주된 취재원이기도 해서, 대부분의 언론을 자신들의 통제 아래 두고 있다. 반면 농업에 기반을 둔 공화당 지지층은 전국에 흩어져 있을 뿐 아니라, 서로 교류할 수단도 제한적이다. 그러나 그들은 자기들 안

에 깃든 힘과 의지를 잘 알고 있으며, 막상 마음만 먹는다면 언제든 정부를 위협하는 어떤 책동이든 짓밟을 수 있다고 믿는다.

제퍼슨은 적에 대한 두려움과 아군에 대한 자긍심이 뒤섞인 평가를 내렸다. 그는 연방당의 조직력과 영향력을 경계하면서도, 공화당이 각성하고 행동하기만 한다면 승리는 언제든 가능하다고 굳게 믿었다. 정치적 긴장감은 그에게 경각심을 심어주었고, 자신의 대의에 대한 신념은 그가 가장 암울한 순간에도 버텨낼 수 있는 내면의 힘을 제공해주었다.

1795년 크리스마스 다음 날, 제퍼슨은 벤저민 프랭클린 배치에게 《오로라》지 구독을 요청했고, 필라델피아와 리치먼드에 있는 다른 신문 편집자들에게도 정기적으로 신문을 받아 보기 시작했다. 정계에서 한발 물러난 듯 보였던 그였지만, 이 시점부터 그는 다시 분명히 정치의 중심 무대로 복귀한 것이었다.

제퍼슨은 대통령직의 권한을 단 한 번도 의심한 적이 없었다. 프랑스에 머물던 시절, 헌법 초안을 처음 읽었을 때부터 그는 이 자리가 미국 정부 전체를 움직이는 중심축이 될 수 있음을 직감했다. 그리고 시간은 그의 그 직관이 옳았음을 입증했다. 워싱턴 대통령의 제이 조약 비준 승리를 되돌아보며, 제퍼슨은 먼로에게 이렇게 썼다. "자넨 이미 보았겠지만, 단 한 사람이 모두를 능가하는 영향력을 행사해, 사람들이 자기 판단이나 대표자들의 판단보다 그의 결정을 따르게 되는 경우가 있다네. 공화주의는 노를 잠시 거두고, 배를 조타수에게 맡겨야 하며, 국민 또한 그가 자신들을 위해 옳다고 믿는 방향으로 따라가게 되는 것일세."

이 발언이 나온 시기인 1796년 6월 중순, 워싱턴의 후임을 뽑기 위해 선거인단이 모이기 약 6개월 전이었다. 제퍼슨은 만약 그 배의 조종사가 공화당원이라면 미국의 앞날이 얼마나 달라질지를 고민하고 있었다. 더 나아가, 그 조종사가 바로 자신이어야 하는지에 대해서도 생각하고 있었다. 대통령직 출마 여부에 대해서는 품위 있는 침묵을 지켜야 한다는 정치적 관행이 있었지만, 그가 이제 마주하게 된 결정은 혁명 시기에 왕 대신 조국을 택했던 일 이후로 가장 중대한 공적 선택이 될 예정이었다. 그는 과연, 자신의 이름을 대통령 후보로 올리는 것을 허락할 것인가?

그에 앞서 제퍼슨은 워싱턴과 관련된 꺼림칙한 문제 하나를 먼저 바로잡고 싶어 했다. 항상 타인의 평판에 예민했고, 특히 워싱턴에게는 좋은 인상을 주고 싶었던 제퍼슨은 1796년 6월 9일 자《오로라》지에서 중대한 보도를 접했다. 그 보도는 워싱턴이 중립 정책을 두고 논쟁하던 당시, 내각에 배포한 기밀문서에 근거한 것이었다. 제퍼슨은 자신만큼은 그 문건을 유출하지 않았다는 사실을 분명히 하고자 결심했다. 6월 19일 워싱턴에게 편지를 보내 '모든 신성하고 명예로운 것을 걸고' 맹세하며 말했다. "그 문서는 결코 제 자물쇠 아래를 떠난 적이 없습니다."

그가 이렇게 민감하게 반응한 이유는 바로 그해 초여름 워싱턴이 제퍼슨에 대해 듣고 있었을 소문 때문이었다. 자신이 사적으로 워싱턴을 비판하거나, 깔보는 듯한 태도를 보였다는 풍문이 대통령에게 전달되고 있다는 사실을 알고 있었다. 이에 제퍼슨은 편지를 보내 일부 사람들이 자신을 '여전히 정치의 소란과 음모 속에 있는 자'로 묘사하면서 '당신과 저 사이에 쓸모없는 잡초를 심으려 하고 있다'라고 경고했다.

워싱턴은 1796년 7월에 보낸 답장에서《오로라》사건에 대해 제퍼슨의 책임은 없다고 밝혔지만, 그 기회를 빌려 제퍼슨이 정부에 대해 품고 있는 시각을 조심스럽게 언급했다. "당신이 먼저 이 주제를 꺼냈으니, 솔직하고 우정 어린 태도를 지키기 위해 이 말은 드려야겠소. 당신의 최근 언행이, 한때 당신이 나에게 갖고 있다고 믿었던 신뢰를 훼손한 것으로 보인다는 말을 들었소."

한편, 연방당은 본격적인 대선을 앞두고 다양한 전략을 펼치고 있었다. 그중 하나는 제퍼슨의 오랜 정적, 패트릭 헨리를 대통령 후보로 내세우려는 시도였다. 헨리는 이 제안을 고사했지만, 그 같은 움직임은 연방당이 제퍼슨을 자신들의 가장 강력한 상대로 보고 있다는 점을 분명히 보여주었다. 그 제안이 받아들여졌다면, 헨리와 제퍼슨이라는 두 인물을 사이에 두고 버지니아가 갈라질 수도 있었던 상황이었다.

서부에서는 윌리엄 콕 의원이 뜻을 전해왔다. 버지니아 태생으로 현재는 테네시의 주요 정치인 중 한 사람이 된 콕은 1796년 8월 제퍼슨에게 이렇게 전했다. "이 주의 모든 계층의 국민이, 당신이 차기 대통령이 되고, 에런 버가 부통령이 되기를 바라고 있습니다. 이 뜻을 당신께 전하게 되어 기쁘게 생각합니다."

제퍼슨의 답장은 겸손하면서도 의미심장했다. "그토록 영예로운 자리를 제가 감히 거절할 수 있을 만큼 오만한 사람은 아닙니다. 그러나 진심으로 말씀드리자면, 그 자리에 임명되는 것보다, 그 자리에 합당한 사람으로 여겨지는 쪽이 훨씬 더 기쁩니다. 그 자리에 들어가면서 갖고 있던 명성을, 나올 때 그대로 간직한 사람은 지금껏 단 한 명도 없다는 걸 저는 잘 알고 있습니다."

28장 부통령으로 향하는 길

"자연과 운명이 내게 안겨준 은혜에 비례해, 나는 내 조국에 봉
사할 의무를 진다."

—토머스 제퍼슨

"당신과 나는 예전에도 치열한 논쟁과 격한 정치적 열정을 함께
겪은 적이 있소. 하지만 그 시절에는 서로 정치적 견해가 달라도
신사답게 말을 섞었지요. 지금은 그렇지 않소. 평생을 가까이 지
내온 이들이 길을 건너 서로를 피하고, 모자를 벗고 인사를 할까
봐 고개를 돌려버리는 세상이 되었소."

—토머스 제퍼슨, 에드워드 러틀리지에게 보내는 편지에서

1796년 9월 19일 월요일, 조지 워싱턴의 고별 연설이 발표되면서 미국
역사상 최초의 경합 대선이 막을 올렸다. 매사추세츠 출신 하원의원 피셔
에임스는 이 연설을 '경주 시작을 알리는 모자 떨어뜨리기 신호 같았다'라
고 표현했다.

공화국 초기 수십 년간의 대통령 선거는 오늘날의 기준으로 보면 다소 기이했다. 후보자들이 직접 선거운동을 하지 않았기 때문이다. 대신, 그들은 간접적으로, 혹은 친구와 정치적 동료들을 통해 자신이 선출될 의향이 있음을 넌지시 알렸다. 정치적 성향이 같은 인사들이 연합하여 대통령과 부통령 후보를 함께 추천했으며, 대부분 주에서 유권자들은 특정 선거인에게 투표함으로써 그 선거인이 지지하는 대통령과 부통령 후보에게 표를 주는 셈이 되었다. 1804년 제12차 수정헌법이 비준되기 전까지는 대통령과 부통령을 분리하여 투표하지 않았다. 당시에는 대선에서 2위를 차지한 후보가 부통령이 되는 방식이었다.

형식은 달랐지만, 선거가 치열한 공격과 반격으로 얼룩졌다는 점은 예나 지금이나 다르지 않다.

워싱턴의 고별 연설이 발표된 지 불과 열흘 만에, 제퍼슨을 향한 공격이 시작되었다. 1796년 9월 29일 목요일,《콜롬비안 미러 앤 알렉산드리아 관보》는 연방당 소속 변호사 찰스 심스의 성명을 게재했다. 그는 워싱턴 대통령과 가까운 인물이었으며, 버지니아 프린스 윌리엄, 스태퍼드, 페어팩스 카운티에서 존 애덤스를 지지하는 대통령 선거인으로 선출되기 위해 선거운동을 벌이고 있었다.

심스는 9월 말 발표한 성명에서 제퍼슨을 정면으로 비난했다. 그는 제퍼슨이 '적군의 침입이 있었던 순간에 전시 주지사직에서 도망쳤기 때문에 공문서가 파괴되어 주에 막대한 혼란과 피해, 고통을 초래했다'라고 주장했다. "폭풍이 언제 어디서 들이닥칠지 알 수 없는 세상이지 않소. 그런 점에서, 그는 대통령직을 감당하기엔 너무나 나약한 인물이라오." 즉, 제퍼슨은 허영심에 휘둘리는 겁쟁이라는 의미였다. 반면 존 애덤스는 워싱턴의 노선을 흔들리지 않고 이어갈 수 있는 진정한 지도자라고 강조했다.

제퍼슨 측은 강력하게 반박했다. 버지니아주 캐롤라인 출신의 저명한 공화주의자 존 테일러는 신문에 반론을 기고했다. 그는 1781년의 침공 사건을 다시 언급하며, 제퍼슨 당시 주지사가 자신의 책무를 저버린 것이 아니라는 점을 재차 강조했다. 무엇보다도, 공화당은 이번 선거의 쟁점이 과거가 아닌 현재이며, 단순한 인물 대결이 아니라 정치 체제의 미래를 둘러싼 싸움이라고 주장했다. 즉, 공화주의적 이상과 군주주의적 구상 간의 대결이었다. 이 프레임은 이후 수십 년간 미국 정치에서 반복적으로 활용되는 강력한 정치적 서사로 자리 잡았다.

테일러는 자신의 주장을 뒷받침하기 위해 1794년 당시 부통령 존 애덤스와 뉴햄프셔 상원 의원 존 랭던과 나눈 대화를 인용했다. 애덤스가 다음과 같이 말했다는 것이다. "세습 군주와 세습 상원, 또는 종신직 상원이 없는 정부는 오래 지속될 수 없으며, 그런 나라의 국민은 행복할 수 없습니다." 이 주장은 곧 선거 슬로건으로 확산했다. "토머스 제퍼슨은 확고한 공화주의자다—존 애덤스는 공공연한 군주주의자다."

제이 조약 이후, 차기 대통령은 프랑스와의 전쟁 가능성이 점점 고조되는 국면에 직면했다. 이러한 정세 속에서 대선은 이전보다 훨씬 더 긴박한 분위기 속에서 치러졌다. 몬티셀로에서 늦가을의 혹한을 견디며 제퍼슨은 선거 결과를 기다리고 있었다. 당시 기온은 영하 12도까지 떨어졌고, 그의 책상 위 잉크가 얼어붙을 정도였다. 제퍼슨은 다가올 대통령이 마주할 과업들을 고려할 때, 오히려 부통령직이 대통령직보다 나을 수도 있다고 말했다. 그는 이렇게 적었다. "이 부분을 두고 내 진심을 믿는 이는 거의 없을 것입니다. 그렇지만, 나는 정말로 1등이 되는 것보다 2등이 되기를 더 간절히 바라고 있습니다."

애덤스와 제퍼슨 양측 모두를 탐탁지 않아 했던 알렉산더 해밀턴이 상황을 복잡하게 만들었다. 그는 기묘한 전략을 고안했다. 연방당 소속 선거인들에게 존 애덤스의 러닝메이트이자 사우스캐롤라이나 출신인 토머스 핑크니에게 대통령 투표를 하도록 유도했다. 그 이유는 무엇이었을까? 제임스 매디슨은 제퍼슨에게 보낸 편지에서, 해밀턴이 '애덤스는 너무 완고해서, 막후에서 정치공작을 펼치는 이들의 꼭두각시 역할을 할 수 없다'라고 판단했다고 전했다.

제퍼슨이 표면적으로는 '대통령직을 원치 않는다'라고 반복했지만, 실제로는 그보다 훨씬 적극적으로 당선을 바라고 있었음을 보여주는 단서가 있다. 1796년 12월 10일 토요일, 매디슨은 제퍼슨에게 이런 말을 전했다. "당신의 운명이 그렇다면, 1등 자리뿐 아니라 2등 자리도 **반드시** 받아들여야 합니다." 이 편지에서 '반드시'라는 표현은 매디슨이 직접 강조한 부분으로 제퍼슨이 대통령직을 간절히 염원하고 있음을 충분히 알고 있었음을 보여준다. 매디슨은 또한, 해밀턴의 복잡한 계산으로 만약 애덤스와 제퍼슨이 같은 수의 표를 얻게 된다면, 선거 결과가 하원으로 넘어갈 수도 있다는 가능성도 제퍼슨에게 경고하고 있었다.

제퍼슨도 하원에서 표 대결이 또다시 교착 상태에 빠질 가능성을 인식하고 있었다. 그는 매디슨에게 보낸 편지에서 이렇게 썼다. "헌법은 이 난관을 해결할 뚜렷한 방안을 제시하지 않고 있소." 만약 자신과 애덤스가 동수를 이루는 상황이 벌어지면, 제퍼슨은 '애덤스에게 우선권을 줄 수 있도록 내 입장을 충분히 전달해달'라고 매디슨에게 전권을 맡겼다. 그는 이렇게 말했다. "공직 생활을 시작한 이래로 애덤스는 언제나 나보다 선배였소. 국민의 의사가 동등하게 나타난 상황이라면, 그 점이 그에게 우선권을 부여하는 정당한 근거가 되어야 하오."

개표 결과가 필라델피아에 속속 도착하면서, 핑크니는 3위로 밀려났다. 그러자 제임스 매디슨은 제퍼슨이 대통령이 되기를 지나치게 원한 나머지, 부통령직을 거부할지도 모른다는 우려를 품게 되었다. 매디슨은 먼저 명예를 중시하는 제퍼슨의 성정에 호소했다. 그는 이렇게 썼다. "조국의 부름에 따르기로 마음먹었다면, 봉사할 자리가 어디일지는 국민에게 맡겨야합니다." 또한 대통령 옆에서 공화주의적 영향력을 행사할 수 있다는 점은 단순히 유익함을 넘어서, 매우 중대한 일이 될 수 있다고도 강조했다. "특히 대외 정책과 관련해, 당신이 애덤스 곁에 있는 것이 그의 판단에 긍정적인 영향을 줄 수도 있다는 근거 있는 기대가 있습니다."

1797년 2월 8일 수요일, 선거인단 투표 결과가 공식 집계되었다. 애덤스가 71표, 제퍼슨이 68표, 핑크니가 59표를 얻었다. 애덤스는 간발의 차로 대통령에 당선됐고, 제퍼슨은 자동으로 부통령이 되었다. 연방당 인사들 사이에서는 제퍼슨이 부통령이 된 사실에 대한 불안감이 팽배했다. 반제퍼슨 성향의 한 성직자는 이렇게 기도했다고 전해진다. "오! 주여, 부디 부통령에게 은총을 갑절로 내리소서. 그에게 얼마나 주님의 은혜가 필요한지 주께서 아시나이다."

한편 애덤스는 대통령으로 선출된 것을 진심으로 기뻐했다. 그는 아내 아비가일에게 보낸 편지에서 이렇게 적었다. "이 나라가 지닌 분별력과 정신, 자원이 얼마나 굳건한지를 나는 깊이 믿고 있소. 그 진가를 이토록 오래 체험하고 제대로 아는 사람은 이 세상에 많지 않을 것이오." 비록 2위로 당선되었지만, 제퍼슨 역시 결과를 기쁘게 받아들였다. "이번 투표 결과를 매우 뜻깊게 여기고 있습니다. 하지만 이는 어디까지나, 내가 동료 시민들로부터 어떤 평가를 받고 있는지를 보여주는 지표일 뿐입니다."

선거 이후, 제퍼슨은 계속해서 정국을 곱씹었다. 날씨는 여전히 매서웠고, 그의 사색은 깊어졌다. 그는 이렇게 회고했다. "애덤스가 델라웨어 북쪽에서 단 한 표라도 잃을 일은 없으리라는 것쯤은 알고 있었소. 남부의 자유롭고 도덕적인 의지가 그에게 충분한 보탬이 될 것도 알고 있었소. 공적 체면을 생각했다면 대통령직을 마다하지 않았겠지만, 하느님 앞에서 단언하건대, 그 자리를 피할 수 있었다는 사실이 나는 진심으로 기쁘오."

그러면서 제퍼슨은 냉소적이고도 현실적인 어조로 한 마디 덧붙였다. "그 자리에 오른다고 해도, 허니문 기간은 어느 경우든 짧았을 겁니다. 잠깐의 도취는, 오랜 고통과 증오로 대가를 치르게 되었겠지요." 이 시점에는,

부통령직이 차라리 더 나은 자리였다. "지금은 결코, 키를 잡고 싶은 때가 아닙니다."

1796년 11월과 12월, 《코네티컷 쿠런트》에는 북부 주들이 연방에서 탈퇴해 별도의 연합을 구성할 수도 있다는 소문이 조심스레 흘러나왔다. 표면 아래 도사리고 있던 더 깊은 긴장을 암시하는 소문이었다. 핵심에는 제퍼슨과 남부 정치인들이 전국 선거에서 갖는 구조적인 우위가 있었다. 이점은 헌법 속 3/5 조항에서 비롯되었는데, 이 조항은 노예 한 명을 인구 산정 시 5분의 3명으로 계산하여 각 주에 배정되는 하원의원 수와 대통령 선거인 수를 결정하는 기준으로 삼았다. 4년 뒤 제퍼슨이 결국 대통령에 당선되었을 때, 연방당 지지자들은 그를 비꼬아 '니그로 대통령'이라고 불렀다. 노예들의 숫자 덕분에 당선된 대통령이라는 조롱이었다. 이처럼 노예제를 둘러싼 갈등은 단순히 도덕적, 윤리적인 논쟁에 그치지 않았다. 노예제를 유지하는 한, 노예주 하나가 늘어날 때마다 아이러니하고도 비극적으로 그 지역의 백인 정치인들이 갖는 권력도 함께 증가했다는 철저히 현실적이고 정치적인 문제이기도 했다.

제퍼슨은 이런 권력의 수학이라는 냉혹한 현실에 대해 정면으로 맞서기보다 추상적인 방식으로 응답하는 편을 택했다. 그는 정적들과 치열한 논쟁을 벌이는 대신, 분리 독립의 가능성을 운운하며 고상한 어조를 유지했다. 엘브리지 게리에게 이렇게 말했다. "우리는 결코 연방을 포기하지 않을 것이오. 그것은 우리 희망의 마지막 닻이며, 이 천상의 나라가 검투사들의 투기장으로 전락하는 것을 막을 유일한 방어선이니까요."

1796년 선거가 막바지로 접어들 무렵, 제퍼슨은 애덤스에게 보낼 정중한 편지 초안을 작성했다. 늘 하던 대로 그는 먼저 스스로 낮췄다. "저에게는 남을 다스리고자 하는 야심이 없습니다." 그는 이어 대통령직을 '고통스럽고 보답 없는 자리'라고 표현했다. 그리고 이렇게 덧붙였다. "당신이 우리의 농업과 상업, 신용을 무너뜨릴 전쟁을 피하게 해주신다면, 그 모든 영광은 오직 당신의 몫이 될 것입니다. 당신의 행정부가 영광과 행복으로 가득 차고, 우리에게도 이롭게 되기를 진심으로 바랍니다. 우리가 인생이라는 항해를 함께 해오며, 사이를 멀어지게 만든 크고 작은 사건들 혹은 누군가 의도적으로 벌인 일들이 없지는 않았지만, 우리가 함께 독립을 위해 일하던 그 시절에 느꼈던 진심 어린 존경심만은 여전히 간직하고 있습니다."

1797년 1월 1일, 제퍼슨은 이 편지 초안을 매디슨에게 보내 의견을 구했다. 그는 솔직하게 말했다. "내가 애덤스 씨보다 2등 자리에 오른다고 해도 마음에 걸릴 일은 없소. 나는 인생에서도 그보다 후배였고, 의회에서도, 외교에서도, 그리고 최근의 내정에서도 언제나 그의 후배였으니." 그러나 그는, 그 편지를 정말로 보내는 것이 현명한 일인지 확신하지 못했고, 매디슨의 조언을 구한 것이다.

매디슨은 총 여섯 가지 이유를 들어 편지를 보내지 말라고 조언했다. 그 중 핵심적인 네 가지를 요약하면 다음과 같다. "첫째, 현재 두 사람의 관계는 원만합니다. 이 관계를 더 좋게 만들 수 있을 거라는 기대보다, 오히려 악화시킬 위험이 더 클 수도 있다는 점을 고려해야 합니다." "둘째, '폭풍우를 항해하는 장엄한 기쁨'이라는 표현은 지금 위기의 시기에 권력을 잡는 상황에 거리낌이 없는 사람들을 비꼬는 말로 오해될 수 있습니다. 당신이 애덤스 씨의 성정을 나보다 더 잘 아시겠지만, 나는 항상 그의 기질이 꽤 민감한 편이라고 생각해왔습니다." "셋째, 당신의 당선을 위해 열정적으로 활동한 지지자들을 배려한다면, 그들의 불안과 노력이 부당하지 않았다는 사실을 인정해야 합니다. 그들의 열의를 폄훼하는 듯한 어떤 표현도 피해야 합니다. 이미 선거에 깊이 개입했고, 아마도 당선된 대통령의 정치적 반감을 사게 된 몇몇 인사들이 이 문제로 상처를 받고 있습니다." "마지막으로, 애덤스의 행정부 운영 방식이 공화당의 반대를 불러올 가능성이 큰 상황에서, 당신이 그에게 신뢰와 칭찬이 담긴 편지를 남기는 것은 실제로 곤란한 상황을 초래할 수 있습니다. 즉, 지금 편지를 보내면 향후 정당 차원의 정치적 입장을 선택하는 데 제약이 생길 수 있다는 뜻입니다."

제퍼슨은 매디슨의 조언에 감사했고, 편지를 보내지 않기로 했다.

1797년 3월 2일, 목요일. 제퍼슨은 필라델피아에 도착하자마자 지체하지 않고 대통령 당선인 존 애덤스를 찾았다. 애덤스는 당시 필라델피아 4번 가의 프랜시스 하숙집에 머무르고 있었고, 다음 날 아침 예우 차원에서 제퍼슨의 임시 숙소를 직접 방문했다. 그는 방 안으로 들어서며 문을 닫고 말했다. "자네가 혼자라니 다행이오. 우리, 이야기할 게 많소."

애덤스는 가장 시급한 외교 현안, 즉 프랑스 문제를 꺼냈다. 그는 제퍼슨에게 말했다. "사실 자네에게 파리 외교 임무를 맡기는 방안을 생각해 보기도 했소. 하지만 그건 현실적으로 무리였지. 부통령은 내가 사고를 당했을 경우 직접 대통령직을 승계해야 하는 자리니, 자네를 해외로 보내는 건 명분이 부족해 보이거든. 게다가, 국민의 지지를 두고 경쟁 관계에 있는 상대를 그런 식으로 무대 밖으로 보내는 건 보기에도 썩 좋지 않지 않겠나." 그는 잠시 말을 멈췄다가, 조심스럽게 제퍼슨의 의견을 물었다. "자네 생각엔 매디슨이 파리 사절단에 합류하는 건 어떻겠소?"

제퍼슨은 자신이 해외에 나가선 안 된다는 점에는 동의했다. 그리고 덧붙였다. "매디슨도 아마 그 제안을 거절할 겁니다." 그러나 애덤스는 뜻을 굽히지 않았다. "그가 거절한다 해도 나는 그를 임명할 것이오. 그러면 책임은 그의 몫이지."

1797년 3월 4일 토요일, 의회당에서 열린 공식 행사는 짧았지만 기억에 남을 만한 순간이었다. 의회는 짧은 회기를 위해 소집되었고, 그날의 주요 일정은 대통령과 부통령의 취임식과 신임 상원과 하원의원들의 선서였다. 상원 의장 대행인 펜실베이니아 출신 윌리엄 빙엄이 2층 상원 회의장에서 제퍼슨에게 부통령 선서를 집행했다.

초대 미국 국무장관이었던 제퍼슨은 이제 미국의 두 번째 부통령이 되었다. 제퍼슨은 이어 새로 선출된 상원 의원 여덟 명에게 선서를 집행하고 간단한 연설을 했다. 연설에서는 그의 폭넓은 정치 신념이 드러났고, 동시에 은근하면서도 분명하게 대통령직의 유한성을 암시했다. "제가 부통령으로서 맡게 될 수 있는 더 높은 책무가 어떤 사고로도 제게 돌아오는 일이 없기를 진심으로 바랍니다."

그 격동의 시대를 반영하듯, 일부 제퍼슨 지지자들은 그의 연설을 너무 유화적이라고 비판했다. 한 뉴욕 공화당원은 이렇게 평했다고 전해진다. "그자가 상원에서 한 첫 연설이란 게, 빌어먹을 눈치만 보는 형식적인 발언이었지. 존 애덤스 같은 '검증된 애국자' 밑에서 봉사하게 되어 기쁘다니. 그건 자기편한테 이렇게 말하는 거나 다름없었어. '나는 자리를 잡았으니, 너희들은 엿이나 먹고 지옥이나 가라.'"

제퍼슨의 연설이 끝난 뒤, 참석자들은 1층 하원 회의장으로 옮겨 존 애덤스의 대통령 취임식을 진행했다. 애덤스의 회고에 따르면, 조지 워싱턴은 밝고 다소 안도한 표정을 짓고 있었다. "그가 속으로 이렇게 말하는 게 들리는 듯했소. '이제 나는 정말 빠져나왔고, 자넨 제대로 들어갔군. 누가 더 행복한지, 한번 두고 보세.'" 제퍼슨도 워싱턴을 운 좋은 사람이라 여겼다. 그는 매디슨에게 보낸 편지에서 이렇게 썼다. "이제 막 거품이 꺼지려는 순간에 자리를 털고 빠져나올 수 있다니, 대통령은 참 행운아야. 남은 짐은 다른 이들이 떠안게 됐군." 비공식적으로도 그는 선거 결과에 만족감을 반복적으로 드러냈다. "이 정부의 두 번째 자리는 명예롭고 편안합니다. 첫 번째 자리는 그저 화려한 고통일 뿐이죠."

취임식 이틀 뒤, 애덤스와 제퍼슨은 워싱턴과 함께 저녁을 먹었다. 식사를 마치고, 신임 대통령과 부통령은 함께 자리에서 일어나 거리로 나섰다. 제퍼슨은 애덤스에게 매디슨이 프랑스 외교 임무를 거절할 것이라고 말했다.

　결국 그렇게 된 것도 어쩌면 다행이었다. 그날 애덤스는 내각과 상의하면서, 연방당 측에서 매디슨 파견에 대한 반대 의견이 있다는 것을 알게 되었다. 제퍼슨은 이렇게 회고했다. "애덤스가 거리로 나오자마자 회의에서 매디슨의 지명에 몇 가지 반대 의견이 제기되었고, 자신은 그런 반대를 미처 예상하지 못했다고 말했다. 그러더니 점점 궁색한 변명을 늘어놓기 시작했는데, 그가 하는 말들이 그를 분명히 당황하게 하는 듯 보였다. 그때쯤 우리는 5번가에 다다랐고, 우리는 작별 인사를 나눈 후 애덤스는 마켓 거리 쪽으로, 나는 5번가를 따라 걸어갔다. 그날 이후로 그는 그 일을 언급하지 않았고, 정부의 어떤 조치에 대해서도 나와 상의하지 않았다."

　존 애덤스의 대통령 임기는 긴장과 갈등으로 점철되었다. 그는 프랑스와의 '유사전쟁Quasi-War', 즉 해상에서 벌어지는 고비용 충돌 속에서도 평화의 명맥을 지키기 위해 고군분투했다. 애덤스는 이를 '프랑스와의 반쯤 치른 전쟁'이라 불렀다. 그는 워싱턴의 내각을 대부분 유임시켰다. 하지만 이 선택은 치명적인 오판이었을 수도 있다. 예컨대 국무장관 티머시 피커링을 포함한 여러 연방당 내각 인사들은, 자신들을 독립적인 권력이라 생각하며 대통령의 의사를 따르지 않거나, 무시하는 일도 서슴지 않았다. 한편, 부통령 제퍼슨은 조용히 움직였다. 상원 의장 역할을 성실히 수행하면서도, 물밑에서는 연방당 정권에 맞설 공화당의 기틀을 조용히 다져갔다.

　제퍼슨은 1797년 3월 6일 월요일, 애덤스와 나눈 대화와 내각 회의 이후의 분위기를 되돌아보며 다음과 같이 썼다. "나는 그날, 애덤스가 취임이라는 특별한 순간의 감정에 휩싸여 일시적으로 당파적 감정을 잊었다고 생각했습니다. 그는 언제나 체계적인 원칙보다는 그 순간의 감정에 따라 움직이는 인물이었기에, 한때는 양당 사이에서 공정하게 중립을 잡아보려 한 것이지요. 그러나 월요일, 내각과 처음 마주한 자리에서 그런 생각을 표현하자마자 그는 곧바로 그 길에서 돌아섰고, 이전의 당파적 입장으로 되돌아간 겁니다."

애덤스가 대통령으로 재임하던 시기, 제퍼슨의 개인적인 가정사도 분주하게 흘러갔다. 1796년부터 1801년 사이에, 제퍼슨의 딸 팻시 랜돌프는 세 자녀를 출산했다. 1796년, 프랑스 귀족 라 로슈푸코 공작이 몬티셀로를 방문했을 때, 여전히 아버지와 함께 살고 있는 팻시의 여동생 폴리를 보고 이렇게 일기장에 썼다. "그녀는 이제 열일곱 살이며, 매우 아름답다. 머지않아 딸로서 의무보다 더 달콤한 의무들이 있다는 걸 깨닫게 될 것이다." 다음 해, 폴리는 사촌 존 웨일스 에페스와 결혼했고, 두 자녀를 두었다. 그리고 1797년 7월 11일 화요일, 제퍼슨은 몬티셀로로 귀향했다. 그로부터 8개월 3주 후, 샐리 헤밍스가 아들을 낳았다. 아이의 이름은 윌리엄 베벌리였고, 줄여서 베벌리라 불렸다.

부통령으로 재임하던 시기, 제퍼슨은 비판을 대하는 철학적인 태도를 갖추게 되었다. 비판은 정치 세계에서 피할 수 없는 요소이자 공적 무대에서 성공하고자 한다면 감내해야 할 폭풍이나 불길 같은 것으로 받아들이기 시작했다. "나는 한동안 신문들의 소유물 취급을 받아왔습니다. 누구든지 나를 향해 더러운 말을 퍼붓는 것이 자연스러운 일이 되었지요. 어떤 이들에게 나를 접할 수 있는 수단은 오직 그런 더럽고 왜곡된 경로뿐이었으니, 다른 수단으로 나를 접했더라면 그러지 않았을 사람들조차도 이런 짓을 하고 있습니다. 이는 가혹한 대우이며, 특이한 종류의 '죄목'에 따른 것이지요. 평생의 노력 끝에 일부 시민들의 호의적인 평가를 받게 되었다는 이유 말입니다. 하지만 이런 도덕적 고통 또한 폭풍이나 불처럼 받아들여야 할 자연재해와도 같은 것입니다." 이러한 생각은 프랑스에서의 외교 경험이나 국무장관 초기 시절보다 훨씬 더 성숙하고 절제된 태도를 보여준다. 제퍼슨이 이런 비판을 좋아한 것은 아니었지만, 감내해야 할 현실로 받아들이고 있었다.

제퍼슨은 당파성도 비슷한 맥락으로 생각하고 있었다. 1790년대 말에 이르러 그는 당파에 얽매이지 않은 척하는 정치인들을 오히려 경멸하게 되었다. 1797년 6월, 제퍼슨은 에런 버에게 이렇게 썼다. "확고한 원칙도 없이, 순간의 공포나 기세에 따라 움직이는 몇몇 개인들이 공화주의자들 쪽으로 혹은 귀족주의자들 쪽으로 바람이 부는 대로 펄럭이는 바람에 결과적으로 어느 한쪽에 전적으로 우연한 우위를 안겨줍니다."

하지만 제퍼슨의 정치 스타일은 거칠기보다는 부드러웠고, 공격적이기보다는 공손했다. 자신이 믿는 대의를 위해 싸우는 전사였지만, 직접 전면에 나서기보다는 한 걸음 물러서서, 친구나 동료들을 통해 자신이 중요하다고 여기는 메시지를 대신 쓰고, 퍼뜨리고, 발표하게 하는 방식으로 싸움을 이끌었다. 그가 대체로 온화한 태도를 유지했던 데에는 몇 가지 이유가 있었다. 하나는 우아함과 환대를 중시하는 버지니아 특유의 문화, 또 하나는 정치와 인간에 대한 그의 오랜 경험을 바탕으로 내린 계산된 결론, 곧 직접적인 충돌은 비생산적이고 효과적이지 않다는 판단이었다.

제퍼슨은 정치란 무엇이며, 상충하는 이해관계를 어떻게 다뤄야 하는가 본인의 생각을 손자에게 보낸 길고 사려 깊은 편지에서 밝히고 있다. 팻시의 아들 토머스 제퍼슨 랜돌프에게 이렇게 조언했다. "절대로 그릇된 일을 하지 않겠다는 결심, 신중함, 유쾌한 태도는 세상으로부터 좋은 평판을 얻는 데 큰 도움이 될 것이다." 제퍼슨은 이어서 '유쾌한 태도'의 의미를 자세히 설명한다. "우리가 사회에서 만나는 사람들에게 기뻐할 수 있는 작은 편의나 선호를 기꺼이 내어주되 우리에게는 별로 대수롭지 않은 것들을 희생하는 습관이다. 그리고 그들과의 대화에서는 상대방이 기분 좋게 느낄 수 있도록 우리의 표현에 다정하고 듣기 좋은 뉘앙스를 담는 것이지. 그래야 그들도 우리에게 호감을 품게 되고, 동시에 스스로 기분이 좋아지게 될 것이야. 이런 호감을 얻기 위해 치러야 할 대가가 얼마나 사소할까!" 그리고 제퍼슨은 이런 유쾌함의 힘을 다음과 같이 강조했다.

상대가 무례한 말을 했을 때조차도 유쾌한 태도로 대하면, 그는 정신을 차리게 되고, 당황하면서도 건강한 방식으로 자신을 돌아보게 되며, 다른 사람들 눈에는 너의 너그러움에 고개를 숙이는 모습으로 비치게 된단다. 그러나 사회 속에서 우리 자신을 다스리기 위한 신중함의 원칙을 이야기하면서 절대 빠뜨려서는 안 되는 중요한 조언이 있지. 바로 다른 사람과 논쟁하거나 말싸움하지 말아야 한다. 나는 지금까지 논쟁으로 상대방을 설득하는 경우를 한 번도 본 적이 없단다. 오히려 대부분은 점점 격해지다가 무례해지고, 심지어 총질까지 벌이는 경우도 봤어. 진정한 확신은 언제 생기는가? 우리가 감정에 휘둘리지 않고 조용히 스스로 생각할 때, 또는 논쟁에 끼지 않은 채로 남의 말을 이성적으로 곱씹어 볼 때 비로소 가능한 일이란다. 프랭클린 박사가 사교적인 자리에서 가장 호감 가는 인물이 될 수 있었던 가장 중요한 원칙도 이거였지. "절대 누구에게도 반박하지 말라."

친영 성향의 제이 조약은 프랑스에서 격렬한 반발을 불러일으켰다. 프랑스와의 관계를 고려해 영국과의 평화를 유지하려 했던 시도가, 이제는 영국 때문에 프랑스와의 전쟁을 우려하게 되는 아이러니한 상황을 만들었다. 1790년대의 정치란, 이런 역설의 연속이었다.

프랑스 해군은 미국 선박을 잇달아 나포하기 시작했다. 이에 제퍼슨은 이렇게 우려했다. "우리 항구들이 불타고, 변경 지역이 유린당하며, 내란이 일어나고, 그 외에도 온갖 재앙들이 이어질 겁니다. 한 인간이 한평생에 단 한 번만 겪어도 족할 일들이지요."

한 유럽 강국과의 위기가 지나기도 전에 곧바로 다른 강대국과의 충돌이 닥쳐오는 상황은 미국 정치를 끊임없는 위기의식 속에 몰아넣었다. 연방주의자와 공화주의자 모두 미국의 운명이 언제 터질지 모를 외교적 충돌에 달려 있다고 믿었다. 당파적 언론인들이 이끄는 신문 여론은 공적 담

론에서 중도의 여지를 지워버렸다. 오직 극단적인 입장과, 극단적인 결과만
이 남아있는 듯했다.

이처럼 정치적 분열이 깊게 자리 잡은 가운데, 1796년 제퍼슨이 쓴 한
통의 편지가 공개되며, 격렬한 논란을 촉발했다. 그 편지는 조지 워싱턴 대
통령을 영국의 이익에 조종당하는 인물처럼 그려냈다.

1797년 5월, 필립 마체이가 제퍼슨이 1년 전에 자신에게 썼던 워싱턴
관련 편지를 공개했다. 편지에서 제퍼슨은 제이 조약과 관련된 논란을 언
급하며 이렇게 썼다. "만약 당신이 그 이단들로 넘어간 배신자들의 이름을
알게 된다면 열병이라도 앓게 될 겁니다. 그들은 전장에서는 삼손 같았고,
회의에서는 솔로몬과 같던 이들이었지만, 이제는 잉글랜드라는 창녀에게
머리를 잘리고 말았지요." 그리고 이렇게 덧붙였다. "우리가 힘겹게 쟁취한
자유를 지키기 위해선 앞으로도 끊임없는 노력과 위험을 감수해야만 할
것입니다." 이 편지는 즉각, 제퍼슨이 워싱턴과 그의 친영 외교 정책을 정면
으로 비난한 것으로 받아들여졌다. 연방주의자 언론은 즉시 이 편지를 물
고 늘어졌다. 제퍼슨은 한 친구에게 이렇게 적었다. "요즘 사람들의 감정은
너무 격해져서, 아마 우리 살아 있는 동안엔 진정되지 않을 겁니다."

이 점에 있어서는 공화주의자와 연방주의자 모두 동의했을지도 모른
다. 왜냐하면 상대 진영의 극단성과 비이성적인 태도를 보여주는 일화들이
차고 넘쳤기 때문이다.

연방주의자들에겐 제퍼슨이 쓴 '마체이 편지'가 있었고, 공화주의자
들 또한 상대편에 관한 이야기를 수없이 들었다. 1797년 크리스마스, 매디
슨은 애덤스 대통령이 새로운 황열병 유행을 빌미로 의회 소집을 연기하고
권력을 더 장악하려 한다는 우려를 다시 제기했다.

또 제퍼슨은 다음과 같은 소문을 전해 들었다. 1792년 부통령 선거에
서 조지 클린턴이 선전한 사실에 분노한 애덤스가 이렇게 말했다는 것이
다. "젠장, 젠장, 이래서 선거로 운영되는 정부는 안 되는 거야." 또한 최근

애덤스가 누군가에게 '공화주의는 망신당해야 해!'라고 말했다는 이야기까지 퍼지고 있었다.

제퍼슨은 해밀턴에 관한 비슷한 소문에도 흥미를 느꼈다. 1797년 말, 텐치 콕스는 해밀턴의 다음과 같은 발언을 폭로했다. "나는 군주주의자임을 스스로 인정하오. 공화국이란 것도 한 번 정도 시험해볼 만하겠지만…" 등등. 이런 이야기들은 제퍼슨이 연방주의자 동료들에게 품고 있던 불신을 조금도 누그러뜨리지 못했다.

29장 마녀들의 지배

"나는 자유로운 국가에서 그 자유를 지키기 위해 정당이 꼭 필요하다고 생각한다. 진정한 덕을 지닌 이들이 굳건히 연대하여, 평등의 이념과 인간의 권리를 해치려는 사악한 무리의 계략을 언제든 좌절시킬 수 있는 정당을 구성해야 한다."

—제퍼슨의 친구, 존 페이지

새해가 되어, 제퍼슨과 함께 프랜시스 선술집에 머물던 조지아 출신 하원의원 아브라함 볼드윈과 매사추세츠 출신 톰슨 J. 스키너는 1787년에 발생했던 불온한 이야기를 제퍼슨에게 전해주었다. 두 사람은 당시 상황을 이렇게 설명했다. "뉴욕과 동부 여러 주에서 광범위한 결탁이 있었는데, 그들은 일부 군주제 성향의 사람들이거나 셰이스의 반란과 구 의회의 무능함에 두려움을 느낀 이들이었습니다. 사실상 정부 권력을 강제로 장악하려 논의했고, 서로 연락을 주고받았으며, 조지 워싱턴 장군에게 협조를 요청하기 위해 대리인을 파견하기도 했습니다."

워싱턴은 그 음모에 가담하지 않았다. 그사이 버지니아가 제안한 헌법 제정 회의가 소집되었다. 하지만 군주주의자들은 새 정부가 실패하기를 기대하고 있었다. 그렇게 되면 군주제가 그 공백을 메우려는 계획이었다.

1797년부터 1801년까지 이어진 제퍼슨의 부통령 임기는 정치적 광기가 들끓는 나날이었다. 버몬트 출신 공화당 의원 매슈 라이언은 자신을 용기 없다고 모욕한 코네티컷 출신 연방당 의원 로저 그리즈월드에게 침을 뱉었다. 극단적 공화주의 편집인이기도 했던 라이언을 제명하려는 시도는 실패했고, 격분한 그리즈월드는 지팡이로 라이언을 구타했다. 그러자 라이언은 벽난로 집게를 들어 반격했고, 두 사람은 하원 본회의장 한복판에서 실제 주먹다짐에 이르렀다.

제이 조약 체결 이후 고조되던 프랑스와의 전쟁 가능성은 국민적 공포의 중심으로 떠올랐다. 1798년 3월, 존 애덤스 대통령은 미국의 외교 사절단이 프랑스와의 협상에 실패했다는 사실을 공개했다. 당시 외교 문서에서 X, Y, Z라는 익명으로 지칭된 프랑스 관리 세 명이 거래 조건으로 막대한 뇌물과 대출, 미국 측의 공식 사과를 요구했다는 것이다. 이 사건이 미국 국내 정치에 끼친 충격은 실로 엄청났다. 미국 시민들은 프랑스로부터 모욕을 당했다는 감정에 사로잡혔고, 전쟁 여론은 걷잡을 수 없이 타올랐다. 제퍼슨은 이 사건에 대해 이렇게 평가했다. "우리의 독립 이후, 공화주의 정신에 이토록 심대한 충격이 가해진 적은 없었다."

존 애덤스는 미국인들에게 즉각적이고 단호한 전쟁 준비를 촉구했다. 그는 '신속하고 단호한 만장일치로', '해상 및 상업 활동에 종사하는 시민의 보호', '취약 지역의 방어 강화', '무기고 보충과 군수산업 기반 조성', '상업 침탈로 인한 손실을 보전할 비상 재정 마련'을 명령했고, 그 결과 유사전쟁이 벌어졌다. 미국과 프랑스 간에 전면전이 선포되지는 않았지만, 해상에서 벌어진 일련의 무력 충돌은 미국 역사상 첫 동맹국과의 무력 분쟁으로 기록되었다.

이 시기의 격렬한 정국 속에서, 제퍼슨은 안성맞춤인 역할을 맡게 되었다. 존 애덤스가 주도하는 프랑스의 위협을 명분 삼은 반대 세력 탄압에 맞서 개인의 권리와 표현의 자유를 수사적으로 옹호하는 투사로 나섰다. 이것은 미국이 위기 속에서 자유를 스스로 억누르는 첫 번째 사례가 아니었고, 또 마지막도 아니었다.

애덤스 행정부를 뒤흔든 가장 중대한 사태는 오늘날까지도 악명 높은 '외국인 및 선동법Alien and Sedition Acts'이었다. 이 네 건의 법안은 전쟁 위기에 대응한다는 명분 아래 제정되었지만, 공화당 측은 이들이 자유로운 국민의 권리를 침해하고, 대통령에게 비정상적인 수준의 권한을 집중시켰다고 강하게 비판했다. '외국인 법'은 위험하다고 판단되는 외국인 거주자를 추방할 수 있는 권한을 대통령에게 부여했다. '선동법'은 표현의 지유 자체를 범죄로 규정했다. 누구든 다음과 같은 행위를 한다면 처벌을 받을 수 있었다. "미국 정부 또는 의회의 어느 한쪽을 향해 허위이거나 중상적이며 악의적인 내용을 쓰거나, 인쇄하거나, 말하거나, 출판하여 정부를 비방하거나, 경멸 또는 불신을 불러일으키거나, 국민의 적개심을 조장하는 모든 행위."

이로써 미국은 전례 없는 분열과 독설, 그리고 정치적 광기에 휩싸인 시대로 접어들었다. 토머스 제퍼슨과 공화당은 더 이상 단지 자유가 위협받고 있다고 우려하는 것이 아니라, 그 자유가 실제로 종말을 맞고 있다고 느꼈다. 공화당 정치인 존 테일러는 이렇게 경고했다. "모든 이에게는 스스로 표현할 권리가 있다. 그런데 지금 정부는… 더 나은 시절을 하나님께 기도하는 것조차 범죄로 몰아가는 법을 만들고 있다."

일부 공화당원은 이 일련의 조치에서 군주제 독재의 기미를 감지했다. 제퍼슨의 대륙 회의 동료였던 존 디킨슨은 영국 내전이 역시를 끌어와 다음과 같이 성토했다. "한때는 믿기 힘들었고, 지금까지 충격적인 사실은 어리석고 이기적인 스튜어트 왕조의 모든 정책과 변명이 그들의 광기와 폭정을 피해 먼 아메리카 대륙까지 도망쳤던 사람들의 후손들에 의해 고스란히 되풀이되고 있다는 것이다."

애덤스 대통령이 의회를 통과한 선동법에 서명하자, 가장 기본적인 자유가 되는 개인의 생각을 말하는 행위는 최고 2천 달러에 달하는 벌금형과 최대 2년의 징역형에 처할 수 있게 되었다. 제퍼슨은 격분했다. "개인적으로 이 법은 단지 미국 국민이 얼마나 노골적인 헌법 위반을 견딜 수 있는지를 실험하는 도구에 불과합니다. 만약 이 법이 받아들여진다면, 우리는 곧 대통령의 종신 재임을 규정하는 새로운 법안을 보게 될 것이며, 후계는 대통령의 자손에게 승계되고, 상원 의원직은 종신직으로 바뀌게 될 것입니다." 그것은 곧, 제퍼슨 세대가 피 흘려 쟁취한 자유의 죽음을 의미했다.

반면, 애덤스와 연방당은 자유 그 자체를 보존하기 위해 자유의 남용을 제한하고 있다고 주장했다. 전쟁의 위협은 실제였고, 그에 걸맞은 비상 조치가 불가피했다는 논리였다. (참고로, 선동법은 1801년에 자동 만료되도록 설정되어 있었다) 애덤스와 그의 지지자들에게, 국내에 거주하는 외국인들과 정부의 정당성을 부정하는 폭력적인 언론의 결합은 잠재적 재앙의 조합이었다.

제임스 매디슨은 1798년 5월, 이 상황을 다음과 같이 명료하게 정리했다. "정부에 부여된 모든 권한 중 외교는 가장 남용되기 쉬운 영역입니다. 그 내용은 숨길 수도, 일부만 공개할 수도 있으며, 정치적 목적에 맞게 시기와 범위를 조절해 조작될 수 있기 때문입니다. … 어쩌면 이건 보편적 진실일지 모릅니다. 국내에서 자유가 사라지는 이유는, 실제든 허구든, 외부의 위협에 대응한다는 명분 아래 만들어진 조치들 때문입니다." 극단적인 조치는 극단적인 시대에 어울리는 듯 보였다.

1798년 2월 15일 목요일, 제퍼슨은 애덤스와 함께 저녁 식사 자리에 참석했다. 제퍼슨은 '사람이 많았다'라고 회상했지만, 식사 후 두 사람은 짧게나마 대화를 나눌 수 있었다. 처음에는 물가 상승 이야기를 나눴다. 당연히 원인은 해밀턴의 '은행 지폐' 때문이라는 데 의견을 모았다. 그러다 대화는 곧 헌법과 공화정의 구조로 옮겨 갔다. 제퍼슨의 기록에 따르면, 애덤스는 이렇게 말했다. "상원이 없는 공화국은 절대 오래가지 못합니다. 상원은 대중의 모든 격정과 소란을 견딜 만큼 깊고 강하게 뿌리내린 존재여야 하지요. 자유를 지키는 일을 민중 대표 기관에 맡긴다? 그건 가장 터무니없는 망상입니다."

필라델피아에서 애덤스는 시위 군중 앞에 서서 자신의 정치철학을 드러내는 연설을 남겼다. "여러분의 호기심을 꺾거나 자유로운 탐구를 제한할 생각은 없습니다만, 감히 예언컨대 가장 부지런하고 공정하게 연구하더라도 여러분 중 가장 오래 사는 이조차 결국엔, 조상들로부터 물려받은 원칙, 제도, 교육 시스템보다 더 나은 것을 후손에게 물려줄 수 없다는 결론에 도달할 것입니다." 제퍼슨은 과거로의 회귀를 정당화한 애덤스의 관점을 받아들이기 어려웠다. 그것은 오랫동안 그의 마음을 뒤흔들어 놓았다.

제퍼슨에게 삶의 불완전함과 정치의 한계는 분명한 현실이었다. 그러나 동시에 그는 인간 정신의 무한한 가능성을 굳게 믿고 있었다. 그는 대통령이 되기 21개월 전 이렇게 썼다. "나는 대체로 인간의 본성을 긍정적으로 보는 사람입니다. 이미 밝혀진 사실들을 살펴보는 사람이라면 누구나, 모든 과학 분야에 아직 밝혀지지 않은 진리가 얼마나 방대한지 알 수 있습니다."

천문학, 식물학, 화학, 자연사, 해부학. 이 모든 분야는 '모든 이가 주의를 기울일 만한 학문'이라고 제퍼슨은 말했다. 그리고 이렇게 덧붙였다. "우리의 지성이 충분히 감당할 수 있는 미지의 영역들이 아직도 광활하게 남아 있습니다. 우리가 그 범위를 가늠조차 할 수 없을 정도로요." 그에게 인간 정신이 더 이상 진보할 수 없다고 믿는 것은 '비겁한 일'에 지나지 않았다.

제퍼슨이 그리는 미국의 비전은 매우 광범위했다. 특정한 시대가 아무리 훌륭한 성과를 냈을지라도, 미국의 비전은 절대 완결된 것이 아니었다. "이제 무대에서 퇴장하려는 이 세대는 수천 년 동안 세상을 짓눌러 온 전제 정치의 흐름을 멈춰 세우기 위해 싸워왔습니다.

그들은 인류에게 마땅히 찬사를 받아야 합니다." 그러나 제퍼슨은 분명히 경고했다. "그 흐름을 '멈춘 것'과 '완전히 없앤 것'은 전혀 다른 일입니다."

1798년 5월, 필라델피아에서는 외국인법을 지지하는 시민 약 1,200여 명이 거리 행진을 벌였다. 그들은 프랑스에 맞선 애덤스 행정부의 정책에 지지하는 성명을 전달했다. 애덤스는 5월 9일을 금식일로 선포했다. 독립혁명 당시 버지니아에서도 그러했듯, 금식과 기도는 정치적 동원 수단이라는 정치적 계산을 제퍼슨은 알고 있었다. 이날, 애덤스를 지지하는 연방 당원들과 공화당원들 사이에 폭력 사태가 벌어졌다. 뉴잉글랜드 공화당원 너새니얼 에임스는 자신의 일기장에 이렇게 냉소적으로 적었다. "애덤스의 금식일은 하늘의 권능을 끌어내어 프랑스를 치기 위한 계략이었다." 제퍼슨은 현 상황을 급히 정리해 이렇게 적었다. "충돌이 일어났고, 기마병이 출동했습니다. 지금은 아침이라 자세한 사정은 알지 못하지만, 이 모든 게 민중을 폭력으로 내몰려는 의도처럼 보입니다. 이곳은 빠르게 소란과 혼돈의 소용돌이로 변해가고 있습니다." 그의 눈에 비친 필라델피아는 마치 파리 혁명기의 광기를 연상시켰다.

제퍼슨은 음모론적인 심리에 빠져 있었다. "나는 필라델피아에서든, 여기서든, 어디서든 내 모든 움직임이 감시되고 기록되고 있다는 걸 압니다." 그는 자신의 편지들이 중간에서 열람당하고 있다고도 우려했다. 그야말로 혼란스러운 시기였다. 1798년 7월, 버지니아 상원 의원 헨리 태즈웰은 선동법이 '무자비한 분노로 집행될 것'이라며 두려움을 드러냈다. 같은 시기, 제퍼슨은 한 오랜 숙적의 귀환을 예상했다. 알렉산더 해밀턴이 뉴욕에서 상원의원직에 출마할 예정이었지만, 결국 후보로 나서지 않았다.

광기 어린 광경은 제퍼슨에게 원초적인 자연의 힘, 즉 열기를 떠올리게 했다. "정치와 당파적 증오는 이곳에서 모두의 행복을 파괴하고 있다." 그는 딸 팻시에게 보내는 편지에서 이렇게 썼다. "이 사람들은 마치 샐러맨더처럼, 불이 자기들의 본질이라고 여기는 것만 같구나."

1798년 4월, 제퍼슨은 재정적으로 벼랑 끝에 몰려 있었다. 그는 한 편지에서 이렇게 적었다. "지금 내가 마음대로 쓸 수 있는 돈은 50달러뿐입니다. 이게 당분간 내가 의지할 수 있는 전부예요." 그 시기, 그는 여동생 메리의 결혼 생활에 얽힌 끔찍한 진실도 알게 되었다. 그녀의 남편, 존 볼링은 심각한 알코올 중독자였으며 폭력적이었다. "볼링 씨는 만성적인 음주로 결국 자신과 재산, 가족을 전부 파괴하게 될 거야. 세상에 존재하는 모든 불행 가운데 이것이 가장 참혹하다." 그는 딸 폴리에게 이렇게 전했다. 그러나 제퍼슨은 이 사안에 대해 정서적 공감보다는 실용주의적 조언을 건넸고, 어쩌면 냉정하게 보일 정도로 이성적으로 접근했다. "내 여동생이 그의 잘못을 좀 더 인내심 있게 견뎌줬으면 한단다. 그러면 그는 술에 덜 집착하게 될 수도 있고, 적어도 그녀의 삶도 조금은 더 견딜 만해질 테니까. 우리가 반드시 견디고 지나가야 할 상황에 놓였을 때는, 마음을 다잡고 굳건히 맞서며, 가능한 한 전부를 그 상황에 맞게 조율해가는 것이 최선이다."

그해 1월 22일, 딸 팻시는 편지로 한 비보를 전했다. 제퍼슨과 샐리 헤밍스 사이의 두 살배기 딸 해리엇 헤밍스가 세상을 떠났다는 소식이었다. 하지만 편지 어디에도 그 아이의 출생 배경에 대한 언급은 없었다.

그로부터 1년쯤 뒤인 1799년 8월, 돌리 매디슨이 몬티셀로를 방문했다. 제퍼슨은 몬티셀로 공장에서 주문한 못 이야기, 미장 기술, 버지니아와 켄터키 결의안 등 여러 내용을 담은 편지를 써서 매디슨에게 전해달라고 부탁했다. 하지만 중요한 가정사에 대해서는 한마디도 하지 않았다. 비밀로 해야 했기 때문이다. 샐리 헤밍스가 또 임신한 상태였고, 이름조차 없는 딸이 1799년 12월 초에 태어났지만 오래 살지 못했다.

정국은 여전히 격렬하게 요동치고 있었다. 1798년 10월 제퍼슨은 이렇게 말했다. "XYZ 사건의 열기가 전국적으로 많이 가라앉았다는 소식을 들었고, 외국인 및 선동법은 여전히 강력하게 작용하고 있다. 어떤 주 의원들은 이번 기회에 강경한 입장을 취할 것 같다. 적어도 올리버파Oliverians는 그런 의도를 가지고 있을 것이고, 멍크파Monck와 가장 강력한 세력일지도 모를 캐벌리어Cavaliers는 아마도 지극히 자비로운 폐하, 조지 3세의 복위를 노리고 있는 것일 테지."

극심한 위기 속에서, 다시 등장한 것은 17세기 영국 내전의 언어와 그 왕당파의 결말이었다. 그 시대 극장의 비극에서 직접 끌어온 정치적 암시였다. 올리버파는 공화주의자들을 뜻했고, 멍크는 찰스 2세의 복위를 지지한 귀족이었으며, 캐벌리어도 마찬가지였다. 제퍼슨은 분명히 말하고 있었다. 지금 이 땅에, 군주의 귀환을 꾀하는 자들이 있다. 그 왕은, 이번엔 조지 3세였다.

외국인 및 선동법 체제에서 벌어진 검열과 기소는 도를 넘었다. 공화주의 성향의 언론인들이 체포되고, 기소되었으며, 단지 애덤스 행정부가 선동적이라고 판단한 기사들을 썼다는 이유만으로 재판에 넘겨졌다. 대표적인 사례로는 필라델피아의 《오로라》 편집장 벤저민 프랭클린 배치와 리치먼드의 《익스애미너》 편집장 제임스 톰슨 캘린더가 있었다.

언론인들만 표적이 된 것은 아니었다. 뉴잉글랜드 연방주의자들 사이에서 보기 드문 공화당원인 버몬트 출신 하원의원 매슈 라이언은 선동죄로 기소되었다. 그는 선동법이 통과되기 몇 주 전, 《버몬트 신문》에 쓴 편지에서 이 법에 반대 의견을 표명한 바 있었다. 매슈 라이언은 강경하지만 국가를 위협할 정도의 발언은 아니었다. "애덤스 대통령은 끊임없이 권력을 움켜쥐려 하며, 터무니없는 허영심, 어리석은 아첨, 그리고 이기적인 탐욕에 굶주려 있다." 아일랜드 혈통인 라이언은 연방주의자들로부터 '선동적인 외국인'이라 공격받았다. "전장에서 프랑스군 1만 명보다 우리에게 더 큰 위협이 될 수 있는 자이다." 공화당의 열의로 무장한 라이언은 기소되어 재판에 넘겨졌고, 워싱턴이 임명한 연방주의자 대법관 윌리엄 패터슨이 재판을 맡아 그에게 징역 4개월과 1천 달러의 벌금을 선고했다. 재판장 패터슨은 이렇게 말했다. "연방 입법부의 일원으로서, 라이언 당신은 정부를 향한 무분별한 남용에서 비롯되는 폐해를 잘 알고 있을 것이다."

제퍼슨은 격분했다. "내가 내 생각을 쓰는 것을 두려워해야 한다니, 내 나라가 이런 상태를 견뎌야 한다니, 무엇이 나를 더 슬프게 하는지 모르겠다. 하지만 라이언의 재판관들은 이제 국민이 두려워해야 할 존재가 되었다." 라이언 자신은 유죄 판결을 오히려 힘과 명예로 받아들였다. 그는 감옥에 수감된 채 의회 재선에 도전했고, 결국 당선되었다.

제퍼슨은 외국인 및 선동법을 보며 절망과 경악이 뒤섞인 감정을 느꼈다. 그는 뉴욕 총장 로버트 R. 리빙스턴에게 이렇게 편지를 보냈다. "우리가 겪어온 시대와 정서를 기억하는 사람이라면 과연 믿을 수 있을까요? 불과 짧은 시간 안에, 우리 혁명의 모든 행동을 이끌었던 자유를 향한 뜨거운 정신은 물론, 영국 휘그당의 기본 원칙조차도 무시되고 말았습니다. 이제는 '신뢰'와 '책임'이라는 허울을 쓴 토리당의 수동적 복종 원칙이 완전히 승리해버렸습니다."

언제나 싸움 한복판에 있었던 제퍼슨은 이번에도 조용히 있지 않았다. 그는 공화당 후보들이 출마하도록 물밑에서 설득했다. 1799년 초에는 존 페이지에게 하원의원 출마를 간청했다. "부디, 친애하는 친구여, 당선되기 위해 어떤 일도 빠뜨려서는 안 됩니다. … 단 한 표가 다수당을 가를 수도 있습니다." 더 극적인 움직임도 있었다.

제퍼슨은 켄터키 주의회가 외국인 및 선동법에 항의하도록 비밀리에 결의문을 초안했다. (매디슨도 버지니아에서 같은 일을 했다) 즉, 미국 부통령이 미국의 한 주를 통해 미국 대통령에게 공식적으로 항의하는 일을 추진한 셈이었다. 켄터키 결의문은 철저히 공화당다운 문서였지만, 제퍼슨은 자신이 그토록 사랑했던 연방의 결속을 위태롭게 할 수 있는 길에 깊이 들어가 있었다. 결의문에서 연방 법이 위헌이라고 판단된다면 주 정부가 이를 따르지 않을 권리, 즉 무효화라는 개념에 동의했다. 강력하고 효율적인 중앙 정부를 그토록 옹호하던 인물이 이제 혼란과 사실상 분열을 초래할 수 있는 수단을 제안하고 있었다.

철학적 관점에서 본다면, 국가주의자 제퍼슨과 무효화론자 제퍼슨 사이의 모순은 쉽게 조화되기 어려워 보인다. 하지만 성격과 정치라는 관점에서 본다면, 제퍼슨은 지극히 일관된 방식으로 행동하고 있었다. 그는 언제나 그때그때 자신이 추구하는 목적을 이루는 데 도움이 되는 수단을 지지했다. 연합 의회의 의원이었을 때는 그 회의의 권위가 존중받길 원했고, 주지사였을 때는 주지사의 권한이 강하길 바랐다. 지금은 연방정부의 일원이면서도 정부와 의견이 충돌하자, 주 정부가 더 큰 권한을 가져야 한다고 주장하고 있었다. 이론적으로는 일관되지 않았지만, 그의 정치와 국정 운영에는 일종의 '실용적 일관성'이 흐르고 있었다. 그가 바라는 세상을 만들기 위해, 합리적인 범위 내에서라면 어떤 수단도 마다하지 않는다는 점이다.

켄터키 공화당원이자 주 하원 의장이었던 존 브레킨리지는, 켄터키 상원이 무효화 문구에 난색을 보였다고 전했다. 브레킨리지는 이렇게 썼다. "상원에서는 의견 차이가 상당했습니다. 특히 '이 법률들에 대한 주 정부의 무효화가 정당한 구제 수단이다'라는 문장에서 말이죠." 이에 대해 제퍼슨은 한발 물러서는 태도를 매디슨에게 털어놓았다. "이 문제는… 사태를 극단으로 몰고 갈 필요까지는 없도록 처리하되, 상황에 따라 신중하게 밀어붙일 수 있는 여지는 남겨두는 방식이 좋다고 생각하오."

제퍼슨이 무효화라는 표현으로 지나치게 나갔다면, 이제는 당파의 본질을 더 균형 잡힌 시각으로 바라보는 듯했다. 1798년 6월, 그는 존 테일러에게 이렇게 썼다. "모든 자유롭고 숙고하는 사회에서는 인간의 본성상 반대 정파가 존재할 수밖에 없고, 격렬한 분열과 갈등이 생기기 마련이오. 그리고 그중 한쪽은 대개 일정 기간 우세하게 됩니다. 아마 이런 정파적 구분은 서로를 견제하고, 상대의 행동을 국민에게 설명하도록 유도하는 데 꼭 필요한 장치일지도 모르지요. 조금만 더 참으면, 마녀들의 통치도 지나가고, 그들이 걸어둔 주문도 사라지며, 국민은 마침내 다시 진실을 보는 눈을 되찾을 것이오."

8세기 말의 마지막 몇 해는 제퍼슨에게 불행한 시기였지만, 그는 절대 절망하지 않았다. 정치란 지극히 인간적인 영역이라는 사실을 알고 있었고, 가능한 적들과의 관계를 부드럽게 만들기 위해 애썼다. 라이언의 선동죄 재판을 주재했던 연방 대법관 윌리엄 패터슨은 이렇게 말했다. "제퍼슨이라는 사람을 직접 알고 나서도 개인적으로 그를 미워할 수 있는 사람은 없지요. 그를 정치적으로 나보다 더 반대했던 사람은 거의 없을 겁니다. 사실 나는 최근까지도 그를 정치인으로서뿐 아니라 인간적으로도 전혀 좋아하지 않았습니다." 하지만 두 사람은 어느 날 함께 여행하며 대화를 나눌 기회가 있었다. 서로를 좀 더 깊이 이해하게 된 것이다. "제퍼슨이 하는 말은 매우 인상 깊었습니다. 의견 차이가 있었지만, 그는 편견 없이 공정하게 사고하는 사람이었어요."

1799년 1월, 제퍼슨은 엘브리지 게리에게 보내는 편지에서 자신의 정치적 신념을 이렇게 밝혔다.

나는 종교의 자유를 지지하며, 하나의 종파가 다른 종파 위에 법적으로 군림하려는 모든 시도에 반대하오. 공직자들의 행위에 정당하든 부당하든 시민들이 불만이나 비판을 제기할 때, 이성적인 논의가 아니라 강제력으로 침묵시키려는 모든 헌법 위반 행위에 저는 반대하오. 나는 과학의 모든 분야에서 발전을 장려하는 편이며, 철학이라는 신성한 이름을 마치 해악이라도 되는 양 매도하는 분위기를 조장하는 데 반대하오. 그리고 나는 앞으로 나아가기보다 정부, 종교, 도덕, 그 외 모든 학문이 인류의 무지로 가득 찼던 시대에 완성되었으며, 선조들이 만든 제도보다 더 나은 것은 결코 있을 수 없다고 믿는 생각에 사로잡혀 진보를 위해 나아가기보다 오히려 과거로 돌아가야 한다고 믿는 태도에 반대하오. 내 마음속에서 가장 소중한 존재는 내 조국이오. 내 가족도, 내 재산도, 내 존재 자체도 모두 그 조국에 걸려 있으니까 말이오. 나는 미국 밖의 어떤 이익도, 어떤 애착도, 어떤 우선순위도 두고 있지 않소. 어느 나라든, 오직 우리에게 더 우호적인 정도에 따라서만 그 나라에 대한 선호가 달라질 뿐이오.

그렇다고 해서 제퍼슨은 몽상가로만 머물러 있지 않았다. 외국인 및 선동법을 비롯한 여러 조치를 비판하는 글을 친구들에게 의뢰했고, 매디슨과는 여론 전략을 논의했다. 제퍼슨은 이렇게 말했다. "지금 국민의 마음은 공화당의 논리에 열려 있다. 올여름이야말로 체계적인 행동과 희생이 필요한 시기임을 절실히 느낀다. 그 무기는 언론이다." 그는 공화당 팸플릿을 제임스 먼로에게 보내며 배포를 요청했다. "이것들을 우리 동포 중 가장 영향력 있는 인물들에게 전해주시오. … 다만, 내 이름이 이 일에 조금이라도 연루되었다는 흔적이 남지 않도록 해주시오." 또 다른 경우에는 버지니아 공화당 위원회 위원장에게 소책자 배포를 부탁하면서 이렇게 썼다. "이 소책자들의 출처가 나라는 사실은 당신만 알고 있기를 믿소."

제퍼슨은 부통령으로서 할 수 있는 일에는 한계가 있었다. 1799년 2월, 존 테일러는 제퍼슨에게 이렇게 썼다. "정부의 수장이 확고한 인물이라면 엄청난 의미를 지닙니다. 존재 자체만으로 여론에 끼치는 영향력이 막대하기 때문이지요." 표면적으로는 주지사를 말한 것이었지만, 그 의미가 대통령직을 겨냥하고 있다는 사실은 그도, 제퍼슨도 분명히 알고 있었다.

30장 애덤스와 제퍼슨의 재대결

"내가 이 말을 하지 않는다면 내 감정에 불성실한 셈이 될 것입
니다. 공화주의를 지지하는 동포들이 나를 그들의 권리를 맡길
수 있는 안전한 사람으로 여겨주었다는 사실은 내 인생에서 가
장 큰 위안이자 자긍심이었습니다."

—토머스 제퍼슨

그리 세련된 전략은 아니었지만, 효과는 있었다. 1799년 2월 25일 월요
일, 하원에 있던 공화당 의원들은 외국인 및 선동법을 비판하는 청원을 다
룰 계획이었다. 근소하지만 충분한 의석을 가진 연방당은 그에 앞서 당내
회의를 열었다. 제퍼슨이 매디슨에게 전한 말에 따르면, '상대가 무슨 말을
하든 그에 대해 한마디도 하지 않기로' 결정했다.

그날 하원 회의장에서, 스위스 출신으로 펜실베이니아를 대표하던 공
화당 하원 대표 앨버트 갤러틴이 외국인법을, 버지니아 출신 존 니컬러스
가 선동법을 각각 비판하며 발언에 나서자, 다수당인 연방당은 아주 원초
적인 방식으로 의사진행을 방해했다. 그들의 연설은 말 그대로 소음에 파

묻혔다. 연방당 의원들은 큰 소리로 잡담을 시작했고, 웃고, 콜록거리며 연설을 방해했다.

하원 안은 소란과 소음으로 가득했고, 공화당 의원들은 무력감을 느꼈다. '의사진행이 불가능했다'라고 제퍼슨은 말했다.

알버말 지역의 몬티셀로에서 봄을 보내던 제퍼슨은 애덤스가 '대통령 직속의 군대 혹은 민병대'를 창설할 것이라 우려했고, 그렇다면 '헌법을 무시하는 무력행사가 계획되고 있음이 틀림없다'라고 확신했다. 제퍼슨은 새로 편성된 연대들을 실질적으로 조종할 사람은 해밀턴일 것이라고 믿었다. 그는 1799년 4월에 이렇게 썼다. "해밀턴이 이끄는 군대가 해산될 수는 있을까?" 논쟁은 점점 더 격해졌다. 하원에서는 제퍼슨의 사촌이자 로어노크 출신 의원 존 랜돌프가 상비군 창설에 강하게 반대하며, 정규군을 '용병 집단'이자 '거렁뱅이 부대'라 비난했다. 다음 날 저녁, 해병대원 두 명이 뉴 시어터New Theater 앞에서 랜돌프에게 시비를 걸었다. 제퍼슨의 말에 따르면 '랜돌프를 밀고, 코트를 잡아당겼다.'

18세기가 저물 무렵, 대통령 선거는 미국 정치에서 사상과 인물 간 투쟁의 최종 격전장이 되었다. 제퍼슨은 다시 대통령직에 도전하기로 결심했다. 그는 자신이 '마녀들의 지배'라고 불렀던 지난 시절을 충분히 겪었고, 공화주의가 위기에 처해 있다는 확신을 더욱 굳혔다.

이번 선거에 전부가 걸려 있다고 느꼈다. 한 기자는 뉴욕 세인트 앤드루스 클럽 만찬 자리에서, 해밀턴이 존 애덤스보다 조지 3세 국왕에게 더 큰 환호와 건배를 이끌었다고 전했다. 1800년 3월, 제퍼슨은 이렇게 말했다. "선거가 어느 쪽 손을 들어줄지는 누구도 예측할 수 없다."

과장된 언사들이 난무했다. 공화당 입장에서 애덤스는 왕이 되려는 인물로 보였다. 한 공화당 인사는 이렇게 썼다. "미국인들은 연방의 최고 행정관이 대통령이 아니라 왕이 되는 것을 절대 용납하지 않을 것이다." 반면 연방당에게 제퍼슨은 위험한 불신자였다. 《미국 관보》는 유권자들에게 이렇게 말했다. "신 그리고 종교적인 대통령을 선택하든가, 아니면 신 없는 세상과 제퍼슨을 택하라."

하지만 종교적 자유를 지향하는 제퍼슨의 입장은 더 온건한 유권자들에게는 큰 호응을 얻었다. 뉴저지의 공화당원들은 제퍼슨의 반대자들이 그를 공격하는 데 종교를 이용하고 있다며 이렇게 주장했다. "제퍼슨은 광신자가 아니고, 퀘이커든, 침례교도든, 감리교도든, 어떤 교파든 다른 교단 목사의 급여를 대신 부담하게 하려 하지 않기 때문이다. 그가 화체설을 믿는다고 해서 가톨릭 신자를 추방해야 한다고 생각하지 않고, 아브라함과 이삭, 야곱의 신을 믿는다고 해서 유대인을 배척해야 한다고 생각하지 않기 때문이다."

그럼에도 제퍼슨의 비전통적인 신앙을 향한 종교적 비난은 끊이지 않았다. 연방 대법원 판사이자 열렬한 연방 당원이었던 새뮤얼 체이스는 법정에서 배심원들에게 '연설을 늘어놓았다'. 제퍼슨의 동료 제임스 먼로에 따르면 그 내용은 동부 지역에서 나돈 중상모략을 반복하는 식의 암시들이었다. 체이스는 엄숙하게 이렇게 말했다. "나는 무신론자가 법정에서 증언하는 것을 절대 허락하지 않을 것이다." 제퍼슨을 겨냥한 발언이었다.

체이스는 또 스코틀랜드 출신 언론인이자 열렬한 공화당원 제임스 톰슨 캘린더를 선동죄로 기소하고 재판에 회부하려 했다. 제퍼슨은 그에게 재정 지원을 한 적이 있었다. 기소의 직접적인 원인은 《우리 앞에 놓인 전망The Prospect Before Us》이라는 책 때문이었다. 제목은 고상했지만, 논조는 날카로웠다. 캘린더는 책에서 이렇게 썼다. "지금껏 애덤스 정권은 악의에 찬 격정이 휘몰아치는 폭풍 그 자체였다. 대통령으로서 그는 입을 열거나 펜을 들 때마다 위협과 힐난밖에 하지 않았다. 그의 행정부는 서로 싸우는 정파 간 분노를 부추기고, 자기와 견해가 다른 사람은 누구든 비방하고 파멸시키는 데 온 힘을 쏟았다. 그리고 슬프게도 성공했다. 애덤스는 사회적 유대를 파괴하고, 신뢰와 우정이 무너진 잔해 속에서, 인생이라는 어두운 희극 속 단 하나 남은 행복의 빛마저 꺼뜨렸다."

제퍼슨은 캘린더에게 이렇게 전했다. "이 책은 틀림없이 큰 반향을 불러일으킬 걸세."

이 책을 읽고 나서 아비가일과 존 애덤스는 분노로 부글부글 끓었다.

조지 워싱턴은 1799년 12월 버넌산에서 세상을 떠났다. 제퍼슨은 사적으로 옛 대통령을 매우 걱정하고 아꼈지만, 두 사람은 정치적으로 너무 멀어졌기 때문에 워싱턴의 생애를 기리는 여러 행사에 참석하기보다 몬티셀로에 머무르는 것이 현명하다고 판단했다. 제퍼슨은 워싱턴의 타고난 지도력을 존경했지만, 동시에 이제 그는 연방당의 상징이 되어버렸고, 제퍼슨 생각에는 연방당은 미국을 잘못된 방향으로 이끌고 있었다.

두 사람의 관계는 언제나 복잡했다. 제퍼슨은 공화당이 초대 대통령을 공격하는 상황에서 워싱턴과 충돌을 피하려고 필립 프레노와 《내셔널 관보》를 지지하는 마음을 워싱턴에게 솔직히 밝히지 않았었다. 워싱턴의 정치적 '아들'로 떠오른 사람은 제퍼슨이 아니라 해밀턴이었다. 워싱턴이 죽은 후 해밀턴은 이렇게 말했다. "아마 이 나라의 정치 사회에서 저만큼 그분의 죽음을 애통해하는 사람은 없을 것입니다. 저는 장군님의 친절에 크게 빚을 졌고, 그분은 저에게 매우 중요한 방패와도 같았습니다."

워싱턴을 향한 찬사들이 물밀듯 쏟아지자, 프레노는 그 분위기를 견제하기 위해 몇 편의 시를 썼다.

어떤 말도, 어떤 글도 다 말할 수 없네
한 무리의 군중이 얼마나 광기에 사로잡혔는지를.
그들은 병든 상상력에 이끌려
죽은 자의 기억을 오히려 모욕하네.

그는 신이 아니야, 아첨하는 자들이여.
세계를 다스린 것도, 바다를 지배한 것도 아니지.
하지만 높이 기릴 수 있다면 기려보라.
그는 정직하고 올곧은 사람이었어.
그게 그의 영광이었고,
네가 숭배하는 그 모든 칭호보다 빛났지.
그는 이 굳센 토대 위에 섰고,
그런 덕이 가라앉던 나라를 구했네.

제임스 매디슨 역시 연방당의 행태에 어두운 경고음을 울리고 있었다. 1800년 4월, 그는 제퍼슨에게 이렇게 썼다. "선거 시점이 다가오자 드러내는 공포만 봐도, 어떤 필사적인 수단을 써올지 충분히 짐작이 갑니다." 제퍼슨은 여동생 마사 카에게 보낸 편지에서, 선동법이 1800년 대선과 직결되어 있다고 말했다. "이번 선거에서 대통령직의 향방을 가를 캠페인을 위해, 중상모략의 포문이 완전히 열렸다. 상대 진영은 인쇄업자들을 격렬하게 공격하기 시작했어. 자기들만의 무대로 만들고, 반격의 기회를 아예 막아버리려는 거지." 또 딸 팻시에게는 이렇게 말했다. "상대는 사라지고 있는 권력을 인식하기 시작했단다. 그래도 여전히 그 권력을 밀어붙이며, 스스로 권좌에 붙들어 매기 위한 법안을 통과시키려 하고 있지."

그럼에도 제퍼슨은 국민의 '건전한 판단력'에 진심 어린 희망을 품고 있었다. 그에게 민주주의는 단지 겉치레가 아니라, 확고한 신념이었다. 국민을 교육하면, 결국에는 대부분 옳은 길을 찾게 될 것이라고 믿었다.

1800년, 제퍼슨은 확신에 차 있었다. 연방당의 '광기와 과장'은 이제 너무 노골적이고 명백해서, 유권자들을 더는 속일 수 없을 거라고 보았다. 그는 이렇게 말했다. "모든 주의 국민이 공화주의 형태, 공화주의 원칙, 소박함, 검약, 종교 및 시민의 자유를 원하고 있습니다."

　5월 초, 애덤스는 내각을 일부 개편했다. 그는 국무장관 자리에 티머시 피커링 대신 존 마셜을 지명했고, 전쟁부 장관에 제임스 맥헨리의 후임으로 새뮤얼 덱스터를 임명했다. 애덤스는 그동안 워싱턴 시절의 내각을 그대로 유지한 탓에 정부 운영에 충분한 통제력을 발휘하지 못했던 지난 시기의 실책을 이제야 만회하려 했다. 애덤스는 또한, 제퍼슨이 '대통령 직속 민병대'라고 불렀던 부대를 해산했다. 사위 토머스 만 랜돌프 주니어에게 보낸 편지에서 제퍼슨은 이렇게 적었다. "연방당은 선거가 다가오자, 조금이라도 인기를 얻어보려 애쓰고 있네. 그래야 선거가 끝난 후 4년 동안, 다시 그 인기마저 무시한 채 권력을 휘두를 수 있으니까 말이지."

　1800년 7월 4일 독립기념일을 앞두고, 《볼티모어 아메리칸》지는 제퍼슨이 몬티셀로에서 이틀 동안 앓다가 사망했다는 소문을 보도했다. '48시간의 증상'이라는 구체적인 세부 사항 덕분에 이 보도는 신빙성을 얻었고, 곧 여러 신문에서 같은 내용을 따라 썼다. 《미국 관보》는 이 소문이 '꽤 믿을 만한 것으로 보인다'라고 논평했다. 하지만 7월 6일쯤, 제퍼슨이 건재하다는 사실이 드러났고, 뉴욕에 있던 프랑스의 경제학자 피에르 새뮤얼 뒤퐁 드 느무르는 제퍼슨에게 편지를 썼다. "저는 이 대륙에서 가장 위대한 인물, 양쪽 세계 모두에 가장 도움이 될 수 있는 이성의 소유자를 잃은 줄 알았습니다. 몇 날 며칠 동안 절망 속에서 보냈습니다."

　한편, 연방당 지지자들이 많은 코네티컷주 샤런에서는 연방당 목사 코튼 매더 스미스가 몇몇 사람들과 저녁 식사를 하던 중, 제퍼슨 지지자인 유라이어 맥그레고리와 이야기를 나누었다. 맥그레고리는 나중에 목사를 '골수 연방당 정치인 같았다'라고 회상하며, 그 자리에서 자신에게 이렇게 물었다고 전했다. "당신은 정말로 제퍼슨 씨가 대통령 자리에 앉는 걸 보고 싶은 겁니까?"

　맥그레고리가 '그렇다'라고 대답하자, 스미스 즉각 '다른 온갖 악의적인 독설과 함께' 제퍼슨을 향한 장황한 비난을 쏟아냈다. 목사는 이렇게 주장했다. "제퍼슨은 사기와 강탈로 재산을 얻은 인물입니다. 제가 사례를 들어보죠. 유산 집행인으로서 과부와 아이들을 속여 가장을 잃은 가족의 재산을 가로챘습니다. 원래 그 유산은 1만 파운드(파운드 스털링)에 달했지만, 그 가치를 알고도 자신은 재산을 챙기고, 그들에게는 가치가 40분의 1밖에 되지 않는 명목상의 지폐로 지급했다죠." 맥그레고리는 그 말을 믿지 않았고, 그렇게 못 믿겠다고 분명히 밝혔다. 그러자 스미스는 단언했다. "그건 사실이며 증명할 수도 있습니다."

1800년 7월, 맥그레고리는 제퍼슨에게 보낸 편지에서 그날 저녁 식사 자리에서 벌어진 공격이 얼마나 보기 드문 일이었는지 언급했다. "저는 선생님께서 이 주에서 많은 모욕을 당하셨다는 걸 압니다. 신중히 조사해본 바로는 그 모욕들은 정당하지 않고 악의적이었습니다. 하지만 이번처럼 선생님의 재정적 정직성을 의심하는 최악의 비난은 본 적이 없습니다." 그는 제퍼슨이 이와 같은 혐의를 알기를 바랐고, 직접 반박할 수 있기를 희망했다. "저는 이 끔찍한 주장을 인용하면서 그것을 명확하고 완전하게 반박하는 글을 발표할 수 있는 권한을 갖고 싶습니다."

제퍼슨은 모든 혐의를 부인하며, 그런 주장은 근거가 없다고 일축했다. 그는 이러한 소문이 퍼지는 것을 안타까워했다. 제퍼슨은 결국 '거짓 증인은 자신이 퍼뜨린 중상모략을 심판받는 날이 올 것'을 믿으며 이를 견뎌내야 한다고 생각했다.

1800년 가을, 버지니아주 헨리코 카운티에서 노예 가브리엘이 반란을 조직했으나 실행 당일 밤에 발각되어 무산되었다. 이 거대한 음모는 리치먼드, 노퍽, 피터즈버그 일부를 장악하기 위해 다수의 인원을 끌어모으고 있었다. 하지만 백인 당국은 무자비하게 대응했고, 결국 공모자 26명이 교수형에 처해졌다.

리치먼드 감옥에 수감 중이던 제임스 캘린더는 제퍼슨에게 이렇게 전했다. "그들의 계획은 남녀노소를 가리지 않고 모든 백인을 학살하고, 봉기에 동참하지 않는 흑인들마저 죽인 뒤, 도시에서 약탈해 산으로 도망치는 것이었다고 합니다. 남편과 함께 가지 않겠다고 거부한 아내들 역시 다른 사람들과 함께 도살당했을 것이라고 하더군요. 이런 생각은 정말로 '아프리카인의 심장'에나 나올법한 발상 아닙니까!"

생도맹그에서 벌어진 전쟁처럼, 가브리엘의 음모로 제퍼슨은 평소 생각하던 흑인과 백인이 자유민으로서 가까이 어울려 살아가는 사회는 지속될 수 없다는 믿음을 더욱 굳건히 하는 계기가 되었다. 이 사건 이후, 버지니아 사회는 노예들의 폭력에 대한 공포에 휩싸였고, 이에 따라 주 하원은 제퍼슨에게 요청했다. 미국 흑인들을 받아들일 수 있는 외국 땅이 있는지 알아봐 달라는 것이었다. 이에 따라 시에라리온 회사Sierra Leone Company와의 협상이 추진되었지만, 여러 이유로 무산되었다.

정치적으로 뉴욕에서 공화당의 선전을 목격한 알렉산더 해밀턴은 불만스러워했다. 본인의 고향에서 에런 버의 지휘로 공화당이 세력을 넓히고 있었기 때문이다. 1800년 봄, 뉴욕 선거 결과는 사실상 제퍼슨이 말한 대로 공화당이 '그들의 입법부에서 압도적인 다수를 차지'하며 대통령 선거인단 투표를 장악할 수 있는 기반을 마련해주었다. 당시에는 뉴욕을 포함한 11개 주에서 주의회가 대통령 선거인단을 선출했으며, 전체 16개 주 가운데 유권자 직접 투표로 선거인을 뽑는 곳은 오직 5개 주에 불과했다. 뉴욕의 공화당 승리에 대해 에드워드 리빙스턴은 이렇게 보고했다. "토리파 의원들의 얼굴에는 어두우면서도 의미심장한 침울함의 그림자가 드리워져 있었습니다."

해밀턴은 장인 필립 스카일러와 함께 당시 뉴욕 주지사였던 존 제이에게 로비를 시작했다. 새로 들어설 공화당 다수파가 정식으로 의회 권력을 장악하기 전에, 뉴욕주의 선거법을 개정해 사실상 선거 결과를 뒤집자는 제안이었다. 전형적인 해밀턴의 방식이었다. 그는 제이에게 이렇게 썼다. "지금 우리가 살고 있는 이처럼 중대한 시대에는, 지나치게 원칙론적이어서는 안 됩니다." 그가 말한 진짜 목표는 분명했다. "종교적으로는 무신론자이고, 정치적으로는 광신적인 자가 국정의 키를 잡는 것을 막는 것이 우선입니다."

그러나 주지사 제이는 전혀 흔들리지 않았다. 그는 해밀턴이 보낸 편지 여백에 덧붙여 이렇게 적었다. "당리당략을 위한 제안은 나로서는 받아들이기 어려운 일이라 생각합니다." 그리하여 공화당의 뉴욕 승리는 그대로 유효하게 유지되었고 이로써 해밀턴의 정적에게 대통령직으로 가는 길이 열리게 되었다.

뉴욕 선거 결과가 전해진 날, 제퍼슨은 다른 용무로 필라델피아에서 존 애덤스 대통령과 조우했다. 제퍼슨에 따르면, 대통령은 뉴욕에서의 공화당 승리에 꽤 민감하게 반응했고, 그 자리에서 제퍼슨에게 말을 걸어왔다. "자, 이번 선거에서는 자네가 나를 이긴다고 들었네. 자네가 대통령이 된다면, 난 그 누구보다 충성스러운 국민이 될 것이야." 제퍼슨은 이렇게 화답했다고 회상한다. "대통령 각하, 이건 당신과 저 사이의 개인적인 싸움이 아닙니다." 그리고 제퍼슨은 말을 이어갔다.

정부라는 주제를 두고, 두 가지 원칙 체계가 우리 시민들을 양당으로 나누고 있습니다. 하나는 대통령 각하께서 동의하시고, 다른 하나는 제가 지지합니다. 우리는 지금 살아 있는 사람들보다 오랫동안 공적 무대에 있었기 때문에, 우리의 이름이 비교적 더 널리 알려져 있습니다. 그래서 이 두 당파 중 하나는 당신의 이름을 대표로 내세우고, 다른 하나는 제 이름을 내세운 것일 뿐입니다. 만약 오늘 우리 둘 다 죽는다고 해도, 내일이면 곧바로 다른 두 이름이 우리의 자리를 대신할 것이며, 그 정치 기계의 움직임에는 아무런 변화도 없을 것입니다. 그 움직임은 당신이나 저 때문이 아니라 그 원칙 자체로부터 비롯되는 것이기 때문입니다.

애덤스가 답했다. "우리가 그저 수동적인 도구에 불과하다는 부통령의 말이 맞는 것 같소. 그러니 이 문제로 인해 우리 개인적인 감정까지 흔들리게 해서는 안 되겠지요."

하지만 제퍼슨의 시각에서 보자면 애덤스는 얼마 안 가 이 문제를 올바르게 인식하지 못하게 되었다. 제퍼슨은 이렇게 회상했다. "연방당은 정권을 빼앗긴 데 대한 상심과 분노로 매일 나에 대한 수많은 중상모략을 꾸며냈고, 그 음모들이 그들의 정치 책사들을 통해 애덤스에게 전해져 어느 정도 그의 인식에 영향을 끼쳤다고 늘 믿어왔소."

제퍼슨의 판단은 옳았다. 연방당은 결코 조용히 물러나지 않았다. 당시에는 사우스캐롤라이나 출신의 또 다른 핑크니 형제를 내세워 애덤스와 러닝메이트로 출마해 정국을 흔들려는 움직임이 있었다. 1796년에는 토머스 핑크니였고, 1800년에는 그의 형 찰스 코츠워스 핑크니가 그 역할을 맡았다. 즉, 1796년 대선 전략을 다시 꺼내든 셈이었다. 당시 선거법상, 대통령 선거인단은 두 명에게 투표하되, 누가 대통령이고 누가 부통령인지 지정할 수 없었다. 이에 따라, 해밀턴 같은 반애덤스 성향의 연방 당원들은 사우스캐롤라이나의 선거인단이 자신들의 지역 출신인 핑크니와 제퍼슨에게 표를 던지기를 기대했다. 만약 그렇게 된다면, 핑크니는 애덤스가 이긴 주에서 얻는 표와 사우스캐롤라이나에서의 지지를 결합해 전체 선거에서 승리할 가능성도 있었다.

해밀턴은 1800년 5월에 한 동료 연방 당원에게 말했다. "애덤스와 핑크니를 똑같이 지지하는 것만이 우리를 제퍼슨의 이빨에서 구할 수 있는 유일한 방법이다." 제퍼슨은 연방당의 이런 전략을 '속임수 같은 술책'이라 불렀지만, 만약 모든 상황이 해밀턴의 의도대로 흘러간다면, 자신의 입지가 크게 흔들릴 수 있다고 보았다.

애덤스는 사방에서 공격받고 있었다. 1800년 10월, 해밀턴은 미국의 2대 대통령을 강하게 비판하는 글을 발표했다. '존 애덤스 씨, 미국 대통령의 공적 행위와 인격에 관한 알렉산더 해밀턴의 편지'라는 제목의 글에서 해밀턴은 이런 주장을 펼쳤다. "애덤스 씨는 정부를 이끌 재능을 갖추지 못했으며 그의 성격에는 치명적인 결함이 있어 최고 통치자로서 적합하지 않다." 영국에 있던 외교관 루퍼스 킹에게 편지를 쓴 뉴욕 연방 당원 로버트 트룹은 해밀턴과 애덤스 간의 분열이 연방당의 희망에 치명적이라 생각하며 '우리의 적들이 온통 승리를 자축하고 있다'라고 말했다.

그러나 해밀턴은 잃을 것이 거의 없다고 생각했다. "만약 우리가 정부의 수반으로 적을 맞이해야 한다면 우리가 반대할 수 있고, 우리 당이 그의 어리석고 잘못된 정책으로 망신당하지 않을 사람이어야 한다."

1800년 가을은 제퍼슨에게 가장 중대한 시기였다. 불안과 희망이 뒤섞인 격동의 시간이었다. 그는 이제 거의 완전한 권력을 쥐고, 국민의 지지를 받고, 찬란한 승리를 눈앞에 두고 있었다. 그러나 그 순간의 감정은 매우 격렬했다.

몬티셀로에서 그는 실존주의적인 걱정에 빠졌다. 제퍼슨은 비밀 메모에 이렇게 적었다. "나는 때때로 내 나라가, 내가 살아온 것으로 더 나아졌는지 자문하곤 했다. 잘 모르겠다. 내가 한 일들이 있지만, 그것들은 어차피 다른 누군가가 이뤘을 테고, 어쩌면 조금 늦게라도 이루어졌을 수도 있다." 그는 자신이 버지니아주 의회 시절 리배나강의 항로 개선, 독립선언서 작성, 버지니아 법률 개정 작업, 미국에 올리브 나무를 들여온 일을 열거했다.

서서히 각 주의 선거 결과가 몬티셀로에 전해졌다. 공화당이 필요한 곳에서 승리하며 남부를 장악했고, 펜실베이니아와 뉴욕에서도 좋은 성과를 내고 있었다. "민주주의 원칙이 분명히 확산하고 있는 것 같다." 전 국무장관 티머시 피커링은 씁쓸해했다.

사우스캐롤라이나에서 핑크니를 뽑으려던 계획이 실패하고 제퍼슨이 대통령이 될 가능성이 높아졌다는 소식을 들은 뉴잉글랜드의 한 목사는 이렇게 썼다. "이보다 더 충격적인 나쁜 소식은 들어본 적이 없습니다."

1800년 12월 12일 금요일, 제퍼슨은 결과에 상당한 자신감으로 자신이 곧 미국의 차기 대통령이 될 것이라고 비공식적으로 선언했다. 토머스 만 랜돌프 주니어에게 이렇게 편지를 보냈다. "이제 선거는 거의 결정된 것으로 봐도 무방하다." 델라웨어 공화당원 시저 A. 로드니는 기뻐하며, 제퍼슨의 당선이 애덤스 행정부 시절의 '폭풍과 회오리' 같은 혼란의 끝을 알린다고 확신했다.

그렇지만, 제퍼슨은 연방당의 함정을 계속 경계했다. 에런 버에게 이렇게 전했다. "몇몇 고위 연방 당원들은 두 공화당 후보가 동점을 이루길 바라며, 만약 그렇게 된다면 하원에서 대통령 선출을 막을 결심을 하고 있소. (그만큼 그들은 강력한 힘을 가지고 있지요) 그리고 정부가 상원 의장에게 넘어가도록 하려 하오."

12월에 매디슨에게 보낸 편지에서 제퍼슨은 이렇게 말했다. "동점 가능성으로 인해 이곳 공화당원들 사이에는 큰 불안과 침울함이 퍼졌고, 연방당은 이에 기뻐하며 헌법을 무리하게 해석해 선거를 방해하고 임시 상원 의장을 대통령으로 임명하겠다고 공개적으로 선언했소. 그래서 2월에는 새로운 양상의 격랑이 일어날 것으로 보이는군."

불확실한 것들이 너무 많았다. 매사추세츠 연방 당원 조지 캐벗은 1800년 12월 28일 일요일에 루퍼스 킹에게 이렇게 썼다. "어떤 자코뱅파들은 제퍼슨 씨가 그들의 뜻대로 정부를 운영하지 않을까 두려워하고, 또 어떤 이들은 비난하고 흠집 내기는 쉽고 즐거웠지만 실제로 통치하고 정당성을 입증하기는 어렵다고 생각합니다. 그들은 자신이나 친구들에게 책임을 지려 하지 않고, 또 다른 이들은 버가 대통령이 되는 것을 두려워합니다."

이 상황을 군주제와 공화주의 사이의 더 큰 투쟁으로 보는 이들도 있었다. 존 랜돌프(로어노크 출신)는 1800년 12월 16일 화요일 메릴랜드의 조지프 니컬슨 의원에게 이렇게 썼다. "우리 토리당파 사람들은 이미 동점 가능성에 기대어 자신감을 드러내기 시작했습니다. 저는 그런 상황이 우리에게 약간의 골칫거리가 될까 두렵습니다. 동시에 군주제를 신봉하지 않는 사람들에게는 당의 평판이 나빠지게 될 것입니다."

일부 연방 당원들은 정치적, 정책적 양보를 대가로 버를 지지할 생각을 하기도 했지만, 버는 겉으로 제퍼슨에게 반대하는 행동을 보여주지 않았다. 버는 제퍼슨에게 말했다. "만약 투표가 동률로 나와도 전혀 곤란하지 않을 것입니다. 저와 가까운 친구들은 제 뜻을 정확히 알기에 단 한 표도 당신에게 향하는 표를 빼앗을 생각이 없습니다. 오히려 제 친구들은 당신의 가장 열렬한 지지자들일 것입니다." 버가 제퍼슨을 배신하려 했다는 증거는 없지만, 제퍼슨은 곧 그가 신뢰할 수 없고 바람직하지 않은 동맹이라고 생각하게 되었다. 제퍼슨은 사위 존 웨일스 에페스에게 1800년 선거의 최종 결과는 '도무지 이해할 수 없는 일이었다'라고 말했다.

1801년 1월 5일 월요일, 티머시 피커링은 이렇게 썼다. "대통령은 깊은 낙담에 빠져 있으며, 그의 처지가 부러울 사람은 없습니다. 경솔한(완곡한 표현입니다) 조치들로 인해 우리나라 전체가 혼란과 침체에 빠졌고, 많은 통찰력 있는 연방 당원들조차 그의 재선과 제퍼슨의 대통령 취임 중 어느 쪽이 더 우려스러운지 의문을 품고 있습니다."

공화당원들은 연방당이 민심을 거스르는 것을 걱정했다. 1800년 12월 말 한 특파원은 공화당원 존 브레킨리지를 향해 이렇게 썼다. "지금 가장 두려운 것은 선거인단 투표가 제퍼슨과 버에게 동률로 나오고 동부 주들이 버를 선택할 가능성입니다. 연방당이 버를 선택하는 이유는 그가 진정으로 가장 유능해서가 아니라, 제퍼슨이 민중의 선택인 까닭에 국민의 뜻이 실현되지 못하게 막으려는 데 있습니다. 이러한 태도는 분명 악의적이고 반하는 것이지만, 연방당이 못할 일이나 시도하지 않을 일이 과연 무엇이겠습니까?"

한 해가 안개와 미스터리에 갇혀 끝났다. 제퍼슨은 크리스마스 다음 날 매디슨에게 이렇게 편지를 보냈다. "연방 당원들은 선거를 방해하고 정부를 최고 재판관 제이나, 혹은 국무장관 마셜에게 넘기는 법안을 통과시키려 하는 듯하오. 하지만 나는 메릴랜드와 뉴저지가 이미 공화당이 다수인 7개 주 대열에 합류할 거라고 본다네." 1800년 12월 마지막 일요일, 모든 투표가 완료되었다. 결과는 상원 의장 제퍼슨에게 돌아갔다.

결과는 동률이었다.

1801년 1월 2일, 제임스 맥헨리는 루퍼스 킹에게 중대한 질문을 던졌다.

"이 모든 상황이 결국 어디로 귀결될 것인가?"

31장 **절박한 정세**

"소문은 무성하고, 음모는 들끓는다."

—구버너 모리스

"누가 선택을 받을지는 전혀 알 수 없다."

—존 마셜

1800년에서 1801년 사이의 워싱턴 D.C.는 임시방편으로 꾸려졌다. 6~7곳의 하숙집이 제퍼슨이 묵고 있던 콘래드 앤 맥먼 하숙집과 경쟁하고 있었다. 필라델피아에서 온 한 구두장이가 국회의사당 근처에 최근 가게를 열었고, 서점도 들어섰다. 벤저민 W. 모리스 앤드 컴퍼니 식료품점에는 마데이라 와인, 브랜디, 증류주는 물론 비누, 램프용 기름, 헤어 파우더까지 판매하고 있었다. 캐피털 힐 구역Capitol Hill 측면은 여전히 우거지고, 숲으로 덮여 있었고, 사냥감으로 가득했다.

상원에서 의장직을 수행하며, 제퍼슨은 상원과 숙소를 오가며 평정을 유지하려 애썼다. 하지만 쉽지 않았다. 하루하루 무슨 일이 벌어질지 누구도 알 수 없었다. 제퍼슨은 사위에게 편지를 보냈다. "선거 결과는 여전히 불확실하다."

한때는 동맹이었던 에런 버가 이제 잠재적인 위협처럼 보이기 시작했다. 1801년 1월 5일 월요일, 《필라델피아 관보》는 버가 '자신도 제퍼슨만큼 대통령직을 수행할 자격이 있다고 암시하는 말을 했다'라고 보도했다. 같은 날, 제퍼슨 지지자인 벤저민 히치본은 이렇게 보고했다. "스스로 우리 편이라 하는 몇몇 인사들은 상대 진영이 버 대령을 중심으로 결집한다면 그들과 연합할 생각을 하고 있다."

제퍼슨의 반대자들은 분명히 움직이고 있었다. 그를 권좌에서 배제할 수 있는 시나리오라면 어떤 것이든 고려할 태세였다. 델라웨어 출신 연방당 하원의원 제임스 베이어드는 이렇게 말했다. "정부가 제퍼슨 손에 들어간다면, 도덕적, 정치적 실험의 연속에서 무사하지 못할 것이란 진지한 걱정이 만연하다."

앨버트 갤러틴은 아내에게 보내는 편지에서 이렇게 말했다. "연방 당원들의 계획은 무엇일까? 대통령 권한을 찬탈하려는 걸까? … 나는 이번 선거의 운명이 위태롭다고 느끼고 있소."

로저 그리즈월드는 이 지경에 이르게 된 사태를 한탄했다. "정치인으로서 제퍼슨은 내가 아는 한 가장 무능한 자요. 그가 정직할 수도 있겠지만, 그의 사생활을 아는 사람들 사이에서는 그 점마저도 의심받고 있지요."

1801년 1월 11일 일요일 아침, 제퍼슨은 국회의사당에서 열린 예배에 참석했다. 메릴랜드 성공회 주교이자 상원 의회 목사인 토머스 클래깃 주교가 집례를 맡았다. 로저 그리즈월드 역시 그 자리에 있었고, 설교가 진행되는 동안 제퍼슨을 지켜보고 있었다. 그리즈월드의 말에 따르면, '아마도 지혜보다는 학식이 더 많았던' 클래깃 주교는 어떤 성서의 예언을 프랑스 혁명의 사건들과 연결하려 하고 있었다. 그리즈월드는 이렇게 기록했다.

"주교는 프랑스 철학자들의 허황된 계획들에서 비롯된 해악에 대해 다소 길게 언급할 수밖에 없었다. 이어 그들의 불신앙이 묘사되었고, 그들의 사상이 정치와 도덕 양면에서 얼마나 해로운지를 생생하게 그려냈다.

"내가 보기에 제퍼슨은 주교의 말을 모두 자신을 겨냥한 것으로 받아들이는 듯 보였다. 그는 주교가 자신의 이론과 공상에 대해 신랄하게 비판하고 있다고 여겼고, 열다섯 살 소녀처럼 얼굴을 붉혔다. 분명 그는 속으로 주교와 그의 예언 따위는 지옥에나 가버리라고 생각했을 것이다."

중부 대서양 연안 지역에서는 제퍼슨 지지자들이 무장한 채 수도로 행진하는 방안을 고민하고 있었다. 비공식적인 자리에서 제퍼슨은 이렇게 말했다. "민중의 의지를 거부한다는 것은 모든 진정한 애국자가 떨 수밖에 없는 심연을 우리 앞에 여는 일입니다." 엘브리지 게리는 어떤 '고위 인사'로부터, 제퍼슨이 당선된다면 '헌법이 시험대에 오르게 될 것'이라는 말을 들었다.

날이 갈수록 소문은 더 퍼져 나갔다. 1801년 1월 6일 화요일, 제임스 먼로는 리치먼드에서 제퍼슨에게 이렇게 썼다. "이곳에서는 연방당이 처한 절박한 상황에서 그들이 무슨 생각을 하고 있는지에 대한 이상한 소문들이 돌고 있습니다. 하원에서 대통령을 선출하지 못하게 막고, 대신 입법 조치를 통해 존 마셜, 새뮤얼 A. 오티스, 또는 다른 누군가에게 권한을 맡긴 뒤, 새롭게 선거를 시행하려 한다는 이야기입니다."

먼로는 버지니아 의회가 회기를 계속 유지할지를 두고 논의 중이라고도 전했다. "제퍼슨의 당선을 저지하려는 모든 조치를 무산시키기 위해 현장에 남아 대응할 준비를 하려는 것입니다."

1801년 1월 10일 토요일, 텐치 콕스는 이렇게 썼다. "적대적인 외국 공관원들은 주의 깊게 관찰해야 합니다. 연방당 인사들의 발언도 섣불리 믿어서는 안 됩니다. 우리가 흔들리지 않고 침착함을 유지한다면 지나치게 두려워할 일은 없습니다."

결과가 불확실한 상황에서 연방당은 기회를 틈타 1801년 2월에 '사법법Judiciary Act of 1801'을 통과시켰다. 제퍼슨이나 버가 승리할 경우, 연방당이 다시 권력을 잡고 행동할 기회가 언제 올지 알 수 없었기 때문이다.

때를 놓치지 않고, 의회는 이 법안을 승인했고 애덤스 대통령은 서명했다. 이 법안은 연방 판사 수를 늘리고, 순회법원circuit courts의 권한을 확대 및 강화했으며, 대법관 수를 여섯 명에서 다섯 명으로 줄였다. 그 결과 공화당 출신 대통령이 최소한 한 자리의 지명권을 행사하지 못하게 되었다. 버지니아 출신 공화당 상원 의원 스티븐스 톰슨 메이슨은 이렇게 말했다. "이 사법법은 단 한 글자도 고칠 수 없도록 강제로 우리 목구멍에 밀어 넣어졌다."

제퍼슨은 이 법이 애덤스 임기 말에 통과된 것을 두고 '사법부의 몸에 기생하듯 접붙여진 기생 식물'이라고 비판했다. 또한 새로 임명된 연방당 판사들이 '사법부라는 요새 속으로 숨어들어, 그 요새에서 공화주의의 모든 기반을 무너뜨리고 지워버리려 한다'라고 생각했다. 이런 판사들은 이후 '애덤스의 한밤중 판사들'이라 불리게 되었고, 하급 공직도 이와 같은 식으로 '한밤중 임명'이 줄줄이 이어졌다.

이 시기 애덤스가 내린 가장 중대한 결정은 당시 국무장관이던 존 마셜을 미국 연방대법원장으로 지명한 일이었다. 이는 제퍼슨의 정적에게, 연방정부 3부 중 하나의 수장직을 종신직으로 안겨준 셈이었다. 연방 당원들은 제퍼슨과 그의 공화당 세력이 위험하다고 생각했고, 제퍼슨 측 역시 연방당을 똑같이 위험한 세력으로 여겼다.

애덤스와 마셜은 1801년 1월, 마셜이 아직 국무장관이던 시기에 만나, 은퇴를 앞둔 올리버 엘즈워스 대법원장의 후임 자리를 논의했다. 애덤스는 처음에 초대 대법원장이었던 존 제이에게 복귀를 요청했지만, 제이는 뉴욕

주지사직에 남겠다는 뜻을 밝혔다.

"그럼, 이제 누구를 지명해야 하지?" 애덤스가 마셜에게 물었다.

마셜의 회고에 따르면, 그는 대통령에게 '드릴 말씀이 없습니다'라고 답했다.

그러자 애덤스는 말했다. "당신을 지명해야 할 것 같소."

마셜은 놀라면서도 기뻤고, 말없이 고개를 숙여 인사했다.

상원은 애덤스의 지명을 1801년 1월 마지막 주에 승인했다.

마셜의 대법원장 임명이 확정된 후 몇 주 동안, 공화당원들은 대선 결과를 두고 서로를 격려하며 불안감을 달래려 애썼다. 1801년 2월 17일 화요일, 델라웨어 출신의 시저 A. 로드니는 조지프 니컬슨에게 이렇게 썼다. "제퍼슨 씨는 의심할 여지 없이 우리의 정치적 구원을 위한 반석입니다. 아무리 악재가 겹치더라도 우리는 절대 그분을 떠나서는 안 됩니다. 그와 고르디우스의 매듭처럼 끊을 수 없는 인연으로 묶여 있으며, 어떤 음모도 그 매듭을 풀 수 없고, 어떤 힘도 그것을 끊어낼 수 없습니다."

한편 제퍼슨은 상원의 임시의장을 대통령으로 앉히려는 이야기가 나돌 만큼 상황이 절박하다는 사실에 불안함을 느끼고 있었다. 이처럼 위험한 조치가 실현되지 않도록 막기 위해 단 하나의 목적을 품고 애덤스를 찾아갔다. 이 비합법적인 조치에 거부권을 행사해달라고 요청하기 위해서였다.

그러나 제퍼슨의 말 들은 애덤스는 즉시 격분했다. 제퍼슨은 훗날 이렇게 회상했다. "그는 즉각 열을 올렸고, 그전까지 나에게 한 번도 보인 적 없는 격렬한 태도로 응답했다."

애덤스는 제퍼슨에게 말했다. "제퍼슨 씨, 이번 선거의 결과는 전적으로 당신에게 달려 있소." 제퍼슨이 몇 가지 연방당 정책에 동의만 한다면, 대통령직은 즉시 그에게 넘어갈 것이라고 설득했다. "정부는 즉시 당신 손에 들어갈 것이오."

제퍼슨은 단호하게 답했다. "애덤스 씨, 제 공적 생활이든 사적 생활이든, 제가 공적 약속에 충실하지 않을 거라는 의심을 불러올 만한 부분이 제게 있었는지 저는 알지 못합니다. 하지만 분명히 말씀드리죠. 저는 어떤 조건도 수용하지 않고, 제 판단에 따라 자유롭게 행동할 수 있을 때만 정부를 맡겠습니다."

"그렇다면, 일은 흘러가는 대로 두는 수밖에." 애덤스의 답으로 두 사람의 대화는 끝났다.

쓰라리고 불편한 순간이었다. 제퍼슨은 이 만남을 이렇게 회고했다. "우리가 평생 서로에게 불쾌한 감정을 품고 헤어진 건 그때가 처음이었다." 시대가 그러했고, 사안은 그 정도로 중대했다.

펜실베이니아 주지사 토머스 매킨 역시 심상치 않은 분위기를 감지하고 있었다. 그는 이렇게 말했다. "이익, 인품, 의무, 조국애, 전부가 제퍼슨의 당선을 보장해줘야 마땅합니다. 하지만 저는 앵글로-연방당 세력이 시기, 악의, 절망, 그리고 파괴적 욕망에 사로잡혀, 다른 모든 고려를 무시할 수 있다는 이야기를 들었습니다. 그들은 주들이 정확히 절반으로 갈리도록 상황을 조작해, 의회가 법률의 형식을 빌려 대통령을 임명하고 새로운 선거가 치러질 때까지 그 자리를 유지하게 하려는 것입니다." 매킨은 그런 일이 실제로 벌어질 것이라 믿지는 않았지만, 최악의 사태에 대비해야 한다고 보았다.

"만약 일부 인사들이, 무정부주의자와 내전 선동자들이 제안한 대로 무모한 행동을 한다면, 그들은 도대체 어떤 권위로 그런 짓을 하겠다는 것입니까?" 매킨은 단호했다. "제퍼슨이나 버가 아닌 제삼자를 대통령으로 세우는 것은 위헌이며, 명백한 권한 찬탈 행위입니다."

그리고 다음과 같은 결심도 밝혔다. "만약 사악한 자들이 감히 연방정부와 주들의 연합을 파괴하거나 그 기능을 마비시키려 든다면, 나는 생명과 재산의 어떤 위험을 무릅쓰고서라도 그들에게 맞설 것입니다. 왜냐하면 나는 외국의 폭정보다 국내의 폭정에 굴복하는 것이 더 수치스럽다고 생각하기 때문입니다." 그는 펜실베이니아 민병대를 동원할 준비가 되어 있다고 밝혔다. 2만 명이 넘는 병력을 위한 무기와, 황동 야포 등도 마련 중이었다. 또한, 반역에 가담한 것으로 드러난 연방 의원이나 다른 인사들에 대해 체포 영장을 발부할 준비도 마쳤다고 선언했다.

이 무렵, 워싱턴 D.C.의 관공서에서 발생한 몇 차례의 화재는 의심을 더욱 키웠다. "지난달 전쟁부 청사가, 그리고 이번에는 재무부 청사가 불탔습니다. 아마도 우연한 사고일 수 있겠지만, 이 두 사건이 이미 지난해 7월에 필라델피아에서 예고되었다는 이야기도 있어, 많은 이들이 고의적인 방화일 가능성을 의심하고 있습니다." 매킨은 말했다. 재무부와 전쟁부 청사 화재 소식을 전하며 로저 그리즈월드는 이렇게 평가했다. "하늘이 황무지 도시에 있는 국가 기관들에 저주를 내린 것 같다."

극심한 긴장 속에서 제퍼슨의 마음은 지쳐갔다. 그는 장녀 팻시에게 이렇게 썼다. "나는 아이들과 함께 시간을 보내고 싶단다. 지혜로운 이들의 지혜보다 아이들의 귀여운 장난에서 더 큰 기쁨을 느낀단다. 여기에서는 마음속에 악한 감정이 뒤섞여 있어서 마치 적국에 있는 것처럼 느껴진다."

1801년 2월 11일 수요일, 하원은 대통령을 선출하기 위해 모일 예정이었다. 알버말 카운티에서 토머스 만 랜돌프 주니어는 이렇게 썼다. "2월 11일이 다가오자, 이곳 사람들은 숨을 깊이 들이쉬며 긴장하고 있습니다. 그만큼 불안이 큽니다."

의원들이 속속 모여들면서, 정국은 더욱 알 수 없는 방향으로 흐르기 시작했다. 제퍼슨이 2월 12일 목요일, 에드워드 리빙스턴과 나눈 대화를 기록한 메모에 따르면, 물밑 거래의 정황이 포착되었다. "에드워드 리빙스턴이 내게 말하길, 연방당원 제임스 베이어드가 오늘 혹은 어젯밤, 새뮤얼 스미스 장군에게 접근해 버를 지지하는 주들의 편에 서는 것이 얼마나 타당한지 설득하려 했다고 한다. 그는 임명직 자리 중 스미스가 원하기만 하면 못 가질 것이 없다고 말했고, 특히 해군장관직을 언급했다고 한다. 스미스가 '그 제안을 할 권한이 있는가?'라고 묻자, 베이어드는 자신에게 권한이 있다고 답했다. … 베이어드는 같은 방식으로 리빙스턴도 회유하려 했다. … 뉴저지 출신 린 박사에게는 뉴저지 주지사직을 제안했다고 한다."

베이어드는 곧 전략을 바꾸어, 메릴랜드 출신 공화당 하원의원 새뮤얼 스미스를 찾아가 제퍼슨을 상대로 한 제안을 건넸다.

베이어드의 주장에 따르면, 그는 제퍼슨이 대통령이 되기 위한 조건을 설명했고, 스미스가 그것을 제퍼슨에게 전달한 뒤 동의를 받아 다시 자신에게 돌아왔다고 한다. 조건은 세 가지였다. 첫째, 연방당 인사들을 일괄적으로 해임하지 않을 것, 둘째, 해군을 유지할 것, 셋째, 국가 부채를 그대로 둘 것. 이 조건만 지킨다면, 연방당은 대통령직을 제퍼슨에게 넘길 준비가 되어 있다고 말했다.

하지만 제퍼슨은 훗날 단호히 부인했다. "그의 주장은 전적으로 허위입니다. 그 당시 스미스 장군은 내게 어떤 형태로든 제안을 한 적이 전혀 없고, 나 또한 그 어떤 응답도 그가 전달하도록 허락한 바 없습니다." 스미스 역시 제퍼슨의 말을 지지하며, 제퍼슨과는 광범위한 정책적 문제들에 대해 논의했을 뿐, 그 질문의 의도나 배경은 밝히지 않았다는 것이다. 결국 스미스가 베이어드에게 전한 답변은 제퍼슨의 실제 의견이 아닌 스미스가 스스로 해석한 제퍼슨의 의중이었을 뿐이다.

그렇다면, 제퍼슨은 대통령직을 얻기 위해 거래를 했던 것일까? 그는 확고하게 부인했다. 하지만 당시 정국은 온 나라가 그 이야기만 하고 있을 정도로 긴장된 분위기였고, 베이어드는 제퍼슨이 지난 12년간의 정치적 성과를 무너뜨릴 인물이 아니라고 판단했을 가능성이 크다. 스미스가 전한 내용이 구체적이었든, 모호했든 간에 베이어드는 그 해석을 근거로 결단을 내렸고, 대통령직을 제퍼슨에게 넘기기로 움직였다.

베이어드 자신이 말하길, 연방당이 내건 조건들을 제퍼슨은 이미 잘 알고 있었고, 최소 두 차례, 그중 한 번은 애덤스 대통령 본인에게서 직접 반대 진영의 가장 극단적인 우려를 누그러뜨려 달라는 요청을 받았다고 한다. 뉴욕 상원 의원 구버너 모리스는 어느 날 상원 회의장 밖에서 제퍼슨과 마주친 일을 회상했다. "그는 나를 멈춰 세우고, 당시의 이상하고 불길한 상황을 이야기했습니다. 그러고는 일부 주들이 자신의 당선을 그토록 반대하는 이유가 다음과 같은 우려 때문이라고 했습니다." 당시 제퍼슨은 이렇게 말했다. "내가 모든 연방당 인사들을 공직에서 내쫓을 것이다, 해군을 해체할 것이다, 국가 부채를 탕감할 것이다, 등 내가 단지 이 조치들을 취하지 않겠다고 선언하거나, 혹은 내 측근들이 그렇게 하도록 선언하게 하기만 해도 선거 결과는 즉시 확정될 것이오."

모리스의 말을 들으며 계단에 서 있던 순간을 떠올리며 제퍼슨은 이렇게 말했다. "나는 그에게, 지금까지 내가 걸어온 길을 보면 앞으로 내가 어떤 길을 걸을지는 세상이 스스로 판단하게 두겠다고 말했습니다. 지금과 같은 상황에서는 내가 소극적이고 침묵을 지키는 것이 의무라고 믿고 있었기 때문입니다. 나는 결코 어떤 조건과 타협하여 대통령직에 오르지 않을 것이며, 공익을 위한 조치를 추진하는 데 방해가 되는 어떤 조건에도 손이 묶인 채 그 자리에 들어갈 생각은 없다고 했습니다."

제퍼슨은 자신이 무엇을 포기했는지 잘 알고 있었다. 그는 훗날 이렇게 회상했다. "구버너 모리스가 표를 움직일 수 있었고, 그렇게 했더라면 선거의 향방은 정해졌을 것이라는 사실을 분명히 알고 있었습니다."

그는 또 다른 자리에서 비슷한 상황을 맞았다. 애덤스와의 펜실베이니아 애비뉴 회동에서도, 드와이트 포스터가 확약을 요구하며 콘래드 앤 맥먼 숙소로 찾아왔을 때도, 제퍼슨은 양보하지 않았다. 그는 단호하게 말했다. "나는 새뮤얼 스미스 장군과 이 문제를 두고 특별한 대화를 나눈 기억은 없습니다. 물론 나눴을 수도 있습니다. 당시 이 주제와 관련된 사안들은 친구들과의 사적인 대화에서 늘 거론되었기 때문입니다. 그러나 확실한 것은, 그를 포함한 어떤 공화당원도 나에게 어떤 조건에 따르라고 하거나 누구에게 확약을 주라고 암시한 적조차 없다는 점입니다. 더 분명한 사실은, 그 누구도 나를 대신해 내가 무엇을 할 것인지 혹은 하지 않을 것인지 말할 수 있도록 권한을 부여받은 적이 없다는 것입니다."

이 상황을 가장 정확히 꿰뚫어 본 이는, 아이러니하게도 알렉산더 해밀턴이었다. "버보다는 제퍼슨이 낫습니다. 그는 훨씬 덜 위험한 인물이고, 최소한 인격적인 체면은 갖추고 있습니다." 해밀턴은 제퍼슨을 이렇게 평가했다. "그는 상황에 따라 움직일 줄 아는 인물입니다. 자신의 명성과 이익을 생각해 움직이기 때문에, 비록 처음엔 반대했더라도, 이미 확립된 체제를 굳이 뒤엎는 일은 하지 않을 것입니다. 그렇게 하면 오히려 자신에게 위험이 되기 때문이죠." 다른 연방당 인사들도 이에 동의했다. 1801년 1월, 조지 워싱턴과 가까웠던 버지니아의 연방 당원 윌리엄 피츠휴는 이렇게 썼다. "제퍼슨 씨는 돌아가신 워싱턴 대통령이 도입하고, 애덤스 대통령이 계속 유지해온 체제를 크게 바꾸려 할 만큼 무모하지는 않을 정도의 미덕과 분별력을 가진 분입니다. 그 체제는 지난 12년간 우리나라를 평화와 번영으로 이끌어왔고, 그사이 거의 모든 문명국이 피로 물든 현실을 떠올린다면 더욱 그렇습니다."

투표는 더디게 진행되었다. 의사당 안에서 끝없이 투표가 반복되었고, 지친 의원들은 깔개 위에서 간신히 잠을 청했다. 바깥 날씨조차 최악이었다. 병든 메릴랜드 출신의 조지프 니컬슨 의원은 눈 덮인 길을 들것에 실려 의회 옆방으로 옮겨졌고, 그의 아내가 그의 손을 붙잡아, 투표용지에 표시하도록 도왔다

그리고 마침내 1801년 2월 17일 화요일 오후 1시에, 36번째 투표에서

토머스 제퍼슨이 대통령으로 선출되었다.

공화당원들은 연방 당원들을 '음모자들'이라 불렀다. 제퍼슨파 신문 편집자 새뮤얼 해리슨 스미스의 아내 마가렛 베이어드 스미스는 연방 당원들이 선거를 뒤집으려 하다가 '시민들의 정의로운 분노를 두려워해 서둘러 숙소로 돌아갔다'라고 전했다.

이후 제임스 베이어드는 뉴잉글랜드가 '헌법 없이도 내전을 감수할 준비가 되어 있다'라고 주장했다. 제퍼슨은 매킨에게 단호히 말했다. "권력 찬탈이 발생한다면, 나는 그것을 절대 용납하지 않으려는 이들 편에 설 것입니다. 왜냐하면 그런 선례가 한번 만들어지면, 언젠가는 고의적으로 반복될 것이고, 결국 독재자가 등장하게 될 테니까요."

제퍼슨이 겉으로 드러낸 침착함과 강인함은 공화당원들이 흔들리지 않고 버틸 수 있게 하는 데 큰 힘이 되었다. 버지니아주 스톤턴 출신의 변호사 아치볼드 스튜어트는 이렇게 기록했다. "그때 상황을 돌아보면 소름이 돋는다. 너무 걱정한 나머지 사람들이 '국민이 뽑지 않은 대통령을 절대 받아들이지 않겠다'라는 확고한 의지를 갖게 됐다. 그런 마음가짐을 알게 되어 기뻤다. 우리의 자유가 저항 없이는 절대 빼앗기지 않을 것임을 증명해주었기 때문이다."

대포의 포성이 소식을 알렸다. 알렉산드리아에서는 32발의 예포가 울려 퍼졌는데, 16발은 법원 광장에서, 또 다른 16발은 포토맥강 위로 쏘아 올려졌다. 리치먼드에서는 불꽃놀이가 벌어졌고, 펜실베이니아에서는 공화당원들이 정오부터 해질 때까지 종을 울렸다. 한 뉴욕 연방 당원은 이렇게 전했다. "이 지역 사람들은 '국민의 지도자이자 조국의 구원자'라고 부르는 그 인물에게 열광하며 완전히 미쳐버렸다. 하루 종일 술판이 벌어지고, 예전 이스라엘 제사장들이 바쳤던 것보다 더 많은 황소와 숫양이 이 새로운

신에게 바쳐지고 있다." 복음주의 목사 윌리엄 스케일스는 좀 더 긍정적인 시각을 내놓았다. 그는 제퍼슨에게 편지를 보냈다. "많은 이들이 당신을 무신론자라고 하지만, 그렇게 말하더라도 저는 오히려 편협한 성인이 아닌 자유로운 무신론자가 국민을 다스리는 게 낫다고 생각합니다."

당시 국무장관과 연방대법원장을 겸임하고 있던 존 마셜은 놀라움과 불안 속에 그 상황을 지켜봤다. 마셜은 '공공 여론에서 일어난 이상한 혁명'이 애덤스를 제퍼슨으로 교체한 원인에 대해 함부로 추측하지 않으려 했다. 마셜은 루퍼스 킹에게 이렇게 썼다. "앞으로 어떤 길을 가야 할지는… 당선인의 신임을 받지 못한 이들이 쉽게 판단할 수 있는 문제가 아닙니다." 마셜은 제퍼슨이 대외 정책에 관해서 '영국에 대한 국민의 분노와 증오를 자극하겠지만 실제적인 적대 행위까지 나아가려는 의도는 없을 것'이라는 옛 연방당의 두려움을 공유했다.

최근 몇 년간 많은 갈등이 있었지만, 제퍼슨과 애덤스 가족은 조용히 서로 예의를 지키며 관계를 유지했다. 1801년 1월 초, 대통령 부부는 부통령을 저녁 식사에 초대했다. "제퍼슨 씨가 우리와 함께 저녁을 먹었고, 대통령의 초대에 감사하는 답례 카드에서 경의와 높은 존경을 표한다고 전했단다." 아비가일은 1801년 1월 3일 토요일, 한 자녀에게 보낸 편지에서 이렇게 전했다. 그녀는 2월 13일 금요일 워싱턴을 떠나기 전, 제퍼슨을 초대해 차를 대접했다. 아비가일은 그날을 이렇게 기억했다. "그는 작별 인사를 하고, 좋은 여정을 기원하려고 일부러 나를 찾아왔습니다. 기대하지 않았던 인사였고, 그래서 더 뜻깊었습니다."

이런 소소한 인간적인 순간들은 애덤스 부부와 제퍼슨 모두의 인품을 잘 보여준다. 그들은 오랜 시간 함께 역사의 한가운데를 걸어왔으며, 지난 25년간의 삶을 서로만큼 잘 이해해줄 수 있는 사람은 드물었다. 정치는 그들을 하나로 묶었고, 다시 갈라놓기도 했다. 그렇지만 겉으로나마 서로에 대한 예의를 잃지 않는 여유를 갖고 있었다.

제퍼슨은 선거 결과에 소리죽여 기뻐했다. 그는 워싱턴에 가야 하는 사정이 생겨 몬티셀로에서 폴리와 팻시를 만나지 못하게 된 것이 못내 아쉽기는 하지만, 그 이유 자체가 가족 모두에게 기쁨이 될 일이라며 전적으로 후회할 수는 없다고 팻시에게 썼다.

그는 자신의 승리가 전 세계적인 의미로 받아들여지는 점을 기쁘게 생각했다. 혁명 동지인 존 딕킨슨은 이렇게 편지를 썼다. "앞으로 자네는 주인공이 될 걸세. 아마도 우리는 지구상에서 선택받은 민족일 것이네. 많은 인류가 우리를 보고 자유야말로 위대한 축복임을 배우게 될 거야. 그 자유는 밝은 힘으로 내부의 적들을 차분하게 물리치고, 외부의 적들도 용감하게 물리칠 수 있지." 한 지지자도 제퍼슨에게 편지를 보냈다. "전 세계에서 고통받는 공화주의자들이 구원을 바라며 선생님을 우러러보고 있습니다."

제퍼슨은 그런 말들에 너무 들뜨지 않았다. "만약 우리가 가정에 기반을 둔 이야기에 너무 시간을 쓰면 실제로 해야 할 일이 늦어질 뿐입니다." 그는 자신이 해야 할 일이 무엇인지 분명히 알고 있었다. 제퍼슨은 한때 이렇게 말했었다. "국가 최고 통치자의 임무는 모든 국민의 신뢰를 하나로 모아 전체 권력을 하나의 방향으로 결집해 마치 하나의 몸과 하나의 정신으로 만드는 것입니다." 그리고 그게 얼마나 어려운 일인지도 잘 알고 있었다. 친구 존 페이지에게 이렇게 편지를 썼다. "축하해줘서 진심으로 감사하지만, 이것은 단지 첫 번째 장의 첫 번째 구절에 불과하다네. 마지막이 어떻게 될지는 아무도 알 수 없지."

제8부

미국 대통령

1801년에서 1809년까지

우리 모두는 이 신성한 원칙을 마음 깊이 새겨야 합니다. 다수의 뜻이 모든 경우에 우선하지만 그 뜻이 정당성을 얻으려면 합리적이어야 합니다. 또한 소수자들도 동등한 권리를 가지고 있으며 평등한 법에 따라 보호받아야 하며 그 권리를 침해하는 것은 억압이 될 것입니다. 그러니 동료 시민 여러분, 한마음 한뜻으로 단결합시다.
—토머스 제퍼슨, 1801년 3월 4일 첫 번째 취임 연설에서

32장 새로운 질서의 시작

당신은 항상 국민의 지지를 받았고 이제 정부도 당신 편입니다. 따라서 전망은 더할 나위 없이 밝습니다. 동시에 많은 어려움과 곤란에 직면하리라는 사실도 인정해야 합니다.

—제임스 먼로

우리 중에 군주제 지지자가 있다는 사실을 잘 알고 있다.

—토머스 제퍼슨

그다지 화기애애한 대화는 아니었다. 취임 준비를 하기 위해 제퍼슨은 사촌인 존 마셜에게 편지를 써야 했다. 마셜은 존 애덤스가 대법원장으로 임명한 연방주의자이자, 불과 며칠 전만 해도 제퍼슨의 잠재적 대선 경쟁자였다. "상원과 하원 모두 일정을 공지했으니 시간을 준수해야 할 것 같습니다."라고 제퍼슨이 썼다. 마셜은 "시간을 잘 지키겠습니다."라고 대답했다.

두 사람은 제시간에 도착했다. 1801년 3월 4일 수요일 정오 무렵 대통령 당선자인 토머스 제퍼슨은 콘래드 앤 맥먼의 하숙집에서 의사당까지 이어지는 짧은 퍼레이드 준비를 마쳤다. 존 애덤스는 워싱턴에 없었다. 제2대 대통령은 새벽 4시에 마차를 타고 워싱턴을 떠나 북쪽 고향으로 향할 계획이었다. 애덤스는 '총알처럼' 뉴욕을 지나갔다고 한다. "양당의 합리적이고 온건한 사람들은 애덤스가 후임자의 취임식 이후까지 머물렀다면 기뻐했을 것이다. 분명 긍정적인 영향을 미쳤을 것이다."라고《매사추세츠 스파이》가 보도했다. 하지만 애덤스는 아들 찰스가 사망한 1800년 11월 이후 여전히 슬픔에 잠겨 있었고, 매사추세츠 집에서 그를 기다리는 아비가일과 함께라면 언제든 수도를 떠날 준비가 되어 있었다. 이후로도 4반세기를 더 살았지만 애덤스는 한 번도 워싱턴으로 돌아온 적이 없다.

제퍼슨의 하숙집 밖에서는 캐피톨 힐의 축포 소리가 들렸다. 컬럼비아 특별구 포병대가 쏘는 예포였다. 아침 시간에 새뮤얼 해리슨 스미스가 소포를 가져가기 위해 잠깐 방문했다. 소포는 제퍼슨이 작고 단정한 글씨로 쓴 취임 연설문 사본으로《내셔널 인텔리전서》에 활판 인쇄되어 실릴 예정이었다.

10시가 되자, 버지니아주 알렉산드리아에서 온 소총병 중대가 작은 행렬을 이루며 도착했다. 정오가 되기 직전, 제퍼슨은 취임식장까지 자신을 호위할 민병대 장교들을 맞이하기 위해 집 밖으로 나갔다. 의회 대표단이 그와 합류했고 한 무리의 장교들 뒤를 따라 의사당으로 향했다. 칼을 뽑아 든 민병대원들이 양옆으로 갈라서서 길을 열어주었고, 제퍼슨이 지나갈 때 경례를 했다. 다시 한번 축포가 발사되어 언덕 위 마을에 울려 퍼지자, 제퍼슨이 의사당 건물 안으로 들어갔다.

약 1천 명의 사람들이 상원 회의장에서 제퍼슨을 기다렸다. 한 의원은 아내에게 보낸 편지에서 그곳을 '천장이 높고 화려하게 장식된' 방이라고 묘사했다. 회의장은 대략 가로 26미터, 세로 15미터였고, 천장은 12미터 높이였다. 각 의원에게는 책상 하나와 붉은색 가죽 의자 하나가 배정되었다.

마거릿 베이어드 스미스는 "방 안이 너무 혼잡해서 더 이상 어떤 생명체도 비집고 들어올 수 없는 상태였다."라고 썼다. 제퍼슨이 회의장 중앙으로 이동하자 상하원 의원들이 일제히 일어서서 경의를 표했다.

마셜 대법원장 앞에서 취임 선서를 한 후, 토머스 제퍼슨이 취임 연설을 했다. 혼잡한 방 안에서 그의 작은 목소리를 또렷하게 들을 수 있는 사람은 거의 없었지만, 제퍼슨은 자유와 관용의 핵심 내용을 담은, 미국 역사상 가장 중요한 문서 가운데 하나를 낭독했다.

우리 모두는 이 신성한 원칙을 마음 깊이 새겨야 합니다. 다수의 뜻이 모든 경우에 우선하지만, 그 뜻이 정당하려면 합리적이어야 합니다. 소수자들도 동등한 권리를 가지고 있으며, 평등한 법에 의해 보호받아야 하며, 그 권리를 침해하는 것은 곧 억압이 될 것입니다. 그러니 동료 시민 여러분, 한마음 한뜻으로 단결합시다. 화합과 사랑이 없다면 자유는 물론 삶 자체도 그저 쓸쓸하기만 할 뿐입니다. 그러니 화합과 사랑이 넘치는 사회적 교류를 회복합시다. 모든 의견의 차이가 곧 원칙의 차이는 아닙니다. 우리는 같은 원칙을 가진 형제를 다른 이름으로 불러왔습니다. 우리 모두 공화주의자이며, 연방주의자입니다. 설사 우리 가운데 연방을 해체하거나 공화정 체제를 바꾸려는 사람이 있다 하더라도, 잘못된 견해에 이성으로 맞서 싸울 자유가 보장된 곳에서는 그릇된 견해조차 안심하고 주장할 수 있다는 증거로서 그들이 방해받지 않고 살아가도록 둡시다. 일부 정직한 사람들은 공화 정부가 강하지 못하며, 따라서 이 정부가 견고하지 못할 것이라고 걱정한다는 사실을 잘 알고 있습니다. 하지만 진정한 애국자라면, 우리의 성공적인 실험이 최고의 성과를 올리는 상황에서, 전 세계의 희망인 이 정부가 스스로를 지탱할 힘조차 부족할지도 모른다는 이론적이고 허황된 두려움 때문에, 이제까지 자유롭고 굳건하게 우리를 지켜준 정부를 포기해야 할까요? 저는 그렇게 생각하지 않습니다. 오히려 이 정부야말로 지구상에서 가장 강력한 체제라고 믿습니다. 모든 사람이 법의 부름에 따라 법의 기치를 따르며 공공질서에 대한 침해를 자신의 일처럼 받아들이고 대응하는 유일한 정부라고 생각합니다. 인간은 스스로를 다스릴 만큼 믿음직한 존재가 아니라고 말하기도 합니다. 그렇다면 과연 다른 사람을 다스릴 만큼 믿음직한 존재일까요? 아니면 인간을 다스릴 왕의 모습을 한 천사를 찾아야만 할까요? 역사가 이 질문에 답하게 합시다. (…)

동료 시민 여러분, 저는 여러분이 제게 맡겨 주신 직책을 수행하려 합니다. 하위 직책에서 충분한 경험을 쌓으면서, 이 중대한 임무의 어려움을 충분히 보아왔기에, 불완전한 인간이 이 자리에 오를 때 가졌던 명성과 인기를 가지고 물러나는 경우는 거의 없다는 사실을 잘 알고 있습니다. (…) 판단력 부족으로 잘못을 저지르는 경우가 있을 것입니다. 옳을 때조차도 전체를 조망할 수 없는 위치에 있는 사람들에게는 잘못되었다고 여겨지는 경우가 많을 것입니다. 저의 실수에 대해 너그럽게 이해해주시기를 부탁드립니다. 결코 고의적인 실수가 아닐 것이며, 전체를 보았다면 비난하지 않았을 다른 이들의 잘못된 견해에 맞설 수 있도록 여러분의 지지를 요청합니다.

이 연설은 정치적 걸작이다. 존 마셜은 취임식 직전 찰스 코츠워스 핑크니에게 이렇게 썼다. "오늘 새로운 정치가 시작되었고 새 질서가 도래했습니다. 민주주의자들은 사색적 이론가들과 극단적인 테러리스트들로 나뉘는데, 저는 제퍼슨을 후자에 포함시키고 싶지 않습니다. 만약 제퍼슨이 그들에게 동조한다면 우리나라에 엄청난 재앙이 닥칠 것임은 쉽게 예상할 수 있습니다. 만약 그가 그렇게 하지 않는다면 극단적인 테러리스트들은 즉시 제퍼슨의 적이자 비방자가 될 것입니다." 오후 4시에 다시 편지를 쓰기 시작한 마셜은 약간 기분이 좋아진 상태였다. "이 편지가 도착하기 전에 제퍼슨의 취임 연설을 보게 될 것입니다. 대체로 매우 사려 깊고 온건한 내용입니다."라고 마셜이 썼다.

제임스 베이어드는 "정치적인 면에서 기대했던 것보다 훨씬 좋았고, 반대 당파의 기대에는 부합하지 않았다."라고 생각했다. 해밀턴은 이 연설이 '사실상 과거의 잘못된 인식에 대한 솔직한 철회이며, 새 대통령이 위험한 혁신을 추구하지 않을 것이고, 본질적으로 전임자들의 발자취를 따를 것이라는 공동체에 대한 약속'임을 인정했다. 의사이자 제퍼슨의 지지자인 벤저민 러시에게 이 연설은 감사할 만한 일이었다. "오랜 세월 당파적인 이유와 정치 **원칙**의 차이로 멀어졌던 옛 친구들이 연설문을 읽은 후 서로 악수를 나누었고, 처음으로 조국의 이익을 증진하는 최상의 방법이 무엇인지에 관해 **견해** 차이만 존재했음을 깨달았다."

개인적 슬픔에 잠긴 존 애덤스는 매사추세츠 퀸시에서 죽은 아들에 관해 제퍼슨에게 썼다. "이와 같은 일은 결코 당신에게 일어나지 않을 것이며, 어떤 식으로든 이와 비슷한 일을 겪지 않기를 진심으로 바랍니다." 그러고 나서 애덤스는 품격 있는 정치적 메시지를 덧붙였다. "연방의 이 지역은 완벽하게 평온한 상태이며, 평화롭게 번영하는 정부를 꾸려나갈 당신의 전망을 흐릴 만한 어떤 요소도 보이지 않습니다. 이것이야말로 제가 진심으로 바라는 바입니다."

제퍼슨은 오랫동안 바라던 권력을 행사하고자 열망했다. 토머스 만 랜돌프 주니어는 이렇게 썼다. "생각해보면, 강한 자가 짐을 짊어지는 것이 자연의 이치입니다. 당신의 비범한 정신이 장엄한 광경, 넓은 활동무대, 그리고 고된 노력 속에서 본능적으로 희열을 느끼시리라는 것을 잘 알고 있습니다."

제퍼슨은 대통령 임기 내내 "우리처럼 삶이 편안한 국민들이라면, 인간의 공포나 어리석음이 아닌 이성에 기반한 정부 아래서도 스스로를 잘 이끌어갈 수 있다는 것을 증명하려는 목표를 끈질기게 추구했으며, 이것이 현재 내가 가장 중요하게 생각하는 목표이다."라고 했다.

제퍼슨은 자신이 직면할 부담을 스스로 인정했다. 그는 취임식 다음 날 이렇게 썼다. "대중의 호의와 기대라는 엄청난 부담을 느낀다. 나의 능력에 비해 과분한 신뢰가 주어졌으며, 친구들을 실망시킬까 두렵다."

아버지, 어머니, 선생님, 동시대인들, 혹은 국민들의 인정을 구했든 아니든, 제퍼슨은 평생 가부장이라는 역할을 맡으면서 흥분과 동시에 피로를 느꼈다. 타인의 삶과 복지를 책임지도록 길러진 그는 그 밖의 것은 알지 못했다. 인간 본성과 정부에 대해 많은 생각을 했으며, 자신의 임무는 취임사에서 언급한 '화합과 사랑'을 미국 사회에 가져다주는 것이라고 믿었다.

전쟁 수행에서부터 경제 활동, 영토 확장, 연방 지출, 소환장 발부, 의회 및 법원과의 정보 공유에 이르기까지 제퍼슨은 대통령의 권한을 기존대로 유지하거나 확대했다. 그는 공화당이 다수를 차지한 의회를 이끄는 행운을 누렸다. 상원에서는 1801년부터 1803년까지 공화당 17석 대 연방당 15석으로 공화당이 근소한 우세를 보였고, 제퍼슨의 임기 마지막 해에는 그 차이가 28석 대 6석으로 늘어났다. 제한적인 최소한의 정부라는 공화당의 수사는 진심이었지만, 엄격하게 지켜지지는 않았다. 제퍼슨은 이상을 명확히 밝히면서도 실용적으로 행동함으로써 정상에 도달할 수 있었다. 예를 들어, 제퍼슨은 외국인법과 선동법에 반대해 부통령직을 사임할 수도 있었지만, 그러는 대신 현존하는 정치 질서 속에서 자리를 지키면서 정상에 오를 때를 기다렸다. 대통령으로서 제퍼슨은 자신이 올라온 방식 그대로 통치할 작정이었다.

대통령 관저에서 보낸 두 번의 임기는 평생 통제와 권력에 대해 배워온 한 인간이 자신의 미덕과 약점을 드넓은 무대에 펼쳐낸 이야기였다. 제퍼슨이 행정부를 축소함으로써 세상을 다시 시작할 것이라고 예상했던 연방주의자들은 그를 오판한 셈이었다.

제퍼슨 비판자들은 그가 제시한 농업 중심 국가와 약한 중앙정부라는 비전이 역사의 흐름에 역행한다고 주장했다. 그들은 장차 국가의 위대함을 창출하는 수단은 자본 시스템과 대규모 정책임을 정확하게 예측한 사람은 해밀턴이었다고 말한다.

이 같은 제퍼슨에 대한 비판은 익숙하지만 불완전하다. 제퍼슨은 자신을 상업보다 농업의 옹호자로 여기며 두려워하게 된 제조업계와 금융계를 안심시키는 신호를 보냈다. 제퍼슨은 1801년 2월 18일 수요일에 이렇게 썼다. "특히 한 가지 비난이 반복되어 일부 사람들은 이를 어느 정도 믿는 것 같다. 바로 내가 상업의 적이라는 비난이다. 그들은 나를 농업의 친구로 인정하면서도 농산물을 처리할 유일한 수단인 상업의 적이라고 생각한다."

1809년 임기를 마친 제퍼슨의 대통령직은 강력하고 단호하면서도 일방적인 조치가 실행되는 선례로 가득 차 있다. 제퍼슨식 목적을 추구하기 위해 해밀턴식 수단을 썼다고 해도 과언이 아니다. 제퍼슨은 은밀하면서도 확실하게 절대 권력을 행사했다.

공개적인 정치 투쟁은 제퍼슨과는 거리가 멀었다. 그는 과장된 말이나 극적 요소 없이 사건의 흐름 속에서 자신의 의견을 관철하는 방식을 선호했는데, 너무 조용하게 이끌어 대중 역사에서 그의 업적이 지나치게 과소평가되는 경향이 있다.

제퍼슨은 미국이 워싱턴과 애덤스의 정부보다 덜 통제적이고 덜 억압적인 정부를 받아들일 준비가 되어 있을 뿐만 아니라 간절히 원한다고 생각했다. 재임 8년간 제퍼슨은 국가 부채를 8,300만 달러에서 5,700만 달러로 줄였으며, 세금과 정부 지출도 삭감했다. 취임 6개월 전 프랑스와의 유사전쟁이 종료되면서 새롭게 도래한 평화 시기에, 제퍼슨은 군비 지출을 전쟁 이전 수준으로 축소했고 해군을 13척의 프리깃함으로 감축했다. 당분간은 미국이 유럽의 해군력과 경쟁하는 것은 불가능하다고 생각했던 것이다. 제퍼슨의 해양 전략은 방어 중심이었으나 바르바리 해적에 대해서는 예외여서, 제퍼슨은 이들을 끝까지 추적하며 싸웠다.

제퍼슨은 오랫동안 미국의 자유와 국력이라는 두 가지 문제에 집중했다. 8년 동안 제퍼슨은 자신이 생각하는 이상적인 미국의 모습을 만들기 위해 필요한 모든 힘을 동원했다. 1790년대 당파 투쟁에서 제퍼슨의 적 대다수가 해밀턴식 권위보다는 개인의 자유를 지향하는 그의 성향을 이상주의적이고 나약한 것으로 오해했다. 그들은 자신들이 오판했음을 신속하고 확실하게 깨닫게 될 것이었다.

연방주의 미국에 대한 외적인 개혁은 취임식 날 아침부터 시작되었다. 제퍼슨은 취임 선서 시 의례용 검 착용을 거부함으로써 워싱턴과 애덤스 이래 내려온 전통적인 관습을 깨뜨렸다. 엄숙한 취임식이 끝난 후, 제퍼슨은 평소처럼 콘래드 앤 맥먼의 하숙집에서 저녁을 먹었다. 그는 곧 애덤스 대통령의 마차와 은제 마구를 팔아버렸는데, 이 또한 연방주의자들의 겉치레에 대한 상징적 일격이었다.

애덤스 일가는 1800년 11월 1일 대통령 관저로 이사했다. 아비가일 애덤스는 동쪽 방에서 빨래를 널었는데, 그곳을 웅장한 '미완의 접견실'로 불렀다. 이제 제퍼슨의 비서인 메리웨더 루이스가 그곳에 머무르게 되었다. 제퍼슨은 포토맥 강이 바라보이는 1층 남서쪽 구석방을 집무실로 택했다. 방에는 제퍼슨이 쓰는 도구들과 자잘한 물건을 넣는 서랍이 달린 탁자가 하나 있었고, 창가에는 제라늄 화분을 놓았으며, 흉내지빠귀를 가까이 두었다.

제퍼슨은 고요함을 즐겼으나 침묵은 견디지 못했다. 늘 나직이 흥얼거리거나 노래를 불렀으며 1770년대 초부터 계속 애완용 흉내지빠귀를 길렀다. 그는 새들의 아름다운 노래를 사랑했고 몬티셀로나 대통령 관저 집무실에서 사색에 잠길 때면 새장 문을 열어 방 안을 날아다니게 했다.

제퍼슨은 1772년 11월 찰스 시티 카운티에 사는 장인 존 웨일스의 노예에게서 처음으로 새를 샀다. 흉내지빠귀가 자연스럽게 몬티셀로에 도달하기까지 20년이 더 걸렸다. 흉내지빠귀가 산 정상에 도달했다는 소식을 듣자 제퍼슨은 집에 편지를 썼다. "모든 아이들이 새의 모습을 한 초월적 존재로 숭배하고, 새나 새알에 해를 끼치면 그들을 괴롭힐 존재로 인식하게 가르쳐라."

대통령이던 시절 제퍼슨은 딕이라는 새를 키우면서 집무실 창가의 제라늄과 장미 화분 사이에 새장을 매달았다. 마거릿 베이어드 스미스에 따르면 딕은 '제퍼슨이 홀로 공부할 때면 늘 변함없는 동반자'가 되었고 가끔 제퍼슨의 어깨 위에 앉거나 '제퍼슨의 입에서 건네지는 먹이'를 받아먹었다고 한다. 제퍼슨이 하루 일과를 마치고 방으로 물러날 때면 딕이 뒤를 따라 계단을 뛰어 올라갔으며, 그가 낮잠을 자는 동안에는 소파에 앉아 아름다운 노래를 쏟아내곤 했다.

제퍼슨은 대통령 관저에 입주한 후, 잔디밭에 있는 재래식 목조 변소를 철거하도록 명령했고 필라델피아에서 '우수한 구조의 수세식 변기' 부품을 가져오게 했다. 몬티셀로에서 매사를 통솔하는 데 익숙했던 제퍼슨은 대통령 관저에서도 동일한 통솔력을 행사하려 했다. 제퍼슨은 어떤 가구를 남기고 철거할지 직접 결정했다. 애덤스가 접견실(지금의 국빈 만찬실)로 사용했던 방은 집무실로 쓰기로 했고 1층 타원형 방(지금의 블루 룸)은 응접실로 만들었다. 제퍼슨은 관저 건물에 종을 매달아 원할 때면 언제든지 하인을 호출할 수 있게 했다. 원래는 애덤스 부부가 고안한 편의 시설이었지만 제퍼슨이 취임한 후 몇 달 만에 완성되었다. (집사인 라팽이 개보수 공사 진행 상황을 제퍼슨에게 보고했고, 곧이어 에티엔 르메르가 제퍼슨의 집사가 되었다.)

그의 내각 구성원들은 전국의 주요 지역을 대표했다. 버지니아 출신 제임스 매디슨이 국무부 장관으로 임명되었고, 펜실베이니아 출신 앨버트 갤러틴이 재무부 장관직을 수락했으며 매사추세츠의 헨리 디어본이 육군부 장관이 되었다. 또한 매사추세츠의 레비 링컨이 법무부 장관이 되었고, 메릴랜드의 로버트 스미스가 해군부 장관이 되었다.

갤러틴을 임명한 것은 탁월한 선택이었다. 1761년 제네바에서 태어난 갤러틴은 1780년 미국에 와서 독립 혁명에 기여했다. 하버드 대학교에서 프랑스어를 가르쳤으며 재정학에 통달했고 다양한 선출직을 맡았다. (여기에는 1794년 시민권을 얻을 요건을 충족하지 못해 잠시 박탈당했던 상원의원직도 포함되어 있다.) 갤러틴은 1798년부터 1800년에 걸쳐 외국인 및 선동법이 제정되고 프랑스와의 유사전쟁이 진행되는 동안 하원 내 공화당 핵심 지도자였다. 갤러틴과 그의 두 번째 아내인 해나는 제퍼슨과 사이가 좋았고, 제퍼슨 또한 재정과 정치 문제에 관해 갤러틴의 조언을 신뢰했다. 그는 1801년부터 1814년까지 재무부 장관직을 수행했다.

공화당이 의회와 주에서 거둔 성과를 열거하면서, 프랑스 외교관인 루이-앙드레 피숑은 "놀랍게도 제퍼슨이 최고의 지위에 우뚝 섰다."라고 프랑스 정부에 보고했다. 유사전쟁의 열기가 뜨겁던 시기, 천하무적으로 보였던 연방당이 몰락한 것은 충격이었다. 이에 피숑은 "몰락의 급속함에 놀라지 않을 수 없다."라고 말했다. 뉴잉글랜드조차 공화당의 상승세를 피할 수 없었다. "앞으로 제퍼슨은 심각한 반대에 직면하지는 않을 것이다."라고 피숑은 썼다. 또한 서부 인구의 증가는 제퍼슨에게 힘을 더해줄 뿐인데, 그 이유는 서부인들이 '해안 도시 세력에 대해 항상 반대할 것이기 때문'이라고 말했다.

새 대통령으로서의 열정에 가득 차 있던 제퍼슨은 즐겨 쓰던 항해의 이미지를 다시 불러냈다. 취임한 지 이틀째 되는 날, 존 디킨슨에게 이렇게 썼다. "우리가 통과해온 폭풍은 실로 거대했습니다. 미국이라는 거대한 배의 단단한 측면이 혹독한 시련을 겪었습니다. 배를 침몰시키기 위해 몰아치는 파도 속에서도 우리는 강인하게 버텼습니다. 이제 공화주의 항로에

배를 띄울 것이며 우아한 항해를 통해 선박 건조자들의 뛰어난 솜씨를 증명해 보일 것입니다."

영국의 과학자이자 신학자인 조지프 프리스틀리에게 보내는 편지에서 제퍼슨은 그의 역사적 상상력을 마음껏 펼쳤다. "우리는 태양 아래 새로운 것은 없다는 말을 더 이상 하지 말아야 합니다. 인간의 역사에서 이 장 전체가 새롭기 때문입니다. 우리 공화국의 거대한 영역이 새롭고, 희박한 인구가 새로우며, 그 위를 휩쓰는 강력한 여론의 물결이 새롭습니다."

제퍼슨은 이렇게 이상주의적인 인물이었다. 하지만 그는 현실적이기도 했다. 제퍼슨은 다음과 같이 썼다. "내가 최선이라고 생각하는 일은 무엇이든 자유롭게 할 수 있다 하더라도, 이성이 제시하고 경험이 옳다고 입증한 모든 개혁을 수행하기에는 나 자신이 얼마나 부족한지 잘 알고 있습니다. 하지만 사회라는 거대한 기계를 움직이고 영향을 미치는 것이 얼마나 어려운지를 인식하고, 한 민족의 생각이 돌연 이상적인 정의를 향해 나아가는 것이 얼마나 힘든지 알게 된다면, 새삼 솔론의 지혜, 즉 '국가가 감당할 수 있는 선 이상의 것을 추구해서는 안 된다'라는 말을 되새기게 됩니다. 따라서 주로 공공자금의 낭비를 줄이고, 그 돈을 집어삼키려는 세력을 쫓아버리며, 오랜 관행을 조금씩 개선하는 일에 집중해야 할 것입니다."

훨씬 더 대담하고 직설적인 표현을 써서 연방주의자들을 광인에 비유하기도 했다. "그들의 지도자들은 불치병 환자로 가득한 병원과 같아서, 다른 정신이상자들처럼 보호받고 치료받을 필요가 있습니다." 여전히 희망은 존재했다. 제퍼슨에게 있어 자유가 있는 곳에는 항상 희망이 존재했기 때문이다. 제퍼슨은 말했다. "시대는 참혹했지만, 선량한 시민이라면 결코 공동체의 앞날에 대해 절망해서는 안 된다는 유용한 진리를 증명했다."

프리스틀리는 또한 '정치가 마땅히 **과학**으로 돌아갈 몫을 잊게 하지 않기를' 희망했다. 실제로 제퍼슨은 정치와 과학이 연결되어 있다고 보았다. 개인의 자유라는 정치 이념은 자유로운 탐구 정신을 고취했다. 군주제나 세습적 제약에서 해방되고 근본적인 화합과 사랑을 가지고 함께 살아가는 환경 속에서는, 사람들이 자유롭게 돌아다니고 성장하고 창조하며 혁신할 수 있는 정신을 소유할 가능성이 높다. 이것이 제퍼슨의 이상적인 공화국이었고, 제퍼슨은 이를 실현하기 위해 헌신했다.

제퍼슨은 하원에서 아슬아슬하게 선출된 후, 어떻게 통치할지에 대해 충분한 조언을 들었다. 제임스 먼로는 이렇게 썼다. "많은 친구들이 실망감으로 냉담해질 것이며, 격정에 휩싸인 폭력적인 자들은 자신들의 열망이 충족되지 않은 데서 오는 굴욕감을 느낄 것입니다. 더욱이 곤경에 처한 연방당은 자신들을 무너뜨린 과거의 분열과 어리석음으로부터 교훈을 얻어 우리에게 맞서고자 다시 힘을 모을 것입니다. 그들은 외세와 은밀히 공모할 것이므로 철저하게 경계해야 합니다." 텐치 콕스 역시 경고를 보냈다. "우리 정부가 직면한 위험은 국내에도, 해외에도 여전히 존재합니다." 버지니아의 윌리엄 브랜치 자일스는 이렇게 말했다. "축출된 정당은 대체로 국민의 자유를 완전히 파괴하려는 계획하에 영국과 결탁하여 활동한 것으로 보입니다."

평소 제퍼슨은 대통령 관저 1층 집무실에서 다양한 문제와 현안을 처리했다. 공직 임명, 뉴잉글랜드의 정치 사안, 바르바리 해안 문제, 농업 정책, 서인도 제도, 프랑스와 영국과의 외교 문제에 이르기까지 끝도 없는 서류들이 제퍼슨의 손을 거쳐 갔다.

워싱턴에는 팻시도, 폴리도 없었고, 샐리 헤밍스가 알버말 카운티를 떠나 대통령 관저를 방문했다는 기록도 없다. 제퍼슨은 사교적인 사람이었지만 워싱턴에서는 상대적으로 고립된 생활을 했다. 미완성된 관저에는 메리웨더 루이스만이 함께 지냈다. 제퍼슨은 자신들이 '교회에 사는 두 마리 쥐' 같았다고 말했다.

임기 초에 그는 외로움을 많이 느꼈다. 동료들이 모여들기까지 시간이 걸렸기 때문이다. 자리를 잡으면서 "여전히 막막하다."라고 말하곤 했다. 제임스 매디슨 부부도, 앨버트 갤러틴 부부도 아직 수도에 거주하지 않았다. 갤러틴 부부가 도착했을 때, 그들은 제퍼슨으로부터 매일 저녁 식사에 초대한다는 무제한 초대장을 받았다. 초대에 응해준다면 정말 '큰 은혜'일 것이라고 제퍼슨은 말했다. 하지만 갤러틴 부부가 대통령 관저에서 더 먼 곳으로 이사하기로 결정하자 제퍼슨은 크게 실망했다. 8월에 갤러틴은, "도시는 다소 건강에 해롭고, 우리 가족도 그 영향을 받고 있어서 하루빨리 캐피톨 힐로 이사하기를 고대하고 있습니다."라고 제퍼슨에게 썼다. 하지만 재무장관은 재빨리 대통령 가까이에 있겠다고 말해 그를 안심시켰다. "정확히 10분 걸리던 이동 시간이 20분으로 늘어난 것뿐입니다."

많은 공직자나 의원들과는 달리, 제퍼슨은 새로운 수도를 좋아했다. "이곳은 아주 쾌적한 전원 주거지처럼 느껴진다. 좋은 사람들과 마음껏 교류할 수 있고, 비좁고 혼잡한 도시의 소음, 열기, 악취, 그리고 번잡함에서도 자유롭다."라고 그는 썼다.

새로운 미국의 미래를 건설하려면 연방주의 시대의 과오를 바로잡아야 했기 때문에, 제퍼슨은 선동법으로 유죄 판결을 받았던 인쇄업자들을 대통령 권한으로 사면했다. 벌금형을 선고받고 투옥되었던 제퍼슨의 오랜 동료 제임스 톰슨 캘린더의 건은 그에게는 개인적인 의미가 큰 사건이었다. 캘린더에 대한 사면은 1801년 3월 16일 월요일에 이루어졌다.

캘린더에게는 부양해야 할 세 명의 자녀가 있기 때문에 정부에 낸 200달러의 벌금을 돌려받고 싶어 했다. 그러나 사면 이후에도 환불이 이루어지지 않았다. 1801년 4월 12일 일요일까지도 지급되지 않자 캘린더는 벌금을 돌려받지 못한 '실망감'으로 깊은 '상처'를 입었다. "이제야 배은망덕이 뭔지 알 것 같다."라고 그는 말했다.

제퍼슨은 공화주의적 현실 인식이 국민들 마음속에 살아 있기를 원했다. 1801년 3월 20일 금요일, 연방주의자 로버트 굿로 하퍼가 워싱턴-애덤스 시대의 장점을 찬양하는 회람 서한을 돌리자, 제퍼슨은 앨버트 갤러틴에게 이에 대해 답변해달라고 요청했다. 제퍼슨은 그 서한이 '거짓되고 경솔한' 내용이므로 "동전의 이면을 보여줄 필요가 있다."고 말했다. 제퍼슨은 세심한 배려의 표시로 요청서에 자신의 이름을 기재하지 않았다.

배후에서 공화주의 저술을 기획하고 조율하는 것은 제퍼슨에게 전혀 새로운 일이 아니었으나, 행정부가 출범한 직후 이 일을 갤러틴에게 맡겼다는 것은 시사하는 바가 크다. 제퍼슨이 과거 수년간 후원했던 캘린더는 1800년 이후 신임을 잃었다.

제퍼슨은 왜 캘린더에게서 등을 돌렸을까? 그 이유 중 하나는 미국 정치에서 반복적으로 나타나는 현상이다. 즉, 성공한 대통령은 자신을 승리로 이끈, 그러나 신뢰하기 어려운 인물과 수단에 불편함을 느낀다는 사실이다. 새로운 대통령은 대개 어느 순간, 자신을 승리만 추구하는 야심가가 아니라 표를 얻기 위해 쏟아부은 땀과 불결함을 초월하는 정치인으로 보기 시작하는 것이다. 성공한 사람들은 마구간 냄새를 떠올리고 싶어 하지 않는다. 높은 자리에 오른 이들은 지나온 먼지투성이 길을 상기하고 싶어 하지 않는다. 논쟁가는 권력을 향한 여정에서는 쓸모가 있었지만, 유권자의 투표가 시행되고 그가 벌인 책략이 재판 과정에서 드러난 지금 상황에서 그의 신랄한 공격은 더 이상 설 자리가 없음이 분명했다. 권력을 추구하는 과정에서 제퍼슨은 캘린더와 악마의 거래를 했다. 그는 정파 투쟁이라는 어두운 술수에 능한 사람을 후원하고 같이 어울렸지만, 그런 사람은 언젠가는 자신을 배신할 수도 있다는 사실을 생각지 못한 것 같다.

벌금을 돌려받지 못하자, 캘린더는 매디슨에게 이렇게 말했다. "제퍼슨 씨는 제 벌금을 한 푼도 돌려주지 않았어요. 저는 탄압과 약탈을 당하고도 그냥 참고 넘어갈 사람이 아닙니다." 캘린더는 벌금도 중요했지만, 아마도 리치먼드의 우체국장 같은 한직을 얻는 것이 더 낫다고 생각했을 것이다. 캘린더는 워싱턴을 방문해 매디슨을 만났다. "그는 매몰차게 경멸하면서 환급을 거절했는데, 이는 노골적인 무례함만큼이나 나를 화나게 했다.

난쟁이 매디슨은 워싱턴 정부가 돈을 환급하는 것이 부적절하다는 점을 설득하기 위해 일장 연설을 했다."라고 캘린더가 썼다.

이 문제에는 여러 요인이 작용하고 있었다. 매디슨은 먼로에게 이렇게 말했다. "다른 열정 외에도 그가 사랑이라는 폭군에 지배되고 있다는 사실을 아십니까? 그의 격정의 대상은 리치먼드에 있습니다. 그녀의 이름을 물어보진 않았지만 적어도 그의 눈에는 젊고 아름다울 것이며, 아마 그가 넘볼 수 없는 지위의 여성일 것입니다. 그는 우체국에서 얻을 수 있는 보수와 명성이 그녀와의 결혼을 성사시켜 줄 것이라고 스스로를 속였어요. 하지만 이러한 기대에도 불구하고, 캘린더는 끝내 실패하고 절망 속에 돌아갔습니다."

매디슨은 대통령에게도 상황을 보고했다. 대통령은 메리웨더 루이스를 보내어 캘린더가 벌금을 전액 환급받을 때까지 쓸 자금으로 50달러를 주도록 했다. 루이스에 대한 캘린더의 태도는 제퍼슨이 생각보다 훨씬 더 큰 문제에 직면할 수도 있음을 시사했다. 제퍼슨은 먼로에게 이렇게 썼다. "루이스를 대하는 그의 말투는 매우 거만했습니다. 그는 자신이 사용할 수 있고 실제로 사용할 예정인 수단을 가지고 있으며, 50달러는 자선이 아니라 정당한 대가, 즉 사실상 입막음용 돈이라고 넌지시 말했습니다. 그리고 그가 무엇을 기대하는지, 특정 직책이나 그에 준하는 어떤 것을 기대하는지 내가 잘 알고 있을 것이라고 했습니다." 상처받고 분노한 캘린더는 복수의 날을 기다렸다.

대통령 관저에서 제퍼슨은 통제권을 행사하려고 애썼다. 1801년 11월, 정부가 어떻게 운영되어야 하는지에 관해 제퍼슨은 내각 구성원들에게 편지를 보냈다. 절차적 문제가 늘 그렇듯이, 그 편지는 권력에 관한 문서였다.

제퍼슨은 모든 세부 사항에 관여하고 싶어 했고, 공무에 대한 자신의 접근 방식이 워싱턴 대통령의 선례를 따른다고 스스로 규정했다. 워싱턴 대통령 당시 거의 모든 공무 서한이 대통령의 손을 거쳤다고 한다. 제퍼슨은 내각에 이렇게 말했다. "이런 방식으로 워싱턴 대통령은 연방의 모든 지역에서 일어나는 사실과 진행 상황에 대해, 어떤 부처 일이든 항상 정확하게 파악하고 있었습니다."

이는 제퍼슨이 원하던 방식이기도 했다. 그는 "국민의 뜻에 따라 나에게 부과된 의무를 직접 수행해야 한다."라고 느꼈다. 그리고 그렇게 될 것이다. 그는 어떤 종류의 정보든 원했고, 갤러틴에게 "현재 진행 중인 일이나 상황에 대해 알려주는 문서는 언제든지 환영입니다."라고 말했다. 그는 모든 것을 알고 싶어 했고, 모든 것을 알아야 했다.

33장 자신감 넘치는 대통령

대통령이 강구한 조치들은 온 나라에서 환영받았다.

—존 퀸시 애덤스

이곳에는 요구 사항이 너무 많고, 너무 많은 사랑과 열정이 얽혀 있으며, 너무 다양한 사람들의 이해관계와 목적이 얽혀 있어 누군가를 달래려 하면 반드시 다른 이들이 반발하게 된다.

—토머스 제퍼슨, 워싱턴 D.C.의 정치 문화에 대하여

1801년 11월 중순 무렵, 대통령직은 제퍼슨이 '꾸준하고 일관된 과정'이라고 부른 단계에 정착했다. 그는 책상에 앉아 하루에 10시간에서 13시간 동안 일했다. 이른 아침부터 정오까지는 서류를 검토하고 방문객을 맞이했으며, '네 시간 동안 승마와 식사, 잠깐 긴장을 풀기 위한 휴식'을 취했다. 정오가 되면 그는 대통령 관저를 떠나서 말을 타거나 산책했으며, 돌아오면 "촛불이 켜질 때까지 사람들과 어울렸다." 제퍼슨이 좋아했던 '역학, 수학, 철학 등'에 시간을 할애할 수 있는 때는 밤 시간뿐이었는데 그런 밤

은 드물었다.

제퍼슨은 사생활을 매우 중시했다. 그는 대통령 관저에 있던 한 하인이 떠나는 것을 내심 반겼다. "서재를 나갈 때마다 그가 내 책상 위에 놓인 서류들을 읽었다고 믿을 충분한 정황이 있었다. 방을 나갈 때마다 서류들을 일일이 안전하게 잠그는 것은 불가능했다."

제퍼슨의 시간은 방해받기 쉬웠다. 한번은 지지자와의 갈등을 해소하기 위해 신속하게 행동해야 했다. 제퍼슨은 노스캐롤라이나 출신 공화당 하원의장인 너새니얼 메이컨에게 이렇게 썼다. "우리가 알지 못하는 어떤 적이 우리 사이에 불화를 조장하고 있습니다." 제퍼슨은 별일은 아니지만 이 문제에 대해 논의하자고 제안했다. "오늘 밤에는 손님들이 아마 늦게까지 머물겠지만, 내일이나 모레 저녁에는 혼자 있을 수 있습니다."라고 메이컨에게 말했다.

매 의회 회기가 시작되기 전이면, 그는 의원들이 워싱턴을 떠날 때까지는 만나지 못할 친구들과 약속을 잡았다. 제퍼슨은 손녀 엘런 웨일스 랜돌프 쿨리지에게 이렇게 썼다. "의회가 지금부터 일주일 뒤에 열리기 때문에 이제 준비로 분주해지기 시작했단다. 이번 주에는 의회 선거에 대비하여 이곳에 있는 모든 친구를 차례로 식사에 초대해 만나고 있단다. 의회가 시작되면 업무와 접대 때문에 제때 답장을 할 수 없을 것 같구나."

그들 중 한 친구가 마거릿 베이어드 스미스였는데, 그녀는 남편인 새뮤얼 해리슨 스미스와 함께 이 시기에 제퍼슨은 물론 돌리와 제임 매디슨 부부와 가까워졌다. 매디슨 부부는 집을 마련하기 전에 잠시 대통령 관저에 머무르면서 제퍼슨과 함께 지냈다. 이후 조지타운 쪽으로 네 블록 떨어진 펜실베이니아 애비뉴에서 살다가 1333 F가에 정착했다. 그곳에서 돌리는 3층 벽돌집 안에 아늑한 분위기의 사교 모임 장소를 마련했다. 돌리의 식당과 응접실은 정치 담론과 돌리의 표현에 따르면 '사교적인 수다'로 가득 찼다. (가끔 카드 게임도 했다. 돌리는 내기 게임을 즐겼다.)

　　1801년 5월, 각료 회의가 시작되면서 스미스 부인은 "수도가 겨울만큼 활기차다. 모든 장관들이 도착하면서 업무에 새로운 활기가 생겼고, 그들의 가족이 정착하면서 일부 상인들에게 일자리가 생겼다."라고 말했다. 대통령 관저에서 매디슨 부부와 함께 가진 간소한 만찬에서 스미스 부인은 제퍼슨의 옆자리에 앉았고, 그의 '편안하고 솔직하며 온화한 태도'에 다시 한번 매료되었다. 그녀는 "이후 응접실에서 대통령과 제임스 매디슨을 지켜보면서 두 사람이 너무나 편안하고 친밀해서 아무런 거리낌이 없어 보였다."라고 생각했다.

　　갤러틴 부부 또한 대통령의 지인들 중 익숙한 얼굴이었다. 부부는 32번가 근처 M 스트리트에서 살기로 했다. 갤러틴 부인은 빼어나게 아름다운 미인은 아니었지만 상냥한 여성이었다. 앨버트 갤러틴은 결혼 당시 아내에 대해 다음과 같이 솔직하게 썼다. "그녀의 외모는 지성이나 마음 씀씀이에 비해 매력이 덜하지만, 나는 그녀의 지금 모습 그대로가 좋다. 그녀는 이해심이 많고 대부분의 젊은 여성들이 그렇듯이 박식하며 완벽할 정도로 소박하고 꾸밈이 없다. 또한 그녀는 나를 사랑하며 꽤 훌륭한 민주주의자이다."

　　제퍼슨은 국정을 직접 챙겼다. 그 밖에 다른 방법은 알지 못했다. 그는 페이턴 랜돌프가 버지니아 식민지 의회를 이끄는 모습을 지켜보았으며, 가끔 윌리엄스버그의 니컬슨 스트리트와 노스잉글랜드 스트리트 교차 지점에 있는 랜돌프의 벽돌색 목조 주택에서 열리는 회의에 참석했다. 연합 의회에서 활동했고 부통령으로서 4년간 상원을 주재한 제퍼슨은, 오랫동안 의원이었던 덕에 의원 다루는 법을 잘 알고 있었다. 당시에도 대통령의 관심은 정치인이나 일반 시민 모두에게 큰 의미가 있었다. 제퍼슨은 노골적으로 공화당 성향을 드러내지는 않았으나, 대통령 자신과의 직접 접촉이 국정 운영에 큰 변화를 가져올 수 있다는 점을 잘 알고 있었다. 그런 이유로 제퍼슨은 의원들과 저녁 식사를 같이하고, 방문객을 기꺼이 맞아들였다.

이 전략은 주효했다. 제퍼슨 임기 내내 공화당원에게는 행정부에 맞서 반대투표를 던지려 하는 순간, '대통령과의 만찬이 침묵하게 만들었음'을 인정하는 소리를 들리곤 했다.

제퍼슨은 대통령과 의원들 간의 지속적인 대화를 중요시했다. 제퍼슨은 "만약 의원들이 공식 메시지에 담길 중요한 사항만 알게 된다면, 이는 우연에 맡겨진 정부일 뿐 계획적인 정부일 수 없다."라고 생각했다. 대통령은 대중에게는 전달할 수 없는 통찰력과 의견을 나누는 과정에서 의원들을 신뢰하고, 이를 통해 친밀감과 공동의 목표 의식을 형성할 수 있어야 했다. 다른 정치인들에게 연설하는 것, 즉 그들 앞에 오로지 연설하기 위해 나타나는 것은 그들의 충성이나 협력을 얻는 데 최상의 방법이 아닐 뿐만 아니라, 효과적인 통치 수단도 아니었다.

제퍼슨은 과시하지 않으면서도 권위를 드러내는 방식을 선호했다. 한번은 나폴레옹이 제퍼슨 대통령과 함께 시간을 보낸 후 막 귀국한 프랑스인 여행가에게 "미국 정부는 어떤 정부인가?"라고 물었다. "폐하, 보이지도, 느껴지지도 않는 정부입니다."라고 여행가가 대답했다. 제퍼슨은 바로 세상이 이렇게 생각해주길 바랐다.

대통령 관저를 방문했던 유럽의 자연주의자 알렉산더 폰 훔볼트는 각료 회의실을 방문했다. 공화당 권력의 핵심부인 이곳에 극도로 비판적인 연방주의 신문이 놓인 것을 보고 훔볼트 남작은 제퍼슨에게 이렇게 질문했다. "어째서 이런 비방을 허용하시는 겁니까? 왜 비방하는 신문을 폐간하거나 적어도 편집인에게 벌금을 물리고 투옥하지 않으십니까?"

이 질문은 제퍼슨이 소신을 밝힐 절묘한 기회를 제공했다. "남작, 저 신문을 당신 주머니에 집어넣으시오. 만약 우리나라 자유의 실상과 언론의 자유에 의문을 제기하는 말을 듣는다면 이 신문을 보여주고 이를 어디서 발견했는지 말해주십시오."

워싱턴 대통령은 의식적으로 격식 있는 태도를 취했으나, 제퍼슨 대통령은 아침과 늦은 오후에 방문객을 맞이했다. 때로는 실제로 말을 타고 온 사람처럼 보였는데, 그런 적도 가끔 있었다. 1802년 루이-앙드레 피송은 파리에서 이렇게 썼다. "제퍼슨 씨는 모든 허세를 내려놓았다. 그는 단정치 못한 차림새로 최소한의 격식도 갖추지 않은 채 손님을 맞이했다. 그는 매일 아침 걷거나 말을 타고 외출했다. 대부분 말을 타고 나갔는데 하인을 한 명도 동반하지 않는 경우도 있었다."

제퍼슨은 자신이 누구인지, 이 세상에서 자신의 위치가 어디인지 잘 알고 있었기 때문에, 완벽하게 꾸민 모습으로 끊임없이 자신을 드러냄으로써 입증할 것이 아무것도 없었다. 오히려 정반대였다. 대개 태생이 고귀하거나 사회적으로 안정된 사람들만이 신분을 나타내는 표지를 포기할 수 있다. 즉 신분을 나타내는 표지를 무시하거나 생략하는 것 자체가 신분의 상징이다. 그는 낡은 프록코트와 코듀로이 반바지, 실로 짠 스타킹, 낡은 슬리퍼를 다양하게 조합해 착용했다.

영국 외교관인 오거스터스 J. 포스터가 제퍼슨을 예방했을 때 그는 대통령이 "전반적으로 매우 예의 바르게 행동한다."라고 느꼈다. 대통령 관저에서 '갑자기 문이 열리면서' 제퍼슨이 나타났다. 포스터는 어머니에게 이렇게 썼다. "그는 누구에게나 늘 하던 대로 손을 내밀어 악수를 청했고, 앉으라고 권했습니다. 다행히 저는 터키에 머문 적이 있어서, 이 자연스럽고 소박한 태도가 아주 편안하게 느껴졌습니다."

포스터는 제퍼슨의 모습에 깜짝 놀랐다. "그는 옷차림도 외모도 지극히 평범한 농부처럼 보였고, 슬리퍼는 뒤축이 닳아 해졌더군요."라고 포스터는 본국에 썼다. 포스터와는 달리, 1811년 대법관이 된 변호사이자 의원인 매사추세츠 출신 조지프 스토리는 제퍼슨의 행동을 이해했다. 미국인의 취향과 문화에 대한 유럽인의 시선에 지나치게 민감했던 이 남자는 시골 촌뜨기가 아니었다. 그는 오히려 있는 그대로의 그 자신이었다. "당신은 버지니아 사람들이 소박한 옷차림으로 나타나는 데 일종의 자부심을 느끼며, 강인한 정신력과 예의바른 태도로 주목받기를 원한다는 것을 아실 것입니다."라고 스토리가 썼다.

영국 외교관 에드워드 손턴 역시 스토리와 같은 인식을 공유했다. 손턴은 본국으로 보낸 전문에서, 제퍼슨은 아마도 공화주의적인 '평등 정신'에 이끌렸을 테지만, 대통령 관저에서는 그 어느 것도 분명히 드러나지 않았다고 썼다. 관저는 "애덤스 대통령 재임 시절보다 훨씬 잘 정돈되었고, 재정 운영과 생활 방식 면에서 이전 두 대통령 재임기보다 비용이 많이 드는 규모였다. 하지만 워싱턴 장군 시절에 보였던 격식과 과시는 확실히 덜했다."

제퍼슨은 자신과 자신의 리더십에 대해 분명한 자신감을 가졌다. 그는 1800년 선거 결과가 변화를 위한 국민의 명령이라고 생각했다. 제퍼슨은 보통 권력을 조용히 행사했지만, 그렇게 함으로써 행정부를 장악하고 의회 내 동지들에게 자신의 뜻을 알렸다. 존 퀸시 애덤스는 제퍼슨의 '행정부가 그의 개인적, 공식적 영향력을 통해 의회에서 법안을 통과시키는 이러한 원칙에 기초한 것' 같다고 보았다. 제퍼슨은 오랫동안 그래왔듯이 가능한 한 자신의 뜻을 관철하려는 경향이 있었다. 즉, 세상이 자신의 뜻에 따르도록 부드럽지만 단호하게 밀고 나갔다.

제퍼슨은 전통적인 전사라기보다는 체스 플레이어에 가까워서 사건에 직관적이고 과시적으로 반응하기보다는 자신의 전략을 숙고하고 은밀하게 실행하는 사람이었다. 실제로 워싱턴에서 제퍼슨은 몬티셀로에 남겨두었던 책 한 권이 필요하다고 느꼈다. 바로 체스 전문가인 프랑수아 앙드레 다니캉 필리도르의 체스 전략서였다. 그가 책을 보관한 장소를 정확하게 기억했다는 사실이 의미심장하다. "그 책은 서재 출입문에서 왼쪽으로 두 번째 책장에 있을 것이네."라고 제퍼슨은 토머스 만 랜돌프 주니어에게 썼다.

1801년 5월 중순, 각료 회의에서 제퍼슨과 참모들은 바르바리 국가들에 대해 논의했다. 미국이 리처드 데일 준장의 지휘 아래 함대를 파견해, 미국 선박에 대한 추가적인 해적 행위를 막기 위한 무력시위를 벌일 것인지가 쟁점이었다. "모두 해상 작전의 필요성에 동의했다."라고 제퍼슨이 기록했다.

제퍼슨은 또한 내각이 다른 것에도 확실히 동의하기를 원했다. 해군은 '적의 함선을 발견할 수 있는 곳이면 어디든 수색하고 격퇴하기 위해' 입법부가 아닌 행정 당국의 명령으로 운영되어야 했다. 만약 바르바리 국가 중 어느 한 곳이 미국에 대해 선전포고했다는 사실을 데일이 알게 되면, 그는 '그들을 응징해야 할 상황에서 함정을 배치하게' 될 것이며, 바르바리 국가 전체가 선전포고했다는 사실을 알게 되면, 그는 "우리의 상업을 보호하고 그들의 오만함을 응징하기 위해, 적의 선박과 함정을 발견하는 대로 침몰시키고 불태우고 파괴하도록 병력을 전개하라."라는 명령을 받을 것이다.

1801년 8월 1일 토요일, 데일 휘하에서 근무한 엔터프라이즈호의 앤드루 스터렛은 몰타 근처에서 트리폴리의 함정 트리폴리호를 격퇴했다. 제퍼슨이 스터렛에게 이렇게 말했다. "너무나 오랫동안 저 야만인들이 조약 이행의 신성한 의무와 인간 본연의 권리와 법칙을 짓밟도록 방치해왔습니다. 당신은 적들이 우리의 단합된 용기와 기술력에 맞설 수 없다는 사실을 국민에게 보여주었습니다." 스터렛은 바르바리의 배를 무력화한 뒤 풀어주고는 항해를 계속했다. 이 사건 이후 제퍼슨은 미국의 승리를 선포하고, 지중해의 적대 세력에 맞선 공격 직전 권한을 부여해줄 것을 의회에 요청했다.

그러나 제퍼슨은 봄에 이미 의회의 승인 없이 그러한 권한을 명백히 행사했다. 스터렛은 그 명령에 따라 움직이고 있었다. 여기서 제퍼슨은 의회를 따르는 것처럼 보이면서도 군사와 외교 정책을 효과적으로 통제하고 있었다. 이것이 대립을 야기하거나 혼란스러운 위기를 초래하지 않고 목적을 달성하는 전형적인 제퍼슨의 방식이었다. 의회는 제퍼슨의 손에 장악되었고 사실상 데일에 대한 그의 명령을 소급하여 승인했으며, 스터렛의 작전 이후에는 대통령에게 더 광범위한 권한을 허용했다. 의회는 행정부가 "전쟁 상황 대처를 위해 정당화될 수 있고, 대통령이 필요하다고 판단하는 모든 예방적·공세적 조치를 수행할 책임이 있다."라고 선언했다. 이 조항에 따라 제퍼슨은, 자신의 아버지와 형제를 살해한 트리폴리의 파샤를, 튀니스로 탈출한 온건파인 형 하메트로 교체하려는 작전을 주도면밀하게 시도했다. 이후 수년간 미국은 하메트를 위해 트리폴리 왕국을 무력으로 전복하려 시도했지만 성공하지 못했다. 이는 제퍼슨이 이 지역에서 일방적인 권력 행사를 시도하면서 시작된 일이었다. 국무장관 시절 미국 은행 설립과 관련하여 폭넓은 권한 해석에 반대 의견을 냈던 인물은, 이제 대통령으로서 자신의 권력이 권한의 포괄적 해석으로부터 이익을 얻는다는 사실을 깨닫게 되었다.

메리웨더 루이스는 대통령 관저에서 캐피톨 힐로 말을 타고 올라갔다. 1801년 12월 8일 화요일, 대통령의 개인 비서인 루이스는 제퍼슨의 첫 연두교서를 의회에 전달할 예정이었다.

바르바리 국가들을 제외하고는 세상은 대체로 평화롭다고 제퍼슨은 말했다. 그는 신중하면서도 단호하게, 스터렛의 승전보는 '우리가 평화를 원하는 것이 용기가 부족해서가 아니라, 우리나라의 에너지를 인류의 파멸이 아닌 번영을 지향하게 하려는 도덕적 욕구 때문임을 세상에 알리는 증거'라고 말했다.

연방세와 지출을 줄이고, 법원 신설을 억제하며, 국내 문제를 처리할 때 각 주에게 주도권을 허용하려는 제퍼슨의 노력은, 워싱턴과 애덤스의 통치 시기 국가의 기본 방향에서 중대한 전환을 의미했다.

대통령의 메시지에 대한 반응은 뜨거웠다. "대통령의 메시지로 우리가 느낀 환희는 그 무엇과도 비교할 수 없었고, 군주주의자들의 낙담 또한 비교할 수 없을 정도로 컸다."라고 캐롤라인 카운티의 존 테일러가 말했다.

연방주의자들은 돌아가는 상황에 의기소침했다. 1802년 4월, 로버트 트루프는 루퍼스 킹에게 이렇게 말했다. "버지니아가 말 그대로 지배하고 있습니다. 제퍼슨이 모든 정책의 최고 책임자인데, 공식적인 접견일도 없고, 형식에도 구애받지 않으며, 격의 없는 차림으로 손님을 맞이하고 때로는 슬리퍼를 신고 나타나기도 합니다. 주권자인 국민에게도 늘 개방적이어서 매우 친밀하게 지냅니다."

코네티컷주 의원인 로저 그리즈월드는 제퍼슨의 이미지 뒤에 숨겨진 본질을 간파했다. 새해 메시지가 의회에 도착한 후, 그리즈월드는 다음과 같이 썼다.

이 정부 아래에서는 어떤 것도 예전 그대로 남아 있지 않을 것입니다. 모든 세세한 사항까지 다 바뀔 것입니다. 애덤스 대통령 시절에는 대통령 관저 문이 동쪽으로 열려 있었지만, 제퍼슨 씨는 그 문을 닫고 서쪽으로 새 문을 냈습니다. 워싱턴 장군과 애덤스 씨는 매 의회 회기 때마다 연설로 시작했지만, 제퍼슨 씨는 연설을 전혀 하지 않고 서면 교서로 소통합니다. 뉴잉글랜드의 귀족 여러분이 이처럼 중요한 변화가 불필요하며, 그저 변화만을 목적으로 만든 조치라고 여길까 봐 걱정스럽습니다. 하지만 여러분은 자신이 철학자도 아니며, 민주 정치의 복잡성에 정통하지도 않다는 사실을 기억해야 합니다.

《뉴욕 이브닝 포스트New-York Eveuíug Post》에서 알렉산더 해밀턴은 "제퍼슨의 메시지가 우리 정부의 안전, 국가의 책임과 복지를 염려하는 모든 사람들에게 경각심을 불러일으켜야 한다."라고 썼다. 해밀턴이 그린 제퍼슨의 이미지는 악의적이었고 질투와 분노가 뒤섞여 있었다. 해밀턴은 이 시기 구버너 모리스에게 이렇게 썼다. "저의 운명은 참으로 기이합니다. 아마 이 나라에서 현행 헌법을 위해 저보다 더 희생하고 애쓴 사람은 없을 것입니다. 그럼에도 저는 여전히 허약하고 쓸모없는 틀을 지탱하려 애쓰고 있습니다. 이 상황에서 물러나는 것 외에 제가 무엇을 더 할 수 있겠습니까? 매일 이 미국이라는 세계가 저에게 맞지 않는다는 사실을 깨닫습니다." 1801년이 끝날 무렵, 세상은 해밀턴보다는 제퍼슨적인 세상에 더 가까워진 것처럼 보였다. "매일 우리는 제퍼슨 씨의 적들이 그를 모함하기 위해 꾸며낸 망령들이 사라지는 것을 보고 있습니다."라고 피숑은 파리에서 상관에게 보고했다.

하루는 매사추세츠주 체셔 주민들이 대통령에게 보낸 커다란 치즈 하나가 도착했다. 그것은 대중문화에서 공화주의적 존경의 상징이 된 흥미로운 물건이었다. 체셔 주민들은 "이것은 바스티유 감옥의 마지막 돌맹이도, 대단한 가치를 지닌 물건도 아닙니다. 하지만 자유로운 의지로 바치는 선물이니 부디 받아주시길 바랍니다."라고 말했다.

1802년 새해 첫날, 제퍼슨은 신과 정치에 대해 생각하고 있었다. 1801년 10월, 코네티컷주 콜브룩에서는 댄버리 침례교 협회가 모여서 종교의 자유에 관한 제퍼슨의 견해에 환호했다.

이에 대한 답례로 제퍼슨은 적대적인 연방주의자들을 동요하게 만든 양심의 자유에 대한 근거를 제시했다. "여러분과 마찬가지로 저도 종교는 오직 인간과 그의 신 사이에 놓인 문제이며, 그는 자신의 신앙이나 숭배에 대해 어느 누구에게도 설명할 의무가 없으며, 정부의 합법적 권한은 오직 행동에만 미칠 뿐 의견에는 미치지 않는다고 믿습니다. 저는 '의회가 종교를 설립하거나 자유로운 종교 행위를 금지하는 어떤 법도 만들어서는 안 된다'라고 선언한 전체 국민의 결정을 최고의 경외심으로 존중합니다. 이로써 교회와 국가 사이에 분리의 벽이 세워진 것입니다."

벤저민 러시는 1800년 교회와 국가에 대한 제퍼슨의 견해를 형성하는 데 도움을 주었다. 러시는 제퍼슨에게 이렇게 말했다. "종교와 정부가 서로 독립된 상태를 유지해야 한다는 당신의 바람에 저도 동의합니다. 성 바울이 지금 무덤에서 살아날 수 있다면, 세상의 정치 문제에 적극 관여하는 성직자들에게 이렇게 말할 것입니다. '정치적인 활동은 그만두십시오. 여러분의 왕국은 이 세상의 것이 아닙니다. 나의 서신들을 읽어 보십시오. 그 어디에도 내가 이교도 황제를 폐위시키거나 그리스도인을 왕좌에 앉히려고 했다는 내용을 발견하지 못할 것입니다. 기독교는 세속 정부로부터 지지받는 것을 경멸합니다.'"

연방주의자들 사이에서는 제퍼슨에 대한 경멸이 극에 달했다. 매사추세츠의 조지 캐벗은 자신이 '민주주의의 끔찍한 해악'이라고 불렀던 것들을 두려워했지만, 제퍼슨은 막을 수 없다고 생각했다. 1801년 겨울과 1802년 봄에 나타난 증거들은 제퍼슨의 권력에 대한 캐벗의 평가가 옳았음을 시사했다.

이 시기 동안 제퍼슨은 의회를 설득하여 모든 내국세를 폐지하였고, 트리폴리에 대한 무력 사용을 승인했으며, 웨스트포인트에 미국 육군사관학교U.S. Military Academy를 설립했고, 귀화 규정을 완화했다. 그리고 가장 중요한 조치로는 1801년 사법법을 폐지했다. 이 법은 연방 관할권을 확장하며, 애덤스 대통령이 퇴임하기 직전 연방당원으로 채웠던 신설 법원과 판사직을 창설한 법이다.

대통령이 인디언 부족에게 줄 선물로 기획한 메달 세트를 다시 디자인하고 있다는 이야기를 듣고, 전임 전쟁부 장관 제임스 맥헨리는 비꼬는 듯한 어조로 말했다. "그의 탁월한 창의력을 그다지 중요하지 않은 일에만 쏟았다면 좋았을 텐데, 그랬다면 오늘날 헌법과 국가의 운명에 대한 걱정거리가 줄었을 것이다."

대통령 선거 과정에서 하원에서 벌어진 싸움을 시작으로 에런 버는 제퍼슨의 공화당 내에서 사실상 통제 불가능한 존재가 되었다. 한편으로는 1800~1801년 선거에서 제퍼슨의 승리를 막기 위해 버를 이용하려던 연방당의 시도를 버 자신이 적극적으로 저지하지 않았다는 공화당원들의 생각 때문이고, 또 한편으로는 버가 단지 한 정파의 대표자에 불과할 뿐인 뉴욕 주 정치의 복잡성 때문이었다. 이에 따라 제퍼슨은 대통령 선거전이 마무리되자 그의 야망을 좌절시키기로 결정했다. 버의 지지자 중 한 사람인 매슈 L. 데이비스는 연방 공직을 얻기 위해 대통령을 찾아와 자신의 처지를 설명했다. 데이비스의 말을 경청하던 제퍼슨은 윙윙거리는 파리 한 마리를 발견하자 재빠르게 손을 뻗어 잡아챘다. 이 행동은 방문객에게 불안감을 주었다. 파리를 잡아챌 만큼 민첩하고 영리한 대통령이라면 자신이 원치 않는 방향으로는 쉽게 움직이지 않을 것이기 때문이었다. 데이비스는 결국 일자리를 얻지 못했다. 갤러틴에 따르면 이러한 무시는 버에 대한 무시로 비추어졌다. "뉴욕에서 정치에 관여하는 사람들 중에 데이비스를 거절한 것이 버가 추천하는 인물이기 때문이라고 생각하지 않는 사람은 거의 없습니다."라고 갤러틴이 제퍼슨에게 썼다.

해밀턴은 제퍼슨 대통령과 버 부통령 사이의 정치적 긴장을 예리하게 분석했다. 해밀턴은 1802년 6월에 킹에게 이렇게 썼다. "최고 통수권자와 그의 명백한 후계자 사이에 매우 심각한 균열이 존재합니다. 이 균열은 절대 치유될 수 없는데, 그 이유는 두 사람의 마음속에 자리 잡은 끝 모를 무원칙한 야망의 맞대결에 뿌리를 두었기 때문입니다." 루이-앙드레 피숑은 이렇게 썼다. "버 씨는 반드시 대통령직에 오를 것입니다. 그보다 더 정치적 음모에 능한 사람은 없기 때문입니다."

1802년, 수도에서 열린 조지 워싱턴의 생일 기념 연방당 만찬에 예기치 않게 버가 나타나 재치 있게 "자신이 불청객이냐고 물었다. 그는 아니라는 답변을 들은 후 적절한 예우를 받았다."라고 트루프는 킹에게 전했다.

버는 잠시 시간을 두고 건배를 제의해도 될지 물었다. 허락을 받자 버는 잔을 들고 이렇게 말했다. "모든 정직한 이들의 단결을 위하여!" 모임에 참석한 사람들에게 그 말의 의도는 분명했다. 이는 일반적으로 연방당원들에게 그가 연합을 제안한 것으로 받아들여졌습니다."라고 트루프가 말했다.

1802년 7월 1일 목요일, 공화당원들은 제퍼슨의 내국세 폐지를 축하했다. 7월 4일, 사우스캐롤라이나주 찰스턴에서는 리처드 퍼먼 목사가 제퍼슨 행정부와 미국 혁명을 연결하여, 두 사건이 신의 섭리로 예정된 것이라고 주장했다. "7월 1일 열린 특별한 축제와 환호, 7월 4일의 건축는 각지에서 들려온 바와 같이 모든 공화당원들이 만족하고 있음을 증명합니다."

피숑은 개인적으로 제퍼슨 행정부에 비판적이었다. "이 정부를 이끄는 원칙은 명백하다. 당파성은 열정, 다수의 환심을 사서 권력을 유지하려는 야망, 새로운 사상에 대한 특이한 성향, 단순함이라는 외양 뒤에 숨겨진 유치한 허영심으로 이루어졌다." 피숑은 또한 제퍼슨이 프랑스 사절단에게 보낸 초대장에서 자신과 아내를 제외한 것에 대해 불평했다. "그런 일은 수도에서는 좀처럼 일어나지 않는 일이다. 이 사막 같은 곳에서는 명백한 무례이다."라고 피숑은 말했다.

하지만 연방당원들은 정치적 현실을 깨달았다. 1802년 4월 트루프가 킹에게 이렇게 썼다. "제퍼슨은 모두가 숭배하는 우상입니다. 만약 제퍼슨을 위험에 빠뜨리지 않고 버를 다음 선거에서 제외할 수 있다면, 의심할 여지 없이 그렇게 할 것입니다."

비록 버지니아주 핫스프링스를 넘어간 적은 없지만, 제퍼슨은 서부를 사랑했다. 20년 전, 그는 조지 로저스 클라크가 이끄는 탐험을 제안했다. 10년 뒤인 1793년, 미국 철학회를 대표하여 프랑스 식물학자 앙드레 미쇼의 탐험 여행을 기획하는데 주도적인 역할을 했다. 클라크의 임무도 미쇼의 시도도 성사되지 못했고, 결국 영국의 위협이 제퍼슨과 미국을 행동에 나서게 했다. 그 불안감은 이미 오래전부터 있었다. 영국(스페인, 프랑스, 그리고 여러 인디언 부족들까지 포함)은 신대륙에서 영토를 확보하거나, 혹은 상황에 따라 기존 영토를 확장하여 미국을 에워싸고, 이로써 미국의 성장을 제한하면서 끊임없이 침략의 기회를 만들어낼 수 있다는 불안감이었다.

1802년 여름, 제퍼슨은 모피 무역상 알렉산더 매켄지의 책《몬트리올에서 출발한 탐험기Voyages from Montreal》를 읽고 깊은 감명을 받았다. 이 책에는 매켄지가 캐나다를 관통해 1793년 태평양에 도달한 여정이 담겨 있었다.

매켄지는 북아메리카의 훨씬 더 넓은 미개척 지역을 영국이 가질 수 있다는 전망을 열정적으로 기술했다. "영국 정부의 후원만이 자국민들에게 이 지역에서의 교역을 보장해줄 수 있다."라고 주장했다. 더 나아가, "아마 잃어버린 식민지에 대한 영국의 지배력 회복 가능성을 포함해서 많은 정치적 이유들이 영국 무역의 확장된 체제와 역량을 아는 모든 사람에게 떠오를 것이다."라고 매켄지는 주장했다. 이는 모두 제퍼슨이 1783년 조지 로저스 클라크에게 밝혔던 오랜 두려움과 연결되었다. 제퍼슨은 당시 영국과 서부에 대해 "그들이 그 지역을 식민지화할 야심을 품고 있는 것 같아 걱정스럽다."라고 썼다.

오랫동안 제퍼슨이 생각해왔던 탐험 여행을 떠날 시기가 무르익었다. 그는 태평양으로 가는 길을 찾고, 미국과 제국주의 강대국 간 대립의 장이 될 수도 있는 서부의 지형을 파악하고 싶었다.

제퍼슨은 이 일을 이끌 사람을 멀리서 찾는 대신 자신의 개인 비서 메리웨더 루이스를 선택했다. 1774년, 몬티셀로에서 약 16킬로미터 떨어진 로커스트 힐에서 태어난 루이스는 제퍼슨이 '가까운 동네'라고 불렀던 곳 출신이다. 푸른 눈의 젊고 패기 넘치는 루이스는 미 육군 중위로 제임스 윌킨슨 휘하에서 복무하고 있었는데, 1801년 제퍼슨이 워싱턴으로 와서 대통령 관저에서 일해줄 것을 그에게 요청했다. 제퍼슨은 루이스의 '서부 지역과 군대, 지역 상황에 대한 지식'에 깊은 인상을 받았고, 존 애덤스로부터 인계받은 군대를 평가할 때 장교단에 대한 루이스의 의견에 의지한 것 같다.

제퍼슨은 루이스를 신뢰했고 그의 강인한 성품을 높이 평가했다. 의회가 비밀리에 태평양으로 가는 최적 경로를 찾는 탐험에 대한 예산 지원에 동의하자, 원정을 이끌어줄 것을 루이스에게 요청했다. (대통령은 2,500달러를 요청해서 승인받았으나, 최종 비용은 이 금액의 15배 정도였다.) 제퍼슨은 벤저민 러시에게 이렇게 말했다. "루이스 대위는 용감하고 신중하며, 숲속 생활에 단련되었고, 아메리카 원주민의 생활 방식과 특성을 잘 알고 있습니다." 루이스는 조지 로저스 클라크의 동생인 윌리엄 클라크에게 북서부 탐사 의용대Corps of Volunteers for North West Discovery로 알려진 탐험대 조직에 합류해줄 것을 요청했다.

제퍼슨은 미국을 '자유의 제국'이라고 생각했다. 이제 그는 현재 국경 너머로 뻗어 있는 대륙을 보다 정밀하고 깊이 있게 이해할 수 있을 뿐만 아니라, 광활한 서부를 차지할 기회를 갖게 되었다.

34장 승리와 스캔들, 숨겨진 병

이 하녀 샐리와의 사이에서 대통령은 대여섯 명의 자녀를 두었다. 샬러츠빌 인근에서는 이 이야기를 믿지 않는 사람이 아무도 없으며, 그 진실을 아는 사람도 적지 않다.

—제임스 캘린더,《리치먼드 리코더》, 1802년 9월

그리 오래 전은 아니었지만, 제퍼슨이 정치적 당파주의를 종식시키지는 못하더라도 당파적 이해관계를 뛰어넘을 수 있다고 믿었던 시기가 있었다. 그것이 그 시대의 이상이었다. 당시에는 '정당'이라는 개념을 두려움과 의혹의 눈초리로 보았다. 위대한 조지 워싱턴조차도 고별 연설에서 파벌 의식에 대해 경고했다.

하지만 그 경고는 전혀 효과가 없었고, 견고한 정치적 결속을 이루려는 제퍼슨의 희망은 결코 실현되지 못했다. 1801년 초, 제퍼슨이 취임 연설에서 미국인들 모두가 연방주의자이며 공화주의자라고 선언하기 전에도 앨버트 갤러틴은 수도의 실상을 이렇게 보고했다. "몇몇 하숙집에 함께 지내게 되고, 우리 말고는 달리 교류할 사람들도 없으니, 우리는 아마 온건한 정치인이 되지도 못할 것이며 정치 외에 다른 것을 생각하지도 못할 것입니다." 연방주의자 사이미언 볼드윈 역시 같은 심정으로 이렇게 썼다. "서로 다른 정당의 사람들은 친밀하게 교류하지 않는다." 또 다른 관찰자는 다음과 같이 말했다. "반대 의견을 지닌 두 사람이 같은 선술집이나 하숙집에 머무를 일은 없다."

제퍼슨은 정말로 노력했다. 1801년 3월, 제퍼슨은 이렇게 말했다. "원칙을 포기하지 않고 이룰 수 있다면, 정당의 흔적을 지우고 국가의 기틀을 확고히 다지기 위해 어떤 노력도 아끼지 않을 것이다." 34개월 후, 첫 임기 중 당파 투쟁을 겪은 끝에, 제퍼슨은 세상을 있는 그대로 받아들이게 되었다. "화해하려는 시도를 1~2년간 성실하게 수행했으나, 그들로부터 냉정하게 거절당했다."

제퍼슨도 익히 알고 있듯이, 현실적으로 그가 바랄 수 있는 최선은 그와 적들 사이의 영원한 평화가 아니라 일시적 휴전이었다. 정치적 분열은 본질적인 것이었고 가장 중요한 것은 대통령이 그와 같은 분열을 어떻게 관리하는가 하는 것이었다.

제퍼슨의 전략은 타당했다. 그는 민주적 공화주의의 가능성과 자신의 혁신적 리더십 역량을 믿으며, 폭넓은 관점에서 사안을 바라보았다. "모든 에너지와 열정을 자신들의 힘과 행동의 방향을 맡긴 사람들에게 몰아준다면 감당하지 못할 일은 없다."

제퍼슨은 다음과 같은 협정을 제안했다. "우리 모두 이 나라의 정치적 도전에 함께 맞섭시다. 내가 1790년대 '테러리즘이 난무하던 암울한 시절'이라고 부른 극단적이고 종말론적인 광기를 통제하기 위해 노력한다면, 아마 정치는 단순히 갈등의 원천이 아니라 진보의 수단이 될 수도 있을 것입니다."

하지만 연방주의자들의 지배적인 시각에서 보면, 이는 말은 아름답지만 실현하기는 불가능한 일이었다. 존 퀸시 애덤스가 일기에서 미국인의 삶 속에서 정치 투쟁은 예외가 아니라 규칙이 될 것이라고 말한 것은 옳았다. 애덤스는 제퍼슨의 첫 임기 때 이렇게 썼다. "이 나라는 당파주의에 완전히 사로잡혀 있어서, 어느 한편을 맹목적으로 따르지 않는 것은 결코 용서받을 수 없는 행위로 간주된다."

건국의 아버지들이 꿈꾸었던, 당파성을 넘어선 나라는 다양한 이해관계가 공존하는 사회에서 자유 정치의 특성 속에서는 결코 유지될 수 없었다.

공화주의자든 연방주의자든 관심 있게 지켜본 사람이라면, 수도에서 제퍼슨의 계획은 누구에게나 분명했다. "제퍼슨 씨는 이전 행정부가 반공화주의 원칙 아래에서 행동했다고 말하는 데 전혀 주저함이 없었다."라고 루이-앙드레 피숑 프랑스 공사는 파리의 본국 정부에 보고했다. 새 대통령은 자신이 그 같은 '불평등과 오류'를 바로잡기로 결심했다.

제퍼슨은 공화국의 비전을 위협하는 요소를 추적하고 제거하는 데 거침이 없었다. 상대가 미국 대법원장을 포함한 연방주의자 판사이든 다른 공직자든, 혹은 적대적인 언론인이든, 제퍼슨의 적들은 대통령 관저로부터의 강력한 도전에 직면했다. 1800년 대통령 선거와 의회 선거에서 공화당이 거둔 성공 덕분에 제퍼슨은 거의 자신의 뜻대로 실행할 힘을 가졌다. 제퍼슨은 자신의 핵심적인 통치관을 분명히 밝혔고, 하원과 상원 후보자들은 제퍼슨과 그의 견해에 대한 지지를 분명히 밝혔다. 대다수 유권자는 1790년대 연방주의에서 벗어나길 원했고, 제퍼슨은 그 길을 이끌 준비가 되어 있었다. 연방주의자들은 할 말이 많았지만, 그들의 말은 대통령이 가진 힘, 즉 표 앞에서는 상대가 되지 않았다.

1802년의 새 사법법은 제퍼슨의 힘을 보여주는 상징이었다. 1801년 법은 연방주의자들에게 종신직을 보장함으로써 대중의 반발로부터 연방파를 보호하려는 시도였다. 제퍼슨의 공화당이 입안해 통과시킨 1802년 법은 연방주의자들의 사법부 장악을 무너뜨리려 했다. 한편에는 겨우 몇 달

전 생겨난 법원을 포함하여 모든 법원은 신성불가침이라고 주장하는 연방주의자들이 자리하고 있었다. 다른 한편에는 정부의 어떤 부서도 개혁에서 제외될 수 없다고 주장하는 제퍼슨과 그의 지지자들이 있었다.

쟁점이 된 원칙들은 명백했다. 정치적 현실도 마찬가지였다. 비록 조심스럽게 추진했고, 사법부에 대해 전면전을 선언하지도 않았지만, 그는 계속 밀어붙였다. 1801년 12월, 제퍼슨의 첫 연두 교서에서 그는 "미국의 사법 시스템, 특히 최근 신설된 부분은 당연히 의회가 검토할 대상으로 제출될 것입니다."라고 담담하게 썼다. 겉보기에 온화해 보이는 이 말 뒤에는 의회 내 공화당원들이 1801년 법으로 신설된 판사직을 손보겠다는 대통령의 단호한 의지가 숨어 있었다.

1802년 3월 8일, 폐지안이 통과되었다. 하원의 투표는 공화당의 우위를 반영했다. 상원에서 그 법안은 단 한 표 차이로 통과되긴 했지만, 결국 통과되었다. 이후 4월에 의회는 1802년 새로운 사법법을 승인했다. 제퍼슨이 서명하여 법률로 제정한 이 법의 여러 측면 가운데에는, 애덤스 행정부 말기에 새로 생긴 순회법원 판사직을 폐지하는 내용도 포함되어 있었다. 이는 제퍼슨에게는 엄청난 승리였고 연방주의자들은 경악했다.

제퍼슨의 사촌 존 마셜을 향한 증오심은 정중했지만, 어쨌든 증오가 깔려 있었다(제퍼슨은 한때 "그 판사의 완고함은 뿌리 깊었고, 마음속 음울한 악의는 희생자를 향해 표출할 기회를 절대로 놓치지 않을 것이다."라고 쓴 적이 있다). 1803년 2월, 대법원장은 존 애덤스가 임기 마지막에 임명한 사람 중 한 사람인 윌리엄 마버리와 제퍼슨 행정부 간 충돌이었던 마버리 대 매디슨 사건에서 대법원의 판결문을 발표했다. 매디슨이 마버리의 임명을 유보한 것은 잘못이라고 결정한 이 판결은 대통령에게 불리했다. 하지만 마셜은 현명하게도 정면충돌을 피하면서 사법 심사 제도의 토대를 마련하는 데 기여했다.

1803년 겨울, 뉴햄프셔의 존 피커링 판사는 하원에서 탄핵 대상이었고, 연방 대법관 새뮤얼 체이스도 마찬가지였다. 피커링은 변덕스럽고 정신 질환 가능성이 있는 술꾼이었다. 그에 대한 탄핵과 유죄 선고는 체이스에 대한 탄핵 시도에 비해 중요성이 떨어지는 사건이었다. 체이스는 볼티모어에서 대배심에 대한 도발적인 비난으로 공화당에 빌미를 제공했고 제퍼슨이 속한 정당에 노골적으로 적대적인 인물이었다. 1803년 5월, 체이스는 이렇게 말했다. "법이 불확실하고 편파적이며 자의적인 곳, 정의가 모든 사람에게 공평하게 적용되지 않는 곳, 재산을 보호받지 못하고 개인이 법적 구제 수단 없이 모욕과 폭력에 노출되는 곳은 정부 형태가 어떻든 국민은 **자유롭지 않다.**" 그는 1801년의 사법법의 폐지를 공격하면서 볼티모어 배심원들에게 "우리의 공화국 헌법 체계에서 가능한 모든 형태의 정부 중 최악의 정부인 군중 정치로 추락할 것이다."라고 말했다.

신성한 법정에서 나온 체이스의 독설에 분노한 제퍼슨은 최근 피커링 판사를 고발한 메릴랜드주 의원 조지프 니컬슨에게 편지를 썼다. "우리의 헌법 원칙과 국가의 공식 절차에 대한 선동적이고 공개적인 공격을 처벌하지 않고 그대로 둬도 되겠습니까? 국민이 필요한 조치를 기대할 사람이 당신 말고 누가 있겠습니까?" 결론적으로 제퍼슨은 이렇게 말했다. "이 문제를 당신이 충분히 검토해주실 것을 요청합니다. 저로서는 직접 개입하지 않는 편이 나을 것입니다."

물론 그는 이미 개입하고 있었다. 멀리서 행동을 유도하는 것이 제퍼슨의 전형적인 특성이었다. 결국 상원은 존 피커링에게 유죄 판결을 내렸고, 하원은 새뮤얼 체이스를 탄핵했다. 그러나 체이스는 1805년 제퍼슨의 두 번째 취임식이 있기 직전 금요일에 상원으로부터 무죄를 선고받았다. 체이스를 공직에서 파면하는 데 실패한 일은 오랫동안 제퍼슨에게는 패배로 해석되었지만, 대통령의 의도는 분명히 전달된 셈이었다. 존 랜돌프의 표현대로 '선거운동에 몰두하는 당파적 인물'로 행동한 판사들은 어떤 형태로든 비난을 피할 수 없게 되었다. 연방주의자들이 장악한 사법부는 경고를 받았다.

이러한 성공은 제퍼슨의 적들을 미치게 만들었다. 한 편지 발신인은 대통령에게 "각하께서는 1년 안에 목이 잘릴 수도 있습니다."라는 희망 섞인 편지를 썼다. 뉴욕에서 온 익명의 편지에서 '연방주의 민주주의자'라고 서명한 저자는 "워싱턴으로 가서 당신을 암살하라."라는 부탁을 받았다고 제퍼슨에게 알려주었다. 12일 후 뉴욕에서 또 다른 편지가 날아왔는데, 이번에는 'A-X'라고 서명한 편지에 이렇게 쓰여 있었다. "당신은 위험에 처해 있습니다. 당신을 향한 무시무시한 음모가 진행되고 있습니다. 율리우스 카이사르는 3월 15일을 주의하라는 경고를 받았지만 나는 4월 말을 조심하라고 당신에게 경고합니다."

승리를 거두자 제퍼슨은 조심스럽게 연방 관직 임명이라는 정치적으로 민감한 문제에 대해 조치를 취했다. 정부 구성은 새로 선출된 대통령에게는 도전적인 핵심 문제였고, 분열이 덜한 나라를 다스리고자 하는 대통령의 희망과도 직결된다. 연방당 공직자들 중 몇 명을 내보내고 공화당원으로 교체해야 하는가? 제퍼슨의 공화당 지지자들은 공격적인 조치를 촉구했다. 먼로는 1801년 취임한 지 8일째 되는 날 제퍼슨에게 이렇게 썼다. "왕당파 지도자들에 대한 단호한 태도는 기존 공화당원들과 새로 전향한 인사들을 결속시킬 것이며, 당신의 정부는 나날이 강화될 것입니다."

제퍼슨은 1790년대 후반의 마법이 사라지고, XYZ 사건을 비롯해 국가에 대한 위협들이 연방당에 의해 조작된 것으로 드러나기를 바란다고 말했다. "마침내 '통 음모'와 같은 하찮은 술수가 반복되면서 그 당의 의도가 의심받게 되었다." 여기서 '통 음모'는 영국 시민전쟁에서 유래했는데, 1679년 가톨릭 신자인 요크 공 제임스를 왕위에서 배제하려는 음모와 관련된 조작된 증거가 곡물 통에서 발견된 사건이다. 1790년대 상황에서 제퍼슨이 이 사건을 환기시킨 것은, 그가 부분적으로 17세기의 전쟁과 갈등이라는 프리즘을 통해 역사를 바라보았다는 사실을 보여준다. 17세기는 음모와 계략, 전제군주와 공화주의자 사이에 끊임없는 긴장이 이어지던 시대였다.

미국인들은 본질적으로 건전하며 연방주의자들의 과도한 행동을 알고 있다고 생각한 제퍼슨은 온건한 태도를 선호했다("우리는 그들을 너그럽게 대해야 한다."고 제퍼슨은 말했다). 그러나 그는 결정적인 조치를 취하는 데 실패하는 법이 없었다.

학자들은 제퍼슨의 해임 비율이 상당히 높았을 것이라고 추정했다. 즉, 그는 1801년 기존 공무원의 약 46퍼센트를 교체했는데 그들 대다수가 연방주의자였다. 이 같은 해임 비율은 역사 속에서 앤드루 잭슨과 비슷한 수준으로, 그 역시 30년 뒤 기득권층을 충격에 빠뜨렸었다. 제퍼슨은 특히 애덤스가 마지막 내린 결정을 혹독하게 비판했다. 애덤스가 퇴임 직전 단행한 한밤중 지명 중에는 뉴헤이븐 항구의 세관장으로 엘리저 굿리치를 임명한 건도 포함되어 있었다. 그 직책은 1801년 2월에야 공석이 되었다. 코네티컷주의 공화당 정서에 부응해 제퍼슨은 굿리치를 해임하고 대신 뉴헤이븐 시장인 새뮤얼 비숍을 임명했다.

일단의 뉴헤이븐 상인들이 굿리치의 해임에 반대하여 서한을 발송하자 제퍼슨은 연방 공직 임명에 대한 자신의 생각을 다음과 같이 밝혔다. "정치적 관용을 지지하고, 사회적 교류에서 **조화와** 애정을 촉구하며, 소수자의 **동등한 권리**를 존중해야 한다는 제 발언들이 어떤 때에는 공직자의 임기가 침해받지 말아야 한다는 보증으로 잘못 해석되고 있습니다. 하지만 국정 운영에서 정당한 몫을 요구하는 것이 **정치적 불관용**입니까? 모든 것을 자신들의 손에 쥐지 못한다면 사회에서 **조화를 이룰 수** 없다는 말입니까?"

제퍼슨은 현실적인 사람이었고, 전체 그림을 볼 수 있었다. 뉴헤이븐에서와 같은 해임 처분이 정치적 갈등을 불러오리라는 것을 알았지만, 그것이 바로 정치의 본질이었다.

신문의 신랄한 비판도 마찬가지였다. 펜실베이니아 주지사 토머스 매킨은 1800년 선거에서 제퍼슨에 대한 지지를 거리낌 없이 표명했던 인물로, 자신의 주에서 당파적 신문들이 표현의 자유를 남용하고 있다고 느껴서 법적 조치를 취할지 말지 저울질하고 있었다. 매킨은 1803년 2월 제퍼슨에게 이렇게 썼다. "악의적이고 선동적인 비난들이 거의 매일 신문 지면을 채우고 있어 참을 수 없을 지경입니다. 만약 이들을 한꺼번에 막을 수 없다면, 몇 차례 기소로 상당히 억제할 수 있을 것입니다."

제퍼슨은 신중하지만 분명하게 대답했다. 1803년 2월 19일 토요일, 제퍼슨은 매킨에게 이렇게 썼다. "기소 문제에 있어 제가 하는 말은 전적으로 비밀로 해주셔야 합니다. 저에게서 나오는 모든 생각과 말을 왜곡하려는 저들의 집착이 얼마나 강한지 잘 아실 것입니다. 저는 유명한 범죄자 몇 명을 기소하는 것이 언론의 신뢰성 회복에 긍정적인 영향을 미칠 것이라고 오랫동안 생각해왔습니다. 전면적인 기소는 박해처럼 보일 수 있으니, 선별적 기소가 좋겠습니다."

그러나 제임스 캘린더가 발간하는 신문을 포함해 대부분의 신문들은 통제를 벗어나 있었다. 1802년 9월 1일 수요일, 《리치먼드 리코더》에서 캘린더는 제퍼슨과 샐리 허밍스의 관계를 상세히 게재하며 제퍼슨에 대한 복수를 실행했다.

국민이 기꺼이 존경하는 그 사람은 오랫동안 자신의 노예 중 한 사람을 첩으로 삼아 깊은 관계를 유지해왔으며, 이는 공공연한 사실이다. 그녀의 이름은 샐리다. 샐리의 맏아들은 톰이다. 소년의 외모는 검은 피부색에도 불구하고 대통령의 외모와 놀랄 만큼 닮았다고 한다. 소년은 열 살 내지 열두 살이다. 톰의 어머니는 제퍼슨 씨와 그의 두 딸과 함께 같은 배를 타고 프랑스로 갔다. 이러한 미묘한 상황에 대해 상식 있는 사람이라면 누구나 느끼는 바가 있을 것이다. 두 젊은 여성 눈앞에서 미국 대사가 보여줄 본보기로 얼마나 고귀하고 모범적인 광경인가!

이 하녀 샐리와의 사이에서 대통령은 대여섯 명의 자녀를 두었다. 샬러츠빌 인근에서 이 이야기를 믿지 않는 사람은 아무도 없으며, 그 진실을 아는 사람 또한 적지 않다.

공화주의의 총애를 한 몸에 받는 선구자를 보라. 선과 위대함의 정점이로다! 국가 정책과 행복, 심지어는 이 나라의 존속까지도 위협하는 행위를 공공연히 저지르고 있다!

제퍼슨 씨가 그토록 날카롭게 흑인들에 대해 글을 쓴 시기, 아프리카 인종을 그토록 **깎아내리려고** 애썼던 시기에는, 그 역시 미국의 최고 통치자가 되어 자신의 견해가 잘못되었음을 보여주고, 아프리카 혈통을 선택해 자신의 후손을 접붙이려 한 당사자가 되리라고는 예상치 못했을 것이다.

우리는 **결코 반박할 수 없으리라**는 굳은 믿음 아래 이 사실을 전 세계에 알린다. 그 아프리카의 비너스는 몬티셀로에서 가정부로 일하고 있다. 제퍼슨 씨가 이 기사를 읽는다면, 캘린더에 대한 부당한 공격으로 얼마만큼 잃었고 또 얻었는지를 따져볼 여유를 얻게 될 것이다.

캘린더는 많은 사실을 제대로 파악했고, 잘못된 부분은 나중에 바로잡았다(예를 들어, 캘린더는 헤밍스가 폴리와 단둘이 여행했으며, 제퍼슨과 팻시와는 함께 가지 않았다고 나중에 말했다). "대통령을 상대로 한 방종한 언행은 대통령과 그의 노예 간 아주 오래된 염문을 드러내는데 그 폭력성을 다 써버렸다."라고 피숑은 본국 프랑스에 보고했다.

제퍼슨은 한 번도 이 혐의에 직접 대응한 적이 없다. 역사가들은 1805년 편지를 암묵적인 부인으로 받아들였다. 그 글에서 제퍼슨은 유부녀인 벳시 워커에 대한 구애만이 자신에게 제기된 혐의 가운데 '유일한' 사실이라고 말했다. 물론 제퍼슨은 그 편지에서 헤밍스와의 의혹을 아예 다루지 않았을 가능성도 있다. 편지에는 지금은 사라진 동봉물이 포함되어 있었는데, 아마 제퍼슨의 인격에 대한 연방주의자들의 공격을 담은 신문 스크랩이나 복사본이었을 것이다. 첨부물이 없으니 제퍼슨이 헤밍스와의 관계를 부인하고, 다만 동봉된 자료를 통해 워커와의 관계와 몇몇 다른 의혹들을 언급했는지는 확인할 도리가 없다. 어쨌든 이 의혹은 제퍼슨이 살아 있는 동안뿐만 아니라 사후에도 널리 퍼져 있었다. 존 애덤스는 개인 기록에서 "캘린더와 샐리는 제퍼슨의 인격에 오점을 남긴 인물로 오랫동안 기억될 것이다. 후자는 인간 본성의 추악한 전염병인 흑인 노예제도의 자연스러우면서도 거의 피할 수 없는 결과이다."라고 썼다. 얼마 지나지 않아, 캘린더가 취한 채 리치먼드를 배회하는 모습이 목격되었던 날, 제임스 강에서 깊이 1미터가 채 안 되는 물에 빠져 익사한 채 발견되었다. 사인 조사 결과 어떤 범죄 정황도 드러나지 않았다. 비극적 삶의 애처로운 종말이었다.

1806년, 아일랜드 시인 토머스 무어는 제퍼슨과 샐리 헤밍스에 관한 소문을 언급한 시를 발표했다.

지친 정치인은 의사당을 떠나 안식을 찾아 흑인 노예의 오두막으로 도망갔다네. 그곳에서 흑인 아스파시아의 애정을 갈구하며, 노예의 품속에서 자유를 꿈꾸었다네.

팻시와 제퍼슨의 전 비서였던 윌리엄 A. 버웰이 제퍼슨에게 그 '모욕적인 구절들'을 보여주었으나, 제퍼슨은 이를 웃어넘기면서 논란이 시작되기도 전에 사실상 논의를 끝냈다.

우리가 아는 한, 제퍼슨 가족이나 정부 관계자 중 그 누구도 샐리 헤밍스 문제에 대해 제퍼슨에게 질문한 적이 없으며, 단지 대중 언론에서 이를 언급하는 것 자체가 부적절하다고 성토했을 뿐이다. 제퍼슨에게 있어

인종을 넘어선 성 문제에 대해서는 침묵의 규칙이 철저하게 지켜진 것으로 보인다.

1801년 12월 제퍼슨은 완전히 다른 주제인 자신의 건강에 관해 벤저민 러시에게 에둘러 털어놓았다. 제퍼슨은 "제 건강은 항상 아주 좋았고, 수년 동안 내가 가장 걱정한 것은 지나치게 오래 사는 것이었습니다. 하지만 이런 염려를 덜어줄 약간의 문제가 발생한 것 같습니다."라고 썼다.

그는 자세한 내용을 언급하지 않고, 다만 이런 문제는 비밀 유지가 필수적이라고 덧붙였다. "저는 이제까지 이 말을 살아 있는 누구에게도 한 적이 없습니다. 나의 혈기왕성한 건강 상태로 인해 친구와 적 모두 각자 적절한 위치에 있는 것입니다."라고 덧붙였다.

러시가 친구에게 구체적인 설명을 요구하자, 제퍼슨이 병명을 털어놓았다. 고통의 원인은 설사였는데 당시로서는 꽤나 심각한 질병이었다. 25년 후 제퍼슨의 임종을 지켜보게 된 로블리 던글리슨 박사는 저서 《의학용어집: 의학 사전Medical Lexicou: A Dictiouary of Medical Science》에서는 설사를 "묽은 배변을 자주 보는 것을 특징으로 하며, 일반적으로 장 점막의 염증이나 자극 때문에 생긴다."라고 설명한다. 설사는 '급성 또는 만성'일 수 있으며, 때로는 "만성 열병처럼 거의 멈추지 않고 지속적으로 신체를 지배할 정도로 고질적이고, 대부분 효과적인 치료제가 없다는 점에서 치명적일 수 있다." 이 병은 남은 생애 동안 제퍼슨을 괴롭혔다.

1802년 크리스마스에 제퍼슨의 가족이 워싱턴에 왔다. 팻시와 폴리가 함께 지내는 동안, 마거릿 베이어드 스미스는 두 사람과 많은 시간을 보냈다. "에페스 부인은 아름다우며, 사람들 앞에서는 소심하고 수줍어하지만 단둘이 있을 때는 대화가 잘 통하고 매력적인 태도를 보였다. 랜돌프 부인은 다소 평범한 외모로 아버지를 은근히 닮았지만, 에페스 부인보다는 훨씬 흥미로운 사람이었다. 그녀는 내가 만난 가장 매력적인 여성 중 한 명으로 그녀의 얼굴은 지성과 선의, 감수성으로 빛났고, 그녀와의 대화는 그녀의 용모가 주는 기대를 완벽히 충족시켰다. 그녀의 태도는 너무나 솔직하고 따뜻해서, 일단 그녀를 알게 되면 함께 있는 것이 더할 나위 없이 편안하게 느껴진다."라고 스미스 부인은 썼다.

스미스 부인이 말을 덧붙였다. "팻시는 나에게 자신의 아이들, 남편의 성격, 그리고 가족 간 일화에 대해 전부 이야기해주었다. 그녀에게는 자신의 모든 관심사에 대해 듣는 사람이 흥미를 느끼게 만드는, 흔치 않지만 묘하게 매력적인 자기중심성이 있었다."

매우 바쁜 시기였다. 폴리는 남편 존 웨일스 에페스에게 이렇게 썼다. "잠깐 쨈을 내어 한 줄만이라도 당신께 씁니다. 끊임없이 손님들을 맞이하느라 옷을 갖춰 입을 시간조차 없답니다. 지금도 응접실에는 숙녀들이 꽉 차 있는데, 드레스를 다림질하는 틈을 타 편지를 쓰고 있어요."

버지니아에서 온 방문객들은 제퍼슨의 적막한 거처에 충격받았다. 폴리는 1803년 1월 이렇게 썼다. "다시 한번 작별 인사를 드려요. 사랑하는 아빠, 아빠와 단둘이 보냈던 시간이 되면 제가 얼마나 아빠를 생각하는지, 그리고 아빠가 2층에서 불안하고 외롭게 잠든 모습을 상상하는 것만으로도 얼마나 마음 아픈지 모릅니다."(제퍼슨은 이후 대가족의 방문에 대비해 제대로 침실을 제공하고자 적당한 가구를 구비하기 시작했다.)

제퍼슨은 온 가족이 함께 있는 순간을 사랑했다. 한번은 대통령이 손자들에 둘러싸여 거실 마루에 앉아 있는 모습이 한 방문객의 눈에 띄었는데, '너무도 신나고 떠들썩하게 놀이에 몰두해서' 한동안 방문객이 온 것조차 알아차리지 못할 정도였다. 제퍼슨은 방문을 앞둔 손녀에게 "일요일이나 월요일 아침에는 침대에서 널 붙잡을 테다."라고 장난스럽게 편지를 썼다.

몬티셀로에서 팻시는 분명 아버지를 기쁘게 할 것이라는 확신에 차 자신이 집안을 잘 다스리고 있다고 편지를 썼다. "저는 집안을 완전히 개혁했어요. 제 허락 없이는 들어오거나 나가지 않으며, 최대한 낭비를 줄이고 있다고 생각해요. 날씨가 좋을 때는 부엌, 훈제실, 닭장을 점검하고 아빠가 원하시는 대로 고기를 잘라내는지 살핀답니다."라고 제퍼슨에게 썼다.

제퍼슨이 워싱턴에서 가족과 함께 지낼 희망은 여전히 남아 있었다. 존 웨일스 에페스와 토머스 만 랜돌프 주니어 둘 다 의원직을 노리고 있었기 때문이다. 둘 중 하나, 혹은 둘 다 당선된다면 대통령 관저에서 제퍼슨과 함께 살게 될 터였다(결국 두 사람 모두 당선되었다).

캘린더의 공격과 국정 운영의 부담, 관저에서의 외로움 등 모든 어려움에도 불구하고 제퍼슨은 대통령직을 즐겼다. 그는 국내외·모든 적들로부터 공화국을 지켜야 한다는 사명감에 이끌려 행동했다. 대부분의 지도자들은 잠시 동안 국가의 방향을 바꾸기를 바랄 뿐이다. 1803년 중반, 프랑스 정부에서 나온 한 보고서는 제퍼슨에게 조국을 영원히 변화시킬 힘을 주었다.

35장 마법 같은 공기!

루이지애나 매입 소식은 우리 역사에서 중요한 전환점을 형성했고, 그 자체만으로도 제퍼슨 정부를 영원히 기억하게 만들었다.

—새뮤얼 해리슨 스미스

당신의 정치적 통찰력에 대한 명성은 이제 영원토록 자리 잡아서, 불만에 찬 어떤 세력도 이를 훼손시킬 수 없게 되었습니다.

—허레이쇼 게이츠, 루이지애나 매입에 관한 고찰

대통령 취임 첫 달이 지나기도 전에 제퍼슨은 스페인이 북미 식민지의 절반 이상을 프랑스에 넘기는 조약에 서명했다는 소문을 보고받았다. 제3차 산일데폰소 조약으로 알려진 이 협정은 스페인 왕실의 여름 휴가지로 사용되던 마드리드 북부의 웅장한 18세기 궁전에서 성사되었다. 1800년 후반에 타결된 이 협정으로 신대륙에 있는 스페인령 루이지애나 영토 소유권이 프랑스에 넘어갔다. 제퍼슨은 1802년 4월에 이렇게 썼다. "이번 양도는 미국에 가장 큰 충격을 줄 것이다. 이 협정으로 미국의 모든 정치 관계가 완전히 뒤집히고, 우리의 정치사에서 새로운 시대가 열릴 것이다."

나폴레옹은 이제 아메리카 대륙에 광범위한 이해관계를 갖게 되었다. 제퍼슨은 그 보고서가 사실이 아니길 바라면서 "누군가 나와 함께 희망을 품어준다면, 나도 희망을 버리지 않겠다."라고 말했다.

보고서는 틀리지 않았다. 제퍼슨은 행동해야 한다는 것을 알았지만, 은밀하게 움직여야 했다. 그는 프랑스 경제학자인 피에르 사뮈엘 뒤퐁 드 느무르에게 이렇게 썼다. "저는 강대국들의 운명이 이 거래에 달려 있다고 생각합니다."

제퍼슨에게는 생존의 문제였다. "지구상에는 단 하나의 지점이 있는데 그곳의 소유자는 우리의 본래적인 적이자 늘 경계해야 할 대상이다. 그곳이 뉴올리언스다. 이곳을 통해 국내의 생산물의 8분의 3이 시장으로 유통되며, 그 비옥함 덕분에 머지않아 전체 생산량의 절반 이상을 차지하고, 인구 절반 이상을 수용하게 될 것이다." 워싱턴 주재 영국 외교관 에드워드 손턴과의 '오랜' 대화에서, 제퍼슨은 "프랑스가 이 지역을 점유한다는 것은 미국과 프랑스의 관계에 전혀 새로운 성격을 부여할 것입니다."라고 말했다. 제퍼슨은 낙관적이지 않았다. 손턴은 제퍼슨이 "그러한 이웃 관계가 낳을 피할 수 없는 결과는 질투, 불쾌감, 그리고 최종적으로는 적대감일 것입니다."라고 말했다고 기록했다.

그 순간이 아무리 두렵더라도 제퍼슨은 자신감을 가지고 접근했다. 집권 첫해에 거둔 성공 덕분에 그는 나폴레옹과의 싸움에서 용기를 얻었다. 루이지애나 매입 이야기는 제퍼슨의 강인함, 대처 능력, 그리고 무엇보다 프랑스로부터 영토를 완전하게 지켜내고 나라의 크기를 두 배로 늘려 미국을 대륙의 강국으로 변모시키려는 그의 결단력에 관한 이야기이다. 느리거나 용기가 부족한 정치인은 인수 기회를 망쳤을 것이며, 지나치게 이상주의적인 정치인은 엄격한 헌법적 원칙을 고집하다가 기회를 놓쳤을 것이다. 그러나 제퍼슨은 느리지도, 약하지도, 지나치게 이상주의적이지도 않았다.

제퍼슨은 루이지애나 위기에 대응하기 위해 평생 쌓아온 정치 경력, 성공과 실패의 경험을 모두 활용했다. 그는 의사결정 과정을 최대한 통제해야 한다는 것을 잘 알고 있었다. 이번 경우에는 자신의 외교 특사로 제임스 먼로를 파리에 파견하는 방식으로 이를 실행했는데, 이는 인지세법 논쟁 당시 윌리엄스버그에서 터득한 교훈이었다. 또한 대중을 결집시키기 위해 소통해야 한다는 점도 잘 알고 있었다. 이는 1774년 금식과 기도의 날 결의안을 쓸 때와 1776년 독립선언 당시 배운 교훈이었다. 무엇보다 중요한 것은 기회가 왔을 때 주도권을 잡아야 한다는 것인데, 이는 혁명 당시 주지사로 재직하면서 깨달은 교훈이었다.

이제 나폴레옹이 등장하자 제퍼슨은 무엇을 해야 할지 명확히 알게 되었다. "프랑스가 뉴올리언스를 점유하는 날, 우리는 영국 해군은 물론 영국과 동맹을 맺어야 한다." 국가적 이해관계가 걸린 상황에서 제퍼슨은 기꺼이 파리에서 런던으로 지지 대상을 바꿀 의사가 있었고, 최소한 그렇게 보이도록 하여 미국의 협상력을 강화하려 했다.

제퍼슨은 냉철했다. 쇠퇴하는 스페인 제국과 나폴레옹의 프랑스는 전혀 별개였다. 제퍼슨은 이렇게 말했다. "프랑스가 그곳에 자리 잡는다는 것은 우리에게 도전적인 태도를 취하는 것이다. 스페인이라면 수년 동안 그 땅을 조용히 보유했을 수도 있으나, 프랑스 손에 들어가면 결코 그렇게 되지 않을 것이다. 프랑스의 충동적 기질과 강한 에너지, 끊임없는 활동성 때문에, 우리와 끊임없이 마찰을 일으킬 것이고, 프랑스와 미국이 그처럼 민감한 상황에서 마주친다면 오랜 우호 관계를 지속하는 것은 불가능할 것이다."(루이지애나 양도는 1802년 2월까지는 소문으로만 알려지다가 아랑후에스에서 체결된 후속 협약 사본이 영국 주재 미 대사 루퍼스 킹에 의해 워싱턴에 송부된 후 공식적으로 확인되었다.)

미국에서 프랑스로 떠나기 직전 쓴 편지에서 피에르 S. 뒤퐁은 제퍼슨에게 권력을 다루는 실제적인 방안을 제시했다. 가장 중요한 점은 미국이 나폴레옹을 불쾌하게 하거나 위협해서는 안 된다는 것이다. 유럽에서는 미국이 스페인령 멕시코를 노리고 있다는 두려움이 주요 쟁점 중 하나였다. 결론적으로 요점은 이것이었다. "그렇다면 당신은 루이지애나 획득을 위해 어떻게 프랑스를 원만하게 설득하여 소유권을 포기하게 할 작정입니까? 대통령 각하, 모든 나라와 개인에게 있는 계약의 자유와 부를 추구하는 자연스러운 성향을 고려한다면(가난은 모든 강대국을 덮치고 있으며, 오직 이류 국가들만 이를 피할 수 있다.) 각하께는 단 하나의 선택지만 남아 있을 뿐입니다. 당신에게는 거래할 땅이 없으므로 자금을 마련해 매입할 수밖에 없습니다."

제퍼슨이 직접 프랑스로 갈 수는 없었기 때문에 믿을 만한 친구에게 도움을 요청했다. 대통령과 제임스 매디슨이 여러 가능성을 신중히 검토한 끝에, 돌리 매디슨이 말한 이른바 '가장 중요한 정치 현안'에 있어 같은 버지니아인 제임스 먼로에게 대통령 특사로 프랑스에 가줄 것을 요청하기로 했다. "국운이 번성하는 현 상황에서 이 중대한 위기를 막기 위해 당신에게 일시적인 희생을 요청하지 않을 수 없습니다."라고 제퍼슨이 먼로에게 편지를 썼고, 먼로는 그 임무를 수락했다.

눈보라와 역풍으로 출발이 지연되자, 먼로는 예기치 않게 얻은 여유 시간을 활용해 자신의 임무가 지닌 정치적 의미에 대해 제퍼슨에게 썼다. "우리가 프랑스나 다른 어떤 정부의 내정 간섭도 결코 용납하지 않으리라는 것을 프랑스 정부가 충분히 이해하기 바랍니다. 만약 내정간섭이 목적이 아니라면 우리의 요구가 담긴 합의안을 거부할 이유가 없을 것입니다."

현 프랑스 주재 공사인 로버트 R. 리빙스턴은 그동안 조제핀 보나파르트가 주최하는 파리의 사교 모임에서 많은 정보를 얻었다.

관례에 따라 보나파르트 부인이 먼저 들어오고, 나폴레옹이 뒤따라 들어와 여성들과 먼저 대화를 나눈 뒤 남성들과도 이야기를 나누었다. "제

1집정관 나폴레옹이 방 안을 한 바퀴 돈 후 저에게 다가오더니, 사교 자리에서 흔히 오가는 몇 가지 질문을 했습니다."라고 리빙스턴이 제퍼슨에게 말했다. 잠시 후 나폴레옹은 영국 특사인 휘트워스에게 다가갔고, 리빙스턴에 따르면 "휘트워스 경에게 정중하게 다가가더니 곧 폭풍이 닥칠 것이라고 말했다."고 한다. 휘트워스 경이 이틀 전 비공개로 전해 들었던 내용, 즉 "만약 영국이 몰타에서 철수하지 않으면 전쟁이 일어날 것이다."라는 데 대한 공개 선언인 셈이었다.

나폴레옹은 유럽 외교가를 뒤흔들어놓은 뒤 응접실에서 갑자기 퇴장했다. "이 일이 얼마나 큰 파장을 일으켰는지 쉽게 짐작하실 수 있을 것입니다. 바로 그날 밤 두 명의 급파 사절이 영국으로 파견되었고, 틀림없이 다음 날에는 유럽의 각국 궁전으로 전파되었을 것입니다."라고 리빙스턴이 말했다.

리빙스턴은 이 사건을 다른 모든 사람들처럼 나폴레옹이 영국과 전쟁을 벌일 계획이라는 신호로 해석했다. 그리고 그러한 가능성은 프랑스가 미국의 손에 루이지애나를 넘겨줌으로써 북미 문제를 단순화하기를 바랄 가능성을 높였다.

프랑스로서는 유럽에서 멀리 떨어진 땅을 보유하고 방어하는 일은 점점 비용이 들고 번거로운 일이 되고 있었다. 생 도맹그에서 반란 노예들에게 당한 패배는 특히 나폴레옹에게 굴욕적이었다. 그는 본국과 가까운 지역에서 수행할 전쟁을 위해 자원을 신중하게 관리할 필요가 있다고 생각했다.

나폴레옹은 욕조 안에서 콜로뉴 향수를 뿌린 물에 몸을 담그고 있었는데 이때 그의 형제들이 루이지애나 매각 결정에 항의하기 위해 들어왔다. 나폴레옹은 이렇게 말했다. "너희들은 반대편에 설 필요가 없다. 거듭 말하지만 더 이상 논의는 없을 것이기 때문이다. 이 프로젝트는 내가 착안했고, 내가 협상할 것이며, 내가 단독으로 비준하고 집행할 것이기 때문이다. 내 말 이해하겠느냐?"

"나는 루이지애나를 포기할 것이오." 1803년 4월 11일 월요일 아침, 나폴레옹은 재무부 장관 바르베 마르부아에게 말했다. 몇 시간 후, 외무부 장관 샤를 모리스 드 탈레랑은 미국이 루이지애나 영토 전체에 관심이 있는지 물었다. "내가 양도하려는 것은 뉴올리언스뿐만 아니라네. 그 어떤 예외도 없이 식민지 전체를 양도할 것이네. 나는 내가 포기하는 것의 가치를 잘 알고 있고, 포기하게 되어 매우 유감스럽네. 하지만 고집스럽게 이 땅을 붙잡고 있는 것은 어리석은 일일 것이네."

리빙스턴은 자신이 무엇을 해야 할지 잘 알고 있었다. "우리 앞에 열린 영역은 상부 지시에서 고려했던 것보다 훨씬 더 방대합니다. 이 기회를 놓쳐서는 안 됩니다."라고 리빙스턴은 매디슨에게 말했다. 그는 파리에 도착한 먼로와 함께 미국에 루이지애나 지역을 양도하는 조약을 협상했다. 땅 덩어리가 워낙 커서 매수자와 매도자에게조차 경계가 불분명했으며, 가격은 약 1,500만 달러로 1에이커, 즉 약 4,000제곱미터당 3센트였다.

1803년 7월 3일 일요일 저녁, 제퍼슨에게 소식이 전해졌다. 루퍼스 킹이 뉴욕에 도착해 워싱턴으로 서류를 급송했다. 핵심 문서는 리빙스턴과 먼로가 보낸 편지로, 4월 30일에 프랑스와 조약에 서명했음을 알리면서, "스페인이 소유했던 그대로 뉴올리언스 섬과 루이지애나 전체를 우리에게 양도한다."라는 내용이라고 전했다. 7월 5일 화요일, 워싱턴에서 제퍼슨은 토머스 만 랜돌프 주니어에게 "가격은 언급되어 있지 않았다."라고 썼다.

제퍼슨은 충격에 휩싸였다. 행복한 충격이었지만, 어쨌든 그는 충격을 받았다. 대통령 관저에서 편지를 읽으면서 제퍼슨은 천천히 그 소식의 의미를 음미했다. "미국 전체 면적보다 더 큰 규모다. 아마 5억 에이커 정도일 것이며 현재 미국은 4억 3,400만 에이커이다. 이 계약은 우리나라의 평화에 있어 가장 큰 위협 요소를 없앨 것이다." 이것은 제퍼슨이 무슨 일이 벌어졌는지 곱씹으며 마치 혼잣말하듯 남긴 글이었다.

놀라운 일이었다. 허레이쇼 게이츠는 7월 7일 목요일에 이렇게 썼다. "이번 일은 미국 내 모든 자유를 사랑하는 사람들의 마음에 독립선언 이래 가장 위대하고 유익한 사건으로 깊은 감동을 줄 것이다. 우리가 비밀스럽게 의견을 나눈 지 또 몇 달 만에 그토록 엄청난 일이 마무리되었다는 사실에 깜짝 놀랐다. 마치 마법 같은 공기였다!"

"모든 사람의 얼굴이 미소로 가득하고, 모든 이들의 심장이 기쁨으로 뛰고 있습니다."라고 앤드루 잭슨이 서부에서 제퍼슨에게 편지를 썼다. "이 일은 세계 역사에 전례가 없는 일입니다. 이제 가장 중요한 과제는 이 놀라운 사건을 인류의 축복으로 만드는 것입니다."라고 또 다른 인물이 썼다. 그 소식을 접한 후 제퍼슨은 메리웨더 루이스에게 편지를 썼다. 그는 1803년 7월 5일 화요일에 워싱턴을 떠나 제퍼슨이 '미시시피강의 물줄기와 발원지를 찾아내고, 그곳에서 태평양까지 이어지는 가장 편리한 수로를 찾기 위한 여정'이라 묘사한 탐험을 시작했다.

이것은 대통령이 보낸 낙관적이면서도 현실적인 편지였다. 제퍼슨은 루이스가 태평양에 도달하고, 무슨 일이 있어도 무사히 귀환할 수 있도록 일행에게 필요한 수단을 제공하기를 바랐다. 그래서 필요한 경우 루이스가 미국의 신용을 이용할 수 있도록 권한을 부여했다. 제퍼슨은 루이스, 클라크, 그리고 40여 명의 원정대가 미주리강을 거슬러 올라가 오늘날의 노스다코타에서 겨울을 보내고, 이후 컬럼비아강을 따라 태평양에 도달하는 임무를 추진하는 과정에서 거의 통제 불가능한 돌발 상황을 관리하기 위해 그가 할 수 있는 모든 일을 했다. 제퍼슨은 자세한 지시 사항을 썼고 조언을 제공했으며 세세한 부분까지 염려했다. 마침내 모든 것이 탐험가들의 손에 맡겨졌다. 제퍼슨은 간절하게, 자신이 오랫동안 마음속으로 여행했던 그곳에서 소식이 전해지기를 기다렸다.

7월 4일은 월요일이었다. 대통령 관저는 축하객들로 가득 찼다. 새뮤얼 해리슨 스미스는 평소보다 방문객이 많다고 느꼈다. 파티는 루이지애나 매입 소식으로 들뜬 분위기였고, 스미스의 기록에 따르면 "멋지게 차려입은 40~50명의 숙녀들이 참석하고 케이크, 펀치, 와인 등이 풍성하게 차려져 활기가 넘쳤다."

성공의 환희 속에서 제퍼슨은 모든 것에 대해, 심지어는 연방의 운명에 대해서도 낙관적이었다. 제퍼슨은 존 브레킨리지에게 이렇게 썼다. "대서양 연안과 미시시피강 유역 여러 주에서 장차 거주할 사람들은 우리의 후손일 것입니다. 우리는 서로 구분되지만 인접한 곳에 그들을 살게 할 것입니다. 연방 내에서 그들이 행복하게 살아가는 모습을 볼 것이라고 생각하며, 그렇게 되길 바랍니다. 하지만 상황이 다르게 전개될 수도 있습니다. 만약 그들이 분리되는 것이 더 이익이라고 생각한다면, 우리가 미시시피 유역의 후손들보다 대서양 연안의 후손들 편을 들어야 할 이유가 있겠습니까? 단지 큰아들과 작은아들의 차이에 불과합니다. 신은 둘 다 축복할 것이며, 만약 그들에게 도움이 된다면 결속시킬 것이며, 만약 나누는 것이 낫다면 분리시킬 것입니다."

조지프 프리스틀리에게 그는 자신의 외교적 수완을 과시했다. "저는 루이지애나가 지평선 위의 작은 점이지만 거센 토네이도로 변할 것이라는 사실을 아주 이른 시기부터 알고 있었습니다. 대중들은 이 재앙이 얼마나 가까이 다가왔는지 알지 못합니다. 오직 원인과 결과에 대한 우리 측의 솔직하면서도 우호적인 태도, 그리고 다가오는 변화를 피할 수 없으며 세상을 완전히 바꿀 것이라는 사실을 깨달은 보나파르트의 현명함이 우리를 폭풍우로부터 구해주었습니다." 제퍼슨은 편지를 학문적인 질문으로 마무리한다. "맬서스의 새로운 인구론 저작을 보신 적이 있습니까? 제가 이제까지 본 가장 탁월한 저작 중 하나입니다."

얼마나 제퍼슨다운가! 미국인의 삶 전반과 그 이상에 영향을 미칠 수 있는 가장 중대한 사건 한가운데서 그는 맬서스를 읽고 있었다.

조약은 1803년 10월 30일 일요일까지 비준되어야 했다. 제퍼슨은 내각과 상의한 후, 1803년 10월 17일 월요일에 의회를 열어 그가 '중대하고 심각한 사안들'이라고 부른 문제를 심의해줄 것을 요청했다.

제퍼슨의 당초 생각은 루이지애나를 매입하고 통치하려면 헌법 개정이 필요하다는 것이었다. 그는 존 브레킨리지에게 이렇게 썼다. "이 조약은 당연히 상원과 하원 모두에 제출되어야 합니다. 양원 모두 이 조약의 이행에 중요한 역할을 해야 하기 때문입니다. 제 생각에, 의원들은 조약을 비준하고 대금을 지불하는 것이 국가에 대한 그들의 의무임을 이해할 것입니다. 그렇게 해야, 다시는 손에 넣지 못할 이익을 확보할 수 있기 때문입니다. 그러나 그 후에 의회는 이전에는 권한이 부여되지 않았던 행위를 승인하고 확정할 수 있도록 헌법 조항을 추가해 달라고 **국민에게** 호소해야 할 것입니다."

지금까지 대통령의 대리인들이 프랑스와 협상하고 조약에 서명하도록 허용한 것은, 제퍼슨의 현재 견해로는 대통령의 권한 범위를 넘어선 것이었다. "행정부는 조국의 이익을 그토록 크게 증진시킬 순간적인 기회를 포착하는 과정에서 헌법적 권한을 넘어선 행위를 했습니다. 입법부는 형이상학적인 논쟁을 제쳐두고, 충성스러운 공복으로서 위험을 감수한 채 이 조약을 비준하고 대금을 지불해야 합니다. 그리고 우리가 알기로 국민이 그런 상황에 처했다면 스스로 했을 일을 국민을 위해 권한 없이 대신한 행위에 대해, 그 판단을 국민의 관용에 맡겨야 할 것입니다." 그는 자신의 주장을 강조하기 위해 법률가다운 비유를 들었다. "이는 중요한 인접 토지를 매입하기 위해 피후견인의 돈을 투자한 후견인의 경우와 같습니다. 후견인은 피후견인이 성년이 되면 이렇게 말할 것입니다. '저는 당신을 위해 이 일을 했습니다. 제게 당신에게 강제할 권리가 없음을 인정합니다. 당신은 저를 거부할 수 있으며, 저는 어떻게든 이 난처한 처지에서 벗어나야 합니다. 저는 당신을 위해 위험을 무릅쓰는 것이 저의 의무라고 생각했습니다.'"

1803년 8월 둘째 주, 제퍼슨의 견해는 헌법 개정이라는 복잡한 절차가 매입 비준에 절대적으로 필요하다는 것이었다. 그러나 브레킨리지에게 편지를 쓴 지 엿새 뒤, 제퍼슨은 황급히 그에게 다시 편지를 써서 본질적으로 자신의 논점을 다시 언급했다. 8월 18일 목요일, 그는 이렇게 썼다. "저는 이번 달 12일에 루이지애나 매입과 이에 필수적인 헌법 개정에 관해 당신께 편지를 보냈습니다. 제가 어제 받은 편지 한 통을 통해, 이 문제에 관해 철회할 빌미를 줄 수 있는 그 어떤 것도 이야기해서는 안 되며, 필요한 일은 **조용히 처리해야** 한다는 것을 알게 되었습니다. 그러니 제 편지 중 그 부분은 비밀로 해주시기 바랍니다. 이로써 회기 첫날, 조약에 찬성하는 모든 의원들이 참석해야 할 이유가 더욱 분명해졌습니다."

8월 17일 수요일, 반갑지 않은 편지가 파리에서 날아왔다. 프랑스 수도에서 리빙스턴과 먼로가 보낸 편지로, 프랑스 내부에서 이번 계약에 대해 거부감이 커지고 있다고 경고하는 내용이었다. 문제가 생길까 염려한 제퍼슨은 단호하게 행동하여 10월에 의회가 신속하게 투표를 진행하도록 압박했으며, 헌법 개정의 필요성에 대한 본래 생각도 바꿨다. 1803년 8월 23일 화요일, 그는 갤러틴에게 이렇게 썼다. "프랑스 정부가 최근 우리와 체결한 조약에 불만을 품고 있으며, 무효 선언을 할 구실이 있다면 반길 것임을 아실 것입니다. 따라서 지체 없이 제때 계약을 이행해야 합니다."

속도가 중요했다. 9월 7일 수요일, 제퍼슨은 몬티셀로에서 버지니아의 윌슨 캐리 니컬러스 상원의원에게 이렇게 썼다." 의회가 필요하다고 판단하는 모든 일은 가능한 한 토론을 최소화해서 반드시 실행되어야 합니다. 특히 헌법적 난제에 대해서는 더욱 그렇습니다."

법무부 장관 레비 링컨은 루이지애나 매입에 반대 의견이 있을 수 있다고 우려했고, 이것이 제퍼슨이 신속하고 독자적으로 행동해야 할 더 큰 이유였다. "뉴욕주는 제외하더라도 로드아일랜드와 버몬트를 포함한 동부 주들, 그리고 더 남쪽 다른 주들이, 이미 질투심과 공포의 대상인 하원에서 남부 주들의 영향력을 키우는 결과를 초래할 조약의 비준을 반대할 위험은 없겠습니까? 이 조약의 불가피성, 상업적 가치, 혹은 국가 안보에 대한 호소도 과격한 당파에게는 통하지 않을 것이며, 그들의 적대적인 시도와 반대 목소리를 막아줄 안전장치가 될 수 없을 것입니다."

1803년 9월 23일 금요일, 토머스 페인은 제퍼슨에게 하나의 특별한 시나리오를 제시했다. 만약 나폴레옹이 성공적으로 영국을 물리치고 복속시킨다면 어떻게 될까 하는 것이었다. "영국 정부는 위태로운 상황에 처해 있으며, 만약 보나파르트가 성공한다면 영국 정부는 무너질 것입니다. 그럴 경우 우리가 캐나다를 얻는 것도 불가능하지 않을 것이며, 제 생각에는 버뮤다도 미국에 속해야 합니다."

페인은 보나파르트의 대영국 전쟁 계획에 대해서도 깊이 생각했다. 페인에 따르면 제1집정관 보나파르트가 북해 해안에 상륙하기 위해서는 '어두운 밤과 고요한 날씨'만 선택하면 되었다. 페인의 말이 내포한 의미는, 이처럼 중대한 일들이 벌어지는 상황에서 헌법상의 세부사항에 대해 걱정하는 것은 어리석은 일이라는 것이었다.

알렉산더 해밀턴도 이보다 더 잘 표현할 수는 없었을 것이다.

철학적인 제퍼슨은 헌법 개정이 필수적이라고 생각했다. 그러나 정치가 제퍼슨은 이론이 현실의 걸림돌이 되도록 허용하지 않았다. 제퍼슨은 윌슨 캐리 니컬러스에게 이렇게 썼다. "고백하건대, 저는 현재 상황에서 국민에게 새로운 권한을 요청함으로써, 확대 해석에 반대하는 모범을 세우는 것이 중요하다고 생각합니다. 그러나 우리 동지들이 달리 생각한다면, 저는 기꺼이 그 의견에 따를 것이며, 우리나라의 건전한 상식이 해석상의 잘못이 가져올 악영향을 바로잡아 줄 것으로 확신합니다."

이처럼 그는 스스로에게 운신의 여지를 남겨두었다. 이는 그가 미국 은행 설립을 두고 논쟁할 때 사용했던 것과 동일한 정치적 수완이다. 당시 그는 해밀턴의 확대 해석에 반대하면서도, 현명하게도 워싱턴이 법안에 서명할 수 있는 가능성을 열어두었다.

헌법 개정 없이 루이지애나를 매입하겠다는 제퍼슨의 결정은, 만약 다른 사람이 대통령이었다면 그를 극도로 혼란스럽게 했을 방식으로 행정부 권한을 확대했다. 비록 그의 정치 인생 대부분이 권력에 대한 연구와 현명한 실행에 바쳐지긴 했지만 말이다. 제퍼슨은 공화주의와 사회적 진보의 가능성을 보존하기 위해 반드시 해야 할 일을 했다. 모든 것이 이론상으로만 깔끔했다. 자신의 이상과 이미지를 사랑했지만, 토머스 제퍼슨은 이론가일 뿐 아니라 행동가였다.

인디언 부족들은 이를 잘 알고 있었다. 비록 제퍼슨이 1830년대 '눈물의 길'을 살아서 보지는 못했지만, 그는 인디언 강제 이주의 설계자 중 한 명이었다. 제퍼슨은 미국 내륙 전역에 걸쳐 인디언 부족들로부터 열성적으로 땅을 인수했는데, 그 면적이 20만 제곱마일에 달했다. 루이지애나 매입 사례에서처럼 그는 백인 정착지를 서쪽과 남쪽으로 더 확대하기 위해 할 수 있는 모든 일을 했다. 1803년, 당시 인디애나 준주 주지사였던 윌리엄 헨리 해리슨에게 보낸 편지에서 제퍼슨은 인디언들이 '결국 미국 시민으로 편입되거나, 아니면 미시시피강 너머로 제거될 것'이라고 말했다. 그는 공격해오는 부족들은 '부족의 영토 전체를 점령하고, 유일한 평화 조건으로서 미시시피강 너머로 몰아내는' 방식으로 보복하겠다고 경고했다.

제퍼슨은 모든 전선에서 승리했다. 제퍼슨은 1803년 그믐날, 전 뉴욕 주지사인 조지 클린턴에게 이렇게 썼다. "우리는 28년간 우리를 사로잡았던 목표를 향해 좌나 우로 치우치지 않고 곧장 전진했습니다. 죽음의 순간 우리는 조상의 땅에서 역사상 이제까지 나타난 적이 없는 가장 놀라운 지혜와 사심 없는 애국의 결과물을 수립했다는 위안을 얻게 될 것입니다."

반대파에게 제퍼슨의 성공은 감당할 수도, 참을 수도 없는 것처럼 보였다. 1803년 11월, 구버너 모리스는 로저 그리즈월드에게 이렇게 썼다. "공화주의자들은 우리가 예상했던 대로, 조지 워싱턴 시대 연방주의자들은 감히 생각지 못한 수준으로 행정부를 강화했습니다."

1804년 1월, 현 매사추세츠주 상원의원이자 연방주의자인 티머시 피커링은 연방 탈퇴와 북부 연합 결성을 제안했다. "만약 연방주의가 뉴잉글랜드에서 무너진다면, 완전히 휩쓸려 스스로 구제할 힘조차 잃기 전에 한 순간도 허비해서는 안 된다."라고 그는 말했다. 그리즈월드가 '북부 주들의 재결합'이라고 완곡하게 표현한 그 계획이 성공하려면 뉴욕이 필수적이었다. 피커링은 "동부 사람들은 자신들의 생활방식, 관점, 그리고 이익을 남서부 사람들과 조화시킬 수 없다. 후자는 이제 폭압적인 통치를 시작하고 있다."라고 말했다. 당시 반대파는 상당히 절박한 상태였다. 1804년 1월 10일 화요일에, 그리즈월드는 이렇게 썼다. "많은 사람들이 지금 이 순간 제퍼슨을 종신 대통령으로 선포할 준비가 되어 있다."

바로 이것이 연방주의자들이 가장 두려워한 일이었다.

36장 국민은 그 어느 때보다 행복했다

앞으로 4년간 더 국가라는 배를 지금처럼 꾸준히 본래의 행로에 둘 수 있다면, 지상에서 나의 목표는 이루어진 셈이다.

—토머스 제퍼슨

"너 같은 놈은 제대로 얻어맞아야 해, 이 빨강머리 개자식아. 너 같은 인간이 미국 대통령이라니 기가 막히는군, 이 더러운 악당아."

—익명

워싱턴에 머무르는 동안 제퍼슨은 대부분 3시 30분에서 4시경에 대통령 관저에서 만찬 손님을 맞이했다. 제퍼슨은 항상 성대하게, 그리고 자신이 하는 일에 뚜렷한 자각을 하고 손님들을 대접했다. 자신의 집과 식탁을 개방하여 손님을 맞이하는 그의 천성은 지극히 자연스러운 것으로, 손님을 환대하는 버지니아의 문화 속에서 자라며 배운 것이기도 했다.

제퍼슨은 또한 사회성이 공화주의에 필수적이라고 믿었다. 서로 사랑하고 존중하며 함께 즐길 줄 아는 사람들은 '행복을 추구하는 삶'에 참여하는 시민으로서 도덕적 습관을 기를 가능성이 높다. 이웃과 화목하게 지내는 친절한 사람들은 제퍼슨이 말했던 상호 희생을 잘 이해하고, 그러한 희생을 감수할 가능성이 높다.

물론 대통령 관저의 식탁에 법률가, 외교관, 각료들을 자주 모으는 데는 더 직접적인 목적이 있었다. 함께 빵을 나누고 와인을 마신 사람에 맞서거나 적어도 비난하기는 훨씬 더 어려운 법이다. 식사가 진행되면 과장된 가면이 벗겨지기 시작하고, 디저트와 함께 상상 속의 악마적 음모는 사라진다.

제퍼슨은 이를 잘 알고 있었지만, 제한된 임기 동안 권력을 최대한 활용하는 데는 거침이 없었다. 당파를 초월하여 예의를 갖추는 품격 있는 기풍을 조성하려면 그의 주도 아래 상반된 견해를 가진 정치인들을 함께 모이게 해야 했다. 하지만 대립을 몹시 꺼렸던 그는 공화당원과 연방당원을 만찬에 함께 초대하는 것을 포기했다. 그가 국민에게 강렬한 정치력을 각인시키는 데 4년 내지 8년간의 시간만 주어졌으므로, 아무리 예의를 갖추었다 할지라도 자신의 식탁에서 정파 간 논쟁을 주재하느라 시간을 낭비하고 싶지는 않았다. 친선을 도모하기 위해 마련한 자리에서 오히려 갈등이 생길 가능성이 너무 컸다.

그리하여 제퍼슨은 자신에 대한 유대감을 형성하는 수단으로 대통령 관저 만찬을 부분적으로 활용했다. 그것은 그의 무대이자 연출한 작품이었다. 제퍼슨은 워싱턴과 애덤스 대통령 시대에 일반적이었던, 보다 공식적인 관행을 끝냈다. 서열에 따른 자리 배치를 금지하고 손님들이 원하는 자리에 맘대로 앉는 '뒤죽박죽' 방식을 선호했다. 또한 자신의 건강을 위해 축배를 드는 지루한 의식 대신 좀 더 자유롭고 다양한 대화가 이어지도록 했다. 마치 수도가 아닌 몬티셀로에 있는 것처럼 편안한 옷차림과 인상적인 낡은 슬리퍼를 신는 그의 귀족적인 복장 습관과 마찬가지로, 만찬 자리에서 은근히 무질서한 분위기를 조성하는 것은 대화자로서 그의 장점을 더욱 부각시켰다.

건축가인 벤저민 H. 라트로브는 대통령 관저에서의 첫 만찬을 마음껏 즐겼다. 라트로브는 아내에게 보낸 편지에서 이렇게 말했다. "음식은 훌륭했고 프랑스식으로 조리된 비계로 속을 채운 사슴고기가 나왔소. 디저트는 풍부하고 지극히 우아했으며, 음식 덮개를 걷자 헤아릴 수 없이 많은 작은 간식거리들이 풍성하게 차려졌소. 셰리 와인에서 샴페인에 이르는 다양한 와인과 몇 병의 희귀한 스페인 와인도 나왔다오." 처음에 제퍼슨은 주인으로서 뒤에 물러나 있었으나, 이내 대화의 흐름에 열정적으로 참여했다.

라트로브는 이 모든 것을 사랑했다. "이렇게 우아하고 지적인 만찬에 참여한 게 정말 오랜만이라오. 문학과 재치 있는 농담, 약간의 업무 이야기, 그리고 농업과 건축에 대한 다양한 잡담들이 끊임없이 매 순간을 채웠소. 제퍼슨 씨와 함께 있으면 누구나 느끼고 즐기는 어느 정도의 편안함이 있다오."라고 라트로브가 말했다.

환경 보호주의적인 사고방식을 가지고 있었던 제퍼슨은 한번은 캐피톨 힐 근처와 포토맥강, 아나코스티아강에서 나무들이 급속히 줄어드는 현상에 관해 깊이 대화를 나누었다. "공공 부지에서 자라는 나무들은 보존되어야 했지만, 우리처럼 국민이 주권자인 정부에서는 그렇게 할 수 없었다. **국민들**, 특히 가난한 사람들이 이 숭고하고 아름다운 나무들을 땔감으로 베었고, 어떤 이들은 이익을 위해 나무를 베어 넘어뜨렸다."라고 마거릿 베이어드 스미스가 회상했다.

어느 날 제퍼슨은 "제가 전제 권력을 가졌다면 얼마나 좋을까요?"라고 말해 손님들을 놀라게 했다. "그래요, 저는 소유자들의 탐욕과 가난한 사람들의 필요 때문에 매일 희생되는 저 고귀하고 아름다운 나무들을 구할 수 있도록 독재자가 되었으면 좋겠습니다."라고 제퍼슨이 말을 이었다.

한 손님이 물었다. "그렇다면 공공 부지에서 자라는 나무들을 보호할 권한을 갖고 계시지 않나요?”

“없습니다. 무장한 경비병들만이 나무들을 보호할 수 있지요. 수 세기를 살아온 나무를 불필요하게 베는 일은 제게는 거의 살인에 가까운 범죄처럼 보이며, 말로 표현할 수 없는 고통을 느낍니다.”라고 제퍼슨이 말했다.

제퍼슨의 예의바른 태도는 당파적 대립이 격화되는 순간을 누그러뜨리는 역할을 했다. 뉴햄프셔주 출신 연방당 상원의원인 윌리엄 플러머는 예상대로 제퍼슨에 대해 엄격한 시각을 가지고 워싱턴 생활을 시작했다. 1800년대 초, 그는 대통령을 ‘무기력하고 나약한 정부’의 지도자라고 폄하했으며, 나중에 이렇게 덧붙였다. “나는 그가 엄청난 재능과 지혜, 사람을 호감 가는 유용한 존재로 만드는 미덕을 일부 지녔다고 생각한다. 하지만 교활함과 간계가 지혜와 먼 것처럼 인색함은 검소함과 거리가 멀고, 그의 견해는 참된 위대함과 거리가 멀다.”

세월이 흘러 대통령 관저에서 손님으로 가까이 교류하면서 제퍼슨에 대한 플러머의 견해는 적대감에서 존경으로 바뀌었다. “제퍼슨 씨의 성격과 행동을 비판적이고 편견 없이 살필수록 그의 성실성을 높이 평가하게 된다.”라고 1806년 플러머는 썼다. 상원의원으로서 여전히 정책에 관해서는 대통령과 강하게 대립했지만, 제퍼슨의 품위 있는 태도와 환대는 효과를 발휘했다. “나의 호기심은 제퍼슨과 만나 대화하면서 충족되었다. 나는 그의 성격과 생각, 그리고 그가 속한 정당이 가진 견해를 더 깊이 이해하게 되었다. 그가 천성적으로 소통을 잘하는 사람이었기 때문이다.”라고 플러머가 썼다.

대통령 관저에서 제퍼슨은 플러머에게 재배용 피칸 묘목을 주었고, 두 사람은 매우 신사적이고 품위 있는 대화를 나누었다.

“20년이 지나면 저 나무들이 결실을 맺을 것입니다.”라고 제퍼슨이 말했다.

“그때가 되면 제가 먹을 수 있을지 의문입니다.”라고 플러머가 말했다.

“당신의 자녀들이 당신이 수고한 결실을 즐겁게 맛보겠지요.”라고 제퍼슨이 대답했다.

“나무에 열린 열매가 누구의 배려 덕분인지 아이들이 명심하도록 가르치겠습니다.”라고 플러머가 대답했다.

제퍼슨은 어떤 손님도 소홀히 대하지 않았다. 조지타운 시장의 부인은 대통령과 가벼운 대화를 나누려고 애쓰다가, 카터즈 산에 대해 들은 것만 간신히 기억해냈다. 그곳은 그가 1781년 영국군을 피해 달아났다고 알려진 보루가 있는 곳이었다. 그곳을 언급하는 것조차 그에게 엄청난 트라우마와 당혹감을 불러일으킨다는 사실을 알지 못한 채, 그녀는 제퍼슨이 카터즈산 근처에서 살았는지를 물었다.

“아주 가까이에서 살았습니다. 몬티셀로와 인접한 산이지요.”라고 제퍼슨이 말했다.

“아주 쾌적하고 즐거운 곳일 것 같군요.” 남편이 그녀를 제지할 틈도 없이 어색하게 앉아 있는 동안, 그녀는 무심코 이야기를 계속했다.

제퍼슨은 침착함을 유지하면서 간단히 답변했다. “네, 물론입니다. 특히 전쟁 중에는 확실히 그랬습니다.” 대화는 그것으로 끝이었다.

어느 날 늦은 오후 만찬에서, 당시 함께 참석한 스미스 부인이 ‘저명인사’라 칭한 몇몇 사람이 대화를 주도하고 있었다. 대화는 ‘진지하고 활기찼지만’, 한동안 유럽에서 살았던 한 손님은 ‘조용히, 아무런 존재감 없이’ 앉아 있었다. 막강한 사람들의 기세에 위축된 것이 분명해 보였다. 그는 스스로 ‘참석한 사람들에게 전혀 알려지지 않은 고국의 이방인 같은 존재’로 느끼기 시작했다.

그때 미국 대통령이 귀환한 미국인에게 시선을 돌렸다. “C 씨, 우리는 당신에게 큰 빚을 지고 있습니다. 당신보다 이 나라에서 감사해야 할 사람은 없습니다.”

수다가 멈췄다. 식탁에 모인 수도의 명사들은 대통령의 찬사에 깜짝 놀랐고, 오랫동안 무시당했던 손님에게 갑자기 뜨거운 관심을 보였다. 제퍼슨은 말을 이었다. "그렇습니다, 선생님. 당신이 알제리에서 보내온 고지대 벼는 지금까지 성공적으로 재배되고 있어서, 농장주들이 널리 채택한다면 우리 남부 주에는 헤아릴 수 없는 축복이 될 것입니다."

제퍼슨은 한 번의 품위 있는 행동으로 무시당하던 손님을 스미스 부인이 '중요한 명사'라 칭한 인물로 격상시켰으며, 주인으로서 기본적인 임무를 다했다. 그는 자신의 집에 모인 사람들에게 경의를 표함으로써 그들이 편안함과 배려를 느끼게 해주었다.

제퍼슨에게는 자신의 곁에 머무는 모든 손님이 소중했으며 신분에 따른 겉치레를 거의, 아니 사실상 전혀 견디지 못했다. 정치적 소신, 공화주의적 소박함, 그리고 고급 요리가 어우러진 그의 취향이 모두에게 환영받는 것은 아니었다. 새로 부임한 영국 공사 앤서니 메리는 조지 3세의 대리인으로서 마땅히 받아야 할 예우에 관해 자신과 제퍼슨의 생각을 조화시키기 어렵다는 것을 깨달았다. 새로 부임한 공사에 대한 대통령의 환영 행사는 순조롭게 지나갔다. 하지만 메리 부부가 대통령 관저 저녁 만찬에 초대받았을 때는 상황이 달랐다. 매디슨 부인이 그날 만찬의 안주인 역할을 했으므로, 제퍼슨은 그녀를 저녁 식사 자리로 정중히 안내했다. 메리 공사 부부는 결국 식탁에서 아랫자리에 배정받았다고 생각하게 되었다.

그리하여 워싱턴의 응접실과 식당에서는 작지만 격렬한 사회적, 외교적 논쟁이 벌어졌다. 메리 공사 편에는 복잡한 격식과 세련된 예절을 중시하는 스페인 공사 가족이 가세했다. 제퍼슨은 메리 부인이 "성질이 사나운 여자였고, 단 몇 주 만에, 이처럼 짧은 기간에는 불가능할 정도로 모든 이들로부터 반감을 샀다."라고 말했다.

이는 구세계와 신세계의 대결이었으며, 제퍼슨의 재임 기간에는 신세계가 승리했다. 1804년 1월, 제퍼슨은 이렇게 썼다. "우리는 그들에게 '아니요'라고 단호히 말한다. 우리 사회의 원칙은 헌정 질서의 원칙과 마찬가지로 모든 사람의 평등한 권리이며, 이러한 평등이 우선적으로 지켜져야 할 경우가 있다면 그것은 바로 친목 도모를 위한 사교 모임일 것이다."

이 갈등에는 특별한 정치적 요인이 있었다. 제퍼슨에 따르면 영국 사절은 "우리나라가 루이지애나를 매입하기 전에 비해 영국에 우호적이지 않은 것 같다."라고 생각했다. 제퍼슨은 이를 부인했다. "이는 전혀 근거가 없다. 영국에 대한 우리의 우정은 따뜻하고 진실하다. 프랑스와의 관계도 마찬가지이다. 우리는 두 나라가 서로에게, 타국을 억압하려는 야심을 견제해줄 필수적인 존재라고 생각한다."

앤서니 메리는 제퍼슨에게 한 번도 호감을 보인 적이 없었으며, 이 영국 외교관은 미국 내 작은 불만의 소리도 주의 깊게 살폈다. 제퍼슨의 인기는 매우 높아서, 1804년 2월 공화당 코커스에서 그는 대통령 재선 후보로 지명되었고, 연방당의 우려는 절망으로 바뀌었다.

1804년 2월 11일 토요일, 상원의원 티머시 피커링은 제퍼슨 시대의 비참한 상황을 한탄하며 워싱턴에 머물러 있었다. 연방 판사들과 다른 공직자들은 공격 대상이었다. 제퍼슨에게 이끌린 군중이 지배하고 있었다. 피커링은 매사추세츠 연방당원인 시어도어 라이먼에게 이렇게 썼다. "그렇다면 우리가 이러한 억압에 굴복해야 할까요? 구제책은 전혀 없을까요?"

피커링은 연방 탈퇴만이 제퍼슨 정부라는 '급류에 저항할' 유일한 방법이라고 생각했다. 매사추세츠가 탈퇴 주들의 가장 유력한 리더로 생각되었다. 만약 매사추세츠가 연방을 탈퇴한다면 코네티컷이 따를 것이고 이어 뉴햄프셔, 로드아일랜드, 버몬트가 뒤이을 것이다. 뉴욕은 새로운 국가의 중심이 될 것이라는 확신이 들면 분명 합류할 것이고, 차례로 서스쿼해나 강 동쪽의 뉴저지와 펜실베이니아가 합류할 것이라고 그가 말했다.

그리고 영국은 아마도 자신들의 북미 일부 식민지가 북부 연합과 힘을 합치는 데 동의할 것이다. 이론상으로는 모든 것이 매우 합리적으로 보였다. 피커링은 이렇게 말했다. "두 친구가 공통의 관심사를 다루는 방식에 있어 의견이 다르다면, 헤어져서 각자의 이해를 각자만의 방식으로 다루고 그렇게 분리되지 않는다면 틀림없이 파괴될 유익한 우정을 보존하는 것은 드문 일이 아니다."

피커링의 구상은 아마도 내전을 의미했을 것이다. 제퍼슨의 당이 북부가 떨어져 나가도록 내버려둘 이유가 무엇이겠는가? 피커링과 서신을 교환했던 매사추세츠 연방당원 조지 캐벗은 분리의 날이 아직 오지 않았다고 생각했지만, 적당한 시기를 모색할 마음의 준비가 되어 있었다. "우리는 완전히 민주적이지만, 나는 민주주의가 본연의 형태로 운영된다면 최악의 사람들이 지배하는 정부가 될 것으로 생각합니다."라고 캐벗이 피커링에게 썼다.

피커링은 단호했다. 그는 제퍼슨 취임 3주년 기념일에 이렇게 썼다. "나는 우리를 지배하는 사람들과 정책 수단에 역겨움을 느낀다." 피커링은 에런 버가 뉴욕 주지사가 되려 한다는 보고를 크게 신뢰했고, 이 경우 버지니아에 내부 견제 세력이 생기리라고 기대했다. "그렇게 되면 제퍼슨은 자신이 취하는 조치에서 어느 정도 신중함과 자제심을 발휘하게 될 것이다."라고 피커링이 말했다.

루퍼스 킹과 서신을 주고받은 한 사람에 따르면, "폭정으로 이어지는 가장 짧고 익숙한 길은 민주주의를 통하는 길이다."라는 것이 연방당의 견해였다.

킹은 분리주의자는 아니었지만, 피커링의 편지는 "연방 이곳에서 자유를 진정으로 자유를 사랑하는 사람들의 관심을 집중시켜야 하며, 상황이 급속히 위기로 향하고 있는 만큼 더욱 그렇다."라고 말했다. 연방 탈퇴에 관한 소문은 몇 년 동안 지속되었다. 앤서니 메리는 이것을 듣고 런던에 보고했다. 1805년 6월, 영국 외교관인 오거스터스 J. 포스터는 그의 어머니에게 이렇게 썼다. "연방 탈퇴 가능성이 심지어 공문서에서도 공공연하게 언급되고 있으며, 동부 주와 남부 주 사이에 서로 비난이 오가고 있습니다."

당시 실체가 모호하지만 위협적인 정치 세력으로 에런 버가 있었다. 1804년 1월 26일 목요일, 버는 대통령 관저로 제퍼슨을 찾아왔다. 1800년 ~1801년 선거인단 투표에서 동점을 이룬 이후 첫 임기 동안, 두 사람은 거의 접촉이 없었다. 제퍼슨은 1804년 투표용지에 그가 이름을 올리지 못하게 할 생각이었다.

버는 이야기를 나누면서 자신을 최대한 따뜻하고 선한 모습으로 연출했다. 버의 말에 따르면 그는 더없이 겸손하고 성실한 사람이었다.

버는 자신이 공적, 사적으로 비난받고 있음을 잘 알고 있었다. 제퍼슨의 기록에 따르면, 버는 다음과 같이 말했다고 한다. "수많은 자잘한 이야기들이 저를 따라다니고 있습니다만 저는 그런 이야기들을 경멸합니다. 하지만 동지애는 반드시 상호적이어야 하며, 그렇지 않다면 존재할 수 없습니다. 저는 당신의 동지애에 변화가 있는지 궁금합니다. 그 때문에 중간 매개자를 거치지 않고 직접 당신과 대화하기로 결심했습니다." 제퍼슨에 따르면, 버는 스스로 기꺼이 물러날 의사가 있지만 그렇게 하기 위해서는 제퍼슨의 도움, 즉 어떤 형태로든지 확답이 필요하다고 말했다고 한다.

그러나 제퍼슨의 대답은 그를 격분하게 했다. 대통령은 선거운동에 전혀 관여하지 않는다며, 버를 위해 해줄 수 있는 일이 없다고 했다.

그 무렵 제12차 수정 헌법이 각 주에서 비준 절차를 거치고 있었다. 이 수정 헌법은 대통령과 부통령의 투표를 분리하여 장래 선거에서 혼란을 막도록 발의된 것으로 표면적으로는 한 팀으로 출마한 후보자들 간에는 더 이상 동점이 발생할 수 없음을 의미했다. 1804년 1월, 제퍼슨은 토머스 매킨에게 이렇게 썼다. "이 수정 헌법에 대한 연방당원들의 엄청난 반대가 있을 것이 확실합니다. 만약 이 제도가 통과된다면 대통령이나 부통령은 국민 다수의 공정한 투표로만 선출될 텐데, 저들은 다수가 아니기 때문입니다."

화재가 버지니아주 노퍽을 황폐하게 했다(제퍼슨은 "가난한 피해자들을 지원하기 위해" 200달러를 보내면서 익명을 요구했다). 2월 15일 수요일, 에지힐에서 폴리가 딸을 낳았다. 1804년 2월 26일 일요일, 제퍼슨은 1789년 11월에 폴리가 스스로 지은 이름을 쓴 편지를 보냈다. "사랑하는 마리아, 새 가족을 맞이하게 된 것을 진심으로 축하한다."

하지만 모든 것이 순조롭지는 않았다. 폴리는 회복되지 못하고 있었다. 폴리의 남편 존 웨일스 에페스는 워싱턴을 떠나 집으로 향했다. 강풍과 얼음으로 뒤덮인 험난한 여정이었다. "그녀가 겪고 있는 극심한 쇠약이 심각한 병으로 이어질까 봐 몹시 걱정됩니다."라고 에페스가 제퍼슨에게 썼다.

1803년 10월 마지막 날, 지중해에서 미 프리깃함 필라델피아호가 트리폴리 무장 세력에 나포되었다. 3개월 반이 지난 1804년 2월 중순, 해군 제독 스티븐 디케이터는 필라델피아호가 미국을 공격하는 용도로 사용되지 않도록 함선을 파괴하는 용감한 작전을 이끌었다. 영국 해군 부제독 허레이쇼 넬슨은 디케이터의 임무를 '당대 가장 용감하고 대담한 작전'으로 평가했고, 제퍼슨도 이 일에 대해 비슷한 의견을 표명했다. 제퍼슨은 1804년 4월 매디슨에게 이렇게 썼다. "저는 우리의 해외 공관 다수가 필라델피아호의 손실에 대해 지나치게 당황하는 모습이 전반적으로 매우 굴욕적으로 느껴집니다. 그들은 프리깃함 한 척을 잃으면 모든 것을 잃는다고 생각하는 듯합니다. 이 일로 유럽이 우리를 만만하게 볼 것이 분명하므로, 유럽의 두 강대국이 전 세계에 거듭 보여준 것과 같은 징벌을 트리폴리에 가하는 것이 불가피합니다."

1804년 4월 1일 일요일, 제퍼슨은 워싱턴을 떠나 몬티셀로로 향했다. 3일 뒤 도착했을 때, 예상보다 심각한 폴리의 상태를 발견했고 곧바로 폴리를 돌보는 데 전념했다.

드물게 감정을 절제한 표현으로 제퍼슨은 매디슨에게 상황이 그다지 좋지 않음을 전했다. 61번째 생일인 4월 13일 금요일, 그는 매디슨에게 "우리의 봄은 유난히 쓸쓸합니다."라고 썼다. 폴리의 상태가 악화되자, 제퍼슨은 디어본, 갤러틴, 매디슨에게 서신을 보내어 아주 잠깐만이라도 업무에 관심을 돌려보려 했으나 소용없었다. 모빌에서의 스페인의 관세 부과 문제에 대해 그는 디어본에게 이렇게 답했다. "폴리의 위독한 병세 때문에 이 문제에 대해 어떤 의견도 낼 수 없군요." 1804년 4월 17일 화요일, 폴리가 세상을 떠났다. 토머스 만 랜돌프 주니어는 시저 A. 로드니에게 이렇게 썼다. "대통령께서 이 충격에서 어떻게 벗어나실지 모르겠습니다. 지난밤 내내 손수건을 손에 쥐고 계셨습니다. 이만 줄여야겠군요. 제게도 이제 손수건이 필요할 것 같습니다."

돌리 매디슨은 제퍼슨으로부터 직접 그 소식을 들었다. 매디슨 부인은 언니에게 이렇게 썼다. "대통령께서 보낸 편지로 불쌍한 폴리의 죽음과 그로 인해 모두에게 닥친 끝없는 슬픔에 대해 알게 되었단다. 이번 일로 삶의 불확실성을 다시 한번 깨닫게 되는구나! 그토록 젊고 사랑스러운 아이였는데 아버지와 의사, 친구들의 온갖 노력이 결국 수포로 돌아가고 말았어."

제퍼슨은 지치고 슬픔에 잠긴 채 워싱턴으로 돌아왔다. 그는 5월 14일 워싱턴에서 팻시에게 편지를 썼다. "나는 수년간 겪었던 여행 중 가장 힘들고 지친 여정을 마치고 지난밤 이곳에 도착했단다." 이제 팻시는 제퍼슨이 죽은 아내와의 사이에서 낳은 마지막 남은 자녀였다.

6월 2일 토요일, 매사추세츠 퀸시에서 예상치 못한 편지 한 통이 대통령 관저에 도착했다. 아비가일 애덤스는 이렇게 썼다. "살면서 서로 공감할 만한 일이 있으리라고는 한동안 생각하지 못했습니다. 하지만 저는 부모와 자식을 이어주는 끈이 부모 가슴에 얼마나 단단하게 얽혀 있는지, 그 끈이 완전히 끊어졌을 때 이별의 고통이 얼마나 참혹한지 잘 알고 있습니다." 제퍼슨은 정중하게 답장했다. 그 짧은 서신에서 제퍼슨과 애덤스 가문 사이를 갈라놓은 사건, 즉 캘린더의 악의적인 팸플릿 《앞날의 전망》과 한밤의 인사 파동에 대해 간단하게 언급했다.

아비가일 애덤스는 7월 1일 일요일에 다시 편지를 보내 제퍼슨에 대해 자신이 느낀 가장 깊은 분노의 원인을 설명했다.

존경하는 각하, 각하께서 미국 대통령으로 선출되신 것에 대해 저는 어떤 적대감도 품은 적이 없었습니다. 그러나 변화를 이루기 위해 택한 수단과 방법은 저에게 깊은 혐오와 반감을 불러일으켰습니다. 그것들은 모두 악랄한 모함이자 추악한 거짓말이었기 때문입니다. 저는 대통령직에 따르는 불안과 외로움, 시기와 질투, 비난은 물론 그 직위에서 오는 막중한 책임까지도 충분히 목격했기에, 기꺼이 그 자리가 다른 사람에게 넘어가는 과정을 받아들일 수 있었습니다.

각하, 이제 저는 과거의 우정을 단절시키고 한때 제가 당신을 바라본 시각과는 전혀 다른 시각으로 당신을 보게 만든 이유에 대해 솔직하게 말씀드리겠습니다.

당신 정부의 첫 번째 조치는, 당신께서도 깊은 존경과 우정을 표했고, 그처럼 비열한 행동은 절대 저지를 리 없음을 당신께서도 잘 아시는 전임자의 성품과 명성에 대해, 악의적으로 비방하는 글을 쓰고 출판한 죄로 법의 심판을 받은 한 비열한 인간을 자유롭게 풀어준 행위였습니다. 캘린더의 벌금을 면제해준 것은 그의 행위를 공개적으로 승인해준 것입니다. 만약 타락한 인간들을 경멸하지 않고 내버려둔다면, 죄악을 억제하는 마지막 보루인 수치심마저 무력해지지 않겠습니까? 당신이 아끼고 품어준 그 뱀은 자신을 길러준 손을 물었고, 당신에게 그의 재능과 감사의 마음, 정의, 진실이 어떤 것인지 충분한 사례로 보여주었습니다.

이 편지는 비밀리에 쓴 것이며, 저 외에는 아무도 이 내용을 보지 못했습니다. 친구가 주는 상처는 진실한 마음에서 비롯된 것입니다. 당신이 다른 길을 선택했기를 바랐던 적이 많았습니다. 저에게는 아무런 악의도, 어떠한 원한도 없습니다. 설사 복수가 가능하다고 해도 복수하지 않을 것이며, 더 나아가 참된 기독교적 사랑으로, 제가 용서받기를 바라듯 당신을 용서할 것입니다.

제퍼슨은 7월 22일 일요일에 답장을 보내, 캘린더를 지지한 것은 선동법을 반대하고 당시 그의 정치적 입장에 동의했기 때문이라고 주장했다. "제가 그에게 베푼 관용은 그의 저속한 비방을 조장하기 위한 것이 결코 아니었습니다. 이는 마치 문 앞에 찾아온 거지에게 베푸는 자비가 그의 평생의 악행에 대한 보상이 아닌 것과 같습니다."

제퍼슨과 아비가일은 지난 10여 년간 발생한 사건에 대해 극명하게 다른 관점을 가지고 있었다. 1804년 5월부터 10월까지 총 일곱 통의 편지를 주고받았지만 더 이상 대화는 무의미하다는 사실이 분명해졌다. 서신 교환은 시작만큼이나 갑작스럽게 끝났다. 존 애덤스는 1804년 가을, 모든 서신 교환이 끝난 뒤에야 이 사실을 알게 되었다.

1804년 7월 11일 수요일, 뉴저지주 위호큰의 허드슨강 언덕에서 알렉산더 해밀턴이 에런 버에게 했다는 이른바 비방 발언을 두고 벌어진 결투에서 미국의 부통령이 초대 재무부 장관을 총으로 쏴 죽였다.

제퍼슨은 해밀턴의 죽음에 대해 극히 피상적으로만 언급했을 뿐이다. 제퍼슨이 신문에 실리기를 기대하며 쓴 친구에 대한 추모의 글이나 헌사도 없었다. 1804년 중반 당시 그의 침묵은 기이하고 무례해 보이기까지 했다. 당시의 정치적 분위기가 제퍼슨이 왜 그 주제에 관해 말과 글을 삼갔는지를 설명하는 데 도움이 된다. 해밀턴의 죽음에 대한 대중의 반응은 격렬하고 감정적이었다. 그가 설립한 《뉴욕 이브닝 포스트》는 그를 '가장 위대하고 덕망 있는 인물'로 추모했다. 뉴욕에서 거행된 장례식은 성대한 장관을 연출하며 맨해튼 남부 브로드웨이와 월스트리트에 자리한 트리니티 교회 묘지에 묻히는 것으로 막을 내렸다.

가을로 다가온 대통령 선거를 앞두고 제퍼슨은 엄숙한 침묵, 적어도 냉담하기보다는 엄숙하게 보이는 침묵이 최상의 선택이라고 생각했던 것 같았다. 1804년 한여름의 열기 속에서, 해밀턴에 대한 찬사는, 때 이른 충격적인 죽음에 대한 품위 있는 애도가 아니라 그의 정치적 구상에 대한 지지이자 반대자를 향한 비난으로 해석되었다. 존 애덤스는 이를 간파했고, 나중에 해밀턴의 당이 "장례식 추모 연설과 인쇄된 헌사로 대중의 감정이 고조된 순간을 틈타 전면에 나설 기회를 잡았습니다. 왜 그랬겠습니까? 단지 구 휘그당원들을 망신 주고, 국채와 은행 제도를 안정적으로 유지하기 위한 목적이었습니다."라고 제퍼슨에게 썼다.

제퍼슨에게 해밀턴은 가장 위험한 성향을 대표하는 인물이었다. 그러나 대통령으로서 제퍼슨은 해밀턴이 구축한 시스템을 거의 무너뜨리지 않았다. 나중에 제퍼슨은 해밀턴에 대해 평가했다. "우리 사이에는 사실 개인적인 갈등은 전혀 없었다. 분명 각자 상대방을 한 인간으로서 좋아했지만, 정치인으로서는 두 사람이 이보다 더 상반된 원칙을 가지기란 불가능할 정도였다."

더욱 시급한 문제는 에런 버였다. 그는 뉴욕주 검시 배심원단과 뉴저지주 대배심에 의해 살인죄로 기소되었다. 부통령은 7월 말에 두 주에서 도망쳤다. 제퍼슨에게 에런 버 문제는 이제 막 시작된 것에 불과했다. 해밀턴이 죽은 지 한 달도 채 안 된 1804년 8월 6일 월요일, 앤서니 메리는 버가 '미국 서부 지역을, 대서양과 애팔래치아산맥 사이에 위치한 동부 지역 전체에서 분리시키기를' 바란다고 영국 정부에 보고했다.

대통령으로서 제퍼슨은 반대파의 말과 행동을 파악하는 것이 유용하다는 사실을 깨달았다. 그는 막후에서 신문과 정치 첩보를 능숙하게 수집하고 활용하는 사람이었다. 적대적인 신문들을 읽으면서, 제퍼슨은 재선 가능성을 확인했으며 그에 따른 위험도 감지했다. 제퍼슨은 1804년 엘브리지 게리에게 이렇게 썼다. "연방당의 끝없는 비방 때문에 조국의 심판에 저

자신을 내던지지 않을 수 없게 된 현실이 참으로 유감입니다. 저의 가장 큰 바람은 이번 임기를 마치면 은퇴하여 고요한 삶으로 돌아가는 것이며, 이것이 제가 취임했을 때 다짐한 목표였습니다. 하지만 저들이 저에게 계속 일할 것을 강요합니다."

1804년 선거에서 조지 클린턴이 버를 대신하여 공화당 부통령 후보가 되었다. 뉴욕 출신인 클린턴은 아일랜드 이민자의 후손으로, 그의 부상은 미국 정치사에서 전개될 이야기의 많은 부분을 암시했다. 한번은 존 제이가 그에 대해 이렇게 썼다. "클린턴의 가문과 인맥으로 볼 때 특별한 지위를 누릴 자격이 없다." 이는 전형적인 연방주의적 시각이었다. 제퍼슨의 관점은 이와 달라서 백인들 사이에 사회적, 정치적 이동을 허용했다.

연방당은 찰스 코츠워스 핑크니를 후보로 내세웠는데, 그는 4년 전 존 애덤스의 부통령 후보였다. 현직 대통령에 대한 도전은 명예롭긴 해도 가망 없는 일이었다. 낮은 세금과 경제 성장, 루이지애나 매입에 기반을 둔 제퍼슨의 인기는 견고했다. 대통령은 핑크니의 14표에 대해 162표를 확보함으로써 압도적인 지지를 받아 재선출되었다. 한때 그토록 막강했던 연방당 세력은 몰락하고 있었다.

1804년 12월, 필라델피아에서 제퍼슨에게 보내온 '헌법의 친구'라고 서명한 편지에서는 이렇게 쓰여 있었다. "당신을 암살하려는 음모가 있습니다. 한 무리가 이 계획에 참여하고 있습니다. 이 시도가 성공한다면 그들은 1만 달러를 받게 됩니다. 그들은 단검과 권총을 지니고 다닙니다. 저도 그들 무리에 합류하라는 제안을 받았지만 그렇게 하느니 차라리 죽음을 택하겠습니다. 몇몇 암살자들이 이미 워싱턴에 있으니 다니실 때 몸조심하시고 철저히 경계하시기를 충고드립니다."

그런 위협이 지닌 적대성은 이 나라의 더 큰 현실을 가리고 있었다. 존 퀸시 애덤스는 제퍼슨의 승리 직후 이렇게 말했다. "제퍼슨은 제헌 헌법 수립 이래 이전 정부와 비교할 때, 연방 전 지역에 걸쳐 국민 대다수로부터 훨씬 강력한 지지를 받고 있다." 그의 아버지 존 애덤스의 정치적 신념은 실패할 운명이었다.

제퍼슨의 신념이야말로 살아 숨 쉬며 미국을 지배했다. 당시의 생동감 넘치고 활기차며 지배적인 정치 흐름은 승리한 대통령의 복잡한 특성을 반영했다. 제퍼슨의 미국은 완전히 연방주의적인 것도, 완전히 공화주의적 인 것도 아니었다. 오히려 현실 감각이 뛰어난 실무자의 기획에 의해 두 경 향이 대리석 무늬처럼 어우러진 혼합체였다. 나라의 운명을 결정하고 제퍼 슨의 정치적 리더십을 조명하는 데 있어 루이지애나 매입이 지닌 중요성은 아무리 강조해도 지나침이 없다. 예를 들어, 제퍼슨은 작은 정부를 신봉했 지만, 확장적인 정부가 국익에 더 큰 도움이 된다고 판단했을 경우에는 예 외였다. 바야흐로 성공을 음미할 순간이었다.

수도는 조용했다. 1805년 1월 7일 월요일, 제퍼슨은 팻시에게 이렇게 썼다. "시내에는 낯선 사람들이 거의 없단다."

두 번째 취임식을 앞두고, 제퍼슨은 지난 40년간 자신과 동지들이 겪 었던 고난을 떠올렸다. 그는 뉴햄프셔주 정치인 존 랭던에게 이렇게 썼다. "우리는 젊은 나이에 첫 번째 혁명에 투신했고, 그 혁명이 행복하게 마무 리되는 것을 지켜보았습니다. 이제 나이가 들어 우리 국민이 분열되어 있 었기 때문에 더 위험한 두 번째 혁명에 참여해야 했습니다. 하지만 이 또 한 잘 견뎌냈고, 모든 일이 결국 제자리를 찾아가는 모습을 지켜보고 있습 니다."

그러나 승리 속에서도 제퍼슨은 자신에게 쏠린 기대에 부담감을 느 꼈다. 그는 정치적 평온이 결코 오래가지 않으리라는 것을 알았다. 1804년 12월, 연방당의 상원의원 윌리엄 플러머가 제퍼슨과의 저녁 식사에 초대되 었다. 대통령은 단정하게 차려입었고('새로 맞춘 검은 정장과 실크 스타킹, 신 발, 깨끗한 리넨 셔츠, 그리고 한껏 힘을 준 헤어스타일'), 참석자들은 만족스럽 게 식사했다(만찬은 우아하고 풍성했다). 그러나 플러머에게 제퍼슨은 정치적 전성기를 누리는 사람처럼 보이지 않았다. "그는 오늘따라 과묵했고 다소 의기소침해 보였으며, 거의 말을 하지 않았다."라고 플러머는 일기에 적었다.

대통령은 여러 생각 때문에 마음이 복잡했다. 바야흐로 나폴레옹과 넬슨의 시대였다. 두 경쟁국은 절대로 진정한 평화에 이르지 못할 것처럼 보였으며, 미국은 여전히 나라 전체 또는 일부를 지배하려는 적들의 표적이었다. 제퍼슨이 공직에서 보낸 마지막 4년은 과거 수십 년과 마찬가지였다. 제퍼슨은 여전히 국가를 안정시키기 위해 고군분투해야 했다.

문제는 영국과 함께 시작되었지만 끝날 기미가 보이지 않았고, 영국은 여전히 미국의 능력에 의구심을 품고 있었다. "우리는 그들이 보터니만의 죄수들만큼이나 준비가 안 되었을 때, 나라를 세우도록 그들을 이끌었습니다."라고 영국 외교관 오거스터스 포스터가 1805년 어머니에게 보내는 편지에서 썼다.

1805년 3월 2일 토요일, 부통령 버는 상원에 대한 찬사를 남기고 수도를 떠났다. 그는 상원을 '성소, 즉 법과 질서, 자유의 요새'라고 부르면서 다음과 같이 덧붙였다. "바로 이곳, 이 고귀한 피난처, 어디선가 저항이 이루어진다면 바로 이곳에서, 대중의 광기라는 폭풍우와 은밀한 부패에 맞선 저항이 펼쳐질 것이다. 또한 만약 헌법이 선동가나 권력 찬탈자의 신성모독적인 손에 의해 파괴될 운명이라면, 신이시여 부디 막아주시옵소서, 그 마지막 단말마의 고통을 이곳에서 목격할 것이다."

윌리엄 플러머는 버의 정치 생명이 끝났다고 생각했으나, 그러고 나서 다시 한번 생각했다. "내 생각에 그는 다시는 재기하지 못할 것이다. 하지만 버는 매우 비상한 사람이며, 모든 규칙을 벗어난 인물이다."라고 플러머는 일기장에 적었다. 플러머는 자신의 예측이 얼마나 정확했는지 아직 알지 못했다.

이제 "모든 것이 업무와 분주함과 끊임없는 방해뿐일 것이다."라고 제퍼슨은 두 번째 취임식 전날 말했다. 국정에 대한 그의 정치적 지배력은 기정사실이었다. 오거스터스 포스터는 개인 서한에서 그를 16세기 아즈텍 신왕에 빗대어 '몬테수마의 후계자'라고 비꼬았는데, 이는 역설적으로 제퍼슨의 막강한 권력을 인정하는 찬사이기도 했다.

제퍼슨의 두 번째 취임식은 월요일에 열렸다. 그는 검은색 옷을 입고 말을 탄 채 대통령 관저를 떠났다. 상원 회의장에서 멀리까지 들리기엔 지나치게 작은 목소리로 제퍼슨은 두 번째 취임 연설을 했다. "임기 동안 정부를 방해하기 위해 언론의 십자포화가 우리를 향해 떨어졌으며, 그들의 방종이 꾸며내고 저지를 수 있는 온갖 행위로 가득 차 있었습니다. 자유와 과학에 너무나 중요한 기관이 이처럼 오용되는 것은, 제도의 유용성을 약화시키고 안전성을 갉아먹을 수 있다는 점에서 매우 유감스러운 일입니다." 하지만 시장이 결정해야 했다. 검열은 국민의 손에 맡겨야 한다.

이후 제퍼슨은 대통령 관저를 방문객들에게 개방했다. 이 역시 '뒤죽박죽' 상태로 운영되었다. 축하하기 위해 펜실베이니아 거리를 따라 내려가던 포스터는 "원하는 사람은 누구나 참석했고, 끝나갈 무렵에는 흑인들과 가난한 아이들까지 와서 우리 앞에서 와인을 마시고 소파에 늘어져 있었다."라고 기록했다. 음악으로 그날을 멋지게 마무리했는데, '몇 곡의 피리, 북 연주'와 함께 그럭저럭 취임식 행사가 막을 내렸다고 포스터가 적었다.

제퍼슨은 이제 연임에 성공한 두 번째 미국 대통령이 되었다. 제퍼슨이 포스터의 표현처럼 '흑인과 가난한 아이들'까지도 포함된 대중에게 인사하기 위해 돌아왔을 때, 그는 워싱턴의 전례에 따라 4년 뒤에 물러나겠다는 결심이 확고했다. 오직 한 가지 비상 상황에만 세 번째 선거 참여를 검토할 수 있었는데, 1805년 초 그는 캐롤라인의 존 테일러에게 이에 대해 언급했다. "제 본래 생각은 미국 대통령이 7년 임기로 선출되고, 그 뒤에는 영원히 출마 자격을 박탈해야 한다는 것이었습니다." 이제 제퍼슨은 더 이상 이 생각을 확신하지 못했다.

이후 저는 7년이라는 시간은 물러나지 않고 버티기에는 너무 길며, 잘못된 길로 가는 사람을 도중에 평화롭게 물러나게 할 방법이 있어야 한다는 것을 깨달았습니다. 첫 4년 임기가 끝나면 해임할 권한이 있는 8년의 복무는 경험을 통해 수정된 저의 원칙에 거의 부합합니다. 제가 두 번째 임기를 마친 후 물러나기로 결심한 것은 이 원칙에 충실히 따른 것입니다. 더욱 위험한 것은 국민의 관용과 사랑 때문에 나이가 들어 정신이 흐려진 후에도 계속 권좌에 머무르게 되고, 평생에 걸친 재선이 습관이 되어 종신 임기가 뒤따를 수 있다는 점입니다. 워싱턴 장군은 8년 후 자발적으로 물러나는 모범을 세웠습니다. 저는 이 선례를 따를 것이며, 몇 차례 전례가 쌓이면 머지않아 임기를 연장하려는 사람은 누구든 관습의 저항을 느껴 결국 그 전례를 따르게 될 것입니다. 어쩌면 헌법을 수정함으로써 이 전례를 확립하려는 경향이 나타날 수도 있을 것입니다. 그러나 제가 다시 한번 선거 출마에 동의할 수 있는 유일한 경우는 후임자를 둘러싼 분열 때문에 군주주의자가 등장할 수도 있는 상황뿐입니다. 하지만 이러한 상황은 불가능합니다.

군주제에 대한 우려가 여전히 그를 불안하게 했다.

1805년 봄, 루이스와 클라크 탐험의 첫 결실이 동쪽으로 전해지기 시작했다. 윌리엄 클라크는 4월에 제퍼슨에게 이렇게 썼다. "루이스 대위의 뜻에 따라, 직접 읽어보실 수 있도록 제가 기록한 일지 형식의 기록물을 원본 그대로 전달해드립니다." 제퍼슨에게 간략히 보고하면서 메리웨더 루이스는 이렇게 썼다. "우리의 전진을 방해할 실질적이거나 잠재적인 어떤 장애물도 예상할 수 없으며, 따라서 완벽하게 성공하리라는 낙관적 희망을 품고 있습니다."

노스다코타주 미주리 강가의 겨울 숙영지인 포트 맨던에서 두 지도자는 제퍼슨에게 수집한 유물들을 보냈다. 영양, 족제비, 늑대의 가죽과 뼈가 담긴 상자, 큰사슴 뿔, 수십 종의 식물, 그리고 살아 있는 네 마리 까치 등이 있었다. 제퍼슨에게는 매우 기쁜 소식이었다.

루이스와 클라크의 탐험 보고는 대중들을 매료시켰다. 1805년 8월, 매사추세츠 출신인 윌리엄 유스티스는 다음과 같이 썼다. "루이스 대위의 탐험 여행은 호기심 많은 사람들의 관심을 끌었고, 그 지역에 편견을 가졌던 많은 이들로부터 주목받았다. 이 나라가 국외에서 이보다 더 존경받았던 적이 없었으며, 국민이 국내에서 이보다 더 행복한 적이 없었다."

1805년 말, 4,828킬로미터 이상의 여정 끝에 클라크는 태평양이 바라다 보이는 나무에 제퍼슨이 오랫동안 꿈꿔온 땅에 대한 소유권을 표시했다.

윌리엄 클라크 대위, 1805년 12월 3일. 육로 탐사
미국, 1804년~1805년

포토맥 강가에서 구상한 임무는 태평양에 도달하면서 정점에 도달했다. 이것은 황무지를 통과하면서 길을 개척하고 대륙을 정복하는 제퍼슨식 권력의 발현으로서, 경이로운 성과였다.

제퍼슨은 서쪽과 동쪽에서 온 물건들을 받는 것을 즐겼다. 런던에 백스터의 《영국사》8권짜리 판본을 주문했고, 양조와 기하학, 천문학에 관한 에세이들, 유럽과 아시아, 아프리카, 남아메리카의 지도를 주문했다. 또한 망원경과 함께 '1800년까지의 새로운 발견이 반영된' 영국제 지구본 한 쌍도 구매했다.

모든 것이 맞아떨어졌다. 재임 기간 동안 그는 대통령직과 대통령 관저를 이전과는 다른 새로운 것으로 변화시켰다. 즉 관저를 호기심과 질문의 중심지이자 과학에서 문학에 이르기까지 국가의 광범위한 생활 영역에서 비공식적이지만 중요한 역할을 하는 역동적인 조직으로 바꾸었다.

제퍼슨은 화석 보관을 위해 관저에 별도의 방을 마련했다. 그곳에는 두개골, 턱뼈와 이빨, 상아, 앞다리와 함께 '거대한 짐승의 뿔 하나', 그리고 윌리엄 클라크가 모은 200점의 작은 뼛조각이 보관되었다. 제퍼슨은 후에 《해부학 체계》를 출간한 필라델피아 의사 가스파르 위스터 주니어에게 이렇게 편지를 썼다. "뼈들은 커다란 방에 널려 있습니다. 아침부터 저녁까지 누구에게도 방해받지 않고 편한 시간에 작업할 수 있으며, 아침과 저녁 식사를 우리와 함께할 수 있습니다."

탐험가 제불론 파이크는 제퍼슨을 위해 리오그란데강 주변의 한 인디언에게서 새끼 곰 두 마리를 샀다. 부하들이 우유를 먹여 곰들을 보살폈고, 곰들은 1808년 대통령 관저에 안전하게 도착했다. "가능하다면 사슬에 묶지 말고 한 방에 가두고, 정기적으로 먹이와 물을 주실 것을 추천합니다. 그렇게 하면 곰을 쇠사슬에 묶거나 따로 가두었을 때보다 잘 어울려 지내고 훨씬 온순해질 것입니다."라고 파이크가 대통령에게 말했다.

제퍼슨은 파이크의 충고를 받아들였다. 제퍼슨은 박물학자이자 화가인 찰스 윌슨 필에게 이렇게 썼다. "저는 여기 있는 동안 곰을 한 변이 3미터쯤 되는 정사각형 우리에 넣어 두었습니다. 첫날에는 심하게 서로 장난을 쳐서 걱정했지만, 그 뒤로는 가끔 장난치면서도 함께 있어 매우 행복해 보였습니다." 당연하게도 대통령 관저에서 곰을 기르는 것은 현실적으로 불가능하다는 것이 판명되었고, 제퍼슨은 곰들을 필라델피아에 있는 필의 동물원으로 보냈다.

어떤 사람이 돌이 운석이었는지 여부를 판정하는 데 조언을 구하자 제퍼슨은 이렇게 말했다. "우리는 설명할 수 없다고 해서 무조건 부인해서는 안 됩니다." 제퍼슨은 마땅히 회의해야 할 때 너무 쉽게 믿는 경우가 가끔 있었다. 그는 과학적 문제에 관해서는 완전히 틀릴 수도 있었다. 대통령직 계승을 놓고 매디슨과 먼로 사이에서 벌어지는 줄다리기를 암시하면서 티머시 피커링은 이렇게 말했다. "1808년 선거 때문에 공화당원들이 싸우는 동안, 현직 대통령은 루이지애나의 황무지, 그 소금 평원, 암염 또는 광물성 소금, 그 광활한 초원을 탐험하며 그곳에서 지상의 낙원을 발견했다. 그곳에 사는 다양한 부족과 잔류한 인디언 부족민들, 그들이 사용하는 다양한 언어들, 온천과 그 주변의 따뜻한 진흙 웅덩이, 그리고 그중 한 곳에서 발견한 놀라운 현상, 홍합처럼 생긴 다리가 넷 달린 '아주 작고 미세한 패각류'와 또 다른 곳에서 발견한 '뱀이나 벌레처럼 꿈틀거리며 움직이는 길이 약 1.3센티미터의 벌레'들을 관찰하고 있었다!"

제퍼슨은 자신의 열정에 자부심을 가질 만했다. 영국 외교관 에드워드 손턴은 이렇게 썼다. "제퍼슨 성격의 가장 놀라운 점은 칭찬과 비판에 대한 질투 어린 감정이다. 그가 칭찬에 대해 느끼는 감사는 비판에 대한 그의 무자비한 분노와 정확히 비례했다." 손턴에 따르면 제퍼슨은 유능한 정치가로 인정받기에 충분한 위치였지만, 공적 업무의 수행 능력과 과학적 탐구를 위한 추상적 사고력을 겸비했다는 평가를 받는 데 훨씬 더 자부심을 느꼈다.

영국인들은 심지어 제퍼슨의 런던에 대한 오랜 적대감을 프랑스에서 길러진 과학과 문학에 대한 그의 사랑 탓으로 돌렸다. "초창기부터 그의 문학적 재능에 대해 영국에서 거의 주목하지 않았다는 사실이, 다른 요인들이 불러일으킨 영국에 대한 반감을 한층 더 부채질했음이 분명하다고 생각한다. 적어도 왕정 시대 프랑스는 그의 이러한 성향을 더 잘 이해했던 것 같았고, 자신들의 학술 단체에 제퍼슨을 참여시킴으로써 그의 환심을 샀다."라고 손턴이 썼다.

제퍼슨의 호기심은 여전했다. 1806년 3월, 그는 존 브레킨리지에게 이렇게 썼다. "내일 우리와 인디언식 만찬을 함께 하시지 않겠습니까? 우리가 들어본 적은 있지만 아직 한 번도 본 적이 없는, 손짓으로 대화하는 기술을 가진 정말 흥미로운 추장이 방문할 예정입니다. 시간은 평소처럼 3시 반입니다." 제퍼슨은 극작가이자 화가인 윌리엄 던랩과 함께 워싱턴에서

들리는 개구리 울음소리, '봄의 이른 도래, 프랑스식 정원과 영국식 정원'에 대한 메모를 공유했고, 자신은 영국식 정원을 선호한다고 말하면서 땅을 배치하는 영국인들의 뛰어난 감각을 칭찬했다. 새뮤얼과 마거릿 베이어드 스미스 부부와 함께 대통령 관저에서 차를 마시면서 제퍼슨은 '농업, 원예, 나라별 농업과 원예의 차이, 기후별로 생산되는 농산물의 차이'에 대해 이야기했다. 제퍼슨은 몰타에서 가져온 동과 씨앗을 스미스 부인에게 주어 고향으로 가져가게 했다.

주제는 중요하지 않았다. 그는 평생 정치적·철학적 문제들을 고민했다. 제퍼슨은 1806년 2월 매디슨과 갤러틴, 디어본에게 편지를 썼다. "뉴올리언스 방어를 위해 군인을 이런 조건으로 모집하는 것이 어떨까요? 신체 건강한 남자라면 누구에게나 정착 조건으로 약 20만 제곱미터의 토지를 지급하고, 만약 거주 후 7년 안에 군대에 소집된다면 통상적인 급여를 지급하면서 2년간 군 복무를 수행하게 하는 것입니다."

제퍼슨은 언제든 젊은이들에게 조언할 준비가 되어 있었다. 그는 아들을 둔 친구에게 이렇게 썼다. "나라면 아이에게 올여름 리비우스, 타키투스, 호라티우스를 읽으라고 추천하겠네. 리비우스와 타키투스는 로마사에 관해 풍부한 지식을 제공하는 동시에 언어 습득에도 도움이 될 걸세. 이와 함께 프랑스어로 된 아나카르시스를 읽으면 프랑스어 실력 향상과 고대 그리스 역사 이해에 도움이 될 것이네. 또한 흄의 철학에 대한 보완서로 백스터의 《영국사》를 읽으라고 권하고 싶네. 흄 역시 이 책을 읽었는데, 실제로 이 책은 흄을 공화주의적으로 재해석한 것이라네."

1805년, 국가의 정치 에너지 대부분은 루이지애나의 정확한 경계, 스페인이 넘겨주기를 거부한 플로리다의 운명, 그리고 금전적 청구권 문제에 따른 스페인과의 긴장을 다루는 데 집중되었다. 스페인 정부는 여전히 북아메리카에 주둔하면서 프랑스와 동맹을 맺고 있었다. 스페인 수도로 파견된 먼로의 임무가 실패하자, 제퍼슨 행정부 내에서는 스페인 전초기지와 영토에 대한 무력 사용을 두고 논쟁이 벌어졌다.

미국은 강경한 입장을 취함으로써 스페인과 프랑스에 대항하는 광범위한 전쟁을 감수해야 할까? 그 경우 나폴레옹에 대항할 동맹을 찾는 영국과 연대하여 잠재적 적국인 런던을 적어도 당분간은 우방으로 삼는 것이 합리적일까?

제퍼슨의 최종적인 답은 '아니요'였다. 미국이 스페인이나 프랑스와 전쟁을 벌일 경우 동맹을 맺을 수 있는 영국과의 임시 조약 가능성을 탐색했지만, 그는 중립을 유지하는 것이 여전히 최선의 선택이라고 결론 내렸다. "우리 헌법은 평화를 위해 수립된 체제이며, 전쟁을 염두에 두고 설계된 것이 아니다. 전쟁은 헌법의 존립 자체를 위협할 것이다."라고 제퍼슨이 말했다. 제퍼슨이 역사를 바라보는 관점에서 전쟁은 육군과 해군, 부채, 명예에 관련된 것이며, 이 모두가 공화국의 몰락과 군주제의 부활에 일조했다.

물론 자유를 지키기 위해 싸워야 하는 경우도 있다. 제퍼슨은 이를 알고 있었고, 전투가 최후의 수단이긴 하지만 여전히 하나의 선택지임을 인정했다. 탈턴에게 쫓긴 경험이 있는 그는 미국의 군사력을 전개하기 전에 사용 가능한 다른 수단을 모두 사용하려 했다. 전통적인 전쟁에는 못 미치는 수단, 즉 대포를 진열하여 항구를 요새화하고, 해안 방어를 위해 군함을 건조하며, 파병 가능성에 대비해 민병대를 조직하는 것과 같은 수단을 적극적으로 추진해야 한다고 보았고, 제퍼슨은 1805년 말 의회에 보낸 연두 교서에서 이 모든 조치를 촉구했다.

한 해가 저물어 갈 무렵, 제퍼슨은 사방이 적으로 가득 찼다고 느꼈다. 영국과, 영국보다는 덜하지만 프랑스가 미국 선박을 괴롭히고 있었다. 나폴레옹은 아우스터리츠에서 영광스러운 승리를 거두었고, 넬슨은 트라팔가르 전투에서 승리를 거두며 영웅다운 죽음을 맞았다. 가까운 본국에서는, 전 부통령 버가 미국에 대한 반역을 도모한다는 혐의를 받고 있었다.

  프랑스와 영국을 염두에 두면서 제퍼슨은 이 어려운 시기를 최선을 다해 헤쳐 나가려고 노력했다. 1806년 1월, 제퍼슨은 이렇게 썼다. "지금 이 순간 세계는 얼마나 끔찍한 광경을 보여주고 있는가? 우리의 바람은, 육군을 가진 자가 바다를 지배하지 않으며, 바다를 지배하는 자는 육군을 보유하지 않도록 하는 것이다. 이렇게 해야만 우리는, 적어도 고국에서 평온할 수 있다." 제퍼슨은 피할 수 없는 질문과 마주쳐야 했다. 이 평화가 얼마나 오래 지속될 수 있을 것인가?

37장 깊고, 어둡고, 모든 것을 뒤덮은 음모

우리의 카탈리나 계획은 낭만적인 만큼이나 현실적이기도 하다.

—토머스 제퍼슨, 에런 버의 서부 음모에 대하여

제퍼슨은 겨울 동안 팻시 가족이 대통령 관저에 오랫동안 머무르면서 한층 밝아졌다. 관저에서 제퍼슨의 자녀 중 유일하게 생존한 딸이 손자를 낳았고, 외할아버지와 함께 일하던 국무장관을 기려 아이의 이름을 제임스 매디슨 랜돌프라 지었다. 돌리 매디슨은 팻시가 계절에 대비하도록 도왔는데, 볼티모어에서 두 장의 레이스 손수건뿐만 아니라 '유행하는 가발, 머리를 손질하는 빗 세트, 모자, 숄, 그리고 흰색 레이스 베일'을 샀다. 대통령도 시간을 내어 보르도산 와인이 충분한지 저장고를 살피고(사실 충분했다), 스파클링 와인을 추가로 주문했다. 제퍼슨은 현재 가지고 있는 와인이 "풍미가 없고 텁텁하다."라고 생각했다.

하지만 의사당에서 사촌 한 명이 제퍼슨이 즐기고 있던 평온을 완전히 깨뜨렸다. 한때 동지였으나 늘 기이한 면이 있던 로어노크의 존 랜돌프가 1806년 3월 제퍼슨과 결별했다. 바로 전 해에 랜돌프는 야주 토지회사

(부패한 조지아 의원이 크리크족의 정당한 소유 토지를 팔아 투기판을 조성했다)에 관한 오랜 분쟁을 해결하고자 제퍼슨이 추진한 타협안을 중단시켰다. 이 사건은 랜돌프가 본격적으로 반대 진영으로 돌아서는 전조였다.

새로운 계기는 영국의 미국 선박 약탈 행위에 대응한 영국 제품의 수입 제한 또는 금지 결의안을 둘러싼 논쟁이었다. 하원에서 랜돌프는 대정부 전쟁을 선포했다.

윌리엄 플러머는 그의 얘기를 듣기 위해 그날 상원 회의장을 떠나 하원으로 갔다. 플러머는 랜돌프의 연설에 대해 이렇게 썼다. "그는 영국이 현재 생존을 위해 싸우고 있으며, 세계의 지배권을 강탈하려는 보나파르트에 대항한 문명 세계의 전투라고 보았다." 랜돌프는 특히 제퍼슨과 매디슨을 공격대상으로 지목했다. "이제까지 들은 가장 신랄하고 혹독하며 웅변적인 비난 연설이었다."라고 플러머는 평가했다. 그다음 날 랜돌프는 다시 공격했고, 플러머는 "대통령에 대해 유난히 가혹했으며, 랜돌프 씨는 루비콘 강을 건너버렸다. 대통령도 국무장관도 이후 그와는 더 이상 친분을 유지할 수 없을 것이다. 그는 현 정부와 정부 정책에 정면으로 반기를 들었다."라고 썼다.

날카롭고 냉소적인 성격의 랜돌프는 그 누구도 봐주지 않았다. 발언하기 위해 일어선 동료 의원을 손짓으로 내치면서 랜돌프는 "앉으세요, 의원님, 앉으시라고 말했습니다. 의원님, 분수를 지키세요."라고 말했다. 대통령을 직접 겨냥한 대목에서 랜돌프는 "정부 조치에 대한 대담한 비난으로 청중들을 경악시켰다."라고 메릴랜드주 상원의원 새뮤얼 스미스가 썼다.

후에 '퀴드파'(라틴어로 '제삼의 것'을 뜻하는 'tertium quid'에서 유래) 또는 '구공화파'로 알려진 랜돌프의 파벌은 더 순수하고 단순한 공화주의 원칙을 내세웠다. 랜돌프의 지지자들은 대통령이 지나치게 연방주의 쪽으로 기울었으며, 공화주의 신봉자는 대통령과 대통령 지지자들이 아니라 자신들이라고 여겼다.

이러한 결별은 어떤 면에서는 제퍼슨이 1798년 이후의 단순한 수사적 범주를 넘어섰음을 보여주는 신호이기도 했다. 권력을 추구할 때는 정치에 대해 이론적이고 이상주의적으로 말하기 쉽다. 그러나 일단 권력을 획득해 이를 행사할 때 요구되는 것은 아주 복잡하고 유동적이어서, 현실 정치에 서는 이념적 확신이 가장 먼저 희생되는 경우가 많다. 제퍼슨은 연방주의 의 적들이 불가능하다고 생각했던 일들을 해냈다. 즉, 어떤 이들에게 그는 예전만큼 공화주의적 색채가 강한 인물로 보이지 않게 된 것이다. 다시 말 해 제퍼슨은 당시의 극단주의자들에게 불만스러운 인물이었는데, 이는 그 가 교조주의가 아닌 원칙 있는 실용주의에 의해 움직였음을 보여주는 신 호였다.

대통령은 제한적인 작은 정부를 주장하는 일부와는 달리, 엄격한 한 계를 넘어 공공 부문의 역할을 확대하는 방식으로 권력을 행사하려 했다. 그는 광범위한 공공사업을 지지한 최초의 대통령이었으며, '교육, 도로, 강, 운하' 등 다양한 프로젝트의 자금 조달을 위해 헌법 개정을 촉구했다.

제퍼슨은 제6차 연두 교서에서 이렇게 밝혔다. "이런 사업들을 통해 각 주들 사이에 새로운 소통 경로가 열릴 것입니다. 그렇게 되면 경계선이 사라지고, 이해관계가 합치될 것이며, 새롭고 영속적인 유대 관계를 통해 굳건히 결합될 것입니다." 이후 1808년 봄, 재무장관 앨버트 갤러틴은 도로 와 운하 시설 개선에 2천만 달러를 투입할 것을 제안하는 획기적인 보고서 를 제출했다. 금수 조치에 따른 재정적 압박과 영국과의 긴장 고조, 그리고 대통령에게 헌법적 권한이 없다고 판단한 탓에 제퍼슨은 이 대담한 계획 을 바로 실현할 수 없었다. 그러나 갤러틴이 제시한 거의 모든 프로젝트는 결국 실행되었다. 이 중 첫 번째 계획은 연방정부가 후원하는 컴벌랜드 도 로(또는 국도)로, 메릴랜드에서 시작하여 서쪽으로 이어져 결국 일리노이까 지 연결되었다.

랜돌프는 제퍼슨의 온건한 정책이 결국 재앙으로 이어질 것이라고 생각했다. 1806년 랜돌프는 이렇게 썼다. "자유로운 정부라는 대의가 지금보다 더 위협받은 적은 없다." 그는 대통령에게 충성하는 공화당원들을 '공화주의 정신의 은밀한 적이자 미온적인 지지자'로 규정하면서 "자신들이 지키겠다고 맹세한 원칙을 '형식적인 칭찬으로 오히려 깎아내리고 있다'."라고 비난했다. 감정적인 어조로 랜돌프는 질문했다. "현 정부는 완벽한가? 정부 부처의 공직자들은 아무 잘못이 없고, 앞으로도 없을 것인가?"

랜돌프에게 그 답은 명확했다. 제퍼슨은 지나치게 타협적인 사람이었다. 온건함은 오랜 세월 동안 '가면을 쓴 야망'에 불과하다는 것이 그의 생각이었다. 대통령 임기 마지막 해가 될 무렵 랜돌프는 제임스 먼로에게 "예전 공화당은 이미 파괴되어, 회생 불능 상태이다."라고 말했다.

제퍼슨은 현 의회의 상황에 대해 애써 침착함을 유지했지만, 고질적인 두통이 재발했다. 공화당의 분열과 미국의 전쟁 가능성을 포함한 복잡한 유럽 상황이 무거운 부담으로 작용했다.

1806년 4월 말, 뉴욕에서 영국 해군 함정 리더호가 (영국 선원들을 수색하기 위해) 미국 상선을 조사하고 있었다. 경고 사격을 하던 중 리더호가 실수로 미국인 선원을 죽였다. 다른 두 척의 영국 함선 드라이버호와 캄브리아호가 근처에 있었다. 제퍼슨은 세 척의 함선을 향해 즉시 미국 해역에서 떠나라고 명령했고, 리더호 선장을 살인죄로 체포할 것을 요구했다.

그의 두통은 매우 심각했다. 제퍼슨은 펜실베이니아 상원의원인 조지 로건에게 "지금 앓는 병 때문에 하루 종일 일도 대화도 할 수 없습니다."라고 썼다. 제퍼슨은 저녁 시간에만 대면 회의를 할 수 있었는데, 이때가 되면 통증이 완화되는 것처럼 느꼈기 때문이다. 다리에도 통증이 있었다(그는 이를 '절름거리는 무릎'이라고 불렀다). 돈 문제도 그를 괴롭혔다. 1806년 5월, 제퍼슨은 존 웨일스 에페스에게 이렇게 썼다. "워싱턴에서 지불이 밀린 곳이 많아 새로운 지출은 물론 꼭 필요하지 않은 모든 지출을 모두 중단해야 했다네. 그러지 않으면 빚을 안고 워싱턴을 떠나게 되겠지. 그 빚이 내 재산에도 영향을 준다면 나는 불안한 노후를 맞이하게 될 걸세."

1806년 초여름, 제퍼슨은 그의 가장 오랜 스승을 잃었다. 1806년 5월 25일 일요일, 조지 위스는 평소처럼 일어나 집에서 아침을 먹었다. 그날 아침 9시경, 위에 통증을 느꼈고 다른 가족들도 마찬가지였다. 가족 가운데 마이클 브라운이라는 10대 혼혈 소년은 며칠 후 죽었다. 치안판사 윌리엄 듀발은 이를 의심해 부검을 명령했다. 의사 네 명이 참여했고, 듀발은 제퍼슨에게 이렇게 말했다. "위장에 생긴 염증으로 보건대 일종의 독성에 의한 염증입니다." 범인은 위스의 조카 손자인 조지 스위니로 추정되는데, 만약 그가 범죄를 저질렀다면 아마 질투나 돈 문제가 동기일 것이다.

1806년 5월 25일, 위스는 "누군가 나를 죽이려 한 거야."라고 말했지만, 듀발은 그가 "특정인을 지목하지 않았다."라고 보고했다. 죽어가면서 그는 "저를 의롭게 죽게 하옵소서."라고 말했다.

이 충격적인 사건은 조지 위스의 사생활에 관해 흥미로운 의문을 제기했다. 두 번 결혼했지만 지금은 홀아비인 위스는 윌리엄스버그에서 어린 마이클 브라운과 해방된 흑인 가정부 리디아 브로드낙스와 함께 살았다. 위스는 유언장에서 브로드낙스에게 집을 포함한 재산을 상속해주었고, 자신이 사망할 경우 제퍼슨이 마이클 브라운의 교육을 살펴줄 것을 요청하는 내용을 포함시켰다.

이러한 조항들에 함축된 의미, 즉 브라운이 브로드낙스와 위스 사이에 태어난 아들일 가능성은 명확했지만 입증되지는 않았다. 역사학자인 애넷 고든-리드는 이렇게 썼다. "'노란' 피부를 지녔다고 묘사된 브라운이 위스의 생물학적 아들이든 아니든, 위스는 그를 아들로 대했고 그의 교육에 정성을 다했다. 자신이 총애하는 가장 유명한 제자인 현직 미국 대통령에게 마이클의 후견인이 되어달라고 분명히 요청한 것은 소년에 대한 그의 사랑이 얼마나 깊었는지를 잘 보여준다."

위스는 자신이 사랑했던 제퍼슨에게 책과 은잔, 금장 지팡이를 남겼다. 이 범죄 사건은 대통령을 혼란스럽고 괴롭게 만들었다. 제퍼슨은 자신이 마이클 브라운의 교육을 기꺼이 맡았을 것이라고 듀발에게 말했다. 그는 그 임무가 '친구의 바람을 계속 되새기고 실천함으로써 나에게 끊임없는 기쁨을 가져다주었을 것'이라고 말했다, 제퍼슨은 마이클 브라운이 옛 스승의 아들이라고 믿었을까? 만약 그랬다면 위스의 백인 가족 중 불만을 품은 사람에 의해 스승이 살해되었을 수도 있다는 소식은, 그러한 삶에 대해 잘 알고 있는 제퍼슨에게 어떤 감정을 불러일으켰을까? 알 수는 없지만, 제퍼슨이 이 사건을 평범한 삶의 과정에서 흔히 일어날 수 있는 일이 아니라 심각한 예외적 사건으로 생각했다는 점은 흥미롭다. 1806년 6월, 듀발에게 쓴 편지에서 제퍼슨은 "그처럼 부도덕한 사례는 이제까지 오직 시인들의 우화 속에서나 접할 수 있었다."라고 썼다. 제퍼슨은 자신과 위스의 운명 사이에 상상적 거리를 둘수록 마음이 편했을 것이다.

여름에는 버지니아에서 심각한 가뭄이라는 새로운 문제가 닥쳤다. 가을에는 이제는 익숙해진 문제, 즉 에런 버가 말썽을 일으키고 있다는 보고가 있었다.

해밀턴과의 결투 이후, 버는 방랑 여행을 떠났다. 그는 서부를 돌아다 녔는데, 그가 몇몇 주를 설득해 탈퇴시켜서 서부 제국을 세우려 모의하고 있다거나 멕시코를 향해 독자적인 공격 계획을 세우고 있다는 소문이 돌았다.

추측은 점점 덩치를 키워 버가 군대를 일으켜 워싱턴으로 진격하여 미국을 장악하려 한다는 터무니없는 상상으로 이어졌다. 1806년 11월 제퍼슨은 다음과 같이 썼다.

"버가 서부 지역을 연방의 이쪽 지역에서 분리시키려는 움직임에 적극 관여하고 있었음이 분명했다." 전 부통령은 군대를 모집하고, 무기를 비축하며, 배를 건조하고 있다는 혐의를 받고 있었다.

제퍼슨은 걱정을 덜어줄 만한 어떤 소식도 들을 수 없었다. 미국 장군 제임스 윌킨슨은 11월에 제퍼슨에게 이렇게 썼다. "이는 정말로 깊고 어둡고 광범위한 음모로 젊은이와 노인, 공화당과 연방당, 내국인과 외국인, 1776년의 애국자와 어제 막 등장한 신참자들, 부유한 자와 가난한 자, 권력의 중심에 있는 사람과 주변인들을 아우르고 있습니다. 저는 이런 음모가 뉴올리언스에서 강력한 지지를 얻을까 두렵습니다."

윌킨슨 자체도 문제가 있는 인물이었다. 스페인의 봉급을 받으며 오랫동안 관리 생활을 한 그는 1급 악당이었으며, 버와는 실행 가능한 계획에 대해 의견을 나누던 사이였다. 그러다가 어느 순간, 윌킨슨은 버의 반역 혐의를 제퍼슨에게 알리는 것이 이익이라 판단하고 자신은 살아남아 훗날을 도모하기로 결정했다.

1806년 11월 27일, 제퍼슨은 크게 걱정한 나머지 '미국 시민들'을 포함한 '잡다한 인간들이' 스페인 점령지를 차지하기 위해 '함께 음모를 꾸미고 있음'을 경고하는 포고령을 선포하기에 이르렀다.

당시 버는 무엇을 하고 있었을까? 2세기 이상이 지난 지금까지도 확실하지 않다. 처음에는 텍사스와 다른 스페인령 아메리카 지역을 장악하려는 군사적 모험에 흥미를 가진 것처럼 보였다. 그러한 군사 작전은 필리버스터, 즉 독자적인 군사 원정으로 불렸다. 버와 그의 잡다한 추종자들은 일종의 군사 작전을 준비하고 있는 것처럼 보였다. 목표는 불확실했지만, 버가 서부 지역, 어쩌면 멀리 멕시코 남쪽까지 권력과 땅을 차지해서 자신의 제국을 건설하려 한다고 제퍼슨이 믿은 건 확실했다.

1806년 12월 27일 토요일, 뉴햄프셔주 상원의원 윌리엄 플러머는 제퍼슨과 저녁 식사를 함께했다. 커피를 마시며 플러머는 모든 것이 잘될 것으로 생각한다고 말했다. 플러머에 따르면, 제퍼슨은 '음모가 아무리 광범위하더라도 미국에 별다른 고통이나 피해를 주지 않고 진압될 것'이라고 확신했다고 한다. 곧이어 유죄를 입증하는 서류들이 확보되었고, 제퍼슨은 1807년 1월 의회에 이를 제출했다.

　그즈음 제퍼슨은 어떤 국내적 위기에도 대처할 수 있는 충분한 권한을 얻으려 했다. 플러머와 대화하기 8일 전, 제퍼슨은 '반란이 일어날 경우, 미 육군이나 해군을 동원할 권한을 부여하는' 법안을 기초했다. 그는 다음과 같이 자신의 의도를 드러내는 메모와 함께 버지니아 의원인 존 도슨에게 입법안을 보냈다. "토머스 제퍼슨은 도슨 씨께 경의를 표하며, 이 내용물을 복사한 후 원본은 불태워주시기를 요청합니다. 앞으로의 입법 과정에서 세부 진행 과정에 직접 관여하고 싶지 않기 때문입니다."

　이것은 순수한 정치인으로서의 제퍼슨의 모습이다. 그는 국가를 수호하기 위해 권한 부여를 요청하면서도, 권한 획득 과정에서 자신의 역할은 감추려 했다. 그의 적들은 이러한 행동을 위선적이고 비열하다고 여겼을지도 모르지만, 제퍼슨은 스스로 올바른 일을 올바른 방식으로 하고 있다고 생각했다. 강력한 권력을 공개적으로 장악하는 것은 그가 가장 중요하게 생각하는 국가의 민주적 가치를 위협할 수도 있었다. 비록 그가 추구했던 통제권이 연방주의자 대통령도 원하는 것이었다 해도, 전제군주처럼 보일 위험을 감수하기보다는 의회 내 동지들을 통해 추진하는 것이 낫다고 판단했다. 이것이 현실적인 정치인의 방식이었다.

　제퍼슨은 단호하게 버를 몰아붙였다. 이는 개인적인 야망이나 질투 때문이 아니라 국가의 안전과 존엄성을 지키기 위한 것이었다. 사실 버는 해밀턴과의 결투 이후 전통적인 정치 시스템에서는 더 이상 위협이 되지 못했다. 루이지애나 매입 때와 마찬가지로, 연방을 유지하려는 대의는 제퍼슨이 이른바 '엄격한 법의 테두리'라고 부르던 것보다 더 중요했다. 1807년 1월 22일 목요일, 의회에 제출한 버에 대한 보고서에서 제퍼슨은 "전 부통령의 죄는 의문의 여지가 없다."라고 선언하는 이례적인 행동을 취했다. 그가 오래전 조사이아 필립스 사건이나 머릿가죽 매입꾼 장군(헨리 해밀턴—옮긴이)을 체포할 때 내렸던 결정과 다르지 않았다. 설령 버를 포함한 피고인들의 자유가 침해당하더라도, 그렇게 할 수밖에 없었다.

1807년 3월 말, 버가 체포되었다. 제퍼슨은 이 과정에 깊은 관심을 기울였다. 제퍼슨은 "어떤 인간도 인생에서 성실함의 가치를 그보다 더 잘 증명해주지는 못한다. 만약 성실했다면 버가 무슨 일인들 못 했겠는가!"라고 썼다. 불행하게도 그는 두통 때문에 "매일 아침 약 한 시간 반을 제외하고는 어떤 일도 할 수 없었다."라고 한다.

버는 재판을 위해 리치먼드로 이송되었고, 존 마셜이 이글 선술집에 마련된 법정에서 재판을 주재했다. 제퍼슨은 이 사건에 과도하게 관심을 보이며 정보를 수집하고 기소 측 변호인에게 조언했다. 그는 이 사건에 중대한 문제가 걸려 있다고 생각했고, 특유의 방식으로 세부적인 부분까지 직접 관여하면서도 여전히 거리를 두었다.

버는 반역죄로 기소되었지만, 재판이 진행될수록 혐의를 입증할 증거가 취약하다는 점이 점차 분명해졌다. 공모자에서 검찰 증인으로 돌아선 제임스 윌킨슨은 버가 뉴올리언스를 장악하고 스페인 점령지를 공격하려 했다고 고발했다. 이 때문에 제퍼슨은 반역에 맞서기 위한 계엄령을 선포했었다.(다만, 독자적인 군사 행동은 불법이 아니었기 때문에 이 혐의는 논란의 소지가 있었다.)

리치먼드에서 온 전령이 어둠을 뚫고 제퍼슨이 있는 산으로 올라왔다. 휴가 중이던 대통령은 아직 깨어 있었고, 전령이 가져온 문서와 첨부물을 주의 깊게 살펴보았다. 그것은 일반적인 전달 사항이 아니었다. 버 사건을 담당한 연방 검사 조지 헤이가 대통령에게 직접 재판에 출석해 증언해달라고 소환 통보를 한 것이다. 몬티셀로에 손님으로 머무르고 있던 매디슨과 논의한 후, 제퍼슨은 자신과 자신의 직무를 다른 사람들의 통제 속에 두는 것을 거부하기로 했다. 다음 날 그는 헤이에게 이렇게 썼다. "나는 지방 법원이 행정부의 상급 임무를 저버리고 아무리 먼 곳이라도 출석하도록 **지휘**할 권한을 가지고 있다고는 생각하지 않습니다. 따라서 이처럼 터무니없는 절차를 용인하는 선례를 남기지 않기 위해 소환장의 어떤 지시에도 응할 생각이 없습니다."

증인 소환에 응할지 여부를 대통령 스스로 결정하겠다는 제퍼슨의 결정은 정부 권한에 중요한 선례를 남겼다. 제퍼슨은 대통령이 법률 시스템의 요청에 응하는 것보다 공공의 이익이라는 더 높은 의무를 지닌다고 주장한 것이다. 대신 그는 헤이에게 관련 서류를 보냈다. 대통령이 법 위에 군림하는 것을 방지하면서도, 멀리 떨어진 법원의 명령에 따라 이동해야 하는 부담 없이 직무를 수행할 권한을 유지하겠다는 현명한 타협안이었다. 그는 소환장과 함께 서류를 동봉하여 보내온 곳으로 되돌려 보냈다.

재판에서 판사 마셜의 결정과 행동은 제퍼슨의 상황을 더욱 악화시켰다. 그는 검찰 측의 모든 실패를 대법원장의 정치 성향 탓으로 돌리는 경향이 있었다. 버지니아에서 진행된 이 재판은 1801년 사법법 폐지, 마버리 사건에 대한 대응, 그리고 새뮤얼 체이스의 탄핵과 함께 제퍼슨이 시간이 지날수록 더 혐오하고 불신하게 된 사법 시스템에 대한 그의 오랜 투쟁에서 또 하나의 전선이었다.

버에 대한 최종적인 무죄 방면 결정은 대통령을 분노케 했다. 사실 피고의 반역 혐의에 대한 증거는 약했다. 그럼에도 불구하고 제퍼슨은 자신과 마찬가지로 국민이 검찰 측 기소를 좌절시킬 결정적인 힘이 마셜의 손에 있다고 생각하기를 바랐다. 제퍼슨은 윌리엄 브랜치 자일스에게 이렇게 썼다. "국민은 범법자와 그들을 위한 판사에 대해 스스로 판단할 것입니다. 행정부나 사법부 구성원이 잘못 행동했다면 국민들이 그들을 제거할 날도 결코 머지않을 것입니다." 아마도 제퍼슨은 버 사건 판결에 대한 분노가 판사들이 국민에게 더 책임감을 갖도록 이끄는 헌법 개정으로 이어질 수도 있다고 본 것 같다.

그는 일주일 내내 고통에 잠겨 있었다. 1807년 3월, 제퍼슨은 팻시에게 이렇게 썼다. "지금 주기적인 두통이 발생한 지 7일째인데, 증세가 시작되기 전 아침에 이 편지를 쓴단다. 예전만큼 증세가 심하지는 않지만, 아침

9시나 10시부터 어두워질 때까지 아주 오래 지속되는구나. 칼로멜도, 키니나무 껍질도 아직까지 전혀 효과가 없단다."

이 밖에 평소와 같은 불만과 스트레스도 있었다. 1807년 초, 제퍼슨은 오랜 혁명 동지인 존 디킨슨에게 이렇게 썼다. "저는 이 업무에 완전히 지쳤습니다. 저 말고도 이 일에 기꺼이 참여해 잘할 수 있는 사람들이 많습니다. 개인적으로 이 일은 끊임없는 고역과 매일 친구를 잃는 것 외에는 아무것도 가져다주지 않습니다."

이 시기에 영국과의 조약안이 워싱턴에 도착했다. 하지만 이 조약은 미국의 이익과는 거의 상관없었다. 제퍼슨은 1807년 3월에 "영국 측 위원들은 모든 조항을 최대한 비틀어 자신들이 모든 것을 얻고, 아무것도 양보하지 않으려는 것처럼 보였다."라고 썼다. 간단히 말해, 외교적 노력으로는 영국과의 갈등, 특히 미국 선원들에 대한 굴욕적인 강제 징집 문제를 해결할 수 없었다. 이에 제퍼슨은 그 조약안을 상원에 상정하는 것을 거부했다.

1807년 2월, 사위들과의 가벼운 대화에서 제퍼슨은 존 웨일스 에페스에게 어떤 행사에 동행할 것을 권유했지만(구체적인 내용은 알려지지 않았다), 토머스 만 랜돌프 주니어에게는 아무 말도 하지 않았다. 의도치 않은 이 사소한 무시는 즉시 랜돌프를 분노하면서도 낙담하게 했다. 랜돌프는 대통령에게 감정적인 편지를 보내, 에페스를 편애한다고 불만을 토로했다. 랜돌프는 에페스를 시기했고, 장인의 사랑과 관심을 두고 경쟁하는 잘나가는 경쟁자라고 생각했다.

제퍼슨은 이러한 불만에 깜짝 놀랐다. 그는 자신의 딸들과 결혼한 두 의원 사이에 긴장이 흐른다는 것을 어느 정도 감지하고 있었으나, 제퍼슨의 평소 방식대로 불편한 분위기에 대해 따져 묻지 않기로 했다. 갈등을 회피하는 것은 제퍼슨의 특징이었다. 제퍼슨은 랜돌프를 달래는 편지를 썼다. "나의 어떤 행동이 너로 하여금 내가 에페스를 편애한다고 생각하게 했는지 도저히 모르겠구나."

노골적인 분노와 고뇌를 드러내며 랜돌프는 대통령 관저에서 이사 나갔다. 제퍼슨은 "네가 관저로 돌아와 준다면 내게는 정말로 큰 위안이 될 것 같다."고 썼지만, 랜돌프의 마음을 돌릴 수는 없었다. 1807년 2월 19일 두 번째 편지에서 그는 이렇게 썼다. "정말로 너를 친아들처럼 사랑한단다(내게는 친아들과 전혀 다를 바가 없어). 너 또한 당연히 나처럼 느끼리라 생각했단다."

의회에 재출마하지 않기로 결심한 랜돌프는 새로운 하숙집에서 병이 들었고, 제퍼슨은 그를 돌보아줄 하인을 보냈다.

랜돌프를 향한 제퍼슨의 부성애는 진심이었다. 제퍼슨은 2월 28일 랜돌프에게 이렇게 썼다. "너를 불편하게 만들 어떤 것도 요구하지 않겠다. 다만 네가 이곳 예전 방으로 돌아오기만을 간절히 바랄 뿐이다."

랜돌프는 결국 돌아왔지만, 매우 아프고 우울한 상태였다. 그는 자살까지도 생각했다. 제퍼슨은 대통령 관저 2층에서 회복 중인 랜돌프가 원형 방 안에서 걸은 걸음 수를 기록했다(첫날에는 500~600보를 걸었고, 다음 날 1,200보를 걸었다). 또한 팻시에게 자주 희망적인 소식을 전했다. 그에게는 정치적 화합만큼이나 가정의 화합도 중요한 문제였다.

38장 지긋지긋한 금수 조치

렉싱턴 전투 이후로 지금처럼 이 나라가 격분한 것을 본 적이 없다. 그때조차 이렇게 만장일치에는 이르지 못했었다.

—토머스 제퍼슨, 미 해군함 체서피크호에 대한 영국의 공격에 대해

워싱턴에서 제퍼슨은 즉시 전쟁 준비 태세에 돌입했다. 1807년 7월, 그는 재무부 장관 앨버트 갤러틴에게 이렇게 말했다.“ 요즘은 거의 매일 각 부처 장관들의 의견을 모아야 할 일들이 발생합니다.” 제퍼슨은 각료들에게 “언제든 각자 편리한 시간에 나를 방문해 달라.”라고 당부했다.

위기는 1807년 6월 22일 월요일, 버지니아 해안 케이프 헨리 앞바다에서 영국 해군함 레오파드호가 미 해군함 체서피크호를 공격하면서 촉발되었다. 영국 함정은 탈영병을 찾기 위해 체서피크호 수색을 허락하라고 미국 함정에 명령했다. 체서피크호 함장 제임스 배런은 이를 거절했고, 그 순간 레오파드호가 미 프리깃함을 향해 사격을 시작했다. 미국인들이 응수하기도 전에 포탄 22발이 체서피크호를 강타했다. 배런과 17명의 선원이 부상당했고 세 명이 사망했다.

이는 명백한 전쟁 행위로 미국에 대한 모욕이자 공격이었다. 여론의 반응은 신속했다. 한 통신원은 6월 29일 월요일 필라델피아에서 제퍼슨에게 이렇게 썼다. "체서피크호에 대한 터무니없는 공격 소식을 들은 후 진정한 미국인이라면 누구나 영국에 대한 분노와 적개심을 느꼈을 것이라고 생각합니다."

제퍼슨은 즉시 내각을 소집했다. 갤러틴은 멀리 메릴랜드에 있었다. "이렇게 급하게 복귀를 요청하게 되어 유감입니다만, 부디 한순간도 지체하지 않기를 바랍니다."라고 제퍼슨은 갤러틴에게 편지를 썼다. 갤러틴은 몸이 좋지 않았지만 곧 합류할 예정이었다. "제가 너무 지친 상태라 밤새도록 마차를 타고 달려갈 수는 없습니다. 하지만 수요일 오후 2, 3시경에는 뵐 수 있을 것입니다." 단 한순간도 낭비할 수 없었다.

7월 4일, 연방당원들이 일부러 제퍼슨의 연례 접견식에 참석했다. 한 신문은 대통령의 적들이 "공화당 동지들과 완벽할 정도로 친근하게 어울렸다."라고 보도했다. 스텔레에서 열린 만찬에서 애국심을 고취하는 건배가 이어졌다. "미국 국민은 언제든지 우리의 권리를 보호하고 그들의 잘못된 행동에 복수할 준비가 되어 있다." 또 다른 손님이 일어나서 말했다. "독립선언문을 초안한 미국 대통령이 그 원칙들을 훼손하지 않고 지켜낼 것이다."

제퍼슨은 이 순간의 중요성을 간파했고, 미국 해역에서 무장한 영국 선박의 진입을 금지하는 포고령을 발표했다. 각료 회의에서 그는 각 주 주지사들을 소집하여 10만 민병대를 준비하도록 요청하기로 했고, 의회의 승인 없이 단독으로 무기와 탄약, 군수품을 사들일 것을 지시했다.

그는 현 위기 상황에서 무엇이 필요한지 자신이 가장 잘 판단할 수 있다고 생각했다. 사후에 제퍼슨은 의회에 이렇게 보고했다. "우리의 평화가 위협받는 순간, 군수 창고에 충분히 비축되지 못한 물품을 더 많이 확보하는 것이 필수적이라고 판단했습니다. 저는 입법부에서도 의회가 우리나라의 안전을 똑같이 갈망하며, 이 조치로 인해 실질적으로 국가의 안전이 크게 향상되었다고 생각합니다. 하여 의회 역시 같은 우려를 공유하고 있기에, 당시 의회가 소집되었다면 당연히 했어야 할 중요한 선제 조치를 이제라도 승인하여 주실 것으로 믿습니다."

의회는 동의했다. 이로써 대통령의 권한은 더욱 막강해졌고, 제퍼슨의 권력에 대한 시각은 확고해졌다. 제퍼슨은 나중에 대통령직을 그만두면서 이렇게 썼다. "성문법을 엄격하게 준수하는 것은 의심할 여지 없이 선량한 시민의 고귀한 의무 중 하나이다. 그러나 가장 높은 의무는 아니다. 불가피성의 법칙, 자기 보존의 법칙, 위험에서 우리나라를 구하는 법을 준수하는 것이 더 고귀한 의무이다. 성문법을 철저히 준수함으로써 나라를 잃으면 법 자체를 잃게 되고, 생명과 자유, 재산, 그리고 우리와 함께 누리는 모든 사람을 잃는 것이다. 따라서 수단 때문에 목표를 희생시키는 것은 터무니없는 행동이다."

미 해군함 리벤지호가 영국에 파견되어 레오파드호의 공격에 대한 영국 정부의 답변을 받아 오기로 했다. 모욕적인 불법 행위가 연속으로 발생했다. 세관 경비선 한 척이 피격당했는데, 배에 타고 있던 가장 주요한 승객인 부통령 조지 클린턴은 나중에 제퍼슨에게 영국의 침해 행위로 촉발된 분노가 가장 극단적인 연방주의자조차도 불안하게 하고 있다고 말했다. 클린턴은 다음과 같이 말했다. "왕당파나 친영파 연방주의자들에게도 이번 일은 굴욕적인 상황이었습니다. 전쟁이 발발할 경우 그들은 선거 지원 동맹으로부터 버림받아 홀로 남겨지게 될 것임을 깨닫지 않을 수 없기 때문입니다."

반영 정서가 확실히 극심해졌다. 7월 8일 수요일, 언론인 윌리엄 두에인은 제퍼슨에게 "미국인 특유의 기개와 진취성이 특히 공격적인 상황에서 잘 발휘되는 것 같습니다."라고 썼다. 그는 체서피크호 사건의 여파에 따른 공세적인 조치로 영국에 대한 네 가지 공격 방안을 제안했다. 즉, 캐나다를 공격하고 핼리팩스를 점령하며 뉴펀들랜드와 자메이카를 공격하는 것이었다.

제퍼슨은 1807년 10월 의회를 소집할 계획이었다. 제퍼슨은 7월 12일 일요일, 존 웨일스 에페스에게 이렇게 썼다. "이성과 문명국의 관행에 따라 우리는 그들에게 잘못을 인정하고 배상할 기회를 제공해야 한다네. 우리의 이익을 위해서라도 전쟁이 일어나면 활용해야 할 수단인 우리 상인들의 배와 자산, 그리고 선원들이 항해에서 안전하게 돌아올 시간을 확보해야 한다네."

제퍼슨이 전쟁을 불사하고 있음은 위기 초기부터 분명했다. 그는 "과거 일에 대한 배상, **미래의 안전 보장**이 우리의 모토이다. 그러나 영국이 이를 순순히 받아들일지, 아니면 금수 조치나 전쟁에 의지할지는 아직 알려지지 않았다. 우리는 마지막 상황에 대비하고 있다."라고 말했다.

1807년 7월 마지막 날, 제퍼슨은 10월에 의회 특별 회기를 소집했다. 몬티셀로를 방문하는 동안 정보를 제대로 전달받지 못할까 우려해 그는 워싱턴에서 몬티셀로까지 우편 서비스를 강화했다. 그는 남은 여름을 몬티셀로에서 보낼 예정이었다. 체서피크 위기의 최초 몇 시간 동안 일었던 전쟁 열기에도 불구하고 제퍼슨은 입법자들이 즉각 전쟁에 돌입하는 것보다는 금수 조치를 취할 가능성이 높다고 추측했다. 그가 평화주의에 대한 철학적 사고 실험에 빠져 있었던 것은 아니었다. 그는 기꺼이 싸울 준비가 되어 있었다. 다만 의회가 우선적으로 금수 조치를 선호할 것이라고 생각했다.

제퍼슨은 상반된 내적 충동 속에서 갈등하고 있었다. 막대한 군사 조직이 공화국에 가져올 위협에 대한 공포가 그 순간에는 압도적이었다. 하지만 그는 현실적이기도 했다. 미국이 당면한 투쟁에 변화를 가져올 만큼 빨리 영국 해군과 경쟁할 해군을 구축할 수 없다는 사실을 잘 알고 있었기 때문이다. 지난 20년간의 외교 경험은, 시간이 종종 당면한 문제들을 해결해준다는 사실도 가르쳐주었다.

누트카 사운드에서부터 생 도맹그에 이르기까지, 해외의 급변하는 전략적 상황들, 즉 런던 정부의 몰락, 파리 황제의 결정, 멀리 떨어진 곳에서의 전투 결과 같은 것들이 미국이 직면한 문제들을 해결해줄 수도, 복잡하게 만들 수도 있었다.

1807년 11월 어느 날, 대통령 관저 저녁 만찬에 새로운 영국 공사 데이비드 몬터규 어스킨이 제퍼슨 대통령을 비롯해 오거스터스 포스터, 시인이자 외교관인 조엘 발로, 루이자 캐서린, 존 퀸시 애덤스와 함께 자리했다. 런던이 해상 문제에 대한 협상을 워싱턴으로 이전할 수도 있다는 소식이 전해지자, 제퍼슨은 어스킨에게 이렇게 말했다. "만약 그게 사실이라면, 협상은 겨우내 이어질 것이고, 그사이 귀국과 평화 조약을 맺게 되어 우리에게는 더 이상 다툴 거리가 없어질 것입니다. **그것이 제가 바라는 전부입니다.**" 이 일을 일기에 기록하면서 존 퀸시 애덤스는 이렇게 썼다. "이 말에 진정성이 있다면 제퍼슨 씨의 정책은 전적으로 **시간끌기**에 불과하다. 나는 실제로 그렇게 생각한다."

11월 30일 월요일, 제퍼슨은 토머스 만 랜돌프 주니어에게 "당시의 가장 중요한 현안은 전쟁, 금수 조치, 아니면 아무런 조치도 하지 않기, 이 가운데 무엇을 택할 것인가 하는 문제였는데, 가운데 방안이 가장 가능성이 높았네."라고 말했다. 그러나 미국의 대응책은 그것뿐만이 아니었다. 제퍼슨은 이렇게 덧붙였다. "그사이 다음과 같은 조치를 취할 수 있다네. 1. 충분한 수의 군함 확보를 위한 의회 표결 2. 방어를 위해 충분한 자금(75만 달러) 마련 3. 민병대 분류 편성 4. 해군 민병대 창설 5. 미시시피강 서쪽 뉴올리언스의 미국인 정착촌을 강력한 민병대 기지로 삼기 위한 보조금 지급."

금수 조치는 수단일 뿐 목적은 아니었다. 제퍼슨은 10월 26일 월요일, 토머스 만 랜돌프 주니어에게 이렇게 썼다. "내 판단으로는 의원들은 극도로 평화를 선호하는 경향이 있다네. 영국은 레오파드호 사건에 대한 책임을 전면 부인할 것이 분명하므로, 의원들은 무력보다는 수입 금지법으로 영국의 강제 징용 관행에 맞서려 할 것 같네."

1807년 12월, 파리와 런던에서 온 소식은 이미 불안정했던 미국 수도를 뒤흔들었다. 나폴레옹은 영국산 수입품의 반입을 금지하는 베를린 칙령을, 미국을 포함한 모든 나라로 확대하겠다고 선포했다. 조지 3세는 강제징용 문제에 관해 양보하기는커녕, 영국 선박들에게 상선과 전함에서 영국민을 잡아내라고 명령했다.

제퍼슨은 세계의 두 강대국이 미국의 이익을 위협하는 압력을 증가시키고 있다는 사실을 의회에 전달하며, '현재의 위기로부터 발생할 수 있는 모든 사건에 대비하는 동안' 자국 선박들을 미국 내 항구에 머물도록 명령할 것을 제안했다.

다음으로는 어떤 조치가 나올까? 정치적으로 당장 전쟁은 불가능해 보였다. 그해 여름 체서피크호 사건으로 고조되었던 감정적 긴장은 이미 수그러든 뒤였다. "전쟁 열기는 지나갔다."라고 제퍼슨은 11월에 팻시에게 썼다.

현재로서는 금수 조치가 해답이었다. 그러나 이상적인 해결책과는 거리가 멀었고, 앨버트 갤러틴은 그 조치에 내재된 결함을 아주 잘 표현했다. 12월 18일 금요일, 갤러틴은 제퍼슨에게 이렇게 말했다. "궁핍, 고통, 세수 감소, 적에 미치는 영향, 국내 정치 등 모든 면을 고려할 때, 저는 영구적인 금수 조치보다는 전쟁을 선호합니다. 게다가 정부 차원의 금지는 항상 예상보다 더 큰 해악을 초래합니다. 그러므로 정치인들은 개인의 일을 마치 자신이 더 잘 해결할 수 있다는 듯이 별다른 망설임 없이 함부로 규제하려 해서는 안 됩니다."

원칙적으로 제퍼슨은 이에 동의했으나 현실적으로는 갈등했다. 그는 갤러틴에게 "이 경우에는 **바람직한** 방법은 실현이 불가능합니다. 그러므로 우리는 **가장 덜 나쁜 것**을 찾아내야 합니다."라고 썼다.

제퍼슨은 부분적으로 공화주의적 이념의 영향을 받았다. 전쟁의 종말과 이성의 지배는 그 시대의 꿈이었다. 전쟁은 군주제와 귀족제, 그리고 소수에게 권한을 부여하는 반면 다수의 자유를 파괴하는 해악으로 이끈다. 하지만 제퍼슨은 순수한 평화주의자는 아니었다. 그는 지중해에서 전쟁을 벌였으며 영국과, 어쩌면 프랑스와도 기꺼이 전쟁을 벌일 생각이었다.

그러나 아직은 아니었다. 제퍼슨의 계산, 의회의 승인을 받은 계산에 따르면 시간은 미국의 편이었다. 제퍼슨은 존 테일러에게 이렇게 썼다. "우리의 선박, 화물, 그리고 선원들을 국내에 묶어두는 금수 조치는 이들이 나포되어 즉각적인 전쟁의 원인으로 작용할 가능성을 없애줍니다. 만약 이 선박들이 영국으로 가면 프랑스가, 다른 곳으로 가면 영국이 나포할 것이기 때문입니다. 이번 조치는 시간을 벌어주었고, 시간은 유럽에 평화를 가져올 것입니다. 유럽에 평화가 오면 유럽의 다음 전쟁까지 모든 의견 차이의 원인을 제거할 것이고, 그때쯤이면 우리의 부채는 상환되고 재정은 안정되며, 우리의 힘은 증가할 것입니다."

의회는 이 법안을 신속하게 통과시켰고, 제퍼슨은 1807년 12월 22일 화요일, 금수 조치에 서명했다. 이 법안은 증오에 찬 외국인 및 선동법조차도 뛰어넘는, 숨 막힐 정도로 정부의 권력을 강화시킨 법이었다. 법안에 서명한 뒤, 제퍼슨은 12월 29일 화요일에 팻시에게 "치통이 생겨 얼굴이 심하게 부어오르고 열이 났는데 어젯밤에서야 열이 가라앉았단다."라고 썼다. 그는 이전에는 한 번도 경험하지 못했던 직무 부담을 느꼈다.

턱의 통증은 그가 느끼는 스트레스를 가중시켰다. 사실상 그는 모든 미국인의 경제생활 전반에 걸쳐 연방정부의 권력을 확대하고 있었다. 외국과의 무역은 금지되었다. 어떤 물건도 국내로 들여올 수 없었고, 어떤 것도 밖으로 내보낼 수 없었다. 후속 집행법은 제퍼슨 자신에게 선박 관리 권한까지 부여했다.

그는 경제 전쟁의 무기를 다루는 데 익숙했다. 예를 들어 특정 국가에 대한 수입 금지 조치는 윌리엄스버그 시절부터 그의 삶의 일부였다. 그는 상업 외교를 신봉했고, 오랫동안 실행해 왔다. 열린 시장을 가진 전쟁 없는 세계라는 공화주의적 꿈은 실현될 수 없음이 입증되었고, 이것이 그를 미국이 직면한 현실에 맞추어 자신의 원칙을 조정하도록 이끌었다. 당시 경제적 압박은 폭넓게 받아들여지는 대외 정책 수단이었다.

금수 조치의 전면 시행은 경제적 압박과 관련은 있으나 달랐다. 이는 전쟁에 대비할 시간을 벌거나, 전쟁 위협을 회피하기 위한 제한적 수단으로 여겨졌다. 미국이 경험을 통해 알게 되었듯이, 금수 조치는 장기적으로는 비현실적이었다. 제퍼슨은 국가는 농업 국가인 동시에 상업 국가이며, 그의 임무는 나라 전체를 발전시키는 것임을 잘 알고 있었다. "우리 국민은 항해와 상업을 매우 중시하고 있으며 이는 모국으로부터 물려받은 성향이다. 국가의 공복들은 이 기준을 바탕으로 삼아 모든 정책을 검토해야 할 의무가 있다."라고 그가 말했다.

초기에 국민은 제퍼슨이 제시한 모든 정책을 전적으로 신뢰했다. 1808년 1월 18일 월요일, 티머시 피커링은 이렇게 썼다. "이제 모든 신뢰는 제퍼슨 씨의 손안에 들어 있는 듯 보인다. 마치 보나파르트의 손안에 든 병사들이 그의 지휘에 대해 복종하듯, 대통령의 지시에 순응하도록 효과적으로 작용한다." 그에 따르면, 금수 조치가 통과된 것은 대통령에 대한 대중의 '절대적이고 맹목적인 신임'의 결과였다.

제퍼슨은 라파예트에게 이렇게 썼다. "금수 조치는 매우 고통스러운 방법이지만, 매우 바람직하고 영속적인 결과를 가져왔습니다. 우리 모두 국내 산업에 집중하게 해서 앞으로 영국 물품에 대한 수요를 절반으로 줄여 줄 것이 분명합니다."

이는 과장된 말이었으나, 1년간 계속된 금수 조치는 영국에도 영향을 미쳤다. 제퍼슨의 보복을 초래한 반미 정책에 대해 상인과 제조업자들이 항의했다. 1808년 4월, 미국 시장을 잃은 아쉬움이 커진 영국은 선박들이 사실상 금수 조치를 위반하도록 유도했다. 밀수는 심각한 문제였으며, 특히 북쪽 캐나다 지역에서는 영국과의 불법 무역이 성행했다. 제퍼슨은 '미국 법의 권위에 맞서 폭동을 일으킬 목적으로 챔플레인 호수와 그 인접 지역에서 결탁하고 연대한' 이들에게 경고했다. 행정부는 금수 조치를 강화하기 위해 특별한 권한을 부여받았다.

금수 조치는 미국 정치 지형을 완전히 뒤집어 버렸다. 평소 작은 정부를 지향했던 제퍼슨은 강력한 중앙 권력의 명백한 옹호자가 되었고, 정부의 권한 축소를 지지했던 공화당은 가장 간섭이 심한 통제자가 되었다. 코네티컷주는 주 정부의 권리를 옹호하는 보루가 되어 이렇게 주장했다. "이러한 위기 속에서, 금수 조치 시스템을 강화하는 법 집행에 대해 지원과 협력을 거부하는 것이 올바른 일이며, 주 입법부와 행정부의 의무가 되었다."

금수 조치는 영국과의 전쟁을 지연시켰다는 점에서는 성공적이었다. 비록 금수 조치도, 다른 어떤 정책도 최종적으로는 1812년 전쟁으로 알려진 사태를 막지는 못했다. 외교관인 윌리엄 핑크니가 1809년 매디슨에게 다음과 같이 말한 것은 타당했다. "금수 조치 외의 다른 어떤 조치도 미친 짓이거나 비겁한 행동이었을 것입니다. 우리에게는 두 적대국과 전쟁을 벌이거나, 복종하는 것 외에 다른 선택지가 없었기 때문입니다. 더욱이 그러한 복종은 진행 과정에서 전쟁으로 이어지거나 비참한 몰락으로 이어질 것이 확실할 것입니다."

금수 조치는 제퍼슨적인 특성에서 벗어난 것이 아니었다. 넓은 관점에서 볼 때, 이 조치는 그에게 통제권을 부여했지만 다소 간접적인 방식이었고, 유럽 열강과의 즉각적인 충돌을 피하게 해주었다. 최소한 훨씬 더 성공적이었던 루이지애나 매입과 마찬가지로, 금수 조치는 제퍼슨 자신이 표방했던 이념을 현실에 적용하는 데 있어 그의 유연성과 능력을 보여주었다. 1808년 1월, 제퍼슨은 벤저민 러시에게 이렇게 썼다. "금수 조치는 유익했습니다. 이 조치는 전쟁을 지연시켜 시간을 벌어주었으며, 그 과정에서 발생하는 여러 이점을 누리게 해주었습니다. 특히 유럽에서 평화가 유지됨으로써 다음 전쟁까지 분쟁의 원인을 미루어 둘 것입니다."

역사는 제퍼슨의 금수 조치에 호의적이지 않았다. 이 조치는 전반적으로 전쟁을 지연시켰으나 막지는 못했고, 미국의 국력을 약화시킨 나쁜 정책으로 여겨진다. 이러한 비판에는 타당성이 있지만, 제퍼슨이 가졌던 선택지에서 금수 조치는, 그 스스로도 말했듯이 최선의 방법은 아니었으나 가장 덜 나쁜 정책이었다. 미국은 정치적·군사적으로 영국, 혹은 프랑스와 전쟁을 치를 준비가 되어 있지 않았고, 당시 정치 상황은 육군과 해군을 강화시키려는 시도와는 반대 방향으로 흘러갔다. 지배적인 견해는 상비군은 바람직하지 않으며, 해군 창설은 엄청난 비용이 들어갈 뿐만 아니라 방어 수단이라기보다는 전쟁을 부르는 수단이라고 보았다. 이런 견해에 이론적으로는 제퍼슨도 동의했지만, 이번에도 그는 자신의 신념을 현실에 맞게 조정하는 데 능숙하다는 사실을 입증했다. 그는 의회에 최소한 국가의 방위력을 강화시킬 수단을 요청했다. 의회는 저항하거나 느리게 움직였고, 그것으로 끝이었다. 제퍼슨이나 19세기 초반 국가 지도자들은 군사적 대비라는 측면에서 좋은 평가를 받지 못했다. 실제로 전쟁이 닥칠 때까지 충분한 방어력을 확보하지 못한 실패는 미국이 이후에도 반복해서 경험하게 될 현상이었다.

제퍼슨은 금수 조치가 효과적이라고 스스로를 설득하려고 애썼다. 1808년 5월, 몬티셀로에서 그는 이렇게 썼다. "이곳으로 오는 길에 국민들이 전쟁보다는 금수 조치를 만장일치로 선호하며, 그 필요성을 인식하고 있기에 큰 희생을 기꺼이 받아들이고 있다는 사실을 확인하게 되어 매우 행복했다."

그러나 그에게 도착한 편지들은 전혀 다른 이야기를 전하고 있었다. 8월에 보스턴의 존 레인 존스는 이렇게 썼다. "이 악랄한 악당아, 얼마나 더 이 지긋지긋한 금수 조치로 우리 불쌍한 국민을 굶겨 죽일 셈이냐. 내 아이

하나는 이미 굶어 죽었는데, 부끄러워 뇌졸중으로 죽었다고 거짓말했다. 세 아이가 더 있는데 당장 먹을 것을 구하지 못해 곧 굶어 죽을 판이다.”

1808년 중반에 제퍼슨에게 온 익명의 편지에는 이렇게 쓰여 있었다. “당신은 신이 생명을 불어넣은 가장 멍청한 바보다. 천벌이나 받아라.”

6월에 온 또 다른 익명의 편지에는 이렇게 쓰여 있었다. “토머스, 당신의 파멸이 임박했다. 복수의 검이 가는 실에 묶여 네 머리 위에 매달려 있다. **조심해라.**”

뉴잉글랜드 일부 지역, 특히 보스턴에서는 체서피크호 공격 사건에 대한 반응이 미온적이었다. 위기에 처한 제퍼슨에게 동정적이었던 존 퀸시 애덤스는 ‘솔직하고 자유로운 분위기에서 당파적 감정을 모두 제쳐두고, 정부를 지지하기 위한’ 타운 미팅을 열자고 연방주의자들을 설득해야 했다. 그는 성공했으나 대가가 따랐다. ‘연방주의자들을 배신한 대가로 그의 목이 잘릴 것’이라는 얘기를 들은 것이다.

연방 해체에 관한 논의가 다시 불거졌다. 티머시 피커링은 금수 조치와 대통령을 공격하는 공개서한을 썼다. 1808년 7월 4일, 뉴욕에서는 주민들이 제퍼슨의 형상을 불태웠다.

매사추세츠주 공화당 주지사인 제임스 설리번은 보스턴에서 금수 조치가 친영 세력의 입지를 강화시켜 준다고 확신했다. 1808년 4월, 설리번은 제퍼슨에게 이렇게 썼다. “이곳 북부 지역을 분리시키고, 영국의 보호 아래 다른 형태의 정부를 수립하려는 시도가 있습니다. 당신과 남부 주의 의원들은 이를 비웃겠지만 그들의 파멸이 회오리바람처럼 닥칠 것입니다. 몬티셀로의 벽은 내전의 무기나 폭정의 탐욕스러운 손에 난공불락이 아닙니다.”

연방주의자들에게는 제퍼슨주의자가 아닌 자신들이 미국 주류를 대표한다는 것을 보여주기 위해 자유롭게 사용할 수 있는 보다 전통적인 수단이 있었다. 바로 1808년 대통령 선거였다.

그해 초, 제임스 매디슨은 의회 코커스에서 대통령 후보로 지명되었다. 제퍼슨은 오랫동안 매디슨이 자신의 뒤를 잇기를 바랐으나, 매디슨과 제임스 먼로 사이의 경쟁에 대해 우려했다. 먼로 역시 코커스에서 후보로 선출되었다.

1808년 2월, 워싱턴에서 제퍼슨은 먼로에게 이렇게 썼다. "서로에게 소중하고, 저에게도 소중한 존재인 당신과 다른 사람 사이에 경쟁이 벌어지는 현실을 무한한 슬픔 속에서 지켜보고 있습니다. 이러한 상황이 두 분 관계에 영향을 미치지 않기를 진심으로 바랍니다. 제 경험을 통해 정치적 논쟁의 진행 과정과 그것이 타락하면서 어떻게 감정의 악화로 이어지는지 너무나 잘 알고 있기에, '당신들의 상호 존중하는 마음이 지속될지 걱정하지 않을 수 없습니다. 한번 자극적인 발언이 나오면 또 다른 발언이 이어지고, 그다음으로 계속 논쟁이 이어질수록 감정의 골이 깊어지게 되어 급기야 모든 자제력이 사라질 때까지 계속되는 법입니다. 그렇게 되면 친구들이 당신들을 엮어 넣으려는 덫에서 빠져나오기 어려울 것이며, 그들이 만들어내는 격한 감정에서 벗어나기 힘들 것입니다."

정치인이 처한 상황과 감정에 대한 그의 묘사는 평생의 경험에서 우러난 것이었다. 사회적 화합과 정치적 요구 사이의 긴장은 제퍼슨은 물론, 그 누구도 이제까지 완전히 해결할 수 없었다. 그것은 오직 관리될 수 있을 뿐이다.

1808년 선거는 제퍼슨에 대한 투표였다. 그와 가장 가까운 동지인 매디슨이 공화당 후보로서 출마했으니 다른 결과가 있을 수 없었다. 연방당은 찰스 코츠워스 핑크니를 다시 후보로 내세웠다. 매디슨에 대한 반대 논리는 제퍼슨에게 오래전부터 제기되었던 비판의 반복이었다. 즉, '매디슨은 프랑스를 좋아하고 영국을 싫어한다. 버지니아는 지나치게 오랫동안 너무 많은 권력을 누려 왔다. 공화당의 신념은 불가피하게 폭도 정치로 이어질 것이다'와 같은 내용이 그것이었다.

그러나 어떤 것도 효과가 없었다. 매디슨은 122표를 얻어 47표를 얻은 핑크니를 압도적으로 이겼다.

제퍼슨의 대통령직은 그의 공적 생활이 시작되었을 때와 마찬가지로 군주제에 대한 두려움 속에서 끝나가고 있었다. 1809년 1월 초, 의회에서는 금수 조치를 종료했고, 유럽의 적대행위가 지속될 경우 사략 특허를 발부하기로 했다. 이는 민간 선박을 전함처럼 운영하여 적의 배를 공격하고 나포할 수 있는 권한을 부여하는 조치였다. 1월에 제퍼슨은 이렇게 썼다. "북부 군주제 지지자들(이들은 한동안 분리 독립에 대한 희망을 품고 있었다)이 동부 5개 주를 연방당의 세력 아래 두었고 뉴욕마저 위태롭게 만들었다. 매사추세츠주 의회는 이달 중순에 열릴 예정인데, 연방 분리 문제를 논의하고 노스강 동부 전체 지역에 이를 제안하기 위하여 총회를 소집할 것으로 보인다. 그들은 영국의 보호를 확신하고 있다."

그를 엄습해오는 두려움은 영국의 침략이었다. "이제 진정한 공화주의 연방주의자들과, 영국과 군주제에 몸과 마음을 바치는 친영파 사이에 선이 그어지고 있는 것 같다."라고 제퍼슨은 말했다. 제퍼슨의 세계에서는 절대 바뀌지 않는 것들이 있었다.

39장 절대 권력과의 작별

우리가 살고 있는 시대의 예외적 특성을 고려할 때 우리는 끊임 없이 우리나라의 안전에 관심을 집중해야 한다.

—토머스 제퍼슨, 의회에 대한 그의 마지막 메시지

떠나야 할 시간이 다가왔다. 제퍼슨은 워싱턴에서 마지막 겨울을 보내며 팻시에게 이렇게 썼다. "문제가 생긴 턱뼈가 떨어져 나와 일주일 전에 조각을 빼냈단다. 상처 부위는 아물었고, 붓기도 거의 가라앉아, 이제 날씨가 풀려 말을 탈 수 있기만을 기다리고 있단다."

1808년 크리스마스에 그는 오랜 동료인 찰스 톰슨에게 이렇게 썼다. "걷는 힘이 이미 쇠퇴하고 있으며, 기억력도 예전만 못하다는 것을 느낍니다. 새로운 정보들이 끊임없이 밀려드는 탓도 일부 있겠지만, 나이 탓도 있음을 인정합니다."

그는 오랜 세월 동안 이곳에서 지냈다. 대통령 관저의 가구 목록을 정리하고 비용을 어떻게 지불할지 고민하며(대통령 재임 기간 중 8천 달러에서 1만 달러의 빚이 늘어났다고 추정했다), 그는 한 시대가 저물고 있음을 깨달았다. 그 시대는 전쟁과 평화를 거치며, 국내외에서 윌리엄스버그, 리치먼드, 필라델피아, 뉴욕, 아나폴리스를 거쳐, 파리, 런던, 암스테르담을 지나 마침내 포토맥 강변의 이 신생 수도에 이르기까지, 대서양을 넘나들며 40년 이상 지속되었다. 그는 이 시대를 신화적으로 회상했다. 그와 그의 동지들, 매디슨, 애덤스, 워싱턴, 러시, 페이지, 그리고 지금은 세상을 떠난 수많은 동지들이 마치 고대 아르고호의 영웅들처럼 느껴졌다.

그는 자신은 의무를 다했다고 생각했다. 1809년 3월 2일 목요일, 제퍼슨은 피에르 S. 뒤퐁에게 이렇게 썼다. "자연은 저에게 평온하게 과학을 탐구하면서 지극한 기쁨을 느끼는 성정을 부여해주었습니다. 그러나 제가 살아온 시대의 거대한 풍랑은 저를 저항의 길로 이끌었고, 정치적 열정이라는 거친 바다에 몸을 던지게 했습니다. 이제 모든 것을 유능한 사람들의 손에 맡기려 합니다. 만약 우리가 불행을 겪게 된다면, 어떤 인간의 지혜로도 막을 수 없기 때문일 것입니다."

그는 떠나는 순간에도 8년 전 당선 당시만큼이나 많은 논란을 불러일으켰다. 1809년 2월 20일 월요일, 메릴랜드 앨러게이니 카운티 주민들이 그에게 이렇게 썼다. "얼마 지나지 않아, 오늘을 살아가는 사람들조차 이 시대를 되돌아보며 우리가 빠져들었던 기이한 의견 충돌과 말다툼, 그리고 도대체 이유를 알 수 없는 불신에 놀라움을 금치 못할 것입니다."

그러나 불신은 실재했고, 이별의 감정도 적들의 마지막 공격을 누그러뜨리지 못했다. 1809년 2월, 한 뉴욕 시민은 "참으로 기이하고 일관성 없는 인간이로구나!"라고 썼다.

2월 28일 화요일, 필라델피아의 '카산드라'는 이렇게 썼다. "당신은 정부를 파멸의 구렁텅이로 몰아넣었습니다. 나태함 때문인지, 수줍음 때문인지, 열정 때문인지는 제가 감히 말할 수 없지만, 결과는 분명합니다. 그 원인에 대해서는 제가 단정할 수 없군요."

제퍼슨은 자신을 돌아보며 솔직하게 성찰했다. 읽어야 할 역사책을 추천해달라는 요청에 에드워드 기번을 포함한 긴 도서 목록을 제시하며, 역사는 단순히 읽는 것이 아니라 만들어가는 것으로 생각된다고 말했다. 그는 이렇게 썼다. "공적인 삶에서 확고한 정치적 원칙을 가지고 이를 실행할 에너지를 가진 사람은 언제나 반대되는 원칙을 가진 세력의 정치적 적대감에 직면할 것을 예상해야 한다고 생각합니다. 저는 유난히 적대감이 심한 상황 속에서 정부에 참여하게 되었습니다. 당시 모든 공직이 한 정파에 의해 장악되었다는 사실을 알게 되었는데, 그들은 궁극적으로 영국 정부를 모델로 자신들이 원하는 대로 정부 형태를 바꾸려 했습니다."

제퍼슨에 따르면, 1800년 공화당의 승리는 "그들의 모든 계획을 무너뜨렸고, 그들은 자신들의 권력과 이익이라는 요새가 한순간에 다른 수탁자들의 손에 넘어간 것을 발견했습니다. 그들에게 남은 것은 한탄과 독설뿐이었습니다."

공격의 목표물은 제퍼슨 자신이었다. "저는 당연히 이성과 조롱, 악의, 그리고 거짓이 만들어낼 수 있는 모든 행위의 표적이 되었습니다."

칭찬과 헌사도 끊이지 않았다. 프랑스 파리 주재 미국 영사는 마르쿠스 아우렐리우스에 대한 책을 제퍼슨에게 보내면서 이렇게 썼다. "마르쿠스 아우렐리우스의 성품에서 저는 단 한 가지 잘못을 발견했습니다. 그는 자신의 통치가 가져온 축복을 영속시킬 확실한 수단을 사용하지 않았습니다. 그는 자신이 사멸하는 순간, 자신이 만들어낸 고귀한 유산도 여지없이 폐허 속으로 무너져내릴 것이라는 생각에 끊임없이 사로잡혀 있었던 것 같습니다. 이런 면에서, 그리고 다른 모든 면에서 미국인들은 로마인들보다 훨씬 운이 좋습니다. 지금의 계몽된 정부에서 누리는 혜택이 다음 세대로까지 이어질 것이라고 믿을 이유가 충분했기 때문입니다."

도전은 끈질기게 지속되었다. 제퍼슨은 끊임없이 전쟁과 금수 조치 사이에서 고민했다. 1808년 9월, 손녀 앤 캐리 랜돌프와 결혼한 찰스 L. 뱅크헤드에게 그는 "우리는 이곳에서 모두 정치인이라네."라고 썼다. 1808년

11월, 레비 링컨에게는 이렇게 썼다. "의회에서 막 싸움이 시작되었습니다. 세 가지 선택만 남아 있어, 1. 금수 조치, 2. 전쟁, 3. 항복과 조공 중에서 선택해야 합니다. 그런데 놀랍게도 마지막 선택지를 지지하는 사람들도 있습니다."

그에게 좋은 선택지는 없었다. 제퍼슨은 12월에 워싱턴에서 토머스 만 랜돌프 주니어에게 "이곳에서는 모든 것이 불확실하네."라고 썼다.

제임스 매디슨의 취임식은 토요일에 열렸다. 그 전날인 1809년 3월 3일, 새뮤얼 해리슨 스미스는 《내셔널 인텔리전서》에 퇴임하는 제퍼슨을 위한 헌사를 게재했다. "자유가 인간에게 소중한 한, 토머스 제퍼슨이 수백만의 축복과 아쉬움 속에 최고 지도자 자리에서 물러나는 날이 바로 오늘이라는 사실은 결코 잊히지 않을 것이다."

취임식 날 아침, 제퍼슨은 대통령 관저를 떠나 의사당으로 향했고, 그곳에서 사랑하는 친구이자 국무장관이 미국의 제4대 대통령으로 취임 선서하는 광경을 지켜보았다(그와 손자는 단둘이 관저를 떠났고, 매디슨은 펜실베이니아 애비뉴를 따라 군대의 호위를 받으며 행진했다). 지상에서 그에게 정치적으로 매디슨보다 가까운 사람은 없었으며, 매디슨의 성공은 제퍼슨 자신의 정당성을 증명하는 일이었다. 이는 국가가 그의 기본적인 비전과 통치 능력을 인정했다는 분명한 신호였다.

존 퀸시 애덤스가 "그 장소는 아주 웅장하다."라고 생각했던 의사당에서 취임식이 끝난 후, 이제는 전임 대통령이 된 제퍼슨은 F가에 있는 매디슨의 저택으로 새 대통령을 방문했다. 제퍼슨은 일주일 후까지 대통령 관저에서 머무를 예정이었다. "매디슨 부인은 매우 아름다웠고 … 자락이 아주 긴 심플한 옥양목 드레스를 입었으며 … 품위와 우아함, 온화함 그 자체였다."라고 마거릿 베이어드 스미스는 말했다.

매디슨 부부가 응접실 문 앞에 서서 밀려드는 방문객들을 맞이하는 동안, 거리는 마차로 혼잡했고 안으로 들어가려면 30분은 기다려야 했다.

제퍼슨은 마거릿 베이어드 스미스를 발견하고 손을 내밀었다.

"내년 여름 방문하시겠다고 한 약속 꼭 기억하십시오. 잊지 마세요. 분명히 기다리고 있겠습니다."라고 그는 스미스 부인에게 말했다.

스미스 부인은 당연히 남편과 함께 몬티셀로에 가겠노라고 그에게 약속했다. 그러고 나서 그녀는 그날의 극적인 사건을 암시했다.

"이제 무거운 짐에서 벗어나셨군요."라고 그녀가 제퍼슨에게 말했다.

"네, 그렇습니다, 지금 이 순간 저는 제 친구보다 훨씬 행복합니다."라고 그는 말했다.

축하 행사의 열기 속에서, 제퍼슨은 곧이어 '숙녀들께서' 자신을 따라 대통령 관저로 가고 싶어 한다는 이야기를 들었다. 그는 눈을 반짝이며 말했다. "좋은 생각입니다. 숙녀들을 따라가기엔 제가 너무 늙었으니 말이죠. 프랑스에서 프랭클린 박사를 그의 친구들이 배웅하던 때가 생각나는군요. 숙녀들이 박사를 포옹으로 감싸 안았고, 그는 저를 후임자로 소개하셨습니다. 저는 같은 특권을 저에게도 물려주셨으면 좋겠다고 말씀드렸었죠. 그는 '자네는 그러기엔 너무 젊네'라고 대답했답니다."

그날 저녁 그는 취임 축하 파티에서 공화당원들과 어울렸다. 존 퀸시 애덤스는 그다지 감흥을 느끼지 못했다. "사람들이 넘쳐나서, 열기로 숨이 막힐 지경이었고, 즐길 거리가 별로 없었다."

몬티셀로로 돌아가면 그는 열의를 갖고 농사와 정원 가꾸기에 전념할 계획이었다. 제퍼슨은 찰스 톰슨에게 이렇게 썼다. "그곳에 가면 할 일이 한 가득입니다. 주로 신체 활동에 관한 계획이지요. 정신적으로도 즐거운 일에 집중할 생각입니다. 외동딸과 수많은 손자 손녀들이 저에게 행복의 원천이 될 것입니다."

그는 여동생인 앤 스콧 마크스가 몬티셀로의 안주인 역할을 하는 것이 어떻겠냐고 제안했다. 하지만 팻시는 그 생각에 극구 반대했다. 다른 누구도 아닌 바로 팻시 자신이 제퍼슨의 세계에서 중심이 되어야 했다.

1809년 3월 2일 목요일, 팻시는 이렇게 썼다. "마크스 고모에 대해서 말씀 드리자면 고모님을 곁에 두시는 것은 바람직하지 않을 것 같습니다. 지난 여름에 고모가 이 일을 전혀 감당할 수 없다는 것이 이미 증명되었거든요. 하인들은 고모를 전혀 존경하지 않아서 고모 앞에서 마음대로 행동합니다. 고모는 좋은 분이고 작은 일에서는 깔끔한 관리자이시지만, 몬티셀로 처럼 큰 규모의 시설을 관리할 지혜나 무게감은 부족합니다. 제가 제 일보다 더 큰 애정과 정성으로 헌신하면서, 사랑하는 아버지를 보살펴드리겠습니다."

워싱턴에서 마지막 날들을 보내면서, 그는 존 벨의 책《외과학 원론 Principles of Surgery》축약본을 주문하고, 대통령 관저에서 직접 키운 제라늄 화분을 마거릿 베이어드 스미스에게 보냈다. 또한 베드퍼드 카운티의 별장인 포플러 포리스트에서 사용할 의자 36개를 리치먼드에 주문하고 대금을 결제했다.

에드먼드 베이컨은 제퍼슨이 짐을 꾸리고 옮기는 것을 돕기 위해 워싱턴에 왔다. 몬티셀로의 관리인인 그는 수도에서 그의 주인에게 끊임없이 이어지는 요구에 놀랐다. 베이컨은 이렇게 썼다. "아주 긴 식당이 있었는데, 내가 그곳에 머무는 16일 내내 식탁이 사람들로 가득 찼다." 베이컨은 박스와 관목들을 마차 세 대에 싣는 작업을 지휘했다.

베이컨과 그 일행은 1809년 3월 9일 목요일에 워싱턴에서 출발했고, 제퍼슨은 3월 11일 토요일에 사륜마차를 타고 수도를 떠났다. 가는 도중 엄청난 눈보라를 만났고, 베이컨은 벤저민 섀컬퍼드의 컬페퍼 코트하우스 주점에 제퍼슨의 숙소를 마련했다. 그는 즉시 큰 불을 피우도록 지시했고, 제퍼슨을 '톰 늙은이'라고 부르며 만나겠다고 떼쓰는 술 취한 열성 지지자를 막았고 제퍼슨이 도착하자 몰려드는 군중들을 가까이 오지 못하게 제지했으나 실패했다. 제퍼슨은 모인 사람들에게 간단한 연설을 했다. 그는 여전히 공적인 인물이었다.

1809년 3월 15일 수요일, 토머스 제퍼슨은 몬티셀로에 도착했다. 그는 거대한 세계를 그곳으로 함께 가져왔다. 그의 요리사인 쥘리앵은 제퍼슨이 좋아하는 프랑스 요리를 준비하기 위하여 몬티셀로에 주방을 차렸다. 그의 서신과 도서 목록은 다양하고 방대했다. 집에 머물면서 그는 한 번도 마을 산 주변에서 멀리 벗어나지 않았다. 하지만 그의 정신만은 달랐다. 결코 쉬는 법이 없었다.

제9부

몬티셀로의 주인

1809년부터 마지막까지

저는 머릿속에 희망을 품고 후미에는 두려움을 남겨둔 채
배를 조종합니다. 저의 희망은 때때로 무너지지만, 우울한
자들의 불길한 예감보다 더 자주 그런 것은 아닙니다.
—토머스 제퍼슨이 존 애덤스에게

40장 나의 몸, 마음, 그리고 일

전쟁의 소음과 국가의 혼란 속에서도 그의 지혜는 지금까지 우리의 평화를 지켜주고 있습니다. 그의 뛰어난 공적은 그의 자녀들 마음속에 각인되어 있습니다.

—1809년 5월 12일 워싱턴 태머니 협회에서 토머스 제퍼슨을 위한 축사

몬티셀로의 방에서 제퍼슨은 서재(종종 '캐비닛'이라 불렀다)와 벽난로가 있는 방 사이 벽감에 놓인 침대에서 동쪽을 향해 잠들었다. 침대 양쪽에는 붉은 커튼이 드리워져 있었다. 방은 고요했지만, 베개에 머리를 둘 때마다 시각과 청각을 통해 시간의 흐름을 느꼈다. 1790년식 시계는 침실 벽감 안 나무 선반 위 2개의 오벨리스크 사이에 놓여 있었고, 매시 정각과 30분이 되면 부드럽게 '팅', 하는 소리를 냈다. 그 아래로 단검이 하나 매달려 있었는데, '오래전에 잊힌 아라비아 왕자'의 선물이라 전해진다. 사방에서는 제퍼슨의 흉내지빠귀 소리가 들렸다.

밤이 되면 서재 서쪽 벽에 놓인 패종시계가 똑딱거리면서 매 순간 방안의 침묵을 깨뜨렸다. 끊임없이 들리는 패종시계의 틱틱거리는 소리는 어

둠이 깊어가고 주변이 고요해질수록 더 크게 울렸다. 제퍼슨의 방과 나머지 공간을 연결하는 세 개의 문이 닫히면, 주인과 집안사람들 사이에 효과적인 장벽이 형성된다. 오른쪽 서재에는 잠든 제퍼슨을 둘러싸고 높다란 창문이 4개 있었고, 왼쪽 벽난로가 있는 침실에는 창 하나가 비추고 있었다. 그 방에는 그의 아내가 쓰던 호두나무 화장대가 놓여 있었다.

제퍼슨은 침대 벽감에서 몇 걸음 떨어진 곳에 개인 화장실을 두었는데, 이는 집 안에 설치된 단 3개뿐인 화장실 중 하나였다. 그는 위생을 위해 자투리 종이를 사용했다(제퍼슨 사망 당시 그의 가족들이 보존한 샘플이 현재 의회 도서관에 남아있다).

그는 보통 밤에 다섯 시간에서 여덟 시간 정도 잠을 잤고, 잠자리에 들기 전 30분에서 한 시간가량 안경을 쓰고 책을 읽었다. 나이가 들면서, 동시에 들리는 여러 목소리를 잘 구분하지 못했다. 그는 건강했지만, 극히 드물게 열로 고생했다. 스트레스가 심할 때 그를 괴롭혔던 두통은 소란스러운 공직에서 벗어나자 그 스스로 "이제 나를 떠나버렸다."라고 할 만큼 좋아졌다.

그의 방은 해가 곧장 떠오르는 위치에 있었다. 매일 아침 처음으로 그가 감지한 빛 대부분은 서재에 있는 첫 번째 동쪽 창을 통해 들어왔을 것이다. 만약 그 자신이 말한 것처럼, 먼동이 트는 이른 새벽, 오벨리스크 시곗바늘을 볼 수 있을 때 그가 깨어났다면 처음에는 가는 물방울처럼 시작된 빛의 흐름이 점차 파도처럼 강하게 밀려와 이내 방 안을 가득 채웠을 것이다.

제퍼슨은 벽감에서 일어나 앉아 왼편으로 몸을 돌려, 아침마다 찬물이 담긴 대야에 발을 담갔을 것이다. 그곳에 한동안 머물며 벽난로를 바라보고, 침실 채광창을 통해 쏟아져 들어오는 빛의 양으로 태양의 경로를 직감적으로 추적했을 것이다.

그와 몬티셀로는 어떤 면에서는 태양 자체, 즉 우주의 중심 같았다.

그의 집은 약 1,022제곱미터, 33개의 방(파빌리온과 남쪽 테라스 아래에는 방이 10개 더 있었다)으로 이루어진 곳으로, 그곳에서 매일 아침 깨어나는 것은 그에게는 큰 기쁨이었다. 하지만 대통령직에서 물러난 지 몇 년이 지나서야 비로소 원래 그가 바라던 모습대로 완성되었다.

몬티셀로의 동쪽 정면 유리문을 통해 현관홀로 걸어 들어서면, 제퍼슨과 그의 가족, 손님들은 즉시 그의 평생에 걸친 업적에 빠져들게 된다. 거대한 홀에는 아메리카의 자연과 정치 세계의 유물과 상징물이 걸려 있었다. 바닥은 길버트 스튜어트의 제안에 따라 녹색이었고, 벽은 흰색으로 칠해져 있었으며 벽 아랫부분은 노란색과 오렌지색 판벽으로 장식했다. 홀에는 순록과 엘크의 뿔, 매머드의 위턱뼈가 있었다. 그리고 40점의 인디언 유물이 있었는데, 여기에는 돌 조각상, 도구, 맨던족의 버펄로 가죽옷, 젊은 색족 추장의 작은 초상화가 포함되어 있었다. 또한 여러 장의 지도가 있었는데, 그의 아버지가 아주 오래전에 그린 프라이-제퍼슨 버지니아 지도와 함께, 이후에 그려진 아메리카, 유럽, 아프리카, 아시아 지도들이었다. 케옵스의 피라미드 축소 모형도 하나 있었다.

아리아드네의 조각상도 있었는데, 제퍼슨은 이 작품이 비극적 신화의 주인공을 묘사한 작품임을 알기까지 한동안 클레오파트라의 조각상으로 잘못 알고 있었다. 『성 히에로니무스의 묵상』과 『프라이토리움 속 예수』라는 그림도 있었는데, 그는 이를 다음과 같이 상세하게 묘사했다. "예수는 자주색 옷이 벗겨진 채, 여전히 벌거벗은 상태이고, 머리에는 가시관을 쓰고 앉아 있다. 함께 있는 사람들은 예수를 조롱한 자 한 명, 지지자 한 명, 그리고 처형을 감독하는 자로 보인다. 주제는 마가복음 15장 16~20절에 나온 내용이다." 그 외 아메리고 베스푸치, 존 애덤스, 그리고 제퍼슨 자신의(길버트 스튜어트 작) 초상화가 있고 2개의 독립선언서 관련 판화가 있었다. 하나는 존 트럼불의 서명 장면을 그렸고, 다른 하나는 선언서를 새겼다. 또한 해밀턴, 볼테르, 그리고 프랑스 정치가이자 경제학자인 튀르고의 흉상이 있었다.

몬티셀로의 장식품 배열에는 일정한 규칙이 있었다. 제퍼슨에게 있어 초상화, 흉상, 조각상, 유물들은 무작위로 모은 컬렉션이 아니라, '그곳에 봉헌하여 기억함으로써 자부심과 위안을 느낄 수 있는 위인들의 기념물'이었다. 몬티셀로 안에 전시된 모든 물건과 인물은 어떤 방식으로든 제퍼슨에게 의미가 있었다.

집 안으로 몇 걸음만 들어서면 제퍼슨의 폭넓은 정신과 마음, 그의 관심사와 역사의 흐름에 대한 통찰력이 지닌 보편성이 모든 사람의 눈에 분명히 드러났다. 화석, 사슴 뿔, 인디언 유물, 그리고 지도들은 원시 아메리카와 백인들이 이 땅에 권력을 행사하려 했던 첫 시도를 보여준다. 피라미드와 아리아드네는 마치 고대 세계에서 피난 온 난민처럼 보였다. 성 히에로니무스와 십자가에 못 박히기 직전의 예수를 그린 그림들은 서양 문명에서 종교가 수행한 광범위하면서도 부인할 수 없는 역할을 기린 것이다. 베스푸치와 옆방 응접실에 걸린 콜럼버스의 초상화는 이야기를 대서양 건너 신세계로 확장시킨다. 볼테르와 튀르고는 계몽주의 철학자들의 업적을 대표하며, 애덤스, 해밀턴, 제퍼슨 자신, 그리고 영국으로부터 독립을 선언했던 대륙 회의는 이야기를 가까운 과거, 저택 주인의 평생의 업적 속으로 끌어올린다.

그렇게 몬티셀로의 방과 방, 물건 하나하나, 판화, 그림, 메달 하나하나를 따라간다.

응접실로 가려면 방문객들은 별에 둘러싸인 독수리 모양의 석고 부조가 장식된 높은 천장 아래를 지나게 된다. 이어서 청동 아르간도식 램프와 발코니 아래를 통과하면 제퍼슨이 직접 디자인한 파르케 패턴의 아름다운 벚나무와 너도밤나무 마루가 펼쳐진다.

홀과 마찬가지로 응접실의 높이는 약 5.5미터였으며, 천둥의 신 주피터 신전에서 유래한 코린트식 부조 장식으로 둘러싸여 있었다. 이곳에서 제퍼슨은 카드 테이블, 의자, 소파, 체스 세트, 하프시코드, 피아노포르테 주변으로 층층이 예술 작품을 배치한 방을 만들었다. 집주인과 그의 나라를 만든 과거의 상징 속에서 집과 가족의 현재 생활이 펼쳐지는 공간이었다. '초상화 24점, 그림 17점, 메달 10점, 흉상 2점, 기타 4점.' 제퍼슨은 거실 장식품 목록을 써내려갔다.

이곳에는 한 시대뿐만 아니라 여러 시대를 아우르는 인물들의 그림과 조각상이 걸려 있었다. 조지 워싱턴, 벤저민 프랭클린, 마젤란, 나폴레옹, 라파예트, 콜럼버스, 베스푸치, 알렉산드르 1세, 데이비드 리튼하우스, 월터 롤리 경, 제임스 매디슨, 토머스 페인, 제임스 먼로, 루이 16세, 존 로크, 아이작 뉴턴 경, 프랜시스 베이컨, 애덤스, 그리고 트럼불과 매더 브라운이 각각 그린 제퍼슨 자신의 초상화가 있었다. 또한 찰스 윌슨 필이 그린 제퍼슨의 손자 토머스 제퍼슨 랜돌프의 우아한 초상화, 1804년 트리폴리에서 승리한 에드워드 프레블의 메달도 걸려 있었다. 홀과 마찬가지로 종교적 그림들도 걸려 있었는데,『참회하는 막달라 마리아The Penitent Magdalen』,『십자가에서 내려지는 예수Descent from the Cross』,『세례자 요한의 머리를 들고 있는 헤로디아Herodias Bearing the Head of St. John the Baptist.』였다. 그리고 2개의 작은 세브르 인형, '큐피드와 함께하는 비너스'와 '큐피드와 함께하는 희망'은 고대 세계를 떠올리게 했다.

화사한 노란색 식당은 오른쪽에 있었다. 이곳을 통해 이중 미닫이문으로 분리된 작은 팔각형 다실이 이어진다. 제퍼슨과 가족들은 그가 '가장 명예로운 공간'이라고 불렀던 이곳에서 식사하고 대화를 나누며 워싱턴, 프랭클린, 라파예트, 존 폴 존스의 흉상을 올려다보곤 했다. 모두 장 앙투안 우동 작품의 석고 복제품이었다.

팻시에게는 아버지의 개인 공간 가까이에 남쪽 사각형 방이라고 불렀던 파란색 응접실이 있었으며, 북쪽 팔각형 방에는 돌리와 제임스 매디슨이 방문했을 때 자주 사용했던 벽감 침대가 있었다.

위층에는 아름다운 돔형 꼭대기 방을 포함해 여러 개의 작은 침실들이 이어져 있었다. 그러나 저택의 중앙이자 생활의 중심은 제퍼슨이 기거하던 1층이었다.

"이곳이 몬티셀로로 불리지 않았다면 나는 이곳을 올림퍼스로 부르고, 이곳의 주인은 제우스라고 불렀을 것이다."라고 1816년 한 방문객이 썼다. 제퍼슨의 가족들도 이에 동의했다. 그의 "유쾌함과 온화함은 온 가족이 몸을 쬐고 활기를 얻는 따뜻한 햇볕과 같았다."라고 한 손녀가 회고했다.

그는 마리아 코스웨이에게 보낸 편지에서 스스로를 '고대의 가부장' 같다고 했다. 그의 손녀인 엘런 쿨리지는 이렇게 썼다. "어머니는 당신 스스로 아버지를 우러러보았듯이, 저희 자식들에게도 아버지를 우러러보라고 가르치셨어요. 말 그대로 위대함과 선함의 고귀한 경지에 오른 사람을 우러러보는 것처럼요. 우리가 나이 들어 스스로 판단할 수 있게 되면서, 그분에 대한 감정이 점점 더 확고해진 것은 그분의 진정한 고결함을 입증하는 충분한 증거입니다."

그의 손주들은 그를 사랑하고 존경했다. 아이들은 정원을 산책하는 제퍼슨의 뒤를 따랐다(다만 '할아버지의 규칙을 어기는 것'이었기에 화단에는 절대로 발을 들이지 않았다). 그는 목소리를 높일 필요가 없었다. 아이들이 그의 권위를 너무나 분명하게 인식하고 있어서 그가 '심한 말을 하거나, 목소리를 높이거나, 혹은 겁을 줄' 필요가 전혀 없었다고 한 손녀는 회고했다. "할아버지는 단지 '해라' 또는 '하지 마라'라고만 말씀하셨어요." 그것으로 충분했다.

그는 장대 끝에 갈고리와 그물망을 단 긴 도구를 이용해 아이들에게 과일을 따주었는데, 주로 무화과나 체리였다. 마당에서 달리기 시합을 벌이기도 했다. 코스는 테라스나 잔디밭 주변이었다. 제퍼슨은 나이에 따라 출발 시 우선권을 주었으며, 오른손을 뻗어 하얀 손수건을 떨어뜨리면 참가자들이 출발했다. 우승 상품은 무화과, 자두, 혹은 대추야자 3개였고, 2

등은 2개, 3등은 1개였다. 여름밤에는 자신이 직접 디자인하고 존 헤밍스가 제작한 체스 테이블을 야외에 놓고 손녀와 체스 경기를 두기도 했다.

겨울이 되어 해가 짧아지면, 제퍼슨은 늦은 오후에 가족들과 함께 불 옆에 둘러앉곤 했다. 한 손녀는 '책을 읽기에는 너무 어두워지면', "촛불이 들어오기 전 30분가량 우리는 모두 불 주변에 모여 앉아 그가 가르쳐주는 몇 가지 유치한 게임을 하며 놀았다."고 회고했다. 게임은 '뒤죽박죽 질문과 엉뚱한 대답'과 참가자들이 돌아가며 알파벳 순서대로 특징을 말하는 "나는 나의 사랑을 A라고 표현해"와 같은 것이었다.

촛불이 들어오면 게임이 끝나고 독서 시간이 시작되었다. "할아버지가 책을 들고 읽기 시작하면, 우리는 그를 방해하지 않으려고 귓속말조차 조심했고, 대부분 그를 본받아 책을 집어 들었지요. 나는 할아버지가 책에서 눈을 들어 작은 독서 모임을 둘러보며 미소 짓고, 엄마에게 몇 마디 말을 건네는 것을 본 적이 있어요."

그는 자신의 방 사생활 보호를 위해 베네치아식 현관인 '포티클'을 만들고 블라인드를 설치해 본채 밖에서는 그의 거처가 보이지 않게 했다. 하지만 그는 오랫동안 혼자 있는 것을 좋아하지 않았다. 한번은 포플러 포리스트에 눈이 내려 갇혔을 때, 그는 팻시에게 이렇게 썼다. "마치 감옥에 갇힌 죄수처럼 느껴지는구나. 간수들이 정해진 시간에 먹을 것을 차려주고 물러가니 말이다."

그의 권위는 절대적이었고, 그의 사랑은 모든 것을 감싸 안았다. 베드퍼드로 여행할 때면 그는 가족들을 망토로 감싸 보호하고, 필요하면 모피로 덮어주었다. 그는 여행 내내 노래 부르고 대화를 나누었으며, 차가운 고기와 물을 섞은 와인으로 소풍 점심을 차려주었다.

한번은 어린 손녀가 비단 드레스를 입어보지 못했다고 속상해하는 소리를 우연히 들었다. 다음 날 샬러츠빌에서 손녀를 위한 드레스 한 벌이 도착했다. 또 한번은 홀에서 현관으로 나가는 유리문에 손녀가 아끼는 모슬린 드레스가 걸려 찢어졌다. "할아버지가 옆에 서서 그 참사를 지켜보셨어요."라고 손녀는 회고했다. 며칠 뒤 미국의 전직 대통령은 자신의 거처 가까이에 있는 팻시의 응접실로 '꾸러미 하나를 손에 들고' 찾아왔다. 그는 손녀에게 "네 드레스를 수선해 왔단다."라고 말했다. 그것은 새 드레스였다.

그는 아이들이 시계, 안장, 고삐, 혹은 기타를 갖고 싶다고 이야기하면 조용히 그것들을 마련해주곤 했다(돈을 빌려서라도 그렇게 했다). 그는 손주들에게 성경, 셰익스피어 전집, 그리고 글쓰기 책상을 챙겨주었다. "할아버지는 우리의 마음을 읽고, 보이지 않는 소망을 알아차리며, 우리의 수호신이 되어 마법의 지팡이를 휘두르며, 그의 선함과 능력으로 우리의 어린 시절을 빛내주신 것 같습니다."

타인의 필요를 감지하는 능력은 그의 천성이었다. 한 손녀는 이렇게 말했다. "그분은 천성적으로 매우 공감 능력이 뛰어나, 사랑하는 사람들의 감정을 헤아리고, 그들의 소망을 알아차리며, 취향을 충족시켜주고, 애정 어린 분위기로 감싸주셨어요." 가부장의 사랑은 정치인의 능력과 다소 닮았다. 둘 다 타인이 무엇을 원하는지 파악하고, 합리적인 범위 내에서 그것을 제공하려고 노력하기 때문이다. 이것이 바로 제퍼슨의 공적인 삶에서의 역할이었고, 이제 은퇴한 시점에서는 개인적인 삶에서의 역할이기도 했다.

마거릿 베이어드 스미스가 매디슨의 취임식에서 언급했던 제퍼슨의 행복감은 그가 버지니아로 돌아온 첫 달 동안에도 여전했다. 엘리자베스 트리스트는 1809년 4월, 파밍턴에서 한 친구에게 이렇게 썼다. "제퍼슨 씨가 지난주에 방문하셨고, 어제는 이곳에서 저녁 식사를 하셨어요. 그분이 그렇게 건강해 보이고 행복해 보인 적은 처음이에요."

마거릿 베이어드 스미스는 제퍼슨과 약속했던 대로, 1809년 중반 몬티셀로를 방문했고, 그가 완벽한 장소에서 완전한 마음의 평화를 누리고 있다고 느꼈다. 그녀는 이렇게 썼다. "태양은 그가 침대에 누운 모습을 한 번도 본 적이 없으며, 그의 마음은 긴 하루를 가득 채우고도 남을 계획으로 가득 차 있다. 그에게는 내면의 평화만이 가져다줄 수 있는 그런 고요함이 있었다."

은퇴 생활을 시작하면서, 제퍼슨은 자신과 자신이 수립한 정책 방향에 대해 대중의 신뢰가 담긴 글을 즐겨 읽었다. 1809년 매디슨의 취임식 날, 한 대학생 그룹은 이렇게 썼다. "우리는 먼 곳에서 벌어지는 전쟁의 포성을 들으면서도, 현재 세계 각국을 황폐화시키는 전투의 끔찍한 소음이나 참혹한 파괴에 시달리지 않고, 평화롭게 지적인 발전이라는 험로를 걸어왔습니다." 한 익명의 작가는 그를 가장 위대한 인물이라고 칭송하며 이렇게 썼다. "당신은 공직자로서 저에게는 아버지이자, 수호자, 구원자였습니다. 이러한 봉사에 대해 저는 영원히 당신께 감사하는 마음으로 경의를 표할 것입니다. 프랑스에서 온 오랜 친구 피에르-사뮈엘 뒤퐁 드 느무르는 1809년 6월 제퍼슨에게 다음과 같은 최고의 찬사를 보냈다. "비록 당신의 친구이자 제자인 매디슨 씨가 당신과 같은 원칙에 따라 통치할 것이라고 확신하지만, 당신이 4년 더 대통령직을 계속하기를 원치 않으신 점은 매우 안타깝습니다."

세상은 여전히 그와 미국을 희망의 상징으로 여겼다. 필라델피아 주재한 스페인 외교관은 이렇게 썼다. "선을 행하는 것이 얼마나 어려운지 당신보다 더 잘 아는 사람은 없습니다. 인간은 매우 사악하며, 그들의 머리는 허튼소리로 가득 차 있습니다. 그것은 너무나 전염성이 강하고 끈질겨서, 위대한 철학적 화학자인 제퍼슨조차도 그것을 기체로 증발시켜 인간의 사고에서 사라지게 만들지 못했습니다."

"만약 당신의 나라에서 공화 정부가 존속하지 못한다면 인류는 어떻게 될까요? 저는 그 결과를 생각하면 몸서리가 쳐집니다!"라고 한 프랑스 통신원이 말했다.

서재에서 그는 농장에서 흔히 쓰던 책상 아래 놓인 붉은 가죽 벤치에 다리를 쭉 뻗고 글을 썼다. 농사일에 열성적인 농부였던 그는 마지못해 책상에서 시간을 보내며 독서를 하거나 편지를 주고받았다. 제퍼슨은 몬티셀로에서 벤저민 러시에게 이렇게 썼다. "현재 저의 일과에서 원하는 만큼 책을 읽을 시간이 없습니다. 아침 식사 후, 늦어도 정오부터 저녁 식사 때까지는 대부분 말을 타고 농장을 둘러보거나 다른 일을 처리하며 보냅니다. 이것이 제 몸과 정신, 그리고 일에 건강을 가져다주는 것 같습니다." 그는 영국산 뽕나무, 복숭아-살구나무 접목종, 농장에서 기를 야생 거위와 숫양을 주문했다. 1811년 1월, 그는 라파예트에게 이렇게 말했다. "저는 요새 이른 아침부터 저녁 늦게까지, 날씨에 상관없이 말을 타고 농장을 돌아다닙니다. 이런 생활이 몸과 마음, 제 일에 건강을 가져다주는 것 같습니다."

정치 문제에 대해 그가 늘 하던 대답이 있었다. 그는 1819년 이렇게 썼다. "나는 지금 벌어지는 일보다 2~3천 년 전에 있었던 일을 아는 것에 훨씬 더 큰 흥미를 느낀다. 그래서 나는 트로이의 영웅들, 폼페이, 카이사르, 그리고 아우구스투스에 관한 것 외에는 읽지 않는다."

하지만 제퍼슨은 현재의 삶에서 완전히 벗어날 수는 없었다. 라파예트에게 그는 유럽의 혼란이 잘 해결되기를 바란다는 희망을 전했다. "만약 신이 존재하고, 그가 정의롭다면, 그의 날은 올 것입니다. 신은 절대로 인류가 하루살이 같은 리바이어던과 매머드에게 잡아먹히도록 내버려두지 않을 것입니다." 그는 신문을 구독했는데, 매디슨에게 이렇게 말했다. "저는 신문을 거의 읽지 않으며, 읽더라도 그날그날의 꾸며낸 이야기로 여깁니다. 하지만 이따금 진실 한마디가 디베스의 혀 위에 떨어지는 물방울처럼 다가옵니다." 그가 산속 삶으로 돌아가 정착하면서 한 가지는 분명해졌다. 그는 '나의 시간을 온전히 소유하는 이 형언할 수 없는 사치'를 정말로 사랑한다고 말했다.

그런 시간 동안 그는 과학적, 교육적, 철학적 세계를 깊이 탐구했다. 윌리엄 클라크는 대통령 관저로 계속 표본을 보냈고, 매디슨은 1809년 7월 4일, 록키산맥에서 가져온 큰뿔양 가죽을 몬티셀로로 보냈다("우편으로 보내기

엔 짐이 너무 커서 다른 기회에 보내겠습니다."). 제퍼슨은 몽테스키외의《법의
정신》에 대한 프랑스어 주석서를 영어로 번역하는 일을 감독했고, 한 서신
교환자와는 감자의 기원에 대해 토론했다. 와인 제조를 위해 포도나무 묘
목을 주문했고, 도서관의 역할에 대해서도 숙고했다." 그는 "모든 카운티에
작은 순회도서관을 운영하는 것보다 적은 비용으로 더 광범위한 이익을 가
져다주는 것은 없다고 종종 생각해왔습니다. 도서관은 엄선된 몇 권의 책
으로 구성되며, 정해진 기한 내에 안전하게 돌려준다는 규칙 아래 카운티
주민들에게 책을 빌려줄 수 있을 것입니다."라고 했다.

가을에, 한때 제퍼슨이 구애하려 했던 여성의 남편이자 옛 친구인 존
워커가 병이 들어, 제퍼슨을 한번 보고 싶다고 전해왔다. 제임스 먼로는 워
커에 대해 쓴 편지에서 '이번에 워커 대령을 방문하신다면 그에게 큰 친절
로 여겨져 매우 감동할 것'이라고 제퍼슨에게 말했다. 벳시 워커도 병이 들
었다. 어색한 만남을 피하고 싶었던 제퍼슨은 벨보어를 방문하지 않기로
결정하고, 아주 오래전 여름 그가 독신이었던 시절 그토록 자주 했던 짧은
여행을 거부했다. 그는 잘 익은 무화과 한 바구니를 선물로 보냈다. 그후 워
커의 사위인 휴 넬슨으로부터 워커가 감사를 표했으며 두 부부가 "여전히
매우 쇠약하고 기력이 없다."는 슬픈 소식을 전해 들었다.

그는 자신의 주지사 시절에 대해서도 언제든 변호할 준비가 되어 있었
다. 독립혁명 시기에 대한 정보를 찾던 한 역사가에게 서신을 보내면서, 그
는 버지니아주가 항상 국가를 위해 '평균 이상'으로 기여해 왔다고 주장했
다. 그에 따르면, 실제로 "우리의 임무는 최대한 주의 자원을 동원하여 인
력, 물품, 그리고 기타 공동의 목표를 위한 필수품을 제공하는 일이었다."
라고 말했다.

그의 옛 비서였던 메리웨더 루이스가 테네시를 여행하던 중 참혹한
죽음을 맞았다는 소식이 들려왔다. 제퍼슨이 들은 바에 따르면, 루이스가
묵고 있던 여관 주인의 아내가 잠결에 두 발의 총성을 들었다고 한다. '정

신 이상자' 취급을 받던 루이스는 머리에 상처를 입고 심장에는 치명상을 입은 채, '흥건한 피에 잠긴' 상태로 발견되었다. 첫 발에 죽지 못한 그는 두 번째 총격으로 마무리하려 했다. 이 역시 충분치 않았는지, 이 불쌍한 사람은 단검으로 자신을 찔러야 했다.

버몬트에서 온 방문객인 일라이자 플레처는 제퍼슨에 대해 가차 없는 기록을 남겼다. 1811년, 플레처는 이렇게 썼다. "제퍼슨 씨는 키가 크고, 여위었으며, 자세가 곧았다. 그의 얼굴은 잘생겼다기보다는 야성적이었고, 그가 이웃들로부터 거의 존경을 받지 못한다는 사실을 알게 되었다. 흑인 샐리 이야기는 허튼소리가 아니었다. 그가 그녀와 동거했고, 그녀를 통해 여러 명의 아이를 얻었다는 것은 부정할 수 없는 사실이다. 무엇보다 최악인 것은 그가 그 아이들을 계속 노예로 부렸다는 사실인데, 이 지역에서는 아주 흔한 비정상적 범죄이다. 이런 행위가 너무나 일반적이어서 이곳에서는 더 이상 수치스럽게 여겨지지 않는다는 점을 고려할 때 약간은 참작의 여지가 있을 것이다."

제퍼슨은 헤밍스의 자녀 출생을 농장 일지에서 노예들의 생활이나 농작물 작황에 대한 다른 세부 기록과 나란히 냉정하게 기록했다. 그는 분명 아이들이 자기 곁에서 자랄 때조차 마음속에서는 샐리와 아이들을 자신과는 분리된 삶의 영역에 둘 수 있었을 것이다. 매디슨 헤밍스는 "그는 우리 아이들에게 편애나 부성애를 보이는 법이 없었다."라고 말하면서 이렇게 덧붙였다. "그러나 백인 손주들한테는 애정이 넘쳤다."

이것은 아무리 좋게 말해도 기이한 삶의 방식이다. 하지만 제퍼슨은 그가 속한 문화에 의해 형성된 존재이다. 매사추세츠의 조사이아 퀸시 주니어는 캐롤라이나를 방문한 후 다음과 같이 썼다. "흑인 또는 혼혈 여성과의 관계는 아주 흔한 일로 얘기되며, 이 문제에 대해 어떠한 주저나 망설임, 부끄러움도 없다. 식사 자리에서 주인이 자기 소생으로 알려진 노예에게 식사 시중을 맡기는 것은 전혀 예외적인 일이 아니다."

이것이 몬티셀로의 일상적인 현실이었다. 동료 전기 작가인 제임스 파톤에게 쓴 편지에서, 헨리 랜들은 토머스 제퍼슨 랜돌프가 몬티셀로에서 관찰한 내용을 기록했다. 제퍼슨과 샐리 헤밍스의 자녀들의 신체적 유사성을 언급하면서 랜돌프는 "너무 닮아서, 먼 거리에서 혹은 황혼 무렵에 그 노예가 같은 옷을 입었다면 제퍼슨 씨로 착각할 수도 있었을 것이다."라고 말했다. 랜돌프는 "한번은 제퍼슨 씨와 식사하던 한 신사가 제퍼슨 씨 뒤에 선 하인에게로 시선을 돌리고는 깜짝 놀란 표정을 지어, 그가 외모의 유사성에 놀랐다는 사실이 모두에게 분명하게 드러났다."고 전했다.(랜돌프는 제퍼슨의 조카인 피터 카가 샐리 헤밍스 자녀들의 아버지라는 가설을 옹호하기 위해 이러한 기억을 언급했지만, 이러한 추론은 DNA 조사를 통해 최종적으로 반박되었다.

제퍼슨에게 있어 그러한 모호함과 확인해주지 않는 진실은 삶의 일부였다. 랜들은 파톤에게 이렇게 썼다. "저는 랜돌프 대령에게 도대체 제퍼슨 씨는 왜 자신과 닮은 이 노예들을 베드퍼드 농장이나 다른 곳으로 보내 대중의 눈앞에서 사라지게 하지 않았는지 물었습니다." "그는 제퍼슨 씨가 외모가 닮은 것에 대해 전혀 의식하지 않는다고 말했습니다. 하지만 랜돌프 대령은 그의 어머니가 그들을 내보내는 것을 매우 반겼을 것이라는 점에 대해 추호도 의심하지 않는다고 했습니다. 두 사람을 비롯해 모두가 제퍼슨 씨를 너무나 깊이 존경해서 그에게 그런 문제를 감히 꺼낼 수 없었습니다. 그에게 맞으면 그들도 만족했어요."

제퍼슨 씨에게 맞는 것은 노예 소유주들의 삶을 규정하는 인정 거부의 원칙이었다. 그곳은 그의 농장이었고, 그의 세계였으며, 그는 자신이 원하는 대로 살 수 있었다. 헨리 랜들은 "오래된 버지니아 장원의 비밀은 오래된 노르만 성의 비밀과도 같았다."라고 말했다. 그리고 그러한 비밀에 대해서는 최대한 언급하지 않았다.

제퍼슨은 때때로 자신의 나이를 실감했다. 1811년 7월, 그는 필립 마체이에게 이렇게 썼다. "이제 거의 걸을 수가 없습니다. 운동은 대부분 말을 타는 것이며, 삶의 활력이 눈에 띄게 줄었습니다." 제퍼슨은 자신의 능력을 민감하게 인식했다. 1811년 8월, 그는 벤저민 러시에게 이렇게 썼다. "노인들이 노화 과정에서 정신이 신체와 함께 쇠퇴한다는 점을 깨닫지 못하는 것이 저에게는 놀랍습니다." 그는 이 점에 대한 자신의 통찰력에 자부심을 느꼈으며, 인간의 한계를 인식하는 자신에 대해 은근하면서도 분명하게 자축했다. "만약 행정 수반의 자리를 무제한 차지하는 것이 우리 정부의 공화주의 헌법을 위험에 빠뜨릴 것이라는 확신이 없었다면, 즉 그 확신 때문에 양심상 물러나야 한다고 생각하지 않았다면, 노망이 들었는데 그 사실도 깨닫지 못할까 두려워서라도 계속 자리에 남아 있으라는 모든 권유를 스스로 거절했을 것입니다." 간단히 말해 그는 권력에 오래 머무는 것이 헌법에 해롭다고 믿었고, 또 늙어 정신이 흐려질까 두려워서 스스로 물러난 것이다.

그의 호기심은 여전했다. 그는 매사추세츠에 있는 자신의 친구이자 전직 법무장관인 레비 링컨에게 이렇게 썼다. "안녕하십니까? 요즘 무엇을 하고 계신지요? 농장을 돌보거나 시간을 보낼 공부를 하시나요, 아니면 두 가지를 번갈아 하시나요? 법을 공부하시나요, 신학을 공부하시나요? 무엇이 가장 기묘하고 정교한 학문입니까? 무엇이 가장 사심 없는 학문인가요? 그리고 결국 구세주를 십자가에 못 박은 것은 어떤 학문이었나요?"

1811년 1월 2일, 벤저민 러시는 제퍼슨과 애덤스가 서신 왕래를 재개하도록 조용히 노력하기 시작했다. 러시는 제퍼슨에게 이렇게 썼다. "이러한 교류는 두 분의 재능과 애국심에 영광이 될 것이고, 미국뿐만 아니라 전 세계 공화주의의 대의를 위해서도 매우 유용할 것입니다. 후손들은 한때 서로 반목했던 두 전직 대통령의 우정에 경의를 표할 것이며, 인류에게도 큰 이익이 될 것입니다." 러시는 만약 제퍼슨이 먼저 손을 내민다면 모든 것이 잘될 것이라고 덧붙였다. 애덤스는 준비되었고, 시간이 얼마 남지 않았을 것이다. "무덤에 다다라 비틀거리는 상황에서, 애덤스가 이제 전적으로 오랜 혁명 동지들의 어깨에 의지하고 있습니다."라고 러시는 말했다.

애덤스-제퍼슨의 우정은 1790년대 열정의 희생양이었다. 제퍼슨은 러시에게 "당신은 당시 연방주의자들이 어떤 술책을 부렸는지 기억하실 것입니다."라고 썼다. 제퍼슨의 생각으로는 '외국인 및 선동법이 우리 헌법의 진정한 원칙을 지지하는 친구들을 억압하고, 이를 옹호하는 어떤 표현도 공포를 통해 침묵하게 만들었으며, 우리를 프랑스와의 전쟁에 끌어들이고 영국과는 동맹을 맺게 하여, 궁극적으로 우리 헌법을 영국의 헌법과 일치시키려는' 의도였다고 회고했다.

러시는 부드럽게 자신의 목적을 밀고 나갔다. "정치 생활에는 해악이 많지만, 우정이 사라진 자리를 종종 대신하는 무자비한 증오보다 심각한 것은 없습니다."라고 러시는 답했다.

제2대 대통령은 퀸시에 있는 자택을 방문한 제퍼슨의 이웃 두 사람과 이틀을 보냈다. 대화는 폭넓게 이어졌다. 방문객 가운데 한 명인 에드워드 콜스는 이렇게 썼다. "애덤스는 사람과 상황에 대해 매우 자유롭게 이야기했고, 우리나라의 역사에 대해 아주 흥미로운 사실들, 특히 그의 행정부와 1800년 대통령 선거와 관련된 사건들에 대해 상세히 설명해주었다." 애덤스는 제퍼슨에 대해 '불평'하기도 했다. 콜스는 이렇게 기록했다. "나는 그 자신이 들었다는 애덤스에 대한 제퍼슨의 언행과 내가 반복적으로 들었던 제퍼슨의 언행, 그것도 애덤스의 정치적 반대자인 친구들에게 했던 언행과 도저히 일치시킬 수 없다고 그에게 말했다. 제퍼슨이 했던 칭찬의 말을 몇 가지 들려주자 애덤스는 매우 기뻐하는 듯이 보였을 뿐만 아니라, 직접 매우 기쁘다고 얘기했다."

버지니아 사람들로부터 전해 들은 따뜻한 말에 안도하기도 하고 놀라기도 한 애덤스는 제퍼슨에 대한 어조를 바꾸었다. 콜스의 말에 따르면 애덤스는 제퍼슨의 인품에 대해 "그의 성품에 대한 열렬한 찬사와 함께 독립

혁명 시기와 그 이후 조국에 대한 봉사에 감사를 표현했다."라고 한다. 그러고 나서 애덤스는 제퍼슨을 향해 무자비한 태도를 취하는 언론을 비판하며 이렇게 덧붙였다. "나는 항상 제퍼슨을 사랑했고, 지금도 여전히 그를 사랑한다오."

이 여덟 마디 말이 제퍼슨이 원하는 전부였다. "이것으로 충분합니다. 우리 사이에 가장 화목했던 순간, 그에 대한 애정을 모두 되살리기 위해서는 이것으로 충분합니다."라고 제퍼슨은 러시에게 썼다. 러시는 제퍼슨의 심정이 담긴 이 말을 애덤스에게 편지로 전했고, 애덤스는 답장에서 1812년 새해 첫날, 하버드에서 새로 교수직에 오른 존 퀸시 애덤스의 수사학과 웅변학 강의록을 보내겠다고 썼다.

답장을 보내면서 제퍼슨은 적절한 표현을 했다. 1812년 1월 21일 화요일, 그는 몬티셀로에서 다음과 같이 답장을 썼다. "당신이 보내주신 편지 한 통으로 마음속 소중한 추억이 떠올랐습니다. 바로 어려움과 위험에 둘러싸여 있으면서도, 우리가 같은 대의를 지닌 동지였고, 인간에게 가장 소중한 가치인 자치권을 위해 함께 노력하던 그 시절로 저를 돌아가게 합니다. 우리는 항상 같은 배의 노를 저으며, 덮칠 듯한 파도에 맞서 알 수 없는 힘으로 무사히 헤쳐 나왔으며, 마음과 힘을 모아 폭풍 속을 뚫고 행복의 항구에 도착했습니다."

이렇게 정치에 의해 산산조각 났던 옛 우정은 회복되었다. 1812년 2월 10일 월요일, 애덤스가 퀸시에서 답장을 보냈을 때 그는 마치 그사이 흐른 세월이 아무것도 아니었던 것처럼 글을 쓰고 있었다. 그는 제퍼슨에게 1812년 6월에 종말이 온다고 예언했던 버지니아에서 발간된 소책자에 대해 물었다. 애덤스에게는 '시간과 경험을 통해 그들의 예언이 끊임없이 잘못된 것으로 드러나는데도 그런 예언이 계속 출현한다는 것'이 신기하게 느껴졌다.

나이가 지긋한 혁명가들은 영적인 문제와 세속적 문제에 대한 생각과 기억을 교환했다. 1815년 제퍼슨은 애덤스에게 이렇게 썼다. "미국 독립 혁명의 역사라는 주제에 관해 당신은 누가 그것을 쓸 것인지 물었습니다. 누가 그것을 쓸 수 있을까요? 그리고 도대체 그것을 쓸 수는 있을까요? 아무도 할 수 없습니다. 단지 외적인 사건을 제외하고요. 의회가 문을 닫아걸고 비공개로 진행한 모든 협의와 계획, 논의들은, 제가 아는 한, 누구도 그것에 대해 기록한 적이 없습니다. 역사의 생명이자 혼이라고 할 이런 내용은 영원히 알려지지 않을 것입니다." 애덤스는 왕성한 서신 작성자임을 스스로 드러냈다. "쓰고 싶은 주제들이 넘쳐나서 무엇부터 시작해야 할지 모르겠습니다."라고 그는 제퍼슨에게 썼다. 제2대 대통령은 새로 이어진 관계에 원대한 의미를 부여했다. "당신과 저는 서로에게 자신을 설명하기 전에는 죽지 말아야 합니다."

제퍼슨은 이 편지들을 매우 좋아했다. 1813년 3월, 제퍼슨은 벤저민 러시에게 이렇게 썼다. "애덤스와 저는 습관적으로 편지를 주고받습니다. 지금 그에게 편지 한 통을 빚지고 있는데, 쓸 거리가 생기는 대로 가능한 한 빨리 써서 빚을 갚을 작정입니다. 정치 같은 흔한 주제는 신경 쓰지 않습니다. 서로 의견이 일치하는 다른 주제들이 그토록 많은데, 왜 굳이 의견이 다른 단 하나의 주제를 끄집어내겠습니까?"

정치의 변덕스러움에 대해 애덤스는 이렇게 썼다. "저의 명성은 50년간 그토록 자주 대중들의 놀림감이 되었고, 후손들에게도 그럴 것입니다. 저는 그것들이 변덕스러운 여름 공기 속을 한가로이 떠다니는 거품이나 거미줄 정도로 생각합니다." 제퍼슨도 같은 어조로 1813년 6월 애덤스에게 이렇게 썼다. "저에게 최고의 선은 진정 에피쿠로스적인 것, 즉 몸이 편안하고 마음이 평온한 것입니다. 저는 남은 나날 동안 이것을 누리며 살고 싶습니다."

인간들은 사회가 생겨난 초창기부터, 그리고 자유롭게 생각하고 말하는 것이 허용된 모든 정부에서, 의견이 달랐으며 이 의견에 따라 당파로 나뉘어 왔습니다. 지금 미국을 뒤흔드는 것과 똑같은 정치적 당파가 모든 시대에 걸쳐 존재해왔습니다. 국민의 권력이 우세해야 하는지, 귀족의 권력이 우세해야 하는지에 관한 문제는 그리스와 로마를 영원한 격변 속으로 몰아넣었습니다. 우리가 다른 사람들보다 공적 무대에 더 오래 있었고, 따라서 국민에게 우리의 이름이 더 친숙했기 때문에, 당신과 뜻을 같이한다고 생각하는 당파는 당신의 이름을 맨 앞에 내세웠습니다. 다른 당파는 같은 이유로 제 이름을 선택했습니다.

제퍼슨은 공화국 초기 수십 년간 이어진 정치적 갈등이 마침내 끝나야 할 시점이라고 말했다. "그리고 친애하는 각하와 제가 늙은 프리아모스처럼 '오랜 세월 사용하지 않아 떨리는 어깨에 무기를 짊어져야arma, diu desueta, trementibus aevo humeris' 할까요? 우리가 이 나이에 당파의 전사가 되어 신문이라는 경기장에서 검투사처럼 우리 자신을 드러내야 할까요? 이 세상 그 무엇도 저를 그렇게 만들 수는 없습니다. 저는 이미 오래전부터 세상의 판단에 겸허히 따르기로 마음먹었습니다. 세상은 제 행동으로 저를 판단할 것이며, 어떤 판단을 내려야 하는지는 절대로 저에게 조언을 구하지 않을 것입니다."

애덤스는 정중했지만 의견 차이에 대해서는 단호했다. 애덤스는 제퍼슨과 매디슨에 대해 이렇게 썼다. "저는 두 분의 진실성을 믿으며, 적어도 워싱턴에 있었을 때만큼은 의심할 여지가 없습니다. 정부 정책에 있어서 저는 당신이나 매디슨 씨와 의견을 같이하지 않았습니다. 당신이 옳은지, 제가 옳은지는 후세가 판단할 것입니다." 애덤스는 "국민은 제퍼슨과 함께 했다."라는 것을 인정하면서도 이렇게 덧붙였다. "그러나 당신의 권위도 국민의 권위도 저를 설득하지 못했습니다. 그리고 감히 말하건대, 후손들조차 저를 설득할 수는 없을 것입니다."

민주주의의 성격과 국가의 미래에 관한 그들의 논쟁은 매혹적이었고, 서신을 주고받으면서 두 사람은 사고의 명료함과 일종의 합리성을 갖추게 되었다. 극심한 당파싸움이 한창이던 시절의 경멸적인 외침은 사라졌다. "제가 자연의 가장 고귀한 선물이라고 생각하는 것은 사회를 가르치고, 신뢰를 쌓고, 다스리는 데 필요한 자연적 귀족주의입니다."라고 제퍼슨은 썼다. "사실, 인간을 사회적 존재로 창조해 놓고 사회를 운영하는 데 필요한 덕성이나 지혜를 주지 않았다면, 이는 창조의 본질과 모순되는 일일 것입니다. 더 나아가 이러한 자연적 귀족을 정부 직책에 가장 순수하고 효과적으로 선발하는 방안을 제시하는 것이 최선의 정부 형태라고 말할 수 있지 않겠습니까?" 그는 다음과 같이 덧붙였다.

따라서 저는 우리 의견이 다른 부분에 대한 제 의견을 말씀드려왔습니다. 이는 논쟁하려는 것이 아닙니다. 우리 둘 다 오랜 질문과 성찰의 결과로 굳어진 자신의 의견을 바꾸기에는 너무 늙었기 때문입니다. 다만 서로에게 자신을 설명하기 전에는 죽지 말아야 한다고 당신께서 이전 편지에서 제안하신 데 따른 것입니다. 우리는 자유와 독립을 위한 길고 위험한 투쟁을 거치며 완벽한 조화를 이루었습니다. 그 결과 헌법을 만들어냈는데, 비록 우리 모두 완벽하다고 생각하지는 않지만, 그럼에도 하늘에 태양이 떠 있는 한 동료 시민들을 가장 행복하고 안전하게 만들어줄 만큼 충분한 장점이 있다고 생각하는 헌법입니다. 설사 헌법의 불완전성에 대해 완전히 생각이 같지는 않더라도 이는 우리에게 중요하지 않습니다. 사심 없는 노력을 오랜 시간 바친 뒤, 우리는 이 나라를 우리 후손들에게 넘겨주었으며, 그들은 헌법과 자신들을 잘 보살필 것입니다.

1826년 그들이 사망할 때까지 제퍼슨과 애덤스는 평생 동안 총 329통의 편지를 주고받았으며, 그중 상당수인 158통이 1812년부터 생의 마지막 순간까지 오간 편지였다.

1811년 3월, 제퍼슨은 매디슨에게 "농부들에게는 끔찍한 겨울입니다."라고 썼다. 정치가들에게도 상황은 크게 다르지 않았다. 같은 달, 제퍼슨의 사위 존 웨일스 에페스는 그에게 이렇게 썼다. "의회 마지막 회기 동안 당파 간의 원한이 예전처럼 가혹하고 신랄하게 되살아났습니다. 확고한 원칙이나 목표로 결속되지도 않았고, 미국인으로서 가져야 할 애국심도 결여된 이렇게 혐오스러운 소수파는 어디에서도 존재한 적이 없습니다. 그들의 정치적 신념은 '반대'라는 한 단어로 요약되며, 원칙이나 개인적 평판, 심지어 조국을 위한 최선의 이익까지도 고려하지 않은 채 오직 반대만을 추구합니다."

몬티셀로에서 제퍼슨은 수십 년간 그를 괴롭혔던 불안, 즉 영국의 힘이 미국에 미칠지도 모른다는 두려움이 현실로 나타나는 것을 지켜보았다. 1812년 초부터 제퍼슨이 그토록 자주 경고했던 시나리오가 현실이 되었고, 미국은 다시 한번 영국과의 전쟁에 돌입했다. 제퍼슨은 대통령직에서 물러난 후 새 삶을 시작했지만, 여전히 영국과 무력 충돌에 이르지 않고도 문제를 해결할 수 있다고 믿고 있었다. 그러나 그는 매디슨에게 어떤 가능성도 배제하지 말라고 조언했다. "아무런 저항 없이 약탈을 당하느니 차라리 전쟁을 치르는 편이 오히려 손해가 덜할 수도 있습니다."

1811년 9월, 제퍼슨은 존 웨일스 에페스에게 대통령 내외와 육군부와 해군부의 장관들이 가족들과 함께 몬티셀로를 방문할 예정이라고 썼다. 그러나 영국 프리깃함과 소형 전투함이 "델라웨어에 정박한 채 물러나기를 거부하고 있다."라는 소식 때문에 내각 관료들의 방문은 어려워질 수도 있었다. 벤저민 러시는 이 모든 상황을 꿰뚫어 보았다. "우리나라는 1776년과 1800년, 두 번에 걸쳐 영국으로부터 독립을 선언했습니다. 이제 우리는 독립 선언 전야에, 세 **번째** 선언을 반복해야 할까요? 펜이나 보통 선거로서가 아니라 대포의 포성으로 해야 하는 것인가요?"

전쟁이 다가오자 제퍼슨은 포플러 포리스트에서 집으로 돌아왔다. 버지니아 사람들이 워싱턴의 소식을 기다리는 동안, 5월 열흘 동안 약 254밀리미터의 비와 우박이 내려 밀 농사에 피해를 주었다. 제퍼슨은 영국과의 갈등이 런던에 동조하는 미국인들과의 갈등이기도 하다고 생각했다. 1812년 5월, 제퍼슨은 매디슨에게 이렇게 썼다. "당신의 전쟁 선언은 큰 동요 없이 받아들여질 것입니다. 만약 북부인들이 조직적으로 다수파를 장악하려 한다면, 우리가 예상할 수 있듯이, 지금이 그들을 시험할 적기일 것입니다."

1811년 11월 5일 화요일, 매디슨 대통령은 의회에 전쟁 준비 메시지를 보냈다. 그는 국경과 해안을 따라 약탈 행위가 너무 심해 더 이상 인내할 수 없다고 주장했다. 미국의 영구적인 독립이라는 과제를 시험해야 할 때가 다가온 것이다. 제퍼슨은 찰스 코츠워스 핑크니에게 이렇게 말했다. "그렇다면 우리는 전쟁을 하게 될까요? 저는 그렇게 생각하며, 전쟁이 필요하다고도 생각합니다. 시간이 해결해줄 것이라는 모든 기대, 인내심, 평화에 대한 사랑은 고갈되었고, 전쟁이냐 비참한 굴복이냐만이 우리에게 남겨진 선택지입니다."

1811년 마지막 날, 제퍼슨은 매디슨에게 따뜻한 격려의 말을 전했다. "당신의 메시지는 확고하고 이성적이며 고귀한 품격을 갖추었습니다. 당신이 모든 어려움을 헤쳐 나가도록 신의 가호가 있기를 빕니다."

41장 정치인, 입법자, 판사를 양성하다

국민들을 힘이 아닌 이성과 설득을 통해 이끄는 공화주의 국가
에서 논리의 기술은 무엇보다 중요하다.

—토머스 제퍼슨

제퍼슨은 이전에 이런 상황을 겪어본 적이 있다. 왕의 군대가 움직이
고 미국의 대의가 위협받는 상황이었다. 제퍼슨과 그의 세대는 프렌치-인
디언 전쟁의 여파로 오래전에 시작되었던 갈등이 절정에 다다랐음을 느꼈
다. 인지세법에서 해상 강제징용에 이르기까지 반세기 동안, 미국이 진정
한 주권 국가라는 생각을 영국은 단 한 번도 온전히 받아들인 적이 없었
고, 미국 역시 이를 잘 알고 있었다. 1810년이 되어서도 미국 의회는 여전
히 "국민은 식민지가 되어 독립을 포기하는 것을 용납하지 않을 것이다."라
고 표명할 필요성을 느꼈다. 그리하여 제퍼슨의 생애에서 두 번째로 영국
과 미국 사이에 전쟁이 발발했다.

1812년 전쟁은 오랫동안 미국인들에게 엄청난 재앙이었다. 1814년 8월,
영국은 워싱턴을 불태웠고, 문서와 조지 워싱턴의 초상화를 구하는 일은

돌리 매디슨의 손에 맡겨졌다. 그녀는 적들이 눈앞에 들이닥치기 직전에 대통령 관저를 탈출했다. 제퍼슨은 일부 미국인들이 영국을 환영한다는 소식에 격분했다. 1814년, 제퍼슨은 존 웨일스 에페스에게 이렇게 썼다. "어떤 정부도 단순한 의무감만으로는 유지될 수 없으며 두려움의 원칙도 필요하다네. 선한 사람들은 의무감에 복종하지만, 악한 사람들은 오직 두려움 때문에 복종할 것이네."

볼티모어와 플래츠버그에서 승리를 거둔 뒤 미국은 반격의 기반을 다졌다. 영국과의 평화는 겐트 조약을 통해 이루어졌고, 이 조약은 영국과의 반세기에 걸친 적대관계를 종식시켰다. 제퍼슨의 공화당과 뉴잉글랜드의 완고한 연방주의자 간 또 다른 갈등도 있었다. 1814~1815년 하트퍼드 회의로 알려진 코네티컷 회의에서 연방 탈퇴 논의가 다시 고조되는 가운데 연방주의자들이 불만을 담은 결의안을 발표했다. 그러나 이 모임 소식이 영국과의 평화 협정 소식과 맞물리면서, 연방주의자들은 극단적이고 평판이 좋지 않은 집단으로 비치게 됐다. 제퍼슨은 "연방이라는 결속력은 모든 미국인의 심장과 핏속에 살아 있다. 이 세상 어디에도 이처럼 흔들리지 않는 기반 위에 세워진 정부는 존재하지 않을 것이다."라고 말했다.

1815년 중반이 되자, 제퍼슨이 오랫동안 비전을 품고 지키기 위해 싸워온 미국은 마침내 외부의 적들로부터 안전해졌다.

1814년, 사우스캐롤라이나의 성공회 주교가 예고도 없이 방문했지만 몬티셀로 집주인의 환대에 감명을 받았다. 시어도어 드혼 주교는 제퍼슨의 외모에 강한 인상을 받았다. 주교의 전기 작가는 이렇게 썼다. "제퍼슨 씨의 큰 체구는 그의 폭넓고 풍부한 지성을 담아내기에 아주 적당한 공간처럼 보였다. 그는 왁스칠이 잘된 모자이크식 마호가니 마루 위를, 잘 훈련된 사람처럼 아주 능숙하고 빠르게 움직였다."

제퍼슨은 대화에서도 상대방을 매료시켰다. "그는 거의 끊임없이 다양한 주제에 대해 이야기했으며, 생각이나 말에 주저함이 없었다. 위대한 지성인이라는 인상을 받지 않을 수 없었다." 하룻밤을 묵고 제퍼슨과 아침 식사를 한 뒤 주교 일행은 몬트필리어를 향해 출발했다.

집에서 제퍼슨은 대중의 끊임없는 주목을 받았다. 팻시가 한번은 50명의 손님이 묵을 침대를 마련해달라고 요청받은 적이 있다고 회상했다.

집안사람들이 유리창 깨지는 소리에 방문객이 왔음을 알게 된 적도 있었다. 한 숙녀 방문객은 위대한 사람을 보기 위에 몸을 뻗으면서 시야 확보를 위해 양산으로 창문을 깨뜨리기까지 했다. 그를 잠깐이라도 보려는 이방인들이 서재와 저택의 중심부를 가득 채웠다. 그들은 "시계를 보며 그가 저녁 식사를 위해 방에서 방으로 이동하기를 기다렸다가, 그를 잠깐이나마 볼 수 있었다." 또 다른 무리는 저녁때 현관 근처에 모여, "약 11미터 거리까지 접근해서 만족할 때까지 그를 노골적으로 주시했는데, 마치 동물원 안의 사자를 보는 것 같았다."

제퍼슨이 사망한 후, 19세기 전기 작가인 헨리 랜들은 제퍼슨의 옛 노예였던 웜리 휴스와 몬티셀로 주변을 산책한 적이 있었다. 북쪽 테라스 아래 3개의 마차 칸(각각 4마리 말이 끄는 사륜마차에 적합한 공간이었다)을 가리키며, 랜들은 이렇게 물었다. "웜리, 제퍼슨 씨가 살아 있을 때 이곳이 가득 찬 적이 많았나요?"

"여름에는 매일 저녁 찼습니다, 나리. 그리고 저 나무 아래에도 보통 두세 대의 마차가 있었습니다."라고 말하면서 휴스는 다른 곳을 가리켰다.

"손님을 대접하느라 집안사람들이 총동원되었겠군요?"라고 랜들이 물었다.

"그렇습니다, 나리. 손님을 대접하느라 농장 전체가 매달렸지요."

수년간 제퍼슨과 사이가 틀어졌던 한 버지니아 신사가 몬트필리어를 방문 중이었다. 매디슨은 그에게 몬티셀로를 방문할 예정인 다른 친구와 동행하라고 권했다. 그는 동행하기로 결정했다. 산자락에 있는 제퍼슨의 집이 바라다보이자 신사는 예고 없이 방문하는 것을 걱정했다.

그를 만나자 제퍼슨은 '약 1초가량' 놀라서 쳐다보았지만, 이내 "마치 그를 기다리기라도 한 듯이 즉시 앞으로 나서 친절하게 손님을 맞이했다." 저녁 식사 때 제퍼슨은 예기치 않은 방문객을 옆자리에 앉히고 마데이라 와인을 내오라고 했다. 제퍼슨의 어렴풋한 기억으로는 그가 가장 좋아하는 와인이었다. 손님은 사양하며 제퍼슨이 내놓은 와인을 마시겠다고 말했다.

이후 제퍼슨이 자리를 비우자, 손님은 몬트필리어의 친구에게 이렇게 물었다. "여기서 좋은 브랜디 한 잔 얻을 수 있을까요? 제퍼슨 덕분에 정말 즐겁긴 한데, 그의 시큼하고 차가운 프랑스산 와인을 홀짝이고 있자니, 이대로라면 밤에 죽을 것만 같아요. 해독제가 없다면 말이죠." 하지만 제퍼슨은 그 사실을 전혀 알지 못했고, 손님도 그의 기분을 상하게 하지는 않았다.

다음 날 손님은 '제퍼슨을 한껏 칭찬하면서' 매디슨의 집으로 돌아갔다. 그러나 그는 "그토록 미각이 뛰어난 사람이 왜 차갑고 신 프랑스산 와인을 마시는지!" 도무지 이해할 수 없었다. 그는 그 와인이 제퍼슨의 건강을 해칠 것이라고 매디슨에게 말했다. 그는 이 문제에 관해 열변을 토하면서 그 와인 때문에 그가 죽을 것이며, 언젠가는 밤에 그것 때문에 실려 나갈 것이라고 장담했다! 마침내 그는 제퍼슨에게 편지를 써서 와인을 바꾸도록 설득하라고 매디슨에게 재촉했다. 제퍼슨을 향한 그의 태도 변화와 특히 방금 언급된 문제에 관한 그의 따뜻한 염려는 매디슨과 제퍼슨에게 큰 기쁨을 주었다. 그때 이후로 세 사람은 돈독한 친구로 남게 되었다.

제퍼슨의 청력은 조금씩 나빠지고 있었고, 안경도 더 자주 써야 했다.

1818년 초, 그는 병에서 회복되었으나 동년배 친구들은 계속 세상을 떠났다. 그해 말, 그는 아비가일 애덤스가 세상을 떠났다는 소식을 들었다. 그는 존 애덤스에게 보낸 따뜻한 편지에서, 깊은 슬픔의 시간에는 말이 큰 위로가 되지 못한다고 썼다. 이는 자신이 '고통의 학교에서' 배운 교훈이라고 덧붙였다. 그는 또한 이렇게 썼다. "진심으로 당신의 눈물에 제 눈물을 보탭니다. 다만 우리의 슬픔과 고통스러운 육신을 같은 수의 속에 두고, 우리가 사랑했으나 이제는 잃어버린 친구들과의 황홀한 재회를 위해 천상으로 올라갈 시기가 멀지 않았다는 사실이 다소나마 위안이 됩니다. 그때가 되면 그들과 더욱 사랑하며 다시는 헤어지지 않을 것입니다."

제퍼슨은 가족 안에서 기쁨을 느꼈지만, 일가친척은 그의 근심거리이기도 했다. 토머스 만 랜돌프 주니어는 고질적인 재정 문제에 시달렸고, 술을 너무 많이 마시는 경향이 있었으며, 가족생활에서 제퍼슨이 중심이 되는 것을 질투했다고 전해진다. 그는 버지니아 주지사로 세 번의 임기를 마쳤지만, 나이가 들면서 진정한 평화를 얻지 못했다. 그는 막대한 빚을 진 에지힐 농장의 운명을 두고 아버지와 불화를 겪었다. 그는 성정이 사나워서, 그의 아들 토머스 제퍼슨 랜돌프는 그를 "늑대보다 사납고 하이에나보다 잔인했다."라고 말했다. 이처럼 그는 따뜻하고 가족적인 성품과는 거리가 멀었다(랜돌프는 1828년 사망했다).

또 다른 걱정거리는 제퍼슨이 사랑했던 손녀인 앤 캐리 랜돌프의 남편 찰스 L. 뱅크헤드였다. 그는 주정뱅이였고, 해가 갈수록 알코올 중독과 아내에 대한 폭력 성향이 심화되었다. 뱅크헤드는 법률 업무와 농사일을 병행했지만 뚜렷한 성과를 내지 못했다. 한번은 제퍼슨이 앤에게, 실패한 결혼에 관한 마리아 에지워스의 소설 《현대판 그리젤다 이야기The Modern Griselda: A Tale》를 보낸 적이 있었다.

사위인 토머스 만 랜돌프 주니어가 불안정한 성품이긴 했지만, 제퍼슨 세계의 질서와 조화에 지속적인 위협이 된 사람은 뱅크헤드였다. 관리인 에드먼드 베이컨은 이렇게 말했다. "그는 외모는 근사했지만, 지독한 술주정뱅이였다." 뱅크헤드는 샬러츠빌과 몬티셀로 근처에서 위험천만한 행동을 일삼았다. 베이컨은 이렇게 전했다. "그가 말을 타고 샬러츠빌의 술집으로 달려가 술을 마시는 것을 본 적이 있다. 또 그가 취했을 때 그의 부인이 그를 피해 도망쳐 감자 구덩이 속에 숨는 것을 본 적도 있다."

은퇴 초기에 제퍼슨은 뱅크헤드를 포플러 포리스트로 데려가 베드퍼드 카운티로 이주하도록 적극 권유했다(한 가지 이유는 뱅크헤드와 술집 간의 거리를 더 벌리려는 것이었다). 그러나 결국 뱅크헤드 일가는 몬티셀로에 인접한 농장인 칼턴에 정착했다.

1815년이 되자, 제퍼슨은 의사인 찰스의 아버지에게 너무 늦기 전에 그의 아들을 치료해줄 것을 부탁할 필요성을 느꼈다. 술버릇을 개선하겠다는 약속은 번번이 깨졌고 뱅크헤드는 샬러츠빌에서 돌아올 때마다 너무 취해 있어 제퍼슨은 그를 '거의 정신 이상에 가까운 상태'라고 생각했다.

뱅크헤드는 앤에게 폭력적이기도 했다. 제퍼슨은 뱅크헤드가 '아내에게 매우 폭력적인 공격'을 가한 후, "그녀에게 방을 나가라고 명령하고 다시 들어오지 못하게 막았으며, 결국 그녀는 어머니 방에서 밤새 피난해야 했다. 이런 일이 처음도 아니었다."라고 기록했다.

어느 날 밤 뱅크헤드는 술 창고 열쇠를 넘겨주지 않는다는 이유로 제퍼슨의 집사인 몬티셀로의 버웰 콜버트를 크게 꾸짖고 있었다. 베이컨에 따르면 콜버트는 "그에게 더 이상 브랜디를 주지 않으려 했다." 팻시가 뱅크헤드를 진정시키려 했지만 실패하자, 베이컨을 불렀다("그녀는 이런 경우 랜돌프 씨를 부른 적은 한 번도 없습니다. 그는 매우 흥분하기 쉬운 성격이에요."라고 베이컨이 말했다.) 그런데 이때 랜돌프가 다투는 소리를 들었다. 베이컨은 다음과 같이 설명했다. "그는 내가 막 들어갔을 때 방으로 들어섰고, 뱅크헤드는 그를 버웰로 착각하고 욕설을 퍼붓기 시작했어요." 랜돌프는 난로에서 뜨거운 부지깽이를 집어 들더니 사위의 머리를 내리쳐, 살을 태워 거의 죽일 뻔했다.

1819년 2월 1일 월요일, 샬러츠빌 법정 밖에서 뱅크헤드는 처남이자 전직 대통령이 사랑하는 손자인 토머스 제퍼슨 랜돌프와 싸움이 붙었다. 충돌의 원인은 분명치 않지만 결과는 확실했다. 랜돌프는 말채찍으로 뱅크헤드를 때려 그의 머리에 상처를 입혔고, 뱅크헤드는 랜돌프를 칼로 두 차례 찔러 심각한 부상을 입혔다.

제퍼슨은 평소처럼 승마를 마치고 몬티셀로에 막 도착했을 때 두 사람의 싸움 소식을 들었다. 그는 즉시 샬러츠빌을 향해 맹렬하게 말을 달렸다. 광장에 있는 리치 가게에 누워 있는 손자를 발견하고 그는 무릎을 꿇고 눈물을 흘렸다. 젊은 랜돌프는 살아남았지만, 이 유혈 사태는 앤에 대한 제퍼슨의 두려움을 한층 강화시켰다. 제퍼슨은 이렇게 썼다. "뱅크헤드에 관해 걱정할 일이 많지만, 가장 큰 걱정은 그의 아내이다. 나는 오랫동안 그 아이가 남편의 손에 죽게 되지 않을까 걱정해왔다." 앤은 1826년 아기를 낳다가 사망했다.

이 모든 일에도 불구하고 제퍼슨은 낙관적으로 살아가려 애썼다. 1816년 제퍼슨은 애덤스에게 이렇게 썼다. "당신처럼 저도 이 세상은 대체로 좋은 곳이라고 생각합니다. 세상은 박애의 원칙에 따라 만들어졌으며 고통보다 더 많은 기쁨을 안겨줍니다." 제퍼슨은 폭넓은 시각을 갖고 있었다. "저는 희망을 뱃머리에 두고, 두려움을 뒤에 둔 채 배를 조종합니다. 저의 희망은 때때로 무너지지만, 우울한 자들의 불길한 예감보다 더 자주 그런 것은 아닙니다." 애덤스는 그렇게 낙관적이지는 않았다. 그는 제퍼슨에게 이렇게 썼다. "저는 감히 제 코앞의 미래조차 내다보지 못합니다. 우리의 돈, 무역, 종교, 국가와 주의 헌법, 심지어 예술과 과학조차 모두 분열과 파벌, 선동, 반란의 씨앗입니다. 모든 것이 선거를 위한 도구로 변질되었습니다."

제퍼슨은 미래를 믿었다. 왜 믿지 않겠는가? 그의 삶 자체가 정치적·지적 진보의 가능성에 대한 증거였다. 그가 보기에, 과거는 현재에 대해 불가사의하거나 검증할 수 없는 주장을 해서는 안 된다. 1816년 그는 이렇게 썼다. "어떤 사람들은 경건함을 가장한 숭배의 대상으로 헌법을 바라보며, 마치 언약의 궤처럼 너무 신성하여 건드릴 수 없는 것으로 여긴다."

그들은 이전 세대의 사람들이 인간을 초월한 지혜를 가졌다고 여기며 그들이 이룩한 것은 고칠 수 없다고 생각한다. 나는 그 시대를 잘 알고 있다. 나 역시 그 시대에 속해 함께 노력했었기 때문이다. 그들은 나라를 위해 헌신했다. 현재와 아주 비슷했지만, 그들에게는 지금의 경험은 없었다. 정부에서 40년간 쌓은 경험은 책을 읽어 얻는 백 년의 가치와 맞먹는다. 그들이 죽음에서 다시 깨어난다면 그들 스스로 이렇게 말할 것이다. 나는 분명히 법과 제도를 너무 자주, 검증도 없이 바꾸는 것을 지지하지 않는다. 그러나 법과 제도는 인간 정신의 진보와 나란히 나아가야 한다는 것도 알고 있다. 소년 시절에 맞았던 옷을 어른이 되어서도 계속 입으라고 요구하는 것은 문명화된 사회가 야만적인 조상들의 가르침에 영원히 머물러야 한다고 주장하는 것과 마찬가지로 터무니없다.

그는 혁신 정신을 사랑했다. "사실 하나의 새로운 아이디어는 또 다른 아이디어로, 그것은 다시 세 번째 아이디어로 이어지며, 시간의 흐름을 따라 계속 확장된다. 그러다 누군가가, 이러한 아이디어 중 어느 하나도 그가 창안한 것은 아니지만, 이 모든 것을 결합하여 마침내 정당하게 새로운 혁신이라고 불릴 만한 것을 창조한다." 미래는 무한한 가능성으로 가득 차 있었다. 그는 은퇴 후 이렇게 썼다. "내 생애 동안 이루어진 과학의 놀라운 진보와 기술의 발견을 생각해볼 때, 나는 현 세대가 그에 못지않은 발전을 이룰 것이라 확신한다. 그리고 우리가 우리의 아버지 세대보다, 또 우리 아버지 세대가 마녀를 불태우던 사람들보다 나았듯이, 현세대 또한 과거의 우리보다 훨씬 더 현명하리라는 것을 의심하지 않는다."

이제는 방어뿐만 아니라 건설할 세상과 시간이 충분했다. 영국군이 워싱턴 의회 소유의 책 약 3천 권을 불태운 뒤, 제퍼슨은 자신의 장서를 국가에 팔겠다고 제안했다. 그의 손에는 6,487권이 있었고, 《내셔널 인텔리전서》의 보도에 따르면 '도서의 선정, 희귀성, 내재적 가치 면에서 값을 매길 수 없는' 장서였다. 이 책들은 새로운 의회 도서관의 핵심이 되었다.

그리고 세월이 흐르면서 그는 샬러츠빌에서 추진하는 한 프로젝트에 점점 더 많은 관심을 쏟게 되었다. 이 사업을 통해 다음 세대가 이전 세대를 앞설 수 있는 조건을 창출할 수 있다고 생각했다.

그것은 대학이었다. 전적으로 그의 손에 의해 만들어져, 간단히 '제퍼슨 씨의 것'으로 알려지게 된 대학이었다. 1818년, 그는 집을 떠나 약 40킬로미터 떨어진 블루리지산맥에 있는 넬슨 카운티와 오거스타 카운티 사이 록피쉬 협곡의 마운틴 탑 선술집으로 갔다. 그곳에서 제퍼슨과 다른 몇 사람이 샬러츠빌에 세울 대학의 설립안을 승인했다. 모인 사람들의 면면은 놀라웠다. 제퍼슨, 매디슨, 마셜이 참석했고 다른 저명한 버지니아 정치인들도 있었다. 제퍼슨은 확실히 책임을 맡았고 그 역할을 즐겼다.

제퍼슨의 말을 빌리면, "대학의 사명은 공공의 번영과 개인의 행복을 크게 좌우할 정치인, 입법가, 판사를 기르는 것이었다." 그는 이 사업에 최고의 의미를 부여하면서 이렇게 썼다. "나는 사회의 궁극적 권력을 맡길 수 있는 안전한 보관처는 오직 국민 자신뿐이라는 것을 잘 알고 있다. 만약 국민이 건전한 분별력을 가지고 통제력을 행사할 만큼 충분히 계몽되지 않았다고 생각한다면, 해결책은 그들로부터 권력을 빼앗는 것이 아니라 교육을 통해 국민의 분별력을 향상시키는 것이다. 이것이야말로 헌법적 권한의 남용을 바로잡는 진정한 방법이다."

버지니아 대학교 설립은 제퍼슨의 의지와 리더십으로 일궈낸 마지막 위대한 노력의 산물이었다. 이 사업은 그의 정치적, 지적, 건축적 재능을 모두 필요로 했다. 그의 삶에서 많은 일이 그랬듯, 타협할 일과 문제들이 많았지만(그는 너무 많은 돈을 썼다), 다른 수많은 일들과 마찬가지로 제퍼슨은 영속하는 무언가를 창조해냈다. 독립선언서의 말들은 그의 사후에도 계속 남았다. 루이지애나를 더해 만들어진 나라는 그의 사후에도 계속 이어졌다. 강력한 대통령제의 가능성에 대한 구상은 그의 사후에도 계속 살아남았다. 대학교 또한 마찬가지였다.

교육은 제퍼슨의 지속적인 관심사였다. 1780년대에 그는 조지 위스에게 이렇게 썼다. "저는 우리 법규 전체에서 지식을 대중에게 보급하는 법안이 가장 중요한 법이라고 생각합니다. 자유와 행복을 보존할 이보다 더 확실한 토대는 없습니다."

제퍼슨은 그가 오랫동안 염원하고 노력했던 미국 사회를 만들기 위한 핵심 요소로서 대학의 역할을 고려했다. "이 기관은 인간 정신의 무한한 자유에 기반할 것입니다."라고 그는 말했다. 자신의 첫 취임 연설을 되새기듯 그는 이렇게 덧붙였다. "이곳에서 우리는 진리가 우리를 어디로 이끌든 따르는 데 주저하지 않을 것이며, 이성으로 맞서 싸울 자유가 있는 한 어떠한 오류도 용인할 것입니다."

그의 열정에는 지역적 요소도 있었다. 1820년에 제퍼슨은 켄터키주 트란실바니아 대학과 하버드 대학을 염두에 두고 이렇게 말했다. "만약 의회가 우리의 대학 설립을 적극적으로 지원하지 않는다면, 우리는 교육을 위해 우리 아이들을 켄터키나 케임브리지로 보내야 할 것입니다. 후자는 아이들을 광신도와 왕당파로 길러 돌려보낼 것이고, 전자는 인구를 늘리기 위해 아이들을 그곳에 붙잡아 둘 것입니다."

그가 새롭고 위대한 기관을 구상하고 직접 나서기로 했을 때 그 무엇도 그를 제지할 수 없었다. 1819년, 엘리자 하우스 트리스트는 제퍼슨이 '대학을 방문하기 위해 극심한 허리케인을' 뚫고 말을 타고 달려왔다고 기록했다. 그는 건설 공사를 지켜보기 위해 몬티셀로 테라스에 망원경을 설치했다고 한다.

첫 번째 교수 임명은 그를 곤혹스럽게 했던 일종의 종파 분쟁의 희생양이 되었다. 1820년 유니테리언파인 토머스 쿠퍼가 교수로 대학에 초빙되었다. 이에 버지니아주 종교계가 거세게 반발해 제퍼슨이 '성스러운 심문'

이라고 부른 상황이 벌어졌으며, 광신도들이 결국 승리했다. 제퍼슨은 물러설 수밖에 없었다.

그러나 이 노인은 자신의 실수로부터 배우는 능력을 잃은 적이 없었다. 2년 뒤 주립 대학이 종교에 적대적이라는 지속적인 비판 속에서, 그는 대학이 학생들의 종교 신앙을 기르는 데 실패하고 있다는 우려를 잠재울 놀라운 계획을 제시했다. 종파주의자들이 우려한 직접적인 이유는 제퍼슨이 교수단에 신학 교수를 포함시키지 않았기 때문이었다.

제퍼슨이 총장으로서 발표한 1822년 연례 보고서에서 그는 부드럽지만 분명하게 그 책임을 각각의 종파에게로 돌렸고, 모든 분파에 대학 안에서 학교를 설립하고 운영자금을 지원받을 기회를 제공했다. 도서관은 모두에게 개방되었고, 대학 관계자들은 학생들이 일반 대학 과정뿐만 아니라 종파적 성격의 수업에도 참여할 수 있도록 허용했다. 제퍼슨은 "이 학파들은 대학으로부터, 그리고 각각의 종파로부터 서로 독립적임을 늘 마음에 새겨야 한다."라고 썼다.

제퍼슨은 다시 한번 합리적이고 개방적인 태도를 연출하여 수동적으로 영향력을 행사해 자신의 목표를 달성했다. 그리고 그는 실제로 합리적이고 개방적이었다. 제시된 타협안은 이해관계를 현명하게 조정하는 좋은 방안이었다. 그러나 자신들이 직접 기관을 설립해야 한다는 예상에 직면하자 여러 종파가 이를 거부했다. 여전히 신학 교수는 없었고, 별도의 신학교도 설립되지 않았다. 제퍼슨은 쿠퍼를 잃었지만, 보다 큰 싸움에서는 승리했다.

같은 해 이성에 대한 그의 믿음은 과장된 발언으로 이어졌다. 1822년 그는 이렇게 말했다. "나는 자유로운 탐구와 신앙이 허용되며, 자신들의 교리와 양심을 왕이나 성직자에게 의존하지 않는 이 축복받은 나라에서 유일신이라는 참된 교리가 되살아나고 있다는 사실에 기쁨을 느낍니다. 그리고 현재 미국에 살고 있는 젊은이들 중 유니테리언으로 죽지 않을 사람은 한 명도 없다고 확신합니다."(이와는 대비되어, 제퍼슨은 커피의 유행을 정확히 예견했다. 그는 "커피콩이 문명 세계에서 가장 선호하는 음료가 되었다."라고 썼다)

제퍼슨은 또한 전통적인 기독교와 유대교의 지속적인 인기를 고려할 때, 아직은 거리가 멀지만, 전통적이지 않은 영적 신념의 확산에 대해 숙고했을 때 종교의 핵심에 더 다가갈 수 있었다. 그는 이렇게 말했다. "내가 새로운 종파의 창시자가 된다면, 나는 그들을 양봉가라고 명명하고, 꿀벌을 본보기로 삼아 모든 종파에서 꿀을 모으라고 조언할 것이다. 나의 기본 원칙은 우리의 능력 범위 내에서 스스로의 선행으로 구원받는 것이며, 우리의 힘을 벗어난 믿음을 통해 구원받는 것은 아니다."

제퍼슨은 창조주인 신의 존재와 사후 세계를 믿었다. 무엇보다 그는 예수의 생애와 가르침에서 얻을 수 있는 도덕적 교훈을 강조했다. 제퍼슨은 예수의 신성은 부인했지만 예수의 말씀과 본보기는 받아들였다. 대통령 재임 기간 중 그는 《나사렛 예수의 철학: 마태, 마가, 누가, 요한이 전하는 그의 삶과 가르침의 기록에서 발췌The Philosophy of Jesus of Nazareth extracted from the account of his life and doctrines as given by Matthew, Mark, Luke and John》이라는 46쪽 분량의 저서를 완성했다. 은퇴 후, 이 작업을 다시 시작하여 보다 야심찬 작업인 《나사렛 예수의 삶과 도덕: 그리스어, 라틴어, 프랑스어, 영어 복음서의 본문에서 발췌The Life and Morals of Jesus of Nazareth Extracted Textually from the Gospels in Greek, Latin, French & English》을 개인적으로 편찬했다. 1820년, 제퍼슨은 유니테리언인 재러드 스파크스에게 이렇게 썼다. "예수님에 대한 믿음은 신의 유일성에 기반하고 있으며, 이 원칙이 당시 알려졌던 이교도 신들의 잡다한 무리에 맞서 승리하게 된 주된 원인이었습니다. 모든 나라의 사려 깊은 사람들은 유일신이라는 교리를 따라 모여들었고, 예수가 가르친 순수 도덕과 함께 이를 받아들였습니다."

교회에 다니면서 늘 손때 묻은 《공예배서Book of Common Prayer》를 들고 다니고, 교구 위원으로 봉사했으며, 공공 연설에서 신을 언급했던 제퍼슨은 예전에 스스로 말했듯이 '내가 아는 한, 나만의 종파를 가진' 사람이었다.

비록 그는 종교의 국교화에 맞서 싸웠지만, 종교가 미국에서 수행하는 문화적 역할을 이해하고 높이 평가했다. 정치가이자 공화주의 신봉자로서 제퍼슨은 종교적 감수성을 자유로운 탐구에 종속시키면 신앙이 분쟁의 원천에서 선을 실현하는 힘으로 변하게 될 것이라고 기대했다. 종교가 어떤 형태로든 이 세상에서 영원히 존재하는 요소임을 알았기 때문이었다. 그렇다면 가장 현명한 길은 종교를 비난하는 것이 아니라 신앙의 문제에 이성을 적용하도록 장려하는 것이다. 제퍼슨은 인간이 종교에 대해 보다 이성적일수록 더 나은 삶을 살게 될 것이며, 이는 결국 국가를 더욱 안정적이고 도덕적으로 만들어줄 것이라고 믿었다.

그것은 하루아침에 쉽게 이길 수 있는 싸움이 아닐 것이다. 전통적인 기독교의 힘을 고려하면 더욱 그렇다. 존 애덤스에게 제퍼슨은 이렇게 썼다. "사실 예수의 교리에 있어 가장 큰 적은 스스로 교리의 해설자라고 여기는 자들입니다. 그들은 교리를 예수의 본래 말씀에 전혀 근거하지 않고 전혀 이해할 수 없는 환상적인 체계로 왜곡해왔습니다. 그리고 지고한 존재인 아버지에 의해 처녀의 자궁 속에 잉태된 신비로운 예수의 출생은 주피터의 머리에서 태어난 미네르바의 출생 우화와 동급으로 분류될 것입니다. 이제 우리는 미국에서 이성의 자각과 사고의 자유가 이 모든 인위적인 체계를 없애버리고, 인간 오류에 대한 가장 존경받는 개혁가로서 본래적이고 순수한 교리를 우리에게 회복시켜줄 것이라 기대합니다."

제퍼슨은 사후 세계에 관해 매우 구체적인 믿음을 가지고 있었으며, 시간과 공간을 초월하여 사랑하는 사람들을 다시 만나리라는 기대로 현세의 고통을 위로받으려 했다. 천국에 대해 그는 애덤스에게 이렇게 썼다. "그곳의 의회에서 옛 동지들을 다시 만나 함께 승인의 인장을 받았으면 좋겠습니다."

제퍼슨은 마음속으로 "예수의 교리들은 단순하며 모두 인간의 행복을 지향한다."라고 믿었고 다음과 같이 썼다.

1. 오직 한 분의 신만이 존재하며, 그분은 완전하다.
2. 보상과 처벌이 주어지는 내세가 존재한다.
3. 온 마음으로 신을 사랑하고, 네 이웃을 네 몸처럼 사랑하는 것이 종교의 본질이다.

그는 애덤스에게 이렇게 말했다. "나에게 믿음은 신과 나 자신만이 아는 것이며, 세상에 제시할 증거는 나의 삶에서 찾아야 합니다. 만약 사회에서 성실하고 책임감 있는 삶을 살았다면, 그 삶을 인도한 종교는 나쁜 종교일 수 없습니다." 제퍼슨은 젊은 시절 자신이 "지식 추구에 대담했고, 그 결과가 어떻든 진리와 이성을 추구하기를 두려워하지 않았으며, 그 길을 가로막는 모든 권위에 대담하게 맞섰다."라고 자랑스럽게 회상했다.

제퍼슨은 생의 마지막까지 담대함을 잃지 않았다. "진실을 추구하는 사람이 셋이 하나이고 하나가 셋이라는 플라톤적인 신비주의를 믿는 척 가장하는 것은 너무 시대착오적이다. 그러나 이것이 바로 사제들의 술책과 권력, 이익의 기반이다. 허울뿐인 종교의 거미줄 같은 껍데기를 벗겨버리면 그들은 파리조차 잡을 수 없을 것이다. 그렇게 되면 우리 모두 퀘이커 교도들처럼 성직자 계급 없이 살아가면서, 스스로 도덕적으로 성찰하며, 양심의 신탁을 따르고, 아무도 이해할 수 없고 따라서 믿을 수 없는 것에 대해서는 아무 말도 하지 않게 될 것이다. 나에게 믿음은 이해할 수 있는 명제에 마음으로 동의하는 것이기 때문이다." 여전히 그는 미국 성서공회American Bible Society에 기부했는데, "4대 복음서에서 발견할 수 있는 것보다 더 순수하고 숭고한 도덕 체계는 없다."라는 데 동의했기 때문이다.

1819년 10월, 그는 장협착증으로 쓰러졌고, 의사는 치명적일 수 있다고 진단했다. 그는 언제나처럼 회복되었으나, 회복기에 접어들면서 1820년 과 그 이후 연방에 대한 극심한 우려에 시달리게 되었다. "자유의 거친 바다에는 파도가 끊이지 않습니다."라고 그는 그해 한 서신에서 썼다. 서부에서 강력한 파도가 빠르게 다가오고 있었다.

42장 연방의 죽음을 알리는 종소리

벙커힐 전투로부터 파리 조약에 이르기까지 그처럼 불길한 질문
을 받아본 적이 없다.

—토머스 제퍼슨, 미주리주 연방 가입 승인에 대하여

제퍼슨은 미래의 복지에 대해 생각하는 것을 좋아했다. 그것은 그의
본래적인 성향과 잘 맞았다. 그는 또한 대중이 어둠보다 빛을 좋아하듯, 퇴
행보다 진보를 선호한다는 사실을 잘 알고 있었다. 1817년, 그는 바르베-마
르부아 후작에게 이렇게 썼다. "저는 우리가 다가올 미래에 성공적으로 발
전해 나갈 것이라고 확신합니다. 연방의 지속에 제가 희망을 갖는 이유는
영토 확장을 통해 삶의 자원이 크게 늘어나리라는 기대에 주로 기반을 두
고 있습니다."

1819년 12월 10일 금요일, 제퍼슨은 미주리주 연방 편입 조건을 둘러
싸고 중대한 의미를 가진 의회 논쟁에 대해 기록했다. 하원은 노예제 폐지
조항을 넣는 조건으로 미주리주의 편입을 승인했으나, 상원은 노예제 존속
주들이 더 강세였으므로 편입안을 부결시켰다. 헌법 제정 회의 때부터 루

이지애나 매입에 이르기까지, 북동부 주들은 노예 소유주가 많은 남부와 서부 주들의 세력이 확장되면 노예제 이익 집단에게 국가를 영구히 장악할 권한을 주게 되리라 우려했다. 한편 남부와 서부 주들은 노예제의 존폐를 걱정하고 있었다.

제퍼슨에게는 최악의 시기였다. 그는 노예제가 도덕적으로 잘못임을 알았고, 궁극적으로 폐지될 것이라고 믿었다. 하지만 그는 노예 해방을 위해 직접 나설 수 없었다. 정치인으로서 그는 지역 갈등이 연방 체제에 가장 큰 위협임을 잘 알고 있었다. 실제로 그의 공직 기간 중 이미 루이지애나 매입과 이후 금수 조치 과정에서 분리주의 움직임이 연방을 위협한 적이 있었다.

이제 노예제가 뚜렷한 쟁점이자 가장 심각한 문제였다. 제퍼슨은 이렇게 말했다. "미주리주 문제는 한밤중 화재를 알리는 종소리처럼 연방의 종말을 알리는 죽음의 종소리와 같다. 지리적 경계선이 도덕적·정치적 원칙과 맞물려 사람들의 격한 감정이 더해지면, 그 경계는 절대로 사라지지 않을 것이며, 새로운 갈등이 터질 때마다 골이 점점 더 깊어질 것이다."

제퍼슨 스스로도 인정했듯이, 노예 문제에 관한 그의 해법은 실행하기에는 지나치게 복잡했다. 그는 다음과 같이 썼다. "물론 잘못된 표현이지만, 노예라는 자산을 양도하는 것은 나에게는 재고할 필요조차 없는 사소한 일이다. 그런 식으로 포괄적인 노예 해방과 **국외 추방**이 이루어질 수 있고, 그것도 점진적으로 적절한 희생을 통해 진행된다면 가능할 것이라고 생각한다. 하지만 지금 우리는 늑대의 귀를 잡은 상황이어서, 늑대를 붙잡고 있을 수도, 안전하게 놓아줄 수도 없다. 한쪽 저울에는 정의가, 다른 쪽 저울에는 자기 보존이 달려 있다."

12월에 제퍼슨은 존 애덤스에게 자신의 불안에 대해 솔직히 털어놓았다. "은행, 파산법, 제조업, 스페인과의 조약은 별것 아닙니다. 이런 일들은 폭풍우 속의 파도처럼 배 밑을 스쳐 지나갈 일들입니다. 그러나 미주리주

604

문제는 암초와 같아서, 자칫하면 반란으로 미주리 지역을 잃을 수도 있습니다. 혹은 그 이상으로 번질 수도 있습니다. 이는 오직 신만이 아실 것입니다."

해결안은 일종의 타협이었다. 노예제는 북위 36도선 이남에서는 허용되었으나 미주리주를 제외하고 그 북쪽으로는 금지되었다. 도망간 노예가 자유 지역 안으로 탈출하면 원소유주에게 반환되어야 했다.

제퍼슨은 이 문제를 권력의 관점에서 보았다. 만약 연방정부가 주 내부의 노예제를 규제하기 시작한다면 전례가 생길 것이고 규제는 마침내 노예제 폐지로 이어질 수 있다.

또한 북부는 반노예제 세력의 전국적 입지를 강화하기 위해 새로운 자유 주들을 만드는 데 힘쓸 것이며, 그렇게 되면 자유 주들이 선거인단을 장악할 수 있었다. 그는 라파예트에게 이렇게 썼다. "이는 도덕의 문제라기보다는 단순히 권력의 문제입니다. 그들의 목적은 대통령 선거에서 지역 대결 구도를 설정하려는 것이며, 그 목적이 이루어질 때까지 소란은 계속될 것입니다."

미주리주 문제에 관한 그의 생각과 말은 이 문제가 그에게 얼마나 심각한 문제였는지를 잘 보여준다. 제퍼슨은 이 문제를 평생 그가 붙들고 씨름했던 또 다른 문제, 즉 군주제의 위협과 연결 지었다. 제퍼슨은 "연방주의 지도자들은 군주제라는 원칙을 중심으로 여러 정파를 결집시켜 권력을 장악하려던 계획에 실패하자 전략을 바꾸었다."라고 했다. 이제 그들은 반노예제 정서에 기대어 정치적 지지를 확보하려고 시도하고 있었다.

결국 제퍼슨은 노예제를 비극으로만 이해했다. 1823년 9월에 쓴 글처럼 그는 노예제를 '끔찍한 오점'이라고 여겼을지 모르지만, 자신이 그 오점을 지울 수 있다고는 생각하지 못했다. 정치적 권력, 지적 권력, 가정 내 권력, 그리고 현대 세계에서 인간의 자유를 근본적으로 정의하는 일에서부터 손님에게 낼 와인과 화단에 심을 꽃과 같은 가장 사소한 부분까지 권력을 행사하려 했던 그가, 정작 삶을 지배하는 핵심 요소인 경제적·사회적 현실에 대해서는 스스로를 무력한 존재로 여긴 것이다.

버지니아의 노예들을 해방시킬 방법을 마련해달라고 요청하는 편지를 받고, 제퍼슨은 이렇게 말했다. "친애하는 친구여, 이는 늙은 프리아모스에게 헥토르의 갑옷을 입으라고 하는 것과 같습니다. 이 일은 젊은이들이 해야 할 일입니다. 저는 정성껏 기도할 것이며 이것이 늙은이가 가진 유일한 무기입니다."

개혁의 대의에 대한 그의 확고한 희망과 신념에도 불구하고, 노예제는 현실주의적 고려 때문에 그가 실천에 소극적이었던 드문 사안이었다. 1814년 그는 "이러한 도덕적·정치적 악행의 흔적을 모두 없앨 수 있는 실현 가능한 계획이라면, 나는 기꺼이 모든 것을 희생하겠다."라고 썼지만, 이는 사실이 아니었다. 그는 자신의 삶의 방식을 희생시킬 생각이 없었다. 그는 특유의 방식으로 실현 가능성이라는 주관적 기준을 내세워 스스로 수사적인 탈출구를 마련해 두었다.

제퍼슨의 관점에서, 흑인들을 기존 미국에서 몰아내는 것 외에는 달리 해결책이 없었다. 이는 제퍼슨과 수많은 동시대인들이 백인의 아메리카라고 여겼던 땅에서 인디언을 내쫓았던 사건조차 작아 보일 만큼 거대한 규모의 추방이었다. 인디언들은 미시시피강 건너편으로 부당하게 쫓겨났지만, 흑인들은 강이 아니라 바다 건너편으로 추방되어야 했다. "이들이 자유로워질 것이라는 사실은, 그 어떤 것보다 확실하게 결정된 운명이다. 또한 두 인종이 동등한 자유를 누리면서 같은 정부 아래 함께 살 수 없다는 사실 또한 그에 못지않게 확실하다."

다인종 사회는 그의 상상력을 넘어선 것이었다. 물론 몬티셀로에 바로 그러한 사회를 만든 그로서는 자신의 경험을 넘어선 것은 아니다. 그와 샐리 헤밍스 사이에 태어난 혼혈 아이들은, 그가 매일 집과 백인 가족들 옆에서 지켜보았지만, 그의 관점에서는 백인과 흑인의 '혼합'으로 인해 본질적인 '타락'을 겪은 존재였다.

그가 지닌 '혼합'이라는 잔인한 시각과 친자식에 대한 부성애 사이의 혼란스러운 모순을 어떻게 설명할 수 있을까? 아마도 제퍼슨은 늘 그랬듯이, 다양한 요소가 어우러진 집 안에서는 자신이 통제할 수만 있다면, 직접 문제를 해결할 수 있다고 느꼈을 것이다. 그는 자신의 빚에 대해서도 이런 식으로 느꼈고, 보다 넓은 범위에서 그가 대통령직을 추구하고 수행할 때 나라 일에 대해서도 마찬가지였다. 그의 표현을 빌리자면, '혼합'된 인간은 자신의 관할 범위를 벗어난 바깥세상에서는 혼란의 원천으로 간주되었다. 하지만 자신이 중심인 몬티셀로에서는, 다른 영역에서 법칙으로 간주되는 것에도 예외가 인정된다고 스스로를 납득시켰을 수 있다.

과거를 회고하며 도덕적 판단을 내리는 일은 위험할 수 있다. 현재의 기준으로 과거를 평가하는 것은 정당하지 않다. 그럼에도 우리는 노예제 같은 윤리적 문제에 대한 한 사람의 관점은, 같은 시대에 살며 동일한 현실에 직면했던 다른 사람들의 생각과 행동을 통해 평가할 수 있다. 1791년 자신의 노예를 해방한 농장주 로버트 카터를 시작으로, 제퍼슨과 같은 계층의 일부 버지니아인들은 노예제의 폐해는 사라져야 한다고 인식했고, 자신들의 노예를 해방시킴으로써 힘이 닿는 범위 내에서 할 수 있는 일을 실천했다.

좀 더 넓게 보면, 북부 정치인들은 꾸준히 반노예제적 표현과 정서가 뿌리내리고 확산될 수 있는 환경을 조성하고 있었다. 미주리주를 둘러싼 논쟁 자체가, 반노예제 세력이 힘을 모으고 있으며 그 힘을 사용할 준비가 되어 있음을 보여주는 것이었다. 제퍼슨과 같은 지식인에게 중요한 것은 노예제에 대한 프랑스의 시각이었다. 그는 프랑스에서 살았으며, 아마도 헤밍스 가족, 특히 샐리 헤밍스가 프랑스에 있는 동안 자유를 얻는 데 성공할까 봐 두려웠을 것이다.

그처럼 제퍼슨이 살았던 시대와 장소에서 노예제 폐지 전망은 그렇게

까지 실현 가능성이 먼 환상은 아니었다. 노예제 폐지는 단순히 생각에 그친 것이 아니라, 그가 익히 알고 있는 곳에서, 그의 생애 동안 실제로 실현되고 있었다. 제퍼슨은 공적 생활 초창기에 개혁을 시도했음에도 불구하고, 노예제에 관해서는 잘못된 판단을 내렸다.

하지만 이 시점에서 다시 극적으로 드러나듯이, 우리는 현실적 정치가인 제퍼슨이 도덕적 이론가인 제퍼슨보다 더 강력한 존재였음을 알게 된다. 1795년 매디슨에게 보낸 편지에서 그는 자신이 한때 '남부의 이해관계'라고 불렀던 것에 의해 움직였다. 남부가 그의 개인적 고향이자 정치적 기반이기 때문이었다. 그는 난제를 해결할 실질적인 방안을 찾지 못했고, 따라서 정치인들이 흔히 하는 방식대로 행동했다. 즉 그는 그 문제가 지금 당장이 아니라 시간이 흐른 뒤 해결될 것이라고 주장했다. 그는 대규모 식민지 이주가 불가능하다고 생각했다. 1824년, 그는 이렇게 썼다. "노예를 없애는 일이 영원히 불가능하다고 결론내리기 위해 이 말을 하는 것은 아닙니다. 그것은 저의 의견도, 희망 사항도 아닙니다. 다만, 이런 방식으로는 해결될 수 없다는 것뿐입니다."

과연 이 문제가 해결될 수 있을까? 제퍼슨은 알지 못했다. 1815년 제퍼슨은 "병이 가장 깊이 뿌리내린 곳이 병을 제거하기가 가장 힘든 곳일 것이다."라고 썼다. 제안된 방침에 대해 대중의 승인을 구하는 데 익숙한 정치인으로서의 치밀함과 분별력을 모두 보여주는 지점이다.

1825년 제퍼슨은 개혁운동가인 프랜시스 라이트에게 다음과 같이 썼다. "사건의 성격상 우리에게 할당된 시간 내에 실질적으로 해결될 수 있는 일이 아닙니다. 저는 이 일의 완수를 다음 세대에 맡깁니다. 그리고 그 완성을 보게 되면 환호할 것입니다. 악의 폐지는 불가능하지 않습니다. 그러므로 절대로 절망해서는 안 됩니다. 모든 계획은 채택되어야 하고, 모든 실험은 시도되어야 합니다. 이것이 궁극적인 목표를 향해 무언가를 이루는 방식입니다." 그것들은 그가 수행할 수 있는 실험이 아니었다. 혁신적이고,

기이할 정도로 창의적이었던 제퍼슨이 스스로 중요하다고 여겼던 일에 전념하기를 거부한 것은 극히 이례적인 사례이다. 그렇게 그는 평생 거의 하지 않았던 일을 했다. 그는 포기한 것이다.

개인 부채는 제퍼슨의 삶에서 또 하나의 지속적인 아이러니였다. 당시 그 지역 농장주들은 토지는 풍족했지만 현금이 부족한 경우가 많아서 농장과 노예, 수확 예정인 농산물을 담보로 과도하게 돈을 빌리곤 했다. 당장 현금이 필요해지자 제퍼슨과 그의 아버지, 그리고 많은 동시대인들은 담배 재배에 뛰어들었다. 담배는 토양을 고갈시키지만, 밀이나 다른 곡물에 비해 시장에서 훨씬 높은 가격을 받을 수 있는 환금 작물이었다. 그 결과, 담배 가격이 오르면 버지니아인들은 돈을 벌었고, 담배 가격이 내려가면 간신히 버티거나 손해를 입었으며 현금이 얼마가 들어오든 상관없이 지력을 고갈시켰다. 1794년 토머스 제퍼슨은 버지니아로 돌아오자 몬티셀로에서는 담배 농사를 다른 농사로 전환했지만, 더 먼 곳에 있는 농장에서는 여전히 담배를 재배했다.

여러 요인들 때문에 제퍼슨은 계속 빚에 시달렸다. 당시만 해도 젠트리 문화가 남아 있었고, 친구들과 가족을 위해 어음에 서명해주는 관행도 있었다. 대부분은 상속된 빚이었다. 그는 빚을 줄이려고 노력하면서 4천 파운드 가치가 있는 상속 자산을 팔았다. 그러나 미국 독립 전쟁 기간 동안 치솟은 인플레이션 때문에 토지 거래로 그가 받을 돈은 '실질적으로 미미한' 수준으로 하락했고, 빚은 그대로 남아 나날이 불어가는 이자의 악순환에 휩싸였다.

사람과 상황에 대해 통제력을 추구했던 제퍼슨은 어째서 자신의 영향력을 채권자에게 내어주고 이미 과중한 채무를 지고 있었음에도 계속 빚을 늘려갔을까? 이에 대한 설명은 부분적으로 그의 성향에 기인한다. 그가 표현했듯이 사물을 '부드러운 손잡이로' 잡는 성향, 즉 어려운 개인적 선택을 회피하려는 경향이다. 다시 어음을 발행하여 지불을 다음으로 미루는 것이 냉혹한 재정 현실과 대면하는 것보다 항상 더 쉬워 보였기 때문이다. 또한, 이상하게도 그의 내재된 통제 감각과 사회적 지위가 그로 하여금 빚을 구체적인 문제라기보다는 추상적인 문제로 보게 했을 수도 있다. 돈을 차용하고 토지를 저당 잡히는 행위는 손님 접대나 사냥처럼 그가 속한 계층의 일상적인 문화였다. 파멸의 전망은 실재했으나 제퍼슨의 사고와는 동떨어져 있었으며, 적어도 그가 재정적 원칙보다는 사회에서 차지하는 지위에서 오는 본질적인 안전감에 더 기댈 정도로 동떨어져 있었다. 아이러니하게도, 이처럼 전반적인 제퍼슨의 권력 의식이 결국 그의 권력, 특히 그의 가족의 미래를 희생시키도록 이끌었다. 노예제 문제에서처럼, 모순을 견디며 살아가는 제퍼슨의 능력은 가히 놀라웠다.

미주리주 문제는 제퍼슨이 버지니아 대학교 설립에 더욱 몰두하도록 했다. 그는 미래 세대 지도자들이 북쪽으로 보내지는 것보다, 자신들의 세계관에 적합한 환경을 가진 고향에서 교육받아야 한다고 믿었기 때문이다.

그는 대체로 안락한 노년을 보내고 있었으며, 시대 상황을 고려하면 더욱 그랬다. 70대 후반의 그를 두고, 한 친구는 "그가 10년 전만큼이나 좋아 보인다."라고 생각했다.

1820년대부터는 변화가 찾아오기 시작했다. 1786년 파리에서 다쳤던 손목이 점차 악화되어 그는 1820년대 초에 접어들면서 한결 더 침울해졌다. 미주리주에 대한 걱정과 손목 통증에 시달리며, 1822년 6월 1일, 그는 애덤스에게 이렇게 썼다. "신문에서는 스타크 장군이 아흔셋에 세상을 떠났다고 전하더군요. 찰스 톰슨은 같은 나이에도 여전히 살아 있지만, 쾌활하고 메뚜기처럼 깡마른 데다 기억력이 너무 쇠퇴해 집안 식구들도 거의 알아보지 못합니다. 한 친한 친구가 얼마 전 그를 방문했는데, 그가 누구인지를 거의 기억하지 못했다고 합니다. 한 시간 동안 함께 앉아 있으면서 같은 이야기를 네 번이나 반복했다더군요. 이게 인생일까요? 기껏해야 무기력하고 하찮은 삶에 불과합니다. 분명 희망을 걸 만한 가치가 없어 보입니다."

1822년 말 어느 날, 그는 몬티셀로에서 발을 헛디뎠다. 테라스에서 내려오던 중 계단 하나가 그의 무게를 견디지 못하고 부서진 것이다. 그는 넘어지며 바닥에 부딪혀 왼팔이 부러졌다. 팔은 비교적 잘 회복되었으나 이제 오른손과 왼손 모두 부상당한 처지가 되었다. "여름 동안에는 더워도 즐겁게 지냈는데, 겨울이 다가오니 생각만 해도 끔찍하구나. 할 수만 있다면 겨울잠쥐처럼 잠들었다가 봄에 깨어났으면 좋겠다."라고 그가 말했다.

제퍼슨은 역사에서 자신의 세대가 차지하는 위치에 대해서는 거의 의심하지 않았다. 존 애덤스에게 보낸 편지에서 손자인 토머스 제퍼슨 랜돌프를 소개하며 제퍼슨은 이렇게 말했다. "다른 젊은이들처럼 우리 손자도 나이가 들어 긴 겨울밤이 되면, 자신이 태어나기 전 영웅적인 시대에 대해 들은 것과 배운 것, 특히 그 아르고호의 영웅들 가운데 직접 보았던 사람이 누구였는지를 주위 사람들에게 이야기해주기를 바랍니다."

그러나 그는 자신이 살았고 이끌었던 시대를 역사가 어떻게 평가할지 걱정하고 있었다. 1823년, 제퍼슨은 사우스캐롤라이나주 대법원 판사인 윌리엄 존슨에게 이렇게 썼다. "우리는 미래의 평가에 대해 지나치게 무심했습니다. 반면 왕당파들은 우리의 과오를 기록하는 일이라면 어떤 일도 빠뜨리지 않을 것입니다." 제퍼슨은 존 마셜이 쓴 다섯 권짜리 조지 워싱턴의 전기를 혹평했다. 그는 이 책이 연방주의자들의 선전 책자라고 여겼으며, 세월이 흐르면서 알렉산더 해밀턴과 존 애덤스에 대한 전기 저작물에 대해서도 같은 걱정을 했다.

더욱이, 우리를 권력 투쟁에만 몰두하고 정부가 군주제로 가는 것을 막는 노력은 전혀 하지 않은 것처럼 묘사하는 다섯 권의 비방 서적 외에도, 해밀턴의 전기는 성직자의 신랄함과 극렬한 연방주의자의 원한을 두루 갖춘 사람의 손에 맡겨졌습니다. 애덤스 씨의 문서와 그의 전기도 자연히 그의 아들에게 전해질 것입니다. 아시다시피, 그의 펜은 예리하지만, 그의 관점은 우리에 대해 결코 호의적이지 않습니다. 그리고 의심할 여지 없이 다른 저작물들도 준비 중일 텐데, 우리에게 알려지지 않았을 뿐입니다. 우리 쪽은 오직 진실이 저절로 밝혀지기만을 바라지만, 그사이 역사적 평가는 반대 방향으로 고착되어 나중에는 바로잡기 힘들 것입니다.

나이가 들어가면서도 그는 자립심을 포기하지 않았다. 1823년 5월, 제퍼슨은 홀로 매일같이 하는 승마를 하고 있었다. 손녀의 기록에 따르면, 리배나 강을 건너던 중 그의 말이 '강물 속으로 빠져들기' 시작했고, 제퍼슨도 다리가 엉킨 채 물살에 휩쓸렸다고 한다. 가족들은 '다행히 빠른 물살에 휩쓸려 얕은 곳으로 떠밀려가, 그곳에서 강바닥에 손을 짚고 일어나 빠져나오지 않았다면 분명히 익사했을 것'이라며 걱정했다. 그는 흠뻑 젖었고, 팔은 붕대로 감아야 했지만, 단독 승마를 포기하라는 가족들의 요구를 거부했다. 그가 막 여든 살을 넘겼을 때였다.

1823년 10월, 제퍼슨은 반란이 일어난 미국 남부 식민지를 계속 보유하려는 스페인의 시도에 저항하기 위하여 영국과 연합해야 하는지 자문을 구하는 먼로 대통령의 편지에 답장했다. 제퍼슨은 실제 문제는 개별적이라기보다는 훨씬 일반적인 것이라고 답했다. 즉 자국 내에서 벌어지는 유럽의 모험주의를 미국이 어떻게 생각해야 하는가? 하는 문제였다.

제퍼슨은 먼로에게 다음과 같이 썼다. "당신이 편지에서 말씀하신 문제는 독립 이후 제가 숙고해 온 것 중 가장 중대한 문제입니다. 우리의 최우선적이고 근본적인 원칙은 유럽에서 벌어지는 다툼에 결코 휘말리지 말아야 한다는 것입니다. 두 번째 원칙은 대서양 건너편 문제에 유럽이 개입하도록 허용하지 말아야 한다는 것입니다. 미국 북부와 남부는 유럽과는 다른, 미국 고유의 이해관계를 가지고 있습니다."

먼로의 이름이 붙은 이 독트린은 대서양 서쪽에 대한 유럽의 간섭에 반대하는 것으로, 이러한 정책 수립에는 먼로의 국무장관 존 퀸시 애덤스의 공로가 크다. 그러나 적어도 부분적으로는 제퍼슨의 통찰이 작용했다. 평생 통제력을 추구하면서 살아온 제퍼슨으로서는 조국에 대한 봉사로 최대한 통제 범위를 확장하여 일종의 마지막 독립선언을 남긴 것은 참으로 어울리는 일이었다. 다만 이번에는 혁명이 아니라 정책의 문제이자 선언이라는 점이 달랐다.

1824년 대통령 선거에서 제퍼슨은 정당의 종식이라는 건국 아버지들의 꿈이 여전히 하나의 꿈에 불과하며, 미래에는 실현될 수 있겠지만 현재로서는 확실히 그렇지 못함을 깨달았다. 라파예트에게 보낸 편지에서 제퍼슨은 이렇게 말했다. "당신은 이 두 당파가 하나로 섞여 있으며, 사자와 양이 평화롭게 공존한다고 믿어서는 안 됩니다. 하트퍼드 회의, 뉴올리언스의 승리, 겐트 조약으로 연방주의라는 이름이 무너졌습니다. 그 지지자들은 부끄러움과 치욕 속에 이를 폐기하였고 이제는 스스로 공화당원이라 칭합니다. 그러나 이름만 바뀌었을 뿐, 원칙은 똑같습니다."

1824년 대통령 후보군은 이례적으로 많았다. 매사추세츠주 존 퀸시 애덤스, 켄터키주 헨리 클레이, 사우스캐롤라이나주 존 C. 캘훈, 조지아주 윌리엄 크로퍼드, 테네시주 앤드루 잭슨이 출마했다. 경선은 부분적으로 세대 교체를 상징했다. 잭슨은 제퍼슨이 변호사 개업을 한 해에 태어났고 1781년에는 열네 살짜리 전쟁 포로였는데, 그해 제퍼슨은 몬티셀로에서 탈턴을 피해 탈출했었다.

제퍼슨은 매디슨과 먼로 내각에서 일했던 노련한 크로퍼드를 선호했다. 그러나 이 조지아인은 1823년 말, 뇌졸중을 앓았다. 결국 선거는 1825년 2월 하원에서 결정되었다. 비록 잭슨이 가장 많은 표를 얻었지만, 애덤스의 국무장관으로 지명될 예정인 클레이가 자신의 지지표를 애덤스에게 몰아주면서 하원은 애덤스를 대통령으로 선출했다(잭슨은 이를 '부정한 거래'라고 비판하면서 1828년에 자신의 패배를 복수하겠다는 야망을 불태웠고, 결국 그렇게 했다).

1824년 11월 눈부신 가을날, 트럼펫 소리와 깃발로 장식된 행렬과 함께 몬티셀로에 도착한 라파예트는 저택 동쪽 현관 앞에서 멈춰 마차에서 내렸다. 이제 예순일곱이 된 라파예트는 승리의 고별 순방을 위해 미국을 찾았다. 그는 애덤스나 제퍼슨처럼 점점 더 영광스럽고 멀게 느껴지는 시대의 살아 있는 기념비적 인물이었다.

마침내 여든하나가 되어 나이 탓에 구부정해진 제퍼슨이 손님을 맞이하기 위해 걸어 나왔다. 그들은 거리낌 없이 포옹했다. 두 늙은 혁명가는 자신들의 시대와 나라에서 최상의 것과 최악의 것을 모두 경험했다.

"친애하는 제퍼슨!"이라고 손님이 말했다. "친애하는 라파예트!"라고 주인이 대답했다.

그들은 30년 이상 서로 만나지 못했다. 제퍼슨이 프랑스에 있었던 시기 동안 이 프랑스인이 프랑스 혁명의 대의뿐만 아니라 신생 국가의 대의를 위하여 봉사한 것에 대해 제퍼슨은 감사하는 마음으로 정중히 예우하기로 결심했다. 샬러츠빌에서 라파예트를 환영하는 연회가 열렸으며, 제퍼슨은 그 자리에서 낭독할 축사 초안을 다음과 같이 작성했다.

여러분은 독립 전쟁에서 그가 세운 공적에 대해 듣고 읽었습니다. 그 공적들은 여러분의 기억 속에, 그리고 충실한 역사의 한 페이지에 고스란히 보존되어 있습니다. 전쟁 이후 이어진 평화 시기에 그가 남긴 행적은 아마 여러분에게 알려지지 않았겠지만, 제가 이를 증언할 수 있습니다. 제가 그의 나라에 주재할 당시, 그는 우리의 대의를 자신의 대의로 삼았습니다. 그의 영향력과 인맥은 막강했습니다. 언제든 모든 부처로 통하는 문이 그에게는 활짝 열려 있었지만, 저에게는 오직 공식적이고 약속된 시간만 허락되었을 뿐입니다. 사실 저는 못을 쥐고 있었을 뿐, 그가 못을 박았습니다. 그러므로 이제, 전쟁뿐만 아니라 평화 속에서도 크게 기여한 은인으로 그를 기립시다.

제퍼슨의 축사에는 축복의 의미가 있었고, 그 자리에 모인 지역민을 넘어서는 폭넓은 메시지가 담겨 있었다. 그는 자신의 말이 출판되어 모든 곳에서 읽히게 되리라는 것을 잘 알고 있었다.

여러분의 아버지들 사이에서 태어나고 자랐으며, 그들의 사랑에 이끌려 공직 생활에 들어선 저는 외세의 속박으로부터 우리를 해방시키고, 자치의 권리를 확립하기 위해 지난한 투쟁을 그들과 함께하며 우정을 쌓았습니다. 이 자치권은 우리 자신을 축복했을 뿐 아니라, 궁극적으로 지상의 모든 나라를 축복하게 될 것입니다.

특정한 장소에서 한 말이었지만 보편적 주제를 담고 있었다. 노년의 제퍼슨은 청년 시절의 제퍼슨과 다르지 않았다. 그는 정치라는 과업, 봉사로 맺어진 동료애, 그리고 결함 있는 인간들이 보다 큰 대의를 위해 분투하도록 이끄는 이상을 존중하는 사람이었다.

제퍼슨은 나이가 들어서도 그 순간 대화 상대가 특별히 흥미를 느낄 만한 주제로 이야기하는 능력을 여전히 유지하고 있었다. 그런 주제들이 소진되면, 그는 과거와 미래에 대해 폭넓게 사색했다. 그는 항상 정중했다. 1824년, 몬티셀로에 머물렀던 대니얼 웹스터는 이렇게 기록했다. "대화를 나눌 때 제퍼슨 씨는 편안하고 자연스러웠으며, 겉으로는 야심을 드러내지 않았다. 그의 목소리는 사람들의 주목을 끌 만큼 크지 않았으며, 보통 옆자리에 앉은 사람에게 말을 걸었다. 그는 과학과 문학, 그리고 특히 거의 전적으로 그의 노력에 의해 탄생하고 있는 버지니아 대학교에 대해 이야기했다. 우리가 그와 함께 있을 때, 그가 즐겨 얘기한 주제는 그리스어와 앵글로색슨어, 시대별 역사적 유물, 독립 혁명 당시 시대 상황과 사건들에 대한 역사적 회상, 그리고 1783년~1784년 시기부터 1789년까지 프랑스 주재 시절에 관한 이야기였다."

뉴잉글랜드 출신인 웹스터는 서부 출신인 앤드루 잭슨이 부상하는 것이 반갑지 않았다. 제퍼슨은 적어도 웹스터가 가진 두려움의 일부를 공유하고 있었음이 분명했다. 웹스터에 따르면 제퍼슨은 이렇게 말했다고 한다. "저는 잭슨 장군이 대통령이 될 것이라는 전망에 매우 경각심을 느낍니다. 그는 제가 아는 한 그 자리에 가장 부적합한 인물입니다. 그는 법률이나 헌법을 거의 존중하지 않으며, 사실상 유능한 군 지휘관일 뿐입니다. 그의 열정은 끔찍하기까지 합니다."

웹스터의 기록을 읽은 전기 작가 헨리 랜들은 그 말의 정확성에 의문을 품고 손자에게 질문했는데, 답변은 다음과 같았다.

저는 할아버지께서 웹스터 씨에게 무슨 말을 하셨는지 알 수 없으며, 웹스터 씨가 잘못된 진술을 할 분이라고도 생각하지도 않습니다. 그럼에도 저는 모든 긍정적인 면은 배제하고 부정적인 면만 비춘 그러한 묘사는 부정확하다고 생각합니다. 저는 할아버지께서 잭슨 장군의 군사적 재능에 대해 감탄하시는 말을 들은 적이 있습니다. 만약 그를 '위험한 인물', 국가가 결국 불러내어 맡긴 '그 자리에 부적합한' 사람이라고 칭하셨다면, 이는 당시 일반적인 생각처럼 군대 지휘관은 평화로운 공화국의 수장에게 적합한 사고방식을 갖추지 못했다는 평소 생각을 언급했을 것입니다. 할아버지는 군사적 영광이라는 관념에 사람들이 휩쓸리는 것을 좋아하지 않으셨습니다.

늘 그렇듯이 제퍼슨은 심각한 부채를 지고 있었지만, 1819년 친구인 버지니아 주지사 윌슨 캐리 니컬러스를 위해 2만 달러짜리 어음에 연대 보증인으로 서명했다. 이는 신사이자 친족으로서 의리 있는 행동이었다. 니컬러스의 딸이 제퍼슨의 손자와 결혼했기 때문이다.

니컬러스는 결국 그 어음을 갚을 수 없었고, 전직 대통령인 제퍼슨이 그 빚을 떠맡게 되었다. 그 재앙 같은 소식을 들은 후 손자며느리가 몬티셀로를 처음 방문했을 때, 제퍼슨은 먼저 그녀를 찾아 배려했다. 그 소식에 당황하고 놀란 그녀는 제퍼슨 앞에서 어떻게 행동해야 할지 몰랐다. 그는 자신의 방에서 나오자마자 즉시 그녀를 불렀다. 헨리 랜들은 다음과 같이 기록했다. “그녀는 그의 목소리를 들었고 그를 만나기 위해 달려 나갔다. 평상시처럼 따뜻하게 악수하고 입맞춤하는 대신, 그는 그녀를 팔로 안아주며 환하게 미소 지었다.” 저녁 식사 때 그는 그녀에게 다정하게 이야기했고, 젊은 여성의 수치심은 눈 녹듯 사라졌다. “그때도, 그 이후에도, 그는 그녀의 아버지가 끼친 피해를 의식한다고 느끼게 할 말이나 표정을 한 적이 없었다.”라고 랜들은 썼다.

니컬러스 주지사는 제퍼슨이 포플러 포리스트로 여행하는 길목 근처에 살았는데, 제퍼슨은 그를 방문해야 한다고 느꼈다. 그는 니컬러스가 사는 곳으로 가기 위해 길을 벗어나면서 가족에게 이렇게 말했다. “일정을 멈춰서는 안 되고, 시간도 없지만 그를 만나지 않고 그냥 지나치는 것은 너무 잔인할 것 같네.” 오랜 친구를 만난 제퍼슨은 흠잡을 데 없이 행동했다. “그는 전혀 침울한 기색을 보이지 않았으며, 지나친 쾌활함을 가장하여 감정을 과도하게 드러내지도 않았다.”라고 랜들은 썼다. 니컬러스의 남은 생애 동안, 제퍼슨은 마치 아무 일도 없었다는 듯이 그를 대했다. 한번은 몬티셀로에서 참견하기 좋아하는 한 부인이 제퍼슨 면전에서 니컬러스에게 경멸하듯 말하자, 전직 대통령은 정중하지만 단호하게 그녀의 말을 중단시켰다. 그는 그녀에게 “니컬러스 주지사에 대해 최고의 존경심을 갖고 있으며 그의 불운에 깊은 연민을 느낀다.”라고 말했다. 이것이 바로 공적들로부터 이기적이고 이중적이며, 주체할 수 없는 야망과 냉혈함의 소유자로 비난받은 사람의 사적인 품성이었다.

제퍼슨이 직면한 막중한 부채 부담 때문에 그는 이 세상에서 가장 싫어하는 일을 해야 했다. 즉 다른 사람의 손에 자신을 맡겨야 했다. 시장 상황이 좋지 않아, 토지 구매자를 찾는 것과 같은 전통적인 자금 마련 경로는 막혀 있었다. 그러자 묘안이 떠올랐다. 팻시에 따르면 그는 '어느 날 밤 고통스러운 상념에 잠겨 잠 못 이루고 누워 있었는데', 그때 복권을 발행해야겠다는 생각이 떠올랐다. 그는 버지니아 의회에 청원하여, 만약 빚을 갚을 수 있다면 자신의 토지와 제분소, 그리고 끔찍한 일이지만 몬티셀로 자체를 걸고 복권을 판매하도록 허가받으려 했다. 아무리 자존심이 상하는 일이라 해도 그에게 다른 선택지는 없었다. 손자인 토머스 제퍼슨 랜돌프는 사업 준비를 담당했다.

전직 대통령은 작별을 고하는 심정이었다. 그의 이름을 딴 젊은이에게 조언해달라는 부탁을 받자 그는 평소 이 시기에 쓰던 것보다 훨씬 긴 편지를 썼다. 그러나 주제는 그가 항상 몰두하며 마음속에 품었던 내용이었다. 어떻게 가치 있는 삶을 살 것인가?

그는 이렇게 썼다. "하나님께 경배하십시오. 부모를 공경하고 사랑하십시오. 이웃을 자신처럼 사랑하며, 조국을 자신보다 더 사랑하십시오. 정의롭고 진실하십시오. 하느님의 섭리에 대해 불평하지 마십시오. 그렇게 하면 현재의 삶이 형언할 수 없는 영원한 축복으로 향하는 문이 될 것입니다."

시편 15장을 의역한 내용을 덧붙였다.

여러분에게 모범이 될 만한, 숭고한 시인들이 쓴 선한 자의 초상입니다.

주님, 누가 주의 거룩한 성전으로 나아가, 단지 방문하는 나그네가 아니라 영원히 그곳에 거주할 수 있는 복된 자입니까?

모든 생각과 행동이 미덕의 규칙을 따르는 사람입니다.

그의 자비로운 혀가 마음이 옳지 않다고 여기는 것을 말하기를 경멸하는 사람입니다.

이웃의 명예를 해치는 비방을 꾸며내지 않으며,

악의에 찬 속삭임이 주변을 감싸도 거짓 증언에 귀 기울이지 않는 사람입니다.

그는 온갖 화려함과 권력을 지닌 악덕을 마땅히 무시할 줄 알며, 누더기를 걸쳤을지라도 경건하게 신앙심을 존중하는 사람입니다.

그는 어려움 속에서도 맹세와 신의를 굳건하게 지키며,

자신에게 손해가 될지라도 한 약속을 반드시 이행하는 사람입니다.

그의 영혼은 자신의 재산을 고리대금에 쓰는 것을 경멸하며,

어떤 보상에도 죄 없는 사람을 해치는 죄를 짓지 않는 사람입니다.

이처럼 한결같은 태도로 행복을 보장받은 사람은,

지반이 흔들린다 해도 하느님의 섭리 안에서 안전하게 설 것입니다.

그리고 추가할 사항이 있습니다.

실생활에서 지켜야 할 열 가지 규범입니다.

1. 오늘 할 수 있는 일을 내일로 미루지 마십시오.

2. 스스로 할 수 있는 일 때문에 다른 사람에게 폐를 끼치지 마십시오.

3. 돈을 갖기 전에 쓰지 마십시오.

4. 싸다는 이유로 원치 않는 물건을 사지 마십시오. 결국 당신에게는 비싼 물건이 될 것입니다.

5. 자존심은 배고픔, 목마름, 추위보다 더 큰 대가를 요구합니다.

6. 너무 적게 먹어 후회하는 일은 없습니다.

7. 우리가 자발적으로 하는 일은 어떤 일도 힘들지 않습니다.

8. 단 한 번도 일어난 적이 없는 불행이 우리에게 너무나 많은 고통을 가져옵니다.

9. 항상 일의 부드러운 쪽으로 접근하십시오.

10. 화가 난다면 말하기 전에 열을 세십시오. 아주 많이 화가 난다면 백을 세십시오.

그의 마지막 몇 년간 벌어진 기이한 일화는 그를 거의 죽음 직전까지 몰고 갔다. 뉴욕에서 온 예술가가 제퍼슨의 얼굴을 본뜬 석고상, 곧 생가면을 만들기 위해 몬티셀로를 찾았다. 하지만 뭔가 잘못되어 석고가 거의 그를 질식시킬 뻔했다. 소파에 누워 있던 제퍼슨은 옆에 있던 의자를 내리친 후에야 집사 버웰 콜버트에게 자신이 처한 곤경을 알릴 수 있었다. 그의 삶이 노예들의 노동으로 이루어졌듯이, 그는 노예의 도움으로 목숨을 건졌다.

봄이 막바지에 접어들 무렵, 제퍼슨은 노예제 폐지, 그리고 아마도 국외 송환 문제에 대해 숙고하면서 이렇게 썼다. "이 대의가 필요로 하는 여론의 변화는 하루아침에, 혹은 한 세대 안에 이루어지리라 기대할 수 없습니다. 그러나 모든 것을 뛰어넘어 존재하는 시간 속에서, 이 해악 역시 극복될 것입니다."

1826년 새해 첫날 이후 그의 건강은 계속 악화되고 있었다. 1826년 1월 1일, 제퍼슨은 리치먼드에 있는 한 친구에게 이렇게 썼다. "고질적인 심한 설사가 재발해 이 집에, 실제로는 이 소파에 갇혀 지낸 지 3주가 되었습니다. 계속 누워 있어야 해서, 아주 천천히, 어렵게 글을 쓰고 있습니다. 이제 여든셋을 훌쩍 넘어버린 나이 탓에, 병으로 몸은 허약해졌고 정신도 흐려졌습니다. 신문을 한 부만 읽는데도 읽은 것을 곧바로 잊어버립니다." 여전히 그는 승마를 포기하려 하지 않았다. 다만 자신의 말 이글에 올라타려면 말을 테라스 아래에 세우고, 위에서 아래로 안장에 올라타야 했다.

1826년 여름, 독립 선언 50주년이 다가오자 워싱턴 기념행사 주최 측은 그날 제퍼슨을 수도로 모셔 오기 위해 열의를 보였다. 그러나 그는 병이 너무 깊어 초대에 응할 수 없었고, 대신 햇볕이 가득한 서재에서 행사를 기념하는 서한을 작성했다. 그는 이렇게 썼다. "모든 이의 눈이 인간의 권리에 눈을 떴거나, 혹은 이제 막 눈뜨고 있습니다. 과학의 빛이 광범위하게 확산되면서, 인류 대다수가 등에 안장을 짊어지고 태어나지 않았으며, 신의 은총이라는 명목하에 합법적으로 그 등에 올라탈 부츠를 신고 박차를 찬 선택된 소수도 존재하지 않는다는 진실이 이미 모든 사람에게 분명하게 밝혀졌습니다. 이는 다른 나라에도 희망의 근거가 됩니다. 우리 자신을 위해, 해마다 이날이 돌아오면, 이 같은 권리에 대한 우리의 기억과 변함없는 헌신을 영원히 새롭게 되새깁시다."

이것이 그가 기초를 세우는 데 기여했고, 그토록 애써 이끌어온 조국에 남긴 마지막 말이었다. 반세기 동안 친구였던 매디슨에게 보낸 작별 인사는 더욱 개인적이었으나 가슴 뭉클했다. 제퍼슨은 2월, 그의 오랜 친구에게 보낸 편지에서 이렇게 부탁했다. "내가 떠난 후에도 나를 보살펴주게나."

여전히 그는 임박한 죽음을 예상하지 못한 듯했다. 자유에 관한 편지를 워싱턴에 있는 7월 4일 기념행사 위원회에 보낸 후, 제퍼슨은 다른 종류의 관심사에 관한 편지를 썼다. 바로 와인에 관한 편지로, 입항할 선적품의 관세를 볼티모어 세관 징수원에게 납부하는 절차를 준비하는 내용이었다. 그는 살아서 이 와인을 마시지는 못할 거였다. 곧 제퍼슨은 침대에 꼼짝없이 누워 지내야 했다. 그는 계속 책을 읽었고, 성경과 아이스킬로스, 소포클레스, 에우리피데스의 작품들을 훑어보았으며, 마침내 6월의 마지막 며칠 동안 세월과 질병이 그를 사로잡았을 때, 위대한 비극 작가들에 대해 사색하고 있었다. 끝이 다가오고 있었다.

43장 아니요, 선생님 더는 필요 없습니다

토머스 제퍼슨을 잃은 것은 전 세계가 애도할 일입니다. 그는 인류의 자랑이자 은인으로 그의 죽음은 한 시대를 상징하는 사건이 되어 모든 문명인들로부터 큰 반향을 일으켰습니다.

—토머스 제퍼슨의 조카 대브니 카 주니어

1826년 6월 24일 토요일, 제퍼슨은 고통 속에서 간신히 펜을 들어 롭리 던글리슨 박사에게 방문을 요청하는 편지를 썼다. 던글리슨은 메모를 받자마자 샬러츠빌을 출발했다. 도착했을 때 그는 제퍼슨이 침대에서 힘겹게 거실로 몸을 옮겨 마치 예전처럼 그를 맞이하려는 듯한 자세를 취하고 있는 광경을 발견했다.

던글리슨은 그를 다시 침대에 눕혔다. 의사는 이렇게 말했다. "이번 발작이 치명적일까 봐 걱정스러웠다. 제퍼슨 씨도 비슷한 생각인 것 같았다. 이제부터 그의 힘은 점차 약해질 것이며, 침대에만 있게 될 것이다."

제퍼슨은 이제 마지막 남은 임무를 완수하기 위해 자신의 의지를 집중시켰다. 그는 7월 4일까지 살아 있기를 원했다.

임종이 가까워지자 낮에는 그의 딸이 곁을 지켰고, 밤에는 토머스 제퍼슨 랜돌프와 니컬러스 트리스트가 돌보았다. 토머스 만 랜돌프 주니어는, 30여 년 전 파리에서 돌아온 직후부터 그의 사위였으나 마지막 순간에는 멀리 떨어져 있었다. 손자인 토머스 제퍼슨 랜돌프는 이렇게 말했다. "할아버지의 정신은 항상 명료해서 한 번도 혼미해진 적이 없었다. 그는 자유롭게 대화했고, 사적인 일들에 대해서도 지시했다."

제퍼슨은 매장과 관에 대해서도 자신이 원하는 바를 손자에게 말했다. 화려하거나 웅장한 의식은 없을 것이었다. 그는 간소한 성공회 장례식을 통해 세상과 작별하고, 몬티셀로 서쪽 산기슭에 있는 묘지에서 영면할 것이다. 이곳은 수십 년 전 대브니 카를 안장하였으며, 그 후 그의 어머니와 아내를 묻은 곳이었다.

헨리 리는 '기민한 기병장군' 해리 리의 아들로 6월 마지막 며칠 동안 제퍼슨을 방문했다. 리에게는 하나의 임무가 있었다. 그는 자신의 아버지가 쓴 《전쟁 회고록Memoirs of the War》 개정판을 편집하고 있었는데, 이 책은 전쟁 당시 제퍼슨의 주지사직 수행에 대해 비판적으로 다루고 있었다. 극한의 상황에서도 제퍼슨은 그 당시 역사를 개정할 단 한 번의 기회를 놓칠 수 없었다. 1826년 6월 29일 목요일, 그는 리를 병실로 초대했다.

몬티셀로에서 팻시는 리가 저택 본채로 들어오는 것을 막았다. 아버지의 병이 너무 깊어 그를 만날 수 없다고 그녀는 말했다. 슬픔에 잠긴 리는 "이제 다시는 저 훌륭한 분을 볼 수 없다. 그는 정치와 철학의 모든 길을 섭렵했고, 모든 부분에서 최고였으며, 과거와 현재, 그리고 미래 세대 모두가 그에게 그처럼 많은 빚을 지고 있고 앞으로도 그럴 것이다."라고 생각했다.

리가 와 있다는 소식을 듣고 제퍼슨은 침대에 누운 채 방문객을 불렀다. 리는 이렇게 썼다. "**제퍼슨이 죽어가는 침대**로 다가가는 나의 심경은 도저히 말로 설명할 수 없었다. 당신은 그가 자던 벽감을 기억할 것이다. 그곳에서 그는 몸을 축 늘어뜨린 채, 쇠약하고 기진맥진한 상태였다. 하지만 그의 표정에서 풍기는 맑고 순수한 느낌은 전혀 흐려지지 않았다." 그는 리를 알아보고 침대에서 따뜻하게 손을 내밀었다. "그의 손에서 느껴지는 힘과 대화에서 드러나는 기운은 그가 아직 회복할 수 있으리라는 희망을 갖게 할 정도였다. 그의 타고난 성품에서 드러나는 육체에 대한 정신의 우월성이 그를 더 오래 버티게 해줄 것만 같았다."

제퍼슨은 리가 바라는 도움을 줄 수 없었다. 문서를 찾기에는 너무 쇠약해서 약속했던 대로 아널드-탈턴-콘윌리스 사건에 관한 자신의 입장을 담은 문서를 건네줄 수 없었다. 그는 죽음을 철학적으로, 심지어 일상적인 언어로도 이야기했다. 그는 자신이 죽을 가능성을, 딱히 바라지는 않지만 두려워할 필요도 없는 일로 암시했다. 마치 한 사람이 소나기를 만날 가능성을 이야기하듯이 했다.

리는 몇 가지 작은 일에 주목했다. 제퍼슨은 벽감 주변에서 윙윙거리는 파리들을 손을 휘저어 내쫓았는데, 주변에 모여 있는 사람들로부터 아무런 도움도 받지 않고 직접 처리했다.

그는 가능한 많은 것을 통제하려고 했다. "랜돌프 부인이 나중에 이것이 그의 습관이었다고 말해주었다. 무기력함에 빠지는 것을 결코 용납하지 않고, 노년과 싸워 이기는 것이 그의 방식이었다."라고 리가 썼다. 침실을 떠나 저택 중심 공간으로 간 리는 다시는 제퍼슨을 보지 못했다.

제퍼슨의 방은 평소에는 지극히 사적인 공간이었지만, 그의 기력이 점점 쇠약해지자 사람들로 가득 찼다. 그는 가족들에게 작별 인사를 하며 한 사람씩 차례로 말을 건넸다. 여덟 살 손자에게 미소를 지으며 이렇게 말했다. "조지는 이 모든 일이 어떤 의미인지 이해하지 못하겠지." 증손녀에게는 누가복음을 인용했다. "주여, 이제 당신의 종을 평안히 가게 하옵소서."

토머스 제퍼슨 랜돌프는 그의 상태가 나아졌다고 말했지만, 제퍼슨은 받아들이지 않았다. 제퍼슨은 이렇게 말했다. "결과가 어떻든 내가 병세에 대해 조금이라도 염려할 것이라고 생각하지 마라. 나는 오래된 시계처럼,

여기저기서 톱니가 닳고 바퀴가 빠져 더 이상 작동할 수 없게 되었을 뿐이란다." 그는 예전에 자신이 '꿈을 꾸든 꾸지 않든, 내세에서 우리를 기다리는 영원한 잠'이라고 말했던 상태에 점점 다가가고 있었다.

그는 말소리에 잠에서 깨어나, 교구 목사인 프레더릭 해치의 이름을 들은 건 아닌지 의아해했다. 아니라는 말을 듣자 그는 몸을 돌리면서 이렇게 말했다. "친절하고 좋은 이웃으로 그를 만나는 것에 반대할 이유는 없지."

그는 팻시를 위해 시를 한 편 지었는데, 그 시에서 아내 패티, 딸 폴리와 곧 재회할 것임을 암시하고 있었다. 그는 시를 작은 상자 안에 넣어 두었고, 팻시는 아버지가 세상을 떠난 후에야 열어 보았다.

삶의 환영은 사라지고 더 이상 꿈을 꾸지 않는다
사랑하는 친구들이여 왜 눈물로 몸을 적시는가?
나는 나의 선조들에게로 간다네, 나의 희망에 왕관을 씌워주고 나의
근심을 묻어줄 해변으로 간다네
이제 안녕, 나의 사랑하는 딸이여, 작별을 고하노라!
생의 마지막 고통은 너와 헤어지는 것뿐!
오랫동안 죽음의 베일에 싸여 있던 두 천사가 나를 기다리는구나
내 마지막 숨을 거두는 순간 네 사랑을 그들에게 전하리라

자신의 벽감 침대에 누워 제퍼슨은 혁명을 회상하며, 그 장대한 드라마를 이야기했다. 사소한 작은 일조차 그에게는 거대한 투쟁을 떠올리게 했다. 그의 침대 커튼은, 그의 기억으로는 1782년 전쟁 직후 처음 들여온 수입품이었다.

아득한 기억 저편에서 제퍼슨은 과거로 내달렸고, 버지니아 식민지 의회와 펜실베이니아주 의사당, 베르사유궁과 대통령 관저의 소음을 들었다.

그러나 의식의 일부는 굳건하게 현재에 뿌리내린 채, 어떻게든 시간을 헤아리며 희미하게라도 독립선언 50주년 행사를 지켜보기 위해 살아 있고자 했다.

그는 어느 순간, "선생님, 몇 시간만 있으면, 모든 것이 끝날 것입니다."라고 말했지만, 이내 다시 기운을 차렸다.

2일 오후 5시 45분, 그는 술에 아편을 타서 마셨다. 세 시간 후에는 차를, 그로부터 4시간 후에는 브랜디를 제공받았다. 째깍거리는 시계 소리 속에서 그는 뒤척이며 잠을 잤다.

그리고 3일 저녁 7시경, 그는 던글리슨에게 부탁했다. "저 선생님! 아직 거기 계신가요?" 제퍼슨의 주 관심사는 시간이었다. "오늘이 4일인가요?"

"곧 될 것입니다."라고 던글리슨이 대답했다.

제퍼슨은 마지막 아편 진통제를 먹으면서 중얼거렸다. "오 하나님!"

두 시간 뒤 저녁 9시에 던글리슨은 더 투약하기 위해 그를 깨웠다.

"아니요, 선생님, 더는 필요 없습니다."라고 제퍼슨은 대답했다.

남은 세 시간은 고통스러울 정도로 느리게 흘러갔다. 제퍼슨은 3일 밤 늦게 깨어나 의아한 목소리로 말했다. "오늘이 4일인가?" 니컬러스 트리스트는 침묵을 지켰다. 아직 아니었기 때문이었다. 제퍼슨이 다시 물었다. "오늘이 4일인가?" 그는 포기하지 않았다. 트리스트는 노인을 실망시킬 수 없어, 고개를 끄덕이며 4일이 맞다고 거짓말을 했다. "아, 바라던 대로군."이라고 제퍼슨이 말했다.

제퍼슨은 사실 독립선언 기념일이 아니라는 것을, 적어도 아직은 아니라는 것을 어렴풋이 알고 있었던 듯하다. 그렇게 제퍼슨은 여전히 숨 쉬며 싸우고 있었다.

마침내 제퍼슨의 침대 위에 놓인 시계가 12번 울리며, 7월 4일이 되었음을 알렸다. 의식이 들고 나기를 반복하는 사이, 제퍼슨은 오래전 위기를 만나 극복하던 일을 꿈꾸는 듯 보였고, 혁명 안전위원회에 관해 중얼거리며 뭔가를 쓰는 듯한 동작을 취했다. "위원회에 경계태세를 갖추라고 해."라고 그가 말했다. 그는 위험한 상황에 놓여 있는 것 같았다. 마지막 순간까지도 그는 어지러운 의식 속에서 미국의 대의를 지키기 위해 고군분투하고 있었다.

새벽 4시에 그는 노예들에게 몇 가지 지시를 했다. 그의 생애 최초의 기억이 베개 위에 놓여 노예에게 건네진 순간이었던 이 남자의 마지막 말은 노예에게 한 말이었다. 그처럼 변화를 위해 노력했고 많은 변화를 목격했던 이 사람에게도, 결국 어떤 일들은 시작과 똑같았다.

10시가 되자 그는 깨어나 손자를 주시하면서 자신이 원하는 것을 알리려 했으나 실패했다. 그 시선의 의미를 정확히 알아들은 것은 버웰 콜버트였다. 제퍼슨은 자신의 머리를 높여 주기를 바랐고 집사는 그가 원하는 대로 몸을 일으켜주었다.

한 시간 후 제퍼슨은 바싹 마른 입술을 움직였지만 아무 말도 하지 못했다. 다행스럽게도 손자가 젖은 스펀지를 제퍼슨의 입에 대어주었다.

모든 것이 끝났다. 1826년 7월 4일 화요일 1시 10분 전에, 토머스 제퍼슨은 침대에서 세상을 떠났다. 그가 80년 전 영국 제국의 신민으로 태어났던 섀드웰에서 약 4.8킬로미터 떨어진 곳이었다.

그는 눈을 뜬 채 세상을 떠났으며, 그의 시선은 자신이 사랑했던 벽감에 고정되어 있었다. 이곳은 그가 오랫동안 투쟁했고 승리한 적도 많았지만, 항상 사랑했던 이 세상의 폭풍우로부터 그를 지켜준 안식처였다.

토머스 제퍼슨 랜돌프는 할아버지의 식어가는 피부를 쓰다듬으며, 이 위대한 사람의 눈을 부드럽게 감겨주었다. 니컬러스 트리스트는 가족의 유품으로 여전히 옅은 금발 몇 가닥을 조용히 잘라냈다. 존 헤밍스가 만든 목재 관은 이미 준비되었다. 시신이 관 속에 옮겨졌고, 잠시 안치하기 위해 응접실로 이동했다.

일주일 후, 대브니 카 주니어는 니컬러스 트리스트에게 이렇게 썼다. "나에게 그분은 아버지 이상이었고, 온 마음을 다해 그분을 사랑하고 존경해왔다네." 슬픔에 잠긴 제임스 매디슨은 트리스트에게 이렇게 썼다. "그는 과학의 선각자로서, 자유의 신봉자로서, 애국심의 전형으로서, 그리고 인류의 은인으로서 현명하고 선한 이들의 기억과 감사 속에 살아 있으며 앞으로도 살아 있을 것입니다." 버지니아 대학교 고대 언어학 교수는 이렇게 말했다. "그는 자신의 대학에서 교육받는 혜택을 누리는 모든 이들에게 존경받아야 하며, 버지니아가 낳은 위대한 인물로 영원히 기억될 것입니다. 그의 위대한 업적은 그가 자신의 무덤에 세우도록 직접 쓴 묘비명에 기록되어 있습니다."

정원사 웜리 휴스는 산 서쪽 기슭에 제퍼슨의 무덤을 팠다. 제퍼슨의 마지막 여정을 위해 장례식 인파가 몬티셀로에 모였을 때, 날씨는 습했고, 조문객은 많지 않았다. 제퍼슨은 거창한 의식을 원치 않았다. 샬러츠빌에 있는 대학의 대표단은 출발이 늦어져 장례 의식 대부분을 놓쳤다.

가족과 친구, 노예들로 이루어진 작은 행렬이 저택에서 언덕으로 내려가는 목재 관을 호위했다. 해치 목사는 무덤 앞에서 장례 기도문을 읽었다.

장례 의식은 성공회 공동 기도서에 따라 진행되었고 해치 목사가 읽어 내려갔다. "주께서 말씀하시되, 나는 부활이요 생명이니라. 나를 믿는 자는 죽어도 살 것이요, 나를 믿고 살아 있는 자는 영원히 죽지 아니하리라."

파리에서의 약속은 지켜졌다. 그의 삶과 그의 유언장에서 제퍼슨은 샐리 헤밍스에게 한 말을 지켰다. 제퍼슨과 샐리 사이에서 태어나 성년이 되기까지 생존한 네 명의 아이들 가운데 베벌리와 해리엇은 1820년대 초에 몬티셀로를 떠날 수 있었고, 둘 다 백인으로 살았다고 한다. 그들의 아들인 매디슨 헤밍스는 이렇게 전했다. "해리엇은 워싱턴시에서 신분이 높은 백인 남자와 결혼했고, 아이들을 낳아 길렀으며, 내가 아는 한 그녀가 살았거나 살고 있는 공동체에서 아프리카 혈통이 섞였다는 의심을 받은 적은 한 번도 없었다." 매디슨은 제퍼슨의 유언에 따라 자유의 몸이 되었고, 오하이오로 이주했다. 에스턴도 마찬가지였는데, 그는 위스콘신에 정착해, 자신의 이름을 에스턴 제퍼슨으로 바꾸고 스스로 백인임을 주장했다. 제퍼슨은 유언에 따라 헤밍스 가의 다른 세 사람도 해방되었는데, 버웰 콜버트, 존 헤밍스, 조 포셋이었다. 제퍼슨은 그 외의 노예들은 아무도 해방하지 않았고 오직 헤밍스가 사람들만 자유롭게 해주었다.

이제 쉰세 살이 된 샐리 헤밍스는 곧 샬러츠빌로 이주했고, 아무런 사고 없이 자유인으로 살았다. 제퍼슨은 유언장에 그녀의 이름을 명시하지는 않았으나, 그의 희망 사항이 팻시와 그의 상속인들에게 분명히 전달되었음을 시사하는 증거가 있다. 샐리 헤밍스는 존중받아야 했다. 1834년, 패치는 샐리 헤밍스에게 '그녀의 시간', 곧 비공식적인 해방을 허락했다. 샐리는 사실상 제퍼슨 사망 이후 자유의 몸이었다. 시간이 흘러 1835년 샐리가 사망했을 때, 그녀는 자녀들에게 제퍼슨의 유품 몇 가지, 그의 안경과 잉크병, 신발 버클을 유산으로 남겼다.

제퍼슨이 간신히 생명을 지탱하고 있다는 사실만이 막대한 채무에 시달리는 농장들을 채권자들로부터 지켜주고 있었다. 자신을 구제해주리라 마지막 희망을 걸었던 복권 사업도 그가 사망하면서 무산되었다. 제퍼슨이 사망했을 때, 그가 진 빚은 21세기 초 통화 가치로 환산했을 때 100만 달러에서 200만 달러 사이에 달했으며, 그 액수가 너무 커서 몬티셀로와 그의 노예들을 모두 팔아야 했다. 제퍼슨의 이상과 공공 계획은 계속되었지만, 그의 개인적 세계는 그러지 못했다.

약 966킬로미터 떨어진 곳에서, 아흔 살의 존 애덤스는 제퍼슨과 같은 날 침대에서 세상을 떠났다. 당시 현직 대통령이었던 존 퀸시 애덤스는 이 우연을 두고 이렇게 말했다. "신의 은총에 대한 뚜렷하고 명백한 징표로서, 나는 세계의 지배자 앞에서 감사하는 마음으로 조용히 경배하며 스스로 낮추고자 한다." 보스턴 파뉴일 홀에서 낭독할 추도사를 준비하던 대니얼 웹스터는 어느 날 아침 식사 전에 원고를 작성했는데, 훗날 그는 "종이가 온통 눈물로 젖어 있었다."라고 회고했다. 보스턴의 어느 눈부신 날, 웹스터는 애덤스 대통령이 함께 자리한 홀에서 제퍼슨과 애덤스가 미국의 판테온으로 올라가는 모습을 지울 수 없는 초상으로 그려냈다. "우리의 50주년 기념일, 이 국가적 축제가 벌어지는 위대한 날, 대중들의 환호가 가득한 바로 그 순간, 감사의 메아리와 반향이 울려 퍼지는 가운데, 그들의 이름이 모든 사람들의 입에 오르내리던 바로 그때, 그들은 영혼의 세계로 함께 날아갔습니다."

임종의 순간에 존 애덤스가 한 마지막 말은 그의 오랜 경쟁자이자 친구에 대한 것이었다고 전해진다. "토머스 제퍼슨은 살아 있다."

그리고 그렇게 그는 살아 있다.

에필로그: 제퍼슨에게 모든 영광을

> 제퍼슨의 원칙이 빛의 원천인 이유는 그것이 순수 이성으로 만들어진 것이 아니라 열망, 충동, 통찰력, 그리고 공감 능력에서 나온 것이기 때문이다. 그것은 뜨거운 열정으로 타오른다.
>
> —우드로 윌슨, 1912년

그가 살았던 것처럼 다양한 방식과 다양한 관점 속에서 그는 살아 있다. 사망 직후, 그는 애덤스와 함께 주로 1776년 미국 독립혁명으로 높이 평가되었는데, 이 혁명의 미덕은 미국인의 마음속에서 논란의 여지가 없다. 1826년 추도사에서 매사추세츠의 에드워드 에버렛 의원은 이렇게 말했다. "하나의 간결하고 결정적인 행동 속에 모든 주의 불굴의 의지와 결의를 집약한 것, 인간 역사의 위대한 운동에서 가장 중요한 선언서를 통해 그 대의와 동기, 그리고 정당성을 펼쳐 보인 것, 이것이 토머스 제퍼슨이 얻은 영광이다."

제퍼슨이 이룬 업적은 불완전하지만 지속적인 민주주의적 사고방식과 정신의 습관을 창조한 것이다. 미국 역사가인 헨리 애덤스는 다음과 같이 썼다. "제퍼슨 씨는 미국의 체제가 민주주의적이어야 한다고 생각했다. 그는 인간이 지닌 모든 가치를 대변하는 이 원칙이 실패하느니 차라리 온 세계가 멸망하도록 내버려두었을 것이다. 반면 해밀턴 씨는 민주주의를 치명적인 저주로 간주했고, 그 진전을 가로막으려 했다."

엘런 웨일스 쿨리지는 보스턴에서 샬러츠빌로 가는 도중 뉴욕에서 할아버지의 사망 소식을 들었다. 그녀는 장례식이 끝난 지 한참이 지나서야 몬티셀로에 도착했다. 그녀에게 고향이었던 그곳은 지금은 낯선 땅이었다. 많은 세월이 흐른 후, 그녀는 몬티셀로에 돌아왔을 때의 고통을 떠올리며 헨리 랜들에게 이렇게 썼다. "그분은 떠나셨고, 그분이 계시던 곳은 텅 비어 있었죠. 저는 그분의 무덤을 찾았지만, 몬티셀로의 저택 전체, 넓은 방들과 높은 천장이 저에게는 거대한 기념비처럼 보였습니다."

그러나 제퍼슨의 힘은 너무나 강력했으므로, 엘런은 어느 순간 그가 그녀 앞에 나타나, 그의 목소리를 듣고, 그의 눈을 바라보며, 다시 한번 그의 손길을 느낄 수 있기를 기대했다. "저는 마치 그분을 찾는 것처럼 텅 빈 방을 헤매고 다녔어요."라고 그녀가 말했다.

제 생애 가장 행복했던 시절을 그곳에서 그분과 함께 보내지 않았던가요? 저는 그분의 방에서 수많은 시간을 보냈으며, 그곳은 그분이 떠난 그대로였습니다. 그분이 그토록 오랜 세월 잠들었던 침대, 제가 방에 들어갈 때마다 항상 앉아 계시던 의자, 여전히 제자리에 놓인 옷가지들, 그분이 수없이 시간을 확인했던 시계가 예전 그대로 있었습니다. 옆방 서재에는 여가 시간에 그분의 다정한 친구가 되어준 책들이 있었고, 제가 작은 유품을 발견한 책상이 있었습니다. 필기가 된 메모와 종이였던 그 유품은 지금도 간직하고 있어요. 모든 것이 그분이 방금 방을 떠난 것처럼 보였고, 저 또한 그분이 돌아오시기를 기다리는 듯한 기분이었어요.

그녀는 기묘하게도 꿈결 같은 상태에 빠져들었다.

며칠 동안 그분의 발소리나 목소리처럼 들리는 소리에 깜짝 놀랐고, 저도 모르게 그 소리를 듣기 위해 귀 기울이곤 했어요. 겨울 동안 우리가 함께 시간을 보냈던 식당에는 그분이 늘 벽난로 옆에 두고 앉아계시던 낮은 안락의자가 있었고, 그분의 책이나 양초를 올려 두던 작은 원형 탁자도 그대로 놓여 있었습니다. 다실에는 소파가 있었는데, 여름이면 그분 곁에 앉아 있곤 했어요. 쪽마루가 깔린 넓은 거실에는 캄페치 의자가 있었는데, 땅거미가 질 무렵 그분께서 그 의자에서 쉬시곤 하셨어요. 날씨가 좋지 않을 때는 큰 유리문이 달린 커다란 홀에서 걷기를 좋아하셨지요. 제가 그분과 함께 걷는 것을 얼마나 좋아했던지요? 모든 것이 그분에 대해 말해주고 있었습니다. 보이지 않는 존재가 모든 곳을 주재하는 것 같았습니다!

마침내 그녀는 저택과 영지를 떠났고, 다시는 돌아오지 않았다. 그녀에게 할아버지는 그녀의 마음과 기억 속에서 살아 있었다.

그리고 그녀의 조국에서도 마찬가지였다. 1826년 여름, 슬픔에 잠겨 있던 손녀처럼 미국인들은 제퍼슨을 떠나보낸 적이 없었다. 1874년 전기작가 제임스 파톤은 이렇게 썼다. "만약 제퍼슨이 틀렸다면, 미국이 틀린 것이다. 만약 미국이 옳다면, 제퍼슨이 옳았다."

이는 어떤 한 사람이나, 하나의 정치적 비전에 엄청난 부담을 지우는 것이지만, 이러한 통찰은 큰 울림을 준다. 제퍼슨은 살아 있을 때와 마찬가지로, 죽어서도 여전히 우리 안에 남아 있기 때문이다. 생생하고 매력적이며 영감을 주는 인물, 빛나고 우아하며, 한 시대의 기념비적인 인물이면서도 인간적인 존재로 남아 있다. 버넌산에서 조지 워싱턴과 함께 와인 한 잔을 마시면서 많은 얘기를 나누는 모습을 상상하기란 어렵다. 하지만 몬티셀로에서 프랑스에서 가져온 그림들, 필라델피아에서 가져온 흉상들, 메리웨더 루이스와 윌리엄 클라크가 탐험한 놀라운 세계에서 보내온 유물에 둘러싸인 채, 토머스 제퍼슨과 함께 이야기하는 것은 세상에서 가장 자연스러운 일처럼 느껴진다.

제퍼슨이 지금 우리에게도 이야기하는 것은 그가 그 당시 그처럼 강력하고 인상 깊게 이야기했기 때문이다. 그를 둘러싼 환경은 특별했지만, 그를 사로잡았던 일반적인 문제들은 늘 존재해 왔다. 자유와 권력, 권리와 책임, 평화 유지와 전쟁 수행과 같은 문제들이다. 그는 정치와 공적 생활이 중심이며 지금도 그러한 국가에서 정치인이자 공인이었다. 제퍼슨이 썼듯이, "인간은 단지 1년에 단 하루인 선거일뿐만 아니라 매일 국정에 참여한다고 느낀다."

그가 단지 철학자였다면 지금처럼 지속적으로 살아남지 못했을 것이다. 그가 단지 입법가, 외교관, 발명가, 작가, 교육자였다면, 혹은 심지어 단지 대통령이었다 하더라도, 지금처럼 지속적으로 살아 있지 못했을 것이다.

그가 지속적으로 살아 있는 이유는, 우리가 그에게서 인간 경험의 다양하고도 놀라운 모든 가능성을 보았기 때문이다. 지식에 대한 갈망, 창조 능력, 가족과 친구에 대한 사랑, 성취에 대한 열망, 세상의 찬사, 권력의 결집, 타인을 자신의 비전에 복종시키는 힘이 바로 그것이다. 그의 천재성은 그의 다재다능함 속에 있었고, 그의 보다 큰 정치적 유산은 사상과 사람을 이끈 리더십에 있다.

그의 뛰어난 재능과 성취, 명성 속에 그는 불멸로 남아 있다. 그러나 그의 결점과 실수 때문에 그는 우리에게, 성공한 사람이면서도 우리 모두를 옭아매는 유혹과 타협에 흔들렸던, 그런 유한한 존재로 다가온다. 그는 할 수 있었던 모든 것을 다하지는 못했다. 하지만 어떤 정치인도, 어떤 인간도 그럴 수 없다.

우리는 단지 정치에서 완벽함이 불가능하다는 사실뿐만 아니라 제퍼슨이 리더십에 대한 근본적인 시험을 통과했음을 알기 때문에 위대함을 느낀다. 그의 모든 단점과 불가피했던 실망, 실수, 지연된 꿈에도 불구하고, 그는 처음 공적 생활이라는 경기장에 들어섰을 때보다 미국을, 이 세상을 더 좋은 곳으로 남겨 놓았다.

제퍼슨은 우리에게 가장 매혹적인 건국 대통령이다. 조지 워싱턴은 경외감을, 존 애덤스는 존경심을 불러일으킨다. 그의 우아함과 친절, 그리고 은세공품과 미술품, 건축, 정원, 음식, 와인 등 아름다운 것에 대한 그의 감식안과 사랑 때문에 제퍼슨은 더욱 생동감 있고 활기차다.

19세기 분리주의자들과 20세기 주권 옹호론자들은 그에게서 영웅을 발견했고 우드로 윌슨에서 프랭클린 D. 루스벨트, 트루먼에 이르는 진보적 지도자들은 미국적인 국민주권 정부의 전통에서 그가 최상의 추진력을 구현했다고 생각한다.

그렇다면 그는 진정 누구였을까? 문자 그대로의 의미에서 유일하게 실재한 제퍼슨은 살고, 사랑하고, 국가를 이끌었으며, 1826년 축축한 여름날 나무 관에 담겨 무덤으로 옮겨진 사람이다. 실재하는 제퍼슨은 우리 대다수와 마찬가지로 결코 깔끔한 하나의 전체로 다듬어질 수 없는 모순, 상반된 열정, 결함, 죄악, 그리고 미덕의 혼합물이다. 그의 삶에서 가장 지속적인 것은 권력과 통제를 향한 욕구였다. 그러나 그는 이러한 충동을 너무나 효과적으로 숨기는 경향이 있어서, 그의 삶과 업적에 대한 가장 예리한 관찰자조차 이를 감지하는 데 어려움을 느낀다. "그가 추구한 리더십은 명령이 아닌 공감과 사랑의 리더십이었다."라고 헨리 애덤스는 썼지만, 이는 사실과 다르다. 그에게 있어 정치적 동지들 간의 공감과 사랑은 최종 목표, 즉 통치 목표를 달성하는 수단이었다. 만약 그가 사랑만으로는 원하는 권력을 축적하기에 충분치 않다는 사실을 알았다면, 아마 그는 다른 통치 수단을 찾았을 것이다.

다른 모든 제퍼슨들, 즉 상징적 제퍼슨, 은유적 제퍼슨, 그리고 서로 다른 세대와 당파들이 그의 예시에서 영감을, 그의 이름에서 정당성을 찾으며 해석하고 만들어 내는 제퍼슨들, 이 모든 제퍼슨은 그 사람 자체에 대해서보다는 우리 자신에 대해 더 많은 것을 알려준다. 많은 사람들이 그의 후계자라고 주장할 수 있고, 앞으로도 그럴 것이다. 위대한 인물들은 흔히 그렇다. 그들은 그들의 사상이 울림을 주고 그들의 싸움이 반복되기 때문에 회자되고 떠올려진다. 그의 가장 중요한 계승자들 대부분은 자유와 연합이라는 비전을 중심으로 그를 정의해왔다. 물론 그렇게 하기 위해서는 독립선언서의 저자와 켄터키 결의안의 저자 중에서 선택해야 한다. 즉 미국에 있어 분리주의가 치명적이라고 믿었던 사람의 목소리를 높일지, 아니면 일차적인 주 권한의 우위에 대해 썼던 사람의 목소리를 높일지 결정해야 한다.

제퍼슨의 뒤를 이은 가장 훌륭한 대통령들은 그러한 선택과 결정을 내림으로써, 이 불완전한 세상에서 미국 정신과 정치의 가능성을 가장 훌륭하게 대표하는 제퍼슨을 창조해냈다.

1859년 4월 초, 일리노이주 스프링필드에서 에이브러햄 링컨은 보스턴에 있는 한 단체에 제퍼슨의 탄생 기념행사 연설 초청을 거절하는 편지를 썼다. 하지만 그 순간은 연방이 위기에 처한 상황에서 링컨이 자유라는 대의와 제퍼슨을 연결하여 생각하는 기회가 되었다. 링컨은 이렇게 썼다. "제퍼슨의 원칙은 자유 사회의 정의이자 공리입니다. 그리고 아직 이 원칙들은 적지 않은 성공에도 불구하고 여전히 부정당하고 회피되고 있습니다. 다른 사람의 자유를 부정하는 사람들은 스스로 자유를 누릴 자격이 없으며, 정의로운 신 아래서 이를 오래도록 유지할 수 없을 것입니다."

그리하여 노예 소유주였던 제퍼슨은 백인뿐만 아니라 흑인들을 위한 자유의 상징으로 일컬어지게 되었다. 링컨의 관점에서 이것이 제퍼슨이 가진 비전의 핵심이었으며, 그는 혁명전쟁과 혼란의 와중에서 이상을 현실로 바꾼 독립선언서의 저자에게 찬사를 보냈다. 링컨은 이렇게 말했다. "제퍼슨에게 모든 영광을! 그는 마지막 한 사람까지 나라의 독립을 위해 투쟁하라는 압박 속에서 냉정함과 예지력, 그리고 단순한 혁명적 문서에 모든 시대, 모든 사람에게 적용할 수 있는 추상적 진리를 도입하는 능력을 지닌 사람입니다. 그리하여 그 진리를 문서에 영원히 보존하여 오늘날에도, 그리고 다가올 모든 날에도 독재와 억압이 다시 출현할 조짐에 대한 질책이자 걸림돌이 되도록 한 사람입니다."

70년 후, 1932년 미네소타주 세인트폴에서 프랭클린 D. 루스벨트가 1859년에 링컨이 했던 일을 되풀이했다. 그는 제퍼슨의 계승자를 자처했다. 루스벨트는 세인트폴에서 열린 제퍼슨의 날 만찬에서 이렇게 말했다. "우리는 위대한 재정 분야의 천재였던 알렉산더 해밀턴이나 초기 연방주의 학파를 불신할 필요가 전혀 없습니다. 다만 그들이 국가의 특정 지역이나 그 지역 내 특정 개인들이 다른 이들보다 정부 운영에 더 적합하다고 생각했음을 지적할 뿐입니다. 연방당의 단결은 부분적이었고 국민 중 소수를 대변했을 뿐입니다. 그러나 위대한 나라를 건설하기 위해서는 모든 지역과 모든 집단의 이해가 고려되어야 하며, 참된 안전은 광범위한 국가적 결속 안에서만 실현될 수 있음을 국민에게 가르치는 것이 제퍼슨의 목적이었습니다."

그 자신이 정치의 달인이었던 루스벨트는 동류의식을 높이 평가했다. 그에 따르면 "제퍼슨은 정당을 만들기 위해 여러 해 동안 헌신했기 때문에 정치인으로 불려야 한다. 그러나 이런 노력은 그 자체로 공동의 원칙을 지지하기 위하여 온 나라의 단결을 목표로 한 뚜렷하고 실질적인 행동이었다. 국민이 부주의하게, 혹은 잘난 체하며 정당을 조롱할 때, 그들은 정부의 정당 제도가 우리 문명의 공통 용어로 생각하도록 국민을 단결시키고 가르치는 가장 훌륭한 제도라는 사실을 간과하는 것이다."라고 했다.

제퍼슨의 말은 미국적 언어의 핵심이다. 1948년 9월, 텍사스 보넘에 있는 보넘 고등학교 풋볼 경기장, 하원의장 샘 레이번의 고향이기도 한 그곳에서 해리 S. 트루먼은 제퍼슨을 소환했다.

> 저는 이 나라 국민에 대한 깊은 믿음을 가지고 있습니다. 저는 그들의 상식을 믿습니다. 그들은 자유를 사랑하며 자유와 정의에 대한 사랑은 죽지 않았습니다. 오늘날 우리 국민은 제퍼슨이 그랬듯이, 소수 특권층이 탈 수 있도록 등에 안장을 메고 태어난 사람은 없다는 것을 믿습니다.
> 우리는 제퍼슨이 그랬듯이 "우리에게 생명을 준 신은 우리에게 자유도 주었다."라는 것을 믿습니다. 우리는 해외에서 자유를 위협하는 이들로부터 자유를 지키고 있습니다. 우리는 국내에서 위협하는 이들에게 자유를 포기하겠다고 말하지 않을 것입니다. 우리는 우리의 민주적 방식을 포기하고 좌파 독재로 나아가지 않을 것이며, 특권적인 정실주의로도 나아가지 않을 것입니다.

1988년 12월, 임기 말에 접어든 로널드 레이건은 제퍼슨이 세운 버지니아 대학교 잔디밭을 찾아 학생들에게 연설했다. 레이건에게 제퍼슨의 순수한 공화주의와 제한적 정부에 관한 발언은 오랫동안 신성한 경구가 되었다.

제퍼슨의 '변혁적 천재성'을 기리며 레이건은 이렇게 말했다. "과학의 탐구, 위대한 고전 연구, 자유로운 탐구의 가치, 요컨대 정신적인 삶을 살아간다는 바로 그 사상, 그렇습니다, 이같은 고등교육의 형성적이고 지속적인 원칙은 최초이자 가장 확고한 지지자, 가장 위대한 체현자, 자신이 살았던 산기슭에서 이 대학이 만들어지는 것을 지켜보았던 키가 크고, 명석하며, 다정한 사람에게서 발견할 수 있습니다. 그는 길고 보람 있었던 생애 중 대학 건립을 최고의 성취로 여겼습니다."

대학의 남학생들과 여학생들만이 위대한 인물의 살아 있는 정신을 느끼는 것은 아니었다. 레이건은 "대통령들 역시 이에 대해 잘 알고 있습니다."라고 말했다. 제퍼슨은 그의 계승자들에게 영원한 수호자였다. 그 이유는 "백악관 잔디밭 바로 아래, 엘립스 공원 건너편에는 제퍼슨 기념관의 정돈되고 고전적인 건축선이 이어지고, 그곳에 선 약 5.8미터 높이 동상의 눈이 백악관을 곧바로 응시하고 있기 때문입니다. 이는 한때 그곳에 깃들었으나 아주 드물게만 그곳에서 다시 볼 수 있었던 고결한 지성과 관대한 마음을 백악관을 차지하게 될 모든 이들에게 끊임없이 상기시켜 주고 있습니다."

레이건은 그 자신도 실용적인 면모를 지닌 비전 있는 지도자이자 정치적 이상을 능숙하게 전달하는 소통가이며 혁신적인 지도자였던 인물로, 제3대 대통령을 직관적으로 잘 이해하고 있었다. 레이건은 이렇게 말했다. "그는 세계가 얼마나 무질서해질 수 있는지 잘 알고 있었습니다. 사실 반란의 지도자로서 그는 스스로 무질서의 설계자라고 할 수 있습니다. 그러나 그는 또한 인간은 신으로부터 계몽이라는 귀중한 선물, 즉 이성이라는 선물을 받았으며, 이 선물을 통해 삶의 혼돈으로부터 의미와 진실, 질서를 이끌어낼 수 있다고 믿었습니다." 제퍼슨이라 하더라도 이 문제를 이보다 더 명료하게 설명하기는 힘들었을 것이다.

루스벨트에서 레이건에 이르기까지, 제퍼슨은 극단적으로 다른 이해를 가진 정부와 문화에 영감을 제공했다. 하지만 변한 것은 제퍼슨이 아니었다. 이 방식을 시도하다 저 방식으로 넘어가는 그의 조국이었다. 제퍼슨은 세대와 세대, 현안과 현안, 비전과 비전을 이어주는 북극성과 같은 존재였다는 사실은 당대 폭풍우를 뚫고 미국이라는 나라를 이끌면서 조타실에 서 있었을 때의 제퍼슨의 행적만큼이나 그의 문학적 다재다능함을 보여 준다.

그러나 제퍼슨 계승자들의 그에 대한 이해에서 한 가지는 결코 변하지 않는다. 제퍼슨과 마찬가지로 대중 여론을 형성하는 과정에서 공적 삶에서 언어의 힘을 믿었으며, 가장 힘든 시기에도 국가를 안전하고 강하게 유지하기 위해서는 대통령이 권력의 중심이 되어야 한다고 보았다.

그가 묘비명에 새기도록 한 세 가지 업적—미국 독립선언서의 작성자, 버지니아 종교자유법의 제정자, 버지니아 대학교 설립자—은 정신과 마음의 자유에 대한 그의 사랑과 미래에 대한 그의 믿음을 잘 보여준다. 이 업적들은 그의 격동적인 긴 삶에서 가장 논란의 여지가 적은 요소들, 즉 이성의 우위, 자유의 실현 가능성, 지혜에 대한 영원한 탐구를 가리킨다. 또한 이 업적들은 무언가를 만들어내는 행위, 즉 리더십을 가리킨다. 그는 이 모든 대의를 위해 싸웠으며, 그가 남긴 살아 있는 기념물들은 그의 비전의 옳았음을 세상에 확신시키기에 충분했다. 그리고 제퍼슨에게 있어, 야망과 이기심에 의해 움직이는 정치 현실 속에서 아무리 더디고 아무리 고통스러울지라도 이상 실현을 위해 헌신하는 국가 그 자체보다 더 위대한 기념비는 없었다.

제퍼슨으로서는 미국을, 자신이 여러 면에서 존재하게 했으며 그가 위태롭고 유약한 시간들을 견디며 키워낸 이 나라를 포기한 적이 한 번도 없었다. 1824년 그는 이렇게 썼다. "그리고 나는 해안에서 시작된 문명의 행진이 가벼운 구름처럼 우리 위를 지나가며, 우리의 지식을 증대시키고 우리 환경을 개선하는 것을 지켜보았습니다… 그리고 이러한 진보가 어디서 멈출지는 아무도 알 수 없습니다."

제퍼슨은 마지막 순간까지, 그리고 그 이후까지도 자신이 원하는 대로 세상을 정돈하려 했다. 1826년 한여름, 그가 세상을 떠났을 때 그의 시신은 넓게 펼쳐진 서쪽 잔디밭을 가로질러 버드나무 곁을 지나 언덕 아래 묘지로 옮겨졌다. 그 묘지는 물론 자신이 직접 설계한 곳이었다. 그는 이곳에 어머니와 아내, 자녀들, 그리고 가장 친한 친구를 묻었다. 바로 이곳에 그도 묻히게 되었다.

작은 묘지는 산 서쪽 경사면에 자리 잡고 있다. 땅거미가 질 때면 어둠이 천천히 내려앉는 것 같았다. 동쪽으로는 리배나강과 섀드웰까지 그림자가 길게 드리워진다. 어둠의 그림자는 몬티셸로와 멀베리 로우 위로 내려앉는다. 그의 파빌리온과 정원 위로도 내려앉는다. 오직 그런 다음에야 비로소 항상 빛을 사랑했던 토머스 제퍼슨의 유해 위를 그림자가 뒤덮는다.

작가의 말 및 감사의 글

1803년 말, 워싱턴 주재 공사 대리 루이 앙드레 피숑은 파리 외무부에 보낼 제퍼슨 대통령에 관한 특별 서한을 작성했다. "장관님, 제퍼슨 씨의 성품뿐만 아니라 그의 정책과 시스템이 국내적으로 미칠 영향에 대해서도 분명한 보고를 드리기가 어려울 것 같습니다."

사실 그랬다. 그러나 불가능한 것은 아니었다. 이 책에서 내가 의도했던 바는 제퍼슨을 찬양하거나 비판하는 것이 아니며, 대신 쉽게 범주화하기 힘든 미국 정치인으로서 그가 수행한 완전하면서도 풍부한 역할을 되찾아주는 것이다. 제퍼슨은 요즘처럼 평온한 시기를 살아본 적이 없다. 1998년 DNA 검사 결과와 후속 학술 재평가 작업은 위선자로서 제퍼슨의 이미지를 다시 한번 부각시키는 계기가 되었다. 위 조사에서는 그가 노예인 샐리 헤밍스와 성적 관계를 맺었을 개연성이 높다고 보았는데 이는 오랫동안 주류 백인 역사가들에 의해 부정되어왔다.

이후 거의 20년간 존 애덤스와 알렉산더 해밀턴, 조지 워싱턴의 전기가 평단의 환호를 받으며 차례로 출간되었고, 너무나 당연하게도 제퍼슨을 희생양으로 삼아 주인공들의 미덕을 부각시키는 결과를 가져왔다(내 친

642

구 조지프 J.엘리스가 20년 전 출간한 다음 책이 이러한 흐름의 출발점이었다.《열정적인 현자: 존 애덤스의 성격과 유산Passionate Sage: The Character and Legacy of John Adams》).제퍼슨은 당대에조차 비현실적인 철학자이면서 교활한 정치꾼이라는, 언뜻 보기에도 모순적인 비난에 직면해야 했다.

제퍼슨의 경우(다른 많은 인물들과 마찬가지로) 진실은 복잡하다. 조지 워싱턴, 에이브러햄 링컨, 시어도어 루스벨트, 프랭클린 루스벨트는 위대한 인물이자 인상적인 대통령이었지만, 오직 토머스 제퍼슨만이 그처럼 오랜 기간에 걸쳐, 미국인 삶의 다양한 측면에 영향을 미쳤다. 냉정하고 지적인 제퍼슨은 정치 투쟁의 열기를 외면하지 못했고, 자신이 탁월하게 표현한 원칙들을 겉보기에는 별다른 노력 없이 선거와 통치라는 현실에 적용시켰다. 많은 미국인들이 그를 숭배했고, 다른 이들은 그에게 "당신은 신이 생명을 불어넣은 가장 멍청한 바보다. 천벌이나 받아라."라고 쓴 익명의 편지 발신인의 견해에 공감했다.

내 견해는, 토머스 제퍼슨이 근본적으로 해가 바뀌고 세월이 흘러도 공직을 추구한 정치인이었다는 것이다. 일단 공직에 들어선 후에는 당대 문제를 해결했고, 자신이 살았던 시간과 장소의 제약 속에서 미래의 방향을 설정하기 위해 노력했던 인물이었다. 그가 그 일을 능숙하고 효율적으로 수행했다는 사실은 그의 생에 대한 찬사이며, 내 생각에 그가 남긴 유산의 핵심이다. 당시 연방주의자들의 이해관계에 대항하여 자신이 믿는 원칙과 관행을 옹호하는 강력한 정치적 인물이 없었다면 — 제퍼슨은 분명 강력한 정치적 인물이었다 — 미국인들의 삶과 정치는 아주 다르게 바뀌었을 것이다. 당시 정치인 제퍼슨은 역사의 성벽 위에 선 인물이었으며, 시간의 흐름에 따라 소수보다는 다수에게 훨씬 큰 역할을 부여하는 특별한 사고방식과 정부 형태를 위해 싸우고 있었다.

나는 제퍼슨의 전 생애와 시대를 온전히 쓸 생각은 없다. 그와 그 주위를 둘러싸고 발생한 일들이 너무 많았고, 18세기 말과 19세기 초를 다룬

방대한 학술자료를 온전하게 담아내기에는 단행본으로는 부족하기 때문이다. 이 책은 오히려 한 인간과 그가 살면서 자신의 목적에 맞게 바꾸려 했던 세상에 대한 초상에 가깝다. 독서와 연구 과정에서 내가 발견한 제퍼슨은 르네상스적인 관심을 가졌던 공인이었으나, 지속적으로 몰두한 단 하나의 관심사를 가지고 있었다. 바로 미국의 민주 공화주의였다.

가장 놀라운 이야기는 주어진 시간과 기회 속에서 최선을 다하며, 그의 실수가 개인적인 동시에 보편적인 정치인들에 관한 이야기이다. 가장 뛰어난 대통령은 아무리 잠깐일지라도 그러한 제약을 초월하고 결점을 극복하여 국가를 처음 물려받았을 때보다 더 바람직하고 정의로운 곳으로 남겨주는 사람이다. 그 기준은 완벽하거나 미국적 이상향일 수 없다. 누구도 그 기준을 만족시킬 수 없기 때문이다. 토머스 제퍼슨도 당연히 그럴 수 없었다.

그는 최선을 다했고, 그의 최선은 비록 실현되지는 못했을지라도 세계에 인간의 자유에 대한 정의를 남기고, 미국이 세계 강국으로 부상할 수 있는 수단을 선사한 것이었다.

제퍼슨이 미국적 공화주의의 임박한 종말과 군주제로의 회귀 가능성을 얼마나 심각하게 받아들였는지에 대한 고려 없이 그를 제대로 이해할 수 없다고 생각한다. 조지 워싱턴부터 시작해 동시대인들과 후대 역사가들은 군주제에 대한 제퍼슨의 두려움이 공상적이고 편집증적인 것, 혹은 기껏해야 진지하게 고려하기에는 너무 과장된 것으로 취급했다. 그러나 제퍼슨 관련 문서와 미국과 영국에서 축적된 연구에 대한 나의 독서를 바탕으로 볼 때, 미국에서 영국의 지배권이 부활한 위험은, 소련과의 냉전 당시 트루먼에서 조지 H. W. 부시에 이르는 미국 대통령들과 마찬가지로 제퍼슨의 사고와 행동에 근본적인 영향을 미쳤다고 나는 주장한다.

물론 영국과 미국이 우호관계와 적대관계 사이를 오갔기 때문에 이 비유는 딱 들어맞지는 않지만 고려해볼 만한 또 다른 비유는, 제퍼슨이 워싱턴, 애덤스와 맺은 관계를 드와이트 아이젠하워가 프랭클린 D. 루스벨트, 해리 트루먼과 맺은 관계에 비유하는 분석이다. 즉, 개혁을 단행하면서도 기존 국정운영 노선을 본질적으로 승인한 대통령이라는 평가이다.

역사적 인물, 즉 인간적인 제퍼슨을 이해하려면 영국 내전 당시 사건들과 유산들이 그의 상상 속, 그리고 많은 동시대인들의 상상 속에 지속적으로 차지한 의미를 고려하지 않고서는 불가능하다. 개인의 자유에 대한 휘그 전통의 중요성은 오랫동안 주목받아 왔다. 하지만 제퍼슨의 서신에 영국 내전 당시 전투와 사건들이 얼마나 자주 등장하는지에 대해서는 덜 주목했다. 이는 내전과 군사 독재에 뒤이어 군주제가 복원된 영국 공화정 체제의 운명이 제퍼슨의 의식 속에 늘 자리 잡고 있었음을 보여주는 신호이다. 일반적으로 정치인들은 자신들이 본받고 싶거나 피하고 싶은 일들을 기억하는 경향이 있다. 미국을 위해 제퍼슨은 크롬웰적인 절대주의도, 1660년 찰스 2세의 왕정복고도, 1688년 윌리엄과 메리의 즉위도 원하지 않았다. 두 군주는 특권은 더 적었지만 여전히 군주였다. 제퍼슨이 보기에 그러한 결과는 모두 상당한 개연성이 있는 일이라고 여겨졌다.

이 프로젝트는 프린스턴에서 《제퍼슨 문서》 편집장인 바버라 오버그와의 즐거운 점심 식사를 통해 시작되었다. 《제퍼슨 문서》는 미국 역사상 가장 방대하고 중요한 학술 사업 중 하나이다.

바버라와 그의 동료들은 나에게 아낌없는 환대와 친절을 베풀었으며, 1803년 초 제퍼슨 대통령 재임 기간을 다루는 진행 중인 문서의 디지털 파일을 제공해주었다. 제퍼슨이나 초기 미국에 대해 글을 쓰는 사람이라면 누구나 1950년에 첫 권 출판을 시작으로 지속되어온 이 자료들의 명쾌한 주석에 큰 신세를 지고 있을 것이다. 바버라와 그녀의 팀은 줄리언 P. 보이드가 시작한 전통을 훌륭하게 이어가고 있다. 특히 바버라를 도와 원고 검토를 도와준 마사 킹과 일레인 파스쿠 두 분께 깊이 감사드린다.

1809년부터 1826년 사망 시기까지 제퍼슨 문서인 은퇴기 시리즈는 현재 샬러츠빌에서 편집 중이다. 총괄 편집자인 J. 제퍼슨 루니는 귀중한 시간을 내어 질문에 답해주었고, 제퍼슨 관련 주제를 이야기하며 아름다운 토요일 오후를 할애해주었다. 제프는 이후에도 나의 질문에 친절하게 응해주었다. 그와 버지니아에 있는 그의 동료들에게 깊이 감사드린다.

토머스 제퍼슨 재단의 회장인 레슬리 그린 보먼은 이 책을 쓰는 내내 열정적이고 헌신적인 도움을 주었다. 그녀의 품위와 환대, 통찰력에 감사드리며, 그녀의 남편 코틀랜드 뉴호프에게도 불쑥 방문한 전기 작가를 위해 옷까지 빌려준 호의에 감사드린다. 레슬리는 제퍼슨이 몬티셀로로 올라가기 위해 다녔던 길을 따라 말을 탈 수 있도록 친절을 베풀었고, 나의 형편없는 승마 실력을 보고도 웃지 않는 인내심을 보여주었다.

나는 몬티셀로에 있는 많은 분들로부터 신세를 졌다. 수전 스테인을 비롯하여 앤드루 잭슨 오쇼너시, 멜라니 보여는 귀중한 시간과 전문 지식을 제공해주었다. 또한, 몬티셀로의 도서관장인 애나 버크스와 고고학 국장인 프레이저 니먼에게도 감사드린다.

이 프로젝트의 가장 큰 즐거움 중 하나는 2011년 11월에 찾아왔다. 나는 제퍼슨이 살고 일했던 물질문화를 최대한 가까이에서 관찰할 수 있도록, 밤 시간과 새벽 시간에 몬티셀로를 특별히 방문할 수 있도록 관대한 배려를 받았다. 저택에서 시간을 보낼 수 있도록 도와준 토머스 제퍼슨 재단 이사회에 감사드린다.

큐레이터 직원들은 이를 위해 많은 도움을 주었고, 제퍼슨 당시 집의 모습에 대해 귀중한 조언을 제공해주었다. 리처드 길더 선임 큐레이터이자 박물관 프로그램 부회장인 수전 스테인, 큐레이터 엘리자베스 V. 추, 그리고 큐레이터 보조 조디 프레더릭슨에게 감사드린다. 또한, 안전 및 보안 관리자인 배리 클레이터, 그리고 프레드 오브라이언, 브라이언 글로버, 테럴 톰슨에게도 감사드린다.

많은 기록 보관소와 도서관들의 도움에도 감사드린다. 특히 콜로니얼

646

윌리엄스버그의 존 D. 록펠러 주니어 도서관 참고사서인 델 무어와 미국 혁명 데이비드 도서관의 캐서린 A. 루드비히에게 감사드린다.

뉴욕 공립 도서관과 브루클린 공립 도서관도 귀중한 자료를 제공해주었다. 뉴욕 공립 도서관에서는 특히 어마 앤 폴 밀스타인 미국사 분과, 지역사 및 계보학 부서에 크게 신세를 졌다. 스티븐 A. 슈워츠먼 빌딩의 일반 소장 자료와 마이크로필름 컬렉션, 그리고 뉴욕 공공도서관 분관들 역시 빼놓을 수 없으며, 서던 대학교의 제시 볼 듀폰 도서관 직원들도 큰 도움을 주었다.

또한, 데이비드 미국독립전쟁 도서관, 캐나다 도서관 및 기록 보관소, 온타리오 기록 보관소, 뉴브런즈윅 대학교 왕당파 컬렉션, 그리고 영국 데번주 엑서터의 데번 기록 사무소 직원들께도 감사드린다.

프랑스에서는 멜리사 로와 톰 스테머스가 외교문서 기록관에서 필사본들을 번역해주었고, 멜리사는 루이자 토머스와 함께 영국에서도 기록 보관소 작업을 수행했다. 또한, 필사본 자료를 필사하는 작업을 도와준 제이미 존스턴, 스테파니 고튼, 콜비 야넬, 매슈 프라이스, 케이틀린 왓슨, 바오 바오 장, 제시카 갤러거에게도 감사드린다. 상원 역사 사무국의 역사학자 도널드 A. 리치와 그의 동료 베티 코드에게도 감사드린다.

제퍼슨에 관한 책을 쓰는 일은 끝이 없을 것이며 매우 의미 있는 작업이기도 하다. 현재 진행 중인 제퍼슨 연구에 관한 지적이고 접근하기 쉬우며 철저한 자료를 찾는 독자들은 프랜시스 D. 코글리아노가 편집한《토머스 제퍼슨의 동반자A Companion to Thomas Jefferson》에 수록된 에세이를 참고할 수 있을 것이다. 코글리아노는 나를 환대하고 아낌없이 도와주었으며, 그가 편집한 이 책은 매우 귀중한 자료이다. 기고자들로는 애넷 고든-리드, 마이클 A. 맥도널, 크리스토퍼 레이, 로버트 G. 파킨슨, 피터 톰슨, 존 A. 라고스타, 요한 N. 니임, 이언 매클린, 토드 에스테스, 조앤 B. 프리먼, 로버트 M. S. 맥도널드, 제레미 D. 베일리, 레너드 J. 사도스키, 앤드루 번스타인, 앤드루 케이튼, 루시아 스탠턴, 카산드라 파이부스, 캐서린 케리슨, 빌리 L. 웨이슨, 리처드 새뮤얼슨, 케빈 J. 헤이스, 데이비드 토머스 코닉, 한나 스판, 캐롤라인 윈터러, 피터 S. 오너프, R. B. 번스타인, 맥스 M. 에들링, 캐머런 애디스, 매슈 E. 크로우, 바버라 B. 오버그와 제임스 P. 매클루어, 브라이언 스틸, 잭 N. 라코브 등이 있다. 여러 부분에서 조언을 아끼지 않은 역사가들과 전기 작가들의 우정에 감사드린다. 에번 토머스와 마이클 베설로스는 물론 오시 토머스와 애피 베설로스에게도 감사드린다.

제퍼슨과 헤밍스 가족에 대한 획기적인 연구를 수행한 애넷 고든-리드는 훌륭한 친구이자 귀중한 독자였다. 제퍼슨가의 기원에 대한 주목할 만한 책《섀드웰의 제퍼슨 가The Jeffersons at Shadwell》의 저자 수전 컨은 섀드웰에서 아침 시간을 기꺼이 함께 보내주었으며 원고의 일부를 읽어주었다. 루시아 '신더' 스탠턴이 그 방문과 그 외 많은 것을 주선해주었다. 오랫동안 존경해온 고든 S. 우드는 원고를 흔쾌히 읽고 귀중한 통찰력을 제공해 주었다.

몬티셀로에서는 신더 스탠턴과 수전 스테인 두 분이 원고를 읽고 의견을 제시하여 책의 개선에 큰 도움을 주었다. 버지니아 대학교의 토머스 제퍼슨 재단 역사학 교수이자 제퍼슨 및 미국사 학자들의 멘토인 피터 오너프 교수는 나의 초안을 주의 깊게 읽고 귀중한 의견을 주었으며, 다른 독자들이 그랬듯이 실수로부터 나를 구해주었다. 오너프 교수는 또한 이 책이 완성되었을 때 축복을 내려주었는데, 이에 대해서 깊이 감사드린다.

2012년, 미국 혁명 아들회SAR와 로버트 H. 스미스 국제 제퍼슨 연구 센터가 샬러츠빌에서 주최한 콘퍼런스에 초청받는 행운을 얻었다. '토머스 제퍼슨의 삶: 역사 구성으로서의 전기'라는 제목의 이 모임이 오너프 교수에게 헌정된 것은 지극히 적절했다. 콘퍼런스를 조직하고 지휘하는 데 역할을 해준 오랜 친구 앤드루 오쇼너시 국제 센터장, 웨스트 포인트의 로버트 맥도널드, 그리고 SAR의 조지프 W. 둘리에게 감사드린다. 발표된 논문들은 흥미롭고 깊은 통찰을 제공했으며, 나는 그 논문들과 바버라 오버그가 진행한 원탁 토론을 통해 많은 것을 배웠다. 크리스틴 코울웰 맥도널드와 공동 저술한 논문을 발표하기도 한 맥도널드 교수는 이 논문들을 엮은 단행본을 준비 중이다. 기고자로는 제퍼슨 루니, 앤드루 번스타인 외 다수가 참여했다.

월터 아이작슨, 헨리 비엔섹, 폴린 마이어, 론 처노, 조지프 J. 엘리스 등, 그리고 고인이 된 크리스토퍼 히친스 등은 이 과정에서 사심 없는 독자이자 조언자, 대담자, 그리고 편집자 역할을 해주었다. 물론 이 책에 대한 책임은 전적으로 나에게 있다.

크고 작은 친절에 대해 리처드와 리사 플레플러, 조너선 카프 외 다수에게 감사드린다. 나의 친구 마이크 힐에게 빚을 졌는데, 그는 언제나처럼 귀중하고 고마운 존재였다. 루이자 토머스는 없어서는 안 될 존재였으며, 그녀의 루이자 캐서린 애덤스에 관한 책을 고대하고 있다. (책은 제퍼슨에 대해서도 친절하게 다룰 것이 분명하다.) 잭 베일스는 다시 한번 자신의 문헌학적 능력을 보여주었다. 크리스틴 메히아의 우아함과 노고에, 그리고 원고를 확인하는 데 결정적인 역할을 해준 롭 크로퍼드에게 감사드린다. 루시 새클포드도 최종 초안을 확인해주었다.

이 책은 랜덤 하우스와 함께하는 나의 다섯 번째 책이다. 지나 센트렐로에게 놀라움과 감사를 표한다. 지나는 최고의 출판인이자 아낌없이 격려해준 친구이다. 그녀의 지성, 우정, 그리고 지지는 비할 데가 없다. 편집자 케이트 메디나는 이 분야의 대가이며, 그녀의 흠잡을 데 없는 높은 안목과 지혜는 우리들에게 항상 영감을 준다. 애나 피토니악과 린지 슈워리의 변함없는 호의와 훌륭한 작업에도 감사드린다. 윌 머피는 관대한 독자였다. 수전 카밀과 톰 페리는 탁월하고 훌륭한 출판팀을 이끌고 있다. 늘 그렇듯이, 종잡을 수 없는 매력을 지닌 샐리 마빈과 바버라 필론에게 큰 도움을 받았다. 벤저민 스타인버그 외 다수에게도 감사드린다. 미셸 대니얼은 뛰어난 교정 편집자였다. 내 생각에, 벤저민 드레이어와 데니스 앰브로즈가 오버로드 작전을 담당했다면, 연합군은 비를 무릅쓰고 일정을 고수하여 6월 5일에 공격했을 것이다. 일을 그토록 멋지게 해내는 그들에게 감사드린다. 그리고 늘 그렇듯이, 아만다 어반이야말로 내가 탈레반의 손에 넘어갈 경우 가장 먼저 전화할 사람이라는 크리스토퍼 버클리의 견해에 전적으로 동의한다.

이 책을 나의 선생님이자 친구인 허버트 웬츠에게 바친다. 그와 그의 아내 소피아에게 결코 갚을 수 없는 은혜를 입었다.

나의 아내 키스는 오랫동안 나의 과거로의 여행을 견뎌주었으며, 사랑과 지지, 그리고 (항상 처음부터 환영받은 것은 아니었지만) 조언을 아끼지 않았다. 그녀는 모든 것을 가능하게 해주었고, 우리의 아이들—메리, 매기, 그리고 샘—은 지금 이 순간 그리고 영원히 가장 소중한 존재들이다.

주註

사용된 약어

Anas *The Complete Anas of Thomas Jefferson*, ed. Frank B. Sawvel

APE, I Gil Troy, Arthur M. Schlesinger, Jr., and Fred L. Israel, eds., *History of American Presidential Elections, 1789~2008.* 4th ed. Vol. I, *1789~1868.*

EOL Gordon S. Wood, Empire of Liberty: A History of the Early Republic, 1789~1815

FB *Thomas Jefferson's Farm Book: With Commentary and Relevant Extracts from Other Writings,* ed. Edwin Morris Betts

GB *Thomas Jefferson's Garden Book: 1766~1824, With Relevant Extracts from His Other Writings,* ed. Edwin Morris Betts

Henry Adams, *History* Henry Adams, *History of the United States of America During the Administrations of Thomas Jefferson*

Jefferson, *Writings* Thomas Jefferson, *Writings*, ed. Merrill D. Peterson (Library of America)

JHT, I–VI Dumas Malone, *Jefferson and His Time*

LOC Library of Congress

MB, I–II *Jefferson's Memorandum Books: Accounts, with Legal Records and Miscellany, 1767~1826,* ed. James A. Bear, Jr., and Lucia C. Stanton

Parton, *Life* James Parton, *Life of Thomas Jefferson*

PTJ, I–XXXIX *The Papers of Thomas Jefferson*

PTJRS, I–VIII *The Papers of Thomas Jefferson. Retirement Series*

Randall, *Jefferson*, I–III Henry S. Randall, *The Life of Thomas Jefferson*

TDLTJ Sarah N. Randolph, *The Domestic Life of Thomas Jefferson*

TJ Thomas Jefferson

TJF The Thomas Jefferson Foundation

VTM Merrill D. Peterson, *Visitors to Monticello*

서문 인용문

007 **초기 대통령들의 초상화는** Henry Adams, *History*, 188.

007 **개인적으로 이처럼 뛰어난** 존 F. 케네디, 서방 세계 노벨상 수상자들을 기리는 만찬 연설, 1962년 4월 29일 Online, by Gerhard Peters and John T. Woolley, The American Presidency Project. http://www.presidency.ucsb.edu/ws/?pid=8623 (2012년 열람)

프롤로그: 세계 최고의 희망

015 **토머스 제퍼슨은 날이 밝을 무렵 잠에서 깼다.** TJ to Vine Utley, March 21, 1819. Extract published at Papers of Thomas Jefferson Retirement Series Digital Archive, http://www.monticello.org/familyletters (2011년 열람) '하지만 일찍 잠자리에 들었든 늦게 들었든, 나는 해가 뜨면 일어난다.'라고 그는 어틀리에게 썼다. (Ibid.) 손자인 토머스 제퍼슨 랜돌프는 전기 작가 헨리 S. 랜달에게 이렇게 회고했다. "할아버지는 마지막 병석에서도 태양이 50년 동안 자신을 침대에 붙잡아둘 수는 없었다고 하셨습니다." (Randall, *Jefferson*, III, 675.) 1824년 12월, 제퍼슨이 81세 되던 해 몬티셀로를 방문했던 대니얼 웹스터는 다음과 같이 썼다. '제퍼슨 씨는 아침에 침대 정면에 걸린 시계의 바늘이 보이면 곧바로 일어나 온도를 확인했다. 그가 규칙적으로 기상일지를 작성했기 때문이었다.' (*VTM*, 98.)

015 **군살 없이 탄탄하고 유연한 체격** 마거릿 베이어드 스미스는 제퍼슨이 '키가 크고 호리호리하'다고 보았다. (*The First Forty Years of Washington Society in the Family Letters of Margaret Bayard Smith*, ed. Gaillard Hunt (New York, 1965), 80.) 제임스 파톤이 쓴 글에 따르면 다음과 같다. '1760년 당시 제퍼슨은 키가 크고 뼈대가 굵고 말랐으며 주근깨가 있었고, 머리는 모랫빛이었다. 손발이 크고 손목이 굵었으며 광대뼈와 턱 선이 뚜렷해 잘생겼다거나 우아하다는 느낌은 없었다. 그러나 그는 생기 있고 밝고 건강한 젊은이로 몸이 총신처럼 곧고 늠름하며 강인했다. 어려서부터 승마와 사격, 카누, 미뉴에트와 콘트라댄스를 즐긴 덕분에 민첩한 몸놀림을 지닌 청년이었다. 치아는 흠잡을 데 없이 깨끗했고 헤이즐넛 빛이 도는 회갈색 눈은 밝고 표현력이 풍부했으며, 태도에서는 부드러운 심성과 풍부한 공감 능력, 호기심 많은 성품이 드러났다.' (Parton, *Life*, I.) 제퍼슨의 외모와 태도에 관한 동시대 기록 모음은 다음을 참조하라. TJF, Physical Descriptions of Jefferson, http://www.monticello.org/site/research-and-collections/physical-descriptions-jefferson (2011년 열람). '이 모래색 얼굴, 헤이즐넛 빛 눈과 햇살

처럼 밝은 표정, 이 느슨하고 정돈되지 못한 몸가짐, 이 산만하지만 재치 있는 대화야말로 오로지 진실을 숨기기에 급급한 공식 문서 4분의 3보다 미국 역사에서 지배적인 영향력을 발휘하는 데 더 필수적이었다.'라고 헨리 애덤스가 썼다. 그는 제퍼슨 재임 기간을 단호하면서도 때로는 호의적으로 서술한 역사학자이다. '이 8년간 제퍼슨의 개인적 특성이 곧 정부인 것처럼 보였으며, 비록 과정은 달랐지만, 보나파르트처럼 국민정신에 깊이 각인되었다.' (Henry Adams, *History*, 127.)

015 **콘래드 앤 맥먼 하숙집** Allen C. Clark, Daniel Rapine, the Second Mayor,*Records of the Columbia Historical Society* 25 (1923), 198. 추가 참조. *MB*, II, 1032.

015 **차가운 물이 담긴 대야** *PTJRS*, VIII, 544. 제퍼슨이 제임스 모리James Maury에게 이렇게 썼다. '저는 50년간 매일 아침 찬물에 발을 담갔고, 놀라울 정도로 감기에 걸리지 않게 되었습니다(평생 평균 7년에 한 번꼴로도 감기에 걸리지 않았습니다). 제 생각에는 이런 습관 때문인 것 같습니다. 우리는 2개의 사실이 오랫동안 함께 일어날 때, 그것들을 원인과 결과로 연결되어 있다고 생각합니다.' (Ibid.) 추가 참조. Gordon Jones and James A. Bear, Thomas Jefferson's Medical History, 미발표 원고, 제퍼슨도서관 소장. 존스와 베어는 존 플로이어 경의 유명한 책《찬물로 목욕하기: 냉수욕의 역사》를 즐겨 읽었기 때문이라고 생각했다. 제퍼슨은 이 책의 1706년 판본을 소장하고 있었다. (Ibid.) 플로이어에 대한 세부 설명은 다음을 참조하라. D. D. Gibbs, Sir John Floyer, M.D. (1649~1734), *British Medical Journal I*, no. 5638 (1969): 242-45.

015 **흠이 파일** Susan R. Stein, Notes on Jefferson's Bed Chamber, memorandum to author, November 10, 2011. 스테인은 토머스 제퍼슨의 몬티셀로에서 리처드 길더 선임 큐레이터이자 박물관 프로그램 담당 부사장을 맡고 있다. 파인 자국은 벽난로와 마주한 제퍼슨의 침대 측면에 있었다(필자의 의견).

015 **키 190센티미터** James A. Bear, Jr., ed., *Jefferson at Monticello* (Charlottesville, Va., 1967) 70. 몬티셀로의 관리인 에드먼드 베이컨에 따르면, "제퍼슨 씨는 키가 약 184센티미터 정도였고, 균형 잡힌 체격과 총신처럼 곧은 자세를 지녔다."라고 한다. (Ibid.)

015 **옅은 갈색** Parton, *Life*, 1.

015 **주근깨로 덮여 있던 피부** Ibid.

015 **조금씩 주름이** *TDLTJ*, 337.

015 **푸른색, 적갈색 혹은 갈색으로 묘사되곤 했다** TJF, http://www.monticello.org/site/research-and-collections/eye-color (2012년 열람)

015 **치아는 여전히 튼튼했다** Parton, *Life*, 1. '그의 치아 또한 완벽했다.'라고 파톤은 기록했다. 1824년에 쓴 글에서 대니얼 웹스터는 다음과 같이 관찰했다. '그의 입은 단정했고, 치아로 가득 차 있었으며, 만족감과 선의의 표정을 띤 채 굳게 다물고 있었다.'

(VTM, 97.)

015 **띄엄띄엄 흩어져 있는 건물 사이의 거리는 진흙탕으로 뒤덮이고** *Records of the Columbia Historical Society* 25, 198-99. 1801년 1월 8일, 델라웨어주 연방당 의원인 제임스 베이어드는 앤드루 베이어드에게 이렇게 썼다. '이곳에는 [워싱턴]이라는 도시 이름만 있을 뿐, 아무것도 없습니다. 완성된 의사당 [북쪽] 별관은 아름다운 건물입니다. 대통령 관저 또한 매우 우아합니다. 이 밖에 감탄할 만한 것은 자연의 아름다움뿐입니다. 사회생활, 특히 여성과의 교류가 매우 부족합니다.' 일주일 후, 앨버트 갤러틴은 아내 해나 갤러틴에게 이렇게 썼다. '우리 지역의 상황은 쾌적하기는커녕 편리함과도 거리가 멀다오. 의사당 근처에는 7~8개의 하숙집, 재단사 한 명, 구두 수선공 한 명, 인쇄공 한 명, 세탁부 한 명, 식료품점 한 곳, 소책자와 문구류를 파는 가게 한 곳, 작은 잡화점 한 곳, 굴 전문점 한 곳이 있소. 이것이 의사당과 연결된 연방 수도의 전체 모습이라오.' (Ibid.)

016 **불과 200걸음 떨어진 곳** Ibid.

016 **말 60필을 수용할 수 있는 마구간** Washington *National Intelligencer,* January 30, 1801. 하숙집 광고는 다음과 같았다. '이전에 로 씨가 사용했던 건물에 새로운 숙소와 편의시설을 개업했습니다. 의사당에서 약 200보 떨어진 뉴저지 애비뉴에 있으며, 그곳에서 이스턴 브랜치까지 이어집니다. 건물은 넓고 편리하며, 그중 하나는 역마차 승객과 여행객을 위해, 다른 하나는 하숙인을 위해 마련되었습니다. 말 60마리를 수용할 충분한 마구간도 있습니다. 대중의 많은 후원 부탁드립니다.' (Ibid.)

016 **신축 하숙집에 앉아** *PTJ,* XXXII, 513. 1801년 1월 27일자 메모에 따르면, '당시 제퍼슨은 부통령으로서 상원의 의장 역할을 했는데 상원에 출석하지 않을 때는 항상 집에 있었다.'고 썼다. (Ibid.)

016 **치열한 선거전** 다음 참조. James Roger Sharp, *The Deadlocked Election of 1800: Jefferson, Burr, and the Union in the Balance* (Lawrence, Kan., 2010); Susan Dunn, *Jefferson's Second Revolution: The Election Crisis of 1800 and the Triumph of Republicanism* (Boston, 2004); John Ferling, *Adams vs. Jefferson: The Tumultuous Election of 1800* (New York, 2004); James Horn, Jan Ellen Lewis, and Peter S. Onuf, eds., *The Revolution of 1800: Democracy, Race, and the New Republic* (Charlottesville, Va., 2002); 그리고 *APE,* I, 49-78. Henry Adams, *The Life of Albert Gallatin* (LaVergne, Tenn., 2009), 232-66, 이 책은 친밀한 동료의 관점에서 이야기한다.

016 **동률을 기록했다** 동점이 발생할 수 있는 잠재적인 문제는 1789년 첫 대통령 선거 때부터 분명했다. 당시 관행은 몇몇 선거인들이 부통령 후보에게 돌아갈 표를 승산이 없는 후보자에게 '버림으로써' 대통령 후보자가 최다 득표를 얻도록 하는 방식이었다. 제

임스 매디슨은 당시 프랑스에 있었던 제퍼슨에게 이렇게 말했다. "각 주에서 나타났듯이, 워싱턴 장군에게는 만장일치로 표가 주어졌습니다. 대통령직을 놓고 경쟁할 가능성을 막기 위해 연방 의원들 사이에서 부통령 표는 주로 애덤스 씨에게 주어졌고, 한두 표는 고의로 버려졌습니다." (PTJ, XV, 5.) 이번에는 상황이 그다지 순조롭지 않았고, 이로 인해 위기가 발생했다.

016 **지쳐 있단다** PTJ, XXXII, 556-57. 흔히 팻시로 알려진 그의 딸 마사 제퍼슨 랜돌프에게 보낸 이 편지는 1801년 2월 5일 워싱턴에서 쓴 것이다.

016 **'모든 대화의 주제'** Ibid., 263.

016 **현 위기는 중대하다!** *Washington Federalist*, February 12, 1801. 신문에서도 이렇게 썼다. '우리는 어제 하루 종일, 애타게 기다리는 국민에게 대통령 선거 결과를 발표할 수 있기를 시시각각 기대하며 기다렸다. 하지만 이 순간까지도 결정되지 않아, 500만 국민의 행복이 끔찍하게 불확실한 상태로 남아 있다!' (Ibid.)

016 **'재미이자 명예, 이익'** EOL, 280.

017 **대통령이 될 수 있을까?** Nancy Isenberg, *Fallen Founder: The Life of Aaron Burr* (New York, 2008), 196-220.

017 **한 의원이 대영제국과의 분리를 한탄하며** Anas, 206.

017 **의도적으로 조장하고,** Ibid., 466.

017 **막 대법원장으로 지명된** Kathryn Turner, The Appointment of Chief Justice Marshall, *William and Mary Quarterly*, 3d ser., 17 (1960): 143-63.

017 **존 마셜이 대통령으로 임명되어 제퍼슨의 취임을 막을 수도 있다는 소문이 돌고 있었다.** JHT, III, 495.

017 **연방이 무너진다면** PTJ, XXXII, 404. 전반적인 위기에 관한 매킨의 의견은 다음을 참조하라. ibid., 432-36.

017 **무장을 할 준비가 된** Ibid. 다른 이들은 해밀턴이 이러한 불확실성을 이용할까 봐 우려했다. 한 펜실베이니아 공화당원은 제퍼슨에게 이렇게 말했다. "알렉산더 해밀턴이 이끄는 군대라면 단시간에 요새, 무기고, 보급품과 무기를 장악할 수 있을 것입니다." (PTJ, XXXII, 485.) 제퍼슨 자신도 제임스 매디슨에게 이렇게 말했다. "어떠한 입법권의 남용도 무력으로 저항받게 될 것입니다." (Ibid., XXXIII, 16.)

017 **2만 2천 명이** James Roger Sharp, *American Politics in the Early Republic: The New Nation in Crisis* (New Haven, Conn., 1993), 269.

018 **워싱턴을 덮친 눈보라가 그칠 무렵** Diary of Gouverneur Morris, February 1801, LOC. 2월 2일에 눈이 내렸고, 2월 13일에 다시 눈이 내렸다. 제퍼슨은 2월 17일 선출되었다. (Ibid.)

018　**36번째 무기명 투표**　PTJ, XXXII, 578.

018　**40년 중 36년 동안**　본문에서 언급했듯이, 제퍼슨 본인을 제외하고 제임스 매디슨, 제임스 먼로, 앤드루 잭슨, 마틴 밴 뷰런은 스스로를 제퍼슨적 전통의 계승자라고 여겼다. 제6대 대통령인 존 퀸시 애덤스는 예외이다. 1800년과 1840년 사이의 시기에 관한 탁월한 개관은 다음을 참조하라. *EOL*; Daniel Walker Howe, *What Hath God Wrought: The Transformation of America, 1815~1848* (New York, 2007); 그리고 Sean Wilentz, *The Rise of American Democracy: Jefferson to Lincoln* (New York, 2005).

018　**권력을 추구하고, 획득하고, 행사했다**　나의 주장은 제퍼슨이 본질적으로 정치인이었다는 점이다. 확실히 폭넓은 철학적 사고와 자주 표명된 원칙을 지닌 정치인이었지만, 그럼에도 불구하고 여전히 정치인이었다. 예를 들어, 다음을 참조하라. Bernard Bailyn, *To Begin the World Anew: The Genius and Ambiguities of the American Founders* (New York, 2003), 37-59. 베일린은 다음과 같이 결론 내렸다:

그렇게 급진적이고 유토피아적인 이상주의자인 동시에, 냉철하고 능수능란하며 때로는 교활한 정치인, 우아한 문구에 추진력이 담긴 수사학자이자 실용적인 행정가, 무엇보다 계몽주의적 정책의 모호함에 맞설 운명을 지닌 인물, 그가 바로 제퍼슨이었다. 그는 미국 혁명의 조숙한 지도자로서 포괄적인 계몽주의적 이상을 비전으로 품었고, 완전히 계몽된 세계가 어떤 모습일지 엿보았다. 그리고 이를 실현하기 위해 분투하는 과정에서 해결하기 어려운 딜레마를 발견했다. 다시 말해, 제퍼슨은 순수한 비전을 보고 이를 탁월하게 개념화하여 언어로 표현했으며, 그 비전을 전환하고 비틀며, 앞뒤로 조율하면서 현실과 연계시키기 위해 끊임없이 노력했다. (Ibid., 47.)

019　**'세계 최고의 희망'**　PTJ, XXXIII, 149.

019　**미국인은 할 수 있는 것이라면, 반드시 해낼 것이다.**　PTJRS, VIII, 32.

019　**키가 크고**　Bear, *Jefferson at Monticello*, II.

020　**명마 같은 분입죠**　Ibid., 71.

020　**매일 기온을 기록하고**　예를 들어, 다음을 참조하라. *MB*, I, 771. 1790년 4월 18일, 제퍼슨은 사위인 토머스 만 랜돌프 주니어에게 이렇게 썼다. '내 방식은 하루에 두 번 관찰하는 것이네. 한 번은 가능한 한 아침 일찍, 다른 한 번은 3시에서 4시 사이에 하는데, 그 이유는 24시간 중 4시가 가장 덥고, 해가 뜨는 시간이 가장 춥다는 사실을 파악했기 때문이지. 그 내용을 상아 포켓 수첩에 기재해, 일주일에 한 번씩 옮겨 적는다네.' (Ibid.)

020　**상아 장정의 작은 수첩**　Ibid., I, xvii. 제퍼슨의 주머니 속에 보통 들어 있던 물건들은 다음 책자에 삽화로 나와 있다. William L. Beiswanger and others, eds., *Thomas Jefferson's Monticello* (Chapel Hill, N.C., 2001), 65. 위 책에 따르면, 영국제 주머니칼, 열쇠

고리와 여행 가방 열쇠, 금제 이쑤시개, 거위 깃털 이쑤시개, 상아 자, 회중시계 줄, 강철 휴대용 가위, 붉은 가죽 장정의 수첩이 포함되어 있었다고 한다. (Ibid.)

020 **말을 빠르고 거칠게 몰았으며** James A. Bear, Jr., ed., *Jefferson at Monticello* (Charlottesville, Va., 1967), 5.

020 **전능한 의사** *PTJ*, VIII, 43.

020 **독주는 마시지 않았지만, 와인을 사랑해** Randall, *Jefferson*, III, 450. 아이작 제퍼슨은 그가 술에 취해서 평소와 다르게 행동했다는 얘기를 한 번도 들어본 적이 없다고 말했다. (Bear, *Jefferson at Monticello*, 13.)

020 **하바나산 시가를 선물로 받은** *PTJRS*, I, 466.

020 **식기 운반용 소형 승강기와 자동문 장치** Beiswanger and others, *Thomas Jefferson's Monticello*, 53.

020 **자신만의 복음서** Thomas Jefferson, *The Jefferson Bible: The Life and Morals of Jesus of Nazareth* (Boston, 1989). 이 판본 후기에서 야로슬라프 펠리칸은 이렇게 썼다. '지난 2세기 동안 성서학의 역사에서 대담무쌍함이 부족했던 적은 없었지만, 순전히 대담성만 놓고 본다면 토머스 제퍼슨의 두 차례에 걸친 복음서 편집본이 단연 돋보인다.' (Ibid., 149.)

020 **몬티셀로의 저택을 팔라디오 양식으로** Beiswanger and others, *Thomas Jefferson's Monticello*, 2-33. 제퍼슨이 소유했던 팔라디오의 책은 2011년 세인트루이스에 있는 워싱턴 대학교 소장품 속에서 발견되었는데, 감사하게도 나는 그것을 직접 볼 기회를 얻었다.

020 **고대 신전에서 영감을 받아 로마풍의 버지니아주 의사당** Susan R. Stein, *The Worlds of Thomas Jefferson at Monticello* (New York, 1993), 19-20.

020 **파스타의 열렬한 애호가** TJF, http://www.monticello.org/site/research-and-collec tions/macaroni (2012년 열람)

021 **아이스크림 조리법** Marie Kimball, *Thomas Jefferson's Cook Book* (Charlottesville, Va., 1976), 2-3. 추가 참조. TJF, http://www.monticello.org/site/research-and-collections/ ice-cream (2012년 열람)

021 **샐러드드레싱 하나를 고르는 일에도** TJF, http://www.monticello.org/site/house- and-gardens/thomas-jeffersons-favorite-vegetables (2011년 열람) 샐러드 기름은 제퍼슨에게 오랜 기간 집착의 대상이었다. 그는 올리브를 '하늘이 준 가장 풍요로운 선물'이자 '존재하는 가장 흥미로운 식물'이라고 칭했다. 국내산 올리브 오일은 불완전하고 수입산 올리브 오일은 너무 비싸다는 사실을 알게 되자, 제퍼슨은 참깨 씨앗이나 벤네(세사뭄 오리엔탈레Sesamum Orientale)에서 기름을 추출할 가능성에 눈을 돌렸다.

(Ibid.)

021　**양치기개를 여러 마리**　*MB*, I, 745. 추가 참조. *PTJ*, XXIX, 26-27.

021　**라틴어, 그리스어, 프랑스어**　TJF, http://www.monticello.org/site/research-and-collections/languages-jefferson-spoke-or-read (2012년 열람)

021　**세비녜 후작 부인의 편지 모음집**　TJ to Ellen Wayles Randolph, March 14, 1808, Coolidge Collection of Thomas Jefferson Manuscripts, Massachusetts Historical Society. '몬티셀로에 보낸 내 책들 가운데 세비녜 부인의 편지 모음집이 있는데, 그것은 네가 꼭 읽어야 할 쉽고 자연스러운 편지쓰기의 가장 훌륭한 교본이란다.' (Ibid.)

021　**스탈 남작 부인**　Hannah Thornton to TJ, January 15, 1808, Coolidge Collection of Thomas Jefferson Manuscripts, Massachusetts Historical Society. "손턴 부인이 미국 대통령께 문안 올립니다. 스탈 부인의 유명한 소설 《코린느*Corinne*》 한 권을 소장하고 계시다는 소식을 들었습니다. 지금은 다른 곳에서 책을 구할 길이 없어, 만약 읽고 계시지 않다면 잠시 빌려 읽을 수 있도록 허락해주시기를 청하오니, 부디 실례를 너그러이 용서해주시옵소서."라고 그녀가 썼다. (Ibid.)

021　**한 손님은 '제왕적인 스캔들'이라 표현**　*PTJRS*, VIII, 240.

021　**다이아몬드 목걸이 사건과 마리 앙투아네트**　Simon Schama, *Citizens: A Chronicle of the French Revolution* (New York, 1990), 203-10.

021　**정부가 장교직을 돈 받고 팔게 방조한 혐의**　Philip Harling, The Duke of York Affair (1809) and the Complexities of War-Time Patriotism, *The Historical Journal* 39, no. 4 (December 1996): 963-84.

021　**묘한 만족감**　*PTJRS*, VIII, 240.

021　**작은 시골 여관에 묵던 한 나그네**　*TDLTJ*, 38.

022　**이성을 기준으로 바로 서는 모습을 보고 싶어서**　*PTJ*, X, 604.

023　**실현할 수 있는 것이 종종 우선**　Jefferson, *Writings*, 1101.

023　**통치받는 사람들의 습관**　Ibid.

023　**논쟁과 분열**　내 생각에, 최근 몇 년간 제퍼슨은 지나치게 가혹한 시선으로 묘사되는 경향이 있다. 그는 기껏해야 수수께끼 같은 인물로, 최악의 경우 냉소적인 정치가로 그려지는 경우가 많았다. 고든 S. 우드는 통찰력 넘치는 글에서 과도한 찬사와 지나친 비난이 가져오는 왜곡된 역동성을 고찰했다. 우드는 이렇게 썼다. '우리는 그들이 속했던 시간과 장소에서 떼어낼 수도, 떼어내서도 안 되는 역사적 인물을 성인으로 추대하고 상징화하는 심각한 오류를 범하고 있다. 제퍼슨을 진정한 역사적 상황에 놓인 인간도 될 수 없는 일종의 초월적인 도덕적 영웅으로 변모시킴으로써, 우리는 이 18세기 노예 소유자가 가진 시대적 한계 때문에 오히려 스스로 낙담하게 된다.' (Wood, The Ghosts of

Monticello in *Sally Hemings and Thomas Jefferson: History, Memory, and Civic Culture*, ed. Jan Ellen Lewis and Peter S. Onuf [Charlottesville, Va., 1999], 29.) 제퍼슨에 대한 최근의 영향력 있는 인물평은 다음을 참조하라. Joseph J. Ellis, *American Sphinx: The Character of Thomas Jefferson* (New York, 1997); David McCullough, *John Adams* (New York, 2001); Ron Chernow, *Alexander Hamilton* (New York, 2004); and Chernow, *Washington: A Life* (New York, 2010).

024 **정말 멋진 일이란다** *PTJ*, XXXVII, 20. 이 편지는 1802년 3월 2일, 워싱턴에서 앤 캐리, 토머스 제퍼슨, 엘런 웨일스 랜돌프에게 쓴 것이다.

024 **어떤 사람들은 제퍼슨의 침묵을 동의로 착각하지만** Joseph J. Ellis, *American Creation: Triumphs and Tragedies at the Founding of the Republic* (New York, 2007), 168. 엘리스는 존 애덤스의 손자 찰스 프랜시스 애덤스의 관찰을 다음과 같이 인용한다. '그는 애정보다 상상력에 더 열정적이어서, 친구나 적에게 항상 자신이 느끼는 대로 정확하게 말하지는 않았다. 그 결과, 그의 공적 생활에는 부분적으로 일종의 이중성, 혹은 적어도 경솔함의 장막을 드리웠으며, 이는 눈에 드러나기보다는 일반적으로 느껴지는 측면이 더 강했다.' (Ibid.)

024 **새뮤얼 해리슨 스미스를 방문** *First Forty Years*, 6.

024 **연방주의자 가문에서 태어난** Ibid., vi. 마거릿 베이어드 스미스는 1778년에 태어났다. 그녀의 아버지는 펜실베이니아 정치인이자 대륙회의 의원이었던 존 베이어드 대령이었다. 가족 중에는 델라웨어 출신 연방당 의원이자 외교관인 제임스 A. 베이어드가 있었는데, 그는 1801년 2월 제퍼슨의 대통령 선거에서 중요한 역할을 했다. (Ibid.)

024 **다소 주눅이 들었다** Ibid., 6.

024 **편안하고 느긋한 자세** Ibid., 6-7.

025 **부인은 자신도 모르게** Ibid., 7.

025 **그때쯤 응접실 문이 열리고** Ibid.

025 **이분이 악명 높고 폭력적인 민주당원** Ibid., 5-6.

025 **응접실을 나서면서** Ibid., 8.

026 **깊은 슬픔에 빠져 몬티셀로 대농장의 숲을 헤매며 자살까지 고민했다** Randall, *Jefferson*, I, 382. 추가 참조. Parton, *Life*, 265-66, and *JHT*, I, 396-97.

026 **임종을 맞은 아내에게 다시는 다른 사람과 결혼하지 않겠다고 맹세** Parton, *Life*, 265.

026 **샐리 헤밍스와 수십 년에 걸친 관계를 유지했다** 애넷 고든-리드는 이 주제에 관한 단연 최고의 저서를 썼다. 내가 그녀에게 진 빚은 이루 헤아릴 수 없을 정도이다. 다음을 참조하라. *Thomas Jefferson and Sally Hemings: An American Controversy* (Charlottesville,

Va., 1997) 과 기념비적 저작인 *The Hemingses of Monticello: An American Family* (New York, 2008). 추가 참조. the findings in the Report of the Research Committee on Thomas Jefferson and Sally Hemings, TJF, January 2000, http://www.monticello.org/site/plantation-and-slavery/report-research-committee-thomas-jefferson-and-sally-hemings (2012년 열람); Lewis and Onuf, *Sally Hemings and Thomas Jefferson*; 그리고 Catherine Kerrison, Sally Hemings in Francis D. Cogliano, ed., *A Companion to Thomas Jefferson* (Oxford, 2011), 284-300. 상반되는 견해에 대해서는 다음을 참조하라. William G. Hyland, Jr., *In Defense of Thomas Jefferson: The Sally Hemings Sex Scandal* (New York, 2009), 과 David Barton, *The Jefferson Lies: Exposing the Myths You've Always Believed About Thomas Jefferson* (Nashville, Tenn., 2012), 1-30.
제퍼슨 가문의 남성이 샐리 헤밍스의 아이들 중 적어도 한 명의 친부라는 1998년 DNA 조사 결과는 제퍼슨과 헤밍스 관계를 둘러싼 모든 의문에 대한 학문적 재평가를 촉발했다. 당시 토머스 제퍼슨 재단의 회장이었던 대니얼 P. 조던은 이 문제를 조사할 위원회를 구성했다. 2000년 위원회 보고서가 출판되었을 때, 조던은 이렇게 썼다. '비록 친자 관계를 절대적인 확신을 가지고 확립할 수는 없지만, 활용 가능한 최선의 증거를 통해 평가한 결과, 토머스 제퍼슨과 샐리 헤밍스가 일정 기간 관계를 가졌으며, 그로 인해 샐리 헤밍스의 알려진 자녀 중 한 명, 어쩌면 모두가 그의 자녀일 가능성이 높다고 판단된다. 우리는 이 문제에 관해 존경할 만한 사람들이 의견을 달리할 수 있음을 잘 알고 있으며, 실제로 거의 200년이 넘도록 그래왔다. 더욱이 역사적 기록에는 결코 채워질 수 없는 공백과 완전히 해결할 수 없는 미스터리가 있다는 것을 잘 알고 있다.'
나는 조던과 위원회의 의견에 동의한다. [한 위원은 이에 동의하지 않고 소수 의견 보고서를 냈는데, 다음에서 확인할 수 있다.] TJF, http://www.monticello.org/site/plantation-and-slavery/report-research-committee-thomas-jefferson-and-sally-hemings (2012년 열람).] 내 생각에, 제퍼슨은 욕구가 강하면서도 질서를 중시하는 성향의 사람이라는 전기적 증거는 설득력이 있으며, 사망한 아내의 노예 신분인 이복 여동생과 자신이 대체로 통제할 수 있는 상황에서 장기간 관계를 유지하는 능력은 제퍼슨의 성향과도 잘 맞았을 것이다. 반대론자들은 제퍼슨의 남동생 랜돌프 제퍼슨이 친부일 수 있다고 지목했는데, 이 경우에도 DNA 조사 결과와 일치할 수 있는 가능성이 있다. 회고록을 '남긴 몬티셀로의 노예 아이작 그레인저 제퍼슨은 '랜돌프 제퍼슨이 흑인 노예들과 어울려 밤늦게까지 바이올린을 켜거나 춤을 추곤 했다.'라고 증언했다. 하지만 위원회가 지적했듯이, 아이작 그레인저 제퍼슨은 1797년 몬티셀로를 떠났다. 이는 '그의 진술이 그해 이전 시기를 기술했으므로, 그의 회고록 대부분을 차지하는 1780년대를 언급한 내용임'을 의미한다.

제퍼슨과 샐리 헤밍스 사이에 아무런 관계가 없었다고 계속 주장하는 사람들에게, 《제퍼슨과 샐리 헤밍스에 관한 조사위원회 보고서》 중 '제퍼슨 가문의 다른 남성들이 친부일 가능성에 대한 평가' 부분을 길게 인용하는 특권을 누리고자 한다:

제퍼슨과 헤밍스 후손 대상의 DNA 조사에 대한 한 가지 반응은, 이 검사 결과가 샐리 헤밍스의 마지막 자녀의 아버지가 제퍼슨 가문 남성이라는 것만 입증할 뿐, 토머스 제퍼슨 본인이 친부라는 사실을 증명하는 것은 아니라는 지적이다. 이러한 가능성을 조사하기 위해, 몬티셀로 연구자들은 제퍼슨 가문 남성들의 신원과 거주지를 파악하기 위해 제퍼슨 가문의 계보뿐만이 아니라 토머스 제퍼슨의 문서도 검토했다.

확인된 샐리 헤밍스의 임신 시기는 1794년 12월 초에서 1807년 9월 중순까지이다. 이 18년 동안 제퍼슨의 할아버지 토머스 제퍼슨(1677~1731)의 후손 중 성인 남성이 최소 25명 버지니아에 거주했는데, 여기에는 제퍼슨의 남동생 랜돌프와 그의 다섯 아들, 그리고 삼촌 필드 제퍼슨의 아들 한 명과 손자 18명이 포함된다. 이들 대부분은 몬티셀로에서 약 160킬로미터 이상 떨어진 사우스사이드에 거주했으며, 제퍼슨의 편지나 메모에도 언급되지 않는다.

25명 가운데 나이와 거주지의 근접성 때문에 추가로 문헌 조사가 필요했던 여덟 명이 있었다. 여기에는 랜돌프 제퍼슨과 그의 다섯 아들(아이샴, 토머스 주니어, 필드, 로버트, 릴번), 그리고 필드 제퍼슨의 손자 두 명(조지와 존 갈런드 제퍼슨)이 포함된다. 이들 각자는 토머스 제퍼슨과 어느 정도 교류가 있었고, 몬티셀로와 그 근방에서 시간을 보내기도 했지만, 샐리 헤밍스의 임신 기간 중 몬티셀로에 있었다는 기록은 없다. 몇몇은 토머스 제퍼슨이 부재중일 때 몬티셀로에 머물렀다(샐리 헤밍스가 그의 부재중 임신했다는 기록은 알려진 바 없다). 랜돌프 제퍼슨의 아들 토머스는 1800년에, 로버트 루이스는 1807년에 몬티셀로에 머물렀을 가능성이 있으며, 이는 샐리 헤밍스가 해리엇과 이스턴을 임신한 시기와 겹친다. 랜돌프 제퍼슨은 이스턴 헤밍스를 임신한 시기에 몬티셀로로 초대받았으나 실제로 방문했는지는 알려지지 않았다.

위원회는 다른 제퍼슨 가문 남성이 샐리 헤밍스의 자녀들의 아버지라는 가설을 뒷받침할 설득력 있는 증거는 존재하지 않는다고 결론 내렸다. 이 문제가 처음 공론화된 지 거의 200년이 지났지만, 다른 제퍼슨 일족이 친부로 거론된 적은 없으며, 토머스 제퍼슨이 친부임을 부정하는 사람들은 조카들을 아버지로 지목했을 뿐이다. 더욱이 여섯 아이로 이루어진 가족이 탄생하는 데 필요한 일종의 지속적인 체류에 대한 증거는 전혀 없으며, 심지어 관계를 부인하는 사람들조차 샐리 헤밍스의 자녀들의 아버지가 한 사람 이상이라고 주장하지는 않았다. 결론적으로 이스턴 헤밍스와 그의 형제자매들의 친부가 토머스 제퍼슨이라는 역사적 증거는 다른 어떤 제퍼슨 가문 남성보다 압도적으로 우세하다.

이 문제를 자세히 살피고자 하는 독자들은 다음에서 귀중한 자료를 찾을 수 있다. TJF, http://www.monticello.org/site/plantation-and-slavery/report-research-committee-thomas-jefferson-and-sally-hemings (2012년 열람)

027 **1764년부터 시작해** *PTJRS*, IV, 599. 제퍼슨은 1764년 3월에 '혁명의 신 새벽'을 열었다고 생각했다.

027 **그는 50년에 걸친 전쟁 속에 살았고, 통치했다** 제퍼슨에게 있어 갈등은 1764년(ibid.)부터 '1812년 전쟁'이 막바지에 이른 1815년까지 이어졌다. Louise Burnham Dunbar, *A Study of 'Monarchical' Tendencies in the United States from 1776 to 1801* (New York, 1970), 이 연구는 군주제를 대하는 미국인의 태도와, 신생국을 세습 권력이나 종신 권력으로 이끌려는 몇 차례 시도를 상세히 다루고 있다. George C. Herring, *From Colony to Superpower: U.S. Foreign Relations Since 1776* (New York, 2008), 11-133, 이 연구는 일반적으로 세계와 미국과의 관계를 다루지만, 미국과 영국의 긴장 관계가 이야기의 중심을 이룬다. 로버트 미들코프 또한 다음 책에서 큰 통찰력을 제공한다. Robert Middlekauff, *The Glorious Cause: The American Revolution, 1763~1789* (New York, 2005); Alan Taylor, *The Civil War of 1812: American Citizens, British Subects, Irish Rebels, and Indian Allies* (New York, 2010); and Edmund S. Morgan, *The Birth of the Republic, 1763-89* (Chicago, 1977). Bernard Bailyn, *The Ideological Origins of the American Revolution* (Cambridge, Mass., 1992), 이 책은 자유에 관한 뿌리 깊은 관념과 만연한 음모론의 역할을 다룬 기념비적인 저작이다.

50년 전쟁이라는 개념을 설명하고 평가하기 위해서는 몇 가지 관련 쟁점을 고찰해야 한다. 그중 하나는 당시 만연했던 편집증적 경향으로, 버나드 베일린이 독립전쟁 시기의 소책자를 연구하고, 리처드 호프스태터가 '편집증적 스타일'에 대한 그의 견해를 제시한 이래 학문적 논쟁의 주제가 되었다. (Hofstadter, *The Paranoid Style in American Politics* [Cambridge, Mass., 1996].) 다음은 기념비적인 논문이다. John R. Howe, Jr., Republican Thought and Political Violence of the 1790s, *American Quarterly* 19 no. 2 (Summer, 1967): 147-65. 하우는 1790년대의 정치 환경이 '고정관념이 현실을 대체했'다고 할 만큼 지나치게 감정적이고 과열되었다고 주장한다. (Ibid., 150.) 그는 이러한 분위기가 공화정의 취약성과 이전 실험의 실패에 대한 건국 아버지들의 강렬한 자각, 그리고 그들이 맞이한 역사적 순간의 중요성에 대한 인식과 자유로운 사회를 결속시키는 근간인 덕성의 쇠퇴에 대한 깊은 불안에서 비롯되었다고 본다. 하우의 주장에 따르면, 이 같은 압력 속에서 당시 미국인들은 정신적으로 불안정했을 가능성이 있다.

고든 S. 우드는 이와 다르게 생각한다. 그는 편집증과 음모론이 사실 합리적인 사람들의 합리적 사고이며, 당대의 지배 사조를 실제로 반영한다고 썼다. 계몽주의 시대 사람들은 역사는 결과를 산출해낼 수 있는 사건들의 연속이며, 따라서 인간을 자신들의 운명을 지배하는 행위자라고 가정했다. 이는 어떤 일이 발생했을 때, 누군가 그 뒤에 있다는 의미이다. 우드는 군주제 음모에 대한 제퍼슨의 두려움에 다른 많은 학자보다 큰 신뢰를 부여한다. 루이즈 버넘 던바는 1922년 자신의 연구에서 군주제적 음모가 실제로 심각하게 고려되기는 했지만, 대체로 미국인들은 군주제에 반대했다고 주장한다. 두 번째 핵심 쟁점은 군주제와 공화정을 어떻게 정의하느냐이다. 연방주의자들이 원한 것은 존 애덤스가 다소 노골적으로 '군주적 공화정'으로 묘사한 체제였다. (*EOL*, 82) 이 체제는 영국의 제도를 모델로 삼되, 왕실 각료들이 의회 구성원을 겸하면서 발생하는 '부패', 즉 권력기관 간 경계가 모호해지는 상황을 배제했다. (Wood, *The Idea of Amer ica: Reffections on the Birth of the United States* (New York: 2011), 182.) 그들은 국민이 주보다 국가에 충성하고, 강력한 중앙집권적 경제와 함께 유럽 군주국들과 대등하게 경쟁할 수 있는 강한 군사력을 갖춘 강력한 연방정부를 원했다. 확실히 초창기부터 조지 워싱턴과 존 애덤스는 군주제의 상징을 차용했으며, 헌법을 옹호한 연방주의자들 역시 연방 개념에 대한 실망과 민주주의의 과잉에 대한 두려움 때문에 그러한 태도를 보였다. 그들은 자신들이 영국적 전통 안에서 활동한다는 자각을 지녔고, 이는 제퍼슨에게 영국 공포증으로 이어졌다. 우드는 서인도 제도 출신인 해밀턴에게는 특정 주에 대한 충성심이 없었다고 지적한다. (*EOL*, 90.) 해밀턴은 매우 의도적으로 영국 제도를 모델로 삼아 미국 재정 시스템을 설계했다. 군주제 논쟁 또한 사법부를 둘러싼 갈등에서 제퍼슨의 역할에 영향을 미쳤는데, 이는 사법부가 민주주의에 맞서는 요새이자 영구적인 기득권의 원천으로 인식될 수 있는 권력이었기 때문이다.

029 **새로운 세계에 심어** TJ to John Page, March 18, 1803, American Antiquarian Society, Worcester, Mass.

029 **발을 들인 자** Ibid.

029 **조국은 누구도 외면할 수 없는 처지에 있었소** Margaret Bayard Smith, *First Forty Years*, 81.

029 **대담하고도 불확실한 선택** TJ to Roger C. Weightman, June 24, 1826. Extract published at Papers of Thomas Jefferson Retirement Series Digital Archive, http://www.monticello.org/familyletters (2011년 열람)

이것은 그의 생애 거의 마지막 편지로, 1826년 7월 4일 독립선언 50주년을 기념하여 워싱턴 기념행사를 준비하던 조직위원회에 보낸 메시지였다. 사실 제퍼슨은 이 편지 이후에도 두 통의 편지를 더 썼는데, 와인 선적에 따른 관세 납부 준비를 포함해 두 편 모두 사업에 관한 내용이었다. 다음 참조. J. Jefferson Looney, *Thomas Jefferson's Last*

Letter, *The Virginia Magazine of History and Biography* 112, no. 2 (2004): 178-84.

1장 행운아

031 **공적, 정치적 인품** Gerald W. Mullin, *Flight and Rebellion: Slave Resistance in Eighteenth-Century Virginia* (New York, 1972), 8.

033 **신체적으로 건강한 사람이야말로** *TDLTJ*, 20.

033 **사람들의 눈에 띄는 인물이었다** 피터 제퍼슨과의 대화에 관해 여러 자료를 참조했다. 다음 참조. *TDLTJ*, 1726; *JHT*, I, 933; Randall, *Jefferson*, I, 518; 그리고 Parton, *Life*, 9-10.

033 **알버말 카운티가 되는 지역** 이 카운티는 1744년 설립되었다. 개요는 다음을 참조하라. John Hammond Moore, *Albemarle, Jefferson's County, 1727~1976* (Charlottesville, Va., 1976), 1-67, 18세기 전반기의 후반부에서부터 혁명기에 이르는 시기를 다루고 있다. 추가 참조., S. Edward Ayres, Albemarle County, Virginia, 1744~1770: An Economic, Political, and Social Analysis, *Magazine of Albemarle County History* 25 (1966~67): 37-72. *JHT*, I, 435-39, 이 연구는 피터 제퍼슨의 토지, 노예, 재산을 다룬다. 버지니아 전체를 이해하려면 다음을 참조하라. Michael A. McDonnell, Jefferson's Virginia, in Cogliano, ed., *A Companion to Thomas Jefferson*, 16-31.

033 **런던 교구의 이름을 따서** *TDLTJ*, 22.

033 **대서양 중부의 황무지** Alan Taylor, *American Colonies* (New York, 2002), 117-37, 이 연구는 1570년부터 1650년까지 버지니아 역사를 다룬다. 138-157 페이지는 '체서피크 식민지'에서 1750년까지 이야기를 이어간다. 버지니아와 보다 넓은 체서피크 지역의 플랜터 문화 형성의 배경을 알고 싶다면 다음 연구를 참고하되, 특히 187-211페이지가 중요하다. Daniel K. Richter, *Before the Revolution: America's Ancient Pasts* (Cambridge, Mass., 2011), 346-368 위에서는 노예제도를 조명한다. 추가 참조. Norman K. Risjord, *Jefferson's America, 1760~1815*, 3d ed. (Lanham, Md., 2010), 1-33, 1760년 미국의 모습을 살펴보려면 다음을 참조하라; April Lee Hatfield, *Atlantic Virginia: Intercolonial Relations in the Seventeenth Century* (Philadelphia, 2003); James Horn, *Adapting to a New World: English Society in the Seventeenth-Century Chesapeake* (Chapel Hill, N.C., 1994); and Edmund S. Morgan, *American Slavery, American Freedom: The Ordeal of Colonial Virginia* (New York, 1975). 성공회의 영향에 관한 논의는 다음을 참조하라. Daniel J. Boorstin, The Church of England in Colonial Virginia, in *The American Past in*

Perspective, vol. I, *To 1877*, ed. Trevor Colbourn and James T. Patterson (Boston, 1970), 33-43. 베이컨의 반란에 관한 세부 설명은 다음을 참조하라. Wilcomb E. Washburn, *The Governor and the Rebel: A History of Bacon's Rebellion in Virginia* (Chapel Hill, N.C., 1957), 그리고 Anthony S. Parent, Jr., *Foul Means: The Formation of a Slave Society in Virginia, 1660~1740* (Chapel Hill, N.C., 2003).

034 **1743년 4월 13일** Randall, *Jefferson*, I, 11. 4월 13일은 신력 기준 날짜이다.

034 **혼자서 무너뜨린 일** Ibid., 13.

034 **통 2개를 혼자 일으켜 세웠다고** Ibid.

034 **아버지 집안의 역사에 따르면** Jefferson, *Writings*, 3-4.

034 **부계 가문** Ibid. 이 회고록은 제퍼슨이 1821년 1월 6일에서 1821년 7월 29일 사이에 쓴 자서전에 수록되어 있다. (Ibid., 3, 101.) 그는 1790년 뉴욕에 도착해 국무장관에 취임하는 것으로 이야기의 끝을 맺는다.

034 **고대적 뿌리** 몬티셀로 이전 시기 제퍼슨 가문에 관한 가장 뛰어난 저작은 수전 컨의 학술 연구라고 생각한다. 나는 그녀의 연구로부터 큰 도움을 받았다. 이 주제에 관한 그녀의 학위 논문과 그 결과물인 〈새드웰의 제퍼슨가〉 [New Haven, Conn., 2010] 에서 컨은 토머스 제퍼슨의 조상, 특히 그의 부모인 피터와 제인 제퍼슨의 삶을 놀라울 정도로 세밀하게 그려낸다. 그녀는 새드웰에서 수행한 고고학적 연구와 분석 결과는 피터 제퍼슨, 제인 랜돌프 제퍼슨. 그리고 토머스 제퍼슨의 어린 시절 경험에 대한 역사가들의 재해석을 요구한다고 썼다. '플랜테이션이라는 물질적 기반 덕분에 피터와 제인 제퍼슨은 버지니아의 상류층에게 매우 익숙한 환경을 구현할 수 있었다.' (Ibid., 5.)

034 **열 살 무렵** Memoir of Thomas Jefferson Randolph, Edgehill-Randolph Papers, Collection 1397, Box 11, University of Virginia.

035 **야생 칠면조 한 마리를 발견** Ibid.

035 **버지니아주로 이주** TDLTJ, 20.

035 **대표로 이름을 올렸다** Ibid.

035 **토머스 제퍼슨의 증조부** Kern, *Jeffersons at Shadwell*, 292-93. 추가 참조. JHT, I, 7.

035 **치안판사 딸** Kern, *Jeffersons at Shadwell*, 293.

035 **요크타운 일대의 토지에 투기** Ibid.

035 **1698년경 사망** Ibid.

036 **집안을 잘 꾸려** Ibid.

036 **로스트비프와 페르시코 와인으로 만찬** Ibid.

036 **체스터필드 카운티에서 태어난** Ibid., xiii, 18.

036 **조슈아 프라이와 함께** Jefferson, *Writings*, 3.

036   아버지는 정규 교육   Ibid.

036   피터 제퍼슨은 민병대 대령   Edgar C. Hickish, Peter Jefferson, Gentleman, unpublished manuscript, Thomas Jefferson Foundation.

036   영웅다운 면모를 보여주었다   TDLTJ, 19-20. 추가 참조. Randall, Jefferson, I, 13-14. Arthur T. McClinton and others, The Fairfax Line: A Historic Landmark (Edinburg, Va., 1990), 이 책에는 1746년 9월 10일부터 1747년 2월 24일까지 진행된 탐사에 대한 측량사 토머스 루이스의 기록이 포함되어 있다. '탐사 목적은 버지니아에 있는 토머스 로드 페어팩스의 광대한 영지 남서쪽 경계를 지도에 표시하기 위한 것'이었다. 피터 제퍼슨은 한때 매우 '몸이 안 좋았'다고 전해진다. (Ibid., 44.)

036   공격을 물리치고   TDLTJ, 20.

037   지칠 줄 모르고 이야기하셨습니다   Ibid., 19.

037   버지니아 최고 명문가   Randall, Jefferson, I, 7-10. 추가 참조. Kern, Jeffersons at Shadwell, 17-19; Jonathan Daniels, The Randolphs of Virginia (Garden City, N.Y., 1972); Clifford Dowdey, The Virginia Dynasties: The Emergence of King Carter and the Golden Age (Boston, 1969); 그리고 H. J. Eckenrode, The Randolphs: The Story of a Virginia Family (Indianapolis, 1946).

037   1739년, 농장주이자 선장이었던 아이샴 랜돌프의 딸, 제인 랜돌프와 결혼했다   TDLTJ, 18.

037   아이샴 랜돌프   JHT, I, 13-17.

037   1721년 런던에서   Ibid., 13. 추가 참조. Kern, Jeffersons at Shadwell, 44.

037   구칠랜드 카운티   Kern, Jeffersons at Shadwell, 19.

037   담장으로 둘러싸인 정원   Ibid.

037   식민지 시절 기원   Daniels, Randolphs of Virginia, 17-18.

037   식민지 사회에서 입지를 다졌다   Ibid.

037   1669년, 고향인 영국으로 돌아가   Ibid., 18.

037   어린 조카 윌리엄 랜돌프   Ibid., 17. 대니얼스는 다음과 같이 썼다. '거의 확실하게 윌리엄은 그의 삼촌 헨리 랜돌프의 권유나 격려를 받아 버지니아로 왔다.' (Ibid.)

037   1669년에서 1674년 사이에   Ibid., 17. William Cabell Bruce, John Randolph of Roanoke 1773~1833: A Biography Based Largely on New Material (New York: G. P. Putnam's Sons, 1922), 그러나 그는 윌리엄이 약 24세였던 1673년경에 버지니아로 왔다고 구체적으로 언급한다. (Ibid., I, 9.)

037   헨리코 카운티 서기관이었던 삼촌의 자리를 이어받은 뒤   Daniels, Randolphs of Virginia, 18.

037 윌리엄 버클리 경과의 유대를 Ibid., 24.

037 선박 무역, 담배 재배, 노예무역 Ibid., 27.

037 터키 섬에 자리한 본가로 Bruce, *John Randolph of Roanoke*, I, 10.

037 호화로운 저택 Ibid.

037 메리 아이샴 랜돌프 Daniels, *Randolphs of Virginia*, 23.

038 너무 많아서 Ibid., 32-33.

038 선장이자 상인 Ibid., 40-42. 추가 참조. Kern, *Jeffersons at Shadwell*, 44, and Virginia Scharff, *The Women Jefferson Loved* (New York, 2010), 3-4.

038 아름다운 여성상 Scharff, *Women Jefferson Loved*, 3.

038 매우 품위 있고 Randall, *Jefferson*, I, 10. 상인이었던 피터 콜린슨 또한 그런 버지니아 사람들이 '아마 인간의 내면보다는 외면을 더 중시할' 가능성이 높다고 경고했다. 그는 서신을 주고받던 식물학자 존 바트럼에게 '버지니아에 갈 때는 부디 깔끔하고 단정하며 멋지게 차려입으십시오'라고 조언했다. (Ibid.)

038 스코틀랜드의 강력한 귀족 Ibid., 7. 제퍼슨은 그렇게 귀족 혈통임을 주장할 가치가 있는지에 대해 항상 회의적이었다. 그는 '어머니의 가문에 대해 그들의 혈통은 영국과 스코틀랜드까지 아주 멀리 거슬러 올라가지만, 이에 대해서는 각자 자신이 선택하는 믿음과 가치를 부여하도록 둡시다'라고 썼다. (Jefferson, *Writings*, 3.) 추가 참조. *PTJ*, I, 62.

038 나는 아침 6시에 일어나 Diary of William Byrd II, February 27, 1711, Elliot J. Gorn, Randy Roberts, and Terry D. Bilhartz, eds., *Constructing the American Past*, I (New York, 2004), 71. 그날의 또 다른 기록은 버드 부부가 노예 제니에 대한 처우를 묘사한다. '저녁에 아내와 어린 제니 사이에 큰 다툼이 있었는데, 처음에는 아내가 불리했지만 결국 가족들의 도움으로 제니가 제압당했고 심하게 매를 맞았다.' (Ibid.)

039 버지니아와 메릴랜드를 여행 Edmund S. Morgan, *Virginians at Home: Family Life in the Eighteenth Century* (Charlottesville, 1963), 7.

039 젊은이들은 북쪽에 사는 이웃들보다 훨씬 더 안락하고 온화한 분위기 Ibid.

039 음악 교육을 받았고 Ibid., 18.

039 사교춤까지 익혔다 Ibid.

039 감탄이 나올 정도로 아름다웠습니다 Ibid.

039 부유하고, 교양을 갖추고, 세련된 가문 Kern, *Jeffersons at Shadwell*, 1-13. 제퍼슨의 사회적 배경이 정치에 미친 영향, 특히 버지니아의 정치 상황과 관련해서는 다음을 참조하라. Ronald L. Hatzenbuehler, Growing Weary in Well-Doing: Thomas Jefferson's Life Among the Virginia Gentry, *The Virginia Magazine of History and Biography* 101

(January 1993): 5-36. 추가 참조. Jack P. Greene, *The Quest for Power: The Lower Houses of Assembly in the Southern Royal Colonies, 1689~1776* (New York, 1972), 그리고 Charles S. Sydnor, *Gentlemen Freeholders: Political Practices in Washington's Virginia* (Chapel Hill, N.C., 1952), 제퍼슨이 성장해온 정치적, 경제적, 문화적 특권 사회에 대한 평가를 볼 수 있다.

039　**저택 1층에 있는 4개의 방 중 하나에 있는 서재**　Kern, *Jeffersons at Shadwell*, 29.

039　**체리 나무 책상**　Ibid., 43.

039　**그 서재**　Ibid., 33-38. Kevin J. Hayes, *The Road to Monticello: The Life and Mind of Thomas Jefferson* (Oxford, 2008), 15-29, 이는 유용한 연구이다.

040　**어린 시절**　Hayes, *Road to Monticello*, 27.

040　**존 오길비의《아메리카America》**　Ibid., 26-27.

040　**그 순간부터**　*TDLTJ*, 37.

040　**세상은 즐거움으로 가득**　Ibid., 23-24.

040　**아버지께는 각별한 벗이 한 분 계셨습니다**　Ibid., 24.

040　**제퍼슨이 떠올린 생애 최초의 기억**　Ibid., 23. 그의 증손녀는 제퍼슨이 자신의 생애에서 가장 최초의 기억은 말 위에 탄 하인에게 안겨 올라가, 베개 위에 앉은 채 먼 길을 이동했던 일이라고 자주 말했다고 전했다. (Ibid.)

040　**터커호로**　*JHT*, I, 18-20.

041　**헨리 웨더번 선술집의 가장 큰 럼 펀치 한 그릇**　Randall, *Jefferson*, I, 7.

041　**제퍼슨 가족은**　왜 피터 제퍼슨은 가족을 터커호로 이주시키고 새드웰을 원격으로 관리하는 대신, 랜돌프 가문의 아이들을 새드웰로 데려오고 터커호를 원격으로 관리하지 않았을까? 피터 제퍼슨은 본질적으로 랜돌프를 위해 일하러 온, 낮은 지위에 있었던 사람일까? 일부 랜돌프 후손들은 그렇게 생각했으며, 나중에는 더 유명해진 제퍼슨가 사촌들이 자신들의 조상으로부터 임금을 받던 아버지의 후손이라는 것을 즐겨 이야기했다.

그러나 한 세기가 지난 후인 1871년에 쓴 글에서, 제퍼슨의 증손녀는 '피터 제퍼슨이 보호자로서 자신의 봉사에 대해 어떤 보상도 받기를 거부했다는 사실은 훗날 그의 아들이 자주 주장했을 뿐만 아니라, 유언 집행인으로서 작성한 회계 장부에 의해 증명되며, 이는 아직까지 이의가 제기된 적이 없다.'라고 말했다. 비꼬는 듯한 각주에서 증손녀는 이렇게 덧붙였다. '그럼에도 불구하고 일부 랜돌프 후손들은 감사하기 보다는 오만한 태도로 [피터] 제퍼슨 대령을 자기 조상들로부터 임금을 받은 대리인이라고 말한다.' (*TDLTJ*, 22-23.)

041　**성인이 된 토머스 제퍼슨이**　Fawn M. Brodie, *Thomas Jefferson: An Intimate History*

(New York, 1998), 48, 이 연구는 터커호에서의 삶이 제퍼슨에게 미친 심리적 영향에 대해 추측한다. 그러나 집에 대한 제퍼슨의 애정에만 초점을 맞추었을 뿐, 내가 중요한 유산이라고 생각하는 갈등 회피 문제에는 주목하지 않았다.

041 **모든 교류는** Jefferson, *Writings*, 288.

042 **어린 시절의 또 다른 사소한** *TDLTJ*, 23.

042 **열네 살이던 토머스** Ibid., 26. 그러나 그의 어머니는 살아 있었고, 아버지 유언장에는 무려 네 명이나 되는 집행인이 지정되어 있었다. (*JHT*, I, 437-38.) 그럼에도 제퍼슨이 그들 중 누구도 가장이자 조언자로서 아버지의 자리를 대신하리라고는 상상조차 못 했음은 분명했다.

042 **토머스의 어머니인 제인 랜돌프 제퍼슨** 제인 제퍼슨은 오랫동안 하나의 수수께끼, 즉 토머스 제퍼슨에 관한 이야기에서 핵심을 차지하는 미스터리로 묘사되어왔다. 여기에는 몇 가지 이유가 있다. 하나는 제퍼슨이 어머니보다는 아버지에 대해 더 자주, 더 자세하게 언급한 것으로 보이며, 식민지 시기 지도층 남성들이 남긴 광범위한 공적 기록과(그들은 공직을 맡아 동시대 여성들보다 많은 자취를 남겼다) 결합되어, 제인 제퍼슨에 대해 알 수 있는 것보다 피터 제퍼슨에 대해 더 상세한 이해를 전해준다. 또 다른 이유로 모자 관계에 대해 조명해줄 수 있었을 가문의 문서가 1770년 섀드웰 화재로 소실되었다. 제퍼슨이 자신의 삶에 등장하는 여성들에 대해 일반적으로 말을 아꼈다는 것도 한 요인이다. 어머니와 아내 두 사람에 대한 제퍼슨의 숙고를 보여주는 증거는 극히 드물다. 제인 제퍼슨에 대한 기록 유산이 상대적으로 빈약한 탓에 일부 작가들은 제퍼슨 모자 관계가 소원했을 것이라고 추측했다. 예를 들어 다음을 보라. Brodie, *Thomas Jefferson*, 40-46.
'그 자신의 판단에 따르면 그녀는 그의 삶에서 존재감이 제로였다.'라는 메릴 피터슨의 관찰을 상기하면서 (Peterson, *Thomas Jefferson and the New Nation: A Biography* [New York, 1970], 9), 브로디는 다음과 같이 썼다. '어떤 어머니도 자식의 삶에서 존재감이 제로일 수 없다. 제퍼슨이 의도적이든 아니든, 엄마에 대한 자신의 의견과 감정의 모든 흔적을 지워버리려고 했다는 사실은 오히려 그가 깊이 분개하고 필사적으로 벗어나려 발버둥 쳤던 깊은 영향력의 증거로 보인다.' (Brodie, *Thomas Jefferson*, 43.) 최근에는 소원했다는 해석을 수정하려고 시도하는데 가장 유명한 연구는 다음 저작이다. Kern, *Jeffersons at Shadwell*, and Scharff, *Women Jefferson Loved*, 3-57.

043 **제퍼슨 부인은 명확하고** *TDLTJ*, 21-22.

043 **꼼꼼하게 기록하는 사람** Kern, *Jeffersons at Shadwell*, 230.

043 **토머스의 여동생 엘리자베스** Brodie, *Thomas Jefferson*, 48.

043 **우리 인생의 여정에서 가장 행운아조차** *PTJ*, I, 10.

043   **사교적인 분** Randall, *Jefferson*, I, 16-17. 추가 참조. Kern, *Jeffersons at Shadwell*, 70. 제인 제퍼슨에 관한 전승에 따르면, 고함과 협박은 그녀의 성격과 거리가 멀었다. 어머니인 아이샴 랜돌프 부인과는 대조적으로, 제인 제퍼슨은 가족들에 의해 '천성적으로 온화하고 평화로우며, 상냥한 성품과 부드러운 태도의 소유자'로 묘사되었다. (Brodie, *Thomas Jefferson*, 41.) 가족적 감상주의를 감안하더라도, 섀드웰의 제퍼슨 부인에 대한 이러한 묘사는 던저니스 랜돌프 부인에 대한 묘사와 사뭇 다르다. 그녀는 '엄격하고 전통적인 가치관을 지닌 여성으로, 자녀들이 두려워하면서 거의 애정을 느끼지 못했던' 사람이었다고 전해진다. 그러나 딸 제인은 달랐다. (Ibid., 681.) 이런 전승의 출처는 엘런 웨일스 랜돌프이다.

044   **섀드웰이 화재로 전소된 뒤** Kern, *Jeffersons at Shadwell*, 64.

044   **태어나** Jefferson, *Writings*, 3.

044   **측량과 지도 제작 활동을** Ibid., 3-4.

044   **아버지는 1757년 8월 17일에 세상을 떠났고** Ibid., 4.

044   **짧은 부고 편지 한 통** *PTJ*, I, 409. 제퍼슨은 윌리엄 랜돌프에게 이렇게 썼다. '제 어머니의 부고를 아직 듣지 못하셨을 줄 압니다. 이번 일은 3월 마지막 날, 병이 난 지 한 시간도 채 되지 않아 일어났습니다.' (Ibid.)

044   **성직자에게 지불한 비용** *MB*, I, 444.

045   **어머니의 집** *PTJ*, I, 34. 이러한 평가는 제퍼슨이 존 페이지에게 쓴 편지에 나타난다.

045   **이사하지 않았다** *MB*, I, 212.

045   **늘 붙어 지내는 동반자이자** Randall, *Jefferson*, I, 40-41. 추가 참조. *TDLTJ*, 38-39.

045   **열정을 함께 나눴다** Randall, *Jefferson*, I, 41.

045   **제인은 남동생을 위해 찬송가를 불러주었고** *TDLTJ*, 34.

045   **제퍼슨은 누나에게 최고의 찬사를 아끼지 않았다** Ibid.

045   **윌리엄 더글러스 목사** *JHT*, I, 39-40.

045   **보내져 고전 문학과** *JHT*, I, 39-40. 추가 참조. Randall, *Jefferson*, I, 17-18.

045   **훗날 성인이 된 토머스 제퍼슨은 더글러스 목사를 이렇게 회고했다** Jefferson, *Writings*, 4.

046   **제퍼슨은 제임스 모리 목사** Parton, *Life*, 17-18.

046   **정확한 고전학자** Jefferson, *Writings*, 4.

046   **모리 목사는** *JHT*, I, 40-43.

046   **다시 만날 수 있다면 남은 시간 동안** *PTJRS*, IV, 671. 편지는 1812년 4월 25일에 쓰였다.

046   **1743년에 태어났으며** TJF, http://www.monticello.org/site/research-and-collections/

dabney-carr-1743-1773 (2011년 열람) 추가 참조. *TDLTJ*, 45-46.

046 **루이자 카운티 출신** Ibid.

046 **책들을 들고** Parton, *Life*, 44. 친구들과 함께한 시기에 대한 묘사는 파톤의 위 페이지와 다음에서 가져왔다. *TDLTJ*, 45-46.

046 **사람은 없었습니다** TJ to Dabney Carr, Jr., January 19, 1816, Thomas Jefferson Papers, LOC.

046 **남은 이가** *TDLTJ*, 45. 추가 참조 Parton, *Life*, 44.

046 **교육에 관한 논문** Helen D. Bullock, ed., A Dissertation on Education in the Form of a Letter from James Maury to Robert Jackson, July 17, 1762, *Papers of the Albemarle County Historical Society* 2 (1941~42): 36-60. 추가 참조 Hayes, *Road to Monticello*, 30-42.

047 **익히는 일은** Hayes, *Road to Monticello*, 36.

047 **그리스어와 라틴어는** Ibid.

047 **말한 적 있다** *TDLTJ*, 25.

047 **1759년에서 1760년 사이의 겨울 방학** *PTJ*, I, 3. 그 방문과 삼촌의 조언을 묘사한 편지는 현존하는 제퍼슨의 기록물 중 가장 오래된 것이다. (Ibid.)

047 **채스워스 저택** Ibid. 자산 자체에 대한 세부 설명은 다음을 참조하라. Marc R. Matrana, *Lost Plantations of the South* (Jackson, Miss., 2009), 262-7.

047 **대학에 가면** Ibid.

047 **입학생은** Hayes, *Road to Monticello*, 47.

2장 내 인생의 운명을 바꾼 것

048 **계몽이란** Michael Allen Gillespie, *The Theological Origins of Modernity* (Chicago, 2008), 258.

048 **내가 전할 수 있는 가장 반가운 소식** John J. Reardon, *Peyton Randolph, 1721~1775: One Who Presided* (Durham, N.C., 1982), 39.

049 **경마에 돈을 걸고** Randall, *Jefferson*, I, 23. 제퍼슨은 1808년 11월 24일, 손자 토머스 제퍼슨 랜돌프에게 보낸 편지에서 자신의 과외 활동에 관해 이야기했다. (Ibid., 22-23.)

049 **조지 워싱턴이 이 대학에서 측량 자격증을 취득** William and Mary Alumni Association, http://www.wmalumni.com/general (2011년 열람) 《런던 매거진》의 한 필자는 제퍼슨이 도착하기 전 윌리엄 앤 메리 대학교에 대해 엇갈린 평가를 내리며 다음

과 같이 썼다. '교수들은 뛰어난 학식과 신중함을 지닌 사람들이었지만, 그 대학은 아직 매사추세츠에 있는 훌륭한 대학과는 견줄 수 없다.'라고 쓰면서, '뉴잉글랜드 학생들보다 버지니아에서 학생들이 훨씬 더 부드럽고 안락한 환경 속에서 버릇없이 길러진다.'라고 지적하였다. Susan H. Godson, *The College of William and Mary: A History*, I, *1693~1888* [Williamsburg, Va., 1993], 84.

049 **윌리엄스버그를 방문한 한 프랑스인 여행가** Journal of a French Traveller in the Colonies, 1765, I, *American Historical Review* 26 (July 1921): 745.

049 **렌 빌딩** Colonial Williamsburg Foundation, http://www.history.org/almanack/places/hb/hbwren.cfm (2012년 열람)

049 **동쪽으로 세 블록** 윌리엄스버그에 대한 묘사를 위해 여러 자료를 참고하였다. 1724년, 윌리엄 앤 메리 대학교의 한 교수는 1760년 봄에 제퍼슨이 보았던 기본적인 풍경을 다음과 같이 묘사했다. 교회에서 북쪽으로 팰리스 스트리트라고 불리는 거리가 뻗어 있으며, 그 끝에는 팰리스 또는 총독 관저가 서 있다. 이 건물은 공공 비용으로 지어진 웅장한 건축물로, 정문과 아름다운 정원, 부속 건물, 산책로, 운하, 과수원 등이 갖추어져 있다. 또한 왕의 탄신일이나 기타 경축일 밤이면, 마을 대부분을 비추는 멋진 원형 지붕 장식과 등롱이 추가로 설치되었다. Hugh Jones, *The Present State of Virginia* (London, 1724), 31. 추가 참조. Colonial Williamsburg Foundation, http://www.history.org/ almanack/Tour The Town/index.cfm (2012년 열람)

050 **1제곱킬로미터도 안 되는 규모** 위와 같은 상세 내용에 대해 도움을 준 윌리엄스버그 존 D. 록펠러 주니어 도서관의 델 무어에게 감사드린다. 다음 참조. John W. Reps, *Tidewater Towns: City Planning in Colonial Virginia and Maryland* (Williamsburg, Va., 1972); 그리고 the eWilliamsburg Map, Colonial Williamsburg Foundation, http://research.history.org/ewilliamsburg2/ (2012년 열람)

050 **가장 훌륭한 예절과 도덕을 갖춘 학교** Memoir of Thomas Jefferson Randolph, Edgehill-Randolph Papers, Collection 1397, Box 11 , University of Virginia.

050 **스코틀랜드 출신의 평신도 교수 윌리엄 스몰 박사** *JHT*, I, 51-55.

050 **내게 대단한 행운이었고** Jefferson, *Writings*, 4. 제퍼슨은 이렇게 덧붙였다. '다행스럽게도 그는 곧 나에게 호감을 느꼈고, 수업에 참여하지 않을 때는 매일 나의 친구가 되어주었다. 그와의 대화를 통해, 과학의 발전과 우리가 속한 사물의 체계에 대해 처음으로 깊은 통찰을 얻을 수 있었다.' (Ibid.)

050 **1734년 스코틀랜드에서 태어났고** TJF, http://www.monticello.org/site/jefferson/william-small (2011년 열람)

050 **공손하고 교양 있는 신사** *Virginia Magazine of History and Biography* 16 (1908): 209.

이 편지는 스티븐 호트리가 그의 형인 에드워드 호트리에게 보낸 것으로 1765년 3월 26일, 런던에서 작성되었다. 편지에는 윌리엄 앤 메리 대학교에 관해 당시 미국을 떠난 스몰과 나눈 대화가 담겨 있다.

050　**방 2개에서 생활**　Ibid., 210.

051　**윤리학, 수사학, 미학**　Hayes, *Road to Monticello*, 50-51.

051　**자연 철학을**　TJF, http://www.monticello.org/site/jefferson/william-small (2011년 열람)

051　**오전에는 강의**　Ibid.

051　**오후에는 세미나 형태의 수업**　Ibid.

051　**베이컨, 로크, 뉴턴**　Ibid. 추가 참조. Hayes, *Road to Monticello*, 50-56.

051　**새로운 지성 시대를 바라보는 핵심 통찰력**　Henry F. May, *The Enlightenment in America* [New York, 1976], 매우 유용한 자료이다.

051　**계몽은 인간이 자초한 미성숙 상태**　Gillespie, *Theological Origins of Modernity*, 258.

051　**내게 아버지 같은 존재였습니다**　*PTJRS*, VIII, 200.

051　**하루 15시간 공부했다고**　윌리엄스버그 학창 시절에 관한 초상은 다음에서 인용하였다. *TDLTJ*, 31-32; Randall, *Jefferson*, I, 24-32; 그리고 *JHT*, I, 55-57.

051　**모든 병폐 중에서**　*PTJ*, XI, 250-51.

051　**지식은**　Ibid., X, 308.

051　**건강한 몸이 건강한 정신을 만든다고**　Ibid. 제퍼슨은 "쇠약한 상태로 몸을 방치한다면, 과학으로 정신을 채운다 한들 별 의미가 없을 것이다."라고 말했다. Jefferson said. (Ibid.) 추가 참조. Ibid., VIII, 405-8.

052　**적어도 두 시간은**　Ibid., X, 308.

052　**오전에는 법률 공부**　Ibid., VIII, 408.

052　**기술자든**　*TDLTJ*, 37-38.

052　**걸어 다니는 백과사전**　Ibid., 37.

052　**과시적인 생활 방식**　Randall, *Jefferson*, I, 22.

052　**말년에 제퍼슨은 이렇게 회상했다**　Ibid., 22-23.

053　**윌리엄스버그의 인기 장소였던 롤리 선술집**　Willard Sterne Randall, *Thomas Jefferson: A Life* [New York, 1993], 43. 주점에 걸린 모토는 라틴어로 된 글귀였다.

053　**자주 모임을 열었다**　*TDLTJ*, 27-28.

053　**토머스 제퍼슨은 그가 '포쿼의 친밀한 식탁'이라 부른 이 모임의 네 번째 자리를 차지했다**　Ibid., 28.

053　**음악 모임에도 초대해**　Randall, *Jefferson*, I, 30-31. 영국령 아메리카에서 혁명의 설

계자들은 식민지 통치자들로부터 문명화된 기술을 배우게 된 것을 기쁘게 여겼다. 조지 워싱턴 역시 버지니아 북부에서 비슷한 경험을 했다. 그는 페어팩스 가문의 본거지인 벨보어 저택과 관계를 맺으면서, 그러지 않았다면 알지 못했을 세련되고 교양 있는 삶의 방식을 접하게 되었다. (Douglas Southall Freeman, John Alexander Carroll, and Mary Wells Ashworth, *George Washington: A Biography*, I [New York, 1948], 199-203.)

053 **과학을 사랑하고** Ibid., 30-32. 버지니아 연대기 작가 존 데일리 버크는 1804년 출판된 역사서에서 이렇게 썼다. '약간의 여지를 두고 볼 때, 그는 왕정 치하의 버지니아에서 기대할 수 있는 모든 것을 갖춘 인물이었다. 관대하고 자유로우며, 태도와 소양이 뛰어난 인간의 전형을 보임으로써, 식민지의 특성에 취향, 세련됨, 그리고 학식이라는 인상을 남겼고, 버지니아가 오늘날까지 예술 분야에서 높은 명성을 얻는 데 크게 기여했다.' (Ibid., 30.)

053 **이런 이야기가 전해진다** Ibid., 31. 버크에 따르면, '포쿼는 이 해롭고 파괴적인 관행의 영향력을 확대하는 데 너무나도 성공적이었다.'라고 한다. 기록에 따르면, '포쿼는 총독 관저에 머물지 않을 때면 식민지에서 가장 명망 높은 지주들을 방문했고, 시간, 건강, 돈을 아끼지 않고 깊이 빠져드는 도박 열풍은 후한 인심과 정중함, 사치 성향으로 유명한 계층 사이에 전염병처럼 퍼져나갔다.' (Ibid.)

054 **포쿼의 아버지는 위그노 출신의 의사로** *JHT*, I, 76. 포쿼에 대한 이 짧은 묘사는 멀론의 도움을 받았다. 추가 참조. Parton, *Life*, 27-29; 그리고 Francis Fauquier (bap. 1703~1768),

http://www.encyclopediavirginia.org/fauquier_francis_bap_1703~1768 (2012년 열람)

054 **왕립학회의 회원이자** *JHT*, I, 76.

054 **7월에 이례적인 우박을 동반한 폭풍** Ibid., 77.

054 **과학 보고서** Francis Fauquier (bap. 1703~1768).

054 **조지 위스는 법률가** Imogene E. Brown, *American Aristides: A Biography of George Wythe* (Rutherford, N.J., 1981) 위스만큼이나 브루스 채드윅의 다음 연구도 많은 도움이 되었다. Bruce Chadwick's *I Am Murdered: George Wythe, Thomas Jefferson, and the Killing That Shocked a New Nation* (Hoboken, N.J., 2009).

054 **매부리코** Chadwick, *I Am Murdered*, 7-9, 위스에 대한 정교하고 뛰어난 묘사를 제공한다.

054 **중간 정도 키** *TDLTJ*, 30.

054 **브루턴 교구 교회 인근에 거주** Imogene E. Brown, *American Aristides*, 87.

054 **위스 씨는 내** *TDLTJ*, 28.

054 **값비싼 취향** Imogene E. Brown, *American Aristides*, 81-82.

055 위스 부인은 Ibid., 82. 추가 참조. *MB*, I, 328.

055 소개로 주 상급법원에서 법정 실무 Randall, *Jefferson*, I, 46.

055 지적 성장은 차치하더라도 Ibid., 31.

055 사촌인 페이턴 랜돌프도 데려왔다 Ibid., 22.

056 상냥하면서도 Ibid., 51.

056 끌어내는 Ibid.

056 유혹과 어려움에 Ibid., 22.

056 매우 높은 지위 Ibid.

056 패트릭 헨리를 만났다 John P. Kaminski, *The Founders on the Founders: Word Portraits from the American Revolutionary Era* (Charlottesville, Va., 2008), 260–61.

057 삶을 사회적 맥락에서 이해했으며 Gordon S. Wood, *The Creation of the American Republic* (Chapel Hill, N.C., 1998), ix, 그리고 *Revolutionary Characters: What Made the Founders Different* (New York, 2006), 1047. 추가 참조. Jack Rakove, *Revolutionaries: A New History of the Invention of America* (Boston, 2010), 299–302. 근면함과 재능을 갖춘 제퍼슨은 많은 것을 공부했지만, 세상과 동떨어진 지식인이나 고독한 학자는 아니었다. 우리는 그를 위대하지만 고독한 인물, 홀로 자신의 생각과 펜, 발명품에 몰두하며 몬티셀로의 방이나 대통령 관저 2층에 틀어박혀 지내는 사람으로 상상하곤 한다. 그러나 제퍼슨은 혼자 있는 경우가 극히 드물었고, 만약 오랫동안 고립되어 있었다면 오히려 이상하게 여겼을 것이다.

057 확신한단다 *TDLTJ*, 284. 딸인 폴리 제퍼슨 에페스에게 보낸 편지에서 인용한 내용은 다음과 같다. '그리고 자유로운 소통에서 멀어진 사람은, 누구나 그에 따른 정신 상태 때문에 나중에 심각한 고통을 겪을 것이며, 이는 사교적 본성을 함양할 때만 예방할 수 있단다.' (Ibid.)

057 비밀 결사 *MB*, I, 338.

057 소식이 무엇일지 늘 궁금해했다 *PTJ*, I, 5.

057 리베카 루이스 버웰 Ibid., 6.

057 이 일화는 기본적인 세부 사항은 다음을 참조하라. ibid.; 세부 분석은 다음 참조. *JHT*, I, 80–86

057 쥐와 비마저 *PTJ*, I, 3–6.

058 비유하며 자문했다 Ibid., 3–5.

058 여기서는 모든 일 Ibid., 7.

058 우리 둘이서 Ibid., 15.

058 고백하기로 결심했다 Ibid., 11–12.

058 **아폴로 홀** Lyon Gardiner Tyler, *Williamsburg: The Old Colonial Capital* (Richmond, Va., 1907), 232-35.

058 **준비해두었다** *PTJ*, I, 11.

059 **입을 열자** Ibid.

059 **마음** Ibid., 13-14.

059 **질문을 하지 않았지만** Ibid., 14.

059 **친구에게 보낸 편지** Ibid., 15-17.

059 **지독하게 게으른** Ibid., 16.

059 **결혼하겠다는 '계획'** Ibid.

059 **부유한 재클린 앰블러** Alfred J. Beveridge, *The Life of John Marshall*, I (Boston, 1916), 149.

059 **많은 위안이 있는데** *PTJ*, I, 16. E. M. Halliday, *Understand ing Thomas Jefferson* (New York, 2001), 이 책에서는 제퍼슨이 성적 욕구를 만족시키기 위해 분명한 수단을 이용했을 가능성은 낮다고 본다. (Ibid., 16-17) 그러나 그의 견해는 제퍼슨이 당연히 그렇게 했을 것이라는 주장과 마찬가지로 단지 추측에 불과하다. 실제로 당시 엘리트 계층에서 비슷한 사례가 전혀 없었던 것도 아니다.
Kathleen M. Brown, *Good Wives, Nasty Wenches, and Anxious Patriarchs: Gender, Race, and Power in Colonial Virginia* (Chapel Hill, N.C., 1996), 319-66, 이 책은 제퍼슨이 성장하고 살았던 세계의 성과 권력 문제에 관해 설득력 있는 설명을 제공한다. 저명한 농장주였던 윌리엄 버드 2세는 일기에서 흑인과 백인을 막론하고 하위 계급 여성에 대한 성적 의도와 계획을 기록했다. 브라운은 다음과 같이 썼다. 윌리엄스버그에 의회 의원으로서 처음 방문했을 때, '버드는 내 방을 청소할 하녀를 불렀고, 나는 [그 방에] 들어가서 그녀에게 키스하고 몸을 더듬었다. 하느님께서 부디 용서해주시길.' 며칠 후 버드는 아내 앞에서 지나치게 열정적으로 치스웰 부인에게 키스했고, '[치스웰 부인이] 화를 내고 아내가 불안해할 때까지 그치지 않았다.' 이후 버드는 자신의 바람기를 자신보다 명백히 사회적 지위가 낮은 여성들과의 사적인 만남으로 한정했다. 그는 윌리엄스버그에서 하녀를 침실로 꾀어내려다 실패했고, 민병대원들과 함께 술 취한 인디언 여성들과 일종의 집단적 '놀이'에 몰두했으며, 윌리엄스버그를 방문하는 동안 그와 남성 동료들이 만난 여러 여성들에게 키스했다. 브라운은 '버드의 아내가 죽은 뒤, 버드가 창녀를 찾아가기 시작했고 사회적 지위가 다른 백인 여성들과 몇 차례 오랜 관계를 맺었다.'라고 썼다. 결국 이 여성들 중에는 노예 여성도 포함되어 있었다. (Ibid., 331-32.) 할리데이는 제퍼슨이 자위행위에 의지했을 가능성이 높다고 보았다. (Halliday, *Understanding Thomas Jefferson*, 20-21.) Andrew Burstein, *Jefferson's Secrets: Death and Desire*

at Monticello (New York, 2005), 이 책은 인간의 성에 관한 당대의 의학적 사고가 원숙기의 제퍼슨에게 미친 영향을 탐구한다. 버스타인의 해석에 따르면, 자위행위는 소모적인 행위로 여겨졌지만, 적당한 성행위는 '신체의 내부적 힘에 건강한 균형을 가져오는 데 필수적"이라고 한다. 성은 식단과 마찬가지로 자기 통제 훈련의 일부로 여겨졌고, 한 인간이 생산적인 삶을 누리려면 이해해야 할 중요한 요소였다. (Ibid., 157; 특히 다음을 참조하라. 151-88.) 내 생각에, 윌리엄 버드 2세처럼 제퍼슨도 성적 경험을 위해 고용인이나 노예처럼 종속적 처지에 놓인 여성들을 대상으로 성적 실험을 했을 가능성이 있다.

3장 혁명의 뿌리

061　**우리는 본국에 복종해야**　Jefferson, *Writings*, 5.

061　**우리의 적들보다 더 오래 살기를**　*MB*, I, 283.

061　**런던에 주문했다**　Ibid., 16.

061　**자유 없이는 삶도 없다**　Ibid.

061　**자유란 무엇이며**　미국 혁명의 지적, 정치적, 문화적 배경 분석을 위해 다양한 자료의 도움을 받았다. 전반적인 개요는 다음을 참조하라. Bailyn, *Origins of American Politics* (New York, 1968), 그리고 *Ideological Origins of the American Revolution*; Wood, *Creation of the American Republic, 1776~1787, The Radicalism of the American Revolution* (New York, 1993), *The American revolution: A History* (New York, 2003), 그리고 *The Idea of America: Reffections on the Birth of the United States* (New York, 2011); Lawrence Henry Gipson, *The British Empire Before the American Revolution: vol. XIII, The Triumphant Empire: The Empire Beyond the Storm, 1770~1776* (New York, 1967), 171-224, 위 연구는 귀중한 '시리즈 요약본'을 제공한다; Gipson, The American Revolution as an Aftermath of the Great War for the Empire in Colbourn and Patterson, *American Past in Perspective*, I, 103-20; Clinton Rossiter, Political Theory in the Colonies, in ibid., 121-31; Page Smith, David Ramsay and the Causes of the American Revolution, in ibid., 132-60; T. H. Breen, *American Insurgents, American Patriots: The Revolution of the People* (New York, 2010); Taylor, *American Colonies*; Esmond Wright, ed. *Causes and Consequences of the American Revolution* (Chicago, 1966); Edmund S. Morgan and Helen M. Morgan, *The Stamp Act Crisis: Prologue to Revolution* (Chapel Hill, N.C., 1995), 6-7; John Ferling, *Independence: The Struggle to Set America Free* (New York, 2011), 8-51;

Morgan, *Birth of the Republic*, 15-60; Charles M. Andrews, The American Revolution: An Interpretation, *American Historical Review* 31, no. 2 (January 1926): 219-32; 그리고 Don Higginbotham, *War and Society in Revolutionary America: The Wider Dimensions of Conflict* (Columbia, S.C., 1988).

Middlekauff, *Glorious Cause*, 7-97, 이 책은 인지세법 위기를 통해 갈등의 기원을 다루며, 다음과 같이 결론짓는다. '[1765년] 8월 말, 버지니아와 매사추세츠라는 두 주요 식민지는 각자 다른 방식으로 인지세법에 대한 분노를 표출했다. 사실 그들은 자신들이 의도한 것보다 더 큰 일을 시작한 셈이었다. 그들은 불을 지폈고, 그 불길이 번지는 것은 사실상 불가피했다.' (Ibid., 97.) Taylor, *American Colonies*, xiv, 이 글은 전반적으로 대서양 세계에 대한 학문적 관심의 부상을 설명한다. '대서양적 접근법은 상품, 사람, 식물, 동물, 자본, 사상의 대서양 횡단 흐름을 통해 유럽, 아프리카, 식민지 아메리카 사이의 복잡하고 지속적인 상호작용을 고찰한다.' (Ibid.) 추가 참조. Eliga H. Gould and Peter S. Onuf, eds., *Empire and Nation: The American Revolution in the Atlantic World* (Baltimore, Md., 2005); Edmund S. Morgan, The American Revolution Considered as an Intellectual Movement in Wright, *Causes and Consequences of the American Revolution*, 172-92; 그리고 Risjord, *Jefferson's America, 1760~1815*, 47-69.

062 **올버니 연합 계획** Walter Isaacson, *Benjamin Franklin: An American Life* (New York, 2003), 158-62. 추가 참조. Gipson, American Revolution as an Aftermath, 100. 깁슨은 1754년 제안이 받아들여졌다면 미국 혁명을 막을 수도 있었을 것이라고 주장한다. 깁슨의 방대한 저서 시리즈 전반, 특히 1754년 제안에 대한 그의 견해를 비판적으로 평가한 논의는 다음을 참조하라. Patrick Griffin, In Retrospect: Lawrence Henry Gipson's 'The British Empire Before the American Revolution,' *Reviews in American History* 31, no. 2 (June 2003): 171-83. 그리핀은 다음과 같이 썼다: 미국 혁명은 불가피했는가? 깁슨은 대체로 반사실적 가정을 선호하지 않았지만, 보다 영속적인 제국 체제를 구축할 기회였던 한 순간, 즉 올버니 연합계획을 지적한다. 1754년 수립되었다가 좌절된 이 계획에 따르면, 우정과 공동 관심사로 결합된 아메리카 식민지들은 왕권을 통해서만 영국과 연결될 뿐, 그 외에는 거의 독립적이었을 것이다. 만약 미국인들이 이 계획을 받아들였더라면, 반란으로 이어진 민감한 헌법적 문제는 피할 수 있었을 것이라고 [깁슨은] 보았다. (Ibid., 176.)

말년에 프랭클린 자신도 올버니 연합 계획의 실패가 혁명으로 가는 결정적인 단계였다고 보았다. 그는 이렇게 말했다. '단합한 식민지들은 스스로를 방어할 만큼 충분히 강했을 것이다. 그렇다면 영국에서 군대가 투입될 필요도 없었을 것이고, 당연히 이후 미국에 세금을 부과하기 위해 내세운 구실과 그로 인해 벌어진 유혈 사태도 피할 수 있었을 것이다.' (Isaacson, *Benjamin Franklin*, 161-62.) 추가 참조. Middlekauff, *Glorious Cause*, 32.

062 **벤저민 프랭클린의 주도로 작성** Isaacson, *Benjamin Franklin*, 158-62. 이 계획은 프랭클린의 발상에서 비롯되었는데, 그는 다음과 같이 썼다. '이 계획에 따라 중앙 정부는 국왕이 임명하고 지원하는 총독에 의해 통치되며 대평의회는 각 식민지 의회에서 선출된 주민 대표로 구성된다. 이 계획의 운명은 특이했다. 각 식민지 의회는 그 속에 지나치게 많은 국왕의 특권이 담겨 있다고 여겨 채택하지 않았고, 영국에서는 지나치게 민주적이라고 평가했다.' (*A Benjamin Franklin Reader*, ed. Walter Isaacson [New York, 2003], 512-13.)

062 **아버지에게** Francis D. Cogliano, *Thomas Jefferson: Reputation and Legacy* (Charlottesville, Va., 2006), 22.

062 **영국의 정치사는 깊이 얽혀 있었기** Ibid., 22-24.

062 **개인의 자유를 지키기 위한 끊임없는 투쟁** Trevor Colbourn, *The Lamp of Experience: Whig History and the Intellectual Origins of the American Revolution* (Indianapolis, 1998), 3-47. 추가 참조 Cogliano, *Thomas Jefferson*, 21.

062 **역사를 실제 사례로 가르치는 철학** Cogliano, *Thomas Jefferson*, 21. 볼링브룩은 그 격언이 할리카르나소스의 디오니시우스로부터 유래했다고 보았다.

062 **그러므로 역사는 대단히 중요했다** In Query XIV of his *Notes on the State of Virginia*, 제퍼슨은 역사가 국가의 생애와 국민의 삶에서 어떤 역할을 맡아야 하는지에 대한 폭넓은 비전을 제시했다. 그는 "국민을 안전하게 하는 것보다 더 중요한 일은 없다. 국민이야말로 스스로의 자유를 지키는 궁극적인 수호자이기 때문이다."라고 말했다. 역사를 읽는 것이 이 과업을 달성하는 데 필수적이었다.
'인간은 역사를 통해 과거를 상기시킴으로써 미래를 판단할 수 있다. 또한 다른 시대와 다른 국가의 경험을 활용할 수 있으며 인간의 행동과 계획을 평가할 자격을 갖출 수도 있다. 가면 아래 숨은 야심을 감지하며, 야심을 파악하고 그 의도를 물리칠 수도 있다. 세상의 모든 정부에는 인간의 약점, 부패, 타락의 씨앗이 존재하는데 교활함이 이를 발견하고, 사악함이 이를 은밀히 드러내 경작하고 발전시킨다. 어떤 정부든 통치자들에게만 맡겨지면 타락한다. 국민 스스로가 정부를 맡을 수 있는 유일하고 안전한 관리자이다. 그리고 국민의 안전을 보장하기 위해서는 그들의 정신이 어느 정도 계발되어야 한다.' (Jefferson, *Writings*, 274.)
Cogliano, *Thomas Jefferson*, 26, 이 구절은 다음에서 인용했다. *Notes*, 결론적으로, '제퍼슨의 관점에서 버지니아 국민이 스스로의 자유를 수호하기 위해서는 역사 지식이 필수적이었다. 이는 공화국에서 정치적으로 필수 조건이었다.' (Ibid.)

063 **모든 사회는 이처럼 양분되는 경향이 있다고 주장했다** Cogliano, *Thomas Jefferson*, 22-26.

063 **영국 시민혁명** 다음 참조. Alfred F. Young, English Plebeian Culture and Eighteenth-Century American Radicalism, in *The Origins of Anglo-American Radicalism*, ed. Margaret Jacob and James Jacob (London, 1984), 187-212. 미국에서 크롬웰의 유산이 끼친 문화적 영향에 관한 설명이다.

063 **분위기 속에서 살았다** Bailyn, *Origins of American Politics*, 131. 베일린은 이렇게 썼다. 이들의 지적 세계는 혼합 헌정이라는 개념에 의해 형성되었으며, 식민지 주민들은 이 강력한 패러다임 안에서 자신들을 둘러싼 혼란을 이해할 수 있는 수단을 손쉽게 발견했다. 식민지 사회의 사회헌법적 구조를 성찰한 일부는 이상과 현실, 영국식 모델과 식민지 복제품 간의 불일치에 주목했고, 자신들의 병폐를 이러한 불일치 탓으로 돌렸다. 표준적인 헌법 이론에 따르면 권력과 자유라는 양 극단이 서로를 파괴하는 것을 막는 데 필수적인 중간 계층, 즉 귀족적 요소가 시민지 사회에서는 충분히 구현되지 못했고, 어떤 경우에는 전혀 존재하지 않았다고 흔히 지적한다. (Ibid.)

063 **안정은 오직** Ibid., 151-52. 베일린은 이렇게 썼다. '영국은 구세계에서 거의 독보적인 위치에 있었는데, 이는 명예혁명 이후 정치적 타협을 통해 헌법을 능숙하게 재조정함으로써 고유한 역할을 성공적으로 수행한 결과였다. 그러나 이러한 해결 방식은 온전히 아메리카 대륙에까지는 미치지 못했다. 이곳에서는 국가의 권위주의적 권력에 맞설 강력한 견제 장치들의 밀집 대형이 없었고, 그 결과 상황은 유난히 위험하고, 유난히 민감했으며, 유난히 높은 경계심과 저항의 힘을 요구했다.' (Ibid.)

063 **미국인들이 바라는 역사는** Ibid., 106. 이념과 권력의 문제에 대해 베일린은 다음과 같이 썼다:
나는 18세기 아메리카 식민지 정치의 핵심에 하나의 역설이 자리 잡고 있다고 주장해 왔다. 한편으로는 정부의 첫 번째 권력인 행정부의 법적 권한이 자유와 양립할 수 있다고 일반적으로 생각되는 수준을 넘어 확대되었고, 다른 한편으로는 행정부가 실제로 정치에서 행사하는 정치권력은 급격히 축소되었다. 이러한 축소는 영국 국왕과 대신들이 실제로 정치에 행사했던, 이른바 '영향력'이 약해졌기 때문이었다. 퇴행적이면서 동시에 진보적이었던 18세기 중반의 아메리카 정치는 철저히 변칙적인 존재였다. 스튜어트 왕조의 전제 정치와 관련된 권력을 아우구스투스 시대로 이어가면서도, 영국 개혁가들이 한 세기가 지나서야 달성할 수 있었던 개혁들을 이미 구현하고 있었던 것이다. 갈등은 불가피했다. 오만한 국왕의 특권과 지나치게 확장된 민주주의 사이의 갈등은 쉽게 해결될 수 없었고, 18세기 영국 정치 문화에 깊이 물든 사람들에게 재앙의 망령을 떠올리게 했다. (Ibid.)

베일린은 혁명의 원동력을, 식민지 주민들이 18세기 특유의 고전적 세력 균형, 즉 군주
정, 귀족정, 평민정 간 균형을 아메리카가 전적으로 공유하지 못했다고 믿었던 데서 찾
았다. 다시 말해, 이는 영국 헌법 자체에 대한 혐오나 반대가 아니라, 신세계가 명예혁
명 이후 확립된 체제 안에서 온전히 존재하는 것조차 허용되지 않았다는 실망감이었
다. '식민지 반대파가 모든 단계에서 정부, 권력, 그리고 행정부의 역할에 대해 숙고하면
서 보았던 것은, 분명히 산재해 있었고, 때로는 부각되었다가 사라지기도 했으며, 중요
성이 증감되기도 했지만, 그럼에도 불구하고 분명히 감지할 수 있는 증거들이었다. 바
로 식민지 사회에서 자유에 대한 헌법적 보장을 막으려는 음모였다.' (Ibid., 136.)

064 **라팽이 쓴 여러 권의 《영국사》 시리즈** Colbourn, *Lamp of Experience*, 43-44.

064 **피터 제퍼슨이 확고한** Randall, *Jefferson*, I, 14.

064 **자유를 사랑하는 색슨족** Colbourn, *Lamp of Experience*, 237-43. 휘그당의 오랜 주장
에 대한 세부 내용은 다음을 참고하라. Joseph J. Ellis, *American Sphinx*, 32-34. 이 부
분은 그 이론과 그 기원에 대한 탁월한 설명일 뿐만 아니라, 엘리스의 표현을 빌리면
"제퍼슨은 거의 전 생애에 걸쳐 강박적으로 그 이론에 매달렸으나, 심지어 자신조차
'위스를 제외하고 내 의견에 동의해준 사람은 한 명도 없었'다는 사실을 인정했다."라
는 점을 보여준다. (Ellis, *American Sphinx*, 38.)

064 **제퍼슨과 뜻을 같이하는 미국인** Bailyn, *Origins of American Politics*, 159-61. 1766년
인지세법이 폐지된 지 2년간을 베일린은 다음과 같이 기술했다:
독립으로 이어진 일련의 사건들이 명백히 눈에 보였다. 바로 인지세법, 타운센드 관
세, 보스턴 학살이 그것이다. 그러나 이러한 법령들과 당시 유명한 사건들은 그 자체로
는 명백히 선동적인 성격을 지닌 것은 아니었다. 인지세법은 가혹한 세금이 아니었으
며, 일반적으로 무해하고 신중한 과세로 간주되었다. 타운센드 관세 역시 파멸적인 수
준과는 거리가 멀었고, 결국 철회되었다. 보스턴 학살 또한 18세기 내내 영국과 아메리
카에서 흔히 발생하던 일종의 도시 폭동이 가져온 결과였다. 그러나 이런 사건들은 실
제로 폭발적인 성격을 띠며 헌법적 권위의 전복으로 이어졌고, 궁극적으로 아메리카의
생활 전체에 변화를 가져왔다. 그 이유는 이 사건들이 순수한 의미에서 단순히 객관적
인 사건이 아니었으며, 초월적이고 순수한 정신만으로는 인식할 수 없었기 때문이다.
18세기 역사와 정치 이론에 깊이 빠진 사람들에게, 이데올로기로 가득 찬 이 사건들은
17세기 전환기 이후 우려와 불길한 예감 속에 목격되고 논의되던 경향과 가능성이 최
종적으로 실현된 결과였다.
폭풍 전의 고요는 없었다. 간헐적이기는 했지만, 세기 내내 끊임없이 지속되었다. 영국
에서 '영향력'을 통해 창출되었던 통합과 통제력을 재현할 수 없었던, 격앙되고 불안정
한 정치 상황은 다양한 진보적 사상들을 불러내었다. 이 사상들은 단순한 이론이나

궁극적인 가능성에 대한 경고에 그치지 않고, 현재의 심각한 갈등, 즉 법적으로 지나치게 비대한 행정부와 유동적이지만 결코 억누를 수 없는 반대 세력 사이의 갈등을 해석하는 도구로 작동했다.

7년 전쟁이 바로 그 촉매제였다.

1763년 이전까지는 영국과 미국의 정치 체계 내에 가차 없는 압력이 없었고, 중앙 정치가 주도하는 지속적인 추진력이나 피할 수 없는 규율도 없었다. 7년 전쟁이 끝난 뒤, 보다 효과적인 집행 기관을 갖춘 개편된 식민 체제의 형태로 그러한 추진력과 통제가 나타났을 때, 그 체제가 마침내 강화되고 압력이 지속되었을 때, 이와 관련하여 식민지에서는 이제까지 영국 고유의 혼합 헌정을 지탱해준 경계심이 부패 때문에 약화되고 있다는 증거가 축적되었을 때, 즉, 존 스튜어트 부트 백작에 의해 처음 촉발된 대신 권한의 확대가 영국 본국에서도 진행되고 있을 때, 이 모든 상황이 맞물리면서 아메리카 정치의 잠재적 경향들이 최종 실현을 위해 빠르게 움직였다. (Ibid.)

065 **프렌치-인디언 전쟁의 종식** Fred Anderson, *Crucible of War: The Seven Years' War and the Fate of Empire in British North America, 1754~1766* (New York, 2001), 이는 전쟁의 기원, 과정, 그리고 영향에 관한 탁월한 설명이다. 추가 참조. Middlekauff, *Glorious Cause*, 17-73, and Risjord, *Jefferson's America, 1760~1815*, 71-96. 리스조드는 다음과 같이 썼다:

1763년 프렌치-인디언 전쟁이 끝날 무렵, 영국은 그 권력의 정점에 서 있었다. 같은 해 파리에서 열린 평화 회의는 7년간의 피비린내 나는 전쟁에서 영국이 이룬 정복을 공식적으로 확인하는 인정의 자리였다. 북미에서 프랑스 제국은 자취를 감췄고, 캐나다에서 플로리다에 이르는 미시시피강 동쪽 지역은 모두 영국의 지배하에 놓였다. 그러나 제국은 너무 빨리, 너무 쉽게 승리한 것처럼 보였다. 전 세계에 산발적으로 흩어져 있는 영토를 관리하는 데 익숙지 않았던 영국 정치인들은 승리의 의미를 이해하는 데 더뎠고, 세계 제국에 걸맞은 포괄적인 세계관을 정립하는 데는 더욱 느렸다. 그들은 여전히 지역 정치에 얽매여 편협한 경쟁의식에 매몰되었고, 완고하며 상상력이 부족했다. 그 결과, 최초의 대영제국은 거의 완벽하게 형성되자마자 무너져 내리기 시작했다. 제국의 규모 자체가 원심력을 작동시켰으며, 이는 좀 더 효율적인 행정적 관계로 대처해야 했다. (Ibid., 71.)

065 **제국을 유지하기 위해서 막대한 비용** Risjord, *Jefferson's America, 1760~1815*, 71-72. 영국이 전쟁을 수행하고 프로이센의 프리드리히 대왕과 같은 동맹을 지원하면서 생긴 막대한 부채가 위기감을 높였다. 부채 이자만 연간 500만 달러에 달했으며, 정부의 연간 수입은 800만 달러를 조금 넘는 수준이었다. (Ibid.) 미들코프가 지적했듯이, 영국은 명예혁명 이후 프랑스와 그 동맹국들과 '세 차례의 긴 전쟁'을 벌였으며, 이는 부채

와 군사 및 행정 비용의 증가를 초래했다. (Middlekauff, *Glorious Cause*, 23-26.) 의회 내 지주 계층은 당연히 수입품에 과세할 것을 강하게 요구했다. '비누, 소금, 맥주, 증류주, 사과주, 종이, 비단 등 평민과 귀족 모두가 소비하는 광범위한 품목에 대한 소비세가 토지세를 대신하여 세수의 가장 큰 원천이 되었다. 통상세, 즉 무역에 부과되는 세금 역시 세기가 진행되면서 무역이 성장함에 따라 증가하였다.' (Ibid., 23.)

065 **비용을 더 많이 부담** Morgan and Morgan, *Stamp Act Crisis*, 6.

065 **영국군이 북미에 주둔** Ibid., 21-23.

065 **서부 지역 영토** Risjord, *Jefferson's America, 1760~1815*, 72-74. 추가 참조 Thomas Perkins Abernethy, *Western Lands and the American Revolution* (New York, 1959); 그리고 Middlekauff, *Glorious Cause*, 58-60. 미들코프에 따르면, 백인 미국인 중에서 버지니아인보다 더 공격적이고 탐욕스러운 집단은 없었다. (Ibid., 58.) 식민지 개척자들의 토지 소유에 대해 흔히 인용되는 사례는 오하이오 회사로, 투자자 중에 조지 워싱턴도 포함되어 있었다. 이 회사는 20만 에이커의 토지를 받았는데, 당시 그 가치가 이미 위협받고 있었다. (Ibid.)

065 **오하이오 밸리 인디언 부족들의 반란** Middlekauff, *Glorious Cause*, 59-60. 이 전투는 오타와의 족장 폰티액이 이끌었다. 다음 참조. Gregory Evans Dowd, *War Under Heaven: Pontiac, the Indian Nations, and the British Empire* (Baltimore, Md., 2004).

065 **국왕이 서부 토지의 향방을 결정할 권한을 부여** Ibid., 60. 1763년 10월 7일 발표된 1763년 포고령은 백인의 서부 정착을 금지하고, 퀘벡, 동부 플로리다, 서부 플로리다를 수립했다. (Ibid.) 리스조드에 따르면, 애팔래치아산맥 서쪽의 모든 땅을 원주민 보호구역으로 설정하고자 했던 이 포고령은 왕실의 허가 없는 서부에서의 추가적인 토지 양도나 매매를 금지했고, 모든 백인 무단 거주자의 추방을 명령했다. 그 결과 국경 분쟁을 방지하고, 아메리카에서 주둔군 유지 비용을 줄일 수 있으리라 기대했다. 영국 정부는 아메리카 원주민으로부터 추가적인 양도 협상을 추진하여 국경을 점차 확장할 계획이었고, 이 포고령 자체가 프랑스 전쟁 참전 용사들에게는 토지 양도를 허용하기도 했다. 이러한 예외 조항에도 불구하고, 식민지 주민들, 특히 서부에 대해 가장 강력한 법적 권리를 가진 버지니아 주민들이 분노했다. 포고령은 제국 해체의 첫 번째 씨앗이 되었다. (Risjord, *Jefferson's America, 1760~1815*, 73-74.)

065 **항해법을** Risjord, *Jefferson's America, 1760~1815*, 74-75.

065 **'수색 영장'을 본격적으로 사용** Ibid. 추가 참조. Middlekauff, *Glorious Cause*, 65, and Oliver M. Dickerson, *The Navigation Acts and the American Revolution* (Philadelphia, 1951), 172-89.

065 **1764년 '설탕법'** Morgan and Morgan, *Stamp Act Crisis*, 21-40. 추가 참조.

Middlekauff, *Glorious Cause*, 64-66.

065 **당밀의 세율을 실제로 낮췄지만** Morgan and Morgan, *Stamp Act Crisis*, 24.

065 **젊은 시절 제퍼슨이 즐겨 마시던 마데이라 와인** Ibid., 25. 위스 부인의 접대에 대해 제퍼슨이 언급한 내용(위 참조)을 통해, 그가 와인을 좋아했다는 것을 알 수 있다. 추가 참조. TJF, http://www.monticello.org/site/research-and-collections/wine (2011년 열람) 결국 그는 마데이라 와인을 더 이상 즐기지 않게 되었다. (Ibid.)

066 **새로운 원칙과 선례를 세우려는 시도** Ibid., 27.

066 **부과할 계획을 발표했다** Ibid., 54-55.

066 **제임스 오티스가 쓴《영국 식민지인의 권리 주장과 입증》** Morgan, *Birth of the Republic*, 18.

066 **위스가 과세제도에 항의하는 탄원서** *JHT*, I, 91-92. 추가 참조. Morgan and Morgan, *Stamp Act Crisis*, 97.

066 **국민은 자신들의** Morgan and Morgan, *Stamp Act Crisis*, 39-40.

067 **윌리엄스버그를 떠나 고향으로 돌아간** Henry Mayer, *A Son of Thunder: Patrick Henry and the American Republic* (New York, 2001), 81.

067 **아직 학생 신분** Jefferson, *Writings*, 5.

067 **모두 7개의 반인지세법 결의안** Mayer, *Son of Thunder*, 82-85. 추가 참조. Morgan and Morgan, *Stamp Act Crisis*, 95-97.

067 **하원 문간에 서서** Jefferson, *Writings*, 5.

067 **'실로 위대하다'** Ibid., 6. 제퍼슨이 쓴 바에 따르면, 헨리의 '대중 연설가'로서의 재능은 '다른 어떤 사람에게서도 들어본 적이 없는' 수준이었다. (Ibid.)

067 **타르퀴니우스와 카이사르에게는** Journal of a French Traveller in the Colonies, 1765, I, 745.

068 **이 논쟁을 기록한 유일한 동시대 인물의 증언** Ibid. 자주 반복되는 과장된 이야기는 다음에서 확인할 수 있다. William Wirt, *Sketches of the Life and Character of Patrick Henry* (Philadelphia, 1878), 78-83. 1921년 프랑스 여행자의 기록이 보인다. (Morgan and Morgan, *Stamp Act Crisis*, 93-95.)

068 **헨리는 마치** Jefferson, *Writings*, 6.

068 **'반역을 말했다'** Journal of a French Traveller in the Colonies, 1765, I, 745.

068 **저는 기꺼이 용서를 구할 것이며** Ibid.

068 **피 튀기는 싸움이었다** Mayer, *Son of Thunder*, 85.

068 **다섯 번째 결의안** Morgan and Morgan, *Stamp Act Crisis*, 96-97.

068　**페이턴 랜돌프와 같은 인사들은**　Reardon, *Peyton Randolph*, 21-23.

069　**신께 맹세컨대**　Ibid., 22.

069　**자신들이 주도권을 잃었다는 사실이었다**　Morgan and Morgan, *Stamp Act Crisis*, 97-98, 이러한 역학을 잘 설명해준다. "랜돌프, 로빈슨, 로버트 카터 니컬러스, 심지어 리처드 블랜드와 조지 위스까지 모두 그 결의안에 반대했다고 알려졌으나, 그들이 왜 그렇게 적대적이었는지는 분명하지 않다."라고 모건 부부가 썼다.

하원에 낼 청원서를 작성했던 조지 위스는 제퍼슨에게, 자신의 첫 초안은 위원회의 다른 구성원들이 반역적이라고 판단했기 때문에 수위를 낮출 수밖에 없었다고 말했다. 그리고 리처드 블랜드는 곧 인쇄물로 의회 권한에 대한 입장을 표명했는데, 결의안에서 밝힌 것과 같이 의회의 권한이 제한적이라는 내용이었다. 반대파의 논리는 전년도 청원서가 식민지 입장을 충분히 나타낸 것이므로, 이에 대한 답변이 있기 전까지는 추가 조치를 해서는 안 된다는 것이었다. 하지만 이는 겉만 번지르르한 주장에 불과했다. 버지니아 하원 의원들은 그 청원서가 제대로 심리조차 되지 않았다는 사실을 알고 있었기 때문이다. 아마도 반대 이유는 결의안 자체라기보다는 이를 지지하는 인물들 때문이었을 것이다. 헨리와 그의 동지들은 버지니아 정계에서 신출내기들이었고, 그들의 결의안 제출은 기성 하원 지도자들에 대한 도전이나 다름없었다. (Ibid.)

069　**헨리는 승리감에 휩싸인 채 수도를 떠났다**　Mayer, *Son of Thunder*, 88. 메이어는 헨리의 조기 퇴장을 '이해할 수 없는 일'이라고 언급했다. (Ibid.)

069　**이른 아침부터 회의장에 도착했다**　*PTJRS*, VII, 544-51. 추가 참조. Morgan and Morgan, *Stamp Act Crisis*, 97-98.

069　**선례를 하원 기록에서 찾는 중이었다**　*PTJRS*, VII, 544-51. 헨리 메이어는 다음과 같이 썼다. '신중한 지도자들은 격앙된 어조로 조용히 복종할 것을 주장했다. 지금은 성급하고 무분별하며, 어쩌면 반역적일 수도 있는 주장을 펼칠 때가 아니라는 것이 그들의 판단이었다.' (Mayer, *Son of Thunder*, 85.)

069　**포쿼 총독은 영국 통상위원회에 보낸 보고서에서 다음과 같이 보고했다**　Morgan and Morgan, *Stamp Act Crisis*, 98.

070　**연례 무도회**　Journal of a French Traveller in the Colonies, 1765, I, 746. 추가 참조. Hayes, *Road to Monticello*, 81.

071　**자연 세계를 자신의 목적에 맞도록 유연하게 조율**　*JHT*, I, 115-16. 추가 참조. Parton, *Life*, 42.

071　**야성적이면서 낭만적인 강**　*PTJRS*, I, 386.

071　**1765년 10월**　*JHT*, I, 115.

071　**칭찬할 만하고 유익한**　Ibid.

071 정비 작업 *PTJ*, I, 88.

072 메릴랜드 출신의 출판업자 Hayes, *Road to Monticello*, 88. 헤이스는 다음을 인용한다. Isaiah Thomas, *The History of Printing in America: With a Biography of Printers and an Account of Newspapers* (New York, 1970), 556.

072 시작되기 전까지 Jeffrey L. Pasley, 'The Tyranny of Printers': Newspaper Politics in the Early American Republic (Charlottesville, Va., 2003), 37.

072 1762년 대서양을 건너 *JHT*, I, 60-61.

072 체로키 인디언 주장 온타세테 Jefferson, *Writings*, 1263.

072 달빛이 찬란하게 빛나고 있었습니다 Jefferson, *Writings*, 1263.

073 가장 특별한 사람 중 한 명 *PTJ*, VIII, 181.

073 그분의 대화 능력은 탁월해서 Randall, *Jefferson*, I, 45.

073 지적이고 품위 있는 부인'에 관한 일화를 Ibid., 45-46.

073 마사가 제퍼슨의 친구 대브니 카와 결혼했다 *MB*, I, 21.

074 제인이 세상을 떠났다 Randall, *Jefferson*, I, 41.

074 제인 같은 누이의 상실 *TDLTJ*, 38-39.

074 영국 시인 윌리엄 셴스톤의 시 *MB*, I, 247.

074 아, 조안나여 Ibid. 추가 참조. Hayes, *Road to Monticello*, 87-88.

074 정원 일지를 쓰기 시작했다 *GB*, I.

074 수선화 Ibid.

075 혈근초 꽃이 떨어졌다 Ibid.

075 북쪽으로 떠나는 여행을 계획했다 *PTJ*, I, 18-21. 추가 참조. *JHT*, I, 98-101.

075 엘브리지 게리와 같은 *JHT*, I, 100.

075 그를 떨어뜨리고 도망쳐버려 *PTJ*, I, 19.

075 폭우 Ibid.

075 개울을 걸어 건너다가 Ibid.

075 아나폴리스에 들른 Ibid.

075 들려 놀랐네 Ibid., 19-20.

076 전하고 싶지만 Ibid., 20.

076 런던 의회는 인지세법을 철회했지만 Morgan and Morgan, *Stamp Act Crisis*, 279-92.

076 어떤 경우에도 Ibid., 288.

076 사건들 때문에 Frank L. Dewey, *Thomas Jefferson, Lawyer* (Charlottesville, Va., 1987), 위 연구는 그의 삶에서 이러한 측면을 다루고 있다.

076 여동생 마사는 6월 초에 보낸 편지 *GB*, 6.

076 카네이션이 꽃을 피웠다고 알렸다 Ibid.

076 건초의 양을 얼마나 비축해야 하는지 계산하기도 했다 Ibid., 7.

076 **똑똑하고, 열정적이며** 에드먼드 랜돌프는 이렇게 말했다. "그는 열의에 차 꾸준히 법학을 공부했다. 대외적으로는 신중하고 말수가 적었으나, 가까운 친구들에게는 특유의 온화한 성품을 보였으며 친구들의 존경과 사랑을 받았다. 그는 순수 예술을 열망했으며, 식민지에 존재했던 빈약한 수단으로는 쉽게 만족되지 않는 예술적 취향을 지니고 있었다. 자신이 살던 시대를 앞서간다는 것은 제퍼슨의 자부심의 일부를 구성했다." (Willard Sterne Randall, *Thomas Jefferson*, 100.)

076 **위스키 한 병과 셔츠** *JHT*, I, 123.

076 **봤다** Ibid.

4장 유혹과 시련

078 **당신도 알게 될 겁니다** *JHT*, I, 448.

078 **모든 인간은 천부적으로 자유롭게 태어나며** Gordon-Reed, *Hemingses of Monticello*, 100.

079 **피터 제퍼슨은 워커의 부친을 자신의 유언 집행인** *JHT*, I, 449. 멀론은 이 책 부록에서 그가 '1768~1809, 워커 사건'이라고 부른 사건을 다루고 있다. (Ibid., 447-51.) 추가 참조. Jon Kukla, *Mr. Jefferson's Women* (New York, 2007), 41-63, 워커-제퍼슨 일화를 상세히 다룬다.

079 **우리는 예전부터** *JHT*, I, 449.

079 **버나드 무어의 딸** Robert A. Lancaster, Jr., *Historic Virginia Homes and Churches* (Philadelphia, 1915), 266-67.

079 **잭 워커가 벳시 무어와 약혼했다네** *PTJ*, I, 15.

079 **말마저 없는 상황** Ibid.

079 **발신지를 데빌스버그** Ibid., 14.

080 **내가 듣기로는** Ibid., 15.

080 **6월 첫째 주** *JHT*, I, 449.

080 **내 마음에 드는 친구** Ibid.

080 **1768년까지 워커 부부는** Ibid., 154.

080 **스탠윅스 요새로 향하는** Ibid., 449.

080 **절친한 친구이자 이웃인 제퍼슨 씨를 유언 집행인들 가운데 최우선** Ibid.

080 뉴욕을 향해 떠났다 Kukla, *Mr. Jefferson's Women*, 51.

080 두 살 어린 Ibid., 44.

080 사랑하게 된 듯했다 *JHT*, I, 449-50, 워커 가문의 진술을 상세히 다루고 있다. 아래에서 언급하겠지만, 제퍼슨은 자신의 책임을 인정했으나, 워커 가문의 진술 내용에 대해서는 특별히 언급한 바가 없는 것으로 알려져 있다.

080 존 워커의 회고에 따르면 Ibid., 449.

080 애정 어린 접촉 Ibid.

081 사냥꾼으로 유명한 존 콜 *The Virginia Magazine of History and Biography* 7 (1900): 101.

081 제퍼슨은 아픈 척 *JHT*, I, 449.

081 제퍼슨은 이 사건을 인정했다 Ibid., 448.

081 정치적으로 결별한 뒤에야 Ibid., 447-48.

081 부적절한 행동 Ibid., 448.

081 화려한 가을 *MB*, I, 73.

081 장로교 목사 새뮤얼 데이비스 Lyon Gardiner Tyler, *Williamsburg: The Old Colonial Capital* (Richmond, Va., 1907), 230.

082 윌리엄스버그에서는 *MB*, I, 73.

082 이탈리아 출신 음악가 프랜시스 알베르티 Ibid., 70.

082 프랜시스 포쿼가 총독 관저에서 숨을 거두자 Ibid., 97.

082 노예들이 매각되어야 한다는 현실에 유감을 표했으며 Ibid.

082 더 유익한 존재가 되기 *William and Mary College Quarterly Historical Magazine*, VII, ed. Lyon G. Tyler (Richmond, Va., 1900), 174.

082 닷새 뒤, 포커는 *The Official Papers of Francis Fauquier*, I (Charlottesville, Va., 1980), xxxviii.

082 가장 유능한 인물 Jefferson, *Writings*, 33.

083 사람들에게 호감을 얻는 총독이 되기로 결심 *JHT*, I, 139.

083 정말 아름답군요 Ibid.

083 기쁜 마음으로 그 자리에 합류했다 Ibid.

083 전하면서 *The Virginia Gazette*, March 10, 1768.

083 아홉 번째 글도 Ibid.

083 다음 단계로 나아갑시다 Milton E. Flower, *John Dickinson: Conservative Revolutionary* (Charlottesville, Va., 1983), 66-67.

083 약 760제곱미터 정사각형 부지 *GB*, 12-13.

084 **선출되었다고 보도했다** *JHT*, I, 129-31.

084 **타운센드법** Morgan, *Birth of the Republic*, 34-35.

084 **묘한 긴장감이 감돌았다** *JHT*, I, 134-37.

085 **의원들을 대회의실로 소집했다** Ibid., 136.

085 **아폴로 홀로 자리를 옮겼다** Ibid., 137.

085 **월터 롤리 경의 납 흉상** Tyler, *Williamsburg: Old Colonial Capital*, 233.

085 **하나의 방침을 정했다** *PTJ*, I, 27-31.

085 **물품은 일절 수입하지도, 소비하지도 않겠다** Ibid. 이 협정의 서명자들은 '영국산 공산품의 사용과 소비를 줄일 것'을 서약했는데, 이는 '영국 상인과 제조업자들이 이해관계와 우정, 그리고 정의라는 동기에서 현재 아메리카 무역과 주민들이 겪는 불만사항을 구제하기 위해 스스로 노력하길' 바라는 희망에서였다. (Ibid., 28.) 이것은 도발적인 문서이기는 했지만, 1769년 봄에 서명한 제퍼슨과 그의 동료들 대부분은 여전히 혁명과는 거리가 멀었다. 수입거부 결의안이 채택된 뒤 아폴로 룸에 모인 의원들은 왕실 가족과 보테투르 경, '영국과 식민지 사이의 신속하고 영속적인 연합', 그리고 《펜실베이니아 농부의 편지》의 저자에게 건배했다. (Ibid., 31.) 혼란스럽다는 말만으로는 설명하기 힘든 시기였다.

085 **어머니를 모시고** Parton, *Life*, 99.

085 **노예가 대답하며** *TDLTJ*, 43.

086 **불타버린 책** *PTJ*, I, 35.

086 **차라리 돈이 탔더라면** Ibid.

086 **절망감에 사로잡혀** Ibid., 34-38.

086 **생각까지 했을 정도였다** Ibid., 35. "만약 집을 불태운 이번 화재가 다른 집을 마련하는 작업이 이만큼이나 진행되기 전에 일어났더라면, 아마 고향 언덕을 떠나려는 배신적인 생각까지 품었을지도 모른다."라고 그가 말했다. (Ibid.)

086 **암울한 연설을 떠올렸다** Ibid.

087 **산 정상은** *GB*, 16-19.

087 **과수원이 조성되었다** Ibid., 15. 그는 집을 한 채 지어 이주할 생각이었는데, 삼촌에게 그 집을 '새로 지을 또 다른 거처인데, 방문객이 찾아오더라도 예비 침실이 하나밖에 없을 정도로 협소하게 만들 계획'이라고 설명했다. 그는 고된 일정을 감당할 준비가 되어 있었다. 앞으로도 집에서 더 많은 시간을 보내리라 기대할 수 없다. 그가 '윌리엄스버그를 오가는 길'이라고 부른 길은 익숙한 길이 될 것이었다. (*PTJ*, I, 24.)

087 **불운을 감내하고 있군** *PTJ*, I, 38.

087 **인내하라, 그리고 앞으로 다가올 좋은 날을 위해** Ibid. 존 페이지 또한 제퍼슨이 고대

철학 서적을 읽으면서 온 집안이 무너진 상황에 스스로를 대비시키고 있음을 감지했
다. '당신의 상실 소식을 들었습니다. 진심으로 위로를 전합니다. 하지만 당신이 보여준
철학적 태도에는 깊은 감명을 받았습니다.' (Ibid.) 제퍼슨은 가능한 한 철학적으로 사
고하려 애썼지만, 고통은 여전히 남아 있었다. 그의 생각은 다른 가정과 다른 삶으로
향했고, 처남의 상황을 이상화했다. 그는 페이지에게 대브니 카에 대해 이렇게 말했다.
'그는 어린 아들 외에는 아무것도 말하지 않고, 생각하지도 않으며, 꿈꾸지도 않습니
다. 탁자 하나와 의자 여섯 개, 한두 명의 하인만 있는 아주 작은 집에서도, 우리의 이
친구는 세상에서 가장 행복한 사람입니다.' (Ibid., 36.)

087 **토머스 제퍼슨이 《버지니아 관보》에 게재한 도망 노예 광고** Ibid., 33.

088 **600명 이상의 노예를 소유했다** Stanton, *Those Who Labor for My Happiness*, 106. 몬
티셀로의 노예제에 대한 역사적 연구의 어려움에 대해 스탠턴은 이렇게 썼다. '몬티셀
로에 살았던 아프리카계 미국인들의 세계를 재구성하는 것은 매우 도전적인 과제이다.
노예 신분으로 그곳에 살았던 남녀의 사진은 단 여섯 장만 남아 있으며, 그들의 직접
적인 목소리는 단 네 권의 회고록과 몇 통의 편지에만 보존되어 있다. 고고학적 발굴
을 통해 몬티셀로 흑인 가족들의 물질 문화에 관한 흥미로운 증거가 드러나고 있으며,
1993년에는 이후 그 후손들의 구술 역사를 기록하는 작업도 시작되었다. 몬티셀로에
거주했던 아프리카계 미국인들의 직접적인 증언이 없는 상황에서, 우리는 제퍼슨 농
장 장부의 빈약한 기록과 노동 관리에 관한 흔히 편향된 설명과 편지, 그리고 자유로
운 삶을 찾아 몬티셀로를 떠났던 이들이 전승한 기억을 통해 그들의 목소리를 들으려
고 노력해야 한다.' (Ibid.) 추가 참조. Cassandra Pybus, Thomas Jefferson and Slavery,
in Cogliano, ed., *A Companion to Thomas Jefferson*, 271-83. 다음은 새로운 연구서이
다. Henry Wiencek, *Master of the Mountain: Thomas Jefferson and His Slaves* (New York,
2012). 비엔섹은 자신의 책 교정쇄를 기꺼이 공유해주었다. 그는 제퍼슨과 노예제에
관해 도전적인 주장을 제시했다. 제퍼슨이 자신을 둘러싼 세계를 통제하고 지배하려
는 충동에 사로잡혀 있었다는 주장으로, 내 생각과 일치한다. '몬티셀로 왕국은 우리
가 믿어왔던 것보다 훨씬 잔혹했다. 그러나 더 중요한 것은, 제퍼슨이 재정 관련 편지와
장부를 통해 노예가 가져오는 이익에 대해 냉정한 계산을 드러냈다는 점이다. 그는 흑
인 아이의 출생으로 매년 자산이 4% 증가한다고 계산했다. 이웃들에게는 노예에 투자
하라고 적극 권유했으며, 네덜란드계 은행에서 빌린 2천 달러의 '노예 자산' 담보대출
로 몬티셀로 재건 자금을 마련했다. 제퍼슨은 노예제에 얽매이거나 갇힌 것이 아니라,
오히려 이를 적극적으로 수용했다. 그는 노예제를 현대화하고 다양화하며 산업화했다.
제퍼슨을 통해 우리는 왜 노예제가 미국 혁명 속에서 살아남았는지, 또 어떻게 미국경
제의 강력하면서도 유연한 요소로 자리 잡았는지를 알 수 있다.' (Henry Wiencek to

author, June 27, 2012.)

088   **150명은 부친과 장인에게 상속받았고** Stanton, *Those Who Labor for My Happiness*, 106.

088   **약 20명은 직접 매입한 노예였다** Ibid.

088   **나머지는 대부분 제퍼슨의 소유지에서 태어나 자연스럽게 노예가 된 이들이었다** Ibid.

088   **1774년부터 1826년까지** Ibid.

089   **한 차례 노예 해방을 허용할 수 있게 해달라는 제안을** Jefferson, *Writings*, 5.

089   **법안을 기안했다** JHT, I, 121-22, 그리고 John C. Miller, *The Wolf by the Ears: Thomas Jefferson and Slavery* (Charlottesville, Va., 1991), 4-5.

089   **일방적으로 해방할 수 있는 권한** Miller, *Wolf by the Ears*, 4. 밀러는 이렇게 썼다. '반 세기 동안 노예 해방은 총독과 평의회의 동의하에서만 허용되었다. 제퍼슨은 만약 소 유주가 원한다면 소유주에게 자신의 노예를 해방시킬 권리를 부여하고자 했다.' (Ibid.)

089   **공로 있는 봉사** Gordon-Reed, *Hemingses of Monticello*, 109. 고든-리드가 쓴 것처럼, 1723년부터 효력을 가진 노예 해방 법률에는 다음과 같이 규정되어 있었다. '총독과 평의회의 판단, 허가할 만한 어떤 공로가 있는 경우를 제외하고는, 어떠한 흑인과 뮬라 토, 인디언 노예도 해방될 수 없다.' (Ibid.)

089   **리처드 블랜드에게 해당 법안을 주도해달라고 요청했다** Miller, *Wolf by the Ears*, 5.

089   **새뮤얼 하웰 대 웨이드 네덜란드 사건** Ibid., 4-5. 추가 참조. Gordon-Reed, *Hemingses of Monticello*, 99-101.

089   **세상에 태어난다** Gordon-Reed, *Hemingses of Monticello*, 100.

090   **그는 패소했다** Miller, *Wolf by the Ears*, 5-6.

090   **떠올리면** PTJ, 35-36.

5장 욕망과 부정의 세계

091   **결혼 생활에서** PTJ, XXX, 15.

091   **나긋나긋하고 우아한 몸매** TDLTJ, 43.

091   **패티의 피부는 화사했고** Randall, *Jefferson*, I, 63-64.

091   **현명하고 다정한 사람** PTJ, I, 66.

091   **한 친척은 두 사람이** Ibid., 84. 이 친척은 로버트 스킵위스로 마사의 자매와 결혼했 다. 1771년 중반, 제퍼슨은 포리스트에 있는 스킵위스에게 이렇게 썼다. '비록 멀리 떨

어져 있지만, 제가 늘 숭배하는 그 성지에서 저를 위해 기도해주십시오.' (Ibid., 78.) 1771년 9월 20일, 스킵위스가 회신했다. '제 누이 스켈턴이 당신의 아내가 되길 바랍니다. 그녀는 온화한 천성을 지녔고, 활기와 감수성으로 인간이 누릴 수 있는 가장 큰 행복을 당신에게 안겨줄 것입니다.' (Ibid., 84.)

092 **지식의 기초** Parton, *Life*, 128.

092 **정치 이야기까지도 속내를 털어놓았다** *PTJ*, I, 247.

092 **열정적인 애착** *TDLTJ*, 343.

092 **행동을 보였고** Ibid.

092 **어느 날 제퍼슨의 관대함이 어떤 이에게는 인정받지 못한다고 패티가 불만** Ibid.

092 **그이가 늘 그렇습니다** Ibid.

092 **자신이 원하는 대로 하는 것을 좋아했다** Kukla, *Mr. Jefferson's Women*, 72.

092 **제퍼슨은 조용히 아내를 타일렀다** *TDLTJ*, 343.

092 **여보, 어린아이가 저지른 잘못** Ibid., 344.

092 **따뜻하게 편을 들어주셔서** Ibid.

092 **우리 할머니** TJF, http://www.monticello.org/site/jefferson/martha-wayles-skelton-jefferson (2012년 열람)

093 **훨씬 낫단다** *PTJ*, XXX, 15.

093 **버지니아에서 크게 성공한** Gordon-Reed, *Hemingses of Monticello*, 57-90, 존 웨일스가 영국에서 살아온 배경, 버지니아에서의 삶, 그리고 엘리자베스 헤밍스와의 관계를 다룬 훌륭하고 뛰어난 저작이다.

093 **가난하고 평범한 집안** Ibid., 59.

093 **아이는 살아남았지만, 어머니는 출산 직후 세상을 떠났다** Ibid., 77. 첫 번째 웨일스 부인은 패티를 낳기 전에 쌍둥이를 잃었다. (Ibid.)

093 **아이들에게만큼은 계모라는 존재를 경험하게 하고 싶지 않았다** Ibid., 145. 고든-리드는 이렇게 썼다. '그녀가 했다고 전해지는 말은, 어떤 비뚤어진 방식으로든 남편이 항상 그녀의 것임을 확인하고 죽으려는 욕망에서 비롯된 것 같지는 않다. 그 말은 남편이 아니라, 자신의 아이들 때문에 한 것이었다. 그녀는 딸들이 생모가 아닌 다른 여자의 통제 아래 자라게 될 가능성을 걱정했다.' (Ibid.)

094 **채권 추심 업무** Ibid., 68-69.

094 **변호사였습니다** Jefferson, *Writings*, 5.

094 **불안해졌고** Gordon-Reed, *Hemingses of monticello*, 69-71. 어느 날 웨일스는 제퍼슨의 친척인 토머스 만 랜돌프를 찾아 나섰지만, 랜돌프가 (웨일스의 용건을 고려하면 다행하게도) 여름을 나기 위해 국경 근처 온천으로 떠났다는 소식을 들었다. (Ibid.)

094 **풍자시** Ibid., 74.

095 **논란 많은 살인 재판** Ibid., 74-76. 당시의 열기 속에서, 웨일스에게는 최대한 극단적이고 부정적인 말을 퍼부을 적들이 분명히 있었다. 하지만 그는 미천한 출신이었다. 기록에 따르면, 그는 부유한 집안의 '하인'으로 아메리카에 도착했다고 한다. 채권 추심과 노예 거래는 결코 신사적인 일로 여겨지지 않았다. (Ibid., 75.)
자신이 그토록 속하기를 원했던 당시 지역사회 엘리트에게 호감을 살 만한 사업에 종사하지 않는다는 사실을 알고 있었기 때문에, 웨일스는 저 나름의 정치 감각을 지니고 있었다. 정치적인 사람들이 하는 행위 중 하나는, 표를 얻으려는 의미에서든, 아니면 단지 이웃 사이에서 지위를 추구하려는 의도에서든, 눈앞의 어떤 수단이든 활용하는 것이다. 노예 매매와 더불어 교회는 부유한 버지니아인 사이에서 가장 널리 공유되는 삶의 측면 중 하나였다. 신자이든 아니든, 제퍼슨을 포함한 명망가들은 그들이 속한 교구에서 일정한 역할을 수행할 것으로 기대되었다. 웨일스는 그러한 역할을 맡기로 결심한 것 같았다. 그리하여 자신을 주로 채권자의 얼굴을 한 적으로 보거나, 《버지니아 관보》의 표현처럼 '무례하다'고 보는 주민들 사이에서 사회적 유대를 쌓아 나갔다. 그는 다양한 상황에서 설교단을 맡아 돕는 수고를 아끼지 않았다. (Ibid., 67.)

095 **웨일스를 대신해 법률 업무를 맡기 시작했다** MB, I, 64.

095 **패티는 배서스트 스켈턴과 결혼** JHT, I, 157.

095 **아들 존을 낳았지만** TJF, http://www.monticello.org/site/jefferson/martha-wayles-skelton-jefferson (2012년 열람)

095 **매력적인 과부** TDLTJ, 43.

095 **구혼자들이 끊이지 않았다** Ibid., 44.

095 **혈연과 성, 지배의 문제로 얽혀 있다는 점** 이미 언급한 대로, 고든-리드가 쓴 《몬티셀로의 헤밍스》는 이 주제에 관한 뛰어난 저작이다. 다음 연구에서도 많은 통찰을 얻을 수 있다. Lewis and Onuf, *Sally Hemings and Thomas Jefferson*; Joshua D. Rothman, *Notorious in the Neighborhood: Sex and Families Across the Color Line in Virginia, 1787~1861* (Chapel Hill, N.C., 2003); 그리고 Elise Lemire, *Miscegenation: Making Race in America* (Philadelphia, 2002).

095 **헤밍스가** Lewis and Onuf, *Sally Hemings and Thomas Jefferson*, 255. 원천 자료는 매디슨 헤밍스의 구술 자료이다. 추가 참조. Gordon-Reed, *Hemingses of Monticello*, 49-50.

096 **버뮤다 헌드레드 농장의 소유주였던 에페스 가문** Gordon-Reed, *Hemingses of Monticello*, 50-51.

096 **포플러 포리스트로 옮겨졌고** Ibid., 57.

096 **여러 아이를 낳기 시작했다** Ibid., 59.

096 **존 웨일스는 세 아내보다 더 오래 살았다** *JHT*, I, 432-33. 웨일스의 또 다른 두 아내
는 타비사 코크와 엘리자베스 로맥스였다.

096 **홀아비가 된 웨일스의 첩** Lewis and Onuf, *Sally Hemings and Thomas Jefferson*, 255.

096 **다섯 명의 아이가 태어났고** Gordon-Reed, *Hemingses of Monticello*, 80.

096 **1773년에는 여섯 번째 아이** Ibid.

096 **어느 부인이든** Ibid., 346. 고든-리드의 기술에 따르면, 백인 주인의 공식 가족 구성
원들, 즉 관습과 법, 교회가 인정한 가족들은 자신들의 가장이 자명하게 하고 있는 일
을 마치 그가 하지 않는 듯 짐짓 모른 척했다. 그리고 혼혈 자식들은 문화적인 황혼 속
에서 살았다. 그들은 공식적으로는 부정당하면서도 다툼의 대상이 되었다. 백인 가족
들은 가장이 죄책감, 사랑, 의무감(혹은 세 가지 모두)으로 인해, 백인이 아닌 자녀들에
게 재산 일부를 남겨줄까 봐 걱정했기 때문이다. (Ibid.)

096 **포플러 포리스트를 찾았을 무렵에도** *MB*, I, 209.

097 **나이가 지긋한 드러먼드 부인** Ibid., 66.

097 **낭만적이고 시적으로** *PTJ*, I, 65.

097 **운명처럼 이어질 사이였다** *TDLTJ*, 44.

098 **들은 적은 있습니다만** *PTJ*, I, 62.

098 **클라비코드 주문** Ibid., 71.

098 **케이스는** Ibid.

099 **흰색 실크 면 스타킹 여섯 켤레** Ibid., 71-72.

099 **윌리엄 쿠츠 목사** *MB*, I, 285. 추가 참조. Gordon-Reed, *Hemingses of Monticello*, 101.

099 **《버지니아 관보》는 이렇게 전했다** *The Virginia Gazette*, January 2, 1772.

099 **'미혼녀'라고 표기했다** *PTJ*, I, 86-87.

100 **새벽 1시** *MB*, I, 294.

100 **포플러 포리스트에 머물다가** *GB*, 35.

100 **정도로 눈이 쌓였다** Randall, *Jefferson*, I, 64.

100 **계속 전진했다** Ibid.

100 **해가 지고** Ibid.

100 **불도 꺼져 있었고** Ibid.

100 **끔찍하게 쓸쓸했는지** Ibid.

100 **조금 남은 와인 한 병을 발견했다** Ibid., 65. 몬티셀로에 대해, 제퍼슨은 새로운 신부
를 맞이하기에는 새로운 저택이 만족스럽지 않게 보이는 것을 몇 달 동안 걱정해왔다.
1771년 2월 20일 수요일, 제퍼슨은 이렇게 썼다. '이곳에는 방이 1개뿐이어서, 마치 구
두 수선공의 작업실처럼 거실이자 부엌이자 복도로 사용하고 있다. 침실과 서재 역할

도 겸한다고 덧붙여야겠다. 친구들이 가끔 와서 소박한 식사를 한 뒤 잠자리를 찾아 다른 곳으로 떠난다. 하지만 올여름에는 여유 공간을 좀 더 갖게 되리라 기대하고 있다.' (*PTJ*, I, 63.) 몬티셀로에 대한 그의 관념은 거의 신화적이었다. 1771년 8월, 그는 이렇게 썼다. '새로운 로완티로 오십시오. 중심에 위치한 샘은 매일 저녁 기쁨이 펼쳐지는 무대가 될 것입니다. 그곳에서 우리는 하루 동안의 교훈을 이야기하거나 음악과 체스, 가족 친지들과의 흥겨운 놀이 속에서 그것을 잊을 수도 있겠지요. 마음은 가볍고, 잠자리는 편안할 것이며, 건강과 장수가 이 행복한 광경과 함께할 것입니다.' (Ibid., 78.)

100 **엘크 힐 농장으로 거처를 옮겼다** *MB*, I, 286.

100 **엘크 힐 농장은 약 669에이커, 즉 약 2.7제곱킬로미터에 달했다** Ibid., 366.

101 **섬세하고 숭고한 감정** *PTJ*, I, 96.

101 **오시안의 시에서** Thomas M. Curley, *Samuel Johnson, the Ossian Fraud and the Celtic Revival in Great Britain and Ireland* (New York, 2009) 문학적 기만에 대한 포괄적인 분석을 다룬다.

101 **두 줄기의 검은 시냇물** *Jefferson's Literary Commonplace Book*, ed. Douglas L. Wilson (Princeton, N.J., 1989), 142-43.

101 **패티 제퍼슨은 살림을 정갈하게 꾸려나가는 데 각별한 정성을 기울였다** Scharff, *Women Jefferson Loved*, 93-94.

102 **제퍼슨 부인은** Bear, *Jefferson at Monticello*, 3.

102 **몬티셀로를 방문한** *VTM*, 8.

102 **방대하고 잘 분류된 서재** Ibid.

102 **모든 버지니아 사람이** Ibid., 9.

102 **대브니 카가 '담즙열'로 세상을 떠난 것이다** *MB*, I, 340.

103 **종이에 무덤 계획을 스케치하며 고심했다** *TDLTJ*, 47.

104 **존 웨일스는 막대한 부채만 남기고 세상을 떠났다** *MB*, I, 329.

104 **엘리자베스 헤밍스** Gordon-Reed, *Hemingses of Monticello*, 92.

104 **헤밍스 가족** 예를 들어, 다음을 참조하라. ibid.; Lucia Stanton, *Free Some Day: The African-American Families of Monticello* (Charlottesville, Va., 2000); 그리고 TJF, http://www.monticello.org/site/plantation-and-slavery/hemings-family (2012년 열람)

6장 전기충격을 받은 듯이

107 **미국인들은 우리가 그들을 억압하려 한다는 사실을 깨달았거나** Speech on

Townshend Duties, 19 April 1769, *The Writings and Speeches of Edmund Burke*, II, ed. Paul Langford (Oxford, 1980), 231. 추가 참조. Virginia History, Government, and Geography Service, *Road to Independence: Virginia 1763~1783* (Memphis, Tenn., 2010), 33.

109　**상황이 심각한 위기로 급속히 치닫고 있어**　*PTJ*, I, 111.

109　**월요일 이른 오후**　Ibid., 104. 윌리엄스버그에서 존 블레어는 제퍼슨에게 이렇게 썼다. '[윌리엄스버그에서] 지진이 아주 미미하게 발생했는데, 너무 약해 많은 이들이 감지하지 못했습니다. 그러나 길머 박사께서 말씀하시기를, 당신이 있는 곳에서는 꽤 강한 충격이 있었다고 하셨습니다.' (Ibid.)

109　**정신적 장애가 있다고 알려진, 토머스 제퍼슨의 여동생**　Brodie, *Thomas Jefferson*, 48, 71.

109　**봄날 분 눈 폭풍**　*GB*, 55.

109　**'거의 모든 식물'이 얼어 죽었다**　Ibid.

109　**이번 서리는**　Ibid.

110　**둘째 딸을 출산했다**　*MB*, I, 372.

110　**임신 상태였다**　이 시기 여성들에게 출산이 미치는 영향에 대해서는 다음을 참조하라. Catherine M. Scholten, 'On the Importance of the Obstetrick Art': Changing Customs of Childbirth in America, 1760 to 1825, *William and Mary Quarterly*, 3d ser., 34, no. 3 (July 1977): 426-45, 그리고 *Childbearing in American Society: 1650~1850* (New York, 1985), 42-49; Mary Beth Norton, *Liberty's Daughters: The Revolutionary Experience of American Women, 1750~1800* (Ithaca, N.Y., 1996), 71-84; Judith Walzer Leavitt, *Brought to Bed: Childbearing in America, 1750 to 1950* (New York, 1986), 36-63; Marie Jenkins Schwartz, *Birthing a Slave: Motherhood and Medicine in the Antebellum South* (Cambridge, Mass., 2006), 143-86.

110　**유리관 구매**　Scharff, *Women Jefferson Loved*, 93. 추가 참조. *MB*, I, 373.

110　**타운센드법**　Morgan, *Birth of the Republic*, 34-35.

110　**보스턴 차 사건**　Middlekauff, *Glorious Cause*, 231-37.

110　**수입 거부 조약**　*PTJ*, I, 27-31, 이는 한 예이다.

111　**미국인들의 체포 가능성**　Middlekauff, *Glorious Cause*, 219-20. 1772년 뉴잉글랜드의 급진주의자늘이 관세 업무를 수행하던 영국 함선 가스피호를 불태웠는데, 배가 내러건셋만에서 좌초된 뒤의 일이었다. 사건에서 아무도 체포되지 않자, 영국 정부는 특별 조사를 발표하고, 문제에 연루된 사람은 누구나 영국에서 재판받아야 한다고 공포했다. 이 포고령은 식민지 국민들에게 분노와 공포를 불러일으켰다. 이는 중대한 제국주의적

위협이었다. (Ibid.)

111 **응답 위원회** Ibid., 221.

111 **예복 중** Imogene E. Brown, *American Aristides*, 86.

111 **노예 판매가 더디게 진행되어** *PTJ*, I, 96.

111 **반역은 완전히 다른 문제였다** Isaac Samuel Harrell, *Loyalism in Virginia: Chapters in the Economic History of the Revolution* (Durham, N.C., 1926), I. 명확하게 단정할 수 있는 문제는 아니었다. 해럴은 다음과 같이 썼다. '지난 10년간의 사건들에도 불구하고, 1773년 버지니아에서는 영국 왕실에 대한 충성주의가 논리적이고 자연스러운 사고방식이었다. 충성주의는 오랫동안 확립된 사회적, 종교적, 정치적 질서의 유지를 요구했다. 종교, 사회적 관습, 개인 간 접촉에서, 북아메리카의 모든 식민지 가운데, 버지니아가 가장 모국과 밀접하게 닮아 있었다.' (Ibid.) 버지니아의 우세한 지위라는 측면에서, 해럴은 소집이 연기된 1773년 3월 회기가 왕정 통치의 '종말의 시작'이라고 생각했다. (Ibid., 30-31.)

Middlekauff, *Glorious Cause*, 30-52, 혁명의 기원에 관한 흥미로운 설명을 제공한다. '미국인들이 혁명에 참여하게 된 이유는 그들이 어떤 부류의 사람들인지와 깊은 관련이 있었다.' (Ibid., 31.) 미들코프는 개인의 중심성을 강조하는 프로테스탄트 정신과 휘그사관이 결합함으로써 혁명적 분위기가 조성되었다고 주장했다. (Ibid., 30-52.)

제퍼슨에게 있어, 그 대상이 왕정이든 의회든 일관된 주제는 권력의 찬탈이었다. 왕당파조차 영국 정부에 일부 책임이 있음을 인정했지만, 그들의 논점은 노력을 통해 헌법이 균형을 회복할 수 있다는 것이었다. 예를 들어, 1774년 6월과 7월, 윌리엄 린드의 《버지니아 관보》에서 조지 메이슨의 동생인 톰슨 메이슨은 영국 헌법을 '이제까지 존재했거나, 혹은 앞으로 존재할 가장 현명한 입법 체계'라고 주장했다. 메이슨에 따르면, '군주제, 귀족제, 민주주의는 각각 뚜렷한 권한을 가지고 서로 견제하고 조정하며 발전시켰다. 군주의 권위가 민주주의의 성급함을 완화시켰고, 귀족제의 온건함은 군주의 열렬한 명예 추구를 통제했다. 민주주의의 미덕은 하나를 억제하고 다른 하나를 촉진하면서 모두에 활력을 불어넣는다.' (Virginia History, Government, and Geography Service, *Road to Independence*, 37.) 메이슨에 따르면, 문제는 귀족제가 의회를 통해 권력을 찬탈함으로써 시스템의 균형을 무너뜨렸다는 사실에 있었다.

1926년의 시점으로 돌아가면, 찰스 M. 앤드루스 역시 핵심 동기는 식민지 의회와 영국 의회 간 경쟁에서 비롯되었다고 주장했다:

일차적으로 미국 혁명은 정치적 헌법적 운동이었으며 재정적, 상업적, 또는 사회적 성격은 부차적인 것이었다. 근본 문제는 식민지의 정치적 독립이었고, 최종적으로 갈등은 영국 의회와 식민지 의회 간에 나타났다. 각각의 의회는 자신들이 대표하는 유권자들보다 오히려 더 민감하며, 자의식과 자만심이 강했던 것 같다. 오랜 세월 이들 의회는 왕실 특권에 맞서 성공적으로 투쟁해왔으며, 앞으로도 계속 그렇게 했을 것이고, 마침내 후대 자치령들이 그러했듯 특권을 최소한으로 축소했을 것이다. 그러나 결국 그들이 권한을 놓고 다투는 기관은 의회였으며, 그 의회가 가장 큰 적대자였다. (Andrews, *American Revolution*, 230.)

1790년의 관점에서 미국 혁명을 회고하면서, 뉴욕 태생으로 캐나다 대법원장인 윌리엄 스미스 주니어는 도체스터 경에게 다음과 같이 썼다:

진실은 이미 이 나라가 정부의 규모를 넘어 성장했지만, 불화가 시작되기 반세기 전부터 진정한 해결책을 원했다는 사실입니다. 사실상 의회의 3가지 필수 요소 중 하나만으로 구성된 20개 가까운 소규모 의회에서 지혜와 절제를 바라는 것은, 경험이 가져다준 깨달음에 비추어 볼 때 터무니없는 기대였음이 분명해졌습니다…. 미약한 초창기에는 조용했던 미국 의회는 번영의 길에 들어서면서 자신들이 실체이고, 총독과 평의회는 정치 구조에서 그림자에 불과하다는 사실을 깨닫지 않을 수 없었다. 이로써 아메리카 전체가 식민지 건설 초기부터 이미 민주주의에 내맡겨져 있었습니다. 우리 선조들의 행정부는 대륙 자체에 기반을 둔 권력을 세워 모든 소규모 공화국을 통제하고, 제국의 입법 과정에서 자신들의 안전과 공동복지를 도모할 입법부 동반자를 창출하는 방식으로 해결책을 찾았어야 했습니다. (Sir Charles Prestwood Lucas, *A History of Canada, 1763~1812* [Oxford, 1909], 256.)

화해를 위한 제안을 고려했지만, 실질적으로 실행 가능한 것은 없어 보였다. 가장 유명한 것은 조지프 갤러웨이의 제안이었다. (Middlekauff, *Glorious Cause*, 257-58.) 그리고 존 랜돌프의 제안이 있는데 다음에 기술되어 재출간되었다. Mary Beth Norton, John Randolph's 'Plan of Accommodations', *William and Mary Quarterly*, 3d ser., 28, no. 1 (January 1971): 103-20.

111 **사촌 존 랜돌프** Samuel Willard Crompton, Randolph, John, February 2000, American National Biography Online, http://www.anb.org/articles/01/0100767.html (2011년 열람) 메리 베스 노턴에 따르면, 런던에서 존 랜돌프는 가장 적극적이고 존경받는 망명자 중 한 사람이었으며, 아메리카 망명자들이 결성한 세 조직에서 각각 주요한 역할을 맡고 있었다. 1779년 그는 105명의 왕당파가 서명한 미국 독립전쟁 관련 청원서를 조지 3세에게 제출할 대표자로 선정되었다. 몇 달 뒤에는 그는 프랑스가 영국을 침공할 경우 왕을 위해 복무하겠다고 자원한 왕당파 단체를 이끌었다. 그리고 1783년에 그는 영국 정부에 제출할 재산권 청구 주장을 검토하기 위해 버지니아 망

명자들이 설립한 위원회의 의장으로 선출되었다. (Norton, John Randolph's 'Plan of Accommodations', 104.) 왕당파와 혁명에 관한 추가 설명은 다음을 참조하라. Wilbur H. Siebert, The Dispersion of the American Tories in Wright, *Causes and Consequences of the American Revolution*, 249-58; Harrell, *Loyalism in Virginia*; Richard Archer, *As If an Enemy's Country: The British Occupation of Boston and the Origins of Revolution* (New York, 2010); Thomas B. Allen, *Tories: Fighting for the King in America's First Civil War* (New York, 2010); 그리고 Paul H. Smith, The American Loyalists: Notes on Their Organization and Numerical Strength, *William and Mary Quarterly*, 3d ser., 25, no. 2 (April 1968): 259-77.

111　**당시 미국 식민지 백인의 약 20퍼센트가**　Gordon S. Wood, *American Revolution*, 113. 미국 독립혁명 당시 미국 내 왕당파 수에 대한 일반적인 추정치는 전체의 3분의 1이지만, 민병대 모집 기록을 근거로 한 최신 연구에 따르면 약 5분의 1로 추산된다. 전쟁 기간 중 6만에서 8만 명의 왕당파가 아메리카를 떠났다. (Ibid.) 이 주제에 관해서는 우드로부터 많은 도움을 받았다.

111　**Non solum nobis**　MB, I, 37.

111　**상류층에게 혁명은**　Michael A. McDonnell, *The Politics of War: Race, Class, and Conflict in Revolutionary Virginia* (Chapel Hill, N.C., 2007), 1-15. 전쟁 전후 버지니아 주민들의 계급 간 긴장 관계에 대해 맥도널은 이렇게 묘사한다. '애국 지도자들이 전쟁을 준비하고, 전쟁에 참여할 것으로 기대했던 사람들의 요구에 대응하는 방식은, 점점 더 도전적이고 위협적인 사회정치적 문화 속에서 자신들의 특권적 지위를 유지하기 위해 전통적 위계질서, 복종, 그리고 공공 미덕에 집착하는 보수적이고 불안정하며 때로는 두려움에 사로잡힌 집단의 모습을 띠었다.' (Ibid., 6.)

111　**버지니아의 공공 재정**　Harrell, *Loyalism in Virginia*, 22-25.

112　**농장주들이 영국의 채권자들에게 진 빚은**　Ibid., 26-29.

112　**이러한 빚은 이제**　Ibid., 26.

112　**버지니아 주민들은**　Ibid.

112　**거의 절반에 해당하는**　Ibid.

112　**1774년 5월**　Ibid., 26-27. 해럴은 조치가 실패한 이유를 이렇게 말했다. 보수주의자들이 아직 이 급진주의자들의 리더십을 받아들일 준비가 되어 있지 않았기 때문이다. 1771년 10월, 총을 든 민주주의 원칙이 최고조에 달했을 때, 일부 조항으로 재산 압류를 규정한 법률이 제정되었다. (Ibid., 27.)

112　**1773년, 존 웨일스가 사망**　Sloan, *Principle and Interest*, 14.

112　**3만 파운드 상당의 재산**　Ibid.

112 **큰 채권자인 영국 브리스틀의 패럴 앤 존스** Ibid. 웨일스를 상대로 한 6천 파운드 규모의 노예 운송비 청구 건도 분쟁 중이었다. (Ibid., 14.)

112 **제퍼슨이 분담한 몫** Ibid., 15.

112 **분할하자고 결정했다** Ibid., 16.

112 **단순한 경제적 이유뿐 아니라** 혁명 과정에서 제기된 경제 문제들은 당연히 길고 격렬한 논쟁의 주제가 되었다. '진보적 해석'(혹은 역사학자 찰스 비어드의 이름을 딴 '비어디안 해석')은 1966년 에스먼드 라이트가 지적했듯이, 루이스 M. 해커의 다음 인용문으로 요약할 수 있다. '투쟁은 거창한 정치적 헌법적 개념이나, 세금부과 권한을 둘러싼 것도, 궁극적으로 자연권을 둘러싼 문제도 아니었다. 오히려 식민지 제조업, 미개척지, 모피, 설탕, 포도주, 차, 제국-식민지의 통화체제 내의 영국 상업자본주의와 관련된 것이며, 이 모든 것은 단순히 말하면 중상주의 체제의 생존 혹은 붕괴를 의미했다.' (Wright, *Causes and Consequences of the American Revolution*, 114-15.) 아서 M. 슐레진저 시니어는 좀 더 섬세한 관점을 제시하면서, '해석의 강조점은 영국에서든 미국에서든, 경제적 이해관계의 충돌과 서로에 대한 편견, 상반되는 사상, 개인적 적대감의 상호작용에 두어야 하며, 이는 1760년에는 상상할 수 없었지만 1776년에는 불가피해진 일이었다.'라고 주장했다. (Ibid., 103.) 해커와 슐레진저의 주장에 대한 발췌본은 다음을 참조하라. ibid., 103-42.

경제적 요인이 제퍼슨과 많은 다른 사람들에게 분명히, 심지어 자명하게, 중요한 역할을 했다는 것이 나의 생각이다. 이를 부인하는 것은 어리석은 일일 것이다. 권력과 권리에 관한 논의는 분명히 재산과 부의 문제와 관련이 있기 때문이다. 하지만 미국 혁명을 오로지 부자들이 자신들의 부를 보존하기 위한 것이었다고는 생각하지 않는다. 해럴(나는 버지니아와 관련하여 이 주제에 관한 그의 연구에 도움을 받았다)은 경제적 요인을 지적하는 것이 '미국 혁명과 관련된 정치 이론을 과소평가하거나, 워싱턴의 헌신, 헨리의 애국심, 혹은 제퍼슨의 정치적 통찰력에 의문을 제기하는 것은 아님을 지적하며 이를 잘 표현했다.' 그러나 지도층 시민들에게 호소했던 헌법 원칙을 검토하는 것만으로는, 북아메리카에서 가장 영국적인 식민지였던 버지니아가 혁명 원칙의 확고한 지지자로 바뀌게 된 중대한 변화를 온전히 설명할 수 없다. 서부 지역의 토지들은, 버지니아가 헌장에 따라 소유권을 주장했고, 일부는 버지니아인들이 버지니아 자금으로 프랑스로부터 획득했으며, 1775년 버지니아가 간절히 필요로 했음에도 불구하고, 무책임한 정부에 의해 작취당하고 있었다. 즉, 궁정의 총애를 받는 사람들과 정치인, 투기꾼들에 의해 교환되거나 담보로 제공되었다. 영국 무역의 이익을 충족하기 위해 통화가 급격히 위축되고 버지니아 상업 활동이 파멸적 흐름을 보이면서, 식민지와 모국의 다양한 경제적 이해관계가 부각되었다. 대농장주들은 영국 상인들에게 구제 불능의 빚을 지고 있었다. 식민지의 당시 정치 이론과 농장주들의 경제적 이해관계는 서로 일치하고 있었던 것이다. (Harrell, *Loyalism in Virginia*, 28-29.)

다음 연구도 흥미롭다. Jack P. Greene, William Knox's Explanation for the American Revolution, *William and Mary Quarterly*, 3d ser., 30, no. 2 (April 1973): 293-306.

113 **1729년 이전까지 버지니아의 왕실 총독** Harrell, *Loyalism in Virginia*, 4. 이 같은 통계 자료는 해럴의 연구를 참조했다.

113 **총독들이 개입한 건수는** Ibid.

113 **1764년부터 1773년 사이** Ibid.

113 **보스턴 항만법이 발표되었음을 알렸다** *PTJ*, I, 106.

113 **단호하고** Ibid.

113 **도서관인 주의회 의사당의 대회의실에 모였다** Ibid.

113 **우리는 최근** Ibid. '1755년 고난의 시기 이후 그처럼 엄숙한 행사는 한 번도 없었고, 그 이후 새로운 세대가 성장했다.'라고 하면서 제퍼슨은 프렌치-인디언 전쟁 동안 어려웠던 시기를 언급했다.

114 **뒤졌다** Ibid.

114 **결의안을 하나 짜냈다** Ibid.

114 **'시민전쟁의 악마들'로부터** Ibid. 선언문은 24일 화요일에 통과되었다. 26일 목요일, 던모어 경은 의회를 소집해 문서가 작성된 평의회실로 불러 모았다. 총독은 직설적으로 말했다. "내가 손에 든 이 문서는 하원의 명령으로 공표된 것으로, 대영제국 폐하와 의회를 심하게 비난하는 내용이 담겨 있습니다. 이 때문에 저는 여러분을 해산할 수밖에 없으며, 따라서 하원은 해산되었습니다." (Ibid.) 버지니아 하원 의원들은 롤리 선술집으로 향하였고, 1774년 5월 27일, 그곳에서 '아메리카의 공동 이익을 위해 필요한 일반적 조치를 검토하기 위한 총회' 소집을 요청했다. (Ibid., 108.)

그러고 나서 29일 일요일, 보스턴에서 청원이 하나 들어왔다. 매사추세츠는 모든 식민지들이 비수입·비수출 협정을 통해 영국에 대한 경제적 보이콧에 동참해주기를 희망했다. (Ibid., 110.) 월요일 오전 10시, 페이턴 랜돌프는 남아 있던 버지니아 하원 의원들을 롤리 선술집으로 소집했다. (결의안과 《버지니아 관보》의 보도에 따르면 당시 25명이 그곳에 남아 있었다), 그곳에서 의원들은 온건 노선을 채택했다. 랜돌프의 주도 아래 버지니아인들은 '전직 버지니아 하원' 회의를 8월 1일 개최하기로 결정했다. 월요일 총회에서는 충분한 수의 의원들이 윌리엄스버그에 돌아오면 '수입 반대 연합'이 설립될 것이며, '아마도 특정 시점 이후에는 수출 반대 연합도 설립될 것'이라고 전했다. (Ibid.) 많은 하원 의원들이 도시를 떠나면서 남아 있는 의원들은 권력 찬탈로 비칠 위험을 감수할 수 없었고, 전면전을 고려할 준비도 되어 있지 않았다. 1774년 5월 말, 페이턴 랜돌프, 토머스 제퍼슨, 조지 워싱턴과 그 밖의 사람들은 꼭 필요한 상황이 될 때까지 스스로 결정을 유보하고 있었다. 수출품, 실제로는 담배가 관건이었다. 교역 중단은 버지니아에 엄청난 경제적, 정치적 고통을 초래할 것이었다. 윌리엄스버그를 떠나기 전, 제퍼슨은 8월 1일 회의 소집 요청에 자신의 이름을 추가하며 이렇게 말했다. "우리는 모든 신사들의 개인 사정에 맞추어 회의 일정을 조정하고, 그사이 각자의 카운티에서 의견을 수렴할 기회를 갖도록, 이처럼 일정을 늦춰 잡았다." (Ibid., 111.)

115 **위험을 감지했다** Ibid., 111.

115 **몬티셀로의 체리들은 탐스럽게 익어 있었다** GB, 55.

115 **유권자들에게 보내는 편지에서** PTJ, I, 116-17.

115 **찰스 클레이 목사** Ibid., 117.

115 **하드웨어강 인근, 성 안나 교구의 '새로운 교회'** Ibid., 116.

115 **가장 중심적인 곳** Ibid.

115 **보통 사람들의 얼굴에는** Jefferson, Writings, 9.

115 **알버말 카운티의 토지 소유 유권자** PTJ, I, 117-19.

116 **제퍼슨의** Ibid., 119.

116 **인류의 공민권** Ibid., 117.

116 **행사할 준비가 되어 있습니다** Ibid.

116 **즉각 중단할 것** Ibid., 117-18. 그는 알버말 결의안을 작성하는 한편, 다가오는 8월 1일 회의에 대비해 권리선언 초안도 작성했다. (Ibid., 119-20.)

116 **신선한 오이와 양상추** GB, 56.

116 **대표들에게 보낼 지시서** PTJ, I, 121-37. 추가 참조 Anthony M. Lewis, Jefferson's 'Summary View' as a Chart of Political Union, William and Mary Quarterly, 3d ser., 5, no. 1 (January 1948): 34-51. Kristofer Ray, Thomas Jefferson and 'A Summary View of the Rights of British North America,' in Cogliano, ed., A Companion to Thomas Jefferson, 32-43, 매우 의미 있는 연구이다.

116 **이 문서에는** PTJ, I, 121-37.

116 **우리의 조상들은** Jefferson, Writings, 105-6.

117 **단락으로 글을 마무리했다** Ibid., 121.

117 **분리되기를 바라지 않고** Ibid., 121-22.

117 **심한 이질에 걸려** Ibid., 9.

117 **문서 두 부를** Ibid.

118 **클레멘티나 린드의 도움으로** Martha J. King, Rind, Clementina; http://www.anb.org/articles/01-01143.html; American National Biography Online Feb. 2000 (2012년 열람)

118   박수가 터져 나왔다 *PTJ*, I, 671.

118   손으로 돌리는 인쇄기 Colonial Williamsburg Foundation,
http://www.history.org/almanack/life/trades/tradepri.cfm (2012년 열람)

118   동의를 받지는 않았지만 *PTJ*, I, 672.

118   가장 본질적인 의무는 Ibid.

118   조지 워싱턴은 3s 9d Ibid.

118   윌리엄 프레스턴에게 빌려주면서 Ibid.

118   동봉된 글을 꼭 읽어 Ibid.

118   너무 급진적인 메시지였다 Randall, *Jefferson*, I, 90. 추가 참조. Hayes, *Road to Monticello*, 159. 한 사람은 분명 시큰둥한 반응을 보였는데, 바로 패트릭 헨리였다. 제 퍼슨은 이렇게 썼다. '헨리 씨가 그 근거를 받아들이지 않았는지, 아니면 그것을 읽기 엔 너무 게을렀는지(그는 내가 아는, 독서에 가장 게으른 사람이었다) 알 수 없지만, 그는 누구에게도 그것을 전달하지 않았다.' (Jefferson, *Writings*, 9.) 정치적 측면에서, 버지 니아에 있어《요약적 보고서Summary View》의 즉각적이고 실질적인 효용은 사실 그것이 채택되지 않았다는 점에 있었다. 대신 이 문서는 일종의 경고 역할을 했다. 제퍼슨은 소책자에 실린 편집자 서문에서 이렇게 썼다. '우리의 최근 회의에서는, 비록 모든 이가 그 정당성을 인정했다 해도, 이 책자에서 제기한 수많은 권리들을 오직 온건한 방식으 로 다루어왔음을 세상에 입증할 것이다 다시 말하면, '폐하, 신중하시옵소서. 상황이 더 악화될 수도 있습니다.'라는 의미였다. (*PTJ*, I, 672.)

그럼에도 불구하고, 개인적으로 제퍼슨은 자신의 초안이 윌리엄스버그에서 거의 영향 을 미치지 못했던 것에 대해 분노했다. 그는 성공회 기도서의 '일반적인 죄의 고백' 구 절을 인용하여 이렇게 말했다. "우리는 마땅히 하지 말았어야 할 일들을 해왔으며, 마 땅히 해야 할 일들을 하지 않았다." 통과된 최종 '지침서'에 대해 제퍼슨은 가차 없이 수입·수출 문제와 관련된 네 가지 기술적 '결함'을 나열했다. 더 나아가, 그는 문장의 수 사적 실패와 자신의 치명적으로 보이는 정치적 결함에 실망했다. '아메리카의 불만 사 항들이 제대로 정의되지 않았다'고 그는 썼다. 불만이 정의되지 않는다면 문서는 효력 을 상실한다고 그는 생각했다. 필라델피아에서 곧 열릴 대륙회의를 앞두고, 제퍼슨은 이렇게 썼다. 우리는 오직 우리 대표단이 동의한 결의안만을 따르도록 되어 있다. 이는 여러 식민지 사이의 행동 일치를 이루려던 회의소집 본래의 목적을 완전히 파괴하는 것이다. (Ibid., 143.)

119   런던에서는 그가 국사법에 이름이 올랐다는 Jefferson, *Writings*, 10. 추가 참조. *JHT*, I, 189-90.

120   죽음은 가장 두려운 것이나 *Jefferson's Literary Commonplace Book*, 87. 추가 참조.

Garrett Ward Sheldon, *The Political Philosophy of Thomas Jefferson* (Baltimore, Md., 1993), 1921.

120 매우 잘 쓰인 공문서 Randall, *Jefferson*, I, 188.

7장 평화는 없다

121 무력으로 결판날 것이다 John Ferling, *Almost a Miracle: The American Victory in the War of Independence* (New York, 2009), 28.

121 복숭아나무가 꽃을 피우고 있었다 GB, 66. 1775년 3월 10일, 제퍼슨은 꽃이 핀 것을 기록했다. (Ibid.)

121 리치먼드로 떠날 준비를 하고 있었다 MB, I, 392.

121 목조 성공회 교회인 Virginia Writers' Project, *Virginia: A Guide to the Old Dominion* (Richmond, Va., 1992), Virginia State Library and Archives. 추가 참조. Lewis W. Burton, *Annals of Henrico Parish* (Richmond, Va., 1904), 18-19.

121 세인트 존 교회 JHT, I, 194. 추가 참조 Mayer, *Son of Thunder*, 241. 헨리 메이어는 교회가 '뾰족한 지붕과 뭉툭한 종탑이 있는 소박한 목조 건물'이라고 썼다. (Ibid.)

121 리치먼드에서 가장 큰 건물이었지만 Robert Douthat Meade, *Patrick Henry: Practical Revolutionary* (Philadelphia, 1969), 17-18.

121 재단을 가르는 성찬대 난간 뒤에 앉았고 Burton, *Annals of Henrico Parish*, 22.

122 강경하고 완고한 성격의 스코틀랜드 출신으로 Benjamin Quarles, Lord Dunmore as Liberator, *William and Mary Quarterly*, 3d ser., 15, no. 4 (October 1958): 494-507.

122 못하도록 했다 John E. Selby, *The Revolution in Virginia, 1775~1783*(Williamsburg, Va., 1988), 1-2.

122 양측 모두 물러설 기색은 전혀 없었다 JHT, I, 194. 버지니아 전역에서 민병대가 조직되었다. (Ibid.)

122 봄기운이 완연해 교회의 모든 창문이 활짝 열린 날 Meade, *Patrick Henry*, 23.

122 강력히 촉구했다 Mayer, *Son of Thunder*, 243-47.

122 교회 동쪽 통로의 Ibid. 전승에 따르면, '헨리는 현재의 동쪽 측랑과 중앙 홀이 만나는 모서리 근처에 서 있었다. 좀 더 정확히는 흔히 알려진 대로 중앙홀 동쪽 통로 47번 좌석이자 측랑 통로에서 세 번째 좌석 근처에 있었다. 그는 측랑의 동쪽 벽을 마주 보고 섰는데, 당시 그곳에는 2개의 창문이 있었다.' (Ibid.)

122 47번째 줄 앞에 서서 Burton, *Annals of Henrico Parish*, 23-24.

122 신사라면 Mayer, *Son of Thunder*, 245.

122 헨리의 웅변은 특이했습니다 *The Writings and Speeches of Daniel Webster*, XVII, ed. Fletcher Webster (Boston, 1903), 367.

122 제퍼슨이 포함된 위원회에 맡겨졌다 *JHT*, I, 195.

123 다음과 같은 결의문을 채택했다 *PTJ*, I, 161. 리치먼드에서 제퍼슨은 또한 던모어 경이 3월 21일 발표한 토지 관련 포고령을 조사할 위원회 설립을 승인하는 결의안을 작성하였으며, 윌리엄스버그에 있는 조지 위스에게 자문을 구하는 편지를 썼다. (Ibid., 115-16, 162-63.)

123 균열의 조짐도 감지되었다 Ibid., 159.

123 영허즈번드 부인의 선술집에서 술을 마시고 *MB*, I, 392.

123 경쟁 업소인 건의 식당에서 저녁 식사를 하고 Ibid.

123 오길비 부인에게 자신의 서재에 소장할 책 장식용 모슬린 천도 구입했다 Ibid.

123 대의원으로 선출되었다 Ibid. 예상대로 페이턴 랜돌프가 버지니아 헌법 개정을 위해 리치먼드에 있어야 한다면, 그가 그 역할을 수행할 예정이었다. (Ibid.)

123 위해 소집되었다 America During the Age of Revolution, 1764~1775, LOC, http://memory.loc.gov/ammem/collections/continen-tal/timelineie.html (2012년 열람) 추가 참조 Jack N. Rakove, *The Beginnings of National Politics: An Interpretive History of the Continental Congress* (New York, 1979).

123 영국군이 식민지 민병대에 대비해 화약고와 대포를 장악했고 Middlekauff, *Glorious Cause*, 270. 가을과 겨울 동안 [게이지는] 일련의 놀라운 사건들을 겪었고, 이로 인해 미국인들을 굴복시킬 수 있는 것은 오직 무력뿐이라고 확신하게 되었다고 미들코프가 썼다. (Ibid.)

124 게이지 장군에게 명확한 지침이 내려졌다 Ibid., 272.

124 버지니아는 명백한 위험에 처하게 될 것 *PTJ*, I, 160.

124 렉싱턴과 콩코드에서 Middlekauff, *Glorious Cause*, 273-81. 추가 참조. George F. Scheer and Hugh F. Rankin, *Rebels and Redcoats* (New York, 1957), 17-40.

124 약 26킬로미터에 걸쳐 움직이며 Middlekauff, *Glorious Cause*, 279.

124 영국군 273명과 식민지군 95명의 사상자 Ibid.

124 전투의 정확한 전개 순서는 불분명했지만 Ibid., 276.

124 화해를 바라는 마지막 희망이 사라졌다 Ibid., 281. 추가 참조. *PTJ*, I, 165.

124 복수의 광기가 Middlekauff, *Glorious Cause*, 279.

124 시민전쟁의 불길이 Scheer and Rankin, *Rebels and Redcoats*, 45.

124 노예들의 폭력에 대응하고 McDonnell, *Politics of War*, 47-53. 추가 참조. Quarles,

Lord Dunmore as Liberator.

125 **화약 보급품을**   McDonnell, *Politics of War*, 49–50.

125 **백인들이 노예들의 폭동을 우려해 불안에 떨고 있었다**   Ibid., 47.

125 **노섬벌랜드 카운티에서는**   Ibid., 49.

125 **1775년 4월 20일 목요일에서**   Ibid., 52–54.

125 **영국 해병대는 윌리엄스버그의 공공 화약고에서 절반 정도 찬 화약통(약 79리터) 15개를**   Ibid.

125 **분노한 식민지 주민들은**   Ibid. 페이턴 랜돌프와 다른 사람들은 버지니아 주민들을 설득하여 대표단이 던모어에게 직접 해명을 요구하도록 허용함으로써, 폭력 사태가 발생하기 전 잠시 시간을 벌었다. (Ibid.)

125 **관저에서 던모어는 자신은 단지**   Ibid.

125 **심각한 모욕 중 하나**   Ibid.

125 **그 총구 아래에서**   Ibid.

125 **던모어는 그 민병대 지휘관 두 명을 체포했다**   Ibid.

125 **살아계신 하느님을 걸고**   Ibid., 55. 던모어는 또한 대다수 백인과 모든 노예를 정부 편에 서게 하겠다고 했다. (Ibid.)

125 **신속한 반응은 예측할 수 있는 부분이었다**   Ibid., 56. 맥도널에 따르면, 던모어는 다소 만족스럽게 다음과 같이 말했다. "내가 공격당한다면, 나를 도울 노예들에게 무기를 주어 해방시키겠다는 나의 선언이 그들에게 쉽게 가라앉지 않을 공포를 불러일으켰다." (Ibid.)

125 **지옥조차**   Quarles, Lord Dunmore as Liberator, 495. 조지 워싱턴은 던모어에 대해 리처드 헨리 리에게 이렇게 썼다. '만약 봄이 오기 전에 저 사람이 제압되지 않는다면, 그는 미국 역사상 가장 강력한 적이 될 것이며, 그의 힘은 눈덩이처럼 굴러가며 커질 것이다. 또한 노예와 하인들에게 그의 계획이 얼마나 무력한지 설득할 방안을 찾아내지 못한다면, 그 영향력은 더욱 빠르게 확산될 것이다.' (Ibid.)
단지 그 같은 계획이 얼마나 무력한가 하는 것이 주요 쟁점이었다. 제퍼슨은 자신의 일족을 어떻게 대피시킬지 고민할 정도로 걱정하고 있었다. 1775년 12월 2일, 존 행콕은 워싱턴에게 '[던모어의] 폭력을 효과적으로 진압하고 식민지에 평화와 안전을 확보해줄 것을' 요구했다. 12월 4일, 의회 전체가 버지니아 총독에게 '최대한' 저항하라고 촉구했다. (Ibid.)

126 **하지만 맙소사**   PTJ, I, 167. 그는 편지 초안에 있는 그 문장에 줄을 그었다. (Ibid.)

126 **이번 주 내로**   Ibid., 165.

126 **이제 사라진 듯했다**   Ibid.

126 **민병대는 다음과 같은 성명을 발표했다** McDonnell, *Politics of War*, 61-62.

126 **특정한 형태로 드러난 존재였다** 스몰에게 보낸 최종본에서는 삭제했지만 처음 편지 구절에서 제퍼슨은 이렇게 말했다:

국왕으로부터 정부 운영을 위임받은 사람들이 그들의 고용주를 끊임없는 착각 속에 두었다는 것은 통탄스러운 일입니다. 이제 의회에 제출된 서한을 통해, 그들은 처음부터 이 모든 소요 사태가 각 식민지의 몇몇 핵심적인 혈기왕성한 선동가들에 의해 조장되고 유지되었으며, 저절로 가라앉거나 혹은 강제력으로 곧 진압될 것이라고 정부 관료들이 믿게 했다는 사실이 드러났습니다. 진실은 이와는 정반대입니다. 더욱 현명한 사람들의 헌신적인 노력이 필요했으며, 거의 통제할 수 없는 민중의 분노를 완화시키기 위해 전력을 다했습니다. 유능한 사람들은 오직 이성의 영역에서 자신들의 권리를 옹호하고자 전진했으며, 바로 그곳에서 그들은 싸움의 승패를 결정하고자 했습니다. (*PTJ*, I, 166-67.)

제퍼슨은 자신과 같은 '주요 인물'들이 궁극적으로 버지니아인들을 통제할 수 있다고 생각했다. 그러나 중앙 지휘부가 없었고, 각 카운티는 윌리엄스버그로 군대를 파견하거나, 혹은 파견하겠다고 위협했다. 던모어는 위험에 대비하여 아내와 아이들을 영국 함선 포이호에 피신시켰다. (McDonnell, *Politics of War*, 61-62, 73-74.) 제퍼슨은 영국의 고압적인 태도와 강경한 정책에 국왕도 책임이 있다고 생각했다. 제퍼슨은 스몰에게 이렇게 썼다. '양측 모두가 인정하는 유일한 중재 권력인 조지 3세가 분열된 국민을 화해로 이끌기보다는, 그의 모든 연설과 공식 선언에서 끊임없이 확인할 수 있듯이, 여전히 불길을 계속 부채질하는 선동적 목적을 추구하는 것은 개탄스러운 일입니다. 이는 아마도 협박을 통해 순응하게 만들려는 의도였겠지만, 불행히도 그 효과는 정반대였습니다.' (*PTJ*, I, 165.)

127 **약간의 이해** *PTJ*, I, 165-66.

127 **활발한 회기** McDonnell, *Politics of War*, 71. 그들은 던모어의 초청, 더 정확히는 각 식민지 총독들이 지역 입법부를 소집하도록 지시한 노스 경 내각의 초청으로 그곳에 모였다. 당면한 안건은 노스 경의 화해 제안을 검토하는 것이었다. 영국 정부는 식민지 주민들이 각 식민지에서 제국 정부를 위한 공동 방위와 지원에 기여해줄 것을 요구했다. 그 대가로 영국은 이 같은 서비스를 제공하는 식민지 주민들에게는 최초 책정된 금액 이상의 세금은 부과하지 않을 계획이었다. (Ibid.)

127 **화해 제안을** Ibid.

127 **식민지인 세 명이** Ibid., 72-73.

127 **던모어 경은 상황이 매우 불안정하고** Ibid., 73. 던모어는 '자택이 계속 비상 상황에 놓였고, 매일 밤 습격 위협을 받았다'고 말했다. (Ibid.)

127 HMS 포위호로 피신   Quarles, *Lord Dunmore as Liberator*, 497.

127 침착한 어조로   *PTJ*, I, 170-74.

127 제퍼슨의 회고에 따르면   Jefferson, *Writings*, 10-11.

127 랜돌프는 당시 버지니아가 더 강경하고 혁명적인 노선을 취해야 한다고 믿고 있었다   Ibid., 11. 랜돌프는 방금 필라델피아에서 돌아왔는데, 그곳 대륙회의는 런던의 제안에 반대하는 분위기였다. 당시 버지니아로서는 이 제안에 반대하는 운동의 선봉에 서는 것이 유리했을 것이다. 제퍼슨에 따르면 랜돌프는 의회가 내놓을 답변이 자신이 최근 떠나온 단체의 정서와 바람에 조화되기를 간절히 바랐다고 했다. (Ibid.)

128 오래도록 의심하고 주저하며   Ibid.

128 식민지들의 단결은   *PTJ*, I, 173. 마지막으로 제퍼슨이 물었다. "그렇다면, 이제 무엇을 해야 하는가?" 버지니아는 이 문제를 필라델피아 대륙회의에 회부했고, '어떠한 잘못도 저지르지 않는 신의 공평한 정의를 바라면서, 아메리카가 희망을 맡긴 의회에 빛을 비추고 이들의 노력이 성공하기를 간절히 바란'다고 기도했다. (Ibid.)

8장 유명 인사 제퍼슨 씨

129 적들이 알아차렸으니   *PTJ*, I, 186.

129 현 위기는   Ibid., 224.

129 체스트넛 거리에 숙소를 잡았고   *MB*, I, 399.

129 군사 상황을 설명하는 편지를 썼고   *PTJ*, I, 246-47.

129 벤저민 프랭클린이 작성한   Ibid., 177-82.

129 《대륙 방위를 위한 재정 및 군사 예산》을 기록했다   Ibid., 182-84.

130 새로운 생각, 새로운 사람들, 새로운 힘   이 시기 필라델피아에 관한 설명은 다음을 참조하라. McCullough, *John Adams*, 78-85; 그리고 Paul H. Smith, ed., *Letters of Delegates to Congress, 1774~1789*, IV, *May 16-August 15, 1776* (Washington, D.C., 1976), 123-24; 194-95; 307-8; 311-12.

130 세상의 여러 지역에서 모여든 사람들이기에   United States National Park Service, *Independence: A Guide to Independence National Historical Park, Philadelphia, Pennsylvania* (Washington, D.C., 1982), 20.

130 가장 가난한 노동자조차   Ibid. 아메리카가 더 큰 세력과 연계되어 있다는 점도 분명했다. 뉴햄프셔 출신 의원인 조사이아 바틀릿은 이렇게 썼다. '프랑스 선박들이 이곳에 자주 온다. 어제 두 척이 이 도시에 들어왔는데, 주로 면화, 당밀, 설탕, 커피, 캔버

스 천 등을 싣고 있었다. 지난 토요일에는 한 아메리카 선박이 프랑스령 서인도 제도에서 화약 7,400파운드와 총 149정을 싣고 도착했다.' (Paul H. Smith, *Letters of Delegates to Congress*, IV, 124.)

130 **매사추세츠의 존 애덤스는** *PTJ*, I, 175. 제퍼슨은 워싱턴이 '북아메리카 모든 식민지 군대의 총사령관'으로 선출되었다고 알리며, '의회가 2만 명의 병력을 징집하도록 지시했고, 활발한 군사 작전을 통해 적들이 협상에 응하도록 만들기를 바란다'고 덧붙였다. (Ibid.) 추가 참조. Scheer and Rankin, *Redcoats and Rebels*, 68-73. 애덤스는 워싱턴이 지명되던 상황을 이렇게 말했다. 우연히 문 가까이 앉아 있던 워싱턴 씨는 내가 그를 언급하자마자, 평소의 겸손함 때문인지 재빨리 서재로 들어갔다. (Ibid., 70-71.)

130 **벙커힐 전투가** Scheer and Rankin, *Redcoats and Rebels*, 52-64.

131 **그 유명한 버지니아인 제퍼슨 씨는** Hayes, *Road to Monticello*, 167.

131 **제퍼슨은 지금까지 본 사람 중 가장 뛰어난** Kaminski, *Founders on the Founders*, 286.

131 **제퍼슨과 애덤스는** 예를 들어, 다음을 참조하라. McCullough, *John Adams*, 110-17; Ferling, *Adams vs. Jefferson*; 그리고 Lester J. Cappon, ed., *The Adams-Jefferson Letters: The Complete Correspondence Between Thomas Jefferson and Abigail and John Adams* (Chapel Hill, N.C., 1987), 두 남성의 관계, 제퍼슨과 아비가일 애덤스, 더 나아가 그들의 가족 전체에 대한 상세한 설명이 담겨 있다.

131 **매사추세츠 브레인트리에서 태어난** McCullough, *John Adams*, 30.

132 **당신과 제퍼슨은** Ibid., 604.

132 **강한 존경심** 그는 이미 항구 폐쇄법에 따른 포위 기간 동안 보스턴을 지원하는데 직접 기여했다. (MB, I, 396), 하지만 이제 그의 감탄은 새로운 차원으로 올라갔다. '제퍼슨은 그들의 모험심 넘치는 천재성과 대담함이 놀랍다'고 1775년 7월 초, 뉴잉글랜드 사람들에 대해 말했다. (*PTJ*, I, 185.)

132 **대륙회의는 캐나다 침공을 승인했다** Middlekauff, *Glorious Cause*, 309-14. 원인 선언에서는 다음과 같이 쓰여 있다. '캐나다 총독인 칼턴 장군이 그 지역 주민들과 인디언들을 선동하여 우리를 공격하려 한다는 확실한 정보를 입수했다. 또한 국내의 내부 적들을 선동하기 위해 계획을 꾸미고 있다고 우려할 충분한 이유가 있다.' (*PTJ*, I, 217.)

132 **몬트리올은 항복했지만, 퀘벡은 계속 저항했다** Paul S. Boyer and Melvyn Dubofsky, eds., *The Oxford Companion to United States History* (New York, 2001) 285.

132 **아무도 의심하지 않는다** *PTJ*, I, 186.

133 **존 디킨슨과** *MB*, I, 400. 추가 참조 *PTJ*, I, 187-219.

133 **《무장 저항의 원인과 필요성 선언서》** *PTJ*, I, 187-219. 청중은 대서양 양안의 사람들이었다. 제퍼슨은 아메리카는 침략자가 아니며, 아직 모든 것을 잃은 것은 아니라고 주

장했다. "우리는 그토록 오랫동안 함께 행복하게 살아왔으며, 다시 회복되기를 그토록 열망하는 [영국과의] 연합에 어떤 식으로든 해를 입힐 의도가 전혀 없다." (Pauline Maier, *American Scripture: Making the Declaration of Independence* [New York, 1997], 19-20.) 그들은 '제국의 어느 지역에서도 우리 친구들과 동료들, 동료 신민들을 불안하게 하고자' 하지 않았다. 그는 자신의 주장을 뒷받침하기 위하여 세 가지 선언적 주장을 제시했다. '우리는 그들을 공격하기 위한 목적으로 군대를 조직하지 않았다. 우리는 영광이나 정복을 얻기 위해 군대를 일으키지 않았다. 우리는 그들의 섬을 공격해 주민들을 죽이거나 노예로 삼지 않았다.' 아메리카인들은 오직 방어를 위해 무기를 들었으며, '내전의 재앙으로부터 우리를 구해줄 화해를 갈망한다'고 제퍼슨은 말했다. (*PTJ*, I, 203.)

133 페리를 타고 스쿨킬강 건너 우드랜드로   *MB*, I, 401.

133 폭포로 소풍을 떠나   Ibid., 403.

133 조지 3세에게 평화의 손길을 내밀었다   *PTJ*, I, 219-23.

133 공개회의에서 웅변을 잘한다고   Kaminski, *Founders on the Founders*, 287.

134 연설가가   Ibid.

134 거의 없습니다   Ibid.

134 이 갈등이 얼마나 오래 지속되고   *PTJ*, I, 223-24.

134 군사적 역량 부족   Ibid., 224.

135 로버트 벨의 서점에 들러   *MB*, I, 402.

135 버지니아로 돌아가기 위해 필라델피아를 떠났다   Ibid., 403-4.

135 하룻밤을 보내고   Ibid.

135 제발   Morgan, *Virginians at Home*, 50.

136 늘 콧노래를 흥얼거렸고   Bear, *Jefferson at Monticello*, 13.

136 에올리언 하프를   *MB*, I, 28.

136 제퍼슨 부인은 작고   Bear, *Jefferson at Monticello*, 5.

136 새끼 양의 도축을 직접 감독했고   Stein, *Worlds of Thomas Jefferson at Monticello*, 15-16.

136 가사 노예들까지 관리했음을   Ibid., 16.

136 최근에 지어진   Ibid., 14.

136 제퍼슨은 체스판과 체스 말들   제퍼슨은 책을 사고 옷을 사고 연극 관람권을 샀고 그러고 나서 극장에서 펀치 음료를 샀다. 그는 자신을 보기 좋게 꾸미고 여유롭게 즐기며 관심사에 몰두하는 데 돈을 썼다. *MB*, I, 28, 여기에 사례가 기록되어 있다. 그리고 the Memorandum Books and *PTJ*, 몬티셀로에 남아 있는 다양한 소장품들은 그의 삶이 획득과 소비로 이루어져 있음을 기록하고 있다.

136 **방대한 양의 잘 선별된 책들로** Stein, *Worlds of Thomas Jefferson at Monticello*, 14.

137 **제퍼슨의 건축 감각은** *MB*, I, 24.

137 **도장 색상을 고민했고** Ibid., 27.

137 **한 부를 주문** Ibid., 35.

137 **옷장을 하나 보내달라고** Ibid., 29.

137 **철학 학회에 가입** Ibid., 338-39. 추가 참조. Ibid., 525.

137 **책을 출간했을 때** Ibid., 341.

137 **원예에 대한 열정** TJF, http://www.monticello.org/site/houses-and-gardens/
jefferson-scientist-and-gardener (2012년 열람)

137 **친척인 존 랜돌프** *PTJ*, I, 240-43. 존 랜돌프의 바이올린에 대한 세부 설명은 다음을
참조하라. Hayes, *Road to Monticello*, 104, and *MB*, I, 77.

138 **아쉽게 생각** *PTJ*, I, 241. 제퍼슨은 이 문제를 개인적인 관점에서 접근했다. 그는 이렇
게 말했다. "기질과 성향에 따라 논쟁 자체를 즐기는 사람이 있을 수 있다. 하지만 나
에게 그것은 한 가지 상태를 제외하고는 가장 끔찍한 것이다. 나의 첫 번째 소망은 우
리의 정당한 권리를 회복하는 것이다. 두 번째 소망은 의무와 양립할 수 있는 범위에서
공적 무대에서 완전히 물러나, 가정의 편안함과 고요 속에서 남은 날들을 보내는 것이
다. 그리하여 세상에서 무슨 일이 일어나는지 귀 기울이려는 마음조차 내려놓고, 앞날
에 대한 모든 욕망을 몰아내는 것이다." (Ibid.) 은퇴하고자 하는 갈망은 18세기 공직자
들에게는 정형화된 표현이었다. 이들이 이상적으로 여긴 봉사 모델은 로마의 장군 킨
키나투스였는데, 그는 쟁기질을 하다 마지못해 권력에 소환되었다.

138 **'소수의 파벌'에 국한** Ibid.

138 **멋대로 생각하고 있어요** Ibid. 제퍼슨은 랜돌프에게 이렇게 말했다. "영국 의회에서
아메리카의 친구라 불리는 사람들조차 우리의 진정한 결심을 전혀 알지 못하는 것 같
습니다." 영국인들은 아메리카인들이 '자신들이 제시한 조건을 엄격히 고수하려는 의
도는 아닐 것'이라고 생각하는 것 같지만, '이러한 착오가 계속된다면 아마도 매우 좋
지 못한 결과를 맞게 될 것'이라고 제퍼슨은 말했다. '사실 1774년 대륙회의가 제시한
제안은 세계인들에게 자신들의 요구가 무리하지 않음을 납득시킬 수 있는 선에서, 받
아들여질 수 있는 가장 낮은 수준의 조건에 불과하다'고 제퍼슨은 설명했다. 그러나
그 조건들은 '아직 유혈 사태가 벌어지기 전'에 제시된 것이다. 이제 제퍼슨은 아무런
약속도 할 수 없었다. "확언할 수는 없지만, 이러한 조건들이 이제는 받아들여지지 않
을 것이라고 생각할 이유가 있습니다." (Ibid.) 제퍼슨은 또한 영국 제국의 운명이 갈림
길에 놓여 있을지 모른다고 대담하게 암시했다. 그는 랜돌프에게 이렇게 말했다. "만
약 실제로 영국이 식민지와 분리된 상태에서도 식민지를 가진 유럽 최강국들과 맞설

수 있다면, 그들은 안심하고 계속해도 될 것입니다. 그러나 이를 확신하지 못한 채 또 다른 전쟁을 시도하여, 우리로 하여금 영국과의 영원한 단절을 조건으로 외국의 지원을 받아들이는 위험을 무릅쓰게 만든다면 이는 분명 현명하지 못한 일일 것입니다." (Ibid., 242.)

138 **썼다가 지워버렸다** Ibid., 243. 하지만 그는 여전히 도전적인 태도를 유지하며, 만약 영국이 아메리카의 요구를 충족시키지 않는다면 '섬 전체를 바다에 가라앉히는 일에 내 손을 빌려줄 것'이라고 랜돌프에게 말했다. (Ibid., 242.) 갈등은 피할 수 없는 개인적인 문제처럼 느껴졌는데, 북대서양이라는 세계가 비교적 작았기 때문이다. 1772년 런던 여행을 마친 후, 상인 친구인 알렉산더 매콜은 제퍼슨에게 이렇게 썼다. '나는 오랜 버지니아 친구들 대여섯 명을 보았으며, 런던 증권거래소에서도 예전에 만났던 많은 얼굴들을 마주치게 될 것입니다.' 여기에는 공동의 유대 관계가 지속되리라는 전제가 있었다. 매콜은 제퍼슨에게 이렇게 덧붙였다. '영국 본토인이 북아메리카와 같은 자원을 갖는다는 것은 행운입니다. 그곳에서는 설사 가난해진다 해도, 부지런히 일하면 항상 빵을 얻을 수 있기 때문입니다. 버지니아 농장주들은 경작할 그토록 좋은 땅을 가졌다는 사실을 하늘에 감사해야 할 것입니다. 물론 그들 중 많은 이들은 자신이 누리는 행복을 깨닫지 못하고 있긴 합니다.' (Ibid., 93.)

139 **친척을 통해 런던의 유력 인사들에게 메시지를 전달하려는 목적** Ibid.

139 **따뜻한 말로 편지를 끝맺었다** Ibid., 242-43.

139 **우리는 정치적으로 반대편에** Ibid., 244.

140 **다트머스 제2대 백작이자** Ibid., 243.

140 **겨우 한 살 반이던** Ibid. 제퍼슨이 공통 기도서에 남긴 메모에 따르면 제인은 1774년 4월 3일 태어나 1775년 9월에 사망했다. (Ibid.)

140 **첫째 딸 제인** Randall, *Jefferson*, I, 383.

140 **체스트넛 거리에서** *MB*, I, 407.

140 **이곳으로 오고 나서부터** *PTJ*, I, 251.

140 **받아보지 못하고 있다네** Ibid., 252.

141 **대포가 출발했고** Ibid., 247.

141 **간청에 따라 파병되었고** Ibid. 제퍼슨은 프랜시스 에페스에게 영국이 이미 대륙 전략을 준비하고 있다고 보고했다. 지브롤터와 아일랜드 주둔군에서 차출한 만 명 이상 병력이 봄에 도착할 예정이었다. 뉴욕과 올버니, 세인트 존스, 퀘벡을 통제하는 동안 그들은 이 도시들과 보스턴의 연락을 유지할 통신 채널로 해군 선박을 활용할 것이다. 제퍼슨에 따르면 우려스러운 결과는 영국이 '사방에서 서로 연합하여 우리를 괴롭힐 것'이라는 점이었다. (Ibid.)

141 록스버러의 시골 저택으로 *MB*, I, 407.

141 페이턴 랜돌프가 뇌졸중으로 Ibid.

141 우리들의 가장 훌륭한 의장 *PTJ*, I, 268.

142 노퍽 근처 햄프턴 Ibid., 249.

142 무장 병력을 상륙시켜 Ibid.

142 캐나다 원정을 감행하고 있었다 Ibid. 추가 참조. Middlekauff, *Glorious Cause*, 30914. '우리는 캐나다의 최신 소식을 고대하고 있습니다.'라고 로버트 카터 니컬러스가 1775 년 11월 10일 말했다. (*PTJ*, I, 256.)

142 안전 위원회라는 민간 통제 기구를 구성 McDonnell, *Politics of War*, 92-97. 맥도널 이 위원회 임무를 다음과 같이 기록했다. '군대의 이동을 지휘하고 민간군과 민병대를 징집하고 다른 식민지로부터 지원을 요청하며 식민지 밖에서 어떤 무기든 구매할 독 점적인 권한을 가지고 있다. 모든 군사 부문 지휘관들은 안전위원회에 복종하도록 특 별 지시를 받았으며 어떤 군 장교도 위원회에 참여할 수 없었다.' (Ibid., 97.) 추가 참조. Middlekauff, *Glorious Cause*, 565-66.

142 독립선언서를 작성하기 직전 11개월 동안 8월에 제퍼슨은 존 랜돌프에게 '적절하게 제한된다면 지구상 다른 나라에 종속하거나 혹은 어떤 나라에도 속하지 않는 것보다 는 영국에 종속되는 편이 차라리 나을 것'이라고 썼다. (*PTJ*, I, 242.) 하지만 혼란스러 운 것은 '적절하게 제한된다.'라는 문구였다. 이것은 어떤 의미였을까? 1775년이 흘러 가도록 국가로서 홀로 선다는 것은 아직 제퍼슨이나 광범위한 미국 대중의 주된 바람 은 아니었다. (다음 참조. Maier, *American Scripture*, 21.) 그렇다면 무슨 일이 있었던 것일까? 조지 3세와 던모어 경 두 사람은 구세계의 전통적 권위를 내세운 채, 이 시기 에 선동적이고 결정적인 방식으로 자신들의 권위를 행사하기로 결정했다. 1775년 10월 26일 목요일, 조지 3세는 "미국의 행보가 명백하게 독립 제국을 건설하려는 목적을 향 해 진행된다."라고 의회에서 말했다. 그것은 '절망적인 음모'였으며, '주모자와 지지자들 은 모국에 대한 막연한 애정 표현과 나에 대한 충성 맹세를 통해 단지 겉으로 달래려 고 했을 뿐, 그 사이에 실제로는 전면적인 반란을 준비하고 있었다.' (Ibid.) 런던 정부 는 이제 '결정적인 조치를 통해 이러한 혼란을 신속하게 종식시키기로' 결심했다. 이 말 은 왕의 불행한 신민들에게 협상을 위한 확실한 여지를 주지 않았으며, 그들이 전면전 을 피할 수 있다고 생각할 근거도 거의 없었다. (Ibid.) 그런 다음 던모어가 버지니아에 서 행동을 개시했다.

142 강대국 군세의 약탈 행위 *PTJ*, I, 260. '이전에 다양한 공직에서 맡았던 업무는 지금 에 비하면 놀이처럼 보인다.'라고 에드먼드 펜들턴이 썼다. (Ibid.)

142 우리에게 마을은 중요치 않네 Ibid., 259. 페이지는 계속해서 말했다. '내 물건 중 많

은 것을 옮기지 못해, 실제로 서류와 책 몇 권, 살림살이에 필요한 몇 가지 필수품 외에
는 전혀 옮기지 못했다. 우리의 고통을 일으킨 주모자들과 우리 강의 사악한 해적들에
게 엄청난 분노를 느끼고 있으며, 대중 전체에 대한 염려가 지나쳐 나의 보잘것없는 몸
과 사사로운 일들은 생각하지도, 생각할 수도 없다는 사실은 과장이 아니다.' (Ibid.)

143   **함선 격납고에서**   Quarles, Lord Dunmore as Liberator, 494.

143   **계엄령을 선포하고**   McDonnell, *The Politics of War*, 134.

143   **노예나 계약노동자들에게**   Ibid. 던모어는 다음과 같이 선언했다. "나는 이에 따라 모
든 하인, 흑인, 혹은 다른 이들이 (반역자와 관련된) 가능한 한 신속히 무기를 들고 폐하
의 군대에 자유롭게 합류할 수 있으며, 기꺼이 합류할 자를 자유인으로 선언한다. 이는
이 식민지인들이 폐하의 왕관과 존엄에 대한 마땅한 의무를 보다 신속히 깨닫게 하기
위함이다." (Ibid.)

143   **최악의 악몽이 현실로**   *PTJ*, I, 266-67. 필라델피아에 있는 버지니아 대표들에게 보낸
편지에서 로버트 카터 니컬러스는 '우리나라의 불행한 상황'에 대해 언급했다. 그 어느
때보다 상황이 나쁘다고 니컬러스는 썼다. '며칠 전 노퍽에서 던모어 경의 악명 높은
선언이 전달되었는데, 바로 식민지 전역에 계엄령을 선포하고 우리 노예들이 그에게 합
류하면 자유를 주겠다는 내용이었습니다. 던모어의 동맹군은 강을 거슬러 올라가 농
장을 약탈하고 흑인들을 유인하기 위해 온갖 술수를 부리고 있습니다. 식민지에서는
누구든 그들의 보복 대상으로 지목된다면, 우리 소규모 부대의 보호를 받지 않는 한
안전할 수 없습니다.' (Ibid.)

143   **패티에게 편지를 보내**   Ibid., 264.

143   **해안을 따라 급속히 퍼졌다**   Quarles, Lord Dunmore as Liberator. 494-97. 1775년 에
드워드 러틀리지는 '던모어 선언이 상상할 수 있는 다른 어떤 조치보다도 효과적으로
영국과 식민지 간 영원한 분리를 가져왔다.'라고 썼다. (Ibid., 495.)

143   **제발**   *PTJ*, I, 265-66.

143   **몇몇 악당들과 외국인들 모두가**   Ibid., 271.

143   **할 때는 없었습니다**   Ibid., 268. 제퍼슨은 최악의 상황에 대비해 할 수 있는 모든 일
에 전념했다. 미국의 결단에 관한 자신의 전략을 담은 편지를 존 랜돌프에게 보낸 8월
말부터 11월 말까지 기간은 끊임없는 투쟁의 시기였다. 첫 번째 호의적인 서한을 보낸
지 석 달이 지난 1775년 11월 29일, 다시 랜돌프에게 편지를 쓰기 위해 자리에 앉은 제
퍼슨은 영국 정부가 화해를 위해 어떤 조치를 취할지에 대해서는 기대를 거의 품지 않
았다.

그는 캐나다에서의 미국의 성공에 관한 장밋빛 소식으로 편지를 시작했다. '머지않아
캐나다 대표들이 우리 의회에 합류하여 우리가 바라는 대로 아메리카 연방을 완성시

켜 줄 것이라는 희망이 생겼습니다.' 그런 다음 그는 던모어를 향해 버지니아에서의 폭력 사태에 대해 비난했다. 제퍼슨은 다음과 같이 썼다. '이 편지가 도달하기 전에 이미 들으셨겠지만, 던모어 경이 버지니아에서 적대행위를 시작했습니다. 국민은 모든 일을 참아왔지만, 그가 햄프턴이라는 마을을 불태우려고 시도하자 이번에는 참지 않았습니다. 주민들은 그에게 대항해 격퇴하여 상당한 피해를 주었으며, 우리 쪽에는 아무런 피해가 없었습니다. 이 사건으로 나라 전체가 완전히 격분에 휩싸였습니다. 그는 조지 3세에 대해 언급했다. 이 시기에 이러한 성향의 왕을 맞이한 것은 제국 전체에 큰 불행입니다. 우리가 들은 바대로, 그는 우리에게 가장 강력한 적이며, 모든 것이 이를 증명하고 있습니다. 그의 대신은 유능하므로 어디선가 무지나 사악함이 그를 조종하고 있음이 분명합니다.' 8월과는 달리, 이번 제퍼슨의 메시지는 훨씬 강경했다. '저를 믿으십시오, 친애하는 경. 저는 누구보다도 영국과의 연합을 진심으로 바라는 사람입니다. 그러나 창조주이신 하나님의 이름으로 맹세하건대, 설령 이 세상에서 사라진다 해도 영국 의회가 제시한 조건에는 굴복하지 않을 것이며, 이 점에서 아메리카인들의 뜻을 대변한다고 생각합니다. 우리는 독립을 선언하고 주장하기 위해 어떤 설득이나 권력도 필요로 하지 않습니다. 부족한 것은 오직 의지뿐이며, 그 의지는 우리 국왕의 손길 아래 날로 강해지고 있습니다.' (Ibid., 269.)

144 **일원으로 임명되었다** Ibid., 272-75.

144 **해상과 육상에서 대륙군에** Ibid., 272.

144 **이선 앨런이 포로로 잡혀** Ibid., 276-77.

144 **개탄하며** Ibid., 276.

144 **결정을 일임했지만** Ibid., 277.

144 **필라델피아를 떠나** *MB*, I, 411.

145 **1770년산 마데이라 와인 한 통을 열었고** Ibid., 413.

145 **새로운 소책자 한 권을 전달받았다** *PTJ*, I, 286.

145 **미국의 대의는** Craig Nelson, *Thomas Paine: Enlightenment, Revolution, and the Birth of Modern Nations* (New York, 2006), 85.

9장 인류의 역사

146 **신의 이름으로** *PTJ*, I, 287.

146 **종소리는 온종일** Harlow Giles Unger, *John Hancock: Merchant King and American Patriot* (New York, 2000), 242.

146 **아침 7시경** *MB*, I, 415.

146 **찰스 클레이 목사에게 장례를 부탁했다** Ibid.

146 **몬티셀로에 묻었는데** Kern, *Jeffersons at Shadwell*, 243–44.

147 **'주기적인 두통'이라 부르는 심한 편두통에 시달렸다** *TDLTJ*, 184.

147 **피해야 했다** *PTJ*, VI, 570.

147 **두통과** Ibid., 296.

147 **하루하루를 버텼다** Ibid., I, 287. 어머니가 돌아가신 지 일주일 후에 제퍼슨은 윌리엄 스버그로부터 독립선언에 관한 편지를 받았다. 1776년 4월 6일, 제임스 매클러그가 이렇게 말했다. '독립이라는 용어가 식민지 안에서 빠르게 퍼져나가고 있는 것 같습니다.' (Ibid.)

147 **산파를 고용하기도 했다** *MB*, I, 416.

147 **자금을 모으고** Ibid.

147 **몬티셀로를 떠나** Ibid., 417.

147 **7일 후 필라델피아에 도착했다** Ibid., 418.

147 **이번에도** *PTJ*, I, 292.

147 **5월 23일** Ibid., 293. 추가 참조. *MB*, I, 418.

148 **3층짜리 집에** Thomas Donaldson, *The House in Which Thomas Jefferson Wrote the Declaration of Independence* (Philadelphia, 1898), 여러 집안의 다양한 주장을 검토한 끝에 제퍼슨이 직접 기록했듯이 그라프의 저택을 거처로 삼고 있었다고 결론 내렸다. 이 점에 관한 상세 설명은 다음을 참조하라. John H. Hazelton, *The Declaration of Independence: Its History* (New York, 1970), 149–54.

148 **처음에는 동료 의원들과 어울리기 힘들었다** *PTJ*, I, 293. '너무나 오랫동안 정계에서 떨어져 있어서 이제는 거의 새로운 사람이 된 것 같습니다.'라고 제퍼슨이 1776년 5월 17일 페이지에게 썼다. (Ibid.) 그러나 그는 다음 사실을 잘 알고 있었다. '모든 식민지가 돌이킬 수 없는 단계인 독립선언을 결의함에 있어 같은 수준에 있는 것은 아닙니다. 미국의 대의명분을 달성하는 데 외국과의 동맹은 필수적이며, [독립을] 위해서는 몇몇 식민지들, 그중 일부 중요한 식민지들이 아직 제대로 준비되지 않았습니다. 저는 우리 식민지들이 준비되었기를, 그리고 그들도 우리에게 그렇다고 알려주기를 바랍니다.' (Ibid., 294.)

148 **연합 식민지는** Ibid., 298–99.

148 **다음 날부터** Ibid., 309.

148 **몇몇 대표들은** Ibid. 제퍼슨은 펜실베이니아의 존 디킨슨과 제임스 윌슨, 뉴욕의 로버트 리빙스턴, 사우스캐롤라이나의 에드워드 러틀리지 등 여러 사람이 연기를 주장한

다는 소식을 들었다. 핵심 쟁점은 펜실베이니아, 메릴랜드, 델라웨어, 뉴저지, 뉴욕 같은 중부 식민지였다. (사우스캐롤라이나 역시 미온적이었다) 논쟁을 요약하며 제퍼슨은 '그들이 아직 시기가 적절하지 않다고 말했'다고 썼다. '그들은 의회가 국민의 목소리가 우리를 이끌어낼 때까지 어떤 중요한 조치도 취해서는 안 된다.'라고 생각했기 때문이었다. (Ibid.) 지난 달 존 애덤스의 5월 15일 결의안에서도 반응은 매우 심각했다. 그 결의안은 '왕권으로부터 나온 모든 권력의 행사를 억제하기 위한 것이었는데, 중부 식민지들이 빠진 혼란을 통해 그들이 아직 모국으로부터의 독립을 받아들이지 못했음을 보여주었다.' (Ibid.)

148 **성급한 독립선언이** Ibid., 309-10.

148 **외국 세력은** Ibid., 310. 더욱 불길한 가능성이 있었다. 의회는 영국의 경쟁국들이 새로 독립한 미국 편에 설 것이라고 어떻게 확신할 수 있었을까? 독립 선언에 반대하는 의원들은 이렇게 주장했다. '프랑스와 스페인에게는 언젠가 자신들의 미국 내 모든 보유 자산을 빼앗아 갈 저 신흥 세력을 질투할 만한 충분한 이유가 있다. 이는 곧 그들 스스로 영국 왕실과 관계를 맺을 가능성이 더 크다는 것을 의미한다. 만약 그들이 다른 방법으로 어려움에서 벗어날 수 없다고 깨닫게 된다면, 우리 영토의 분할에 합의해 프랑스에는 캐나다를, 스페인에는 플로리다를 돌려줌으로써 자신들의 식민지를 회복할 수도 있기 때문이다.' (Ibid.)

148 **존 애덤스, 리처드 헨리 리, 조지 위스** Ibid., 311.

148 **누구도** Ibid. 독립선언을 지지한 대표들은 실제로 문제가 되는 식민지는 펜실베이니아와 메릴랜드뿐이라고 주장하며 이렇게 말했다. "이 두 식민지의 소극성은 부분적으로는 특권적 권력과 그 연줄의 영향 때문이고, 부분적으로는 아직 적의 공격을 받은 적이 없기 때문일 것이다." (Ibid., 312.)

149 **타협안도 제안되었다** Ibid., 313. 애덤스와 위스, 리, 그리고 그들의 동료들은 현실적인 사람들이었다. 여론이 얼마나 빨리 바뀌는지를 알고 있었기 때문에, 그들은 적어도 그날만큼은 자신들의 의지를 의회에 강요하려 애쓰지 않았다.

149 **나올 만큼 준비가 되지 않았습니다** Ibid.

149 **존 애덤스는 제퍼슨이 선언문을 작성해야 한다고 생각했다** Kaminiski, *Founders on the Founders*, 287-88.

149 **조용한 자리에서 나눈 한 대화** Hazelton, *Declaration of Independence*, 9-11.

149 **의심을 받고 있습니다** Ibid., 10.

150 **그건 솔직한 충고였습니다** *The Works of John Adams*, II, ed. Charles Francis Adams (Boston, 1856), 513.

150 **당신은 왜 제퍼슨처럼 젊은 사람이** Ibid.

151　제퍼슨과 나눴던 대화를 Ibid.

152　찾아내려는 것이 아닙니다 TJ to Henry Lee, May 8, 1825. Extract published at Papers of Thomas Jefferson Retirement Series Digital Archive, http://www.monticello. org/familyletters (2011년 열람)

152　제이콥 그라프의 집에 Hazelton, *Declaration of Independence*, 149-51. Robert G. Parkinson, The Declaration of Independence, in Cogliano, ed., *A Companion to Thomas Jefferson*, 44-59, 이는 귀중한 에세이로, 특히 (필연적으로 정치적 순간의 현실적 요구를 고려할 때) 선언문 작성의 협력적 성격을 명확히 설명하고 있다.

152　나무 책상에 http://americanhistory.si.edu/collections/object. cfm?key=35&objkey=8968 (2012년 열람)

152　독창적으로 보이게 하려는 의도도 없었습니다 TJ to Henry Lee, May 8, 1825. Extract published at Papers of Thomas Jefferson Retirement Series Digital Archive, http://www.monticello.org/familyletters (2011년 열람)

153　인류의 역사에서 *PTJ*, I, 315, 413-33.

153　자명한 was Benjamin Franklin's Isaacson, *Benjamin Franklin*, 312.

153　각 식민지의 의회, 회의체, 위원회, 안전 위원회, 대륙군의 지휘관들에게 전달하고 Maier, *American Scripture*, 130.

153　이 문서는 Ibid., 130-32.

154　그중 일부는 당시 사람들조차 잘 모를 만큼 생소한 항목들도 있었다 Ibid., 107.

154　제퍼슨에게 영향을 준 사상가들은 매우 다양했다 예를 들어 다음을 참조하라. Maier, *American Scripture*; Garry Wills, *Inventing America: Jefferson's Declaration of Independence* (Garden City, N.Y., 1978); 그리고 Carl Becker, *The Declaration of Independence: A Study in the History of Political Ideas* (New York, 1970).

154　제임스 윌슨의 소책자 Hatzenbuehler, Growing Weary in Well-Doing, 12-14.

154　조지 메이슨이 버지니아 헌법을 위해 작성한 《권리 선언문》 Ibid., 14-20.

154　통풍과 종기로 Isaacson, *Benjamin Franklin*, 310.

154　동봉한 문서 *PTJ*, I, 404.

154　이에 따라 우리는 만나 *The Works of John Adams*, II, ed. Charles Francis Adams, 514.

155　1776년 6월 28일 금요일 June 28 *PTJ*, I, 313-14.

155　넝청한 생각이 존재했습니다 Ibid., 314.

155　비난하는 조항 역시 Ibid., 314-15.

155　거의 몸서리를 쳤다 Isaacson, *Benjamin Franklin*, 313.

156　젊은 동료를 달래려 애썼다 Ibid. 프랭클린은 모자 장수에 관한 오래된 일화를 들려

주었다. 그는 모자 그림과 함께 '존 톰슨, 모자 상인, 현금 거래로 모자를 만들고 판매합니다.'라는 간판을 원했지만, 친구들이 끊임없이 간섭하며 수정을 거듭한 끝에 결국 모자 제조업자의 이름과 모자 그림만 남게 되었다. (Ibid.)

156 **원칙을 세웠다네** Ibid., 310.

156 **정치에도 종교처럼** Randall, *Jefferson*, I, 177-78

156 **결의안을 채택했다** William Hogeland, *Declaration: The Nine Tumultuous Weeks When America Became Independent, May 1-July 4, 1776* (New York, 2012), 173.

156 **약 24도였던** *JHT*, I, 229.

156 **구매했다고 일기에 남겼다** Ibid.

156 **밤사이, 필라델피아의 인쇄업자 존 던랩은** Transcript of Publishing the Declaration of Independence, LOC, http://www.loc.gov/rr/pro gram/journey/declaration-transcript. html (2012년 열람)

156 **벤저민 타운이 발행하는 《펜실베이니아 이브닝 포스트》** Ibid.

156 **공식적으로 발표되었다** Ibid.

156 **자유 국가를** Hogeland, *Declaration*, 179.

156 **신께서 축복하기를!** Ibid.

157 **등에 벌레들이 윙윙거리며 날아다녔고** Parton, *Life*, 191.

157 **비단 스타킹을 신은 다리** Ibid.

157 **제퍼슨이 특히 좋아하던 농담 하나가 있다** Randall, *Jefferson*, I, 153.

157 **게리, 교수형당할 날이 오면** Ibid.

157 **연극 같은 쇼일 뿐** Kaminski, *Founders on the Founders*, 315.

157 **제퍼슨이 챙겨버렸지** Ibid.

157 **제러미 벤담도** David Armitage, *The Declaration of Independence: A Global History* (Cambridge, Mass., 2007), 173-86, reprints the text of Bentham's Short Review of the Declaration, 1776년 런던에서 초판이 발행되었다.

157 **이건 터무니없는 공상일 뿐이다.** Ibid., 173

157 **모든 인간은** Ibid., 174.

158 **판단해보시게** *PTJ*, I, 456. 그 동료는 리처드 헨리 리였다. 리는 이렇게 답했다. "그 원고가 지금처럼 뒤죽박죽이 아니었으면 좋았을 텐데요. 참으로 놀랍고도 안타깝습니다. 변화의 열망이 너무나 잘못된 방식으로 투영되었군요. 하지만 그 자체는 매우 훌륭하며, 어떤 요리법도 자유민의 감식안 앞에서 그 본질을 해칠 수 없습니다." (Ibid., 471.)

158 **나는 당신의 선언문에 매우 만족하오** Ibid., 470. 추가 참조. Robert M. S. McDonald,

Thomas Jefferson's Changing Reputation as Author of the Declaration of Independence: The First Fifty Years, *Journal of the Early Republic* 19, no. 2 (Summer, 1999): 169–95.

10장 의무의 부름

159 **자네가 오기를 간절히 바란다네** *PTJ*, I, 477.

159 **폭군에 대한 반역은** Ibid., 677–79.

159 **참담한 유산을 겪었다** Scharff, *Women Jefferson Loved*, 118. 이제 패티의 건강 문제는 제퍼슨에게 지속적이고 중요한 사안이 되었다. 제퍼슨은 1776년 6월 30일 이렇게 썼다. '가정사로 인해 이 자리를 다른 사람으로 교체해달라고 요청할 수밖에 없는 상황이 유감스럽다. 하원의 배려 덕분에, 이렇게 해야 하는 개인적 사정을 일일이 설명할 필요는 없을 것이다. 정말 필요하지 않았다면 내가 이런 요청을 다시 하지는 않았을 것임을 그들이 이해해주리라 생각한다.' (*PTJ*, I, 408.)

159 **확실하게 들을 수 있었으면 좋겠네** *PTJ*, I, 458.

160 **사랑받았어요** TJF,
http://www.monticello.org/site/jefferson/martha-wayles-skelton-jefferson (2012년 열람)

160 **밀려드는 군사 보고서** *PTJ*, I, 433–74.

160 **공포가 가득했다** Ibid., 475–76, 대중의 지지를 상실한 버지니아 정치인 카터 브랙스턴의 사례를 설명한다. 브랙스턴 부인의 친정 집안인 코빈스 가문은 왕실에 우호적이었다. 윌리엄 플레밍이 제퍼슨에게 보고한 바에 따르면, 윌리엄스버그에서 떠도는 소문은 '브랙스턴 부인이 극도로 경솔하고 적의에 찬 행동을 보였다.'라는 불특정 사례를 전하며, 이는 그의 정치적 평판에 '큰 영향을 미쳤다.'라고 한다. (Ibid., 475.) 그 행동은 윌리엄스버그에서 형제가 투옥된 것에 대한 항의 발언으로 보인다. (Alonzo Thomas Dill, *Carter Braxton, Virginia Signer: A Conservative in Revolt* [Lanham, Md., 1983], 69–73.)

160 **왕당파 음모가 뉴욕에서 거론되었고** Ibid., 412–13. 제퍼슨은 7월 1일 이렇게 썼다. 한 가지 사실은 확실히 알려져 있다. 유죄 판결이 확정된 장군의 근위병 한 명이 지난 토요일 처형될 예정이었다는 것이다. (Ibid., 412.)

160 **뉴욕 시장도** Chernow, *Washington*, 903–4.

160 **한편 영국군은** *PTJ*, I, 412. 제퍼슨은 이렇게 썼다. '호위 장군이 몇 척의 배를 이끌고 (그 수는 알 수 없다) 후크에 도착했으며, 저지 해안에 기병을 상륙시켰다고 한다.' (Ibid.)

160 **느리게 충원되고 있소** Ibid., 477. 호위 장군 휘하에서 복무하기로 한 영국군의 이동이 지연되었으나, 제퍼슨은 '캐나다에 있는 우리 군대가 완전히 망가진 상태'라고 언급하였다. 그는 의회가 독립선언 이후 정부 구성 업무를 신속히 처리하지 못한 것에 좌절감을 느꼈다. "지금까지 우리는 연방의 자질구레한 일들에 몰두해 왔습니다. 하지만 대리기구, 영토 경계, 과세 등 중대한 사안들은 아직 해결되지 않은 채 남아 있습니다." 라고 제퍼슨이 리에게 말했다. 이제 '리가 와서 자신의 직무를 대신할 때'라고 그는 덧붙였다. "부디, 당신의 조국과 저를 위해 와주십시오." (Ibid.) 버지니아에서 반가운 소식이 하나 전해졌다. 그윈섬에서 던모어가 패배했다는 소식이었다. 1776년 7월 15일, 존 페이지가 제퍼슨에게 말했다. "영광스러운 승전보입니다. 던모어 경은 완벽하게 두들겨 맞았습니다." (Ibid., 462.) 리처드 헨리 리는 '그윈섬에서 있었던 우리 아프리카 영웅의 치욕'에 환호하였다. (Ibid., 471.)

161 **고통스러운 일입니다** Ibid., 412.

161 **의심이 생겼다면** Ibid., 412-13. 정치의 부침이 매우 두드러졌고, 두 명의 버지니아 대의원이 재선에 실패한 일은 일부 관찰자들을 우려하게 했다. 에드먼드 펜들턴은 제퍼슨에게 이렇게 썼다. '우리는 지금 물러날 수 없는 상황에 있으며, 만약 권력과 금전적 이득을 누리는 자리에서 최고가 되기 위해 음모와 아부로 스스로를 망치지 않는다면, 반드시 행복한 성공을 거둘 것입니다.' 펜들턴에 따르면, 윌리엄스버그 회기 중에는 이런 일이 많았으며, 그때 벤저민 해리슨과 카터 브랙스턴이 재선에 실패했다고 한다. (Ibid., 471-72.) 해리슨은 비교적 평범한 이유로 제거되었다. 다른 파벌이 반대했던 공식 의사 임명을 지지했기 때문에 적들이 그를 축출하였다. (Ibid., 475.)

161 **체로키족과 벌인 전투에서** Anthony F. C. Wallace, *Jefferson and the Indians: The Tragic Fate of the First Americans* (Cambridge, Mass., 1999), 54-60.

161 **원주민을 바라보는 제퍼슨의 시각은** Ibid., 120, 전체적인 개관을 보여 준다. 추가 참조. Francis Paul Prucha, *The Great Father: The United States Government and the American Indians*, I (Lincoln, Neb., 1984), 5-88, 식민지 시기, 혁명 시기, 그리고 혁명 후 초기 단계에 관해 설명한다. 제퍼슨은 인디언들이 흑인들보다 더 유능하다고 생각했다. (Jefferson, *Writings*, 266.) 제퍼슨은 《버지니아주에 대한 기록Notes on the State of Virginia》의 제14문에서 이렇게 썼다. '인디언들은 담뱃대에 디자인과 조형미를 갖춘 형상을 새기곤 한다. 그들은 동물과 식물, 혹은 풍경을 크레용으로 그려낸다. 따라서 그들의 정신 속에 육성되기만 하면 발아되는 잠재적 싹이 있음을 알 수 있다. 그들은 매우 탁월한 웅변으로 놀라게 한다. 이를 통해 그들의 이성과 감정이 강하며, 그들의 상상력이 활기차고 고양되어 있음을 보여준다. 그러나 지금까지 흑인은 단순한 이야기 수준을 넘어선 사고를 표현하는 것을 본 적이 없으며, 그림이나 조각에 대한 기본적인

재능조차 발견하지 못했다.' (Ibid.) 추가 참조. Andrew Cayton, Thomas Jefferson and Native Americans, in Cogliano, ed., *A Companion to Thomas Jefferson*, 237-52.

161 진지한 관심을 두고 Jefferson, *Writings*, 218-29.

162 그 불한당들을 굴복시키는 *PTJ*, I, 485-86.

162 버지니아 헌법의 초안을 작성했고 Ibid., 329-86.

162 '연합 규약'이라 불렸던 문서의 내용을 Ibid., 24.

162 의회의 논의를 면밀하게 주시했다 Jefferson, *Writings*, 24-32.

162 절차 규칙을 마련하는 작업 *PTJ*, I, 456-58.

162 그와 존 애덤스는 한때 의회에서 기도의 날을 제정하자는 제안을 두고 의견이 엇갈린 적이 있었다 McCullough, *John Adams*, 113-14.

163 매번 편지로 접하니 *PTJ*, I, 477.

163 리에게 자신을 대신해 의정 활동을 맡아달라고 간곡히 부탁하는 Ibid. 다음 날 그는 존 페이지에게 이렇게 썼다. '저는 8월 11일에 이곳을 떠날 계획입니다. 지난번 편지로 아내에게도 그렇게 얘기했습니다. 편지를 통해 아내의 건강 상태를 전해 들으니, 그때까지 이곳에 머무는 것도 괴롭습니다.' (Ibid., 483.) 리가 지체하는 바람에 제퍼슨은 8월 11일 출발하겠다고 패티에게 한 약속을 지키지 못했다. (Ibid., 486.)

163 버지니아의 정족수를 채우기 위해 Ibid., 483.

163 부득이하게 Ibid., 486. 패티가 호전되고 있다는 소문이 돌았다. 에드먼드 펜들턴은 이렇게 썼다. '계절이 허락하는 대로 즐거운 여행을 하시길 바라며, 구칠랜드에서 호전되었다는 소식을 들었으니 제퍼슨 부인께서 회복하셨기를 바랍니다.' (Ibid., 508.)

163 신생 국가의 인장을 Ibid., 494-97.

163 파라오가 개방형 전차를 타고 Ibid., 495.

164 그렇다면 왜 식민지 주민들은 다음 연구를 많이 참조했다. *EOL*; J. G. A. Pocock, *The Machiavellian Moment: Florentine Political Thought and the Atlantic Republican Tradition* (Princeton, N.J., 1975); Joyce Oldham Appleby, *Liberalism and Republicanism in the Historical Imagination* (Cambridge, Mass., 1992); 그리고 Wood, *Radicalism of the American Revolution*.

166 주도했던 정부 설계의 한가운데에 자신이 서 있기를 갈망했다 *PTJ*, I, 292.

166 잦은 임신은 Gordon-Reed, *Hemingses of Monticello*, 141-43.

166 사라지고자 하는 그 생각을 떨쳐내고 *PTJ*, I, 489.

166 제안을 받아들여 윌리엄스버그 그린에 있는 위스의 저택으로 Ibid., 585.

167 아름다운 벽돌 저택에 Colonial Williamsburg Foundation, http://www.history.org/almanack/places/hb/hbwythe.cfm (2011년 열람).

169 **거두고자 하는 자는** Thomas Paine, *The American Crisis*, No. 4, September 11, 1777.

171 **오직 오류만이** Jefferson, *Writings*, 286.

171 **이 임무를** *PTJ*, I, 521-22.

171 **러시아가 영국을 도와 병력을 파견** Ibid., 522.

172 **회신해주기 바랍니다.** Ibid., 523.

172 **급사에게 잠시 기다려달라고 요청** Ibid., 524. 행콕의 편지를 지닌 사자는 1776년 10월 8일 도착했고, 제퍼슨이 행콕에게 보낸 답장은 10월 11일자이다. (Ibid.)

172 **패티와 함께할 수 있다는 것이었다** Ibid., 604. 추가 참조. *MB*, I, 426.

172 **무감각하다는 뜻일 것입니다** *PTJ*, I, 524.

173 **제 개인의 안위나 사사로운 일이라면, 이렇게 중대한 임무를 망설일 이유는 전혀 없었습니다** Ibid. 제퍼슨은 프랑스에서의 임무를 놓칠까 봐 너무 불안해서, 프랭클린 박사와 함께 근무할 사일러스 딘에게 이렇게 말했다. "저는 당신이나 프랭클린 박사와 한 시간 정도 대화를 나누고 싶은 일종의 욕망을 느낍니다. 이는 마치 되돌릴 수 없는 경계를 넘어선 이들과 이야기를 나누고 싶다고 느꼈던 것과 비슷한 종류의 갈망입니다." (Ibid., II, 25.) 그는 문제를 이렇게 표현함으로써, 즉 딘이나 프랭클린과 함께하는 시간을 죽은 이들과의 되찾을 수 없는 시간과 동일시함으로써, 프랑스에서의 작업에 최고의 의미를 부여하였고, 그의 부모, 누이 제인, 대브니 카, 페이턴 랜돌프, 잃어버린 자녀들에 대한 사랑과 동등하게 놓았다. 그는 프랑스에서의 기회 상실을 그만큼 절감했다.

173 **버지니아의 자유를 위한 눈부신 입법 여정을 시작한다** *JHT*, I, 235-85.

174 **전반적인 여론의 강도** Randall, *Jefferson*, I, 199.

174 **영속 보유권과 장자 상속제 철폐였다** *JHT*, I, 247-60. 제퍼슨은 이렇게 썼다. '이 특권을 폐지하고, 재력에 바탕을 둔 귀족제 대신, 미덕과 재능에 기반을 둔 귀족제의 문을 여는 것은, 질서 있는 공화국에 필수적이라고 생각된다. 이의 실현은 폭력이나 자연권의 박탈 없이 가능하며, 오히려 법의 폐지를 통해 자연권을 확대해야 한다. 이렇게 하면 현 소유자는 자신의 애정을 나누듯 자녀들에게 균등하게 자산을 분배할 수 있게 되고, 자녀들은 자연적으로 동료 시민들과 동등한 위치에 서게 된다. (Jefferson, *Writings*, 32-33.)

174 **특권 가문들을** Jefferson, *Writings*, 32.

174 **형사 사법 제도 개혁** Ibid., 270.

174 **공교육 제도 도입** Randall, *Jefferson*, I, 223-26.

174 **외국에서 태어난 이들의 빠른 시민권 취득을 위한 귀화 절차 간소화** Ibid., 202.

174 새롭게 부상한 정치 신인 한 명 Ibid., 198.

175 1751년 담배 농장을 운영하는 버지니아 상류층 가문에서 태어났으며 매디슨의 배경에 관해서는 다음을 참조하라. Ralph Ketcham, *James Madison: A Biography* (Charlottesville, Va., 1990). Richard Brookhiser, *James Madison* (New York, 2011), 위 연구는 흥미로운 최신 연구이며, 다음 연구도 마찬가지다. Andrew Burstein and Nancy Isenberg, *Madison and Jefferson* (New York, 2010).

175 습관을 Randall, *Jefferson*, I, 198.

175 쭈글쭈글하고 작은 애플 존 James Madison, The White House, http://www.whitehouse.gov/about/presidents/jamesmadison (2012년 열람).

175 한 번도 주제에서 벗어나 Randall, *Jefferson*, I, 198.

175 종교의 자유를 *PTJ*, I, 525-58.

175 글을 접하게 되었다 Thomas Jefferson, *Jefferson's Extracts from the Gospels: The Philosophy of Jesus and The Life and Morals of Jesus,* ed. Dickinson W. Adams and Ruth W. Lester (Princeton, N.J., 1983). 나는 이 책의 서문이 제퍼슨과 종교라는 주제에 관한 중요한 자료라고 오랫동안 생각해왔다. 추가 참조. Eugene R. Sheridan, *Jefferson and Religion* (Charlottesville, Va., 1998); Paul K. Conkin, The Religious Pilgrimage of Thomas Jefferson, in *Jeffersonian Legacies*, ed. Peter S. Onuf (Charlottesville, Va., 1993), 1949; Edwin S. Gaustad, *Sworn on the Altar of God: A Religious Biography of Thomas Jefferson* (Grand Rapids, Mich., 1996); 그리고 Charles B. Sanford, *The Religious Life of Thomas Jefferson* (Charlottesville, Va., 1984). 나는 다음 연구에서도 종교에 관한 제퍼슨의 관점에 대해 여러 측면을 살펴보았다. *American Gospel: God, the Founding Fathers, and the Making of a Nation* (New York, 2006).

176 종교의 자유에 대한 처참한 기록을 솔직하게 고발했다 Jefferson, *Writings*, 283-87.

176 갓난아이가 성공회에서 세례를 William Lee Miller, *The First Liberty: America's Foundation in Religious Freedom* (Washington, D.C., 2003), 6. 양심의 자유에 관해 매디슨이 버지니아에서 한 연구를 더 알고 싶다면, 특히 '자유'와 '관용' 간의 차이를 알고 싶다면 다음을 참조하라. ibid., 4-8; Robert A. Rutland, *George Mason: Reluctant Statesman* (Baton Rouge, La., 1980), 60; and Ketcham, *James Madison*, 71-73.

176 1767년, 제퍼슨은 자신의 지역구인 알버말의 성 안나 교구에서 벌어진 사건에 관여하게 된다 *MB*, I, 22. 또 다른 문제에서 제퍼슨은 영국 성공회 사제로 서임되기를 열망하던 친구를 돕는 데 진심으로 헌신하며, 이 문제에 관해 여러 장의 편지를 쓰기도 했다. 여기에는 페이턴 랜돌프의 영향력을 호소하는 글도 포함되어 있었는데, 그러면서도 그는 기독교 분파주의로 규정된 정신의 고유한 한계에 크게 놀랐다. 그의 친구 아

버지는 스코틀랜드 애버딘의 장로교 목사였는데, 아들의 목적을 알아차리기 전까지는 기쁜 마음으로 아들을 맞이했다. "그러나 편협함이 추종자들에게 행사하는 지배력은 너무나 놀라워서 성공회 서임을 받겠다는 아들의 목적을 알게 되자마자 그를 문 밖으로 내쫓고 아버지로서의 모든 의무를 포기해 버렸습니다."라고 제퍼슨은 랜돌프에게 말했다. (*PTJ*, I, 49-51.)

176　**영적 폭정**　Jefferson, *Writings*, 34.

176　**우리의 구세주는**　*PTJ*, I, 544.

177　**다음과 같은 주석을 달았다**　Ibid., 537.

177　**벗어나게 해달라고 의회에 청원서를 제출했다**　*JHT*, I, 274-80.

177　**가장 치열했던 싸움으로 이어졌다**　Jefferson, *Writings*, 34.

177　**정직한 사람들이었지만, 열렬한 국교도**　Ibid.

177　**《버지니아 종교 자유법》**　Ibid., 40. 추가 참조. John A. Ragosta, The Virginia Statute for Establishing Religious Freedom, in Cogliano, ed., *A Companion to Thomas Jefferson*, 75-90.

177　**포함하도록 의도했다**　Jefferson, *Writings*, 34.

178　**라는 내용을 담은 수정안을 준비했다**　Ibid., 44. 추가 참조. Randall, *Jefferson*, I, 227, and Miller, *Wolf by the Ears*, 19-22.

178　**것처럼 보였는데**　Jefferson, *Writings*, 44.

178　**견뎌야만 하는 날이 머지않았다**　Ibid. 두 가지 법안이 1778년과 1782년에 버지니아에서 통과되었다. 하나는 노예무역의 폐지였고, 다른 하나는 노예 해방 법률의 완화였다. 밀러는 이를 '노예제에 직접적인 영향을 미치는 전쟁 기간 중 유일한 입법 성과라고 불렀다. 제퍼슨에게 이는 실망스러운 결과였다. 그는 실질적인 노예제 폐지를 실현하고, 평화가 정착된 후 미국 밖에서 해방된 흑인들의 재정착을 주선하는 문제에 버지니아가 여러 주 가운데 앞장서기를 바랐다.' (Miller, *Wolf by the Ears*, 22.)

178　**적군은**　*PTJ*, I, 659.

178　**이는 나 이외에 없었을 것이다**　Ferling, *Almost a Miracle*, 167.

179　**독일군이**　*PTJ*, II, 13-14.

179　**대부분 독일계 병사들로 이뤄진 군사 1만 명**　Ibid., 14.

179　**남부와 중부 식민지들을**　Ibid.

179　**아들을 출산했다**　*MB*, I, 447.

179　**겨우 17일 만에 세상을 떠났다**　Ibid.

179　**부부가 이름을 지어주었는지는 알려지지 않았다**　Ibid.

179　**8월 1일**　Ibid., 468.

179　집안 살림의 세부 사항이 적혀 있었고　Martha Wayles Skelton Jefferson Account Book. http://lcweb2.loc.gov/ammem/collections/jefferson_papers/ser7voli.html#mwsj (2012년 열람)

179　필체는 단정하면서도 힘이 넘쳤다　Author observation.

179　보여주는 낙서도 보였다　Ibid.

179　한 점의 얼룩 없이 깨끗했다　TJF, http://www.monticello.org/site/jefferson/martha-wayles-skelton-jefferson (2012년 열람).

179　깔끔함　Ibid.

180　군에 보낼 의복에 바느질하고　*PTJ*, III, 532. 추가 참조. Scharff, *Women Jefferson Loved*, 134-35. 샤프는 최근 몇 년 사이에 이 주제와 관련된 제퍼슨 부인의 편지가 최소 1통 이상 추가로 발견되었다고 보고했는데, 이로 인해 엘리너 콘웨이 매디슨에게 보낸 편지가 패티 제퍼슨의 유일하게 남아 있는 편지라는 역사적 통념이 바뀌게 되었다. (Ibid., 419.)

180　워싱턴 부인께서　*PTJ*, III, 532.

180　제대로 된 정규군 하나만 갖출 수 있다면　Ibid., II, 3.

180　악마 같은 놈들은　Ibid.

180　꽤 믿을 만한 정보에 따르면　Ibid., 264. 추가 참조. Randall, *Jefferson*, I, 245. 다른 성격의 전쟁이 임박했다. 윌리엄 플레밍은 1779년 5월 22일 제퍼슨에게 이렇게 썼다. '적들은 미국을 무력으로 정복하려는 생각을 거의 포기한 것 같습니다. 병력을 한곳에 모아 우리의 대군에 맞서는 대신, 여러 부대로 나누어 마을을 불태우고 해안을 약탈하며 사람들을 괴롭히는 일종의 약탈 전쟁을 실시하려는 것이 그들의 계획인 것 같습니다.' (*PTJ*, II, 268.)

181　버지니아의 주지사로 선출되었다　*PTJ*, II, 277-78.

181　도덕적이고 자유로운 국가에서　Ibid.

181　선거에서는 존 페이지와 제퍼슨이　Ibid.

181　맞붙었다　Ibid., 278-79.

181　제퍼슨과 존 페이지는　Ibid., 278-79.

182　처음이자 마지막이 되길 바라네　Ibid., 279.

182　아이작 그레인저 제퍼슨은　Bear, *Jefferson at Monticello*, 4.

12장 골칫거리 공직

183 영국군은 분명히 *PTJ*, II, 236.

183 큰 확신을 얻었습니다 Ibid., III, 405.

183 그들은 북을 울리며 줄지어 Bear, *Jefferson at Monticello*, 8.

184 침공 위협과 곧 닥친 현실에 전반적으로 1779년에서 1780년 사이 미국의 군사적 전망에 관한 낙관론이 커졌다. 프랑스와 스페인은 이제 미국 편에 서서 대서양, 카리브해, 지중해에서 영국에 압박을 가할 수 있게 되었다. 영국은 저 멀리 남인도에서도 전쟁을 치러야 했다. (Jeremy Black, *Crisis of Empire: Britain and America in the Eighteenth Century* [London, 2008], 159.) 그러나 영국이 세계적으로 직면한 어려움이 곧바로 미국에서의 치명적인 세력 약화로 이어진 것은 아니었다. 영국은 남부, 즉 조지아와 캐롤라이나, 그리고 제퍼슨이 주지사로 있던 버지니아에 더 많은 관심을 가지고 병력을 집중함으로써 미국 내륙에 공포를 불러일으킬 수 있었다. 제퍼슨의 주지사 재임 시기 업적에 관한 수정주의적 관점은 다음을 참조하라. Emory G. Evans, Executive Leadership in Virginia, 1776~1781 Henry, Jefferson, and Nelson, in *Sovereign States in an Age of Uncertainty*, ed. Ronald Hoffman and Peter J. Albert (Charlottesville, Va., 1981), 185–225.

184 조지아는 무너졌다. Ferling, *Almost a Miracle*, 384–85.

184 다음 목표는 사우스캐롤라이나였다 Ibid.

184 이중 전선에서 *PTJ*, III, 2930. 리처드 헨리 리는 제퍼슨에게 이렇게 말했다. "버지니아는 사실상 2개의 국경과 접해 있는데, 하나는 미개척 황무지와, 다른 하나는 바다와 접해 있습니다. 이 두 국경을 통해 야만인이 출몰하며, 바다와 접한 쪽에서는 더 사나운 야만인이 나옵니다." (Ibid.)

185 극도의 노동 Ibid., 298.

185 당신에게 축하를 보내진 않겠습니다 Ibid., III, 11.

185 헨리 해밀턴 Ibid., 287. 추가 참조. ibid., 292-95, 쇠사슬 사용에 관한 실제 명령에 대한 내용이다. 해밀턴 처리 문제와 관련해 영국으로부터 공격을 받자, 그 같은 공격을 몹시 싫어하던 제퍼슨은 조지 워싱턴에게 이 문제를 상의하였다. '공적 관점에서 이 문제의 중요성과 국가 간 신의 위반에 대한 제 염려 때문에, 공화국의 수장으로서 당신이 짊어지게 될 수많은 어려움에 이번 일을 더하게 된 점 양해를 구하고자 합니다.'라고 제퍼슨은 1779년 7월 17일 썼다. (Ibid., III, 41.) 워싱턴의 답변은 신중했다. '정책적 동기와 국민 모두를 만족시키기 위해 그를 현재의 구금 상태로 계속 두는 것이 적절한지 여부는 제가 결정할 수 없는 문제입니다. 하지만, 만약 그렇게 해야 한다면, 감히 제안하건대 그가 자행하거나 사주한 모든 잔학 행위를, 혐의를 뒷받침할 증거와 함께 공개하는 것이 더 바람직할 것입니다.' (Ibid., 61.)

185 **머릿가죽 매입꾼 장군** Ibid.

185 **1778년 5월, 그는 조시아 필립스라는 인물을 대상으로 한 '사권 박탈법' 초안을 마련했다** Ibid., 189-93. 추가 참조. W. P. Trent, The Case of Josiah Philips, *American Historical Review* I, no. 3 (April 1896): 444-54.

186 **살인** *PTJ*, II, 189-90. 제퍼슨이 그 일화를 떠올리며 이렇게 말했다. "필립스는 단순한 강도였다. 그는 당시의 혼란을 틈타 무리를 모아 디스멀 늪으로 숨어든 뒤, 그곳에서 출몰하여 이웃 주민들을 약탈하거나 학대했고, 아무런 권한 없이 자신을 영국 신민이라는 이름 아래 숨겼다." (Ibid., 191.)

186 **전례 없는 권력 행사** Ibid., 191-93. *PTJ*에서 줄리앤 P. 보이드가 썼다:

토머스 제퍼슨이 작성한 법안은, 비록 필립스가 특정 기한 내에 스스로 항복하고 정식 사법 절차에 따라 재판을 받을 것을 조건으로 한 권리 박탈 법안이었지만 의회는 다음과 같은 전제를 내포하고 있었다. (1)필립스는 일반 범죄자이며, 영국 정부의 위임을 받아 행동한 것이 아니다. (2)의회는 개인의 생명과 자유에 영향을 미치는 이러한 구별을 정당하게 행할 권리를 가진다. 이는 보통 사법의 영역에 속하고 확립된 법적 절차의 보호를 받는다고 보는 개인의 권리에 대해 입법부의 권한 행사를 전제한 것이므로, 적어도 1778년 사권박탈법에 관해서 말할 수 있는 것은, 그것이 권력 분립 원칙에 대한 토머스 제퍼슨의 신념을 극단적으로 위반한 사례라는 점이다. (Ibid., 192.)

레너드 레비는 시민 자유권과 관련된 제퍼슨의 업적을 비판하는 논거에 이 사건을 활용했다. (Leonard W. Levy, *Jefferson and Civil Liberties: The Darker Side* [시카고, 1989].)

186 **대체합시다** Ibid., 194. 병력 충원은 반복되는 문제였다. 제퍼슨이 엄격한 정확성을 희생하며 현실을 듣기 좋은 방식으로 서술하는 경향은 그가 벤저민 프랭클린에게 보낸 편지에서 잘 드러난다. 독립 국가라는 대의에 여러 주들이 헌신하는지에 대한 불안한 소문이 돌던 시기에, 제퍼슨은 버지니아의 충성심을 강조하여 프랭클린에게 긍정적인 인상을 주고자 하였다. 1777년 8월 13일, 제퍼슨은 이렇게 말했다. "특히 버지니아 주민들은 군주제를 폐지하고 공화제 정부를 채택하는 과정을 마치 낡은 옷을 벗고 새 옷을 입는 것처럼 매우 쉽게 받아들이는 것 같습니다. 단 한 번의 진통도 이 중대한 변화에 따르지 않았습니다." (Ibid., 26.)

186 **수준을 훨씬 넘어서까지 실패했습니다** Ibid., III, 39.

186 **버지니아 대포 부대를 직접 시찰하기도 했다** *MB*, I, 437.

186 **원정을 계획했다** Ibid., 321.

186 **키가 크고** 조지 로저스 클라크에 관한 주요 연구는 다음을 참조하라. Lowell H. Harrison, *George Rogers Clark and the War in the West* (Lexington, Ky., 1976); John Bakeless, *Background to Glory: The Life of George Rogers Clark* (Philadelphia, 1957); 그리

고 Temple Bodley, *George Rogers Clark: His Life and Public Services* (Boston, 1926). 추가
참조. Richard M. Ketchum, Men of the Revolution: II. George Rogers Clark, *American
Heritage* 25, no. I (December 1973): 32-33; 78; Gregory Fremont Barnes and others,
eds., *The Encyclopedia of the American Revolutionary War: A Political, Social, and Military
History*, I, A-D, 222-24.

186 **카스카스키아와**　Barnes and others, *Encyclopedia of the American Revolutionary War*, I,
223.

186 **뱅상을**　Ibid.

187 **미국의 영향력을 확립하는 데**　Ketchum, Men of the Revolution: II. George Rogers
Clark, 78.

187 **다리에 심한 화상을 입고**　Ibid.

187 **그래서, 잘라냈소?**　Ibid.

187 **인력 부족**　*PTJ*, III, 321.

187 **조짐이 있습니다**　Ibid., 317. 제퍼슨은 흔들림이 없었다. "아직까지 현 정부에 불만을
품고 적들과 결탁해 정부를 전복하려는 사람들이 당신의 지역에 있다는 소식을 들으
니 유감입니다. 그들이 취하는 조치들은 스스로를 법의 제재에 노출시키는 것이며, 우
리가 해야 할 일은 그들을 법 앞에 세우는 것입니다." 제퍼슨은 1780년 3월 21일, 그들
을 반역죄로 재판하라고 윌리엄 프레스턴에게 권고했다. 사형에 해당하는 유죄 판결을
받지 못하더라도, 포기하지 말라고 프레스턴에게 덧붙였다. '법원의 판단에 따라 벌금
형이나 징역형으로 처벌할 수 있는 반역 방조죄를 선고하는 것만으로도 충분'할 것이
기 때문이었다. (Ibid., 325.)

188 **만큼 매서웠다**　Ibid., 343. 제퍼슨이 마체이에게 다음과 같이 썼다. '북아메리카 전역
에서 우리가 겪은 겨울이 너무 혹독하여 각 지역의 기후로는 상상할 수 있는 모든 것
을 뛰어넘었습니다. 이 지역에서는 강의 하구가 6주 동안 얼어붙어 있었습니다. 요크
타운에서는 사람들이 요크 강 위를 걸었는데, 이는 이 나라가 발견된 이래 단 한 번도
없었던 일입니다. 기병 연대가 수송 마차를 거느리고 질서정연하게 하우의 나루터에서
포토맥 강을, 워릭에서는 제임스 강을 건넜습니다.' (Ibid.)

188 **버지니아의 수도를**　Ibid., 333-34.

188 **리치먼드 쇼코 힐에 자리한 외삼촌 소유의 저택으로**　*MB*, I, 495.

188 **극도의 비상 상황 속에서**　*PTJ*, III, 335. '혁명의 과정에서 생겨난 여러 가지 불안과
혼란에 대한 추측 가운데, 감히 말씀드리자면 진실로 지금보다 더 위태로운 상황은 없
다고 단언할 수 있습니다.'라고 제임스 매디슨은 1780년 3월 27일 필라델피아에서 제
퍼슨에게 썼다. (Ibid.) 의회가 버지니아에 병력과 군수 물자를 요청하는 동안, 매디슨

역시 제퍼슨에게 힘없는 연방 정부에 대한 불만을 토로했다. 1780년 5월 6일, 매디슨은 제퍼슨에게 이렇게 썼다. '그들은 징집할 수도, 급여를 줄 수도 없으며, 단 한 명의 병사도 먹이지 못합니다.' (Ibid., 370.)

188 **찰스턴이 영국군에게 함락됐다** Ferling, *Almost a Miracle*, 426-28. 파리에서 마체이가 찰스턴에 대해 안타까움을 표했다. '나쁜 소문일수록 빨리 퍼집니다.'라고 1780년 6월 22일 마체이는 제퍼슨에게 쓰며, 영국 사회에서 사우스캐롤라이나 보고에 대한 환호가 터져 나왔음을 알렸다. "이런 사건이 유럽에 미치는 영향은 놀라울 정도입니다. 거리가 멀수록 사람들의 상상 속에서 사건은 더욱 과장될 것입니다."라고 마체이가 말했다. 찰스턴의 중요성에 대한 논의가 활발히 이루어졌으며, 그 논의는 점차 자가 발전하며 확대되었다. "자유주의적 견해를 가진 사람들은 인류를 위한 자유로운 피난처 건설이라는 대의와 비교할 때, 다른 요인은 모두 부차적이고 사소한 것으로 간주합니다. 정보가 부족하면 결과를 지나치게 걱정하게 되며, 실제 개연성과는 크게 멀어지게 됩니다."라고 그가 말했다. 존 애덤스는 동맹국과 친구들을 안심시키느라 '거의 지쳐 버린' 상태였다. (PTJ, III, 458-60.) 하지만 제퍼슨의 대의에 대한 신념은, 그 대의가 아무리 어려움에 처했어도 변치 않았다.

188 **북쪽에서** PTJ, III, 447.

188 **또 다른 왕당파의 반란** Ibid., 479. 1780년 8월 8일, 윌리엄 프레스턴은 다음과 같이 썼다. '이 나라에서 왕당파 사이에 있던 가장 끔찍한 음모가 약 열흘 전에 신의 섭리로 발각되었습니다.' (Ibid., 533.) 제퍼슨은 이러한 반란에 맞서 싸우는 방법에 대해 구체적인 생각을 가지고 있었다. 그는 7월 3일 프레스턴에게 이렇게 말했다. "반란군이 오기를 기다리기보다는 반란군을 찾아 그들의 근거지에서 진압하는 것이 더 나을 것입니다. 시간과 이동할 공간이 생기면, 그들의 숫자가 증가할 수도 있기 때문입니다." (Ibid., 481.)

188 **인디언들의 습격도** Ibid., 544.

188 **연임에 성공했지만** Ibid., 410. 제퍼슨은 기쁘고 만족스러워했다. "공적 승인의 증거를 받게 되어 매우 기쁩니다."라고 제퍼슨은 1780년 6월 4일 말했다. (Ibid., 417.)

188 **콘월리스 경이** Middlekauff, *Glorious Cause*, 460-63. 추가 참조. PTJ, III, 558-59. 에드워드 스티븐스는 제퍼슨에게 이렇게 말했다. "가능한 최악의 상황을 그려 보십시오. 그래도 실제 상황만큼 나쁘지는 않을 것입니다." 민병대는 처참한 성과를 거두었다. "그들의 비겁한 행동은 정말로 제 가슴에 치명적인 상처를 주었습니다."라고 스티븐스가 말했다. (Ibid.) 존 페이지는 게이츠에게 책임이 있다고 생각한 반면(장군은 이전의 행운이 지속되리라는 기대에 지나치게 의존해, 지나치게 대담한 모험을 감행한 것이 아닌가? [Ibid., 576]), 제퍼슨은 손실에 대한 개인적인 책임감을 느꼈고 버지니아 민병

대의 참담한 실적을 보고 받고 굴욕감을 느꼈다. 제퍼슨은 1780년 9월 3일 게이츠에게 이렇게 썼다. '저는 남부에서 발생한 불행에 대해 극도로 비통하며, 우리 주의 민병대가 그런 사태의 발생에 그처럼 크게 일조했다는 사실에 더욱 비통합니다.' (Ibid., 588.) 에드워드 스티븐스에게, 제퍼슨은 상황을 최대한 긍정적으로 제시하려고 노력했다. 그는 이렇게 썼다. '저는 최근의 불행한 사건에 대해 당신에게 진심으로 위로를 표합니다. 이 일은 우리 주민이 초래한 일이기에 더욱 제 마음을 무겁게 짓누릅니다. 그러나 우리는 과거를 돌아보는 대신 앞을 내다보면서 미래를 준비해야 합니다.' (Ibid., 593.) 그것은 성숙한 관점이었지만, 제퍼슨 자신도 당혹감을 숨길 수 없었다.

그는 물러나기를 원했다. 혹은 그렇게 생각했다. '제가 맡은 공직을 수행하는 데 요구되는 노력이 너무 과중하고, 수행된 업무는 너무나 불완전하므로 이번 임무가 끝날 때 직책에서 물러나기로 결심했습니다.' 제퍼슨은 1780년 9월 13일 리처드 헨리 리에게 다음과 같이 썼다. '시의적절하게 후계자를 정하고 싶습니다. 건전한 휘그 정신을 지니고 일에 대한 끈기와 자신이 감독해야 할 다양한 분야에 대해 폭넓은 지식을 갖춘 사람이어야 합니다. 그런 사람은 지금처럼 자금이 없는 상황에서도 잘 지탱할 수 있을 것입니다.' (Ibid., 643.) 그는 존 페이지에게 일찍 물러나겠다는 생각을 거듭 이야기하며, 아마도 페이지가 자신의 자리를 대신 맡아야 할 것이라고 말했다. 페이지는 전혀 받아들이지 않았고, 제퍼슨에게 이렇게 말했다. "당신의 사임은 저에게 큰 불안을 안겨 줄 것이며, 또한 당신의 조국에도 심대한 고통을 안길 것입니다." (Ibid., 655.)

188　**참패를 언급하며**　*PTJ*, III, 564.

189　**미국 장군에서 배신자로 돌아선 베네딕트 아널드가**　Boyer and Dobofsky, *Oxford Companion to United States History*, 50. 추가 참조. *MB*, I, 504-5. 아널드에 대한 제퍼슨의 분노는 강렬하고 직접적이었다. '그가 지금 누구의 비호 아래 숨어 있든, 그들로부터 그를 끌어내는 것이 무엇보다도 필요함을 쉽게 짐작하실 수 있을 것입니다.'라고 제퍼슨은 1781년 1월 31일 피터 뮬렌버그 장군에게 썼다.

제퍼슨은 아널드가 죽었기를 바랐다. '그들이 그를 붙잡은 후, 산 채로 데려오는 것이 불가능해져 어쩔 수 없이 그를 처형할 수밖에 없다면 매우 유감스럽지만 그들이 그를 처형하도록 승인할 수밖에 없습니다.'라고 제퍼슨은 뮬렌버그에게 썼는데, 이 마지막 문구는 편지의 최종 버전에서 삭제되었다. (*PTJ*, IV, 487.)

189　**영국군이**　Michael Kranish, *Flight from Monticello: Thomas Jefferson at War* (New York, 2010), 166. 크래니쉬의 설명은 매우 의미 있다.

189　**반복된 침략설은**　Hoffman and Albert, *Sovereign States*, 214-15.

189　**환멸을 느낍니다**　Ibid.

189　**소집을 거부했다**　Kranish, *Flight from Monticello*, 166-67.

189   한 전령이   Ibid., 166.

189   제퍼슨은 제대로 명령을 내렸지만   Ibid., 174-75.

189   로버트 헤밍스와 제임스 헤밍스가   Bear, *Jefferson at Monticello*, 6.

189   파인 크리크에 있는 그의 별장으로 급히 대피시켰다   Ibid., 124.

189   그날 오후 1시경   Kranish, *Flight from Monticello*, 191.

189   정육점 지붕을 날려버렸다   Bear, *Jefferson at Monticello*, 7.

189   10분도 채   Ibid., 78.

189   영국군이 붉은 망토를 입고   Ibid., 8.

189   주변을 돌며   Kranish, *Flight from Monticello*, 190.

190   수갑까지 챙겨 온 상태였다   Bear, *Jefferson at Monticello*, 9.

190   그가 물었다   Ibid., 8.

190   아버지는 집 안에 있던 은식기 전부를   Ibid.

190   지진이 일어난 줄   Ibid., 9.

190   진취적이고   *PTJ*, IV, 487. 추가 참조 *JHT*, I, 340-41.

191   반감과 불신이 퍼져 있었다   McDonnell, *Politics of War*, 399-477, 당시 버지니아의
실제 정치 상황에 관한 탁월한 설명이다. 민병대원들은 집을 너무 오래 떠나 있는 것
을 싫어했고 (ibid., 404-5), 대륙군 장교들의 지휘 아래 복무하는 것도 불편해했으며
(ibid., 405-10), 그리고 대륙군의 징집 명령에 저항했다. (ibid., 411-19). '이 시기에 이
르러서는 많은 버지니아인들이 어떤 방식으로든 애국 운동을 돕는 것을 꺼리게 되었
다. 징발이나 세금을 통해 군수 물자를 제공하고도 돌려받는 것이 거의 없는 상황에
지쳐 있었다.'라고 맥도널이 썼다. (Ibid., 442.)

191   온건한 법   *PTJ*, V, 113.

191   민심의 반발을 사게 될까 두려웠기   McDonnell, *Politics of War*, 452.

13장 몬티셀로에 당도한 영국군

192   상상도 못 할 공포와 혼란   *JHT*, I, 358-59.

192   리치먼드를 떠나   McDonnell, *Politics of War*, 462-63.

192   그들의 세 번째 아이가 세상을 떠난 것이다   *MB*, I, 508.

192   머무르기로 했다   Scharff, *Women Jefferson Loved*, 139.

193   징집을 둘러싼 폭동이 일어나고 있었다   McDonnell, *Politics of War*, 453-61.

193   조지 워싱턴 장군에게 직접 원군을 요청   *PTJ*, VI, 32-33.

193 오래전부터 해왔기에 Ibid., 33.

193 공직의 고단함 Ibid.

194 1781년 6월 2일 토요일 Ibid., 78.

194 토머스 넬슨 주니어를 선출 Hayes, *Road to Monticello*, 231.

194 통합해야 할 시점 Ibid.

194 탈턴에게 정부 인사들을 샬러츠빌까지 추격하라고 명령했다 Ibid.

194 영국 기병대는 1781년 6월 3일 일요일, 루이자에 있는 쿠쿠 선술집을 빠르게 지나쳤다 Virginius Dabney, Jouett Outrides Tarleton, and Saves Jefferson from Capture, *Scribner's Magazine*, June 1928, 690.

194 늦은 시각이었다 Ibid., 691.

194 거구의 버지니아 민병대원 Ibid.

194 가장 빠르고 발이 날랜 말 Ibid.

194 황야를 뚫고 달려 나갔다 Ibid.

194 그는 낮게 드리운 나뭇가지에 채찍질당하듯 얼굴을 심하게 긁혔고 Ibid., 691-92.

194 행군을 멈추고 Ibid., 692.

194 약 세 시간 동안 Ibid.

194 보급 수송 행렬에 불을 지르기 Ibid. 대브니는 이렇게 썼다. '탈턴은 원정 기록에서, 시간을 낭비하지 않기 위해 마차와 그 안의 내용물을 가져가는 대신 불태웠다고 말했다.' 그는 이렇게 덧붙였다. '날이 밝은 직후, 안전을 위해 산악 지대로 도피했던 버지니아 지역 유지 중 일부가 잠자리에서 끌려 나왔다. [토머스] 워커 박사의 이웃 중 대륙회의 의원 한 명이 포로가 되었고, 영국 경보병 부대는 말이 쉴 수 있게 30분간 머문 뒤 샬러츠빌을 향해 움직였다.' (Ibid.)

194 주엣은 동트기 직전 몬티셀로에 도착해 Ibid. 대브니는 다음과 같이 썼다. '습격자들은 여전히 수 마일 떨어져 있었다. 잭이 주지사에게 경보를 알렸다. 그 후 기진맥진한 말에 박차를 가해 약 3킬로미터 더 떨어진 샬러츠빌로 달려가 의원들에게 경고했다. 그는 영국군보다 약 세 시간 먼저 도착했다. 달빛 아래 비교적 양호한 도로를 따라 24킬로미터 정도 달린 폴 리비어의 여정은, 잭의 행군에 비하면 거의 아무것도 아닐 정도였다.' (Ibid.)

195 제퍼슨은 차분하게 아침 식사를 준비 Ibid.

195 패티와 두 자녀 Kranish, *Flight from Monticello*, 279.

195 은식기를 숨기고 있었다 Bear, *Jefferson at Monticello*, 8. 추가 참조. Kranish, *Flight from Monticello*, 284.

195 도망갈 준비를 하면서 *PTJ*, VI, 84.

195 가까운 산봉우리 Dabney, Jouett Outrides Tarleton, 693.

195 챙겨 간 작은 망원경으로 Ibid.

195 샬러츠빌 방향을 바라봤지만 Ibid.

195 돌아가려던 순간 Ibid.

195 지팡이 칼 Ibid.

195 그것을 주우며 Ibid.

195 일순 망설이다가 Ibid.

195 영국군이 시야에 들어왔다 Ibid.

195 가장 빠른 말인 Kranish, *Flight from Monticello*, 283.

195 캐릭터커스에 올라타 Ibid., 284.

195 한 병사가 총을 장전한 뒤 Ibid.

195 그럼 쏴라 Ibid.

195 와인을 꺼내서 마셨다 Ibid.

195 전해지는 바에 따르면 Hayes, *Road to Monticello*, 284.

196 특히 엘크 힐 *MB*, I, 515-16. 추가 참조. *PTJ*, VI, 224-25.

196 노예 23명이 탈출했고 이 수치를 제공해준 루시아 스탠턴에게 감사드린다. 추가 참조. Stanton, *Those Who Labor for My Happiness*, 132-33.

196 몬티셀로를 떠나 말을 달리던 *MB*, I, 510.

196 포플러 포리스트 Joan L. Horn, *Thomas Jefferson's Poplar Forest: A Private Place* (Forest, Va., 2002), 22.

196 용기를 기리며 Dabney, Jouett Outrides Tarleton, 694-95. 대브니는 이렇게 썼다. '탈턴에게 붙잡혔다면 제퍼슨, 헨리, 리, 해리슨, 넬슨의 운명은 어떠했을까? 어떤 이들은 적어도 제퍼슨만큼은 반역자로 영국에서 재판을 받아 교수형에 처해졌을 것이라고 주장한다. 그러나 그에게 그처럼 가혹한 처벌이 내려졌을 가능성은 희박하다. 다만 이 혁명 운동의 지도자들이 영국군 손에 들어간 민간인들만큼이나 혹독한 대우를 받았을 것이라고 추정하는 것은 타당할 것이다. 만약 이 시기에 제퍼슨 한 사람의 경력이라도 단축되었거나 실질적으로 바뀌었다면, 미국의 역사는 크게 달라졌을 것이다. 그가 포로가 되었다면, 이 나라는 150년 전 인간의 정신을 속박했던 족쇄를 끊고, 오늘날 공화국에서 민주주의의 바탕이 되는 원칙을 세운 저 미국인의 봉사를 영원히 박탈당했을지도 모른다. 또한 독립선언서의 기초자와 서명자 세 명, 그리고 패트릭 헨리의 체포가 고군분투하는 식민지 주민들에게 얼마나 큰 타격이 되었을지 잊어서는 안 된다.' (Ibid., 697.)

196 결의안도 통과되었다 *PTJ*, VI, 88-90.

196 **결의한다** Ibid., 88.

197 **내려는 것이 아니라면** Ibid., 105.

197 **'독재자'를 임명해야 할 시점입니다** McDonnell, *Politics of War*, 465.

197 **무장해야 한다** Ibid.

197 **부결되었다** Ibid.

197 **제퍼슨의 불운한 재임기를 다룬 많은 기록은** 호의적인 관점을 보고자 한다면 다음을 참조하라. Evans, Executive Leadership in Virginia, 215-16. '토머스 제퍼슨의 주지사 재임을 평가하면서 역사가들은 대체로 그의 임기 마지막 5개월, 특히 1781년 12월 말과 1월 초 며칠에 집중했다.'라고 에반스가 썼다.

그 결과, 대중은 그를 그다지 훌륭한 최고 행정부 책임자로 여기지 않게 되었다. 그러나 이는 사실과 크게 다르다. 물론 주지사가 12월 31일, 제임스 강 하구에 '27척 규모의 함대'가 목격되었다는 소식을 접했을 때 응당 그랬어야 할 만큼 신속히 대응하지 못했던 것은 사실이다. 또 지난 수년간의 침공 위협과 습격으로 인해, 대중과 지도자들 모두 충분히 경계하지 못한 것은 사실이다. 그러나 당시 주에 대한 요구가 엄청났기에 주지사는 자원을 불필요하게 소진시킬 어떤 행동도 취하고 싶지 않았다. 이러한 상황을 고려할 때, 결론은 그가 놀라울 만큼 잘 대처했음이 분명하다. (Ibid., 215-18.)

198 **결국 이 조사는 오래가지 않았다** McDonnell, *Politics of War*, 465. 제퍼슨은 떠오르는 정치적 경쟁자였던 패트릭 헨리가 비난의 배후 원인이라고 생각했다. 제퍼슨은 조지 니컬러스에 대해 이렇게 평가했다. '이 문제를 일으킨 하찮은 존재는 경멸할 가치도 없으며, 오히려 불쌍히 여겨야 할 대상이다. 그의 타고난 나쁜 성정은 누군가의 손에 의해 조종되는 도구일 뿐이다. 그는 고래의 항문을 들락날락하는 작은 물고기 같은 존재이다. 그러나 고래는 그가 일으키는 물결의 소란스러움만으로도 충분히 알아차릴 수 있었다.' (*PTJ*, VI, 143.)

198 **어떤 근거도 없다** *PTJ*, VI, 143.

198 **완전히 손을 뗐습니다** Ibid., 118.

198 **공직에서 물러날 때** Ibid.

199 **미국군은 요크타운에서 승리하며** 1781년 10월 17일, 요크타운에서 콘월리스와 싸우던 한 유럽인 병사가 포위전을 이렇게 묘사했다. '날이 밝자 적의 포격이 재개되었는데, 이전보다 훨씬 끔찍하고 강력했다. 그들은 모든 진지에서 쉬지 않고 발포했다. 우리 전선 위로 비처럼 쏟아지는 포탄과 대포알 외에는 아무것도 보이지 않았다.' (Black, *Crisis of Empire*, 166.)

199 **엄청난 포격과** Bear, *Jefferson at Monticello*, 10-11.

199 **한 인물을 묘사해보겠습니다** *TDLTJ*, 58-60.

200　**으로 기소된**　*PTJ*, VI, 185. In May 1782, 패티 제퍼슨이 또 다른 딸, 루시 엘리자베스를 낳았다. 출산으로 인해 제퍼슨 부인은 심하게 앓았다. 딸이 태어나기 이틀 전, 제퍼슨은 하원의장 존 타일러에게 최근 선출된 하원의원직을 포기하겠다고 알렸다. (다음 참조. *JHT*, I, 393-97; *PTJ*, VI, 179-87; 그리고 Willard Sterne Randall, *Thomas Jefferson*, 347.) 테일러 하원의장은 제퍼슨이 체포되어 강제로 참석하게 될 수도 있다는 잠재적인 위협으로 대응했다. 제임스 먼로 역시 1782년 5월 11일 제퍼슨에게 참석을 촉구하는 편지를 보냈다. 역사학자 뒤마 멀론의 설명에 따르면, 제퍼슨은 5월 20일 먼로에게 줄리언 P. 보이드가 '길고 쓰라린' 편지라고 부른 글을 보내, 자신이 참석할 수 없는 이유를 '극도의 불안감' 속에서 낱낱이 밝혔다. (다음 참조. *JHT*, I, 394-97; 그리고 *PTJ*, VI, 184-87.) 이 편지 각주에서, 먼로 문서의 편집자들은 다음과 같이 썼다. '주지사로서 자신의 행보에 대한 비판으로 여전히 마음이 상해 있었고, 아내의 위태로운 건강 상태를 깊이 걱정했기에, 제퍼슨은 대의원으로 선출된 후에도 하원에서 복무하기를 거부했다. 그는 5월 11일자 제임스 먼로의 편지에 대한 이 답신을, 복무하지 않으려는 자신의 결정을 하원에 알리고 정당화하는 수단으로 활용했다.' 그들이 실제로 제퍼슨의 출석을 강요하기 위하여 체포하거나 연행하려 했던 징후는 없다. 오직 위협만 있었을 뿐이다. 결국 패티 제퍼슨은 4개월 뒤인 1782년 9월 6일 사망했다. (*The Papers of James Monroe*, II, ed. Daniel Preston and Marlena C. Delong [Westport, Conn., 2003-], 36.)

200　**부인이 딸을 하나 더 낳았습니다**　Ibid., 186.

14장 죽음 속에서 타오르다

201　**결국 제퍼슨 부인은**　Scharff, *Women Jefferson Loved*, 151.

201　**정황상 결핵을 앓았던 것**　*MB*, I, 521. 추가 참조. Gordon Jones and James A. Bear, Thomas Jefferson: A Medical History, unpublished manuscript, Thomas Jefferson Foundation, Charlottesville, Va.

201　**아버지는 항상 어머니가 부르면 들을 수 있는 거리에 계셨어요**　*TDLTJ*, 63.

201　**약을 챙겨주고**　Ibid.

202　**아내의 침대 곁**　Ibid.

202　**남편의 존재를 갈망했다**　Randall, *Jefferson*, I, 380.

202　**문장 몇 줄을**　*PTJ*, VI, 196-97.

203　**매우 마음이 아팠고**　Scharff, *Women Jefferson Loved*, 148.

203　**집안의 하인들**　Bear, *Jefferson at Monticello*, 99.

203   말하곤 했습니다   Ibid.

203   아이들 이야기가 나오자   Ibid., 99-100.

204   약속했다   Ibid., 100.

204   아내의 침대 곁에서 비통해하는 제퍼슨   *TDLTJ*, 63.

204   그 뒤에 벌어진 장면은   Ibid.

204   간이침상이 마련되었지만   Ibid. 147 He kept his room Ibid.

205   아버지는 3주 동안 방을 떠나지 않으셨고   Ibid.

205   마침내 방을 나선   *PTJ*, VI, 197.

205   제퍼슨이 미쳐간다는 소문이 파다했다   Ibid., 199.

205   상상도 못 했습니다   Scharff, *Women Jefferson Loved*, 151.

206   그가 아내를 위해 남긴 묘비명   Randall, *Jefferson*, I, 383.

206   자살의 유혹을 조심스럽게 언급하기 시작했다   *PTJ*, VI, 198-99.

207   아버지로서 의무   Ibid. 제퍼슨은 이렇게 썼다. '우리 아이들을 돌보고 가르치는 일은 확실히 일시적으로 비참함에서 벗어나게 해주고 마음을 달래는 성찰을 길러준다. 만약 무덤 너머에 이 세상의 일에 대해 관심을 두는 존재가 있다면, 적어도 한 천사는 이러한 보살핌을 기쁘게 여기며, 그것이 계속 이어지길 바랄 것이다. 동시에 나를 가두는 고통을 안타깝게 여길 것이다.' (Ibid.)

207   그는 아직 그럴 만한 상태가 아니었다   Ibid., 198. 그는 "나 자신이 사업이라 할 만한 일에는 절대로 참여할 수 없음을 깨달았다."라고 말하며 엘크 힐을 방치했다. (Ibid.)

15장 정계 복귀

209   나는 내부의 분열보다 더 두렵고   *PTJ*, VI, 248.

211   주들은   Ibid.

212   곰곰이 생각하던   Ibid., 204-5.

212   만약 악의에서   Ibid., 205.

213   참석해달라고 요청했다   Ibid., 202. 제임스 매디슨에 따르면, '그 행동은 J 부인의 죽음이 아마도 공직 생활에 대한 J 씨의 감정을 변화시켰으며, 그의 최초 임명을 이끌어 낸 모든 이유가 여전히 존재한다고 보는 데에서 발생했다.' (Ibid.) 추가 참조. ibid., 210-15.

213   두 달 전   Ibid., 210.

213   앰프틸을 방문 중이었고   Ibid., 206-7.

213 나는 나의 임무를 성실하게 수행할 것이며 Ibid., 206.

213 나는 떠날 준비를 하는 데 단 1초도 지체하지 않을 것입니다 Ibid.

214 조금씩 벗어나고 있습니다 Ibid., 203.

214 《버지니아 관보》에 공지를 실었다 The Virginia Gazette Ibid., 210.

214 출항할 예정이었다 Ibid., 211.

214 메리 하우스 여사의 숙소에 방을 잡고 머물렀다 MB, I, 527.

214 매력적인 정치적 인물들과의 Ibid.

214 엘리자 하우스 트리스트 PTJ, VI, 375. '제가 직접 당신을 알기 훨씬 전부터, 당신의
성품이 매우 훌륭하다고 생각했습니다. 당신의 조언으로 나라가 항상 큰 도움을 받았
음을 잘 알고 있습니다. 또한 당신이 선하다는 것을 알기에 더욱 높이 평가합니다.'라
고 그녀는 1783년 말 그에게 썼다. (Ibid.)

215 열다섯 살 캐서린 '키티' 플로이드에게 푹 빠진 서른두 살 메디슨의 Ibid., 262-64. 추
가 참조. Gordon-Reed, *Hemingses of Monticello*, 309-12. 고든-리드는 이 당시 여성들
의 결혼 가능 연령에 대해 주목할 만한 통찰을 제시하면서, 제퍼슨과 매디슨 세대 남
성들이 10대 소녀들을 원하는 경우가 많았다고 언급했다. 제퍼슨과 샐리 헤밍스, 매디
슨과 키티 플로이드 사례가 있었으며, 다른 예도 있다. 존 마셜이 폴리 앰블러에게 구
애했을 때, 그는 25세였고, 폴리는 14세였다. (Ibid., 31I.) 토머스 랜돌프 시니어는 50세
때 17세 소녀와 결혼하게 되었다. (Ibid.) '오늘날 감각으로는 아무리 충격적일지라도,
헤밍스 시대에는 15~16세 소녀들이 남성들, 심지어 자신보다 훨씬 나이가 많은 남성
들과도 진지한 관계를 맺을 수 있다고 생각했다.'라고 고든-리드가 썼다. (Ibid., 309.)

215 정독했고 Ibid., 212-13.

215 좀 더 일찍 합류했더라도 위원회의 역량을 더하지 못했을 것이며 Ibid., 217.

216 개인적인 경의를 Ibid., 222. 제퍼슨은 이해했고 워싱턴에게 이렇게 썼다. '당신께서는
유럽 궁정의 인물들과 견해에 대해 조예가 깊은 신사들로부터 훨씬 더 나은 정보를 얻
으시겠지만 그럼에도 저의 보잘것없는 의견을 덧붙이고자 합니다.' (Ibid., 222-23.)

216 버지니아에 돌아왔지만 Ibid., 259-61. 임무가 중단되자 그는 4월 12일 필라델피아를
떠나 버지니아로 향했다. 매디슨은 연애 문제와 정치적인 상황을 그에게 계속 알리며
키티 플로이드에 관해 이렇게 썼다. '당신이 떠나기 전에 저는 그녀의 감정을 충분히 확
인했습니다. 당신이 떠난 이후로 그 일은 계속 진행 중입니다.' (Ibid., 262.) 집으로 돌아
가는 길에 제퍼슨은 리치먼드에 들렀다. 그는 2주 동안 버지니아의 세부 사항들에 다
시 익숙해지기 위해 가능한 한 많은 의원들과 교류하고 대화를 나누었다. 주지사직 위
기 이래 이 사람들 사이에서 보낸 첫 장기 체류였고 제퍼슨은 열정적으로 다시 활동에
뛰어든 것처럼 보였다. 그는 매디슨에게 의회 후보로 가능한 사람들의 인상과, 주 지

도부가 국가 권력의 근본 문제를 어떻게 보는지에 관한 자신의 견해를 썼다. 제퍼슨은 1783년 5월 7일 수요일 아침, 터커호에서 쓴 편지 속에 이 같은 정치적 식견을 털어놓았다. (Ibid., 265-67.)

216 **만약 우리가 가끔 이야기했던 그 부름이 나에게 온다면** Ibid., 267.

216 **제퍼슨 씨의 동의로 그를 대표단의 수장으로 선출했습니다** Ibid.

216 **제퍼슨이 선출된 의회는 국가 정부의 유일한 기구였다** Boyer and Dubofsky, *Oxford Companion to United States History*, 51, 연방 의회의 권한과 결함을 요약했다.

217 **눈에 보이는 수반** *PTJ*, VI, 516-29.

217 **당시에는 두세 명의 개인적인 기질 탓으로 여겨졌지만** Randall, *Jefferson*, I, 394-95.

217 **여러 조언자가 함께하되, 최종 결정을 내리는 단일한 판결자를 두는 것이 지혜와** Ibid.

218 **중앙집권적이고** *PTJ*, VI, 248. '우리는 이 임무를 완수하기 위해 각 주에서 파견된 대리인들로 의회를 대체했지만, 그들에게 자신들의 결정을 집행할 수 있는 권한은 주지 않았다. 결과가 어떻게 되겠는가? 그 결정들은 집행되지 않을 것이다. 어느 누가 자신이 가진 보잘것없는 권한을 대단하게 여겨서 주권 일부를 쪼개어, 모든 주로 구성되며 매년 자신이 직접 선출하고 원할 때는 언제든 해임할 수 있는 모든 주 대표들의 회의에 넘기는 대신 이 재앙 같은 상황을 감수하기를 선호할 수 있겠는가?'라고 제퍼슨이 썼다. (Ibid.)

218 **연합의 유대를 강화하고** Ibid., 249.

218 **제가 오랜 시간 고민할수록** *PTJ*, X, 272. 제이는 이런 점을 자주 지적했다. '나라 전체에 불안감이 만연해 불운한 사건을 초래할 수 있다. 시간만이 이 문제와 다른 많은 의구심을 해결할 것이다. 개인과 마찬가지로 국가도 상황을 주도하기보다는 상황에 이끌리는 경우가 많기 때문이다.'라고 그는 1786년 7월 14일 썼다. (Ibid., 135.) 세월이 흐르면서 그들은 그럭저럭 버텨왔지만 단지 그 정도였다. 1785년 표명된 매디슨의 관점에 따르면 '의회는 침몰되지 않도록 배를 지키고 있지만 배를 위험에 빠뜨릴 틈새를 막는 것이 아니라 끊임없이 펌프로 물을 퍼내려 애쓰고 있을 뿐이었다.' (Ibid., VIII, 579.)

218 **국고가 채워질 일은 없습니다** Ibid., 225.

218 **그렇다면 미국인이란 누구인가** J. Hector St. John de Crvecoeur, *Letters from an American Farmer; and, Sketches of Eighteenth-Century America*, ed. Albert E. Stone (New York, 1986), 69.

218 **바르베-마르부아 후작은** *PTJ*, IV, 166-67.

218 **《버지니아주에 대한 기록》** Jefferson, *Writings*, 123-325. 추가 참조. David Tucker,

Enlightened Republicanism: A Study of Jefferson's Notes on the State of Virginia (Lanham, Md., 2008), 그리고 'I have known': Thomas Jefferson, Experience, and 'Notes on the State of Virginia,' in Cogliano, ed., *A Companion to Thomas Jefferson*, 60-74.

219　**정확히 설명하시오**　Jefferson, *Writings*, 127.

219　**그 주에서 통용되는 특유의 관습이나**　Ibid., 288. 애덤스는 『노트Notes』를 읽고 매우 높이 평가했다. '이 기록은 우리가 하루 종일 사색하는 내용입니다. 지금 많은 이야기를 할 수는 없지만, 저자와 그의 조국에 큰 영광이 될 것으로 생각합니다.'라고 애덤스가 제퍼슨에게 썼다. (PTJ, VIII, 160.) 애덤스는 '노예제에 관한 구절이 다이아몬드만큼이나 가치 있다.'라고 덧붙였다. (Ibid.)

219　**어느 비 오는 날 저녁**　*PTJ*, VI, 377.

219　**두 편의 글을 기고하여**　Irving Brant, Two Neglected Madison Letters, *William and Mary Quarterly*, 3d ser., 3, no. 4 (October 1946): 569-87.

220　**키티 플로이드가 약혼을 파기**　*PTJ*, VI, 333. 제퍼슨에게 에둘러 쓰면서, 매디슨은 '제가 추구하던 목표는 이런 일들에 흔히 따라다니는 한 사건으로 인해 중단되었습니다.'라고 했다. (Ibid.)

220　**진심으로 안타깝게 생각하오**　Ibid., 335-36.

220　**의회 관련 소식은 흥미로운데도**　*PTJ*, VI, 317.

16장 존경을 얻기 위한 투쟁

221　**외교적 행정 체계**　*PTJ*, VI, 470.

221　**대륙군 병사 300명**　Ibid., 318-19. 매디슨은 제퍼슨에게 이렇게 말했다. '의원들이 떠난 후에야, 비로소 폭도들이 무기를 버리고 일부 지휘관들을 고발했으며, 그중 두 사람은 바다로 도망쳤습니다.' (Ibid., 318.)

221　**펜실베이니아주 정부는**　Peter S. Onuf, ed., *Congress and the Confederation* (New York, 1991), 70-71.

221　**품고 있다는 인상을 해외에 주지 않기 위해**　*PTJ*, VI, 319.

222　**아나폴리스로 이전할 때까지**　Edith Rossiter Bevan, Thomas Jefferson in Annapolis, November 25, 1783~May 11, 1784, *Maryland Historical Magazine* 41, no. 2 (1946): 115-24, 약간의 설명과 일일 지출 내역을 보여 준다.

222　**계속 프린스턴에 머물렀다**　다음 참조. Varnum Lansing Collins, *The Continental Congress at Princeton* (Whitefish, Mont., 2005).

222 **미리 잡아주기를 요청했다** *PTJ*, VI, 336.

222 **제퍼슨은 1783년 10월 16일 목요일 몬티첼로를 떠났다** *MB*, I, 536.

222 **숙소도 부족했다** *PTJ*, VI, 319.

222 **시골 마을일 뿐이다** Ibid., 337.

222 **미국은** Ibid., 369.

223 **벌써 보름이 지났지만** Ibid., 381.

223 **필라델피아에서 발생한 폭동** Ibid.

223 **파리조약을** *JHT*, II, 414-17.

223 **정족수 부족으로** *PTJ*, VI, 388. "유감스럽지만, 당장 9개 주 정족수를 채울 즉각적인 전망은 보이지 않습니다. 각 주나 대표자들이 모든 주가 의회에서 지속적이고 완전하게 대표해야 할 그들의 개별 이익은 물론 공공 이익에도 너무나 무관심하기 때문입니다."라고 제퍼슨이 1783년 12월 17일 벤저민 해리슨에게 말했다. (Ibid.)

224 **불안한 마음뿐입니다** Ibid., 419.

224 **지금 할 수 있는 말이라곤** Ibid. 프랑스가 대륙에서의 전쟁에 몰두하면서, 미국은 협상력에서 불리한 처지에 놓일 것인데, 이 사실을 제퍼슨은 분명히 인식하고 두려워했다. (Ibid.) 제퍼슨은 의회가 스스로 정한 규칙에 따르고, 그가 말하는 '아홉 주 정족수를 채우지 못하는 위험'이 극복될 때까지 비준을 미루기로 결심했다. (Ibid., 420.) 조약을 체결하는 일은 '너무나 강력하고 실질적인 행위'이므로, 단 7개 주만으로 처리하는 것은 '우리에 대한 신의를 저버리는 행위'가 될 것이며, 국가의 인장을 모독하는 행위이자 향후 비준의 유효성을 부정할 수 있는 근거가 될 것이다. (Ibid., 424-25.)

224 **이곳에 와서 줄곧 건강이 좋지 못했고** Ibid., 438.

224 **타협점을 찾고자 했다** Ibid., 441-42. 제퍼슨에 따르면 다음과 같은 견해를 가진 의원들이 있었다고 한다. '9개 주가 임시 조약을 비준하고 외교관들에게 그에 부합하는 확정 조약을 체결하라고 지시해서 그에 따라 실행되었으니, 이처럼 특별한 상황에서는 7개 주는 9개 주가 승인했다고 선언한 내용을 비준할 수 있다.' (Ibid., 441.)

224 **코네티컷과 뉴저지 대표들이 늦게나마 도착했고** Ibid., 461.

224 **선포문에서 '모든 주의 선량한 시민들'** Ibid., 463.

225 **수 있다는 것이 확실하다면** Ibid., 386-87.

225 **지금까지는 간신히 의사당 건물에 나가 의무를** Ibid., 466.

225 **다양한 뼈, 이빨** Ibid., 371.

225 **뷔퐁 백작** *MB*, I, 549.

225 **유난히 큰 표범 가죽** Ibid.

225 **모금하고 있더군요** *PTJ*, VI, 371.

226   기계식 복사기를 구매하기   Ibid., 373.

17장 잃어버린 도시와 인생 조언

227   제퍼슨 주지사는   *PTJ*, VII, 303.

227   온통 기구 이야기뿐이었다   Ibid., 57.

227   거대한 열기구 실험이 한창이었다   제퍼슨과 홉킨슨은 1783년 말 파리에서 시도된 일련의 실험용 열기구 비행에 대해 이야기하고 있었다. 1783년 6월, 최초로 열기구를 개발한 조제프 미셸과 자크 에티엔 몽골피에 형제는 파리에서 처음으로 열기구를 공개적으로 띄웠다. 이어서 1783년 11월 21일, 장-프랑수와 필라트르 드 로지에가 파리에서 인간이 탑승한 열기구 비행을 시도했다. 필라트르 드 로지에는 1785년 6월 15일, 동료인 피에르 앙주 로맹과 함께 영국 해협 횡단을 시도하던 중 이중 열기구에 불이 붙고 부분적으로 붕괴되면서 불로뉴 근처에서 300여 미터 이상 추락해 사망했다. (L. H. Butterfield, Wendell D. Garrett, and Marjorie E. Sprague, eds., *Adams Family Correspondence*, VI, 181.) 제퍼슨은 1785년 6월 19일 자 편지에서 필라트르 드 로지에의 추락 사고를 언급하고 있다. (*PTJ*, VIII, 237.) 제퍼슨은 또한 1785년 6월 21일자 아비가일 애덤스에게 보낸 편지에서도 추락 사고를 언급했다. 그는 이렇게 썼다. '이 사건은 한동안 스스로 만든 날개로 하늘로 오르는 방법을 알려주려던 인간의 파에톤들의 열정을 꺾을 것입니다.' (Ibid., 241.)

227   이 혁명적인 잠재력을 감지했다   *PTJ*, VI, 542.

228   10년 후   *MB*, I, 548-49.

228   크게 성공한 정치인은   *PTJ*, VII, 20.

228   지하도시   Ibid., 123.

228   영국 놈들이 내 온도계랑 기압계를 훔쳐 갔다네   Ibid., VI, 507.

229   보았겠지?   Ibid., 508.

229   외진 정착지 중에서   Ibid., 509.

229   뷔퐁의 열 이론   Ibid., 436-37.

229   늘 생각하고 있습니다   Ibid., XVIII, 98.

229   바르베-마르부아 후작에게 감사의 편지를 보내   Ibid., VI, 373-74. 그는 마르부아에게 이렇게 썼다. '내가 팻시를 위해 세운 독서 계획은 미국이 아닌 다른 나라에서 여성에게 적합하다고 생각하는 것과는 상당히 다릅니다. 이 계획에서는 딸이 자신을 넘어서 시각을 확장하고, 언젠가 작은 가족을 이끌 가능성도 고려했습니다. 결혼에서 딸

이 명청이를 남편으로 맞이할 가능성은 14 대 1 정도로 계산했으며, 당연히 가정교육
은 다른 도움 없이 딸의 생각과 지도에 바탕을 둘 것입니다.' 이처럼 그는 평소보다 더
엄격하게 팻시를 압박했다. '따라서 최고의 시인과 산문 작가들과 함께, 좀 더 심오한
학문 분야까지 일정 수준의 독서를 병행할 예정입니다. 다만 딸이 제게 돌아올 때까지
이러한 학문을 시작할 것으로는 기대하지 않습니다. 필라델피아에서 팻시가 보내는 시
간은, 대개 외진 환경에서는 습득할 수 없는 미술 분야의 취향과 경험을 조금 쌓는 데
할애될 것입니다.' (Ibid., 374.)

229 **학문적 성취는** Ibid., 359.

230 **그 훌륭한 부인을 생각해보렴** Ibid., 359-60. 의회의 일원으로 여행하면서도 제퍼슨
은 늘 딸들을 주의 깊게 살폈다. 이번에는 아나폴리스로 가는 길에, 필라델피아에 팻
시를 두고 떠난다고 '제임스 먼로에게 편지를 쓰면서' 나에게는 팻시를 위해 프랑스어,
무용, 음악, 미술 분야에서 최고의 교사를 구할 수 있는 힘이 있다.'라고 썼다. (Ibid.,
355.) 심각한 지진 이후 세상의 종말에 집착하는 팻시에게 제퍼슨은 신중하고 균형 잡
힌 관점을 갖도록 조언했다. 1783년 12월 2일, 그는 팻시에게 이렇게 썼다. '나는 네가
세상이 곧 멸망하리라는 어리석은 예언을 무시할 만큼 분별력을 갖추기를 바란다. 전
능하신 하나님께서는 세상을 언제 창조하셨는지 누구에게도 알려주신 적이 없으며,
설사 세상을 끝장낼 생각이 있으시더라도, 언제 끝낼 것인지 누구에게도 말씀하시지
않을 것이다.' (Ibid., 380.)

230 **나누는 데 내가 바람직하다고 생각하는** Ibid., 360.

231 **알 만큼은 자랐단다** Ibid., 379.

231 **인물로** Ibid.

231 **앞으로 우리가 스페인과 맺게 될 관계를 생각할 때** Ibid., VIII, 408.

231 **이성을 그 정당한 자리에 굳건히 앉히고** Ibid., XII, 15.

231 **먼로가 거의 내 땅과 맞닿은 곳에 땅을 사고 있네** Kaminski, *Founders on the Founders*,
291.

232 **우리가 각기 다른 삶의 길을 걷게 되어** *PTJ*, XXXI, 118.

232 **도널드는 집에서 워너 루이스를 접대하던 중, 제퍼슨에게서 한 통의 편지를 받았
다** Kaminski, *Founders on the Founders*, 294-95.

232 **경고를 거듭** *PTJ*, VI, 546.

232 **입법 사안 중에서도** Ibid., 549.

233 **경고의 편지를 받았다** Ibid., 511-12.

233 **이 보고서는** Ibid., VII, 1516.

234 **정기적으로 발생하는 두통** Ibid., VI, 570.

234　의회의 기능이 마비되었다는 상황　Ibid., VII, 25.

234　독립전쟁 이전의 채무 변제　EOL, 112, and Charles Pinnegar, *Virginia and State Rights, 1750~1861* (Jefferson, N.C., 2009), 53.

234　적어도 두 가지가　EOL, 112.

234　무역로를　PTJ, VI, 548. 추가 참조. Joel Achenbach, *The Grand Idea: George Washington's Potomac and the Race to the West* (New York, 2004), 31-37.

234　이 순간이야말로　PTJ, VII, 26-27.

234　워싱턴은 이 아이디어에 수십 년간 관심을 가져왔지만　Achenbach, *Grand Idea*, 37. 추가 참조. Stuart Leibiger, *Founding Friendship: George Washington, James Madison, and the Creation of the American Republic* (Charlottesville, 1999), 37.

234　기대하지 않소　PTJ, VII, 49.

235　육상 운송로를　Achenbach, *Grand Idea*, 28, 112-20.

235　개선 사업을 직접 감독했지만　Leibiger, *Founding Friendship*, 46. 추가 참조. Achenbach, *Grand Idea*, 129-35.

235　체서피크-오하이오 운하　Leibiger, *Founding Friendship*, 46-47.

235　제퍼슨에게 의견을 물으며　PTJ, VII, 88.

235　관심을 끌 수 있는　Ibid., 105-7.

236　친구 사이를 반목하게 하는　Ibid., 106.

236　워싱턴은 제퍼슨의 조언을 진지하게 받아들인 것으로 보인다　Ibid., 109. 추가 참조. Markus Hnemrder, *The Society of the Cincinnati: Conspiracy and Distrust in Early America* (New York, 2006), 28-29.

236　끌어들일 수 있으며　Hnemrder, *Society of the Cincinnati*, 47.

236　최고의 효과를 낳는다고 생각하네　PTJ, VI, 548-49.

236　양도하는 조치를 수락했다　Ibid., 571-80.

236　새로운 주를 창설하기 위한 계획　Ibid., 581-617.

236　이름까지 정해두었다　Ibid., 591.

237　1784년 영토 조례　Ibid., 581-617.

237　일부로 남아야 하며　Ibid., 614.

237　각 주의 정부는　Ibid.

237　노예제 확장을 금지하는　Miller, *Wolf by the Ears*, 27.

237　단 한 표 차이로 부결되었다　Ibid., 28.

237　뉴저지에서 온 한 대표가 병으로　Ibid.

237　운명이 한　Ibid.

237 '유용성'을 잃는 위험을 감수 Ibid., 89.

237 **1787년 북서부 조례** Ibid., 29. 추가 참조. Boyer and Dubofsky, *Oxford Companion to United States History*, 557-58; Adam Rothman, *Slave Country: American Expansion and the Origins of the Deep South* (Cambridge, Mass., 2005), 18-19; 그리고 *EOL*, 121-22.

237 그는 오전부터 오후까지 *PTJ*, VII, 221-30.

238 아나폴리스를 떠난 직후 Ibid., 229.

238 나는 이제 Ibid., 233.

238 각 회기가 끝날 때마다 Ibid.

238 애정 어린 유산 Ibid., 233-34.

239 버지니아 하원에 작별 인사를 담아 편지를 보냈다 Ibid., 244.

239 파리의 어리석은 세상은 Ibid., 257.

239 무역 상황을 조사하며 방대한 양의 정보를 기록했다 Ibid., 323-55.

239 어느 정도라도 Ibid., 358.

239 월요일 새벽 4시 *MB*, I, 554.

18장 유럽이라는 과시의 무대

243 그는 명예와 진실함으로 William Howard Adams, *The Paris Years of Thomas Jefferson* (New Haven, Conn., 2000), 184.

245 겁쟁이는 *PTJ*, VII, 640.

245 좋은 사람들 *TDLTJ*, 73.

245 항해 내내 순풍이 *MB*, I, 555.

246 균형을 이루고자 했다 Lawrence S. Kaplan, *Jefferson and France: An Essay on Politics and Political Ideas* (Westport, Conn., 1980), 19-20.

246 제퍼슨은 프랑스를 국제 무대에서 미국에 어떤 도움이 될 수 있는지를 기준으로 바라보았다 Ibid. 나는 캐플런의 주장에 동의한다. 이 견해는 제퍼슨의 통찰력 있는 동시대인들로부터도 많은 지지를 받았다. 프랑스 문제와 관련해 제퍼슨 의견에 반대한 사례는 다음을 참조하라. Conor Cruise O'Brien, *The Long Affair: Thomas Jefferson and the French Revolution, 1785~1800* (Chicago, 1996). Iain McLean, The Paris Years of Thomas Jefferson, in Cogliano, ed., *A Companion to Thomas Jefferson*, 110-27, 그 시기에 관한 세밀한 연구이다.

246 토끼, 집토끼, 자고새를 *PTJ*, VII, 383-84.

246 스틸턴 치즈 Ibid., 384. 결국 그는 치즈를 보내지 못했다. (Ibid., 429.)

246 매우 흐린 날씨 Ibid., 508.

246 열병에 걸리자 Ibid.

247 세상에서 가장 유쾌한 나라 Roy and Alma Moore, *Thomas Jefferson's Journey to the South of France* (New York, 1999), 16.

247 고래 기름과 담배 관련 조약을 협상 Kaplan, *Jefferson and France*, 30. 추가 참조. *JHT*, II, 196-97, and Merrill D. Peterson, *Thomas Jefferson and Commercial Policy, 1783~1793*, *William and Mary Quarterly*, 3d ser., 22, no. 4 (October 1965): 599-600.

247 주의 깊게 관찰하며 Kaplan, *Jefferson and France*, 33. 이 점에 관해 캐플런으로부터 많은 도움을 받았다. 추가 참조. *PTJ*, VIII, 339와 373-74.

247 미국산 수출품 Ibid. 추가 참조. *PTJ*, XIV, 304-5; ibid., XV, 502.

247 생도밍그가 미국 상인에게 개방되기를 바랐다 Kaplan, *Jefferson and France*, 33. 추가 참조. *PTJ*, XV, 456.

247 소개해달라고 하십시오 *PTJ*, VII, 376.

247 수다스럽고 상세한 메모 Kaplan, *Jefferson and France*, 33. 추가 참조. *PTJ*, VII, 386-91.

247 콩도르세 후작은 William Howard Adams, *Paris Years of Thomas Jefferson*, 7.

248 제퍼슨이 처음으로 잡은 숙소는 Ibid., 47-48.

248 가정용 물품을 *PTJ*, VIII, 230.

248 남편의 동료 제퍼슨 씨 *Adams Family Correspondence*, VI, 78.

248 매우 호감 가는 분 McCullough, *John Adams*, 312.

248 당신의 아들이나 다름없었지요 Ibid., 311.

248 매일 확장하고 아름다워지고 있다 William Howard Adams, *Paris Years of Thomas Jefferson*, 41.

248 집들과 극장들, 농민 일반세 징수를 위한 Ibid., 43-45.

249 팔레 루아얄 Ibid., 59.

249 '위대하고 훌륭한' 나라에서 Jefferson, *Writings*, 98.

249 여행한 사람에게 던진다면 Ibid.

249 바르바리 국가로 *EOL*, 633-39. 추가 참조 Robert W. Tucker and David C. Hendrickson, *Empire of Liberty: The Statecraft of Thomas Jefferson*, 294-99; Frank Lambert, *The Barbary Wars: American Independence in the Atlantic World* (New York, 2005); and Joseph Wheelan, *Jefferson's War: America's First War on Terror, 1801~1805* (New York, 2003).

249 **이 국가들은** David Adams, *Geography; Or, A Description of the World* (Boston, 1820), 306.

250 **평화를 사기 위해** *PTJ*, VII, 511.

250 **희미하게 드러난** Ibid.

250 **우리 국민이** Ibid., 511-12.

250 **미국 선박을 나포한** Ibid., 639-40.

250 **전쟁에 준하는 강경한 대응을 촉구했다** Ibid. 존 제이는 보다 전통적인 생각을 지니고 있었기에 의회의 지시를 전달하였으며, 제퍼슨과 프랭클린, 애덤스가 바르바리 국가들과 협상하도록 했다. 심지어 평화를 얻기 위해 미국의 자금을 활용해 적당한 사람들을 뇌물로 회유할 가능성도 제기했다. 제이는 협상이 필수적이라고 썼는데, 그 이유는 적대감이 지속되면 우리의 자유 시민들이 끊임없이 포로 및 노예 상태에 노출시킬 것이기 때문이었다. (Ibid., VIII, 20.) 만약 외교관들의 영향력을 사들이는 것이 현명하다고 생각했다면, 그렇게 하자. '부패뿐만 아니라 정실주의가 만연한 궁정에서는, 윗사람에게 미치는 영향력 외에는 달리 취할 점이 없는 사람들에게도 관심을 가질 필요가 있다.' (Ibid., 21.)

250 **이 보고서들은 런던에서 조작된** Ibid., 644. 그는 곧 미국 서부를 둘러싼 스페인과의 갈등에 직면하게 되었다. 1784년 7월 22일 목요일, 뉴올리언스에서 스페인은 미시시피 강을 통한 항해를 금지했다. 스페인이 미국에 제시한 요구는 강 하류의 해상 운송을 일부 허용하되, 뉴올리언스를 통한 미국의 수출은 금지하겠다는 터무니없는 내용이었기 때문에, 제퍼슨은 이 문제를 얼마나 강하게 밀어붙여야 할지 판단할 필요가 있었다. '이 문제에 대해 귀하의 지인들에게 의견을 물어 그들의 생각을 나에게 알려주셨으면 합니다. 더 이상 얻을 것이 없다면 조약을 체결할 것인지 체결하지 않을 것인지, 다시 말해 조약이냐 전쟁이냐 중에서 무엇을 선호하는지 알려주십시오.' (Ibid., 510.) 고향에서 찰스 톰슨은 제퍼슨이 설립에 기여한 준행정기관인 주 위원회와 관련해 불쾌한 소식을 전했다. 톰슨의 보고에 따르면 1784년 10월 1일 위원회는 '바람직한 화합과 우호적인 분위기 없이' 해산되었다. (Ibid., 432.) 치러야 할 대가는 국내 문제에만 국한되지 않았다. 그는 제퍼슨에게 이렇게 썼다.' 이 일이 유럽 각국의 눈에 나쁜 모습으로 비칠 것이며, 귀하의 모든 외교술과 능력을 동원해야 제거할 수 있는 부정적인 인상을 줄까 걱정됩니다.' (Ibid.) 의회는 거처를 정하는 데에도 어려움을 겪었다. 프랜시스 홉킨슨은 제퍼슨에게 이렇게 썼다. '만약 의회가 어떤 곳을 고정된 거처로 정하기 위해 필요한 과반수를 확보하지 못한다면(매우 가능성이 높은 상황이다), 그들은 마치 마호메트 무덤처럼 천국과 지옥 사이에 매달려 어느 쪽에도 속하지 않는 상황에 처할 것입니다!' (Ibid., 535.)

11월이 되자, 연방 정부의 세력 약화로 인해 미국의 체면이 손상될 것이라는 제퍼슨의 우려가 사실로 확인되었다. 제퍼슨은 엘브리지 게리에게 이렇게 썼다. '우리 정부에 대한 모든 존경심은, 권위와 힘이 부족하다는 견해 때문에 대서양 이쪽에서는 완전히 사라졌습니다. 이는 우리에게 위험한 견해로 아마 우리를 전쟁으로 몰아넣을 모욕을 초래할 것입니다.' (Ibid., 502.)

250 **원칙이라고 믿었으며** William Howard Adams, *Paris Years of Thomas Jefferson*, 184-85. 영국의 무역 정책은 너무나 엄격해서, 제퍼슨은 '그 나라가 전적으로 자기 이익에 몰두하여, 가혹한 보복 외에는 어떤 것도 그들을 정의롭게 만들 수 없다.'라고 생각했다. (*PTJ*, VII, 516; 추가 참조. ibid., 509-10.) 제퍼슨은 항상 영국에 대해 강경한 태도를 유지했다. 그는 1785년 3월 18일 매디슨에게 이렇게 말했다. "그들의 신체 감각에 영향을 줄 물리적 제재 외에는 그들을 이성으로 이끌 수 있는 것은 없을 것입니다. 우리는 그들이 공평한 무역에 동의하기 전까지 그들과의 통상을 포기할 수 있음을 보여주어야 합니다." 이 경우 담배가 미국의 동맹이었다. "우리가 담배를 어디에 비축하든, 그들은 우리의 담배를 소비할 것입니다. 다른 곳에서는 그 나라 국민 기호에 맞는 품질의 담배를 얻을 수 없기 때문입니다." (Ibid., VIII, 40.)

250 **그는 가상의 프랑스 장교를** *PTJ*, VII, 540-45. '최근 돌아온 장교'는 몇 가지 사건이 있었다고 인정했다. 바로 필라델피아 반란(그러나 이 반란에서는 유혈 사태도 폭력도 없었다), 찰스턴에서의 폭동, 파리 조약의 여러 조항에 반대하는 시의회의 일부 결의안 통과, 그리고 버지니아에서 몰수된 노예에 대한 배상이 있기 전까지 영국에 대한 채무 지급을 중단하라는 요구 등이 그것이다.

그러나 제퍼슨의 장교는 미국에서의 소요 사태는 최근 고든 경 치하 런던에서 발생한 폭동에 비하면 아무것도 아니라고 썼다. '미국과 같은 규모의 영토에서 같은 기간 동안 미국보다 소요 사태가 적게 발생한 나라가 어디 있는가? 일반적으로 통치자에 대한 국민의 신뢰는 상식이 말해주듯 당연한 것이다. 그들의 통치자가 매년 자신들에 의해 선출되고, 돈에 매수되지 않으며, 파티나 음주에 의해 타락하지 않기 때문이다. 영국 치하로 돌아가는 것을 최악의 고통으로 여기지 않는 사람은 한 명도 찾기 어려울 것이다.' (Ibid., 540-42.) 광범위하게 분산된 공격에 대응하는 과정에서 제퍼슨이 직면한 어려움은 엄청났다. 존 애덤스는 다음과 같이 말했다. '궁정의 의도와 계획, 음모와 프로젝트는 신문 지면을 통해 감지하기 힘들 정도로 점진적으로, 그리고 지극히 정교하고 섬세하게 유포된다.' '영국 신문들은 모든 것을 전 세계로 퍼뜨리는 도구이다. 런던 주재 프랑스 사절들은 특히 평화 시에, 심지어는 전시에도 이 신문들을 적극 활용했다. 그들은 신문 속에 자신들이 멀리 확산되기를 바라는 내용을 집어넣었다.' (Ibid., 544.)

251 **오로지 영국 신문들을 통해서였다** Ibid., 540.

19장 철학의 세계

257 체스를 두려 했으나 *MB*, I, 610.

257 말씀하셨어요 Ibid.

257 우데토 백작 부인을 방문했다 *PTJ*, VIII, 241. 추가 참조. William Howard Adams, *Paris Years of Thomas Jefferson*, 75.

258 동상을 의뢰하는 일 Ibid., VII, 378. "의회의 의도는 조각상이 최고 장인의 손에서 제작되어야 한다는 점입니다. 그러므로 유럽 어디에서든 최고의 장인을 찾는 일을 당신께 위임하겠습니다."라고 해리슨이 제퍼슨에게 말했다. (Ibid.)

258 완벽한 조각가 *PTJ*, VIII, 241.

258 미국에 오고 싶어 합니다 Ibid., 567. '그동안 조국을 위해 많은 시간을 바치셨지만, 역사 속에서 그 업적이 길이 기억될 인물들의 모습을 후손에게 전할 수 있도록 이번 일에 잠시 시간을 내주시리라 믿습니다. 우동 씨는 현재 프랑스 왕의 흉상을 제작하고 있으며, 그가 만든 볼테르의 흉상은 세계 최초의 흉상 중 하나로 알려져 있습니다.' (Ibid.)

258 이곳에서는 머스킷총 제작 방식에 개량이 이루어졌는데 Ibid., VIII, 455.

258 저에게 알려주시고 Ibid., 301.

258 프랑스 해병대 관련 문서도 Ibid., XI, 31.

258 뷔퐁 백작을 설득하려 애썼다 Ibid., IX, 158.

259 맹인 학교를 찾아 *MB*, I, 595.

259 미국산 견과류와 베리류를 프랑스산 포도나무와 맞바꾸기도 했다 Ibid., 599.

259 미국 탐험가 존 레디어드를 Ibid., 586.

259 탐험을 계획하고 있었다 *JHT*, II, 67-68.

259 매우 중요합니다 *PTJ*, VIII, 73.

259 아베 로숑이 Ibid., 75.

259 도자기 인형 마르스를 구매했다 Ibid., 548.

259 이 도자기 인형들은 런던으로 향하는 배편에서 사고로 파손되었다 Ibid., IX, 126.

260 코르셋을 보내기도 했다 Ibid., XI, 45-46.

260 잘 맞기를 바랍니다 Ibid.

260 영국식 양복 재단과 구두 제작을 챙겼다 Ibid., XII, 484-85. 제퍼슨과 직접 연락을 취한 사람은 애덤스의 사위인 윌리엄 스티븐스 스미스였다. (Ibid.)

260 마침내 Ibid., VIII, 473.

260 랑작 호텔 *MB*, I, 594.

260 정원에 직접 심고 있소 *PTJ*, XII, 135.

260 지금 내 나이에 Ibid., VIII, 500.

260 제퍼슨 씨는 방 안   William Howard Adams, *Paris Years of Thomas Jefferson*, 185–86.

260 제퍼슨은 모든 면에서   Kaminksi, *Founders on the Founders*, 293.

261 제퍼슨 씨는   Ibid., 294.

261 풍자적 묘사에서도 잘 드러난다   *PTJ*, XI, 122–23.

262 유럽의 정치 상황을   Ibid., IX, 264.

262 100~200알 정도   Ibid., 267.

262 통상 문제 해결을   Ibid., 335.

262 성공을 거의 포기할 지경입니다   Ibid.

262 토머스 페인이 제퍼슨을 만나기 위해 파리를 방문한 것이다   *JHT*, II, 142–43.

262 코르셋을 만드는 장인의 아들   Christopher Hitchens, *Thomas Paine's Rights of Man: A Biography* (New York, 2006), 20–21.

262 테트퍼드에서 태어났다   Craig Nelson, *Thomas Paine*, 14.

262 세례를 받았지만   Ibid., 16–17. '경쟁하는 교리들이 서로 무력 투쟁을 벌이던 시기에, 동시에 두 종교를 접하며 자라났다는 점은 페인이 성인이 된 후 기존에 습득한 모든 기성 관념에 의문을 품는 성향을 촉발시켰을 수 있다.'라고 넬슨이 썼다. (Ibid., 17.)

263 50만 부 이상 판매되었다   Susan Jacoby, *Freethinkers: A History of American Secularism* (New York, 2004), 35.

263 《인간의 권리》   Ibid., 38–39.

263 《이성의 시대》   Ibid., 41–43.

263 페인과 제퍼슨은 친구이자   Wood, *Idea of America*, 213–28, 위 연구는 페인과 제퍼슨을 상세히 다룬다. 노예제 문제와 《버지니아주에 대한 기록》 속 인종적 열등성에 관한 구절을 이유로 제퍼슨에게 제기된 역사적 비판을 언급하면서, 우드는 다음과 같이 썼다. 페인은 제퍼슨을 구제하는 데 도움이 될 수 있을 것이다. 제퍼슨과 페인이 실질적으로 모든 문제에 있어 같은 생각을 가졌음이 분명하기 때문이다. 페인이 급진적이고 민주적이라는 평가는 역사가들, 특히 좌파 성향의 역사가들이 제퍼슨을 좀 더 우호적인 관점, 적어도 오늘날의 시각이 아닌 18세기의 관점에서 그를 이해하도록 해준다. (Ibid., 227.) 추가 참조. Seth Cotlar, *Tom Paine's America: The Rise and Fall of Transatlantic Radicalism in the Early Republic* (Charlottesville, Va., 2011).

1801년, 페인이 루이 14세의 처형에 반대했다는 이유로 감옥에 갇힌 후, 제퍼슨은 페인에게 미국 해군 함정을 타고 프랑스에서 미국으로 건너갈 수 있는 기회를 마련해주었다. 이제 대통령이 된 제퍼슨은 《상식》의 저자가 특별한 관심을 받을 만하다고 매디슨에게 주장하였다. "일반적으로 토머스 페인과 시민들 사이에는 분명한 차이가 있습니다."라고 그는 매디슨에게 말했다. (*PTJ*, XXXV, 125.) 페인은 제퍼슨의 제안을 거절했으나, 결국 1802년 11월에 미국에 도착하였다. (Ibid., 126.)

263 **커다란 담뱃대** Ibid. 추가 참조. Abigail Adams 2d to John Quincy Adams, *Adams Family Correspondence*, VII, 41-42.

263 **여러 차례의 회담을** *PTJ*, IX, 285-88.

263 **지금까지 이뤄낸 성과와 노력은 전부 허사가 될 것이네** *PTJ*, IX, 295. '저는 이 사건으로 인해 너무나 큰 충격과 상처를 받아, 뉴욕이나 알제리, 혹은 먼저 한 곳을 거쳐 다른 곳으로 갈 예정입니다. 결론을 내지 못할 바에는 이렇게라도 하는 것이 낫겠습니다.' (Ibid.) 이 문제에 관해 애덤스와 존 제이가 주고받은 편지는 다음을 참조하라. *The Works of John Adams, Second President of the United States: With a Life of the Author, Notes, and Illustrations, by His Grandson Charles Francis Adams*, VIII (Boston, 1853), 372-79.

263 **1786년 2월 21일 화요일 자** Ibid.

263 **자신은 돌아올 것이라며 안심시켰다** Ibid., 318.

263 **런던에 도착한** Ibid., 398-99.

264 **그는 매우 진지했지요** Ibid., 399.

264 **제퍼슨 씨만큼 인생의 불쾌한 일들을 잘 넘기는 신사를 본 적이 없습니다** Ibid., 555.

264 **이보다 더 무례하고 냉담할 수는 없었다** Jefferson, *Writings*, 57.

264 **인간 본성이 자행할 수 있는 모든 악행이 넘쳐납니다** *PTJ*, VIII, 548.

264 **제 성격과는 잘 맞지 않아요** Ibid.

265 **영국의 정원을 함께 둘러보며** Ibid., IX, 369-75; McCullough, *John Adams*, 356-62.

265 **이 문제로 끝없는 걱정을** *PTJ*, VIII, 451. 제퍼슨이 1785년 8월 30일 프랜시스 에페스에게 이렇게 썼다. '내년 여름에 폴리를 내게 보내주길 거듭 부탁하네. 폴리를 맡길 사람에 관해서는 자네와 에페스 부인께 일임하겠네. 미국에서 프랑스나 영국까지 데려가 줄 수 있는 선량한 부인이 가장 좋겠지만, 폴리를 돌봐 줄 친절하고 사려 깊은 신사도 괜찮을 것이네.' (Ibid.)

265 **짧은 편지 한 통이 도착했다** Ibid., 517.

265 **네가 너무 보고 싶어서** Ibid., 532-33.

266 **감히 말하건대** Ibid., IX, 380.

20장 그의 이성과 감정

267 **우리는 불멸이 아니네** *PTJ*, X, 451.

267 **금발에 나른한 매력을 지닌** Helen Duprey Bullock, *My Head and My Heart: A Little*

History of Thomas Jefferson and Maria Cosway (New York, 1945), 14.

267 **피렌체 근처에서 태어난** Ibid., 15. 내가 묘사한 코스웨이의 초상은 앞서 언급한 책을 바탕으로 하였다; William Howard Adams, *Paris Years of Thomas Jefferson*; 그리고 Stephen Lloyd, The Accomplished Maria Cosway: Anglo-Italian Artist, Musician, Salon Hostess and Educationalist (1759~1838), *Journal of Anglo-Italian Studies* 2 (1992): 108-39. 애덤스의 책은 특히 충실하고 흥미롭다.

267 **겨우 구출되었다** Ibid., 14.

268 **작가 제임스 보스웰** Gordon Trumbull, Boswell, James (1740~1795), in *Oxford Dictionary of National Biography*, 729-40.

268 **조슈아 레이놀즈 경과** *The Dictionary of Art*, XXVI (New York, 1996), 270-81.

268 **안젤리카 카우프만** Wendy Wassyng Roworth, Kauffman, (Anna Maria) Angelica Catharina (1741~1807), in *Oxford Dictionary of National Biography*, XXX, 914-17.

268 **수집가 찰스 타운리** B. F. Cook, Townley, Charles (1737~1805), in *Oxford Dictionary of National Biography*, LV, 115-17.

268 **화려한 사교계에** Ibid., 15-16.

268 **작고 단단한 체구지만** Kukla, *Mr. Jefferson's Women*, 89.

268 **웨일스 왕세자의 후원을 받아** William Howard Adams,
Paris Years of Thomas Jefferson, 101, 225.

268 **코스웨이는 새집** Bullock, *My Head and My Heart*, 18.

268 **꾸몄다** Ibid., 225.

268 **가구는 정교한 조각과** Ibid. 코스웨이 가문의 내부 인테리어에 대한 상세 설명은 불럭에게 많은 도움을 받았다. 존 토머스 스미스에 대한 그녀의 인용은 코스웨이 집안의 분위기를 파악하는 데 결정적인 역할을 했다.

268 **윌리엄 해즐릿이** William Howard Adams, *Paris Years of Thomas Jefferson*, 225.

268 **호레이스 월폴은** Ibid., 225-26.

268 **마드무아젤 라 슈발리에 데옹이** 그녀가 살던 시대에는 잘 알려져 있었다. Ibid., 226.

268 **친구이자** Ibid., 224-25.

269 **위그와 코스웨이 부부는** Ibid., 103.

269 **예술가 존 트럼블** Turner, *Dictionary of Art*, XXXI, 391-92.

269 **돔을 설계한 건축가들** William Howard Adams, *Paris Years of Thomas Jefferson*, 62-63.

269 **햇빛이 유리를 통과하며 산란하는 빛의 효과는 대단했다** Ibid., 62. 애덤스는 다음과 같이 썼다. '[제퍼슨의] 눈에 빛으로 가득한 그 방은 당시의 이상주의를 구현하는 것처

럼 보였으며, 그의 뇌리에서 좀처럼 떠나지 않는 이미지였다. 실용적인 공학과 아름다운 미학의 결합은 그의 건축적 상상력에 종종 영감을 불어넣었다.' (Ibid., 62-63.)

269 **지구상에서 가장 훌륭한 건축물** Ibid. 애덤스는 이렇게 덧붙였다. "홀의 반짝이는 유리와 가느다란 나무 뼈대는 어쨌든 제퍼슨에게는 상징적인 동시에 실용적인 '계몽적 공간'의 정신을 잘 담아낸 것으로 보였다." (Ibid., 63.)

269 **생플로랑탱 거리 6번지에 있는** Michael Gallet, *Paris Domestic Architecture of the 18th Century* (London, 1972), 21.

269 **육감적인 입술** Bullock, *My Head and My Heart*, 13-14, 이 책은 코스웨이 부인에 대해 생생하게 묘사하고 있는데, 특히 입술의 특징이 그녀의 초상화에서 도드라져 보였다.

269 **긴급한 외교 문서가 도착해** PTJ, X, 445. 추가 참조. Bullock, *My Head and My Heart*, 21.

269 **모두 그날 정해진 약속이 있었지** PTJ, X, 445.

269 **영어는 서툴렀기에** 예를 들어 다음 참조, PTJ, X, 494-96.

270 **함께 저녁을 먹고** Bullock, *My Head and My Heart*, 21. 그날에 대한 세부 설명은 불럭이 제퍼슨의 '머리와 마음' 편지에서 인용한 내용을 참조한 것이다. 추가 참조. PTJ, X, 443-55.

270 **남자들을 '개처럼' 다루는** Bullock, *My Head and My Heart*, 20.

270 **모든 순간이 형용할 수 없는 기분 좋은 날로 채워졌다** PTJ, X, 446.

270 **은신처 같은 장소들을 유난히 좋아했다** William Howard Adams, *Paris Years of Thomas Jefferson*, 244-47, 이 책은 제퍼슨과 코스웨이가 함께 갔던 소풍을 세밀하게 묘사한다.

270 **생각은 얼마나 웅장한지!** Ibid., 244.

270 **시간의 수레바퀴는** Ibid.

271 **제퍼슨의 오른쪽 손목이 탈구되었으나** Bullock, *My Head and My Heart*, 24. 추가 참조. PTJ, X, 431-33.

271 **어리석은 행동 중 하나였소** PTJ, X, 478.

271 **그저 제 바람을 말씀드릴 뿐이에요** Ibid., 394.

271 **밤새 극심한 고통으로 눈을 감을 수 없었소** Ibid., 431-32.

271 **정말, 정말 깊이 사과드려요** Ibid., 433.

272 **코스웨이 부부가 밤새 비를 맞으며 말을 달려 오늘 새벽 3시에 도착했습니다** Ibid., 438.

272 **마지막 슬픈 의무** Ibid., 443.

272 벽난로 옆에 홀로 앉아 Ibid., 444.

275 당신의 편지를 Ibid., 494.

21장 우리의 새 헌법이 마음에 드십니까?

277 그러니 우리 국민의 정신을 소중히 여기고 *PTJ*, XI, 49.

277 빚더미에 앉은 프랑스는 중대한 시험대에 올랐다 Sylvia Neely, *A Concise History of the French Revolution* (Lanham, Md., 2008), 위 책의 I-54는 매우 유익한 내용을 담고 있다. 추가 참조. Bailey Stone, *Reinterpreting the French Revolution: A Global-Historical Perspective* (New York, 2002), 14-61, 그리고 William Doyle, *The Oxford History of the French Revolution* (New York, 2002), 66-85.

277 미국 혁명에 대한 지원 등으로 지출이 늘어나면서 Neely, *Concise History of the French Revolution*, 40-42.

277 제퍼슨은 프랑스 서민들에게 만연한 빈곤에 큰 충격을 *PTJ*, XI, 415.

277 세금은 불공정하게 Neely, *Concise History of the French Revolution*, 712.

278 세금을 더 늘릴 수는 없고 Ibid., 45.

278 국왕은 150여 년 만에 명사회를 소집해 *PTJ*, XI, 31-32. "신문에서 이미 보셨겠지만, 왕이 자국의 명사들로 구성된 의회를 소집했습니다. 이는 지난 160년간 한 번도 없었던 일입니다."라고 제퍼슨이 1787년 1월에 존 제이에게 말했다. (Ibid., 31.)

278 당연히 Ibid.

278 국민에게 익숙한 기존 습관 이상의 개혁을 시도하면 전부를 잃고, 결국 이루고자 했던 목표조차 무한히 지연될 수 있습니다 *JHT*, II, 182.

278 명사회는 성과 없이 끝났고 Neely, *Concise History of the French Revolution*, 47.

278 라파예트 후작을 포함한 Ibid.

278 중세에 창설된 자문기구 Ibid., 6.

278 마지막으로 열린 것은 1614년이었다 Ibid.

278 우리는 마치 새로운 헌법 Ibid., 57.

278 우리 정부의 무능력은 *PTJ*, X, 488.

279 다니엘 셰이스가 이끄는 무리 Wilentz, *Rise of American Democracy*, 30-32. 추가 참조. *EOL*, III; William Hogeland, *The Whiskey Rebellion: George Washington, Alexander Hamilton, and the Frontier Rebels Who Challenged America's Newfound Sovereignty* (New York, 2006), 52-53; 그리고 Don Higginbotham, War and State Formation in

Revolutionary America in Gould and Onuf, *Empire and Nation*, 67. 국제적인 불만 요인들이 있었다. 제퍼슨은 다음과 같이 썼다. '동부 여러 주는 전쟁 전만 해도 주로 고래 기름과 생선에 의존했다. 고래 기름은 런던에서 소비되었으나, 지금은 무거운 관세가 붙어 그곳으로 갈 수 없다. 생선도 물량 대부분이 지중해로 향했지만, 이제는 해적 국가들 때문에 차단당했다. 따라서 부채가 그들을 압박하지만, 갚을 수단은 점점 줄어들고 있다.' (*PTJ*, X, 631.)

279 **방종의 기운이** *PTJ*, X, 488. 예일 대학의 에즈라 스타일스는 1786년 9월 14일 반란에 대해 제퍼슨에게 이렇게 썼다. '우리의 적들이 우리 사이에 불화를 조장하고 있으며, 일부 소요와 민중 봉기를 일으키는 데 성공하고 있습니다.' (Ibid., 386.) 미국 내 재산이 주민들 사이에 이처럼 세밀하게 나뉘어 배분되는 한 자유는 안전할 것이라고 스타일스가 말했다. (Ibid.)

존 제이는 또한 그 소요 사태에 대한 신문 기사를 제퍼슨에게 보냈다. 제이는 이렇게 썼다. '세금에 대한 반감, 정부에 대한 불만, 재산에 대한 열망, 자산 획득 수단에 대한 관심 부족, 그리고 모든 문제에서 평등을 바라는 욕구가 어우러져, 자기 처지에 불안을 느끼는 대중을 동요시키는 것 같습니다.' (Ibid., 489.)

스타일스에게 제퍼슨은 다음과 같이 답했다:

제가 아는 한, 미국에서 발생한 소요는 전혀 위협이 되지 않습니다. 오히려 국민이 충분한 자유를 누리고 있다는 증거이며, 저는 국민이 가진 것을 더 빼앗기를 바라지 않습니다. 대다수 국민의 행복을 때때로 일어나는 작은 소란이나 심지어 약간의 피를 흘려 얻을 수 있다면, 이 또한 값진 희생이 될 것입니다. 나는 조용한 노예 상태보다 위험한 자유를 더 선호합니다. (Malo libertatum periculosam quam quietam servitutem.) 상식과 정직함이 공정하게 작용한다면, 곧 모든 것이 바로잡힐 것입니다. (Ibid., 629.)

279 **제퍼슨을 안심시키려 했다** Ibid., 557. 셰이스의 존 난에 대해 남편과 달리 더 비관적인 관점을 가졌던 아비가일 애덤스는 제퍼슨에게 이렇게 말했다. "제 고향에서 일어난 폭동의 경우, 사람들이 자유에 대한 경계를 늦추지 않고 항상 이를 수호하기 위해 깨어 있게 만드는 저 찬탄할 만한 정신 대신, 이 무질서한 폭도들은 기반을 흔들고 전체 구조를 한꺼번에 파괴하려 합니다." (Ibid., XI, 86.)

279 **상식이 공정하게 작동하는 곳에서 일이 완전히 잘못될까 두려워할 필요는 없지요** Ibid., 619.

279 **캐나다 내 몇몇 유력 인사들 사이에** Ibid., 596.

279 **올 수 있는 생각** Ibid. 윌리엄 S. 스미스는 영국과 인디언의 관계를 분명히 밝혔다. "나는 더 이상 피를 흘릴 필요가 없기를 바랍니다. 어디에서 끝날지 알 수 없기 때문입니다. 만약 그런 일이 일어난다면, 공식적인 선전포고를 통해 영국인들에게 맞서 흐름

을 바꿈으로써 내부의 공포와 혼란으로부터 우리 스스로를 보호할 수는 없을까요? 그들이야말로 이 모든 일의 배후에 있으며, 우리가 분노해야 할 대상입니다."라고 스미스가 제퍼슨에게 말했다. (Ibid., XI, 90.)

280 **우리 정부의 근본은 국민의** Ibid., XI, 49.

280 **매디슨에게 보낸 편지에서** Ibid., 92-97.

280 **종종 일어나는 작은 반란은** Ibid., 93.

281 **프랑스 남부와 이탈리아 북부를 여행하는** Ibid., 415-64. 추가 참조. TJF, http://www.monticello.org/site/research-and-collections/journey-through-france-and-italy-1787 (2011년 열람).

281 **건축, 그림, 조각** *PTJ*, XI, 215.

281 **땅에 있습니다** Ibid., 247.

281 **연방 헌법 제정 회의가 시작된 상태였다** Middlekauff, *Glorious Cause*, 642-44.

281 **제안에 회의적이었다** Ibid., 480-81.

281 **램지 선장과 헤어지길 원치 않았고** Ibid., 501-2.

282 **간호사가** Ibid., 502.

282 **거의 백인처럼 보일** Bear, *Jefferson at Monticello*, 4. 출처는 아이작 그레인저 제퍼슨으로 그는 이렇게 말했다. "샐리 헤밍스의 어머니 베티는 영리한 혼혈 여성이었고, 샐리는 거의 백인에 가까웠다." (Ibid.)

282 **등에 닿는 긴 생머리를** Ibid.

282 **신체적으로 성숙해 보였던 듯하다** Gordon-Reed, *Hemingses of Monticello*, 194-95. 나는 아비가일 애덤스가 샐리 헤밍스를 맞이한 기록이 시사하는 가능성에 대해 통찰을 제공해준 고든-리드로부터 큰 도움을 받았다.

282 **추정했다** Ibid.

282 **램지 선장이** Ibid., 197-208.

282 **한 번도 못 봤다고 말했지요** Ibid., 502.

283 **직접 오셔서 아이를 데려가시는 것이 좋겠습니다** Ibid.

283 **어제 그렇게 비참하게 울던 아이가 오늘은 아주 만족스러워 보였습니다** Ibid., 503.

283 **폴리와 함께 온 그 아이는** Ibid.

283 **제퍼슨은 아비가일 애덤스에게 깊은 감사** Ibid., 514-15.

283 **예전의 불안 상태로 돌아갔고** Ibid., 551.

284 **폴리 제퍼슨과 샐리 헤밍스는** *MB*, I, 674.

284 **기억은 완전히 잊고 있었지만** *PTJ*, XI, 592.

284 **아이가 읽고, 쓰고** Ibid., 634.

284 그야말로 Ibid., XII, 69.

284 이루 말할 수 없습니다 Ibid., 103.

284 계획적으로 방화를 당했다 Dunbar, *Study of Monarchical Tendencies*, 96.

285 알렉산더 해밀턴이 생각하기에 Ibid., 97.

285 해밀턴이 구상했다는 Ibid., 96-97.

285 뉴햄프셔에서 조지아까지, 미국의 모든 신사들은 하나같이 현 정부를 무시하
고 Douglas Brymner, *Report on Canadian Archives, 1890* (Ottawa, 1891), 97-98. 도체스
터 경은 1787년 4월 10일, 이 보고서를 시드니 경에게 보냈다.

285 이들은 세 부류로 나뉩니다 Ibid., 99.

286 네덜란드 연합공화국에서 벌어진 정치 위기 *JHT*, II, 184-87.

286 중요한 교훈을 우리는 얻었습니다 Ibid., 184.

286 우리는 절대 안전하지 않습니다 Ibid., 187.

286 조지 워싱턴은 헌법 초안 사본을 파리에 있는 제퍼슨에게 보냈다 *PTJ*, XII, 149-50.

286 벤저민 프랭클린도 따로 사본을 보내오면서 Ibid., 236-37.

286 헌법에 관한 편지들이 파리의 랑작 호텔에 머무는 제퍼슨에게 쇄도했다 예를 들어
다음을 참조하라. ibid., 252-257. '제 생각에 여기에는 커다란 결함이 있지만, 그러나
다른 실험으로 기대할 수 있는 것보다 더 나은 방안이라고 결론 내리는 것이 타당합니
다.'라고 에드워드 캐링턴이 썼다. (Ibid., 255.) 세인트 존 드 크레브쾨르가 제퍼슨에게
말했다. "이 나라의 영광과 행복뿐만 아니라 자기 재산에도 애착을 가진 모든 사람이
이를 지지할 것이라고 믿습니다." (Ibid., 332.)

287 이 헌법은 Ibid., 335.

287 우리의 새 헌법을 어떻게 보셨습니까? Ibid., 350-51.

287 재선될 수 있고 Ibid., 351.

287 세상은 결국 그 말을 믿게 되었고 Ibid., 356.

287 13개 주가 Ibid., 356-57.

288 전할 만한 사실이 마땅치 않다 Ibid., 357.

288 헌법 초안 내용에 구체적인 의견을 보냈다 Ibid., 438-43.

288 종교의 자유 Ibid., 440.

288 결국 제 원칙은 Ibid., 442.

289 제안했다 Ibid., 569-70. '나는 첫 9개 주 회의에서는 이를 수용하고, 마지막 4개 주
회의에서는 이를 거부하기를 진심으로 바랍니다. 전자는 결국 그것을 최종 승인할 것
이며, 반면 후자는 연방을 완성하기 위해 권리장전을 제시하도록 강제할 것입니다. 따
라서 우리는 장점을 모두 취하고 주요 결함을 치유할 수 있을 것입니다.'라고 1788년

2월 제퍼슨이 매디슨에게 썼다. (Ibid.) 매디슨은 동의하지 않았다. 그는 완전한 비준이 필수적인 첫 단계라고 생각했다.

버지니아에서 일부 사람들은 제퍼슨이 일찍이 제안했던 것과 같은 조건부 비준이나 재논의를 위한 새 회의 소집을 요구했다. '어느 쪽이든 헌법과 연방이 모두 위험에 처하게 될 것이라고 생각합니다.'라고 매디슨이 1788년 4월에 제퍼슨에게 썼다. (Ibid., XIII, 98.)

289 **결점들이 있었습니다** Ibid., XIII, 174. 1788년 6월 9일 월요일, 제퍼슨은 패트릭 헨리를 대리인으로 헌법 비준 관련 논쟁에 참여하게 되었는데, 당시 패트릭 헨리는 헌법 일부에 대한 제퍼슨의 회의적 견해를 전면적인 반대로 바꾸려고 시도했다. (Ibid., 354-55.)

헨리는 버지니아 비준 회의에서 이렇게 말했다. "한 걸음 더 나아가 이렇게 말씀드릴 수 있습니다. 공식적 권위가 아니라 믿을 만한 정보를 바탕으로 말씀드리자면, 그의 의견은 여러분이 이 정부를 거부해야 한다는 것입니다. 그는 성품과 능력 면에서 최고의 존경을 받고 있으며, 이 나라를 모든 면에서 잘 알고 있습니다. 이 위대한 시민은 여러분에게 이 정부 체제가 개정될 때까지 거부하라고 조언합니다. 우리와 멀리 떨어져 있으면서도, 그는 우리의 행복을 떠올리며 숙고합니다. 화려함과 즐거움 속에 살면서도, 그는 여전히 권리장전, 격언이라 부르는 작고 하찮게 여겨지는 것들에 대해 생각합니다. 우리 행복을 위한 공동의 친구인 그의 현명한 조언을 따릅시다." (Ibid., 354.)

매디슨은 헨리에 대해 더 이상 참을 수 없었다. "만약 그 신사가 이곳에 있었다면, 이 헌법 채택에 찬성했을 것이라고 생각합니다. 그의 이름을 거론하지 않았더라면 좋았을 텐데요. 이번 일과 관련해 그가 자신에 대해 이미 얘기된 것과 앞으로 얘기될 내용을 인쇄물로 본다면, 그의 섬세한 감정이 상처받을 것임을 저는 잘 알고 있습니다." (Ibid., 355.)

문제는 제퍼슨의 입장에 관한 헨리의 해석이 그럴듯해 보였다는 점이다. 그러나 헨리는 제퍼슨이 헌법에 대해 긍정적 입장으로 돌아선 6월이 아닌, 제퍼슨의 2월 견해를 얘기하고 있었다. 이제 제퍼슨은 프랜시스 홉킨슨의 의견에 대체로 동의했다. 홉킨슨은 이렇게 말했다. "이것이 최상의 정부 체제인지는 감히 단언할 수 없습니다. 시간이 결정하겠지만, 효율적인 연방 정부가 없다면, 각 주는 매우 짧은 시간 안에 경멸과 위험한 혼란 속으로 빠져들 것이라고 확신합니다." (Ibid., 370.) 그러나 먼 거리 때문에 아무도 제퍼슨이 이러한 결론에 도달했는지 알지 못했고, 이 때문에 매디슨의 구출 작전이 훨씬 더 힘들어졌다. 하지만 작전은 성공했다.

289 **제퍼슨은 헌법 비준 과정을 신중하고 열정적으로 지켜보았다** Ibid., 159-61.

289 **대통령직의 중요성을 인식하고** Ibid., 352.

290 마리아 코스웨이의 필체를 언뜻 발견했다 Ibid., 103-4.

290 하이델베르크에서는 Ibid., 104.

290 농담으로 나눴다 Ibid. 추가 참조. Gordon-Reed, *Hemingses of Monticello*, 281-82.

290 1699년 작 Gordon-Reed, *Hemingses of Monticello*, 281-83. 폰 브로디는 샐리 헤밍스가 파리에서 제퍼슨과 함께 지내는 동안, 젊은 여성 노예를 성적 대상으로 제공받는 가부장적 인물에 대한 제퍼슨의 관심이 의미하는 바를 지적한 최초의 관찰자였다. (Ibid.)

290 정말 황홀했어요 *PTJ*, XIII, 103.

290 파리는 이제 Ibid., 151.

22장 파리에서의 조약

291 그는 어머니를 버지니아로 데려가고 싶어 했지만 Lewis and Onuf, *Sally Hemings and Thomas Jefferson*, 256.

291 샐리 헤밍스가 있었다 Gordon-Reed, *Hemingses of Monticello*, 326-28.

291 10개월 동안 매달 12리브르 정도의 Ibid., 236-41.

292 적은 급여를 받았다 Ibid., 236.

292 옷을 사주고 Ibid., 259-60.

292 제임스는 셰프로 훈련을 받았고 Ibid., 169-90.

292 제퍼슨의 딸들이 다니는 Ibid., 213-23.

292 하녀로 일했을 가능성이 있다 Ibid., 211-13.

292 인간이 품는 가장 강력한 열정이다 Burstein, *Jefferson's Secrets*, 171.

292 피부색이 밝고, 누가 봐도 아름다웠습니다 TJF, http://www.monticello.org/site/plantation-and-slavery/appendix-h-sally-hemings-and-her-children (2012년 열람)

292 그녀가 자녀를 임신했을 것으로 보이는 시기마다 TJF, http://www.monticello.org/site/plantation-and-slavery/v-assessment-possible-paternity-other-jeffersons (2012년 열람)

293 노예가 스스로 자유를 신청할 수 있었고 Gordon-Reed, *Hemingses of Monticello*, 172-82.

293 소유하고 있던 동료에게 노예제도에 대해 조언한 적이 있었다 Ibid., 182-83.

293 제퍼슨 씨의 첩이 된 Lewis and Onuf, *Sally Hemings and Thomas Jefferson*, 256.

293 미국으로 돌아갈 준비를 할 때 임신 중이었다고 한다 Ibid.

293 **잘 이해하기 시작했고** Ibid.

294 **본인이 아니라 노예 소녀가 상황을 주도하고 있었다** Gordon-Reed, *Hemingses of Monticello*, 339. 고든-리드는 이렇게 썼다. '그녀가 젊은 시절, 그에 대해 이런 사실을 알 시간이 있었든 없었든, 예민하고 소유욕이 강하며 통제적인 제퍼슨을 가장 불안하게 만드는 것은, 가까운 사람들이 스스로 주도적으로 그 일에서 벗어나겠다고 의사 표시를 하는 것이었다.' (Ibid.)

294 **어머니를 설득하기** Lewis and Onuf, *Sally Hemings and Thomas Jefferson*, 256.

294 **제퍼슨 씨의 약속 덕분에** Ibid.

294 **제퍼슨은 파리에서 샐리에게 했던 약속을 지켰다** Ibid.

294 **자유를 얻었습니다** Ibid., 256. 다음은 몬티셀로의 수석 연구 역사학자인 루시아 C. 스탠턴이 정리한, 제퍼슨과 헤밍스 사이에 태어난 아이들과 그들의 운명에 대한 요약이다:

샐리 헤밍스는 적어도 여섯 자녀를 두었으며, 현재는 아내가 죽은 이후에 태어난 아이들을 토머스 제퍼슨의 자녀로 보고 있다. 제퍼슨의 기록에 따르면, 네 아이가 성인이 될 때까지 살아남았다. 베벌리(1798년 출생)는 목수이자 바이올린 연주자로, 1821년 말이나 1822년 초에 농장을 떠나도록 허용되었고, 그의 형제에 따르면 워싱턴 D.C.의 백인 사회에 편입되었다고 한다. 해리엇(1801년 출생)은 방직 공장에서 방적공으로 일했으며, 역시 1821년이나 1822년에 몬티셀로를 떠나 그녀의 오빠와 함께 백인 사회에 합류한 것으로 보인다. 매디슨 헤밍스(1805~1878)는 목수이자 조립공으로, 제퍼슨의 유서에 따라 자유를 얻었다. 그는 1836년 오하이오 남부에 정착하여 본업에 종사하면서 농장을 경영했다. 이스턴 헤밍스(1808년경~1856년) 역시 목수로, 1830년대에 오하이오주 칠리코시로 이주했다. 그곳에서 그는 위스콘신으로 이주하기 전까지 유명한 전문 음악가로 활동했으며, 위스콘신에서는 자신의 인종 정체성을 바꾸면서 성을 제퍼슨으로 바꿨다. 매디슨과 이스턴 둘 다 자신들이 토머스 제퍼슨의 아들이라고 생각했다고 한다.

(TJF, http://www.monticello.org/site/plantation-and-slavery/sally-hemings [2012년 열람].)

294 **소집된 삼부회** *JHT*, II, 193.

295 **이 나라의 내부 혼란에 관한 끔찍한 이야기들을 들으셨을 겁니다** *PTJ*, XIII, 358.

295 **제퍼슨과 애덤스는 암스테르담에서** *JHT*, II, 187-92, 그리고 Peterson, *Thomas Jefferson and the New Nation*, 367-68, 이 문제와 관련된 유용한 연구이다.

295 **조약을 성사시켰다** *JHT*, II, 199-202; *PTJ*, XIV, 66-180.

296 **워싱턴이 대통령이 될 것이라고** *PTJ*, XIV, 34. 제퍼슨에게 윌리엄 S. 스미스는 새로운 정부를 뒤흔들(실패한) 반연방주의 전략에 대해 보고했다. 알려진 계획은 다음과 같

왔다. 즉, 버지니아가 대통령으로 워싱턴에게 투표하기를 거부하면, 이 시나리오에서는
애덤스가 대통령이 된다는 것이었다. 스미스는 제퍼슨에게 이렇게 말했다. "이는 국가
의 비전과 일치하지 않을 것이며, 혼란을 초래하고 헌법의 운영을 방해하려는 반연방
주의 선거인들의 교묘한 계략에서만 나올 수 있는 결과이며, 이에 대해 많은 사람들이
단호히 반대해왔습니다." (Ibid., 559-60.)

296　**부통령이 누가 될지는**　Ibid., XIII, 502.

296　**행콕은 무능하고**　Ibid., XIV, 17.

296　**사이가 좋지 않습니다**　Ibid., 275.

296　**반대했던 사람들조차**　Ibid., 301. 험프리는 다음과 같이 결론지었다. '그러나 분별
있는 사람들은 여전히 그 치료약이 질병보다 훨씬 나쁠 것이라는 점을 알고 있었다.'
(Ibid.)

297　**제퍼슨은 잠시라도 귀국하기를**　Ibid., 189. "나는 오랜 부재로 잃었던 선거구민들의
마음을 다시 얻는 것이 결코 작은 이점이 아니라고 생각하며, 이는 오직 그들과 어울림
으로써 회복할 수 있다고 본다." (Ibid.)

297　**접촉할 기회를 만들고 싶어 했다**　Ibid., 332. "저는 각하의 서신 내용과 우리나라의
중요한 여러 관심사에 대해 직접 대화하는 기쁨을 누릴 수 있기를 바랍니다. 각하와의
소통을 통해 제 생각을 바로잡고, 일정 기간 외국 생활로 인해 다소 소원했던 조국의
정서를 되찾고 싶습니다." (Ibid.)

297　**그건 그렇고**　Ibid., 324.

297　**농담조로 말하자**　Richard Hofstadter, *The Idea of a Party System: The Rise of Legitimate
Opposition in the United States, 1780~1840* (Berkeley, Calif., 1969), viii. (호프스태터 책에
서 처음부터 121쪽까지가 핵심이다.) '건국의 아버지들은 정당 자체를 신뢰하지 않았
고, 역사적 모델로 인식한 정당을 경멸했으며, 당파성과 그 폐해에 대해 깊은 두려움
을 느꼈다. 하지만 연방 정부가 들어서자마자 정당 설립의 필요성을 깨달았다.'라고 호
프스태터가 썼다. (Ibid., viii.) 추가 참조. Wood, *Radicalism of the American Revolution*,
298-301.

297　**아닙니다**　*PTJ*, XIV, 650.

297　**내 가장 큰 바람은**　Ibid., 651.

297　**J. 애덤스는 직함에**　Ibid., XV, 147-48.

298　**세퍼슨은 애덤스의 제안을 듣고 이렇게 평가했다.**　Ibid., 315. 1789년 5월, 매디슨은
편지 중간에 흥미로운 내용을 슬쩍 끼워 넣었다. '국내의 어떤 직위가 적합할지에 관한
질문을 받았습니다. 당신의 뜻을 알지 못하여 감히 대답하지 못했습니다.' (Ibid., 153.)

298　**프랑스의 겨울은 참혹할 만큼 추웠지만**　*JHT*, II, 205.

298 **우리의 새 헌법은** *PTJ*, XIV, 420. 《제퍼슨과 프랑스》에서 캐플런은 매우 흥미로운 관점을 제시한다. 프랑스와 미국에서 발생한 사건에 대한 제퍼슨의 대응이 모두 프랑스 동맹의 중요성에 대한 그의 지속적인 신념에서 비롯되었다는 주장이다. 혁명을 통해 권력을 잡은 프랑스 자유주의자들의 지지를 잃을까 두려워한 그는, 셰이스의 반란 진압과 헌법 제정을 미국 공화주의와 미국과 프랑스의 지속적인 우호 관계에 대한 위협으로 보았다. (Ibid., 35.) 제퍼슨은 프랑스가 평화롭게 개인의 권리가 명확히 규정된 영국식 헌법을 갖게 되기를 희망했다. 또한 개혁이 비교적 쉽게 이루어져 프랑스가 '2~3년 내에 상당히 자유로운 헌법을 누리며, 한 방울의 피도 흘리지 않고 이를 달성하기를' 희망했다. 물론, 그런 일은 일어나지 않았다. (William Howard Adams, *Paris Years of Thomas Jefferson*, 252; JHT, II, 193.)

298 **파리에서 폭동이 발생해 약 100명이 목숨을 잃었다** *PTJ*, XV, 104.

298 **가능한 한 온건하고 낙관적인 시선으로 해석했다** Ibid., III. 설명을 덧붙이며, 캐플런은 다음과 같이 썼다. '조국의 미래를 염두에 둔 제퍼슨은 특권 계급의 내부적 증오와 유럽 다른 국가들의 외부적 적의에 맞선 혁명주의자들의 투쟁을 전폭적으로 지지했다.' (Kaplan, *Jefferson and France*, 36.)

298 **프랑스를 위한 권리 헌장 초안을 간략하게 작성해서** *PTJ*, XV, 167-68.

298 **좌절한 제3신분의** Doyle, *Oxford History of the French Revolution*, 104-7.

299 **세 차례나 도둑맞았다** Ibid., 260. '최근 제가 묵은 호텔이 세 번째로 약탈당했기에, 이 지역 주민들의 바람에 저의 소망을 덧붙여 감히 경비대의 보호를 간절히 요청드립니다.'라고 제퍼슨은 1789년 7월 8일 몽모랭 백작에게 썼다. (Ibid.)

299 **거리 전투를 지켜보았다** Ibid., 273.

299 **제퍼슨은 친구 코니 부인 집에 머무르고 있었다** William Howard Adams, *Paris Years of Thomas Jefferson*, 287.

299 **파리의 소요 사태** *PTJ*, XV, 276-77.

299 **파리의 열기는** Ibid., 277.

299 **위험한 장면은 본 적이 없습니다** Ibid., 279.

299 **이 혼란과 폭력의 한가운데서** Ibid., 305.

300 **내일 저녁 식사 약속이 있다면 미뤄주시겠습니까?** Ibid., 354.

300 **《인간과 시민의 권리 선언》을 채택했다** Larry E. Tise, *The American Counterrevolution: A Retreat from Liberty, 1783~1800* (Mechanicsburg, Pa., 1998), 440-41. 더욱이 미라보 백작과 에마뉘엘 조제프 시에예스, 장 조제프 무니에가 각각 최종 형태를 결정하는 데 큰 역할을 담당했다. (David P. Forsythe, *Encyclopedia of Human Rights*, I [Oxford, 2009], 406.)

300 **미국의 독립선언서의 영향을 받았으며** Peter Hanns Reill and Ellen Judy Wilson, *Encyclopedia of the Enlightenment* (New York, 1996), 143. 다른 영향으로는 1776년 버지니아 권리선언(ibid.)과 미국 주 헌법들, 특히 버지니아와 메릴랜드, 매사추세츠의 헌법이 포함되어 있었다. (Forsythe, *Encyclopedia of Human Rights*, I, 406.)

300 **조언을 해주었다** Forsythe, *Encyclopedia of Human Rights*, I, 406. 선언문을 작성하기 전에 라파예트는 토머스 페인, 벤저민 프랭클린, 알렉산더 해밀턴과 상의했다. 제퍼슨은 매디슨에게 초안을 보냈고, 구버너 모리스 역시 파리에 있는 동안 이 초안을 검토했다. (Ibid.)

300 **4시부터 시작된** *PTJ*, XV, 355.

300 **정치적 의견 대립 속에서는 드물게 볼 수 있는 냉철함과 솔직함이 오갔고** Ibid. 그는 자신이 위험한 처지에 놓여 있음을 알고 있었다. 즉, 미국인 외교관이 주재국의 국내 정치에 간섭하는 듯한 인상을 주고 있었던 것이다. 다음 날 아침, 제퍼슨은 몽모랭에게 가서 고백하고 '무죄 입증의 의무'를 이행했다. 하지만 백작은 제퍼슨보다 한발 앞서 있었거나, 혹은 그런 척하기로 한 것 같았다. 그는 자신이 이미 진행된 모든 일을 알고 있으며, 그때 자신의 집이 사용된 데 대해 불쾌해하기는커녕, 그런 모임에 자주 참석하면 지나치게 열정적인 사람들을 누그러뜨리고, 우호적인 분위기를 조성하며, 신중하고 실제적인 개혁만을 촉진하는 데 도움이 될 것이라고 확신하며, 진심으로 그렇게 해주기를 바란다고 말했다. (Ibid.)

300 **새 공화국의 기본 틀에 합의했고** Ibid. 결과적으로 왕이 법률에 대한 잠정 거부권을 가지며, 입법부를 단일 체제로 구성하고 국민이 선출한다는 합의가 도출되었다. 그날 저녁 의회가 내린 결정은 귀족계급을 무의미하고 무능한 존재로 전락시켰다. (Ibid.)

300 **운명을 결정했다** Ibid.

300 **조지 워싱턴에게 바스티유의 열쇠를 보낸 인물로** TJF, http://www.monticello.org/site/jefferson/marquis-de-lafayette (2012년 열람)

300 **파리의 거리가 내려다보이는 창가에 서서** Mrs. O. J. Wister and Miss Agnes Irwin, eds., *Worthy Women of Our First Century* (Philadelphia, 1877), 22. 추가 참조. TJF, http://www.monticello.org/site/jefferson/marquis-de-lafayette (2012년 열람)

300 **먼저 왕실 마차가 지나갔고, 한 궁정 시종이 팻시에게 고개를 숙여 인사했다** Ibid.

300 **수천 마리의 황소가 울부짖는 듯한 우레와 같은 함성** Ibid.

300 **라파예트! 라파예트!** Ibid.

300 **그는 창가에 서 있던 팻시를 알아보고 묵례를 보냈다** Ibid.

300 **그 존경의 표시를 그녀는 평생 잊지 않았다** Ibid.

300 **그녀는 혁명 초기의 상징인 삼색 코케이드 장식을 기념품으로 간직하며 평생 소중히**

여겼다 Ibid.

301 지금까지 보아온 바로는 *PTJ*, XVI, 293. 이 편지는 1790년에 썼다.

301 제임스 매디슨에게 긴 편지를 썼다 Ibid., XV, 384-99.

302 진지하게 주장했던 것은 아니었다 예를 들어, 이후 제퍼슨이 1816년에 쓴 편지를 상기해 보자.

저는 법률과 헌법의 빈번하며 충분히 검증되지 않은 개정을 옹호하는 것은 결코 아닙니다. 오히려 어느 정도의 불완전함을 감수하는 편이 낫다고 생각합니다. 일단 그 불완전함을 알게 되면 우리는 거기에 적응하면서, 부작용을 바로잡을 실질적인 방법을 찾게 되기 때문입니다. 그러나 법과 제도가 인간 정신의 발전과 더불어 나아가야 한다는 사실 또한 잘 알고 있습니다. 인간 정신이 점차 발전하고 계몽되며, 새로운 발견이 이루어지고 새로운 진리가 드러나며, 환경의 변화에 따라 풍속과 견해가 달라지면, 제도 역시 진보하고 시대와 보조를 맞추어야 합니다. 문명화된 사회가 야만적인 조상들의 규율 아래 머물러야 한다고 요구하는 것은, 마치 어린 시절 몸에 맞았던 코트를 성인이 되어서도 입으라고 강요하는 것과 같습니다. (TJ to Samuel Kercheval, July 12, 1816, Thomas Jefferson Papers, LOC.)

302 클레이는 연방 하원의원직에 출마하려는 중이었고 *PTJ*, XVI, 129.

302 당신은 정치에 밝고 사람을 보는 안목도 뛰어난 분이니 잘 알고 있을 겁니다 Ibid.

302 소총 제조 문제를 다시 언급했는데 Ibid., XV, 422.

303 철학적 입법 정신은 Ibid., XVI, 150.

303 데리고 파리를 떠났다 Ibid., XV, 487.

303 강 너비를 재는 법 Ibid., 493.

303 폴리에게 스페인어를 가르쳤다 Ibid., 497.

303 구하려고 나섰다 Ibid., 509.

304 돌아오는 길에 Ibid.

304 개 한 마리를 구입했다 TJF, http://www.monticello.org/site/house-and-gardens/dogs (2012년 열람)

304 세상에서 가장 신중하고 지능적인 개 Ibid.

23장 뉴욕에서 맡게 된 새로운 직책

309 일반적으로 *PTJ*, XVI, 493.

309 쾌청한 가을 날씨 Ibid., XV, 552.

309   **12시 45분** Ibid., 560.

309   **대통령으로부터 공식 제안이 도착했다** Ibid., 519. 조지 워싱턴은 제퍼슨에게 이렇게 썼다. '미국 정부의 중요한 직책을 맡길 인물을 선정할 때 저는 자연스럽게 조국을 위한 봉사를 위해 당신이 지닌 재능과 자질을 떠올리게 되었습니다.' (Ibid.) 매디슨은 워싱턴의 메시지를 강조했다. 그는 1790년 1월 24일 제퍼슨에게 썼다. '저는 대통령께서 당신을 임명하기로 최종 결심했다는 사실을 이미 알고 계시리라 생각합니다. 이 문제에 관해 드릴 수 있는 말씀은, 당신이 수락 의사를 밝히는 것이 모든 이의 바람이라는 사실뿐입니다. 또한 이러한 일이, 당신이 예전 직책으로 돌아가는 것보다 공공 이익에 더 기여할 것이며, 아마도 유럽에서 당신이 염두에 두고 있는 바로 그 목표에도 더 부합하리라는 저의 생각을 거듭 말씀드릴 뿐입니다.' (Ibid., XVI, 126.) 매디슨은 일관된 입장이었다. 지명이 승인되자, 그는 이렇게 썼다. '당신이 이 문제에 관해 대중을 실망시키지 않는 것이 무엇보다 중요합니다.' (Ibid., 169.)

310   **비판과 질책** Ibid., XVI, 34.

310   **워싱턴은 제퍼슨을 설득하는 실무적인 역할을** Ibid., 118. 요약하자면, 제퍼슨은 프랑스로 돌아가기를 원한다고 말했다. 제퍼슨은 워싱턴에게 이렇게 썼다. '하지만 개인이 자기 자리를 선택할 수는 없습니다. 공익에 합당하게 저희를 이끌어 주십시오. 당신의 최종적인 바람을 한 줄의 글로 저에게 알려주시면, 진심을 다해 그에 따르겠습니다.' (Ibid., 34-35.)

310   **모든 국내 사안을 총괄하는 자리가 아니라** Ibid. 매디슨이 1790년 1월 4일 월요일, 워싱턴에게 이렇게 썼다. '그가 자신에게 배정된 국내 업무를 그다지 좋아하지 않은 것은 유감이었습니다. 그러나 제 생각에 그의 어려움은 주로 외교부에 속한 업무의 종류와 양을 잘못 이해한 데서 비롯된 것 같아 다행이었습니다.' 그 직책에는 국내 업무가 포함되어 있었지만, 매디슨은 그 비중이 최소일 것이라고 예상했다. (Ibid.)

311   **내각으로 참여하는 편이 훨씬 중요하다는** Ibid., 116.

311   **워싱턴은 이제 답을 원했다** Ibid., 118. 제퍼슨은 자신의 진로를 고민하면서, 해외에서 돌아온 자신에게 감사와 존경을 표한 알버말 카운티 주민들이 전한 '축사'에 답했다. (Ibid., 167-80.) "당신이 젊었던 시절, 공공 사안이 매우 중요했던 시기에 우리는 총회에서 당신을 우리 주 대표로 선출했습니다. 그 직책에서 당신의 덕성과 재능은 온 나라에 알려졌고, 이후 그 덕성과 재능은 국가 공동체를 이롭게 하는 데 보다 폭넓게 활용되었습니다." (Ibid., 177.) 위에서 언급했듯이, 그의 대답은 버지니아 시민 의회 첫 회기 이후 25년간의 경험과 숙고를 통해 다져온 신념을 잘 함축하고 있었다:

우리는 함께 수고하고 고통을 나눈 동지였으며, 하늘은 우리의 투쟁에 행복한 결말로 보답해주었습니다. 이제 오랫동안 인류에게 허락되지 않았던 자치self-government라는 축복을 평화와 화합 속에서 누리는 일은 오직 우리 자신에게 달려 있습니다. 인간의 문제를 해결하는 데 인간 이성으로 충분함을 본보기로 보여주고, 모든 사회의 자연법인 다수의 의지가 인간 권리의 유일하고 확실한 수호자임을 증명해야 합니다. 아마도 이조차 때로는 잘못될 수 있을 것입니다. 그러나 그러한 오류는 정직하고, 고독하며, 생명이 짧습니다. 그러므로 친애하는 친구들이여, 사회의 보편적 이성에 영원히 복종합시다. 비록 사회가 잠시 일탈하더라도, 보편적 이성과 함께라면 우리는 안전합니다. 곧 올바른 길로 되돌아올 것이기 때문입니다. 이것이 우리가 함께 터득한 교훈입니다. (Ibid., 178.)

311 **제퍼슨은 결국 워싱턴의 제안을 받아들였다** Ibid., 184.

311 **현실적인 정치 언어로 설명했다** Ibid., 228-29.

312 **사촌지간인 토머스 맨 랜돌프 주니어와 결혼하기로 결심했다** *JHT*, II, 250-52. 추가 참조. Kierner, *Martha Jefferson Randolph*, 76-82.

312 **팻시가 아직 어릴 때** Kierner, *Martha Jefferson Randolph*, 76-77.

312 **검은 머리에 야망이 넘치고 훌륭한 교육을 받은** Ibid., 77. 제퍼슨은 코르니 부인에게 이렇게 썼다. '내 딸은 버지니아에 도착하자마자, 오랜 친구의 아들인 젊은 랜돌프 씨의 청혼을 받았습니다.' (*PTJ*, XVI, 290.)

312 **그의 재능** *PTJ*, XVI, 290.

312 **팻시의 결혼 합의와 지참금 협상을 직접 챙겼다** Ibid., 182.

312 **결혼식은 1790년 2월에 열렸다** Ibid., 189-91.

312 **아버지와 샐리 헤밍스의 관계를 인지한 반응이었을지도 모른다고 추측했다** Gordon-Reed, *Hemingses of Monticello*, 422. 팻시의 구애와 결혼에 관한 고든-리드의 상세한 설명(여기에는 제퍼슨이 관습을 따르지 않고, 두 딸의 결혼 시 익숙한 인물인 샐리 헤밍스를 누구에게도 보내지 않았다는 사실이 포함된다)은 다음을 참조하라. ibid., 414-27.

312 **랜돌프는 농업과** *PTJ*, XVI, 370. 토머스 만 랜돌프 주니어는 제퍼슨에게 이렇게 썼다. '제 작은 농장을 가꾸는 데 관심을 기울여야 할 필요성 때문에, 최근 제 마음은 농업 쪽으로 기울었습니다. 저처럼 물리적 연구를 즐기고 운동에 익숙한 사람에게는 이러한 경향이 위험할 수 있습니다. 하지만 그 주제가 아무리 매혹적이고, 그 일이 아무리 즐겁다 해도, 결코 그것에 이끌려 법률 공부와 정치 지식의 습득을 게을리하지 않겠다고 다짐합니다.' (Ibid.)

제퍼슨은 딸들의 삶에 깊이 관여하고 있었다. 팻시의 결혼도 이를 바꾸지는 못했다. 랜돌프의 아버지는 부부에게 리치먼드 남동쪽에 있는 바리나라는 영지를 주었다. 신혼 부부는 몬티셀로 근처에 있는 에지힐을 선호했지만, 아직은 그곳을 살 형편이 되지 않왔다. 제퍼슨은 조언을 아끼지 않았으나, 자신의 재정 문제가 너무 심각하여 그 이상 도울 수는 없었다. (Ibid., 386-87. 추가 참조 *JHT*, II, 252-53.) 제퍼슨은 맏딸에게 이렇게 말했다. '이번처럼 웨일스 씨의 빚 때문에 강한 압박감을 느낀 적은 없단다. 만약 내가 이 상황을 벗어날 수만 있다면, 랜돌프 대령과 내가 아무 걱정 없이 너희가 그곳에 정착하도록 도울 수 있을 것이다.' (*PTJ*, XVI, 387.) 결국 랜돌프 가문이 에지힐을 샀다. The Randolphs ultimately bought Edgehill.

313 **정리하고 관리하는 일**　Gordon-Reed, *Hemingses of Monticello*, 247-48.

313 **이 시기 그녀의 거처가 정확히 어디였는지는 알려지지 않았지만**　이러한 정보를 제공해준 몬티셀로의 루시아 스탠턴과 수전 스테인에게 감사드린다.

313 **멀베리 로우**　멀베리 로우에 대한 이러한 묘사는 수전 스테인의 도움을 받았다.

313 **느리고 때때로 눈이 내리는 고단한 길**　*PTJ*, XVI, 277-78.

313 **새 헌법 체제에서 미국 의회가**　Ibid., XV, 91.

313 **뉴욕에서 제퍼슨은 '브로드웨이'라고 부르던 곳에서는 거처를 찾지 못하고**　Ibid., XVI, 278-79.

313 **별로 내키지 않는 집**　Ibid., 300.

314 **제퍼슨 씨가 이곳에 와서**　Cappon, *Adams-Jefferson Letters*, xxxix.

314 **당시로서는 비교적 외진 지역**　*JHT*, II, 259.

314 **신성로마제국 황제 레오폴트 2세**　Jeremy Black, *From Louis XIV to Napoleon* (London, 1999), 159.

314 **필니츠 선언**　Ibid.

314 **오스트리아에 선전포고하며**　Ibid., 160.

314 **13년에 걸친 전쟁이**　*EOL*, 175.

314 **영국과 스페인까지 프랑스와의 전쟁으로 끌어들였다**　일반적인 개요는 다음을 참조하라. U.S.Department of State, Office of the Historian, The United States and the French Revolution, 1789~1799, http://history.state.gov/milestones/1784-1800/FrenchRev (2012년 열람)

315 **1790년 3월 21일 일요일**　*PTJ*, XVI, 288.

315 **매일 같이, 은밀하고도 따뜻한 관계**　*PTJRS*, VII, 103.

315 **워싱턴이 화가 존 트럼불에게 초상화를 맡긴 날**　*JHT*, II, 259.

315 **그를 능가할 수 있는 사람은 없습니다**　*PTJ*, XIV, 223.

315 **제퍼슨 씨는**　Ibid., XV, 498.

316 **제 친구이자 동료인**　Ibid., VII, 383.

316 **그는 두려움을 모르는 사람이었고**　*PTJRS*, VII, 101.

316 그의 정신은 위대하고 Ibid.

316 그의 성격은 원체 Ibid.

316 찾아오는 두통에 *PTJ*, XVI, 416; 432; 435-36; 487.

317 당신의 생각을 말씀해주시게 Ibid., 286.

317 외국과의 사무 처리는 Ibid., 379.

317 그는 산만하고 멍한 표정을 지었고 *Journal of William Maclay: United States Senator from Pennsylvania, 1789~1791* (New York, 1965), 272.

318 그는 당당하고 꼿꼿한 자세를 TJF, http://www.monticello.org/site/research-and-collections/physical-descriptions-jefferson (2011년 열람)

318 그의 지식은 세련되면서도 깊이가 있었고 TJF, http://www.monticello.org/site/research-and-collections/jefferson-conversation (2011년 열람)

318 저녁 시간이 다가오면 *PTJ*, XX, 646-47.

318 아마도 전쟁 이후 그들의 행동과 Ibid., XVIII, 80.

319 놀라움과 굴욕 Ibid., XVI, 237.

319 대부분의 경우 Ibid.

319 대통령을 둘러싼 제왕적 분위기와 유사한 *JHT*, II, 256-68.

319 '다빌라에 대한 담론'이라는 연재 칼럼 *PTJ*, XVI, 238-39.

320 존 페노에게 실어달라고 요청했다 Ibid., 238-41.

320 존 페노는 완전히 연방당 진영의 홍보 수단으로 전락했지만 Ibid., 240-41.

320 나는 인간이든 국가든 단 하나의 윤리 체계만을 가지고 있습니다 Ibid., 291.

320 뉴욕에는 늦은 눈이 내렸다 Ibid., 405.

320 워싱턴 대통령은 중병에 걸려 Ibid., 429. 제퍼슨은 1790년 5월 16일 팻시에게 이렇게 썼다. '지난 월요일, 대통령께서 심각한 폐렴에 걸리셨단다. 5일째 되던 어제에는 의사들도 위독한 상태라고 진단했지. 하지만 오후 4시쯤, 땀이 비 오듯 흐르면서, 묽고 고름 같던 가래가 정상적인 형태로 바뀌었고, 발음도 또렷해졌단다. 두 시간 정도 지나자, 고비를 잘 넘겼음이 분명해졌지. 오늘도 꾸준히 회복되고 있어서, 우리는 절망적인 상태에서 벗어나 회복하리라는 희망을 갖게 되었단다. 이제는 정말로 안심해도 될 것 같구나.' (Ibid.)

320 제퍼슨을 데리고 샌디훅 앞바다로 낚시 여행 Ibid., 2.

320 남은 두통까지도 함께 날려버릴 수 있을 것 Ibid., 475.

320 알렉산더 해밀턴과 마주쳤다 Ibid., XVII, 205-7.

321 해밀턴은 1755년, 영국령 서인도 제도의 네비스섬에서 태어났고 Chernow, *Alexander Hamilton*, 17. 해밀턴의 어린 시절에 관한 세부 정보는 다음을 참조하라. ibid., 740

321   결국 킹스 칼리지(현재 컬럼비아 대학교)에 입학했다   Ibid., 41-61.

321   뛰어난 글 솜씨에 다작한 수필가였으며   Ibid., 58-61.

321   핵심 보좌관   Ibid., 85-129.

321   뉴욕의 유력 가문인 슐러 가문과 혼인 관계를 맺었고   Ibid., 128-32.

321   헌법 제정 회의의 대표로도 활동했다   Ibid., 222-42.

321   유난히 좋아하는 사람   Julian P. Boyd, *Number 7: Alexander Hamilton's Secret Attempts to Control American Foreign Policy* (Princeton, N.J., 1964), 23.

321   연설에서   Chernow, *Alexander Hamilton*, 233.

322   방문객들의 시선은 자연스레 제퍼슨과 해밀턴의 흉상에 오래 머물렀습니다   Randall, *Jefferson*, III, 336.

322   제퍼슨은 재무장관 해밀턴이 심각하고   *PTJ*, XVII, 205.

323   발표한 공공 채무 보고서   Sharp, *American Politics in the Early Republic*, 34-35.

323   수입품에 부과한 관세와 증류주에 부과하는 소비세   Ibid., 34.

323   채무 상환은   Ibid., 35.

323   매디슨은 제퍼슨에게 이렇게 말했다   Ibid.

323   해밀턴 계획의 두 번째 축은   Ibid., 36.

323   그러나 채무 인수 제안이 나오자마자 국가는 즉시 양분되었다   Ibid. 샤프의 평가에 따르면, 해밀턴의 부채 인수 제안은 새로 구성된 정부를 무너뜨릴 위험이 있었다. (Ibid.)

324   채무 연방 인수안을 3표 차로 부결시켰다   Ibid.

324   그는 제퍼슨에게 잠시 대화를 청했고   *PTJ*, XVII, 205.

324   실제로   Ibid., 206. 제퍼슨은 또한 이렇게 말했다. "그리고 만약 어떤 타협안을 통해 조정되지 않는다면, 재정 법안에 합의하지 못할 가능성이 큽니다. 그렇게 되면 우리의 신용은 (⋯) 붕괴되어 사라질 것이고, 각 주는 분리되어 모든 것을 스스로 해결하게 될 것입니다." (Ibid., XVI, 537.)

324   다른 버지니아인들과 달리   Sharp, *American Politics in the Early Republic*, 36. 샤프는 이 문제에 관해 기민한 기병장군 해리 리의 말을 인용했다. "오만한 북부 다수파의 지배하에 사느니, 차라리 모든 전쟁의 위험을 감수하고 내 삶에서 소중한 모든 것을 잃는 한이 있더라도 굴복하지 않겠다." 그는 한 가지 희망으로 수도를 나라의 지리적 중심으로 옮기는 것을 언급했다. (Ibid.)

324   수도가   *JHT*, II, 287-99, 수도 선정 과정의 정치학에 대한 뛰어난 설명이다.

324   포토맥이 선택될 가능성은 적어 보이지만   Ibid., 298.

325   그래서 저녁 만찬을 마련했다   Ibid., 301. 제퍼슨은 이렇게 말했다. 상황을 고려할 때,

의견 조정을 위한 첫 단계는 매디슨 씨와 해밀턴 대령을 불러 이 문제에 대해 우호적인
분위기에서 논의하게 하는 것이었다. (Ibid., 298.)

325 **생각이 건전하고** Ibid.

325 **모두가 지금의 입장을 끝까지 고수한다면** PTJ, XVI, 540. Sharp, *American Politics in
the Early Republic*, 37, 위 연구도 제퍼슨의 생각을 잘 설명하고 있다.

325 **매디슨은 채무 인수 제안 반대를 완화하고** JHT, II, 301.

325 **이 방안은 남부 주들에겐 몹시 쓰라린 약이 될 것이니** PTJ, XVII, 207. "이것이야말
로 국채 인수의 진정한 역사이다."라고 제퍼슨이 말했다. (Ibid.)

325 **이 사안이 갈 수 있는 방향 중 그나마 가장 덜 나쁜 결과** Ibid., XVI, 575.

325 **자본도 없이 무역을 시도하는 자들에게는 온갖 제재가 가해져야 마땅합니다** Ibid.,
VIII, 399. 그는 덧붙였다. "자신보다 더 나은 사람들을 적어도 10대 1의 확률로 파멸
시킬 직업을 선택할 자연권을 가진 사람은 없다. 하지만 이것이 우리가 원하든 원치 않
든, 우리를 영국에 묶어 두는 실질적인 연결 고리이다." (Ibid.)

325 **세상의 모든 인간은, 사랑하는 딸아** Ibid., XVII, 215.

326 **한쪽은 연방 의회가 위헌적인 행위를 했다고 비난하고** Ibid., XVIII, 131.

24장 제퍼슨 씨는 지나치게 민주적입니다

327 **아니라고 생각합니다** PTJ, XXII, 38.

327 **누트카 사운드에서** JHT, II, 310-14.

328 **오만하고 불량스러운 인간들은** PTJ, XVI, 414.

328 **제퍼슨은 전면전으로 번질 가능성을 걱정했다** JHT, II, 310-11. 제퍼슨은 그러한 위
협을 냉정하게 바라보았다. 1790년 8월, 그는 워싱턴에게 이렇게 썼다. '루이지애나와
플로리다가 영국에 편입될 경우, 우리 정부에 미칠 심각한 위험을 깊이 우려하고 있습
니다. 제 생각에는, 재앙을 막을 유일한 수단이라는 전제하에, 향후 예상되는 전면전에
서 우리가 직접 당사자로 참여해야 할 것입니다.' (PTJ, XVII, 129.)

328 **제퍼슨은 전쟁이** PTJ, XVII, 127.

328 **영국에게 포위되는 상황을** JHT, II, 310. 추가 참조. PTJ, XVII, 138.

328 **이런 우려에 부통령 애덤스도 동의했고** PTJ, XVII, 138. 애덤스가 이렇게 썼다. '그
들이 우리의 후방과 양 측면에 자리하고, 전면에는 그들의 해군이 있는 경우, 미국 연
방의 안보와 평화에 미칠 결과는 불을 보듯 뻔합니다.' (Ibid.)

328 **전쟁부 장관 녹스 역시** Ibid., 140.

328 자국 영토를 통과할 수 있도록 Ibid., 128-29.

328 중도적 방침 Ibid., 130.

329 전쟁은 온갖 변수가 가득한 것 Ibid., 129.

329 쇼니족과 마이애미족에 대항한 Ibid., 131-32.

329 인디언 전쟁 작전을 비밀에 부쳐야 한다고 말했다 Ibid., 131.

329 알렉산더 해밀턴이 이미 Ibid., 133.

329 조지 벡위드라는 layed a role Scheer and Rankin, *Rebels and Redcoats*, 379-84, 위 내용은 아널드의 반역 사건에 대한 전반적인 개요이다. 다음 참조. Frank T. Reuter, 'Petty Spy' or Effective Diplomat: The Role of George Beckwith, *Journal of the Early Republic 10* (Winter 1990), 471-92, 벡위드에 대한 자세한 설명이다.

329 해밀턴과 벡위드의 관계는 As the title suggests, Julian P. Boyd's *Number 7: Alexander Hamilton's Secret Attempts to Control American Foreign Policy* (Princeton, N.J., 1964) 위에서는 해밀턴의 행위를 신중하게 비판한다. 추가 참조. Chernow, *Alexander Hamilton*, 294-95, 위 책은 보이드의 해석보다 한층 더 긍정적이다.

329 나는 언제나 Boyd, *Number 7*, 24. 논의의 핵심은 아마도 영국령 서인도 제도였을 것이다. 해밀턴이 언급했듯이, 영국과 동맹을 맺으면 보호받을 수 있겠지만, 미국이 프랑스와 밀접한 관계를 맺는다면 위험에 처할 곳이었다. (Ibid., 24-25.)

330 미국의 해군력은 Ibid., 25.

330 결정적인 역할을 할 수도 Ibid. 누트카 사운드 사건이 제기한 문제 가운데 하나는 미국 서부 국경을 따라 위치한 영국 요새의 지배권이었다. 파리 조약의 규정에도 불구하고 영국 정부는 그것들을 포기하려 하지 않았다. 이제 영국은 누트카 사운드와 관련된 분쟁을 최대한 활용하여 요새 지배권을 확고히 하고, 가능하다면 미국 내에서 영향력을 확장하려 하고 있었다. 이는 미국과 영국 간의 전쟁이 완전히, 그리고 영원히 끝난 것이 아님을 보여주는 신호였다. (Ibid., 34-35.)

330 제퍼슨 씨는 지금 우리에게 너무 민주주의적입니다 Ibid., 27.

330 제퍼슨 씨는 물론 Ibid., 32.

330 결국, 스페인은 한발 물러섰다 *JHT*, II, 310.

331 버넌산에 들러 *PTJ*, XVIII, 2. 1790년 8월, 제퍼슨은 워싱턴과 함께 로드아일랜드로 향하는 여행을 떠났다. 1790년 8월 15일부터 그들은 '롱아일랜드 해협을 통과하며 가는 데 이틀, 돌아오는 데 이틀이 걸리는 매우 즐거운 항해'를 즐겼으며, 뉴포트와 프로비던스에서 대통령은 제퍼슨이 말한 '엄청난 환대'를 받았다. (Ibid., XVII, 402.)

331 기름진 땅이 Ibid., 45. '곡물은 알이 작았지만 통통했다. 대통령은 너무나 탁월한 농부여서 그의 권고를 전적으로 신뢰할 수 있었다.'라고 제퍼슨이 썼다. (Ibid.)

331　**4층 벽돌 주택을 임대했고**　Ibid., XVII, 309-10.

331　**와인을 주문한 뒤**　Ibid., 493.

331　**다른 주제지만 긴밀하게 연관된 세 가지 이슈에서**　다음 참조. PTJ, XVIII, 220, 310, 369.

331　**국가 은행 설립안은**　EOL, 143-45.

331　**제퍼슨과 매디슨은 강하게 반대했다**　JHT, II, 338. 추가 참조. PTJ, XIX, 275-82.

332　**법안의 헌법 적합성에**　PTJ, XIX, 281.

332　**경계를 단 한 발짝이라도 넘는다면**　Ibid., 276.

332　**찬반 의견이 대통령님의 판단과 대체로 균형을 이룬다면**　Ibid., 280.

332　**해밀턴은**　JHT, II, 347.

332　**헌법이 부여한 권한의 문자 그대로만 따를 경우**　Ibid.

332　**워싱턴은 매디슨에게**　EOL, 144.

332　**의회는 이제부터 집에 돌아가도 좋다**　JHT, II, 340.

332　**봄꽃이 피어나는 풍경을 이렇게 기록했다**　PTJ, XX, 250.

333　**우리는 망하고 말 것입니다**　Ibid., 236.

333　**트리스트 부인 말로는**　Ibid.

333　**필라델피아 상인 조너선 B. 스미스에게**　Ibid., 290. 추가 참조. ibid., 268-313. 제퍼슨의 '이단적 발언'이라는 표현에 맞서 아버지를 옹호하기 위해, 존 퀸시 애덤스는 푸블리콜라라는 필명으로 신문을 통해 반격(제퍼슨의 표현에 따르면 몽둥이를 들고 나섰다)을 개시했다. (Ibid.) 애덤스 본인이 오랫동안 저자로 여겨졌지만, 실제로는 그의 아들이 쓴 글이었다. 푸블리콜라의 제퍼슨에 대한 공격은 강력했다. 매디슨이 제퍼슨에게 보고한 바에 따르면, '푸블리콜라는 아마도 애덤스 자신이 제공한 자료로 글을 썼을 가능성이 높습니다. 논증에 있어서는 더 체계적이며, 문체 면에서는 [아버지 애덤스의] 글을 특징짓는 투박함과 무게감이 훨씬 덜합니다.' (Ibid., 298-99.) 1791년 한여름, 제퍼슨의 애덤스 공격을 둘러싼 논란은 국무장관(토머스 제퍼슨—옮긴이)의 해밀턴에 대한 적대감으로까지 확대되었다. 정부 최고위층 사이에서 긴장이 뚜렷이 감지되었다. 제퍼슨은 1791년 7월 10일 먼로에게 이렇게 말했다. "많은 작가들이 페인을 지지하며 나서서, 적어도 이 지역에서는 공화주의 정신이 건재함을 보여주고 있습니다. 정부 고위직들의 반공화주의 성향은 제가 예상했던 것보다 더 잘 알려져 있습니다. 해밀턴 대령은 절대로 자신의 원칙을 숨긴 적이 없다고 밝히면서도, 논란을 일으킨 애덤스 씨의 경솔함을 탓하며, '그는 끝장났'다는 데 동의하고 있습니다." (Ibid., 297.) 제퍼슨은 당혹스러웠다. 《인간의 권리Rights of Man》에 관한 논평에서 자신이 의심할 여지없이 애덤스를 공격했는데, 그를 어떻게 대해야 할까? 그는 부통령에게 직접 해명하고 싶었지만,

어떻게 해야 할지 망설였다. 1791년 7월 17일 제퍼슨은 애덤스에게 이렇게 썼다. '당신에게 편지를 쓰기 위해 열두 번이나 펜을 잡았다가, 상충되는 생각들 사이에서 다시 내려놓곤 했습니다. 하지만 솔직한 사람들 사이에서 진실은 결코 해가 될 수 없다는 믿음으로 편지를 쓰기로 결심했습니다.' 그렇다, 그는 애덤스를 비판하는 글을 썼고, 애덤스의 견해가 자신이 언급한 '이단적 발언'에 속한다고 믿었다. 제퍼슨이 가장 후회했던 것은 그들이 '공개적인 적수로서 대중 앞에 내던져진' 일이었다. 그는 애덤스에게 이렇게 썼다. '당신과 제가 최상의 정부 형태에 대한 견해가 달랐다는 것은 우리 모두 잘 알고 있습니다. 하지만 우리는 친구답게, 서로 동기의 순수성을 존중하면서 견해 차이를 사적 대화에 국한했습니다. 그리고 전능하신 신 앞에서 진실로 말하건대, 이 문제로 대중 앞에서 저의 이름이나 당신의 이름을 언급할 의도도, 기대도 전혀 없었습니다.' (Ibid., 302.) 애덤스는 제퍼슨의 해명을 수긍했지만, 그의 고뇌에 찬 회신은 이 사건이 얼마나 광범위한 파장을 일으켰는지를 보여준다. 애덤스는 제퍼슨의 메모를 인쇄한 출판업자에 대해 이렇게 말했다. '그는 평생 속죄할 수 없을 만큼 많은 해악의 씨앗을 뿌렸습니다. 당신의 이름이 담긴 그 소책자는 제 글이 이 나라에 세습 군주제와 귀족제를 도입하려는 것으로 잘못 해석되게 함으로써, 대체로 저에 대한 노골적이고 공개적인 직접 공격으로 여겨지고 있습니다.' '다빌라' 문제에 대해 애덤스가 예민하게 반응한 것은 자명했다. 애덤스는 제퍼슨에게 이렇게 말했다. "도처에서 제기되는 질문은 국무장관이 주장하는 이단이 무엇인가 하는 것입니다. 신문 기사들은 부통령이 말한 제한적 군주제가 왕과 귀족원, 그리고 오직 선출된 하원만 있는 세습 정부라고 주장합니다." 이러한 혐의는 '그의 모든 적과 경쟁자들 사이에 소란을' 불러일으켰다고 애덤스는 말했다. "일부 사람들은 행콕 씨의 친구들이 나를 파멸시킴으로써, 그가 부통령으로 선출되고, 새뮤얼 애덤스 씨를 이 주의 주지사로 선출할 방법을 모색하고 있다고 생각합니다. 그렇게 되면 [반애덤스 세력]은 그들이 원하는 대로 연방 정부와 주 정부에서 모든 권력을 확보할 수 있을 것입니다." 요약하자면, 부통령에게는 끔찍한 여름이었다. (Ibid., 305-7.) 대체로 제퍼슨은 이 일화에서 상당한 위안을 받았다. 이는 대중의 반응이 다빌라 혹은 푸블리콜라보다 페인을 선호하는 경향을 보였기 때문이었다. 1791년 7월 29일 제퍼슨은 페인에게 보낸 편지에서 다음과 같이 썼다. '이곳에서 명성은 높지만 수가 적은 한 분파가 내세운 상반된 희망과 주장에도 불구하고, 국민은 공화주의에 대한 확고한 신념을 가진 듯 보입니다.' (Ibid., 308.)

333 **무척 기쁘게 생각하며** Ibid.

334 **제가 언급하고자 했던 것은** Ibid., 291.

334 **그저 너무 건조한 메모가 되지 않도록** Ibid., 293.

334 **정부에 반대하는 인물** Ibid., 294.

334 정부의 적들 Ibid.

334 생각할 만한 이유가 있습니다 Ibid., 300.

334 제퍼슨과 해밀턴의 경쟁 구도로 예를 들어, 다음을 참조하라. Claude G. Bowers, *Jefferson and Hamilton: The Struggle for Democracy in America* (Boston, 1966).

335 우리는 왕정 체제에서 교육받았소 *PTJ*, XIV, 661.

336 법원은 언제나 국민을 사랑하지 Ibid., 431.

336 만약 앙굴렘 공작이나 Ibid., XII, 220-21.

336 요컨대, 친애하는 친구여 Ibid., 221.

336 서부 지역의 정치는 Dunbar, *Study of Monarchical Tendencies*, 106. 윌킨슨은 오직 '품격 있는 군주제'만이 연방 정부의 '무능함과 혼란, 변덕스러운 정책'을 바로잡아 줄 수 있다고 덧붙였다. (Ibid.)

336 뿌리 깊은 반감이 *PTJ*, XIII, 461-62.

337 대화를 보고한 Governor Simcoe's Conversation with Peirce Duffy, June 1793, Niagara, Simcoe Family Foundations, Archives of Ontario. 조지 벡위드의 보고에 따르면, '한 미국인 제보자는 현 정부를 경멸하지 않고, 그 비효율성을 확신하지 않으며, 정부를 군주제로 바꾸고 싶어 하지 않는 신사는 한 사람도 없다.'라고 말했다고 한다. (Boyd, *Number 7*, 7.)

337 제퍼슨의 성격을 제대로 평가한다면, 내 생각에는 *Writings*, 978. 위 인용문은 제퍼슨과 버, 그리고 1800년 선거에 관해 해밀턴이 제임스 베이어드에게 쓴 한 통의 의미심장한 편지에서 확인할 수 있다. (Ibid., 977-81.)

338 1790년과 1791년 *EOL*, 200-201, 533-34. 추가 참조. Herring, *From Colony to Superpower*, 62-63.

338 자유를 쟁취하기 위해 싸웠다 Miller, *Wolf by the Ears*, 133.

338 생도밍그의 반란은 *PTJ*, XXVI, 503.

338 할 때다 Ibid.

338 언젠가 두려워하던 노예 전쟁으로 Miller, *Wolf by the Ears*, 133-34.

339 성공 소식이 전해질 때마다 Edward Thornton to Lord Hawkesbury, May I, 1802, FO 5/35, National Archives of the United Kingdom, Kew.

339 피난처가 될 수 있을지 Miller, *Wolf by the Ears*, 132-33.

339 투생 루베르튀르가 이끄는 Herring, *From Colony to Superpower*, 105-6.

339 야망을 재고하게 Ibid.

339 편지를 씁니다 *PTJ*, XX, 342-43.

339 직접 여행을 떠나기로 결심했다 Ibid., 434-73, 여행과 그 다양한 목적들을 다룬다.

추가 참조 Andrea Wulf, *The Founding Gardeners*, 90-110. 뉴욕 주재 영국 총영사 존 템플 경은 제퍼슨의 정당과 정치party and politics가 인기가 많다고 영국 정부에 전했다. (*PTJ*, XVIII, 240-41.) 해밀턴파인 로버트 트루프는 로버트 R. 리빙스턴 대법관과 에런 버를 비롯한 제퍼슨 세력이 총력전을 향해 나아가고 있다고 재무장관에게 말했다. 트루프는 1791년 6월 15일 해밀턴에게 이렇게 썼다. '대법관과 버, 제퍼슨, 그리고 매디슨은 뒤의 두 사람이 도시에 있을 때 서로 동맹을 맺으려는 듯한 열렬한 움직임을 보였습니다. '데렌다 에스트 카르타고 (*Delenda est Carthago*) [카르타고는 파괴되어야 한다.]'가 그들이 당신에게 적용하려는 원칙인 것 같습니다.' (Ibid., XX, 434.)

339 **짧은 체류 기간에** Ibid., 435.

339 **작가 필립 프르노를 만났다** Ibid., 453, 657, and 718. 건국 초기 제퍼슨주의자들의 정치에서 프르노 사건에 대한 전체적인 설명은 다음을 참조하라. ibid., 718-59. 추가 참조. Philip M. Marsh, Philip Freneau and His Circle, *Pennsylvania Magazine of History and Biography* 63, no. I (January 1939): 37-59, 그리고 Marsh, Freneau and Jefferson: The Poet-Editor Speaks for Himself About the *National Gazette* Episode, *American Literature* 8 (May 1936): 180-89.

339 **매디슨이 프린스턴 시절부터 알고 있던** Marsh, Philip Freneau and His Circle, 39.

339 **국무부의 지원을 받는 언론인** Ibid., 45-47. 제퍼슨은 1791년 7월 21일 매디슨에게 이렇게 썼다. '내가 가진 해외 정보 서신과 해외 신문, 내 부서의 모든 선언문과 기타 공고문을 그가 열람할 수 있도록 허용하고, 법령을 인쇄하도록 해야 했습니다. 이런 것들이 그의 월급에 더해졌다면 상당한 도움이 되었을 것입니다.' (*PTJ*, XX, 657.)

340 **중요한 전환점이었다** Todd Estes, Jefferson as Party Leader, in Cogliano, ed., *A Companion to Thomas Jefferson*, 132-34.

340 **존 베클리가** Ibid., 139.

340 **지도자란** Bailey, From 'Floating Ardor' to the 'Union of Sentiment:' Jefferson on the Relationship between Public Opinion and the Executive in ibid., 194. 배경은 1807년 금수 조치의 시행이었지만, 베일리가 지적했듯이 이 말은 '행정 조치와 대중의 판단 사이의 관계를 잘 보여준다.' (Ibid.)

340 **여기서는 새로운 이야기가 없어요** *PTJ*, XX, 617.

340 **전에 몬티셀로에 화장대 2개가 도착했다고 했지?** Ibid., 706.

340 **제퍼슨과 해밀턴은 애덤스와 다빌라를 둘러싼 정치적 소용돌이에 관해 사적으로 대화했다** Ibid., XXII, 38-39. 해밀턴은 공화정 실험에 대해 이렇게 덧붙였다. "지금까지의 성공은 내가 예상했던 것보다 훨씬 컸으며, 따라서 현재로서는 성공 가능성이 이전보다 더 높아 보입니다. 설사 지금 단계에서 성공적이지 못하더라도, 공화주의 체제를

포기하기 전까지는 시도해볼 수 있고, 시도해야 할 다른 개선 사항들이 여전히 남아 있습니다. 순수 공화주의의 토대인 정치적 권리의 평등을 질서 있게 달성할 수 있다면, 이를 거부하는 정신은 진실로 타락한 것이기 때문입니다." (Ibid.)

340 이 조치들이 추상적으로 옳든 그르든 Peterson, *Thomas Jefferson and the New Nation*, 436.

340 남부에는 거대한 불만이 쌓여가고 있다 Ibid., 437.

341 입법자들이 해밀턴의 증권 및 은행 주식 체계와 Ibid., 436.

341 재정적으로 얽혀 있다는 것이었다 *PTJ*, XXIII, 537-41. 추가 참조. ibid., XXIV, 25-27. 별개이지만 관련된 사안으로서 *EOL*, 299.에서는 후원 제도가 가져올 부패 가능성에 대해 제퍼슨이 폭넓게 인식했음을 암시한다.

25장 투계장에 들어선 두 수탉

342 참으로 유감스러운 일이다 *PTJ*, XXIV, 317.

342 저녁 식사가 끝난 뒤 *PTJRS*, III, 305.

342 워싱턴 대통령은 버넌산에 머무르고 있었고 Ibid.

342 '의견 충돌'로 주도되었다 Ibid.

342 그 결점들과 폐해들만 바로잡는다면 Ibid.

343 완벽한 헌법이 될 것입니다 Ibid. 추가 참조 Chernow, *Alexander Hamilton*, 393-94.

343 프랜시스 베이컨, 존 로크, 아이작 뉴턴 *PTJRS*, III, 305.

343 해밀턴은 그 그림들을 가리키며 제퍼슨에게 Ibid.

343 라고 설명했다 Ibid.

343 잠시 침묵하던 해밀턴은 Ibid.

343 가장 위대한 인물은 Ibid.

343 정직한 인물이었다 Ibid.

343 제퍼슨은 약속에 늦고 말았다. *PTJ*, XXIII, 184.

344 주행 속도를 하루 약 80킬로미터에서 약 160킬로미터로, 두 배로 늘려 Ibid.

344 재무부가 이미 너무 강력한 영향력을 Ibid. 제퍼슨은 계속해서 말했다. "미래의 대통령들조차, (자신의 인품과 신뢰가 뒷받침되지 못한다면,) 이 부서에 맞서 싸울 수 없을 것입니다." 이는 자신의 인품에 대해 찬사를 마다하지 않는 워싱턴에게 은근히 아부하면서, 동시에 해밀턴에 대한 우려를 전달하는 부드럽지만 효과적인 방법이었다. (Ibid.)

344 개인적 이익을 위한 일이 아니라고 Ibid.

344 넓은 주제로 말을 돌렸다 Ibid. 제퍼슨이 나중에 쓴 글에 따르면, '업무가 끝난 뒤 찾아온 잠깐의 침묵' 동안, 워싱턴은 '다정한 어조로 어제 내가 했던 표현, 즉 그가 은퇴할 때 나도 은퇴하겠다는 의사를 밝힌 말에 대해 매우 우려했었다고 말했다.' (Ibid.)

344 워싱턴은 4년 후 대통령직을 떠날 계획이라고 밝혔다 Ibid., 184-85.

344 저는 공직에 들어가고자 하는 열망이 가장 적은 사람이었습니다 Ibid., 185.

345 출범했지만 Ibid., 186.

345 유일한 원천 Ibid.

345 지폐를 마구 발행하여 투기를 조장하고 Ibid.

345 자기들 주머니를 채우고 있다 Ibid. 제퍼슨은 미국 중앙은행의 공채나 주식을 보유한 의원들의 명단을 제공해 달라고 매디슨에게 요청했다. 제퍼슨은 '내가 그저 되는 대로 말하는 것이 아님'을 대통령에게 보여주기 위해 그 명단이 필요하다고 말했다. 그러나 결국 제퍼슨은 워싱턴과의 논쟁에서 그 명단을 전혀 사용하지 않았다. (Ibid., XXIV, 26.)

345 상대파가 지금까지 Ibid., 187. 워싱턴은 제퍼슨이 구체적으로 무엇을 말하는지 물었다. 제퍼슨은 이렇게 대답했다. "《제조업 보고서the Report on Manufactures》는 특정 제조업을 장려한다는 명목으로 보조금을 지급하는 형식을 띠고 있었지만, 사실은 미국의 일반 복지를 위해 세금을 징수하도록 헌법이 부여한 권한을 근거로, 의회가 공공 복지를 위해 필요하다고 판단되는 모든 사안을 자신들의 관리하에 둘 수 있게 허용하는 원칙의 확립을 의미했습니다. 그리고 이는 돈을 활용할 수 있는 모든 사안에 적용될 수 있습니다."(Ibid.)

346 매일 같이 내각에서 투계처럼 맞붙고 있었다 PTJRS, II, 272.

346 제퍼슨은 해밀턴이 PTJ, XXIII, 259.

346 좋아하지 않는다고 말했다 Ibid., 263. 제퍼슨은 계속해서 말했다. "그는 여기서 말을 멈추었다. 나는 그가 같은 맥락에서 더 말을 할지, 아니면 자신이 한 말을 완화하기 위해 어떤 보충적 표현을 덧붙일지 지켜보기 위해 침묵했다. 그러나 그는 어느 것도 하지 않았다."(Ibid.)

346 공공 부채, 지폐 발행 Ibid., 535-41. 워싱턴이 단임 후 은퇴할 가능성에 대해 처음 들었을 때, 제퍼슨은 이 문제에 대해 침묵하기로 결정했다. 제퍼슨은 이렇게 말했다. "언젠가는 홀로 걸어가야 할 때가 올 것이나, 만약 당신이 살아서 지켜보는 동안 시도한다면, 우리는 그런 상황에서 자신감을 얻을 것이며, 설사 실패하더라도 다시 힘을 얻을 것이다."(Ibid., 536.) 5월, 제퍼슨은 워싱턴의 사임을 재고하라고 촉구하는 편지에서 해밀턴에 맞서 자신의 주장을 전개했다. 제퍼슨에 따르면, 워싱턴이 단임 후 은퇴할 가능성은 '마음을 불안하게 만드는 주제'였다. (Ibid., 535.)

346 궁극적인 목적은 Ibid., 537.

346 이런 구상이 Ibid.

347 도구가 될 것입니다 Ibid.

347 군주주의적 연방주의자들 Ibid., 538. 제퍼슨은 구제가능한 부분에 대해서는 현실적이었다. 그는 이렇게 말했다. "새 의회는 앞선 두 차례 의회, 특히 첫 번째 의회가 행한 모든 일을 되돌릴 수는 없을 것입니다. 그러나 제도 일부는 정당하게 개혁될 수 있으며, 나머지로부터의 해방은 권리가 허용하는 한도 내에서 신속하고 지속적으로 추진되어야 합니다. 또한 앞으로 국가가 더 이상 유사한 약속에 얽매이지 않도록 가능성을 차단해야 합니다."(Ibid.) 하지만 그러한 온건한 접근은 공화당 의회에 달려 있었다. 만약 차기 의회 다수가 '여전히 현재와 동일한 원칙 안에 있다면, 그 결과가 어떨지, 그리고 폐해를 바로잡기 위해 어떤 수단에 의존해야 할지, 예측하기는 쉽지 않을 것'이다. (Ibid.)

347 상상하기 어렵다 Ibid.

347 연합 전체의 신뢰는 Ibid., 539. 제퍼슨은 이어서 말했다. "만약 많은 의원이 만든 첫 번째 시정 조치가 효과를 거두지 못한다면, 당신의 참석함으로써 여러 주의 연합과 평화를 해치지 않으면서 다른 방안을 시도할 시간을 벌 수 있습니다."(Ibid.)

347 한두 해만 더 보태주시길 Ibid.

347 제퍼슨은 워싱턴의 저녁 식사에 초대받았다 Ibid., XXIV, 50. 이틀 후, 제퍼슨이 '제이파 지지자들의 만찬'이라고 명명한 모임에서 금융인 로버트 모리스는 1792년 부통령 선거에서 존 애덤스를 상대로 도전 가능성을 제기하였다. '로버트 모리스는 모임 참석자들에게 [조지] 클린턴이 부통령으로 지명될 것이며, 반제이파가 그를 세우려 한다고 언급하였다.'(Ibid.)

348 불쾌하지 않았다 Ibid.

348 주식 투기꾼들과 왕조 옹호자들이 우리 입법부로 Ibid., 85.

348 불안해하는 제퍼슨을 다독였다 Ibid., 210-12. 워싱턴이 덧붙여 말했다. "상류층, 특히 대도시에는 [군주제]를 원하는 사람들이 일부 있을 수 있습니다. 하지만 동부 주 주민 대다수는 남부 주와 마찬가지로 확고히 공화주의를 지지하고 있습니다."(Ibid., 210.) 워싱턴은 또한 대통령직의 허례허식에 대해 늘 애매한 태도를 보여왔다는 주장이 제기된다. 워싱턴의 개인 비서 토비아스 리어로부터 법무장관 에드먼드 랜돌프를 거쳐 제퍼슨에게 전달된 뉴욕에서의 행정부 취임 초기 기록에 따르면, '워싱턴은 공식 접견 의식을 도입하기까지 3주간 거부했으며' 세부 사항은 보좌관인 데이비드 험프리스 등에게 일임하였다. '대기실과 접견실이 마련된 이후 의식에 참석할 사람들이 모여들었고, 대통령이 출발하자 험프리스가 앞장섰다.' 그들은 바깥방을 지나 두 번째 방에 들

어갔으며, 험프리스가 워싱턴보다 앞장서 걸으면서 큰 소리로 "미국의 대통령이 입장 하십니다."라고 외쳤다. 대통령은 이 말에 크게 당황하여 접견 시간 내내 마음을 진정 시키지 못했고, 사람들이 돌아간 뒤 험프리스에게 이렇게 말했다. "좋아, 자네가 이번 한 번은 나를 속였지만, 결단코 두 번 다시 속이지는 못할 걸세." (Ibid., XXV, 208.)

348 **이토록 불행하고** Ibid., 317.

348 **열정적인 답장** Ibid., 351-60.

349 **전적으로 반대해 왔다는 점을 인정하고** Ibid., 353.

349 **출발했으며** Ibid.

349 **해밀턴은 자신의 권한만으로** Ibid., 354. 제퍼슨이 말을 덧붙였다. "따라서 이러한 관 점이 우세하게 되었을 때, 이를 실행할 책임은 당연히 저에게 돌아왔습니다. 저의 모든 편지와 회의록을 지켜본 당신께 자신 있게 말씀드릴 수 있는 것은, 제가 그 일을 제자 신의 견해처럼 성실히 이행했다는 사실입니다. 비록 우리나라의 명예와 이익에 늘 부 합하지는 않는다고 여겨졌던 경우에도 마찬가지였습니다." (Ibid.)

349 **신문 논쟁에** Randall, *Jefferson*, II, 82.

349 **더럽혀지도록 두지 않을 것입니다** *PTJ*, XXIV, 358.

350 **중요하다고 보셨습니다** Ibid., 434.

350 **않는다고 생각하오** Ibid., 435.

350 **더 많은 이들이 있습니다** Ibid.

350 **솔직하고 진지하게 말씀드리자면** Ibid., 499. 워싱턴 역시 의회의 부패가 지나치게 과 장되었다고 보았다. '그는 입법부 안에 사익을 추구하는 경향이 있는 것에 대하여, 모 든 공직에서 특정 계층의 사람들, 예를 들어 재정 담당자들을 배제하지 않는 한, 어떤 정부에서도 피할 수 없는 일이라고 말했다. 나는 그에게, 모든 집단에서 발생할 수 있 는 사소하고 우연적인 사익 추구 행위 및 그것이 표결에 미치는 영향과 재무부의 명령 에 일관되게 따르는 이해관계자 집단을 조직하는 정규 시스템 사이에는 엄청난 차이가 있다고 말했다.' (Ibid., 435.)

350 **그렇다면 왜** Ibid.

351 **반대하는 반란 가능성에** Ibid., 383-85.

351 **결국 국무장관의 서명을 포고문에 받아냈다** Ibid., 385.

351 **채택한다면** Dunbar, *Study of Monarchical Tendencies*, 105.

351 **안정도** *PTJ*, XXIV, 607.

351 **불륜관계를 맺었다는 사실이 폭로** Ibid., 751. 다음 노트 추가 참조. ibid., XVIII, 611-88.

352 **버지니아 출신 하원의원 윌리엄 브랜치 자일스는** Ibid., XXV, 311-12. *PTJ* 편집자들

은 이렇게 썼다. '그럼에도 불구하고, 1793년 하원 내 공화주의자들의 해밀턴 견제 운동을 제퍼슨이 은밀히 지지한 일은 그의 공직 경력에서 매우 중요한 이정표로 남는다. 이는 갈등하는 정당 간의 대립을 초월한 정치인의 역할에서 그를 공화당 최고 지도자인 대통령직에 오르게 한, 보다 당파적인 역할로 점차 옮겨 가는 결정적인 단계를 보여 준다.' (Ibid., 292.) 추가 참조. Todd Estes, Jefferson as Party Leader, in Cogliano, ed., *A Companion to Thomas Jefferson*, 128-44.

352 **자일스와 몇몇 의원들은** *PTJ*, XXV, 311.

352 **은행 이사들** Ibid.

353 **국민은** Ibid., 314.

353 **물을 어지럽힌 자들이** Ibid., 137.

353 **잠잠하게 놔둘 때** Ibid.

353 **프랑스에서의 폭력 사태는** Neely, *Concise History of the French Revolution*, 189-220.

353 **1793년 9월에는 프랑스 혁명 세력이** Ibid., 191-97, 254-55.

353 **우리 모두 프랑스에 깊은 애착을 지녔으며** *EOL*, 174-75.

353 **하지만 1792년 가을 이후** Ibid., 176-77. 우드는 다음과 같이 썼다:

이제 일부 연방주의자들은, 만약 민중의 권력이 제한 없이 자유롭게 행사된다면 미국에서 어떤 일이 벌어질 수 있는지, 그 끔찍한 가능성을 프랑스에서 보기 시작했다. 파리와 다른 지역에서의 폭동, 1792년 9월 혁명의 적으로 기소된 1,400명의 죄수에 대한 참혹한 학살, 라파예트가 군대와 의회 내 동지들에게 버림받아 프랑스를 떠났다는 소식, 이 모든 사건은 연방주의자들에게 프랑스 혁명이 민중에 의한 무정부 상태로 빠져들고 있다는 확신을 심어 주었다. 미국인들이 10년 전 영국으로부터 독립을 쟁취하는 과정에서 도움을 준 군주인 38세의 루이 16세가 1793년 1월 21일 반역죄로 처형당했다는 사실과, 1793년 2월 1일 프랑스 공화국이 영국에 선전포고를 했다는 소식을 접했을 때, 미국 내 연방주의자와 공화주의자 간의 분열은 한층 심화되었다. 이제 프랑스 혁명의 의미는 미국인들이 자국 혁명이 나아갈 방향을 놓고 벌이는 내부 논쟁과 뒤얽히게 되었다. (Ibid.)

353 **단두대에서 친구들을 잃었고** William Howard Adams, *Paris Years of Thomas Jefferson*, 295-97. 추가 참조 O'Brien, *Long Affair*.

354 **라파예트는** Paul S. Spalding, *Lafayette: Prisoner of State* (Columbia, S.C., 2012).

354 **이 싸움에서** *PTJ*, XXV, 14.

354 **보스턴의 친프랑스 단체는** Charles Warren, *Jacobin and Junto; or, Early American Politics as Viewed in the Diary of Dr. Nathaniel Ames, 1758~1822* (New York, 1968), 46.

354   **많은 시민이**   Ibid.

355   **파리로 돌아가**   *PTJ*, XXV, 243-45. 워싱턴은 특유의 온건한 입장을 취했지만, 제퍼 슨과의 대화에서는 프랑스에 대해 한층 우호적인 경향을 보였다. 1793년 1월 3일, 제퍼 슨은 이렇게 썼다. '대통령은 **프랑스를 우리나라의 최후의 보루로 여기며, 프랑스와의 우정을 최우선 목표로 여긴다**라고 말했다. 미국에는 반대되는 정치적 원칙을 가진 인 물들이 있는데, 그중 일부는 높은 관직에 있고, 일부는 막대한 부를 소유하고 있으며, 그들 모두 프랑스에 적대적이고 희망의 지팡이로 영국에 의지하는 것 같다. 앞서 언급 한 소수 파벌은 영국을 단지 군주제로 가는 디딤돌로서만 지지했으며, 최종적인 체제 전환을 더 쉽게 만들기 위해 행정부를 영국과 유사하게 만들려고 애썼다.' (Ibid., 14- 15.)

355   **워싱턴은 다소 날카로운 어조로 응수했다**   Ibid., 244.

355   **단호한 태도로 반박했다**   Ibid.

355   **신중하게 생각해보라**   Ibid.

26장 폭풍 같은 임기의 끝

356   **당신의 상황을 안타깝게 생각하지만**   *PTJ*, XXVI, 133.

356   **그 농장의 이름은 '비자르'였다**   다음을 참조하라. Cynthia A. Kierner, *Scandal at Bizarre: Rumor and Reputation in Jefferson's America* (New York, 2004), 위에서 이 일화에 대한 세부 내용과 분석을 확인할 수 있다.

357   **본성에서 우러나오는 연민을 저버리지 마라**   *PTJ*, XXV, 621.

357   **회의 도중**   Ibid., 301-2.

357   **내몰리는 듯한**   Ibid., 304.

358   **제퍼슨 씨는**   *The Words of Thomas Jefferson* (Charlottesville, Va., 2008), 200. 공공부채에 대하여 제퍼슨은 이렇게 말했다. "두 당의 유일한 차이는, 공화당은 부채가 내일 당장 상환되기를 바라지만, 재정 중심 정파는 영원히 유지되기를 바란다는 점이다. 그들이 부채에서 의회를 타락시키는 수단을 발견했기 때문이다." (*PTJ*, XXV, 318.) 의회 내 주주 명단은 다음 참조. ibid., 432-35. eral, 예의를 갖추기 힘든 상황이었다. 해밀턴은 제퍼슨에게 이렇게 썼다. '회의 개최를 원하시는 당신의 뜻을 알았으며, 이에 대해 저는 실질적으로 회의 소집은 당신의 권한이라 생각하여, 소집하신다면 참석하겠다고 답변 드립니다. 하지만 현 시점에서 회의가 유익한지는 잘 모르겠습니다.' (Ibid., 440.)

358   **스쿨킬 강가의 집으로**   *PTJ*, XXV, 353.

358　몬티셀로에 관한 일이라면　Ibid., 444.

358　우리 공화국　Ibid., XXVI, 101.

358　귀하의 전권공사는　Ibid.

358　우리 정부는 확실히 공화정이긴 하지만　Ibid., 101-2.

358　녹스는　Ibid., 554-55.

359　대통령이 공화당을 적이라고 믿게 만들고　Ibid., 522.

359　대통령은 분명히　Ibid., 102.

359　프랑스 공화국은 영국에 전쟁을 선포했다　EOL, 177.

359　의문이 제기되었습니다　PTJ, XXVI, 272-73.

360　위헌적이며 부적절하다　Ibid., 382. 매디슨은 1793년 6월 이렇게 썼다. '나는 대통령
이 자신과 정치 철학이 근본부터 다른 사람들에 의해 그의 선한 의도가 이용될 수 있
는 함정을 충분히 깨닫지 못할까 봐 지극히 걱정스럽다. 헌법에 명확히 규정되지 않았
으며, 군주제 모델을 모방한 듯한 권한 행사는 그에게 굴욕적인 비판을 안기고, 동시에
정부에도 불이익을 초래할 것이다.' (Ibid., 273.)

360　반대하지 않았다고　Ibid., XXVII, 400.

360　그날 질문과 답변이　Ibid., 401.

360　좋은 일이긴 하지만　Ibid., 428.

360　에드몽 샤를 주네　Ibid., XXV, 469-70. 워싱턴은 자리를 비우게 되자, 제퍼슨에게 주
네는 당연히 맞이해야 하지만, 지나치게 따뜻하거나 친근하게 대해서는 안 된다고 말
했다. 제퍼슨은 처음에는 이러한 제한에 당황했지만, 곧 그것이 해밀턴의 의견을 존중
하기 위한 작은 양보임을 납득하게 되었다. (Ibid.)

360　오래도록 이어지는 복잡한 논의　Ibid., 469

360　제퍼슨은 민중의 열렬한 환영이　Ibid., 619. 1793년 4월 28일 제퍼슨이 매디슨에게 이
렇게 썼다. '우리는 주네 씨가 며칠 안에 이곳에 오기를 기대합니다. 그의 도착이 국민
으로 하여금 정부의 냉정하고 신중한 태도에 아랑곳하지 않고 마음껏 애정을 표현할
계기를 마련해줄 것입니다.' (Ibid.)

360　사략선을 조직하며　EOL, 185-89.

360　성급하고 상상력만 풍부하며　PTJ, XXVI, 444.

360　주네는 심지어　EOL, 188.

360　국무장관 제퍼슨　Ibid.

361　주네의 소환 요청　PTJ, XXVI, 598, 685-715. 그 결정에는 두 번째 요인이 있었는데,
즉 주네에게 소환 요청 사실을 통보하는 것이었다. 제퍼슨은 이에 동의하지 않았으며
다음과 같이 생각했다. '이것이 그의 계획을 극단적으로 밀어붙이게 만들어 혼란에 빠

뜨릴 위험이 있다. 하지만 나의 의견은 다른 세 명의 신사와 대통령에 의해 묵살당했다.' (Ibid., 598.)

361　**이번 싸움은 해밀턴의 승리였다**　Ibid., 502-3. 제퍼슨은 이렇게 말했다. "H는 자신들이 가진 이점을 잘 알고 있어, 주네가 프랑스로 다시 소환되도록 정부가 국민에게 전면적으로 호소할 것을 강력히 촉구하고 있다. 이러한 폭발적 상황은 두 나라의 우호 관계가 단절될 명백한 위험을 초래할 것이다." (Ibid.)

361　**침몰시킬 것이오**　Ibid., 606.

361　**내 동포들에게**　Ibid., 239.

361　**이제 내 혈관 속 피의 흐름조차**　Ibid., 240.

361　**지칠 대로 지쳤소**　Ibid., 240-41.

361　**우리를 갈기갈기 찢고 있는**　Ibid., 552.

361　**소문을 들었다**　Ibid., 219.

362　**민주공화당 협회**　Ibid., 601-3.

362　**조지 워싱턴의 분노를 자극했다**　Ibid., 602-3.

362　**제퍼슨은 이제 물러나고 싶었다**　Ibid., 593-94, 660. 제퍼슨의 동기에 대한 긍정적인 견해는 다음을 참조하라. Philip M. Marsh, Jefferson's Retirement as Secretary of State, *Pennsylvania Magazine of History and Biography* 69, no. 3 (July 1945): 220-24.

362　**제퍼슨의 집에 직접 찾아왔다**　Ibid., 627-30. 제퍼슨의 후임 국무장관직을 두고, 워싱턴의 생각은 당시 정치 상황에 쏠려 있는 듯 보였다. 그는 뉴욕 출신 로버트 R. 리빙스턴을 마음에 들어 했으나, '해밀턴이 재직 중일 때, 그가 곧 물러날 예정이라는 사실이 알려지기도 전에 리빙스턴을 지명한다면, 언론에서 뜨거운 논쟁을 불러일으킬 것이다.' 최종 결론은 아직 알 수 없기 때문이다. (Ibid., 629.)

363　**특히 불편합니다**　Ibid., 628.

363　**우리가 현재 상태로 이 헌법**　Ibid.

363　**낮은 자리로 내려가려는 법이 없지요**　Ibid., 630.

363　**황열병이 퍼지기 시작했다**　Ibid., XXVII, 7.

363　**이제 시내 대부분 지역에 퍼졌고**　Ibid.

363　**안타깝게 지켜보며**　Ibid., 334.

364　**해밀턴이 열병에**　Ibid., 62.

364　**솔직히 말해, 이곳을 떠나고 싶소**　Ibid.

364　**진심으로 유감스럽다**　Ibid., XXVIII, 3.

364　**당신이 은퇴한 이후에도, 진심으로 행복하길 기도하겠소**　Ibid.

364　**가장 가까운 항구인 리치먼드로 보내주십시오**　Ibid., XXVII, 661.

365　영광스럽게　Ibid., XXVIII, 7.

365　얼마나 잘 자라는지, 참 놀라울　Adams, ed., *Letters of John Adams*, II, 240.

365　제퍼슨이 어제 떠났소　*Words of Thomas Jefferson*, 201.

365　개인적인 일로　*PTJ*, XXVIII, 14.

27장 몬티셀로에서 때를 기다리며

369　인간 정신의 자유와　*PTJ*, XXXI, 128.

371　말 위에서 지냅니다　Ibid., XXVIII, 332.

371　몽테뉴가 이렇게 말했다지요　Ibid., 15. 그의 부인에도 불구하고, 제퍼슨은 여전히 시대와 소통하고 있었다. 해밀턴과 의회의 유착 관계에 대한 자신의 집착을 인정하며, 제퍼슨은 이렇게 말했다. "나는 오직 하나의 정치적 주제에만 몰두해 있다. 즉 제1대 및 제2대 의회의 일부 의원들이 보여준 뻔뻔스러운 부패와 재무부에 대한 그들의 맹목적인 충성을 국민에게 알리는 일이 그것이다. 나는 이것이 필요한 일이라고 생각한다. 정부 형태가 좌우되는 이러한 폐단을 개혁하려는 노력을 이끌어낼 수 있기 때문이다." (Ibid., 15-16.)

372　그럴지도 몰랐다　Ibid., 21-22.

372　축하하며 편지를 보내오　Ibid., 50.

372　편지를 미루고　Ibid., 57.

372　우리 국민은　Ibid.

373　빨리 벗어나고 싶습니다　Ibid., 72.

373　존 제이를 런던으로 파견했다　Ibid., 69-71.

373　사태를 피할 수 있다면　Ibid., 75.

373　전쟁을 외치는 기세　Ibid., 55.

374　결정을 내렸다　*JHT*, III, 221-22, 2개의 몬티셀로를 상세하게 다룬다.

374　지금 우리는 벽돌 가마 속에서 살고 있네　*PTJ*, XXVIII, 181.

374　시간이 오래 걸린다　*JHT*, III, 221.

374　건축은 나의 기쁨이며　Ibid., 222.

374　멀베리 로우는　TJF, http://www.monticello.org/mulberry-row/places (2012년 열람)

374　새로운 노예 거주지, 훈연실, 낙농장　Ibid.

374　못 제조 공장이었는데　*FB*, 426-53.

374　할 수 없기에　Ibid., xiv.

374 **1809년에 마무리된** TJF, http://www.monticello.org/mulberry-row/places (2012년 열람)

375 **옮겨졌고** Ibid.

375 **부엌, 얼음 저장고, 저장실** Beiswanger, *Thomas Jefferson's Monticello*, 68.

375 **끊임없는 고문** *PTJ*, XXVIII, 155.

375 **제퍼슨은 매우 건강하네** Ibid., 249.

375 **대개 고귀한 이름을 지녔는데** TJF, http://www.monticello.org/site/research-and-collections/horses (2012년 열람) 추가 참조. *FB*, 87-109.

375 **옛 댐 아래** TJF, http://www.monticello.org/site/research-and-collections/fishing (2012년 열람)

375 **스쿨킬강에서** Ibid.

375 **조지 호수** Ibid. *PTJ*, XX, 463-64.

376 **훨씬 덜 유쾌한 물줄기** *PTJ*, XX, 464.

376 **총기를 가까이 두었고** TJF, http://www.monticello.org/site/research-and-collections/firearms (2012년 열람)

376 **외출할 때면 무장을 하고 다녔다** Ibid.

376 **떠난 적이 있어** Ibid.

376 **최고의 운동이었다** Ibid.

376 **종종 사냥을 권했지만** Ibid.

376 **큰 위안이자 일상 활동은 말타기였다** Ibid.

376 **주인님은 다람쥐랑 뇌조를 사냥하셨지요** Bear, *Jefferson at Monticello*, 17-18. 추가 참조. TJF, http://www.monticello.org/site/research-and-collections/hunting (2012년 열람)

376 **쏘지 않으셨어요** Bear, *Jefferson at Monticello*, 18.

376 **반드시 몰이했다** Ibid.

376 **사냥하려는 이들을 쫓아내곤 했다** Ibid., 21.

376 **두 발 연속 사격이 가능한** TJF, http://www.monticello.org/site/research-and-collections/firearms (2012년 열람)

376 **50센티미터 길이의 총신** Ibid.

376 **터키제 권총 세트** Ibid.

376 **지키고자 하는 모든 미국인** Ibid.

376 **총을 다룰 줄 알아야 하네** Ibid.

376 **진심으로 지지하는 편이네** Ibid.

377　사람들 간의 감정싸움이 사회적 모임의 즐거움을 소모하거나　*PTJ*, XXVIII, 24.

377　그다음 주, 제임스 먼로는　Ibid., 29-31. 제퍼슨은 자신의 견해를 전혀 숨기지 않았다. 1794년 4월 편지에서 그는 재무부 문제, 영국과의 전쟁 소문, 프랑스령 섬 관련 쟁점, 해군과 육군의 무장, 그리고 해상 요새화 문제에 관해 의견을 밝혔다. 이어서 그가 방금 관심을 표명한 문제들에 대해 자신은 이해관계가 없다는 의례적인 부인을 덧붙였다. "나의 관심은 온통 시골 생활에 쏠려 있습니다."라고 매디슨에게 말했다. (Ibid., 49-50.) 연방주의에 대한 의미 있는 반응은 3월 말에 나왔는데, 이때 하원은 해밀턴을 견제하기 위해 재정수단 위원회를 구성했다. 위원회 설치를 둘러싼 논쟁에서 매디슨은 "재정파가 그 위험성을 인식하고 일종의 절충안을 제시했다."라고 말했지만, 해당 안은 부결되었고, 결국 위원회가 구성되었다. 이제 하원은 좀더 신중하게 재정을 다룰 헌법적 수단을 갖게 되었다. (Ibid., 46.)

377　신군대를 창설하고　Ibid., 38.

377　생각에 기초한 것이며　Ibid., 41.

377　비범한 변화에는　Ibid.

378　세습 작위를 공식적으로 포기하도록　Ibid., 245.

378　앞에 세우고 싶어 하오　Ibid.

378　자일스의 수정안은 통과　Ibid.

378　국정 연설　Ibid., 213.

378　서부 지역의 위스키 반란을 보는　다음 참조. Hogeland, *Whiskey Rebellion*.

378　존 네빌 장군의　Ibid., 97-105.

378　바워 힐이 공격받았고　Ibid., 147-50, 152-83.

378　제임스 맥팔레인은 총에 맞아 사망했다　Ibid., 154-56.

378　민주공화당 협회들의　Eugene P. Link, *Democratic-Republican Societies, 1790~1800* (New York, 1973), 위 연구는 설명이 상세하다. 추가 참조. Philip S. Foner, ed., *The Democratic-Republican Societies, 1790~1800: A Documentary Sourcebook of Constitutions, Declarations, Addresses, Resolutions, and Toasts* (Westport, Conn., 1976); 그리고 *PTJ*, XXVIII, 220-22.

379　시도가 이렇게 이른 시점에　*PTJ*, XXVIII, 219.

379　비난은　Ibid., 228.

379　분리 독립을 논의하기 위한 모임이 있었으나　Ibid., 229.

379　흰색 캄브릭 손수건으로　*TDLTJ*, 48-49.

379　유일하게 성급함을　Randall, *Jefferson*, III, 675.

380　명령했으나　*TDLTJ*, 321.

380 주피터에게 즉시 내게 오라고 전하라 Ibid.

380 제퍼슨의 말투와 표정은 Ibid.

380 두 명의 뱃사공이 서로 언성을 높이기 시작했다 Ibid.

380 눈을 번뜩이며 Ibid., 322.

380 목숨을 걸고 노를 저었다고 Ibid.

380 나를 찾아온다면 *PTJ*, XXVIII, 337.

381 그러니 오시오 Ibid., 368.

381 **각오를 해야 합니다** Ibid., 315. 제퍼슨은 매디슨에게 입후보할 것을 제안했지만, 매디슨이 이 시나리오를 일축했다. "적어도 당분간은 간단히 말하는 것이 최선일 것입니다. 온갖 종류의 이유들이 있고 그중 일부는 명백하면서도 극복하기 힘든 종류입니다. 이로 인해 당신이 언급하신 생각을 받아들일 마음이 사라졌습니다." 사실, 매디슨은 제퍼슨의 정치적 미래에 관해 두 사람이 사적으로 직접 만나 논의해야 할 시기가 다가오고 있음을 암시한 셈이었다. (Ibid.)

381 **제퍼슨은 이 문제를 곰곰이 생각해왔다고** Ibid., 338-40. 1795년 4월 27일자 이 편지는 학자들의 흥미로운 연구 대상이 되었다. James Roger Sharp, Unraveling the Mystery of Jefferson's Letter of April 27, 1795, *Journal of the Early Republic* 6, no. 4 (Winter 1986): 411-18, 이 연구는 제퍼슨이 가지고 있던 편지 복사본에서 중요한 문헌상의 변화를 탐구한다. 제퍼슨은 자신이 공직을 구하지 않을 것이라고 하면서 다음과 같이 썼다. '나의 유일한 목표는 우호적인 측에서 내게 부여한 기회를 활용하여(이전에는 체면 때문에 그렇게 할 수 없었다), 남부의 이해관계에 치명적인 표의 분산이나 손실을 막는 것입니다.' 하지만 제퍼슨 자신이나 토머스 제퍼슨 랜돌프(1820년대 제퍼슨 조부의 문서를 편집함), 혹은 랜돌프와 함께 일했던 니컬러스 P. 트리스트, 셋 중 누군가가 편지에 쓰인 '남부의'라는 단어를 '공화국의'로 바꿔 놓았다.

제퍼슨의 정치 운동을 지역적 과제가 아닌 국가적 과제로 표현하려는 의도를 가진 사람이 누구든, 해당 구절을 바꾼 사람은 제퍼슨이 확고한 국가주의자로 보이게 하려는 의도가 분명했다. 주의 권리와 국가 사이의 긴장은 출발부터 존재했으며, 다작의 제퍼슨은 생전에 그리고 사후 오랫동안 미국에서 지역주의적(심지어 분리주의적) 요소들에서 인용과 영감의 유용한 원천이 되었다. 물론 그의 삶과 업적 대부분은 제퍼슨이 미국 연방의 편에 섰음을 보여 준다.

그가 1795년 '남부의'라는 단어를 사용한 것은, 지역적 현상으로서 공화주의에 대한 전면적인 일반화라기보다는 공화주의적 이해를 관철시킬 후보를 선택하는 문제를 가리킨 것으로 보인다. '남부의 이해관계'라는 구절 다음에 나오는 문장을 살펴보자. '만약 그것[남부의 이해관계]에 승산이 있다면, 단 한 표도 잃지 않아야 하고, 모든 힘을 하나의 목표에 집중해야 합니다. 누가[강조는 필자] 이 일을 맡아야 하는지는 당신 외에 누구와도 자유롭게 논의할 수 있습니다. 이 점에서 먼로의 부재가 더욱 가슴 아프게 느껴집니다. 그가 여기에 있었다면, 나를 이해시키는 통로를 찾는 데 전혀 어려움이 없었을 것입니다.' (*PTJ*, XXVIII, 339.)

이 부분에 대한 나의 견해로는, 제퍼슨은 여전히 매디슨이 대통령직에 도전하도록 격려하고 있었던 것으로 보인다. 부분적으로는 제퍼슨이 매디슨을 좋아하고 신뢰했기 때문이지만, 동시에 제퍼슨은 공화당 대통령으로 중부나 뉴잉글랜드 출신보다는 남부 출신을 선호했기 때문이기도 하다.

381 **끊임없는 신문 보도 속 암시들에** Ibid., 338.

381 **야심이 조금 있었지만** Ibid., 339.

382 **확신한단다** *PTJ*, XXXVI, 676.

382 **한 세트만 보내주시오** Ibid., XXVIII, 377.

382 **떠돌이 간행물** Ibid., 387.

382 **윌리엄 브랜치 자일스도** Noble E. Cunningham, *The Jeffersonian Republicans: The Formation of Party Organization, 1789~1801* (Chapel Hill, N.C., 1957), 86.

383 **가을에는 뉴욕 출신 에런 버가** Ibid., 86-87.

383 **연방주의자들은 두 사람이** Ibid.

383 **사실 제퍼슨과 버의 만남은 단 하루, 아주 짧은 방문에 불과했다** Isenberg, *Fallen Founder*: 145-46. 아이젠버그가 지적했듯이, 제퍼슨과 버가 이 짧은 방문 기간 동안 무엇을 논의했는지에 관한 기록은 없다. 두 사람은 계획을 세울 시간이 거의 없었으며, 공화당 후보 티켓을 확정하는 것처럼 중대한 일을 결정했을 가능성도 거의 없다. 그렇지만 버는 활발하게 선거운동을 하고 있었다. 그는 제퍼슨과 상의하기 위해서뿐만 아니라, 버지니아 공화당원들에게 자신의 헌신을 몸소 보여주기 위해 긴 여행을 했다. (Ibid., 146.)

383 **워싱턴 대통령이 받은 이 조약은** *PTJ*, XXVIII, 400.

384 **분노한 군중은 존 제이의 인형을 불태웠고** *EOL*, 198. 제이 조약에 관한 반응을 자세히 알고 싶다면 다음을 참조하라. Warren, *Jacobin and Junto*.

384 **워싱턴 대통령 탄핵 이야기까지** Ibid. 추가 참조. Michael Beschloss, *Presidential Courage: Brave Leaders and How They Changed America 1789~1989* (New York, 2007), I.

384 **제퍼슨은 이 조약을 해밀턴식 문서라고 경멸했고** *PTJ*, XXVIII, 55. 8월이 되자 제퍼슨은 뉴욕에 있는 해밀턴의 움직임에 대해 매디슨에게 썼다. '동봉한 문서를 통해 해밀턴이 조약을 지지하는 글을 쓰기 시작했음을 아실 것입니다. 그는 뉴욕 회합에서 조약을 옹호했으며, 그의 당은 과반을 조금 넘겨 조약 찬성안을 통과시켰습니다. 하지만

리빙스턴파는 돌멩이와 곤봉을 들고 나와 그와 그의 당원들을 회의장 밖으로 쫓아냈습니다. 이 소식은 필라델피아에서 방금 도착한 한 신사로부터 들은 것입니다.' (Ibid., 430.) 매디슨이 나중에 그 일화의 세부 내용에 대한 제퍼슨의 오류를 바로잡았는데, 수정사항 대부분이 정확하지 않았다. (Ibid., 432.)

384 **북부에서 남부까지** Ibid., 435.

384 **8월 중순에 발생한 홍수** Ibid., 439.

384 **이토록 전국적으로 분노가 터져 나온 일** Ibid., 449.

384 **무관심에 빠진다'라는 점을 염려했다** Ibid., 475.

384 **이보다 더 노골적인 당파적 술수는 없었소** Ibid., 476. 그 폭풍은 제퍼슨의 동맹자들을 흔들었다. 러틀리지는 제퍼슨에게 조국에 봉사해야 할 의무가 자신의 명성에 대한 걱정보다 중요하다고 말했다. "조국에 대한 봉사는, 덕성의 함양과 마찬가지로 그 자체로 보상을 동반합니다. 애국심의 대가로 감사를 기대하는 것은 헛된 것을 바라는 것이며, 실망이나 굴욕만이 그의 몫임을 매일 매일의 경험이 입증해줍니다." (Ibid., 502.) 러틀리지의 아들은 직접 편지를 전달하고 한동안 몬티셀로에 머물렀다. 제퍼슨은 뒤이어 아버지 러틀리지에게 이렇게 썼다. '아드님은 즐겁게 은거 생활을 누리고 있는 저의 모습을 보았습니다. 저는 태고 시대의 족장처럼 아들과 손자들에게 둘러싸여 살며 토지를 경작하고 있었습니다.' 공직 생활 문제에 대한 제퍼슨의 입장은 확고했다. '당신은 제가 조국에 대한 봉사를 전적으로 포기하지 않기를 바랍니다. 그러나 저는 공직에서 25년간 계속 몸담아 왔고, 성실한 군인이 복무를 마치듯 임무를 완수했으므로, 전역을 청할 수 있다고 생각합니다. 하지만 그는 정치 문제를 회피할 수 없어 이렇게 덧붙였다. '그 조약이 최악이라는 데에 당신과 의견을 같이합니다.' 그는 '조약이 수치스러운 행위로, 미국 의회와 국민에 맞서 영국과 친영파가 맺은 동맹 조약에 불과하다.'라고 했다. (Ibid., 541-42.)

384 **다수당 지위를 상실한 그 당파가** *JHT*, IV, 247.

384 **조약 이행을 위한 일부 예산 항목에 하원의 승인이 필요했다** John C. Miller, *The Federalist Era, 1789~1801* (Prospect Heights, Ill., 1998), 172-76. 제임스 매디슨은 조약을 하원에 상정하기 위해 나섰다. 매디슨의 주장은 제퍼슨도 크게 공감하는 내용으로, 하원의 권한에 속하는 여러 사안과 관련된 조약에서 하원이 목소리를 내야 한다는 것이었다. 그 조약은 일부 조항을 이행하는 데 필요한 재원 마련을 위해 하원의 승인 조치가 필요했으며, 그 조치는 매디슨의 반대에도 불구하고 통과되었다. (Ibid.)

385 **거만한 폭군** Warren, *Jacobin and Junto*, 63.

385 **법과 헌법을 짓밟는 통치자** Ibid.

385 **이번 회기 불과 몇 달 전까지만** Ibid., 64.

385 하지만 이번에는 아니었소 Ibid.

385 뉴잉글랜드 주들은 *PTJ*, XXIX, 95.

386 2개의 정당이 존재한다 Ibid., XXVIII, 508-9.

387 배치에게 Ibid., 560-61.

387 정계에서 한발 물러난 듯 보였던 그였지만 Joseph J. Ellis, *American Sphinx*,184, 위 연구에서는 오로라 사건을 제퍼슨의 정치 재진입을 의미하는 순간으로 규정한다. 언급한 바와 같이, 나는 제퍼슨이 한 번도 정치를 떠난 적이 없다고 생각하지만, 엘리스는 흥미로운 지점을 제시한다. 즉 편집자들에게 자료를 요청했다는 사실이 18세기 신문 편집자들처럼 정치에 몰입한 사람들의 눈에는 제퍼슨이 다시 정치 무대로 돌아온 것처럼 보였다는 것이다.

387 자녠 이미 보았겠지만 Ibid., XXIX, 124.

388 중대한 보도를 접했다 Ibid., 127-30. "당신이 특별한 친구들과 친지들에게 나를 위험한 영향 아래 있는 사람으로 묘사했고, 그들이 그 사실을 나에게 알려주었습니다. 그리고, 만약 내가 다른 의견들에 더욱 귀 기울인다면 모든 일이 잘될 것이라는 얘기를 들었습니다."라고 워싱턴은 말했다. 그는 계속해서 말했다:

나의 답변은 변함없었다. 제퍼슨 씨의 행동에서 한 번도 그의 불성실함을 마음속으로 의심할 만한 어떤 점도 발견하지 못했으며, 만약 그가 행정부에 있는 동안 나의 공적 행위를 되짚어본다면, 진실과 옳은 결정이 내가 추구하는 유일한 목표였다는 사실을 충분히 확인했을 것입니다. 또한 그가 지닌 지식 안에서 명백히 언급된 의견에 찬성한 순간만큼이나 반대한 순간도 많았으며, 더 나아가 살아 있는 누구도 그의 정치나 수단이 절대적으로 옳다고 믿는 사람은 없다는 것이 나의 대답이었습니다. 간단히 말해서, 나 자신은 당파성이 없는 사람이며, 진심으로 바라는 것은, 설사 당파가 존재한다 해도 그들을 화해시키는 것입니다. (Ibid., 142.)

388 모든 신성하고 명예로운 것을 걸고 Ibid., 127.

388 잡초를 심으려 하고 있 Ibid.

388 당신이 먼저 이 주제를 꺼냈으니 Ibid., 142.

389 패트릭 헨리를 *APE*, I, 36. 추가 참조. Kidd, *Patrick Henry*, 234-35.

389 이 뜻을 당신께 전하게 되어 Ibid., 169.

389 오만한 사람은 아닙니다 Ibid., 199.

390   봉사할 의무를 진다   *PTJ*, XXIX, 233.

390   당신과 나는 예전에도   Ibid., 456-57.

390   조지 워싱턴의 고별 연설이   *APE*, I, 38-39.

390   경주 시작을   Ibid., 70. 추가 참조. Ferling, *Adams vs. Jefferson*, 85. 소문은 급속도로 퍼졌다. 한 편지 발신인이 제퍼슨에게 썼다. '저는 워싱턴의 은퇴 소식을 기쁘게 생각합니다. 그는 이 나라의 자유에 위협이 되는 사람이라고 생각하기 때문입니다. 스스로를 잘못 판단한 그는 다른 사람들에게 영향을 행사하며, 자신의 이름으로 가장 위험한 정책들에 정당성을 부여하였습니다.' (*PTJ*, XXIX, 185.)

391   초기 수십 년간의 대통령 선거는   1796년부터 앤드루 잭슨이 36년 후 전국 전당대회에 의해 재선 후보로 지명될 때까지 대통령 선거에서 비밀스러운 방식으로 이러한 일들이 분명해졌으며, 존 애덤스와 토머스 제퍼슨이 워싱턴을 이을 선두 주자임이 금세 명확해졌다.

391   1804년 제12차 수정헌법이 비준되기 전까지는   *EOL*, 285. 추가 참조. Bruce Ackerman, *The Failure of the Founding Fathers: Jefferson, Marshall, and the Rise of Presidential Democracy* (Cambridge, Mass., 2007), 위 연구는 매우 흥미롭다.

391   《콜롬비안 미러 앤 알렉산드리아 관보》   *PTJ*, XXIX, 193.

391   버지니아주 캐롤라인 출신의 저명한 공화주의자 존 테일러는   Ibid., 194.

392   1794년 당시 부통령 존 애덤스와 뉴햄프셔 상원 의원 존 랭던과 나눈 대화   Ibid. 공화당원들은 애덤스의 발언에 관한 테일러 보고서의 정치적 가능성을 즉시 감지했다. 조지 메이슨의 아들인 존 메이슨은 공증된 장부 사본을 요청하며, 애덤스의 발언이 '지금까지 언급된 것보다 더 큰 이익을 줄 것'이라고 말했다. (Ibid., 194-95.)

392   이 주장은 곧 선거 슬로건으로 확산했다   *APE*, I, 40.

392   존 애덤스는 공공연한 군주주의자다   Ferling, *Adams vs. Jefferson*, 90.

392   프랑스와의 전쟁 가능성이 점점 고조되는 국면   Ibid., 93. 프랑스 외교관인 피에르 아데는 연방당이 영국에 지나치게 호의적인 태도를 보이고 있어, 프랑스와의 관계에서는 제퍼슨이 좀 더 현명한 선택이 될 것이라고 주장했다. 연방당은 이에 대응하여 이러한 사실상의 지지를 제퍼슨을 공격하는 데 활용했다. (*APE*, I, 30.)

392   늦가을의 혹한을 견디며   *PTJ*, XXIX, 211.

392   거의 없을 것입니다   Ibid.

392   양측 모두를 탐탁지 않아 했던 알렉산더 해밀턴이   *APE*, I, 40.

392   기묘한 전략을   Ibid. 페이지 스미스는 다음과 같이 썼다. *APE*, 1:

그 계획은 뉴잉글랜드 연방당 선거인단에게 대통령과 부통령 후보로 모든 표를 애덤스와 핑크니에게 각각 던지도록 하고, 핑크니의 고향인 사우스캐롤라이나에서는 선거인단이 애덤스의 몇 표를 일부러 무효로 만들어 본래 부통령이 될 사람이 대통령직을 차지하게 하고, 애덤스는 부통령직에 남도록 하려는 것이었다. 그 계획이 성공하여 연방당의 부통령 후보가 계략에 의해 대통령이 되었다면, 연방당은 회복이 불가능할 정도로 분열되었을 것이다. 애덤스는 거의 확실히 부통령직에서 사임할 것이며, 아마도 그 직위는 제퍼슨이나 버에게 돌아갈 것이다. 제퍼슨이 대통령으로 선출될 가능성도 마찬가지로 컸다. (Ibid.)

392 **애덤스는 너무 완고해서** *PTJ*, XXIX, 214. 매디슨은 또한 이렇게 말했다. 만약 핑크니가 성공한다면, '그가 자신을 이용하려는 사람들을 똑같이 실망시키길 바라며, 이 사안이 하원으로 이전될 가능성도 항상 존재한다. 그렇게 되면 마땅히 결정되어야 할 방식대로 결정되리라 생각한다.' (Ibid.)

그리고 심지어 제퍼슨이 3위를 차지할 가능성도 있었다. '핑크니가 가장 많은 득표를 할 것이라는 견해가 널리 퍼져 있으며, 애덤스가 다음 순위를 차지할 것으로 생각된다.' (Ibid., 218.)

393 **반드시 받아들여야 합니다.** Ibid., 218.

393 **헌법은 이 난관을** Ibid, 223.

393 **내 입장을 충분히 전달해달라** Ibid.

393 **핑크니는 3위로 밀려났다** *APE*, I, 41.

393 **맡겨야 합니다** *PTJ*, XXIX, 226. 매디슨은 제퍼슨에게 애덤스에 대해 썼다:

당신도 아시다시피, 그의 생각이 전임자의 전례에 얽매이진 않을 것입니다. 우리의 화폐 제도에 대한 그의 비판, 그보다 P를 우위에 두려는 뉴욕의 음모가 친영파와의 불화를 고착시킬 것이 분명합니다. 또한 뉴잉글랜드의 진정한 이해관계가 통상을 발전시키기 위해 특히 프랑스와의 화해를 요구한다는 사실도 간과해서는 안 됩니다. 아울러 그가 지금 당신에 대해 우호적으로 이야기하고 있다고 하니, 그보다 낮은 직위를 수락한다면 분명 상황이 누그러질 것입니다. 다만 이 모든 추측이 그의 정치적 원칙과 편견에 의해 제약된다는 점을 말씀드려야겠습니다. 그러나 이로 인해 당신이 스스로 물러나서는 안 되는 의무의 중요성이 더 커집니다. (Ibid., 226-27.)

394 **애덤스는 간발의 차로** *APE*, I, 41.

394 **오! 주여** Miller, *Federalist Era*, 264-65.

394 **나는 깊이 믿고 있소** Ibid.

394 **이번 투표 결과를 매우 뜻깊게 여기고 있습니다** *PTJ*, XXIX, 258. 항상 그는 정확하게 투표수를 계산했다. 이 점에서 68표와 71표 간 차이는 거의 감지할 수 없으며, 실제

투표인 69표와 70표 차이는 훨씬 더 미미하다. 펜실베이니아에서 실제 선거권자 한 명이 투표지 오배송으로 투표에서 배제되었고, 선거권자가 아닌 사람에게 투표가 허용되었기 때문이다. (Ibid.)

394 **없으리라는 것쯤은 알고 있었소** Ibid., 232. 제퍼슨은 에드워드 러틀리지에게 이렇게 썼다. '당신은 최근 제 이름에 지나친 찬사와 비난이 덧붙여진다는 사실을 알고 계실 것입니다만, 그것이 1776년 함께한 당신의 오랜 지인을 가리키리라고는 미처 생각지 못하셨을 것입니다. 사실 친구나 적의 글을 통해서조차 저에 대한 이야기라는 것을 알지 못했습니다. 부당한 비난은 상처를 주고, 부당한 찬사는 치유할 힘을 갖지 못하는 것이 우리의 평화에 있어 불행한 일입니다. 인생에서 활동적이고 건강한 시절을 모두 바친 대가치고는 가혹한 보상입니다.' (Ibid.)

그의 지지자들은 행정부에서 일하는 동안 제기되는 불가피한 비판으로부터 그를 감쌌는데, 그 일환으로 공격자들을 제퍼슨이 가장 증오하고 두려워하는 세력의 대리인으로 묘사하면서 그를 옹호했다. 매사추세츠의 공화당 변호사이자 정치가인 제임스 설리번은 1797년 1월 12일 보스턴에서 제퍼슨에게 이렇게 썼다. '당신이 모욕을 당한 것은 사실입니다. 하지만 이러한 모욕은 영국식 군주제를 숭배하면서 자신들에게 굴복하지 않는 모든 사람을 공격하기로 작정한 당파에서 비롯된 것입니다. 만약 이들의 모욕과 비방 때문에 대중들이 안전하게 믿을 만한 사람들의 봉사를 받지 못한다면, 우리의 자유 헌법은 종말을 고할 것이며, 선거 공화국의 적들이 완벽한 승리를 거둘 것입니다.' (Ibid., 262.)

394 **허니문 기간은 어느 경우든 짧았을 겁니다** Ibid.

395 **지금은 결코, 키를 잡고 싶은 때가 아닙니다** Ibid.

395 **소문이 조심스레 흘러나왔다** Ibid., 364.

395 **3/5 조항에서** Ibid. 추가 참조. Garry Wills, *Negro President: Jefferson and the Slave Power* (New York, 2003), 초기 공화국 정치에서 3분의 5 조항의 역할에 관한 논의를 참조하라.

395 **우리는 결코 연방을 포기하지 않을 것이오** *PTJ*, XXIX, 364.

395 **저는 남을 다스리고자 하는 야심이 없습니다** Ibid., 235. 벤저민 러시는 제퍼슨과 마찬가지로 당시 최고 지위를 잃은 것은 행운이라고 생각했다. 러시는 이렇게 썼다. '미국 부통령직에 당선된 것과 함께 대통령직에서 벗어나신 것에 대한 저의 축하 인사를 받아주십시오. 우리나라의 현 상황에서 뉴욕에 기반을 둔 행정부를 이어받으셨다면, 공화주의적 원칙에 대한 신뢰나 정직한 성품을 유지하는 것이 불가능했을 것입니다. 모든 면에서 영국식 제도의 씨앗이 마침내 무르익었습니다. 우리 앞에는 얼마나 많은 정치적 해악의 결과가 기다리고 있는지요!' (Ibid., 251.)

396　**이 편지 초안을**　Ibid., 247-51. 추가 참조. McCullough, *John Adams*, 465-66.

396　**매디슨은 총 여섯 가지 이유를 들어**　*PTJ*, XXIX, 263-65.

397　**편지를 보내지 않기로 했다**　Ibid., 280-81. 애덤스에게 보낸 편지의 가치에 관해 매디슨과 의견을 교환했던 중요한 순간은 제퍼슨이 남긴 철학적 구절, 비극적 감정을 바탕으로 한 구절 안에 잘 드러난다. '실로 동물 세계 전체에서 자기 종을 파괴하는 일에 끊임없이 조직적으로 몰두하는 종은 인간 외에는 떠올릴 수 없습니다. 이른바 문명이라는 것은 만인에 대한 만인의 투쟁bellum omnium in omnia[토머스 홉스의 만인에 대한 만인의 투쟁이라는 개념 언급]이라는 원칙을 보다 큰 규모로 추구하도록 가르칠 뿐 다른 효과는 없는 것처럼 보이며, 부족 간의 작은 경쟁을 대체해 전 지구를 대상으로 동일한 파괴 행위에 몰두하게 만듭니다.'라고 제퍼슨이 썼다. (Ibid., 248.)

397　**제퍼슨은 필라델피아에 도착하자마자**　*MB*, II, 954-55.

397　**프랜시스 하숙집에 머무르고**　*PTJ*, XXIX, 551.

397　**예우 차원에서 제퍼슨의 임시 숙소를 직접 방문했다.**　Ibid.

397　**문을 닫고 말했다**　Ibid.

397　**자네가 혼자라니 다행이오**　Ibid.

397　**우리, 이야기할 게 많소**　Ibid.

397　**점에는 동의했다**　Ibid., 552.

397　**그가 거절한다**　Ibid.

397　**열린 공식 행사는**　McCullough, *John Adams*, 467-70.

398　**간단한 연설을 했다**　*PTJ*, XXIX, 310-12 제퍼슨은 의장으로서 내린 판결에 대해 어떤 의원이 잘못을 지적하더라도, 그는 "저와 의견이 다른 분들이 제가 순수한 동기에서 행동한다고 너그럽고 솔직하게 믿어 주실 것을 기대합니다."라고 했다. (Ibid., 311.) 자신의 일차적 임무, 즉 상원을 주재하는 일에 직면하여 그는 새로 맡은 일에 대한 가르침을 얻고 의회 절차에 관한 의견을 듣기 위해 오랜 스승인 조지 위스에게 편지를 썼다. (Ibid., 275-76.)

398　**대통령직의 유한성을 암시**　Ibid., 311.

398　**뉴욕 공화당원은 이렇게 평했다고**　매슈 리빙스턴 데이비스는 이 발언이 조지 클린턴에게서 나온 것이라고 전했다. (Davis Memorandum Book, 10-11, Rufus King Papers, New York Historical Society.)

398　**존 애덤스의 대통령 취임식을**　McCullough, *John Adams*, 466-70.

398　**조지 워싱턴은 밝고**　Ferling, *Adams vs. Jefferson*, 98.

398　**워싱턴을 운 좋은 사람이라 여겼다**　*PTJ*, XXIX, 255. 워싱턴의 은퇴는 국가는 물론, 전쟁과 평화 속에서 그를 위해 그와 함께 싸운 사람들에게 있어 중대한 사건이었다. 제

퍼슨은 자신의 오랜 상관을 냉정한 시선으로 평가했다.

대통령의 인기가 너무나 높아서, 국민은 그가 무슨 일을 하든 안 하든, 자신들의 이성이나 그를 향한 감정에만 호소하여, 다른 어떤 것에도 기대지 않고, 그를 지지할 것이다. 그의 마음은 너무나 오랫동안 무제한적인 찬사에 익숙해져, 반대 의견이나 심지어 요청하지 않은 조언조차 견딜 수 없다. 다만 자신이 요청한 조언에는 매우 개방적이었다. 따라서 공화주의 이익을 위해서는, 그들이 그의 방법을 받아들일 수 있다면 아첨으로 마음을 풀어주고, 그들이 승인할 수 없다면 침묵하는 것이 최선이라고 오랫동안 생각해 왔다. 그래야 그가 버림받았다고 절망하거나 그들의 바람에 전적으로 무관심하지 않게 될 것이다. 다시 말해서 그가 키를 잡는 동안에는 노를 놓아두고, 그의 의지와 신의 섭리가 이끄는 대로 배가 흘러가도록 내버려두어야 한다. (Ibid., 252.)

398 **두 번째 자리는** Ibid., 362. 제퍼슨이 게리에게 말했다. "제가 이 자리와 국무장관직에서 물러났을 때, 다시는 이곳에 돌아오지 않겠다는 확고한 생각이 있었습니다. 실제로 신문에서는 제가 대통령직을 승계하길 기대한나는 보도가 있었습니다. 그러나 그것이 거짓이며, 적대 세력의 주장임을 확인하고 단지 저에 대한 대중의 악평을 조장하려는 의도임을 깨달았습니다. 제 이름이 일반적으로 애덤스 씨의 이름과 경쟁 관계로 거론될 때까지, 저는 평생 이 문제에 관해 그 누구와도 단 한마디 의견을 나눈 적이 없습니다." (Ibid.)

매사추세츠에서 엘브리지 게리가 제퍼슨의 당선에 대한 자신의 기쁨과 함께 정치에 익숙하지만 그날그날 진행되는 사건과는 거리가 먼 사람들이 흔히 제공할 수 있는 일종의 지혜를 전했다. "이런 상황에서, 이번 선거 결과가 대통령과 부통령의 서로에 대한 신뢰를 약화시키고 파괴하려는 [계략]으로 반복될까 우려됩니다. 이는 대통령의 임기 종료 시 부통령이 그의 후계자가 될 것이라는 확신이나, 당신의 정치적 영향력에 대한 두려움 때문일 것입니다." (Ibid., 326.)

398 **애덤스와 제퍼슨은 워싱턴과 함께 저녁을 먹었다** Ibid., 552.

399 **거리로 나오자마자** Ibid. 제퍼슨은 자신과 애덤스 사이에 긴장이 있는 것 같다는 의견에 대해 구체적으로 언급하며 이렇게 썼다. '이런 음모들은 그를 둘러싼 해밀턴파에서 나온 것으로, 그들은 나보다는 그에게 적개심을 약간 덜 가졌을 뿐이다. 나의 진짜 생각이 어떤지 애덤스 씨가 믿게 하는 것이 불가능하다는 사실이 두렵다. 내가 애덤스 씨를 눈앞에 놓인 장애물로 여긴다고 그가 오해할 것이기 때문이다.' (Ibid., 362.)

399 **유사전쟁** Ibid., 245-46.

399 **평화의 명맥을 지키기 위해 고군분투했다** EOL, 272-75.

399 **프랑스와의 반쯤 치른 전쟁** Ibid., 245.

399 **그는 워싱턴의 내각을 대부분 유임시켰다** McCullough, *John Adams*, 471-72.

399 **치명적인 오판이었을 수도 있다** 매컬로는 그것이 '그의 대통령 임기 중 가장 중대한 조치 중 하나'라고 썼다. (Ibid., 471.)

399 **애덤스와 나눈 대화와 내각 회의 이후의** Ibid.

400 **딸 팻시 랜돌프는 세 자녀를 출산했다** Kierner, *Martha Jefferson Randolph*, 102.

400 **여전히 아버지와 함께 살고 있는** Anne Hollingsworth Wharton, *Social Life in the Early Republic* (Williamstown, Mass., 1970), 110.

400 **폴리는 사촌 존 웨일스 에페스와 결혼했고** TJF, http://www.monticello.org/site/jefferson/maria-jefferson-eppes (2012년 열람)

400 **8개월 3주 후** Gordon-Reed, *Hemingses of Monticello*, 530-36. 고든-리드가 언급한 바와 같이, 원래 윌리엄 베벌리는 피터 제퍼슨을 알고 있었고 랭커스터 조약에서 협상을 이끌었던 위대한 버지니아인이었다. 이 조약은 버지니아가 이로쿼이족 6개 부족으로부터 서부의 광활한 땅을 차지하는 계기가 되었다. 그의 아들을 베벌리라고 부른 것은 버지니아에 존경을 표하는 동시에 제퍼슨에게 매우 중요한 두 존재, 즉 그의 아버지와 서부의 끝없는 가능성에 대한 그의 비전을 기리는 의미였다. (Ibid.)

400 **나는 한동안** *PTJ*, XXX, 129.

401 **몇몇 개인들이** Ibid., XXIX, 437-38. 그럼에도 불구하고 제퍼슨은 여전히 일정한 조화와 예의를 추구했다. 그는 다음과 같이 썼다. '정치적 분열은 의심할 여지 없이 전제정치 아래 무기력한 상태보다 해악이 적다. 하지만 여전히 큰 해악이므로, 사회생활에서 가능한 한 그 영향력을 배제하기 위하여 애국자만큼이나 철학자들이 노력할 가치가 있다.' (Ibid., 404.)

401 **하지 않겠다는 결심** Randall, *Jefferson*, I, 22-23.

401 **치러야 할 대가가** Ibid.

402 **프랑스에서 격렬한 반발을** *EOL*, 239.

402 **우리 항구들이 불타고** *PTJ*, XXIX, 40-45.

403 **필립 마체이가** Ibid., 73-88.

403 **감정은 너무 격해져서** Ibid., 456.

403 **새로운 황열병 유행을 빌미로** Ibid., XXIX, 592. '야망은 매우 경계심이 강하며, 현재 상황처럼 항상 하나의 모델을 염두에 둔 경우에는 (매디슨과 제퍼슨은 애덤스가 자신을 군주적 관점에서 본다고 생각했다) 유리한 기회를 잡는 데 너무나 재빨라, 아무리 면밀히 감시하고 철저하게 제지해도 지나침이 없다.' (Ibid.)

403 **젠장, 젠장** Ibid., 593.

404 **나는 군주주의자임을 스스로 인정하오** Ibid., 596.

405　정당이 꼭 필요하다고 생각한다　*PTJ*, XXX, 420.

405　1787년에 발생했던 불온한 이야기를　Ibid., 13-14.

406　새 정부가 실패하기를　Ibid. 그들은 자신들이 제안한 폭력적인 방법을 정당화하기 위해 상황이 점점 더 혼란스러워지기를 바랐다. (Ibid., 14)

406　매슈 라이언은 자신을 용기 없다고 모욕한　James Morton Smith, *Freedom's Fetters*, 223-24.

406　침을 뱉었다　James Morton Smith, *Freedom's Fetters: The Alien and Sedition Laws and American Civil Liberties* (Ithaca, N.Y., 1966), 223-24. 추가 참조. *EOL*, 227-30.

406　라이언을 제명하려는 시도는　Ibid.

406　지팡이로 라이언을 구타했다　*EOL*, 229.

406　벽난로 집게를 들어　Ibid.

406　하원 본회의장 한복판에서 실제 주먹다짐　Ibid.

406　외교 사절단이 프랑스와의 협상에 실패했다는　Ibid., 243.

406　심대한 충격이 가해진 적은 없었다　Ibid.

406　미국인들에게 즉각적이고 단호한 전쟁 준비를 촉구했다　John Adams, Special Message, March 19, 1798, The American Presidency Project, http://www.presidency.ucsb.edu/ ws/?pid=65650 (2012년 열람)

406　신속하고　Ibid.

406　해상 및 상업 활동에 종사하는 시민의 보호　Ibid.

407　외국인 및 선동법　*EOL*, 249, 259. 추가 참조. Risjord, *Jefferson's America, 1760~1815*, 292-96.

407　내용을 쓰거나, 인쇄하거나, 말하거나, 출판하여　*EOL*, 259.

407　표현할 권리가 있다　*PTJ*, XXX, 434-35.

407　한때는 믿기 힘들었고　Ibid., XXXI, 445.

408　최고 2천 달러에 달하는 벌금형과 최대 2년의 징역형　*EOL*, 259.

408　개인적으로　*PTJ*, XXX, 560.

408　전쟁의 위험은 실제였고　*EOL*, 259. 로버트 굿로 하퍼는 이렇게 말했다 '국내에, 무엇이라고 불러야 할지 모르겠지만, 하나의 음모가 존재했다. 한 분파가 외국 세력과 연합하여 외세의 군대로 우리나라에 혁명을 일으키거나 지배하려 하고 있다.' (Ibid.)

408　외교는 가장 남용되기 쉬운 영역입니다　*PTJ*, XXX, 348.

408　제퍼슨은 애덤스와 함께 저녁 식사 자리에 참석했다　Ibid., 113.

409 **제한할 생각은 없습니다만** Ibid., XXXI, 129. 애덤스에 대해 제임스 매디슨이 말했다. "필라델피아 젊은이들에 대한 그의 말은 독립적인 국민의 수장, 특히 혁명적 애국자의 입에서 나올 수 있는 가장 역겹고 천박한 것이었다. 보아하니 왕정 폐지는 그의 혁명 원칙에 포함되지 않은 것 같다." (Ibid., XXX, 359.)

409 **나는** Ibid., 127.

409 **모든 과학 분야에** Ibid.

410 **이제 무대에서 퇴장하려는 이 세대는** Ibid., 128.

410 **지지하는 시민 약 1,200여 명이** Ibid., XXX, 341-42.

410 **금식일로 선포했다** Ibid.

410 **폭력 사태가 벌어졌다** Ibid.

410 **애덤스의 금식일** Warren, *Jacobin and Junto*, 75.

410 **충돌이 일어났고** *PTJ*, XXX, 341.

410 **음모론적인 심리에 빠져 있었다** Ibid., 353. 그는 애덤스가 여론을 조작하려고 시도하고 있음을 알았다. 1798년 5월 17일, 제퍼슨이 매디슨에게 이렇게 썼다. '온갖 종류의 책략이 동원되어 대중의 마음을 동요시키고 있습니다. 대통령은 단식일에 도시를 불태우겠다고 선언하는 세 통의 익명 편지를 받았습니다. (전쟁파 일부가 쓴 것으로 보입니다.) 대통령은 그런 편지는 알릴 가치가 있다고 생각하여, 예방 차원에서 대규모로 대비할 것을 제안했습니다. 심약한 많은 사람들은 이주하기 위해 옮길 수 있는 귀중한 물건을 짐으로 꾸렸습니다.' (Ibid.)

410 **내 모든 움직임이 감시되고 기록되고** Ibid., 484.

410 **편지들이** Ibid., 588. 제퍼슨은 다음과 같이 말했다. "하지만 우체국에 대한 불신과 현재 상황이 전적으로 자유로운 글쓰기를 방해하며, 나 자신의 편치 않은 상황 또한 수수께끼 같은 글이나 풍자 글, 반쯤 자기 고백 같은 글을 쓰기 어렵게 만든다. 나를 가장 괴롭히는 것이 과연 생각하는 대로 글 쓰는 것을 두려워해야 하는 상황인지, 아니면 조국이 이런 상태를 견디어야 한다는 상황인지 알 수 없다." (Ibid.)

411 **무자비한 분노로 집행될 것** Ibid., 440.

411 **알렉산더 해밀턴이 뉴욕에서 상원의원직에 출마할 예정이었지만** Ibid., 300.

411 **결국 후보로 나서지 않았다** Ibid., 302.

411 **정치와 당파적 증오는** Ibid., 355.

411 **재정적으로 벼랑 끝에 몰려 있었다** Ibid., 277.

411 **볼링 씨는 만성적인 음주로** Ibid., 15.

411 **해리엇 헤밍스가 세상을 떠났다는 소식이었다** Ibid., 43.

412 **편지를 써서** Ibid., XXXI, 172-74.

412   또 임신한 상태였고   Gordon-Reed, *Hemingses of Monticello*, 73, 195.

412   **XYZ 사건의 열기**   Ibid., 559-60.

412   **멍크는 찰스 2세의 복위를 지지한 귀족이었으며**   올리버파와 멍크에 대해 언급한 추가 편지는 다음 참조. *PTJ*, XXX, 559-60.

412   **벤저민 프랭클린 배치**   James Morton Smith, *Freedom's Fetters*, 188-204.

412   **제임스 톰슨 캘린더**   Ibid., 334-58.

412   **매슈 라이언은**   Ibid., 225-46.

413   **쓴 편지에서**   Ibid., 226.

413   **끊임없이 권력을 움켜쥐려 하며**   Ibid.

413   **선동적인 외국인**   Ibid.

413   **기소되어 재판에 넘겨졌고**   Ibid., 229-38. 1798년 11월 23일, 스티븐스 톰슨 메이슨은 제퍼슨에게 대중들의 반응을 보고했다. '라이언 재판은 이곳에서 매우 큰 충격을 불러일으켰습니다. 스스로 질서의 수호자이자 정부의 지지자로 자처하는 많은 이들이 이번 사건이 지나치다는 사실을 인정하고 있습니다.' (*PTJ*, XXX, 586.)

413   **징역 4개월과**   Ibid., 235.

413   **1천 달러의 벌금**   Ibid. 패터슨은 라이언에게 법원 경비 60.96.달러를 청구했다.

413   **연방 입법부의 일원으로서, 라이언**   Ibid.

413   **하는지 모르겠다**   Ibid., 237.

413   **재선에 도전했고**   Ibid., 238-42.

413   **우리가 겪어온 시대와 정서를 기억하는**   *PTJ*, XXXI, 57.

414   **부디, 친애하는 친구여**   Ibid., XXX, 641.

414   **비밀리에 결의문을 초안했다**   Ibid., 529-56.

414   **무효화 문구에 난색을 보였다고**   Ibid., XXXI, 266-68.

414   **상원에서는**   Ibid., 266.

415   **이 문제는**   Ibid., XXX, 580.

415   **모든 자유롭고 숙고하는 사회에서는**   Ibid., 388-89.

415   **미워할 수 있는 사람은 없지요**   Margaret Bayard Smith, *First Forty Years*, 406.

416   **나는 종교의 자유를 지지하며**   *PTJ*, XXX, 646-47.

416   **친구들에게 의뢰했고**   Ibid., 661.

416   **여론 전략을 논의했다**   Ibid., XXXI, 10. 한 가지 예는 다음과 같다. 제퍼슨은 1799년 2월 5일, 매디슨에게 이렇게 썼다. '외국 세력의 영향에 관한 배치의 신문 기고문이 널리 읽히면서 큰 영향을 미치고 있습니다.' (Ibid.)

416   **올여름이야말로**   Ibid.

416 **전해주시오** *APE*, I, 63. 그는 매디슨에게 회람할 수 있는 편지를 써달라고 부탁했다. '이 편지가 저에게는 헤아릴 수 없이 큰 도움이 될 것입니다.' (*PTJ*, XXXI, 10.) 대중의 정서를 결집시키는 것은 강력한 무기였다. 1799년 2월 13일, 제퍼슨이 다음과 같이 썼다. '펜실베이니아와 뉴저지, 뉴욕에서 놀랍고도 급속한 변화가 발생하고 있다. 의회에는 매일 외국인 및 선동법, 상비군에 반대하는 청원이 쌓여가고 있다. 현재 여론에 영향을 미치는 자료들은, 사실에 관한 지식이 국민 사이에 확산될 수만 있다면, 올 여름 공화주의의 건전성을 틀림없이 회복할 수 있을 것이다. 다음 날 펜들턴에게 이 핵심 사항을 반복하여 말했다.' (Ibid., 35-39.)

417 **확고한 인물이라면** *PTJ*, XXXI, 40.

30장 애덤스와 제퍼슨의 재대결

418 **불성실한 셈이 될 것입니다** *PTJ*, XXXII, 126. 제퍼슨은 계속해서 말했다. "나의 첫 바람은 그들이 누구의 손에서든 잘 보호받고 안전해져서 수탁받은 자의 개인적 성향에 의존하지 않는 것을 보는 것이다. 사람들이 오래도록 자유로운 정신을 간직하는 한 이를 실현할 수 있다고 생각한다. 현재 우리의 주요 목표는 인위적으로 조성된 분열을 화해시키고, 사회가 예전의 화합을 회복하는 것이어야 한다." (Ibid., 126-27.)

418 **한마디도 하지 않기로** Ibid., XXXI, 64.

419 **시작했고** Ibid.

419 **의사진행이 불가능했다** Ibid.

419 **대통령 직속의 군대** Ibid., 97.

419 **로어노크 출신 의원 존 랜돌프** Ibid., 305-6, 314.

419 **다음 날 저녁, 해병대원 두 명이** Ibid., 314.

419 **코트를 잡아당겼다** Ibid. 특유의 성격대로 랜돌프는 '해결책을 마련하고 병사들을 직접적인 욕설과 모욕으로부터 보호하기 위해' 애덤스 대통령에게 해병대의 해산을 청원하였다. 하지만 그 청원은 아무런 성과도 거두지 못했다. (Ibid., 306-7)

419 **마녀들의 지배** Ibid., XXX, 389.

419 **해밀턴이 존 애덤스보다 조지 3세 국왕에게 더 큰 환호와 건배를 이끌었다** Ibid., XXXI, 337-38.

419 **누구도 예측할 수 없다** Ibid., 465.

419 **절대 용납하지 않을 것이다** *APE*, I, 68.

420 **신 그리고 종교적인 대통령을 선택하든가** Ferling, *Adams vs. Jefferson*, 154.

420   제퍼슨은 광신자가 아니고 *APE*, I, 68.

420   배심원들에게 연설을 늘어놓았다 *PTJ*, XXXI, 589. 연방당이 흔히 제기한 제퍼슨이 무신론자라는 주장은, 부분적으로 그가 일요일에 만찬을 계획했다는 사실 때문에 체이스의 마음속에 떠올랐다. (Ibid.)

420   열렬한 공화당원 제임스 톰슨 캘린더를 Ibid., 589-90.

420   《우리 앞에 놓인 전망》 다음 참조. Ferling, *Adams vs. Jefferson*, 136-37.

420   애덤스 정권 James Morton Smith, *Freedom's Fetters*, 339.

421   큰 반향을 불러일으킬 걸세 *APE*, I, 63.

421   아비가일과 존 애덤스는 분노로 부글부글 끓었다 Cappon, *Adams-Jefferson Letters*, 273.

421   조지 워싱턴은 1799년 12월 버넌산에서 세상을 떠났다 *JHT*, III, 442.

421   지지하는 마음을 워싱턴에게 솔직히 밝히지 않았었다 Willard Sterne Randall, *George Washington: A Life* (New York, 1997), 480-81.

421   아마 이 나라의 *JHT*, III, 443.

421   몇 편의 시를 썼다 Ibid.

422   공포만 봐도 *PTJ*, XXXI, 524.

422   중상모략의 포문 Ibid., 526.

422   인식하기 시작했단다 Ibid., 536.

422   광기와 과장 Ibid., 546-47.

422   모든 주의 국민이 Ibid., 547.

423   애덤스는 내각을 일부 개편했다 Ibid., 581. 추가 참조. McCullough, *John Adams*, 537-39.

423   부대를 해산했다 *PTJ*, XXXI, 581.

423   선거가 다가오자 Ibid.

423   제퍼슨이 몬티셸로에서 이틀 동안 앓다가 사망했다는 소문을 보도했다 Ibid., XXXII, 42.

423   잃은 줄 알았습니다 Ibid.

423   몇몇 사람들과 저녁 식사를 하던 중 Ibid., 58-59.

424   제퍼슨은 모든 혐의를 부인하며 Ibid., 98-99.

424   그런 주장은 근거가 없다고 일축했다 Ibid., 97. 당시의 긴장 관계를 보여주는 한 사례가 있다. 맥그레고리가 누구인지 몰랐던 제퍼슨은 또 다른 코네티컷 친구를 통해 답신을 보내면서 '이 시대에는 온갖 책략이 난무하고 있다.'라고 언급했고, 그 편지가 '부적절한 용도'로 사용되지 않도록 확실히 하고자 했다. 아무도 믿을 수 없었다. (Ibid.)

424 **노예 가브리엘이** Ibid., 131-32. 반란에 대한 먼로의 입장에 대해서는 다음을 참조하라. ibid., 144-45. 추가 참조. *EOL*, 534-42; Miller, *Wolf by the Ears*, 126-29; 그리고 Brodie, *Thomas Jefferson*, 342-43. James Sidbury, *Ploughshares into Swords: Race, Rebellion, and Identity in Gabriel's Virginia, 1730~1810* (New York, 1997), 이 또한 많은 것을 밝혀준다.

424 **26명이 교수형에 처해졌다** PTJ, XXXII, 145. 일단 반란이 진압되었다는 확신이 서자, 제퍼슨은 온건한 입장을 취했다. 제퍼슨은 당시 주지사였던 제임스 먼로에게 이렇게 썼다. '처형이 충분히 이루어졌다는 정서가 강합니다. 만약 우리가 복수라는 원칙에만 매몰되거나, 필요한 범위를 넘어선다면, 다른 주와 전 세계가 영원히 우리를 비난할 것입니다.' (Ibid., 160.)

425 **학살하고** Ibid., 137.

425 **공포** Ibid., XXXVII, 335-36. 가브리엘의 음모는 1800년에 있었고 존 C. 밀러가 대공포(Miller, *Wolf by the Ears*, 127)라고 부른 기간 동안 발생한 후속 사건들에는 1802년 발생한 노픽 사건도 포함되어 있었다. (PTJ, XXXVII, 335-36.) 제퍼슨은 생도맹그를 미국 상황과 연결 지었다. "서인도 제도 이웃 섬들의 사건이 미국의 여러 지역 노예들에게 상당한 영향을 준 것으로 보입니다."

제퍼슨은 1802년 7월 13일 루퍼스 킹에게 다음과 같이 썼다:

그들 사이에 강한 반란 성향이 나타났으며 버지니아에서는 사건 하나가 실제 반란으로 번졌습니다. 이 폭동은 쉽게 진압되었지만, 이들 중 다수가(내 생각에 20~30명) 법의 처벌을 받았습니다. 이처럼 광범위한 처형은 여론의 민감한 반응을 불러일으킬 수밖에 없었고, 이런 사태에 대비해 법이 좀 더 온건하면서도 동등한 효과를 지닌 대안을 제시하지 못한 점이 안타까웠습니다. 주 의회는 후속 모임에서 이 주제를 논의했고 주지사를 통해 반란죄를 범한 노예들을 미국 국경 밖으로 이송할 수 있는 장소가 마련되길 바란다는 뜻을 나에게 전달했으며, 가장 바람직한 장소로 아프리카를 지목했습니다. 이를 위해 우리는 원주민들과 협상에 돌입해 해안 일부 지역에 정착지를 마련할 수 있을 것이며 아프리카 회사를 설립하여 상업적인 용도와 결합한다면 경비를 상환할 수 있을 뿐만 아니라 이익도 창출할 수 있을 것입니다. (Ibid., XXXVIII, 54.)

425 **주 하원은 제퍼슨에게 요청했다** Ibid., XXXVIII, 56.

425 **외국 땅이** Ibid.

425 **협상이 추진되었지만** Miller, *Wolf by the Ears*, 128. 제퍼슨은 시에라리온을 먼로에게 제안했다. (PTJ, XXXVIII, 56.) 폐지론자들이 일부 아프리카계 미국인들을 시에라리온에 다시 정착시켰다. 다음 참조. Simon Schama, *Rough Crossings* (New York, 2006), 11. 시에라리온 프리타운에 정착한 노예들은 혁명 전쟁 당시 영국 쪽에 가담했고 시에라

리온으로 옮겨 가기 전에 잠깐 노바스코샤에 살았다. (Ibid., 35, 269-81.)

425 해밀턴은 불만스러워했다 *APE*, I, 60-61.

425 뉴욕 선거 결과는 *PTJ*, XXXI, 509.

425 대통령 선거인단 투표를 *APE*, I, 61.

425 어두우면서도 의미심장한 침울함의 그림자가 *PTJ*, XXXI, 554.

425 존 제이에게 로비를 시작했다 *APE*, I, 61. 추가 참조. Walter Stahr, *John Jay: Founding Father* (New York, 2005), 360-61.

426 이처럼 중대한 시대에는 *APE*, I, 61.

426 당리당략을 위한 제안은 Ibid.

426 존 애덤스 대통령과 조우했다 *PTJRS*, III, 306.

427 정국을 흔들려는 움직임이 있었다 *PTJ*, XXXI, 509. 추가 참조. *APE*, I, 61-62.

427 해밀턴 같은 반애덤스 성향의 *APE*, I, 61.

427 애덤스와 핑크니를 똑같이 지지하는 것만 Ibid.

428 속임수 같은 술책 *PTJ*, XXXI, 561.

428 미국의 2대 대통령을 강하게 비판하는 Ibid., XXXII, 238-39.

428 우리의 적들이 *Life and Correspondence of Rufus King*, III, ed. Charles R. King (New York, 1971), 331.

428 맞이해야 한다면 Ferling, *Adams vs. Jefferson*, 141. 해밀턴의 오랜 대학 룸메이트인 트루프가 1800년 12월 4일 루퍼스 킹에게 이 점을 제기했다. '해밀턴 장군은 애덤스보다 제퍼슨이 낫다는 생각을 숨기지 않는다.' (*Life and Correspondence of Rufus King*, III, 340.)

428 자문하곤 했다 *PTJ*, XXXII, 122.

429 각 주의 선거 결과가 몬티첼로에 전해졌다 예를 들어 다음 참조. ibid., 225-26, 스티븐 톰슨 메이슨이 메릴랜드 집계 결과를 보고한 내용이 나온다. 추가 참조. ibid., 263. 제퍼슨은 다른 주의 선거 결과에 안도했다. 대통령 선거 결과가 어떻든 입법부는 하원에서는 다수 석을, 상원에서는 의석 대부분을 차지하게 될 것이다. '하원만으로도 정부가 무분별하게 운영되는 것을 막을 수 있으며 그사이 우리 주 입법부의 개혁안이 추진되어 상원에서 완성된 형태로 준비될 것이다. 그렇게 되면 대통령이 거의 해를 끼칠 수 없게 된다.'라고 제퍼슨이 썼다.(Ibid., 227.)

429 민주주의 원칙이 분명히 확산하고 있는 것 같다 *Life and Correspondence of Rufus King*, III, 353.

429 들어본 적이 없습니다 *APE*, I, 128.

429 이제 선거는 거의 결정된 것으로 봐도 무방하다 *PTJ*, XXXII, 300.

429 폭풍과 회오리 Caesar A. Rodney to Joseph H. Nicholson, February 19, 1801, Joseph

H. Nicholson Papers, LOC.

429 고위 연방 당원들은 *PTJ*, XXXII, 306-7.

429 사이에는 큰 불안과 Ibid., 322.

429 어떤 자코뱅파들은 *Life and Correspondence of Rufus King*, III, 354.

430 우리 토리당파 사람들 John Randolph to Joseph Nicholson, December 16, 1800, Joseph H. Nicholson Papers, LOC.

430 겉으로 제퍼슨에게 반대하는 행동을 보여주지 않았다 Isenberg, *Fallen Founder*, 216-20.

430 않을 것입니다 *PTJ*, XXXII, 343.

430 증거는 없지만 Ibid. 하지만 조앤 프리먼은 제퍼슨 지지자를 명백히 괴롭힌 문제를 지적했다. 결국 버는 약속을 지켰지만 (하원에서는 제퍼슨에 맞서는 일을 하지 않겠다는 약속) 상황을 미해결 상태로 남겨두었다. 그는 대통령직을 얻으려 애쓰지 않았으나 선거 결과가 동률로 발표된 후, 공직을 주면 거절하겠다는 말을 끝내 하지 않아서. 연방당에게 희망을 주는 불확실성이 마지막 순간까지 남아 있었다. (Freeman, A Qualified Resolution: The Presidential Election of 1800, in Cogliano, ed., *A Companion to Thomas Jefferson*, 155.)

430 생각하게 되었다 Notes on a Conversation with Aaron Burr, January 26, 1804, Thomas Jefferson Papers, LOC.

430 도무지 이해할 수 없는 일이었다 *PTJ*, XXXII, 347.

430 대통령은 *Life and Correspondence of Rufus King*, III, 366-67.

430 지금 가장 두려운 것은 J. Preston to John Breckenridge, December 28, 1800, Breckinridge Family Papers, LOC.

431 연방 당원들은 *PTJ*, XXXII, 358

431 결과는 상원 의장인 제퍼슨에게 돌아갔다 Ibid., 367.

431 제임스 맥헨리는 McHenry asked *Life and Correspondence of Rufus King*, III, 362.

31장 절박한 정세

432 소문은 무성하고 Horn, Lewis, and Onuf, *Revolution of 1800*, 65.

432 전혀 알 수 없다 *The Papers of John Marshall*, VI, ed. Herbert A. Johnson and others (Chapel Hill, N.C., 1974-), 41.

432 6~7곳의 하숙집 *Records of the Columbia Historical Society.*, Vol. 25, 1923, 198-99.

432 필라델피아에서 온 한 구두장이 *National Intelligencer*, February 6. 1801.

432 서점 Ibid., February 16, 1801.

432 벤저민 W. 모리스 앤드 컴퍼니 식료품점 *Washington Federalist*, February 17, 1801.

432 여전히 우거지고, 숲으로 덮여 있었고, 사냥감으로 가득했다 Margaret Bayard Smith, *First Forty Years*, 10. '콘래드의 하숙집은 캐피톨 힐의 남쪽 사면에 있었으며 광활하고 아름다운 전망을 자랑했다. 집은 언덕 위에 있었고 가파른 사면은 야생 그대로 잔디와 관목, 나무로 뒤덮여 있었다.'라고 마거릿 베이어드 스미스가 썼다. (Ibid.) '도시에는 교회가 단 하나 있었다. 지금 우리의 신생 도시에서 공공 예배를 위한 유일한 장소는 캐피톨 힐 끝자락에 있는 아주 작은 목조 건물이다. 원래 대니얼 캐럴 소유의 담배 저장고였는데 몇몇 성공회 신자들이 소액으로 사들여 소박하게 교회로 개조했다. 첫 겨울 동안 제퍼슨 씨는 초라한 교회에서 행하는 안식일 예배에 정기적으로 참석했다.' (Ibid., 13.)

433 선거 *PTJ*, XXXII, 385.

433 버가 이제 잠재적인 위협 Ibid., 400.

433 우리 편이라 하는 몇몇 인사들은 Ibid., 399.

433 걱정이 만연하다 Dunn, *Jefferson's Second Revolution*, 198.

433 연방 당원들의 계획은 무엇일까? Ibid., 204.

433 정치인으로서 제퍼슨은 Roger Griswold to Fanny Griswold, January 22, 1801, William Griswold Lane Memorial Collection, Manuscripts and Archives, Yale University Library.

433 1801년 1월 11일 일요일 아침 Ibid., January 11, 1801.

434 우리 앞에 여는 일입니다 *PTJ*, XXXII, 318.

434 '고위 인사'로부터 Ibid., XXXIV, 21.

434 이상한 소문들이 Ibid., XXXII, 403.

434 유지할지를 두고 논의 중 Ibid.

434 적대적인 외국 공관원들은 Ibid., 425-26.

435 사법법 Kathryn Turner, Federalist Policy and the Judiciary Act of 1801, *William and Mary Quarterly*, 3rd ser., 22 (January 1965): 3-32. 추가 참조. Miller, *Federalist Era*, 275. 존 마셜이 1801년 1월 18일 루퍼스 킹에게 다음과 같이 상황을 묘사했다. '의회가 아마도 우리의 사법 시스템을 재조직하는 법안을 곧 통과시킬 것입니다. 새 법안의 주요 요지는 대법원과 순회 법원의 분리입니다.' (*Papers of John Marshall*, VI, 57.)

435 밀어 넣어졌다 Stevens Thomson Mason to John Breckinridge, February 12, 1801, Breckinridge Family Papers, LOC.

435 기생 식물   EOL, 420.

435 사법부라는 요새 속으로 숨어들어   Ibid.

435 한밤중 판사들   Miller, *Federalist Era*, 275.

435 존 마셜을 미국 연방대법원장으로 지명한 일이었다   Kathryn Turner, The
Appointment of Chief Justice Marshall, *William and Mary Quarterly*, 3rd ser., 17 (April
1960): 143-63.

435 1801년 1월   Simon, *What Kind of Nation*, 134.

435 애덤스는 처음에 초대 대법원장이었던 존 제이에게 복귀를 요청했지만   Ibid.

436 그럼, 이제 누구를 지명해야 하지?   Ibid.

436 '드릴 말씀이 없습니다'라고 답했다   Ibid.

436 당신을 지명해야 할 것 같소   Ibid.

436 마셜은 놀라면서도 기뻤고   Ibid.

436 애덤스의 지명을   Ibid.

436 제퍼슨 씨는 의심할 여지 없이   Caesar A. Rodney to Joseph H. Nicholson, February
17, 1801, Joseph H. Nicholson Papers, LOC.

436 사실에 불안함을 느끼고 있었다   PTJRS, III, 306. 이어지는 장면은 제퍼슨의 설명에
서 인용한 내용이다.

437 이익, 인품, 의무   PTJ, XXXII, 432.

437 만약 일부 인사들이   Ibid.

437 만약 사악한 자들이 감히   Ibid., 433.

438 펜실베이니아 민병대를   Ibid., XXXIII, 391.

438 몇 차례의 화재는   Ibid., XXXII, 435.

438 지난달 전쟁부 청사가   Ibid.

438 하늘이   Roger Griswold to Fanny Griswold, January 20, 1801, William Griswold Lane
Memorial Collection, Manuscripts and Archives, Yale University Library.

438 보내고 싶단다   PTJ, XXXII, 475.

438 2월 11일이 다가오자   Ibid., 559.

438 메모에 따르면   Ibid., 583.

439 베이어드는 곧 전략을 바꾸어   Sharp, *Deadlocked Election of 1800*, 161.

439 그의 주장은 전적으로 허위입니다   *Anas*, 238-39.

439 거래를 했던 것일까?   예를 들어 다음 참조. EOL, 285; JHT, IV, 487-93; Sharp,
Deadlocked Election of 1800, 159-62; Joanne B. Freeman, Corruption and Compromise
in the Election of 1800: The Process of Politics on the National Stage in Horn, Lewis,

and Onuf, *Revolution of 1800*, 87-120; Chernow, *Alexander Hamilton*, 637-38; Wilentz, *Rise of American Democracy*, 93-94 ('후보자 본인이 아닌 제퍼슨의 지지자 두 명과 토론한 끝에 베이어드는 제퍼슨이 국가 신용을 유지하는 문제에 있어 실질적인 양보를 했다고 믿게 되었다.'라고 윌렌츠가 썼다.)

440 그는 나를 멈춰 세우고 *Anas*, 239.

440 계단에 서 있던 순간을 Ibid.

440 말했습니다 Ibid.

440 알고 있었습니다 Ibid., 239-40.

440 비슷한 상황을 맞았다. Ibid., 240.

440 나눈 기억은 없습니다 Ibid.

441 제퍼슨이 낫습니다 *JHT*, III, 500.

441 않을 것입니다 Kaminski, *Founders on the Founders*, 308.

441 가진 분입니다 Ibid., 307-8.

441 깔개 위에서 간신히 잠을 청했다 Margaret Bayard Smith, *First Forty Years*, 23-24.

441 병든 Ibid., 24.

441 눈 덮인 길 Ibid.

441 그의 아내가 그의 손을 붙잡아 Ibid.

441 1801년 2월 17일 화요일 오후 1시에 *PTJ*, XXXII, 578. 추가 참조. Freeman, A Qualified Revolution: The Presidential Election of 1800, in Cogliano, ed., *A Companion to Thomas Jefferson*, 145-63.

442 음모자들 Margaret Bayard Smith, *First Forty Years*, 25.

442 서둘러 숙소로 돌아갔다 Ibid.

442 헌법 없이도 *PTJ*, XXXIII, 4.

442 권력 찬탈이 발생한다면 Ibid., 230.

442 그때 상황을 돌아보면 Ibid., XXXIV, 258-59.

442 알렉산드리아에서는 32발의 예포가 울려 퍼졌는데 Ibid., XXXIII, 3.

442 리치먼드에서는 불꽃놀이가 벌어졌고 Ibid., 46.

442 정오부터 해질 때까지 종을 울렸다 Ibid., 28.

442 이 지역 사람들은 Noble E. Cunningham, *Jeffersonian Republicans in Power: Party Operations, 1801~1809* (Chapel Hill, N.C., 1963), 6.

443 많은 이들이 당신을 무신론자라고 하지만 *PTJ*, XXXIV, 39.

443 이상한 혁명 *Papers of John Marshall*, VI, 82.

443 앞으로 어떤 길을 가야 할지는 Ibid.

443 국민의 분노와 Ibid., 83.

443 부통령을 저녁 식사에 초대했다 McCullough, *John Adams*, 558.

443 제퍼슨 씨가 우리와 함께 저녁을 먹었고 Ibid.

443 워싱턴을 떠나기 전 Ibid., 561.

443 일부러 나를 찾아왔습니다 Ibid., 559.

444 아쉽지만 *PTJ*, XXXIII, 37.

444 앞으로 Ibid., 32.

444 선생님을 우러러보고 Ibid., 42.

444 너무 시간을 쓰면 Ibid., XXXV, 90.

444 국가 최고 통치자의 임무는 *EOL*, 283. 제퍼슨은 1810년 공직을 떠난 후 이 특별한 관점을 표명했다.

444 축하해줘서 진심으로 감사하지만 *PTJ*, XXXIII, 422.

32장 새로운 질서의 시작

447 마음 깊이 새겨야 합니다 *PTJ*, XXXIII, 149.

449 국민의 지지를 받았고 Ibid., 127.

449 잘 알고 있다 Ibid., 465.

449 상원과 하원 모두 Ibid., 119.

449 대답했다 Ibid., 120-21.

450 새벽 4시에 마차를 타고 워싱턴을 떠나 *Papers of John Marshall*, VI, 89.

450 계획이었다 McCullough, *John Adams*, 565.

450 뉴욕을 지나갔다고 한다 Miller, *Federalist Era*, 276.

450 합리적이고 온건한 사람들은 McCullough, *John Adams*, 564. 추가 참조. Sharp, *Deadlocked Election of 1800*, 165-66.

450 언제든 수도를 떠날 준비가 되어 있었다 McCullough, *John Adams*, 564-66. 매컬로는 일반적인 인식과는 달리 애덤스가 '의기소침하거나 씁쓸해했'다는 '어떤 증거도 없'다고 주장한다. 샤프도 이에 동의하면서, '괴팍하고 분노에 찬 애덤스가 마지막 순간에 대중적 굴욕을 피하기 위해 워싱턴을 몰래 빠져나갔다는 증거는 거의 없다.'라고 썼다. (Sharp, *Deadlocked Election of 1800*, 165-66.)

450 축포 소리 *National Intelligencer*, March 6, 1801.

450 컬럼비아 특별구 포병대 Ibid.

450 **새뮤얼 해리슨 스미스가 소포를 가져가기 위해 잠깐 방문했다** Margaret Bayard Smith, *First Forty Years*, 26. 1801년 3월 4일, 마거릿 베이어드 스미스가 수전 B. 스미스 양에게 이렇게 썼다. '제퍼슨 씨가 아침 일찍 [취임 연설문] 한 부를 S. H. 스미스에게 주었고, 그가 집을 나서자 신문이 즉시 배포되었어요. 그때부터 신문을 받으려는 사람들이 끊임없이 이어졌습니다.' (Ibid.)

450 **제퍼슨이 작고 단정한 글씨로 쓴** Ibid. 제퍼슨의 자필 원본은 헨리 스미스의 문서에 포함되어 있고, 제퍼슨의 두 번째 취임 연설문도 자필로 써서 사인한 형태로 남아 있다. (Ibid.)

450 **10시가 되자** National Intelligencer, March 6, 1801.

450 **정오가 되기 직전** Alexandria Times, March 6, 1801.

450 **의회 대표단이** National Intelligencer, March 6, 1801.

450 **한 무리의 장교들 뒤를 따라** Alexandria Times, March 6, 1801.

450 **칼을 뽑아 든** Ibid.

450 **길을 열어 주었고** Ibid.

450 **경례를** Ibid.

450 **다시 한번 축포가 발사되어** National Intelligencer, March 6, 1801.

450 **약 1천 명의 사람들이** Cunningham, *Jeffersonian Republicans in Power*, 3.

450 **천장이 높고 화려하게 장식된** Byrd, *The Senate, 1789~1989: Addresses on the History of the United States Senate*, 406.

450 **가로 26미터, 세로 15미터였고, 천장은 12미터** Ibid.

450 **각 의원에게는** Ibid.

451 **방 안이 너무 혼잡해서** Margaret Bayard Smith, *First Forty Years*, 26. '지금까지 이곳에 모인 군중으로는 가장 큰 규모였다.'라고 《내셔널 인텔리전서》가 보도했다. (*National Intelligencer*, March 6, 1801.)

451 **일제히 일어서서 경의를 표했다** National Intelligencer, March 6, 1801.

451 **마셜 대법원장 앞에서 취임 선서를 한 후** Wilentz, *Rise of American Democracy*, 99, 이 장면을 다음과 같이 인상적으로 묘사하고 있다. '토머스 제퍼슨이 대통령으로서 처음 본 것이 방금 취임 선서를 시킨 연방대법원장 존 마셜의 검은 얼굴이었다. 두 사람은 버지니아의 유서 깊은 랜돌프 가문을 통해 연결된 사촌 간이었지만, 상대방의 정치적 견해를 극도로 혐오했다.' (Ibid.) 추가 참조. Jean Edward Smith, *John Marshall: Definer of a Nation* (New York, 1996). 두 버지니아인의 경쟁 관계에 대한 추가 자료는 다음을 참조하라. R. Kent Newmyer, *John Marshall and the Heroic Age of the Supreme Court* (Baton Rouge, La., 2001), 146-209, 제퍼슨의 대통령 재임 기간에 초점을 맞추었다. 그

리고 James F. Simon, *What Kind of Nation: Thomas Jefferson, John Marshall, and the Epic Struggle to Create a United States* (New York, 2002).

451   **작은 목소리를**   Margaret Bayard Smith, *First Forty Years*, 26.

451   **마음 깊이 새겨야 합니다**   *PTJ*, XXXIII, 149-51.

452   **새로운 정치가**   *Papers of John Marshall*, VI, 89.

452   **민주주의자들은**   Ibid.

452   **그들에게 동조한다면**   Ibid.

452   **오후 4시에 다시 편지를**   Ibid.

453   **이 편지가 도착하기 전에**   Ibid.

453   **정치적인 면에서**   Ibid., 137.

453   **솔직한 철회이며**   Dunn, *Jefferson's Second Revolution*, 225.

453   **옛 친구들이**   *PTJ*, XXXIII, 261.

453   **일어나지 않을 것이며**   Ibid., 426.

453   **생각해보면**   Ibid., 290.

454   **증명하려는 목표를 끈질기게 추구했으며**   Ibid., XXXVII, 296-97. '네로는 모든 로마인의 목이 하나로 합쳐지길 바랐는데, 그래야 일격에 베어버릴 수 있기 때문이었다.'라고 제퍼슨은 재임 2년 차에 썼다. 제퍼슨에 따르면 그의 적들도 마찬가지여서 '자신들의 혐오를 분출할 하나의 목표물을 원했고 영광스럽게도 그 대상으로 나를 지목해 어떤 국가에서도 일찍이 듣도 보도 못한 잔혹 행위를 나에게 퍼부었다. 하지만 나는 거짓말하고 중상모략하는 그들의 권리를 보호할 것이며 계속 그런 공격을 받을 자격을 갖추도록 노력할 것이다.' (Ibid., 296.)

454   **엄청난 부담을 느낀다**   Ibid., XXXIII, 181.

454   **대통령의 권한**   Robert M. Johnstone, Jr., *Jefferson and the Presidency: Leadership in the Young Republic* (New York, 1978), 위 연구는 이 경우를 잘 묘사했다. 제퍼슨의 대통령직 수행이 설득과 영향력 확대로 특징되는 효과적인 대통령 리더십 모델을 세우는 선구자적인 시도였다는 것이 이 책의 중심 주제이다. 제퍼슨은 대통령의 영향력을 확대하기 위해 협력 관계를 기꺼이 구축하려 시도한 첫 번째 대통령이었고 엄청난 재능과 인내심으로 그 일을 해냈다. (Ibid., 14.) McDonald, in Cogliano, ed., *A Companion to Thomas Jefferson*, 164-83, 위 연구는 제퍼슨과 행정부 권력이라는 주제를 탐구한다. '1800년과 1801년 선거에서 그의 당선을 결정지은 쟁점과 사상에 대한 투표로서 제퍼슨의 대통령 재임 기간을 바라보는 상식적 견해는 비록 제퍼슨이 야당 지도자로서 자신이 지지했던 원칙을 깨는 경우가 있긴 했지만 엄격하게 제한적이고 완전하게 공화주의적인 정부라는 목표를 한번도 포기한 적이 없음을 나타낸다.'라고 맥도널드가 썼고

나도 이에 동의한다. 심지어 공화주의를 안정시키려는 목표에 대한 수단이 항상 엄격하게 공화주의적이지는 않았어도 그것이 항상 제퍼슨의 목표였다. 레너드 화이트와 제러미 베일리, 존스턴의 학술연구 자료를 정리하면서 맥도널드는 또한 다음과 같이 말했다. 레너드 화이트는 '제퍼슨은 행정부 권력의 연방주의적 개념을 실제로 온전하게 유지했'다고 지적했다. 하지만 존스턴은 제퍼슨의 이같은 조치들이 각기 다른 이유에 의해 통제되었다고 생각했다. 제러미 베일리도 마찬가지여서 그는 오랫동안 강력한 행정권을 지지했고 이를 전체 유권자를 대표하며 그들의 통제를 받는 기관으로 간주함으로써 대통령직의 권한을 강화했다고 주장한다. 존스턴의 기술에 따르면 '제퍼슨이 대통령의 헌법적 권한을 대중적 지지에 기반을 둔 '정치적' 힘과 결합시켰'다는 사실이 이런 유형의 리더십에 공화주의적인 성격을 부여했다. (Ibid., 178.)

454 **공화당이 다수를 차지한 의회** http://artandhistory.house.gov/ house_history/ partydiv.aspx (2012년 열람)

454 **그 차이가** http://www.senate.gov/pagelayout/history/one_item_and_teasers/partydiv. htm (2012년 열람)

455 **안심시키는 신호를 보냈다** *PTJ*, XXXIII, 14.

455 **한 가지 비난이** Ibid.

455 **국가 부채를 8,300만 달러에서 5,700만 달러로 줄였으며** Robert M. S. McDonald, The (Federalist?) Presidency of Thomas Jefferson, in Cogliano, ed., *A Companion to Thomas Jefferson*, 170.

455 **유사전쟁이 종료되면서** *EOL*, 275.

455 **군비 지출을 전쟁 이전 수준으로 축소** 1800년과 1802년 사이에 육군부와 해군부의 통합 지출은 600만 달러에서 210만 달러로 감소했다. 1797년에는 140만 달러가 되었다. (Davis Rich Dewey, *Financial History of the United States* [New York, 1922], III, 119-20, 124.) 이 같은 평화 시기 군비 감축은 작은 정부와 세금 감면이라는 제퍼슨의 거시적 계획에서 나온 불가피한 정책이었다. 재무부 장관 앨버트 갤러틴은 "국가 부채도 동시에 상환하고자 한다면 그러한 정책이 모든 내국세 폐지를 실현하기 위해 불가피했다."라고 말했다. (*PTJ*, XXXIII, 275.)

455 **해군을 13척의 프리깃함으로 감축했다** 제퍼슨은 프리깃함 여섯 척을 제외하고 모두 항구에 정박시켰다. 이는 법이 허용하는 최대한의 감축이었으며 만일 법적으로 가능했다면 세 척을 제외하고 모두 정박시켰을 것이다. (*JHT*, III, 102-3. 추가 참조. *PTJ*, XXXIV, 384-85.)

456 **유럽의 해군력과** 1805년 트라팔가르 해전 이전에는 영국과 프랑스, 스페인이 해상 강국이었다. 이후 영국이 유일한 해상 강국이 되었다.

456 **방어 중심** 제퍼슨이 영국과 프랑스의 긴장이 고조될 무렵 프리깃함보다 소형 포함을 선호했음을 보여주는데 이 같은 정책은 임기 말에 비판받는다. [Ian W. Toll, *Six Frigates* (New York, 2006) 284-87.]

456 **바르바리 해적에** 다음 참조 Cappon, *Adams-Jefferson Letters*, 324-25, 584-85.

456 **의례용 검 착용을 거부함으로써** *PTJ*, XXXIII, 134.

456 **저녁을 먹었다** Margaret Bayard Smith, *First Forty Years*, 12-13.

456 **마차와 은제 마구** Seale, *President's House*, I, 90.

456 **동쪽 방에서 빨래를 널었는데** Stein, *Worlds of Thomas Jefferson at Monticello*, 54.

456 **미완의 접견실** Ibid.

456 **제퍼슨의 비서인** Ibid., 56.

456 **1층 남서쪽 구석방을** Ibid.

456 **도구들과 자잘한 물건을 넣는 서랍이 달린 탁자** Ibid.

456 **제라늄 화분을 놓았으며, 흉내지빠귀를 가까이 두었다** Margaret Bayard Smith, *First Forty Years*, 384-85.

456 **늘 나직이 흥얼거리거나** Stein, *Jefferson at Monticello*, 13.

456 **애완용 흉내지빠귀를 길렀다** TJF, http://www.monticello.org/site/research-and-collections/mockingbirds (2012년 열람)

457 **모든 아이들이** *PTJ*, XXVI, 250.

457 **딕이라는 새를** TJF, http://www.monticello.org/site/research-and-collections/mockingbirds (2012년 열람) 루시아 스탠턴에 따르면 '딕'이라는 이름은 제퍼슨이 말에 붙인 고귀하면서도 신화적인 이름에 비해 다소 실망스럽지만, 어쩔 수 없는 일이다. (Ibid.)

457 **새장을 매달았다** Margaret Bayard Smith, *First Forty Years*, 385.

457 **철거하도록 명령했고** William Seale, *The President's House: A History*, I (Washington, D.C., 1986), 88.

457 **우수한 구조의 수세식 변기** Ibid.

457 **어떤 가구를** Ibid.

457 **집사인 라팽이** *PTJ*, XXXIII, 96-98.

458 **매사추세츠의 헨리 디어본이** Ibid., 13.

458 **1761년 제네바에서 태어난** Henry Adams, *Life of Albert Gallatin*, 1차 사료가 풍부하게 담겨 있다. 추가 참조. Albert Gallatin, (1761~1849), Biographical Dictionary of the United States Congress, 1774-Present, http://bioguide.congress.gov/scripts/biodisplay.pl?index=g000020 (2012년 열람)

458　루이-앙드레 피숑은　Louis-Andr Pichon to Ministre des

Affaires trangres [s.d.], *Correspondence Poltique*, vol. 52, Les Archives Diplomatiques.

458　않을 수 없다　Ibid.

458　앞으로　Ibid.

458　심각한 반대에　Ibid.

458　통과해 온 폭풍은　*PTJ*, XXXIII, 196.

459　더 이상 하지 말아야　Ibid., 394.

459　얼마나 부족한지 잘 알고 있습니다　Ibid., 506.

459　연방주의자들을 광인에 비유　Ibid., XXXIV, 262. 추가 참조. ibid., XXXIII, 403.

459　그들의 지도자들은 불치병 환자로 가득한 병원과 같아서　Ibid., XXXIV, 262.

459　정치가 마땅히　Ibid., XXXIII, 568.

460　근본적인 화합과　Ibid., 254. "국민 간 화합과 사랑을 회복시킬 수 있다면 우리나라에 엄청난 축복이 될 것입니다."라고 제퍼슨이 게리에게 말했다. 하지만 제퍼슨은 정치적 현실을 잘 이해하고 있었다. "나는 정권 교체 직후 신문들이 보내는 찬사에 현혹되지 않습니다. 만약 그들이 모든 물질적 보상을 계속 가져갈 수 있고, 내가 협조적이라면 계속해서 나를 찬양할 것입니다. 하지만 그런 이득이 사라지는 순간이 찾아올 것이고 이전 정부가 마땅히 실현했어야 할 인적 쇄신이 공정한 절차에 따라 이루어져야 하므로 그들의 고함과 울부짖음이 시작되고 자신들의 본래 입장으로 돌아가게 될 것임을 잘 알고 있습니다." (Ibid., 491.)

460　많은 친구들이 실망감으로 냉담해질 것이며　Ibid., 127.

460　우리 정부가 직면한 위험은　Ibid., 636.

460　축출된 정당은　Ibid., XXXIV, 228.

460　다양한 문제와 현안을　예를 들어 다음 참조. ibid., XXXIII, 585-94.

460　교회에 사는 두 마리 쥐　*The Selected Letters of Dolley Payne Madison*, ed. David B. Mattern and Holly C. Shulman (Charlottesville, Va., 2003), 39. 추가 참조. *PTJ*, XXXIV, 200.

460　여전히 막막하다　*PTJ*, XXXIII, 260.

461　큰 은혜　Ibid., XXXIV, 242.

461　도시는 다소 건강에 해롭고　Ibid., XXXV, 109.

461　늘어난 것뿐입니다　Ibid.

461　이곳은 아주 쾌적한　*JHT*, IV, 42.

461　대통령 권한으로 사면했다　James Morton Smith, *Freedom's Fetters*, 268.

461　제퍼슨의 오랜 동료 제임스 톰슨 캘린더　*PTJ*, XXXIII, 309-10.

461 세 명의 자녀 Ibid., 216.

461 '실망감'으로 깊은 '상처'를 Ibid., 573.

461 이제야 Ibid., 575.

462 답변해달라고 요청했다 Ibid., 372.

462 신임을 잃었다 Brodie, *Thomas Jefferson*, 322-23. '그의 초기 저작들은 한참 기대에 미치지 못했고, 그 후속작의 비방과 악담은 분명한 해를 끼치기 시작했습니다.'라고 제퍼슨은 먼로에게 썼다. 캘린더는 제퍼슨과 거리감을 느끼고 분개했다. 그는 '제퍼슨이 내가 그를 사랑하거나 신뢰한다고 거의 말하기 어려울 정도로 허세 섞인 냉담함과 무관심을 수차례 보였다.'라고 했다. (Ibid., 323.)

462 제퍼슨 씨는 Ibid., 345.

462 환급을 거절했는데 Ibid.

463 사실을 아십니까? Claude G. Bowers, *Jefferson in Power: The Death Struggle of the Federalists* (Boston, 1936), 67.

463 메리웨더 루이스를 보내어 Brodie, *Thomas Jefferson*, 345-46.

464 내각에 이렇게 말했다 *PTJ*, XXXV, 576-78.

464 알려주는 문서는 Ibid., 606.

33장 자신감 넘치는 대통령

465 강구한 조치들은 Bowers, *Jefferson in Power*, 89.

465 요구 사항이 너무 많고 *PTJ*, XXXVI, 176.

465 꾸준하고 일관된 과정 Ibid., XXXV, 677.

465 네 시간 동안 Ibid.

465 말을 타거나 산책했으며 Ibid., XXXVI, 99.

465 사람들과 어울렸다 Ibid.

465 역학, 수학, 철학 TJ to Thomas Paine, January 13, 1803, Thomas Jefferson Papers, LOC.

466 충분한 정황이 있었다 *PTJ*, XXXVII, 475.

466 지지자와의 갈등 TJ to Nathaniel Macon, March 22, 1806, Thomas Jefferson Papers, LOC.

466 오늘 밤에는 손님들이 Ibid.

466 만나지 못할 친구들과 TJ to Ellen Wayles Randolph, October 19, 1807, Coolidge

Collection of Thomas Jefferson Manuscripts, Massachusetts Historical Society.

466 제퍼슨과 함께 지냈다 *Selected Letters of Dolley Payne Madison*, 39-40.

466 네 블록 떨어진 펜실베이니아 애비뉴 Ibid., 40.

466 1333 F가에 Ibid.

466 3층 벽돌집 *Selected Letters of Dolley Payne Madison*, 40.

466 사교 모임 장소를 마련했다 다음 참조. Catherine Allgor, *A Perfect Union: Dolley Madison and the Creation of the American Nation* (New York, 2006).

466 사교적인 수다 Ibid., 54.

467 겨울만큼 활기차다 Margaret Bayard Smith, *First Forty Years*, 27.

467 스미스 부인은 제퍼슨의 옆자리에 앉았고 Ibid., 29.

467 두 사람이 너무나 편안하고 친밀해서 Ibid.

467 32번가 근처 M 스트리트 Bowers, *Jefferson in Power*, 9.

467 그녀의 외모는 지성이나 마음 씀씀이에 비해 매력이 덜하지만 Ibid., 9-10.

468 대통령과의 만찬 Cunningham, *Jeffersonian Republicans in Power*, 96.

468 만약 의원들이 Ibid., 90.

468 어떤 정부인가? Margaret Bayard Smith, *First Forty Years*, 397.

468 폐하 Ibid.

468 각료 회의실을 방문했다 Ibid., 396.

468 어째서 이런 비방을 허용하시는 겁니까? Ibid., 397.

468 저 신문을 당신 주머니에 집어넣으시오 Ibid.

469 제퍼슨 씨는 모든 허세를 내려놓았다 Louis-Andr Pichon to Ministre des Affaires trangres, 26 Pluvise an 10, *Correspondence Politique*, vol. 54, Les Archives Diplomatiques.

469 다양하게 조합해 착용했다 *JHT*, IV, 371.

469 대통령이 전반적으로 매우 예의 바르게 행동한다 Augustus Foster to Elizabeth Cavendish, December 30, 1804, Augustus Foster Papers, LOC.

469 옷차림도 Ibid.

469 매사추세츠 출신 조지프 스토리 *JHT*, IV, 373.

470 공화주의적인 '평등 정신' Edward Thornton to Lord Hawkesbury, December 9, 1801, FO 5/32, National Archives of the United Kingdom, Kew.

470 존 퀸시 애덤스는 *Memoirs of John Quincy Adams*, I, 403.

470 있을 것이네 *PTJ*, XXXVI, 20.

471 각료 회의에서 Ibid., XXXIV, 114-15.

471 **수색하고 격퇴하기 위해** Abraham D. Sofaer, *War, Foreign Affairs, and Constitutional Power: The Origins* (Cambridge, Mass., 1976), 209.

471 **함정을 배치하게** Ibid., 210.

471 **너무나 오랫동안 저 야만인들이** *PTJ*, XXXVI, 3.

471 **제퍼슨은 미국의 승리를 선포하고** Sofaer, *War, Foreign Affairs, and Constitutional Power*, 212.

471 **부여해줄 것을 의회에 요청했다** Ibid. "나는 이 주제에 관한 모든 중요한 정보를 보고했습니다. 헌법이 입법부에 배타적으로 부여한 중대한 권한을 행사함에 있어 입법부의 판단은 모든 중요한 상황을 파악하고 고려한 바탕 위에서 이루어질 수 있도록 하기 위함입니다."라고 제퍼슨은 의회에 말했다. (Ibid.)

472 **의회는 제퍼슨의 손에 장악되었고** Ibid., 214-16.

472 **작전을 주도면밀하게 시도했다** Ibid., 216-21.

472 **첫 연두교서** *PTJ*, XXXVI, 52-68.

472 **바르바리 국가들을 제외하고는** Ibid., 58.

472 **세상에 알리는 증거** Ibid., 59.

473 **비교할 수 없을 정도로 컸다** John Taylor to John Breckinridge, December 22, 1801, Breckinridge Family Papers, LOC.

473 **버지니아가 말 그대로 지배하고 있습니다** *Life and Correspondence of Rufus King*, IV, 103. 트루프는 또한 "의회가 이제 거의 모든 내국세를 폐지하는 작업에 착수했는데, 특히 위스키 애호가들이 기뻐할 것이다."라고 말했다. (Ibid.)

473 **이 정부 아래에서는** Cunningham, *Jeffersonian Republicans in Power*, 10.

473 **모든 사람들에게 경각심을 불러일으켜야 한다** Bowers, *Jefferson in Power*, 90.

473 **저의 운명은 참으로 기이합니다** Ibid., 94-95.

474 **사라지는 것을 보고 있습니다** Louis-Andr Pichon to Ministre des Affaires trangres, 7 Frimaire an ii, *Correspondence Politique*, vol. 55, Les Archives Diplomatique. 정치적 관점에서 제퍼슨 대통령의 성격은 대체로 평온한 분위기를 풍겼지만, 무자비한 연방주의자들이 장악한 의회나 신문사에 대해서는 예외였다. '두 정당은 적어도 이곳에서는 유럽에서처럼 부자와 빈자로 나뉘지 않는다. 오히려 2개의 커다란 이해관계, 즉 해양 무역과 농업 사이의 분열에 가깝다. 독립 이래 전자가 지배적이었고 그다음 후자가 우세했다. 하지만 제퍼슨 씨는 비록 후자의 지도자이긴 해도 전자 그룹의 친구들을 분노하게 만들거나 적들이 폭동을 일으키게 할 어떤 일도 하지 않을 것이다. 제퍼슨은 관습에 반하고 동부의 지식인들을 충격에 빠뜨릴 어떤 광적인 행동을 마음껏 할 수도 있겠지만 본질적으로 제퍼슨 정부는 분명 신중하고 경제적이며 국내외로 보수적인 정책을

펼 것이다.'라고 피숑은 썼다. (Ibid.)

474　**커다란 치즈 하나가**　*PTJ*, XXXVI, 246-52. 제퍼슨은 그것이 어디서 유래했는지를 잘 알았다. '그것은 오랫동안 심한 억압을 받아온 한 주에서 공화주의가 분출한 현상이다.'라고 1802년 1월 1일 제퍼슨은 존 웨일스 에페스에게 썼다. (Ibid., 261.)

474　**댄버리 침례교 협회가**　Ibid., 253-58.

474　**여러분과 마찬가지로**　Ibid., 258.

475　**당신의 바람에 저도 동의합니다**　Ibid., XXXII, 205.

475　**민주주의의 끔찍한 해악**　*Life and Correspondence of Rufus King*, IV, II.

475　**모든 내국세를 폐지하였고**　*EOL*, 293.

475　**무력 사용을 승인했으며**　Ibid., 637.

475　**귀화 규정을 완화했다**　Ibid., 291.

475　**1801년 사법법을 폐지했다**　Ibid., 420-21.

475　**좋았을 텐데**　*Life and Correspondence of Rufus King*, IV, 109.

475　**사실상 통제 불가능한**　Isenberg, *Fallen Founder*, 230. 버는 제퍼슨 행정부에 의해 곧바로 버려진 것은 아니었다. '대통령 임기 첫 1년에 걸쳐 차츰 배제되었다.'라고 아이젠버그가 말했다. (Ibid., 229.)

476　**뉴욕주 정치의 복잡성**　Ibid., 226-31.

476　**그의 야망을 좌절시키기로 결정했다**　Ibid., 229-31.

476　**버의 지지자 중 한 사람인 매슈 L. 데이비스**　Gustavus Myers, *The History of Tammany Hall* (Ann Arbor, Mich., 2005), 15. 마이어스의 설명에 따르면 데이비스는 제퍼슨이 파리를 잡기 직전 뉴욕의 '엄청난 영향력'에 대해 이야기하고 있었다고 한다. 그러고 나서 대통령은 곤충의 몸 일부분과 몸 전체와의 크기 차이를 알고 있는지 데이비스에게 물었다. 비록 제퍼슨이 뉴욕에 대해 얘기하는지, 아니면 자신에 대해 얘기하는지 알지 못했지만 데이비스에게 그 같은 암시가 잘 전달되었고 그는 그 주제에 관해 더 이상 얘기하지 않았다. (Ibid.) 공중에서 날아다니는 파리를 낚아채는 것은 추가적인 설명이 없더라도 충분히 뚜렷한 인상을 남길 만하다는 게 나의 생각이다.

476　**생각하지 않는 사람은 거의 없습니다**　Isenberg, *Fallen Founder*, 231.

476　**존재합니다**　*Life and Correspondence of Rufus King*, IV, 133.

476　**버 씨는 반드시 대통령직에 오를 것입니다**　Louis-Andr Pichon to Ministre des Affaires trangres, 4 Ventse an 10, French Archives, Ministre des Affaires trangres, *Correspondence Politique*, vol. 54, Les Archives Diplomatiques. '그는 당신이 이미 속속들이 알고 있는 사람이지만 확실한 것은 그가 국정을 이끌게 될 것이라는 사실입니다. 만약 연방주의자들이 동의한다면 이 나라가 전례 없는 모습을 띠게 될 것이 확실합니

다.'라고 피숑이 덧붙였다. (Ibid.)

476 **생일 기념 연방당 만찬** *Life and Correspondence of Rufus King*, IV, 103.

477 **7월 4일** *PTJ*, XXXVIII, 121.

477 **특별한 축제** Ibid., 89.

477 **이 정부를 이끄는 원칙** Louis-Andr Pichon to Ministre des Affaires trangres, 4 Ventse an 10, *Correspondence Politique*, vol. 54, Les Archives Diplomatiques.

477 **좀처럼 일어나지 않는 일이다** Ibid.

477 **우상입니다** *Life and Correspondence of Rufus King*, IV, 103-4.

477 **10년 뒤** *PTJ*, XXV, 75-84.

477 **영국의 위협** James P. Ronda, *Jefferson's West: A Journey with Lewis and Clark* (Charlottesville, Va., 2000), 26-27. 제퍼슨, 루이스와 클라크의 탐험에 대한 전반적인 설명은 다음을 참조하라. Donald Jackson, *Thomas Jefferson and the Stony Mountains: Exploring the West from Monticello* (Norman, Okla., 1993).

478 **보장해줄 수 있다** Alexander Mackenzie, *Voyages from Montreal, on the River St. Laurence: Through the Continent of North America, to the Frozen and Pacific Oceans; in the Years 1789 and 1793* (New York, 1814), 388.

478 **많은 정치적 이유들** Ibid., 392.

478 **걱정스럽다** Ronda, *Jefferson's West*, 21.

478 **대립의 장** Ibid., 33-37, 몇 가지 정치적 외교적 요인이 작용했다고 보는데 그중에는 갤러틴과 레비 링컨 법무장관의 충고가 포함되어 있다.

478 **개인 비서 메리웨더 루이스** TJF, http://www.monticello.org/site/research-and-collections/meriwether-lewis (2012년 열람)

478 **1774년** Ibid.

478 **몬티셸로에서 약 16킬로미터 떨어진** Ibid.

478 **가까운 동네** Ibid.

478 **푸른 눈의** Marshall Smelser, *The Democratic Republic, 1801~1815* (New York, 1968), 125.

478 **미 육군 중위** TJF, http://www.monticello.org/site/research-and-collections/meriwether-lewis (2012년 열람)

478 **서부 지역** Ibid.

478 **루이스의 의견에** Ibid.

479 **의회가 비밀리에** *PTJ*, XXXIX, 588. 1803년 2월, 제퍼슨은 워싱턴에서 벤저민 바턴에게 이렇게 썼다. '당신은 우리가 오랫동안 미주리를 탐험하고자 했음을 잘 알고 있습

니다. 미주리를 향해 흐르는 강은 어떤 강이든 서쪽 바다로 흘러갑니다. 의회는 몇 가지 비밀스러운 과정을 통해 그들이 그 일에 착수하는 것을 승인하자는 나의 제안에 굴복했습니다. 탐험은 약 10명이 팀을 구성해서 즉시 실시될 예정이며 탐험 지휘자로 비서인 루이스를 임명했습니다.' (Ibid.)

479　**대통령은 2,500달러를 요청**　TJF, http://www.monticello.org/site/jefferson/jeffersons-confidential-letter-to-congress (2012년 열람)

479　**금액의 15배 정도**　Jackson, *Letters of Lewis and Clark*, II, 428. 정확한 추정 금액은 38,722.25달러이다. 이 문제에 도움을 준 바버라 오베르와 게리 몰턴에게 감사드린다.

479　**루이스 대위는 용감하고**　*PTJ*, XXXIX, 599.

479　**윌리엄 클라크에게**　TJF, http://www.monticello.org/site/jefferson/ expedition-timeline (2012년 열람)

34장 승리와 스캔들, 숨겨진 병

480　**이 하녀 샐리**　*PTJ*, XXXVIII, 324.

480　**그 시대의 이상**　Wood, *Radicalism of the American Revolution*, 298-301.

480　**파벌 의식에 대해 경고**　George Washington, *Writings*, ed. John H. Rhodehamel (New York, 1997), 962-77.

480　**결코 실현되지 못했다**　제퍼슨 자신도 정치 현실에서는 이해관계의 완전한 합치가 불가능함을 깨달았다. 제퍼슨은 후에 모든 시대 모든 사회는 대략 휘그와 토리(혹은 공화주의자와 연방주의자)라는 두 줄기로 나뉜다고 존 애덤스에게 얘기했다. 《미국 정치의 기원Origins of American Politics》에서 버나드 베일린은 당파성의 실제 측면에 관해 《뉴욕 관보》에 1733년 게재한 에세이를 인용한다. '나는 공적 정신에서 나온 것이 아니라 하더라도 어느 정도의 반대는 자유로운 정부에서 필요할 뿐만 아니라 대중에 대한 엄청난 서비스라고 감히 말하겠다. 정당들은 서로에 대한 견제 장치이며 서로의 야망을 적절히 억제함으로써 공공의 자유를 유지하는 데 기여한다. 반대는 그것 없이는 스스로 발휘할 기회가 부족해 쇠약해지고 시들어버릴 공적 열정의 생명이자 영혼이다. 실제로 불순한 의도에서 비롯되었다 해도 여전히 반대는 필요하다.' (Ibid., 126.)

베일린은 1738년 한 펜실베이니아 작가가 비슷한 주장을 했고 1748년 한 뉴욕 작가가 다음과 같이 주장했다는 사실을 발견했다. "자유에 대한 존중은 항상 나로 하여금 '자유 국가에서 정당은 해악이라기보다는 차라리 대중에게 유리한 존재로 인식되어야 한'다고 생각하게 했다. 그 이유는 정당이 존재하는 한 나에게는 그들이 서로를 감시하는 수많은 첩자들로 보이기 때문이다. 그들은 공공의 자유에 대한 어떤 공격이나 침해가 있을 경우, 이를 외부에 알리고 대중에게 경고할 준비가 되어 있으며 이를 통해 대중들이 법에 의해 [누려야 할] 권리를 주장하도록 일깨운다."(Ibid., 127.) 이런 감정은 일반적이지 않고 예외적인 것이지만 제퍼슨도 비슷한 견해를 표명했다.

481 **것입니다** Cunningham, *Jeffersonian Republicans in Power*, 102.

481 **서로 다른 정당의 사람들** Ibid.

481 **선술집이나 하숙집에 머무를 일은 없다** Ibid., 103.

481 **어떤 노력도 아끼지 않을 것이다** Ibid., 8.

481 **화해하려는 시도를** Ibid., 9.

481 **감당하지 못할 일은 없다** PTJ, XXXIII, 234.

481 **'테러리즘이 난무하던 암울한 시절'** PTJRS, III, 227.

482 **이 나라는 당파주의에 완전히 사로잡혀 있어서** *Diary of John Quincy Adams, 1794~1845: American Political, Social, and Intellectual Life from Washington to Polk*, ed. Allan Nevins (New York, 1969), 21.

482 **전혀 주저함이 없었다** Louis-Andr Pichon to Ministre des Affaires trangres, 27 Vendmiaire an 10, *Correspondence Politique*, vol. 53, Les Archives Diplomatiques.

482 **1802년의 새 사법법은** 예를 들어 다음 참조. Richard E. Ellis, *The Jeffersonian Crisis: Courts and Politics in the Young Republic* (New York, 1971), 그리고 Johnstone, *Jefferson and the Presidency*, 164-80.

483 **조심스럽게 추진했고** Johnstone, *Jefferson and the Presidency*, 170-73. 리처드 앨리스는 《마버리 대 매디슨》사건이 제퍼슨의 사법개혁 추진을 촉발시켰다고 주장한다. (Ellis, *Jeffersonian Crisis*, 40-45), 존스턴은 남은 소량의 증거들이 그 결론을 지지하는 것 같다. 마버리의 '소명 명령'이 공화주의자들을 자극해 즉각적인 행동을 촉구하고 의회의 12월 회기에 상원 안건에 포함된 폐지안을 최우선 처리하도록 제퍼슨을 설득했을 수는 있지만, 폐지에 대한 대통령의 핵심적인 입장은 이미 확고했다고 생각했다. (Johnstone, *Jefferson and the Presidency*, 172.)

483 **미국의 사법 시스템** Johnstone, *Jefferson and the Presidency*, 173. 1802년 2월 20일 토요일 일곱 시간 동안의 연설을 통해 제임스 베이어드는 1801년 법의 폐지를 공격했다. (PTJ, XXXVI, 618-19.) 그는 이렇게 말했다. "만약 여러분이 일격을 가한다면 의회에 치명적인 상처를 줄 것이라고 생각하는 사람들이 아주 많습니다. 이제 그 헌법을 수호하기 위하여 기꺼이 피를 흘리려는 사람들도 많습니다. 신사 여러분들은 그 결과를 감수할 준비가 되어 있습니까?"(Ibid., 619.) 제퍼슨은 냉정하게 반응했고 자신의 침착함이 주목받기를 바랐다. "그들은 우리를 겁주려 했으나, 우리는 전혀 동요하지 않았다네."

라고 제퍼슨은 베이어드의 연설 다음 날 토머스 만 랜돌프 주니어에게 말했다.(Ibid., 618.)

483　폐지안이 통과되었다　*PTJ*, XXXVII, 72-74.

483　상원에서　Johnstone, *Jefferson and the Presidency*, 175.

483　단 한 표 차이로　Ibid.

483　순회법원 판사직을 폐지　http://www.fje.gov/history/home.nsf/page/landmark04.html (2012년 열람)

483　연방주의자들은 경악했다　'만약 입법부의 이 같은 결정에 의해 수립된 원칙이 확정된다면 지금부터 헌법은 무가치하다고 생각할 것이다.'라고 1802년 5월 5일 로저 그리즈월드가 썼다. (Letter of Roger Griswold, March 5, 1802, William Griswold Lane Memorial Collection. Manuscripts and Archives, Yale University.)

483　그 판사의 완고함은 뿌리 깊었고　Henry Adams, *History*, 132.

483　마버리 대 매디슨 사건에서　Simon, *What Kind of Nation*, 173-90.

484　피커링은 변덕스럽고　Irving Brant, *Impeachment: Trials and Errors* (New York, 1972), 465-7, 피커링의 알코올 중독 문제를 잘 설명하고 있다. 추가 참조. Lynn W. Turner, The Impeachment of John Pickering, *American Historical Review* 54 (April 1949), 485-507, 그리고 Eleanore Bushnell, *Crimes, Follies, and Misfortunes:The Federal Impeachment Trials* (Urbana, Ill., 1992), 43-55.

375　체이스에 대한 탄핵 시도에　Brant, *Impeachment*, 58-83, 그리고 Richard Ellis, The Impeachment of Samuel Chase in *American Political Trials*, ed. Michael R. Belknap (Westport, Conn., 1981), 57-78.

484　법이 불확실하고　Henry Adams, *History*, 402.

484　선동적이고 공개적인 공격　Ibid., 402-3.

484　검토해주실 것을 요청합니다　Ibid.

484　상원은 존 피커링에게 유죄 판결을 내렸고　*EOL*, 422.

484　하원은 새뮤얼 체이스를 탄핵했다　Ibid., 422-24.

484　상원으로부터 무죄를 선고받았다　Ibid., 424.

484　선거운동에 몰두하는 당파적 인물　Henry Adams, *History*, 456.

485　각하께서는　*PTJ*, XXXV, 477.

485　워싱턴으로 가서　Ibid., XXXVI, 581.

485　당신은 위험에 처해 있습니다　Ibid., 641.

485　단호한 태도는　Ibid., XXXIII, 257.

485　마침내　Ibid., 208. 다음 참조. *The Hutchinson Illustrated Encyclopedia of British History,* ed. Simon Hall (Chicago, 1999), 224, 그리고 Edward Hale, *The Fall of the Stuarts and Western Europe from 1678 to 1697* (New York, 1913), 36-37.

486 **온건한 태도** *PTJ*, XXXIII, 208-9.

486 **너그럽게 대해야 한다** Ibid., 423.

486 **결정적인 조치를 취하는 데** Carl E. Prince, The Passing of the Aristocracy: Jefferson's Removal of the Federalists, 1801~1805, *The Journal of American History* 57, no. 3 (December 1970): 563-75. 추가 참조. Carl Russell Fish, Removal of Officials by the Presidents of the United States, in *Annual Report of the American Historical Association for the Year 1899*, I (Washington, D.C., 1900), 67-70. 다음 날 토머스 만 랜돌프 주니어에게 말했다. (Ibid., 618.)

486 **교체했는데** Prince, Passing of the Aristocracy, 565-66.

486 **그들 대다수가** Ibid.

486 **앤드루 잭슨과 비슷한** Ibid., 566.

486 **애덤스가 퇴임 직전 단행한 한밤중 지명 중에는** *PTJ*, XXXIII, 428. 제퍼슨은 1801년 3월 24일 말했다. "애덤스 씨가 자신을 위한 것이 아님을 알면서도 강행한 임명을 나는 무효로 간주합니다." (Ibid.)

486 **엘리저 굿리치** Ibid., XXXIV, 90-94.

486 **굿리치의 해임에 반대하여** Ibid., 381-84. 추가 참조. ibid., 301-2.

486 **제 발언들** Ibid., 555-56.

486 **정치의 본질** Louis-Andr Pichon to Ministre des Affaires trangres, 27 Vendmiaire an 10, *Correspondence Politique*, vol. 53, Les Archives Diplomatiques. 아웃사이더의 관점에서 루이 앙드레 피숑은 제퍼슨이 전달하는 메시지를 분명히 알아차렸다. 피숑에게 뉴헤이븐 문제는 그가 재임기간 동안 따르겠다고 제시한 방침에 대해 확실한 입장을 보여주었다. (Ibid.)

487 **악의적이고 선동적인 비난** *PTJ*, XXXIX, 473.

487 **기소 문제에 있어** Ibid., 553.

487 **잘 아실 것입니다** Ibid., XXXVIII, 323-25. *PTJ* 편집자들이 다음을 인용한다: Richmond *Recorder*, 15, 22, 29 Sep., 20 Oct., 10, 17 Nov., 8 Dec. 1802; 그리고, s.v. Hemings, Sally; Durey, *Callender*, 157-63; Annette Gordon-Reed, *Thomas Jefferson and Sally Hemings: An American Controversy* (Charlottesville, Va., 1997), 59-77; Joshua D. Rothman, James Callender and Social Knowledge of Interracial Sex in Antebellum Virginia, in Jan Ellen Lewis and Peter S. Onuf, eds., *Sally Hemings and Thomas Jefferson: History, Memory, and Civic Culture* (Charlottesville, Va., 1999), 87-113.

488 **잘못된 부분은 나중에 바로잡았다** Ibid., 325.

488 **그 폭력성을 다 써버렸다** Louis-André Pichon to Ministre des Affaires trangres, 22 Vendmiaire an II, *Correspondence Politique*, vol. 55, Les Archives Diplomatiques.

488 **1805년 편지** Thomas Jefferson to Robert Smith, Washington, July 1, 1805, Thomas Jefferson Collection, HM 57-59, The Huntington Library, San Marino, Calif.

489 **제퍼슨은 그 편지에서 헤밍스와의 의혹을 아예 다루지 않았을 가능성도 있다** TJF, http://www.monticello.org/site/plantation-and-slavery/iii-review-documentary-sources (2012년 열람)

489 **캘린더와 샐리** McCullough, *John Adams*, 581. 제퍼슨의 친구들은 서둘러 그를 안심시키려고 했다. 스미스는 1805년 7월 4일, 볼티모어에서 이렇게 회신했다. '지금 저 부인과 관련된 일에 대해서는 미국의 양당에서 그처럼 하찮은 이야기가 한심스럽게 퍼져나가는 것에 혐오를 느끼지 않는 신사는 한 사람도 없다는 점만 말하고자 합니다. 국가는 지난 선거에서 보여준 지지의 목소리를 통해 당신을 향한 악의에서 비롯된 모든 비난에 대해 이미 판결을 내렸습니다.' 특히 캘린더에 대해 존 퀸시 애덤스는 1802년 10월 8일, 루퍼스 킹에게 다음과 같이 썼다. '그는 개인적인 원망과 복수심의 영향 아래서 썼지만, 그의 출판이 대통령의 명성에 끼친 영향은 상당했습니다.' (*Life and Correspondence of Rufus King*, IV, 176.)

489 **취한 채 리치먼드를 배회하는** Ibid.

489 **깊이 1미터가 채 안 되는 물** Hyland, *In Defense of Thomas Jefferson*, 910.

489 **익사한 채** Lewis and Onuf, *Sally Hemings and Thomas Jefferson*, 104.

489 **어떤 범죄 정황도 드러나지 않았다** Ibid.

489 **1806년, 아일랜드 시인 토머스 무어는** Stanton, *Those Who Labor for My Happiness*, 27-29.

489 **지친 정치인** Ibid., 29.

489 **팻시와 제퍼슨의 전 비서** Ibid., 30.

489 **모욕적인 구절들** Ibid.

489 **웃어넘기면서** Ibid. 팻시와 버웰은 결국 진심으로 '흥겹게 어울렸'다고 전해진다. (Ibid.)

490 **제 건강은 항상** *PTJ*, XXXVI, 178.

490 **누구에게도 한 적이 없습니다** Ibid.

490 **고통의 원인은 설사** *JHT*, IV 186.

490 **특징으로 하며** Robley Dunglison, *Medical Lexicon: A Dictionary of Medical Science* (Philadelphia, 1846), 244.

490 에페스 부인은 아름다우며 Margaret Bayard Smith, *First Forty Years*, 34.

491 전부 이야기해주었다 Ibid., 35.

491 한 줄만이라도 Mary Jefferson Eppes to John Wayles Eppes, November 25, 1802. Extract published at Papers of Thomas Jefferson Retirement Series Digital Archive, http://www.monticello.org/familyletters (2012년 열람)

491 다시 한번 작별 인사를 드려요 *PTJ*, XXXIX, 309-10.

491 구비하기 시작했다 TJ to Martha Jefferson Randolph, May 6, 1805, MA 1029.1-173, The Morgan Library & Museum, New York.

491 한 방문객의 눈에 띄었는데 Margaret Bayard Smith, *First Forty Years*, 396.

491 널 붙잡을 테다 *PTJ*, XXXVIII, III.

491 완전히 개혁했어요 Ibid., XVIII, 499-500.

492 의원직을 노리고 있었기 때문이다 Kierner, *Martha Jefferson Randolph*, 124. 추가 참조. TJF, http://www.monticello.org/site/jefferson/john-wayles-eppes (2012년 열람)

35장 마법 같은 공기!

493 매입 소식 Margaret Bayard Smith, *First Forty Years*, 38.

493 당신의 정치적 통찰력에 대한 명성 Horatio Gates to TJ, July 7, 1803, Thomas Jefferson Papers, LOC.

493 제3차 산일데폰소 조약 다음 참조. Walter Nugent, *Habits of Empire: A History of American Expansionism* (New York, 2008), 57.

493 웅장한 18세기 궁전 *International Dictionary of Historic Places*, III, eds. Trudy Ring and Robert M. Salkin (Chicago, 1995), La Granja de San Ildefonso (Segovia, Spain), Elizabeth Brice, 300-3.

493 큰 충격을 줄 것이다 *PTJ*, XXXVII, 264.

494 나도 희망을 버리지 않겠다 Joseph J. Ellis, *American Creation*, 212-13.

494 운명이 이 거래에 달려 있다고 생각합니다 *PTJ*, XXXVII, 298.

494 지구상에는 단 하나의 지점이 있는데 Ibid., 264.

494 '오랜' 대화에서 Edward Thornton to Lord Hawkesbury, March 6, 1802, FO 3/35, National Archives of the United Kingdom, Kew.

494 이 지역을 점유한다는 것은 Ibid.

494 피할 수 없는 결과 Ibid.

495　프랑스가 뉴올리언스를 점유하는 날　*PTJ*, XXXVII, 264.

495　지지 대상을 바꿀 의사가 있었고　Joseph J. Ellis, *American Creation*, 213.

495　프랑스가 그곳에 자리 잡는다는 것은　*PTJ*, XXXVII, 264.

495　후속 협약 사본　Nugent, *Habits of Empire*, 57.

496　권력을 다루는 실제적인 방안　*PTJ*, XXXVII, 372-75.

496　가장 중요한 정치 현안　*Selected Letters of Dolley Payne Madison*, 52.

496　이 중대한 위기　TJ to James Monroe, January 10, 1803, James Monroe Papers, LOC.

496　눈보라와 역풍으로　James Monroe to TJ, March 7, 1803, Thomas Jefferson Papers, LOC.

496　프랑스 정부가 충분히 이해하기 바랍니다　Ibid.

496　파리의 사교 모임에서　Robert R. Livingston to TJ, March 12, 1803, Thomas Jefferson Papers, LOC.

497　제1집정관　Ibid.

497　쉽게 짐작하실 수 있을 것입니다　Ibid.

497　나폴레옹은 욕조 안에서　Joseph J. Ellis, *American Creation*, 220-21.

497　너희들은 반대편에 설 필요가 없다　Ibid.

498　루이지애나를 포기할 것이오　Ibid.

498　우리 앞에 열린 영역은　Ibid.

498　그는 파리에 도착한 먼로와 함께　Jon Kukla, *A Wilderness So Immense: The Louisiana Purchase and the Destiny of America* (New York, 2004), 265-83.

498　소식이 전해졌다　Ibid., 285.

498　4월 30일에 프랑스와 조약에 서명했음을 알리면서　TJ to Thomas Mann Randolph, Jr., July 5, 1803, Thomas Jefferson Papers, LOC.

498　더 큰 규모다　Ibid.

498　없앨 것이다　Ibid.

499　깊은 감동을 줄 것이다　Horatio Gates to TJ, July 7, 1803, Thomas Jefferson Papers, LOC.

499　모든 사람의 얼굴이　Andrew Jackson to TJ, August 7, 1803, Thomas Jefferson Papers, LOC.

499　전례가 없는 일입니다　Arthur Campbell to TJ, January 17, 1804, Letters of Application and Recommendation, 1801~1809, General Records of the Department of State, National Archives.

499　메리웨더 루이스에게 편지를 썼다　TJ to Meriwether Lewis, July 4, 1803, Clark

Family Collection, Missouri History Museum, St. Louis. 제퍼슨은 다음과 같이 썼다: 미시시피강의 수로와 발원지, 그리고 그곳에서 태평양으로 가는 가장 편리한 해상 교통로를 찾기 위해 여러분이 곧 떠나게 될 여정에서, 당신의 일행은 소수일 것이고 인디언 원주민에 의해서 상당한 위협에 직면할 것입니다. 만약 그 같은 위험에서 벗어나 태평양에 도착한다면 같은 길로 돌아가는 것은 신중하지 못하므로 서부 해안에서 배를 구해 바다를 돌아오는 길을 찾아야 할 수 있습니다. 그러나 이곳에서 충분한 물자를 가져갈 수 없기 때문에 돈이 바닥나거나, 필수품이 부족해지고 이후에도 충분히 공급받지 못할 수도 있습니다. 이 경우 당신이 기댈 수 있는 유일한 자원은 미국의 신용뿐입니다. 이에 당신과 당신 부하들이 돈과 필요한 물품을 원활히 확보할 수 있도록 가장 손쉽게 유통될 수 있는 미국 국무부, 재무부, 육군부, 해군부 앞으로 어음을 발행할 권한을 부여합니다. 그리고 나는 이들 어음이 만기일에 정확히 지급될 것임을 미국의 신의를 걸고 엄숙히 맹세합니다. 또한 우리 영사, 주재원, 상인, 그리고 우리와 교류하고 있는 모든 나라의 시민들이 물자를 제공해 주기를 바라며, 이에 대해서는 명예롭고 신속하게 보상을 이루어질 것임을 보증합니다. 그리고 이를 통해 여러분이 갈 수도 있는 해외 지역의 우리 영사들에게 여러분이 미국으로 돌아오는 데 필요한 모든 도움을 제공하라는 지시가 내려갈 것입니다. 당신을 지원하는 임무를 맡은 사람들에게 완전한 확신과 신념을 주기 위해 미국 대통령인 나 토머스 제퍼슨은 직접 이 신용장을 쓰고 서명합니다. (Ibid.)

499 **제퍼슨은 자세한 지시 사항을 썼고** Ronda, *Jefferson's West*, 36–39.

499 **축하객들로 가득 찼다** Margaret Bayard Smith, *First Forty Years*, 38–39.

500 **활기가 넘쳤다** Ibid., 39.

500 **장차 거주할 사람들은** TJ to John Breckinridge, August 12, 1803, Thomas Jefferson Papers, LOC.

500 **알고 있었습니다** TJ to Joseph Priestley, January 29, 1804, Thomas Jefferson Papers, LOC.

500 **맬서스의 새로운 인구론 저작을 보신 적이 있습니까?** Ibid.

500 **1803년 10월 30일 일요일까지 비준되어야 했다** *The Louisiana Historical Quarterly*, XXXI (New Orleans, 1948), 269.

500 **중대하고 심각한 사안들** Proclamation for Special Session of Congress, 1803, portfolio 227, no. 3, Broadside Collection, LOC.

501 **헌법 개정이 필요하다는 것** *PTJ*, XXXIX, 327–28. 제퍼슨은 1803년 1월 갤러틴에게 이렇게 썼다. '영토를 인수하는 데 어떠한 헌법상의 어려움도 없습니다. 지금 그대로 헌법에 의해 연방 내로 포함될 수 있을지 언제 인수할지는 실용적인 문제가 될 것입니다.

나는 연방의 확장은 헌법을 수정하는 경우에만 허용하는 것이 더 안전할 것이라고 생각합니다.' (Peterson, *Jefferson and the New Nation*, 770.)

501 **이 조약은 당연히** TJ to John Breckinridge, August 12, 1803, Thomas Jefferson Papers, LOC.

501 **기회를 포착하는 과정에서** Ibid.

501 **경우와 같습니다** Ibid.

502 **당신께 편지를 보냈습니다** TJ to John Breckinridge, August 18, 1803, Breckinridge Family Papers, LOC.

502 **8월 17일 수요일, 반갑지 않은 편지가 파리에서 날아왔다** TJ to Albert Gallatin, August 23, 1803, Gallatin Papers, MS 238 New-York Historical Society, New York City. 핵심 편지는 Robert R. Livingston to TJ, June 2, 1803, Thomas Jefferson Papers, LOC.

502 **반길 것임을 아실 것입니다** Ibid.

502 **의회가 필요하다고 판단하는 모든 일은 가능한 한** TJ to Wilson Cary Nicholas, September 7, 1803, Thomas Jefferson Papers, LOC.

502 **반대할 위험은 없겠습니까?** *PTJ*, XXXIX, 304.

503 **토머스 페인은** Thomas Paine to TJ, September 23, 1803, Thomas Jefferson Papers, LOC. 페인은 또한 루이지애나를 위한 헌법 개정을 추진하는 데 반대하는 설득력 있는 의견서를 작성했다. '헌법이 아무런 역할을 할 수 없는 사례 중 하나이며, 오직 시대적 상황에 의해서만 판단될 수 있는 경우로 보입니다.'라고 1803년 9월 23일 코네티컷주 스토닝턴에서 썼다. (Ibid.)

503 **고백하건대** TJ to Wilson Cary Nicholas, September 7, 1803, Thomas Jefferson Papers, LOC. 그 역시 어떻게 대금을 지불할 것인지, 그 방법을 찾아냈다. 로버트 스미스에게 다음과 같이 썼다:

당신은 루이지애나 구입에 따른 이자(80만 달러)를 조세 신설 없이 지불할 수 있다는 메시지를 공포하는 일의 중요성과 새로운 세금의 필요성이, 조약 비준 반대자들에게 어떤 유리함을 제공할지를 잘 알 것입니다. 2, 3표만 이탈해도 조약은 무효가 될 것입니다. 세금 신설을 피하기 위해서는(기존 추정치에 따르면) 40만 달러의 결손이 생길 것입니다. 우리 동료들은 이 일에 뜨겁게 결의를 다지고 있습니다. 매디슨 씨는 10만 달러를 삭감했고 디어본 장군은 그보다 조금 더 줄였지만, 확실히 하기 위해 여전히 18만 달러가 부족합니다. 당신의 부서에서 받은 금액은 동봉했듯이 770-780만 달러가 될 것입니다. 만약 이를 600만 달러로 줄일 수 있다면 안심할 수 있을 것입니다. (TJ to Robert Smith, October 10, 1803, Thomas Jefferson Papers, LOC.)

504 **20만 제곱마일에 달했다** Wallace, *Jefferson and the Indians*, 239.

504 **백인 정착지를** Ibid., 206-7.

504 **인디언들이 결국** Ibid., 273.

504 **공격해오는 부족들은** Ibid.

504 **우리는** TJ to George Clinton, December 31, 1803, Thomas Jefferson Papers, LOC.

504 **공화주의자들은** 루이지애나 매입을 축하하기 위해 계획된 축제에서 시메온 볼드윈은 1804년 1월 22일에 다음과 같이 썼다. '이날은 민주공화당에게 위대한 날이 될 것입니다. 연방주의자들은 거의 혹은 전혀 합류하지 않았고 그들은 기뻐할 일이 있음에도 여전히 만족하지 않습니다. 그들은 우리 영토에 큰 영향을 미치는 것을 걱정합니다. 그들은 프랑스인과 프랑스 정치, 프랑스인의 술수에 쉽게 좌우되는 것을 두려워합니다. 북부인들은 남부 정치에 그처럼 추가적인 비중이 실리는 결과를 걱정합니다.' Simeon Baldwin to Elizabeth Baldwin, January 22, 1804, Baldwin Family Papers, Yale University.

505 **만약 연방주의가 뉴잉글랜드에서 무너진다면** Pickering to George Cabot, January 29, 1804, Henry Adams, ed., *Documents Relating to New-England Federalism: 1800~1815* (Boston, 1905), 341.

505 **북부 주들의 재결합** Ibid., 357.

505 **동부 사람들은** Ibid., 339.

505 **많은 사람들이 지금 이 순간** Letter of Roger Griswold, January 10, 1804, William Griswold Lane Memorial Collection, Manuscripts and Archives, Yale University Library.

36장 국민은 그 어느 때보다 행복했다

506 **꾸준히 본래의 행로에 둘 수 있다면** TJ to Elbridge Gerry, March 3, 1804, Thomas Jefferson Papers, LOC.

506 **너 같은 놈은 제대로 얻어맞아야 해** Anonymous to TJ, on or before June 15, 1804, Thomas Jefferson Papers, LOC.

506 **3시 30분에서 4시경에** *JHT*, IV, 370.

506 **제퍼슨은 항상 성대하게** Merry Ellen Scofield, The Fatigues of His Table: The Politics of Presidential Dining During the Jefferson Administration, *Journal of the Early Republic* 26, no. 3 (Fall 2006): 449-69. 스코필드는 1804년~1809년 제퍼슨의 만찬 초

대 손님의 기록에 대해 특별히 연구했다.

506 **사회성이 공화주의에 필수적** 일례로 다음을 참조하라 Wood, *Revolutionary Characters*, 105-7.

507 **제퍼슨은 워낙 대면 충돌을 싫어해서** Scofield, Fatigues of His Table, 465-66.

507 **'뒤죽박죽' 방식을 선호했다** *Selected Letters of Dolley Payne Madison*, 44.

508 **첫 만찬을 마음껏 즐겼다** TJF, http://www.monticello.org/site/research-and-collections/dinner-etiquette (2011년 열람) 존 퀸시의 아내인 루이자 캐서린 애덤스 역시 감동받았다. "연회는 성대했다. 제복 차림의 프랑스 하인들, 프랑스인 운전사, 프랑스인 요리사, 엄선된 와인으로 가득한 진열대가 있었다."라고 그녀가 말했다. 마거릿 베이어드 스미스는 민주주의를 상징하는 은유로서 제퍼슨의 만찬을 바라보았다. 제퍼슨 씨의 식탁에서는 항상 대화가 넘쳐났다. 모든 손님이 어떤 주제의 토론이 이루어지던 즐겼고 흥미를 느꼈다. 각 손님에게는 자신의 대화 능력을 훈련할 기회가 주어졌고 대화의 흐름은 풍부하고 자유로우며 생기 있는 다양한 주제로 풍성해졌다. (Margaret Bayard Smith, *First Forty Years*, 389.)

508 **정말 오랜만이라오** TJF, http://www.monticello.org/site/research-and-collections/dinner-etiquette (2011년 열람)

508 **나무들이 급속히 줄어드는 현상** Margaret Bayard Smith, *First Forty Years*, 11.

508 **공공 부지에서 자라는 나무들은** Ibid.

508 **얼마나 좋을까요?** Ibid.

508 **권한을 갖고 계시지 않나요?** Ibid., 12.

509 **없습니다** Ibid.

509 **워싱턴 생활을 시작했다** Lynn W. Turner, Thomas Jefferson Through the Eyes of a New Hampshire Politician, *Mississippi Valley Historical Review* 30, no. 2 (September 1943): 205-14, 플러머의 제퍼슨에 대한 의견의 변화 과정을 보여준다. 의회에서의 5년 마지막 시기에 그의 편견 대부분이 자연스럽게 사라졌고 실제로 제퍼슨의 정당으로 자신의 정치적 입장을 바꾸려 했었다. '그가 이러한 변화를 신중하고 성실하게 기록했기 때문에 플러머의 일화는 제퍼슨의 인격이 그의 인격에 미친 영향에 대한 흥미로운 연구 자료를 제공한다.'라고 터너가 썼다. (Ibid., 206.)

509 **나의 호기심은** Ibid., 211.

509 **제퍼슨은 플러머에게 재배용 피칸 묘목을 주었고** Ibid., 210.

509 **먹을 수 있을지 의문입니다** Ibid., 211.

510 **조지타운 시장의 부인은** Margaret Bayard Smith, *First Forty Years*, 390.

510 **그녀는 제퍼슨이 카터즈 산 근처에서 살았는지를 물었다** Ibid.

510   아주 가까이에서 살았습니다   Ibid.

510   곳일 것 같군요   Ibid.

510   네, 물론입니다   Ibid., 391.

510   '저명인사'라 칭한   Ibid., 389.

510   '진지하고 활기찼지만'   Ibid.

510   한동안 유럽에서 살았던 한 손님   Ibid.

510   '조용히, 아무런 존재감 없이'   Ibid.

510   고국의 이방인 같은 존재   Ibid.

510   C 씨, 우리는 당신에게 큰 빚을 지고 있습니다   Ibid. 손님은 너새니얼 커팅이었다.

510   갑자기 뜨거운 관심을 보였다   Ibid., 389-90.

511   그렇습니다, 선생님   Ibid., 390.

511   중요한 명사   Ibid.

511   영국 공사 앤서니 메리   JHT, IV, 367-92, 위는 메리 사건을 다루고 있다.

511   대통령의 환영 행사   Henry Adams, History, 549-51.

511   매디슨 부인이 그날 만찬의 안주인 역할을 했으므로   Ibid., 551-52.

511   성질이 사나운 여자였고, 단 몇 주 만에   TJ to James Monroe, January 8, 1804, James Monroe Papers, LOC. 매디슨 부부는 대통령 관저에서 저녁 식사 후 메리 부부를 만찬에 초대했다. 국무장관 역시 뒤죽박죽 관행을 따랐지만 메리 가족은 두 번 좌절당하지는 않을 것이다. 제퍼슨이 들은 바에 따르면, 메리 부인은 '맨 앞에 서지 않으려고' 남편이 먼저 움직이도록 촉구했다. 메리 씨는 손으로 그녀를 잡고 테이블 앞으로 이끌었다. 그 자리에서 갤러틴 부인이 정중하게 자신의 자리를 메리 부인에게 양보했으며, 메리 부인은 그 자리를 차지하면서 양해가 없었다. 그것으로 메리 부인에게는 충분했고 그녀는 이후로 한두 명 개인들과 만나는 경우를 제외하고는 저녁 초대를 거절했다고 제퍼슨이 말했는데 그 모임들은 사전에 합의가 있었다고 한다. (TJ to William Short, January 23, 1804, John Work Garrett Library, Johns Hopkins University, Baltimore.)

511   우리는 그들에게 '아니요'라고 단호히 말한다   TJ to William Short, January 23, 1804, John Work Garrett Library, Johns Hopkins University, Baltimore.

512   우호적이지 않은 것 같다   TJ to James Monroe, January 8, 1804, James Monroe Papers, LOC.

512   이는 전혀 근거가 없다   Ibid.

512   재선 후보로 지명되었고   APE, I, 83.

512   상원의원 티머시 피커링은   Timothy Pickering to Theodore Lyman, February 11, 1804, Timothy Pickering Papers, Massachusetts Historical Society.

512 급류에 저항할 Ibid.

512 두 친구가 공통의 관심사를 다루는 방식에 있어 의견이 다르다면 Ibid.

513 우리는 완전히 민주적이지만 Adams, *Documents Relating to New-England Federalism*, 346.

513 역겨움을 느낀다 *Life and Correspondence of Rufus King*, IV, 364.

513 가장 짧고 익숙한 길 Ibid., 438.

513 관심을 집중시켜야 하며 Henry Adams, *History*, 422. 1804년 4월 8일 일요일 저녁 존 퀸시 애덤스는 뉴욕에서 킹을 방문했다. 킹의 서재에서 그는 킹과 피커링을 만났다. 주제는 분리 독립 문제였다. 피커링은 작별 인사를 했고 후에 킹은 애덤스에게 자신의 뜻을 분명히 밝혔다. 나는 전적으로 그 프로젝트에 반대하며, 기쁘게도 해밀턴 장군 역시 마찬가지입니다. (Ibid., 425.)

513 앤서니 메리는 *JHT*, IV, 406.

513 연방 탈퇴 가능성 Augustus Foster to Elizabeth Cavendish, June 30, 1805, Augustus Foster Papers, LOC.

514 버는 대통령 관저로 제퍼슨을 찾아왔다 Notes on a Conversation with Aaron Burr, January 26, 1804, Thomas Jefferson Papers, LOC. 제퍼슨은 그들의 대화를 이렇게 기록했다. 그는 몇 년 전에 이방인으로 뉴욕에 왔었고 그 지방이 부유한 두 가문(리빙스턴 가문과 클린턴 가문)의 소유임을 발견했다. 그가 추구하는 것은 정치적인 것은 아니어서 그는 혼란스러워하지 않았음을 간략히 되풀이하는 것으로 시작했다. 하지만 1800년의 위기가 닥쳤을 때 그들은 자신들의 영향력이 쇠퇴하는 것을 발견했고 국민들에게 도움을 요청했다. 그는 출세를 바라지 않고 그 일을 맡았으며 자신이 부통령 후보로 지명된 것은 그로서는 예기치 못한 것이었다. 그는 나의 명성과 출세를 증진하려는 생각으로, 그리고 나와 함께 있고자 하는 열망으로 그렇게 했으며, 나와의 대화가 항상 그를 매혹시켰다고 했다.

제퍼슨이 나중에 담담하게 관찰했다. 버 대령은 내게 유리한 과장된 표현을 내가 잘 받아들일 것이라고 생각했음이 틀림없다. 그가 부통령 지명을 수락한 것이 나의 명예를 드높이려는 그의 욕망 때문이며, 나와 함께 있는 것, 그리고 나와의 동행과 대화가 그에게 언제나 매혹적이었다는 식의 말을 했다. 나는 버 대령이 상원의원이 되기 전까지는 전혀 만난 적이 없다. 그의 행동은 곧 내게 불신을 불러일으켰다. (Ibid.)

514 수많은 자잘한 이야기들이 Ibid.

514 제퍼슨의 대답 Ibid.

514 엄청난 반대 TJ to Thomas McKean, January 17, 1804, Thomas McKean Papers, Historical Society of Pennsylvania.

514 **화재가 버지니아주** Norfolk TJ to Thomas Newton, March 5, 1804, Thomas Jefferson Papers, LOC.

515 **진심으로 축하한다** TJ to Mary Jefferson Eppes, February 26, 1804, Edgehill-Randolph Papers, University of Virginia Library.

515 **강풍과 얼음으로 뒤덮인** John Wayles Eppes to TJ, March 9, 1804, Edgehill-Randolph Papers, University of Virginia Library.

515 **몹시 걱정됩니다** John Wayles Eppes to TJ, March 19, 1804, Edgehill-Randolph Papers, University of Virginia.

515 **미 프리깃함 필라델피아호가** 1804년 3월 20일 의회에 보낸 메시지에서 제퍼슨은 다음과 같이 말했다. "프리깃함 필라델피아호의 함장 베인브리지로부터 서한을 받았음을 의회에 알립니다. 그 서한에는 해당 함선이 트리폴리 해안에서 난파되었고, 함장과 장교들, 그리고 선원들이 트리폴리인들의 손에 넘어갔다는 내용이 담겨 있습니다. 이번 사고로 인해 지중해에서 우리의 병력을 증강하고 해군 관련 지출을 지난 예산 범위를 넘어 확대할 필요가 생겼습니다. 따라서 긴급 상황에 따라 의회가 필요한 예산을 증액해주시기를 요청합니다." [Message to Congress, March 20, 1804, LOC, http://hdl.loc.gov/loc.mss/mtj.mtjbib013280 (2012년 열람).]

515 **용감한 작전을 이끌었다** Lambert, *Barbary Wars*, 142-44. 추가 참조. *EOL*, 637-39.

515 **당대 가장 용감하고 대담한 작전** Sofaer, *War, Foreign Affairs, and Constitutional Power*, 217.

515 **전반적으로 매우 굴욕적으로 느껴집니다** TJ to James Madison, April 15, 1804, James Madison Papers, LOC.

515 **폴리를 돌보는 데 전념했다** TJ to James Madison, April 9, 1804, James Madison Papers, LOC. 제퍼슨이 매디슨에게 썼다:

몬티셀로에서 제 딸 에페스 부인을 만났습니다. 들것에 실려 옮겨졌는데, 몸이 너무 허약해서 간신히 설 수 있을 정도였습니다. 위장 장애로 먹는 것은 거의 모두 토해냈고, 계속 미열에 시달렸으며, 가슴에는 고름이 가득 찬 종기가 생겼습니다. 친구들의 방치로 필요한 음식과 그 질을 엄격하게 관리해야 하는 중요성을 알지 못하고 있습니다. 저는 이를 바로잡을 수 있었고, 며칠간 딸아이는 몸을 지탱하는 데 필요한 음식을, 그것도 위가 거부하지 않고 견딜 수 있는 종류로만 먹을 수 있었습니다. 제가 곁에 있다는 사실만으로 딸의 기분과 의지가 호전되고 있으며, 이는 식이요법의 효과를 높여주고 있습니다. (Ibid.)

515 **우리의 봄은 유난히 쓸쓸합니다** TJ to James Madison, April 13, 1804, James Madison Papers, LOC.

516　그는 디어본에게　TJ to Henry Dearborn, April 17, 1804, Coolidge Collection of Thomas Jefferson Manuscripts, Massachusetts Historical Society.

516　폴리가 세상을 떠났다　Cappon, *Adams-Jefferson Letters*, 265.

516　대통령께서　Thomas Mann Randolph, Jr., to Caesar A. Rodney, April 16, 1804, Andre De Coppet Collection, Princeton University.

516　대통령께서 보낸 편지　*Selected Letters of Dolley Payne Madison*, 53.

516　이곳에 도착했단다　TJ to Martha Jefferson Randolph, May 14, 1804, MA 1029.1-173, The Morgan Library & Museum, New York.

516　한동안 생각하지 못했습니다　Abigail Adams to TJ, May 20, 1804, Literary and Historical Manuscripts Morgan Library & Museum, New York. 아비가일 애덤스와 제퍼슨 간 모든 서신과 편집자 주석은 다음에서 볼 수 있다. Cappon, *Adams-Jefferson Letters*, 265-82. 제퍼슨은 존 웨일스 에페스에게 보낸 편지에서 이 편지들은 두 집안의 지속적인 유대를 입증한다고 말했다. 또한 그는 존경심을 표하며, '그의 생애에서 단 한 번의 행동, 즉 한밤중의 지명이 자신에게 개인적인 불쾌감을 주었다고 솔직히 선언'했다. (TJ to John Wayles Eppes, June 4, 1804, Thomas Jefferson Collection, HM 5747, The Huntington Library, San Marino, Calif.) 이에 대해 에페스는 장인에게 따뜻하면서도 통찰력 있는 답장을 썼다. '애덤스 부인의 편지를 다시 동봉합니다. 편지를 읽고 느낀 감정으로 판단하건대, 이 편지는 훌륭한 심성의 고귀한 표현들로 가득 차 있습니다. 그녀를 향한 당신의 마음을 표현하실 때, 당신의 감정이 미치는 범위를 제외하고는 어떤 한계도 없을 것입니다.' 그러나 에페스의 정치적 조언은 매디슨이 6년 전 1796년 선거 직후 제퍼슨에게 했던 충고를 떠올리게 했다. '현 상황에서 애덤스 씨에게 어떤 사적인 감정을 표현하는 것이 과연 신중한 행동일지는 저로서는 매우 의심스럽습니다. 제 생각에 그 어떤 일도 그의 마음속에 당신을 향한 공감대를 형성하지는 못할 것입니다. 당신과의 우정은 그의 입장에서는 더 이상 이어질 수 없을 정도로 이미 끊어졌고, 그는 당신의 가장 열렬한 친구들과 추종자들에게조차 극도로 혐오스러운 존재입니다.' (John Wayles Eppes to TJ, June 14, 1804, Coolidge Collection of Thomas Jefferson Manuscripts, Massachusetts Historical Society.)

516　제퍼슨은 정중하게 답장했다　Cappon, *Adams-Jefferson Letters*, 269-71.

517　아비가일 애덤스는 7월 1일 일요일에 다시 편지를 보내　Ibid, 271-74.

518　제퍼슨은 7월 22일 일요일에 답장을 보내　Ibid., 274-76.

518　이 사실을 알게 되었다　Ibid., 282. 1804년 11월 19일 애덤스가 이렇게 썼다. 이 서신 교환은 내가 알지도, 의심하지도 못하는 사이에 시작되고 진행되었다. 어젯밤과 오늘 아침, 애덤스 부인의 요청에 따라 모든 편지를 읽었다. 지금 이 자리에서는 아무런 언

급도 하지 않겠다. (Ibid.)

518 뉴저지주 위호큰 Chernow, *Alexander Hamilton*, 700-705.

518 해밀턴의 죽음에 대한 대중의 반응 Ibid., 710-14.

518 가장 위대하고 덕망 있는 인물 *JHT*, IV, 425-26.

518 뉴욕에서 거행된 장례식은 Chernow, *Alexander Hamilton*, 711-13.

519 기회를 잡았습니다 Cappon, *Adams-Jefferson Letters*, 488.

519 우리 사이에는 사실 *JHT*, IV, 430.

519 더욱 시급한 문제는 에런 버였다 David O. Stewart, *American Emperor: Aaron Burr's Challenge to Jefferson's America* (New York, 2011), 124-33.

519 분리시키기를 바란다 Anthony Merry to Lord Hawkesbury, August 6, 1804, FO 5/42, National Archives of the United Kingdom, Kew.

520 참으로 유감입니다 TJ to Elbridge Gerry, March 3, 1804, Thomas Jefferson Papers, LOC.

520 조지 클린턴이 버를 대신하여 공화당 부통령 후보가 되었다 APE, I, 82-83.

520 아일랜드 이민자의 후손 Bowers, *Jefferson in Power*, 257-58.

520 찰스 코츠워스 핑크니를 후보로 내세웠는데 APE, I, 83-84.

520 압도적인 지지를 받아 재선출되었다 Ibid.

520 당신을 암살하려는 음모가 있습니다 A Friend of the Constitution to TJ, December 6, 1804, Thomas Jefferson Papers, LOC.

521 정부 Bowers, *Jefferson in Power*, 266.

521 시내에는 낯선 사람들이 거의 없단다 TJ to Martha Jefferson Randolph, January 7, 1805, MA 1029.1-173, The Morgan Library & Museum, New York.

521 우리는 젊은 나이에 첫 번째 혁명에 투신했고 TJ to John Langdon, January 9, 1805, Thomas Jefferson Papers, LOC.

521 단정하게 차려입었고 *William Plumer's Memorandum of Proceedings in the United States Senate, 1803~1807*, ed. Everett Somerville Brown (New York, 1969), 211-13.

522 다소 의기소침해 보였으며 Ibid.

522 그들을 이끌었습니다 Augustus Foster to Elizabeth Cavendish, December 2, 1805, Augustus Foster Papers, LOC.

522 부통령 버는 상원에 대한 찬사를 남기고 수도를 떠났다 Isenberg, *Fallen Founder*, 279-82.

522 다시는 재기하지 못할 것이다 *William Plumer's Memorandum*, 213.

522 모든 것이 업무와 분주함과 끊임없는 방해뿐일 것이다 TJ to John Glendy, March 3,

1805, Thomas Jefferson Papers, LOC.

523 몬테수마의 후계자 Augustus Foster to Frederick Foster, July 1, 1805, Augustus Foster Papers, LOC.

523 검은색 옷을 입고 Ibid.

523 말을 탄 채 Ibid.

523 지나치게 작은 목소리로 Ibid.

523 임기 동안 Inaugural Address, March 4, 1805, LOC.

523 원하는 사람은 누구나 참석했고 Augustus Foster to Frederick Foster, July 1, 1805, Augustus Foster Papers, LOC.

523 음악으로 그날을 멋지게 마무리했는데 Ibid.

523 결심이 확고했다 TJ to John Taylor, January 6, 1805, Thomas Jefferson Papers, LOC.

524 이후 저는 Ibid.

524 루이스 대위의 뜻에 따라 William Clark to TJ, April 3, 1805, Thomas Jefferson Papers, LOC.

524 어떤 장애물도 예상할 수 없으며 Meriwether Lewis to TJ, April 7, 1805, Thomas Jefferson Papers, LOC.

524 수집한 유물들 Invoice of Articles Sent by Lewis and Clark Expedition, April 7, 1805, Thomas Jefferson Papers, LOC. 추가 참조. TJF, http://www.monticello.org/site/jefferson/trail-to-monticello (2012년 열람)

525 탐험 여행 William Eustis to TJ, August 17, 1805, Thomas Jefferson Papers, LOC.

525 땅에 대한 소유권을 표시했다 The Journals of Lewis and Clark, ed. John Bakeless (New York, 2002), 283. 추가 참조. Smelser, Democratic Republic, 128.

525 런던에 List of Items to be Acquired in London, TJ to William Tunnicliff, April 25, 1805, Thomas Jefferson collection, HM 575, The Huntington Library, San Marino, Calif.

525 화석 보관을 위해 관저에 별도의 방을 마련했다 TJ to Caspar Wistar, Jr., March 20, 1808, Thomas Jefferson Papers, LOC.

526 두개골, 턱뼈와 이빨, 상아 Ibid.

526 거대한 짐승의 뿔 하나 Ibid.

526 뼈들은 커다란 방에 널려 있습니다 Ibid.

526 새끼 곰 두 마리를 샀다 Zebulon Pike to TJ, February 3, 1808, Editorial Files, Papers of Thomas Jefferson, Princeton University.

526 추천합니다 Ibid.

526 저는 여기 있는 동안 TJ to Charles Willson Peale, February 6, 1808, Thomas Jefferson Papers, LOC.

526 무조건 부인해서는 안 됩니다 TJ to Daniel Salmon, February 15, 1808, Thomas Jefferson Papers, LOC.

526 현직 대통령은 *Life and Correspondence of Rufus King*, IV, 509.

527 칭찬과 비판에 대한 질투 어린 감정이다 Edward Thornton to Lord Hawkesbury, August 4, 1802, FO 5/35, National Archives of the United Kingdom, Kew.

527 인정받기에 충분한 위치였지만 Ibid.

527 분명하다고 생각한다 Ibid.

527 만찬을 함께 하시지 않겠습니까 TJ to John Breckinridge, March 5, 1806, Albert W. Whelpley Autographs Collection, W567, Box 3, Folder 99, Item 0515, Cincinnati Museum Center.

527 개구리 울음소리 *JHT*, V, 122-24.

528 농업과 원예 Margaret Bayard Smith, *First Forty Years*, 50.

528 하는 것이 어떨까요 TJ to James Madison, Albert Gallatin, and Henry Dearborn, February 28, 1806, Thomas Jefferson Papers, LOC.

528 젊은이들에게 조언 TJ to John Carr, April 28, 1807, Carr-Cary Papers, University of Virginia Library.

528 플로리다의 운명 Ibid.

528 금전적 청구권 문제 Harry Ammon, *James Monroe* (Charlottesville, 1990), 238-44.

528 스페인과의 긴장 *EOL*, 374-75.

528 스페인 수도로 파견된 먼로의 임무가 실패 Message to Congress on Spanish and French Spoliations, December 6, 1805, LOC.

529 광범위한 전쟁을 감수해야 할까 Ibid. 추가 참조. *EOL*, 375.

529 우리 헌법은 *JHT*, V, 76.

529 미국 선박을 괴롭히고 있었다 John M. Murrin and others, *Liberty, Equality, Power* 6th ed. (Boston, 2012), 218.

529 에서 영광스러운 승리를 거두었고 *EOL*, 621.

529 트라팔가르 전투에서 승리를 거두며 Ibid.

529 버가 미국에 대한 반역을 도모한다는 혐의 Isenberg, *Fallen Founder*, 271-316. '당신에 대한 개인적 우정과 조국에 대한 사랑 때문에 버 대령의 음모에 대해 경고하게 되었습니다.'라고 1805년 12월 첫째 날 수신된 편지에서 익명의 발신인이 제퍼슨에게 썼다. 당신은 그를 식탁으로 불러들여서 그가 당신의 정부를 전복하고 국가에 맞서 치밀한

음모를 꾸미고 있을 바로 그 순간, 그와 길고 사적인 대화를 나누었습니다. 이제 워싱턴에 있는 한 외국 정보원이 지난 2월 이래 그의 계획을 알고 당신이 아는 것 이상으로 그를 부추겼습니다. 버의 의견과 조언을 믿지 마십시오. B가 새로운 카티리나(음모론자—옮긴이)임을 확실히 깨달으십시오. 그와 M—y 씨와의 관계를 지켜보면 그가 영국이 고용한 정보원임을 알게 될 것입니다. (Anonymous to TJ, received December 1, 1805, Thomas Jefferson Papers, LOC.)

사건의 전개에 관련된 일은 스페인 장교 프란시스코 데 미란다가 뉴욕에 도착한 일이었다. 그는 베네수엘라 태생의 모험가로 모든 스페인 영토로 신세계에 제국을 세우려는 꿈을 꾸고 있었다. '친구'로부터 온 두 번째 편지는 다음과 같았다.

지난번 편지에서 미란다 장군이 뉴욕에 도착한 일을 언급하는 것을 잊었습니다. 이 사건은 버의 행동과 연결 고리를 형성합니다. 버의 지시와 마찬가지로 그의 지시는 같은 원천에서 나온 것이며, 같은 계획, 혹은 비슷한 다른 계획들이 당신에게 제시될 것입니다. 주의하십시오. 표면적으로는 외세에 맞선 것처럼 보이지만 우리 정부의 파괴, 당신의 파멸과 대서양 연안 주들의 실질적 피해가 그들의 진정한 목적입니다. (A Friend to TJ, received after December I, 1805, Thomas Jefferson Papers, LOC.)

530 **얼마나 끔찍한 광경을 보여주고 있는가** TJ to Thomas Lomax, January 11, 1806, Thomas Jefferson Papers, LOC.

37장 깊고, 어둡고, 모든 것을 뒤덮은 음모

531 **우리의 카탈리나의 계획** TJ to Caesar A. Rodney, December 5, 1806, Editorial Files, Papers of Thomas Jefferson, Princeton University.

531 **한층 밝아졌다** *JHT*, V, 65.

531 **돌리 매디슨은 팻시가 계절에 대비하도록 도왔는데** Martha Jefferson Randolph to TJ, October 26, 1805, Coolidge Collection of Thomas Jefferson Manuscripts, Massachusetts Historical Society.

531 **저장고를 살피고** TJ to Jean P. Reibelt, November 16, 1805, Thomas Jefferson Papers, LOC.

531 **로어노크의 존 랜돌프가 1806년 3월 제퍼슨과 결별했다** 예를 들어 다음을 참조하라. *EOL*, 375.

532 **오랜 분쟁을 해결하고자** Cunningham, *Jeffersonian Republicans in Power*, 78-79. 추가 참조 *EOL*, 128-29.

532 영국이 현재 생존을 위해 싸우고 있으며 *William Plumer's Memorandum*, 443-44.

532 그다음 날 랜돌프는 다시 공격했고 Ibid., 444.

532 앉으세요, 의원님, 앉으시라고 말했습니다 Irving Brant, *James Madison*, IV (New York, 1961), 316.

532 청중들을 경악시켰다 Ibid., 315.

532 후에 '쿼드파' *EOL*, 428. 워싱턴의 새로운 분열은 일부 공화당원들을 걱정시켰다. "우리는 모두 공화주의자이며, 연방주의자이다'라는 말은 당시에 매우 잘 통했으며 나는 이로부터 좋은 결과가 나올 것으로 생각했지만 아무런 성과도 없었습니다.'라고 토머스 라이퍼가 1806년 3월 필라델피아에서 제퍼슨에게 썼다. '당신이 하는 모든 일이 그 당 지도자들과 존 랜돌프에게는 잘못된 것으로 보이고 있습니다.' (Thomas Leiper to TJ, March 23, 1806, Thomas Jefferson Papers, LOC.) 제퍼슨은 랜돌프의 이탈에 과도하게 반응하지 않으려 했다. 그는 4월에 윌슨 케리 니컬러스에게 이렇게 썼다. '하원은 이제까지 본 것 중 가장 마음에 듭니다. 그처럼 명망 높은 지도자의 이탈로 한동안 실망과 혼란에 빠졌지만 그들은 곧 자신들의 원칙 아래 결집했고, 그는 겨우 대여섯 명의 추종자만 데리고 나가게 되었습니다.' (TJ to Wilson Cary Nicholas, April 13, 1806, MA 6006, Literary and Historical Manuscripts, Morgan Library & Museum, New York.)

532 또는 구공화 *JHT*, V, 150.

533 공공사업을 다음 참조. Joseph H. Harrison, Jr., 'Sic Et Non': Thomas Jefferson and Internal Improvement, *Journal of the Early Republic* 7, no. 4 (Winter, 1987): 335-49.

533 지지한 최초의 대통령 Margaret G. Myers, *A Financial History of the United States* (New York, 1970), 106. 연방정부가 실제로 내부 개혁에 참여하게 된 원동력은 토머스 제퍼슨에서 비롯되었다. 1805년 그의 두 번째 취임 연설에서 제퍼슨은 기쁘게도 공공 부채의 종말이 목전에 닥쳤다고 선언했으며 '그로부터 자유로워진 재정은 아마도 평화 시에는 강과 운하, 도로, 예술, 제조업, 교육, 기타 각 주에서 발생하는 중대한 목적에 활용될 것이다.'라고 했다. (Ibid.)

533 교육, 도로, 강, 운하 Ibid., 341.

533 이런 사업들을 통해 Ibid.

533 획기적인 보고서 Henry Adams, *Life of Albert Gallatin*, 350-51. 추가 참조. *Report of the Secretary of the Treasury, on the Subect of Public Roads and Canals; Made in Pursuance of a Resolution of Senate, of March ad, 1807* (Washington, 1816).

533 금수 조치에 따른 Harrison, 'Sic Et Non': Thomas Jefferson and Internal Improvement, 343. 해리슨은 이렇게 썼다. '도로와 운하에 관한 갤러틴의 보고서가 1808년 4월 상원에 제출될 즈음에는, 금수 조치 때문에 권고안을 실행하는데 필요한

재정 수입이 말라버린 상태였다.' (Ibid.)

533 **영국과의 긴장 고조** Mayer, *Constitutional Thought of Thomas Jefferson*, 219. 갤러틴에게 국가 도로와 운하에 관한 종합계획 보고서를 제출하도록 요구한 상원 결의안을 제외하고 의회는 제퍼슨의 제안에 대해 아무런 조치도 하지 않았다. 계속되는 전쟁 위험은 행정부와 의회 모두 계획을 보류하게 만들었다. (Ibid.)

533 **헌법적 권한이 없다고 판단한 탓에** Harrison, 'Sic Et Non,' 343. 해리슨이 다음과 같이 썼다. '대통령 임기 마지막 겨울에 그의 헌법 수정안은 매사추세츠의 조지프 B. 바넘에 의해 사실상 좌절당했다. 바넘은 [존] 랜돌프가 위원장으로 있는 위원회에 수정안을 상정했다. 이는 사형 선고와 같았고 위원회는 끝내 보고하지 않았다.' (Ibid.)

533 **거의 모든 프로젝트** Myers, *A Financial History*, 106-108.

533 **연방정부가 후원하는 컴벌랜드 도로(또는 국도)** 다음 참조. Theodore Sky, *The National Road and the Difficult Path to Sustainable National Investment* (Lanham, Md., 2011).

534 **더 위협받은 적은 없다** John Randolph to James M. Garnett, Jr., October 28, 1806, John Randolph Papers, LOC.

534 **은밀한 적** Ibid.

534 **형식적인 칭찬으로 오히려 깎아내리고** Ibid. '날마다 얼마나 많은 계략과 음모, 파벌 싸움이 눈앞에 펼쳐지는가!'라고 랜돌프가 덧붙였다.

534 **현 정부는 완벽한가?** Ibid.

534 **온건함은 오랜 세월 동안 '가면을 쓴 야망'에 불과** John Randolph to James M. Garnett, Jr., September 4, 1806, John Randolph Papers, LOC.

534 **예전 공화당** John Randolph to James Monroe, March 26, 1808, John Randolph Papers, LOC.

534 **고질적인 두통이 재발했다** *JHT*, V, 143.

534 **영국 해군 함정 리더호가 (영국 선원들을 수색하기 위해)** *JHT*, V, 143. '뉴욕 시장이 편지를 보내어 최근 자행된 살인과 리앤더호와 캄브리안호, 드라이버호의 불법 침입에 항의하면서 해군 병력을 요청했다.'라고 제퍼슨은 정부의 대응 방안을 마련했던 내각 회의에서 노트에 기록했다. Notes on a Cabinet Meeting, May 1, 1806, Thomas Jefferson Papers, LOC.

534 **세 척의 함선을 향해 즉시 미국 해역에서 떠나라고 명령했고** Ibid.

534 **리더호 선장을 살인죄로 체포할 것을 요구했다** Ibid.

534 **지금 앓는 병** TJ to George Logan, March 12, 1806, Thomas Jefferson Papers, LOC.

534 **절름거리는 무릎** TJ to Lucy Lewis, May 26, 1806, Coolidge Collection of Thomas

Jefferson Manuscripts, Massachusetts Historical Society.

535 **맞이하게 될 걸세** TJ to John Wayles Eppes, May 24, 1806, Thomas Jefferson Collection HM 5770, The Huntington Library, San Marino, Calif.

535 **평소처럼 일어나** Chadwick, *I Am Murdered*, 3. 추가 참조 Gordon-Reed, *Hemingses of Monticello*, 592-94.

535 **아침을 먹었다** Ibid., 14-15.

535 **위에 통증을 느꼈고** Ibid., 15.

535 **마이클 브라운이라는 10대 혼혈 소년** Ibid., 16.

535 **이를 의심해 부검을 명령했다** 윌리엄 듀발이 1806년 6월 4일 토머스 제퍼슨에게 보낸 편지, Thomas Jefferson Papers, LOC.

535 **누군가 나를 죽이려 한 거야** Chadwick, *I Am Murdered*, 16.

535 **특정인을 지목하지 않았다** William Duval to TJ, June 8, 1806, Thomas Jefferson Papers, LOC.

535 **위스의 사생활** 위 설명은 다음 연구의 도움을 받았다. Gordon-Reed, *Hemingses of Monticello*, 592-94.

535 **해방된 흑인 가정부 리디아 브로드낙스** Ibid., 592.

535 **위스는 유언장** Ibid., 59293. 또한 위스는 또 다른 전 노예였던 벤저민에게 재산을 남겼으나, 그는 위스보다 먼저 세상을 떠났다. (Ibid., 592.)

535 **제퍼슨이 마이클 브라운의 교육을 살펴줄 것을 요청하는 내용** Ibid., 593. 위스는 또한 브라운에게 '은행 주식'을 남겼다. (Ibid.)

535 **브라운이 브로드낙스와 위스 사이에 태어난 아들일 가능성** Ibid. 고든 리드는 이렇게 썼다. 위스와 브로드낙스와 마이클 브라운이 어떤 관계였는지 그 정확한 성격은 알려지지 않았다. 그가 위스의 아들이며 브로드낙스가 그의 엄마라고 추측하는 경우도 많다. 두 가지 결론을 지지할 아무런 증거가 없긴 하지만 두 부부에 대한 위스의 대우는 매우 특별했다. (Ibid.)

535 **브라운이 위스의 생물학적 아들이든 아니든** Ibid.

535 **제퍼슨에게 책과 은잔, 금장 지팡이를 남겼다** Chadwick, *I Am Murdered*, 162.

536 **나에게 끊임없는 기쁨을 가져다주었을 것** Gordon-Reed, *Hemingses of Monticello*, 593.

536 **그처럼 부도덕한 사례는** TJ to William Duval, June 14, 1806, Thomas Jefferson Papers, LOC. 그는 폭력으로 친구를 잃었다. 곧 그 위협이 점점 더 가까이 다가왔다. 어느 날 하원 의회에서, 거의 혼자 지내며 발언도 드물었던 토머스 만 랜돌프 주니어에게, 놀랍지도 않게 로어노크의 존 랜돌프와 관련된 언쟁이 벌어졌다. 서로 말다툼이 오

간 후 토머스 만 랜돌프 주니어는 자신이 모욕당했다고 느껴, 오직 결투만이 문제를 해결할 수 있다고 생각했다. (TJ to James Ogilvie, June 23, 1806, Coolidge Collection of Thomas Jefferson Manuscripts, Massachusetts Historical Society.) 결투 가능성은 제퍼슨에게 경악과 공포를 동시에 가져다주었다.

"아픈 마음으로 펜을 잡고 지금 상황에 내가 개입하는 것을 양해해주기 바란다. 하지만 내가 이 세상에서 가진 모든 소중한 것, 즉 가족 모두의 장래 행복이냐 아니면 끝없이 지속되는 순전한 불행이냐의 불확실한 갈림길에 선 상황에서 너에게 심사숙고하기를 요구할 정당한 권리가 우리에게도 있을 것이다."라고 제퍼슨은 6월 23일 사위에게 썼다. (TJ to Thomas Mann Randolph, Jr., June 23, 1806, Edgehill-Randolph Papers, University of Virginia Library.)

결투는 광기, 그야말로 광기일 뿐이라고 제퍼슨은 생각했지만 예민한 사위를 다룰 때는 신중해야 한다는 점도 알고 있었다. 제퍼슨은 다음과 같이 말했다. "당연히 세상에서 너의 명예를 실축시킬 행동을 하지 않기를 바란다. 하지만 그래야 할 경우 대중들의 여론을 올바르게 파악해서 필요 이상으로 허용 범위를 넘어서는 행동에 스스로 뛰어들지 않기를 바란다." 제퍼슨은 감정을 억누를 수 없었다. "너희들 두 사람이 결투장에 나아갈 때 포기해야 할 것이 얼마나 차이가 나느냐. 상대방은 독신 생활을 즐겨서 세상의 평가에 얽매이지 않는 외로운 생명일 뿐이며 스스로에게나 다른 사람에게 아무런 가치가 없다. 하지만 너의 경우에는 너 자신, 아내, 그리고 이 세상에서 오직 너에게 의지해 모든 행복과 보호를 누리는 아이들이 있단다." (Ibid.)

마침내 감정이 충분히 진정되어 문제가 해결되었다. 하지만 한동안 제퍼슨에게 또 다른 스트레스와 긴장의 원인, 곧 공적으로 불안정한 시기에 개인적인 걱정을 안겨주는 요인이 되었다.

536　**심각한 가뭄**　TJ to James Madison, July 26, 1806, James Madison Papers, LOC.

536　**서부 제국을 세우려 모의하고 있다거나**　TJ to Thomas Mann Randolph, Jr., November 3, 1806, Coolidge Collection of Thomas Jefferson Manuscripts, Massachusetts Historical Society.

536　**미국을 장악하려 한다는**　Stewart, *American Emperor*, 134-42. '우리는 그가 실제로 대포를 싣고 수역을 항해하는 데 적합한 10~15척의 보트를 건조하고 있다는 사실을 알게 되었습니다. 우리는 여건이 허락하는 한 모든 주의를 그에게 기울였지만 아직까지 법을 적용할 수 있는 명백한 행위에 관한 증거는 확보하지 못했습니다.' (TJ to Thomas Mann Randolph, Jr., November 3, 1806, Coolidge Collection of Thomas Jefferson Manuscripts, Massachusetts Historical Society.)

536　**이는 정말로**　James Wilkinson to TJ, November 12, 1806, in *Report of the Committee*

Appointed to Inquire into the Conduct of General Wilkinson (Washington, D.C., 1811), 425–28.

536 **1776년의 애국자와 어제 막 등장한 신참자들** Proclamation on Military Expeditions against Spain, November 27, 1806, Thomas Jefferson Papers, LOC.

537 **당시 버는 무엇을 하고 있었을까?** 자세한 사항은 다음을 참조하라. Isenberg, *Fallen Founder*, and Stewart, *American Emperor*.

537 **윌리엄 플러머는 제퍼슨과 저녁 식사를 함께했다** *William Plumer's Memorandum*, 543–44.

537 **유죄를 입증하는 서류** *JHT*, V, 264.

537 **권한을 부여하는 법안을 기초했다** TJ to John Dawson, December 19, 1806, Thomas Jefferson Papers, LOC. 1807년 2월, 제퍼슨은 이렇게 말했다. "전반적으로 이번 소요 사태는 다른 나라에서는 무력 사용이 필요한 경우에도 우리 정부가 얼마나 쉽게 진압하는지 보여줌으로써 국민의 신뢰를 높였고 정부의 힘을 크게 강화시켰습니다. 또한 시민들에게 정부에 반드시 복종해야 한다는 유익한 교훈을 남겼습니다." (Johnstone, *Jefferson and the Presidency*, 198.)

538 **엄격한 법의 테두리** Message to Congress, January 22, 1807, LOC.

538 **죄는 의문의 여지가 없다** Sofaer, *War, Foreign Affairs, and Constitutional Power*, 191.

538 **제퍼슨은 이 과정에 깊은 관심을 기울였다** TJ to Caesar A. Rodney, March 22, 1807, Private Collection of William I. Davis, Newark, Ohio; Papers of Thomas Jefferson, Editorial Files, Princeton University. '버는 열 명의 경호를 받는 죄수 신분으로, 이번 달 3일, 이곳에서 1,300킬로미터가량 떨어진 코웨타를 통과했습니다.'라고 제퍼슨이 로드니에게 썼다.

하루에 약 48킬로씩 이동한다면 그는 26일 목요일에 제임스 강가 카터즈빌에 도착할 것입니다. 따라서 이러한 사안을 결정하고 대응하는 데 한 순간도 낭비할 수 없습니다. 1. 그가 재판을 받도록 카터즈빌에서 리치먼드로 보내야 하지 않을까요? 2. 즉시 사자를 보내 카터즈빌에서 그를 맞이하도록 해야 하지 않을까요? 로드니 씨께서는 오늘 아침 8시에서 9시 사이에 저를 방문하여 이 문제에 관해 조언해주실 수 있으십니까? 제가 이처럼 이른 시간에 요청드리는 이유는, 9시에서 10시 사이에 두통이 시작되어 일을 할 수 없기 때문입니다. (Ibid.)

538 **어떤 인간도** TJ to Levi Lincoln, March 25, 1807, Coolidge Collection of Thomas Jefferson Manuscripts, Massachusetts Historical Society.

539 **약 한 시간 반을 제외하고는** Ibid.

539 **이글 선술집** Joseph Wheelan, *Jefferson's Vendetta: The Pursuit of Aaron Burr and the*

Judiciary (New York, 2006), 6-7.

539 독자적인 군사 행동은 불법이 아니었기 때문에 Simon, *What Kind of Nation*, 232-33.

539 리치먼드에서 온 전령 *JHT*, V, 320-25.

539 소환 통보를 한 것이다 TJ to George Hay, June 20, 1807, Thomas Jefferson Papers, LOC.

540 마셜의 결정과 행동 *EOL*, 439-40.

540 국민은 범법자와 그들을 위한 판사에 대해 스스로 판단할 것입니다 TJ to William Branch Giles, April 20, 1807, Thomas Jefferson Papers, LOC.

540 7일째인데 TJ to Martha Jefferson Randolph, March 20, 1807, Edgehill-Randolph Papers, University of Virginia Library.

541 저는 이 업무에 완전히 지쳤습니다 TJ to John Dickinson, January 13, 1807, Historical Society of Pennsylvania.

541 영국과의 조약안 TJ to James Monroe, March 21, 1807, James Monroe Papers, LOC.

541 제퍼슨은 존 웨일스 에페스에게 TJ to Thomas Mann Randolph, Jr., February 18, 1807, Thomas Jefferson Papers, LOC.

541 나의 어떤 행동이 Ibid.

541 관저로 돌아와 준다면 Ibid.

542 정말로 너를 친아들처럼 사랑한단다 TJ to Thomas Mann Randolph, Jr., February 19, 1807, Edgehill-Randolph Papers, University of Virginia Library.

542 그를 돌보아줄 하인을 보냈다 TJ to Thomas Mann Randolph, Jr., February 28, 1807, Thomas Jefferson Papers, LOC.

542 어떤 것도 요구하지 않겠다 Ibid.

542 걸음 수를 기록했다 TJ to Martha Jefferson Randolph, March 12, 1807, MA 1029.1-173, The Morgan Library & Museum, New York.

38장 지긋지긋한 금수 조치

543 본 적이 없다 TJ to Pierre-Samuel du Pont de Nemours, July 14, 1807, Thomas Jefferson Papers, LOC.

543 할 일들이 발생합니다 TJ to Albert Gallatin, July 10, 1807, Gallatin Papers, New-York Historical Society, New York City.

543 미 해군함 체서피크호를 공격 Bowers, *Jefferson in Power*, 427-28.

544 **소식을 들은 후** John Keehmle to TJ, June 29, 1807, Thomas Jefferson Papers, LOC. 서신을 주고받던 존 킴리가 덧붙였다. '이번에 우리 국적 함선 중 한 대를 급습함으로써, 미국을 향한 영국 정부의 적대적 태도에 대한 저의 예상과 두려움이 현실로 나타났습니다. 그들은 이제 주사위를 던졌고, 공격을 자행했습니다. 국민에 대한 예기치 못한 학살에 용기 있고 당당한 태도로 맞서는 것은 국가의 수장인 당신에게 달려 있습니다. 모든 진실된 미국인들의 뜨거운 지지와 성원을 믿고 의지하셔야 합니다.' (Ibid.)

544 **이렇게 급하게 복귀를 요청하게 되어 유감입니다만** Bowers, *Jefferson in Power*, 428.

544 **제가 너무 지친 상태라** Ibid.

544 **제퍼슨의 연례 접견식에 참석했다** Ibid., 431.

544 **애국심을 고취하는 건배** Ibid.

544 **무장한 영국 선박의 진입을 금지하는** Proclamation on British Armed Vessels, July 2, 1807, Thomas Jefferson Papers, LOC. "마침내 우리가 이제까지 보고 겪은 모든 일을 능가하는 행위가 대중의 감정을 심각한 위기로 몰아넣어, 더 이상 인내할 수 없는 지경에 이르렀다."라고 그가 말했다. (Ibid.)

544 **각료 회의에서** Thomas Jefferson Papers, LOC. 그는 행정부 외부 인사들로부터 확신을 주는 조언을 받고 있었다. 6월 29일 리치몬드 출신 제임스 윌킨슨은 다음과 같이 썼다. '체서피크호에 대한 영국의 최근 만행은, 우리가 수집한 정보에 따르면, 전 지역에서 분노에 가까운 감정을 불러일으켰습니다.' 그러나 윌킨슨은 다음과 같이 덧붙였다. '지금은 성급하게 행동하거나 힘을 과시할 때가 아닙니다. 오히려 영국은 전쟁 준비가 되어 있고 우리는 그렇지 못하기 때문에 무력 충돌로 성급히 나아가면 적들에게 큰 이점이 될 것입니다. 이곳에서 지배적이고, 거의 보편적인 의견은 금수 조치이며 모든 정직한 사람들의 시선이 전폭적인 신뢰 속에 각하를 향하고 있습니다.' (James Wilkinson to TJ, June 29, 1807, Thomas Jefferson Papers, LOC.)

544 **사들일 것을 지시했다** PTJRS, III, 100. '체서피크 사건 이후, 우리는 전쟁이 일어날 가능성이 있다고 판단하였다. 군수 창고는 필수 물자를 충분히 갖추지 못했으며, 구매 예산 또한 전혀 편성되지 않았다. 그럼에도 우리는 과감하게 물자 공급과 국가 안전을 위한 조치를 취하였다.'라고 후에 그가 썼다. (Ibid.)

544 **우리의 평화가 위협받는 순간** Annual Message to Congress, October 27, 1807, President's Messages, Records of the United States Senate, National Archives. 추가 참조. Sofaer, *War, Foreign Affairs and Constitutional Power*, 172.

545 **대통령의 권한은 더욱 막강해졌고** Sofaer, *War, Foreign Affairs and Constitutional Power*, 172-73.

545 **철저히 준수** PTJRS, III, 99.

545 **미 해군함 리벤지호가 영국에 파견되어** Jon Latimer, *1812* (Cambridge, Mass., 2007), 21.

545 **왕당파이나** George Clinton to TJ, July 9, 1807, Thomas Jefferson Papers, LOC.

545 **기개와 진취성** William Duane to TJ, July 8, 1807, Thomas Jefferson Papers, LOC. 여전히, 제퍼슨은 혼란 속에서 자신의 관점을 관철시키기로 결심했다. 1807년 7월, 그는 자신의 계획을 존 페이지에게 다음과 같이 설명하였다:

1. 문명국들에게는 관례적으로 배상 기회가 항상 주어져야 한다고 생각한다. 만약 말과 폭력이 관행이라면, 결코 평화가 존재할 수 없을 것이다.

2. 우리 상인들의 선박과 재산, 선원을 귀환시킬 시간을 벌기 위해서라도 서너 달 동안은 전쟁을 중단해야 한다. 이것이 전쟁 수행에 동원할 바로 그 자원이기 때문이다.

3. 입법부가 교역 중단 조치나 그들이 선호하는 여타 방식 대신 전쟁을 승인하게 할 우려가 있는 어떤 행동도 하지 않는 것이 우리의 임무이다. 의회는 아마도 영국의 대답을 듣기 위해 제때 소집될 것이다. 그전까지는 아무런 정보 없이 행동하는 셈이 된다. (TJ to John Page, July 9, 1807, Thomas Jefferson Papers, LOC.)

546 **이성과 문명국의 관행에 따라** TJ to John Wayles Eppes, July 12, 1807, Thomas Jefferson Papers, LOC. 자신을 '분노한 미국인'으로 표기한 편지에서 그는 다음과 같이 썼다. '아직은 아니지만, 미국 국민이 최고 통치자의 비겁함에 분노를 느낄 순간은 반드시 올 것입니다. 카터즈 산을 기억하십시오. 지금 당신에게 기회가 주어졌으니, 세상에 비겁자로 기억될 사람이 아님을 스스로 증명하십시오.' (An Indignant American to TJ, July 1807, Thomas Jefferson Papers, LOC.)

546 **배상할 기회를 제공해야 한다네** TJ to Pierre-Samuel du Pont de Nemours, July 14, 1807, Thomas Jefferson Papers, LOC.

546 **10월에 의회 특별 회기를 소집했다** *JHT*, V, 435.

546 **우편 서비스를 강화했다** Thomas Jefferson to Egbert Benson, July 31, 1807, Thomas Jefferson Papers, LOC. 몬티셀로에서 그는 점점 더 복잡하고 불안해지는 국제 정세를 주의 깊게 살폈다. '내가 보나파르트의 성공을 빌어야 할 상황에 처할 줄은 생각지도 못했습니다. 하지만 영국은 육지에서와 마찬가지로 바다에서도 똑같이 억압적이며, 그 압제가 명예와 이익 모든 면에서 우리에게 영향을 미치므로, '영국을 타도하자'고 말하는 것입니다. 그후 보나파르트가 우리에게 무슨 짓을 할지는 그저 운명에 맡깁시다. 나는 친영파들과는 달리 미래 가상의 위협보다 현재의 확실한 해악을 선택하는 방식을 받아들일 수 없습니다.'라고 그는 8월 21일 토머스 리퍼에게 썼다. (TJ to Thomas Leiper, August 21, 1807, Thomas Jefferson Papers, LOC.) 워싱턴으로 돌아가는 여정은 사실상 재

앙에 가까웠다. 그는 래피던 강을 건너는 도중 거의 말을 잃을 뻔했으며 대통령 관저에 도착한 지 이틀 만에 독감에 걸렸다. 이처럼 당시 상황은 결코 순탄치 않았다. (TJ to Martha Jefferson Randolph, October 12, 1807, MA 1029.1-173, The Morgan Library & Museum, New York.)

546 **금수 조치를 취할 가능성이 높다고 추측했다** TJ to Thomas Mann Randolph, Jr., July 5, 1807, Thomas Jefferson Papers, LOC. '전쟁을 선포하는 권한이 의회에 있는 만큼 행정부는 국민을 전쟁으로 몰아갈 어떠한 행동도 해서는 안 된다. 의회가 전쟁 대신 교역 중단을 선호할 가능성이 매우 높기 때문이다.'라고 제퍼슨이 썼다. (Ibid.)

547 **어느 날, 대통령 관저 저녁 만찬** *Diary of John Quincy Adams*, 48.

547 **겨우내 이어질 것이고** Ibid.

547 **이 말에 진정성이 있다면** Ibid.

547 **가장 중요한 현안은** TJ to Thomas Mann Randolph, Jr., November 30, 1807, Thomas Jefferson Papers, LOC.

547 **내 판단으로는 의원들은** TJ to Thomas Mann Randolph, Jr., October 26, 1807, Thomas Jefferson Papers, LOC.

548 **파리와 런던에서 온 소식** *JHT*, V, 481.

548 **의회에 전달하며** Message to Congress, December 17, 1807, LOC. 추가 참조 *JHT*, V, 482.

548 **모든 사건에 대비하는 동안** Ibid.

548 **전쟁 열기는 지나갔다** TJ to Martha Jefferson Randolph, November 23, 1807, MA 1029.I-173, The Morgan Library & Museum, New York.

548 **모든 면을 고려할 때** Albert Gallatin to TJ, December 18, 1807, Thomas Jefferson Papers, LOC.

548 **바람직한 방법** *JHT*, V, 476.

549 **금수 조치** TJ to John Taylor, January 6, 1808, Washburn Collection, Massachusetts Historical Society.

549 **법안을 신속하게 통과시켰고** Robert W. Tucker and David C. Hendrickson, *Empire of Liberty* (New York, 1992), 204.

549 **치통이 생겨** TJ to Martha Jefferson Randolph, December 29, 1807, Literary and Historical Manuscripts, MA 1029.I-173, The Morgan Library & Museum, New York.

549 **경제 전쟁의 무기** Burton Spivak, *Jefferson's English Crisis: Commerce, Embargo, and the Republican Revolution* (Charlottesville, Va., 1979), x.

550 **우리 국민은** Ibid., 8.

550 이제 모든 신뢰는 Timothy Pickering to T. Williams, January 18, 1808, Timothy Pickering Papers, Massachusetts Historical Society.

550 절대적이고 맹목적인 신임 Ibid.

550 금수 조치 TJ to the Marquis de Lafayette, February 24, 1809, Thomas Jefferson Papers, LOC.

550 항의했다 Bowers, *Jefferson in Power*, 465-67.

550 사실상 금수 조치를 위반하도록 유도했다 Louis Martin Sears, *Jefferson and the Embargo* (Durham, N.C., 1927), 70.

550 밀수는 심각한 문제였으며 Wilentz, *Rise of American Democracy*, 131-32.

551 결탁하고 연대한 이들에게 Proclamation on the Embargo, April 19, 1808, Thomas Jefferson Papers, LOC.

551 주 정부의 권리를 옹호하는 보루가 되어 Sears, *Jefferson and the Embargo*, 185-86.

551 다른 어떤 정책도 Ibid., 142.

551 금수 조치는 TJ to Benjamin Rush, January 3, 1808, Thomas Jefferson Papers, LOC.

552 역사는 제퍼슨의 금수 조치에 호의적이지 않았다 예를 들어 다음 참조. Henry Adams, *History*, 1160-252; Johnstone, *Jefferson and the Presidency*, 254-306; William M. Goldsmith, *The Growth of Presidential Power: A Documented History*, I, *The Formative Years* (New York, 1974), 466-81.

552 매우 행복했다 TJ to Thomas Leiper, May 25, 1808, Thomas Jefferson Papers, LOC.

552 이 악랄한 악당아 John Lane Jones to TJ, August 8, 1808, Thomas Jefferson Collection, HM 9018, The Huntington Library, San Marino, Calif.

552 얼마나 더 이 지긋지긋한 금수 조치로 Anonymous to TJ, on or before August 25, 1808, Thomas Jefferson Papers, LOC.

553 당신의 파멸이 임박했다 Anonymous to TJ, on or before June 10, 1808, Thomas Jefferson Papers, LOC.

553 솔직하고 자유로운 분위기에서 Bowers, *Jefferson in Power*, 432.

553 그의 목이 잘릴 것 Ibid.

553 주민들이 제퍼슨의 형상을 불태웠다 Ibid., 450.

553 영국의 보호 아래 다른 형태의 정부를 수립하려는 시도가 있습니다 James Sullivan to TJ, April 2, 1808, Thomas Jefferson Papers, LOC. 3일 후, 연방당의 움직임에 관해 보고하면서 설리번은 다음과 같이 덧붙였다. '피커링 편지에 나타난 치밀한 책략은 금수 조치와 더불어 그들에게 새로운 확신을 주었으며 매우 놀라운 일들을 해냈습니다. 하지만 그들은 연방정부의 해체와 남부 주와 북부 주의 분리 입장을 노골적이고 공공

연하게 표명하였습니다. 그들은 이러한 계획이 런던 정부의 지지를 받을 것으로 기대하고 있습니다. 비록 당신이 아무리 그런 생각을 대수롭지 않게 여긴다 하더라도, 뉴잉글랜드에서는 이 당파의 요청에 따라 일곱 척의 전열함과 1만 명의 병력이 핼리팩스로 이동하고 있습니다.' (Ibid., April 5, 1808.)

554 **제임스 매디슨은 의회 코커스에서 대통령 후보로 지명되었다** *APE*, I, 96. 다음 참조. TJ to Thomas Mann Randolph, Jr., January 26, 1808, Thomas Jefferson Papers, LOC. 그 편지에서 제퍼슨이 다음과 같이 썼다:

토요일에 의원 89명이 참석한 코커스가 열렸습니다. 대통령 후보로는 매디슨이 83표를 얻었고 클린턴과 먼로는 각각 3표를 받았으며 부통령 후보로는 클린턴이 79표를 얻었습니다. 그러나 뉴욕에서는 의원 한 명만 참석하였고 연방당원은 단 한 명 J.Q. 애덤스뿐이었으며 그는 매디슨에 투표했습니다. 당시 워싱턴에 있던 버지니아 의원 가운데 J. 랜돌프, 가넷, 그레이, 트리그, 배싯은 참석을 거부하였는데 그중 배싯은 코커스 소집 방식에 동의하지 않았습니다. 하지만 그는 공공연하게 매디슨을 지지하였습니다. 부통령 후보로 클린턴에게 투표한 이유는 그가 수락하지 않으리라는 강한 믿음이 있었기 때문인데, 현재 그는 승낙할 것으로 예상됩니다. 제 생각에 클린턴의 후보직 수락으로 매디슨에 대한 모든 반대가 사라질 것이며 그의 수락 여부와 상관없이 뉴욕주는 매디슨에게 투표할 것 같습니다. 그의 당선은 이제 의심할 여지가 없는 것으로 보입니다. (Ibid.)

554 **무한한 슬픔 속에서 지켜보고 있습니다** TJ to James Monroe, February 18, 1808, James Monroe Papers, LOC.

554 **1808년 선거** *APE*, I, 92-122.

554 **오래전부터 제기되었던 비판의 반복** Ibid., 93-94.

555 **매디슨은 122표를 얻어 47표를 얻은 핑크니를 압도적으로 이겼다** Ibid., 92.

555 **종료했고** 이 시기 입법 활동에 대한 전면적인 고찰은 다음을 참조하라. Spivak, *Jefferson's English Crisis*, 188-97.

555 **북부 군주제 지지자들** TJ to Thomas Mann Randolph, Jr., January 2, 1809, Thomas Jefferson Papers, LOC. 제퍼슨은 매사추세츠를 면밀히 관찰하였다. 그는 랜돌프에게 다음과 같이 말했다. "공화파 의원들은 만약 우리가 법으로 금수 조치를 중단하는 날 (6월 어느 날)을 규정한다면 그것만으로도 상당수 지지자들을 만족시켜 대의회 소집의 위험을 제거할 수 있다고 생각한다네. 이 조치에 같은 날 사략선 면허장을 발급한다는 조건이 추가된다면, 이는 승인될 가능성이 높지. 만약 영국과 전쟁이 벌어진다면, 영국이 뉴잉글랜드에 중립과 통상을 제안하지 않으리라는 보장도 뉴잉글랜드가 이를 받아들이지 않을 것이라는 보장이 없기 때문이네. 제퍼슨은 찰스 뱅크헤드에게도 다음과

같이 썼다. 그 사이 북부 정세가 극도로 불안정하여 작은 불꽃이 어느 정도까지 대재
앙으로 번질지 예측할 수 없는 상황이라네." (TJ to Charles L. Bankhead, January 19,
1809, Manuscripts, Mss 2 J3595 a43, Virginia Historical Society, Richmond.)

555 선이 그어지고 있는 것 같다 TJ to Charles L. Bankhead, January 19, 1809,
Manuscripts, Mss 2 J3595 a43, Virginia Historical Society, Richmond.

39장 절대 권력과의 작별

556 예외적 특성을 고려할 때 Annual Message to Congress, November 8, 1808,
President's Messages, Records of the United States Senate, National Archives.

556 문제가 생긴 턱뼈 TJ to Martha Jefferson Randolph, January 10, 1809, MA 1029.
I-173, The Morgan Library & Museum, New York.

556 걷는 힘이 이미 쇠퇴하고 있으며 TJ to Charles Thomson, December 25, 1808,
Charles Thomson Papers, LOC.

556 가구 목록 TJ to Thomas Claxton, February 19, 1809, Thomas Jefferson Papers, LOC.

556 비용을 어떻게 지불할지 JHT, VI, 3.

557 고대 아르고호의 영웅들 Cappon, *Adams-Jefferson Letters*, 614.

557 자연은 저에게 TJ to Pierre-Samuel du Pont de Nemours, March 2, 1809, Thomas
Jefferson Papers, LOC.

557 많은 논란을 불러일으켰다 당연히 긍정적 평가는 제퍼슨을 기쁘게 했다. 1809년 2월
18일, 리스본에서 윌리엄 자비스가 다음과 같이 썼다. '지금은 정치적 현상이 지배적인
시기라는 것이 일반적 견해입니다. 지난 30년간 대서양 양안에서 발생한 이례적인 사
건들이 의심할 여지 없이 이 주장을 입증합니다. 그러나 이 기간 동안 불행하게도 거의
모든 나라를 통틀어, 오직 미국만이 국민의 복지를 정부의 단 하나의 출발점으로 삼
은 유일한 국가였습니다. 이러한 박애적 목표를 달성하는 데 있어, 귀하의 정부는 아마
도 세계사에서 비할 데 없는 위치를 차지할 것입니다.' (William Jarvis to TJ, February 18,
1809, Thomas Jefferson Papers, LOC.)

557 얼마 지나지 않아 Allegany County, Maryland, Citizens to TJ, February 20, 1809,
Thomas Jefferson Papers, LOC.

557 참으로 기이하고 일관성 없는 인간이로구나! William Penn to TJ, February 24, 1809,
Thomas Jefferson Papers, LOC.

557 당신은 Cassandra to TJ, February 28, 1809, Thomas Jefferson Papers, LOC.

558 **생각합니다** TJ to Richard M. Johnson, March 10, 1808, Thomas Jefferson Papers, LOC. 제퍼슨의 추천 도서:

볼네이《역사의 교훈Volney's Lessons of history》

미요《고대사Millot's antient history》

아나카르시스.

미들턴《키케로의 생애Middleton's life of Cicero》

기번《로마제국 쇠망사Gibbon's decline of the Roman empire》

미요《근대사Millot's Modern history》

러셀《근대 유럽사Russel's history of Modern Europe》

미요《프랑스사Millot's history of France》

다빌라《프랑스 내전사Davila's history of the civil wars of France》

쉴리《회고록Sully's Memoirs》

라보라 크르텔《프랑스 혁명The French revolution by Rabaut and La Cretelle》

데조다르《프랑스 혁명The Revolution of France by Desodards》

볼테르의 역사 저작들.

로버트슨《찰스 5세Robertson's Charles V》

프로이센 국왕 프리드리히의 역사 저작들.

세귀르《프리드리히 빌헬름 2세Segur's history of Frederic William II》

루테레《폴란드사Ruthere's History of Poland》

투크《예카테리나 2세의 생애Tooke's life of Catharine II. Memoires Secrets de la Russie》

러시아의 비밀 기록.

백스터《영국사Baxter's history of England》(흄의 본문을 공화주의적 체제에 따라 개정한 책)

오러리 경《영국사Orrery's history of England》

베이컨 경《헨리 8세사Ld. Bacon's history of Henry VIII》

매콜리《역사Macaulay's history》

러들로《회고록Ludlow's memoirs》

채텀의 생애에 대한 일화집.

벨샴의 역사서와 회고록.

로버트슨《스코틀랜드사Robertson's history of Scotland》

모스하임《교회사Mosheim's Ecclesiastical history》

프리스틀리《기독교의 타락Priestley's corruptions of Christianity》 (Ibid.)

558 **저는 당연히** Ibid.

558 **마르쿠스 아우렐리우스의 성품에서** David Bailie Warden to TJ, December 4, 1807,

Thomas Jefferson Papers, LOC.

558 우리는 이곳에서 모두 정치인이라네 TJ to Charles L. Bankhead, November 26, 1808, Coolidge Collection of Thomas Jefferson Manuscripts, Massachusetts Historical Society.

559 의회에서 막 싸움이 TJ to Levi Lincoln, November 13, 1808, Thomas Jefferson Papers, LOC.

559 이곳에서는 모든 것이 TJ to Thomas Mann Randolph, Jr., December 13, 1808, Thomas Jefferson Papers, LOC.

559 결코 잊히지 않을 것이다 JHT, V, 666.

559 대통령 관저를 떠나 Ibid.

559 관저를 떠났고 Ibid.

559 그 장소는 Bowers, Jefferson in Power, 504-5.

559 매디슨 부인은 Margaret Bayard Smith, First Forty Years, 58.

559 응접실 문 앞에 서서 Ibid.

559 마차로 혼잡했고 Ibid.

559 30분은 기다려야 Ibid.

560 제퍼슨은 마거릿 베이어드 스미스를 Ibid.

560 손을 내밀었다 Ibid., 58-59.

560 약속 꼭 기억하십시오 Ibid., 59.

560 그에게 약속했다 Ibid.

560 벗어나셨군요 Ibid.

560 네, 그렇습니다 Ibid.

560 숙녀들께서 Ibid.

560 좋은 생각입니다 Ibid.

560 공화당원들과 어울렸다 Ibid., 60-61.

560 사람들이 넘쳐나서 Diary of John Quincy Adams, 58.

560 할 일이 한 가득입니다 TJ to Charles Thomson, December 25, 1808, Charles Thomson Papers, LOC.

560 제안했다 Martha Jefferson Randolph to TJ, March 2, 1809, Coolidge Collection of Thomas Jefferson Manuscripts, Massachusetts Historical Society.

561 마크스 고모에 Ibid.

561 축약본을 주문하고 MB, II, 1242.

561 제라늄 화분을 PTJRS, I, 29.

561 대금을 결제했다 *MB*, II, 1242-43.

561 에드먼드 베이컨은 Bear, *Jefferson at Monticello*, 1048. 추가 참조. *MB*, II, 1243.

562 몬티셀로에 도착했다 *MB*, II, 1243.

562 주방을 차렸다 Ibid., 1244.

40장 나의 몸, 마음, 그리고 일

565 배를 조종합니다 Cappon, *Adams-Jefferson Letters*, 467.

567 전쟁의 소음 *PTJRS*, I, 359.

567 붉은 커튼이 드리워져 James A. Bear, Jr., The Last Few Days in the Life of Thomas Jefferson, *Magazine of Albemarle County History* 32 (1974): 63-79. 특히 68쪽을 참조하라.

567 방은 고요했지만 제퍼슨의 거처와 일상에 대한 묘사는 토머스 제퍼슨 재단의 회장과 이사진, 직원들의 친절에 힘입은 바가 크다. 제퍼슨이 살고 일했던 물질적 공간을 가능한 한 가까이에서 관찰하고 싶다는 나의 요청에 따라, 한밤중이나 이른 아침에도 예외적으로 접근이 허용되었다. 여기에는 제퍼슨이 아침마다 잠에서 깰 때 들었을 소리와 방 안을 비춘 햇살의 미세한 변화까지 포함되었다. 특히 수전 R. 스테인의 조언과 다음 자료에서 큰 도움을 받았다. Notes on Jefferson's Bed Chamber, Memorandum to author, November 10, 2011.

567 1790년식 시계는 Notes on Jefferson's Bed Chamber, Memorandum of Susan R. Stein to author.

567 단검이 하나 매달려 Bear, Last Few Days in the Life of Thomas Jefferson, 68.

567 오래전에 잊힌 아라비아 왕자 Ibid.

567 사방에서는 제퍼슨의 흉내지빠귀 소리가 Notes on Jefferson's Bed Chamber, Memorandum of Susan R. Stein to author.

567 똑딱거리면서 Ibid.

567 방 안의 침묵 저자의 관찰.

568 그의 아내가 쓰던 호두나무 화장대 Notes on Jefferson's Bed Chamber, Memorandum of Susan R. Stein to author. 서랍장 열람을 허락해준 몬티셀로 전시 관리실의 엘리자베스 추에게도 감사드린다.

568 몇 걸음 떨어진 곳에 개인 화장실을 두었는데 Ibid.

568 자투리 종이를 사용 Ibid.

568   보존한 샘플이   Ibid. 문서는 다음을 참조하라. Reel 15, Nicholas Philip Trist Papers, Manuscript Division, LOC.

568   다섯 시간에서 여덟 시간 정도 잠을 잤고   Randall, *Jefferson*, III, 450.

568   30분에서 한 시간가량 안경을 쓰고 책을 읽었다   Ibid.

568   동시에 들리는 여러 목소리를 잘 구분하지 못했다   Ibid.

568   극히 드물게 열로 고생했다   Ibid., 451.

568   이제 나를 떠나버렸다   Ibid.

568   그가 감지한 빛   저자의 관찰.

568   첫 번째   Ibid.

568   약 1,022제곱미터, 33개의 방   TJF, http://www.monticello.org/site/house-and-gardens/monticello-house-faq (2012년 열람).

568   파빌리온과 남쪽 테라스 아래에는 방이 10개   Ibid.

569   현관홀로 걸어 들어서면   집의 각 방에 대한 묘사는 내가 직접 관찰한 결과를 바탕으로 했다. Stein, *Worlds of Thomas Jefferson at Monticello*; 선명한 디지털 자료와 설명은 다음을 참조하라. TJF, http://www.monticello.org/site/house-and-gardens (2012년 참조)

569   바닥은 길버트 스튜어트의 제안에 따라 녹색이었고   Stein, *Worlds of Thomas Jefferson at Monticello*, 63. 현관 홀에 대한 상세 설명은 61-71쪽을 참조하라.

569   노란색과 오렌지색 판벽으로 장식했다   TJF, http://www.monticello.org/site/house-and-gardens/entrance-hall (2012년 열람)

569   순록과 엘크의 뿔   Ibid.

569   매머드의 위턱뼈가   Ibid.

569   40점의 인디언 유물   Ibid.

569   돌 조각상   Ibid.

569   젊은 색족 추장의 작은 초상화   Ibid.

569   프라이-제퍼슨 버지니아 지도   Ibid.

569   아메리카, 유럽, 아프리카, 아시아 지도   Ibid.

569   케옵스의 피라미드 축소 모형   Ibid.

569   아리아드네의 조각상   Ibid.

569   한동안 클레오파트라의 조각상으로 잘못 알고 있었다   Ibid.

569   『성 히에로니무스의 묵상』과 『프라이토리움 속 예수』   Ibid.

569   예수는 자주색 옷이 벗겨진 채   TJF, http://www.monticello.org/site/house-and-gardens/jesus-praetorium-painting (2012년 열람)

569 초상화가 있고 TJF, http://www.monticello.org/site/house-and
-gardens/entrance-hall (2012년 열람)

569 2개의 독립선언서 관련 판화 Ibid.

569 흉상 Ibid.

570 위인들의 기념물 TJ to James Bowdoin, April 27, 1805, Thomas Jefferson Papers,
LOC.

570 독수리 모양의 석고 부조 TJF, http://www.monticello.org/site/house-and-gardens/
plaster-eagle-and-stars (2012년 열람)

570 청동 아르간도식 램프 TJF, http://www.monticello.org/site/house-and-gardens/
entrance-hall (2012년 열람)

570 제퍼슨이 직접 디자인한 Ibid.

570 벗나무와 너도밤나무 마루 TJF, http://www.monticello.org/site/house-and-gardens/
parlor (2012년 열람)

570 높이는 약 5.5미터 Ibid.

570 카드 테이블, 의자, 소파, 체스 세트 Ibid.

571 초상화 24점 Ibid.

571 그림과 조각상 Ibid.

571 화사한 노란색 식당 TJF, http://www.monticello.org/site/house-and-gardens/
monticello-dining-room (2012년 열람)

571 이중 미닫이문으로 TJF, http://www.monticello.org/site/house-and-gardens/tea-
room (2012년 열람)

571 작은 팔각형 다실 Ibid.

571 '가장 명예로운 공간'이라고 불렀던 Ibid.

571 워싱턴, 프랭클린, 라파예트, 존 폴 존스의 흉상 Ibid.

571 파란색 응접실이 있었으며 TJF, http://www.monticello.org/site/house-and-gardens/
monticello-south-square-room (2012년 열람)

571 북쪽 팔각형 방 TJF, http://www.monticello.org/site/house-and-gardens/north-
octagonal-room (2012년 열람)

571 돔형 꼭대기 방 TJF, http://www.monticello.org/site/house-and-gardens/dome-room
(2012년 열람)

571 여러 개의 작은 침실들이 이어져 있었다 저자의 관찰.

572 이곳이 몬티셀로로 불리지 않았다면 Stein, *Worlds of Thomas Jefferson at Monticello*,
50. 추가 참조. Andrew Burstein, Jefferson in Retirement, in Cogliano, ed., A

Companion to Thomas Jefferson, 218-33.

572 그의 유쾌함과 온화함 Randall, *Jefferson*, III, 349.

572 '고대의 가부장' 같다 *TDLTJ*, 374.

572 가르치셨어요 Ibid., 342.

572 정원을 산책하는 제퍼슨의 뒤를 따랐다 Randall, *Jefferson*, III, 349.

572 규칙을 어기는 것 Ibid.

572 목소리를 높일 필요가 없었다 Ibid.

572 과일을 따주었는데 Ibid.

572 달리기 시합을 벌이기도 했다 Ibid.

572 여름밤에는 Ellen Wayles Randolph Coolidge to Henry S. Randall, February 22, 185-6. Extract published at Papers of Thomas Jefferson Retirement Series Digital Archive, http://www.monticello.org/familyletters (2011년 열람)

572 존 헤밍스가 제작한 Ibid.

573 책을 읽기에는 너무 어두워지면 Randall, *Jefferson*, III, 350.

573 뒤죽박죽 질문과 엉뚱한 대답 Ibid.

573 나는 나의 사랑을 A라고 표현해 Ibid. 추가 참조. http://www.monticello.org/site/jefferson/fun-fact:4 (2012년 열람)

573 촛불이 들어오면 Randall, *Jefferson*, III, 350.

573 베네치아식 현관인 '포티클'을 만들고 Gordon-Reed, *Hemingses of Monticello*, 613-14.

573 포플러 포리스트에 눈이 내려 갇혔을 때 *PTJRS*, III, 394.

573 베드퍼드로 여행할 때면 Randall, *Jefferson*, III, 344.

573 비단 드레스를 입어보지 못했다 Ibid., 350.

573 우연히 들었다 Ibid., 348-49.

574 할아버지는 우리의 마음을 읽고 *TDLTJ*, 345.

574 매우 공감 능력이 뛰어나 Ibid., 344.

574 제퍼슨 씨가 지난주에 방문하셨고 Elizabeth Trist to [엘리자베스 코트라이트 먼로], April 3, 1809. Published at Papers of Thomas Jefferson Retirement Series Digital Archive, http://www.monticello.org/familyletters (2011년 열람)

574 태양은 그가 침대에 누운 모습을 한 번도 본 적이 없으며 *PTJRS*, I, 392-93.

574 고요함이 있었다 Ibid., 395.

575 걸어왔습니다 Ibid., 4.

575 당신은 공직자로서 Ibid., 69.

575 확신하지만 Ibid., 263.

575 당신보다 더 잘 아는 사람은 없습니다 Ibid., 471.

575 인류는 어떻게 될까요 Ibid., III, 58.

575 다리를 쭉 뻗고 글을 썼다 상세한 자료는 몬티셀로 전시 관리실의 엘리자베스 추의 도움을 받았다.

576 현재 저의 일과에서 *PTJRS*, III, 304.

576 영국산 뽕나무 Ibid., I, 40, 467.

576 말을 타고 Ibid., III, 315. 추가 참조. Lucia Stanton, Thomas Jefferson: Planter and Farmer, in Cogliano, ed., *A Companion to Thomas Jefferson*, 253-70.

576 훨씬 더 큰 흥미를 느낀다 Randall, *Jefferson*, III, 450.

576 신이 존재하고 *PTJRS*, III, 315.

576 신문을 구독했는데 Ibid., I, 214. 제퍼슨은 매디슨에게 가끔 조언했지만, 4대 대통령에게 3대 대통령의 미친 영향력은 종종 과대평가되곤 했다. 다음 참조. Roy J. Honeywell, President Jefferson and His Successor, *American Historical Review* 46, no. 1 (October 1940): 64-75. 매디슨이 대통령으로 취임한 첫해에 두 사람은 적어도 39통의 서신을 주고받았다. (매디슨이 쓴 편지가 22통, 제퍼슨이 쓴 편지가 17통이었다.) 하지만 시간이 지나면서 그 수가 줄어 매디슨은 두 번째 임기 동안 제퍼슨에게 8통만 편지를 쓴 것으로 밝혀졌다. 물론 두 사람은 가능할 때 직접 만나 대화를 나누었지만, 매디슨의 바쁜 직무와 은퇴 후 고향에 머물겠다는 제퍼슨의 결심이 맞물려, 이러한 만남은 제한적일 수밖에 없었다. (Ibid., 66.)

576 신문을 거의 읽지 않으며 *PTJRS*, I, 154.

576 이 형언할 수 없는 사치 Ibid., 475.

576 짐이 너무 커서 Ibid., 327-28. 또한 ibid., 510, 양가죽과 인디언 담요를 보내준 데 대해 클라크에게 감사하는 제퍼슨의 편지를 참조하라.

577 영어로 번역하는 일을 감독했고 Ibid., III, 3-25.

577 감자의 기원에 대해 토론했다 Ibid., I, 196.

577 묘목을 주문했고 Ibid., 586.

577 도서관의 역할에 대해서도 숙고했다 Ibid., 205.

577 옛 친구인 존 워커 Ibid., 498-99.

577 잘 익은 무화과 한 바구니를 선물로 보냈다 Ibid., 500.

577 버지니아주 Ibid., 383.

577 메리웨더 루이스가 테네시를 여행하던 중 참혹한 죽음을 맞았다 Ibid., 602-4.

577 제퍼슨이 들은 바에 따르면 Ibid., 632-33. 루이스의 삶을 간략하게 살펴보려면 다음을 참조하라. ibid., 436.

578   제퍼슨에 대해 가차 없는 기록   Ibid., III, 610.

578   헤밍스의 자녀 출생을   Gordon-Reed, *Hemingses of Monticello*, 15-16.

578   보이는 법이 없었다   Lewis and Onuf, eds., *Sally Hemings and Thomas Jefferson*, 24.

578   백인 손주들한테는 애정이 넘쳤다   Ibid.

578   관계는   Lemire, *Miscegenation: Making Race in America*, 11

578   제임스 파톤에게 쓴 편지에서   Gordon-Reed, *Thomas Jefferson and Sally Hemings*, 254-57.

579   랜돌프는 한번은   Ibid., 254.

579   제퍼슨 씨와 식사하던 한 신사   Ibid.

579   이러한 추론은 DNA 조사를 통해 최종적으로 반박되었다   TJF, http://www.monticello.org/site/plantation-and-slavery/report-research-committee-thomas-jefferson-and-sally-hemings (2012년 열람)

579   랜돌프 대령에게   Gordon-Reed, *Thomas Jefferson and Sally Hemings*, 255.

579   오래된 버지니아 장원의 비밀   Ibid., 256.

579   거의 걸을 수가 없습니다   *PTJRS*, IV, 35.

580   저에게는 놀랍습니다   Ibid., 87-88.

580   안녕하십니까   Ibid., 100.

581   이러한 교류는   Ibid., III, 278. 추가 참조. Cappon, *Adams-Jefferson Letters*, 283-89.

581   어떤 술책을 부렸는지   *PTJRS*, III, 305.

581   정치 생활에는 해악이 많지만   Ibid., 356.

581   제2대 대통령은   Ibid., IV, 314. 이어지는 장면은 위 책에서 인용했다.

582   이것으로 충분합니다   Ibid., 313.

582   러시는 제퍼슨의 심정이 담긴 이 말을 애덤스에게 편지로 전했고   Ibid., 389-91.

582   당신이 보내주신 편지   Ibid., 428-29.

582   애덤스가 퀸시에서 답장을 보냈을 때   Ibid., 483-85.

583   역사라는 주제에 관해   Cappon, *Adams-Jefferson Letters*, 452.

583   쓰고 싶은 주제들이 넘쳐나서   *PTJRS*, VI, 277.

583   전에는 죽지 말아야 합니다   Ibid., 297.

583   애덤스와 저는   Ibid., V, 670.

583   저의 명성은   Ibid., VI, 227.

583   저에게 최고의 선은   Ibid., 231.

583   의견이 달랐으며   Cappon, *Adams-Jefferson Letters*, 335.

584   각하와 제가   Ibid., 337.

584 저는 두 분의 진실성을 믿으며 *PTJRS*, V, 3.

585 자연적 귀족주의 Ibid., VI, 563.

585 따라서 저는 Ibid., 566-67.

585 329통의 편지를 주고받았으며 Cappon, *Adams-Jefferson Letters*, xxix.

586 끔찍한 겨울입니다 *PTJRS*, III, 437.

586 당파 간의 원한 Ibid., 473.

586 전쟁을 치르는 편 Ibid., I, 61. 제퍼슨은 언제나처럼 의회를 걱정했다. 1809년 3월 17일, 제퍼슨은 매디슨에게 이렇게 썼다. '어떤 정부도 우리처럼 전시에 제대로 대응하지 못하는 정부는 없을 것입니다. 이는 거짓되고 방종한 언론에 기인한 바가 크지만, 떠도는 거짓말을 오늘날 의회 구성원들이 놀랄 만큼 잘 믿는 것도 한몫합니다. 어떠한 경험도 그들을 바로잡을 수 없습니다. 지난 8년간 사실 판단의 오류에서 벗어날 수만 있다면, 어떤 문제에서도 의원들 대다수를 전적으로 신뢰하지 못한 적은 없었습니다.' (Ibid.)

586 영국 프리깃함과 소형 전투함 Ibid., IV, 133.

586 두 번에 걸쳐 Ibid., 103.

587 집으로 돌아왔다 Ibid., V, 82.

587 당신의 전쟁 선언은 Ibid.

587 의회에 전쟁 준비 메시지를 보냈다 *EOL*, 659-700.

587 그렇다면 우리는 전쟁을 하게 될까요? *PTJRS*, IV, 472.

587 당신의 메시지는 Ibid., 376-77.

41장 정치인, 입법자, 판사를 양성하다

588 공화주의 국가에서 TJ to David Harding, April 20, 1824. Extract published at Papers of Thomas Jefferson Retirement Series Digital Archive, http://www.monticello.org/familyletters (2011년 열람)

588 1810년이 되어서도 *EOL*, 667.

588 국민은 Ibid.

588 1812년 전쟁은 오랫동안 미국인들에게 엄청난 재앙 Ibid., 659-700. 추가 참조. *JHT*, VI, 107-36; Anthony S. Pitch, *The Burning of Washington: The British Invasion of 1814* (Annapolis, Md., 1998), 미국 수도에 대한 공격을 생생하게 묘사한다.

589 어떤 정부도 단순한 의무감만으로는 유지될 수 없으며 *PTJRS*, VII, 648.

589 볼티모어와 플래츠버그에서 승리를 거둔 뒤 *EOL*, 690-91.

589 하트퍼드 회의 Ibid., 692-95. 추가 참조. *JHT*, VI, 126-27.
Richard Buel, Jr., *America on the Brink: How the Political Struggle Over the War of 1812 Almost Destroyed the Young Republic* (New York, 2005), 이는 19세기 초 15년간 연방당이 민주 공화당의 정책을 얼마나 심하게 반대했는지 보여주는 연대기이다.

589 연방이라는 결속력 *JHT*, VI, 126.

589 1814년, 사우스캐롤라이나의 성공회 주교가 *PTJRS*, VII, 368.

590 팻시가 한번은 Randall, *Jefferson*, III, 332.

590 양산으로 창문을 깨뜨리기까지 했다 Ibid., 331.

590 그를 잠깐이라도 보려는 이방인들이 Ibid.

590 약 11미터 거리까지 접근해서 Ibid.

590 헨리 랜들은 Ibid., 332.

590 사이가 틀어졌던 한 버지니아 신사가 Ibid., 333.

591 청력은 조금씩 나빠지고 있었고 Ibid., 426.

591 1818년 초, 그는 병에서 회복되었으나 Ibid., 445.

591 존 애덤스에게 보낸 따뜻한 편지에서 Ibid., 446.

592 고질적인 재정 문제에 예를 들어 다음 참조. *JHT*, VI, 453-56.

592 술을 너무 많이 마시는 경향 Alan Pell Crawford, Twilight at Monticello: The Final Years of Thomas Jefferson (New York, 2008), 138.

592 질투했다고 전해진다 Ibid., 137-38.

592 주지사로 세 번의 임기를 *JHT*, VI, 341. 추가 참조. TJF, http://www.monticello.org/site/jefferson/thomas-mann-randolph (2012년 열람)

592 에지힐 농장의 운명을 두고 아버지와 불화를 겪었다 Gordon-Reed, *Hemingses of Monticello*, 418.

592 거리가 멀었다 Ibid., 416-18.

592 잔인했다."라고 말했다 Ibid., 417.

592 찰스 L. 뱅크헤드 *PTJRS*, III, 633-34. 추가 참조. Anne Z. Cockerham, Arlene W. Keeling, and Barbara Parker, Seeking Refuge at Monticello: Domestic Violence in Thomas Jefferson's Family. Magazine of Albemarle County History 64 (2006): 29-52.

592 외모는 근사했지만 Bear, *Jefferson at Monticello*, 94.

593 본 적이 있다 Ibid.

593 뱅크헤드를 포플러 포리스트로 데려가 Crawford, *Twilight at Monticello*, 70-72. 추가 참조. Randall, *Jefferson*, III, 264.

593 그의 아들을 치료해줄 것을 Ibid., 126-27. 제퍼슨은 사위의 아버지인 뱅크헤드에게

이렇게 썼다. 그의 안녕과 그의 가족, 친구들, 특히 당신의 행복을 회복시키려는 바람이 아니라면, 이 괴로운 이야기를 전할 이유가 전혀 없습니다. (Ibid., 127.)

593 거의 정신 이상에 가까운 상태 Ibid., 127.

593 폭력적이기도 했다 Ibid.

593 술 창고 열쇠를 넘겨주지 않는다는 이유로 Bear, *Jefferson at Monticello*, 94.

593 팻시가 뱅크헤드를 진정시키려 했지만

593 싸움이 붙었다 Crawford, *Twilight at Monticello*, 166-67.

594 뱅크헤드에 관해 Ibid., 171.

594 당신처럼 저도 Cappon, *Adams-Jefferson Letters*, 467.

594 배를 조종합니다 Ibid.

594 저는 감히 *PTJRS*, VII, 217-18.

594 어떤 사람들은 TJ to H. Tompkinson (Samuel Kercheval), July 12, 1816. Extract published at Papers of Thomas Jefferson Retirement Series Digital Archive, http://www.monticello.org/familyletters (2011년 열람)

595 사실 TJ to Benjamin Waterhouse, March 3, 1818. Extract published at Papers of Thomas Jefferson Retirement Series Digital Archive, http://www.monticello.org/familyletters (2011년 열람)

596 책 약 3천 권을 불태운 뒤 *JHT*, VI, 172.

596 6,487권이 Ibid., 176.

596 도서의 선정 Ibid., 177.

596 그것은 대학이었다 Randall, *Jefferson*, III, 462-63, 이는 조직적 기반에 대한 세부 설명이다.

596 기르는 것 Thomas Jefferson and the University of Virginia Commissioners: The Rockfish Gap Report, August 4, 1818. Extract published at Papers of Thomas Jefferson Retirement Series Digital Archive, http://www.monticello.org/familyletters (2011년 열람)

596 잘 알고 있다 TJ to William C. Jarvis, September 28, 1820. Extract published at Papers of Thomas Jefferson Retirement Series Digital Archive, http://www.monticello.org/familyletters (2011년 열람)

597 생각합니다 *PTJ*, X, 244-45. 1814년 그는 토머스 쿠퍼에게 이렇게 말했다. "오랫동안 숙고한 끝에, 우리에게 유용한 모든 학문을 포괄하고 그 외의 것은 제외하는 버지니아 대학을 설립하고자 자료를 모으고 있습니다." (*PTJRS*, VII, 127.)

597 이 기관은 TJ to William Roscoe, December 27, 1820. Extract published at Papers

of Thomas Jefferson Retirement Series Digital Archive, http://www.monticello.org/familyletters (2011년 열람)

597 **이곳에서 우리는** Ibid.

597 **만약 의회가** TJ to Joseph C. Cabell, January 22, 1820. Extract published at Papers of Thomas Jefferson Retirement Series Digital Archive, http://www.monticello.org/familyletters (2011년 열람) 제퍼슨은 처음에는 대학이 공교육이라는 광범위한 시스템의 정점에 위치해야 한다고 생각했다. 이는 수십 년간 간직했던 이상이었다. 1823년 1월, 그는 이렇게 말했다. "초등교육과 대학교육 둘 중 하나를 포기해야 한다면 차라리 후자를 버리겠다. 그 이유는 모든 국민이 적정 수준으로 계몽된 상태가, 학문적 수준이 높은 소수와 무지한 다수로 나뉜 사회보다는 안전하기 때문이다. 후자야말로 한 국가가 처할 수 있는 가장 위험한 상태이다. 유럽의 제국과 정부에서 그 실례를 볼 수 있다." (Ibid., January 13, 1823.)

597 **허리케인을 뚫고 말을 타고** Elizabeth Trist to Nicholas P. Trist, March 9, 1819. Published at Papers of Thomas Jefferson Retirement Series Digital Archive, http://www.monticello.org/familyletters (2011년 열람).

597 **망원경을 설치했다고 한다** Randall, *Jefferson*, III, 473.

598 **버지니아주 종교계가 거세게 반발해** Ibid., 465.

598 **놀라운 계획을 제시했다** Ibid., 468-69.

599 **기쁨을 느낍니다** TJ to Benjamin Waterhouse, June 26, 1822. Extract published at Papers of Thomas Jefferson Retirement Series Digital Archive, http://www.monticello.org/familyletters (2011년 열람)

599 **가장 선호하는 음료가 되었다** TJ to Edmund Rogers, February 14, 1824. Extract published at Papers of Thomas Jefferson Retirement Series Digital Archive, http://www.monticello.org/familyletters (2011년 열람)

599 **창시자가 된다면** TJ to Thomas B. Parker, May 15, 1819. Extract published at Papers of Thomas Jefferson Retirement Series Digital Archive, http://www.monticello.org/familyletters (2011년 열람)

599 **나사렛 예수의 철학** Randall, *Jefferson*, III, 654.

599 **46쪽 분량의 저서를** *The Jefferson Bible*, 17. 이 스미소니언 판본은 멋지고 흥미롭다.

599 **보다 야심찬 작업** *The Jefferson Bible*, 26-31.

599 **예수님에 대한 믿음은** TJ to Jared Sparks, November 4, 1820, Thomas Jefferson Papers, LOC.

600 **교회에 다니면서** Meacham, *American Gospel*, 278.

600 나만의 종파를 가진 Ibid., 4.

600 기대했다 Johann N. Neem, A Republican Reformation: Thomas Jefferson's Civil Religion and the Separation of Church from State in Cogliano, ed. *A Companion to Thomas Jefferson*, 91-109, 이 주제에 관한 제퍼슨의 복잡한 사고를 보여주는 탁월한 에세이이다.

600 사실 Cappon, *Adams-Jefferson Letters*, 594.

601 다시 만나 Neem, A Republican Reformation: Thomas Jefferson's Civil Religion and the Separation of Church from State in Cogliano, ed. *A Companion to Thomas Jefferson*, 97.

601 예수의 교리들은 단순하며 Ibid., 103.

601 나에게 믿음은 Randall, *Jefferson*, III, 440.

601 대담하게 맞섰다 PTJRS, VII, 191.

601 너무 시대착오적이다 Ford, *Writings*, IX, 412-14.

601 미국 성서공회에 기부 PTJRS, VII, 178.

602 그는 장협착증으로 쓰러졌고 Randall, *Jefferson*, III, 453.

602 자유의 거친 바다 TJ to Richard Rush, October 20, 1820. Extract published at Papers of Thomas Jefferson Retirement Series Digital Archive, http://www.monticello.org/familyletters (2011년 열람)

42장 연방의 죽음을 알리는 종소리

603 벙커힐 전투로부터 Randall, *Jefferson*, III, 454.

603 확신합니다 TJ to Franois Barb de Marbois, June 14, 1817. Extract published at Papers of Thomas Jefferson Retirement Series Digital Archive, http://www.monticello.org/familyletters (2011년 열람)

604 한밤중 화재를 알리는 종소리처럼 TJ to John Holmes, April 22, 1820. Extract published at Papers of Thomas Jefferson Retirement Series Digital Archive, http://www.monticello.org/familyletters (2011년 열람)

604 자산을 양도하는 것 Randall, *Jefferson*, III, 456.

604 은행, 파산법 Cappon, *Adams-Jefferson Letters*, 548-49.

605 해결안은 일종의 타협이었다 Howe, *Wrought*, 147-60. 추가 참조. Wilentz, *Rise of American Democracy*, 231-40, 그리고 Robert Pierce Forbes, *The Missouri Compromise*

and Its Aftermath: Slavery and the Meaning of America (Chapel Hill, N.C., 2007).

605 도덕의 문제라기보다는 TJ to the Marquis de Lafayette, December 26, 1820. Extract published at Papers of Thomas Jefferson Retirement Series Digital Archive, http://www.monticello.org/familyletters (2011년 열람)

605 연방주의 지도자들은 Randall, *Jefferson*, III, 457. "그들은 지리적 경계선을 정당을 구분하는 기준으로 삼기 위해 사람들의 고결한 감정을 이용하고 있다. 그들은 이러한 방법을 통해, 연방주의적 원칙하에서는 절대로 얻을 수 없는 다수의 지지자를 지역적 기반을 통해 확보할 수 있을 것으로 기대하고 있다."라고 제퍼슨이 말했다. (Ibid.)

605 끔찍한 오점 TJ to William Short, September 8, 1823. Extract published at Papers of Thomas Jefferson Retirement Series Digital Archive, http://www.monticello.org/familyletters (2011년 열람)

606 친애하는 친구여 *PTJRS*, VII, 604. 이 계획은 에드워드 콜스가 제안한 것이다.

606 기꺼이 모든 것을 희생하겠다 Ibid., 652.

606 그 어떤 것보다 확실하게 Jefferson, *Writings*, 44.

606 본질적인 '타락'을 겪은 *PTJRS*, VII, 603.

607 과거를 회고하며 도덕적 판단을 내리는 일은 아서 슐레진저 주니어로부터 이 같은 통찰력을 얻었다. "되돌아보면 스스로 옳다고 믿기 쉽지만 이는 무가치하기도 하다."라고 그가 말하곤 했다.

607 로버트 카터를 시작으로 다음 참조. Andrew Levy, *The First Emancipator: The Forgotten Story of Robert Carter, the Founding Father Who Freed His Slaves* (New York, 2005).

607 북부 정치인들은 Wilentz, *Rise of American Democracy*, 218-22. 추가 참조. Eric Foner, *The Story of American Freedom* (New York, 1998), 84-94.

608 남부의 이해관계 Sharp, Unraveling the Mystery of Jefferson's Letter of April 27, 1795, 411-18.

608 이 말을 하는 것은 아닙니다 Randall, *Jefferson*, III, 499.

608 병이 가장 깊이 뿌리내린 곳 Ford, *Writings*, IX, 516.

608 사건의 성격상 TJ to Frances Wright, August 7, 1825. Extract published at Papers of Thomas Jefferson Retirement Series Digital Archive, http://www.monticello.org/familyletters (2011년 열람)

609 개인 부채는 제퍼슨의 삶에서 또 하나의 지속적인 아이러니였다 Herbert E. Sloan, *Principle and Interest: Thomas Jefferson and the Problem of Debt* (New York, 1995), 위는 일반적인 설명이다. 추가 참조. TJF, http://www.monticello.org/site/research-and-collections/ debt (2012년 열람); 그리고 Gordon-Reed, *Hemingses of Monticello*, 629-

35.

609 **당시 그 지역 농장주들은** Robert E. Brown and B. Katherine Brown, *Virginia, 1705~1786: Democracy or Aristocracy?* (East Lansing, Mich., 1964), 96-124.

609 **담배 재배** 예를 들어 다음을 참조하라. T. H. Breen, *Tobacco Culture: The Mentality of the Great Tidewater Planters on the Eve of Revolution* (Princeton, N.J., 1987); 그리고 TJF, http://www.monticello.org/site/plantation-and-slavery/crops-monticello (2012년 열람).

609 **다른 농사로 전환했지만** TJF, http://www.monticello.org/site/plantation-and-slavery/crops-monticello (2012년 열람).

609 **여전히 담배를 재배했다** FB, 255-310.

609 **여러 요인들** TJF, http://www.monticello.org/site/plantation-and-slavery/crops-monticello (2012년 열람) 추가 참조. Gordon-Reed, *Hemingses of Monticello*, 316-17.

609 **4천 파운드 가치** Sloan, *Principle and Interest*, 18.

609 **치솟은 인플레이션** Ibid., 16.

609 **실질적으로 미미한** Ibid.

609 **빚은 그대로 남아** 버지니아 법은 파리 조약하에서도 영국 채권자들로부터 그를 보호했다. 하지만 헌법 서명으로 인해 그는 채무 징수의 대상의 되었고 이것이 그가 1788년 말 프랑스에서 본국으로 귀환을 요청한 이유일 것이다. 고향에 있으면 몬티셀로 농장을 관리해서 재정 상태를 정상화하는 일이 더 수월하게 될 것이다. (Ibid., 1617, 21.) 추가 참조. TJF, http://www.monticello.org/site/research-and-collections/debt (accessed 2012) 그리고 Gordon-Reed, *Hemingses of Monticello*, 629-35.

609 **부드러운 손잡이로** Randall, *Jefferson*, III, 525.

610 **파멸의 전망** Sloan, *Principle and Interest*, 312. 추가 참조. Gordon-Reed, *Hemingses of Monticello*, 629-35, 그리고 *JHT*, VI, 301-16 and 473-78.

610 **더욱 몰두하도록** TJF, http://www.monticello.org/site/jefferson/quotations-university-virginia (2012년 열람)

610 **그가 10년 전만큼이나** Elizabeth Trist to Nicholas P. Trist, March 9, 1819. Extract published at Papers of Thomas Jefferson Retirement Series Digital Archive, http://www.monticello.org/familyletters (2011년 열람).

610 **신문에서는** Randall, *Jefferson*, III, 476.

611 **발을 헛디뎠다** Ibid., 486-87.

611 **여름 동안에** Ibid., 476.

611 **다른 젊은이들처럼** Cappon, *Adams-Jefferson Letters*, 613-14.

611   지나치게 무심했습니다   Randall, *Jefferson*, III, 488.

612   리배나 강을 건너던 중   Virginia J. Randolph (Trist) to Nicholas Philip Trist, May 13, 1823. Extract published at Papers of Thomas Jefferson Retirement Series Digital Archive, http://www.monticello.org/familyletters (2011년 열람).

612   **1823년 10월**   he answered Randall, *Jefferson*, III, 491. 추가 참조. T. R. Schellenberg, Jeffersonian Origins of the Monroe Doctrine, *Hispanic American Historical Review 14* (February 1934): 1-31.

612   가장 중대한 문제입니다   Randall, *Jefferson*, III, 491.

613   믿어서는 안 됩니다   Ibid., 495.

613   크로퍼드를 선호했다   Howe, *Wrought*, 203. 추가 참조. *JHT*, VI, 431-32.

613   잭슨은 이를 '부정한 거래'라고 비판   예를 들어 다음을 참조하라. Wilentz, *Rise of American Democracy*, 254-57.

614   몬티셀로에 도착한   TJF, http://www.monticello.org/site/research-and-collections/lafayettes-visit-to-monticello-1824 (2012년 열람) 방문 묘사는 위 설명을 바탕으로 한 것이다. 추가 참조. Randall, *Jefferson*, III, 503. 라파예트의 미국 여행에 관한 개요는 다음을 참조하라. Howe, *Wrought*, 304-5.

614   라파예트를 환영하는 연회   Randall, *Jefferson*, III, 504.

614   독립 전쟁에서 그가 세운 공적   Ibid.

615   아버지들 사이에서 태어나고 자랐으며   Ibid.

615   대화를 나눌 때   Ibid., 506.

616   매우 경각심을 느낍니다   Ibid.

616   알 수 없으며   Ibid., 507.

616   2만 달러짜리 어음에 연대 보증   Ibid., 533-35. 랜들은 니컬러스 일화 관련 자료를 제공해주었다.

618   시장 상황이 좋지 않아   복권에 관한 이야기는 다음을 참조하라. *JHT*, VI, 473-82, 488, 495-96, 511.

618   팻시에 따르면 그는   Ibid., 473.

618   버지니아 의회에 청원하여   Ibid., 473-78.

618   끔찍한 일이지만   Ibid., 479.

618   사업 준비를 남낭했다   Ibid.

618   그의 이름을 딴 젊은이에게 조언해달라는   Randall, *Jefferson*, III, 524-25.

620   기이한 일화   Ibid., 540.

620   여론의 변화는   Jefferson, *Writings*, 1516. 1825년 5월 20일, 제임스 히턴에게 보낸 편

지가 계기였다.

620　**3주가 되었습니다**　Bear, Last Few Days in the Life of Thomas Jefferson, 63-79.

620　**승마를 포기하려 하지 않았다**　Randall, *Jefferson*, III, 538.

621　**워싱턴 기념행사 주최 측**　Jefferson, *Writings*, 1516.

621　**모든 이의 눈이**　Ibid., 1517.

621　**내가 떠난 후에도 나를 보살펴주게나**　Ibid., 1515.

621　**다른 종류의 관심사에**　J. Jefferson Looney, Thomas Jefferson's Last Letter, *Virginia Magazine of History and Biography* 112, no. 2 (2004): 178-84.

621　**계속 책을 읽었고**　Randall, *Jefferson*, III, 539.

43장 아니요, 선생님 더는 필요 없습니다

622　**토머스 제퍼슨을 잃은 것**　Randall, *Jefferson*, III, 551.

622　**제퍼슨은 고통 속에서 간신히 펜을 들어**　Bear, Last Few Days in the Life of Thomas Jefferson, 65.

622　**이번 발작이 치명적일까 봐 걱정스러웠다**　Ibid.

623　**낮에는 그의 딸이 곁을 지켰고**　Randall, *Jefferson*, III, 543.

623　**토머스 제퍼슨 랜돌프와 니컬러스 트리스트가 돌보았다**　Bear, Last Few Days in the Life of Thomas Jefferson, 66.

623　**할아버지의 정신은 항상 명료해서**　Randall, *Jefferson*, III, 543.

623　**손자에게 말했다**　Ibid., 544.

623　**리에게는 하나의 임무가 있었다**　VTM, 108.

623　**들어오는 것을 막았다**　Ibid., 108-9.

623　**저 훌륭한 분을 볼 수 없다**　Ibid., 109.

623　**침대에 누운 채**　Ibid.

623　**다가가는 나의 심경은**　Ibid.

624　**도움을 줄 수 없었다**　Ibid., 108-9.

624　**작은 일에**　Ibid., 109-10.

624　**랜돌프 부인이 나중에**　Ibid., 110.

624　**작별 인사를 하며**　Randall, *Jefferson*, III, 543-44.

624　**이해하지 못하겠지**　Ibid., 544.

624　**주여, 이제 당신의 종을 평안히 가게 하옵소서**　Ibid., 547.

624 　토머스 제퍼슨 랜돌프는　Ibid., 543.

624 　조금이라도 염려할 것이라고 생각하지 마라　Ibid.

625 　영원한 잠　TJ to William Short, May 5, 1816. Extract published at Papers of Thomas Jefferson Retirement Series Digital Archive, http://www.monticello.org/familyletters (2012년 열람)

625 　말소리에 잠에서 깨어나　Randall, *Jefferson*, III, 543.

625 　시를 한 편 지었는데　*TDLTJ*, 429. 추가 참조. Bear, Last Few Days in the Life of Thomas Jefferson, 73.

625 　드라마를 이야기했다　Randall, *Jefferson*, III, 543.

625 　침대 커튼은　Ibid.

626 　몇 시간만 있으면　Ibid.

626 　2일 오후 5시 45분　Bear, Last Few Days in the Life of Thomas Jefferson, 73.

626 　잠을 잤다　Ibid.

626 　그러고 3일 저녁 7시경　Randall, *Jefferson*, III, 548.

626 　먹으면서　Bear, Last Few Days in the Life of Thomas Jefferson, 73.

626 　오 하나님!　Nicholas P. Trist to Joseph Coolidge, His Bedside, July 4th, 1826, Correspondence of Ellen Wayles Randolph Coolidge, University of Virginia Library.

626 　아니요, 선생님, 더는 필요 없습니다　Bear, Last Few Days in the Life of Thomas Jefferson, 74.

626 　남은 세 시간은　Ibid., 75.

626 　오늘이 4일인가?　Ibid.

626 　트리스트는 노인을 실망시킬 수 없어　Ibid.

627 　혁명 안전위원회에 관해 중얼거리며　Ibid., 74-75.

627 　위원회에 경계태세를 갖추라고 해　Randall, *Jefferson*, III, 546.

627 　새벽 4시에　Bear, Last Few Days in the Life of Thomas Jefferson, 75.

627 　10시가 되자 그는 깨어나　Ibid.

627 　버웰 콜버트였다　Randall, *Jefferson*, III, 544. 추가 참조. Gordon-Reed, *Hemingses of Monticello*, 650-51.

627 　1시 10분 전에　Randall, *Jefferson*, III, 542.

627 　그는 눈을 뜬 채 세상을 떠났으며　Ibid., 544.

627 　토머스 제퍼슨 랜돌프는　Ibid.

627 　니컬러스 트리스트는　Bear, Last Few Days in the Life of Thomas Jefferson, 76.

627 　목재 관은 이미 준비되었다　Gordon-Reed, *Hemingses of Monticello*, 651.

627 응접실로 이동했다 Bear, Last Few Days in the Life of Thomas Jefferson, 77.

628 저에게 그분은 아버지 이상이었고 Randall, *Jefferson*, III, 551.

628 살아 있으며 앞으로도 살아 있을 것입니다 Ibid., 550.

628 존경받아야 하며 VTM, 102-3.

628 정원사 웜리 휴스는 Gordon-Reed, *Hemingses of Monticello*, 652.

628 날씨는 습했고 Bear, Last Few Days in the Life of Thomas Jefferson, 77.

628 출발이 늦어져 Ibid., 78.

628 작은 행렬이 Ibid., 77-78.

628 장례 기도문을 읽었다 Ibid., 78.

628 나는 부활이요 생명이니라 Ibid.

628 그의 삶과 그의 유언장에서 제퍼슨은 Gordon-Reed, *Hemingses of Monticello*, 649-51.

628 네 명의 아이들 TJF, http://www.monticello.org/site/plantation-and-slavery/sally-hemings (2012년 열람) 이 글은 루시아 스탠턴의 연구를 기반으로 했다.

628 백인 남자와 결혼했고 TJF, http://www.monticello.org/site/plantation-and-slavery/harriet-hemings (2012년 열람)

629 자유의 몸이 되었고 TJF, http://www.monticello.org/site/plantation-and-slavery/sally-hemings (2012년 열람).

629 오하이오로 이주했다 Ibid.

629 위스콘신에 정착해 Ibid.

629 자신의 이름을 에스턴 제퍼슨으로 바꾸고 Ibid.

629 스스로 백인임을 주장했다 Ibid.

629 다른 세 사람도 해방되었는데 Gordon-Reed, *Hemingses of Monticello*, 647.

629 그 외의 노예들은 Ibid., 657.

629 샬러츠빌로 이주했고 Ibid., 659.

629 제퍼슨은 유언장에 그녀의 이름을 명시하지는 않았으나 Ibid., 657.

629 시사하는 증거가 있다 Ibid. '샐리 헤밍스의 상황은 복잡하고 의문투성이였다. 그녀가 미국으로 돌아온 이래 그런 상태였지만 무슨 일이 있었는지 퍼즐을 맞춰나갈 수는 있다.'라고 고든 리드가 썼다. '많은 세월이 흐른 뒤 1873년 제퍼슨은 샐리 헤밍스와 그녀의 모든 자녀를 포함해 일곱 명의 노예를 해방시켰다고 이스라엘 질렛은 말했다. 물론 그는 유언장에서는 다섯 명만 해방시켰다. 베벌리와 해리엇 헤밍스는 공식적인 노예 해방 문서 없이 몬티셀로를 떠나 백인으로 살았다. 누가 남은 두 사람일까? 제퍼슨은 분명 구두로 해방을 약속하기도 했다. 가족들은 제퍼슨이 45세의 웜리 휴스가 만약 해방되길 원한다면 자유롭게 해주도록 딸에게 지시했다고 헨리 랜들에게 말했다. 아주

분명한 이유로 가족 중 누구도 샐리 헤밍스가 원한다면 자유롭게 해주라고 제퍼슨이
지시했다고 역사가들에게 얘기하지는 않을 것이다. 아버지가 죽은 후 8년 뒤 마사 랜
돌프는 아버지의 노예 중 두 명, 즉 샐리 헤밍스와 웜리 휴스, 그리고 자신 소유의 랜돌
프 노예인 피커 헤밍스의 아내 뱃시가 제퍼슨 사망 이후 모두 자유민으로 살고 있었음
에도 '그들에게 시간'을 주라고 지시했다.' (Ibid.)

629　샐리 헤밍스에게 '그녀의 시간'　Ibid. "시간을 준'다는 의미는 노예 상태에 있는 사람
이 그 주에 남아 있을 수 있도록 의회나 카운티 법원에 공식으로 청원하는 절차를 회
피하는 전통적인 노예 해방법이었다.'라고 고든 리드가 썼다. (Ibid.)

629　제퍼슨의 유품 몇 가지　Ibid., 653.

629　희망을 걸었던 복권 사업도　JHT, VI, 496.

629　100만 달러에서 200만 달러 사이에　TJF, http://www.monticello.org/site/ research-
and-collections/debt (2012년 열람)

629　몬티첼로와 그의 노예들을 모두 팔아야 했다　Gordon-Reed, *Hemingses of Monticello*,
655-62. (고든 리드는 제퍼슨 사후 몬티첼로를 최후의 재앙이라고 적절하게 표현했다. [Ibid.,
655.]) 추가 참조. Randall, *Jefferson*, III, 561-63; JHT, VI, 504-14; and Crawford,
Twilight at Monticello, 247-61. 몬티첼로 저택의 운명에 관한 설명은 다음을 참조하라.
Marc Leepson, *Saving Monticello: The Levy Family's Epic Quest to Rescue the House That
Jefferson Built* (New York, 2001).

629　뚜렷하고 명백한 징표로서　*Diary of John Quincy Adams*, 360.

630　어느 날 아침 식사 전에　Robert V. Remini, *Daniel Webster: The Man and His Time*
(New York, 1997), 263. 웹스터는 그가 어떻게 밀라드 필모어에게 바친 연설문을 썼는지
설명했다. (Ibid.)

630　보스턴의 어느 눈부신 날　Ibid., 264.

630　우리의 50주년 기념일　*The Writings and Speeches of Daniel Webster*, I, 289.

630　토머스 제퍼슨은 살아 있다　McCullough, *John Adams*, 646. 원고 출처는 다음을 참
조하라. Susan Boylston Adams Clark to Abigail Louisa Smith Adams Johnson, July 9,
1826, A. B. Johnson Papers, Massachusetts Historical Society.

에필로그 제퍼슨에게 모든 영광을

631　제퍼슨의 원칙이 빛의 원천인 이유는　Woodrow Wilson, *College and State Educational
Literary and Political Papers (1875~1913)*, II, ed. Ray Stannard Baker and William E.

Dodd (New York, 1925), 428.

631 **그가 살았던 것처럼** Jack N. Rakove, Our Jefferson in Lewis and Onuf, *Sally Hemings and Thomas Jefferson*, 210. 제퍼슨은 그와 동시대의 누구와도 비교할 수 없는 매력적인 힘을 지닌 채 우리, 즉 학자와 일반 대중 모두에게 여전히 살아 있다. 깊이 탐구하는 지성의 소유자인 매디슨도, '조지 워싱턴'이라는 존재의 무게를 견디기 위해 고군분투했던 워싱턴도, 심지어 내면의 삶을 포착하기 힘들다는 점에서 제퍼슨에 견줄 만한 자수성가형 현자인 프랭클린조차 그와는 비교할 수 없었다. (Ibid., 210.)

631 **집약한 것** Edward Everett, *An Address Delivered at Charlestown, August 1, 1826, In Commemoration of John Adams and Thomas Jefferson* (Boston, 1826), 134.

632 **제퍼슨 씨는** Merrill D. Peterson, *The Jefferson Image in the American Mind* (Charlottesville, Va., 1998), 284.

632 **엘런 웨일스 쿨리지는** Ellen Wayles Coolidge to Henry S. Randall, May 16, 1857, Correspondence of Ellen Wayles Coolidge, University of Virginia Library. Extract published at Papers of Thomas Jefferson Retirement Series Digital Archive, http://www.monticello.org/familyletters (2012년 열람)

633 **만약 제퍼슨이 틀렸다면** Parton, *Life*, iii.

634 **인간은 단지 1년에** TJ to Joseph C. Cabell, February 2, 1816, Extract published at Papers of Thomas Jefferson Retirement Series Digital Archive, http://www.monticello.org/familyletters (2012년 열람).

635 **그가 추구한 리더십은** Henry Adams, *History*, 363.

636 **제퍼슨의 원칙은** *The Collected Works of Abraham Lincoln*, III, ed. Roy P. Basler (New Brunswick, N.J., 1953-55), 375-76. 편지를 쓴 날짜는 4월 6일로 거슬러 올라간다.

637 **제퍼슨에게 모든 영광을!** Ibid., 376.

637 **필요가 전혀 없습니다** Franklin D. Roosevelt, Address at Jefferson Day Dinner in St. Paul, Minnesota, April 18, 1932, The American Presidency Project, http://www.presidency.ucsb.edu/ws/index.php?pid=88409 (2012년 열람)

637 **1948년 9월** Harry S. Truman, Address at Bonham, Texas, September 27, 1948, The American Presidency Project, http://www.presidency.ucsb.edu/ws/?pid=1302i (2012년 열람)

638 **깊은 믿음을 가지고 있습니다** Ibid.

638 **제퍼슨의 '변혁적 천재성'** Ronald Reagan, Remarks and a Question-and-Answer Session at the University of Virginia in Charlottesville, December 16, 1988, The American Presidency Project, http://www.presidency.ucsb.edu/ws/?pid=35272 (2012년

열람)

639 **대통령들 역시 이에 대해 잘 알고 있습니다** Ibid.

639 **잘 알고 있었습니다** Ibid.

640 **그가 묘비명에 새기도록** TJ, undated memorandum on epitaph, Thomas Jefferson Papers, LOC.

640 **지켜보았습니다** TJ to William Ludlow, September 6, 1824. Extract published at Papers of Thomas Jefferson Retirement Series Digital Archive, http://www.monticello.org/familyletters (2012년 열람)

640 **자신이 직접 설계한** Bear, Last Few Days in the Life of Thomas Jefferson, 65.

640 **땅거미가 질 때면** 몬티셀로의 프레이저 D. 니만에게 깊이 감사드린다. 그는 묘지가 섀드웰, 리배나, 몬티셀로 본관, 멀베리 로우, 그리고 주요 정원과 과수원보다 더 오래 햇빛을 받는다는 나의 관찰을 친절하게 확인해주었다. 프레이저와 그의 연구팀은 몬탈토를 포함한 몬티셀로 산과 주변 지형의 디지털 고도 모델을 사용하여 지리 정보 시스템 ArcGIS에서 태양 복사 시뮬레이션을 실행했다. 이 시뮬레이션은 지형의 영향을 고려하였으며, 1826년 7월 6일 오후 7시에서 8시 사이에 지표면에 도달한 태양 복사량을 추정했다. 그 결과 묘지의 지표면은 본관과 멀베리 로우 주변의 지표면에 어둠이 드리우기 시작한 후에도 직사광선을 받는 것으로 나타났다. 제퍼슨의 약 2,023만 제곱미터 부지 가운데 산의 북서쪽 사면에 있는 묘지가 석양이 드리운 후에도 햇볕이 남아 있는 유일한 부분이었다.

참고문헌

수기手記 모음

Adams Family Papers, Massachusetts Historical Society, Boston

Baldwin Family Papers, Manuscripts and Archives, Yale University Library, New Haven, Conn.

Breckinridge Family Papers, Library of Congress, Washington, D.C.

Colonel John Brown and Major General Preston Brown Papers, Manuscripts and Archives, Yale University Library, New Haven, Conn.

Aaron Burr Papers, New York Public Library

William A. Burwell Papers, Library of Congress, Washington, D.C.

Clark Family Collection, Missouri History Museum, St. Louis

Coolidge Collection of Thomas Jefferson Manuscripts, Massachusetts Historical Society, Boston

Correspondance politique/Affaires politiques jusqu'en 1896: des Etats-Unis, Archives des affaires etrangeres, La Courneuve, France

Correspondence of Ellen Wayles Randolph Coolidge, Special Collections, University of Virginia Library, University of Virginia, Charlottesville, Va.

The David Library of the American Revolution, Washington Crossing, Penn.

Henry Dearborn Papers, Massachusetts Historical Society, Boston

Robley Dunglison Papers, College of Physicians of Philadelphia, Philadelphia

Edgehill-Randolph Papers, Special Collections, University of Virginia Library, University of Virginia, Charlottesville, Va.

William Eustis Papers, Library of Congress, Washington, D.C.

Augustus Foster Papers, Library of Congress, Washington, D.C.

Albert Gallatin Papers, New-York Historical Society

John Work Garrett Library, Johns Hopkins University, Baltimore

Gratz Collection, Historical Society of Pennsylvania, Philadelphia

The Huntington Library, San Marino, Calif.

Andrew Jackson Papers, Library of Congress, Washington, D.C.

Thomas Jefferson Papers, Library of Congress, Washington, D.C.

Papers of Thomas Jefferson, Editorial Files, Princeton University, Princeton, N.J.

Papers of Thomas Jefferson: Retirement Series, Thomas Jefferson Foundation, http://www.
monticello.org/site/research-and-collections/papers (accessed March 25, 2012)

Papers of Thomas Jefferson: Retirement Series Digital Archive, Thomas Jefferson Foundation,
www.monticello.org/familyletters (accessed March 25, 2012)

Jessup Family Foundations, Archives of Ontario, Toronto

Edward Jessup Papers, Archives of Ontario, Toronto

William Griswold Lane Memorial Collection, Manuscripts and Archives, Yale University
Library, New Haven, Conn.

Rufus King Papers, New-York Historical Society

Levi Lincoln Papers, Massachusetts Historical Society, Boston

Literary and historical manuscripts, Pierpont Morgan Library, New York, N.Y.

Matthew Livingston Davis Papers, New-York Historical Society, New York, N.Y.

The Loyalist Collection, University of New Brunswick, Fredericton, New Brunswick

James Madison Papers, Library of Congress, Washington, D.C.

James Madison Papers, New York Public Library

James Monroe Papers, Library of Congress, Washington, D.C.

James Monroe Papers, New York Public Library

National Archives of the United Kingdom, FO 5/14 and 32-58, 353/30 and 60, Kew,
Richmond, Surrey, London.

Joseph H. Nicholson Papers, Library of Congress, Washington, D.C.

Harrison Gray Otis Papers, Massachusetts Historical Society, Boston

Timothy Pickering Papers, Massachusetts Historical Society, Boston

William Dummer Powell and Family Collection, Library and Archives, Ottawa, Ontario

John Randolph of Roanoke Papers, Library of Congress, Washington, D.C.

Russell Family Papers, Archives of Ontario, Toronto

John Rutledge Papers, Southern Historical Collection, Wilson Library, University of North
Carolina at Chapel Hill

John Graves Simcoe Papers, Devon Record Office, Exeter, Devon, United Kingdom

Simcoe Family Foundations, Archives of Ontario, Toronto

Samuel Smith Family Papers, Library of Congress, Washington, D.C.

Albert W. Whelpley Autographs Collection, Cincinnati Museum Center

참고한 도서들

Abernethy, Thomas P. *A History of the South*. Vol. 4, *The South in the New Nation, 1789–1819*. Baton Rouge: Louisiana State University Press, 1961.

———, *Western Lands and the American Revolution*. New York: Russell and Russell, 1959. First published in 1937 by D. Appleton-Century.

Achenbach, Joel. *The Grand Idea: George Washington's Potomac and the Race to the West*. New York: Simon and Schuster, 2004.

Ackerman, Bruce. *The Failure of the Founding Fathers: Jefferson, Marshall, and the Rise of Presidential Democracy*. Cambridge, Mass.: Belknap Press of Harvard University Press, 2007.

———, *We the People*. Vol. 1, *Foundations*. Cambridge, Mass.: Belknap Press of Harvard University Press, 1991.

Adair, Douglass. *Fame and the Founding Fathers: Essays*. Edited by Trevor Colbourn. Indianapolis: Liberty Fund, 1998. First published in 1974 by W. W. Norton.

Adams, Daniel. *Geography; or, A Description of the World*. 5th ed. Boston: Lincoln and Edmands, 1820.

Adams, Henry. *Documents Relating to New-England Federalism: 1800–1815*. Boston: Little, Brown, 1905.

———, *History of the United States of America During the Administrations of Thomas Jefferson*. Edited by Earl N. Harbert. The Library of America, no. 31. New York: Literary Classics of the United States, 1986.

———, *The Life of Albert Gallatin*. Philadelphia: J. B. Lippincott, 1880. Reprint, LaVergne, Tenn.: Kessinger, 2009. Page numbers are to the 2009 edition.

Adams, John. *The Political Writings of John Adams*. Edited by George Wescott Carey. Conservative Leadership Series, no. 6. Washington, D.C.: Regnery, 2000.

———, *The Works of John Adams, Second President of the United States: With a Life of the Author,*

Notes, and Illustrations, by His Grandson Charles Francis Adams. 10 vols. Boston: Little, Brown, 1850–56.

Adams, John Quincy. The Diary of John Quincy Adams, 1794–1845: American Political, Social, and Intellectual Life from Washington to Polk. Edited by Allan Nevins. American Classics. New York: Frederick Ungar, 1969. First published in 1928 by Longmans, Green.

———, Memoirs of John Quincy Adams, Comprising Portions of His Diary from 1795 to 1848. Edited by Charles Francis Adams. 12 vols. Philadelphia: J. B. Lippincott, 1874–77.

Adams, William Howard. The Paris Years of Thomas Jefferson. New Haven, Conn.: Yale University Press, 2000.

———, ed. The Eye of Thomas Jefferson. Charlottesville, Va.: Thomas Jefferson Memorial Foundation, 1992. First published in 1976 by the National Gallery of Art.

Albanese, Catherine L. Sons of the Fathers: The Civil Religion of the American Revolution. Philadelphia: Temple University Press, 1976.

Allen, Thomas B. Tories: Fighting for the King in America's First Civil War. New York: HarperCollins, 2010.

Allgor, Catherine. A Perfect Union: Dolley Madison and the Creation of the American Nation. New York: Henry Holt, 2006.

Allison, Robert J. The Crescent Obscured: The United States and the Muslim World, 1776–1815. New York: Oxford University Press, 1995.

Ames, Fisher. Works of Fisher Ames: With a Selection from His Speeches and Correspondence. Edited by Seth Ames. Vol. 1. Boston: Little, Brown, 1854.

Ammon, Harry. James Monroe: The Quest for National Identity. Charlottesville: University Press of Virginia, 1990. First published in 1971 by McGraw-Hill.

Anderson, Dice Robins. William Branch Giles: A Study in the Politics of Virginia and the Nation from 1790 to 1830. Menasha, Wis.: George Banta, 1914. Reprint, LaVergne, Tenn.: BiblioBazaar, 2010.

Anderson, Fred. Crucible of War: The Seven Years' War and the Fate of Empire in British North America, 1754–1766. New York: Vintage Books, 2001.

Anderson, William L., ed. Cherokee Removal: Before and After. Athens: University of Georgia Press, 1991.

Andrews, Charles M. The Colonial Background of the American Revolution: Four Essays in American Colonial History. Rev. ed. New Haven, Conn.: Yale University Press, 1931.

Andrews, William L., ed. Journeys in New Worlds: Early American Women's Narratives.

Wisconsin Studies in American Autobiography. Madison: University of Wisconsin Press, 1990.

Appleby, Joyce. *Liberalism and Republicanism in the Historical Imagination*. Cambridge, Mass.: Harvard University Press, 1992.

———, *Thomas Jefferson*. The American Presidents. New York: Times Books, 2003.

Archer, Richard. *As If an Enemy's Country: The British Occupation of Boston and the Origins of Revolution*. New York: Oxford University Press, 2010.

Armitage, David. *The Declaration of Independence: A Global History*. Cambridge, Mass.: Harvard University Press, 2007.

Bailyn, Bernard. *The Ideological Origins of the American Revolution*. Enlarged ed. Cambridge, Mass.: Belknap Press of Harvard University Press, 1992.

———, *The Origins of American Politics*. Charles K. Colver Lectures, Brown University. New York: Alfred A. Knopf, 1968.

———, *To Begin the World Anew: The Genius and Ambiguities of the American Founders*. NewYork: Alfred A. Knopf, 2003.

Bakeless, John. *Background to Glory: The Life of George Rogers Clark*. Philadelphia: J. B. Lippincott, 1957.

Balogh, Brian. *A Government Out of Sight: The Mystery of National Authority in Nineteenth-Century America*. Cambridge: Cambridge University Press, 2009.

Banning, Lance. *The Jeffersonian Persuasion: Evolution of a Party Ideology*. Ithaca, N.Y.: Cornell University Press, 1978.

———, *The Sacred Fire of Liberty: James Madison and the Founding of the Federal Republic*. Ithaca, N.Y.: Cornell University Press, 1995.

Baron, Robert C., and Conrad Edick Wright, eds. *The Libraries, Leadership, and Legacy of John Adams and Thomas Jefferson*. Boston: Massachusetts Historical Society, 2010.

Barratt, Carrie Rebora, and Ellen G. Miles. *Gilbert Stuart*. New Haven, Conn.: Yale University Press, 2004.

Bayard, James A. *Letters of James Asheton Bayard, 1802–1814*. Letters to Caesar A. Rodney. Papers of the Historical Society of Delaware, no. 31. Wilmington: Historical Society of Delaware, 1901.

———, *Papers of James A. Bayard, 1796–1815*. Edited by Elizabeth Donnan. New York: Da Capo Press, 1971. First published in 1915 by the Government Printing Office.

Bear, James A., Jr., ed. *Jefferson at Monticello*. Charlottesville: University of Virginia Press,

1967.

Becker, Carl. *The Declaration of Independence: A Study in the History of Political Ideas*. New York: Vintage Books, 1970. First published in 1942 by Alfred A. Knopf.

Beckley, John James. *Justifying Jefferson: The Political Writings of John James Beckley*. Edited by Gerard W. Gawalt. Washington, D.C.: Library of Congress, 1995.

Beeman, Richard R. *Patrick Henry: A Biography*. New York: McGraw-Hill, 1974.

————, *Plain, Honest Men: The Making of the American Constitution*. New York: Random House, 2009.

Beiswanger, William L., Peter J. Hatch, Lucia Stanton, and Susan R. Stein. *Thomas Jefferson's Monticello*. Chapel Hill: University of North Carolina Press, 2001.

Belknap, Michal R., ed. *American Political Trials*. Contributions in American History, no. 94. Westport, Conn.: Greenwood Press, 1981.

Bemis, Samuel Flagg. *Jay's Treaty: A Study in Commerce and Diplomacy*. Rev. ed. New Haven, Conn.: Yale University Press, 1962.

Beran, Michael Knox. *Jefferson's Demons: Portrait of a Restless Mind*. New York: Free Press, 2003.

Bercovitch, Savan, ed. *The Cambridge History of American Literature*. Vol. 1, *1590–1820*. Cambridge: Cambridge University Press, 1997.

Berlin, Ira. *Many Thousands Gone: The First Two Centuries of Slavery in North America*. Cambridge, Mass.: Belknap Press of Harvard University Press, 1998.

Bernstein, R. B. *Thomas Jefferson*. New York: Oxford University Press, 2005.

————, *Thomas Jefferson: The Revolution of Ideas*. Oxford Portraits. New York: Oxford University Press, 2004.

Beschloss, Michael. *Presidential Courage: Brave Leaders and How They Changed America 1789–1989*. New York: Simon and Schuster, 2007.

Beveridge, Albert J. *The Life of John Marshall*. 4 vols. Boston: Houghton Mifflin, 1916–19.

Binder, Frederick M. *The Color Problem in Early National America as Viewed by John Adams, Jefferson, and Jackson*. Studies in American History, no. 7. The Hague: Mouton, 1969.

Black, Jeremy. *Crisis of Empire: Britain and America in the Eighteenth Century*. London: Continuum, 2008.

————, *From Louis XIV to Napoleon: The Fate of a Great Power*. London: UCL Press, 1999.

Blackburn, Joyce. *George Wythe of Williamsburg*. New York: Harper and Row, 1975.

Blakeley, Phyllis R, and John N. Grant, eds. *Eleven Exiles: Accounts of Loyalists of the American*

Revolution. Toronto: Dundurn Press, 1982.

Bobrick, Benson. *Angel in the Whirlwind: The Triumph of the American Revolution*. New York: Simon and Schuster, 1997.

Bodley, Temple. *George Rogers Clark: His Life and Public Services*. Boston: Houghton Mifflin, 1926.

Boles, John B., and Randal L. Hall, eds. *Seeing Jefferson Anew: In His Time and Ours*. Charlottesville: University of Virginia Press, 2010.

Borden, Morton. *The Federalism of James A. Bayard*. Columbia Studies in the Social Sciences, no. 584. New York: Columbia University Press, 1955.

Bowers, Claude G. *Jefferson and Hamilton: The Struggle for Democracy in America*. Boston: Houghton Mifflin, 1966.

———, *Jefferson in Power: The Death Struggle of the Federalists*. Boston: Houghton Mifflin, 1936.

Boyd, Julian P. *Number 7: Alexander Hamilton's Secret Attempts to Control American Foreign Policy, with Supporting Documents*. Princeton, N.J.: Princeton University Press, 1964.

Boyer, Paul S., and Melvyn Dubofsky, eds. *The Oxford Companion to United States History*. New York: Oxford University Press, 2001.

Brant, Irving. *Impeachment: Trials and Errors*. New York: Knopf, 1972.

Breen, T. H. *American Insurgents, American Patriots: The Revolution of the People*. New York: Hill and Wang, 2010.

———, *Tobacco Culture: The Mentality of the Great Tidewater Planters on the Eve of Revolution*. Princeton, N.J.: Princeton University Press, 1987.

Bridenbaugh, Carl. *The Spirit of '76: The Growth of American Patriotism Before Independence*. New York: Oxford University Press, 1975.

Brodie, Fawn M. *Thomas Jefferson: An Intimate History*. New York: W. W. Norton, 1998.

Brookhiser, Richard. *James Madison*. New York: Basic Books, 2011.

Brown, Imogene E. *American Aristides: A Biography of George Wythe*. Rutherford, N.J.: Fairleigh Dickinson University Press, 1981.

Brown, Kathleen M. *Good Wives, Nasty Wenches, and Anxious Patriarchs: Gender, Race, and Power in Colonial Virginia*. Chapel Hill: Published for the Institute of Early American History and Culture by the University of North Carolina Press, 1996.

Brown, Robert E., and B. Katherine Brown. *Virginia, 1705–1786: Democracy or Aristocracy?* East Lansing: Michigan State University Press, 1964.

Brown, Wallace. *The Good Americans: The Loyalists in the American Revolution*. New York:

William Morrow, 1969.

————, *The King's Friends: The Composition and Motives of the American Loyalist Claimants.* Providence, R.I.: Brown University Press, 1965.

Brown, Wallace, and Hereward Senior. *Victorious in Defeat: The American Loyalists in Exile.* New York: Facts on File, 1984.

Bruce, William Cabell. *John Randolph of Roanoke, 1773–1833: A Biography Based Largely on New Material.* 2 vols. New York: G. P. Putnam's Sons, 1922.

Brymner, Douglas. *Report on Canadian Archives, 1890.* Ottawa: Brown Chamberlin, 1891.

Buel, Richard, Jr. *America on the Brink: How the Political Struggle Over the War of 1812 Almost Destroyed the Young Republic.* New York: Palgrave Macmillan, 2005.

Bullock, Helen Duprey. *My Head and My Heart: A Little History of Thomas Jefferson and Maria Cosway.* New York: G. P. Putnam's Sons, 1945.

Burgh, James. *Political Disquisitions; or, An Enquiry into Public Errors, Defects, and Abuses.* 3 vols. American Revolutionary War Series. Carlisle, Mass.: Applewood Books, 2009. First published in 1774–75 by E. and C. Dilly.

Burke, Edmund. *The Writings and Speeches of Edmund Burke.* Edited by Paul Langford. Vol. 2. Oxford: Clarendon Press, 1980.

Burns, James MacGregor. *The Vineyard of Liberty.* The American Experiment. New York: Alfred A. Knopf, 1982.

Burstein, Andrew. *Jefferson's Secrets: Death and Desire at Monticello.* New York: Basic Books, 2005.

Burstein, Andrew, and Nancy Isenberg. *Madison and Jefferson.* New York: Random House, 2010.

Burt, Alfred LeRoy. *The Evolution of the British Empire and Commonwealth, from the American Revolution.* Boston: Heath, 1956.

Burton, Louis W. *Annals of Henrico Parish.* Edited by J. Staunton Moore. Richmond, Va.: Williams Printing, 1904.

Bushnell, Eleanore. *Crimes, Follies, and Misfortunes: The Federal Impeachment Trials.* Urbana: University of Illinois Press, 1992.

Butterfield, L. H., Wendell D. Garrett, and Marjorie E. Sprague, eds. *Adams Family Correspondence.* 10 vols. to date. The Adams Papers. 2d ser. Cambridge, Mass.: Belknap Press of Harvard University Press, 1963–.

Byrd, William. *The Commonplace Book of William Byrd II of Westover.* Edited by Kevin

Berland, Jan Kirsten Gilliam, and Kenneth A. Lockridge. Chapel Hill: Published for the Omohundro Institute of Early American History and Culture, Williamsburg, Va., by the University of North Carolina Press, 2001.

Calhoon, Robert M. *The Loyalist Perception and Other Essays,* Columbia: University of South Carolina Press, 1989.

———, *The Loyalists in Revolutionary America, 1760–1781.* The Founding of the American Republic. New York: Harcourt Brace Jovanovich, 1973.

Cappon, Lester J., ed. *The Adams-Jefferson Letters: The Complete Correspondence Between Thomas Jefferson and Abigail and John Adams.* Chapel Hill: Published for the Omohundro Institute of Early American History and Culture, Williamsburg, Va., by the University of North Carolina Press, 1987. First published in 1959 by the University of North Carolina Press.

Carter, Susan B. *Historical Statistics of the United States: Earliest Times to the Present.* Millennial ed. 5 vols. Cambridge: Cambridge University Press, 2006.

Cerami, Charles A. *Jefferson's Great Gamble: The Remarkable Story of Jefferson, Napoleon and the Men Behind the Louisiana Purchase.* Naperville, Ill.: Sourcebooks, 2003.

Chadwick, Bruce. *I Am Murdered: George Wythe, Thomas Jefferson, and the Killing That Shocked a New Nation.* Hoboken, N.J.: John Wiley and Sons, 2009.

Chernow, Ron. *Alexander Hamilton.* New York: Penguin Press, 2004.

———, *Washington: A Life.* New York: Penguin Press, 2010.

Chinard, Gilbert. *Thomas Jefferson: The Apostle of Americanism.* 2d ed., rev. Ann Arbor: University of Michigan Press, 1966. First published in 1929 by Little, Brown.

Cogliano, Francis D. *Thomas Jefferson: Reputation and Legacy.* Jeffersonian America. Charlottesville: University of Virginia Press, 2006.

———, ed. *A Companion to Thomas Jefferson.* Oxford: Wiley–Blackwell, 2011.

Colbourn, Trevor. *The Lamp of Experience: Whig History and the Intellectual Origins of the American Revolution.* Indianapolis: Liberty Fund, 1998. First published in 1965 by the University of North Carolina Press.

Colbourn, Trevor, and James T. Patterson, eds. *The American Past in Perspective.* Vol. 1, *To 1877.* Boston: Allyn and Bacon, 1970.

Collins, Varnum Lansing. *The Continental Congress at Princeton.* Whitefish, Mont.: Kessinger, 2005. First published in 1908 by the Princeton University Library.

Conway, Stephen. *The British Isles and the War of American Independence.* New York: Oxford University Press, 2000.

Corwin, Edward S., Randall W. Bland, Theodore T. Hindson, and Jack W. Peltason. *The President: Office and Powers, 1787–1984; History and Analysis of Practice and Opinion*. 5th rev. ed. New York: New York University Press, 1984.

Cote, Richard N. *Strength and Honor: The Life of Dolley Madison*. Mt. Pleasant, S.C.: Corinthian Books, 2005.

Cotlar, Seth. *Tom Paine's America: The Rise and Fall of Transatlantic Radicalism in the Early Republic*. Jeffersonian America. Charlottesville: University of Virginia Press, 2011.

Cousins, Norman, ed. *"In God We Trust": The Religious Beliefs and Ideas of the American Founding Fathers*. New York: Harper and Brothers, 1958.

Crawford, Alan Pell. *Twilight at Monticello: The Final Years of Thomas Jefferson*. New York: Random House, 2008.

Cruikshank, E. A., ed. *The Correspondence of Lieut. Governor John Graves Simcoe: With Allied Documents Relating to His Administration of the Government of Upper Canada*. 5 vols. Toronto: Ontario Historical Society, 1923–31.

Cunliffe, Marcus. *American Presidents and the Presidency*. 2d ed., rev. and enlarged. New York: McGraw-Hill, 1976.

———, *George Washington: Man and Monument*. Rev. ed. A Mentor Book. New York: New American Library, 1982. First published in 1958 by Little, Brown.

Cunningham, Noble E. *The Jeffersonian Republicans in Power: Party Operations, 1801–1809*. Chapel Hill: Published for the Institute of Early American History and Culture at Williamsburg, Virginia, by the University of North Carolina Press, 1963.

———, *The Jeffersonian Republicans: The Formation of Party Organization, 1789–1801*. Chapel Hill: Published for the Institute of Early American History and Culture at Williamsburg, Virginia, by the University of North Carolina Press, 1957.

Curley, Thomas M. *Samuel Johnson, the Ossian Fraud and the Celtic Revival in Great Britain and Ireland*. Cambridge: Cambridge University Press, 2009.

Cutler, William Parker, and Julia Perkins Cutler. *Life, Journals and Correspondence of Rev. Manasseh Cutler, LL.D*. 2 vols. Cincinnati: Robert Clarke, 1888. Reprint, LaVergne, Tenn.: Kessinger, 2009.

Dangerfield, George. *The Awakening of American Nationalism, 1815–1828*. The New American Nation Series. New York: Harper and Row, 1965.

Daniels, Jonathan. *The Randolphs of Virginia*. Garden City, N.Y.: Doubleday, 1972.

Daughan, George C. *1812: The Navy's War*. New York: Basic Books, 2011.

Dawson, Matthew Q. *Partisanship and the Birth of America's Second Party, 1796–1800: Stop the Wheels of Government*. Contributions in Political Science, no. 387. Westport, Conn.: Greenwood Press, 2000.

DeConde, Alexander. *This Affair of Louisiana*. New York: Charles Scribner's Sons, 1976.

Dewey, Davis Rich. *Financial History of the United States*, 8th ed. New York: Longmans, Green and Company, 1922.

Dewey, Frank L. *Thomas Jefferson, Lawyer*. Charlottesville: University Press of Virginia, 1987.

Dickerson, Oliver M. *The Navigation Acts and the American Revolution*. Philadelphia: University of Pennsylvania Press, 1951.

Dickinson, H. T., ed. *Britain and the American Revolution*. London: Addison Wesley Longman, 1998.

Dill, Alonzo Thomas. *Carter Braxton, Virginia Signer: A Conservative in Revolt*. Lanham, Md.: University Press of America, 1983.

Donaldson, Thomas. *The House in Which Thomas Jefferson Wrote the Declaration of Independence*. Philadelphia: Avil Printing, 1898.

Dowd, Gregory Evans. *War Under Heaven: Pontiac, the Indian Nations, and the British Empire*. Baltimore: Johns Hopkins University Press, 2004.

Dowdey, Clifford. *The Virginia Dynasties: The Emergence of "King" Carter and the Golden Age*. Boston: Little, Brown, 1969.

Downes, Paul. *Democracy, Revolution, and Monarchism in Early American Literature*. Cambridge: Cambridge University Press, 2002.

Doyle, William. *The Oxford History of the French Revolution*. 2d ed. New York: Oxford University Press, 2002.

Dreisbach, Daniel L. *Thomas Jefferson and the Wall of Separation Between Church and State*. Critical America. New York: New York University Press, 2002.

Dunbar, Louise Burnham. *A Study of "Monarchical" Tendencies in the United States from 1776 to 1801*. New York: Johnson Reprint Corp., 1970. First published in 1922 by the University of Illinois.

Dunglison, Robley. *Medical Lexicon: A Dictionary of Medical Science*. 5th ed. Philadelphia: Lea and Blanchard, 1845.

Dunn, Susan. *Jefferson's Second Revolution: The Election Crisis of 1800 and the Triumph of Republicanism*. Boston: Houghton Mifflin, 2004.

Eckenrode, H. J. *The Randolphs: The Story of a Virginia Family*. Indianapolis: Bobbs–Merrill,

1946.

Edling, Max M. *A Revolution in Favor of Government: Origins of the U.S. Constitution and the Making of the American State*. New York: Oxford University Press, 2003.

Elkins, Stanley, and Eric McKitrick. *The Age of Federalism*. New York: Oxford University Press, 1993.

Ellis, Joseph J. *American Creation: Triumphs and Tragedies at the Founding of the Republic*. New York: Alfred A. Knopf, 2007.

———, *American Sphinx: The Character of Thomas Jefferson*. New York: Alfred A. Knopf, 1997.

———, *Passionate Sage: The Character and Legacy of John Adams*. New York: W. W. Norton, 1993.

Ellis, Richard E. *The Jeffersonian Crisis: Courts and Politics in the Young Republic*. New York: Oxford University Press, 1971.

———, *The Union at Risk: Jacksonian Democracy, States' Rights, and the Nullification Crisis*. New York: Oxford University Press, 1989.

Evans, Dorinda. *The Genius of Gilbert Stuart*. Princeton, N.J.: Princeton University Press, 1999.

Everett, Edward. *An Address Delivered at Charlestown, August 1, 1826, in Commemoration of John Adams and Thomas Jefferson*. Boston: W. L. Lewis, 1826.

Fatton, Robert, Jr., and R. K. Ramazani, eds. *Religion, State, and Society: Jefferson's Wall of Separation in Comparative Perspective*. New York: Palgrave Macmillan, 2009.

Fauquier, Francis. *The Official Papers of Francis Fauquier, Lieutenant Governor of Virginia, 1758–1768*. Edited by George Reese. 3 vols. Charlottesville: University Press of Virginia for the Virginia Historical Society, 1980–83.

Feigenbaum, Gail. *Jefferson's America and Napoleon's France: An Exhibition for the Louisiana Purchase Bicentennial*. Edited by Victoria Cooke. New Orleans: New Orleans Museum of Art, 2003.

Ferguson, Robert A. *The American Enlightenment, 1750–1820*. Cambridge, Mass.: Harvard University Press, 1997.

Ferling, John. *Adams vs. Jefferson: The Tumultuous Election of 1800*. Pivotal Moments in American History. New York: Oxford University Press, 2004.

———, *Almost a Miracle: The American Victory in the War of Independence*. New York: Oxford University Press, 2009.

———, *Independence: The Struggle to Set America Free*. New York: Bloomsbury Press, 2011.

———, *Setting the World Ablaze: Washington, Adams, Jefferson, and the American Revolution.* New York: Oxford University Press, 2000.

Field, James A., Jr. *America and the Mediterranean World, 1776–1882.* Princeton, N.J.: Princeton University Press, 1969.

Fischer, David Hackett. *America, a Cultural History.* Vol. 1, *Albion's Seed: Four British Folkways in America.* New York: Oxford University Press, 1989.

———, *Paul Revere's Ride.* New York: Oxford University Press, 1994.

———, *Washington's Crossing.* Pivotal Moments in American History. New York: Oxford University Press, 2004.

Flavell, Julie. *When London Was Capital of America.* New Haven, Conn.: Yale University Press, 2010.

Flexner, James Thomas. *George Washington and the New Nation, 1783–1793.* Boston: Little, Brown, 1970.

Flower, Milton E. *John Dickinson: Conservative Revolutionary.* Charlottesville: Published for the Friends of the John Dickinson Mansion by the University Press of Virginia, 1983.

Foner, Eric. *The Story of American Freedom.* New York: W. W. Norton, 1998.

Foner, Philip S., ed. *The Democratic-Republican Societies, 1790–1800: A Documentary Sourcebook of Constitutions, Declarations, Addresses, Resolutions, and Toasts.* Westport, Conn.: Greenwood Press, 1976.

Forbes, Robert Pierce. *The Missouri Compromise and Its Aftermath: Slavery and the Meaning of America.* Chapel Hill: University of North Carolina Press, 2007.

Forsythe, David P., ed. *Encyclopedia of Human Rights.* Vol. 1, *Afghanistan—Democracy and Right to Participation.* New York: Oxford University Press, 2009.

Franklin, Benjamin. *A Benjamin Franklin Reader.* Edited by Walter Isaacson. New York: Simon and Schuster, 2003.

Freeman, Douglas Southall, John Alexander Carroll, and Mary Wells Ashworth. *George Washington: A Biography.* 7 vols. New York: Charles Scribner's Sons, 1948–57.

Freeman, Joanne B. *Affairs of Honor: National Politics in the New Republic.* New Haven, Conn.: Yale Nota Bene, 2002.

Fremont-Barnes, Gregory. *The Wars of the Barbary Pirates: To the Shores of Tripoli; The Rise of the US Navy and Marines.* Essential Histories, no. 66. Oxford: Osprey, 2006.

Fremont-Barnes, Gregory, Richard Alan Ryerson, James Arnold, and Roberta Wiener, eds. *The Encyclopedia of the American Revolutionary War: A Political, Social, and Military History.* 5

vols. Santa Barbara, Calif.: ABC–CLIO, 2006.

Frey, Sylvia R. *Water from the Rock: Black Resistance in a Revolutionary Age.* Princeton, N.J.: Princeton University Press, 1991.

Fryer, Mary Beacock, and Christopher Dracott. *John Graves Simcoe, 1752–1806: A Biography.* Toronto: Dundurn Press, 1998.

Gaines, James R. *For Liberty and Glory: Washington, Lafayette, and Their Revolutions.* New York: W. W. Norton, 2007.

Gallatin, Albert. *Biographical Memoir of Albert Gallatin.* New York: J. and H. G. Langley, 1843. Reprint, LaVergne, Tenn.: Kessinger, 2009. Page numbers are to the 2009 edition.

———, *Report of the Secretary of the Treasury, or the Subject of Public Roads and Canals, Made in Pursuance of a Resolution of Senate of March 2d, 1807.* Washington, D.C.: William A. Davis, 1816.

———, *Selected Writings of Albert Gallatin.* Edited by E. James Ferguson. The American Heritage Series. Indianapolis: Bobbs–Merrill, 1967.

Gardner, Jared. *Master Plots: Race and the Founding of an American Literature, 1787–1845.* Baltimore: Johns Hopkins University Press, 1998.

Gaustad, Edwin S. *Faith of the Founders: Religion and the New Nation, 1776–1826.* Waco, Tex.: Baylor University Press, 2004. Reprint of 2d edition, which was published in 1993 as *Neither King Nor Prelate: Religion and the New Nation, 1776–1826* by William B. Eerdmans.

———, *Sworn on the Altar of God: A Religious Biography of Thomas Jefferson.* Library of Religious Biography. Grand Rapids, Mich.: William B. Eerdmans, 1996.

Gibbs, George. *Memoirs of the Administrations of Washington and John Adams, Edited from the Papers of Oliver Wolcott, Secretary of the Treasury.* 2 vols. New York: Printed for the Subscribers [W. Van Norden, Printer], 1846.

Gillespie, Michael Allen. *The Theological Origins of Modernity.* Chicago: University of Chicago Press, 2008.

Gipson, Lawrence Henry. *The British Empire Before the American Revolution.* 15 vols. New York: Alfred A. Knopf, 1939–70.

Godson, Susan H. *The College of William and Mary: A History.* 2 vols. Williamsburg, Va.: King and Queen Press, Society of the Alumni, College of William and Mary in Virginia, 1993.

Goldsmith, William M. *The Growth of Presidential Power: A Documented History.* Vol. 1, *The Formative Years.* New York: Chelsea House, 1974.

Gordon-Reed, Annette. *The Hemingses of Monticello: An American Family*. New York: W. W. Norton, 2008.

———, *Thomas Jefferson and Sally Hemings: An American Controversy*. Charlottesville: University Press of Virginia, 1997.

Gorn, Elliott J., Randy Roberts, and Terry D. Bilhartz, eds. *Constructing the American Past: A Source Book of a People's History*. 5th ed. Vol. 1. New York: Pearson / Longman, 2005.

Gould, Eliga H. *The Persistence of Empire: British Political Culture in the Age of the American Revolution*. Chapel Hill: Published for the Omohundro Institute of Early American History and Culture, Williamsburg, Va., by the University of North Carolina Press, 2000.

Gould, Eliga H., and Peter S. Onuf, eds. *Empire and Nation: The American Revolution in the Atlantic World*. Anglo-America in the Transatlantic World. Baltimore: Johns Hopkins University Press, 2005.

Green, Michael D. *The Politics of Indian Removal: Creek Government and Society in Crisis*. Lincoln: University of Nebraska Press, 1982.

Greene, Jack P. *The Quest for Power: The Lower Houses of Assembly in the Southern Royal Colonies, 1689–1776*. New York: W. W. Norton, 1972. First published in 1963 by the University of North Carolina Press.

Griffin, Patrick. *American Leviathan: Empire, Nation, and Revolutionary Frontier*. New York: Hill and Wang, 2007.

Halliday, E. M. *Understanding Thomas Jefferson*. New York: HarperCollins, 2001.

Hamilton, Alexander. *The Papers of Alexander Hamilton*. Edited by Harold C. Syrett and Jacob E. Cooke. 27 vols. New York: Columbia University Press, 1961–87.

———, *Writings*. The Library of America, no. 129. New York: Literary Classics of the United States, 2001.

Hammond, John Craig. *Slavery, Freedom, and Expansion in the Early American West*. Jeffersonian America. Charlottesville: University of Virginia Press, 2007.

Harrell, Isaac Samuel. *Loyalism in Virginia: Chapters in the Economic History of the Revolution*. Duke University Publications. Durham, N.C.: Duke University Press, 1926.

Harrison, Lowell H. *George Rogers Clark and the War in the West*. Lexington: University Press of Kentucky, 1976.

Hast, Adele. *Loyalism in Revolutionary Virginia: The Norfolk Area and the Eastern Shore*. Studies in American History and Culture, no. 34. Ann Arbor, Mich.: UMI Research Press, 1982.

Hatch, Nathan O. *The Sacred Cause of Liberty: Republican Thought and the Millennium in*

Revolutionary New England. New Haven, Conn.: Yale University Press, 1977.

Hatfield, April Lee. *Atlantic Virginia: Intercolonial Relations in the Seventeenth Century.* Philadelphia: University of Pennsylvania Press, 2003.

Hayes, Kevin J. *The Road to Monticello: The Life and Mind of Thomas Jefferson.* New York: Oxford University Press, 2008.

Hazelton, John H. *The Declaration of Independence: Its History.* New York: Da Capo Press, 1970. First published in 1906 by Dodd, Mead.

Herring, George C. *From Colony to Superpower: U.S. Foreign Relations Since 1776.* The Oxford History of the United States. New York: Oxford University Press, 2008.

Higginbotham, Don. *War and Society in Revolutionary America: The Wider Dimensions of Conflict.* American Military History. Columbia: University of South Carolina Press, 1988.

Hitchens, Christopher. *Thomas Paine's Rights of Man.* Books That Changed the World. New York: Atlantic Monthly Press, 2006.

Hoffman, Ronald, and Peter J. Albert, eds. *Sovereign States in an Age of Uncertainty.* Perspectives

on the American Revolution. Charlottesville: Published for the United States Capitol Historical Society by the University Press of Virginia, 1981.

Hofstadter, Richard. *The American Political Tradition and the Men Who Made It.* New York: Vintage Books, 1989. First published in 1948 by Alfred A. Knopf.

———, *Anti-Intellectualism in American Life.* New York: Vintage Books, 1963.

———, *The Idea of a Party System: The Rise of Legitimate Opposition in the United States, 1780–1840.* Jefferson Memorial Lectures. Berkeley: University of California Press, 1969.

———, *The Paranoid Style in American Politics and Other Essays.* Cambridge, Mass.: Harvard University Press, 1996. First published in 1965 by Alfred A. Knopf.

Hogeland, William. *Declaration: The Nine Tumultuous Weeks When America Became Independent, May 1–July 4, 1776.* New York: Simon and Schuster, 2010.

———, *The Whiskey Rebellion: George Washington, Alexander Hamilton, and the Frontier Rebels Who Challenged America's Newfound Sovereignty.* New York: Simon and Schuster, 2006.

Holton, Woody. *Abigail Adams.* New York: Free Press, 2010.

———, *Forced Founders: Indians, Debtors, Slaves, and the Making of the American Revolution in Virginia.* Chapel Hill: Published for the Omohundro Institute of Early American History and Culture, Williamsburg, Va., by the University of North Carolina Press, 1999.

Hooper, Robert. *Quincy's Lexicon-Medicum: A New Medical Dictionary.* Philadelphia: E. and R.

Parker, Griggs, 1817.

Hormats, Robert D. *The Price of Liberty: Paying for America's Wars*. New York: Times Books, 2007.

Horn, James. *Adapting to a New World: English Society in the Seventeenth-Century Chesapeake*. Chapel Hill: Published for the Institute of Early American History and Culture, Williamsburg, Va., by the University of North Carolina Press, 1994.

Horn, James, Jan Ellen Lewis, and Peter S. Onuf, eds. *The Revolution of 1800: Democracy, Race, and the New Republic*. Jeffersonian America. Charlottesville: University of Virginia Press, 2002.

Horn, Joan L. *Thomas Jefferson's Poplar Forest: A Private Place*. Forest, Va.: Corporation for Jefferson's Poplar Forest, 2002.

Horwitz, Robert H., ed. *The Moral Foundations of the American Republic*. 3d ed. Charlottesville: University Press of Virginia, 1986.

Howard, Hugh. *Houses of the Founding Fathers*. New York: Artisan, 2007.

Howe, Daniel Walker. *What Hath God Wrought: The Transformation of America, 1815–1848*. The Oxford History of the United States. New York: Oxford University Press, 2007.

Hunt, Lynn. *Inventing Human Rights: A History*. New York: W. W. Norton, 2007.

Hyland, William G., Jr. *In Defense of Thomas Jefferson: The Sally Hemings Sex Scandal*. New York: Thomas Dunne Books, 2009.

Imbarrato, Susan Clair. *Declarations of Independency in Eighteenth-Century American Autobiography*. Knoxville: University of Tennessee Press, 1998.

Irving, Washington. *George Washington: A Biography*. Abridged and edited by Charles Neider. Garden City, N.Y.: Doubleday, 1976. First published in 5 volumes from 1855–59 by G. P. Putnam.

Isaacson, Walter. *Benjamin Franklin: An American Life*. New York: Simon and Schuster, 2003.

Isenberg, Nancy. *Fallen Founder: The Life of Aaron Burr*. New York: Penguin Books, 2008.

Jackson, Donald. *Thomas Jefferson and the Stony Mountains: Exploring the West from Monticello*. Norman: University of Oklahoma Press, 1993. First published in 1981 by the University of Illinois Press.

Jacob, Margaret, and James Jacob, eds. *The Origins of Anglo-American Radicalism*. London: Allen and Unwin, 1984.

Jacoby, Susan. *Freethinkers: A History of American Secularism*. New York: Metropolitan Books, 2004.

Jasanoff, Maya. *Liberty's Exiles: American Loyalists in the Revolutionary World*. New York: Alfred A. Knopf, 2011.

Jayne, Allen. *Jefferson's Declaration of Independence: Origins, Philosophy, and Theology*. Lexington: University Press of Kentucky, 1998.

Jefferson, Thomas. *The Complete Anas of Thomas Jefferson*. Edited by Franklin B. Sawvel. New York: Round Table Press, 1903. Reprint, LaVergne, Tenn.: BiblioLife, 2009. Page numbers are to the 2009 edition.

————, *Jefferson Abroad*. Edited by Douglas L. Wilson and Lucia Stanton. New York: Modern Library, 1999.

————, *The Jefferson Bible: The Life and Morals of Jesus of Nazareth*. Boston: Beacon Press, 1989. First published in 1904 by the Government Printing Office.

————, *The Jefferson Bible: The Life and Morals of Jesus of Nazareth, Extracted Textually from the Gospels in Greek, Latin, French and English*. With essays by Harry R. Rubenstein, Barbara Clark Smith, and Janice Stagnitto Ellis. Washington, D.C.: Smithsonian Books, 2011.

————, *Jefferson's Extracts from the Gospels: "The Philosophy of Jesus" and "The Life and Morals of Jesus."* Edited by Dickinson W. Adams and Ruth W. Lester. The Papers of Thomas Jefferson. 2d ser. Princeton, N.J.: Princeton University Press, 1983.

————, *Jefferson's Literary Commonplace Book*. Edited by Douglas L. Wilson. The Papers of Thomas Jefferson. 2d ser. Princeton, N.J.: Princeton University Press, 1989.

————, *Jefferson's Memorandum Books: Accounts, with Legal Records and Miscellany, 1767–1826*. Edited by James A. Bear, Jr., and Lucia C. Stanton. 2 vols. The Papers of Thomas Jefferson. 2d ser. Princeton, N.J.: Princeton University Press, 1997.

————, *Light and Liberty: Reflections on the Pursuit of Happiness*. Edited by Eric S. Petersen. New York: Modern Library, 2004.

————, *The Papers of Thomas Jefferson*. Edited by Julian P. Boyd and others. 38 vols. to date. Princeton, N.J.: Princeton University Press, 1950 – .

————, *The Papers of Thomas Jefferson. Retirement Series*. Edited by J. Jefferson Looney and others. 8 vols. to date. Princeton, N.J.: Princeton University Press, 2004 – .

————, *Thomas Jefferson's Farm Book: With Commentary and Relevant Extracts from Other Writings*. Edited by Edwin Morris Betts. Charlottesville: University Press of Virginia, 1976. First published in 1953 by Princeton University Press.

————, *Thomas Jefferson's Garden Book, 1766–1824: With Relevant Extracts from His Other Writings*. Edited by Edwin Morris Betts. Philadelphia: American Philosophical Society,

1944.

———, *The Words of Thomas Jefferson*. Charlottesville, Va: Thomas Jefferson Foundation, 2008.

———, *Writings*. Edited by Merrill D. Peterson. The Library of America, no. 17. New York: Literary Classics of the United States, 1984.

———, *The Writings of Thomas Jefferson*. Edited by Paul Leicester Ford. 10 vols. New York: G. P. Putnam's Sons, 1892–99. Reprint, LaVergne, Tenn.: Kessinger, 2009.

Johnstone, Robert M., Jr. *Jefferson and the Presidency: Leadership in the Young Republic*. Ithaca, N.Y.: Cornell University Press, 1978.

Jones, Howard Muford. *America and French Culture, 1750–1848*. Westport, Conn.: Greenwood Press, 1973. First published in 1927 by the University of North Carolina Press.

Jones, Hugh. *The Present State of Virginia*. London: Printed for J. Clarke, 1724.

Jones, Robert F. *George Washington*. Rev. ed. New York: Fordham University Press, 1986.

Jordan, Daniel P. *Political Leadership in Jefferson's Virginia*. Charlottesville: University Press of Virginia, 1996.

Kaminski, John P. *The Great Virginia Triumvirate: George Washington, Thomas Jefferson, and James Madison in the Eyes of Their Contemporaries*. Charlottesville: University of Virginia Press, 2010.

———, ed. *The Founders on the Founders: Word Portraits from the American Revolutionary Era*. Charlottesville: University of Virginia Press, 2008.

Kaplan, Lawrence S. *Jefferson and France: An Essay on Politics and Political Ideas*. Westport, Conn.: Greenwood Press, 1980. First published in 1967 by Yale University Press.

Kastor, Peter J. *The Great Acquisition: An Introduction to the Louisiana Purchase*. Great Falls, Mont.: Lewis and Clark Interpretive Association, 2003.

Kern, Susan. *The Jeffersons at Shadwell*. The Lamar Series in Western History. New Haven, Conn.: Yale University Press, 2010.

Ketcham, Ralph. *James Madison: A Biography*. Charlottesville: University Press of Virginia, 1990. First published in 1971 by Macmillan.

———, ed. *The Anti-Federalist Papers and the Constitutional Convention Debates*. New York: Signet Classic, 2003.

Ketchum, Richard M. *Divided Loyalties: How the American Revolution Came to New York*. New York: Henry Holt, 2002.

Kidd, Thomas S. *Patrick Henry: First Among Patriots*. New York: Basic Books, 2011.

Kierner, Cynthia A. *Martha Jefferson Randolph, Daughter of Monticello: Her Life and Times*.

Chapel Hill: University of North Carolina Press, 2012.

———, *Scandal at Bizarre: Rumor and Reputation in Jefferson's America*. New York: Palgrave Macmillan, 2004.

Kimball, Marie. *Jefferson: The Road to Glory, 1743–1776*. New York: Coward-McCann, 1943.

———, *Jefferson: The Scene of Europe, 1784–1789*. New York: Coward-McCann, 1950.

———, *Jefferson: War and Peace, 1776–1784*. New York: Coward-McCann, 1947.

———, *Thomas Jefferson's Cook Book*. Charlottesville: University Press of Virginia, 1976.

King, Rufus. *The Life and Correspondence of Rufus King: Comprising His Letters, Private and Official, His Public Documents, and His Speeches*. 6 vols. Edited by Charles R. King. New York: Da Capo Press, 1971. First published in 1894–1900 by G. P. Putnam's Sons.

Koch, Adrienne. *The Philosophy of Thomas Jefferson*. Chicago: Quadrangle Books, 1964. First published in 1943 by Columbia University Press.

Kolodny, Annette. *The Land Before Her: Fantasy and Experience of the American Frontiers, 1630–1860*. Chapel Hill: University of North Carolina Press, 1984.

Kranish, Michael. *Flight from Monticello: Thomas Jefferson at War*. New York: Oxford University Press, 2010.

Kukla, Jon. *Mr. Jefferson's Women*. New York: Alfred A. Knopf, 2007.

———, *A Wilderness So Immense: The Louisiana Purchase and the Destiny of America*. New York: Anchor Books, 2004.

Labaree, Leonard Woods. *Conservatism in Early American History*. Ithaca, N.Y.: Cornell University Press, 1965. First published in 1948 by New York University Press.

LaCroix, Alison L. *The Ideological Origins of American Federalism*. Cambridge, Mass.: Harvard University Press, 2010.

Lambert, Frank. *The Barbary Wars: American Independence in the Atlantic World*. New York: Hill and Wang, 2005.

Lancaster, Bruce. *The American Heritage Book of the Revolution*. Edited by Richard M. Ketchum. New York: American Heritage, 1958.

Lancaster, Robert A., Jr. *Historic Virginia Homes and Churches*. Philadelphia: J. B. Lippincott, 1915.

Landau, Barry H. *The President's Table: Two Hundred Years of Dining and Diplomacy*. New York: Collins, 2007.

Langguth, A. J. *Patriots: The Men Who Started the American Revolution*. New York: Simon and Schuster, 1988.

———, *Union 1812: The Americans Who Fought the Second War of Independence*. New York: Simon and Schuster, 2006.

Leavitt, Judith Walzer. *Brought to Bed: Childbearing in America, 1750 to 1950*. New York: Oxford University Press, 1986.

Lee, Henry. *Observations on the Writings of Thomas Jefferson: With Particular Reference to the Attack They Contain on the Memory of the Late Gen. Henry Lee; In a Series of Letters*. N.p.: Nabu Press, 2010. First published in 1832 by C. De Behr.

Leepson, Marc. *Saving Monticello: The Levy Family's Epic Quest to Rescue the House That Jefferson Built*. Charlottesville: University of Virginia Press, 2001.

Lemire, Elise. *"Miscegenation": Making Race in America*. Philadelphia: University of Pennsylvania Press, 2002.

Levy, Andrew. *The First Emancipator: The Forgotten Story of Robert Carter, the Founding Father Who Freed His Slaves*. New York: Random House, 2005.

Levy, Leonard W. *Jefferson and Civil Liberties: The Darker Side*. Elephant paperback ed. Chicago: Ivan R. Dee, 1989. First published in 1963 by Harvard University Press.

———, *Origins of the Bill of Rights*. Contemporary Law Series. New Haven, Conn.: Yale University Press, 1999.

Lewis, Jan Ellen, and Peter S. Onuf, eds. *Sally Hemings and Thomas Jefferson: History, Memory, and Civic Culture*. Jeffersonian America. Charlottesville: University of Virginia Press, 1999.

Lincoln, Abraham. *The Collected Works of Abraham Lincoln*. Edited by Roy P. Basler. 9 vols. New Brunswick, N.J.: Rutgers University Press, 1953–55.

Link, Eugene P. *Democratic-Republican Societies, 1790–1800*. New York: Octagon Books, 1973. First published in 1942 by Columbia University Press.

Lucas, Sir Charles Prestwood. *A History of Canada, 1763–1812*. Oxford: Clarendon Press, 1909.

Lukes, Steven, ed. *Power*. Readings in Social and Political Theory. New York: New York University Press, 1986.

Lyon, E. Wilson. *The Man Who Sold Louisiana: The Career of Francois Barbe-Marbois*. Norman: University of Oklahoma Press, 1942.

Mackenzie, Alexander. *Voyages from Montreal, on the River St. Laurence: Through the Continent of North America, to the Frozen and Pacific Oceans; In the Years 1789 and 1793*. 2 vols. in 1. New York: W. B. Gilley, 1814.

Mackie, John Milton. *John Milton Mackie's "The Administration of President Washington."* Edited by Frank E. Grizzard, Jr. Buena Vista, Va.: Mariner, 2006.

Maclay, William. *The Journal of William Maclay, United States Senator from Pennsylvania, 1789–1791*. American Classics. New York: F. Ungar, 1965. Reprinted from the 1927 edition by A. and C. Boni; first published in 1890 by D. A. Appleton.

Madison, Dolley. *The Selected Letters of Dolley Payne Madison*. Edited by David B. Mattern and Holly C. Shulman. Charlottesville: University of Virginia Press, 2003.

Madison, James. *James Madison: A Biography in His Own Words*. Edited by Merrill D. Peterson. 2 vols. The Founding Fathers. New York: Newsweek, 1974.

———, *The Papers of James Madison: Presidential Series*. Edited by Robert A. Rutland and others. 6 vols. to date. Charlottesville: University Press of Virginia, 1984–.

Maier, Pauline. *American Scripture: Making the Declaration of Independence*. New York: Alfred A. Knopf, 1997.

———, *Ratification: The People Debate the Constitution, 1787–1788*. New York: Simon and Schuster, 2010.

Malone, Dumas. *Jefferson and His Time*. 6 vols. Boston: Little, Brown, 1948–81. Vol. 1, *Jefferson the Virginian*, 1948. Vol. 2, *Jefferson and the Rights of Man*, 1951. Vol. 3, *Jefferson and the Ordeal of Liberty*, 1962. Vol. 4, *Jefferson the President: First Term, 1801–1805*, 1970. Vol. 5, *Jefferson the President: Second Term, 1805–1809*, 1974. Vol. 6, *The Sage of Monticello*, 1981.

———, *Thomas Jefferson as Political Leader*. Jefferson Memorial Lectures. Berkeley: University of California Press, 1963.

Mapp, Alf J., Jr. *Thomas Jefferson: Passionate Pilgrim; The Presidency, the Founding of the University, and the Private Battle*. Lanham, Md.: Rowman and Littlefield, 2008. First published in 1991 by Madison Books.

Marshall, John. *The Papers of John Marshall*. Edited by Herbert A. Johnson and others. 12 vols. to date. Chapel Hill: University of North Carolina Press, 1974–.

———, *Writings*. Edited by Charles F. Hobson. The Library of America, no. 198. New York: Library of America, 2010.

Marshall, P. J. *The Making and Unmaking of Empires: Britain, India, and America, c. 1750–1783*. New York: Oxford University Press, 2005.

Matrana, Marc R. *Lost Plantations of the South*. Jackson: University Press of Mississippi, 2009.

Matthew, H. C. G., and Brian Harrison, eds., *Oxford Dictionary of National Biography: In Association with the British Academy; From the Earliest Times to the Year 2000*. New York: Oxford University Press, 2004.

Matthews, Richard K. *The Radical Politics of Thomas Jefferson: A Revisionist View*. Lawrence: University Press of Kansas, 1984.

May, Henry F. *The Enlightenment in America*. New York: Oxford University Press, 1976.

Mayer, David N. *The Constitutional Thought of Thomas Jefferson*. Constitutionalism and Democracy. Charlottesville: University Press of Virginia, 1994.

Mayer, Henry. *All on Fire: William Lloyd Garrison and the Abolition of Slavery*. New York: St. Martin's Press, 1998.

———, *A Son of Thunder: Patrick Henry and the American Republic*. New York: Grove Press, 2001. First published in 1986 by Franklin Watts.

McClinton, Arthur T., and J. Winston Coleman, Francis F. Wayland, John Walter Wayland, and Thomas Lewis. *The Fairfax Line: A Historic Landmark*. Edinburg, Va.: Shenandoah County Historical Society, 1990. First published in 1925 by Henkel Press.

McConville, Brendan. *The King's Three Faces: The Rise and Fall of Royal America, 1688–1776*. Chapel Hill: Published for the Omohundro Institute of Early American History and Culture, Williamsburg, Va., by the University of North Carolina Press, 2006.

McCormick, Richard P. *The Presidential Game: The Origins of American Presidential Politics*. New York: Oxford University Press, 1982.

McCoy, Drew R. *The Elusive Republic: Political Economy in Jeffersonian America*. Chapel Hill: Published for the Institute of Early American History and Culture, Williamsburg, Va., by the University of North Carolina Press, 1980.

———, *The Last of the Fathers: James Madison and the Republican Legacy*. Cambridge: Cambridge University Press, 1989.

McCullough, David. *The Greater Journey: Americans in Paris*. New York: Simon and Schuster, 2011.

———, *John Adams*. New York: Simon and Schuster, 2001.

———, *1776*. New York: Simon and Schuster, 2005.

McDonald, Forrest. *The Presidency of Thomas Jefferson*. American Presidency Series. Lawrence: University Press of Kansas, 1976.

———, *States' Rights and the Union: Imperium in Imperio, 1776–1876*. American Political Thought. Lawrence: University Press of Kansas, 2000.

McDonnell, Michael A. *The Politics of War: Race, Class, and Conflict in Revolutionary Virginia*. Chapel Hill: Published for the Omohundro Institute of Early American History and Culture, Williamsburg, Va., by the University of North Carolina Press, 2007.

McDougall, Walter A. *Freedom Just Around the Corner: A New American History, 1585–1828.* New York: HarperCollins, 2004.

McPherson, James M., ed. *"To the Best of My Ability": The American Presidents.* Rev. U.S. ed. New York: DK, 2004.

Meacham, Jon. *American Gospel: God, the Founding Fathers, and the Making of a Nation.* New York: Random House, 2006.

Meade, Robert Douthat. *Patrick Henry: Practical Revolutionary.* Philadelphia: J. B. Lippincott, 1969.

Meckler, Michael, ed. *Classical Antiquity and the Politics of America: From George Washington to George W. Bush.* Waco, Tex.: Baylor University Press, 2006.

Merli, Frank J., and Theodore A. Wilson, eds. *Makers of American Diplomacy, from Benjamin Franklin to Henry Kissinger.* 2 vols. New York: Charles Scribner's Sons, 1974.

Merrill, Boynton, Jr. *Jefferson's Nephews: A Frontier Tragedy.* Lincoln: University of Nebraska Press, 2004. First published in 1976 by Princeton University Press.

Middlekauff, Robert. *The Glorious Cause: The American Revolution, 1763–1789.* Rev. and expanded ed. The Oxford History of the United States. New York: Oxford University Press, 2005.

Milkis, Sidney M., and Michael Nelson. *The American Presidency: Origins and Development, 1776–2007.* 5th ed. Washington, D.C.: CQ Press, 2008.

Miller, Douglas T. *The Birth of Modern America, 1820–1850.* New York: Pegasus, 1970.

Miller, John C. *The Federalist Era, 1789–1801.* Prospect Heights, Ill.: Waveland Press, 1998. First published in 1960 by Harper and Row.

———, *The Wolf by the Ears: Thomas Jefferson and Slavery.* Charlottesville: Thomas Jefferson Memorial Foundation and the University Press of Virginia, 1991. First published in 1977 by the Free Press.

Miller, William Lee. *The First Liberty: America's Foundation in Religious Freedom.* Expanded and updated ed. Washington, D.C.: Georgetown University Press, 2003.

Monroe, James. *The Papers of James Monroe.* Edited by Daniel Preston and Marlena C. DeLong. 4 vols. to date. Westport, Conn.: Greenwood Press, 2003–.

Montross, Lynn. *The Reluctant Rebels: The Story of the Continental Congress, 1774–1789.* New York: Harper and Brothers, 1950.

Moody, William B. B. *Monarchism in America.* Livermore, Calif.: WingSpan Press, 2009.

Moore, Christopher. *The Loyalists: Revolution, Exile, Settlement.* Toronto: Macmillan of

Canada, 1984.

Moore, John Hammond. *Albemarle, Jefferson's County, 1727–1976.* Charlottesville: Published for the Albemarle County Historical Society by the University Press of Virginia, 1976.

Moore, Roy, and Alma Moore. *Thomas Jefferson's Journey to the South of France.* New York: Stewart, Tabori and Chang, 1999.

Morgan, Edmund S. *American Slavery, American Freedom: The Ordeal of Colonial Virginia.* New York: W. W. Norton, 1975.

———. *The Birth of the Republic, 1763–89.* Rev. ed. Chicago History of American Civilization, no. 14. Chicago: University of Chicago Press, 1977.

———. *The Gentle Puritan: A Life of Ezra Stiles, 1727–1795.* New Haven, Conn.: Published for the Institute of Early American History and Culture, Williamsburg, Va., by Yale University Press, 1962.

———. *Inventing the People: The Rise of Popular Sovereignty in England and America.* New York: W. W. Norton, 1988.

———. *Virginians at Home: Family Life in the Eighteenth Century.* Williamsburg in America Series, no. 2. Charlottesville, Va: Dominion Books, 1963. First published in 1952 by Colonial Williamsburg, Williamsburg, Va.

Morgan, Edmund S., and Helen M. Morgan. *The Stamp Act Crisis: Prologue to Revolution.* With a new preface by Edmund S. Morgan. Chapel Hill: Published for the Institute of Early American History and Culture at Williamsburg, Va., by the University of North Carolina Press, 1995. First published in 1953 by the University of North Carolina Press.

Morton, Louis. *Robert Carter of Nomini Hall: A Virginia Tobacco Planter of the Eighteenth Century.* Charlottesville, Va.: Dominion Books, 1969. First published in 1941 by Colonial Williamsburg, Williamsburg, Va.

Morton, Richard L. *Colonial Virginia.* Vol. 2, *Westward Expansion and Prelude to Revolution, 1710–1763.* Chapel Hill: Published for the Virginia Historical Society by the University of North Carolina Press, 1960.

Mullin, Gerald W. *Flight and Rebellion: Slave Resistance in Eighteenth-Century Virginia.* New York: Oxford University Press, 1972.

Murrin, John M., and others. *Liberty, Equality, Power: A History of the American People.* 6th ed. Boston: Wadsworth Cengage Learning, 2012.

Myers, Gustavus. *The History of Tammany Hall.* Ann Arbor: University of Michigan Library, 2005. First published in 1901 by the author.

Myers, Margaret G. *A Financial Hisotry of the United States*. New York: Columbia University Press, 1970.

Nagel, Paul C. *John Quincy Adams: A Public Life, a Private Life*. New York: Alfred A. Knopf, 1997.

Nash, Gary B. *The Unknown American Revolution: The Unruly Birth of Democracy and the Struggle to Create America*. New York: Viking, 2005.

Neely, Sylvia. *A Concise History of the French Revolution*. Lanham, Md.: Rowman and Littlefield, 2008.

Nelson, Craig. *Thomas Paine: Enlightenment, Revolution, and the Birth of Modern Nations*. New York: Viking, 2006.

Nelson, Michael, ed. *The Presidency and the Political System*. Washington, D.C.: CQ Press, 1984.

Nelson, William H. *The American Tory*. Oxford: Clarendon Press, 1961.

Newmyer, R. Kent. *John Marshall and the Heroic Age of the Supreme Court*. Baton Rouge: Louisiana State University Press, 2001.

Niven, John. *Martin Van Buren: The Romantic Age of American Politics*. New York: Oxford University Press, 1983.

Noll, Mark A. *America's God: From Jonathan Edwards to Abraham Lincoln*. New York: Oxford University Press, 2002.

Norton, Mary Beth. *The British-Americans: The Loyalist Exiles in England, 1774–1789*. Boston: Little, Brown, 1972.

———, *Liberty's Daughters: The Revolutionary Experience of American Women, 1750–1800*. Ithaca, N.Y.: Cornell University Press, 1996.

Novak, Michael. *Choosing Presidents: Symbols of Political Leadership*. 2d ed. New Brunswick, N.J.: Transaction, 1992. Rev. ed. of *Choosing Our King: Powerful Symbols in Presidential Politics*, published in 1974 by Macmillan.

Nugent, Walter. *Habits of Empire: A History of American Expansion*. New York: Alfred A. Knopf, 2008.

O'Brien, Conor Cruise. *The Long Affair: Thomas Jefferson and the French Revolution, 1785–1800*. Chicago: University of Chicago Press, 1996.

O'Lalor, Peter Joseph. *The Never Realized Republic: Political Economy and Republican Virtue*. 2d ed., rev. N.p.: Booksurge, 2005.

Onuf, Peter S. *Jefferson's Empire: The Language of American Nationhood*. Jeffersonian America.

Charlottesville: University Press of Virginia, 2000.

———, *The Mind of Thomas Jefferson*. Charlottesville: University of Virginia Press, 2007.

———, *Statehood and Union: A History of the Northwest Ordinance*. Midwestern History and Culture. Bloomington: Indiana University Press, 1987.

———, ed. *Congress and the Confederation*. Vol. 4 of *The New American Nation, 1775–1820*. New York: Garland, 1991.

———, ed. *Jeffersonian Legacies*. Charlottesville: University Press of Virginia, 1993.

Onuf, Peter S., and Nicholas P. Cole, eds. *Thomas Jefferson, the Classical World, and Early America*. Jeffersonian America. Charlottesville: University of Virginia Press, 2011.

Onuf, Peter S., and Nicholas Onuf. *Federal Union, Modern World: The Law of Nations in an Age of Revolutions, 1776–1814*. Madison, Wis.: Madison House, 1993.

Onuf, Peter S., and Leonard J. Sadosky. *Jeffersonian America*. Problems in American History, no. 5. Malden, Mass.: Blackwell, 2002.

Osborne, J. A. *Williamsburg in Colonial Times: Incidents in the Lives of the English Colonists in Virginia During the 17th and 18th Centuries as Revealed in Old Documents and Files of "The Virginia Gazette."* Richmond, Va.: Dietz Press, 1936.

Paine, Thomas. *Collected Writings*. The Library of America, no. 76. New York: Library of America, 1995.

Palmer, Gregory. *Biographical Sketches of Loyalists of the American Revolution*. Westport, Conn.: Meckler, 1984. Rev. ed. of the 2d ed. of work by Lorenzo Sabine and published in 1864 by Little, Brown.

———, ed. *A Bibliography of Loyalist Source Material in the United States, Canada, and Great Britain*. Westport, Conn.: Meckler, 1982.

Palmer, R. R. *The Age of the Democratic Revolution: A Political History of Europe and America, 1760–1800*. 2 vols. Princeton, N.J.: Princeton University Press, 1965.

Parent, Anthony S., Jr. *Foul Means: The Formation of a Slave Society in Virginia, 1660–1740*. Chapel Hill: Published for the Omohundro Institute of Early American History and Culture, Williamsburg, Va., by the University of North Carolina Press, 2003.

Parkman, Francis. *Montcalm and Wolfe: The French and Indian War*. With a foreword by C. Vann Woodward. New York: Da Capo Press, 1995. First published in 1884 by Little, Brown.

Parton, James. *Life of Thomas Jefferson*. The American Scene, Comments and Commentators. New York: Da Capo Press, 1971. First published in 1874 as *Life of Thomas Jefferson, Third*

President of the United States by J. R. Osgood.

Pasley, Jeffrey L. *"The Tyranny of Printers": Newspaper Politics in the Early American Republic.* Jeffersonian America. Charlottesville: University of Virginia Press, 2003.

Patterson, C. Perry. *Presidential Government in the United States: The Unwritten Constitution.* Chapel Hill: University of North Carolina Press, 1947.

Perkins, Bradford. *Prologue to War: England and the United States, 1805–1812.* Berkeley: University of California Press, 1961.

Peterson, Merrill D. *The Great Triumvirate: Webster, Clay, and Calhoun.* New York: Oxford University Press, 1987.

———, *The Jefferson Image in the American Mind.* Charlottesville: Thomas Jefferson Memorial Foundation and the University Press of Virginia, 1998. First published in 1960 by Oxford University Press.

———, *Thomas Jefferson and the New Nation: A Biography.* New York: Oxford University Press, 1970.

———, ed. *Visitors to Monticello.* Charlottesville: University Press of Virginia, 1989.

Phillips, Kevin. *The Cousins' Wars: Religion, Politics, and the Triumph of Anglo-America.* New York: Basic Books, 1999.

Piecuch, Jim. *Three Peoples, One King: Loyalists, Indians, and Slaves in the Revolutionary South, 1775–1782.* Columbia: University of South Carolina Press, 2008.

Pierard, Richard V., and Robert D. Linder. *Civil Religion and the Presidency.* Grand Rapids, Mich.: Academie Books, 1988.

Pitch, Anthony S. *The Burning of Washington: The British Invasion of 1814.* Annapolis, Md.: Naval Institute Press, 1998.

Plumer, William. *William Plumer's Memorandum of Proceedings in the United States Senate, 1803–1807.* Edited by Everett Somerville Brown. New York: Da Capo Press, 1969. First published in 1923 by Macmillan.

Pocock, J. G. A. *The Machiavellian Moment: Florentine Political Thought and the Atlantic Republican Tradition.* Princeton, N.J.: Princeton University Press, 1975.

Pollak, Louis H., ed. *The Constitution and the Supreme Court: A Documentary History.* Vol. 1. Cleveland: World, 1966.

Potts, Gwynne Tuell, and Samuel W. Thomas. *George Rogers Clark: Military Leader in the Pioneer West and Locust Grove; The Croghan Homestead Honoring Him.* Louisville, Ky.: Historic Locust Grove, 2006.

Prucha, Francis Paul. *The Great Father: The United States Government and the American Indians.* 2 vols. Lincoln: University of Nebraska Press, 1984.

Rakove, Jack N. *The Beginnings of National Politics: An Interpretive History of the Continental Congress.* New York: Alfred A. Knopf, 1979.

———, *Revolutionaries: A New History of the Invention of America.* Boston: Houghton Mifflin Harcourt, 2010.

Randall, Henry S. *The Life of Thomas Jefferson.* 3 vols. The American Scene. New York: Da Capo Press, 1972. First published in 1858 by Derby and Jackson.

Randall, Willard Sterne. *Ethan Allen: His Life and Times.* New York: W. W. Norton, 2011.

———, *George Washington: A Life.* New York: Henry Holt, 1997.

———, *Thomas Jefferson: A Life.* New York: Henry Holt, 1993.

Randolph, John. *Considerations on the Present State of Virginia.* Edited by E. G. Swem. Heartman's Historical Series, no. 32. New York: C. F. Heartman, 1919. Reprint, LaVergne, Tenn.: BiblioLife, 2010.

———, *A Letter from the Virginia Loyalist John Randolph to Thomas Jefferson, Written in London in 1779.* Edited by Leonard L. Mackall. Reprinted from the *Proceedings of the American Antiquarian Society* for April 1920. Worcester, Mass.: American Antiquarian Society, 1921.

Randolph, Sarah N. *The Domestic Life of Thomas Jefferson.* New York: Harper and Brothers, 1871.

Reardon, John J. *Edmund Randolph: A Biography.* New York: Macmillan, 1975.

———, *Peyton Randolph, 1721–1775: One Who Presided.* Durham, N.C.: Carolina Academic Press, 1982.

Remini, Robert V. *Daniel Webster: The Man and His Time.* New York: W. W. Norton, 1997.

Reps, John W. *Tidewater Towns: City Planning in Colonial Virginia and Maryland.* Williamsburg Architectural Studies. Charlottesville: University Press of Virginia, 1972.

Richard, Carl J. *The Founders and the Classics: Greece, Rome, and the American Enlightenment.* Cambridge, Mass.: Harvard University Press, 1994.

———, *The Golden Age of the Classics in America: Greece, Rome, and the Antebellum United States.* Cambridge, Mass.: Harvard University Press, 2009.

———, *Greeks and Romans Bearing Gifts: How the Ancients Inspired the Founding Fathers.* Lanham, Md.: Rowman and Littlefield, 2009.

Richter, Daniel K. *Before the Revolution: America's Ancient Pasts.* Cambridge, Mass.: Belknap Press of Harvard University Press, 2011.

———, *Facing East from Indian Country: A Native History of Early America*. Cambridge, Mass.: Harvard University Press, 2001.

Risjord, Norman K. *Jefferson's America, 1760–1815*. 3d ed. Lanham, Md.: Rowman and Littlefield, 2010.

Rivers, Isabel, and David L. Wykes, eds. *Joseph Priestley: Scientist, Philosopher, and Theologian*. New York: Oxford University Press, 2008.

Ronda, James P. *Jefferson's West: A Journey with Lewis and Clark*. Monticello Monograph Series. Charlottesville, Va.: Thomas Jefferson Foundation, 2000.

Rosenfeld, Richard N. *American Aurora: A Democratic-Republican Returns; The Suppressed History of Our Nation's Beginnings and the Heroic Newspaper That Tried to Report It*. New York: St. Martin's Press, 1997.

Rossiter, Clinton. *The American Presidency*. Rev. ed. New York: New American Library, 1960.

Rothman, Adam. *Slave Country: American Expansion and the Origins of the Deep South*. Cambridge, Mass.: Harvard University Press, 2005.

Rothman, Joshua D. *Notorious in the Neighborhood: Sex and Families Across the Color Line in Virginia, 1787–1861*. Chapel Hill: University of North Carolina Press, 2003.

Rutland, Robert A. *George Mason: Reluctant Statesman*. Baton Rouge: Louisiana State University Press, 1980. First published in 1961 by Colonial Williamsburg, Williamsburg, Va.

———, *James Madison: The Founding Father*. Columbia: University of Missouri Press, 1997. First published in 1987 by Macmillan.

Sabine, Lorenzo. *The American Loyalists; or, Biographical Sketches of Adherents to the British Crown in the War of the Revolution*. Boston: Charles C. Little and James Brown, 1864.

Sabine, William H. W., ed. *Historical Memoirs of William Smith*. 2 vols. New York: Arno Press, 1969. Reprint of the 3d ed., which began publication in 1956.

Sandoz, Ellis. *Political Sermons of the American Founding Era, 1730–1805*. 2 vols. Indianapolis: Liberty Fund, 1998.

Sanford, Charles B. *The Religious Life of Thomas Jefferson*. Charlottesville: University Press of Virginia, 1984.

Scadding, Henry, ed. *Letter to Sir Joseph Banks (President of the Royal Society of Great Britain) Written by Lieut.-Governor Simcoe in 1791*. Copp, Clark, 1890.

Schama, Simon. *Citizens: A Chronicle of the French Revolution*. New York: Vintage Books, 1990.

———. *Rough Crossings: Britain, the Slaves and the American Revolution*. New York: Ecco, 2006.

Scharff, Virginia. *The Women Jefferson Loved*. New York: Harper, 2010.

Scheer, George F., and Hugh F. Rankin. *Rebels and Redcoats*. New York: World, 1957.

Schlesinger, Arthur M., Jr. *War and the American Presidency*. New York: W. W. Norton, 2004.

Scholten, Catherine M. *Childbearing in American Society, 1650–1850*. The American Social Experience Series, no. 2. New York: New York University Press, 1985.

Schwartz, Marie Jenkins. *Birthing a Slave: Motherhood and Medicine in the Antebellum South*. Cambridge, Mass.: Harvard University Press, 2006.

Scott, K. Anthony. *Thomas Jefferson and Alexander Hamilton: A Defining Political Debate*. Boca Raton, Fla.: Universal, 2008.

Seale, William. *The President's House: A History*. Vol. 1. Washington, D.C.: White House Historical Association with the cooperation of the National Geographic Society, 1986.

Sears, Louis Martin. *Jefferson and the Embargo*. Durham, N.C.: Duke University Press, 1927.

Selby, John E. *The Revolution in Virginia, 1775–1783*. Williamsburg, Va.: Colonial Williamsburg Foundation, 1988. *A Selection of Eulogies Pronounced in the Several States, in Honor of Those Illustrious Patriots and Statesmen, John Adams and Thomas Jefferson*. Hartford, Conn.: D. F. Robinson, 1826. Reprint, N.p.: General Books, 2009.

Sharp, James Roger. *American Politics in the Early Republic: The New Nation in Crisis*. New Haven, Conn.: Yale University Press, 1993.

———. *The Deadlocked Election of 1800: Jefferson, Burr, and the Union in the Balance*. American Presidential Elections. Lawrence: University Press of Kansas, 2010.

Sheehan, Bernard W. *Seeds of Extinction: Jeffersonian Philanthropy and the American Indian*. New York: Published for the Institute of Early American History and Culture at Williamsburg, Va., by W. W. Norton, 1974. First published in 1973 by the University of North Carolina Press.

Sheldon, Garrett Ward. *The Political Philosophy of Thomas Jefferson*. Baltimore: Johns Hopkins University Press, 1993.

Shepherd, Jack. *The Adams Chronicles: Four Generations of Greatness*. Boston: Little, Brown, 1975.

Sheridan, Eugene R. *Jefferson and Religion*. Charlottesville, Va.: Thomas Jefferson Memorial Foundation, 1998.

Shortt, Adam, and Arthur G. Doughty, eds. *Documents Relating to the Constitutional History of*

Canada, 1759–1791. 2d and rev. ed. Vol. 2. Ottawa: J. de L. Tache, 1918.

Shuffelton, Frank, ed. *The Cambridge Companion to Thomas Jefferson*. Cambridge Companions to American Studies. Cambridge: Cambridge University Press, 2009.

Sidbury, James. *Ploughshares into Swords: Race, Rebellion, and Identity in Gabriel's Virginia, 1730–1810*. New York: Cambridge University Press, 1997.

Sidney, Algernon. *Discourses Concerning Government*. Edited by Thomas G. West. Indianapolis: Liberty Classics, 1990. First published in 1698 by J. Toland.

Simon, James F. *What Kind of Nation: Thomas Jefferson, John Marshall, and the Epic Struggle to Create a United States*. New York: Simon and Schuster, 2002.

Skowronek, Stephen. *The Politics Presidents Make: Leadership from John Adams to George Bush*. Cambridge, Mass.: Belknap Press of Harvard University Press, 1997.

Sky, Theodore. *The National Road and the Difficult Path to Sustainable National Investment*. Lanham, Md.: University of Delaware Press, 2011.

Sloan, Herbert E. *Principle and Interest: Thomas Jefferson and the Problem of Debt*. New York: Oxford University Press, 1995.

Smelser, Marshall. *The Democratic Republic, 1801–1815*. The New American Nation Series. New York: Harper and Row, 1968.

Smith, Culver H. *The Press, Politics, and Patronage: The American Government's Use of Newspapers, 1789–1875*. Athens: University of Georgia Press, 1977.

Smith, James Morton, *Freedom's Fetters: The Alien and Sedition Laws and American Civil Liberties*. Ithaca, N.Y.: Cornell University Press, 1966.

———, ed. *The Republic of Letters: The Correspondence Between Thomas Jefferson and James adison, 1776–1826*. 3 vols. New York: W. W. Norton, 1995.

Smith, Jean Edward. *John Marshall: Definer of a Nation*. New York: Henry Holt, 1996.

Smith, Margaret Bayard. *The First Forty Years of Washington Society in the Family Letters of Margaret Bayard Smith*. Edited by Gaillard Hunt. American Classics. New York: Frederick Ungar, 1965. First published in 1906 by Charles Scribner's Sons.

Smith, Paul H. *Loyalists and Redcoats: A Study in British Revolutionary Policy*. Chapel Hill: Published for the Institute of Early American History and Culture at Williamsburg, Va., by the University of North Carolina Press, 1964.

———, ed. *Letters of Delegates to Congress, 1774–1789*. 26 vols. Washington, D.C.: Library of Congress, 1976–2000.

Smith, William. *The Diary and Selected Papers of Chief Justice William Smith, 1784–1793*. Edited by L. F. S. Upton. 2 vols. The Publications of the Champlain Society, nos. 41 and 42. Toronto: Champlain Society, 1963–65.

Smith-Rosenberg, Carroll. *This Violent Empire: The Birth of an American National Identity.* Chapel Hill: Published for the Omohundro Institute of Early American History and Culture, Williamsburg, Va., by the University of North Carolina Press, 2010.

Sofaer, Abraham D. *War, Foreign Affairs, and Constitutional Power: The Origins.* Cambridge, Mass.: Ballinger, 1976.

Spalding, Paul S. *Lafayette: Prisoner of State.* Columbia, S.C.: University of South Carolina Press, 2010.

Spivak, Burton. *Jefferson's English Crisis: Commerce, Embargo, and the Republican Revolution.* Charlottesville: University Press of Virginia, 1979.

Stahr, Walter. *John Jay: Founding Father.* New York: Hambledon and London, 2005.

Stanton, Lucia. *Free Some Day: The African-American Families of Monticello.* Monticello Monograph Series. Charlottesville, Va.: Thomas Jefferson Foundation, 2000.

———, *Slavery at Monticello.* Monticello Monograph Series. Charlottesville, Va.: Thomas Jefferson Memorial Foundation, 1996.

———, *"Those Who Labor for My Happiness": Slavery at Thomas Jefferson's Monticello.* Jeffersonian America. Charlottesville: University of Virginia Press, 2012.

Stein, Susan R. *The Worlds of Thomas Jefferson at Monticello.* New York: H. N. Abrams, in association with the Thomas Jefferson Memorial Foundation, 1993.

Stevens, John Austin. *Albert Gallatin: An American Statesman.* Honolulu, Hawaii: University Press of the Pacific, 2000. First published in 1883 by Houghton, Mifflin.

Stewart, David O. *American Emperor: Aaron Burr's Challenge to Jefferson's America.* New York: Simon and Schuster, 2011.

———, *The Summer of 1787: The Men Who Invented the Constitution.* New York: Simon and Schuster, 2007.

St. John de Crevecoeur, J. Hector. *Letters from an American Farmer; and, Sketches of Eighteenth-Century America.* Edited by Albert E. Stone. New York: Penguin Books, 1986.

Stoll, Ira. *Samuel Adams: A Life.* New York: Free Press, 2009.

Stone, Bailey. *Reinterpreting the French Revolution: A Global-Historical Perspective.* New York: Cambridge University Press, 2002.

Sydnor, Charles S. *Gentlemen Freeholders: Political Practices in Washington's Virginia.* Chapel Hill: Published for the Institute of Early American History and Culture at Williamsburg,

Va., by the University of North Carolina Press, 1952.

Taylor, Alan. *American Colonies*. The Penguin History of the United States. New York: Penguin Books, 2002.

———, *The Civil War of 1812: American Citizens, British Subjects, Irish Rebels, and Indian Allies*. New York: Alfred A. Knopf, 2010.

Thomas, Isaiah. *The History of Printing in America: With a Biography of Printers and an Account of Newspapers*. 2d ed. Edited by Marcus A. McCorison. New York: Crown, 1970.

Tise, Larry E. *The American Counterrevolution: A Retreat from Liberty, 1783–1800*. Mechanicsburg, Penn.: Stackpole Books, 1998.

Toll, Ian W. *Six Frigates: The Epic History of the Founding of the U.S. Navy*. New York: W. W. Norton, 2006.

Troy, Gil, Arthur M. Schlesinger, Jr., and Fred L. Israel, eds. *History of American Presidential Elections, 1789–2008*. 4th ed. Vol. 1, *1789–1868*. New York: Facts on File, 2010.

Tucker, David. *Enlightened Republicanism: A Study of Jefferson's "Notes on the State of Virginia."* Lanham, Md.: Lexington Books, 2008.

Tucker, George. *The Life of Thomas Jefferson: Third President of the United States*. Vol. 1. London: Charles Knight, 1837. Reprint, Lexington, Ky.: Adamant Media Corp., 2006.

Tucker, Robert W., and David C. Hendrickson. *Empire of Liberty: The Statecraft of Thomas Jefferson*. New York: Oxford University Press, 1992.

Turner, Jane, ed. *The Dictionary of Art*. 34 vols. New York: Grove's Dictionaries, 1996.

Tyler, Lyon Gardiner. *Williamsburg: The Old Colonial Capital*. Richmond, Va.: Whittet and Shepperson, 1907.

Unger, Harlow Giles. *John Hancock: Merchant King and American Patriot*. New York: John Wiley and Sons, 2000.

United States National Park Service. Division of Publications. *Independence: A Guide to Independence National Historical Park, Philadelphia, Pennsylvania*. National Park Handbook, no. 115. Washington, D.C.: National Park Service, U.S. Dept. of the Interior, 1982.

Upton, L. F. S. *The Loyal Whig: William Smith of New York and Quebec*. Toronto: University of Toronto Press, 1969.

Van Buren, Martin. *The Autobiography of Martin Van Buren*. Edited by John C. Fitzpatrick. Vol. 2 of the *Annual Report of the American Historical Association for the Year 1918*. Washington, D.C.: Government Printing Office, 1920.

———, *Inquiry into the Origin and Course of Political Parties in the United States*. Reprints of

Economic Classics. New York: A. M. Kelley, 1967. First published in 1867 by Hurd and Houghton.

Varg, Paul A. *Foreign Policies of the Founding Fathers.* Baltimore: Penguin Books, 1970.

Virginia. General Assembly. House of Burgesses. *Journals of the House of Burgesses of Virginia, 1619–[1776].* 13 vols. Volumes for 1619–1761 edited by H. R. McIlwaine; volumes for 1761–76 edited by John Pendleton Kennedy. Richmond, Va.: Colonial Press, E. Waddey, 1905–15. Reprint, LaVergne, Tenn.: BiblioLife, 2010.

Virginia History, Government, and Geography Service. *Road to Independence: Virginia, 1763–1783.* Memphis, Tenn.: General Books, 2010. First published in 1975 by the Virginia Division of Secondary Education.

Virginia Writers' Project. *Virginia: A Guide to the Old Dominion.* Richmond, Va.: Virginia State Library and Archives in cooperation with the Virginia Center for the Book, 1992. First published in 1940 by Oxford University Press.

Waldstreicher, David. *In the Midst of Perpetual Fetes: The Making of American Nationalism, 1776–1820.* Chapel Hill: Published for the Omohundro Institute of Early American History and Culture, Williamsburg, Va., by the University of North Carolina Press, 1997.

Wallace, Anthony F. C. *Jefferson and the Indians: The Tragic Fate of the First Americans.* Cambridge, Mass.: Belknap Press of Harvard University Press, 1999.

Wallace, W. Stewart. *The United Empire Loyalists: A Chronicle of the Great Migration.* Chronicles of Canada. Toronto: Glasgow, Brook, 1920.

Warren, Charles. *Jacobin and Junto; or, Early American Politics as Viewed in the Diary of Dr. Nathaniel Ames, 1758–1822.* New York: Blom, 1968. First published in 1931 by Harvard University Press.

Washburn, Wilcomb E. *The Governor and the Rebel: A History of Bacon's Rebellion in Virginia.* Chapel Hill: Published for the Institute of Early American History and Culture at Williamsburg, Va. by the University of North Carolina Press, 1957.

Washington, George. *Writings.* Edited by John H. Rhodehamel. The Library of America, no. 91. New York: Library of America, 1997.

Webster, Daniel. *The Writings and Speeches of Daniel Webster.* Edited by Fletcher Webster. 18 vols. Boston: Little, Brown, 1903.

Wharton, Anne Hollingsworth. *Social Life in the Early Republic.* Williamstown, Mass.: Corner House, 1970. First published in 1902 by J. B. Lippincott.

Wheelan, Joseph. *Jefferson's Vendetta: The Pursuit of Aaron Burr and the Judiciary.* New York:

Carroll and Graf, 2006.

————, *Jefferson's War: America's First War on Terror, 1801–1805*. New York: Carroll and Graf, 2003.

White, Leonard D. *The Jeffersonians: A Study in Administrative History, 1801–1829*. New York: Macmillan, 1951.

Wiencek, Henry. *Master of the Mountain: Thomas Jefferson and His Slaves*. New York: Farrar, Straus and Giroux, 2012.

Wilentz, Sean. *Chants Democratic: New York City and the Rise of the American Working Class, 1788–1850*. New York: Oxford University Press, 1984.

————, *The Rise of American Democracy: Jefferson to Lincoln*. New York: W. W. Norton, 2005.

————, ed. *Major Problems in the Early Republic, 1787–1848: Documents and Essays*. Major Problems in American History Series. Lexington, Mass.: D. C. Heath, 1992.

Wills, Garry. *Inventing America: Jefferson's Declaration of Independence*. America's Political Enlightenment. Garden City, N.Y.: Doubleday, 1978.

————, *Negro President: Jefferson and the Slave Power*. Boston: Houghton Mifflin, 2003.

Wilson, Ellen Judy. *Encyclopedia of the Enlightenment*. Edited by Peter Hanns Reill. New York: Facts on File, 1996.

Wilson, James. *Considerations on the Nature and the Extent of the Legislative Authority of the British Parliament*. Philadelphia: William and Thomas Bradford, 1774.

Wilson, Richard Guy, ed. *Thomas Jefferson's Academical Village: The Creation of an Architectural Masterpiece*. Rev. ed. Charlottesville: University of Virginia Press, 2009.

Wilson, Woodrow. *College and State, Educational, Literary and Political Papers (1875–1913)*. Edited by Ray Stannard Baker and William E. Dodd. 2 vols. The Public Papers of Woodrow Wilson, Authorized Edition. New York: Harper and Brothers, 1925.

Wiltse, Charles M. *The Jeffersonian Tradition in American Democracy*. American Century Series. New York: Hill and Wang, 1960. First published in 1935 by the University of North Carolina Press.

Winik, Jay. *The Great Upheaval: America and the Birth of the Modern World, 1788–1800*. New York: HarperCollins, 2007.

Winterer, Caroline. *The Culture of Classicism: Ancient Greece and Rome in American Intellectual Life, 1780–1910*. Baltimore: Johns Hopkins University Press, 2004.

Wirt, William. *Sketches of the Life and Character of Patrick Henry*. 25th ed. Philadelphia: Claxton, Remsen and Haffelfinger, 1878.

Wister, Mrs. O. J., and Miss Agnes Irwin, eds. *Worthy Women of Our First Century.* Philadelphia: Lippincott, 1877.

Wood, Gordon S. *The American Revolution: A History.* New York: Modern Library, 2003.

————, *The Creation of the American Republic, 1776–1787.* Chapel Hill: Published for the Institute of Early American History and Culture at Williamsburg, Va., by the University of North Carolina Press, 1998. First published in 1969 by the University of North Carolina Press.

————, *Empire of Liberty: A History of the Early Republic, 1789–1815.* The Oxford History of the United States. New York: Oxford University Press, 2009.

————, *The Idea of America: Reflections on the Birth of the United States.* New York: Penguin Press, 2011.

————, *The Radicalism of the American Revolution.* New York: Vintage Books, 1993.

————, *Revolutionary Characters: What Made the Founders Different.* New York: Penguin Press, 2006.

Wright, Esmond, ed. *Causes and Consequences of the American Revolution.* Chicago: Quadrangle Books, 1966.

Wulf, Andrea. *Founding Gardeners: The Revolutionary Generation, Nature, and the Shaping of the American Nation.* New York: Alfred A. Knopf, 2011.

Yokota, Kariann Akemi. *Unbecoming British: How Revolutionary America Became a Postcolonial Nation.* New York: Oxford University Press, 2011.

Young, Alfred F., and Gregory H. Nobles. *Whose American Revolution Was It? Historians Interpret the Founding.* New York: New York University Press, 2011.

Young, Alfred F., ed. *Beyond the American Revolution: Explorations in the History of American Radicalism.* DeKalb: Northern Illinois University Press, 1993.

Young, James Sterling. *The Washington Community, 1800–1828.* New York: Columbia University Press, 1968.

Zacks, Richard. *The Pirate Coast: Thomas Jefferson, the First Marines, and the Secret Mission of 1805.* New York: Hyperion, 2005.

Zagarri, Rosemarie. *Revolutionary Backlash: Women and Politics in the Early American Republic.* Early American Studies. Philadelphia: University of Pennsylvania Press, 2007.

"America During the Age of Revolution, 1764–1775." Documents from the Continental Congress and the Constitutional Convention, 1774–89. Library of Congress, American Memory. http://memory.loc.gov/ammem/collections/continental/timeline1e.html (accessed March 25, 2012).

Andrews, Charles M. "The American Revolution: An Interpretation." *The American Historical Review* 31, no. 2 (January 1926): 219–32.

"Appendix H: Sally Hemings and Her Children." Thomas Jefferson Foundation. http://www.monticello.org/site/plantation-and-slavery/appendix-h-sally-hemings-and-her-children (accessed May 18, 2012).

Ayres, S. Edward. "Albemarle County, Virginia, 1744–1770: An Economic, Political, and Social Analysis." *Magazine of Albemarle County History* 25 (1966–67): 37–72.

Bakalar, Nicholas. "First Mention: Pertussis, 1913." *The New York Times,* April 13, 2010.

Balleck, Barry J. "When the Ends Justify the Means: Thomas Jefferson and the Louisiana Purchase." *Presidential Studies Quarterly* 22 (Fall 1992): 679–96.

Bear, James A., Jr. "The Last Few Days in the Life of Thomas Jefferson." *Magazine of Albemarle County History* 32 (1974): 63–79.

———, "Wine." Thomas Jefferson Encyclopedia, Thomas Jefferson Foundation. http://www.monticello.org/site/research-and-collections/wine (accessed March24, 2012).

Belohlavek, John M. "Economic Interest Groups and the Formation of Foreign Policy in the Early Republic." *Journal of the Early Republic* 14 (Winter 1994): 476–84.

Berdahl, Clarence A. "Presidential Selection and Democratic Government." *The Journal of Politics* 11 (February 1949): 14–41.

Beschloss, Michael, and Hugh Sidey. "James Madison." The White House. http://www.whitehouse.gov/about/presidents/jamesmadison (accessed March 24, 2012).

Bevan, Edith Rossiter. "Thomas Jefferson in Annapolis, November 25, 1783–May 11, 1784." *Maryland Historical Magazine* 41, no. 2 (1946): 115–24.

Borden, Morton. "A Neo-Federalist View of the Jeffersonians." Review of *The Presidency of Thomas Jefferson,* by Forrest McDonald. *Reviews in American History* 5 (June 1977): 196–202.

Bowman, Albert H. "Jefferson, Hamilton and American Foreign Policy." *Political Science Quarterly* 71 (March 1956): 18–41.

Boyd, Julian P. "Two Diplomats Between Revolutions: John Jay and Thomas Jefferson." *Virginia Magazine of History and Biography* 66 (April 1958): 131–46.

Boyett, Gene W. "Developing the Concept of the Republican Presidency, 1787–1788." *Presidential Studies Quarterly* 7 (Fall 1977): 199–208.

Brant, Irving. "Two Neglected Madison Letters." *The William and Mary Quarterly*, 3d ser., 3 (October 1946): 569–87.

Brown, Wallace. "The View at Two Hundred Years: The Loyalists of the American Revolution." *Proceedings of the American Antiquarian Society* 101 (April 1970): 25–47.

Bullock, Helen D., ed. "A Dissertation on Education in the Form of a Letter from James Maury to Robert Jackson, July 17, 1762." *Papers of the Albemarle County Historical Society* 2 (1941–42): 36–60.

Caldwell, L. K. "Thomas Jefferson and Public Administration." *Public Administration Review* 3 (Summer 1943): 240–53.

Calhoon, Robert M. "William Smith Jr.'s Alternative to the American Revolution." *The William and Mary Quarterly*, 3d ser., 22 (January 1965): 105–18.

Carson, David A. "Jefferson, Congress, and the Question of Leadership in the Tripolitan War." *Virginia Magazine of History and Biography* 94 (October 1986): 409–24.

Casper, Gerhard. "Executive-Congressional Separation of Power During the Presidency of Thomas Jefferson." *Stanford Law Review* 47 (February 1995): 473–97.

Chan, Michael D. "Alexander Hamilton on Slavery." *The Review of Politics* 66 (Spring 2004): 207–31.

Charles, Joseph. "Adams and Jefferson: The Origins of the American Party System." *The William and Mary Quarterly*, 3d ser., 12 (July 1955): 410–46.

Cockerham, Anne Z., Arlene W. Keeling, and Barbara Parker. "Seeking Refuge at Monticello: Domestic Violence in Thomas Jefferson's Family." *Magazine of Albemarle County History* 64 (2006): 29–52.

Cohen, Morris L. "Thomas Jefferson Recommends a Course of Law Study." *University of Pennsylvania Law Review* 119 (April 1971): 823–44.

Cohen, William. "Thomas Jefferson and the Problem of Slavery." *The Journal of American History* 56 (December 1969): 503–26.

Crompton, Samuel Willard. "Randolph, John." February 2000. American National Biography Online. http://www.anb.org/articles/01/01-00767.html (accessed 2011).

———. "Randolph, Sir John." American National Biography Online. http://www.anb.org/

articles/01/01-00769.html (accessed 2011).

"Crops at Monticello." Thomas Jefferson Encyclopedia, Thomas Jefferson's Monticello. http://www.monticello.org/site/plantation-and-slavery/crops-monticello (accessed April 8, 2012).

Cunliffe, Marcus. "Thomas Jefferson and the Dangers of the Past." *The Wilson Quarterly* 6 (Winter 1982): 96–107.

Curtis, George M., III. "Sphinx Without a Riddle: Joseph Ellis and the Art of Jefferson Biography." *Indiana Magazine of History* 95 (June 1999): 178–201.

Dabney, Virginius. "Jouett Outrides Tarleton, and Saves Jefferson from Capture." *Scribner's Magazine,* June 1928, 690–98.

"Dabney Carr (1743–1773)." Thomas Jefferson Encyclopedia, Thomas Jefferson Foundation. http://www.monticello.org/site/research-and-collections/dabney-carr-1743-1773 (accessed March 23, 2012).

"Debt." Thomas Jefferson Encyclopedia, Thomas Jefferson Foundation. http://www.monticello.org/site/research-and-collections/debt (accessed April 8, 2012).

Deutsch, Herman J. "Economic Imperialism in the Early Pacific Northwest." *Pacific Historical Review* 9 (December 1940): 377–88.

"Dinner Etiquette." Thomas Jefferson Encyclopedia, Thomas Jefferson Foundation. http://www.monticello.org/site/research-and-collections/dinner-etiquette (accessed April 7, 2012).

"Dome Room." Thomas Jefferson Encyclopedia, Thomas Jefferson Foundation. http://www.monticello.org/site/house-and-gardens/dome-room (accessed April 7, 2012).

Dorfman, Joseph. "The Economic Philosophy of Thomas Jefferson." *Political Science Quarterly* 55 (March 1940): 98–121.

Dufour, Ronald P. "Pepperrell, Sir William." American National Biography Online. http://www.anb.org/articles/01/01-00717.html (accessed 2011).

Dumbauld, Edward. "Thomas Jefferson and the City of Washington." *Records of the Columbia Historical Society* 50 (1980): 67–80.

"Entrance Hall." Thomas Jefferson Encyclopedia, Thomas Jefferson Foundation. http://www.monticello.org/site/house-and-gardens/entrance-hall (accessed April 7, 2012).

Evans, Emory G. "Trouble in the Backcountry: Disaffection in Southwest Virginia During the American Revolution." In *An Uncivil War: The Southern Backcountry During the American Revolution,* edited by Ronald Hoffman, Thad W. Tate, and Peter J. Albert, 179–212. Perspectives on the American Revolution. Charlottesville: Published for the U.S. Capitol Historical Society by the University Press of Virginia, 1985.

Evans, Howard V. "The Nootka Sound Controversy in Anglo-FrenchDiplomacy—1790." *The Journal of Modern History* 46 (December 1974): 609–40.

"Expedition Timeline." Thomas Jefferson Foundation. http://www.monticello.org/site/jefferson/expedition-timeline (accessed April 4, 2012).

Fa, Bernard. "Early Party Machinery in the United States: Pennsylvania in the Election of 1796." *The Pennsylvania Magazine of History and Biography* 60 (October 1936): 375–90.

Finer, Herman. "Jefferson, Hamilton, and American Democracy." *Economica,* no. 18 (November 1926): 338–44.

"Firearms." Thomas Jefferson Encyclopedia, Thomas Jefferson Foundation. http://www.monticello.org/site/research-and-collections/firearms (accessed April 2, 2012).

Fish, Carl Russell. "Removal of Officials by the Presidents of the United States." In *Annual Report of the American Historical Association for the Year 1899.* Vol. 1, 67–86. Washington, D.C.: Government Printing Office, 1900.

"Fishing." Thomas Jefferson Encyclopedia, Thomas Jefferson Foundation. http://www.monticello.org/site/research-and-collections/fishing (accessed April 2, 2012).

"Francis Fauquier (bap. 1703–1768)." *Encyclopedia Virginia,* http://www.encyclopediavirginia.org/fauquier_francis_bap_1703-1768 (accessed March 24, 2012).

"Gallatin, Albert, (1761–1849)." Biographical Directory of the United States Congress, 1774–Present. http://bioguide.congress.gov/scripts/biodisplay.pl?index =g000020 (accessed March 24, 2012).

"George Wythe House." Colonial Williamsburg, Colonial Williamsburg Foundation. http://www.history.org/almanack/places/hb/hbwythe.cfm (accessed March 25, 2012).

Gibbs, D. D. "Sir John Floyer, M.D. (1649–1734.)" *British Medical Journal* 1 (January 25, 1969): 242–45.

Gould, Eliga H. "A Virtual Nation: Greater Britain and the Imperial Legacy of the American Revolution." *The American Historical Review* 104 (April 1999): 476–89.

Greene, Jack P. "William Knox's Explanation for the American Revolution." *The William and Mary Quarterly,* 3d ser., 30 (April 1973): 293–306.

Griffin, Patrick. "In Retrospect: Lawrence Henry Gipson's 'The British Empire Before the American Revolution.' " Review of *The British Empire Before the American Revolution,* by Lawrence Henry Gipson. *Reviews in American History* 31, no. 2 (June 2003): 171–83.

Grigg, Milton L. "Thomas Jefferson and the Development of the National Capital." *Records of the Columbia Historical Society* [42] (1953/1956): 81–100.

Hammond, John Craig. " 'They Are Very Much Interested in Obtaining an Unlimited Slavery': Rethinking the Expansion of Slavery in the Louisiana Purchase Territories, 1803–1805." *Journal of the Early Republic* 2 3 (Autumn 2003): 353–80.

Hansen, Dagny B. "Captain James Cook's First Stop on the Northwest Coast: By Chance or by Chart?" *Pacific Historical Review* 62 (November 1993): 475–84.

Harling, Philip. "The Duke of York Affair (1809) and the Complexities of War-Time Patriotism." *The Historical Journal* 39, no. 4 (December 1996): 963–84.

Harrison, Joseph H., Jr. " 'Sic Et Non': Thomas Jefferson and Internal Improvement." *Journal of the Early Republic* 7 (Winter 1987): 335–49.

Hatch, Peter J. "Thomas Jefferson's Favorite Vegetables." Thomas Jefferson Foundation. http://www.monticello.org/site/house-and-gardens/thomas-jeffersons-favorite-vegetables (accessed March 23, 2012).

Hatzenbuehler, Ronald L. "Growing Weary in Well-Doing: Thomas Jefferson's Life Among the Virginia Gentry." *Virginia Magazine of History and Biography* 101 (January 1993): 5–36.

Hickey, Donald R. "America's Response to the Slave Revolt in Haiti, 1791–1806." *Journal of the Early Republic* 2 (Winter 1982): 361–79.

Hickish, Edgar C. "Peter Jefferson, Gentleman." Unpublished manuscript. Thomas Jefferson Foundation, Charlottesville, Va.

Higgenbotham, Don. "Virginia's Trinity of Immortals: Washington, Jefferson, and Henry, and the Story of Their Fractured Relationships." *Journal of the Early Republic* 23 (Winter 2003): 521–43.

Hodin, Stephen B. "The Mechanisms of Monticello: Saving Labor in Jefferson's America." *Journal of the Early Republic* 26 (Fall 2006): 377–418.

Holland, Matthew S. " 'To Close the Circle of Our Felicities': 'Caritas' and Jefferson's First Inaugural." *The Review of Politics* 66 (Spring 2004): 181–205.

Honeywell, Roy L. "President Jefferson and His Successor." *The American Historical Review* 46 (October 1940): 64–75.

"House and Gardens." Thomas Jefferson Foundation. http://www.monticello.org/site/house-and-gardens (accessed April 7, 2012).

Howard, Seymour. "Thomas Jefferson's Art Gallery for Monticello." *Art Bulletin* 59 (December 1977): 583–600.

Howe, John R., Jr. "Republican Thought and Political Violence of the 1790s." *American*

Quarterly 19, no. 2 (Summer 1967): 147–65.

Hoxie, R. Gordon. "Inaugurating the Presidency and the President." *Presidential Studies Quarterly* 23 (Spring 1993): 213–19.

"Hunting." Thomas Jefferson Encyclopedia, Thomas Jefferson Foundation. http://www.monticello.org/site/research-and-collections/hunting (accessed April 2, 2012).

Irwin, Douglas A. "The Aftermath of Hamilton's 'Report on Manufactures.'" *The Journal of Economic History* 64 (September 2004): 800–821.

Jasanoff, Maya. "The Other Side of Revolution: Loyalists in the British Empire." *The William and Mary Quarterly*, 3d ser., 65 (April 2008): 205–32.

Jefferson, Thomas. "Jefferson's Confidential Letter to Congress." Thomas Jefferson Foundation. http://www.monticello.org/site/jefferson/jeffersons-confidential-letter-to-congress (accessed April 4, 2012).

"Jefferson: The Scientist and Gardener." Thomas Jefferson Foundation. http://www.monticello.org/site/house-and-gardens/jefferson-scientist-and-gardener (accessed May 18, 2012).

Jennings, Francis. "Johnson, Sir William." American National Biography Online. http://www.anb.org/articles/01/01-00458.html (accessed 2011).

"John Randolph, 'The Tory.'" Colonial Williamsburg, Colonial Williamsburg Foundation. http://www.history.org/almanack/people/bios/bioratjr.cfm (accessed March 22, 2012).

Johnson, Ludwell H., III. "Sharper Than a Serpent's Tooth: Thomas Jefferson and His Alma Mater." *Virginia Magazine of History and Biography* 99 (April 1991): 145–62.

Johnson, Odai. "Thomas Jefferson and the Colonial American Stage." *Virginia Magazine of History and Biography* 108, no. 2 (2000): 139–54.

Jones, Gordon W., and James A. Bear. "Thomas Jefferson's Medical History." Unpublished manuscript. Thomas Jefferson Foundation, Charlottesville, Va.

Jones, James F., Jr. "Montesquieu and Jefferson Revisited: Aspects of a Legacy." *The French Review* 51 (March 1978): 577–85.

"Journal of a French Traveller in the Colonies, 1765." Parts 1 and 2. *The American Historical Review* 26 (July 1921): 726–47; 27 (October 1921): 70–89.

"Journey Through France and Italy (1787)." Thomas Jefferson Encyclopedia, Thomas Jefferson Foundation. http://www.monticello.org/site/research-and-collections/journey-through-france-and-italy-1787 (accessed March 31, 2012).

Kelly, James C., and B. S. Lovell. "Thomas Jefferson: His Friends and Foes." *Virginia*

Magazine of History and Biography 101 (January 1993): 133–57.

Ketchum, Richard M. "Men of the Revolution: 11. George Rogers Clark." American Heritage 25, no. 1 (December 1973): 32–33, 78.

Kimball, Fiske. "The Life Portraits of Jefferson and Their Replicas." Proceedings of the American Philosophical Society 88 (December 28, 1944): 497–534.

Kimball, Marie. "A Playmate of Thomas Jefferson." North American Review 213 (February 1921): 145–56.

"Lafayette's Visit to Monticello (1824)." Thomas Jefferson Encyclopedia, Thomas Jefferson Foundation. http://www.monticello.org/site/research-and-collections/lafayettes-visit-to-monticello-1824 (accessed April 8, 2012).

Landin, Harold W. "Some Letters of Thomas Paine and William Short on the Nootka Sound Crisis." The Journal of Modern History 13 (September 1941): 357–74.

Leibiger, Stuart. "Thomas Jefferson and the Missouri Crisis: An Alternative Interpretation." Journal of the Early Republic 17 (Spring 1997): 121–30.

Lerche, Charles O., Jr. "Jefferson and the Election of 1800: A Case Study in the Political Smear." The William and Mary Quarterly, 3d ser., 5 (October 1948): 467–91.

Lewis, Anthony M. "Jefferson's Summary View As a Chart of Political Union." The William and Mary Quarterly, 3d ser., 5, no. 1 (January 1948): 34–51.

Lind, Michael. "Hamilton's Legacy." The Wilson Quarterly 18 (Summer 1994): 40–52.

Lloyd, Stephen. "The Accomplished Maria Cosway: Anglo-Italian Artist, Musician, Salon Hostess and Educationalist (1759–1838)." Journal of Anglo-Italian Studies 2 (1992): 108–39.

Looney, J. Jefferson. "Thomas Jefferson's Last Letter." Virginia Magazine of History and Biography 112, no. 2 (2004): 178–84.

Magnis, Nicholas E. "Thomas Jefferson and Slavery: An Analysis of His Racist Thinking as Revealed by His Writings and Political Behavior." Journal of Black Studies 29 (March 1999): 491–509.

Marsh, Philip M. "Freneau and Jefferson: The Poet-Editor Speaks for Himself About the National Gazette Episode." American Literature 8 (May 1936): 180–89.

———. "Jefferson's Retirement as Secretary of State." The Pennsylvania Magazine of History and Biography 69 (July 1945): 220–24.

———. "Philip Freneau and His Circle." The Pennsylvania Magazine of History and Biography 63, no. 1 (January 1939): 37–59.

"Martha Wayles Skelton Jefferson." Thomas Jefferson Encyclopedia, Thomas Jefferson

Foundation. http://www.monticello.org/site/jefferson/martha-wayles-skelton-jefferson (accessed 2012).

Matthewson, Tim. "Jefferson and Haiti." *The Journal of Southern History* 61 (May 1995): 209–48.

———, "Jefferson and the Nonrecognition of Haiti." *Proceedings of the American Philosophical Society* 140 (March 1996): 22–48.

McDonald, Robert M. S. "Thomas Jefferson's Changing Reputation as Author of the Declaration of Independence: The First Fifty Years." *Journal of the Early Republic* 19, no. 2 (Summer 1999): 169–95.

Mead, Walter Russell. "First Principals: Alexander Hamilton and the American Founders." Review of *Alexander Hamilton,* by Ron Chernow. *Foreign Affairs* 83 (July–August 2004): 133–35.

"Meriwether Lewis." Thomas Jefferson Encyclopedia, Thomas Jefferson Foundation. http://www.monticello.org/site/research-and-collections/meriwether-lewis (accessed April 4, 2012).

Meschutt, David. " 'A Perfect Likeness': John H. I. Browere's Life Mask of Thomas Jefferson." *American Art Journal* 21 (Winter 1989): 4–25.

Miroff, Bruce. "Alexander Hamilton: The Aristocrat as Visionary." *International Political Science Review* 9 (January 1988): 43–54.

Mitchell, Broadus. "Alexander Hamilton, Executive Power and the New Nation." *Presidential Studies Quarterly* 17 (Spring 1987): 329–43.

"Mockingbirds." Thomas Jefferson Encyclopedia, Thomas Jefferson Foundation. http://www.monticello.org/site/research-and-collections/mockingbirds (accessed April 2, 2012).

"Monticello Dining Room." Thomas Jefferson Encyclopedia, Thomas Jefferson Foundation. http://www.monticello.org/site/house-and-gardens/monticello-dining-room (accessed April 7, 2012).

"Monticello (House) FAQ." Thomas Jefferson Encyclopedia, Thomas Jefferson Foundation. http://www.monticello.org/site/house-and-gardens/monticello-house-faq#rooms (accessed April 7, 2012).

"Monticello South Square Room." Thomas Jefferson Encyclopedia, Thomas Jefferson Foundation. http://www.monticello.org/site/house-and-gardens/south-square-room (accessed April 7, 2012).

Morgan, James Morris. "How President Jefferson Was Informed of Burr's Conspiracy." *The*

Pennsylvania Magazine of History and Biography 27, no. 1 (1903): 56–59.

Morse, Anson D. "Alexander Hamilton." *Political Science Quarterly* 5 (March 1890): 1–23.

Newbold, Stephanie P. "Statesmanship and Ethics: The Case of Thomas Jefferson's Dirty Hands." *Public Administration Review* 65 (November–December 2005): 669–77.

Norris, John M. "The Policy of the British Cabinet in the Nootka Crisis." *The English Historical Review* 70 (October 1955): 562–80.

"North Octagonal Room." Thomas Jefferson Encyclopedia, Thomas Jefferson Foundation. http://www.monticello.org/site/house-and-gardens/north-octagonal-room (accessed April 7, 2012).

Norton, Mary Beth. "John Randolph's 'Plan of Accommodations.' " *The William and Mary Quarterly*, 3d ser., 28 (January 1971): 103–20.

Oberg, Barbara. Review of *Thomas Jefferson*, by Joyce Appleby. *The Pennsylvania Magazine of History and Biography* 128 (October 2004): 406–8.

Parkinson, Robert G. "First from the Right: Massive Resistance and the Image of Thomas Jefferson in the 1950s." *Virginia Magazine of History and Biography* 112, no. 1 (2004): 2–35.

"Parlor." Thomas Jefferson Encyclopedia, Thomas Jefferson Foundation. http://www.monticello.org/site/house-and-gardens/parlor (accessed April 7, 2012).

Peterson, Merrill D. "Thomas Jefferson and Commercial Policy, 1783–1793." *The William and Mary Quarterly*, 3d ser., 22 (October 1965): 584–610.

"Physical Descriptions of Jefferson." Thomas Jefferson Encyclopedia, Thomas Jefferson Foundation. http://www.monticello.org/site/research-and-collections/physical-descriptions-jefferson (accessed March 31, 2012).

"Plantation and Slavery." Thomas Jefferson Foundation. http://www.monticello.org/site/plantation-and-slavery (accessed April 2, 2012).

Prince, Carl E. "The Passing of the Aristocracy: Jefferson's Removal of the Federalists, 1801–1805." *The Journal of American History* 57 (December 1970): 563–75.

"Printer and Binder." Colonial Williamsburg, Colonial Williamsburg Foundation. http://www.history.org/almanack/life/trades/tradepri.cfm (accessed March 24, 2012).

Quarles, Benjamin. "Lord Dunmore as Liberator." *The William and Mary Quarterly*, 3d ser., 15 (October 1958): 494–507.

Rahe, Paul A. "Thomas Jefferson's Machiavellian Political Science." *The Review of Politics* 57 (Summer 1995): 449–81.

Rakove, Jack N. "Presidential Selection: Electoral Fallacies." *Political Science Quarterly* 119

(Spring 2004): 21–37.

Randolph, John. "Letters of John Randolph, of Roanoke, to General Thomas Marsh Forman." *Virginia Magazine of History and Biography* 49 (July 1941): 201–16.

Ranlet, Philip. "Johnson, John." American National Biography Online. http://www.anb.org/articles/03/03-00247.html (accessed 2011).

Reagan, Ronald. "Remarks and a Question-and-Answer Session at the University of Virginia in Charlottesville," December 16, 1988. The American Presidency Project. http://www.presidency.ucsb.edu/ws/?pid=35272 (accessed April 8, 2012).

"Report of the Research Committee on Thomas Jefferson and Sally Hemings." Thomas Jefferson Foundation. http://www.monticello.org/site/plantation-and-slavery/report-research-committee-thomas-jefferson-and-sally-hemings (accessed March 23, 2012).

Reuter, Frank T. " 'Petty Spy' or Effective Diplomat: The Role of George Beckwith." *Journal of the Early Republic* 10 (Winter 1990): 471–92.

Riordan, Liam. "Loyalism." *Oxford Bibliographies,* Oxford University Press. http://oxfordbibliographiesonline.com/view/document/obo-9780199730414/obo-9780199730414-0118.xml (accessed March 22, 2012).

Roosevelt, Franklin D. "Address at Jefferson Day Dinner in St. Paul Minnesota," April 18, 1932. The American Presidency Project. http://www.presidency.ucsb.edu/ws/?pid=88409 (accessed April 8, 2012).

Rosano, Michael J. "Liberty, Nobility, Philanthropy, and Power in Alexander Hamilton's Conception of Human Nature." *The American Journal of Political Science* 47 (January 2003): 61–74.

"Sally Hemings." Thomas Jefferson Encyclopedia, Thomas Jefferson Foundation. http://www.monticello.org/site/plantation-and-slavery/sally-hemings (accessed April 7, 2012).

Schellenberg, T. R. "Jeffersonian Origins of the Monroe Doctrine." *Hispanic American Historical Review* 14 (February 1934): 1–31.

Scherr, Arthur. "The Significance of Thomas Pinckney's Candidacy in the Election of 1796." *The South Carolina Historical Magazine* 76 (April 1975): 51–59.

Scheuerman, William E. "American Kingship? Monarchical Origins of Modern Presidentialism." *Polity* 37 (January 2005): 24–53.

Schmitt, Gary J. "Jefferson and Executive Power: Revisionism and the 'Revolution of 1800.' " *Publius* 17 (Spring 1987): 7–25.

Scholten, Catherine M. " 'On the Importance of the Obstetrick Art': Changing Customs of

Childbirth in America, 1760 to 1825." *The William and Mary Quarterly*, 3d ser., 34 (July 1977): 426–45.

Scofield, Merry Ellen. "The Fatigues of His Table: The Politics of Presidential Dining During the Jefferson Administration." *Journal of the Early Republic* 26 (Fall 2006): 449–69.

Selby, John E. "Murray, John." American National Biography Online. http://www.anb.org/articles/01/01-00242.html (accessed 2011).

———, "Randolph, Peyton." American National Biography Online. http://www.anb.org/articles/01/01-00768.html (accessed 2011).

Self, Robert L., and Susan R. Stein. "The Collaboration of Thomas Jefferson and John Hemings: Furniture Attributed to the Monticello Joinery." *Winterthur Portfolio* 33 (Winter 1998): 231–48.

Shalhope, Robert E. "Thomas Jefferson's Republicanism and Antebellum Southern Thought." *The Journal of Southern History* 42 (November 1976): 529–56.

Sharp, James Roger. "Unraveling the Mystery of Jefferson's Letter of April 27, 1795." *Journal of the Early Republic* 6, no. 4 (Winter 1986): 411–18.

Sheehan, Bernard W. " 'The Famous Hair Buyer General': Henry Hamilton, George Rogers Clark, and the American Indian." *Indiana Magazine of History* 79 (March 1983): 1–28.

Sheehan, Colleen A. "Madison v. Hamilton: The Battle Over Republicanism and the Role of Public Opinion." *American Political Science Review* 98 (August 2004): 405–24.

Shepard, E. Lee. "Randolph, Edmund." American National Biography Online. http://www.anb.org/articles/02/02-00269.html (accessed 2011).

Shippen, Rebecca Lloyd. "Inauguration of President Thomas Jefferson, 1801." *The Pennsylvania Magazine of History and Biography* 25 (April 1901): 71–76.

Smelser, Marshall. "The Federalist Period as an Age of Passion." *American Quarterly* 10 (Winter 1958): 391–419.

Smith, Paul H. "The American Loyalists: Notes on Their Organization and Numerical Strength." *The William and Mary Quarterly*, 3d ser., 25, no. 2 (April 1968): 259–77.

Sofka, James R. "The Jeffersonian Idea of National Security: Commerce, the Atlantic Balance of Power, and the Barbary War, 1786–1805." *Diplomatic History* 21 (Fall 1997): 519–44.

Stanton, Lucia. "Looking for Liberty: Thomas Jefferson and the British Lions." *Eighteenth-Century Studies* 26 (Summer 1993): 649–68.

Swanson, Donald F. "Thomas Jefferson on Establishing Public Credit: The Debt Plans of a Would-Be Secretary of the Treasury?" *Presidential Studies Quarterly* 23 (Summer 1993):

499–508.

"Tea Room." Thomas Jefferson Encyclopedia, Thomas Jefferson Foundation. http://www.monticello.org/site/house-and-gardens/tea-room (accessed April 7, 2012).

Temperley, H. W. V. "Debates on the Declaratory Act and the Repeal of the Stamp Act, 1766." *The American Historical Review* 17 (April 1912): 563–86. Reprint, LaVergne, Tenn.: Nabu Public Domain Reprints, 2010.

Thomas, Milton Halsey. "Alexander Hamilton's Unfought Duel of 1795." *The Pennsylvania Magazine of History and Biography* 78 (July 1954): 342–52.

"Thomas Mann Randolph." Thomas Jefferson Encyclopedia, Thomas Jefferson Foundation. http://www.monticello.org/site/jefferson/thomas-mann-randolph (accessed April 8, 2012).

Thornton, Anna Maria Brodeau. "Diary of Mrs. William Thornton, 1800–1863." *Records of the Columbia Historical Society* 10 (1907): 88–226.

Trent, W. P. "The Case of Josiah Philips." *The American Historical Review* 1, no. 3 (April 1896): 444–54.

Truman, Harry S. "Address at Bonham, Texas," September 27, 1948. The American Presidency Project. http://www.presidency.ucsb.edu/ws/?pid=13021 (accessed April 8, 2012).

Tucker, Robert W., and David C. Hendrickson. "Thomas Jefferson and American Foreign Policy." *Foreign Affairs* 69 (Spring 1990): 135–56.

Tucker, Spencer C., and Frank T. Reuter. "The Chesapeake–Leopard Affair." *Naval History* 10 (March/April 1996): 40–44.

Turner, Kathryn. "The Appointment of Chief Justice Marshall." *The William and Mary Quarterly*, 3d ser., 17 (April 1960): 143–63.

———. "Federalist Policy and the Judiciary Act of 1801." *The William and Mary Quarterly*, 3d ser., 22 (January 1965): 3–32.

Turner, Lynn W. "The Impeachment of John Pickering." *The American Historical Review* 54 (April 1949): 485–507.

———. "Thomas Jefferson Through the Eyes of a New Hampshire Politician." *Mississippi Valley Historical Review* 30, no. 2 (September 1943): 204–14.

Verner, Coolie. "Mr. Jefferson Makes a Map." *Imago Mundi* 14 (1959): 96–108.

Wallace, D. D. "Jefferson's Part in the Purchase of Louisiana." *The Sewanee Review* 19 (July 1911): 328–38.

Walling, Karl. "Was Alexander Hamilton a Machiavellian Statesman?" *The Review of Politics* 57 (Summer 1995): 419–47.

Wells, Jane Flaherty. "Thomas Jefferson's Neighbors: Hore Browse Trist of 'Birdwood' and Dr. William Bache of 'Franklin.' " *Magazine of Albemarle County History* 47 (1989): 1–13.

"William Small." Thomas Jefferson Encyclopedia, Thomas Jefferson Foundation. http://www.monticello.org/site/jefferson/william-small (accessed March 24, 2012).

Wilson, Douglas L. "The Evolution of Jefferson's 'Notes on the State of Virginia.' " *Virginia Magazine of History and Biography* 112, no. 2 (2004): 98–133.

Wilson, Gaye. "Horses." Thomas Jefferson Encyclopedia, Thomas Jefferson Foundation. http://www.monticello.org/site/research-and-collections/horses (accessed April 2, 2012).

Wrabley, Raymond B., Jr. "Anti-Federalism and the Presidency." *Presidential Studies Quarterly* 21 (Summer 1991): 459–70.

"Wren Building." Colonial Williamsburg, Colonial Williamsburg Foundation. http://www.history.org/almanack/places/hb/hbwren.cfm (accessed March 24, 2012).

Young, Alfred F. "English Plebeian Culture and Eighteenth-Century American Radicalism." In *The Origins of Anglo-American Radicalism,* edited by Margaret Jacob and James Jacob, 185–212. London: Allen and Unwin, 1984.

논문

Giunta, Mary A. "The Public Life of William Branch Giles, Republican, 1790–1815." Ph.D. diss., Catholic University of America, 1980.

잡지, 저널, 신문 자료

The Aberdeen (Scotland) *Journal*

Alexandria (Va.) *Advertiser and Commercial Intelligencer*

Alexandria (Va.) *Times*

American Art Journal

The American Historical Review

The American Journal of Political Science

American Political Science Review

American Quarterly

Art Bulletin

The Caledonian Mercury (Edinburgh, Scotland)

Cobbett's Political Register (London)

Diplomatic History

Economica

Eighteenth-Century Studies

The English Historical Review

Foreign Affairs

The French Review

Hispanic American Historical Review

The Historical Journal

The Hull (England) Packet and Original Weekly Commercial, Literary and General Advertiser

Imago Mundi

Indiana Magazine of History

International Political Science Review

The Ipswich (England) Journal

The Journal of American History

Journal of Black Studies

The Journal of Economic History

The Journal of Modern History

The Journal of Politics

The Journal of Southern History

Journal of the Early Republic

Magazine of Albemarle County History

The Morning Chronicle (London)

National Intelligencer (Washington, D.C.)

Naval History

The New York Times

North American Review

Oxford Bibliographies

Pacific Historical Review

Papers of the Albemarle County Historical Society

The Pennsylvania Magazine of History and Biography

Political Science Quarterly

Polity

Presidential Studies Quarterly

Proceedings of the American Antiquarian Society

Proceedings of the American Philosophical Society

Public Administration Review

Publius

Records of the Columbia Historical Society

The Review of Politics

Reviews in American History

The Sewanee Review

The South Carolina Historical Magazine

Stanford Law Review

University of Pennsylvania Law Review

The Virginia Gazette(Williamsburg)

Virginia Magazine of History and Biography

Washington(D.C.) *Federalist*

The William and Mary Quarterly

The Wilson Quarterly

Winterthur Portfolio

ㅁ

토머스 제퍼슨
THOMAS JEFFERSON

1판 1쇄 인쇄 2026년 4월 1일
1판 1쇄 발행 2026년 4월 20일

지은이 존 미첨
옮긴이 원희래, 유영분
펴낸이 김영곤 **펴낸곳** (주)북이십일

TF팀 팀장 김종민
기획편집 진상원 **마케팅** 정성은 김지선
편집 정승혜 **표지디자인** design S **본문디자인** 한성미
마케팅영업부문 정지은
영업팀 김지윤 강경남 김도연
e-커머스팀 장철용 명인수 황성진
해외기획팀 홍희정 소은선
제작팀 이영민 권경민

출판등록 2000년 5월 6일 제406-2003-061호
주소 (우10881) 경기도 파주시 회동길 201(문발동)
대표전화 031-955-2100 **팩스** 031-955-2151 **이메일** book21@book21.co.kr

(주)북이십일 경계를 허무는 콘텐츠 리더

21세기북스 채널에서 도서 정보와 다양한 영상자료, 이벤트를 만나세요!
페이스북 facebook.com/jiinpill21 **포스터** post.naver.com/21c_editors
인스타그램 instagram.com/jiinpill21 **홈페이지** www.book21.com
유튜브 youtube.com/book21pub

ISBN 979-11-7357-904-2 (03900)